UTB 2670

H0247696

Eine Arbeitsgemeinschaft der Verlage

Beltz Verlag Weinheim · Basel
Böhlau Verlag Köln · Weimar · Wien
Wilhelm Fink Verlag München
A. Francke Verlag Tübingen und Basel
Haupt Verlag Bern · Stuttgart · Wien
Lucius & Lucius Verlagsgesellschaft Stuttgart
Mohr Siebeck Tübingen
C. F. Müller Verlag Heidelberg
Ernst Reinhardt Verlag München und Basel
Ferdinand Schöningh Verlag Paderborn · München · Wien · Zürich
Eugen Ulmer Verlag Stuttgart
UVK Verlagsgesellschaft Konstanz
Vandenhoeck & Ruprecht Göttingen
Verlag Recht und Wirtschaft Heidelberg
VS Verlag für Sozialwissenschaften Wiesbaden
WUV Facultas Wien

Grundwissen der Ökonomik

Betriebswirtschaftslehre

Herausgegeben von

F. X. Bea, Tübingen
B. Friedl, Kiel
M. Schweitzer, Tübingen

Wirtschaftsinformatik 2

Informationstechnik

Hans Robert Hansen und Gustaf Neumann

499 Abbildungen

9., neu bearbeitete Auflage

Lucius & Lucius · Stuttgart

Anschrift der Verfasser:

Professor Dr. Dr. h. c. Hans Robert Hansen
Wirtschaftsuniversität Wien
Abteilung für BWL und Wirtschaftsinformatik   Tel. (+43-1) 31 33 6-60 00
Augasse 2–6   Fax (+43-1) 31 33 6-74 6
A-1090 Wien   E-Mail: hansen@wu-wien.ac.at

Professor Dr. Gustaf Neumann
Wirtschaftsuniversität Wien
Abteilung für Wirtschaftsinformatik und Neue Medien   Tel. (+43-1) 31 33 6-46 71
Augasse 2–6   Fax (+43-1) 31 33 6-74 6
A-1090 Wien   E-Mail: neumann@wu-wien.ac.at

1. Auflage 1978
2. Auflage 1980
3. Auflage 1981
4. Auflage 1983
5. Auflage 1986
5. Auflage, berichtigter Nachdruck 1987
6. Auflage 1992
7. Auflage 1996
7. Auflage, durchgesehener Nachdruck 1998
8. Auflage 2001
8. Auflage, durchgesehener Nachdruck 2002
9. Auflage 2005

Bibliografische Information der Deutschen Biblikothek

Die Deutsche Bibliothek verzeichnet diese Publikation
in der Deutschen Nationalbibliografie;
detaillierte bibliografische Angaben sind im Internet über
http://dnb.db.de abrufbar

(UTB für Wissenschaft ; 2670)
ISBN 3-8252-2670-0
(Lucius & Lucius)
ISBN 3-8282-0290-X

© Lucius & Lucius Verlagsgesellschaft mbH 2005
Gerokstr. 51 · 70184 Stuttgart

Herstellung, Layout und Satz: Friedmut Kröner, Heidelberg
Druck und Einband: Ebner & Spiegel, Ulm
Umschlagentwurf: Atelier Reichert, Stuttgart
Printed in Germany   1 2 3 4 5 6 7
UTB-Bestellnummer: ISBN 3-8252-2670-0

Vorwort der Herausgeber

Für die Studierenden im Anfänger- wie im Fortgeschrittenenstadium ist es erfahrungsgemäß eine große Hilfe, wenn ihnen ein Fach in einer konzentrierten, systematisch aufbereiteten und leicht fasslichen Form dargeboten wird. Gleichzeitig müssen sie die Gewissheit haben, dass die wichtigsten Inhalte in einer Weise abgedeckt sind, die den jeweiligen Prüfungserfordernissen voll Rechnung trägt.

Diesem Ziel dienen die Uni-Taschenbücher (UTB), die wir in der Reihe „Grundwissen der Ökonomik: Betriebswirtschaftslehre" beim Verlag Lucius & Lucius herausgeben. Die Themen der einzelnen Bände sind so gewählt, dass davon der gesamte Wissensbereich der modernen Betriebswirtschaftslehre erfasst wird. Welche Werke bereits erschienen sind, geht aus einer Übersicht am Ende dieses Buches hervor. Besonders hingewiesen sei auf das Lehrbuch „Allgemeine Betriebswirtschaftslehre", das, von einem Expertenteam verfasst, die Klammer um die einzelnen Titel bildet. Die positive Aufnahme, die dieses am Markt gefunden hat, führte bereits nach kurzer Zeit zu zahlreichen Neuauflagen, Gelegenheiten, die von Autoren und Herausgebern immer wieder für Erweiterungen und Verbesserungen genutzt werden.

Das von Professor Hansen und Professor Neumann vorgelegte Werk ist ohne Zweifel auch im internationalen Vergleich eines der erfolgreichsten Lehrbücher auf dem Gebiet der Wirtschaftsinformatik. Die überaus große Resonanz bei Studierenden und Praktikern verdankt dieses Standardwerk der didaktisch geschickten Präsentation, der Vollständigkeit und der zentralen Aktualität des Stoffes. Die jetzt vorliegende, in zwei Bänden neu konzipierte 9. Auflage gibt dem Leser die Gewissheit, dass er sich über den neuesten Stand der Wirtschaftsinformatik umfassend und zu einem sehr günstigen Preis informieren kann.

Kiel und Tübingen, April 2005

F. X. Bea
B. Friedl
M. Schweitzer

Vorwort der Verfasser zur 9. Auflage

Dieses Buch ist der zweite von zwei aufeinander abgestimmten Bänden. Der Band *Wirtschaftsinformatik 2* setzt auf dem in Band 1 vermittelten Wissen auf und richtet sich primär an folgende Adressaten:

1. IT-Fachkräfte in Wirtschaft und Verwaltung können diesen Band zur Wissensauffrischung und als Nachschlagewerk benutzen. Für diese Lesergruppe werden im Sinne des lebenslangen Lernens aktuelle Technologien und Entwicklungen der Hard- und Software präsentiert.

2. An Studierende mit Wirtschaftsinformatik als Hauptfach richten sich Kapitel wie beispielsweise Datenübertragung oder Verteilte Systeme, in denen die Kernkonzepte dieser Bereiche auf höherem Detaillierungsgrad präsentiert werden.

Der Band *Wirtschaftsinformatik 1* richtet sich an folgende Zielgruppen:

1. Anfänger ohne IT-Vorkenntnisse erhalten das nötige Rüstzeug, um selbstständig den „Computer am Arbeitsplatz" zur Lösung betrieblicher Aufgaben verwenden zu können. Für Anfänger sind vor allem die Kapitel 1 und 3 relevant.

2. Studierende der Wirtschaftswissenschaften und Mitarbeiter in Fachabteilungen werden in die Planung und Entwicklung rechnergestützter Informationssysteme (IS) eingeführt und bekommen einen Überblick über integrierte betriebliche Anwendungssysteme auf operativer und strategischer Ebene. An diese Gruppen richten sich vor allem die Kapitel 2 und 4–6.

3. Studierende, die Informatik oder Wirtschaftsinformatik als Haupt- oder Nebenfach studieren, erhalten ein breit angelegtes, allgemeines Grundlagenwissen über die Komponenten und Funktionen rechnergestützter Informationssysteme als Basis für ein weiterführendes Spezialstudium. Für diese Leser ist auch der Inhalt von Band 2 relevant.

4. Vor allem an IT-Manager richten sich die Ausführungen über „Marktsituation und Entwicklungstendenzen", welche (fast) alle Kapitel abschließen. Darin werden die aktuelle Angebots- und Nachfragesituation auf den diversen IT-Teilmärkten, typische und besonders bemerkenswerte Produkte, Beurteilungskriterien und Zukunftstrends beschrieben.

Für die vorliegende 9. Auflage wurde das Buch restrukturiert und größtenteils neu geschrieben. Dabei wurde das Buch gemäß den Zielgruppen in zwei Bände geteilt. Im ersten Band wurde der betriebswirtschaftliche Teil wesentlich erwei-

tert. Somit eignet sich das Buch nun auch im größeren Maß für Ausbildungs-
programme, in denen keine tiefgehenden betrieblichen Grundkenntnisse vorausgesetzt werden können. Die wesentliche Neuerung im Band 2 ist das neue Kapitel über Verteilte Systeme. Insbesondere die beschriebenen Web-Services bieten
für betriebliche Anwendungen ein hohes Innovationspotential. Generell wurde
bei der Neukonzeption spezielles Augenmerk auf den zunehmenden Stellenwert
der elektronischen Geschäftsabwicklung gelegt.

Allen Hochschullehrern, Praktikern und Studierenden, die uns auf Schwach-
punkte der 8. Auflage hingewiesen haben, möchten wir an dieser Stelle herzlich
danken. Vor allem Peter Mertens, Universität Erlangen-Nürnberg, verdanken
wir wesentliche Verbesserungsvorschläge. Die Mitarbeiter der Abteilung für
Wirtschaftsinformatik der Wirtschaftsuniversität Wien (WU) haben fast alle bei
der Neuauflage mitgeholfen. Besonders herzlich danken wir folgenden Kolleginnen
und Kollegen, die wertvolle Vorarbeiten und Hilfestellungen bei der Fertig-
stellung geleistet haben (relevante Band-/Abschnittsnummern in Klammern):

Michael Alexander (2/6), Wolfgang Amsüss (2/3.6, 2/3.7.4), Mitra Arami
(1/3.4.3.2), Walter Blocher (1/2.4.6), Nicolas Knotzer (2/2), Maria Madlberger
(1/5), David Meyer (1/6), Christian Nebenführ (1/4), Mark Strembeck (1/2, 2/1,
2/4, 2/7), Yoseba Penya (2/5), Gerald Stermsek (2/4, 2/7), Jan Mendling (2/1,
2/7), Andreas Pinterits (2/3), Antje Sester (2/2.5), Horst Treiblmaier (2/3). Die
Grafiken und Screenshots wurden von Tom Binder angefertigt. Für die Unterstützung durch aktuelle Marktdaten danken wir insbesondere der Firma IDC
sehr herzlich.

Friedmut Kröner (Heidelberg) hat in Rekordzeit und mit großer Perfektion
den Buchsatz erstellt. Ohne die skizzierte, weit reichende Hilfe aller Beteiligten
wäre diese 9. Auflage kaum realisierbar gewesen.

Wien, im April 2005   Hans Robert Hansen und Gustaf Neumann

Inhaltsübersicht

Kapitel 2: Datenträger und externe Speicher

Kapitel 3: Ein- und Ausgabegeräte

Kapitel 6: Datenübertragung und Netzwerke

Kapitel 7: Verteilte Systeme

Gebrauchsanleitung

Das vorliegende Buch führt Sie in die betriebliche Informationsverarbeitung ein. Sie erhalten einen fundierten Überblick über die Arbeitsweise und das Zusammenspiel von Rechnern sowie die Gestaltung rechnergestützter Informationssysteme (IS) in der Wirtschaft.

Nahezu jeder Absolvent[1] eines wirtschaftswissenschaftlichen Hochschulstudiums kommt in seinem späteren Beruf in der einen oder anderen Form mit der Informationsverarbeitung in Kontakt – sei es als Endbenutzer des „Computers am Arbeitsplatz" zur Lösung fachlicher Aufgabenstellungen oder als Gestalter betrieblicher Informationssysteme. Betriebe, die Akademiker im kaufmännischen Bereich einstellen, nutzen durchwegs die Vorteile der Informationstechnik (IT) und verlangen von ihren Mitarbeitern entsprechende Vorkenntnisse.

Der in diesem Buch vermittelte Stoff entspricht im Wesentlichen den Inhalten, die an den meisten Hochschulen im Rahmen der IT/IS-Einführungsveranstaltungen angeboten werden. Didaktisch ist das Werk mit seinen beiden Bänden so gestaltet, dass es ein selbstständiges Studium ermöglicht. Es wird im Studienbetrieb der Wirtschaftsuniversität Wien sowie zahlreicher anderer Hochschulen seit vielen Jahren eingesetzt und wird laufend entsprechend den Erfordernissen der Praxis und anhand neuer wissenschaftlicher Kenntnisse umgestaltet, ergänzt und verbessert.

Der Stoff ist in zwei Bände gegliedert und besteht aus insgesamt *13 aufeinander aufbauenden Kapiteln (Lektionen)*. Der Band 1 konzentriert sich auf betriebliche Anwendungssysteme, während der Schwerpunkt des zweiten Bandes bei den informationstechnischen Aspekten betrieblicher Informationssysteme liegt.

Das Buch erlaubt *mehrere Lesearten* und unterstützt *unterschiedliche Schwerpunktsetzungen abhängig von der Studienrichtung und dem Vorwissen.* Für Studierende der Betriebswirtschaftslehre ist eine Schwerpunktsetzung auf Band 1 (Grundlagen und Anwendungen) empfehlenswert, in dem beispielsweise Inhalte wie Dokumenten- und Wissensmanagementsysteme, ERP-Systeme, Konsumenteninformationssysteme, elektronische Märkte oder Managementunterstützungssysteme behandelt werden. Für Studierende der Studienrichtungen

---

[1] Natürlich sind in dem gesamten Buch immer weibliche und männliche Vertreter aller erwähnten Personengruppen angesprochen, wenn von Absolventen, Studenten, Endbenutzern usw. die Rede ist. Aus Gründen der Lesbarkeit verzichten die Autoren jedoch auf Kunstwörter wie Absolvent/inn/en oder StudentInnen.

Wirtschaftsinformatik 1 **Grundlagen und Anwendungen**	**Wirtschaftsinformatik 2** **Informationstechnik**
1. Einführung und Überblick	1. Zentraleinheiten
2. Planung, Entwicklung und Betrieb von Informationssystemen	2. Datenträger und externe Speicher
	3. Ein- und Ausgabegeräte
3. Büroinformationssysteme	4. System- und Entwicklungssoftware
4. Unterstützung betrieblicher Leistungsprozesse durch ERP-Systeme	5. Datenstrukturen und Datenspeicherung
5. Außenwirksame Informationssysteme und Electronic Commerce	6. Datenübertragung und Netzwerke
6. Managementunterstützungssysteme	7. Verteilte Systeme

Inhaltsübersicht

Wirtschaftsinformatik und Informatik wird die Schwerpunktsetzung auf den zweiten Teil (Informationstechnik) empfohlen. Hier werden beispielsweise Programmiersprachen, Rechnernetze oder Verteilte Systeme in größerem Detail behandelt.

Für das Verständnis der Lehrinhalte benötigen Sie *keine speziellen Vorkenntnisse*. Obwohl die Kapitel im Sinne eines Lehrbuchs aufbauend gestaltet sind, ist eine sequenzielle Kapitelfolge nicht zwingend vorgeschrieben. Das gibt Ihnen die Möglichkeit, sich je nach Interessenlage und Vorwissen auf unterschiedliche Kapitel zu konzentrieren. In jedem der Kapitel werden Voraussetzungen aus früheren Abschnitten und tiefer gehende Information in späteren Abschnitten explizit angeführt. In der Abbildung auf der folgenden Seite sehen Sie die für die unterschiedlichen Berufsbilder empfohlene Schwerpunktsetzung der beiden Bände.

Das die Bände 1 und 2 ergänzende *„Arbeitsbuch Wirtschaftsinformatik"* (UTB 1281 – Verlag Lucius & Lucius, 7. Auflage, Stuttgart 2005) enthält ein Glossar und ein zweisprachiges Wörterbuch, in dem die wichtigsten in diesem Buch vorkommenden Begriffe in alphabetischer Reihenfolge erläutert werden. Ferner sind darin über 400 Übungsaufgaben mit Musterlösungen aufgeführt, die zur Selbstkontrolle Ihrer Lernfortschritte dienen können. Durch Hinweise im vorliegenden Lehrtext werden Sie jeweils darauf aufmerksam gemacht, an welcher Stelle diese Aufgaben zu lösen sind. Sie finden in diesem Arbeitsbuch ferner zehn einstündige Klausurarbeiten mit je rund 35 Prüfungsfragen, bei denen Auswahlantworten vorgegeben sind. Mit Hilfe der angegebenen Bewertungsmaßstäbe und Lösungen, die den Klausuraufgaben folgen, können Sie diese selbst korrigieren und benoten.

Band 1	Endbenutzer	IS-Berater	IS-Manager	IS-Entwickler
1. Einführung und Überblick				
2. Planung, Entwicklung und Betrieb von Informationssystemen				
3. Büroinformationssysteme				
4. Unterstützung betrieblicher Leistungsprozesse durch ERP-Systeme				
5. Außenwirksame Informationssysteme und Electronic Commerce				
6. Managementunterstützungssysteme				

Band 2	Endbenutzer	IS-Berater	IS-Manager	IS-Entwickler
1. Zentraleinheiten				
2. Datenträger und externe Speicher				
3. Ein- und Ausgabegeräte				
4. System- und Entwicklungssoftware				
5. Datenstrukturen und Datenspeicherung				
6. Datenübertragung und Netzwerke				
7. Verteilte Systeme				

Legende:

Kernwissen

Vertiefungswissen

Ergänzungswissen (bei Bedarf nachschlagen)

Empfohlene Schwerpunktsetzungen für die Durcharbeitung des Stoffgebiets je nach Berufsbild

Ihre Arbeit mit dem vorliegenden Stoffgebiet wird erleichtert, wenn Sie folgende Hinweise und Anregungen beachten:

1. Am Ende dieses Buches finden Sie eine *Aufstellung ausgewählter Literatur*. Zur Lektüre dieser Veröffentlichungen wird geraten, wenn beim Textstudium Unklarheiten auftauchen. Eine Anschaffung ist dann empfehlenswert, wenn Sie Ihr Wissen vertiefen oder ergänzen wollen.

2. Versuchen Sie *nicht auswendig zu lernen*, sondern zu verstehen! Das Wissensgebiet der Wirtschaftsinformatik ist höchst dynamisch. Viele der in dem Buch genannten Produkte und Kenndaten (Leistungen, Kapazitäten, Preise) ändern sich sehr rasch. Die Zusammenhänge, aus denen sich diese Werte ergeben, oder das Grundverständnis bezüglich der Funktionsweisen ändern sich hingegen sehr wenig. Im späteren Berufsleben wird man von Ihnen Problemlösungskapazitäten verlangen, und nicht auswendig gelerntes Faktenwissen, das rasch veraltet.

3. Für alle Kapitel des vorliegenden Buches existieren besondere *Lehrziele*, die zu Beginn der Kapitel aufgeführt werden. Diese sollen Ihnen die Orientierung beim Durcharbeiten des Lehrtextes erleichtern und Ihnen eine Beurteilung erlauben, ob der angestrebte Lernprozess stattgefunden hat oder nicht.

4. Eine weitere Orientierungshilfe sind die *Rasterbalken* am Seitenrand. Diese kennzeichnen Beispiele zur Veranschaulichung vorher erläuterter Sachverhalte. Diese Beispiele dienen vor allem zur Erhöhung des Verständnisses, indem die abstrakten Konzepte mit vertrauten Situationen in Beziehung gesetzt werden.

5. Wie bereits erwähnt, sind in den Lehrtext Hinweise auf *Übungsaufgaben* eingestreut. Sie sollten diese im Arbeitsbuch enthaltenen Aufgaben zur Selbstkontrolle jeweils sofort bearbeiten, ehe Sie mit dem Textstudium fortfahren. Diese sind dem behandelten Stoff angepasst und sollen Ihr ständiges Mitdenken sichern. Für den Fall, dass Ihre Lösung einer Aufgabe nicht mit der vorgegebenen Musterlösung im Arbeitsbuch übereinstimmt, ergeben sich folgende Möglichkeiten:

   - Ihre Lösung ist ähnlich der vorgegebenen und damit sinngemäß richtig. – Setzen Sie Ihr Textstudium fort beziehungsweise beginnen Sie mit der Bearbeitung der nächsten Aufgabe.

   - Sie bemerken aufgrund der vorgegebenen Lösung Fehler beziehungsweise Verständnismängel. – Lesen Sie den der Übungsaufgabe vorangegangenen Abschnitt nochmals sorgfältig durch und setzen Sie Ihr Textstudium danach fort beziehungsweise gehen Sie zur Bearbeitung der nächsten Aufgabe über, wenn Sie die vorgegebene Lösung verstanden haben.

   - Sie können sich nicht erklären, warum die vorgegebene Lösung anders ist als die Ihrige. – Lesen Sie den entsprechenden Abschnitt (eventuell auch die vorhergehenden Abschnitte) des vorangegangenen Lehrtextes nochmals gründlich durch. Werden dadurch die Unklarheiten nicht beseitigt, so wenden Sie sich bitte an die Verfasser (Anschrift auf der Rückseite des inneren Titelblatts).

6. Sie fördern Ihr Problembewusstsein und erreichen eine größere Sicherheit beim Abschätzen Ihrer Lernleistung, wenn Sie Wiederholungen und die Lösung der Aufgaben zur Selbstkontrolle nicht allein, sondern in einer kleinen Lerngruppe von drei bis fünf Mitgliedern durchführen.

Der *Arbeitsaufwand* für die Durcharbeitung der Bände 1 und 2 ist von Ihrem bereits vorhandenen Wissen und Ihrem individuellen Lerntempo abhängig. Für eine zweistündige Lehrveranstaltung eignen sich etwa 200–300 Seiten dieses Bandes. Für das reine Selbststudium sollten Sie für 100 Seiten etwa eine Woche Lernzeit ansetzen. Viel Erfolg beim Lernen!

1 Zentraleinheiten

Lehrziele

Nach der Durcharbeitung dieses Kapitels sollten Sie

- die Architektur eines von-Neumann-Rechners beschreiben, sowie die Klassifikation der Rechnerarchitekturen nach Flynn erklären können,

- eine Klassifikation von Mehrprozessorsystemen wiedergeben und darin einen neu angekündigten Rechner einordnen können,

- den internen Ablauf bei der Ausführung von Programmen erklären können,

- die modernen Hardwarekonzepte zur Beschleunigung der Befehlsverarbeitung (beispielsweise Pipelines, mehrere Ausführungseinheiten) darlegen können,

- die Zwecke und Realisierungsformen einer Speicherhierarchie begründen können,

- den Einfluss des Bussystems auf das Leistungsvermögen eines Rechners erläutern können,

- die unterschiedlichen Anforderungen an das Ein-/Ausgabesystem für Arbeitsplatz- und für Serverrechner beschreiben können,

- die wichtigsten Kriterien für die Auswahl und Konfigurierung der Zentraleinheit eines Schreibtisch-PCs nennen können,

- die Gemeinsamkeiten und Unterschiede von zwei verbreiteten Mikroprozessorarchitekturen erläutern können,

- die größten Anbieter, typische Produkte und wesentliche Trends auf den verschiedenen Rechnermärkten kennzeichnen können.

Wie Sie bereits aus Band 1, Kapitel 1 wissen, besteht ein Rechnersystem im Wesentlichen aus einer Zentraleinheit, aus Ein- und Ausgabeeinheiten und aus externen Speichereinheiten (Massenspeicher). Die Verarbeitungsschritte erfolgen in der *Zentraleinheit*, die Gegenstand dieses Kapitels ist (siehe Abb. 1/1). Im Kapitel 2 dieses Bandes werden die *Datenträger und externen Speicher* behandelt. Im Kapitel 3 erfolgt die detaillierte Vorstellung der *Ein- und Ausgabegeräte*.

> Eine **Zentraleinheit** (engl.: central unit) beinhaltet Zentralspeicher, Zentralprozessor(en) und eventuell weitere Spezialprozessoren, Verbindungseinrichtungen (Busse), Ein-/Ausgabesteuerung, Stromversorgung und sonstige, für den Betrieb nötige Zusatzeinrichtungen (wie beispielsweise Kühlung).

In der *Zentraleinheit* werden, gesteuert von den Systemprogrammen, die von den Anwendungsprogrammen vorgeschriebenen Elementarfunktionen von dem (oder den) Zentralprozessor(en) verrichtet. Ein *Prozessor* umfasst (wie bereits im Band 1, Kapitel 1 ausgeführt) Leit- und Rechenwerk. Das *Rechenwerk* führt logische und arithmetische Operationen durch. Das *Leitwerk* sorgt für die zeitlich und funktional aufeinander abgestimmte Zuführung von Befehlen und Daten aus den Speichern in das Rechenwerk. Dabei werden die Befehle und Daten dem *Arbeitsspeicher* entnommen, und die Ergebnisse werden dorthin für die Ausgabe zurück geschrieben.

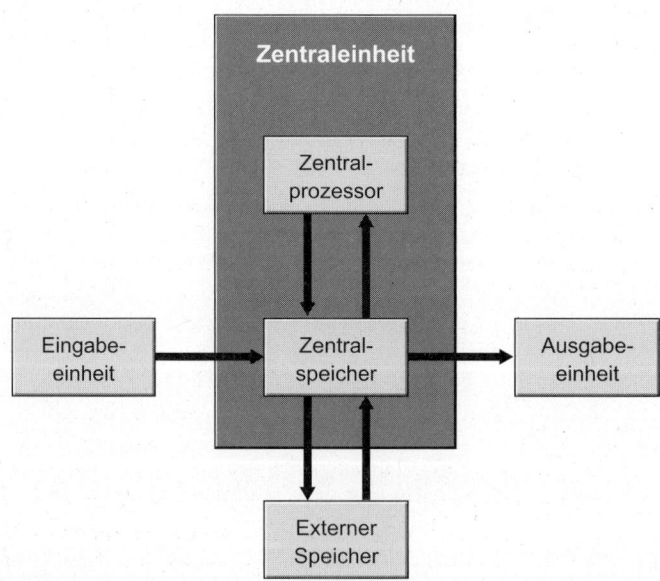

Abb. 1/1: Funktionaler Aufbau eines Rechners

Abb. 1/2: Hauptplatine eines PCs

Die Funktionseinheiten eines Prozessors werden im Abschnitt 1.3 detailliert behandelt, im Abschnitt 1.4 folgen Grundlagen von Mehrprozessorsystemen. Im Abschnitt 1.5 wird die Ein-/Ausgabesteuerung von Rechnern skizziert, während im Abschnitt 1.6 die Verbindungseinheiten zwischen den Funktionseinheiten Gegenstand sind. Schließlich werden im Abschnitt 1.7.1 die Bauelemente des Arbeitsspeichers vorgestellt.

In jedem PC – so auch in unserem Beispiel-PC – ist die Zentraleinheit auf der so genannten *Hauptplatine* (engl.: motherboard, main board) untergebracht. Auf der *Hauptplatine* befinden sich darüber hinaus Bausteine zur internen Kommunikation zwischen den Komponenten, Verbindungen zu peripheren Geräten sowie Verbindungen zur Stromversorgung (siehe Abb. 1/2). Die Menge der Chips, die neben dem Zentralprozessor noch auf der Hauptplatine die oben genannten Aufgaben erfüllen, bezeichnet man als *Chipsatz* (engl.: chipset). Hauptplatinen werden nach ihrer Bauart, nach dem verwendeten Chipsatz, nach Anzahl und Typ der für die Zentraleinheit verfügbaren Steckplätze und nach Anzahl und Typ der Anschlüsse für periphere Geräte unterschieden. Als Steckplätze für den Prozessor sind entweder Sockel oder Slots vorgesehen, wobei es in jeder der beiden Kategorien unterschiedliche Modelle gibt. So benötigt zum Beispiel ein Pentium III einen Slot-1-Steckplatz. Für den Pentium 4 in unserem Beispiel-PC ist eine Hauptplatine mit Sockel 423 (benannt nach der Anzahl der Stifte) notwendig.

▶ Übungsaufgabe Nr. 2.1.1 im Arbeitsbuch

1.1 Architektur

1.1.1 Prinzip der von-Neumann-Architektur

In der Folge erklären wir die Arbeitsweise der meistgebräuchlichen Rechner, die mit *einem* Zentralprozessor ausgestattet sind. Es handelt sich dabei um so genannte *von-Neumann-Rechner*, deren traditionelle, sequenzielle Ablauforganisation sich im Prinzip seit der Erfindung der ersten Computer (während des Zweiten Weltkrieges) bis heute nicht geändert hat.

Der Begriff des *von-Neumann-Rechners* oder der *von-Neumann-Architektur* geht auf den in Budapest geborenen Mathematiker *John von Neumann* zurück, der dieses Funktionsprinzip in einer wissenschaftlichen Arbeit im Jahr 1945 vorgestellt hat. Das Besondere des von-Neumann-Rechners war, dass im Gegensatz zu früheren Rechnerarchitekturen die Schaltungen der Programmlogik *nicht fest verdrahtet* wurden, sondern als Programm in den Arbeitsspeicher geladen wurden. Dadurch wurde aus einer *stark spezialisierten Rechenmaschine* eine *universelle Rechenmaschine,* in die nach Bedarf unterschiedliche Programme geladen werden können. Zur Veranschaulichung eines von-Neumann-Rechners dient wie gewohnt unser Beispiel-Personalcomputer.

Ein von-Neumann-Rechner besteht aus den fünf Funktionseinheiten *Steuerwerk*, *Rechenwerk*, *Speicher* (Zentralspeicher und externer Speicher), *Eingabewerk* und *Ausgabewerk* (siehe Abb. 1.1.1/1). Die Struktur einer von-Neumann-Maschine ist dabei von der zu bearbeitenden Aufgabenstellung unabhängig; durch im Speicher abgelegte Programme (also eine Folge von Anweisungen, die eine Verarbeitungsvorschrift bilden) wird die Verarbeitung an die jeweilige Pro-

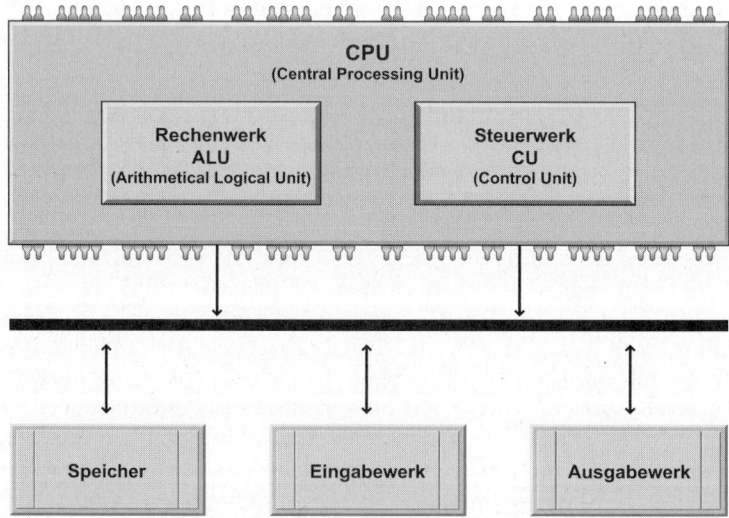

Abb. 1.1.1/1: Grobstruktur einer von-Neumann-Architektur

blemstellung angepasst. Die Arbeitsweise einer von-Neumann-Maschine folgt dabei dem bereits um 1850 von Charles Babbage vorgeschlagenen Prinzip der Eingabe, Verarbeitung und Ausgabe (EVA-Prinzip der Datenverarbeitung). Ein Prozessor arbeitet Schritt für Schritt Anweisungen ab. Sowohl die Daten, die verarbeitet werden sollen, als auch die Befehle sind in einem gemeinsamen Speicher abgelegt und müssen vom Prozessor geholt werden.

Diese Trennung von Speicher und Prozessor führt dazu, dass jede Information, die vom Prozessor verarbeitet wird, zuerst über einen Bus vom Speicher in den Prozessor transferiert werden muss. Da die Bandbreite auf diesem Bus beschränkt ist und die Transferrate im Vergleich zur Verarbeitungsgeschwindigkeit relativ gering ist, wird diese Verbindung vielfach zu einem Engpass. Diesen Engpass bezeichnet man als den *von-Neumann-Flaschenhals*.

Weiterentwicklungen auf dem Gebiet der Rechnerarchitektur hatten daher zum Ziel, diesen Engpass zu reduzieren oder zu umgehen. Die wichtigsten Erweiterungen umfassen die Einführung von hierarchischen Speicherstrukturen, die einen schnelleren Zugriff auf Daten und Befehle erlauben (siehe Abschnitt 1.2) sowie die Parallelisierung der sequenziellen Befehlsausführung durch Einsatz von Hilfsprozessoren für die Gleitkommaarithmetik und die Ein-/Ausgabe (bei einem PC auf der Grafik-, der Sound- und der Netzadapterkarte), durch Konzepte der *Fließbandverarbeitung* (engl.: pipelining, siehe Abschnitt 1.3) oder die Realisierung alternativer Architekturprinzipien unter Verwendung mehrerer Zentralprozessoren (siehe nächster Abschnitt).

▸ Übungsaufgabe Nr. 2.1.2 im Arbeitsbuch

1.1.2 Rechnerarchitekturen nach Flynn

Die Klassifikation von Flynn teilt Rechnerarchitekturen nach der Art der Befehlsausführung in die folgenden vier Kategorien:

Ein **SISD-Rechner** (Abkürzung von engl.: single instruction single data) kann Befehle ausschließlich sequenziell abarbeiten. Das heißt, dass bei einer entsprechenden Rechnerarchitektur in einem Bearbeitungsschritt jeweils genau ein Befehl (engl.: single instruction) auf den zugehörigen Operanden beziehungsweise das zugehörige Datenelement (engl.: single data) angewendet wird.

Die ursprüngliche von-Neumann-Architektur ist ein SISD-Rechner.

Ein **SIMD-Rechner** (Abkürzung von engl.: single instruction multiple data) kann einen Befehl (engl.: single instruction) auf eine Vielzahl von Datenelementen (engl.: multiple data) mehr oder minder simultan anwenden. Aus diesem Grund werden entsprechende Prozessoren auch als *Vektorprozessoren* (engl.: vector processor, array processor) bezeichnet.

Mit einem SIMD-Rechner können Berechnungen mit Vektoren und Matrizen sehr effizient durchgeführt werden. Typische Anwendungen für diese Operationen sind die grafische Datenverarbeitung oder die Verarbeitung von Datenströmen mit multimedialen Inhalten.

Der erste bekannte SIMD-Rechner war der Cray-Computer in den 1970er Jahren. Heute finden sich SIMD-Instruktionen bei vielen gängigen Rechnerarchitekturen, wie beispielsweise die AltiVec-Instruktionen bei der PowerPC-Architektur, oder MMX, SSE, SSE2 und SSE3 bei den gängigen Intel-Prozessoren oder 3DNow! bei AMD-Prozessoren. Der Großteil der heutigen Software nutzt allerdings diese Instruktionen nicht, da diese meist nur über Assemblersprachen für sehr spezialisierte Anwendungen genutzt werden können.

Der *Pentium-4-Mikroprozessor* unseres Beispiel-PCs wendet das Prinzip der *SIMD-Verarbeitung* in drei unterschiedlichen Erweiterungen zur Verbesserung der Rechenleistung an, die schrittweise seit der Ankündigung des Pentium-II-Prozessors zum Befehlssatz hinzugefügt wurden. Beispielsweise dienen die *MMX*-Anweisungen (Abkürzung von engl.: multimedia extensions) für SIMD-Operationen auf *ganzzahligen Werten* (engl.: integer), die Erweiterungen *SSE* und *SSE2* (Abkürzung von engl.: streaming SIMD extension) stellen SIMD-Operationen für Gleitkommawerte dar.

Ein **MISD-Rechner** (Abkürzung von engl.: multiple instruction single data) wäre ein Rechner, der zu einem Zeitpunkt mehrere Instruktionen (engl.: multiple instruction) auf demselben Datenelement (engl.: single data) durchführen kann.

Diese Kategorie wurde nur der Vollständigkeit wegen definiert, entsprechende Rechner wurden niemals entwickelt.

Ein **MIMD-Rechner** (Abkürzung von engl.: multiple instruction multiple data) kann gleichzeitig mehrere Instruktionen (engl.: multiple instruction) auf mehreren Datenelementen (engl.: multiple data) ausführen. Entsprechende Architekturen finden bei Mehrprozessorsystemen Anwendung, bei denen die einzelnen Prozessoren unabhängig voneinander Berechnungen ausführen können.

Diese Definition ist sehr allgemein gefasst. Im weiteren Sinn sind somit praktisch alle PCs, die Hilfsprozessoren verwenden, Rechnersysteme nach MIMD.

Eine aktuelle Entwicklung im Bereich der Mikroprozessoren stellen Prozessoren mit *mehrfachen Prozessorkernen* (engl.: processor core) dar. Dies bedeutet, dass innerhalb eines Prozessorchips mehrere Prozessoren emuliert werden können, sodass eine physische CPU mehrere virtuelle CPUs emulieren kann. Ein Prozessor mit mehreren Prozessorkernen erscheint dem Betriebssystem als ein Mehrprozessorsystem.

Intel kennzeichnet Systeme mit derzeit zwei Pentium-4-Prozessorkernen mit dem Begriff *Hyperthreading*. Die *POWER5-Architektur* von IBM verwendet ebenso zwei Prozessorkerne. Bei dem so genannten *Cell-Prozessor*, der von Sony, Toshiba und IBM

Eng gekoppeltes Mehrprozessorsystem

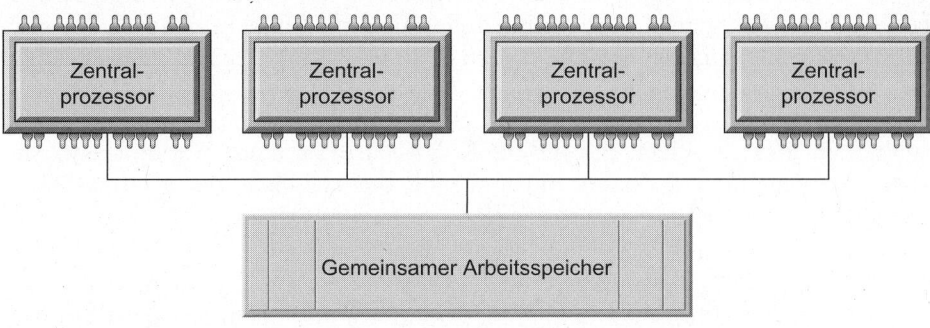

Lose gekoppeltes Mehrprozessorsystem

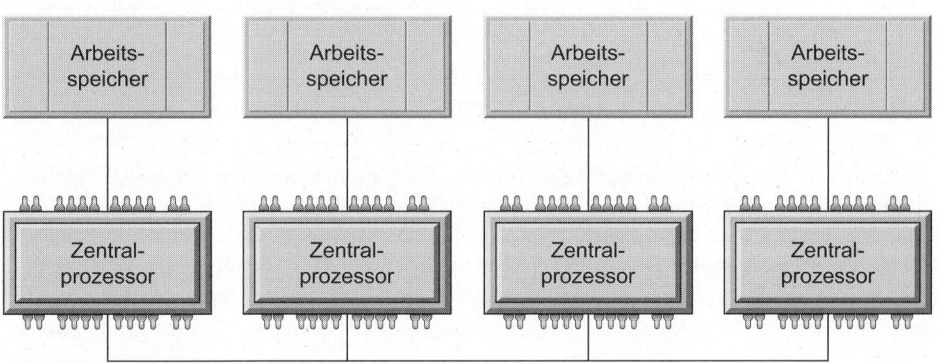

Abb. 1.1.2/1: Eng und lose gekoppelte Mehrprozessorsysteme

entwickelt wird und für 2005 angekündigt ist, geht man noch einen Schritt weiter: Bei diesem Prozessor sind bis zu 16 Prozessorkerne in einem Chip integriert.

Die Klasse der MIMD-Architekturen lässt sich noch weiter hinsichtlich der Kopplung der Zentralprozessoren untergliedern.

> Bei **eng gekoppelten Mehrprozessorsystemen** (engl.: tightly coupled multi-processor system) greifen (meist wenige) Zentralprozessoren auf einen *gemeinsamen Arbeitsspeicher* (engl.: shared memory) zu. Die Prozessoren befinden sich physisch innerhalb desselben Rechners und benutzen einen gemeinsamen Kommunikationskanal (zum Beispiel einen Bus), um auf den Arbeitsspeicher zuzugreifen.

Zu der Kategorie der eng gekoppelten Mehrprozessorsysteme gehören die meisten der heute angebotenen Mehrprozessorsysteme. Während Zweiprozessorsysteme relativ kostengünstig sind, erfordern eng gekoppelte Mehrprozessor-systeme mit beispielsweise 16 Prozessoren bereits sehr leistungsfähige Bussysteme, um auf den gemeinsam genutzten Speicher zugreifen zu können. Dadurch verteuern sich die Systeme entsprechend. Da die Prozessoren nicht nur aus dem Arbeitsspeicher lesen sondern auch in den Arbeitsspeicher schreiben, und die einzelnen Prozessoren zudem noch Cache-Speicher (Abschnitt 1.2.2) besitzen, stellt sich das Problem der Cache-Kohärenz: Bei einer Veränderung des zugrunde liegenden Speichers müssen auch die zwischengespeicherten Werte nachgezogen oder invalidiert werden (mehr dazu später).

Aus diesen Beispielen ist ersichtlich, dass sich durch ein Mehrprozessorsystem auch die Anforderungen an das Speichermanagement und an die Verbindungssysteme deutlich erhöhen. Aus diesem Grund können heute beispielsweise eng gekoppelte Mehrprozessorsysteme mit maximal 32 Intel-Pentium-Prozessoren gebaut werden.

> Ein **lose gekoppeltes Mehrprozessorsystem** (engl.: loosely coupled multiprocessor system) besteht aus Prozessoren, die jeweils über einen eigenen (lokalen) Speicher verfügen. Man spricht dabei auch von *verteilten Speicherstrukturen* (engl.: distributed memory). Die Kommunikation zwischen den Prozessoren erfolgt hierbei durch Nachrichten, die meist über ein Rechnernetz versendet werden. Lose gekoppelte Mehrprozessorsysteme werden daher auch *nachrichtengekoppelte Systeme* genannt.

Die lose Kopplung kann entweder innerhalb eines Rechners erfolgen oder sie kann über ein verteiltes Rechnersystem realisiert werden. Letzteres ist durch die rasante Entwicklung des Durchsatzes von lokalen Netzwerken möglich geworden. Der Aufbau und die Funktionsweise von Multiprozessorsystemen werden im Abschnitt 1.4 noch genauer behandelt.

1.2 Zentralspeicher

> **Zentralspeicher** sind in der Zentraleinheit befindliche Speicher, zu denen der beziehungsweise die zentralen Prozessoren und gegebenenfalls die E/A-Steuerung unmittelbar Zugang haben.

Bei Zentralspeichern unterscheidet man zwischen Arbeitsspeicher, Pufferspeicher, Registerspeicher und Mikroprogrammspeicher (siehe Abb. 1.2/1). Viele dieser Speicher sind aus *Speicherchips* aufgebaut, andere sind in Baueinheiten wie dem Zentralprozessor integriert. Diese Typen von Speicher unterscheiden sich – wie im Folgenden gezeigt wird – wesentlich hinsichtlich ihrer Leistungsfähigkeit.

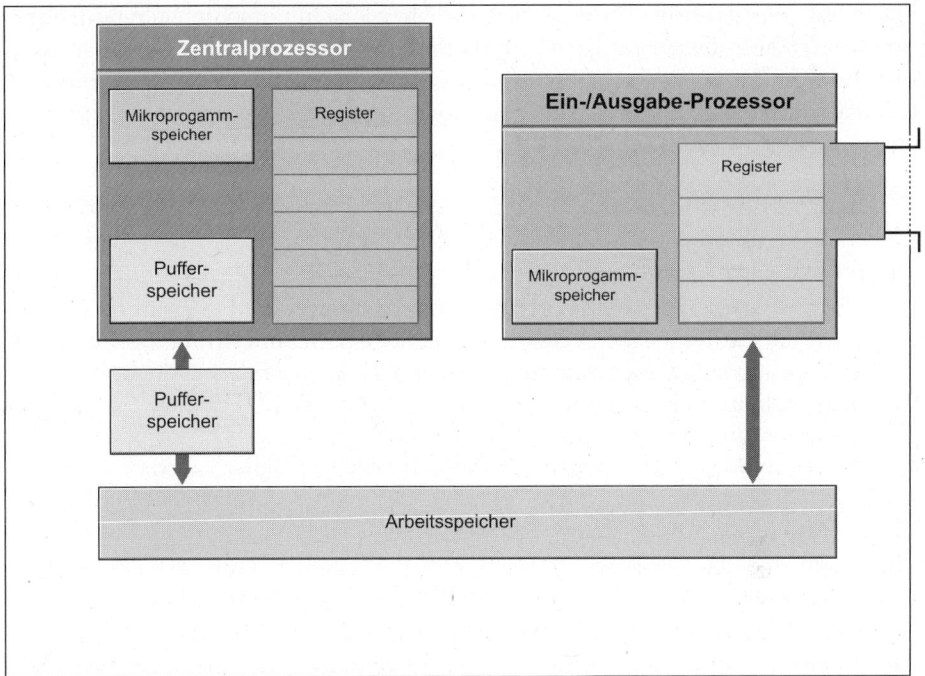

Abb. 1.2/1: Zentralspeicher

1.2.1 Arbeitsspeicher

Im **Arbeitsspeicher** werden die laufenden Programme und die von diesen benötigten Daten gehalten. Aus ihm entnimmt der Zentralprozessor beim Programmablauf schrittweise die Befehle und die in den Befehlen adressierten Daten, führt die verlangten Operationen aus und gibt deren Ergebnisse an den Arbeitsspeicher zurück.

Wie erwähnt ist der Arbeitsspeicher *direkt adressierbar*, das heißt jede Speicherstelle, die ein Byte aufnehmen kann, hat eine eigene Adresse. Die Speicherstellen sind von Null an aufsteigend durchnummeriert. Die Anzahl der Bits, die zur Darstellung der Adresse zur Verfügung stehen (auch Breite des Adressbusses genannt, siehe Abschnitt 1.6.1), bestimmt demnach die maximale Größe des direkt adressierbaren Arbeitsspeichers. Die meisten der heute in PCs eingesetzten Prozessoren haben eine Adressbusbreite von 32 Bit, damit können also 2^{32} Speicherzellen angesprochen werden. Dies ergibt bei einer Größe einer Speicherzelle von einem Byte einen maximalen Adressraum von vier Gigabyte.

Das *Fassungsvermögen* von Arbeitsspeichern ist unterschiedlich und hängt von der Art und der Anzahl der verwendeten Speicherchips ab. Die Kapazität von Speicherchips wird in Mbit angegeben, marktüblich sind heute Chips mit einer Kapazität von 64 bis 512 Mbit. Als *Speichermodul* bezeichnet man die Integration mehrerer solcher Speicherchips in einem Baustein (siehe Abschnitt 1.7.1 für einen Überblick über aktuelle Bauformen), die Kapazität von Speichermodulen wird typischerweise in MB (Megabyte) angegeben. So ergeben zum Beispiel 16 in einem Modul zusammengefasste 256-Mbit-Chips ein Modul mit einer Kapazität von 512 MB.

Das Fassungsvermögen von Arbeitsspeichern ist in den letzten Jahren signifikant gestiegen. Mittlerweile verfügen bereits Kleinstrechner (PDAs) über einige MB Speicherkapazität. Zentraleinheiten von Schreibtisch-PCs oder Notebook-PCs haben Arbeitsspeicher von 64 MB bis 4 GB. Parallel dazu sind aber auch die Anforderungen an die verfügbare Speicherkapazität gewachsen. Während das Betriebssystem MS DOS noch mit 640 KB Arbeitsspeicher auskam, wird für aktuelle Betriebssysteme wie zum Beispiel Windows XP bereits eine Mindestkapazität von 256 MB Arbeitsspeicher empfohlen. Für *Linux Fedora Core 3* werden für den Betrieb im Textmodus 64 MB und für den Einsatz mit grafischer Benutzeroberfläche 256 MB Arbeitsspeicher als Minimum empfohlen.

Bei manchen Serverrechnern gibt es darüber hinaus noch einen so genannten *Erweiterungsspeicher*. Dieser erlaubt es, Speicherbereiche zu adressieren, die über die bei 32-Bit-Rechnern architekturbedingte 4-GB-Speichergrenze hinausgehen. Über Speichersegmente ist es auch bei 32-Bit-Intel-Rechnern möglich, einen Adressbereich von bis zu 16 TB anzusprechen.

> Die derzeit größten auf dem Markt verfügbaren Rechner mit 32-Bit-Intel-Prozessoren (beispielsweise xSeries 445) haben einen Arbeitsspeicher bis zu 64 GB.

Achtung: Unsere Begriffsbestimmung entspricht keineswegs immer dem Sprachgebrauch der Praxis. Häufig wird der *Arbeitsspeicher* auch als *Hauptspeicher* oder als *Zentralspeicher* bezeichnet.

▶ Übungsaufgabe Nr. 2.1.3 im Arbeitsbuch

Der bei Personalcomputern oft auch **RAM** (Abkürzung von engl.: random access memory) genannte Arbeitsspeicher ist ein Schreib-/Lesespeicher, der aus flüchtigen Speicherchips aufgebaut ist.

Der gespeicherte Inhalt geht bei Unterbrechung der Stromversorgung verloren. Dauerhaft zu speichernde Programme und Daten müssen auf externe Speicher ausgegeben und von dort bei Bedarf wieder eingelesen werden.

Neben dem Schreib-/Lesespeicher gibt es meist auch einen Nur-Lesespeicher, das so genannte **ROM** (Abkürzung von engl.: read-only memory). Das ROM ist aus nicht-flüchtigen Speicherchips aufgebaut.

Sie haben bereits in Band 1, Kapitel 1 verschiedene Typen von ROMs (wie beispielsweise PROM, EPROM, EEPROM, Flash) kennen gelernt. Diese Speicher werden genutzt, um das elementare Hardwarebetriebssystem (BIOS) und Hardwarekonfigurationen zu speichern.

Das **BIOS** (Abkürzung von engl.: basic input output system; deutsch: Basis-Ein-/Ausgabesystem) stellt hardwarenahe Routinen zur Verfügung. Es wird automatisch beim Starten des Computers aktiviert. Danach führt es einen Selbsttest durch, initialisiert die Hardwarekomponenten und lädt das eigentliche Betriebssystem von einer Festplatte (oder einer optischen Speicherplatte wie einer CD oder DVD, oder über das Netzwerk) in den Arbeitsspeicher. Wenn das Betriebssystem während des laufenden Betriebes auf die Hardware zugreift, kann es BIOS-Routinen nutzen.

Das BIOS umfasst Funktionen wie zum Beispiel:
• Hardwarediagnose,
• Lesen und Schreiben von Sektoren der Festplatte,
• Setzen der Systemuhr und des Systemdatums.

Das BIOS wird üblicherweise mit der Hardware ausgeliefert. Es stellt auf Personalcomputern mit unterschiedlichen Hardwarekonfigurationen standardisierte Funktionen zur Verfügung. Durch Zugriff von Betriebssystemen (Windows, Mac OS, Linux usw.; siehe Kapitel 4 dieses Bandes) auf diese BIOS-Funktionen werden Hardwareunterschiede verdeckt.

Als Benutzer können Sie über ein Setup-Programm beim Hochfahren des PCs einige Grundeinstellungen im BIOS verändern (zum Beispiel Parameter der eingebauten Laufwerke, Einstellungen zur Leistungsoptimierung, Reihenfolge, Suchreihenfolge der Laufwerke beim Starten des Betriebssystems); meist werden diese Parameter aber automatisch vom System erkannt, sodass eine Veränderung des BIOS nicht notwendig ist. Falsche Einstellungen im Setup können dazu führen, dass sich der Rechner nicht mehr hochfahren lässt; daher sind Veränderungen nur erfahrenen Benutzern zu empfehlen.

Tragbare Rechner besitzen manchmal auch ROM-Speicher, in denen herstellerseitig bereits *komplette Betriebssysteme und eventuell sogar Anwendungsprogramme* eingespeichert worden sind. Bei PDAs oder Smartphones ist das die Regel. Die Programme bedürfen dann keiner Ladezeiten, es wird aber die Anpassung an technische Fortschritte erschwert (neue Programmversionen durch Komponentenaustausch).

▶ Übungsaufgabe Nr. 2.1.4 im Arbeitsbuch

Bei den meisten Rechnern werden die Befehle und Operanden überwiegend nicht direkt vom Zentralprozessor aus dem Arbeitsspeicher abgerufen, sondern es findet eine *Zwischenspeicherung in einem Pufferspeicher* statt.

1.2.2 Pufferspeicher (Cache)

> Ein **Puffer** (engl.: buffer) ist ein Speicher, der vorübergehend Daten auf-
> nimmt, die von einer Funktionseinheit zu einer anderen übertragen werden.

Pufferspeicher werden überall dort in einem Rechner verwendet, wo Einheiten mit unterschiedlicher Verarbeitungsgeschwindigkeit zusammenarbeiten. So
gibt es in fast allen Rechnern Puffer für den Datenverkehr zwischen der schnellen Zentraleinheit und den langsameren Ein- und Ausgabegeräten beziehungsweise Übertragungsleitungen. Auch in den Peripheriegeräten selbst sind Pufferspeicher installiert.

Ein zwischen dem Arbeitsspeicher und dem Zentralprozessor befindlicher
Pufferspeicher, der so genannte *Cache* (von engl.: cache memory), hat eine sehr
kurze Zugriffszeit und eine begrenzte Kapazität von nur einigen tausend Bytes.
Dagegen werden für den Arbeitsspeicher preisgünstigere Halbleiterbauelemente
verwendet, mit denen sehr viel größere Kapazitäten mit Zykluszeiten realisiert
werden, die ein Mehrfaches betragen. *Im Cache werden während der Programmverarbeitung die jeweils aktuellen Befehle und Daten rechtzeitig bereitgestellt.* Vom Zentralprozessor aus gesehen entsteht durch diese *Speicherhierarchie* ein Speicher, der fast so schnell wie der Cache und so groß wie der
Arbeitsspeicher ist.

Voraussetzung für die Leistungssteigerung ist eine hohe Wahrscheinlichkeit,
dass ein Zugriff vom Cache selbst, also ohne Rückgriff auf den Arbeitsspeicher,
befriedigt werden kann. Eine hohe *Trefferrate* wird dadurch erreicht, dass beim
Ansprechen eines noch nicht im Cache vorhandenen Speicherbereichs ein größerer Programm- oder Datenblock in den Cache übertragen wird. Die beim Programmablauf aufgerufenen Befehle stehen überwiegend unter fortlaufenden
Adressen nacheinander im Arbeitsspeicher, und auch die Datenadressen liegen
zumeist in kleineren Adressbereichen. Nach dem Laden eines Blocks findet der
Zentralprozessor deshalb die benötigten Folgebefehle und -daten fast immer im
Cache vor.

Gängige Zentralprozessoren verfügen meist über einen kleineren, schnelleren
Cache auf erster Ebene (engl.: first level cache, level-1-cache, L1-cache, primary
cache), der direkt im Chip integriert ist, und über einen weiteren Cache (oft)
außerhalb des Chips (engl.: second level cache, level-2-cache, L2-cache, secondary cache). Eine solche *Speicherhierarchie* durch die Kombination von ein-
oder zweistufigem Cache und Arbeitsspeicher ist in fast allen Rechnern realisiert – weil eine hohe Leistung einen „prozessorschnellen" Direktzugriffsspeicher bedingt, die Kosten von schnellen Speichern derzeit aber noch deutlich
höher sind als von langsamen.

Unser Beispiel-PC hat auf dem *Pentium-4-Chip* einen *Level-1-Cache von 20 KB* integriert. Davon sind 8 KB zur Speicherung von Daten reserviert, 12 KB zur Speicherung
von Befehlen (vom Hersteller als *execution trace cache* bezeichnet). Der Level-2-Cache

(ebenfalls on-chip) umfasst 512 KB, die 256 Bit breite Schnittstelle erlaubt eine maximale Datenübertragungsrate von 102,4 GB/s bei einer Prozessortaktrate von 3,2 GHz. Im Vergleich dazu erreichte die Vorgängerprozessorserie Pentium-III bei einer Taktrate von 1 GHz nur eine Übertragungsrate von 16 GB/s.

Viele Rechner der gehobenen Leistungsklasse besitzen weitere Cache-Speicher, um den Transfer vom Arbeitsspeicher in den Prozessor zu beschleunigen. Die angeführten Werte gelten für den relativ kostengünstigen Prozessor unseres Beispiel-PCs. Für Serverrechner werden von Intel Pentium-Prozessoren angeboten, die neben dem L1- und L2-Cache einen L3-Cache im Prozessor integriert haben.

So besitzt beispielsweise der für Multiprozessorsysteme geeignete *Intel Xeon Prozessor MP* mit 3 GHz einen 4 MB großen L3-Cache on Chip. Der Prozessor mit der gleichen Bezeichnung und 2,7 GHz besitzt beispielsweise einen L3-Cache mit „nur" 2 MB.

Einige Mehrprozessorsysteme besitzen zur weiteren Steigerung des Durchsatzes einen weiteren externen Cache pro Mehrprozessormodul. Werden diese Systeme gemeinsam mit einem Prozessor mit on-chip L3-Cache eingesetzt, so ergibt dies einen L4-Cache (siehe Abb. 1.2.2/1).

Ein Beispiel für ein derartiges System ist der Serverrechner *xSeries 445* von IBM, der mit bis zu 32 Intel Xeon MP-Prozessoren ausgestattet werden kann. Hierbei bilden jeweils 4 Prozessoren ein Mehrprozessormodul, wobei jedes Mehrprozessormodul mit 64 MB L4-Cache ausgestattet ist.

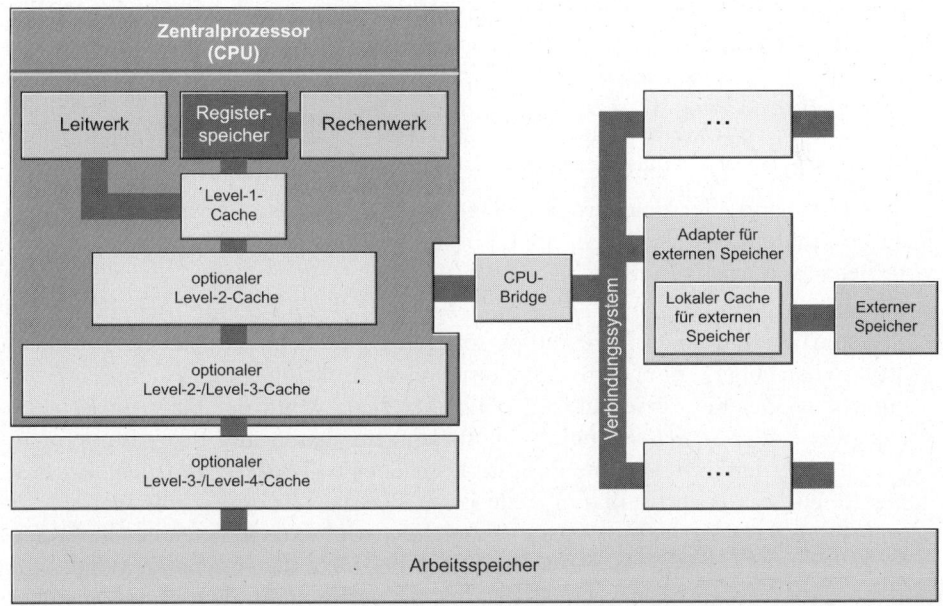

Abb. 1.2.2/1: Schematische Darstellung von Cache-Speichern

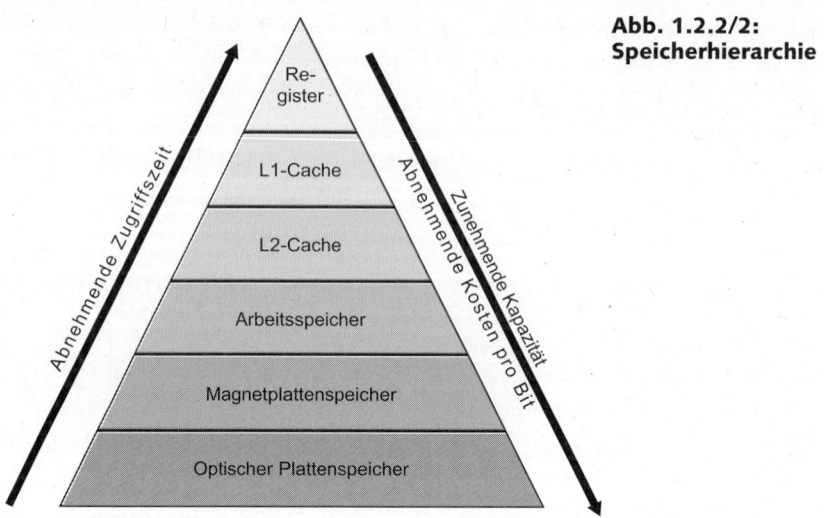

Abb. 1.2.2/2:
Speicherhierarchie

Register

L1-Cache

L2-Cache

Arbeitsspeicher

Magnetplattenspeicher

Optischer Plattenspeicher

Abnehmende Zugriffszeit

Abnehmende Kapazität

Zunehmende Kosten pro Bit

Doch nicht nur zwischen dem Arbeitsspeicher und dem Zentralprozessor finden Cache-Speicher Anwendung. In heutigen Rechnern existieren zahlreiche weitere Pufferspeicher, beispielsweise zwischen den relativ langsamen Plattenspeichern und dem Arbeitsspeicher, oder in Netzwerkkarten, die die empfangenen oder zu versendenden Daten zwischenspeichern.

Preisgünstige periphere Speicher ergänzen die *Speicherhierarchie* (Abb. 1.2.2/2) nach unten. Sie eignen sich zur Aufnahme sehr großer Datenmengen, haben jedoch im Vergleich zu Zentralspeichern lange Zugriffszeiten. Von großen Dateien und Programmen werden nur die bei der Verarbeitung benötigten Teilmengen in den Arbeitsspeicher transportiert. Jeweils aktuelle Befehle und Daten werden sodann im Cache bereitgestellt und von dort aus verarbeitet.

Das Hin- und Herspeichern von Daten und Programmen beziehungsweise Programmteilen zwischen den einer Hierarchie angehörenden Speichern wird vom Betriebssystem gesteuert.

Bei der so genannten *virtuellen Speicheradressierung* (engl.: virtual storage addressing) werden die schnellsten peripheren Direktzugriffsspeicher (vor allem Festplattenspeicher) mit dem Arbeitsspeicher funktional zu einem einzigen homogenen Speicher verschmolzen (Abb. 1.2.2/3). Wenn der Platz im Arbeitsspeicher (= *realer Speicher*; engl.: real storage) für Daten und Programme nicht ausreicht, werden Teile auf die Peripheriespeicher *(= Hintergrundspeicher)* ausgelagert. Diese auswechselbaren Teile (zum Beispiel 2 oder 4 KB) werden als *Speicherseiten* (engl.: memory page) bezeichnet; der externe Speicher heißt *Seitenspeicher* (engl.: paging device). Die Seiten des *virtuellen Speichers* (engl.: virtual storage) werden, überwacht durch das Betriebssystem, dem realen Speicher während ihrer Abarbeitung zugeordnet. Falls der nächste auszuführende Befehl

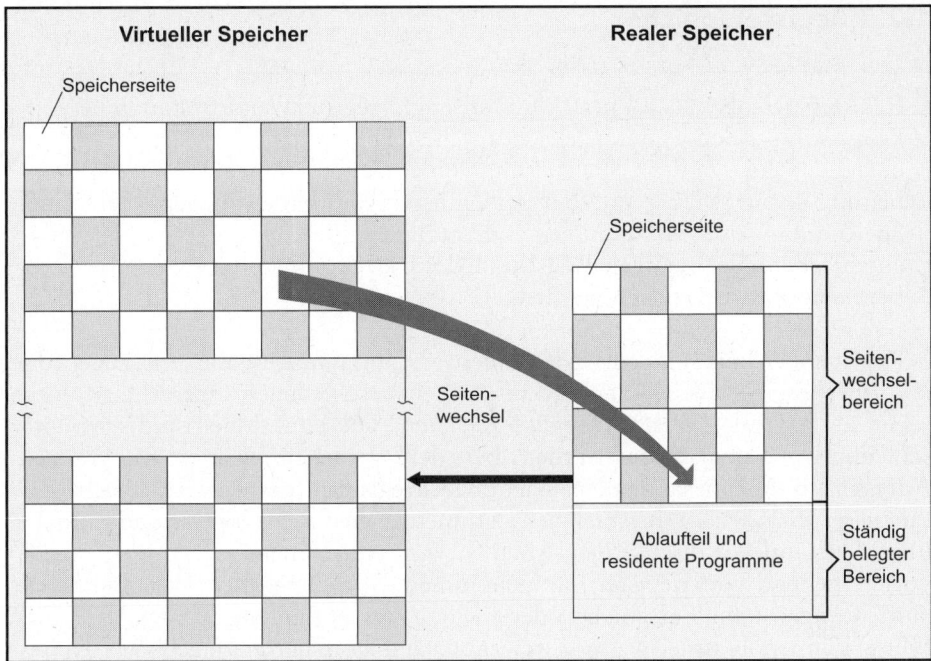

Abb. 1.2.2/3: Virtuelle Speichertechnik

oder die benötigten Daten nicht in den momentan im realen Speicher stehenden Seiten enthalten sind, wird die benötigte Seite geladen.

Der *adressierbare Bereich (= Adressraum*; engl.: address space) wird durch die virtuelle Speichertechnik wesentlich ausgeweitet.

Bei unserem *Beispiel-PC* kann dadurch die Arbeitsspeicherkapazität von real 1 GB auf *virtuell bis zu 64 GB Adressraum* erhöht werden.

Durch die weitgehende Beseitigung von Speicherbegrenzungen entfallen wesentliche Einschränkungen bei der Programmierung. Allerdings muss ein *ausgewogenes Verhältnis zwischen dem realen und dem virtuellen Speicher* gewährleistet werden, da sonst zuviel Prozessorkapazität durch einen übermäßigen *Seitenwechsel* (engl.: swapping) in Anspruch genommen wird (die dann für die Verarbeitung von Anwendungsprogrammen fehlt und diese entsprechend verzögert).

1.2.3 Registerspeicher

Registerspeicher (auch kurz: *Register*, engl.: register) sind Bestandteile von Prozessoren oder weiteren elektronischen Baueinheiten. Prozessorregister dienen zur kurzzeitigen Speicherung von Angaben, die während der Verarbeitung sofort wieder greifbar sein müssen. Sie haben in der Regel eine Speicherkapazität von wenigen Bytes (allgemeine Register typischerweise entsprechend der Verarbeitungsbreite des Prozessors) und können über fixe Bezeichner angesprochen werden.

Registerspeicher sind entweder einer bestimmten Aufgabe fest zugeordnet *(Einzweckregister)* oder für den Einsatz bei verschiedenen Operationen vorgesehen *(Mehrzweck- oder allgemeine Register)*. Die Funktionen sind sehr unterschiedlich. Beispielsweise werden bei der Verarbeitung von Programmen Adressen und Operanden in Mehrzweckregistern gespeichert. Auch *Zwischenergebnisse*, zum Beispiel bei arithmetischen Operationen, und Angaben über Zustände während des Ablaufs von Maschinenprogrammen werden vorübergehend von Registern aufgenommen. *Schieberegister* enthalten Schalteinrichtungen zum Verschieben der im Register enthaltenen Daten. Auf diese Weise können beispielsweise Zweierpotenzen von ganzzahligen Werten sehr effizient berechnet werden. *Zählregister* eignen sich zum Aufwärts- oder Abwärtszählen in vorgegebenen Zähleinheiten (meist 1). Zähloperationen werden zum Beispiel zum Steuern von Befehlsfolgen benötigt.

Registerspeicher erlauben einen wesentlich schnelleren Zugriff als der Arbeitsspeicher. Beispielsweise kann eine bitweise UND-Operation, die auf den Inhalt von Registerspeichern angewendet wird, auf einem Pentium-4-Prozessor innerhalb von 2 Zyklen abgeschlossen werden. Dies bedeutet bei einer Taktrate von 3,2 GHz, dass die Zugriffszeit bereits unter einer *Nanosekunde* liegt. Ordnet man die Zentralspeicher nach der Zugriffsdauer, so rangieren Register, Mikroprogrammspeicher und primärer Cache an der Spitze, danach folgen der sekundäre Cache, der Arbeitsspeicher und ein eventueller Erweiterungsspeicher.

▶ Übungsaufgabe Nr. 2.1.5 im Arbeitsbuch

1.2.4 Mikroprogrammspeicher

Die Bedeutung der Instruktionen, die von einem Prozessor ausgeführt werden, ist in diesem entweder „fest verdrahtet" oder wird über *Mikroinstruktionen* bestimmt, die im **Mikroprogrammspeicher** (engl.: micro program storage) des Prozessors gespeichert werden. Die *Zugriffszeit* liegt bei den leistungsstärkeren Rechnern im Bereich von *unter zehn Nanosekunden*.

Prozessoren mit fest verdrahteter Logik (feste Schaltungen auf dem Chip) haben ein ganz bestimmtes Befehlsrepertoire, das bei der Konstruktion festgelegt wurde. Jeder Befehl hat dann einen durch feste Schaltungen vorbestimmten Ablauf, der nur zu diesem Befehl gehört (beispielsweise zu einem Addierbefehl). Durch Mikroprogrammierung ist es möglich, die Bedeutung der Instruktionen des Rechners durch so genannte Mikroinstruktionen zu verändern. Mehr zu Mikroprogrammen finden Sie im Abschnitt 4.2.2.

Der Mikroprogrammspeicher, mit dem heute fast alle CISC-Rechner ausgestattet sind, ist häufig (zumindest teilweise) als *nicht-flüchtiger Speicher* realisiert. Handelt es sich um einen *flüchtigen Speicher* (zum Beispiel kann ein Teil des RAMs dafür vorgesehen werden), so werden die Mikroprogramme beim Starten (Initialisierung) des Rechners automatisch von einem externen Speicher geladen. Die Mikroprogramme können bei Bedarf durch den Hersteller erweitert beziehungsweise verändert werden, wodurch sich eine große *Flexibilität* hinsichtlich der Anlagennutzung ergibt. Die *Kapazität* des Mikroprogrammspeichers beträgt im Allgemeinen zwischen 32 KB und 128 KB.

Auch bei sehr großen Rechnern wird diese Kapazität selten überschritten. Bei diesen kann jedoch vielfach der Inhalt des Mikroprogrammspeichers mithilfe der *virtuellen Speichertechnik* dynamisch gewechselt werden.

▶ Übungsaufgabe Nr. 2.1.6 im Arbeitsbuch

1.3 Zentralprozessoren

Der **Zentralprozessor** (engl.: central processing unit; abgekürzt: CPU) ist eine Funktionseinheit der Zentraleinheit, die Leitwerk und Rechenwerk umfasst. Das *Leitwerk* steuert die Reihenfolge, in der Befehle eines Programms ausgeführt werden, es entschlüsselt diese Befehle, modifiziert sie gegebenenfalls und gibt die für die Ausführung erforderlichen digitalen Signale ab. Das *Rechenwerk* führt die Rechenoperationen aus (siehe Abb. 1.3/1).

Bei einem *Arbeitsplatzrechner* (Personalcomputer, Workstation) ist der Zentralprozessor meist *in einem einzigen Chip* integriert.

Unser *Beispiel-PC* besitzt als *Zentralprozessor* einen Intel *Pentium-4-Chip* (siehe Abb. 1.3/2). Der Prozessorchip, ein fingernagelgroßes Siliziumplättchen, auf dem Millionen von Transistoren untergebracht sind, ist zum Schutz und zum leichteren Einbau in eine Verpackung aus Keramik gehüllt (engl.: processor packaging). Aus der Verpackung ragen kleine Füßchen (engl.: pin), über die der Prozessor mit den Leitungen auf der Hauptplatine zur Kommunikation mit anderen Bauteilen verbunden ist. Ältere Prozessoren hatten diese Füßchen in zwei parallelen Reihen auf der Packungsunterseite angebracht (*DIP*, Abkürzung von engl.: dual inline package), moderne Prozessoren wie der Pentium 4 sind als PGA (Abkürzung von engl.: pin grid array) gefertigt (siehe Abb. 1.3/1). Bei dieser Verpackungsart sind die Pins in mehreren Reihen auf allen vier Seiten

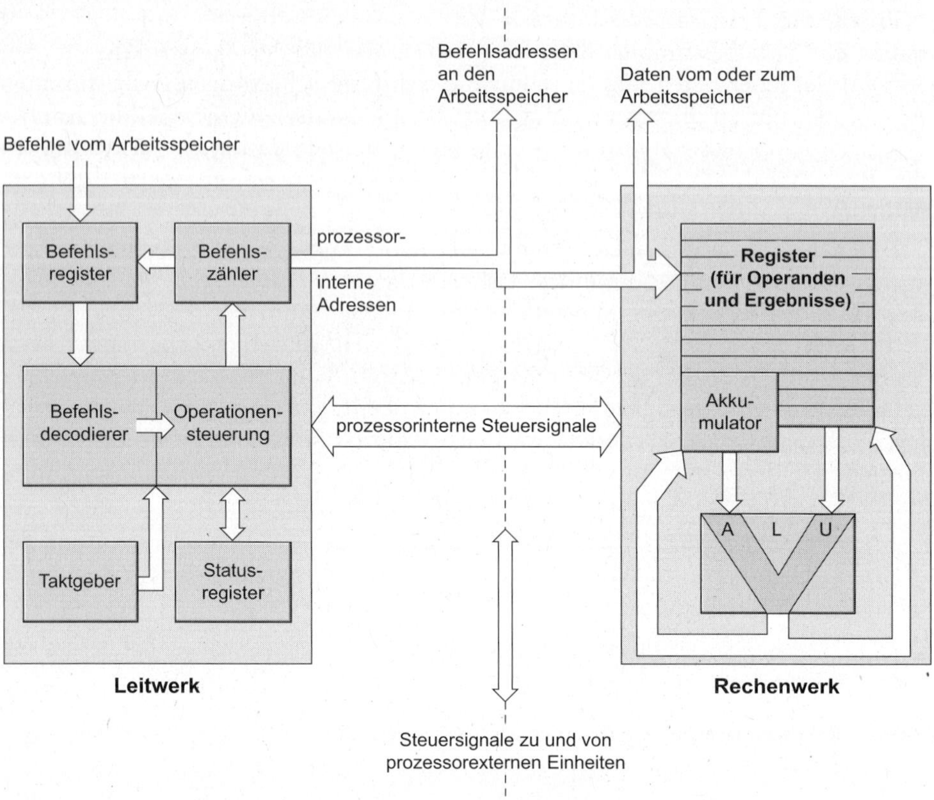
Befehlsadressen
an den
Arbeitsspeicher
Daten vom oder zum
Arbeitsspeicher
Befehle vom Arbeitsspeicher
Befehls-
register
Befehls-
zähler
prozessor-
interne
Adressen
Register
(für Operanden
und Ergebnisse)
Befehls-
decodierer
Operationen-
steuerung
prozessorinterne Steuersignale
Akku-
mulator
A
L
U
Taktgeber
Status-
register
Leitwerk
Rechenwerk
Steuersignale zu und von
prozessorexternen Einheiten

Abb. 1.3/1: Aufbau des Zentralprozessors (vereinfachte funktionale Darstellung)

intel
pentium 4

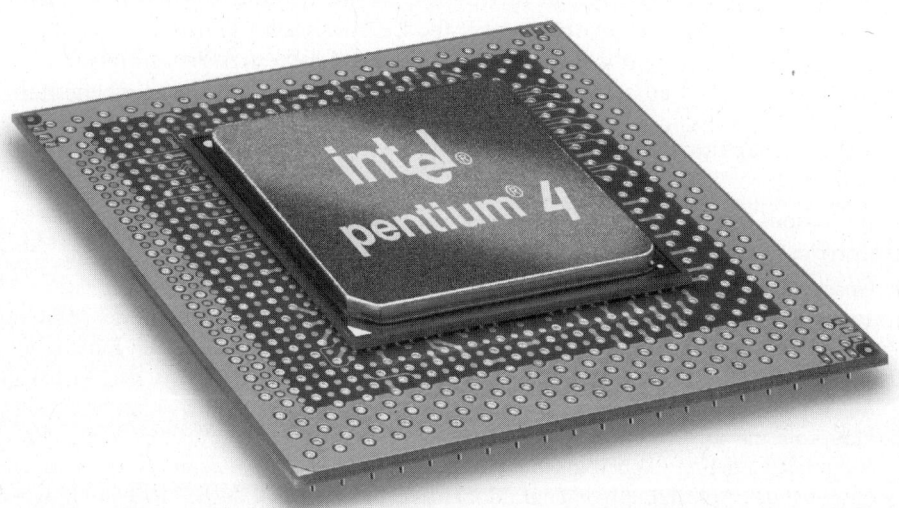

Abb. 1.3/2: Pentium-4-Prozessor

Abb. 1.3/3: Bauformen von Prozessoren, PGA und DIP

an der Packungsunterseite angebracht. Auf die Hauptplatine wird der verpackte Chip über einen Steckplatz mit 478 Pins montiert. Sowohl die Pentium-Prozessoren von Intel als auch die kompatiblen Prozessoren anderer Hersteller (beispielsweise Athlon-Prozessoren von AMD) benötigen oft andere Arten von Steckplätzen. Der Grund für die unterschiedlichen Bauformen liegt zum Teil in den raschen Innovationszyklen und zum Teil an lizenzrechtlichen Gründen.

1.3.1 Leitwerk

Das **Leitwerk** (engl.: control unit) nimmt Koordinationsfunktionen für den Prozessor wahr. Es steuert den Ablauf des Befehls- und Datenflusses und bestimmt mit seinem Taktgeber die Verarbeitungsgeschwindigkeit. Es besteht aus logischen Schaltungen und Registern. Das Leitwerk ist für die Übertragung von Anweisungen aus dem Arbeitsspeicher zuständig, decodiert diese und führt sie aus.

Von den zahlreichen *Registern* eines Prozessors gehören folgende zum Leitwerk: Befehlszähler, Befehlsregister, Statusregister.

Der *Befehlszähler* (Synonym: *Programmzähler*; engl.: program counter) enthält jeweils die Adresse des nächsten zur Ausführung anstehenden Befehls. Zu Beginn der Programmverarbeitung wird der Befehlszähler mit der Anfangsadresse (= Adresse des ersten Befehls) geladen. Das Leitwerk holt von der Adresse, die im Befehlszähler enthalten ist, diesen Befehl zur Verarbeitung ab. Nach vollzogener Befehlsinterpretation wird der Befehlszähler um die Länge des gerade übernommenen Befehls erhöht, das heißt um die entsprechende Zahl von Arbeitsspeicheradressen weitergezählt. Dadurch ergibt sich normalerweise die Adresse des Folgebefehls, der damit aus dem Arbeitsspeicher (beziehungsweise aus dem Cache) geholt und verarbeitet werden kann. Ist der Normalfall, bei dem die Befehle eines Programms in aufeinander folgenden Arbeitsspeicherstellen stehen, nicht gegeben, so muss eine Modifizierung des Befehlszählers erfolgen. Dies ist bei Schleifen der Fall, bei denen zu bereits vorher verarbeiteten Befehlen zurückgesprungen wird. Bei derartigen Sprungoperationen wird der Befehlszähler nicht auf den im Arbeitsspeicher nächstfolgenden Befehl eingestellt, sondern er wird mit der Zieladresse des Sprungbefehls geladen.

Der Befehl, der aus der durch den Befehlszählerinhalt adressierten Speicherstelle gelesen wurde, wird in dem *Befehlsregister* (engl.: instruction register) gespeichert. Das Befehlsregister enthält also jeweils den Befehl, der im Moment ausgeführt wird.

Eine zugeordnete *Befehlsdecodiereinrichtung* (= Decoder beziehungsweise Decodierlogik; engl.: decoder) entschlüsselt die im Operationsteil angegebene Bitkombination und setzt diese in Steuersignale um. Die erzeugten Signale und die errechneten Operandenadressen werden je nach Befehlstyp an die für die Ausführung des Befehls zuständigen Teile des Rechenwerks, des Leitwerks, den Arbeitsspeicher, den EA-Prozessor usw. weitergeleitet.

▶ Übungsaufgabe Nr. 2.1.7 im Arbeitsbuch

Der Status, in dem sich ein Programm befindet, wird in einem *Statusregister* angegeben (Programmstatuswort). Beim Mehrprogrammbetrieb bedient der Prozessor abwechselnd in Zeitabschnitten verzahnt mehrere Programme, sodass bei der Unterbrechung eines ablaufenden Programms vermerkt werden muss, wo nach der Wiederaufnahme fortgesetzt werden soll. Zu diesem Zweck wird der erreichte Befehlszählerstand in einem Statusregister sichergestellt. Es gibt noch weitere Unterbrechungsgründe, wie zum Beispiel Hardware- oder Softwarefehler. In Abhängigkeit von dem jeweiligen Unterbrechungsereignis ergreift das Betriebssystem die erforderlichen Maßnahmen.

Beispielsweise werden im Zentralprozessor mit Fehlererkennungseinrichtungen ständig Paritätsprüfungen der internen Register und Datenwege durchgeführt. Tritt während der Befehlsausführung ein Fehler auf, so wird dieser Befehl automatisch wiederholt.

Das Leitwerk enthält noch eine Reihe weiterer *Spezialregister*, auf die hier aber nicht eingegangen werden soll.

Das Leitwerk liest und interpretiert Befehl für Befehl. Die abgegebenen *Steuersignale* dienen zur Steuerung der verschiedenen Register und Addierwerke,

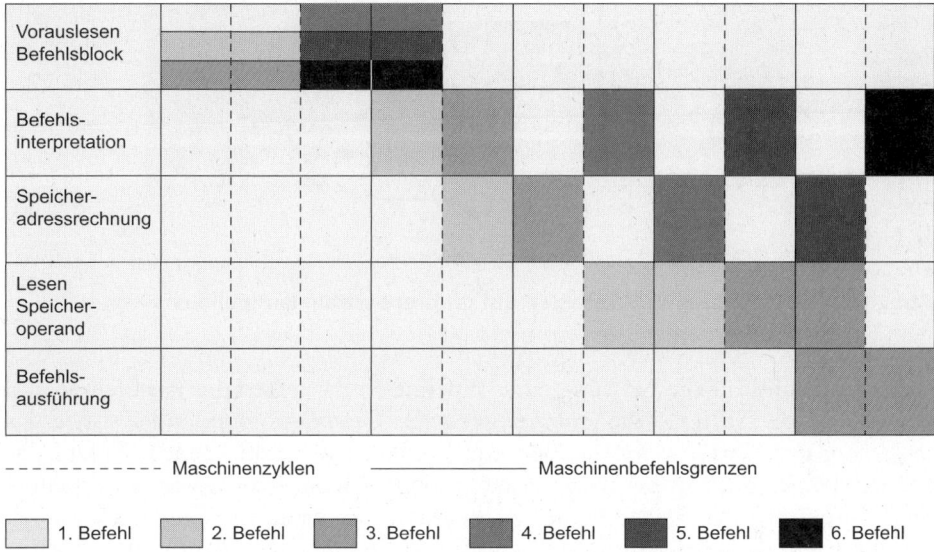

Abb. 1.3.1/1: Fünffach überlappte Fließbandverarbeitung der Befehle

der peripheren Geräte usw. Abgesehen von einigen wenigen Befehlen, die zum Beispiel die Dateneingabe von Eingabeeinheiten in den Arbeitsspeicher oder die Ausgabe der verarbeiteten Daten aus dem Arbeitsspeicher zu Ausgabeeinheiten veranlassen, findet die *Befehlsausführung im Wesentlichen im Zentralprozessor (Rechenwerk)* statt. Während der *Ausführungsphase* werden zum Beispiel

- Operanden aus dem Arbeitsspeicher geholt,
- Daten miteinander verknüpft,
- Ergebnisse in den Arbeitsspeicher geschrieben usw.

▸ Übungsaufgabe Nr. 2.1.8 im Arbeitsbuch

Bei einem modernen Rechner erfolgt die *Befehlsverarbeitung überlappend in mehreren Pipelines,* wodurch der Durchsatz erhöht werden kann. Sie erinnern sich (siehe Band 1, Abschnitt 1.2.3), dass bei einer Pipeline die Befehle nach dem Fließbandprinzip mehrere Bearbeitungsstufen durchlaufen (siehe Abb. 1.3.1/1), wobei die unterste Stufe dauernd nachgeladen wird. Dadurch befinden sich ständig mehrere Befehle in verschiedenen Bearbeitungsstadien im Rechner.

Durch mehrere parallel arbeitende Pipelines (man spricht dabei von *superskalarem Pipelining*) kann die Leistung weiter gesteigert werden. Es werden hierbei mehrere aufeinander folgende Befehle vom Cache beziehungsweise Arbeitsspeicher in Puffer einer *Befehlsvorausleseeinheit* geladen. Sie entscheidet aufgrund der Decodierung, ob die Befehle voneinander unabhängig sind und damit verschiedenen Pipelines zugeteilt werden können. Üblicherweise verfügt jede Pipeline über ein eigenes Rechenwerk.

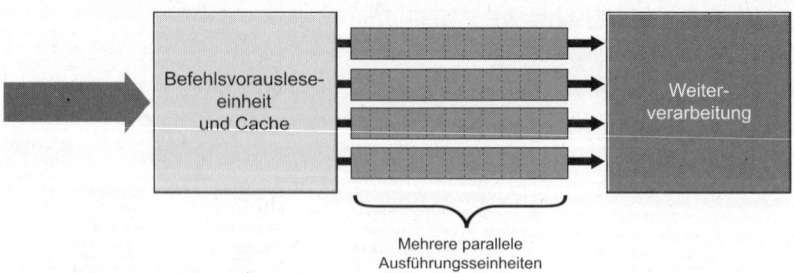

Mehrere parallele
Ausführungseinheiten

Abb. 1.3.1/2: Zuteilung von Befehlen auf mehrere parallele Pipelines

Entscheidend für die Leistung einer Pipeline sind – neben der Parallelität und der Anzahl der Stufen – die *Abhängigkeit der Befehle* untereinander sowie das *Auftreten von Sprungbefehlen*. Benötigt nämlich ein nachfolgender Befehl das Ergebnis eines noch in Bearbeitung befindlichen Befehls, so stockt die Pipeline. Ferner kommt es zu Stehzeiten in der Bearbeitung, wenn - bedingt durch einen Sprungbefehl - ein Befehl ausgeführt werden muss, der sich nicht in der Pipeline befindet. In diesem Fall muss sich die Pipeline erst wieder füllen. Dieser Effekt wirkt sich umso stärker leistungsmindernd aus, je länger die Pipeline ist. Daher werden bei nahezu allen Prozessorarchitekturen, in denen Pipelining eingesetzt wird, auch Techniken der *Sprungvorhersage* (engl.: branch prediction) genutzt, bei der die Verzweigungen im Programmcode analysiert werden und das wahrscheinlichste Ziel der Verzweigung ermittelt wird.

Die im *Pentium-4-Prozessor* unseres *Beispiel-PCs* verwendete Pipelinetechnik wird von Intel als „HyperPipeline-Technologie" bezeichnet. Sie ist Bestandteil der Intel-Net-Burst-Architektur und besitzt eine Tiefe von *31 Stufen*. Damit kann eine wesentlich höhere Leistung als bei den Vorgängermodellen (zum Beispiel Pentium III mit einer Tiefe von zehn Stufen, 486-Prozessor mit fünfstufiger Pipeline) erreicht werden. Programmverzweigungen, die den Fluss durch die Pipelines unterbrechen könnten, werden von der „Branch Prediction Logic" ermittelt und bei der Zuteilung der Befehle berücksichtigt. Zur weiteren Steigerung der Effizienz der Pipeline wird „Out-of-Order-Execution" unterstützt. Hierbei werden Instruktionen entgegen ihrer Ordnung im Programmcode nach Verfügbarkeit der Operanden ausgeführt. Eine spezielle Logik (engl.: retirement logic) stellt nach der Ausführung sicher, dass die Ergebnisse der Berechnungen wieder entsprechend dem im Programmcode vorgegebenen Kontrollfluss zur Verfügung stehen. Diese Techniken werden von Intel unter dem Begriff „Advanced Dynamic Execution" zusammengefasst.

1.3.2 Rechenwerk

Das **Rechenwerk** (engl.: arithmetic and logical unit) ist neben dem Leitwerk eine der Hauptkomponenten einer Zentraleinheit. Das Rechenwerk erhält vom Leitwerk die auszuführenden Rechenoperationen und die bereitgestellten Daten, führt die Rechenoperationen aus und liefert die

Ergebnisse wieder an das Leitwerk zurück. Die Rechenoperationen werden in arithmetische (beispielsweise Addition, Subtraktion, Multiplikation, Bitverschiebeoperationen, Vergleichsoperationen) und logische Operationen (beispielsweise UND, ODER, NICHT) unterteilt.

Die Operanden der Rechenoperationen sind meist Worte, die als duale Werte interpretiert werden (mehr zu den binären Zahlendarstellungen finden Sie im Kapitel 5 dieses Bandes). Zu den Grundelementen der Rechenoperationen gehören die Additionen, die durch *Addierschaltungen* realisiert werden. Multiplikationen können beispielsweise darauf aufbauend durch fortgesetzte Additionen durchgeführt werden. Bei vielen Prozessoren können weitere Operationen durch Mikroprogrammierung hinzugefügt werden.

Während die Rechenwerke für *ganzzahlige Werte* (engl.: integer) traditionell Bestandteil der Prozessorchips waren, wurden lange Zeit die Rechenwerke für Gleitkommaoperationen als eigene *Gleitkommaeinheiten* (engl.: floating point unit, abgekürzt FPU) in separaten Chips integriert. Die heute gängigen Mikroprozessoren haben eingebaute Gleitkommaeinheiten, wobei diese auch in unterschiedlicher Form für Skalar- oder Vektoroperationen bereitgestellt werden.

Der *Pentium-4-Prozessor* verfügt über zwei getrennte Rechenwerke für einfache Befehle mit ganzzahligen Werten. Diese beiden Rechenwerke arbeiten intern mit der doppelten Taktrate des Prozessors. Zusätzlich verfügt der Prozessor auch über ein Rechenwerk für komplexe Operationen mit ganzzahligen Werten und über zwei Gleitkommaeinheiten. Von einer dieser Einheiten werden auch die SIMD-Operationen ausgeführt. Da die genannten Einheiten getrennt voneinander ausgeführt sind, können sie Operationen parallel und ohne gegenseitige Beeinflussung durchführen.

▶ Übungsaufgabe Nr. 2.1.9 im Arbeitsbuch

Die *Verarbeitungsbreite* des Rechenwerks gibt die Größe der Operanden in Bit an. Eine höhere Verarbeitungsbreite bedeutet dabei, dass in einem Rechenschritt größere Datenmengen verarbeitet werden können.

Unser *Beispiel-PC* besitzt eine Verarbeitungsbreite der Rechenwerke für ganze Zahlen von 32 Bit. Die Gleitkommaeinheit kann mit Werten bis zur Größe von 128 Bit arbeiten.

▶ Übungsaufgabe Nr. 2.1.10 im Arbeitsbuch

1.4 Mehrprozessorsysteme

Ein **Mehrprozessorsystem** (auch *Multiprozessorsystem*, engl.: multiprocessor system; Abkürzung: MP) erlaubt die Verteilung der Aufträge auf *mehrere physische Zentralprozessoren,* wodurch der Durchsatz erhöht werden kann. Betriebssysteme können mehrere Zentralprozessoren einerseits **sym-**

metrisch einsetzen (engl.: symmetric multiprocessing; Abkürzung: SMP), das heißt, dass die einzelnen Aufträge gleichmäßig auf die verfügbaren Prozessoren verteilt werden. Bei der **asymmetrischen** Nutzung (engl.: asymmetric multiprocessing) werden *einzelne Prozessoren* vom Betriebssystem für *die exklusive Abarbeitung einzelner Aufträge reserviert* (zum Beispiel für Netzwerkserversoftware, Datenbankserversoftware usw.).

Mehrprozessorsysteme werden für rechenintensive Aufgaben und Transaktionssysteme beispielsweise in Unternehmensservern oder Supercomputern eingesetzt. Diese *Hochleistungsrechner* (engl.: high performance computer) sind meist als Mehrprozessorsysteme ausgeführt, wobei die Rechenleistung des Systems durch die parallele Verarbeitung auf mehreren Prozessoren gesteigert wird. Die Verteilung von Aufträgen auf die Prozessoren erfolgt in der Regel durch das Betriebssystem. Stehen auf einem Rechner mehrere Programme zur Verarbeitung an, so kann das Betriebssystem diese an die zur Verfügung stehenden Prozessoren zuweisen. Dadurch können die Programme zeitgleich abgearbeitet werden. Durch diese Maßnahme kann das Antwortzeitverhalten eines einzelnen Programms nicht verbessert werden. Allerdings kann durch ein Multiprozessorsystem der Durchsatz des Gesamtsystems verbessert werden, da mehrere Instanzen des Programms pro Zeiteinheit ausgeführt werden.

Mehrprozessorsysteme können aber auch durch *nebenläufige Anwendungsprogramme* zur Verbesserung der Leistung genutzt werden (siehe auch Abschnitt 4.1.2.1 dieses Bandes). Die Erstellung von Software, die gleichzeitig mehrere Prozessoren nutzen kann, ist jedoch in der Regel deutlich komplexer als die Erstellung von Software, die dies nicht beachtet. Die hierbei zu adressierenden Problembereiche lassen sich wie folgt skizzieren:

• *Partitionierung von Rechenproblemen:* Probleme können nur dann effizient parallel verarbeitet werden, wenn zumindest klar abgrenzbare Teilprobleme nicht auf das Vorliegen der Ergebnisse anderer Teilprobleme angewiesen sind, beziehungsweise keine Ergebnisse produzieren, die zur gleichen Zeit zur Lösung anderer Teilprobleme benötigt werden. Ziel bei der Partitionierung ist es daher, ein Problem derart in Teilprobleme zu zerlegen, dass die Kommunikation zwischen den Teilproblemen minimal ist und somit eine effiziente Parallelverarbeitung ermöglicht wird.

• *Koordination und Synchronisation von parallelen Berechnungen:* Die Teillösungen für Berechnungen, die von den einzelnen Prozessoren ermittelt wurden, müssen koordiniert und synchronisiert werden, um zu einer Gesamtlösung der Berechnung zu kommen. Vielfach muss ein Rechenvorgang auf das Ergebnis eines anderen warten, in vielen Fällen darf nur ein Berechnungsvorgang zu einem Zeitpunkt Datenelemente lesen, wodurch diese gesperrt werden. Je mehr dieser Sperroperationen vorliegen, desto weniger hilft ein Mehrprozessorsystem, die Leistung zu steigern.

• *Mögliche Einschränkungen der Skalierbarkeit:* Die Erhöhung der Anzahl von Prozessoren in einem System verfolgt die Zielsetzung, die Leistungsfähigkeit dieses Systems zu verbessern. Hierbei muss jedoch beachtet werden, dass in der Regel mehrere Prozessoren über einen gemeinsamen Kanal auf einen gemeinsam genutzten Arbeitsspeicher zugreifen müssen. Der gemeinsam genutzte Übertragungskanal zwischen den Prozessoren und dem Arbeitsspeicher wird bei hoher Last zum Flaschenhals und führt damit zu einer schlechten Skalierbarkeit des Gesamtsystems. Dies bedeutet, dass der Leistungsgewinn beim Hinzufügen von weiteren Prozessoren deutlich unter der Rechenleistung eines einzelnen Prozessors liegt.

Unter Berücksichtigung dieser Probleme wurden verschiedene Rechnerarchitekturen für Mehrprozessorsysteme entwickelt. Die beiden bekanntesten davon sind *symmetrische Mehrprozessorsysteme mit einem gemeinsam genutztem Arbeitsspeicher* (engl.: symmetric multiprocessor systems, abgekürzt: SMP) und Mehrprozessorsysteme mit mehreren Arbeitsspeichern, die virtuell zu einem gemeinsamen Speicher zusammengefasst werden. Die Abkürzung *SMP* wird auch in der Betriebssystemterminologie benutzt, wenn die zu bearbeitenden Aufträge symmetrisch an alle vorhandenen Prozessoren verteilt werden. Aus diesem Grund vermeiden wir hier die Abkürzung so weit wie möglich.

1.4.1 Mehrprozessorsysteme mit symmetrischem Speicherzugriff

In symmetrischen Mehrprozessorsystemen teilen sich alle Prozessoren des Systems einen gemeinsamen Arbeitsspeicher und einen gemeinsamen Übertragungskanal (meist einen gemeinsamen Bus) zum Zugriff auf diesen Speicher. Die Prozessoren besitzen somit gemeinsame Daten in einem gemeinsam genutzten Arbeitsspeicher und exklusiv genutzte Daten in ihren lokalen Zwischenspeichern, den Cache-Speichern. Bezüglich des Zugriffs auf den Arbeitsspeicher und auf den zugehörigen Übertragungskanal sind alle Prozessoren gleichberechtigt. Daher spricht man von· *symmetrischen Mehrprozessorarchitekturen* oder auch von *Mehrprozessorarchitekturen mit gleichförmigem Speicherzugriff* (engl.: uniform memory access architecture, abgekürzt: UMA).

Bevor ein Prozessor eine Berechnung ausführt, lädt er die benötigten Daten in seinen lokalen Prozessorcache. Dieser Cache beinhaltet anschließend eine Kopie eines externen Speicherblocks. In einem Mehrprozessorsystem können auch mehrere Prozessoren denselben externen Speicherblock in ihren Cache geladen haben. Bei einer lokalen Änderung der Daten durch einen der Prozessoren im Cache kann dies jedoch zu Problemen führen, da von nun an alle anderen Prozessoren ungültige (veraltete) Kopien in ihrem Cache vorhalten. Um dies zu vermeiden, wird das so genannte *MESI-Protokoll* verwendet, das die Integrität der Daten in den lokalen Cache-Speichern sicherstellt. Man spricht hierbei von der so genannten *Cache-Kohärenz*.

Durch das **MESI-Protokoll** (engl.: MESI protocol, Abkürzung von engl.: modified, exclusive, shared, invalid) werden jeder Speicherstelle in lokalen Cache-Speichern Statusbits zugeordnet, die den aktuellen Zustand der

Speicherinhalte beschreiben. Hierbei wird zwischen den Zuständen *modifiziert, exklusiv, gemeinsam* und *ungültig* unterschieden. Alle Prozessoren überwachen die Speicherzugriffe der jeweils anderen Prozessoren und aktualisieren „ihre" Statusbits entsprechend. Diese gegenseitige Überwachung aller Speicherzugriffe durch alle Prozessoren wird mit dem Begriff „Snooping" (deutsch etwa: schnüffeln) bezeichnet.

Den Cache-Zuständen *Modified, Exclusive, Shared, Invalid*, die für die Namensgebung des MESI-Protokolls verantwortlich sind, kommt grob die folgende Bedeutung zu:

- *Modified:* Der entsprechende Wert ist ausschließlich im Cache dieses Prozessors vorhanden, ist aber gegenüber dem Wert im Arbeitsspeicher *verändert* (engl.: modified) worden. Der Wert im lokalen Cache ist gültig.

- *Exclusive:* Der Wert ist *ausschließlich* (engl.: exclusive) im Cache dieses Prozessors vorhanden und (noch) nicht verändert worden. Der Wert im lokalen Cache ist gültig.

- *Shared:* Der Wert ist im Cache mehrerer Prozessoren vorhanden und wird somit von mehreren Prozessoren *gemeinsam genutzt* (engl.: shared). Der Wert im lokalen Cache ist gültig.

- *Invalid:* Der Wert im lokalen Cache ist *ungültig* (engl.: invalid).

Je nachdem, welche *Cache-Strategie* gewählt wird, gelangen verschiedene der oben beschriebenen Zustände zur Anwendung:

- Bei der *Durchschreibestrategie* (engl.: write through strategy) werden ausschließlich die Zustände „Shared" und „Invalid" verwendet. Wenn sich Daten im Cache eines Prozessors (oder mehrerer verschiedener Prozessoren) befinden, wird der Status der entsprechenden Cache-Speicher auf den Wert „Shared" gesetzt. Sobald ein Prozessor A schreibend auf Daten in seinem Cache zugreift und diese damit verändert, wird diese Änderung an alle anderen Prozessoren kommuniziert. Jeder andere Prozessor, der die gleichen Daten in seinem Cache-Speicher geladen hat, setzt den Zustand dieser Daten anschließend auf „Invalid". Danach werden die aktualisierten Daten durch Prozessor A zurück in den Arbeitsspeicher geschrieben. Bei Bedarf (bei einem neuerlichen Zugriff auf die Speicherzelle) können die anderen Prozessoren nun ihren Cache mit dem neuen Wert aktualisieren.

- Bei der *Zurückschreibestrategie* (engl.: write back strategy) werden alle vier der oben genannten MESI-Zustände verwendet. Somit ergibt sich im Vergleich zur Durchschreibestrategie eine höhere Anzahl von möglichen Situationen, die bei einem Speicherzugriff zu beachten sind. Im Folgenden werden nur die wichtigsten, nicht-trivialen Situationen gegenüber gestellt:

  - Zugriffe eines Prozessors auf Daten im Cache, die als „Modified" gekennzeichnet sind, erfordern keine Benachrichtigung der anderen Prozessoren und ziehen somit keine Datenübertragung über den gemeinsamen Kommunikationskanal nach sich (da die Daten ausschließlich durch diesen Prozessor genutzt werden).

- Schreibzugriffe auf Daten im Cache, die als „Shared" gekennzeichnet sind, bewirken, dass der Zustand der Speicherzelle auf „Modified" geändert wird. Zudem werden alle anderen Prozessoren von der Änderung informiert. Jeder Prozessor, der die gleichen Daten in seinem Cache geladen hat, setzt den Zustand dieser Daten auf „Invalid".

- Für den Fall, dass ein Prozessor *A* einen Wert aus dem (gemeinsam genutzten) Arbeitsspeicher lesen möchte, der im Cache eines anderen Prozessors *B* den Zustand „Modified" besitzt, unterbricht *B* zunächst den Speicherzugriff von *A*. Anschließend schreibt *B* den eigenen (modifizierten) Wert in den Arbeitsspeicher zurück und ändert den Status seiner betroffenen Cache-Speicherstelle auf „Shared". Danach wird der zuvor abgebrochene Speicherzugriff neu gestartet und *A* kann die (nun aktuellen) Daten aus dem Hauptspeicher in seinen Cache übernehmen (die auch für *A* den Zustand „Shared" erhalten).

Wie oben bereits angedeutet, skalieren Mehrprozessorsysteme mit symmetrischem Speicherzugriff ab einer bestimmten Anzahl von Prozessoren vergleichsweise schlecht. Dies ist teilweise darauf zurückzuführen, dass sämtliche Prozessoren denselben Arbeitsspeicher und Kommunikationskanal benutzen, zum anderen benötigen sie eine effiziente Kommunikationsinfrastruktur für die Kommunikation zwischen den Prozessoren über das MESI-Protokoll, die für jeden weiteren Prozessor deutlich zunimmt. Für diese Intra-Prozessorkommunikation bietet sich ein vollständig vermaschtes Netz an (siehe Kapitel 6 dieses Bandes). Wenn mehrere Prozessoren auf die gleichen Speicherstellen schreibend zugreifen, erhöht sich die Intra-Prozessorkommunikation und die Cache-Effizienz nimmt ab, da die lokalen Caches der Prozessoren häufiger invalidiert werden müssen.

Der Pentium-4-Prozessor unseres Beispiel-PCs kann maximal in einem *Zweiprozessorsystem* (engl.: dual processor system) genutzt werden, da unter anderem die Realisierung des MESI-Protokolls nur für einen zweiten Prozessor ausgelegt ist. Für Systeme mit mehr als zwei Prozessoren wurde von Intel die Prozessorfamilie *Xeon MP* entwickelt, die neben 20 KB L1-Cache und 512 KB L2-Cache bis zu 4 MB L3-Cache aufweist. Es werden derzeit Mehrprozessorsysteme mit bis zu 32 *Xeon MP*-Prozessoren angeboten.

Bei einem Mehrprozessorsystem mit symmetrischem Speicherzugriff nimmt der relative Zuwachs an Durchsatz mit der Erhöhung der Anzahl der Prozessoren ab. Die entsprechenden erzielbaren Werte hängen sowohl von der Hardware als auch von den Anwendungen ab. Als Daumenregel nimmt man an, dass der entsprechende Diskontierungssatz für durchschnittliche Anwendungen bei etwa 85 Prozent liegt. Dies würde bedeuten, dass durch die fortlaufende Diskontierung bei etwa 8-Prozessor-Systemen Durchsatzobergrenzen erreicht würden.

Abb. 1.4.1/1 zeigt die Durchsatzwerte für den Standard-Benchmark SPECint_rate2000 für Systeme mit unterschiedlicher Anzahl von Prozessoren. Die Grafik zeigt zumindest für diesen Benchmarktest, dass die Skalierbarkeit der Xeon-MP-Prozessoren deutlich besser ist als die angegebene Daumenregel. In der Grafik werden die Durchsatzwerte für Xeon-MP-Prozessoren mit 2,7 GHz (2 MB L3-Cache) und mit 3 GHz (mit 4 MB L3-Cache) dargestellt. Gerade die 3-GHz-Prozessoren zeigen eine sehr gute Skalierbarkeit, die auf den sehr großen L3-Cache zurückzuführen sein dürfte. Bei einem Zweiprozessorsystem werden 95 Prozent der theoretisch möglichen Leistung erreicht, bei einem 8-Prozessor-System sind dies noch 75 Prozent und bei einem 32-Prozessor-System immerhin noch fast 60 Prozent. Diese guten Werte werden durch sehr leistungsfähige Verbindungssysteme zwischen Prozessor und Arbeitsspeicher, sowie durch den intensi-

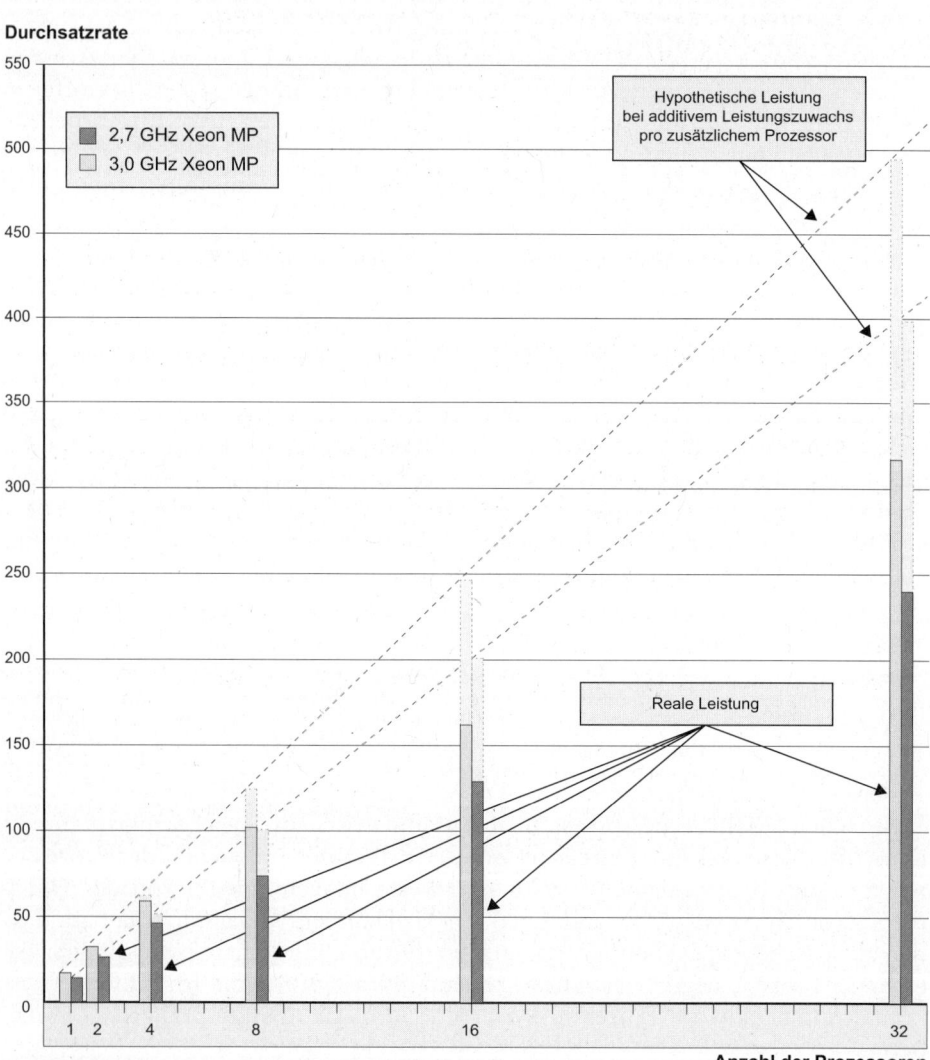

Abb. 1.4.1/1: Durchsatzrate von Mehrprozessorsystemen beim SPECint_rate2000-Benchmark

ven Einsatz von Cache-Speichern erreicht. Wie bereits in Abschnitt 1.2.2 angesprochen, besitzen einzelne Systeme jeweils pro 4 Prozessoren einen L4-Cache von derzeit bis zu 64 MB.

Die NUMA-Architektur, die im folgenden Absatz beschrieben wird, stellt einen Ansatz dar, um die gezeigten Probleme bezüglich des gemeinsam genutzten Arbeitsspeichers und der Kommunikationskanäle zu reduzieren.

▸ Übungsaufgabe Nr. 2.1.11 im Arbeitsbuch

1.4.2 Mehrprozessorsysteme mit asymmetrischem Speicherzugriff (NUMA-Architektur)

> Unter einer **NUMA-Architektur** (engl.: non-uniform memory architecture) versteht man eine Mehrprozessorarchitektur, bei der einem (oder wenigen) Prozessoren lokale Arbeitsspeicher zugewiesen werden. Dadurch kann ein Prozessor auf seinen lokalen Arbeitsspeicher effizient und mit geringem Koordinationsaufwand zugreifen. Zugriffe auf nicht-lokale Speicher (das sind lokale Arbeitsspeicher anderer Prozessoren) sind hingegen deutlich langsamer. Das Akronym *NUMA* wird entsprechend auch vielfach als *nicht-gleichförmiger Speicherzugriff* (engl.: non-uniform memory access) bezeichnet.

Die NUMA-Architektur verfolgt das Ziel, in Mehrprozessorsystemen die Konkurrenz der Prozessoren um die gemeinsam genutzten Ressourcen zu begrenzen. Hierzu werden Einheiten gebildet, die aus einem Prozessor (oder wenigen Prozessoren), einem Arbeitsspeicher und einem Übertragungskanal zwischen Prozessor und Arbeitsspeicher bestehen. Diese Einheiten werden als *Knoten* bezeichnet und entsprechen einem traditionellen Einprozessorsystem oder einem symmetrischen Mehrprozessorsystem mit einer geringen Anzahl von Prozessoren. Eine Vielzahl von NUMA-Knoten kann zu einem NUMA-System zusammengefasst werden.

Der Arbeitsspeicher eines Knotens ist für dessen Prozessoren *lokal* (engl.: local), die Speichermodule anderer Knoten werden als *entfernt* (engl.: remote) bezeichnet. Für alle Prozessoren in einem NUMA-System steht aber prinzipiell der gesamte verfügbare Arbeitsspeicher zur Verfügung, der aus sämtlichen Arbeitsspeichern der NUMA-Knoten gebildet wird.

Die Sicherstellung der *Cache-Kohärenz* ist bei einer NUMA-Architektur anspruchsvoller als bei einer symmetrischen Mehrprozessorarchitektur, da Daten sowohl in lokalen als auch in entfernten Prozessorcaches zwischengespeichert sein können. Ein entsprechendes Verfahren zur Sicherstellung der Cache-Kohärenz ist in diesem Zusammenhang die auf dem MESI-Protokoll aufbauende *verzeichnisbasierte Cache-Kohärenz*. Dabei besitzt jeder Knoten ein Verzeichnis, um festzuhalten, wo sich Kopien von lokalen Speicherinhalten befinden.

Die heute angebotenen eng gekoppelten NUMA-Systeme garantieren bereits auf Hardwareebene die Cache-Kohärenz und werden auch als *cache-kohärente NUMA-Systeme* (engl.: cache coherent NUMA system, abgekürzt: ccNUMA) bezeichnet. Bei lose gekoppelten NUMA-Systemen wie beispielsweise Rechner-Clustern, die über ein Netzwerk einen gemeinsamen Arbeitsspeicher realisieren, muss die Cache-Kohärenz durch Software realisiert werden.

Da der Zugriff auf nicht-lokale Speicher in einem NUMA-System relativ langsam ist, hängt der Durchsatz des Gesamtsystems von den Speicherzugriffs-

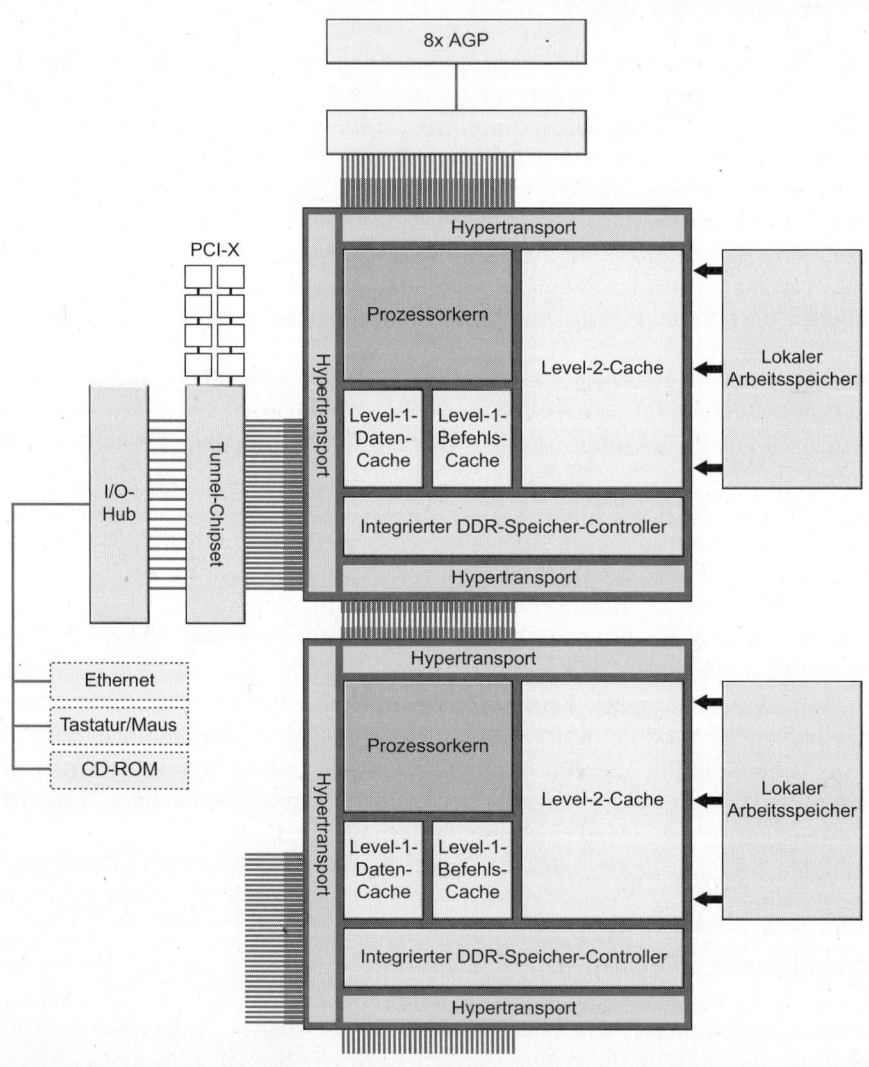

Abb. 1.4.2/1: NUMA-System mit zwei Opteron-Prozessoren

mustern ab. Ist es möglich, den Großteil der Speicherzugriffe auf lokale Arbeits-speicher zu beschränken, kann eine sehr hohe Durchsatzleistung und eine sehr gute Skalierbarkeit erreicht werden.

Derzeit werden NUMA-Systeme von unterschiedlichen Herstellern produziert. Ein wich-tiges Produkt für den Massenmarkt ist der 64-Bit-Prozessor *Opteron* von AMD. Abbil-dung 1.4.2/1 zeigt einen NUMA-Knoten mit zwei Opteron-Prozessoren, der über einen lokalen Arbeitsspeicher mit DDR-Speicherchips (siehe Abschnitt 1.7.1.2) verfügt. Für die Verbindung zu den entfernten Arbeitsspeichern wird das HyperTransport-Bussystem ver-wendet, das eine maximale Übertragungsrate von 19,2 GB/s besitzt. Derzeit können maximal acht Opteron-Prozessoren in einem Mehrprozessorsystem genutzt werden.

▶ Übungsaufgabe Nr. 2.1.12 im Arbeitsbuch

1.5 Ein-/Ausgabesteuerung

Das **Ein-/Ausgabesystem** (abgekürzt: *E/A-System*; engl.: I/O system) ver-bindet die Zentraleinheit mit der Peripherie. Zu den Zielen der Ein-/Ausga-besteuerung gehört neben einem möglichst hohen Durchsatz auch eine möglichst geringe Belastung des Zentralprozessors während der Ein-/Aus-gabe.

Die *E/A-Steuerung* kann *bei einem Arbeitsplatzrechner* auf mehrere Arten erfolgen. Eine wichtige Rolle spielen hierbei die E/A-Register.

E/A-Register (engl.: I/O register) sind Register, die sich in den peripheren Einheiten befinden. Sie dienen dazu, Befehle oder Parameter an die Peri-pheriegeräte zu übermitteln oder den Status der Peripheriegeräte abzufra-gen.

Beim *Pentium-4-Prozessor* werden die *E/A-Register der Peripherie* üblicherweise über so genannte „I/O Ports" angesprochen. Insgesamt kann der Pentium-4-Prozessor 2^{16} ver-schiedene Ports adressieren (Adressen in hexadezimaler Darstellung 0000 – FFFF). Für jedes Peripheriegerät muss ein eigener Bereich davon („E/A-Bereich") reserviert sein.

In unserem Beispiel betrachten wir eine „intelligente", das heißt mit einer Steuerein-heit ausgestattete, PC-Festplatte. Sie besitzt ein Befehlsregister, ein Parameterregister und ein Statusregister. Die ersten beiden werden vom Zentralprozessor gesetzt, das Statusregister hingegen vom Festplattencontroller (0 heißt „bereit", 1 heißt „nicht bereit"). Wenn von dieser Festplatte der Sektor mit der Nummer 17 eingelesen werden soll, ist der Ablauf folgendermaßen: Zuerst wird die Zahl 17 in das Parameterregister geschrieben. Danach wird der Befehlscode für „Lese Sektor" in das Befehlsregister geschrieben. Nun werden die Daten, die sich auf der Magnetplatte im Sektor 17 befin-den, in den internen Speicher übertragen. Wenn dieser Vorgang beendet ist, wird das Statusregister auf 0 gesetzt.

Üblicherweise arbeiten die peripheren Geräte weitaus langsamer als die Zentraleinheit. Nachdem ein E/A-Befehl an die Peripherie übertragen wurde, dauert es eine bestimmte Zeitspanne, bis der Befehl ausgeführt ist. Wie kann der Zentralprozessor nun wissen, wann diese Zeitspanne zu Ende ist? Eine Möglichkeit besteht darin, das Statusregister des Peripheriegerätes immer wieder abzufragen (dieser Vorgang wird als *Polling* bezeichnet).

Diese Vorgangsweise ist aber sehr aufwändig (die Abfragen verbrauchen Rechenzeit des Zentralprozessors). Effizienter ist ein Mechanismus, bei dem die peripheren Einheiten von selbst melden, dass sie wieder bereit sind. Sie können das, indem sie eine Unterbrechung auslösen.

E/A-Unterbrechungen (engl.: I/O interrupt) werden durch Signale ausgelöst, die der Zentraleinheit von der Peripherie über spezielle Steuerleitungen gesendet werden. Der Zentralprozessor unterbricht daraufhin das gerade ablaufende Programm und führt ein der Unterbrechung entsprechendes Unterprogramm aus. Danach wird mit dem unterbrochenen Programm fortgesetzt.

Bei den gängigen Personalcomputern können E/A-Unterbrechungen auf 15 logischen Unterbrechungskanälen ausgelöst werden. Ein Unterbrechungskanal kann einem einzigen Peripheriegerät zugeordnet sein oder mehrere Geräte können einen *Unterbrechungskanal gemeinsam nutzen* (engl.: interrupt sharing)

> Wir konfigurieren unsere PC-Festplatte so, dass sie nach dem Einlesen eines Sektors eine Unterbrechung auf Kanal 13 auslöst. Der Zentralprozessor kann nach Absetzen des Lesebefehls andere Programme abarbeiten. Tritt eine Unterbrechung auf Kanal 13 auf (Fachjargon: Interrupt 13 wird ausgelöst), wird in ein Unterprogramm verzweigt, das die Festplatte behandelt.

Werden *größere Datenmengen* zwischen Zentraleinheit und Peripherie ausgetauscht, ist die Kommunikation über E/A-Register nicht sinnvoll. Eine bessere Möglichkeit besteht darin, *den Speicher des Peripheriegerätes in den Adressraum der Zentraleinheit einzublenden*. Dieser Speicher wird als E/A-Speicher bezeichnet.

Mit **E/A-Speicher** (engl.: I/O memory) bezeichnet man Speicherbereiche, die physikalisch in Peripheriegeräten untergebracht sind, jedoch in der gleichen Art angesprochen werden können, wie der Arbeitsspeicher der Zentraleinheit.

> Was muss das Unterprogramm erledigen, das durch Interrupt 13 ausgelöst wurde? Die Daten von Sektor 17 befinden sich nun im E/A-Speicher des Festplattencontrollers. Von dort müssen sie in den Arbeitsspeicher kopiert werden, um für die Anwendungsprogramme verfügbar zu sein. Der E/A-Speicher selbst wird bei der nächsten Schreib- oder Leseaktion wieder überschrieben.

Soll die Zentraleinheit auf einzelne Bytes des Peripheriegerätes zugreifen können (beispielsweise bei Grafikkarten), so ist der Zugriff mittels E/A-Speicher optimal. Sollen hingegen ganze Datenblöcke zwischen Peripherie und Zentraleinheit kopiert werden (wie beispielsweise bei einer Festplatte), so ist der Einsatz eines DMA-Bausteins die effizientere Methode.

> Mit **DMA** (engl.: direct memory access, deutsch: direkter Speicherzugriff) bezeichnet man einen Vorgang, bei dem Daten über den Bus der Zentraleinheit ohne Mitwirkung des Zentralprozessors transferiert werden. Dies bedeutet, dass neben dem Zentralprozessor auch ein Ein-/Ausgabeprozessor direkten Zugriff auf den Arbeitsspeicher besitzt. Für die Dauer eines DMA-Transfers kann der Zentralprozessor nicht auf den Bus zugreifen.

Mit der Möglichkeit, DMA-Transfers von der Peripherie durchführen zu lassen, wird der Zentralprozessor weiter entlastet, da die peripheren Einheiten direkt auf den Arbeitsspeicher zugreifen können, ohne den Prozessor mit Kopieroperationen zu belasten.

Wir nehmen an, dass unser Festplattencontroller auch DMA-fähig ist. Dann wird ein zusätzliches E/A-Register benötigt, in dem die Zieladresse der Daten eingetragen wird. Nach erfolgter Leseoperation werden die Daten direkt im Arbeitsspeicher (an der angegebenen Zieladresse) abgelegt und der Zentralprozessor wird mittels Interrupt 13 von der Beendigung der Operation informiert.

DMA-Transfers sind aber nicht auf die Datenübertragung zwischen Peripherie und Arbeitsspeicher der Zentraleinheit begrenzt. Sie können auch zwischen zwei Peripheriegeräten eingesetzt werden.

Damit es zwischen den einzelnen Peripheriegeräten keine Konflikte gibt, müssen sie so konfiguriert werden, dass sich keine Ressourcen überlagern (siehe Abb. 1.5/1). Zwei Geräte dürfen nicht die gleichen Ports für ihre E/A-Register

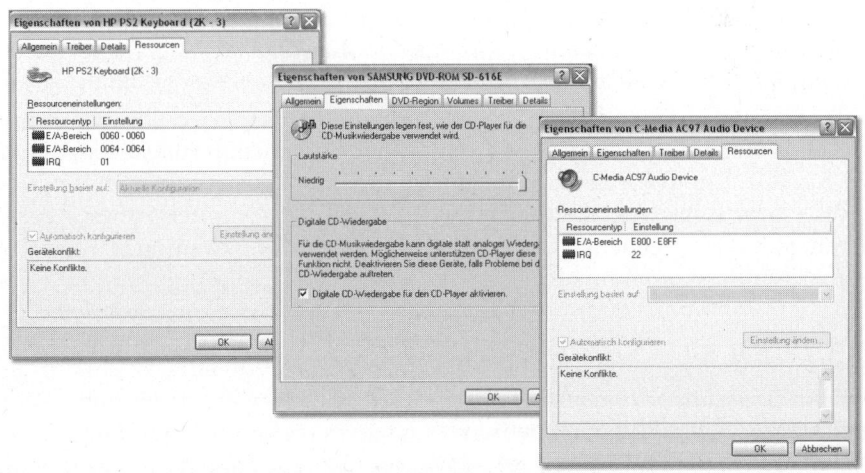

Abb. 1.5/1: Konfigurierung von Peripheriegeräten

verwenden, und der E/A-Speicher darf auch nicht an der gleichen Adresse eingeblendet werden. Um beispielsweise eine Soundkarte in den Personalcomputer
einzubauen, muss zuerst ein E/A-Bereich gefunden werden, der noch von keinem anderen Gerät benutzt wird.

Früher mussten diese Konfigurationen von Hand über Konfigurationsdateien
durchgeführt werden. Heute ist *„Plug and Play"* üblich: die einzelnen Geräte
werden beim *Anschließen* (engl.: to plug) an die Zentraleinheit erkannt und
erhalten automatisch unterschiedliche E/A-Bereiche (und andere Ressourcen)
zugeteilt.

1.6 Interne Verbindungseinrichtungen (Busse) und Schnittstellen

In einem Rechnersystem werden *Übertragungseinrichtungen,* über die die internen und externen Funktionseinheiten kommunizieren, für folgende Zwecke eingesetzt:

1. *Kommunikation innerhalb des Prozessors* (Verbindungen zwischen den
   Registern),
2. *Kommunikation innerhalb der Zentraleinheit* (Verbindungen zwischen Pro-
   zessor(en), Arbeitsspeicher, (externen) Cache-Speichern, Ein-/Ausgabeschnitt-
   stellen),
3. *Kommunikation zwischen der Zentraleinheit und der in unmittelbarer Nähe
   installierten Peripherie,*
4. *Kommunikation zwischen Rechnern und Peripherie im lokalen Bereich* (in
   einem Gebäude, auf einem Grundstück) *oder im Fernbereich* (grundstücks-
   überschreitend bis hin zu weltweiten Verbindungen).

Das Verbindungssystem wird vom Rechner- beziehungsweise Komponenten-
hersteller festgelegt. Während die internen Verbindungen innerhalb eines Prozessors eine Angelegenheit des Prozessorherstellers sind (wodurch kein hoher
Standardisierungsbedarf besteht), betreffen die Punkte zwei bis vier unterschiedliche Hersteller, wodurch sich ein hoher Standardisierungsbedarf ergibt.
Viele Aspekte der Kommunikation innerhalb eines Rechners ähneln der Kommunikation zwischen Rechnern, die wir detailliert im Kapitel 6 dieses Bandes
behandeln. Hier sprechen wir zunächst nur die Grundkomponenten an und
klassifizieren die Kommunikationssysteme.

Ein Verbindungssystem (Kommunikationssystem) besteht aus
- *Übertragungsmedien*, über die Signale übertragen werden,
- *Vermittlungseinrichtungen* (zentrale, dezentrale oder eventuell auch keine),
  die für die Weiterleitung zu mehreren Endgeräten zuständig sind, und
- *Datenübertragungseinheiten (Treibereinheiten)* zur Signalgenerierung und/
  oder Verstärkung der Signale, die vielfach auch Pufferungsfunktionen erfüllen

(damit die angeschlossenen Funktionseinheiten die empfangenen Daten bei Bedarf auslesen können).

Als Übertragungsmedien können *elektrische Leitungen* (Drähte oder gedruckte Leiterbahnen), *Glasfasern* oder auch - im Falle der *drahtlosen Übertragung* – die Luft genutzt werden. Je nach Medium besitzen die Übertragungswege unterschiedliche physikalische Eigenschaften, verlangen eine unterschiedliche Codierung der Signale und somit unterschiedliche Datenübertragungseinheiten, und erreichen unterschiedliche Übertragungsleistungen (mehr dazu in Kapitel 6 dieses Bandes).

Einzelne Funktionseinheiten werden über eine *Schnittstelle* an einen Übertragungsweg angeschlossen.

> Der Austausch von Information zwischen unterschiedlichen Funktionseinheiten eines Rechners erfolgt über wohldefinierte **Schnittstellen** (engl.: interface). Diese Funktionseinheiten können beispielsweise interne Funktionseinheiten, periphere Geräte oder weitere Rechnersysteme sein. Um den Informationsaustausch zu ermöglichen, werden Regeln definiert, die als *Schnittstellenbeschreibung* bezeichnet werden. Die Schnittstellenbeschreibung definiert sowohl Hardwareaspekte (beispielsweise Steckverbindungen, Kabel, physikalische Eigenschaften) als auch Softwareaspekte (beispielsweise Protokolle auf unterschiedlichen Ebenen).

Bezüglich der *Nutzung* lassen sich *dedizierte* (engl.: dedicated) und *gemeinsam genutzte* (engl.: shared) *Übertragungswege* (engl.: communication channel) unterscheiden. Die dedizierten Übertragungswege werden nur von je einem Paar von Kommunikationspartnern (Funktionseinheiten) genutzt, während die allgemeinen Wege von mehreren Teilnehmern gemeinsam verwendet werden.

> Ein **Bus** (engl.: bus) ist ein Verbindungssystem zwischen Funktionseinheiten, das von allen angeschlossenen Einheiten (Teilnehmern) gemeinsam genutzt wird.

Jeder Teilnehmer kann prinzipiell senden oder empfangen, zu jedem Zeitpunkt ist jedoch nur genau eine Verbindung zulässig. Um die Kommunikation zu regeln, existiert ein Zugangsverfahren, das die Nutzungsregeln festlegt. Der Zustand des Busses muss hierfür den betroffenen Einheiten stets bekannt sein und wird häufig von einer speziellen Funktionseinheit kontrolliert. Diese *Verwaltung* kann zum Beispiel „nebenbei" durch einen Prozessor oder durch einen beziehungsweise mehrere gesonderte *Busverwalter* (engl.: arbiter) übernommen werden.

Die *Anzahl der an einen Bus anschließbaren Funktionseinheiten* wird durch zahlreiche Faktoren begrenzt. Zu diesen gehören beispielsweise die Zahl der verfügbaren Adressen, die Leitungslänge und die Übertragungskapazität. Busse werden auch im Rahmen lokaler Netze als Hochleistungsübertragungswege von bis zu mehreren hundert oder tausend Metern Länge zum Rechnerverbund verwendet; hierauf kommen wir im Kapitel 6 zurück.

Die Verbindungseinheiten *innerhalb einer Zentraleinheit* werden einerseits nach den Typen der angeschlossenen Funktionseinheiten und andererseits nach der Art der übertragenen Information unterschieden.

Ein **CPU-Bus** (engl.: CPU bus) bezeichnet eine Verbindungseinheit zwischen dem Prozessor und integralen Bestandteilen einer Zentraleinheit, wie beispielsweise die Verbindung zum Arbeitsspeicher, zu einem externen Cache oder weiteren Zentraleinheiten. Ein **Peripherie-Bus** (engl.: peripheral bus) dient zur Verbindung von und zu Peripheriegeräten (beispielsweise Netzwerkkarten, Festplattenlaufwerken, oder auch Ein-/Ausgabegeräten).

In den folgenden Abschnitten werden unterschiedliche Formen von CPU- und Peripherie-Bussen vorgestellt. Je nach der Art der übertragenen Information unterscheidet man zwischen einem *Datenbus*, einem *Adressbus* und einem *Steuerbus*.

Während ein **Datenbus** (engl.: data bus) Daten im weiteren Sinne überträgt, ist ein **Adressbus** (engl.: address bus) auf die Übertragung von Adressinformation und ein **Steuerbus** (engl.: control bus) auf die Übertragung von Steuerinformation spezialisiert.

Die über den Bus übertragenen Daten werden entweder seriell oder parallel übertragen.

Bei der **seriellen Übertragung** (engl.: serial transmission) werden die Daten bitweise nacheinander (bitseriell) übertragen. Bei der **parallelen Übertragung** (engl.: parallel transmission) werden mehrere Bits zeitgleich in einem Taktschritt übertragen (bitparallel).

Bei einem *16 Bit breiten Übertragungskanal* können bei einer parallelen Übertragung prinzipiell *16 Bits* in einem Zyklus übertragen werden. Meist werden neben den Datenleitungen auch noch getrennte *Steuerleitungen* benötigt.

Obwohl bei bitparallelen Verbindungen mehr Daten gleichzeitig übertragen werden, stoßen diese beim Einsatz höherer Übertragungsraten auf technisch-physikalische Probleme. Ein Problembereich ist hierbei, dass es in unterschiedlichen Adern eines Kabels zu unterschiedlich langen Signallaufzeiten kommen kann. Viele der Schnittstellenstandards und Bussysteme, die lange Zeit auf paralleler Übertragung beruhten, verwenden in den neuesten Entwicklungen eine serielle Übertragungstechnik (beispielsweise die Schnittstellenstandards Serial-ATA und Serial-Attached-SCSI, oder das Bussystem PCI-Express), über die – etwas unvermutet - eine höhere Übertragungsrate erreicht werden kann.

▶ Übungsaufgabe Nr. 2.1.13 im Arbeitsbuch

1.6.1 CPU-Busse

> Der **interne CPU-Bus** (engl.: internal CPU bus) dient zur Kommunikation der internen Einheiten des Prozessors (zwischen Leitwerk, Rechenwerk und deren Registern), gegebenenfalls auch mit dem L1-Cache. Der **externe CPU-Bus** (engl.: external CPU bus) verbindet Prozessor(en), (L2/L3-)Cache (sofern nicht on-chip), Arbeitsspeicher und Peripherie-Busschnittstelle.

Abb. 1.6.1/1 zeigt Ihnen den vorstehend beschriebenen *Pentium-4-Prozessor* in Form eines *Schaltbildes*. Die Verbindungen zwischen den einzelnen Komponenten bilden das *interne Bussystem*, über das (Nutz-)Daten und Befehle übertragen werden. Der L2-

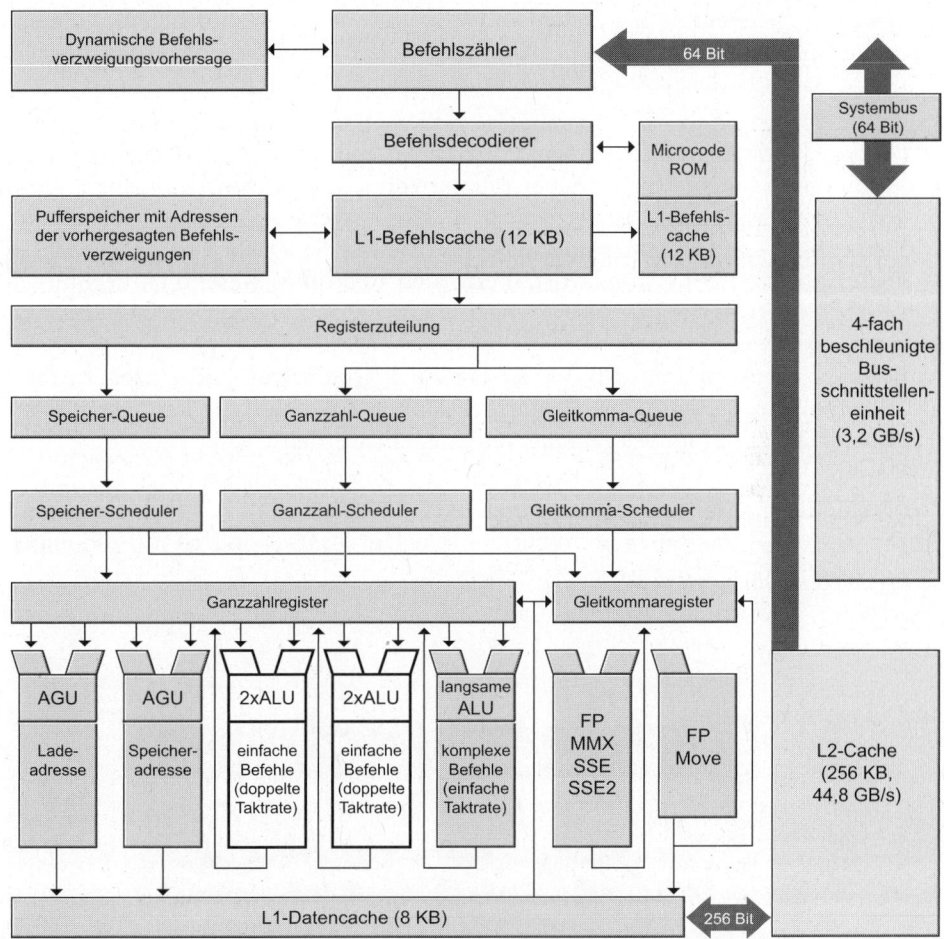

Abb. 1.6.1/1: Pentium-4-Prozessor: Vereinfachtes Schaltbild

Cache ist über einen internen, 256 Bit breiten Bus mit dem L1-Cache verbunden. Der externe CPU-Bus (Systembus) ist 64 Bit breit und wird mit 200 MHz getaktet. Durch eine spezielle Übertragungstechnik, bei der in einem Taktzyklus vier Mal Daten übertragen werden können (engl.: quad pumped), wird ein Durchsatz von 6,4 GB/s erreicht.

Als *externen Datenbus* (engl.: front side bus, abgekürzt: FSB) bezeichnet man die Leitungen, über die Befehle und Daten zum und vom Zentralprozessor transportiert werden (siehe Abb. 1.6.1/2). Je breiter er ist, desto mehr Daten können pro Lese- oder Schreibzugriff übertragen werden. Die Taktrate des Datenbusses und der Datenverkehr auf dem Bus werden vom Chipsatz geregelt. Frühere Systeme, bei denen der L2-Cache nicht im Prozessor integriert war, hatten einen weiteren Bus zur Verbindung von L2-Cache und Arbeitsspeicher, der auch als „back side bus" bezeichnet wurde.

Während die meisten der heute im Einsatz befindlichen Prozessoren einen gemeinsamen Datenbus für Daten und Instruktionen (das sind Befehle, die ein Prozessor ausführen kann; siehe Abschnitt 4.2.2) verwenden, werden bei der Harvard-Architektur getrennte Verbindungssysteme genutzt.

Bei der **Harvard-Architektur** (engl.: Harvard architecture) werden getrennte Verbindungssysteme für die Übertragung von Daten und Instruktionen aus dem Arbeitsspeicher verwendet. Auf diese Weise können gleichzeitig Instruktions- und Datenströme aus dem Arbeitsspeicher übertragen werden. Dieser potenzielle Leistungsvorteil erfordert allerdings wesentlich komplexere Schaltkreise.

Beispiele für Rechner auf Basis der Harvard-Architektur sind einzelne RISC- oder Signalprozessoren. Der Vorteil der Harvard-Architektur kann heute mit Fließbandverarbeitung weitgehend wettgemacht werden.

Um Speicherzellen einzeln adressieren zu können, werden weitere Leitungen benötigt, die man als *Adressbus* bezeichnet. Im Gegensatz zur Datenbusbreite wirkt sich die Adressbusbreite nicht auf den Durchsatz, sondern auf die maximal mögliche Größe des Arbeitsspeichers aus.

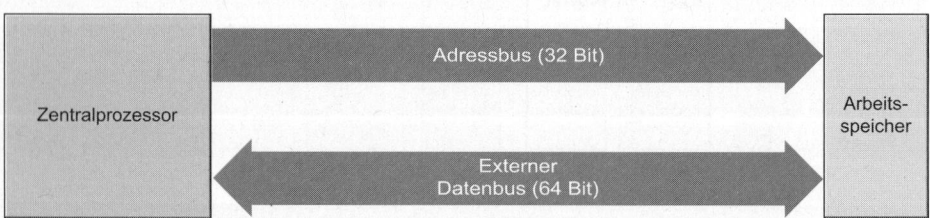

Abb. 1.6.1/2: Externer Datenbus und Adressbus zur Verbindung von Zentralprozessor und Arbeitsspeicher (Busbreiten von Pentium 4)

Mit seinem 32 Bit breiten *Adressbus* kann der *Pentium-4* bis zu 2^{32} Bytes (= 4 GB) RAM ansprechen. Bei den „Vorgängern" in den 1980er Jahren war der Adressbus hingegen zunächst nur 20 Bit (Intel 8086/8088-Prozessoren) und dann 24 Bit (Intel 80286/80386SX-Prozessoren) breit, wodurch der direkt adressierbare Arbeitsspeicher damals auf maximal 1 MB beziehungsweise 16 MB beschränkt war.

Während der Datenbus in beiden Richtungen benutzt wird *(= bidirektional)*, transportiert der Adressbus nur in der vom Prozessor wegführenden Richtung Bits *(= unidirektional)*. Auf diesem Wege werden neben dem Arbeitsspeicher beziehungsweise Cache auch andere Einheiten des Rechners vom Prozessor angesprochen. Neben dem externen gibt es notwendigerweise auch einen prozessorinternen Adressbus, da die Register usw. adressiert werden müssen.

Steuerbusse bilden die *Steuersignal- und Rückmeldekanäle* für gleich- und untergeordnete Funktionseinheiten. Die in diesen Bussen übertragenen Signale dienen Prozessorunterbrechungen (Wartezustände) sowie synchronen (taktgesteuerten) und asynchronen (ereignisgesteuerten) Kommunikationsvorgängen zwischen dem Leitwerk und den ihm untergeordneten Einheiten. Es kommt auch vor, dass Leitungen des Datenbusses für die Übertragung von Steuersignalen verwendet werden.

▶ Übungsaufgabe Nr. 2.1.14 im Arbeitsbuch

1.6.2 Peripherie-Busse

Die Datenübertragung zwischen dem CPU-Bus und den Peripheriegeräten erfolgt über den so genannten *Peripherie-Bus*.

Anfangs gab es bei Personalcomputern zu jedem Prozessortyp die zugehörigen Peripherie-Bausteine. Dies hatte für den Benutzer den Nachteil, dass Einsteckkarten nur mit einem bestimmten Prozessor verwendet werden konnten, und dass meist nur wenige Anbieter für diese existierten.

Das Ziel war es deshalb, einen *Standard* zu definieren, sodass Einsteckkarten auch auf Systemen von unterschiedlichen Hardwareherstellern, die möglicherweise unterschiedliche Prozessoren einsetzen, genutzt werden können. Das geschah mit dem *ISA-Bus* (Abkürzung von engl.: industry standard architecture), der Mitte der 1980er Jahre mit dem IBM PC-AT vorgestellt wurde. Dieser Busstandard ist allerdings wegen seiner geringen Durchsatzrate von maximal 8 MB/s für Grafikkarten und Festplattencontroller schon lange nicht mehr geeignet. Ersetzt wurde der ISA-Standard durch den von Intel entwickelten *PCI-Bus*, mit dem heute fast jeder neu verkaufte Personalcomputer ausgestattet ist.

1.6.2.1 PCI-Bus

Der **PCI-Bus** (Abkürzung von engl.: peripheral component interconnect bus) ist ein prozessorunabhängiges Bussystem, das über eine *CPU-PCI-*

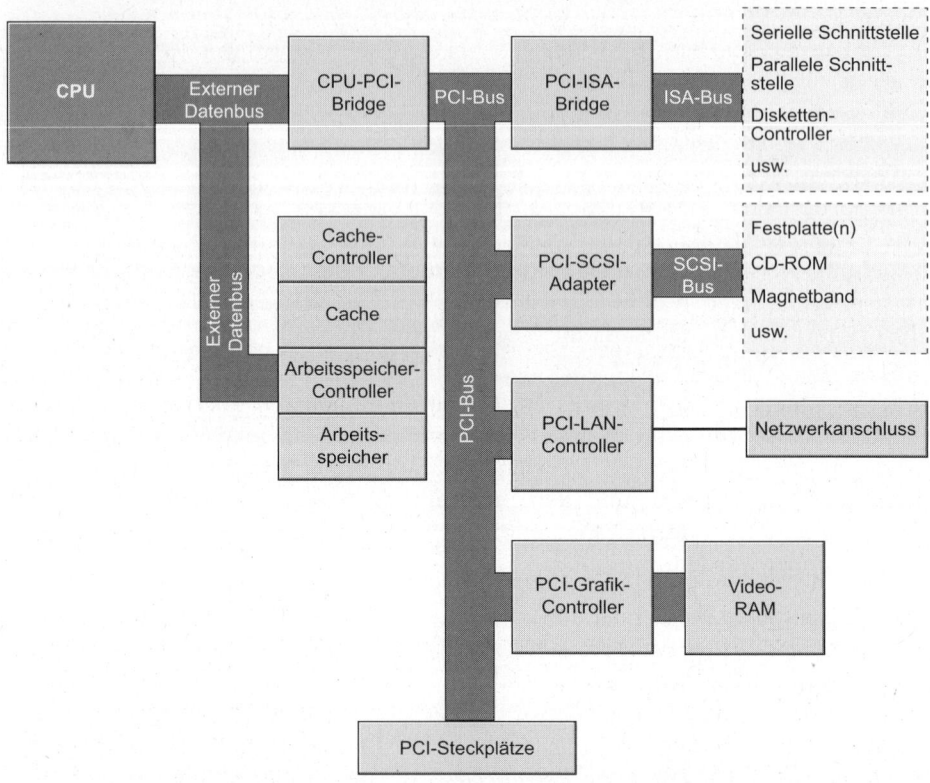

Abb. 1.6.2.1/1: Beispiel des Aufbaus einer Hauptplatine mit PCI-Bus

Bridge die Verbindung zum Prozessor herstellt. Dadurch ist der PCI-Bus weitgehend unabhängig von der CPU. Auch zukünftige Prozessorgenerationen können über eine geeignete CPU-PCI-Bridge den Bus verwenden. Der PCI-Bus arbeitet mit Taktraten von 33 bis 66 MHz. Der Datenbus und der Adressbus sind entweder 32 oder 64 Bit breit. Die maximale Übertragungsleistung beträgt je nach Betriebsart 66–132 MB/s.

Wie Abb. 1.6.2.1/1 zeigt, wird die CPU-PCI-Bridge über den externen Datenbus an die CPU angeschlossen. Da an dem Bus zahlreiche Geräte angeschlossen werden können, müssen diese entsprechend adressiert werden. Beim PCI-Bus werden Daten und Adressen über die gleichen physikalischen Leitungen übertragen. Bei einem Transfer werden zuerst einen Zyklus lang die Adressbits, dann einen Zyklus lang die Datenbits angelegt. Ein normaler Transfer braucht also zwei Zyklen. Die Transferrate beträgt damit bei 33 MHz 66 MB/s (33 MHz / 2 × 4 Bytes = 66 MB/s).

Zusätzlich dazu sind auf dem PCI-Bus auch noch so genannte *Burst-Transfers* möglich. Dabei werden einen Zyklus lang die Adresse und dann nur mehr die

Daten angelegt. Die Adresse wird automatisch erhöht. Damit lässt sich die Transferrate bis fast auf das Doppelte (bei genügend langen Burst-Transfers) steigern.

Eine weitere technische Neuerung des PCI-Busses sind Funktionen, die eine *automatische Konfiguration* der Geräte (engl.: plug and play) durch das BIOS möglich machen (mittels zentral verwalteter Hersteller- und Gerätekenndaten).

Für die hohen Durchsatzanforderungen von 3-D-Grafikkarten wurde die **AGP-Schnittstelle** (Abkürzung von engl.: accelerated graphics port) entwickelt, die direkt an den externen Datenbus des Prozessors angeschlossen wird und eine Übertragungsrate von bis zu 533 MB/s unterstützt.

Die Hauptplatine unseres *Beispiel-PCs* enthält neben *drei PCI-Steckplätzen* auch einen *AGP-Steckplatz*.

1.6.2.2 PCI-Express

PCI-Express (engl.: PCI Express, abgekürzt: PCIe) ist ein prozessorunabhängiges Bussystem, das die Nachfolge von PCI antreten soll. Dieses Bussystem zielt auf eine höhere Übertragungskapazität, leichtere Handhabung und bessere Ressourcennutzung ab. Im Gegensatz zum PCI-Bus, bei dem sich die angeschlossenen Geräte den Bus teilen mussten, verspricht PCI-Express eine höhere Transferrate durch *Punkt-zu-Punkt-Verbindungen* (engl.: PCI link). Für eine Punkt-zu-Punkt-Verbindung können ein bis 32 *Übertragungskanäle* (engl.: PCI lane) geöffnet werden, über die simultan bis zu 250 MB/s gesendet und empfangen werden können.

Durch die Möglichkeit, Punkt-zu-Punkt-Verbindungen zwischen Funktionseinheiten mit einer unterschiedlichen Anzahl von Kanälen zu öffnen, wird die Architektur besser skalierbar.

Beispielsweise kann eine Grafikkarte, die über PCI-Express 16 simultane Kanäle öffnet, simultan bis zu 4 GB/s senden und empfangen.

PCI-Bus- oder PCI-Express-kompatible Steckkarten können direkt über Steckplätze an den Bus angeschlossen werden. Abb. 1.6.2.1/1 zeigt, wie ein PCI-Bus mit weiteren Bussystemen über Brücken verbunden werden kann. Beispiele hierfür sind die PCI-ISA-Bridge. Die wichtigsten Verbindungssysteme werden in den folgenden Abschnitten beschrieben. Die über diese Schnittstellen angeschlossenen *peripheren Geräte* werden in den Kapiteln 2 und 3 dieses Bandes im Detail behandelt.

▶ Übungsaufgabe Nr. 2.1.15 im Arbeitsbuch

1.6.3 Schnittstellen für Massenspeicher

Schnittstellen für Massenspeicher wie beispielsweise Magnetplatteneinheiten (siehe Kapitel 2 dieses Bandes) stellen hohe Anforderungen an die Transferleistung, da große Datenmengen zwischen der Zentraleinheit und dem Massenspeicher transportiert werden müssen. Für manche Formen von Massenspeichern kommt als weitere Anforderung hinzu, dass diese Geräte *im laufenden Betrieb an- oder abgeschlossen* werden können (engl.: hot-plugging).

Bei Arbeitsplatzrechnern werden derzeit Massenspeicher überwiegend mit der ATA-Schnittstelle an die Zentraleinheit angeschlossen, da diese relativ kostengünstig ist. In Serverrechnern wird hingegen häufig die (bezüglich der Kosten von kompatiblen Peripheriegeräten) teurere SCSI-Schnittstelle verwendet. An entsprechende Massenspeicher werden höhere Anforderungen bezüglich Leistung und Ausfallsicherheit gestellt. Während frühere Varianten sowohl der ATA- als auch der SCSI-Schnittstelle eine parallele Übertragung nutzten, beruhen die neuesten Entwicklungen auf der seriellen Übertragung der Daten (Serial-ATA, Serial-Attached-SCSI).

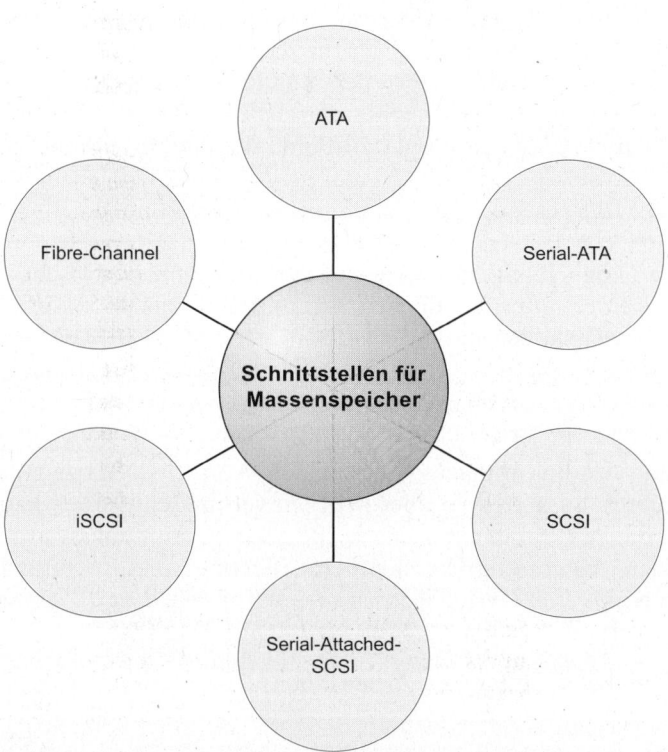

Abb. 1.6.3/1: Überblick über Schnittstellen für Massenspeicher

1.6.3.1 ATA

> **ATA** (Abkürzung von engl.: advanced technology attachment) ist eine *Standardschnittstelle* mit paralleler Datenübertragung für in der Systemeinheit befindliche Massenspeicher wie Festplatten und optische Speicherplatten. Die Steuerungslogik ist bei dieser Schnittstelle kostensenkend in die Elektronik des Massenspeichers integriert. Somit ist zur Gerätesteuerung keine zusätzliche Controllerkarte notwendig. Aufgrund der integrierten Steuerungselektronik wird die Bezeichnung **IDE** (Abkürzung von engl.: integrated drive electronics) synonym für ATA verwendet. Der maximale Durchsatz liegt je nach Protokoll zwischen 3,3 MB/s (PIO 0) und 133 MB/s (UDMA 6).

Der ATA-Standard wurde Anfang der 1980er Jahre entwickelt. In der Erstversion von 1981 (die offizielle ANSI-Standardisierung erfolgte erst 1994) konnten ausschließlich Festplatten angeschlossen werden, wobei anfänglich eine maximale Transferrate von 4 MB/s erreicht wurde. Die Festplatten wurden dabei im PC an einen so genannten *Hostadapter* angeschlossen, der nicht viel mehr als eine Steckverbindung und daher *sehr preiswert* war. Aufgrund dieses Kostenvorteils etablierte sich der ATA-Standard bei Arbeitsplatzrechnern, wo er bis heute seine Marktdominanz erhalten konnte.

Bezeichnung	Max. Datentransferrate	Protokolle	Eigenschaften
ATA-1 oder IDE (1994)	8,3 MB/s	PIO 0,1,2 sw-DMA 0,1,2 dw-DMA 0	Ein Kanal mit maximal zwei Festplatten von jeweils 528 MB, asynchrone Arbeitsweise
ATA-2 oder EIDE (1996)	16,6 MB/s	PIO 3,4 dw-DMA 1,2	Erweiterung auf zwei Kanäle mit maximal vier Festplatten, synchrone Arbeitsweise
ATA-3 (1997)	16,6 MB/s	wie ATA-2	Erweiterung um Sicherheitsfunktionen (S.M.A.R.T und Secure Mode), keine Erhöhung der maximalen Transferrate
ATA/ATAPI-4 (1998)	33,3 MB/s	UDMA 0,1,2	Migration des ATAPI- und ATA-Standards; Einführung des Ultra-DMA Protokolls
ATA/ATAPI-5 (2000)	66,6 MB/s	UDMA 3,4	Spezielles Kabel notwendig (es werden 80 statt der sonst üblichen 40 Leitungen verwendet, um elektromagnetische Interferenzen zu reduzieren, 40-poliger Stecker jedoch unverändert)
ATA/ATAPI-6 (2002)	133,3 MB/s	UDMA 5,6	Erweiterung des Adressraumes für Kapazitäten größer als 137 GB, Integration Akustik-Management

Abb. 1.6.3.1/1: ATA-Standards

Aufgrund der oben beschriebenen Beschränkungen wurde der ATA-Standard kontinuierlich weiterentwickelt. Abb. 1.6.3.1/1 gibt einen Überblick über die verschiedenen Versionen des ATA-Standards.

Die *Kabellänge* ist für einen an der ATA-Schnittstelle angeschlossenen Massenspeicher auf 46 cm beschränkt. Daher wird ATA ausschließlich für in der Systemeinheit integrierte Geräte eingesetzt. Für die Leistungsfähigkeit der an der ATA-Schnittstelle angeschlossenen Massenspeicher ist das verwendete Protokoll von Bedeutung, welches die maximale Transferrate festlegt. Im Laufe der Zeit wurden *drei grundlegende Protokolle* (PIO, DMA und UDMA) entwickelt. Das *PIO-Protokoll* (von engl.: programmed input/output) benötigt zum Datentransfer den Zentralprozessor des Rechners, was zu einer hohen Auslastung des Prozessors führen kann. Bei *DMA* (von engl.: direct memory access) und *UDMA* (Ultra-DMA) erfolgt der Transfer ohne Beteiligung des Prozessors. Abb. 1.6.3.1/2 fasst die maximal erreichbaren Transferraten in MB/s abhängig vom jeweils verwendeten Protokoll zusammen.

Seit 1995 haben nahezu alle PC-Hauptplatinen einen *im Chipsatz integrierten ATA-Controller*. Die Festplatte und andere ATA-Geräte können über diesen direkt an die Hauptplatine angeschlossen werden und benötigen somit keinen zusätzlichen Adapter. Solche anderen Geräte können beispielsweise Disketten- und/oder CD/DVD-Laufwerke sein. Hierfür wurde der ATA-2/EIDE-Standard um ein neues Befehlsprotokoll zur Benutzung der ATA-Schnittstelle erweitert: dieser erweiterte Standard heißt ATAPI.

> **ATAPI** (Abkürzung von engl.: ATA packet interface) ist eine Erweiterung des ATA-2-Standards um Steuerungsbefehle für Geräte mit Wechselmedien (wie CD-, DVD- und Magnetbandlaufwerke). Mit dem Standard ATA/ATAPI-4 von 1998 wurden ATA und ATAPI zusammengeführt.

Die derzeit aktuelle Version des Übertragungsprotokolls für ATAPI ist UDMA 6, das auch unter den Namen Ultra-ATA/133 und Ultra-DMA/133

Protokoll	Modus 0	Modus 1	Modus 2	Modus 3	Modus 4	Modus 5	Modus 6
PIO	3,3	5,2	8,3	11,1	16,6	–	–
Single-Word-DMA (sw-DMA)	2,1	4,2	8,3	–	–	–	–
Multi-Word-DMA (mw-DMA)	4,2	13,3	16,6	–	–	–	–
Ultra-DMA (UDMA)	16,6	25,0	33,3	44,4	66,6	100	133,3

Abb. 1.6.3.1/2: ATA-Protokolle

bekannt ist. Seit UDMA 3 sind zur Erreichung der hohen Übertragungsraten spezielle Kabel (40-polig, 80-adrig) erforderlich, welche zwischen den 40-poligen IDE-Steckern und den Erdleitern über 40 zusätzliche Masseleitungen neben den Signalleitungen verfügen. Dadurch wird ein „Übersprechen" der Signale verringert und die Signalintegrität verbessert. Da die *Protokolle abwärtskompatibel* sind, ist der Anschluss langsamerer ATA-Einheiten kein Problem. Bisher hat sich die Datentransferrate ungefähr alle drei Jahre verdoppelt. Es ist jedoch nicht mehr mit höheren Transferraten zu rechnen, da der parallele ATA-Standard durch Serial-ATA abgelöst wird.

1.6.3.2 Serial-ATA

Serial-ATA (S-ATA) ist eine Schnittstelle mit serieller Datenübertragung für in der Systemeinheit befindliche Massenspeicher wie beispielsweise Festplatten und optische Speicherplatten. Wie bei ATA ist die Steuerungslogik bei dieser Schnittstelle kostensenkend in die Elektronik des Massenspeichers integriert. Serial-ATA ist der auf serieller Übertragung basierende Nachfolgestandard zum parallelen ATA. Der maximale Durchsatz liegt je nach Version zwischen 150 MB/s (Serial-ATA I) und 300 MB/s (Serial-ATA II). Bis 2007 ist die Erhöhung der Datentransferrate auf 600 MB/s geplant.

Neben der höheren Transferrate hat der zum ATA-Standard softwarekompatible Serial-ATA-Standard *weitere Vorteile*. Hierzu zählen die geringere Leistungsaufnahme (Signalpegel von 3,3 Volt anstatt von 5 Volt), dünnere und längere Kabel (die maximale Länge beträgt einen Meter) sowie kleinere und somit kostengünstigere Steckverbindungen. Die angeschlossenen Massenspeicher können zudem *im laufenden Betrieb angeschlossen und entfernt* werden (so genanntes Hot-Plugging).

Ähnlich wie bei ATA können bei Serial-ATA vier Massenspeicher an einen ATA-Controller angeschlossen werden, wobei jedes Gerät einzeln mit dem Adapter auf der Hauptplatine oder der Steckkarte verbunden ist (Punkt-zu-Punkt-Verbindung). Wie der ATA-Standard ist auch Serial-ATA ausschließlich zum Betrieb von Massenspeichern vorgesehen, die in der Systemeinheit integriert sind.

1.6.3.3 SCSI

SCSI ist eine wesentlich flexiblere, aber auch aufwändigere Schnittstelle als ATA. Unter Standardisierungsgesichtspunkten leidet SCSI unter demselben Problem wie ATA: Es gibt eine verwirrende Vielfalt von Varianten mit teilweise unterschiedlichen Herstellerbezeichnungen.

SCSI (Abkürzung von engl.: small computer system interface) ist eine international genormte, universelle parallele Schnittstelle für die Kopplung schneller Peripheriegeräte an einen Rechner. Damit können je nach Busbreite acht bis sechzehn periphere Geräte (zum Beispiel Streamer, Magnet- und optische Platteneinheiten, Scanner) direkt auf Busebene an die Zentraleinheit angeschlossen werden. Der maximale Durchsatz liegt je nach Protokoll zwischen 5 MB/s (SCSI-1) und 320 MB/s (Ultra320 SCSI).

Der **SCSI-1-Standard** wurde 1986 verabschiedet und ist heute nicht mehr relevant. Bis zu acht SCSI-1-fähige Einheiten können über einen 8-Bit-Bus mit einer maximalen Transferrate von 5 MB/s angeschlossen werden: sieben Peripheriegeräte und der so genannte SCSI-Master (= Controller), durch den der SCSI-Bus an die Zentraleinheit gekoppelt wird. Mit dem Bussystem der Zentraleinheit können mehrere solche SCSI-Busse verbunden werden.

SCSI-2 wurde 1994 verabschiedet. Der Befehlssatz für SCSI-Einheiten wurde vereinheitlicht und ergänzt, um zusätzliche Geräte wie Scanner, CD-ROM-Laufwerke und andere Wechselspeicher zu unterstützen. Trotz dieser Erweiterung wird SCSI heutzutage jedoch überwiegend für Massenspeicher eingesetzt, da für andere periphere Geräte (zum Beispiel Scanner), die geringere Anforderungen bezüglich der Transferleistung haben, günstigere Schnittstellen (USB, IEEE 1394 FireWire) zur Verfügung stehen. Weitere bedeutsame *Erweiterungen* der ursprünglichen SCSI-1-Spezifikation sind:

- *Fast SCSI:* Dieses Protokoll verdoppelt den maximalen Durchsatz bei dem regulären 8-Bit-Bus auf 10 MB/s.
- *Wide SCSI:* Die Breite des ursprünglichen SCSI-Busses wurde auf 16 (oder sogar 32) Bits erhöht. Das erlaubt bei gleicher Busrate eine Verdoppelung (oder Vervierfachung) des Durchsatzes. Bis zu 16 Einheiten können angeschlossen werden.

Die Entwicklung von **SCSI-3** hat 1993 begonnen. Es handelt sich um ein Rahmenwerk, das über ein Dutzend weiterer Standards beinhaltet, die Befehlssätze, Protokolle und Signalisierungsmethoden definieren, die etwas mit SCSI und SCSI-ähnlichen Schnittstellen wie *IEEE-1394 FireWire* und *Fibre-Channel* zu

Abb. 1.6.3.3/1: SCSI-Hostadapter (SCSI-Controller)

tun haben. Alle diese Standards haben ihre eigenen Namen und werden unabhängig voneinander entwickelt. Die große Zahl der unter die Überschrift SCSI-3 fallenden Techniken wirkt unübersichtlich. Vielfach verkaufen Hersteller ihre Geräte mit einer „SCSI-3-Schnittstelle", obwohl dieser Standard bis heute nicht verabschiedet wurde (und es fraglich erscheint, ob er überhaupt jemals verabschiedet werden wird).

Bei SCSI-3 wird die ursprüngliche parallele SCSI-Schnittstelle als *SPI* (Abkürzung von engl.: SCSI-3 parallel interface) bezeichnet. Es gibt mehrere Versionen von SPI, die jeweils verschiedene physikalische Eigenschaften und Protokolle für traditionelle, parallele SPI-Einheiten definieren. Diese werden unter den Bezeichnungen *„Ultra SCSI"* oder *„Wide Ultra SCSI"* vermarktet. *Ultra SCSI* bezieht sich auf eine höhere Busrate, die einen Durchsatz von bis zu 20 MB/s auf den schmalen 8-Bit-Bussen und 40 MB/s auf den breiteren 16-Bit-Bussen erlaubt. *Breite (engl.: wide) SCSI-Busse* benötigten früher zwei Kabel; diese umständliche Lösung wurde jedoch in der Praxis kaum angenommen. Mit SPI wurden 68-Stift-Kabel und -Stecker eingeführt (vorher: 50 Stifte), die inzwischen für schnellere SCSI-Busse allgemein verwendet werden. 1999 wurde die bis dahin aktuelle Sammlung von Einzelspezifikationen durch eine einzige Spezifikation mit dem Namen SPI-2 abgelöst.

SPI-2 verdoppelt die maximale Busfrequenz von 20 MHz auf 40 MHz und erlaubt damit einen maximalen Durchsatz von 40 MB/s (8-Bit-Bus) und 80 MB/s (16-Bit-Bus). Zudem wurde eine kompaktere Version der 68-Stift-Stecker definiert.

SPI-3, im Jahr 2001 veröffentlicht, bringt eine weitere Verdoppelung auf 160 MB/s über den 16-Bit-Bus – diesmal nicht durch Erhöhung der Busrate, sondern durch so genanntes *double transition clocking,* abgekürzt: *DT.* Das bedeutet, dass die Transferrate (in Millionen Transfers pro Sekunde) doppelt so hoch ist wie die Taktrate des Busses (in MHz). Zudem wird zur Erhöhung der Übertragungssicherheit eine *zyklische Blockprüfung* (engl.: cyclic redundancy check, abgekürzt: CRC) durchgeführt. Als Marketingbegriff zur Kennzeichnung der neuen Eigenschaften wurde *„Ultra3 SCSI"* eingeführt; anstelle der „3" nennen Hersteller oft den Durchsatz in MB/s, beispielsweise Ultra160, Ultra 160/m SCSI oder Ultra160+ SCSI.

SPI-4 bringt eine weitere Verdoppelung des maximalen Durchsatzes durch die Erhöhung der Busrate auf 80 MHz (Ultra320). Die meisten derzeit gefertigten SCSI-Plattenlaufwerke verwenden diesen Standard. Im Jahr 2003 wurde durch die Verabschiedung von *SPI-5* die Busfrequenz wiederum auf 160 MHz verdoppelt, entsprechende Produkte tragen die Bezeichnung Fast-320 oder Ultra640.

Die Tabelle in Abb. 1.6.3.3/2 zeigt die SCSI-Varianten im Überblick.

Nachteil von SCSI gegenüber ATA ist, dass der Einsatz eines teuren, weil intelligenten Hostadapters, des so genannten SCSI-Controllers, notwendig ist. Dabei kann es sich um eine Steckkarte oder um einen Adapter handeln, der auf der Systemplatine integriert ist. *Vorteil von SCSI* ist die Flexibilität. ATA ist auf in der

Bezeichnung	Standard	Busbreite (Bit)	Busfrequenz (MHz)	Durchsatz (MB/s)
SCSI-1	SCSI-1	8	5	5
Wide SCSI	SCSI-2	16	5	10
Fast SCSI	SCSI-2	8	10	10
Fast Wide SCSI	SCSI-2	16	10	20
Ultra SCSI	SCSI-3/SPI	8	20	20
Wide Ultra SCSI	SCSI-3/SPI	16	20	40
Ultra2 SCSI	SCSI-3/SPI-2	8	40	40
Wide Ultra2 SCSI	SCSI-3/SPI-2	16	40	80
Ultra3 SCSI	SCSI-3/SPI-3	16	40 (DT)	160
Ultra320 SCSI	SCSI-3/SPI-4	16	80 (DT)	320
Ultra640 SCSI	SCSI-3/SPI-5	16	160 (DT)	640

Abb. 1.6.3.3/2: SCSI-Varianten

Systemeinheit integrierte Geräte beschränkt, während mittels SCSI eine breite Palette von internen und externen Geräten angeschlossen werden kann – die maximale Kabellänge zum Anschluss externer Geräte beträgt hierbei 25 Meter.

▶ Übungsaufgabe Nr. 2.1.16 im Arbeitsbuch

1.6.3.4 Serial-Attached-SCSI

Serial-Attached-SCSI (engl.: serial attached SCSI, abgekürzt: SAS) ist eine genormte, serielle Schnittstelle für die Kopplung von Peripheriegeräten an einen Rechner. Mithilfe so genannter Expander können bis zu 128 periphere Geräte (beispielsweise Streamer, Magnet- und optische Platteneinheiten, Scanner) an die Zentraleinheit angeschlossen werden. Serial-Attached-SCSI ist der auf serieller Übertragung basierende Nachfolgestandard des parallelen SCSI. Der maximale Durchsatz liegt in der Erstversion bei 300 MB/s. Für das Jahr 2007 ist ein Folgestandard geplant, der eine Erhöhung der Datenrate auf 600 MB/s erlauben soll. Ferner sieht die Spezifikation eine weitere Erhöhung der Datenrate auf 1.200 MB/s ab 2010 vor.

Serial-Attached-SCSI ist softwarekompatibel zum „normalen" SCSI-Standard. Serial-Attached-SCSI verwendet im Gegensatz zu SCSI kein Bussystem. Stattdessen werden Punkt-zu-Punkt-Verbindungen zwischen dem Controller und dem peripheren Gerät eingesetzt. Diese Verbindungen haben den Vorteil, dass defekte Geräte den Betrieb anderer Peripheriegeräte nicht beeinträchtigen können.

Interne Kabel können eine maximale Länge von einem Meter aufweisen. Zum Anschluss externer Geräte erlaubt die Spezifikation des Standards Kabel mit einer Maximallänge von zehn Metern. Die Steckverbindungen und Kabel sind identisch zum Serial-ATA-Standard und auch wesentlich günstiger und flexibler als die heute üblichen „parallelen" SCSI-Kabel. Darüber hinaus lassen sich auch Serial-ATA-Geräte direkt am Serial-Attached-SCSI-Controller betreiben (umgekehrt können Geräte mit Serial-Attached-SCSI-Schnittstelle jedoch nicht an einem Serial-ATA-Controller verwendet werden).

1.6.3.5 iSCSI und Fibre-Channel

iSCSI (Internet SCSI) ist eine Realisierung der höheren Schichten des SCSI-3-Protokolls über die Internet-Protokolle (TCP/IP). Da die Übertragungstechniken für lokale Netze immer leistungsfähiger werden (beispielsweise Gigabit-Ethernet, siehe Kapitel 6 dieses Bandes), können diese ebenso zum Anschluss von Peripheriegeräten genutzt werden. Der Vorteil von iSCSI liegt in der Nutzung einer einheitlichen und weit verbreiteten Schnittstelle, die für unterschiedlichste Übertragungstechniken und Übertragungskapazitäten genutzt werden kann. iSCSI wurde 2003 von der IETF (Abkürzung von engl.: Internet Engineering Task Force) standardisiert.

Da iSCSI für den Zugriff auf die angeschlossenen Geräte die vorhandene Netzwerkkarte nutzen kann, ist dies eine kostengünstige Lösung, um beispielsweise in einer Abteilung auf zentrale Plattenkapazitäten zugreifen zu können. Zusätzlich erlaubt iSCSI, unterschiedliche Netzwerkinfrastrukturen und damit auch Übertragungskapazitäten ohne weitere Änderung des Standards nutzen zu können. Kritiker von iSCSI weisen darauf hin, dass durch den Protokoll-Overhead der Internet-Protokolle iSCSI leistungsmäßig hinter speziellen Lösungen zurückliegen muss. Einzelne Produkte zeigen jedoch sehr gute Durchsatzleistungen.

Der IT-Hersteller *Alacritech* berichtet von einer im *Dauerbetrieb* gemessenen (engl.: sustained) Durchsatzrate von über 219 MB/s bei einer CPU-Auslastung von unter acht Prozent beim Zugriff auf Plattenlaufwerke über iSCSI auf Basis von Gigabit-Ethernet. Hierbei wird allerdings eine hardwarebasierte Realisierung der TCP/IP-Protokolle auf der Netzwerkkarte verwendet. Der IT-Hersteller *Adaptec* berichtet von 100 MB/s bei RAID-Systemen über iSCSI und Gigabit-Ethernet.

iSCSI steht in Konkurrenz zu beispielsweise dem *Fibre-Channel*, der heute vorwiegend für den Aufbau von Speichernetzen (mehr dazu in Kapitel 2 dieses Bandes) genutzt wird.

Fibre-Channel (engl.: fibre channel) ist ein serieller Bus für die Anbindung von externen Speichereinheiten. Fibre-Channel kann sowohl über Kupferkabel als auch über Lichtwellenleiter betrieben werden. Im Bereich der

Glasfaserverbindungen existieren Standards von ein bis acht Gbit/s. Der 8-Gbit/s-Standard (*8GFC*, Abkürzung von engl.: 8 Gbit/s fibre channel) wurde 2004 von dem Industriekonsortium *FCIA* (Abkürzung von engl.: Fibre Channel Industry Association) verabschiedet.

Bei der Verwendung von Glasfaserleitungen mit einer Übertragungskapazität von 2 Gbit/s sind mit heutigen Produkten Durchsatzleistungen pro Fibre-Channel-Kanal von bis zu 200 Mbit/s erreichbar.

Derzeit liegt der Durchsatz von iSCSI im Vergleich mit dem Fibre-Channel zurück. Sobald allerdings 10-Gigabit-Ethernet-Infrastrukturen (siehe Kapitel 6 dieses Bandes) in größerem Umfang verfügbar sind, profitiert iSCSI unmittelbar von der verzehnfachten Durchsatzleistung.

▶ Übungsaufgabe Nr. 2.1.17 im Arbeitsbuch

1.6.4 Schnittstellen für den Anschluss von weiteren Peripheriegeräten und mobilen Geräten

Die meisten Schnittstellen zum Anschluss von Peripheriegeräten (siehe Abb. 1.6.4/1) basieren auf Datenübertragung mittels Kupfer- oder Glasfaserkabel. In den Schnittstellenspezifikationen ist unter anderem auch festgelegt, wie die entsprechenden Stecker und Kabel aufgebaut sein müssen, damit die problemlose Datenübertragung sichergestellt ist. In den meisten Fällen wird das Design so gewählt, dass schon anhand des Steckers festgestellt werden kann, um welche Schnittstelle es sich handelt, sodass ein Kabel nur an den „richtigen" Steckplatz angeschlossen werden kann.

Drahtlose Schnittstellen übertragen Daten als Wellen durch die Luft und sind somit an kein Kabel gebunden. Für die drahtlose Datenübertragung werden entweder Infrarotlicht oder Funkwellen im Mikrowellenbereich verwendet (mehr dazu in Kapitel 6 dieses Bandes). Um hierbei eine gegenseitige Störung zwischen unterschiedlichen Geräten zu vermeiden, spezifizieren die zugehörigen Schnittstellendefinitionen sehr detailliert, welche Frequenzen, Wellenlängen und Sendeleistung bei der Übertragung zum Einsatz kommen dürfen. Solche Spezifikationen müssen sich nach den jeweils geltenden gesetzlichen Regelungen und anderen gängigen Schnittstellen oder Übertragungsgeräten richten, um gegenseitige Störungen zu vermeiden. Es ist auch häufig so, dass bestimmte Übertragungsstandards in manchen Ländern nicht oder nur modifiziert eingesetzt werden können, weil die entsprechenden Frequenzbereiche vom Gesetzgeber für andere Anwendungen reserviert wurden.

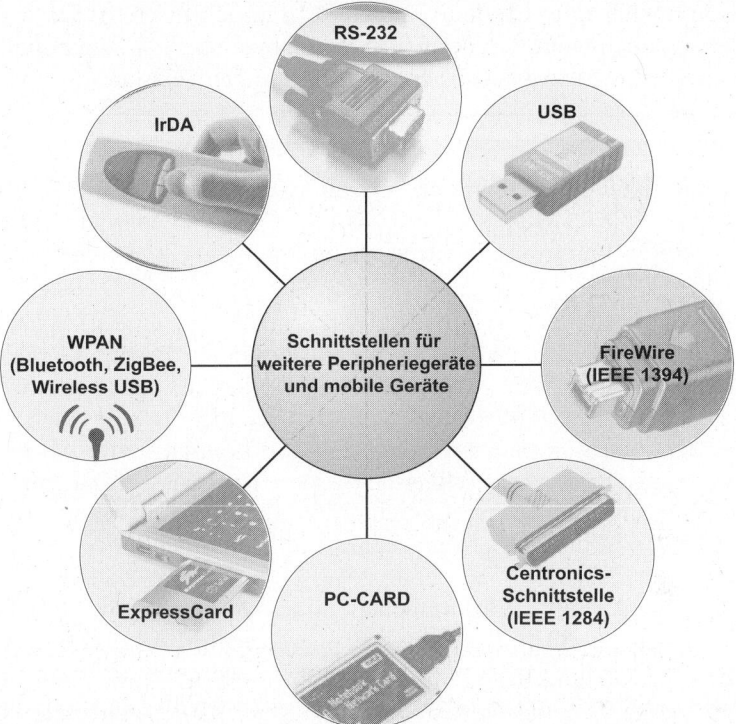

Abb. 1.6.4/1: Überblick über Schnittstellen für weitere Peripheriegeräte und mobile Geräte

1.6.4.1 RS-232

Der historisch wichtigste Vertreter von kabelgebundenen seriellen Schnittstellen ist **RS-232** (Abkürzung von engl.: recommended standard 232). Diese Schnittstelle trägt auch die Bezeichnungen EIA RS-232C (EIA ist die Abkürzung der Standardisierungsorganisation Electronic Industries Alliance) oder V.24 (CCITT-Norm, Abkürzung von franz.: Comité Consultatif International Téléphonique et Télégraphique). Die RS-232-Schnittstelle verwendet sowohl 9-Stift- als auch 25-Stift-Verbindungen und erlaubt *Übertragungsraten* von beispielsweise 19,2 kbit/s, 38,4 kbit/s, 57,6 kbit/s und 115,2 kbit/s.

Diese serielle Schnittstelle wird im PC-Bereich auch vielfach nach der Schnittstellenbezeichnung von MS-DOS und Windows als *COM-Schnittstelle* bezeichnet. Die RS-232-Schnittstelle wurde bereits im ersten, ursprünglich von IBM entwickelten PC genutzt und war lange Zeit die wichtigste Schnittstelle, um beispielsweise Drucker oder Modems an den PC anzuschließen. In den letzten Jahren wurde sie zunehmend von der USB-Schnittstelle abgelöst, die höhere Durchsatzleistungen erlaubt und bessere Steckverbindungen verwendet.

1.6.4.2 USB

Die USB-Schnittstelle wurde in der Version 1.0 im Jahr 1995 von IBM, Compaq, DEC, Intel, NEC, Microsoft und Northern Telecom entwickelt und konnte sich in den letzten Jahren als wichtigste Schnittstelle im PC-Bereich etablieren.

> **USB** (Abkürzung von engl.: universal serial bus) bietet eine *schnelle, kabelgebundene serielle Verbindung*, an die im laufenden Betrieb Geräte angeschlossen (beziehungsweise abgeschlossen) werden können (engl.: hot plugging). USB ist eine „universelle" Schnittstelle, die für eine Vielzahl von Peripheriegeräten verwendet werden kann. So können über USB maximal 127 Geräte gleichzeitig angeschlossen werden. Bei USB ist es auch möglich, Geräte mit geringem Stromverbrauch direkt über das USB-Kabel mit Strom zu versorgen, wodurch diese kein separates Netzteil benötigen.

USB ist kein Bus im herkömmlichen Sinn, sondern verwendet Punkt-zu-Punkt-Verbindungen, die auf mehreren Ebenen sternförmig zusammengeschlossen sind. Aktuelle Schreibtisch- und Notebook-PCs sind üblicherweise mit mehreren USB-Anschlüssen ausgestattet. Will man mehr USB-Geräte betreiben, als Anschlüsse vorhanden sind, können weitere Geräte über einen *USB-Hub* verbunden werden. Der USB-Hub kann mit einem Steckdosenverteiler für Haushaltsstrom verglichen werden. Bei manchen Peripheriegeräten sind USB-Hubs integriert, sodass an diese weitere USB-Geräte angeschlossen werden können.

Wenn beispielsweise ein Monitor einen USB-Hub integriert hat und über USB mit dem PC verbunden ist, so können eine USB-Tastatur und eine USB-Maus direkt am Monitor angeschlossen werden. Dies reduziert den „Kabelsalat".

USB 1.1 unterstützt eine Übertragungsrate von bis zu 12 Mbit/s. Zusätzlich gibt es einen zweiten Kanal, der ausschließlich für die Tastatur und Maus reserviert ist und mit 1,5 Mbit/s arbeitet. Der neuere Standard *USB 2.0* ermöglicht Übertragungsraten bis zu 480 Mbit/s (entspricht 57 MB/s) und kann auch für Anwendungen mit größerem Bandbreitenbedarf genutzt werden.

USB 2.0 kann beispielsweise als Schnittstelle für externe Festplatten, USB-Sticks (siehe Kapitel 2 dieses Bandes), digitale Foto- oder Videokameras, ADSL-Modems oder für WLAN-Verbindungen genutzt werden (Näheres zu ADSL und WLAN folgt in Kapitel 6 dieses Bandes).

USB 2.0 ist voll abwärtskompatibel, das heißt, dass Geräte mit einer Schnittstelle für USB 2.0 auch mit Anschlüssen für USB 1.1 betrieben werden können (und umgekehrt).

1.6.4.3 FireWire (IEEE 1394)

FireWire oder IEEE 1394 ist eine serielle Busschnittstelle für PCs und digitale Videokameras, die bis 1995 vor allem von der Firma Apple entwickelt wurde. Heute wird diese Schnittstelle von Sony unter der Bezeichnung i.Link vermarktet und von mehreren Herstellern in Produkte der Unterhaltungselektronik eingebaut (beispielsweise DVD-Rekorder). FireWire unterstützt derzeit Transferraten von 100, 200, 400 und 800 Mbit/s. IEEE 1394b wurde 2002 verabschiedet und unterstützt über Glasfaserleitungen von bis zu 100 Metern Transferraten bis zu 3,2 Gbit/s. An einem FireWire-Bus können bis zu 64 Geräte genutzt werden, die im laufenden Betrieb an- und abgeschlossen werden können. FireWire unterstützt einen Peer-to-Peer-Modus, durch den zwei Endgeräte ohne Zutun eines Rechners Daten austauschen können.

Nachdem FireWire zunächst primär von Apple entwickelt worden ist, wurde 1994 ein Industriekonsortium gegründet, dem über 50 Unternehmen (unter anderem Intel, AMS, Sony, Microsoft, JVC, Yamaha) beigetreten sind. Dies führte zu der Entwicklung der IEEE-1394-Standards, die nun laufend weiterentwickelt werden. Zu den Produkten, die serienmäßig mit einer IEEE-1394-Schnittstelle ausgestattet werden, gehören derzeit zum Beispiel digitale Videokameras, CD-Brenner, DVD-Laufwerke und Festplatten. Zum Anschluss mehrerer Geräte wird - ähnlich wie bei USB - ein Verteiler (FireWire-Hub) benötigt. FireWire steht in direkter Konkurrenz zu USB; obwohl FireWire einen besseren Datendurchsatz ermöglicht, wird es jedoch im PC-Bereich praktisch nur von Apple forciert.

1.6.4.4 Centronics-Schnittstelle (IEEE 1284)

IEEE 1284 ist eine bidirektionale, parallele Schnittstelle, die vor allem für den Anschluss von Druckern an PCs verwendet wird. Lange Jahre wurde diese Schnittstelle als Centronics-Schnittstelle bezeichnet, bis 1998 der IEEE-Standard verabschiedet wurde. Diese Schnittstelle verwendet acht parallele Datenkabel, wodurch in einem Zyklus ein Byte (parallel) übertragen werden kann.

Die ursprüngliche Schnittstelle verwendete einen relativ großen und unhandlichen 36-poligen Stecker. Entsprechend unhandlich und inflexibel sind auch die entsprechenden Kabel. Spätere Versionen verwenden den etwas kleineren 25-poligen Stecker DB-25. Durch die unhandliche Form und die leistungsfähiger werdenden seriellen Übertragungstechniken hat diese Schnittstelle im Vergleich zu USB oder FireWire deutlich an Bedeutung verloren.

1.6.4.5 PC-CARD

Die *Personal Computer Memory Card International Association* (abgekürzt: PCMCIA) ist ein 1989 gegründetes Herstellerkonsortium mit inzwischen über 500 Mitgliedern, das zum Ziel hat, PC-Card-Standards zu schaffen und weiterzuentwickeln. PC-Cards sind periphere Einheiten, die in erster Linie an Notebook-PCs und PDAs angeschlossen werden können.

> Die von der PCMCIA standardisierte **PC-Card** (engl.: PC Card) hat die Länge (85,6 mm) und Breite (54,0 mm) einer Kreditkarte, ist allerdings dicker und hat an einem Ende einen 68-poligen Anschluss. Sie wird von außen in den zugehörigen Kartenschacht auf den entsprechenden Stecker im Rechner gesteckt. Es gibt drei PC-Card-Typen mit unterschiedlicher Dicke: Typ 1 ist 3,3 mm, Typ 2 ist 5 mm und Typ 3 ist 10,5 mm dick.

Alle drei Kartentypen haben entlang der Kanten eine *Führungsschiene,* wodurch die dünneren Karten auch in breiteren Kartenschächten installiert werden können (Typ-2-Karten passen in Typ-2- und 3-Kartenschächte, Typ-1-Karten passen in jeden PC-Card-Kartenschacht).

Im Laufe der Zeit wurden die Spezifikationen für PC-Cards erweitert. Der aktuelle Standard, der *CardBus* genannt wird, wurde 1995 verabschiedet und definiert einen 32-Bit-Bus, der ähnlich wie der *PCI-Bus* (siehe Abschnitt 1.6.2.1) funktioniert. Er arbeitet mit einer Taktfrequenz bis zu 33 MHz und kann bis zu 132 MB/s übertragen. Kartenschächte für CardBus-PC-Cards sind abwärtskompatibel, wodurch PC-Cards, die sich an ältere Standards halten, auch in neuen PC-Card-Kartenschächten betrieben werden können.

PC-Cards haben sich vor allem bei tragbaren Rechnern in kurzer Zeit durchgesetzt. *Vorteile* sind die Rechnerunabhängigkeit, das kleine Format, die Vielfalt an Produkten, die einfache, rasche Auswechselbarkeit, die Kompatibilität und der relativ niedrige Stromverbrauch.

1.6.4.6 ExpressCard

> **ExpressCard** ist der Nachfolgestandard von PC-Card, wobei zwei Größen definiert wurden (75,0 mm x 54,0 mm und 75,0 mm x 34,0 mm). ExpressCards sind somit etwas kleiner als PC-Cards und erlauben eine Datenübertragung über PCI-Express-Bus oder USB 2.0.

Beide Kartentypen der ExpressCard (siehe Abb. 1.6.4.6/1) verfügen über den gleichen Anschlusstyp und passen somit in die gleichen ExpressCard-Kartenschächte. Im Gegensatz zu den PC-Cards erfolgt die Datenübertragung nicht mehr parallel, sondern je nach Bedarf über die seriellen Schnittstellen PCI-Express-Bus oder USB 2.0. Theoretisch lassen sich somit bei Karten, die mit

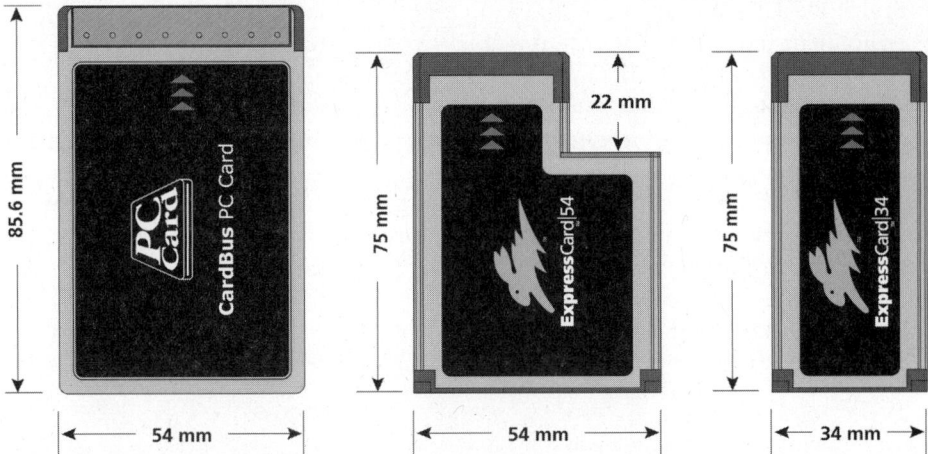

Abb. 1.6.4.6/1: CardBus-PC-Cards und ExpressCards

PCI-Express-Anbindung arbeiten, Übertragungskapazitäten von bis zu 2,5 Gbit/s erreichen.

▶ Übungsaufgabe Nr. 2.1.18 im Arbeitsbuch

1.6.4.7 WPAN (Bluetooth, ZigBee, Wireless USB)

Unter einem **Wireless Personal Area Network** (abgekürzt: WPAN) versteht man auf kleinstem Raum beschränkte Funknetze für digitale Endgeräte (beispielsweise Notebook-PCs, Mobiltelefone, PDAs, Kopfhörer), meist in der räumlichen Nähe einer Person. Die Reichweite entsprechender Netze sind wenige Meter. WPANs werden sowohl für die Kommunikation der Geräte untereinander (engl.: intrapersonal communication), als auch für die Kommunikation mit dem Internet genutzt.

Die wichtigsten WPAN-Techniken sind Bluetooth, ZigBee und Wireless USB, die im Folgenden kurz vorgestellt werden. Im Kapitel 6 dieses Bandes werden die technischen Details dieses Standards aus der Sicht der Datenkommunikation näher beschrieben.

Bluetooth

Bluetooth ermöglicht eine kabellose Verbindung zwischen Rechner und Peripheriegeräten und zwischen Peripheriegeräten untereinander. Die Geräte müssen dabei in unmittelbare Nähe zueinander gebracht werden (in der Regel maximal zwölf Meter, es gibt jedoch auch Geräte mit höherer Sendeleistung, die maximal 100 Meter Reichweite besitzen). Durch die drahtlose Übertragungstechnik wird eine flexible Arbeitsplatzgestaltung ermöglicht und der temporäre Anschluss von tragbaren Geräten wesentlich erleichtert, da keine Kabel zwischen den Geräten benötigt werden.

Typische Anwendungsmöglichkeiten von Bluetooth sind heute Verbindungen zwischen einem Mobiltelefon oder PDA zu einem PC oder zu einem Endgerät. Bluetooth kann aber ebenso für die Steuerung von Haushaltsgeräten, Alarmanlagen (Auto, Haus) oder Kinderspielzeug durch Mobilfunkgeräte oder für die bargeldlose Zahlung genutzt werden, um nur wenige Beispiele zu nennen.

Unter einem *Bluetooth-Headset* (Abb. 1.6.4.7/1) versteht man eine sehr leichte, portable Freisprecheinrichtung (zirka 20 Gramm), die einen integrierten Bluetooth-Chip enthält. Bei gemeinsamer Verwendung mit einem Mobiltelefon ist es möglich, dass das

Abb. 1.6.4.7/1: Bluetooth-Headset

zugehörige Mobiltelefon in der Jackentasche, in einem Nebenzimmer oder wâhrend der Fahrt in einem Auto im Kofferraum des Autos liegt.

ZigBee

ZigBee ist ein Standard für die drahtlose Kommunikation, der durch IEEE 802.15.4 im Jahr 2003 ratifiziert wurde. ZigBee wird als kostengünstige, softwaretechnisch einfach zu realisierende und vor allem stromsparende Übertragungstechnik positioniert.

Die von ZigBee erreichbare Datenübertragungsrate von 250 kbit/s ist im Vergleich zu anderen Funktechniken gering. Die Reichweite zwischen zwei Geräten beträgt standardmäßig 100 Meter. Durch den Einsatz von *Repeatern* kann die Reichweite jedoch theoretisch auf mehrere Kilometer erhöht werden. Man nimmt heute an, dass ZigBee vor allem im Bereich Gebäudetechnik und Überwachung von Geräten (zum Beispiel bei Brandmeldern) zum Einsatz kommen wird. Durch die niedrige Stromaufnahme ist ZigBee für den Einsatz in batteriebetriebenen Geräten interessant, wo ein Dauerbetrieb mit einer Batterieladung von 100 bis über 1.000 Tagen möglich ist.

Wireless USB

Unter **Wireless USB** versteht man eine in Entwicklung befindliche Übertragungstechnik im Nahbereich. Wireless USB nutzt für die Kommunikation ein sehr breites Frequenzband, über das in mehreren Kanälen parallel Daten übertragen werden können. Man nennt diese Übertragungstechnik auch *UWB* (Abkürzung von engl.: ultra wide band). Derzeit sind Übertragungsleistungen bis zu 200 Mbit/s möglich.

Eines der Hauptprobleme von UWB ist die gleichzeitige Nutzung einer Vielzahl von Frequenzbändern, wobei einzelne davon derzeit auch für andere Anwendungen durch die Regulierungsbehörden reserviert sind (beispielsweise für die Satellitenkommunikation). Um gegenseitige Beeinflussungen möglichst gering zu halten, wird die Sendeleistung sehr klein gehalten, wodurch auch die Reichweite eingeschränkt wird. Durch die hohe Übertragungskapazität ist der Einsatz bei Geräten, die große Datenmengen verarbeiten können, interessant. Wireless USB wird derzeit als mögliche, drahtlose Alternative zu USB 2.0 und FireWire gesehen. Die Freigabe der benötigten Frequenzbereiche in Europa steht allerdings noch aus.

1.6.4.8 IrDA

IrDA (Abkürzung von engl.: Infrared Data Association) ist ein internationaler Standard für die drahtlose Übertragung von Daten mithilfe von Infrarotlicht. Bei IrDA wird ein gebündelter Lichtstrahl im für Menschen unsichtbaren infraroten Frequenzspektrum (Wellenlänge: 850 bis 900 Nanometer) von einem Sender an einen Empfänger ausgestrahlt.

Die beteiligten Geräte benötigen einen so genannten *Transceiver*, der eine Kombination aus einem *Sender* (engl.: transmitter) und einem *Empfänger* (engl.: receiver) darstellt. Nutzungsmöglichkeiten ergeben sich zum Beispiel bei Notebook-PCs, Druckern, PDAs, Digitalkameras, Mobilfunktelefonen, Mäusen, Armbanduhren.

Die neueste Version des IrDA-Standards wird *VFIR* (Abkürzung von engl.: very fast IR) bezeichnet und ermöglicht Übertragungsraten bis zu 16 Mbit/s. Im Vergleich dazu erreichten frühere Standards wie IrDA 1.0 bis zu 115,2 kbit/s oder IrDA 1.1 maximal 4 Mbit/s. Die maximale *Entfernung der Geräte* darf nicht mehr als fünf Meter betragen. Darüber hinaus muss zwischen Sender und Empfänger eine Sichtverbindung bestehen.

> Eine typische Anwendung der IrDA-Schnittstelle ist die Übertragung eines Dokuments von einem Notebook-PC direkt an einen Drucker, ohne eine Verkabelung vornehmen zu müssen.

Sowohl die auf Infrarotlicht als auch die auf Funkwellen basierende Datenübertragung weisen *Vor- und Nachteile* auf und ergänzen sich in ihren Anwendungsmöglichkeiten. Zum Austausch von elektronischen Visitenkarten durch zwei Personen in einem Raum mit verschiedenen mobilen Geräten ist häufig IrDA die bessere Lösung. Der schmale Winkel und die kürzere Sendedistanz von IrDA erlauben einen zielgerichteten Datenaustausch mit einem bestimmten Gerät, wohingegen sich Funkwellen räumlich in alle Richtungen verbreiten. Bei der Synchronisation von Daten (zum Beispiel von PDA und PC) kann hingegen einer Funktechnik wie beispielsweise Bluetooth der Vorzug gegeben werden, da der Datenaustausch mittels Funknetz vielfach mit einer höheren Datenrate erfolgen kann. Zudem ermöglicht das Funknetz auch die Datenübertragung zwischen sich bewegenden Geräten, wogegen die Ausrichtung und das ständige Aufrechterhalten einer Sichtverbindung bei einer Infrarotübertragung deutlich aufwändiger sind.

▸ Übungsaufgabe Nr. 2.1.19 im Arbeitsbuch

1.6.5 Zusammenfassende Übersicht über Schnittstellen

Abschließend werden in der Tabelle in Abb. 1.6.5/1 die in diesem Kapitel vorgestellten Schnittstellen gegenübergestellt. Zur einfachen Vergleichbarkeit wurden einige wesentliche Merkmale herausgegriffen. Die Tabelle zeigt, über welche Medien die Daten übertragen werden, welche Steckverbindungen sie nutzen, ob die verschiedenen Schnittstellen für den Austausch der Geräte während des Betriebs (Hot-Plugging) konzipiert wurden, für welche Anwendungen sie hauptsächlich verwendet werden und seit wann sie am Markt erhältlich sind.

Schnittstelle	Übertragungs-medium bzw. Anzahl der Pins	Übertragungs-kapazität	Reichweite	Anzahl unter-stützter Geräte	Hot-Plugging	Gebräuchlicher Einsatz	Markteinführung
ATA-1	Kupferkabel mit 40 Adern, 40 Pins, parallel	3,3 MB/s	46 cm	2	Nein	Festplatten	1981
ATA/ATAPI-6	Kupferkabel mit 80 Adern, 40 Pins, parallel	133 MB/s	46 cm	4	Nein	Massenspeicher	2002
Serial-ATA II	Kupferkabel mit 6 oder 8 Adern, seriell	300 MB/s	1 m	4	Ja	Massenspeicher	2004
SCSI-1	Kupferkabel, 50 Pins, parallel	5 MB/s	6 m	8	Nein	Festplatten	1986
SCSI-3 (Ultra 640)	Kupferkabel, 68 Pins, parallel	640 MB/s	12 m	16	Ja	Massenspeicher, Scanner	2003
Serial-Attached-SCSI	Kupferkabel mit 6 oder 8 Adern, seriell	300 MB/s	1 m intern, 10 m extern	128	Ja	Massenspeicher	2004
Fibre-Channel 2GFC	Kupferkabel oder Glasfaser	200 MB/s	100 m	16 Millionen	Ja	Massenspeicher	2002
RS-232	Kupferkabel mind. 2 Adern (bis zu 9 mit Flow-Control), seriell	115,2 kbit/s	30 Meter (1.000 Meter mit Verstär-ker)	2	Ja	Peripheriegeräte, Terminals, Daten-übertragung, Anschluss mobiler Geräte	1970er Jahre
IEEE 1284 (Centronics)	Kupferkabel, 25 bis 36 Adern, parallel (8 Bit)	400 kbit/s	6 Meter	2	Ja	Drucker	1970er Jahre
USB 1.1	Kupferkabel mit 4 Adern, seriell	1,5 Mbit/s	5 Meter pro Kabel, 25 Meter mit 5 Hubs	127	Ja	Peripheriegeräte, Anschluss mobiler Geräte	1998

Abb. 1.6.5/1: Zusammenfassende Übersicht über Schnittstellen

Schnittstelle	Übertragungsmedium bzw. Anzahl der Pins	Übertragungskapazität	Reichweite	Anzahl unterstützter Geräte	Hot-Plugging	Gebräuchlicher Einsatz	Markteinführung
USB 2.0	Kupferkabel mit 4 Adern, seriell	480 Mbit/s	5 Meter pro Kabel, 25 Meter mit 5 Hubs	127	Ja	Peripheriegeräte, Anschluss mobiler Geräte, Massenspeicher	2001
IEEE 1349 (FireWire)	Kupferkabel 4/6/9 Adern, seriell	400 Mbit/s	4,5 Meter pro Kabel, 72 Meter mit 16 Hubs	63	Ja	Anschluss mobiler Geräte, Massenspeicher	1997
IEEE 1349b (FireWire 2)	Kupferkabel mit 4/6/9 Adern, seriell	800 Mbit/s	4,5 Meter pro Kabel, 72 Meter mit 16 Hubs	63	Ja	Anschluss mobiler Geräte, Massenspeicher	2002
IrDA 1.0	Infrarot, 850-900 nm Wellenlänge	115 kbit/s	5 Meter	2	Ja	Anschluss mobiler Geräte	1995
VFIR	Infrarot, 850-900 nm Wellenlänge	16 Mbit/s	5 Meter	2	Ja	Anschluss mobiler Geräte	2002
Bluetooth (IEEE 802.15.1)	Funk 2,45 GHz	1 Mbit/s (in Zukunft: 2/10 Mbit/s)	12 Meter	8 pro Pikonet	Ja	Peripheriegeräte, Anschluss mobiler Geräte	1999
ZigBee (IEEE 802.15.4)	Funk 2,4 GHz, 915 MHz, 868 MHz	250 kbit/s	100 Meter	264	Ja	Gebäudetechnik, Anschluss mobiler Geräte	2004
UWB (IEEE 802.15.3a/b)	Funk 3,1-10 GHz	110/200 Mbit/s	4-10 Meter	>1.000	Ja	Anschluss mobiler Geräte, Massenspeicher	geplant 2005
PC-Cards, (PCMCIA CardBus)	68 Pins	132 MB/s	–	1 Gerät/Slot	Ja	Erweiterungskarten, Peripheriegeräte, Massenspeicher	1991
ExpressCard	26 Pins	2,5 Gbit/s	–	1 Gerät/Slot	Ja	Erweiterungskarten, Peripheriegeräte, Massenspeicher	2004

Abb. 1.6.5/1: (Fortsetzung)

1.7 Marktsituation und Entwicklungstendenzen

Die Entwicklung bei integrierten Schaltungen begann vor 40 Jahren und ist von rapidem technischem Fortschritt gekennzeichnet, der sich in immer höheren Taktraten und Kapazitäten ausdrückt. Dies ist unter anderem eine Folge der Fertigungstechnik, die es ermöglicht, höhere Integrationsdichten und dünnere Leiterwege (bis zu 65 Nanometer) in Speicher- und Prozessorchips zu integrieren. Zur Erinnerung aus Band 1: Ein Mikron ist die Kurzbezeichnung für einen Mikrometer (10^{-6} Meter). Eine rote Blutzelle hat beispielsweise den Durchmesser von etwa 7 Mikrometer, ein Aids-Virus von etwa 0,1 Mikrometer. Ein Nanometer ist um einen Faktor 1.000 kleiner als ein Mikrometer (10^{-9} Meter). Atome haben im Vergleich dazu einen Durchmesser von zwischen 0,1 und 0,9 nm.

> Das so genannte **Mooresche Gesetz** (engl.: Moore's law) ist eine Prognose, die von Gordon Moore (Mitbegründer von Intel) bereits 1964 (!) auf Basis empirischer Daten formuliert wurde. Es besagt, dass sich die Anzahl der Transistoren pro Chipfläche alle 12 Monate verdoppeln wird. Etwa 1975 revidierte er diese Aussage auf eine Verdopplungsrate von zwei Jahren.

Diese Prognose ist nun bereits seit 30 Jahren gültig, bei einzelnen neuen Prozessoren wird sie sogar übertroffen (siehe die rechts stärker ansteigende Kurve in Abb. 1.7/1, die auf einer exponentiellen Skala beruht).

Eine ganz ähnliche Entwicklung wie bei den Prozessoren zeichnet sich bei den Speicherbausteinen ab, die wir im folgenden Abschnitt behandeln. In den

Transistoren pro Chip

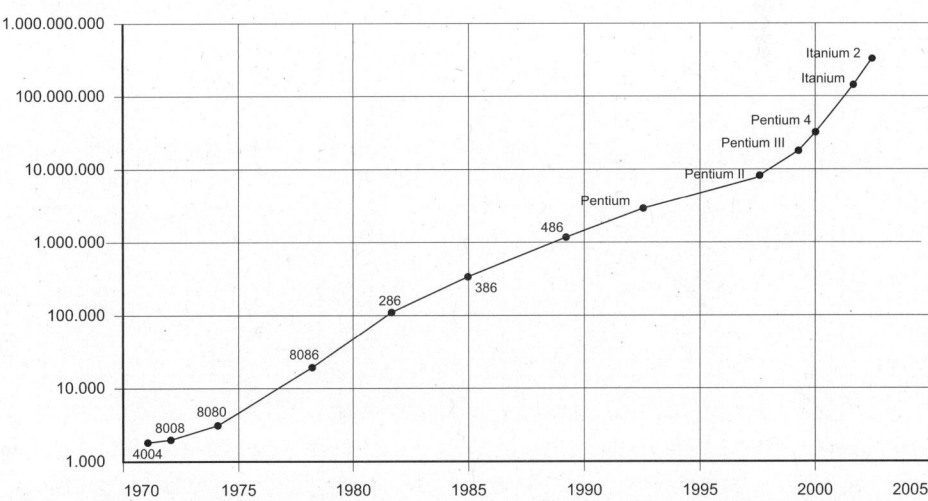

Abb. 1.7/1: Entwicklung der Integrationsdichte bei Intel-Prozessoren (Quelle: Intel)

Abschnitten danach wird jeweils zuerst der Stand der Technik bei den Bauelementen vorgestellt. Danach folgt eine Übersicht über die Situation und die Trends auf den verschiedenen Rechnermärkten.

1.7.1 Speicherbausteine

Die heute üblichen Speicherbausteine unterscheidet man nach der verwendeten Speichertechnologie (DRAM, EDO RAM, SDRAM, RDRAM) und der Bauform (SIMM, DIMM, RIMM).

Bei einem **dynamischen RAM** (engl.: dynamic RAM), abgekürzt **DRAM**, reicht für die Speicherzellen jeweils ein einziger Transistor zusammen mit einem winzigen Kondensator aus. Die Kondensatoren entladen sich beim

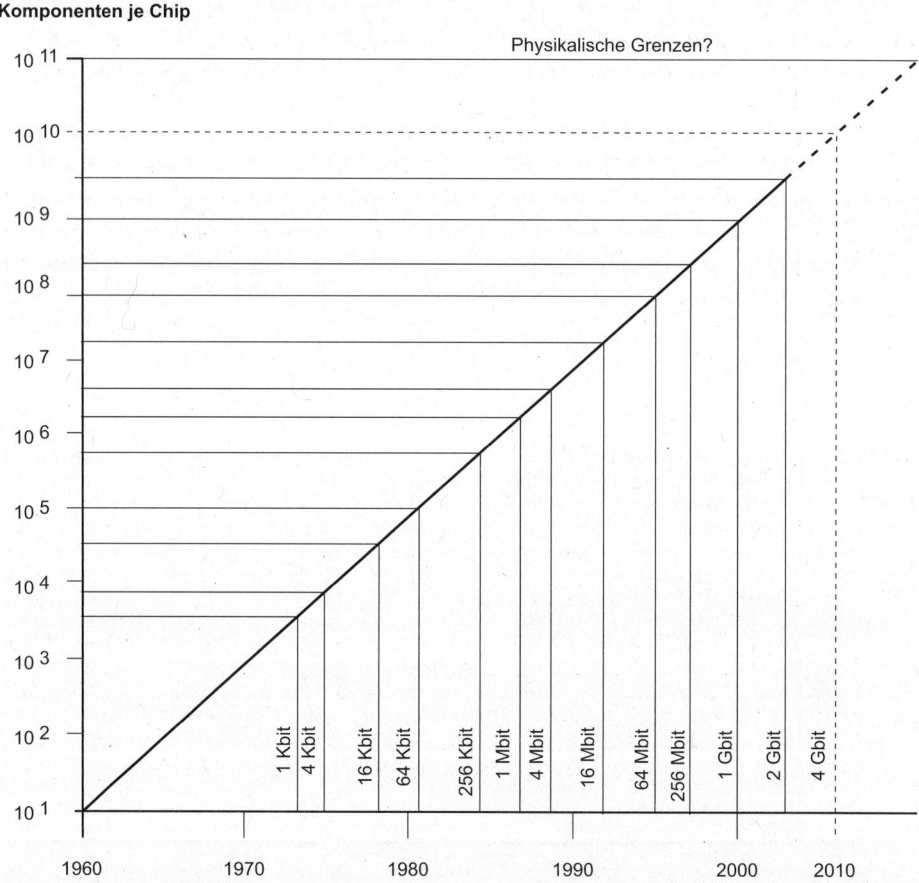

Abb. 1.7.1/1: Entwicklung der DRAMs (Markteinführung) und Integrationsdichten

Auslesen sowie durch kleine Leckströme, sodass sie in relativ kurzer Zeit – innerhalb weniger Millisekunden – aufgefrischt werden müssen.

Die *Zugriffszeit* der gewöhnlichen Massenprodukte liegt bei zirka 60 - 70 ns. Die *Zykluszeit* – die auch die notwendige Erholzeit zum Zurückschreiben der Daten und zur Vorbereitung des nächsten Zyklus mit einschließt – beträgt knapp das Doppelte (zirka 130 ns bei 70-ns-DRAMs).

DRAM ist ein sehr einfacher, billiger, aber langsamer Speicher, der heute in seiner ursprünglichen Form kaum noch zum Einsatz kommt, aber dennoch das Grundprinzip moderner Speicherchips darstellt.

1.7.1.1 SDRAM

Heute üblich sind so genannte **SDRAM**-Chips (Abkürzung von engl.: synchronous dynamic random access memory), die ebenfalls aus Kondensatoren bestehen. Der Speicherzugriff erfolgt allerdings synchron zum Systembustakt, wodurch eine Leistungssteigerung erzielt werden kann. Man unterscheidet PC66-, PC100- und PC133-Module (entsprechend den Bustaktraten von 66, 100 und 133 MHz).

Intern besteht ein SDRAM-Chip aus zwei Speicherbänken, auf die abwechselnd zugegriffen werden kann. Dadurch kann die benötigte Erholungszeit zwischen den Zugriffen überbrückt werden. Durch Anwendung der *Fließbandverarbeitung* (engl.: pipelining) wird eine weitere Leistungssteigerung erreicht. Während der SDRAM-Chip noch Daten einliest, gibt er bereits Daten aus. Mit

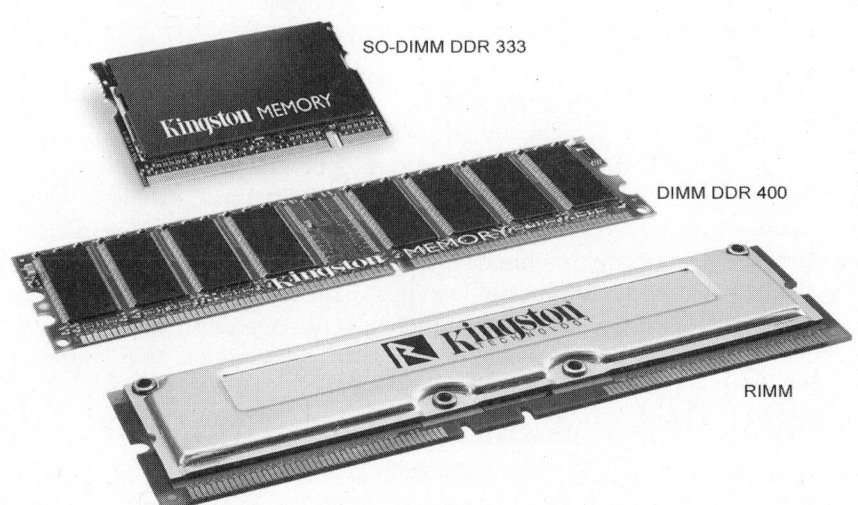

SO-DIMM DDR 333

DIMM DDR 400

RIMM

Abb. 1.7.1.1/2: Bauformen von SDRAM-Speicherbausteinen

SDRAMs können so Zugriffszeiten von acht bis zwölf Nanosekunden erreicht werden.

Ähnlich den Prozessorchips, die zum Schutz in eine (Keramik-)Verpackung gehüllt sind, werden auch Speicherchips in leichte und sicher handhabbare *Packungen* integriert. Man bezeichnet die Art der Verpackung der Chips auch als *Bauform*. Typische Bauformen von SDRAMs sind *SIMMs* (Abkürzung von engl.: single in-line memory module), die eine 72-polige Steckverbindung nutzen, *DIMMs* (Abkürzung von engl.: dual in-line memory module) für DDR-Speicherchips, oder *RIMMs* (Abkürzung von engl.: Rambus inline memory module), die in RDRAMs verwendet werden.

1.7.1.2 DDR und DDR2

Eine Weiterentwicklung von SDRAM stellen **DDR-SDRAM**-Chips (Abkürzung von engl.: double data rate synchronous dynamic random access memory) dar, bei denen die aufsteigenden und absteigenden „Flanken" des Systembustaktes für einen Datentransfer genutzt werden (engl.: double pumped). Dadurch kann bei gleicher Taktfrequenz die doppelte Datenrate im Vergleich zu SDRAM erzielt werden.

DDR-SDRAMs werden mit einer Taktrate von 100 MHz (effektive Taktrate 200 MHz, Bezeichnung: PC1600 oder DDR200) bis zu 300 MHz (effektive Taktrate 600 MHz, Bezeichnung: PC4800 oder DDR600) angeboten, wobei letztere einen Datendurchsatz von 4,8 GB/s erreichen (pro Kanal, maximal zwei Kanäle). Die Standardisierung der DDR-Speicherchips erfolgt durch das Herstellerkonsortium *JEDEC* (Abkürzung von engl.: Joint Electron Device Engineering Council), das derzeit aus etwa 300 Firmen besteht. DDR-SDRAMs sind derzeit die am häufigsten in PCs eingesetzten Speicherchips.

DDR2-SDRAM (vielfach auch DDR-II genannt; Abkürzung von engl.: double data rate two synchronous dynamic random access memory) ist eine Weiterentwicklung von DDR-SDRAM. Bei DDR2 können bei der aufsteigenden und absteigenden Flanke des Bustaktes jeweils zweimal Daten übertragen werden (engl.: quad pumped), wodurch bei gleicher Taktrate die Datenrate nochmals gegenüber DDR2 verdoppelt werden kann. Darüber hinaus konnte die Datenrate auch durch verbesserte Pufferung gesteigert und der Stromverbrauch gesenkt werden (Spannung: 1,8 Volt anstelle 2,5 Volt). Die Zugriffsverzögerung (*Latenz*, engl.: latency) wurde allerdings gegenüber DDR-Chips um etwa 10 Prozent auf 12 bis 20 ns verschlechtert.

Ein DDR-SDRAM mit einer Taktrate von 266 MHz (effektive Taktrate: 533 MHz) erreicht eine Datenrate von 4,2 GB/s, ein DDR2-SDRAM mit 133 MHz (effektive Taktrate: 533 MHz; Bezeichnung: PC2-4300) erreicht eine Datenrate von 4,3 GB/s (pro Kanal, maximal zwei Kanäle). Bei gleicher effektiver Taktrate ist somit bei DDR2 die Durchsatzleistung leicht verbessert worden.

Die Vorteile von DDR2 liegen bei den geringeren notwendigen Taktraten und beim reduzierten Stromverbrauch. Man nimmt an, dass ab dem Jahr 2005 DDR2-SDRAMs die DDR-SDRAM-Chips bei Neugeräten weitgehend verdrängen werden. Der Nachfolgestandard von DDR3 wird für 2007 erwartet.

Sowohl DDR als auch DDR2 verwenden *DIMMs* (Abkürzung von engl.: dual in-line memory module) als Bauform in unterschiedlichen Varianten. Am häufigsten werden für DDR-SDRAM 184-polige DIMMs verwendet. Für den Einbau in kleine Geräte werden *SO-DIMMs* (Abkürzung von engl.: small outline dual in-line memory module) verwendet, die unterschiedliche Steckverbindungen mit 72 Kontakten (für 32-Bit-Transfers) bis zu 200 Kontakten (für 64-Bit-Transfers) nutzen. Die heute üblichen DIMMs für DDR2-SDRAM besitzen 240-polige Steckverbindungen.

Eine aktuelle Weiterentwicklung sind die *FB-DIMMs* (Abkürzung von engl.: fully buffered DIMMs), die mit serieller Übertragung arbeiten. Dadurch können neben erhöhten Taktraten bei Systemen mit zwei Kanälen simultane Lese- und Schreiboperationen durchgeführt werden. Die Massenfertigung hat 2005 begonnen.

1.7.1.3 Rambus DRAM (RDRAM)

RDRAM (Abkürzung von engl.: Rambus dynamic random access memory) ist eine Speicherarchitektur basierend auf DRAMs, die ursprünglich von der Firma Rambus entwickelt wurde und einige Zeit vor allem von Intel forciert wurde. Die Funktionsweise ist ähnlich der von DDR-SDRAMs, allerdings werden höhere Taktraten (bis zu 1.200 MHz) unterstützt. Die maximal erreichbare Transferrate beträgt bei einem vierkanaligen Speichermodul bis zu 10,7 GB/s (Herstellerangaben).

RDRAM wird von Spielkonsolen (zum Beispiel PlayStation 2 von Sony) über PCs bis zu Supercomputern (zum Beispiel von Cray) eingesetzt. Mit der Einführung der Pentium-4-Rechner wurde RDRAM sehr stark von Intel als exklusive Speicherarchitektur für die Intel-Chipsets und Intel-Motherboards forciert. Andere Hersteller fürchteten eine Dominanz von Intel auf dem Speichersektor und trieben die Entwicklung von DDR-SDRAMs voran. Inzwischen bietet auch Intel DDR-SDRAM-basierte Systeme an.

Die Speichermodule basierend auf RDRAM werden *RIMM* (Abkürzung von engl.: Rambus inline memory module) genannt. Ein RIMM besitzt 184 Kontakte auf beiden Seiten und kann bis zu 16 Speicherchips aufnehmen.

Die Weiterentwicklung von RDRAM wird **XDR-DRAM** (Abkürzung von engl.: extreme data rate dynamic random access memory) genannt. Da bei XDR-DRAM in einem Zyklus acht Bits ausgelesen werden können, bedeutet das bei einer externen Taktfrequenz von 400 bis 800 MHz effektive Taktfrequenzen von 3,2 bis 6,4 GHz und Transferraten von 12,8 bis 25,6 GB/s (bei vier Kanälen).

Die Massenfertigung von XDR-DRAMs begann im Jahr 2005, die Speicherbausteine sind unter anderem für den Arbeitsspeicher der *PlayStation 3* von Sony vorgesehen. Diese Spielkonsole wird übrigens den seit 2001 von Sony, Toshiba und IBM (abgekürzt STI) gemeinsam entwickelten Prozessor namens *Cell* verwenden. Die Speichermodule für XDR-DRAMs werden XDIMM genannt. Rambus plant, diese Speichermodule mit 128 Bit Datenbreite und 6,4 GHz Taktfrequenz anzubieten, die Transferraten von über 100 GB/s ermöglichen sollen.

▶ Übungsaufgabe Nr. 2.1.20 im Arbeitsbuch

1.7.1.4 Marktentwicklung bei Speicherbausteinen

IDC schätzt, dass die weltweiten *DRAM-Umsätze* sich von 16,7 Mrd. US-$ im Jahr 2003 auf 34,7 Mrd. US-$ bis 2008 entwickeln werden, wobei 2006 durch neue Produktionstechniken sogar ein Überangebot entstehen könnte. Dies entspricht einer jährlichen Wachstumsrate von über 15 Prozent (siehe Abb. 1.7.1.4/1); damit gehört der DRAM-Absatz zu den am raschesten wachsenden Segmenten im Halbleiterbereich. Die höchsten Wachstumsraten werden im mobilen Bereich (Mobiltelefone, PDAs) erwartet. Obwohl DDR-SDRAMs noch einige Zeit weiterexistieren werden, wird DDR2 zunehmend an Bedeutung gewinnen. IDC schätzt, dass im Jahr 2007 der Marktanteil von DDR2 70 Prozent betragen wird. XDR-DRAM wird sich zum ernsthaften Konkurrenten von DDR im PC-Bereich entwickeln, wobei diese Speicher in der ersten Phase für Spielkonsolen eingesetzt werden. IDC nimmt an, dass der typische PC im Jahr 2007 1 GB Arbeitsspeicher besitzen wird und dass die 1-Gbit-Speicherchips Ende 2006 die 512-Mbit-Speicherchips ersetzen werden (siehe Abb. 1.7.1.4/1).

Im Bereich der nicht-flüchtigen Speicherelemente wird das größte Wachstum bei *Flash-Speichern* erwartet. Das Wachstum bei den *Mikroprozessoren* ist in Summe etwa das gleiche wie bei den Speicherelementen insgesamt. Eine sehr hohe Wachstumsrate wird den *digitalen Signalprozessoren* (abgekürzt: DSP) vorhergesagt, die im hohen Ausmaß bei Konversionen zwischen digitalen und analogen Darstellungen genutzt werden.

Eine Ablösung der derzeitigen Siliziumtechnik (siehe auch Band 1, Kapitel 1) ist nicht in Sicht. Häufig wird der Einsatz von Biotechnik als Ersatz der Siliziumtechnik diskutiert, über die prinzipiell Speicherstrukturen auf Molekularebene möglich sind („*Biochips*" aus organischen Molekülen). Die Arbeiten sind jedoch bisher über ein frühes Stadium der Grundlagenforschung nicht hinaus gekommen. Etwas weiter sind die so genannten *Quantenchips*, deren Transistoren quantenmechanische Effekte (Tunneleffekt) nutzen und die einen extrem niedrigen Leistungsverbrauch aufweisen. Mit den ersten industriell gefertigten

Umsatz in Millionen US-Dollar

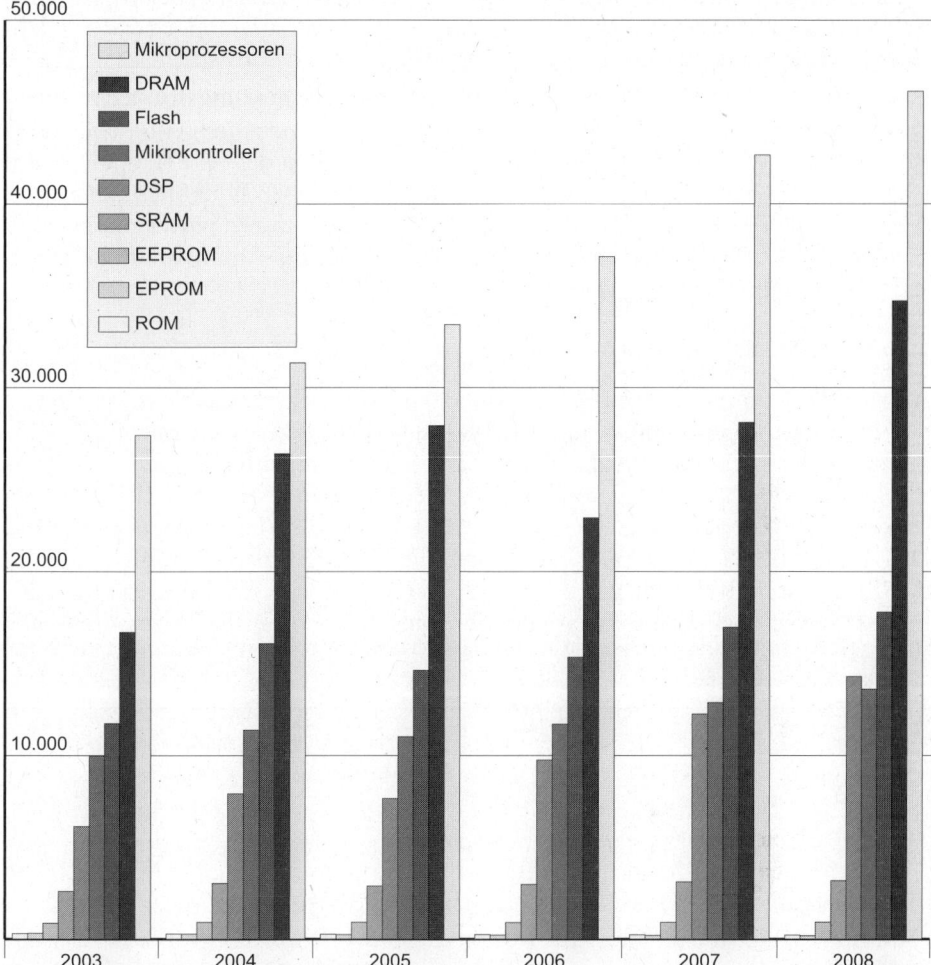

Abb. 1.7.1.4/1: Weltweite Umsatzentwicklung im Halbleiterbereich von 2003 bis 2008 (Quelle: IDC)

Quantenchips ist jedoch ebenfalls erst in einigen Jahren oder Jahrzehnten zu rechnen.

1.7.2 Mikroprozessoren

Auf dem Halbleitermarkt werden Hunderte von Mikroprozessortypen angeboten, die als integrierte Steuerungen und eingebettete Computer in Geräten aller Art sowie als Zentral-, Hilfs- und Zusatzprozessoren in Rechnern zum Einsatz kommen. Bei *eingebetteten Chips* unterscheidet man *Mikrocontroller* für einfache Gerätefunktionen, deren Steuerprogramme klein genug sind, um auf den Chip zu passen, und spezialisierte *Mikroprozessoren* (wie zum Beispiel in Druckern und Faxgeräten), deren komplexere Software meist ein oder zwei zusätzliche Speicherchips bedingt.

Aus Band 1, Kapitel 1 kennen Sie bereits die Unterscheidung von *Zentralprozessoren* in CISC- und RISC-Prozessoren. Wir betrachten im Folgenden zunächst als Vertreter der Familie der CISC-Prozessoren die bei Personalcomputern dominierende 80x86/Pentium-Reihe und geben einen Überblick über alternative CISC-Prozessoren. Die Klasse der RISC-Architekturen wird exemplarisch anhand der *POWER*-Architektur (Abkürzung von engl.: performance optimized with enhanced RISC) vorgestellt.

1.7.2.1 CISC-Prozessoren

Als sich der Computerriese IBM Anfang der 1980er Jahre entschloss, seinen ersten Personalcomputer PC-1 mit Intel-8088-Mikroprozessoren mit 4,77 MHz auszustatten, begann der Aufstieg der damaligen Garagenfirma Intel zum Weltmarktführer bei Mikroprozessoren. Fast alle anderen PC-Hersteller entschieden sich ebenfalls für diesen „Marktstandard" und sind bis heute dabei geblieben. Die Abbildung 1.7.2.1/1 zeigt Ihnen, wie diese CISC-Prozessorfamilie im Lauf der Zeit weiterentwickelt wurde. Alle späteren Modelle sind abwärtskompatibel; das heißt, dass beispielsweise auf den neuesten Pentium-4-Prozessoren nach

Prozessor-name	8086 (8088)	80286	80386	80486	Pentium	Pentium Pro	Pentium II	Pentium III	Pentium 4	Itanium 2
Offizielle Einführung	1978 (1979)	1982	1985	1989	1993	1995	1997	1999	2001	2003
Ausgangsleistung in MIPS	0,33	1,2	5	20	112	> 250	366	1.200	>1.600	>10.000
Zahl der Transistoren	29.000	134.000	275.000	1,2 Mio.	3,1 Mio.	5,5 Mio.	7,5 Mio.	9.5 Mio.	42 Mio.	410 Mio.
Taktraten in MHz	5, 8, 10	8, 10, 12	16, 20, 25, 33	16, 20, 25, 33, 50	60–200	150–200	350–450	450–500	1.300–3.600	1.000–1.600
Verarbeitungsbreite in Bits	16	16	32	32	32	32	32	32	32	64
Adressbusbreite in Bits	20	24	32 (24)	32	32	36	32	32	32	64
L1-, L2-Cache in KB	–	–	–	8, extern	16, extern	16, 256/512	32, 512	32, 512	8/12, 256–1024	– 256 bis zu 6 MB L3

Abb. 1.7.2.1/1: Kenndaten ausgewählter Intel-Prozessoren

wie vor Programme laufen, die vor 20 Jahren für 8086-Rechner geschrieben worden sind.

Sie sehen aus dieser Tabelle, dass die Produktlebenszyklen immer kürzer werden. Einen Meilenstein stellte die Entwicklung des *Pentium Pro* dar, mit dem 1995 eine neuartige Architektur (bekannt unter der Bezeichnung P6-Architektur) vorgestellt wurde. Nachfolgende Entwicklungen unterscheiden sich im Wesentlichen durch höhere Taktfrequenzen und Verbesserungen in der Organisation des Pufferspeichers. Erst mit dem im Jahr 2000 vorgestellten *Pentium-4-Prozessor* wurde wieder ein neues Architekturkonzept präsentiert, die *NetBurst-Architektur,* die im Wesentlichen durch folgende Neuerungen gekennzeichnet ist:

- Zwei der drei Rechenwerke werden mit der doppelten Prozessorrate getaktet, dadurch kann eine Leistungssteigerung von etwa einem Faktor 1,6 bei der Berechnung von Ganzzahloperationen erreicht werden *(Rapid Execution Engine).*

- Im Chip integriert ist neben dem L1-Datencache (Kapazität 16 KB) ein 28 KB großer L1-Befehlscache, in dem die Befehle bereits als decodierte Mikrooperationen abgespeichert sind *(Trace Cache).* Dadurch werden Verzögerungen durch Befehlsdecodierung beim Befüllen der Pipeline vermieden.

- Die Befehlsverarbeitung erfolgt in einer 31-stufigen Pipeline, in der bis zu 128 Mikrooperationen gleichzeitig verarbeitet werden können *(HyperPipeline-Technologie).* Jede Pipelinestufe verfügt dabei über eine relativ geringe Anzahl an logischen Schaltungen, sodass hohe Taktraten ermöglicht werden.

- Der Pentium-4-Prozessor verfügt über eine verbesserte Sprungvorhersage und „Out-of-Order-Execution" *(Advanced Dynamic Execution)* unterstützt durch einen 4 KB großen Puffer *(Branch Target Buffer),* in dem potenzielle Sprungziele gespeichert werden und somit durch Parallelverarbeitung bei SIMD-Instruktionen eine Verarbeitungsbreite von 128 Bit erreicht wird (siehe Abb. 1.7.2.1/2, in der eine Operation „OP" ausgeführt wird und jeder Operand aus vier Datenelementen zu je 32 Bit besteht).

- Der 64 Bit breite *Systembus* des Pentium 4 ist mit bis zu 200 MHz getaktet, Daten können je nach DRAM-Generation sowohl an der auf- als auch der absteigenden Signalflanke übertragen werden *(Quad-Pumped-Technologie),* sodass effektiv eine Frequenz von 800 MHz erreicht werden kann. Das ergibt insgesamt eine Datentransferrate von 6,4 GB/s (das entspricht der dreifachen Bandbreite des Pentium III).

Neuere Versionen der Pentium-4-Familie unterstützen zusätzlich Hyperthreading. Die Produktvielfalt der Intel-Pentium-Prozessoren ist sehr umfangreich und verwirrend geworden. In Summe biete Intel derzeit (Anfang 2005) mehr als 130 unterschiedliche Prozessoren als Bestandteil der Pentium-Familie an. Einzelne dieser Prozessoren sind für Mehrprozessorsysteme ausgelegt (die *Intel-Xeon-MP-Familie*), andere für Arbeitsplatzrechner oder für Notebook-PCs (Intel *Pentium-M-Familie*). Während die Prozessoren für Mehrprozessorsys-

Intels interne Bezeichnung	Einführung	Transistoren (in Mio.)	Cache-Speicher (in KB)	Fertigungstechnik (in nm)	Chipgröße (in mm²)	Vorwiegender Einsatz
Willamette	2001	42	256 L2	180	131	Schreibtisch-PC
Northwood	2002	55	512 L2	130	134	Schreibtisch-PC
Banias	2003	77	1.024 L2	130	100	Notebook-PC
Prescott	2004	125	1.024 L2	90	112	Schreibtisch-PC
Dothan	2004	140	2.048 L2	90	84	Notebook-PC
Gallatin	2004	178	512 L2, bis zu 4.096 L3	130	237	Multiprozessorsystem

Abb. 1.7.2.1/2: Generationen des Pentium-4-Prozessors

teme die Cache-Kohärenz für mehr als zwei Prozessoren realisieren können und zudem bis zu 4 MB L3-Cache on-chip bieten, sind die Prozessoren für Note-book-PCs auf geringen Stromverbrauch, geringe Hitzeentwicklung und Unterstützung für den WLAN-Zugang ausgelegt. Abb. 1.7.2.1/2 fasst die Entwicklung der Pentium-4-Prozessorfamilie in den letzten Jahren zusammen.

Neben der Taktrate ist auch das *Verhältnis der Anzahl der Prozessoren zur Größe des Prozessorchips* eine Maßzahl, in der sich die Chiphersteller gegenseitig übertreffen wollen. Ausschlaggebend ist hierbei die Technologie, mit der die Transistoren in möglichst geringer Strukturbreite gefertigt werden können. Sie sehen aus Abb. 1.7.2.1/2, dass Intel bereits eine Fertigungstechnik von 90 nm erreicht hat. Prozessoren mit einer Fertigungstechnik von 65 nm (oder sogar 55 nm) werden 2005/2006 von Intel, AMD und IBM erwartet.

Es ist interessant zu beobachten, dass sich die seit Jahren andauernde Verbesserung der Taktraten im Bereich der Intel-Prozessoren zu verlangsamen scheint. Dies ist besonders im Bereich von Notebook-PCs zu beobachten, bei denen die Hitzeentwicklung und der Stromverbrauch von funktionsentscheidender Bedeutung sind.

Beispielsweise hat der Notebook-PC X-31 (Marktauftritt 2003) von IBM einen Pentium-M-Prozessor mit einer maximalen Taktrate von 1,6 GHz, während das Nachfolgemodell X-40 bei seinem Marktauftritt 2004 mit maximal 1,2 GHz angeboten wird, allerdings mit einem stromsparenden „low voltage" Pentium-M (1,18 Volt). Dies bedeutet freilich nicht, dass nicht auch weiterhin Verbesserungen im Bereich der Taktraten zu erwarten sind.

Um der komplexen Kennzeichnung der Prozessoren durch Taktrate, Cache-Größe, etc. zu begegnen, hat Intel Ende 2004 ein *neues Kennzeichnungssystem* für seine Prozessoren entwickelt, das aus der Bezeichnung der *Prozessorfamilie* und einer *dreistelligen Prozessornummer* besteht (siehe Abb. 1.7.2.1/4). Nur die beiden Werte gemeinsam kennzeichnen einen Prozessor eindeutig. So gibt es

**Abb. 1.7.2.1/3:
Intel Pentium 4 (Pres-
cott, 125 Mio. Transis-
toren, Größe: 10,5 x
10,5 mm)**

beispielsweise einen *Celeron-340-* und einen *Celeron-M-340-*Prozessor, die sich in Cache-Größe, Takt- und Busrate deutlich unterscheiden. Das neue Kenn-zeichnungsschema wurde nur für Schreibtisch- und Notebook-PCs eingeführt.

In den letzten Jahren konnte der Prozessorhersteller *AMD* mit einer zu der 80x86/Pentium-Prozessorfamilie konkurrierenden Produktreihe einen Teil des Marktes erobern. Nach Angaben von ARS, einem Tochterunternehmen des Marktforschungsunternehmens *Current Analysis,* beträgt der Marktanteil von AMD bei neu verkauften Heimcomputern in den USA bereits über 50 Prozent (Mitte 2004). AMD ist sehr bemüht, sich auch als Technologieführer zu positio-nieren und konnte bei zumindest zwei wichtigen Kennzahlen den großen Kon-kurrenten Intel überflügeln:

Prozessornummer	Prozessorfamilie	Einsatzbereich
7xx	Pentium M	Notebook-PC
5xx	Pentium 4 Mobile Pentium 4	Schreibtisch-PC Notebook-PC
3xx	Celeron Celeron M	Schreibtisch-PC Notebook-PC

Abb. 1.7.2.1/4: Kennzeichnungssystem für Intel-Prozessoren

- *Prozessortaktrate:* AMD konnte mit dem *Athlon Thunderbird* im Jahr 2000 zwei Tage vor dem Konkurrenten Intel den weltweit ersten 1-GHz-Prozessorchip vorstellen. Auch derzeit (Ende 2004) führt AMD mit dem mit 4,0 GHz getakteten Athlon im Wettlauf um den am schnellsten getakteten Prozessor.

- *64-Bit-Prozessor:* Auch bei 64-Bit-Prozessoren, die auf dem Intel-Instruktionssatz basieren, hat sich AMD zunächst mit dem *Athlon-64-Prozessor*, dann mit dem *Opteron-Prozessor* einen Vorsprung verschafft. Während der Athlon-64-Prozessor für Einprozessorsysteme ausgelegt ist, eignet sich der Opteron für Multiprozessorsysteme für Serverrechner und weist ein hervorragendes Preis-/Leistungsverhältnis auf. Auf dem Opteron-Prozessor können 32-Bit- und 64-Bit-Programme ausgeführt werden, wodurch ein sanfter Übergang zur 64-Bit-Technik gewährleistet ist. Dadurch können bestehende 32-Bit-Anwendungen, die nur im Binärcode vorliegen (beispielsweise MS Office) weiter genutzt werden. Der Opteron-Prozessor erlaubt eine 40-Bit-Adressierung, wodurch der adressierbare Speicherbereich von (theoretisch) 4 GB bei 32-Bit-Prozessoren auf 1 TB physischen Speicher ansteigt. Der virtuell adressierbare Speicherbereich beträgt durch virtuelle 48-Bit-Adressen 256 TB. Der Prozessor enthält auch einen 128-Bit breiten Speichercontroller für DDR-Speicherchips.

Als Reaktion darauf hat Intel die AMD-Lösung übernommen und Ende 2004 begonnen, entsprechende Prozessoren unter der Bezeichnung EM64T auszuliefern (zunächst *Dual-Xeon-Systeme* und Prescott-Systeme ab der Revision *E0*; diese Prozessoren werden auch *Pentium 4 Model F* genannt). Sie sehen aus diesen Bezeichnungen, dass Intel diesen Schritt ohne große Ankündigungen und Modelländerungen vollzogen hat. Es wird erwartet, dass sich Intel durch 64-Bit-Pentium-Systeme selbst zunehmend Konkurrenz zu den 64-Bit-Itanium-2-Systemen machen wird.

Bei den Prozessoren für Notebook-PCs hat Intel mit den Pentium-M-Prozessoren (Centrino) gegenüber AMD bis dato einen großen Vorsprung. AMD bringt aus diesem Grund in 2005 einen Prozessor speziell für den Notebook-Markt mit der Bezeichnung *Turion* auf den Markt.

Wie Sie bereits aus Band 1, Kapitel 1 wissen, ergibt sich die Rechenleistung eines Systems nicht nur aus der Taktrate oder Verarbeitungsbreite eines Prozessors, sondern zusätzlich aus einer Vielzahl von weiteren Kenngrößen, die von den Verbindungssystemen, der Speicherausstattung und Ein-/Ausgabesystemen stammen. Für praktische Anwendungssysteme kann ex-ante nicht gesagt werden, welche dieser vielen Kenngrößen welchen Einfluss auf Systeme unter bestimmten Belastungsszenarien besitzen. Ein System ist so leistungsfähig wie sein schwächstes Glied. Letztendlich empfiehlt es sich, möglichst das zum Einsatz gelangende Anwendungssystem auf der entsprechenden Hardware zu erproben. Da dies vielfach nicht möglich ist, muss man sich bei Kenntnis des ungefähren Belastungsprofils mit mehr oder minder standardisierten Vergleichswerten behelfen.

Eine traditionelle Kenngröße über die Leistungsfähigkeit eines Prozessors ist die *MIPS-Rate,* wie sie auch in Abb. 1.7.2.1/1 angegeben ist. Diese im historischen Vergleich einzig mögliche Maßzahl ist nicht geeignet, Prozessoren unterschiedlicher Architektur zu vergleichen, da die Mächtigkeit der Instruktionen je nach Prozessor variiert.

Aussagekräftiger für die Leistungsfähigkeit sind *standardisierte Benchmarktests*, die in einer Hochsprache entwickelte Aufgabenstellungen auf unterschiedlichen Rechnersystemen vergleichen, wobei die Leistungsfähigkeit des gesamten Systems untersucht wird. Der Benchmarktest *SPECint2000* (Abb. 1.7.2.1/5) ist für die Ausführungsdauer eines einzelnen CPU-abhängigen Programms im ganzzahligen Bereich (keine Gleitkommazahlen) signifikant, wobei hier die 64-Bit-Prozessoren deutlich besser als 32-Bit-Prozessoren abschneiden. Größere Zahlen entsprechen besseren Werten. Sie sehen auch beispielsweise, dass mancher Prozessor mit geringerer Taktfrequenz bei diesem Test eine bessere Leistung erzielt, als der mit einer höheren.

Die Abbildung 1.7.2.1/6 zeigt einen Leistungsvergleich für den *Systemdurchsatz*. Dieser ist beispielsweise für einen Datenbankserver eine maßgebliche Kennzahl, die angibt, wie viele Transaktionen mehr oder minder gleichzeitig durchgeführt werden können. Der Benchmarktest SPECint_rate2000 misst die

MHz	Prozessor	SPECint2000 (Peak)
2600	Athlon 64 FX	1854
3400	Pentium 4 EE	1705
2400	Opteron	1663
3600	Pentium 4 E	1575
3200	Pentium 4 Xeon	1563
2000	Pentium M	1541
3000	Pentium 4 Xeon MP	1491
1500	Itanium 2	1404
3400	Pentium 4	1393
2000	Athlon 64	1335
2200	Athlon XP	1080
2000	Athlon MP	766
1400	Pentium III	664
1400	Athlon	554
1000	Pentium III Xeon	451
800	Itanium	365

schneller ▶

Abb. 1.7.2.1/5: Leistungsvergleich von ausgewählten CISC-Prozessoren nach SPECint2000

Anzahl der Prozessoren	MHz	Prozessor	SPECint_rate2000 (Peak)
32	1500	Itanium 2	465
32	3000	Pentium 4 Xeon MP	331
16	1500	Itanium 2	232
16	3000	Pentium 4 Xeon MP	171
8	1500	Itanium 2	117
32	900	Pentium III Xeon	113
8	3000	Pentium 4 Xeon MP	107
4	2400	Opteron	71,8
4	1500	Itanium 2	64,2
4	3000	Pentium 4 Xeon MP	61,6
4	2985	Pentium 4 Xeon	60
16	900	Pentium III Xeon	58,6
2	2400	Opteron	37,8
2	3200	Pentium 4 Xeon	34
2	3000	Pentium 4 Xeon MP	33,4
2	1500	Itanium 2	32,5
8	900	Pentium III Xeon	30
1	2400	Opteron	19,3
1	3200	Pentium 4 Xeon	18,6
4	700	Pentium III Xeon	17,9

schneller ▶

Abb. 1.7.2.1/6: Leistungsvergleich von CISC-Prozessoren nach SPECint_rate2000

Anzahl der durchgeführten Transaktionen, die hier aus unterschiedlichen Arten von Transaktionen besteht. Naturgemäß schneiden bei diesem Leistungsvergleich Mehrprozessorsysteme besser ab. Größere Zahlen entsprechen auch hier besseren Werten.

▶ Übungsaufgabe Nr. 2.1.21 im Arbeitsbuch

1.7.2.2 RISC-Prozessoren

Wir sind schon im Band 1, Kapitel 1 und im Verlauf der Folgekapitel immer wieder auf RISC-Prozessoren eingegangen. Hier nochmals eine zusammenfassende Präzisierung der wesentlichen Merkmale der RISC-Architektur:

> **RISC-Prozessoren** haben einfache Befehlssätze mit wenig Mikrocode, großteils Einzyklusmaschinenbefehle, feste Befehlslängen, einfache Adressierungsverfahren und eine ausgeprägte Pipeline-Architektur. Die Befehle sind so gestaltet, dass jeweils die schnellsten Komponenten der Speicherhierarchie adressiert werden (in der Regel eine große Zahl von Registern) und dass möglichst viele Aufgaben in die Übersetzungsphase von Programmen verlagert werden (optimierende Compiler sorgen für die bestmögliche Hardwarenutzung).

Komplexe Befehle werden vermieden, wenn dieselben Ergebnisse ebenso rasch durch eine Folge von primitiven Befehlen erreicht werden können. Durch solche schnellen, aber nicht sehr mächtigen Befehle und die große interne Verarbeitungsbreite bieten RISC-Prozessoren eine hohe Leistung.

Haupteinsatzgebiete für RISC-Prozessoren sind Workstations und Server. Als einzige „reinrassige" RISC-Architektur konnte sich die *POWER-Architektur* in beschränktem Umfang bei Personalcomputern der Firma Apple durchsetzen. Ursprünglich von IBM stammend, wurde die „Performance Optimized With Enhanced RISC"-Architektur gemeinsam von Motorola, IBM und Apple zur Prozessorfamilie *PowerPC* weiterentwickelt.

PowerPC ist die allgemein verfügbare, in Personalcomputern (hauptsächlich Apple) und Workstations der unteren und mittleren Leistungsklasse verwendete Prozessorfamilie. Die neueste Generation der PowerPC-Prozessoren beinhaltet zwei arithmetisch-logische Ausführungseinheiten, eine Gleitkommaeinheit, eine Verzweigungseinheit und eine Lade-/Speichereinheit. Ein je 96 KB großer Daten- und Befehlscache (L1) sowie ein 512 KB großer Level-2-Cache befinden sich ebenfalls auf dem Chip. Die Breite des Adressbusses beträgt 32 Bit, der Datenbus ist - je nach Modell – 32 oder 64 Bit breit. Angeboten werden Prozessoren mit einer Taktrate von bis zu 2,5 GHz.

Neben der Entwicklung des PowerPC-Prozessors hat IBM das Konzept der POWER-Architektur in der *POWER-Produktlinie* weiterentwickelt, die primär von IBM selbst im Serverbereich eingesetzt wird. Die aktuelle Weiterentwicklung ist die POWER5-Architektur, die ähnlich wie bei Intels Hyperthreading pro Chip zwei Prozessorkerne besitzt, wodurch ein Prozessor für das Betriebssystem wie ein Zweiprozessorsystem erscheint. Als weitere Besonderheit unterstützen diese Prozessoren eine Virtualisierung, wodurch auf einem Prozessor bis zu zehn Partitionen (getrennte Serversysteme) parallel betrieben werden können. Dadurch ist es möglich, bis zu 254 virtuelle Server parallel zu betreiben. Die Prozessoren sind für Mehrprozessorsysteme ausgelegt und werden derzeit in

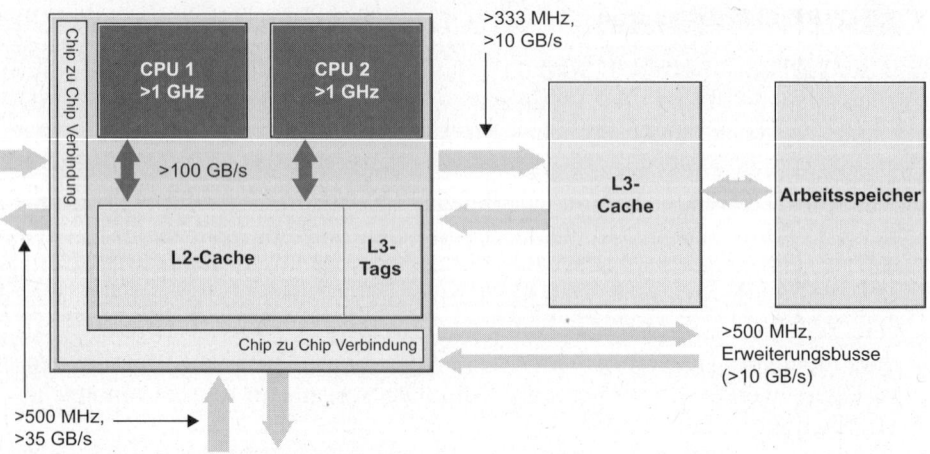

Abb. 1.7.2.2/1: POWER5-Chip (vereinfachtes Schaltbild)

Konfigurationen bis zu 64 Prozessoren ausgeliefert. Abb. 1.7.2.2/2 zeigt ein Multiprozessormodul mit vier POWER5-Prozessoren, auf dem 144 MB L3-Cache integriert sind. Da jeder Prozessor über zwei Prozessorkerne verfügt, entspricht das Modul einem 8-Wege-System. Als Betriebssysteme können für POWER5-Rechner *AIX*, *Linux* und *i5/OS* eingesetzt werden. Die Taktraten liegen derzeit im Bereich von 1,65 bis 1,9 GHz.

Eine sehr interessante Weiterentwicklung der POWER-Architektur ist der *Cell-Prozessor*, der gemeinsam von Sony, Toshiba und IBM (abgekürzt: STI) seit 2002 entwickelt wird und ab 2005 verfügbar sein wird. IBM bezeichnet diesen Prozessor als „system on a chip" (abgekürzt: SoC) und sogar als „supercomputer on a chip". Dieser Prozessor soll in den Serverrechnern von IBM, in der Spielkonsolen von Sony (PlayStation3) und in Geräten der Unterhaltungselektronik von Toshiba eingesetzt werden. Ein Chip soll zunächst bis zu 16 Prozessorkerne (Zellen) enthalten, mehrere von diesen können zusammen geschaltet werden und ein Grid-System aufbauen.

Der Cell-Prozessor ist für rechenaufwändige Multimedia-Anwendungen konzipiert, bei denen beispielsweise HDTV-Datenströme in Echtzeit decodiert werden. Toshiba möchte diese Prozessoren bereits 2005 in ihre Fernsehgeräte einbauen.

Der für die PlayStation3 eingesetzte Cell-Prozessor soll theoretisch bis zu 1,5 *TFlops* (Abkürzung von engl.: tera floating point operations per second) ausführen können, ein Wert, der noch in 2002 zu einer Platzierung unter den 10 schnellsten Supercomputern weltweit ausgereicht hätte. Arbeitsplatzrechner mit diesem Chip sollen sogar 16 TFlops erreichen können.

Obwohl diese Werte vermutlich zunächst in realen Benchmarktests nicht erreichbar sein werden, ist die Entwicklung sehr beachtlich. Die Entwickler wenden sich von dem *Wettkampf um höhere Taktraten* ab und integrieren mehr

Abb. 1.7.2.2/2: Multiprozessormodul mit POWER5-Chips

und mehr *vollständige Multiprozessorsysteme auf einem Chip*. Bis jetzt sind noch sehr wenige technische Details bekannt. Der 64-Bit-Prozessor wird zunächst in 90-nm-Technik gefertigt (manche Quellen sprechen von 65-nm-Technik) und soll Gleitkommaregister mit einer Breite von 128 Bit besitzen. Jeder Prozessor verfügt über einen *DMAC* (Abkürzung von engl.: direct memory access controller), der mit einem Zugriff 1.024 Bits aus dem Speicher lesen kann. Je nach Bedarf (von eingebetteten Systemen, PDAs oder Smartphones über Set-top-Box und Arbeitsplatzrechner bis zu Hochleistungskommunikationseinrichtungen und Supercomputern) können auf einem Chip weniger oder mehr Prozessorkerne integriert werden und unterschiedlich viele Cell-Prozessoren als eng gekoppeltes System in einer Systemeinheit integriert werden. IBM hofft, dass diese Flexibilität eine Vielzahl von neuen Applikationen erschließen wird, die mit der heutigen PC-Technik nicht erreicht werden können. Gleichzeitig wird an einem neuartigen Programmiermodell basierend auf so genannten *Softwarezellen* für diese Prozessoren gearbeitet, das den hohen Grad der Parallelisierung bestmöglich nutzen soll. Der Prozessor soll von Beginn an Linux und später andere Betriebssysteme unterstützen.

Weitere *Anbieter von RISC-Prozessoren* sind Sun Microsystems mit der *SPARC-* beziehungsweise *UltraSPARC*-Prozessorfamilie, *MIPS* und Hewlett-Packard mit der *Alpha-* und *PA-RISC*-Serie.

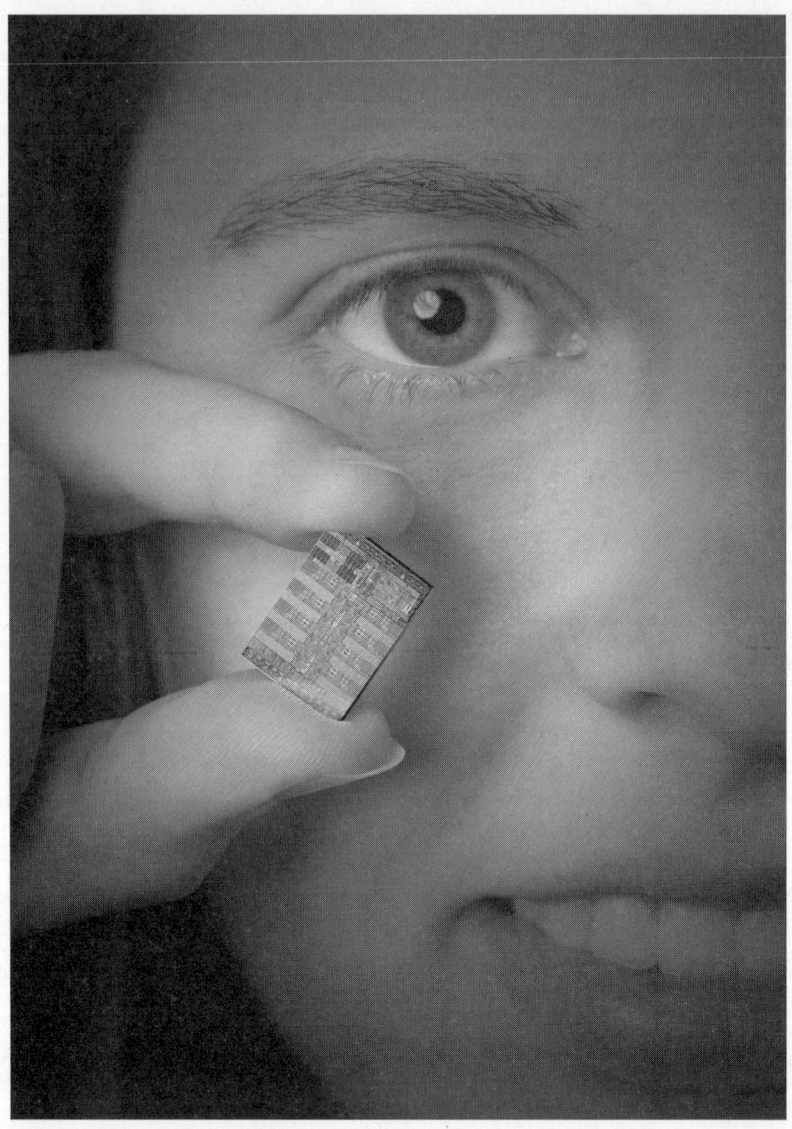

Abb. 1.7.2.2/3: Cell-Prozessor

MHz	Prozessor	SPECfp2000 (Peak)
1900	POWER5	2702
1500	Itanium 2	2161
1890	SPARC64 V	1803
2400	Opteron	1787
2600	Athlon 64 FX	1782
3600	Pentium 4 Xeon	1721
1300	Alpha 21264C	1684
3600	Pentium 4 E	1630
3400	Pentium 4 EE	1581
3400	Pentium 4 Xeon	1397
1250	Alpha 21264	1365
1200	UltraSPARC III Cu	1344
3400	Pentium 4	1308
1450	POWER4+	1295
3000	Pentium 4 Xeon MP	1283
2000	Athlon 64	1250
1200	UltraSPARC III Cu	1118
2000	Pentium M	1088
1280	UltraSPARC III	1063

schneller ▶

Abb. 1.7.2.2/4: SPECfp2000-Leistungsvergleich einiger CISC- und RISC-Prozessoren im Gleitkommabereich

Traditionell besitzen RISC-Systeme ihre größten Stärken im Gleitkommabereich, der vor allem für mathematisch/statistische Berechnungen von Bedeutung ist. Abb. 1.7.2.2/4 zeigt einen Vergleich der derzeit leistungsfähigsten Prozessoren im Gleitkommabereich, der mit dem Benchmarktest SPECfp2000 (mit jeweils einem Prozessor) gemessen wurde. Hier zeigen sich die POWER5-Rechner trotz ihrer verhältnismäßig niedrigen Taktrate als Spitzenreiter, Pentium-4-Systeme sind aber bereits an sechster Stelle gereiht.

▶ Übungsaufgabe Nr. 2.1.22 im Arbeitsbuch

1.7.3 Rechnerkategorien

1.7.3.1 Personalcomputer und persönliche Informationshilfsmittel

Im Bereich der Prozessoren für Personalcomputer ist Intel mit einem Marktanteil von 80 Prozent im Jahr 2003 uneingeschränkter Marktführer (siehe Abb. 1.7.3.1/1). Abgesehen von IBM und Motorola, deren Prozessoren bei Apple-Rechnern eingesetzt werden, basieren praktisch alle Prozessoren im PC-Bereich auf dem traditionellen Intel-Befehlssatz, wodurch für diese die Microsoft-Windows-Betriebssystemfamilie genutzt werden kann. In einzelnen Sparten kann jedoch auch AMD beachtliche Erfolge aufweisen. Laut einer Studie von Current Analysis hat AMD Ende 2004 bei Arbeitsplatzrechnern, die über Handelsketten vertrieben werden (unteres Preissegment), erstmals Intel bei den Verkaufszahlen überholt. In diesem Segment ist auch weiterhin ein Kopf-an-Kopf-Rennen zwischen Intel und AMD zu erwarten.

Weltweit wurden *im Jahr 2004 zirka 176 Millionen Personalcomputer* verkauft (siehe Abb. 1.7.3.1/2). Der Zuwachs gegenüber dem Vorjahr betrug etwa 14 Prozent. Man nimmt an, dass sich die jährliche Wachstumsrate bis 2008 auf zirka acht Prozent verlangsamen wird. Die treibenden Kräfte des Anstiegs im Jahr 2004 sind aggressive Preisangebote für Konsumenten, IT-Investitionen von Unternehmen und ein überproportionaler Zuwachs bei tragbaren Geräten. Diese Kräfte werden voraussichtlich auch in den kommenden Jahren das Wachstum antreiben. Ungefähr ein Drittel aller PC-Käufe werden von Privathaushalten getätigt, zwei Drittel von Unternehmen.

Gartner Research sieht den US-Hersteller *Dell* als Weltmarktführer im PC-Bereich. *Dell* baute seinen Marktanteil 2004 von 15 auf 18,2 Prozent aus. Es

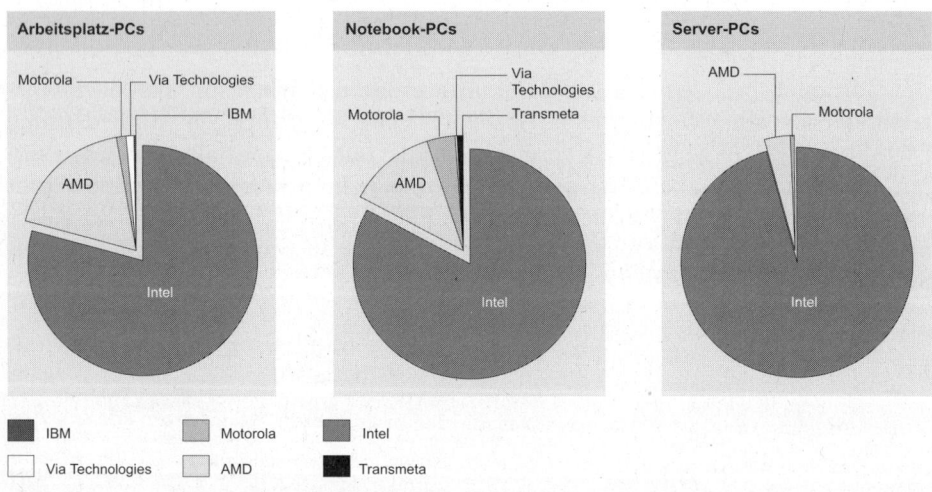

Abb. 1.7.3.1/1: Marktanteile für PC-Mikroprozessoren in Stückzahlen im Jahr 2003 nach Produktgruppen (Quelle: IDC 2004)

PC-Auslieferungen weltweit (in 1.000 Stück)

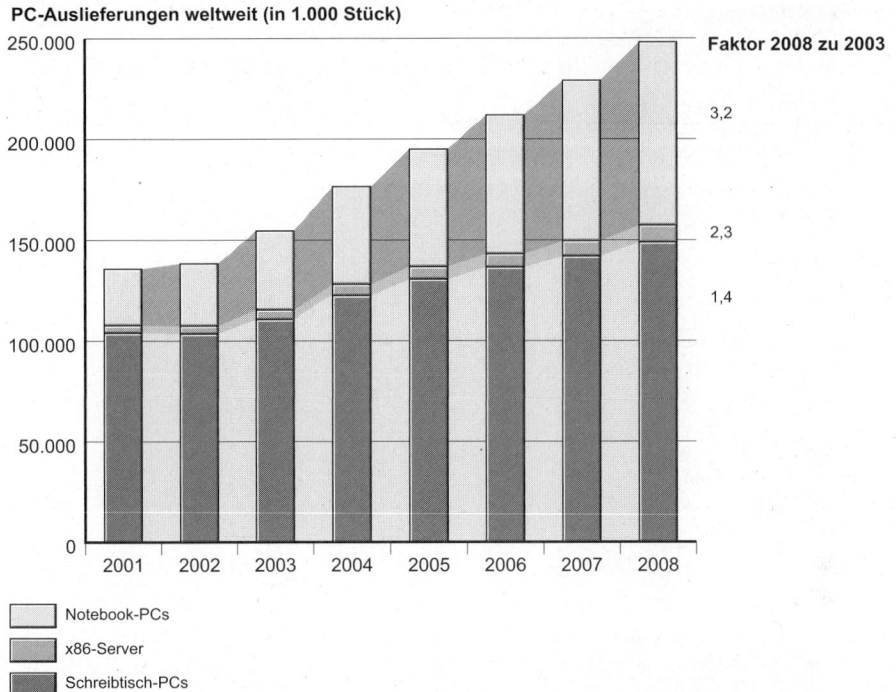

Abb. 1.7.3.1/2: Entwicklung der PC-Auslieferungen weltweit von 2001 bis 2008 nach Produktgruppen (Quelle: IDC 2004)

folgen *HP* mit 16,2 Prozent, *IBM* mit sechs Prozent, sowie *Fujitsu Siemens* mit 3,9 Prozent und *Toshiba* mit 3,6 Prozent. In Deutschland ist *Medion* Marktführer (Vertrieb vorrangig über Discounter wie Aldi).

Mehr als ein Viertel der 2004 ausgelieferten PCs sind bereits *Notebook-PCs,* dieser Anteil wird sich bis 2008 auf mehr als ein Drittel erhöhen (Abb. 1.7.3.1/2). Bei den *Notebook-PC-Auslieferungen* liegt *Hewlett-Packard* mit einem Marktanteil von 16,1 vor *Dell* mit etwa 15 Prozent Marktanteil. Es folgen *Toshiba* mit 11,2 Prozent vor *IBM* mit 9,6 Prozent und *Fujitsu-Siemens* mit etwa 5,6 Prozent. Insgesamt wurden im Jahr 2004 weltweit über 48 Millionen Notebook-PCs verkauft (Quelle: IDC, Notebook-PCs inklusive „ultra-portables"). Das Marktgewicht der fernöstlichen Anbieter nimmt in dieser Sparte weiter zu. So hat Ende 2004 der chinesische Technologiekonzern *Lenovo* (Sitz in Peking) die gesamte PC-Sparte von IBM übernommen (vorbehaltlich der Zustimmung der staatlichen Behörden). Die Übernahme inkludiert auch die erfolgreiche *Thinkpad-Serie* von IBM.

In Deutschland liegt bei den Notebookverkäufen *Acer* vor *Fujitsu-Siemens* und *Toshiba. Medion* folgt an vierter Stelle.

Abb. 1.7.3.1/3:
PDA-Bestseller

Zu den *persönlichen Informationshilfsmitteln* zählen, wie bereits im Band 1, Kapitel 1 ausgeführt, so genannte Handhelds oder Persönliche Digitale Assistenten (PDAs), Smartphones und ähnliche „intelligente" Geräte. Im Jahr 2004 wurden über neun Millionen PDAs weltweit verkauft (Quelle: IDC). *Marktführer* nach der Anzahl der ausgelieferten Geräte ist weiterhin *PalmOne* mit 36 Prozent Marktanteil vor *Hewlett-Packard* mit 25 Prozent, gefolgt von *Sony*, *Dell* und *Toshiba*. Laut Gartner besitzen bereits 44 Prozent der Geräte drahtlosen Netzzugang, fast 50 Prozent werden von Unternehmen angeschafft.

Das aktuelle Topmodell von Palm *Treo 650* verfügt bei einer Größe von 11,3 x 5,9 x 2,3 cm und einem Gewicht von 178 Gramm über 32 MB Arbeitsspeicher, ein Farb-LCD mit einer Auflösung von 320 x 320 Pixel und 16-Bit Farbtiefe, einen Erweiterungssteckplatz (zum Beispiel für eine Speichererweiterungskarte) und eine USB-Schnittstelle zum Anschluss externer Geräte. Treo bietet zudem Telefonie, Audio-Wiedergabe und besitzt eine eingebaute Kamera.

PDAs der zweiten Generation weisen drahtlose Kommunikationsmöglichkeiten auf: Die Telekommunikation erfolgt über ein integriertes GSM-Telefon und

Weltweite Auslieferungen von PDAs und Smartphones (in 1.000 Stück)

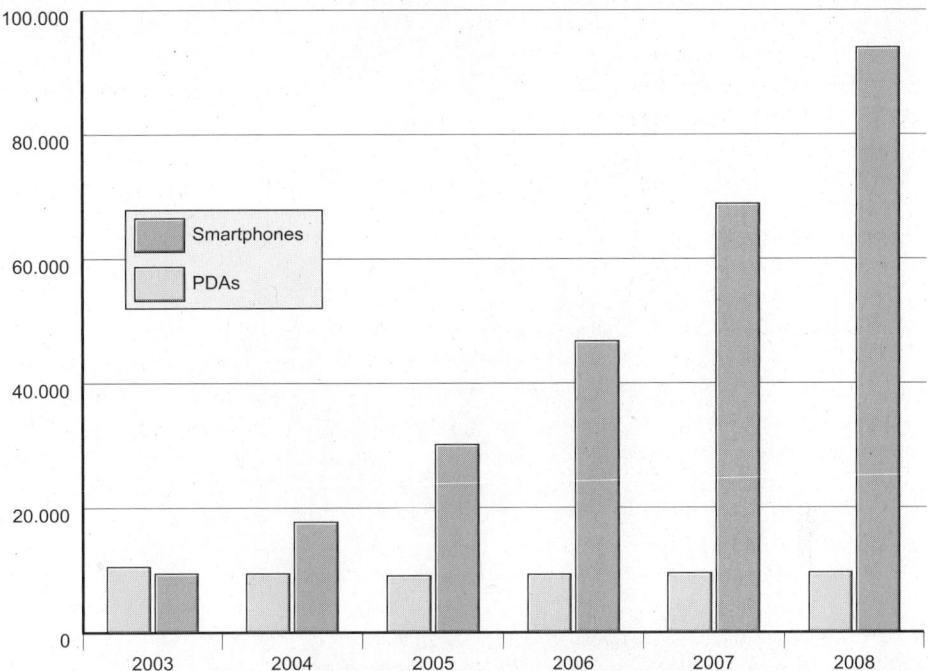

Abb. 1.7.3.1/4: Marktentwicklung bei PDAs und Smartphones (Quelle: IDC 2004)

Faxmodem, der lokale Datenaustausch mit den Schreibtisch-PCs über USB-, Infrarot- oder WLAN-Schnittstellen. Neu konzipierte Produkte sind zudem wesentlich kleiner und leichter als früher und bieten im ROM beziehungsweise auf PC-Cards leistungsfähige Miniversionen der üblichen Bürostandardprogramme (Schwerpunkte Terminkalender, Adressverwaltung, Taschenrechner). Hauptsächliche Anwendungsfelder sind derzeit das persönliche Zeitmanagement („Filofax-Ersatz") sowie die mobile Datenerfassung beispielsweise im Verkaufsaußendienst, bei der Kfz-Schadenserfassung, im Vermessungswesen oder bei der Aufnahme von Patientendaten in Krankenhäusern.

Ein noch kleiner Markt, dem aber großes Wachstumspotenzial prognostiziert wird, sind „tragbare" Computer im engeren Sinn, also Geräte, die direkt am Körper getragen werden. Marktführer bei diesen so genannten *„Wearables"* ist die Firma *Xybernaut,* mit der Produktlinie „XyberKids". Diese Geräte werden in verschiedenen Ausführungen angeboten, zum Beispiel mit am Handgelenk montierbarer Tastatur und einem Kopfteil mit integrierter Kamera, Mikrofon, sowie einem kleinen Spiegel, in dem die Bildschirmanzeige vor das Auge projiziert werden kann (siehe Abb. 1.7.3.1/5 sowie Kapitel 3 dieses Bandes).

Abb. 1.7.3.1/5: Wearable-Bestseller

1.7.3.2 Workstations

Workstations kommen hauptsächlich für *rechenintensive Anwendungen* im Netzverbund zum Einsatz (zum Beispiel für Bildverarbeitung, technisch-wissenschaftliche Berechnungen, Datenbank- und Applikationsserver). Auf die in diesem Bereich häufig eingesetzten RISC-Prozessoren sind wir bereits im Abschnitt 1.7.2.2 eingegangen. Das Segment der Workstations wächst zunehmend mit dem Segment der leistungsfähigen PCs zusammen, deren Rechenleistungen in den letzten Jahren rapide zugenommen haben. Workstations enthalten zunehmend hochwertige Standardkomponenten aus der PC-Welt (Arbeitsspeichermodule, PCI-Bus, Festplatten, Monitore), wodurch die Unterschiede zwischen den leistungsfähigsten Personalcomputern und Workstations immer mehr verschwinden. Bei Pentium-basierten Systemen ist die Abgrenzung kaum noch

Abb. 1.7.3.2/1: 64-Bit-RISC-Workstation

möglich und eher durch die Herstellerterminologie und den technischen Anwendungsschwerpunkt als durch bauliche Merkmale begründet.

Obwohl die Absatzzahlen auch in diesem Bereich steigen, nehmen die Umsatzzahlen als Reaktion auf den Preisdruck ab. IDC erwartet eine Abnahme des Umsatzes von 5,1 Mrd. US-$ im Jahr 2002 auf einen Wert von 2,7 Mrd. US-$ im Jahr 2007. Als größter Wachstumsbereich wird das Segment der 64-Bit-Workstations angesehen, das sich von 35 Mio. US-$ in 2002 auf 343 Mio. US-$ in 2007 nahezu verzehnfachen soll. Gute Marktchancen werden sowohl Intel (64-Bit Pentium- und Itanium-Systeme), AMD (Opteron) und Apple (G5-Systeme mit IBMs PowerPC-970-Prozessor) gegeben. Interessant ist, dass mehrere Hersteller (beispielsweise Hewlett-Packard) Ende 2004 verkündeten, ihre Itanium-basierten 64-Bit-Workstation-Systeme zugunsten von Opteron- oder 64-Bit-Pentium-Systemen einzustellen.

Gegliedert nach Anwendungsbereichen werden knapp über *30 Prozent der Workstations im wissenschaftlich-technischen Bereich* eingesetzt. Der Anteil der primär wirtschaftlich-ökonomisch eingesetzten Workstations liegt bei etwa 25 Prozent. Weitere 25 Prozent der Workstations werden für Softwareentwicklung und die Erstellung von digitalen Inhalten (zum Beispiel Multimedia-Produktion) eingesetzt.

1.7.3.3 Server- und Superrechner

Wie bereits im Band 1, Kapitel 1 dargestellt, kann prinzipiell jeder leistungsstarke Rechner als Server eingesetzt werden. Ein Serverrechner definiert sich also weniger über die verwendete Hardware als vielmehr über den Aufgaben-

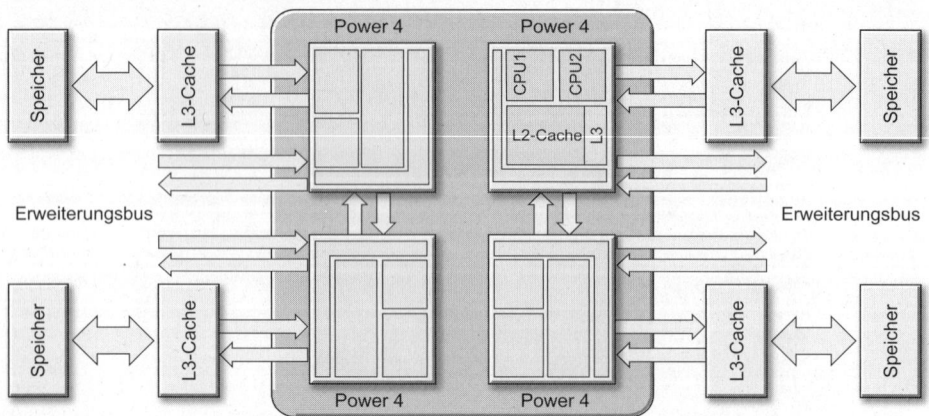

Abb. 1.7.3.3/1: Systemstruktur eines Mehrprozessorservers

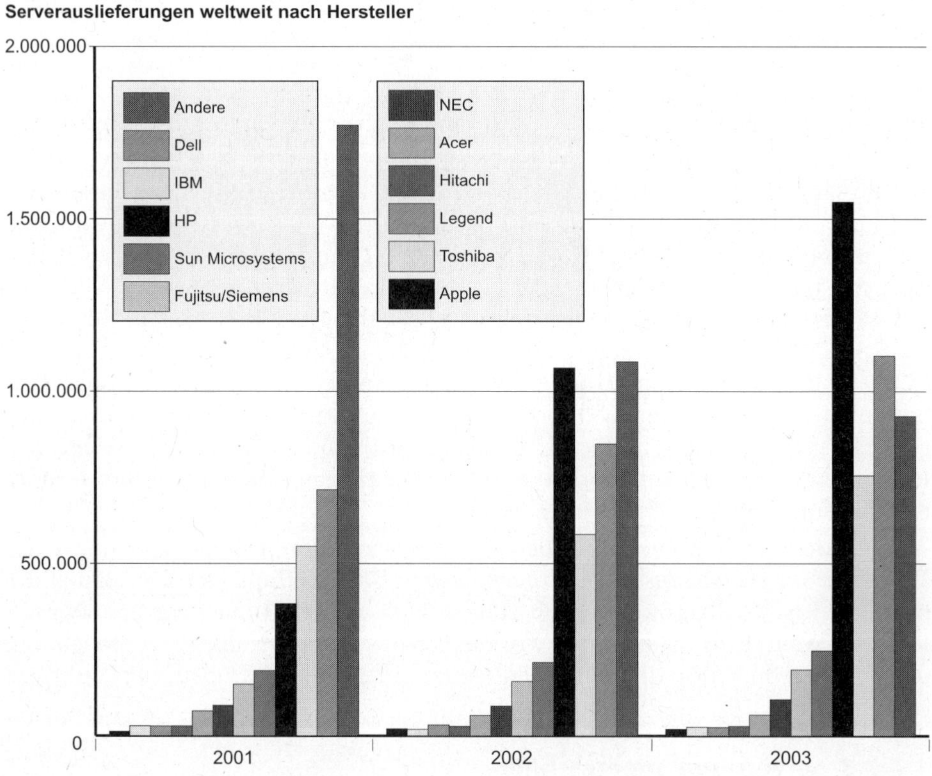

Serverauslieferungen weltweit nach Hersteller

Abb. 1.7.3.3/2: Entwicklung der Verkaufszahlen von Unternehmensservern (Quelle: IDC 2004)

und Einsatzbereich. In den letzten Jahren hat der Verkauf von Serversystemen stärker als erwartet zugenommen. In der zu Redaktionsschluss aktuellsten Studie von IDC von 2003 zeigt sich, dass vor allem im Bereich der relativ kostengünstigen Serversysteme hohe Wachstumsraten erreicht werden konnten (siehe Abb. 1.7.3.3/2).

Weltmarktführer im Bereich der Serversysteme ist Hewlett-Packard (30,7 Prozent) gefolgt von Dell (21,9 Prozent) und IBM (15 Prozent). Diese drei Hersteller verkauften gemeinsam zwei Drittel der Systeme. Während die drei Marktführer ihre Marktposition in den letzten Jahren noch weiter verbessern konnten, teilen sich die restlichen Anbieter bei meist abnehmenden Marktanteilen das verbleibende Drittel der Verkäufe.

Ein verhältnismäßig kleiner aber technologisch sehr interessanter Bereich ist der der *Supercomputer (oder Hochleistungsserver)*, bei dem die Grenzen des derzeit technisch Machbaren aufgezeigt werden. Im Internet wird laufend eine Leistungsübersicht der 500 weltweit *leistungsstärksten Superrechner* veröffentlicht (siehe Abb. 1.7.3.3/3). Die Leistung der Superrechner hat erstmals im Jahr 1998 die 1.000-GFlops-Grenze überschritten. Über die letzten Jahre hinweg war der *Earth Simulator (ES)* in Japan der schnellste Rechner der Welt, der mit 5.120 Prozessoren eine Leistung von 35 TFlop/s erreicht. Ende 2004 wurde er zunächst von dem SGI-Rechner *Columbia* und dann von IBMs *BlueGene/L* überholt. Die früher dominierenden Vektorrechner wurden fast vollständig durch massiv-parallele Systeme (abgekürzt: MPP-Systeme) verdrängt. Die Werte in Abb. 1.7.3.3/3 spiegeln den Stand von Anfang 2005 wider. Es ist zu erwarten, dass diese Werte bereits 2005 weiter gesteigert werden können und dass sich Systeme mit dem Cell-Prozessor (siehe Abschnitt 1.7.2.2) im Vorderfeld der Statistik platzieren werden.

In den letzten Jahren haben Cluster-Architekturen (lose gekoppelte Mehrprozessorsysteme) an Bedeutung gewonnen, die auch zunehmend unter den Top-500-Rechnern auftauchen. Über 50 Prozent der Top-500-Hochleistungsrechner sind in den USA installiert, Westeuropa liegt bei etwa 17 Prozent. In Europa sind die meisten Installationen in England (42 Rechner) gefolgt von Deutschland (35 Systeme). Der derzeit schnellste Rechner in Deutschland liegt auf Platz 30 der Bestenliste und steht im Forschungszentrum Jülich.

Nach der Zahl der Installationen liegt *IBM* bei den Top-500 Supercomputern mit einem Anteil von 43 Prozent an der Spitze, gefolgt von *Hewlett-Packard* (35 Prozent), *SGI/Cray* und *Sun* mit jeweils vier Prozent Anteil. Der Erfolg von IBM liegt primär an dem guten Preis-/Leistungsverhältnis, das diese Anlagen auch für den Einsatz in der Wirtschaft sehr attraktiv macht. Bei den Prozessoren führen in dieser Statistik derzeit die Intel-Prozessoren (320 Rechner) vor IBMs POWER-Prozessoren (54 Rechner) und den PA-Risc-Prozessoren von Hewlett-Packard (48 Rechner).

Hersteller	Rechner	Anzahl der Prozessoren	Standort	Land	TFlops
IBM	BlueGene/L DD2 Prototype 0,7 GHz PowerPC 440 w/Custom	32.768	Rochester	USA	70.72
SGI	Columbia, SGI Altrix Itanium 2, 1,5 GHz	10.160	NASA/AMES	USA	51,87
NEC	Earth Simulator	5.120	Earth Simulator Center	Japan	35,86
IBM/Linux	MareNostrum 2,2 GHz PowerPC 970	3.564	Barcelona Supercomputer Center	Spanien	20,53
California Digital Coorporation	Thunder, Intel Itanium 2, 1,4 GHz	4.096	Lawrence Livermore National Laboratory	USA	19,94
HP	ASCI Q - AlphaServer SC45, 1,25 GHz	8.192	Los Alamos National Laboratory	USA	13,88
IBM/ LLNL	BlueGene/L DD1 Prototype 0,5 GHz PowerPC 440 w/Custom	8.192	Rochester	USA	11,68
Dell	Tungsten PowerEdge 1750 P4 Xeon, 3,06 GHz, Myrinet	2.500	NCSA	USA	9,819
IBM	eServer pSeries 690 1,9 GHz Power4+	2.112	European Centre for Medium-Range Weather Forecasts	GB	8,955
Fujitsu	RIKEN Super Combined Cluster	2.048	Institute of Physical and Chemical Research	Japan	8,728
IBM/ LLNL	BlueGene/L DD2 Prototype 0,7 GHz PowerPC 440	4.096	IBM - Thomas Watson Research Center	USA	8,655
HP	Mpp2 Integrity rx2600 Itanium 2, 1,5 GHz, Quadrics	1.936	Pacific Northwest National Laboratory	USA	8,633
Dawning	Dawning 4000A, Opteron, 2,2 GHz, Myrinet	2.560	Shanghai Supercomputer Center	China	8,061
Linux Networx	Lightning Opteron, 2 GHz, Myrinet	2.816	Los Alamos National Laboratory	USA	8,051
Linux Networx	MCR Linux Cluster Xeon, 2.4 GHz - Quadrics	2.304	Lawrence Livermore National Laboratory	USA	7,634

Abb. 1.7.3.3/3: Die leistungsstärksten Superrechnerinstallationen Ende 2004 (gemessen mit dem Linpack-Benchmark, der zur Leistungsmessung die Lösung linearer Gleichungssysteme benutzt)

Abb. 1.7.3.3/5: Blue Gene/L von IBM, der derzeit leistungsfähigste Supercomputer

Während 1996 nur etwa 30 Prozent der Superrechner in der Wirtschaft eingesetzt wurden (die Mehrzahl von 70 Prozent war an Universitäten, Forschungseinrichtungen oder bei den Herstellern selbst installiert), waren Ende 2000 bereits über *40 Prozent und 2004 mehr als 55 Prozent der größten Superrechner in der Wirtschaft* im Einsatz. Dominierende Branchen sind hierbei der Telekommunikations- und der Finanzsektor, gefolgt von Anwendungen in der Wettervorhersage, der Automobilindustrie sowie allgemeinen Datenbankanwendungen und WWW-Diensten.

▶ Übungsaufgabe Nr. 2.1.23 im Arbeitsbuch

2 Datenträger und externe Speicher

Lehrziele

Nach der Durcharbeitung dieses Kapitels sollten Sie

- die hauptsächlichen Verwendungszwecke und Kenndaten von Datenträgern und externen Speichern beschreiben können,

- eine Klassifikation von Datenträgern wiedergeben und darin ein neu angekündigtes Produkt einordnen können,

- den Aufbau eines überbetrieblichen Artikelnummerierungssystems (EAN) skizzieren und die Verkaufsabrechnung über eine Scanner-Kasse erklären können,

- den Aufbau und das Schreiben und Lesen von Magnetplatten erläutern können,

- die Unterschiede zwischen einer PC-Festplatte, einer Magnetplattenfarm und einem Magnetplattenarray darstellen können,

- die Varianten von optischen Speicherplatten beschreiben können,

- einige Anwendungsbeispiele für Chipkarten aufzählen und die Vorteile dieses Datenträgers gegenüber Magnetstreifenkarten darlegen können,

- die elektronische Artikelüberwachung (Diebstahlsicherung) mit Transpondern beschreiben können,

- die Identifikation von Dingen und Lebewesen mit RFID-Chips darlegen, betriebliche Einsatzmöglichkeiten skizzieren und die damit verbundenen Nutzen und Gefahren erläutern können,

- die absehbare Kapazitätsentwicklung der behandelten Speichermedien kennzeichnen können.

2.1 Allgemeine Anforderungen

> **Datenträger** (Speichermedium; engl.: data carrier, storage medium) sind zur dauerhaften Aufnahme von Daten geeignete physikalische Medien.

Die Information wird von Menschen und/oder Maschinen auf Datenträgern aufgezeichnet (= *Schreiben*). Sie kann automatisch von IT-Eingabegeräten gelesen (= *Lesen*) und an die Zentraleinheit übertragen werden. Verarbeitungsergebnisse werden von der Zentraleinheit ausgegeben, das heißt, an externe Speicher- beziehungsweise Ausgabegeräte übermittelt und von diesen – falls eine dauerhafte Speicherung notwendig ist – wiederum auf Datenträger geschrieben.

Datenträger müssen daher in einem engen Zusammenhang zu den Menschen und Geräten gesehen werden, welche die Information lesen oder schreiben. Das *Leistungsvermögen* wird bestimmt durch

- die *Speicherkapazität* des einzelnen Datenträgers, das heißt, die Menge der Daten, die auf einem Datenträger gespeichert werden kann,
- die Zeit für den Zugriff auf eine definierte Position des Speichermediums mit dem Ziel, Daten zu schreiben oder zu lesen (= *Zugriffszeit*),
- die Übertragungsleistung, das heißt, die transportierbare Datenmenge pro Zeiteinheit (meist pro Sekunde), inklusive Lesen im Laufwerk, zur Zentraleinheit (= *Datentransferrate, Übertragungsrate*) und
- die mögliche *Zusammenschaltung von Laufwerken* zur Vervielfachung der Speicherkapazität und Datentransferrate.

Wenn wir im Folgenden *Leistungsdaten* nennen, so beziehen sich diese – wenn nichts anderes erwähnt wird – stets auf den einzelnen Datenträger beziehungsweise das einzelne Laufwerk.

Ein wichtiger Gesichtspunkt ist die *Zuverlässigkeit* von Laufwerken, die in der fehlerfreien Betriebszeit beziehungsweise der vom Hersteller statistisch ermittelten Maßzahl MTBF ihren Ausdruck findet.

> **MTBF** (Abkürzung von engl.: mean time between failures) ist die durchschnittliche Zeit zwischen Hardwareausfällen, die eine Instandsetzung erforderlich machen. Sie wird üblicherweise in Stunden ausgedrückt.

Datenträger unterscheiden sich durch *weitere bedeutsame Eigenschaften*, von deren Vielfalt Ihnen die Abb. 2.1/1 einen ersten Eindruck vermittelt.

Zahlreiche der in Abb. 2.1/1 angeführten Attribute sind in unterschiedlichen Kombinationen auf derzeit angebotenen Speichermedien realisiert oder befinden sich in der Entwicklung.

Nehmen wir als *Anschauungsbeispiel* einen Datenträger, den Sie sicherlich kennen: Die *Maestro-Karte (vormals Eurocheque-Karte).*

Merkmale von Datenträgern	Ausprägungen					
Aufzeichnungsform	hand-schriftlich	bedruckt	gelocht	magne-tisch	optisch	elektrisch
Basismaterial des Speichermediums	Realwelt-objekt	Papier		Plastik	Metall	Halbleiter
Gestalt des Datenträgers	Blatt	Karte		Streifen (Band)	Scheibe (Platte)	Trommel (Zylinder)
Repräsentation der Daten	Löcher	Punkte	Striche	Schrift-zeichen	Bilder	Schaltun-gen
Visuelle Lesbarkeit durch Menschen	lesbar ohne Lesegerät		lesbar mit Lesegerät		nicht lesbar (ohne Umsetzung)	
Transportierbar-keit	auswechselbar, per Briefpost versendbar		auswechselbar, trag-bar beziehungsweise per Paketpost ver-sendbar		nicht auswechselbar, nicht versendbar	
Lagerfähigkeit	hoher Platzbedarf, hohe Empfindlichkeit		geringer Platzbedarf, hohe Empfindlichkeit		geringer Platzbedarf, keine Empfindlichkeit	
Aufzeichnungs-häufigkeit	einmalige Auf-zeichnung des ganzen Inhalts von Anfang an	einmalige Auf-zeichnung des Inhalts in suk-zessiver Form		mehrmalige Aufzeichnung des Inhalts	beliebig häufige Aufzeichnung des Inhalts	
Speicherkapazität	bis 100 Bytes	100 Bytes bis 1 KB		1 KB bis 1 MB	1 MB bis 1 GB	mehr als 1 GB
Zugriffszeit (mittlere) zu den Daten	mehr als 10 Sek. bis Minuten	1 bis 10 s		100 ms bis 1 s	10 bis 100 ms	weniger als 10 ms
Preis für einen Datenträger	weniger als 5 Cent	5 bis 50 Cent	50 Cent bis 5 €	5 bis 50 €	50 bis 500 €	mehr als 500 €
Preis für ein Schreib-/ Lesegerät	weniger als 50 €	50 bis 250 €	250 bis 500 €	500 bis 2.500 €	2.500 bis 5.000 €	5.000 bis 50.000 €	mehr als 50.000 €

Abb. 2.1/1: Merkmale von Datenträgern

- *Aufzeichnungsform:* Die Inhaber- und Bankdaten sind gedruckt, magnetisch (auf einem Magnetstreifen) und elektrisch (auf einem Chip) gespeichert; zusätzlich ist die Inhaberunterschrift handschriftlich aufgebracht.
- *Basismaterial:* Kunststoff mit eingeschlossenem Papier, Eisenoxidbeschichtung (Magnetstreifen) und Halbleiter (Mikroprozessor).
- *Gestalt des Mediums:* nach ISO 7810, 7816/1 und 7816/2 genormte Plastikkarte.
- *Repräsentationsform der Daten:* Schriftzeichen, Punkte (magnetisierte Bitpositionen) sowie elektronische Schaltungen.
- *Visuelle Lesbarkeit durch den Menschen:* Klarschrift ohne Lesegerät lesbar, magnetisch sowie elektrisch gespeicherte Daten nicht für das bloße Auge lesbar.

- *Transportierbarkeit:* Datenträger auswechselbar, per Briefpost versendbar.
- *Lagerfähigkeit:* geringer Platzbedarf, robust, aber empfindlich gegen magnetische Umwelteinflüsse.
- *Aufzeichnungshäufigkeit:* Klarschrift nicht löschbar (einmalige Verwendbarkeit), magnetisch gespeicherte Daten beliebig oft veränderbar, elektrisch gespeicherte Daten teils nicht veränderbar (ROM), teils beliebig oft veränderbar (RAM).
- *Speicherkapazität:* einige hundert Bytes auf dem Magnetstreifen, zirka 30 KB auf dem Chip.
- *Zugriffszeit (mittlere):* weniger als eine Sekunde.
- *Preis für einen Datenträger:* 5 – 10 Euro (für Großabnehmer).
- *Preis für ein Schreib-/Lesegerät:* ab 30 Euro bis 90 Euro (je nach Ausstattung).

Der Vorläufer der Maestro-Karte wurde als Eurocheque-Karte (EC-Karte) bezeichnet. Die anfangs nur mit Magnetstreifen ausgestatteten EC-Karten wurden in einer jahrelangen Umstellungsphase durch Chips mit Prozessor- und Speicherfunktionen ergänzt, um die Karten fälschungssicherer zu machen und mit zusätzlichen Funktionen – wie zum Beispiel der elektronischen Geldbörse – auszustatten.

Sie sehen aus diesem einen Beispiel,

- welche unterschiedlichen Merkmale Datenträger aufweisen können beziehungsweise wie viele Varianten es gibt,
- wie sich die Eigenschaften und damit das mögliche Einsatzspektrum durch technische Fortschritte verändern können,
- in welch hohem Maße die spezifischen Anforderungen des jeweiligen Anwendungsbereichs für die Beurteilung der notwendigen Datenträgereigenschaften maßgeblich sind,
- welche entscheidende Rolle ökonomische Überlegungen spielen, wobei der Preis des einzelnen Datenträgers in vielen Fällen von untergeordneter Bedeutung ist (im Vergleich zu Geräteinvestitionen beziehungsweise zu dem Nutzen des Verfahrens).

▶ Übungsaufgabe Nr. 2.2.1 im Arbeitsbuch

Internationale und nationale *Normen* bestimmen für die meisten weit verbreiteten Datenträger die zulässigen Ausgangsmaterialien und ihre physikalischen Eigenschaften (zum Beispiel bezüglich Festigkeit, Unbrennbarkeit, Ungiftigkeit, Beständigkeit gegen chemische Einflüsse, Hitze, Feuchtigkeit, Licht, Abnutzung), die Abmessungen und Aufzeichnungsbereiche, die Aufzeichnungsformate (das heißt, inhaltliche Strukturierungsmöglichkeiten der einzelnen Spuren) sowie die Aufzeichnungsverfahren und Codes. Solche Normen sind für den Informationsaustausch äußerst wichtig. Ob sie tatsächlich wirksam sind, hängt stark davon ab, inwieweit die Anbieter von IT-Produkten ihre Produktgestaltung danach ausrichten. In der Vergangenheit war es in vielen Fällen eher so, dass nicht internationale oder nationale Normungsgremien die faktischen Standards gesetzt haben, sondern marktbeherrschende IT-Hersteller wie IBM, Intel oder Microsoft.

Manchmal nehmen Produzenten auch keine Rücksicht auf Normen, weil ihnen diese antiquiert und fortschrittshemmend erscheinen. Dies gilt vor allem für die Hersteller von Laufwerken und entsprechenden Datenträgern. Bei innovativen Entwicklungen kann es in der Regel gar keine Normen geben, das heißt die Normung „hinkt" zeitlich hinter den raschen informationstechnischen Fortschritten nach. Die langwierigen, meist jahrelangen Abstimmungsprozesse beim Normentwurf führten häufig dazu, dass Normen bei ihrer Verabschiedung schon veraltet waren – weil sich bereits technisch oder wirtschaftlich günstigere Lösungen auf dem Markt durchgesetzt hatten.

So hat beispielsweise die Firma *Iomega* mit ihren *Zip-Laufwerken* und den dazugehörigen 100- und 250-MB-Disketten in der Vergangenheit einen Marktstandard setzen können, ohne langwierige offizielle Normungsprozesse abzuwarten. Trotz der Einführung eines schnelleren Laufwerks und einer 750-MB-Diskette im Jahre 2002 ist der Marktanteil durch das Aufkommen von standardisierten, beschreibbaren optischen Platten wie CD-R(W), DVD-R(W) und DVD+R(W) und elektronischen Speichern wie USB-Sticks rapide gesunken.

Erst seitdem in jüngerer Zeit die externen Kommunikationsbedürfnisse stark angestiegen sind, hat sich der Stellenwert der IT-Normung im Bewusstsein der IT-Anwender erhöht. Daraus ist ein wachsender Druck – vor allem seitens mächtiger Anwendergruppen und staatlicher beziehungsweise überstaatlicher

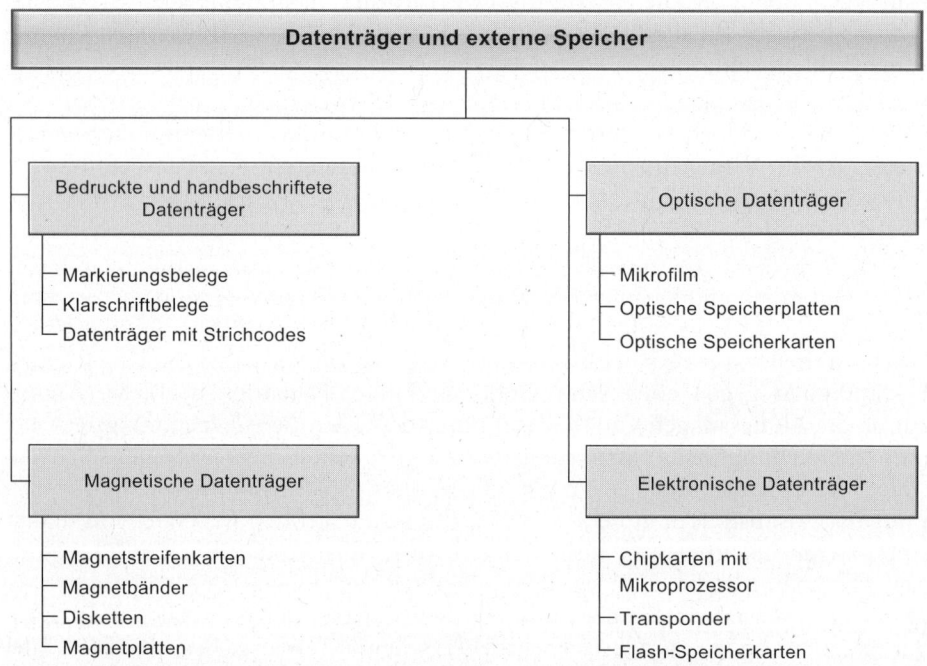

Abb. 2.1/2: Übersicht über die nachfolgend behandelten Datenträger

Stellen (EU) – entstanden, der zumindest in Teilbereichen „Früchte trägt". Wir werden in der Folge auf vorhandene Normen verweisen, die sich auf dem Markt durchgesetzt haben, ohne jedoch jeweils die genauen Nummern zu zitieren.

Nachstehend werden nur die wichtigsten Datenträger behandelt, die sich in der Praxis allgemein durchgesetzt haben. Dabei unterscheiden wir nach der Aufzeichnungsform der Daten folgende Gruppen:

1. *Bedruckte und handbeschriftete Datenträger,*
   bei denen die zu speichernden Daten durch Drucken oder manuelles Schreiben von Strichmarkierungen oder Schriftzeichen realisiert werden.

2. *Magnetische Datenträger,*
   bei denen Daten in binärer Form durch magnetische Ausrichtung feinster Metallpartikel auf dünnen, flexiblen oder starren Trägermedien gespeichert werden.

3. *Optische Datenträger,*
   bei denen Licht oder mittels Laser erzeugte Wärmeenergie zum Schreiben von Information auf optisch reaktivem Material dient.

4. *Elektronische Datenträger,*
   bei denen Daten in die Zellen eines Halbleiterspeichers geschrieben werden.

Wie Erfassung und Speicherung der Information technisch funktionieren und organisiert werden, wird hier nur insoweit erläutert, als es zum Verständnis der Datenträger und ihrer Codes notwendig ist. Auf die peripheren Geräte zum Lesen und Schreiben der Daten auf den Trägermedien wird ebenfalls nur am Rande eingegangen; einige ausgewählte Systeme werden exemplarisch gekennzeichnet.

▶ Übungsaufgabe Nr. 2.2.2 im Arbeitsbuch

Die Abb. 2.1/3 gibt Ihnen einen Überblick über das *Einsatzspektrum* von Datenträgern.

Mobile Speicher für Einzelobjekte müssen in der Regel nur eine kleine Informationsmenge – von einem Bit bis zu einigen hundert oder tausend Bytes – aufnehmen, die zur Identifikation eines Produkts oder eines Lebewesens, zur Erfassung von Bewegungsdaten und/oder zur Bezahlung/Abrechnung dienen. Beispiele sind maschinell lesbare Etiketten, Erhebungsformulare in der Marktforschung, Testfragebögen, Schecks, Bank-, Kredit-, Kunden- und Mitarbeiterkarten.

Primäre Speicher (Online-Speicher) nehmen die am häufigsten verwendeten Programme und Daten auf. Dabei kommt es vor allem auf den schnellen Zugriff an, den üblicherweise fest eingebaute Magnetplatten (Festplatten) gewährleisten. Bei kleinen tragbaren Geräten – beispielsweise PDAs, Musik-Player, Digitalkameras – werden hierfür hauptsächlich Flash-Speicherkarten verwendet. *Sekundärspeicher* (Near-Online-Speicher) dienen zur Aufbewahrung von regelmäßig, aber weniger häufig benutzten Daten und Programmen. Hierfür kom-

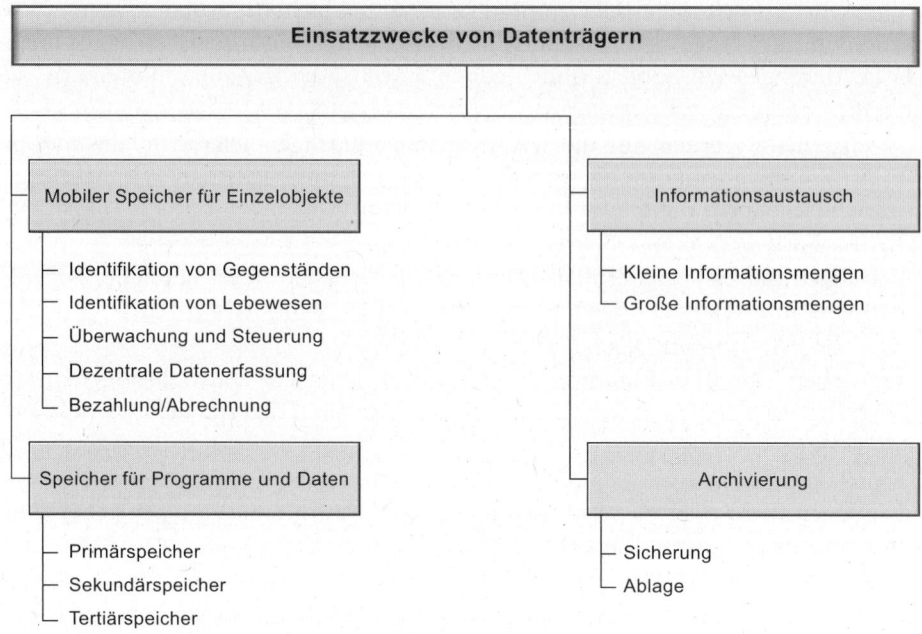

Abb. 2.1/3: Einsatzspektrum von Datenträgern

men schnelle optische Platten und auswechselbare Magnetplatten in Betracht. *Tertiäre Speicher* (Offline-Speicher) nehmen selten benutzte Information auf, auf die aber bei Bedarf rasch zugegriffen werden muss. Beispiele sind etwa Clipart-Dateien, Fotos, Audio- und Video-Clips. Daran sehen Sie, dass der Informationsumfang beträchtlich sein kann.[1]

Beim *Informationsaustausch* mit anderen Computerbenutzern ist die Kompatibilität der Datenträger wichtig. Für geringe Datenmengen sind herkömmliche Disketten geeignet. Bei großen Datenmengen dominieren CD-R(W), DVD-R(W) sowie DVD+R(W). Der Informationsaustausch mittels herstellerspezifischen Datenträgern ist hingegen oftmals ein Problem, da nicht davon ausgegangen werden kann, dass für die in Frage kommenden auswechselbaren Medien (Disketten hoher Kapazität, Magnetplatten, magneto-optische Platten) bei der Gegenseite die entsprechenden Lesegeräte vorhanden sind.

Die *Archivierung* erfordert kostengünstige, hochqualitative auswechselbare Medien, die eine hohe Kapazität, eine hinreichende Datentransferrate sowie eine langfristige Dauerhaftigkeit der Aufzeichnung und der notwendigen Lesetechnologie gewährleisten. Der schnelle Zugriff ist hier weniger bedeutsam.

---

1 Bitte beachten Sie, dass sich unsere Einteilung in primäre, sekundäre und tertiäre Speicher nur auf externe Speicher bezieht. Sie finden bei internen Speichern (zum Beispiel Cache-Speichern) vergleichbare Klassifikationen. Vielfach werden auch alle Zentralspeicher als Primärspeicher und alle Massenspeicher als Sekundärspeicher bezeichnet.

2.2 Bedruckte und handbeschriftete Datenträger

Diese Datenträger bestehen meist aus *Papier*. Die *Bitdichte*, das heißt die Anzahl der auf einer bestimmten Fläche (beispielsweise Quadratzoll) speicherbaren Bits, ist im Vergleich zu den in den Abschnitten 2.3 bis 2.5 beschriebenen Trägermedien gering. Dementsprechend ist die *Datenkapazität relativ beschränkt und der Platzbedarf sehr hoch*. Solche Datenträger können auch *nur einmalig beschrieben* werden. Sie kommen vor allem dort zum Einsatz, wo vom Menschen lesbare und ausfüllbare Belege unmittelbar verarbeitet werden sollen.

2.2.1 Markierungs- und Klarschriftbelege

Markierungsbelege (engl.: optical mark reader form) sind meist von Hand auszufüllende, maschinenlesbare Papierbelege unterschiedlicher Formate, die in der Art eines Fragebogens mit vorgesehenen Antwortfeldern gestaltet sind. Zutreffende Antwortfelder werden bei der Datenerfassung beispielsweise mittels Bleistift markiert.

Die Antwortfelder befinden sich an den vom jeweiligen IT-Anwender festgelegten Stellen. Sie werden in ihrer Bedeutung erläutert und sollen bei der „Beantwortung" – falls zutreffend – durch Striche oder Kreuze mit einem Bleistift oder einem schwarzschreibenden Faserschreiber markiert werden. Auch die Markierung durch einen Drucker ist möglich. Bei der Auswertung der Belege durch ein Eingabegerät (Markierungsleser) werden die in der Form von Markierungen dargestellten Zeichen auf fotoelektrischem Wege gelesen. Hierzu müssen der Lesesoftware die Markierungspositionen und die Belegformate bekannt sein. Erläuterungen und sonstige Angaben werden nicht maschinell interpretiert. Sie werden bei der Belegerstellung in so genannten Markierungsbeleg-Blindfarben gedruckt, zum Beispiel grün, blau, braun, rot oder violett.

Wegen der *Flexibilität bei der Beleggestaltung* gibt es keine allgemein gebräuchliche Codierung der zu erfassenden Daten. Je nach Aufgabenstellung wird diese vom IT-Anwender selbst bestimmt. *Beispiele* für die Benutzung von Markierungsbelegen finden sich etwa in Marktforschungsinstituten (Fragebogen) oder in Ausbildungsstätten (zum Beispiel Einsendeaufgaben mit Mehrfachwahlantworten).

Klarschriftbelege (engl.: optical character reader form; abgekürzt: OCR form) sind visuell und maschinell lesbare Papierbelege unterschiedlicher Formate, bei denen die Schriftzeichen aufgrund ihrer Gestalt optisch erkannt werden.

Bei der *Auswertung der Belege* durch Eingabegeräte (Klarschriftleser) werden die zu lesenden Zeichen *optisch* aufgrund der Kontraste zwischen den Schrift-

symbolen und dem Papier gelesen. Die Lesevorrichtung besteht aus einer starken Lichtquelle und einem Linsensystem, das stark und schwach reflektiertes
Licht unterscheiden kann. Bei der Abtastung wird ein Feld, auf dem ein Schriftzeichen aufgebracht ist, in Raster aufgeteilt, und die einzelnen Rasterflächen
werden auf „hell" oder „dunkel" untersucht. Die Hell-Dunkel-Muster werden
in elektronische Muster umgewandelt und mit den gespeicherten Normmustern
der Zeichen verglichen. Erkannte Zeichen werden in den Zeichensatz umgesetzt
und zur Zentraleinheit übertragen, wo sie weiter verarbeitet oder gespeichert
werden können. Die *Zeichen* können entweder in einer für die maschinelle optische Zeichenerkennung geeigneten *Standardschrift gedruckt* sein oder *in einer
bestimmten Form handgeschrieben* sein.

Klarschriftleser können heute alle gängigen Maschinenschriften und oft auch
Handblockschrift erkennen. Maschinell lesbare Handschriftbelege müssen allerdings eine spezielle Gestaltung aufweisen. Die Lesebereiche sind in Blindfarbe
gedruckt und enthalten eine auf die Beschriftungsform abgestimmte Zeichenein-
teilung.

Abb. 2.2.1/1 zeigt einen Beleg für die automatisierte Auswertung von Mehrfachwahlaufgaben. An der Wirtschaftsuniversität Wien werden diese Belege zur Bewältigung

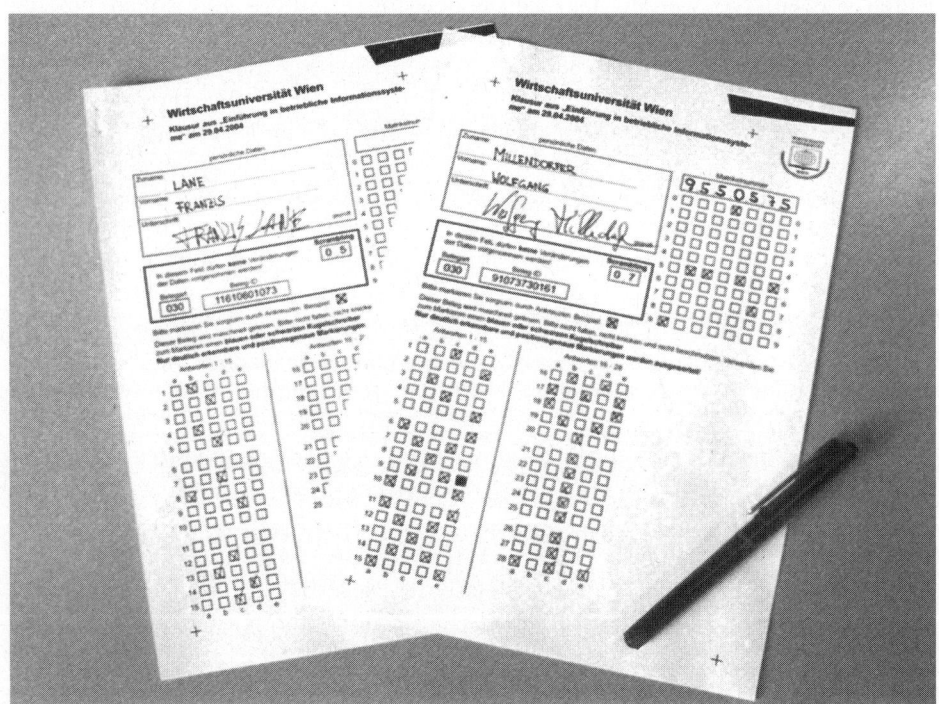

**Abb. 2.2.1/1: Kombination aus Markierungs- und Klarschriftbeleg für die automati-
sierte Auswertung von Mehrfachwahlaufgaben (Multiple-Choice-Test)**

der Massenprüfungen in der Studieneingangsphase eingesetzt. Es handelt sich hierbei um eine Kombination aus Markierungs- und Klarschriftbeleg. Die Matrikelnummer der Studierenden und die Antwortmöglichkeiten werden durch Markierungen erfasst. Die Erkennung der Belegart, der laufenden Nummer und des Scramblings erfolgt über auf den Beleg aufgedruckte Ziffern mittels Klarschrifterkennung.

Zu den Vorteilen von Markierungs- und Klarschriftbelegen gehören:

1. Datenerfassung erfolgt auf dem Urbeleg, wodurch kostspielige, langwierige und fehleranfällige Umsetzungsvorgänge entfallen;
2. Datenerfassung kann am Ort des Datenanfalls geschehen, das heißt in den Fachabteilungen und beim Kunden;
3. Formulargestaltung lässt sich an fachliche Erfordernisse anpassen;
4. Belege sind visuell und maschinell lesbar;
5. Belege sind mit hoher Verarbeitungsgeschwindigkeit sortierbar.

Zu den Nachteilen von Markierungs- und Klarschriftbelegen gehören:

1. Zeit raubende Vorbereitungsarbeiten für die Datenerfassung;
2. keine wirtschaftlich vertretbare Anwendung bei kleinen Datenmengen;
3. hoher Platzbedarf bei der Aufbewahrung von Belegen;
4. begrenzte Aufnahmefähigkeit des einzelnen Belegs;
5. nur einmalige Verwendbarkeit als Datenträger;
6. Empfindlichkeit bei Transport und Lagerung;
7. Fehleranfälligkeit durch Verschmutzungen und – bei Handschrifteintragungen – durch nicht korrekte Zeichengestaltung;
8. kostspielige Auswertung;
9. begrenzter Zeichenvorrat.

▸ Übungsaufgabe Nr. 2.2.3 im Arbeitsbuch

2.2.2 Datenträger mit Strichcodes

Datenträger mit vorgedruckten Strichmarkierungen (**Balkencode**, engl.: bar code) enthalten in genormten oder herstellerspezifischen Strichcodes dargestellte Information, die bei der Eingabe magnetisch oder optisch aufgrund von Hell-Dunkel-Kontrasten erkannt wird. Als Trägermedien werden Papierbelege unterschiedlicher Formate (vor allem Etiketten), aber auch zum Beispiel Verpackungen benutzt.

Ein *Beispiel* hierfür ist der genormte *Strichcode zur Darstellung der 13stelligen europaeinheitlichen Artikelnummer EAN*, der heute auf nahezu allen käuflichen Produkten zu finden ist. Durch den Aufdruck der EAN werden die Artikel selbst zum Datenträger. Jede handelsübliche Mengen- oder Verpackungseinheit erhält vom Hersteller eine eigene Nummer zugeordnet, die den

Artikel bis zum Endverbraucher begleitet. Sie ermöglicht *eine artikelbezogene Datenverarbeitung auf allen Handelsstufen* und bildet die genormte *Schnittstelle für die Datenübertragung zwischen diesen Stufen*. Die Einführung der EAN wurde 1977 von zwölf Staaten (darunter alle damaligen EG-Staaten) vereinbart; mittlerweile haben sich viele weitere Länder dieser Übereinkunft angeschlossen (unter anderen auch USA und Japan). Die EAN-Artikelnummer hat den unten dargestellten *Aufbau*.

Artikel mit kleinem Volumen können mit einer *achtstelligen Kurznummer* versehen werden. Für die maschinelle Erkennung wird die EAN in einem *Strichcode* dargestellt, dessen Symbole und Drucktoleranzen in der DIN-Norm 66236 (*Schrift SC*) festgelegt sind. Sie haben im ersten Band ganz am Anfang ein Beispiel in der Abb. 1.1.3/1 gesehen und können diesen Code tagtäglich auf vielen Lebensmittelpackungen wiederfinden. Die Vergabe der Betriebsnummern wird in den verschiedenen Staaten jeweils zentral von nationalen Gremien koordiniert. In der Bundesrepublik Deutschland übernimmt die „Centrale für Coorganisation Gesellschaft für Rationalisierung des Informationsaustausches zwischen Handel und Industrie mbH (abgekürzt: CCG)" diese Aufgabe.

Das *EAN-Symbol* besteht aus einer Serie von parallelen dunklen Balken unterschiedlicher Breite auf hellem Grund und wird durch eine Klarschriftzeile in OCR-Schrift ergänzt. Die OCR-Schriftzeile ist *nicht* für die maschinelle Erfassung vorgesehen. Wenn der EAN-Strichcode von dem Lesesystem abgewiesen wird (zum Beispiel wegen Verschmutzung oder Beschädigung), kann die EAN-Nummer aufgrund dieser visuell lesbaren OCR-B-Zeile manuell in die Kasse eingegeben werden.

Das *EAN-Symbol* besteht aus zwei Hälften mit jeweils 4 (EAN-8) oder 6 (EAN-13) Zeichen sowie je einem Randzeichen und einem Mittezeichen. Die 13. Stelle der EAN-13 ist durch eine zusätzliche Verschlüsselung in der linken Symbolhälfte dargestellt. Die Lesegeräte können beide Symbolhälften getrennt voneinander erkennen, weil für die Darstellung *verschiedene Zeichensätze* verwendet werden. Dies ist nötig, damit sowohl von links nach rechts, als auch von rechts nach links gelesen und interpretiert werden kann. *Jedes Nutzzeichen (Zif-*

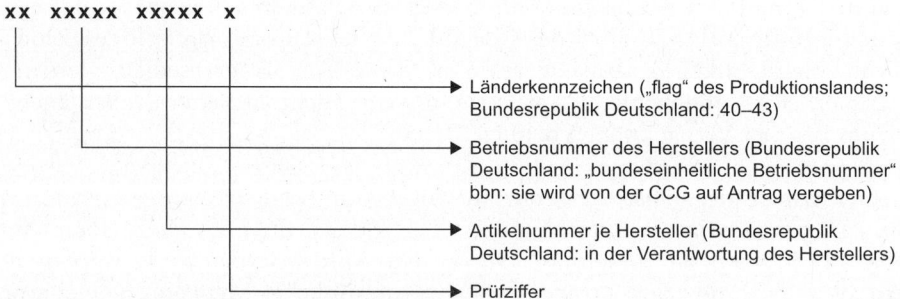

Abb. 2.2.2/1: Aufbau der EAN-Artikelnummer

fern von 0-9) ist in sieben gleiche Teile eingeteilt, die entweder dunkel (Balken) oder hell (Zwischenräume) sind. Ein Nutzzeichen enthält zwei Balken und zwei Zwischenräume, die jeweils 1, 2, 3 und 4 Teile breit sind.

Aus der Abb. 2.2.2/2 in Verbindung mit der Abb. 2.2.2/3 ersehen Sie, dass zum *Beispiel* die Ziffer 0 in der linken Hälfte der dargestellten Artikelnummer durch die Bitfolge 0001101 gekennzeichnet wird. Ein dunkler Teil symbolisiert dabei ein 1-Bit, ein heller Teil ein 0-Bit. In der rechten Hälfte der EAN wird die Ziffer 0 hingegen durch die Bitfolge 1110010 repräsentiert – das können Sie nur sehr grob aus der Breite der Balken und Zwischenräume in Abb. 2.2.2/2 erkennen.

Wir vertiefen diese beispielhafte Erklärung der EAN nicht und verzichten auch auf eine vollständige Darstellung des Codes. Es genügt, wenn Sie im Prinzip verstehen, wie ein solcher Strichcode aufgebaut ist.

Von insgesamt *etwa 40 unterschiedlichen Strichcodes* haben sich in der Praxis nur relativ wenige durchgesetzt. Neben dem EAN-Strichcode und dem (ähnlichen) amerikanischen Artikelstrichcode UPC sind dies vor allem im industriel-

Abb. 2.2.2/2:
13stelliges EAN-Symbol

4 012345 003154

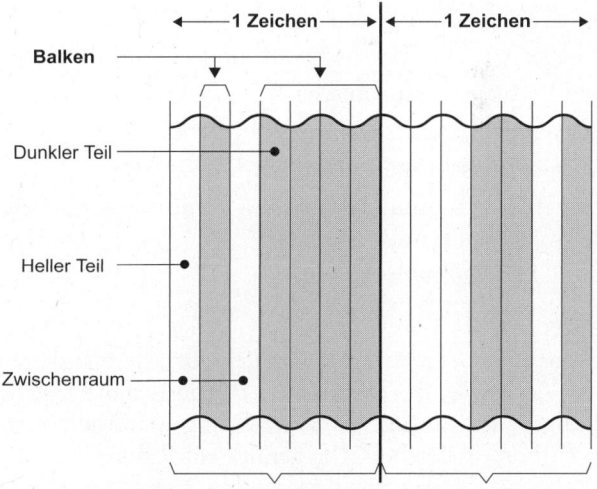

Abb. 2.2.2/3:
Aufbau von EAN-Nutzzeichen

7 Teile
2 Balken/2 Zwischenräume
Das obige Zeichen stellt eine linke „6" dar.

7 Teile
2 Balken/2 Zwischenräume
Das obige Zeichen stellt eine linke „0" dar.

len Bereich der ebenfalls rein numerische *Code 2 aus 5* beziehungsweise *2 aus 5 Interleaved* und der alphanumerische *Code 3 aus 9* (Code 39). Im Gegensatz zum EAN-Strichcode, der aus vier verschieden breiten Balken und Zwischenräumen aufgebaut ist, benötigen diese beiden Codes nur zwei Breiten und sind auch nicht auf eine starre Länge (bei der EAN acht oder 13 Stellen) beschränkt. Aus dem erstgenannten Grund stellen diese Codes geringere Anforderungen an die Druckqualität, das heißt, hierfür eignen sich auch billigere Drucker.

Mögliche *Vor- und Nachteile von Datenträgern mit vorgedruckten Strichmarkierungen* sollen ebenfalls *am Beispiel der strichcodierten EAN* veranschaulicht werden.

Vorteile aus der Sicht der Handelsbetriebe sind:

1. Wegfall der zeitaufwändigen und kostspieligen Warenetikettierung (Beschränkung auf die Regalauszeichnung);
2. Zeiteinsparungen und erhöhte Sicherheit beim Kassiervorgang (dadurch Minderung von Inventurdifferenzen);
3. gezielte und flexiblere Marketingpolitik (zum Beispiel Preisänderungen und -differenzierungen, filial- und produktbezogene Werbung, artikelspezifische Verkaufsförderungsmaßnahmen) durch die zentrale Bestands- und Preisführung der Artikel in einem Massenspeicher und umfangreiche Verkaufsauswertungen der Datenkassen.

Der zuletzt genannte Vorteil kommt auch den *Artikelherstellern* zugute, wenn diesen der Zugang zu am Verkaufsort gewonnenen Absatzdaten und damit eine differenziertere Kunden-, Konkurrenz- und Produktpolitik ermöglicht wird.

Als *Vorteile des EAN-Strichcodes gegenüber OCR-Schriften* gelten:

1. Niedrigere Codierungskosten,
2. geringerer technischer Aufwand und damit billigeres Lesegerät,
3. keine Farbkontrastprobleme,
4. niedrigerer Preisauszeichnungsaufwand,
5. leichtere Erfassbarkeit (größerer Lesewinkel),
6. geringere Verschmutzungs- und Fehldruckempfindlichkeit beziehungsweise Rückweisungs- und Fehlerrate,
7. höhere Lesegeschwindigkeit.

Nachteile der EAN sind

1. aus der Sicht der *Artikelhersteller* vor allem höhere Kosten durch den Aufdruck der EAN, die wegen der erforderlichen Druckqualität gelegentlich notwendigen aufwändigeren Verpackungsmaterialien und die Inanspruchnahme von früher als Werbefläche genutztem Raum;
2. aus der Sicht des *Handels*, dass gleiche Artikel von unterschiedlichen Herstellern auch unterschiedliche Nummern haben; für rechnergestützte Verkaufsauswertungen müssen deshalb intern spezielle Tabellen zur Zusammenfassung dieser Positionen aufgebaut werden, deren Pflege nicht einfach ist;

3. aus der Sicht der *Verbraucher*, dass die Waren oft nicht mehr einzeln preisausgezeichnet sind und damit eine Preiskontrolle im Einkaufswagen und an der Kasse nicht mehr möglich ist.

▸ Übungsaufgabe Nr. 2.2.4 im Arbeitsbuch

Zweidimensionale Strichcodes

Die vorstehend beschriebenen Strichcodes haben den Charakter von maschinenlesbaren Kennzeichen (numerischen Schlüsseln), durch die auf detaillierte Angaben in Dateien zugegriffen werden kann. Für viele potenzielle Anwendungen ist jedoch der in den Strichcode-Feldern darstellbare Informationsumfang viel zu gering. Notwendig wären eher kleine portable Dateien zur Speicherung von über den Schlüssel hinausgehender Information. Zweidimensionale Strichcodes sollen diesen Erfordernissen entsprechen.

Der EAN-Strichcode ist ein *eindimensionaler Code:* Die Information wird durch eine Folge von schwarzen und weißen Balken „in der Breite" dargestellt. Die Höhe der Balken ist unwesentlich (redundante Information); die Balken könnten an sich ohne Informationsverlust abgeschnitten werden. Allerdings erleichtert und verbessert die vertikale Redundanz das Lesen, weil dadurch das auf dem Produkt angebrachte Code-Symbol sehr schnell an der Leseeinrichtung vorbeigeführt werden kann und bei Verschmutzungen und Druckfehlern meist noch erkannt werden kann.

Ein **zweidimensionaler Strichcode** (engl.: two-dimensional bar code) speichert Information sowohl in der Höhe als auch in der Breite des Symbols. Dadurch lässt sich auf gleicher Fläche ein wesentlich größerer Informationsumfang darstellen. Es gibt zwei Klassen zweidimensionaler Strichcodes: *Gestapelte oder Mehrreihencodes* (engl.: stacked code, multi-row code) und *Matrixcodes* (engl.: matrix code).

Gestapelte Strichcodes verwenden im Symbol mehrere Reihen von eindimensionalen Strichcodes; das heißt, die Daten werden durch eine Folge von Balken und Zwischenräumen verschiedener Breite codiert. *Matrixcodes* stellen die Daten durch schwarze Punkte innerhalb eines Rechtecks dar; jedes schwarze Element hat dieselbe Größe, sein Wert wird durch die jeweilige Position bestimmt.

Es gibt mittlerweile mindestens *20 unterschiedliche Codiervorschläge für zweidimensionale Strichcodes.* Sie haben zwar noch längst nicht die Verbreitung wie die eindimensionalen Strichcodes (insbesondere EAN), leisten aber für viele spezielle Anwendungsgebiete hervorragende Dienste. Um eine hohe Lesegenauigkeit zu gewährleisten, verwenden die meisten zweidimensionalen Codes Prüfworte. Die relativ langsame Lesegeschwindigkeit ist in vielen Fällen noch ein Problem.

Ein häufig benutzter gestapelter Strichcode ist der von Ynjiun Wang 1991 bei *Symbol Technologies* erfundene *PDF417* (Abkürzung von: portable data file);

Abb. 2.2.2/4: PDF417-Code (links) und Data-Matrix-Code (rechts)

die Symbolik besteht aus 17 Modulen, von denen jedes vier Balken und Zwischenräume (daher die Nummer „417") enthält. Das Codierschema ist lizenzfrei und kann somit ohne Lizenzgebühren verwendet werden. Pro Symbol können 1.000 bis 2.000 Zeichen mit einer Informationsdichte von 100 bis 340 Zeichen pro Quadratzentimeter verschlüsselt werden. Das Symbol ist in Breite und Höhe variabel.

> Zum *Beispiel* wird der *PDF417* von der *Kassenärztlichen Bundesvereinigung (KBV)* in Deutschland zum Bedrucken von medizinischen Formularen verwendet. Ein Symbol in der Größe von nur 5 x 1 cm kann alle von der KBV gewünschten Daten enthalten: Formularcode, Versionsnummer, Familienname, Vorname, Geburtsdatum, Gültigkeitsdatum, IK, Versichertennummer, Status, Arztnummer, Ausstellungsdatum, KBV-Zulassungsnummer sowie Formularspezifika.

Post- und Paketdienste setzen PDF417 zur Sortierung und Verfolgung von Briefen und Paketen ein. Dieser Code wird auch für *elektronische Briefmarken* (engl.: electronic stamp, abgekürzt: e-stamp) verwendet. Die Kunden können bei Postdiensten über das Internet per Kreditkarte elektronische Briefmarken kaufen und damit Briefsendungen frankieren. Das kann online oder offline geschehen, indem der Kunde die Portowerte im Voraus aus dem Internet lädt, um dann seine Sendungen bei Bedarf zu frankieren. Dazu genügt jeder herkömmliche Drucker. Zum Schutz vor Fälschungen sind im strichcodierten Porto-Aufdruck Angaben über die Seriennummer des Frankiersystems zur Identifizierung des Absenders verschlüsselt.

Im *Einzelhandel* haben die UCC/EAN-Gremien einen Satz kombinierter Symbolik-Standards verabschiedet, bei denen das herkömmliche eindimensionale Strichcode-Symbol durch ein aufgesetztes modifiziertes PDF417-Symbol erweitert wird. Damit soll für die Partner in Lieferketten der Informationsumfang durch genauere Produkt-, Verpackungs- und Logistikdaten erweitert werden.

Data Matrix von CiMatrix (heute RVSI) ist ein *zweidimensionaler Matrixcode*, der ebenfalls allgemein und kostenlos verfügbar ist. Dieser Code wurde entwickelt, um auf kleinster Fläche eine große Informationsmenge unterzubringen. Der Abschnitt, den Sie gerade lesen (618 Zeichen), wurde in dem in Abb. 2.2.2/4 auf der rechten Seite gezeigten Symbol verschlüsselt. Ein Data-Matrix-Symbol kann zwischen einem und 3.116 numerischen oder 2.335 alphanumerischen Zeichen aufnehmen. Es ist von einem Quadratmillimeter bis zu 14 Quadratzoll skalierbar, die tatsächlichen Grenzen hängen von der Auflösung der verwendeten Druck- und Lesegeräte ab.

Mit dem Data-Matrix-Code werden sehr kleine Teile in der *Elektronikindustrie* (insbesondere Chipfertigung) und *Automobilindustrie* gekennzeichnet. Dabei macht man sich die Möglichkeit zu Nutze, ungefähr 50 Zeichen in einem Symbol von zwei oder drei Quadratmillimetern verschlüsseln zu können.

▶ Übungsaufgabe Nr. 2.2.5 im Arbeitsbuch

2.3 Magnetische Datenträger

Magnetische Datenträger benutzen zur Informationsspeicherung eine dünne magnetische Schicht, die auf flexiblen oder harten Basismaterialien unterschiedlichster Art aufgebracht sein kann. Für die Magnetschicht kommen *Chromdioxid-, Reineisen- und spezielle Metallpartikelbeschichtungen* zum Einsatz, die *extrem hohe Bitdichten* erlauben. Letztere sind mehrere tausendmal höher als bei den vorstehend beschriebenen Papierdatenträgern, wodurch sich *große Datenkapazitäten bei kurzen Zugriffszeiten* realisieren lassen. Die Daten werden in fest vorgesehenen *Spuren* aufgezeichnet. Die gespeicherte Information wird durch die Richtung des Magnetisierungszustands der Bitpositionen repräsentiert.

Wir beschränken uns in der folgenden Darstellung auf die *wichtigsten Massendatenträger*:
– *Magnetband*,
– *Diskette* und
– *Magnetplatte*.

Zuvor befassen wir uns noch mit den milliardenfach verbreiteten *Magnetstreifenkarten*.

2.3.1 Magnetstreifenkarten

Eine **Plastikkarte** (engl.: plastic card) ist ein kleinformatiger, viereckiger Datenträger aus Kunststoff, der Angaben über ein individuelles Bezugsobjekt (im allgemeinen eine Person) enthält. Für den Menschen erkennbare Information kann auf Schriftfeldern, Prägebereichen und in Form von Bildern enthalten sein. Zur Speicherung der maschinenlesbaren Information können Lochungen, Strichcodes, Schriften, magnetische, optische und Halbleiterspeicher dienen.

International genormt und weltweit verbreitet sind nur die *Magnetstreifenkarten*, die *Identifikationszwecken* dienen (engl.: identification card; abgekürzt: ID card).

Eine **Magnetstreifenkarte** (engl.: magnetic stripe card) hat eine Standardgröße von 85,6 × 54,0 × 0,76 mm. Sie besteht aus Vollplastik oder Kunststoffschichten, in die andere Materialien eingeschlossen sein können. In die Rückseite ist ein meist 0,5 Zoll^2 (= 12,7 mm) breiter Magnetstreifen integriert, auf dem die Daten in drei parallelen, unabhängigen Spuren bit- und byteseriell aufgezeichnet werden.

Letzteres heißt, dass die Daten durch nacheinander angeordnete Bits (bitseriell) und Bytes (byteseriell) in den einzelnen Spuren repräsentiert werden. Die *drei Spuren des Magnetstreifens* lassen sich in unterschiedlichen *Aufzeichnungsdichten* codieren. Die Spuren 1 und 3 sind für alphanumerische Daten vorgesehen und fassen maximal je 592 Bit, die numerische Spur 2 kann bis zu

Spur Nr.	Bits	Datenkapazität (max.)			Aufzeichnungsdichte (Bits/mm)
		4-Bit-Zeichen	6-Bit-Zeichen	7-Bit-Zeichen	
1	592	118	84	74	8,3
2	210	42	30	26	3,0
3	592	118	84	74	8,3

Anmerkung: Die genannten 4-, 6- und 7-Bit-Codes sind in ISO 3554 beziehungsweise DIN 66003 genormt. Bei der Berechnung der Zeichenzahl wurde je Zeichen ein zusätzliches Paritätsbit berücksichtigt.

Abb. 2.3.1/1: Datenkapazität und Aufzeichnungsdichte von Magnetstreifen

---

2 Die Abmessungen von Datenträgern werden meist in Zoll (engl.: inch; ein Zoll = 2,54 cm) angegeben.

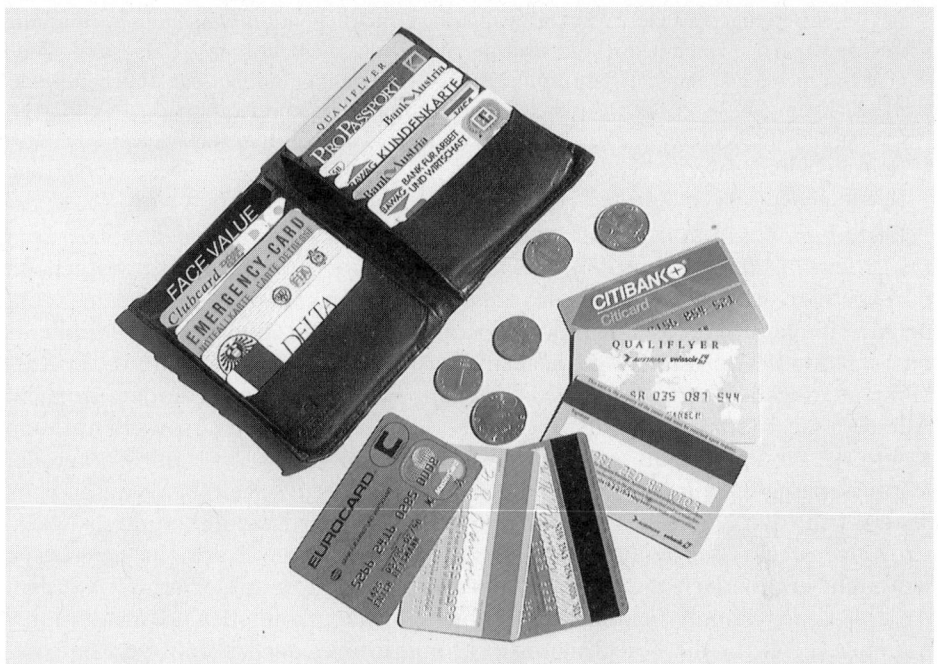

Abb. 2.3.1/2: Magnetstreifenkarten

210 Bit enthalten. Im normalen Betrieb sind die Spuren 1 und 2 nur für das Lesen aufgezeichneter Daten und die Spur 3 für das⌐⌐Lesen und Schreiben vorgesehen. Die *Speicherkapazität* des Magnetstreifens beträgt damit insgesamt 1.394 Bit. Je nach Anzahl der zur Zeichendarstellung verwendeten Bits sind dies bis zu 278 Zeichen (bei einem 4-Bit-Code unter Berücksichtigung von einem zusätzlichen Prüfbit pro Zeichen). Näheres entnehmen Sie bitte der nebenstehenden Tabelle.

Selbstverständlich brauchen Sie sich die Tabellenwerte oder andere technische Kenndaten in ähnlich gelagerten Fällen nicht im Einzelnen zu merken. Es genügt völlig, wenn Sie zum Beispiel über die Datenspeicherung auf einer Magnetstreifenkarte wissen, dass die Aufzeichnung bit- und byteseriell auf drei Spuren erfolgt und dass die Kapazität auf wenige hundert Zeichen beschränkt ist.

Anwendungsbeispiele für Magnetstreifenkarten sind etwa *Betriebsausweise*, die für die maschinelle Kontrolle der Zugangsberechtigung zu Betriebsstätten und für die Erfassung der Anwesenheitszeiten der Mitarbeiter mit der codierten Personalnummer versehen sind. Auch IT-Geräte sind oft mit Zusatzeinrichtungen für das Lesen von derartigen Plastikkarten ausgerüstet, um die Benutzungsberechtigung automatisch überprüfen und Kosten zuordnen zu können.

Bei Barabhebungen an Geldausgabeautomaten ermöglichen *Bankkarten* in Verbindung mit dem persönlichen Code die Prüfung der Bezugsberechtigung. Karte und Code ersetzen hier die Unterschriftsprüfung. Auch Aufträge im Rahmen der üblichen Bankdienstleistungen lassen sich durch die Verwendung von kundenindividuellen Plastikkarten in Selbstbedienung automatisieren (zum Beispiel Kontoabfragen, Kontoausdrucke, Bestellungen von Scheckformularen, Überweisungen) oder beschleunigt am Schalter erledigen, weil dadurch die manuelle Dateneingabe reduziert wird.

Die *Abwicklung von bargeld- und schecklosen Zahlungen in Handels- und Dienstleistungsbetrieben mithilfe von Magnetstreifenkarten* hat sich weitgehend durchgesetzt. Besteht zwischen der Kasse in der Verkaufsstätte und dem Rechner der Bank, bei der der Kunde ein Konto unterhält, eine Telekommunikationsverbindung, so ist im Wege der Datenfernverarbeitung eine Prüfung der Kartenbenutzungsberechtigung sowie der Zahlungsfähigkeit des Kunden möglich. Alle dem Geschäftsvorfall entsprechenden Buchungen können, sowohl auf dem Konto des Verkäufers als auch auf dem des Käufers, sofort veranlasst werden. Voraussetzung hierfür ist, dass an die Kasse ein Kartenleser und eine zusätzliche Tastatur für den Kunden angeschlossen sind. Bei einer Bezahlung mittels Maestro-Karte steckt der Kunde beim Bezahlvorgang seine Karte in den Leser, wodurch automatisch die Bankleitzahl und die Kontonummer erfasst werden. Anschließend erfolgt die Eingabe der geheimen persönlichen Identifikationsnummer (PIN) für die Berechtigungsprüfung. Infolge der Vielzahl von Banken, Handels- und Dienstleistungsbetrieben und deren unterschiedlicher Geräteausstattung sowie der unterschiedlichen Kartensysteme ist die Zwischenschaltung von *Clearingstellen im Bankensystem* unumgänglich.

Vorteile von Magnetstreifenkarten sind:

1. Kleiner, transportabler, als Urbeleg geeigneter Datenträger;
2. weitgehend sichere, kostengünstige Identifikation und Berechtigungsprüfung des Inhabers;
3. Erleichterung des bargeldlosen Zahlungsverkehrs;
4. visuelle und maschinelle Lesbarkeit;
5. Vertraulichkeit gespeicherter Daten durch Chiffrierung;
6. Datenerfassung an wechselnden Orten des Datenanfalls ohne kostspielige, langwierige und fehleranfällige Umsetzungsvorgänge von Daten.

Nachteile von Magnetstreifenkarten sind:

1. Hoher Entwicklungsaufwand des Datenerfassungssystems und beträchtliche Gerätekosten für Präge- und Codiermaschinen, Kartenleser und Tastaturen;
2. beschränkte Einsatzmöglichkeiten durch die unterschiedlichen Kartensysteme, Kassen, Schalterterminals und Rechner möglicher Partnerbetriebe im Handel und im Kreditwesen sowie durch die noch nicht abgeschlossene Festlegung von Spezifikationen und Standards;
3. keine wirtschaftlich vertretbare Anwendung bei nur wenigen Karteninhabern;
4. geringe Speicherkapazität der einzelnen Karte, wodurch neben den Stammdaten nur wenige Bestands- und Bewegungsdaten aufgezeichnet werden können;

5. betrügerische Manipulationen durch Fälschen oder Kopieren von Karten sind nicht auszuschließen;

6. Akzeptanzprobleme und Verlustrisiko bei (potenziellen) Karteninhabern.

▶ Übungsaufgabe Nr. 2.2.6 im Arbeitsbuch

2.3.2 Magnetbänder

> Ein **Magnetband** (engl.: magnetic tape) ist ein dünnes Polyesterband, bei dem auf einer Seite eine magnetisierbare Schicht aufgetragen ist, auf der die Information durch Magnetisierung aufgezeichnet wird. Magnetbänder werden zur Datensicherung und Langzeitarchivierung von großen Informationsbeständen eingesetzt.

Bei der Benutzung wird das Band von einer Spule abgewickelt, an einer Schreib-/Leseeinrichtung des Laufwerks vorbeigeführt und auf einer zweiten Spule aufgewickelt. Die Schreib-/Leseeinrichtung verfügt über einen oder mehrere Magnetköpfe, die auf die Spuren des Bandes positioniert sind. Zum Schreiben sendet das Laufwerk einen bipolaren Steuerstrom durch die Kopfspulen, wodurch sich der magnetische Fluss (die Orientierung der magnetischen Partikel) auf der Oberfläche des Bandes direkt unter dem Magnetkopf verändert. Beim Lesen wird durch die aufgezeichneten magnetischen Domänen (das sind mikroskopisch kleine Bereiche gleicher magnetischer Orientierung) in den Kopfspulen eine elektrische Spannung induziert, die vom Laufwerk in binäre Signale umgewandelt wird. Der Schreib- und der Lesekanal sind getrennt hintereinander angeordnet, sodass beim Schreiben sofort überprüft werden kann, ob die Daten korrekt aufgezeichnet worden sind. Im Fehlerfall wird der betroffene Datenblock automatisch noch einmal geschrieben.

> Die Kapazität eines Magnetbandes hängt von der Länge des Bandes, der Spuranzahl und der Aufzeichnungsdichte ab. Die **Aufzeichnungsdichte** (engl.: recording density) wird durch die Maßgrößen **bpi** (Abkürzung von engl.: bits per inch; deutsch: Bits pro Zoll) und **ftpi** (Abkürzung von engl.: flux transitions per inch; deutsch: Flusswechsel pro Zoll) ausgedrückt.[3]

Die Magnetbandgeräte kann man nach der verwendeten Aufzeichnungstechnik in *zwei Gruppen* einteilen: Längsspuraufzeichnung und Schrägspuraufzeichnung.

---

3 *bpi* gibt die wirkliche Datenaufzeichnungsdichte des Systems inklusive eventueller Einflüsse durch effektive Codierungsverfahren und Laufwerkskopftechnik an. *ftpi* gibt die physikalische Fluxdichte des Speichermediums an.

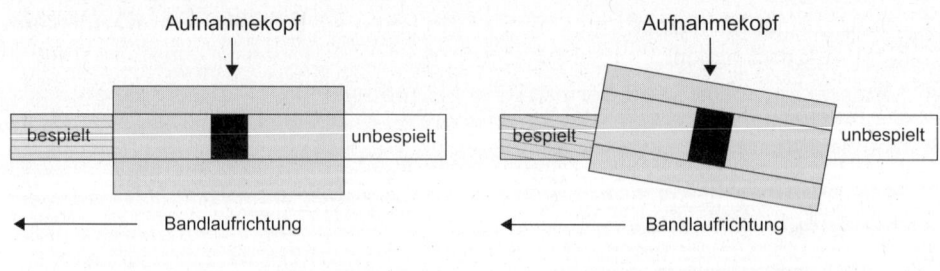

Längsspuraufzeichnung   **Schrägspuraufzeichnung**

Abb. 2.3.2/1: Längsspur- und Schrägspurverfahren (Prinzipdarstellung)

Bei **Längsspuraufzeichnung** (engl.: longitudinal recording) beziehungsweise **linearer Aufzeichnung** (Synonym) wird die Information mit hoher Geschwindigkeit in Längsrichtung des Bandes in eine oder mehrere horizontale Spuren geschrieben. Das Band wird an der Oberfläche des Magnetkopfs vorbeigeführt, ohne um den Kopf gewickelt zu werden. Das Schreiben und Lesen erfolgt serpentinenartig in mehreren Vor- und Rückläufen (ähnlich „Autoreverse" bei einem Kassettenrecorder). Durch dieses Verfahren werden die Spulzeiten verkürzt.

Magnetbandlaufwerke mit Schrägspuraufzeichnung arbeiten ähnlich wie ein Videorecorder. Das Band wird um den leicht geneigten Magnetkopf herum geführt.

Bei der **Schrägspuraufzeichnung** (engl.: helical recording) läuft das Band in einem Winkel am Schreib-/Lesekopf vorbei, wobei gleichzeitig der Kopf rotiert, während er die Daten auf das Band schreibt. Dadurch entstehen Millionen kurzer Spuren, die sehr nahe beieinander angeordnet sind, was eine größere Aufzeichnungsdichte erlaubt. Zudem nutzt das Schrägspurformat die Länge und Breite des Bandes voll aus.

Nach dem *Automationsgrad beim Bandwechsel* lassen sich drei *Bandspeicher-Geräteklassen* unterscheiden:

1. *Laufwerke* (engl.: drive), die entweder zum Einbau in die Systemeinheit eines Rechners oder als separate Baueinheiten angeboten werden; der Austausch der Medien erfolgt ausschließlich manuell.
2. *Autolader* (engl.: autoloader), die über ein einziges Laufwerk, aber mehrere Fächer (typisch zirka zehn) für Bandkassetten verfügen; der Kassettenwechsel im Gerät wird durch eine Robotereinheit durchgeführt.
3. *Bibliotheken* (engl.: library), die ein oder mehrere Laufwerke (typisch zwei bis 32) und eine große Zahl von Fächern (typisch 20 bis über 600) für Bandkassetten enthalten; auch hier wird der Kassettenwechsel im Gerät automatisch durch eine Robotereinheit durchgeführt.

Abb. 2.3.2/2: Robotergesteuerte Magnetbandbibliothek

Zum *Beispiel* werden für die LTO-Ultrium-2-Technik von diversen Herstellern derzeit (Stand 2005) Geräte mit dem folgenden Leistungsspektrum angeboten:

Geräteklasse	Zahl der Laufwerke	Zahl der Kassettenfächer	Maximale Kapazität unkomprimiert
LTO-Laufwerke	1	1	200 GB
LTO-Autolader	1	7 – 11	1,4 TB – 2,2 TB
LTO-Bibliotheken	1 – 32	11 – 652	2,2 TB – 127 TB

Durch das neue LTO-Ultrium-3-Medium (400 GB Speicherkapazität) werden diese Kapazitäten verdoppelt, mit Komprimierung sogar vervierfacht.

Einzelne Laufwerke wurden in der Vergangenheit vorwiegend für Arbeitsplatzrechner und kleinere lokale Netze (Arbeitsgruppen und Abteilungen) eingesetzt. Magnetbänder haben in diesem Anwendungsgebiet aufgrund der Verwendung von optischen Speichermedien wie CD-R(W), DVD-R(W) und DVD+R(W) zur Datensicherung und -archivierung trotz geringerer Zuverlässigkeit dieser Medien (Haltbarkeit, Wiederverwendbarkeit) an Bedeutung verloren. Autolader werden vorwiegend für lokale Netze mittlerer Größe (mittelständische Betriebe oder größere Unternehmensbereiche) eingesetzt. Bandbibliotheken sind an Großrechner, große lokale Netze oder Speichernetze (engl.: storage area network; abgekürzt:

SAN; Näheres folgt im Abschnitt 2.3.4.2) gekoppelt und dienen der unternehmensweiten Datensicherung und Langzeitarchivierung.

▶ Übungsaufgabe Nr. 2.2.7 im Arbeitsbuch

Magnetbandeinheiten für Großrechner

> **Magnetbandeinheiten für Großrechner** (engl.: mainframe tape unit) verwenden auswechselbare Kassetten mit **Halbzollband,** auf dem die Daten in längsgerichteten Spuren (Linearformat) im Start-Stopp-Betrieb oder im Datenstrombetrieb aufgezeichnet werden.

Magnetbänder wurden in den 1950er Jahren als kostengünstige Massenspeicher für Großrechner eingeführt und behaupten bis heute in Rechenzentren diese Position. So wurde im Jahr 1952 das erste Tapedrive Modell 726 von IBM vorgestellt. Diese Magnetbandeinheit hatte die Dimension eines mannshohen Schrankes. Die Bänder waren darin in einem Vakuum untergebracht und hatten die Kapazität von 1,4 MB, das dem Fassungsvermögen heutiger 3,5 Zoll-Disketten entspricht.

Der *Markt für Magnetbandeinheiten für Großrechner* wird von StorageTek und IBM dominiert. Die derzeit leistungsfähigsten Magnetbandspeicher dieser Hersteller sind die 9940-Laufwerke von StorageTek und die 3592-Laufwerke von IBM. Auf einem 9940-Band finden unkomprimiert 200 GB bei einer Transferrate von 30 MB/s Platz. Auf einem 3592-Magnetband können 300 GB bei einer Transferrate von 40 MB/s gespeichert werden.

Im Laufe der Zeit hat sich das Anwendungsprofil von Magnetbandeinheiten im Großrechnerbereich verändert. Früher war das Magnetband ein weit verbreiteter Speicher für die Verarbeitung der Massendaten auf operativer Ebene; heute liegt die primäre Funktion von Magnetbändern überwiegend in der Sicherung und der Ablage von Daten (Archivierung).

In der ersten Gerätegeneration wurden zur Aufnahme und zum Abspielen *Bandspulen* (engl.: reels) eingesetzt. Im laufenden Betrieb wurde das Halbzollband zwischen diesen Spulen hin und her transportiert. Mitte der achtziger Jahre wurden die Bandspulen durch leichtere und automatisch handhabbare *Bandkassetten* (engl.: tape cartridge) ersetzt, wobei das Band entweder aus der Bandkassette herausgezogen und auf eine interne Spule im Laufwerk aufgewickelt wird oder – ähnlich der Audiokassette – in der Kassette verbleibt und zwischen zwei in der Kassette integrierten Spulen an einem feststehenden Schreib- und Lesekopf vorbeigeführt wird.

Die Aufzeichnung der Daten erfolgt bei Bandgeräten für Großrechner wahlweise im *Start-Stopp-Verfahren* (engl.: start/stop mode) oder im *Datenstromverfahren* (engl.: streaming mode). Die ältere Methode ist das *Start-Stopp-Verfahren.* Die Aufzeichnung der Daten geschieht blockweise. Das stillstehende Band wird vor der Aufzeichnung auf eine konstante Geschwindigkeit beschleunigt, dann erfolgt die *Aufzeichnung eines Datenblocks*, und danach wird das

Band wieder abgebremst. Mit der Entwicklung schnellerer Rechner wurde der Start-Stopp-Modus zunehmend überholt. Viele heutige Bandlaufwerke besitzen jedoch nach wie vor diese Möglichkeit, damit sie auch mit älteren Rechnergenerationen eingesetzt werden können. Beim *Datenstromverfahren* läuft das Band ohne Unterbrechung und wird kontinuierlich von der Steuereinheit mit Daten versorgt. Dadurch wird nicht nur eine weitaus höhere Datentransferrate erreicht, sondern auch eine günstigere Kapazitätsausnutzung (weil bei diesem Verfahren keine leeren Blockzwischenräume entstehen).

Magnetbandeinheiten für Arbeitsplatzrechner und lokale Netze

> Ein **Streamer** (engl.: streamer tape) ist ein Bandlaufwerk, das ausschließlich im Datenstrombetrieb arbeitet. Die auswechselbaren, in Gehäusen (Bandkassetten) geschützten Bänder dienen als tertiäre Speicher zur Sicherung und Ablage von Daten für Arbeitsplatzrechner und für lokale Netze.

Die Angebotsvielfalt an Geräten und Bandformaten für Streamer macht die *Auswahl eines bestimmten Bandlaufwerkes* nicht leicht. Die wichtigsten *Entscheidungskriterien* sind die in der jeweiligen Situation erforderlichen Speicherkapazitäten, Übertragungsraten und die Kosten. Tendenziell gilt: Je höher die Kapazität, desto teurer ist das Laufwerk, desto günstiger sind aber die Kosten pro MB. Im Hinblick auf den Informationsaustausch und die in den eigenen Archiven lagernden Bänder ist die Kompatibilität des Laufwerks zu möglichst vielen anderen Geräten und vor allem zu den eigenen, früher eingesetzten Bandeinheiten wichtig. Weitere wesentliche Faktoren sind die Geräuschabgabe und der Reparaturbedarf der Geräte sowie die Lebensdauer der Bänder (Lagerfähigkeit und Verschleiß).

Abb. 2.3.2/3 zeigt eine Auswahl von Bandformaten für Streamer, sortiert nach der Kapazität pro Band und der Transferrate (2. Sortierkriterium), in der jeweils aktuell leistungsfähigsten Version (Stand 2005).

Bezeichnung	Kapazität pro Band (unkompri- miert in GB)	Aufzeichnungs- verfahren	Breite des Bandes	Transferrate (MB pro Sekunde)	Entwickler
Travan TR-7	20	Linear	0,25 Zoll	2	Tandberg
DAT 72 (DDS-5)	36	Schrägspur	4 mm	3,5	Sony, HP
SLR-100	50	Linear	0,25 Zoll	5	Tandberg
ADR2.120	60	Linear	8 mm	4	Philips
Mammoth-2	60	Schrägspur	8 mm	12	Exabyte
VXA-2	80	Schrägspur	8 mm	6	Exabyte
S-DLT 320	160	Linear	0,5 Zoll	16	Quantum
AIT-4	200	Schrägspur	8 mm	24	Sony
LTO Ultrium-3	400	Linear	0,5 Zoll	80	HP, Seagate, IBM

Abb. 2.3.2/3: Übersicht der aktuellen Bandformate für Streamer

Fassen wir zum Schluss noch einmal die Stärken und Schwächen von Magnetbändern zusammen.

Zu den Vorteilen von Magnetbändern gehören:

1. Zuverlässiges Medium für tertiäre Speicherung, Sicherung und Ablage;
2. Wiederverwendbarkeit;
3. Auswechselbarkeit von Bändern im Magnetbandgerät und damit fast unbegrenzte Kapazität;
4. hohe Schreib- und Leseleistung im Datenstrommodus;
5. lange Haltbarkeit.

Zu den Nachteilen von Magnetbändern gehören:

1. Lange Zugriffszeit auf die gespeicherten Daten;
2. keine visuelle Lesbarkeit;
3. Sortierfähigkeit von Datensätzen nur mit Rechenunterstützung durch erneute Aufzeichnung;
4. keine Verwendbarkeit als Urbeleg;
5. Empfindlichkeit gegen Staub, Feuchtigkeit, Wärme und magnetische Umwelteinflüsse.

▶ Übungsaufgabe Nr. 2.2.8 im Arbeitsbuch

2.3.3 Disketten

> **Disketten** (engl.: diskette; floppy disk) sind Wechseldatenträger und bestehen aus flexiblen, runden Kunststoffplatten, die auf beiden Seiten mit einer magnetisierbaren Schicht bedeckt sind. Die Information wird beidseitig durch Magnetisierung in konzentrischen Kreisspuren mithilfe je eines Schreib-/Lesekopfes aufgezeichnet. Zum Schutz ist der eigentliche Datenträger in einem festen Gehäuse eingeschlossen. Beim Lesen und Schreiben rotiert die Diskette in diesem Behältnis auf einem Luftpolster.

Disketten wurden Mitte der 1970er Jahre eingeführt. In den darauf folgenden beiden Jahrzehnten waren sie die am häufigsten verwendeten Datenträger. Seit Beginn der 2000er Jahre hat ihre Verbreitung in Industriestaaten stark abgenommen; neue PCs werden meist mit einem DVD- statt einem Diskettenlaufwerk ausgeliefert. Infolge des Installationsbestands von hunderten Millionen Altgeräten haben Disketten jedoch auch heute noch eine gewisse, wenn auch abnehmende Bedeutung für den Austausch von kleineren Dateien (primär Text).

Früher gab es Disketten

* in verschiedenen *Größen* (8; 5,25; 3,5 und 2 Zoll),
* mit unterschiedlichen *Aufzeichnungsdichten* (einfach, doppelt, vierfach und höher; engl.: single, double, high and extra high density) und
* mit mehreren, inkompatiblen *Aufzeichnungsformaten*.

Die großen, in biegsamen Hüllen (daher der englische Name „floppy disk") enthaltenen *8-Zoll-Disketten* und die in der Folge angebotenen *5,25-Zoll-Disketten* wurden in den frühen 1990er Jahren durch das noch heute gängige 3,5-Zoll-Format abgelöst. Trotz ihrer äußerst kompakten Abmessungen konnten sich die 2-Zoll-Standarddisketten aufgrund ihrer geringen Kapazität (720 KB) nicht durchsetzen.

3,5-Zoll-Standarddisketten sind in einem unempfindlichen Hartplastikgehäuse eingeschlossen. Sie verfügen über 135 Spuren mit 80 Sektoren und haben je nach Aufzeichnungsdichte eine Kapazität von 720 KB (engl.: double density, abgekürzt: DD, 2.717 bpi), 1,44 MB (engl.: high density, abgekürzt: HD, 17.434 bpi) oder 2,88 MB (engl.: extra high density, abgekürzt: ED, 34.868 bpi). Die 1987 von IBM eingeführte 1,44-MB-Diskette ist das einzige Diskettenformat, das heute noch weit verbreitet ist. Die Datenübertragungsrate eines 1,44-MB-Disketten-Controllers beträgt 62,5 KB/s, über einen USB-Anschluss lassen sich bis zu 0,5 MB/s realisieren. Die durchschnittliche Zugriffszeit liegt bei zirka 100 ms (Nennwerte der Hersteller).

Ein automatischer Verschluss schützt die Schreib-/Lesekopföffnung des Mediums vor Staub, Fingerabdrücken und anderen Umwelteinflüssen. In das Laufwerk eingelegt, wird dieser Verschluss selbsttätig geöffnet, damit Daten gelesen und geschrieben werden können.

Die Information wird bit- und byteseriell in konzentrischen Spuren aufgezeichnet, die wiederum in Sektoren geteilt sind. Der verschiebbare Schreib-/Lesekopf des Diskettenlaufwerks wird hierzu auf die gewünschte Spur positioniert und auf die Diskette aufgesetzt. Das für 1,44-MB-Disketten verwendete *Aufzeichnungsformat* sieht pro Diskettenseite 80 Spuren bei einer Spurdichte von 135 tpi (engl.: tracks per inch; Spuren pro Zoll) vor. Je Spur finden sich 18 Sektoren mit einer Sektorlänge von 512 Bytes. Die Kapazität einer solchen Diskette ist folglich:

2 Seiten x 80 Spuren x 18 Sektoren x 512 Bytes = 1.474.560 Bytes = 1,44 MB.

Das Auffinden der einzelnen Sektoren durch die Disketteneinheit erfolgt über die so genannte *Softsektorierung*. Die Positionen der Sektoren werden dabei durch die in das Laufwerk integrierte Steuerelektronik berechnet (siehe hierzu ATA im Abschnitt 1.6.3.1). Vor dem ersten Gebrauch werden die Disketten *formatiert,* das heißt, es werden Spuren und Sektoren angelegt (heute übernimmt das der Hersteller, der vorformatierte Disketten verkauft). Spuranfang und -ende sowie die einzelnen Sektoren werden durch die Eintragung von *Trennlücken* (engl.: gap) und von *Identifikationsfeldern* gekennzeichnet, in denen Sektor-, Spur- und Seitennummer festgehalten sind. Hierfür wird Platz benötigt, der für die Speicherung von Nutzdaten oder Programmen verloren geht. Eine *Indexspur* ist für Angaben zur Kennzeichnung der Diskette und der darauf befindlichen Daten reserviert. Weitere Spuren sind als *Ersatzspuren* für den Fall vorgesehen, dass auf Datenspuren Defekte auftreten.

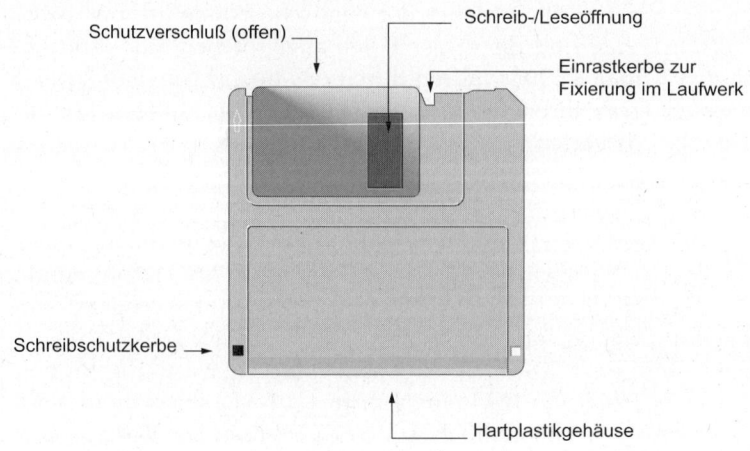

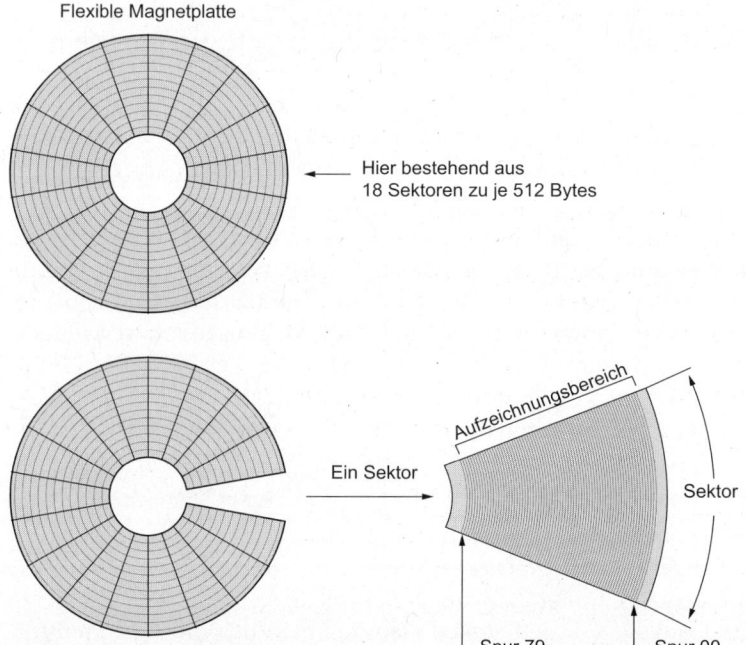

Abb. 2.3.3/1: Funktionsdarstellung einer 1,44-MB-Diskette

Disketten eignen sich als *tertiärer Speicher, zur Sicherung und zum Austausch kleiner Informationsbestände.*

Bei 1,44-MB-Disketten werden die Daten von der in den PC eingebauten Steuereinheit mit 62,5 KB/s geschrieben und gelesen. Die durchschnittliche Zugriffszeit (reine Positionierzeit der Schreib-/Leseeinrichtung) beträgt nach Herstellerangaben zirka 100 ms. In der Anwendungspraxis liegen die *mittleren*

Abb. 2.3.3/2: Disketten im Wandel der Zeit – die Originalmaße betragen bei 8 Zoll: 203 x 203 x 2 mm, bei 5,25 Zoll: 133 x 133 x 2 mm und bei 3,5 Zoll: 94 x 90 x 3 mm

Zugriffszeiten etwa doppelt so hoch, weil noch die Drehwartezeit und die Zeit für die Ablaufsteuerung durch den Controller hinzukommen. Dasselbe gilt für die *Datenübertragungsrate,* die bei Tests höchstens die halben Nennwerte der Hersteller erreicht. Diese Feststellung trifft für alle nachfolgend beschriebenen Platten (Disketten mit hoher Kapazität, Magnetplatten, optische Speicherplatten) zu. Wenn nichts anderes erwähnt ist, beziehen sich unsere Angaben auf die im realen Betrieb typischen Werte. Für Standarddisketteneinheiten liegen diese bei einer durchschnittlichen Zugriffszeit von 200 – 300 ms und einer Datentransferrate von 25 – 50 KB/s.

Vorteile von Standarddisketten sind:

1. Erheblich größere Speicherkapazität als Datenträger aus Papier (die sie einst abgelöst haben);
2. direkter Zugriff, das heißt, auf jeden beliebigen Datensatz kann mit Kenntnis der Adresse sofort zugegriffen werden (Synonym: wahlfreier Zugriff);
3. Austauschbarkeit (einheitlicher Industriestandard) mit vielen PC-Benutzern weltweit;
4. einfache Handhabung;
5. Versendbarkeit;
6. Wiederverwendbarkeit;
7. günstiger Preis von Laufwerk und Datenträger.

Nachteile von Standarddisketten sind:

1. Keine visuelle Lesbarkeit;
2. zu geringe Kapazität für heutige Massenspeichererfordernisse;
3. Empfindlichkeit gegen magnetische Umwelteinflüsse, Verschmutzung, Knicken und sonstige Beschädigungen;
4. fehleranfälliger und langsamer als alle anderen Wechselspeicher.

▶ Übungsaufgabe Nr. 2.2.9 im Arbeitsbuch

Proprietäre Disketten mit hoher Kapazität

Aufgrund der geringen Kapazität, langen Zugriffszeiten und geringen Übertragungsraten von Standarddisketten versuchten verschiedene Hersteller eigene Formate als Marktstandards zu etablieren. Neben der LS-120-Diskette (Kapazität: 120 MB) und der HiFD (Kapazität: 200 MB) sind hier die Zip-Disketten der Firma Iomega zu nennen. Die erste Generation von Zip-Disketten mit der Kapazität von 100 MB wurde im Jahr 1995 eingeführt. In den Jahren 1999 und 2003 erfolgten Erweiterungen der Kapazitäten von Zip-Disketten auf 250 MB und 750 MB. Zip-Disketten galten bis Ende der 1990er Jahre als der Marktstandard für Disketten mit hoher Kapazität. Die Bedeutung dieser Datenträger ist jedoch mit dem Aufkommen von standardisierten, beschreibbaren optischen Platten wie CD-R(W), DVD-R(W) und DVD+R(W) und elektronischen Speichern wie USB-Sticks rapide gesunken.

Abb. 2.3.3/3: Zip-Laufwerk mit Datenträger

2.3.4 Magnetplatten

Magnetplatten sind die *gebräuchlichsten Massenspeicher* für Rechner aller Art.

> Ein **Magnetplattenspeicher** (engl.: magnetic disk storage) ist ein Datenträger in Form einer oder mehrerer auf einer Achse übereinander montierten runden Platten. Sie bestehen aus einem Aluminium/Magnesium- oder Glassubstrat mit einer magnetisierbaren Beschichtung auf beiden Seiten, auf die Information durch Magnetisierung aufgezeichnet wird. Mehrere Platten, die auf einer Spindel übereinander montiert sind, werden Plattenstapel genannt.

2.3.4.1 Aufbau und Arbeitsweise

Magnetplatten drehen sich mit konstanter, hoher Geschwindigkeit. Auf die Daten wird mit einem oder mehreren Schreib-/Leseköpfen (Zugriffskamm) zugegriffen. Diese Schreib-/Leseköpfe schweben in einem sehr geringen Abstand zur Speicheroberfläche auf einem durch die Drehbewegung gebildeten Luftpolster. Es wird beidseitig aufgezeichnet; bei einem Plattenstapel können jedoch oft die oberste und/oder unterste Plattenfläche nicht genutzt werden (Abdeckplatten zu Schutzzwecken).

Die Information wird bit- und byteseriell auf *konzentrischen Spuren* aufgezeichnet. Die Anzahl der Spuren (einige tausend) ist ebenso wie die Anzahl der Sektoren pro Spur je nach Gerät und Hersteller verschieden. Übereinander liegende Spuren eines Plattenstapels werden *Zylinder* genannt. Es können so mehrere Spuren innerhalb eines Zylinders ohne Bewegung des Zugriffskammes gelesen werden.

Magnetplatten haben mit Disketten gemeinsam, dass jeder beliebige Punkt auf der Plattenoberfläche angesteuert werden kann. Daraus ergibt sich eine hervorragende Eignung zur direkten und damit schnellen Ansteuerung von Datenelementen in großen Datenbeständen. *Die kleinste adressierbare Einheit ist ein Sektor* (üblicherweise 512 Bytes bis einige KB). *Da ein Sektor die kleinste adressierbare Einheit darstellt, muss bei jedem Zugriff der gesamte Sektor beschrieben oder gelesen werden.* Angenommen, es sollen in 512 Bytes langen Sektoren Datensätze in der Länge von 80 Zeichen gespeichert werden, so wird man bestrebt sein, möglichst viele Datensätze in einen Sektor zu schreiben, um einerseits Speicherplatz zu sparen und um andererseits bei jedem Zugriff möglichst viel Information zu gewinnen. Im vorliegenden Fall können sechs logische Sätze (= Datensätze) in einem Sektor zusammengefasst werden.

> Allgemein nennt man die Zusammenfassung mehrerer logischer Sätze **Blocken** (engl.: blocking). Der **Blockungsfaktor** (engl.: blocking factor) ist die Anzahl der logischen Sätze, die zu einem **Block** (engl.: block) zusammengefasst werden können.

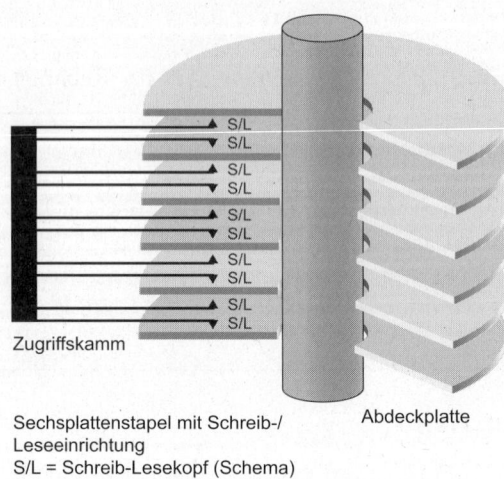

Zugriffskamm

Sechsplattenstapel mit Schreib-/
Leseeinrichtung
S/L = Schreib-Lesekopf (Schema)

Abdeckplatte

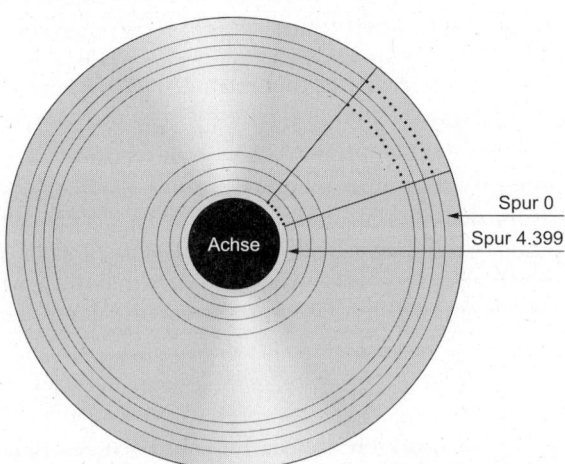

Abb. 2.3.4.1/1: Funktionsdarstellung eines Sechsplattenstapels mit Zugriffseinrichtung

Es gibt Magnetplatten

- *in verschiedenen Größen* (Standards: früher bis zu 14 Zoll; heute 3,5, 2,5 Zoll und kleiner bis unter ein Zoll),
- *auswechselbar* (Wechselplatte; engl.: removable disk) *oder fest in das Laufwerk eingebaut* (Festplatte; engl.: hard disk),
- *mit einem oder mehreren verschiebbaren Schreib-/Leseköpfen,*
- *mit unterschiedlichen Aufzeichnungstechniken und -formaten, Kapazitätsstufen und Leistungen* (Zugriffszeit und Datentransferrate).

Abb. 2.3.4.1/2:
Fünf Magnetplatten unterschiedlicher Größe

Die heute bei Rechnern aller Größenklassen vorherrschenden Festplatten sind in der so genannten *Winchester-Technik* (benannt nach der Stadt, in der Festplatten dieser Bauart in den 1970er Jahren von IBM entwickelt wurden) ausgeführt. Wegen der hohen Reinheitsanforderungen und der äußerst geringen zulässigen Toleranzen beim Betrieb sind bei Plattenspeichern dieser Art die Platten und ein oder zwei Zugriffseinrichtungen mit verschiebbaren Schreib-/Leseköpfen in hermetisch abgeschlossene, mit Edelgas gefüllte Gehäuse fest eingebaut. Die Schreib-/Leseköpfe schweben in der Höhe von 15 – 25 Nanometer (= milliardstel Meter) über der Plattenoberfläche. Sie besitzen eine geringe Masse und ermöglichen extrem hohe Aufzeichnungsdichten (derzeit bis zu 60 Gbit pro Quadratzoll).

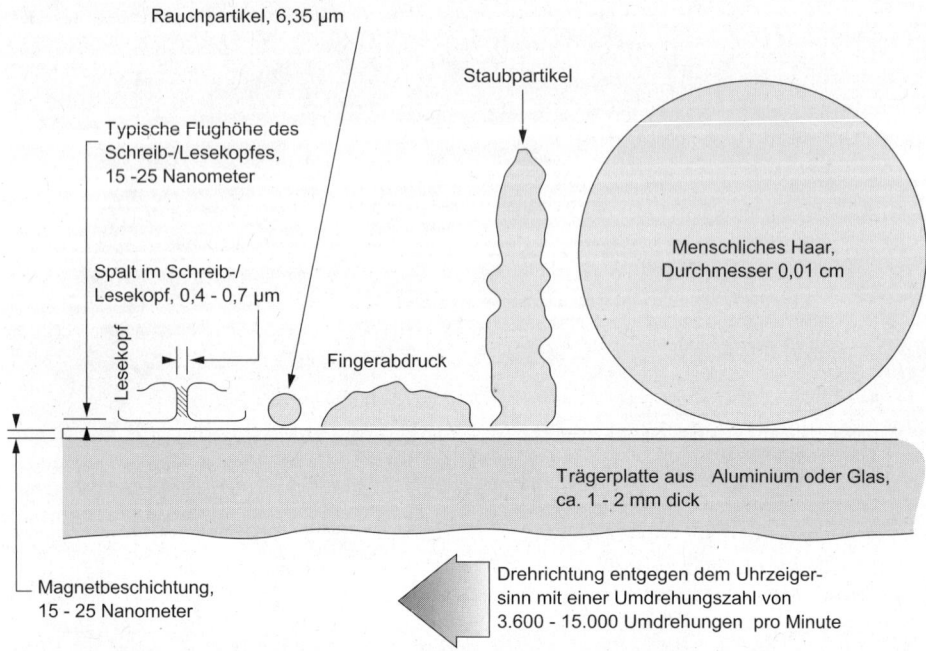

Abb. 2.3.4.1/3: Vergleich des Abstands zwischen Magnetplatte und Schreib-/Lese-kopf mit kleinsten Fremdkörpern, deren Vorhandensein zu einem Zusammenstoß (engl.: head-crash) und damit Ausfall des Speichers führen kann

▶ Übungsaufgabe Nr. 2.2.10 im Arbeitsbuch

2.3.4.2 Magnetplattenspeicher in Rechenzentren und lokalen Netzen

Großplatteneinheiten

Seit der Einführung der ersten Magnetplatteneinheiten vor fünfzig Jahren ist die Speicherkapazität jährlich um 25 – 30 Prozent gestiegen. Bis Mitte der 1990er Jahre dominierte in Rechenzentren die so genannte SLED-Technik (Abkürzung von engl.: single large expensive disks) mit einzelnen Großplatteneinheiten (14 Zoll und 10,8 Zoll Plattendurchmesser) mit anfangs einigen MB, später mit einigen GB Speicherkapazität. Durch die Anbindung vieler solcher Plattenlauf-werke an die entsprechende(n) Steuereinheit(en) von Großrechnern ließen sich für damalige Zeiten enorme Speicherkapazitäten realisieren. Noch heute wird der an sich allgemeine Begriff „DASD" (Abkürzung von engl.: direct access sto-rage device; deutsch: Direktzugriffsspeicher) vielfach mit diesen teuren Groß-platten gleichgesetzt.

Die damals am häufigsten eingesetzten DASD-Systeme waren die 3380- und 3390-Laufwerke von IBM. Sie hatten einen fest eingebauten Stapel von acht Großplatten; 15 Plattenflächen (1 Zylinder = 15 Spuren) konnten zur Datenspeicherung verwendet werden. Bei einer Aufzeichnungsdichte von 56.664 Bytes pro Spur wurden bei den 3390-Laufwerken Kapazitäten von 946 MB (3390-1 mit 1.113 Zylindern) bis 8,5 GB (3390-9 mit 10.017 Zylindern) erreicht. Heute im Einsatz befindliche, zentrale Hochleistungsserver für ganze Unternehmen bieten immer noch eine Emulation dieser Platten, um die seinerzeitigen Investitionen zu schützen.

Wechselplatten sind im Zuge der Kapazitätsausweitung der Festplatten im Großrechnerbereich völlig verschwunden. In den 1970er und 1980er Jahren dominierte auch bei *Minirechnern* die SLED-Technik, jedoch hatten die verwendeten 8-Zoll-Festplatten geringere Kapazitäten und sie waren etwas langsamer als die 14- und 10,8-Zoll-Platten der Großrechner.

Der *Kaufpreis* von Großplatten betrug 1995 etwa drei Euro pro Megabyte. Bei den im PC-Bereich gebräuchlichen, kleineren Standardfestplatten war hingegen zum selben Zeitpunkt für dieselbe Speicherkapazität nur ein Fünftel zu bezahlen. Weil inzwischen auch die Leistungswerte der kleineren Platten (Aufzeichnungsdichte, Zugriffszeit) die Kenndaten der Großplatten erreichten oder übertrafen, lag es nahe, solche Laufwerke ebenfalls im Rahmen von Speichersystemen für Zentralrechner und für Server in lokalen Netzen einzusetzen. Dies wurde durch die so genannte RAID-Technik realisiert, welche die bisherige SLED-Technik bei Mehrbenutzersystemen fast völlig verdrängt hat. (Es gibt zwar noch einige SLED-Installationen, aber schon lange keine Neukäufe mehr.)

RAID-Technik

Die **RAID-Technik** (Abkürzung von engl.: redundant array of inexpensive disks) strebt durch die Verwendung von vielen preiswerten kleinen Standardplatten eine Senkung der Kosten unter gleichzeitiger Erhöhung der Datentransferrate und der Ausfallsicherheit von Magnetplatteneinheiten an.

Die Abb. 2.3.4.2/1 zeigt Ihnen die *Unterschiede* zwischen einer lose gekoppelten Sammlung von Großplattenlaufwerken – einer so genannten Magnetplattenfarm (engl.: disk farm) –, wie sie früher für Großrechner typisch war, und dem Magnetplattenarray-Konzept (RAID). *Magnetplattenfarmen* basierten auf teurer, herstellerspezifischer Spezialhardware und erforderten komplexe Controller-Hierarchien, um die bei Transaktionssystemen anfallende Auftragslast möglichst gleichmäßig auf die vorhandenen Platten zu verteilen. Bei *Magnetplattenarrays* (engl.: disk array) werden hingegen fast ausschließlich standardisierte Komponenten aus dem PC-Bereich eingesetzt, die aufgrund ihrer hohen Stückzahl wesentlich kostengünstiger produziert werden können. Aufgrund ihrer Parallelarchitektur erlauben Magnetplattenarrays bei Datenbanken eine bessere Verteilung der Auftragslast und damit kürzere Antwortzeiten.

Magnetplattenarrays können von zwei bis zu mehreren hundert Platten ausgebaut werden. Sie verhalten sich dem Rechner gegenüber wie eine einzige Platte mit hoher Speicherkapazität und Leistung.

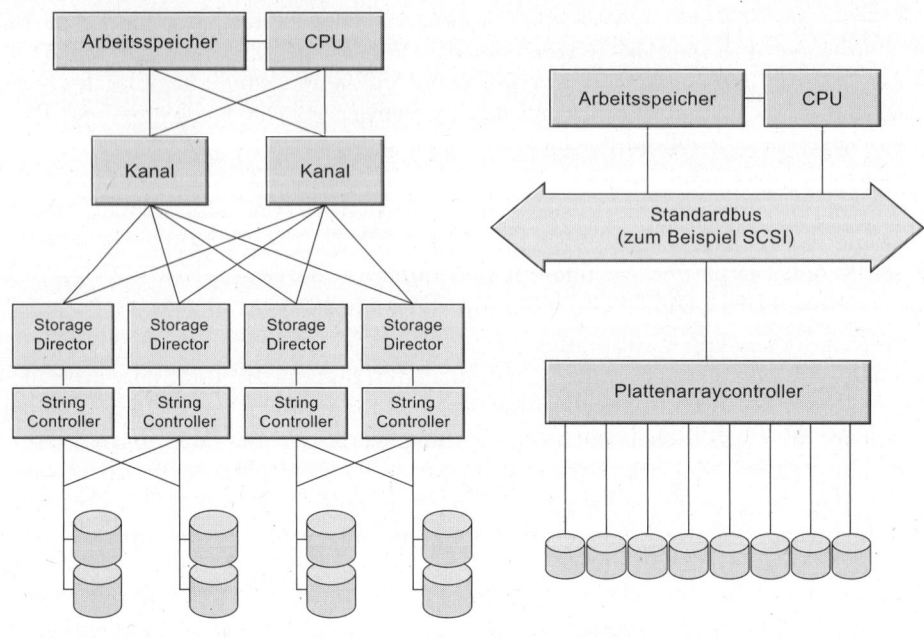

a) Magnetplattenfarm

b) Magnetplattenarray

Abb. 2.3.4.2/1: Gegenüberstellung von Magnetplattenfarm und Magnetplattenarray (Quelle: G. Weikum und P. Zabback)

Entsprechend der Situation auf dem PC-Magnetplattenmarkt wurden hierfür anfangs sowohl 5,25-Zoll- als auch 3,5-Zoll-Platten verwendet. Inzwischen kommen nur noch 3,5-Zoll-Platten mit SCSI- oder Fibre-Channel-Anschluss (siehe Abschnitt 1.1.6.3) zum Einsatz. Sie sind für den 24-Stunden-Dauereinsatz im Verbund mit anderen Platten im RAID-Gehäuse ausgelegt, sie sind unempfindlicher gegen gegenseitige Beeinflussung durch Vibrationen anderer Laufwerke und vertragen auch höhere Umgebungstemperaturen. So liegt die MTBF von SCSI-Festplatten in der Regel bei etwa 1,2 Millionen Stunden. Die MTBF bei ATA-Festplatten ist hingegen nach Herstellerangaben nur halb so hoch (zirka 600.000 Stunden).

RAID-Standards

Bei RAID-Systemen wird ein Teil der Plattenkapazität zur Speicherung von gleichartiger Information verwendet, um bei einem Plattenausfall die Daten wiederherstellen zu können. Zur Speicherorganisation gibt es *Standards (RAID-Level 0 bis 7)*, die eine Abstufung des Sicherheitskonzepts erlauben. Die vier verbreitetsten sind RAID-0, RAID-1, RAID-3 und RAID-5.

RAID-0 bietet keine Redundanz, sodass es sich dabei eigentlich definitionsgemäß um gar keine RAID-Technik handelt.

Bei **RAID-0** werden die Daten in Blöcke aufgeteilt, die parallel auf die vorhandenen Plattenlaufwerke geschrieben werden (engl.: disk striping). Durch die Aufteilung der Ein-/Ausgabelast auf mehrere Kanäle und Laufwerke und den Verzicht auf zusätzliche Paritätsinformation wird eine hohe Leistung erreicht.

RAID-0 ist die schnellste und effizienteste RAID-Stufe. Sie ist auch am kostengünstigsten, da keine zusätzlichen Platten für redundante Information benötigt werden. Bei einem Defekt gehen jedoch alle Daten des Magnetplattenarrays verloren.

Bei **RAID-1** wird mit gespiegelten Platten (engl.: disk mirroring; shadowing) gearbeitet, das heißt, die gleichen Daten werden gleichzeitig auf unterschiedliche Laufwerke geschrieben. Bei Datenverlust eines Laufwerkes steht die gesamte Information auf dem Duplikat zur Verfügung.

Eine Schwäche dieser Lösung sind die *relativ hohen Kosten,* die durch die Bereitstellung der doppelten Speicherkapazität entstehen. Dafür ist die *Sicherheit extrem hoch.* Tritt bei einer der beiden Platten ein Fehler auf, so schaltet die Steuereinheit ohne Unterbrechung auf die gespiegelte Platte um.

Bei **RAID-3** werden Datenblöcke parallel über mehrere Laufwerke und zusätzliche Paritätsinformation (engl.: parity information) auf einem einzelnen separaten Laufwerk gespeichert. Fällt ein Laufwerk aus, wird die Paritätsinformation zusammen mit den Daten auf den verbleibenden Laufwerken dazu benutzt, die fehlenden Daten wiederherzustellen.

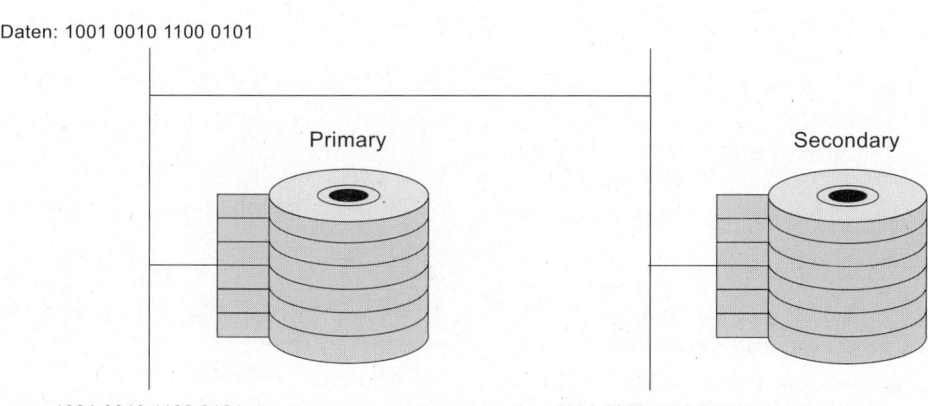

Daten: 1001 0010 1100 0101

Primary

Secondary

1001 0010 1100 0101

1001 0010 1100 0101

Abb. 2.3.4.2/2: RAID-Level-1: Identische Daten auf zwei Laufwerken (Quelle: IBM)

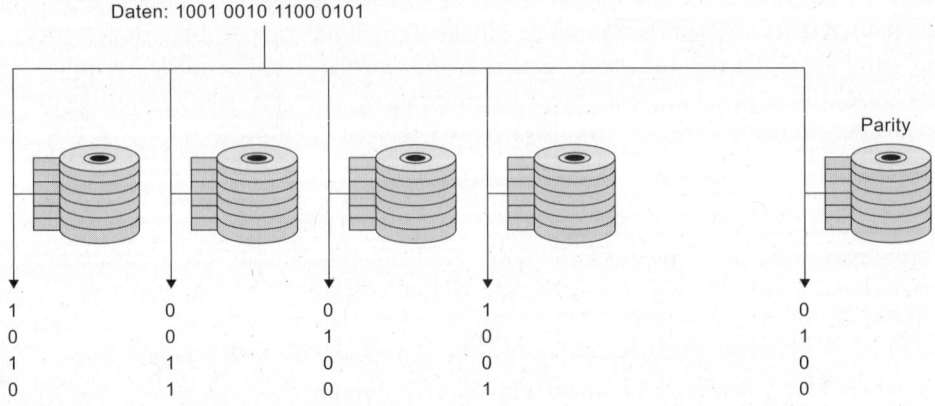

Daten: 1001 0010 1100 0101

Parity

1	0	0	1	0
0	0	1	0	1
1	1	0	0	0
0	1	0	1	0

Abb. 2.3.4.2/3: RAID-Level-3: Bitblockweises Speichern plus Paritätsinformation auf separatem Laufwerk (Quelle: IBM)

Meist wird hierbei auf Bit-Basis oder Bit-Block-Basis gearbeitet. Die *Paritätsinformation* ergibt sich durch die Addition der binären Datenblöcke und benötigt denselben Speicherplatz wie ein einzelner Datenblock, der mit anderen Datenblöcken parallel auf die Laufwerke verteilt wurde. Im Fehlerfall werden die Daten durch erneute Addition der Datenblöcke auf den noch funktionstüchtigen Laufwerken ermittelt. Fällt das Laufwerk mit der Paritätsinformation aus, ist der Datenzugriff nicht beeinträchtigt.

Für jede Schreib- oder Leseoperation ist ein *Zugriff auf alle Laufwerke* des Subsystems erforderlich; alle Zugriffsarme bewegen sich gleichzeitig. Deshalb kann auch nur ein Schreib-/Lesezugriff im Subsystem gleichzeitig erfolgen. Daher kommt der RAID-Level 3 hauptsächlich für Anwendungen mit wenigen großen Dateien, beispielsweise in der Bewegtbildverarbeitung, in Frage, bei denen es auf hohen Durchsatz ankommt. Für die kommerzielle Transaktionsverarbeitung, bei der viele direkte Laufwerkszugriffe notwendig sind, ist RAID-3 ungeeignet.

Bei **RAID-5** wird auf eine dedizierte Parity-Platte verzichtet; Daten und zur Rekonstruktion nötige Prüfsummen werden quer über alle Laufwerke geschrieben. Die Zugriffsarme bewegen sich unabhängig voneinander und ermöglichen den mehrfachen gleichzeitigen Zugriff auf die Platten.

Dadurch ist auch *bei der Transaktionsverarbeitung ein hoher Durchsatz* gewährleistet. Dementsprechend sind die für große Datenbanken vorgesehenen RAID-Speichergeräte üblicherweise für den Level 5 ausgelegt.

▶ Übungsaufgabe Nr. 2.2.11 im Arbeitsbuch

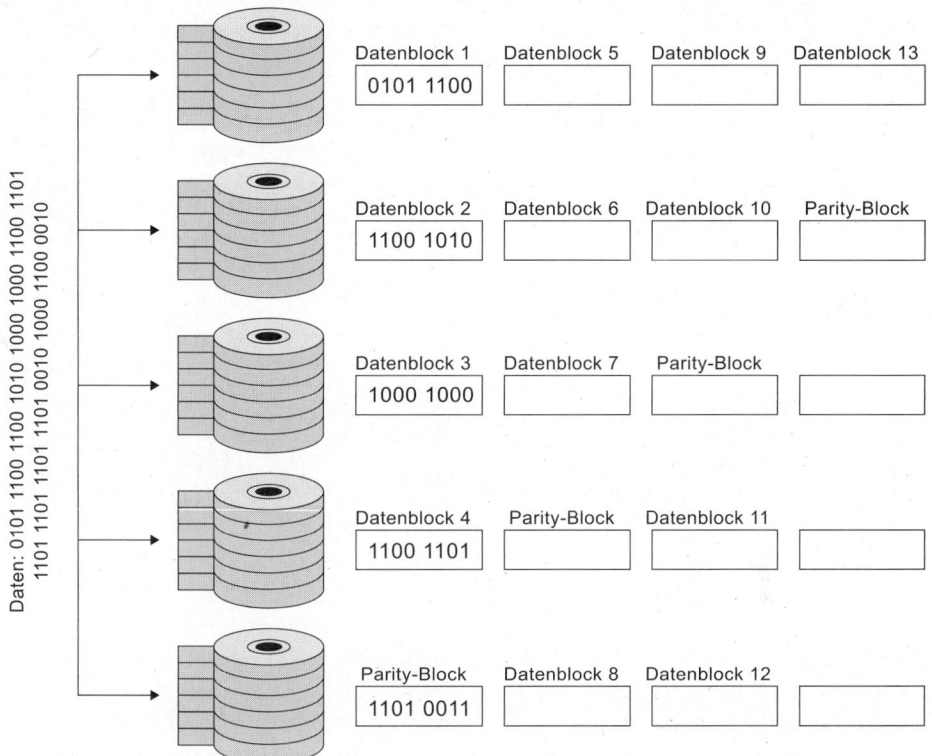

Abb. 2.3.4.2/4: RAID-Level-5: Verteilung von Daten und Paritätsinformation über alle Laufwerke hinweg (Quelle: IBM)

Speichernetze

Eine einfache und preisgünstige Methode, um die RAID-Platten in lokalen Netzen (LAN) für Arbeitsgruppen oder Abteilungen zugänglich zu machen, ist *Network Attached Storage*. Für größere Netze bieten sich *Storage Area Networks* an, die für den Datenaustausch zwischen Servern und Speichergeräten entwickelt wurden.

> **Network Attached Storage** (abgekürzt: NAS) ist ein direkt an ein lokales Netz angeschlossener Speicher. Eine NAS-Einheit ist ein mit geringem Aufwand zu installierendes und einfach zu verwaltendes Gerät, das aus einem oder mehreren internen Servern, vorkonfigurierter Plattenkapazität und einem speziell auf die Dateiverwaltung und Datenübertragung ausgelegten Betriebssystem besteht *(schlüsselfertiger Dateiserver).*

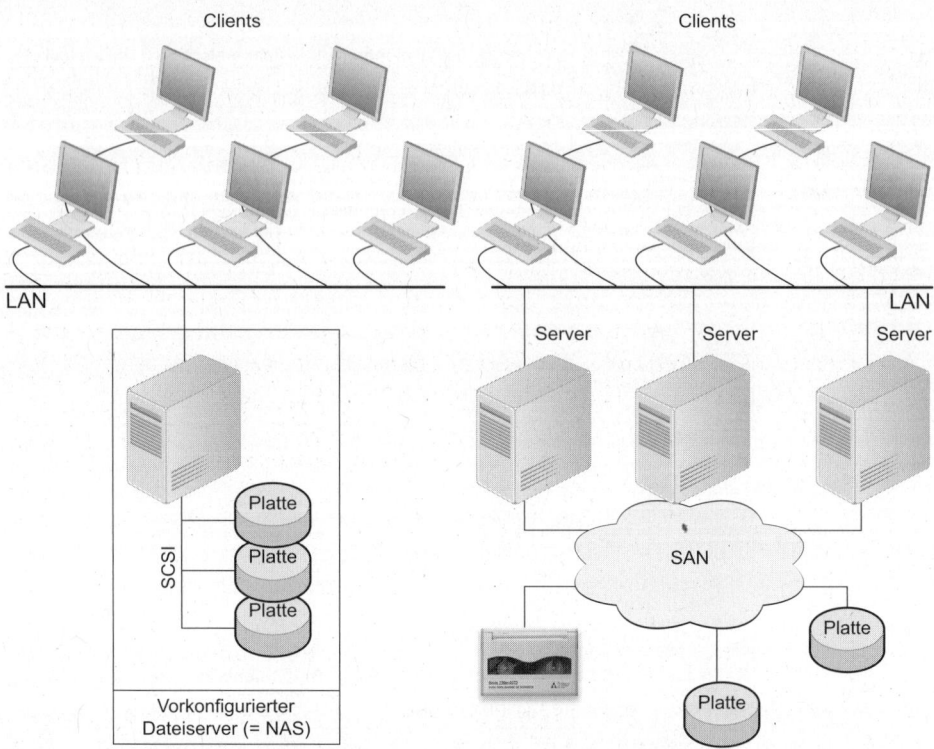

Abb. 2.3.4.2/5: Network Attached Storage (NAS) und Storage Area Network (SAN)

Eine NAS-Einheit verfügt über eine Adapterkarte, über die sie *direkt an das lokale Netz* (meist Ethernet) angeschlossen wird, wo sie den Clients ihre Speicherkapazität als Datei- und Webserver zur Verfügung stellt. Die Laufwerke sind über die SCSI-Schnittstelle mit der Zentraleinheit der NAS-Anlage verbunden. Durch das *speziell auf den Datentransfer ausgelegte Betriebssystem* erreichen NAS-Einheiten höhere Leistungen als vergleichbare Hardware mit universellen Betriebssystemen. Größere Systeme bieten *weitere Funktionen wie Plattenspiegelung, Datensicherung und Archivierung* an. Sie können hierzu zusätzliche Baueinheiten wie Magnetband- und optische Plattenlaufwerke enthalten.

Fassen wir die *Vorteile* von NAS-Systemen zusammen:

1. Einfache Installation („Plug & Play") und Wartung;
2. preisgünstiger Ausbau durch Speichererweiterung und zusätzliche NAS-Geräte;
3. erprobte Schnittstellen: SCSI und Ethernet;
4. sehr gut geeignet für kleinere und mittlere Datei- und Webserver.

Nachteile von NAS-Systemen sind:

1. Beschränkte Leistung – für große Netze unzureichend;
2. Zugriff auf die gespeicherten Daten erfolgt über den Server und das lokale Netz, was diese zusätzlich belastet;
3. keine räumliche und logische Trennung zwischen Speichermedien und Server (beziehungsweise Controller) möglich.

Ein **Storage Area Network** (abgekürzt: SAN) ist ein zentral verwaltetes, speziell auf den blockbasierten Datenaustausch zwischen Servern und Speichergeräten (Magnetplatten-, optische Speicherplatten- und Magnetbandeinheiten) zugeschnittenes Speichernetz für heterogene Umgebungen. Die Speichergeräte sind im Gegensatz zu NAS von den Servern getrennt und über ein unabhängiges, vom lokalen Netz völlig getrenntes Netz zugänglich. Die meisten Anbieter von SAN-Lösungen haben sich hierfür auf den Fibre-Channel-Standard geeinigt.

In *Rechenzentren* sind solche Speichernetze seit Anfang der 1990er Jahre üblich; über ESCON-Schnittstellen (Glasfaserkabel) werden Großrechner mit mehreren Speichersystemen und verteilten Netzen verbunden. Seit einiger Zeit lassen sich Storage Area Networks durch die Unterstützung der unterschiedlichsten Netzwerkprotokolle und Betriebssysteme auch *in heterogenen Umgebungen* realisieren. Die Verwendung des *Fibre-Channel-Standards* bringt eine hohe Übertragungsleistung (derzeitige Produkte 200 MB/s pro Kanal basierend auf dem 2-Gbit/s-Fibre-Channel; der Standard für 8-Gbit/s-Medien wurde 2004 verabschiedet), Reichweite (bis 10 km) und Skalierbarkeit (bis zu 16 Millionen Geräteanschlüsse). Mehrere Rechner können gleichzeitig auf ein Speichergerät zugreifen; der Umweg über den zentralen Dateiserver, der in herkömmlichen Dateisystemen oft den Engpass darstellt, entfällt.

Manche Anbieter verwenden für ihr SAN-Konzept anstelle des speicherorientierten Fibre Channel ein universelles Hochgeschwindigkeitsnetz, meist ein *Gigabit-Ethernet*. In jedem Fall muss darauf geachtet werden, dass der SAN- und LAN-Verkehr strikt voneinander getrennt bleiben, weil sich sonst durch die hohe Speichernetzbelastung gravierende Engpassprobleme für andere Anwendungen ergeben können.

Die *Vorteile von SAN* sind:

1. Hohe Leistung beim Datenaustausch zwischen Server und Speichergerät;
2. reduzierte Belastung des lokalen Netzes und der Prozessoren der auf die Speicher zugreifenden Maschinen;
3. offene Architektur, die mit der existierenden IT-Infrastruktur verträglich ist, und damit große Flexibilität;
4. hohe Skalierbarkeit: neue Speicher können jederzeit während des Netzwerkbetriebs hinzugefügt werden, ohne dass dazu ein zusätzlicher Server nötig ist;

5. einfaches zentrales Ressourcenmanagement, erleichterte Ausfallsicherung und Katastrophenvorsorge (durch Verbindung zu einem Ausfallrechenzentrum).

Nachteile von SAN sind:

1. Schwierigere Planung, Installation und Wartung als bei NAS-Systemen;
2. relativ teuer;
3. Standardisierung noch nicht abgeschlossen.

Beispiel eines großen zentralen Magnetplattensystems

Die Abb. 2.3.4.2/6 zeigt Ihnen einen Magnetplattenspeicher, den sich über ein SAN viele Server teilen können. Er bietet Schnittstellen für alle gängigen Server-Typen, eine gemeinsame, unternehmensweite Speicherverwaltung und eine hohe Ausfallsicherheit. Wie die Anwendungen und Datenbanken am besten auf die Systemkomponenten verteilt werden, ist eine Frage der jeweiligen Bedingungslage.

Abb. 2.3.4.2/6: Baueinheiten eines großen Magnetplattensystems (Quelle: EMC)

Das Gerät wird *mit 16 bis 384 Plattenlaufwerken* geliefert. Das ergibt bis zu 34,7 TB nutzbare Speicherkapazität (infolge der Plattenspiegelung halb so viel wie die gesamte Plattenkapazität; 12 GB sind für geräteinterne Dateiverwaltungszwecke reserviert). Durch einen Pufferspeicher von bis zu 32 GB werden die Leistung und die Sicherheit (durch im Cache ablaufende Prüfroutinen) wesentlich erhöht. Erweiterungseinheiten lassen einen Ausbau des Systems bis auf 4.096 Laufwerke zu. Eine Erweiterungseinheit kann bis zu 320 Plattenlaufwerke mit 36 GB, 73 GB und 181 GB aufnehmen (auch gemischt). Das abgebildete Basisgerät wiegt mit 384 Laufwerken beinahe zwei Tonnen. Es ist 1,90 m hoch, 1,75 m breit und 0,92 m tief.

Welch' ein Unterschied zwischen solchen Giganten in Rechenzentren und den Festplatten privater Gebrauchs-PCs – obwohl die gleichen Basiskomponenten zum Einsatz kommen!

2.3.4.3 Festplatten für Arbeitsplatzrechner und mobile Geräte

Wir behandeln in diesem Abschnitt *Festplatten* für Arbeitsplatzrechner und mobile Geräte. Im Abschnitt 2.3.4.4 gehen wir auf die verschiedenen Typen von Wechselplatten ein.

Fast jeder Arbeitsplatzrechner verfügt über eine in die Systemeinheit fest eingebaute **Festplatte** (engl.: hard disk), wobei standardisierte Bauformen eingesetzt werden. Weitere Festplattenlaufwerke können bei Bedarf angeschlossen werden. Bei *Schreibtischrechnern* hat die eingebaute Magnetplatte ein 3,5-Zoll-Format; sie befindet sich in einer Einbaueinheit, die in der Regel ein Zoll hoch ist (selten 1,6 Zoll). Die Kapazitätsuntergrenze liegt derzeit bei 20 GB, die Obergrenze bei 500 GB pro Laufwerk. Für *Notebook-PCs* sind *2,5-Zoll-Festplatten* mit einer Einbauhöhe von 0,75 oder sogar nur 0,5 Zoll typisch. Die Kapazitäten bewegen sich derzeit im 20-GB- bis 100-GB-Bereich.

Die meisten im Jahr *2004 gekauften Schreibtischrechner* wurden mit *Festplatten einer Kapazität von 80 bis 120 GB* konfiguriert. Sie haben eine typische Umdrehungsgeschwindigkeit von 7.200 Umdrehungen pro Minute (engl.: rotations per minute, abgekürzt: rpm) und verfügen über einen Cache von 4 bis 8 MB. Die Zugriffszeit beträgt nach Herstellerangaben durchschnittlich 8,5 bis 8,9 Millisekunden. Die maximale Datenübertragungsrate liegt im Dauerbetrieb zwischen 15 und 30 MB/s. Wie im Zusammenhang mit den Disketten angemerkt, sind die im realen Anwendungsbetrieb erreichten Werte jedoch nur etwa halb so hoch.

Die *Kapazitäten* der Festplatten, die mit Arbeitsplatzrechnern ausgeliefert werden, verdoppeln sich nahezu jährlich bei etwa gleich bleibenden Preisen. Durch die Erhöhung der *Umdrehungszahl* werden die *Zugriffszeiten* gesenkt. Festplatten mit 10.000 und 15.000 rpm sind am Markt erhältlich und bieten durchschnittliche Zugriffszeiten von 6,5 ms (10.000 rpm) und 5 ms (15.000 rpm). Die höheren Umdrehungsgeschwindigkeiten bedingen jedoch eine Zu-

Abb. 2.3.4.3/1: 3,5-Zoll-Festplatte mit einer Kapazität von 250 GB

nahme des Laufgeräusches. Deshalb sind diese Platten meist mit einem Akustik-Management ausgestattet, das unterschiedliche Betriebsmodi (üblicherweise leise/langsam oder laut/schnell) ermöglicht. Aufgrund der höheren Preise und der zusätzlichen Maßnahmen zur Geräuschdämmung kommen diese schnelleren Festplatten hauptsächlich für Arbeitsplatzrechner der oberen Leistungsklasse sowie Abteilungsserver in Betracht. Preisangaben hierzu finden Sie im Abschnitt 2.6.4.3.

Die in Abb. 2.3.4.3/1 gezeigte *250-GB-Festplatte* von Hitachi besteht aus drei Scheiben, die mit einem hauchdünnen mehrlagigen Metallfilm und darüber mit einem Schutzüberzug beschichtet sind. Auf die mit 7.200 rpm rotierenden Platten wird mit sechs Schreib-/Leseköpfen zugegriffen. Die maximale lineare Aufzeichnungsdichte beträgt 689 Kilobit pro Zoll (kbpi), die Spurdichte 93.500 Spuren pro Zoll (tpi). Pro Quadratzoll können auf der Magnetscheibe 62 Gigabit an Information gespeichert werden. Die mittlere Zugriffszeit wird vom Hersteller mit 8,5 ms angegeben. Die realisierte Transferrate liegt zwischen 60 (äußerer Plattenbereich) und 30 (innerer Plattenbereich) MB/s. Der Anschluss erfolgt über S-ATA. Derselbe Hersteller hat ferner als erster eine 500-GB-Festplatte auf dem Markt angeboten. Diese besitzt zur Realisierung der höheren Speicherkapazität fünf anstatt drei Scheiben.

▶ Übungsaufgabe Nr. 2.2.12 im Arbeitsbuch

Der *Anschluss* einer Magnetplatteneinheit an Arbeitsplatzrechner erfolgt üblicherweise über die *ATA-Schnittstelle* (siehe Abschnitt 1.6.3.1). Bei Abteilungsservern sowie Arbeitsplatzrechnern der oberen Leistungsklasse kommen meist SCSI- oder S-ATA-Schnittstellen zum Einsatz (siehe Abschnitte 1.6.3.2 und 1.6.3.3).

Externe Festplatten

Bei einer *externen Festplatte* handelt es sich um eine Festplatte, die in einem eigenen Gehäuse außerhalb des Arbeitsplatzrechners untergebracht ist. In diesem externen Gehäuse sind eine oder (zur Realisierung höherer Kapazitäten) mehrere Standardfestplattenlaufwerke untergebracht. Werden mehrere Festplatten im Gehäuse eingesetzt, so können diese so konfiguriert werden, dass sie sich gegenüber dem Rechner wie eine einzige Platte mit hoher Speicherkapazität verhalten. Als Schnittstellen werden SCSI, USB (Version 2.0) oder IEEE 1394 (Firewire) eingesetzt.

Abb. 2.3.4.3/2 zeigt eine *externe Festplatte* mit einem Terabyte Speicherkapazität. Um diese Kapazität zu erreichen, werden vier 250-GB Festplatten zu einem logischen Laufwerk zusammengefasst. Diese Platten rotieren mit 7.200 rpm und sind mit je 8 MB an Cache ausgestattet. Dieses Gerät ist mit Firewire 400, Firewire 800 und USB-2.0-Schnittstellen ausgestattet. Je nach verwendeter Schnittstelle beträgt die maximale Transferrate 35 MB/s (Firewire 400), 55 MB/s (Firewire 800) oder 34 MB/s (USB 2.0). Die Festplatte ist 173 mm hoch, 88 mm breit und 268 mm tief und wiegt 5 kg.

Abb. 2.3.4.3/2: Externe Festplatte mit einem Terabyte Speicherkapazität

Abb. 2.3.4.3/3: 0,85-Zoll-Mikrofestplatte mit 4 GB

Mikrofestplatten

In kleinen mobilen Geräten wie PDAs, Musikabspielgeräten und Digitalkameras kommen *Mikrofestplatten* zum Einsatz. Diese können entweder fix in dem mobilen Gerät eingebaut sein oder auf Grund ihres Compact-Flash-Typ-II-Formats bzw. mittels PC-Card-Schnittstelle zum schnellen Austausch als Wechselplatte realisiert sein (siehe Abschnitt 2.3.4.4). Mikrofestplatten sind im 1,8-Zoll, 1-Zoll oder 0,85-Zoll-Format verfügbar. 1,8-Zoll-Festplatten sind mit bis zu 60 GB an Kapazität ausgestattet. 0,85-Zoll- und 1-Zoll-Platten erreichen eine Kapazität von 5 GB (Stand 2005).

> Abb. 2.3.4.3/3 zeigt eine *Mikrofestplatte im 0,85-Zoll Format*. Diese hat eine Kapazität von 4 GB, die auf einer Scheibe mit zwei Schreib- und Leseköpfen untergebracht ist. Die Platte rotiert mit 3.600 rpm und wiegt bei einer Größe von 5 mm x 24 mm x 32 mm nur zehn Gramm.

2.3.4.4 Wechselplatten für Arbeitsplatzrechner und mobile Geräte

Eine **Wechselplatte** (engl.: removable disk) kann dem Rechner entnommen werden. Es gibt verschiedene Varianten: Wechselrahmen für Standardfestplatten, proprietäre Wechselplatten für Schreibtisch-PCs sowie Platten im Steckkartenformat (PC-Card oder Compact-Flash-Typ-II) für Notebook-PCs und mobile Geräte.

Wechselrahmen für Standardfestplatten ermöglichen den schnellen Ein- und Ausbau von Standardfestplatten im 3,5-Zoll-Format. Diese 5,25 Zoll großen

Wechselrahmen (der Begriff ist irreführend, da nicht die Rahmen gewechselt werden, sondern diese dem schnellen Wechsel der Festplatte dienen) sind entweder fest in der PC-Systemeinheit eingebaut oder als externe Andockstation ausgeführt. Da Standardplatten verwendet werden, gibt es auch keine Unterschiede bezüglich Bauform, Schnittstellen, Kapazitäts- und Leistungsdaten. Der Wechsel einer Platte während des Betriebes (engl.: hot-plugging) ist nur dann möglich, wenn der Anschluss der Standardfestplatte über eine entsprechend ausgestattete Schnittstelle erfolgt (zum Beispiel S-ATA oder SCSI). Kommt eine normale ATA-Schnittstelle zum Einsatz, muss das System zum Wechsel abgeschaltet werden. Wechselrahmen werden oft aus Sicherheitsgründen verwendet, zum Beispiel wenn an jedem Abend die Magnetplatten in einen Safe eingeschlossen werden sollen.

Neben den Wechselrahmen für Standardplatten werden *proprietäre Wechselplatten* angeboten. Sie sind kaum größer als Diskettenlaufwerke, verfügen jedoch über eine wesentlich schnellere Zugriffszeit als Disketten. Weil bei diesen proprietären Wechselplatten das Medium (das heißt, die magnetische Speicherplatte) und der Schreib- beziehungsweise Leseknopf nicht fest arretiert sind, werden die feinen Toleranzwerte von Festplatten nicht erreicht. Daher ist die Bitdichte und damit die Kapazität dieser Wechselplatten gegenüber den Festplatten geringer. Außerdem sind sie zu keinem anderen Speichermedium kompatibel.

Abb. 2.3.4.4/1: Proprietäres Wechselplattengerät mit Gigabyte-Cartridges

Das erste *tragbare Laufwerk für preisgünstige 1-GB-Wechselplatten* im 5,25-Zoll-Format wurde 1996 eingeführt (siehe Abb. 2.3.4.4/1). 2004 wurde von diesem Hersteller ein Wechselplattenlaufwerk mit 35 GB Speicherkapazität vorgestellt. Durch Kompressionsverfahren können bis zu 90 GB auf einer Wechselcartridge Platz finden. Eine solche Cartridge enthält nur das Speichermedium und den Spindelmotor. Die Schreib- und Leseköpfe sind (wie bei Standarddisketten) im Laufwerk untergebracht. Die durchschnittliche Transferrate liegt zwischen 14 und 20 MB/s. Die durchschnittliche Zugriffszeit beträgt 13 ms. Der Computeranschluss kann über USB, IEEE 1394, SCSI, S-ATA oder ATA erfolgen.

Solche Wechselplatten eignen sich als *primärer und sekundärer Massenspeicher, zur Datensicherung und zur Mitnahme von großen Datenbeständen.* Wegen der mangelnden Kompatibilität und der bisher geringen Verbreitung kommen sie hingegen nur in Ausnahmefällen für den Datenträgeraustausch mit Dritten in Betracht.

PC-Card-Platten sind Magnetplattenlaufwerke im standardisierten *PCMCIA-ATA-Format* für Notebook-PCs (siehe Abschnitt 1.6.4.5). In PDAs, Digitalkameras oder sonstigen mobilen Geräten kommen *Mikrofestplatten im Compact-Flash-Typ-II-Format* (ATA- und PCMCIA-kompatibel) zum Einsatz (siehe Abschnitt 2.5.3).

Das in Abb. 2.3.4.4/2 gezeigte *Magnetplattenlaufwerk* hat eine Kapazität von 4 GB. Es gibt weitere Versionen mit 2 GB, 1 GB, 500 MB und 340 MB. Über einen Compact-Flash-Typ-II-Steckplatz oder einen PC-Card-Adapter kommt es in Notebook-PCs, PDAs und digitalen Kameras zum Einsatz. Die lineare Aufzeichnungsdichte beträgt maximal 628 Kilobits pro Zoll, die Spurdichte 90.000 tpi. Die 1,0-Zoll-Platte

Abb. 2.3.4.4/2: 1-Zoll-Wechselplatte („Microdrive") mit 4 GB Kapazität

rotiert mit 3.600 rpm. Um Strom zu sparen, rotiert die Platte nur, wenn Daten verarbeitet werden; die volle Drehgeschwindigkeit wird in einer halben Sekunde erreicht. Die durchschnittliche Zugriffszeit liegt bei 12 ms, die Datentransferrate liegt zwischen 4,2 und 7,2 MB/s. Das Gerät ist 5 mm hoch, 42,8 mm breit und 36,4 mm tief und wiegt nur 16 Gramm.

▶ Übungsaufgabe Nr. 2.2.13 im Arbeitsbuch

2.4 Optische Datenträger

Wir bezeichnen als *optische Datenträger* nur solche, bei denen Licht oder mittels Laser erzeugte Wärmeenergie zum Schreiben und Lesen von Information auf optisch reaktivem Material verwendet wird. Diese Begriffsinterpretation ist nicht Allgemeingut; vielmehr werden darunter häufig alle Datenträger verstanden, die Daten in visuell wahrnehmbarer Form speichern (also zum Beispiel auch Belege mit Strichmarkierungen und Klarschrift).

Der erste optische Datenträger, der im Bereich der Informationstechnik genutzt wurde, war der *Mikrofilm* (engl.: microfilm). Dieser Datenträger besteht aus Filmmaterial, auf dem mittels fotografischer Verfahren schriftliche und bildliche Information stark verkleinert aufgezeichnet wird. Ein *COM-Recorder* setzt dabei die in einem Speicher aufgezeichneten digitalen Daten in die zur Ausgabe vorgesehene schriftliche oder bildliche Form um und schreibt sie mit hoher Geschwindigkeit auf den Mikrofilm (COM ist die Abkürzung für engl.: computer output on microfilm). Die analog gespeicherte Information ist visuell lesbar, wozu jedoch eine optische Vergrößerung (spezielles Lesegerät) nötig ist.

Der Mikrofilm führt heutzutage ein Nischendasein. *Haupteinsatzgebiet* sind Bankzentralen, in denen große Belegmengen mit optischen Beleglesern ausgewertet und parallel dazu auf Rollfilm geschrieben werden.

Deshalb beschränken wir uns in der folgenden Darstellung auf folgende *optische Massendatenträger*:
– *Optische Speicherkarten* und
– *Optische Speicherplatten*.

2.4.1 Optische Speicherkarten

Eine **optische Speicherkarte** (engl.: optical card; laser card) ist eine Plastikkarte in der Standardgröße (85,6 × 54,0 × 0,76 mm) und mit den gleichen physikalischen Eigenschaften wie eine herkömmliche Scheck- oder Kreditkarte. Zur Datenspeicherung dient ein implantierter optischer Speicherbereich (Streifen), der mittels Laser beschrieben und gelesen wird. Die Kapazität beträgt bis zu 4 MB. Optische Kartenlaufwerke erreichen eine

Abb. 2.4.1/1: Optische „Lebenskarte" einer Krankenversicherung mit einer Kapazität von 4,1 MB (2.583 Spuren mit variablen Sektorgrößen)

> maximale Datentransferrate von zirka 9 KB/s (Lesen) und 4 KB/s (Schreiben), die durchschnittliche Zugriffszeit beträgt 250 ms (wenn sich die Karte im Laufwerk befindet).

Seit 1995 sind optische Speicherkarten von der *ISO genormt* (ISO 11693 und 11694). Die *Speicherkapazität* einer Karte mit einem 35 mm breiten optischen Streifen beträgt derzeit maximal 4,1 MB; mit einem 16-mm-Streifen sind 1,5 MB möglich. In nächster Zeit ist mit Kapazitätserweiterungen zu rechnen.

Bezüglich der *Karteneigenschaften und -einsatzmöglichkeiten, Vorteile und Nachteile* gilt generell das bei den Magnetstreifenkarten (Abschnitt 2.3.1) Gesagte. Es gibt jedoch zwei wesentliche *Unterschiede:*

1. Die *Kapazität* des implantierten optischen Speichers ist *mehrere tausendmal so hoch* wie die eines Magnetstreifens und zirka tausendmal so hoch wie die einer Chipkarte.

2. Der optische Speicher kann nur einmal – jedoch in mehreren Sitzungen – beschrieben werden. Bereits beschriebene Bereiche können im Gegensatz zum Magnetstreifen nicht verändert oder gelöscht werden („True-WORM" – siehe folgender Abschnitt).

Durch diese beiden Eigenschaften werden die möglichen *Anwendungsbereiche stark ausgeweitet:* Aus der „Kreditkarte" könnte eine *„Lebenskarte"* werden, welche biometrische Merkmale des Karteninhabers und seine Daten aus allen Lebensbereichen lebenslang aufzeichnen kann. Der Einsatz optischer Speicherkarten im Bereich der staatlichen Verwaltung ist bisher auf wenige Länder beschränkt. Aktuelle gesellschaftliche Gegebenheiten, wie die Angst vor Terroranschlägen, könnten jedoch zu einer wachsenden Verbreitung des Einsatzes von optischen Speicherkarten führen. Dass solche Anwendungskonzepte jedoch unter Datenschutzaspekten als höchst problematisch angesehen werden können, wissen Sie aus den Kapiteln 1 und 2 im Band 1.

> Zurzeit sind in den USA und Kanada zirka 20 Millionen optische Speicherkarten im Einsatz. In diesen Ländern laufende Projekte planen die Einführung von optischen Karten zum Zwecke der Grenzkontrolle und zur Ausstellung von Aufenthaltsgenehmigungen (Stand 2005).

Optische Speicherkarten können zusätzlich einen *Prozessorchip* enthalten und ermöglichen damit die Vereinigung der Funktionen der optische Speicherkarte und der Chipkarte mit Mikroprozessor (vgl. Abschnitt 2.5.1).

▶ Übungsaufgabe Nr. 2.2.14 im Arbeitsbuch

2.4.2 Optische Speicherplatten

Optische Speicherplatten (engl.: optical disk; abgekürzt: OD) sind feste runde Kunststoffscheiben, bei denen lasergenerierte Lichtenergie direkt zum Lesen und Schreiben von Information auf optisch reaktivem Material (Speicherschicht) verwendet wird oder aber das Lesen und Schreiben auf optisch reaktivem Material unterstützt. Lesen ist hierbei die passive Funktion, Veränderungen von reflektiertem Licht festzustellen. Schreiben ist die Verwendung von Laserenergie, um ein optisch sensitives Material zu verändern oder die Veränderung zu unterstützen.

Optische Speicherplatten gibt es in *vielen geräte- und verfahrenstechnischen Varianten*. Daher gibt es eine Vielzahl von Möglichkeiten, diese zu klassifizieren. Man unterscheidet beispielsweise nach dem Kriterium der Wiederbeschreibbarkeit (siehe Abb. 2.4.2/1):

- Bespielte optische Platten mit unveränderbaren Inhalten, die im laufenden Betrieb nur gelesen werden können;
- vom Anwender nur einmal beschreibbare optische Platten, die beliebig oft gelesen werden können;
- wiederbeschreibbare optische Platten, die beliebig oft beschrieben, gelesen und wieder gelöscht werden können.

Im Zusammenhang mit einmal beschreibbaren optischen Platten wird häufig das Akronym *WORM* verwendet:

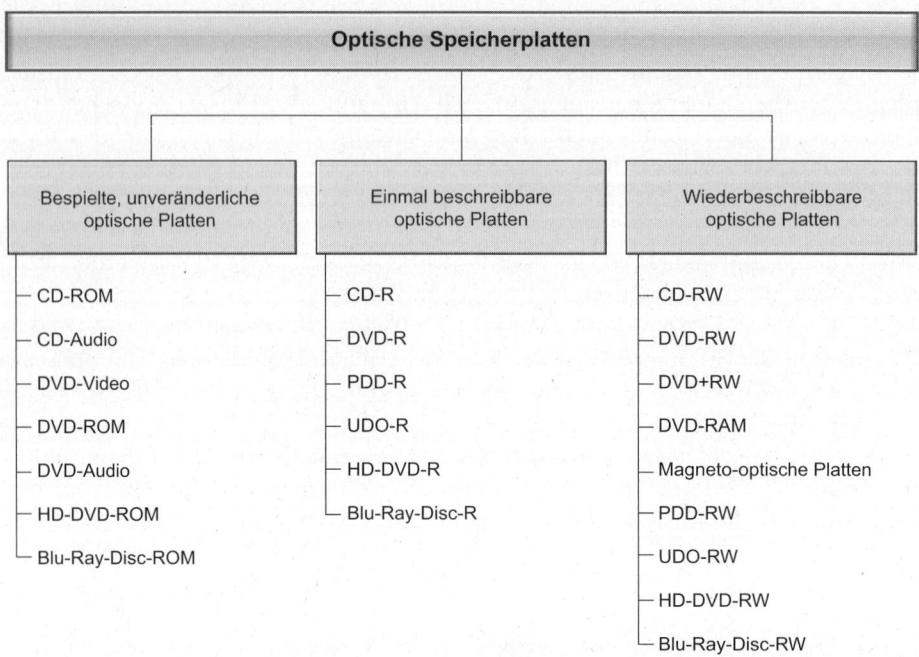

Abb. 2.4.2/1: Klassifikation optischer Speicherplatten

Unter **WORM** (Abkürzung von engl.: write once read many) versteht man ein Verfahren zur Speicherung, bei dem Daten auf ein Speichermedium (auch in mehreren aufeinander folgenden Sitzungen) geschrieben, aber nicht mehr gelöscht werden können. Dieses Verfahren wird insbesondere zur Archivierung eingesetzt, da ein unbeabsichtigtes Löschen von Daten nicht möglich ist. Man spricht von „true WORM", wenn es aufgrund der physikalischen Eigenschaften des Datenträgers nicht möglich ist, Information darauf zu löschen. Beim so genannten „soft WORM" sorgt die im Laufwerk integrierte Software dafür, dass Daten nicht mehr gelöscht werden können.

Das WORM-Konzept wurde in der Vergangenheit im Bereich der Großrechner meist durch herstellerspezifische optische Speicherplatten von 5,25 bis 14 Zoll Größe realisiert. Es ist nicht auf optische Speicherplatten beschränkt; so gibt es auch Magnetbänder, die als WORM-Medien ausgeführt sind.

Optische Speicherplatten sind im Gegensatz zu Festplatten üblicherweise *Wechselmedien*. Das bedeutet, dass das Medium (die optische Platte) und das Laufwerk voneinander getrennt sind. Im Bereich der Arbeitsplatzrechner handelt es sich dabei meist um ein Einzellaufwerk, wohingegen in Rechenzentren

Abb. 2.4.2/2: Optische Plattenwechsler (Jukeboxen) einer Herstellerfamilie

(zum Beispiel zur Realisierung von elektronischen Archiven) auch optische Plattenwechsler zur Anwendung kommen.

In den Abschnitten 2.4.2.1–4 beschreiben wir folgende optische Speicherplatten:

- *Compact Disc (CD)*,
- *Digital Versatile Disc (DVD)*,
- *Professional Disc for Data (PDD)*,
- *Ultra Density Optical (UDO)*,
- *High Density Digital Versatile Disc (HD-DVD)* und
- *Blu-Ray-Disc*.

Dabei behandeln wir die bespielten, nicht veränderbaren Medien und auch deren (wieder)beschreibbare Derivate.

2.4.2.1 CD

Die Compact Disc (CD) ist die verbreitetste Form der optischen Speicherplatten. Die im Bereich der Informationstechnik verwendeten Formate CD-ROM, CD-R und CD-R(W) basieren auf der 1982 standardisierten, inzwischen milliardenfach verbreiteten Audio-CD.

Bespielte, nicht veränderbare CDs

Die **CD-ROM** (Abkürzung von engl.: compact disc – read only memory) ist eine optische Speicherplatte mit einer Speicherkapazität von 650 – 900 MB, wobei Medien mit Speicherkapazitäten über 700 MB nicht von allen handelsüblichen Laufwerken gelesen werden können. Die silbrig glänzende Scheibe (Durchmesser 12 cm, Dicke 1,2 mm) besteht aus demselben metallbeschichteten, durchsichtigen Plastikmaterial (Polycarbonat) wie die für Musikaufnahmen verwendeten CDs. Die Information wird bei der Herstellung des Datenträgers im Spritzgussverfahren auf einer Seite aufgezeichnet und kann beliebig oft gelesen werden. Die ursprüngliche Datentransferrate betrug maximal 150 KB/s. Die heute angebotenen Laufwerke bieten eine bis zu 72fache konstante Drehgeschwindigkeit und damit maximal 10,8 MB/s; im Durchschnitt werden bestenfalls zirka 8 MB/s erreicht. Die durchschnittliche Zugriffszeit liegt je nach Gerät derzeit zwischen 70 und 100 ms.

Neben der 12-cm-Platte ist auch eine 8-cm-Platte normiert, die aber selten verwendet wird. Sie hat eine Kapazität von 194 MB.

Die Information wird durch mikroskopisch kleine Vertiefungen, so genannte *Pits*, in der Speicherschicht repräsentiert. Eine einzige Platte fasst zwei Milliarden Pits, die jeweils 0,12 Mikrometer tief und 0,6 Mikrometer breit sind. Die Spurdichte beträgt 16.000 tpi. Im Gegensatz zu Disketten und Magnetplatten verläuft die *Spur* der CD-ROM spiralförmig und nicht konzentrisch. Sie ist in gleich lange *Sektoren* eingeteilt, wodurch eine äußere Spur(spirale) mehr Information aufnimmt als eine innere. Beim *Lesevorgang* tastet der Laser die Spur ab und wird entweder weitergeleitet, wenn er auf eine Vertiefung trifft, oder aber reflektiert, wenn er eine nicht beschriebene Stelle erreicht. Diese Reflexionsunterschiede kennzeichnen die Information in codierter Form. Der reflektierte Laserstrahl wird auf eine lichtempfindliche Diode gelenkt, welche die auftreffenden Lichtstärkeimpulse in elektronische Impulse umsetzt. So wird die Information wieder in eine für den Rechner verarbeitbare Form transformiert.

Der *Entwicklungsaufwand einer CD-ROM* ist sehr hoch, die *Massenproduktion* unterscheidet sich aber kaum von einer herkömmlichen Audio-CD: Sämtliche Inhalte, die auf der CD-ROM gespeichert werden sollen, werden zunächst auf ein so genanntes Digital Master Medium (Magnetband oder Magnetplatte) geschrieben. Diese Information wird sodann mittels Laser vom Master-Medium auf einen CD-ROM-Rohling übertragen, wodurch dieser eine individuelle

Oberflächenstruktur erhält. Diese Scheibe (engl.: master disk) wird versilbert, um sie elektrisch leitfähig zu machen. Danach wird davon in galvanischen Bädern ein Negativ (Vater) angefertigt, von dem wiederum ein Positiv (Mutter) gezogen wird. Diese Vorgänge müssen unter Reinluftbedingungen ablaufen. Die Massenproduktion erfolgt anschließend im Spritzgussverfahren, wobei von der Mutterscheibe, die als Matrix dient, Duplikate erzeugt werden. Speziell aufbereitetes Polycarbonat wird in die aufgeheizten Matrizen gepresst und geformt. Die Oberfläche der so entstandenen Platten wird zur Reflexion des Laserstrahls mit Aluminium bedampft und mit einem Schutzlack versiegelt.

▶ Übungsaufgabe Nr. 2.2.15 im Arbeitsbuch

Die den Audio-CDs entsprechende, „einfache" *Datenübertragungsrate* der ersten CD-ROM-Laufwerke von 150 KB/s wurde in der Folge schrittweise auf die derzeit übliche 40- bis 50-fache Geschwindigkeit (Drehzahl um die 10.000 rpm) mit einer Übertragungsleistung im Dauerbetrieb von zirka 5 MB/s gesteigert. Unangenehm ist die durch die hohen Drehzahlen entstehende Lärmbelästigung (Dröhnen). Ein Laufwerk mit 72-facher Geschwindigkeit, das mit so genannter Multibeamtechnik (ein in sieben Strahlen aufgeteilter Laserstrahl) mehrere Spuren gleichzeitig lesen kann, erreicht durchschnittlich über 8 MB/s. Weil es mit halb so hohen Drehzahlen auskommt, ist es wesentlich leiser.

Abb. 2.4.2.1/1: CD-ROM mit kostenloser Software als Beigabe zu einer Computerzeitschrift

Die durchschnittlichen *Zugriffszeiten* liegen für CD-ROMs im Bereich von 70–100 ms. Das ist etwa zehnmal so lang wie bei gängigen PC-Magnetplatten. Im Zuge technischer Fortschritte werden die Zugriffszeiten wohl noch etwas weiter sinken, dramatische Verbesserungen sind aber infolge des Leseverfahrens, der Trägheit des vergleichsweise schweren Lesekopfes und der mit der Drehzahl zunehmenden Geräuschentwicklung nicht zu erwarten. Dafür sind CD-ROMs leicht, unempfindlich, haltbar und sehr preisgünstig.

Im Bereich der CD-ROM-Laufwerke sind keine wesentlichen technischen Innovationen mehr zu erwarten. Aktuelle Rechner werden ausschließlich mit DVD-Laufwerken, die auch CD-ROMs auslesen können, ausgeliefert. Ferner ist die CD-ROM als Medium für die Distribution digitaler Information, wie beispielsweise Software, Lexika, juristische Datenbanken, Ersatzteilkataloge usw., weitestgehend durch DVDs ersetzt worden. Sie werden aktuell noch bei Massenauflagen eingesetzt, wenn besonders auf die Kosten geachtet wird (zum Beispiel CD-ROMs als Beigaben zu Computerzeitschriften und ähnliches).

Gegenüber sonstigen optischen Speicherplatten haben CD-ROMs folgende *Vorteile:*

1. Die langjährig erprobte Technik,
2. die weltweite Standardisierung und Verbreitung,
3. die preisgünstigen Datenträger und Wiedergabegeräte.

Einmalig beschreibbare CDs

> Eine **CD-R** (Abkürzung von engl.: CD – recordable) ist eine einmal beschreibbare optische Speicherplatte in CD-Größe (12 cm und 8 cm Durchmesser). Auf dem Plastikträger ist eine fotoempfindliche Farbstoffschicht aufgebracht, in die von einem Laser beim Schreiben die Bitmuster gebrannt werden, die den gepressten Pits einer konventionellen CD entsprechen. Die Daten (Bitmuster) werden in einer kontinuierlichen Spirale vom inneren Durchmesser der Platte nach außen aufgezeichnet. Eine CD-R im 12-cm-Format kann bis zu 900 MB Daten oder 99 Minuten Musik aufnehmen, wobei Medien mit Speicherkapazitäten über 700 MB nicht von allen handelsüblichen Laufwerken gelesen werden können.

Aufnahmegeräte für CD-R können sowohl CD-ROMs als auch deren Formate (Audio-CD, Photo-CD usw.) beschreiben, die mit den herkömmlichen Lesegeräten kompatibel sind. Die *12-cm-Leerplatten* (Rohlinge) sind in vier Versionen erhältlich: 650 MB (74 Minuten), 700 MB (80 Minuten), 800 MB (90 Minuten) und 900 MB (99 Minuten). Die Zeitangaben beziehen sich auf den Umfang digitaler Audiodaten (Klangdateien), die mit einer konstanten Rate von 150 KB/s abgespielt werden (Audio-CD); die Angaben in MB verweisen auf die *Bruttokapazität* von Daten-CDs. Die im Einzelfall realisierbare Speicherkapazität und Aufzeichnungszeit hängt von der Recorder-Software und -Hardware ab. Die derzeit angebotenen CD-R-Recorder (Synonym: CD-Brenner)

Abb. 2.4.2.1/2:
CD-R mit 8 cm Durchmesser
als auswechselbarer 194-MB-
Speicher einer Digitalkamera
(dieses Kleinformat wird nur
sehr selten verwendet)

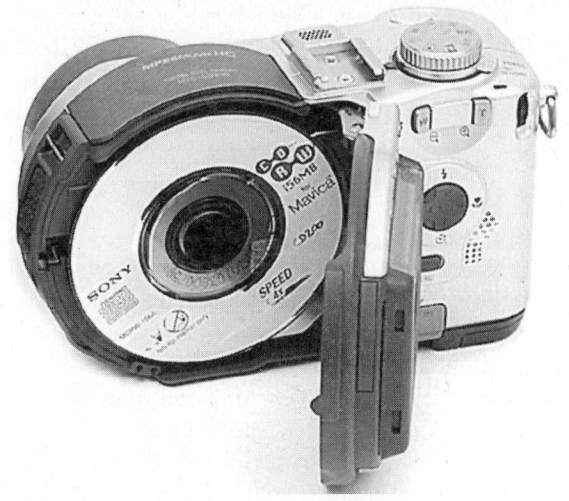

zeichnen die Daten mit bis zu *52-facher Standardgeschwindigkeit* auf. Das Beschreiben einer vollen 700-MB-Platte dauert damit ungefähr anderthalb Minuten. Sämtliche am Markt erhältliche Recorder beherrschen neben dem Beschreiben von CD-R auch das Beschreiben von CD-RWs (siehe unten).

Die CD-R kann *komplett auf einmal oder in einer Serie von Sitzungen* beschrieben werden. Die Hersteller verwenden für ihre CD-Rs *verschiedene organische Farbstoffe,* die beispielsweise grün, golden oder blau aussehen. Die Farbe hat keine Auswirkungen auf die Qualität.

Die *Vor- und Nachteile einer CD-R* entsprechen jenen der CD-ROM. Zusätzlicher Vorteil ist natürlich die Beschreibbarkeit im Haus. Dadurch eignet sich die CD-R als transportabler Speicher für mittelgroße Datenbestände (beispielsweise Bilddateien), die nur in wenigen Exemplaren benötigt werden. Typische Anwendungen sind Fotoalben für Aufnahmen von Digitalkameras, kleinere Auflagen von Handbüchern oder schnelllebigen Katalogen und die Speicherung von Daten, die nicht verändert oder gelöscht werden sollen (Archivierung). Dieser Herstellungsweg ist allerdings *nur bei Einzelaufnahmen oder kleinen Auflagen* sinnvoll.

Wiederbeschreibbare CDs

Eine **CD-RW** (Abkürzung für engl.: CD – rewritable) ist eine ungefähr 1.000mal wiederbeschreibbare optische Speicherplatte in CD-Größe (12 cm und 8 cm Durchmesser). Auf dem Plastikträger ist auf einer Seite eine Metalllegierung aufgebracht, auf welche die Daten (Bitmuster) mittels Laser in *dualer Phasenwechseltechnik* in einer kontinuierlichen Spirale vom inneren Durchmesser der Platte nach außen aufgezeichnet werden.

Eine CD-RW im 12-cm-Format hat eine Kapazität von 650 oder 700 MB (74 beziehungsweise 80 Minuten). Die Recorder brennen CD-RWs derzeit mit maximal 32facher CD-Standardgeschwindigkeit; die im Dauerbetrieb erreichbare Datentransferrate beträgt damit ungefähr 4,5 MB/s. Dementsprechend dauert das Beschreiben einer vollen CD-RW mit 700 MB zirka zweieinhalb Minuten.

Mit der *dualen Phasenwechseltechnik* (Abkürzung: PD) arbeitende CD-RW-Laufwerke gibt es seit 1997 auf dem Markt. Dabei macht man sich zu Nutze, dass sich manche Stoffe bei Normaltemperatur in zwei verschiedenen Zuständen befinden können. Je nachdem, wie hoch die aus einem solchen Stoff (hier: Legierung aus Silber, Indium, Antimon und Tellurium) bestehende Speicherschicht der Platte erhitzt und gekühlt wird, nimmt sie einen reflektierenden, kristallinen Zustand (bei über 200 Grad Celsius) oder einen weniger reflektierenden, amorphen Zustand (bei 500 – 700 Grad Celsius) an. Der Phasenwechsel einer bestimmten Stelle auf der Platte wird durch zwei unterschiedliche Laser-Stärken bewirkt. Das Lesen erfolgt mit einer dritten, geringeren Laserstärke, die der Laserstärke von CD-ROM-Laufwerken entspricht. Weil keine Magnetisierung erforderlich ist, kann der Schreib-/Lesekopf eines PD-Laufwerks wesentlich kleiner und leichter sein als der eines magneto-optischen Plattenlaufwerks. Zudem kann das Schreiben und Lesen in einem Arbeitsgang erfolgen.

Die aktuell auf dem Markt angebotenen *CD-RW-Laufwerke* können sowohl CD-R als auch CD-RW beschreiben und alle CD-Typen lesen. Die Leistungsangaben sind als Vielfaches der einfachen CD-Geschwindigkeit (150 KB/s) für CD-R-Schreiben, CD-RW-Schreiben und CD-ROM-Lesen angegeben (also beispielsweise 52x/32x/52x). Auf den *Datenträgern (Rohlingen)* ist die maximal zulässige Schreibgeschwindigkeit angegeben. Die Schreibrate des Laufwerks kann sich also je nach Angabe auf dem Rohling verringern. Die durchschnittliche Zugriffszeit der leistungsfähigsten Laufwerke liegt unter 100 ms. Es werden auch so genannte Combo-Laufwerke angeboten, die zusätzlich auch DVDs lesen, aber ausschließlich CD-Rs und CD-RWs beschreiben können.

CD-RW-Platten sind bestens für *die Datensicherung, die Speicherung persönlicher Daten und den Transport von Datenbeständen* geeignet. Sie sind die kostengünstigsten wiederbeschreibbaren Wechselplatten (ein vergleichbarer Rohling ist ungefähr um ein Drittel teurer als eine CD-R).

▶ Übungsaufgabe Nr. 2.2.16 im Arbeitsbuch

2.4.2.2 DVD

Die *Digital Versatile Disc* wurde 1995 durch ein Herstellerkonsortium standardisiert, um den steigenden Bedarf nach Speicherkapazität gerecht zu werden. Ein wesentlicher Grund für die Einführung der DVD liegt in der Möglichkeit der Distribution von Spielfilmen in hoher Qualität und Mehrkanalton.

Ursprünglich wurde die DVD daher auch *Digital Video Disc* genannt. Um das darüber hinausgehende Einsatzspektrum (zum Beispiel Datenspeicherung) zu betonen, wird jedoch eher der Begriff *Digital Versatile Disc* verwendet.

> Die **DVD** (Abkürzung von engl.: digital versatile disc, auch: digital video disc) ist eine optische Speicherplatte in CD-Größe (12 cm und 8 cm Durchmesser, 1,2 mm Dicke), die aufgrund einer gegenüber der CD wesentlich erhöhten Spur- und Pitdichte *auf einer Seite in einer Speicherschicht* maximal *4,7 GB* aufnehmen kann. Durch *zwei Speicherschichten,* die über einen variabel fokussierbaren Laser abgetastet werden können, kann die Kapazität einer Seite auf *8,5 GB* erhöht werden. Wird *beidseitig in jeweils einer Schicht* aufgezeichnet, so ergibt sich eine Kapazität von 9,4 GB, bei der *beidseitigen Aufzeichnung in zwei Schichten* sind es 17,1 GB (alle genannten Kapazitätswerte gelten für die 12-cm-Platte).

Die 12-cm-Variante mit drei Speicherschichten und die 8-cm-Varianten sind bisher selten gebräuchlich. Die unten stehende Tabelle zeigt ihnen auch die Kapazitäten dieser DVD-Platten.

Der *DVD-Standard* sieht ein einheitliches Austauschformat, Abwärtskompatibilität zur existierenden CD, Aufwärtskompatibilität zu einmal beschreibbaren und wiederbeschreibbaren DVD-Versionen, ein Dateiverwaltungssystem für alle DVD-Versionen, kostengünstige Laufwerke und Platten (Caddy ist nicht

Bezeichnung	Durchmesser	Beschreibbare Seiten und Schichten	Speicherkapazität
DVD-5	12 cm	SS/SL	4,70 GB
DVD-9	12cm	SS/DL	8,54 GB
DVD-10	12 cm	DS/SL	9,40 GB
DVD-14	12 cm	DS/ML	13,24 GB
DVD-18	12 cm	DS/DL	17,08 GB
DVD-1	8 cm	SS/SL	1,46 GB
DVD-2	8 cm	SS/DL	2,66 GB
DVD-3	8 cm	DS/SL	2,92 GB
DVD-4	8 cm	DS/DL	5,32 GB

Anmerkungen: SS/DS bedeutet einseitige/zweiseitige Aufzeichnung (engl.: single-/double-sided), SL/DL bedeutet eine/zwei Speicherschichten (engl.: single-/dual-layer), ML bedeutet eine Schicht auf der einen, zwei Schichten auf der anderen Seite (engl.: mixed-layer). Die Kapazitätsangaben beziehen sich auf Milliarden Bytes; die Annahme 1 GB = 1 Milliarde Bytes entspricht zwar dem allgemeinen Sprachgebrauch, ist aber nicht exakt (siehe die Definition von GB im Band 1, Abschnitt 1.2.2). Genau genommen ist 1 GB = 1.073.741.824 Bytes; damit hat beispielsweise die DVD-5 eine Kapazität von exakt 4,37 GB oder die DVD-18 eine Kapazität von exakt 15,90 GB.

Abb. 2.4.2.2/1: Durchmesser und Kapazitäten von DVD-Platten

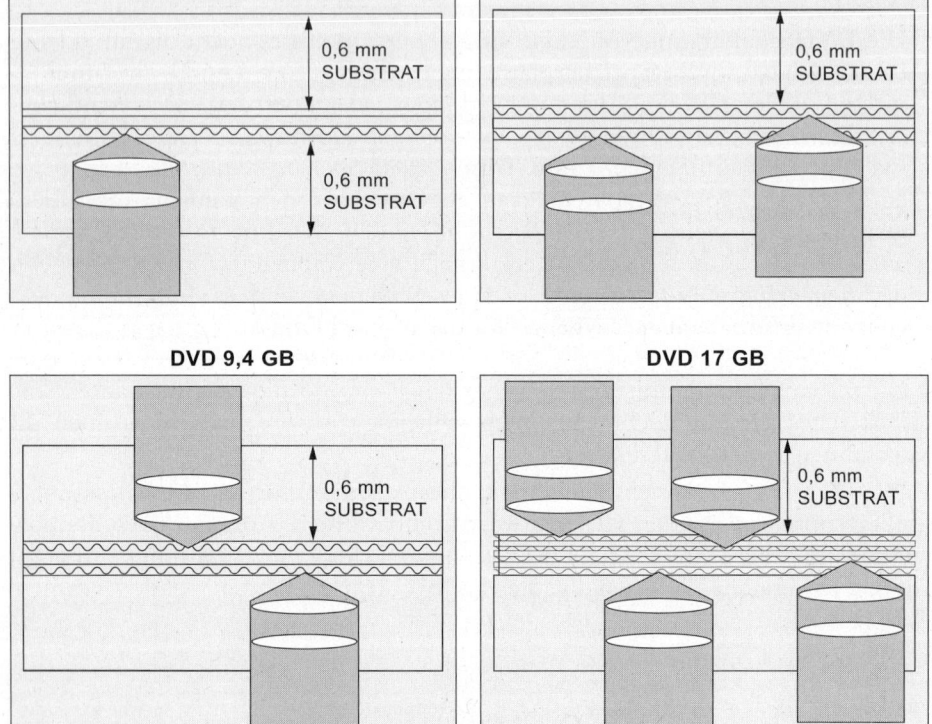

Abb. 2.4.2.2/2: DVD-Aufzeichnungsformen (Kapazitäten für 12-cm-Platten)

vorgeschrieben), große Zuverlässigkeit (ebenso gut oder besser als bei der CD), hohe Kapazität und hohe Leistung (bei sequentiellem und Direktzugriff) vor.

Das wesentlich Neue an der DVD ist die *Zweischichten-Technik*. Der Laserstrahl muss die erste Speicherschicht problemlos passieren können, um die Information auf der zweiten, darunter liegenden Schicht lesen zu können. Gleichzeitig muss das Licht beim Lesen der ersten Schicht reflektiert werden, damit das Laufwerk die Information auch erkennen kann. Dies geschieht mittels einer semireflektierenden Schicht, die zirka 35 Prozent des einfallenden Lichtes direkt reflektiert und den Restanteil bis zur zweiten Reflektorlage passieren lässt. Durch Feinfokussierung der Lesediode kann dann zwischen der Reflexion des Semireflektors (35 Prozent Reflexion) und des zweiten Reflektors (65 Prozent) unterschieden werden. Der Zweifach-Brennpunkt-Abtaster kann in fünf Millisekunden von einer Schicht auf die andere fokussiert werden, sodass beispielsweise beim Abspielen eines Films der Schichtwechsel nicht bemerkbar sein sollte (meistens merkt man aber sehr wohl, wenn zwischen den Schichten gewechselt wird!).

Zusätzlich zu diesen physikalischen Formaten gibt es *Anwendungsformate* für die Aufzeichnung und Wiedergabe bestimmter Informationstypen (Computerdaten, Video, Audio) – teils vom *DVD-Forum* international genormt, teils als konkurrierende *proprietäre Herstellerstandards*. Vor allem bei den beschreibbaren DVDs werden mehrere Varianten mit unterschiedlichen Leistungen/Kapazitäten angeboten. Es gibt auch *spezielle Anwendungsformate*, beispielsweise für Spielkonsolen.

Bespielte, unveränderbare DVDs

Im Bereich der bespielten, unveränderbaren DVDs sind folgende Anwendungsformate standardisiert:

- die *DVD-Video* als digitaler Speicher für Bewegtbild- und Audiodaten,
- die *DVD-ROM* für Computeranwendungen, insbesondere Multimedia, und
- die *DVD-Audio* oder Musik-DVD.

> Die **DVD-Video** mit einer bespielten Seite und Schicht (DVD-5) wurde zur Speicherung eines typischen Unterhaltungsfilms in voller Länge (über zwei Stunden) konzipiert (MPEG-2-codiert). Bei der Verwendung von zwei Seiten und/oder zwei Schichten vervielfacht sich die Kapazität (bei einer DVD-18: acht Stunden digitales Video in MPEG-2-Qualität oder 30 Stunden in VHS-Qualität). Die maximal mögliche Datentransferrate für die kombinierten Datenströme (Video, Audio, Untertitel) beträgt 10,08 Mbit/s.

Die jeweils mögliche Videodauer hängt vom Umfang der zugehörigen Audiodaten, des Bonusmaterials und den Dateiformaten (Kompressionsgrad) für Video und Audio ab. Bei einer durchschnittlichen Datentransferrate von 4,7 Mbit/s (3,5 Mbit/s für Video, 1,2 Mbit/s für drei Soundtracks) kann eine DVD auf einer Schicht über zwei Stunden Video enthalten. Damit ist bereits eine deutlich bessere Qualität als beim traditionellen Fernsehen möglich. Für eine ausgezeichnete Darstellungsqualität sind neun MB/s nötig (siehe Band 1, Abschnitt 3.5.4.5). Die Speicherung eines Zwei-Stunden-Films erfordert dann volle zwei Schichten.

Acht parallel zum Film laufende Spuren sind für digitales Audio vorgesehen – etwa für verschiedene Sprachen (sowohl unkomprimiert als PCM-Ton als auch codiert in Dolby Digital oder MPEG-Audio). *Bis zu 32 weitere Spuren* können für *Untertitel* dienen, wobei immer nur ein Untertitel angezeigt wird. Bei der Wiedergabe können bis zu *neun Kamerablickwinkel* gewählt werden. Die meisten Video-DVDs bieten allerdings nicht alle diese Möglichkeiten, da jede speziell entwickelt werden muss. Das schwache *Kopierschutzsystem (CSS für Content Scrambling System)* zur Verhinderung von Raubkopien wurde 1999 geknackt. Von der Unterhaltungsindustrie wurde durch Verwendung von Regionalcodes (dazu wurden sechs verschiedene geographische Zonen definiert) versucht, eine Preisdifferenzierung auf segmentierten Märkten zu ermöglichen. Abspielgeräte sollten ursprünglich nur unbeschränkte und DVDs mit dem übereinstimmenden Regionalcode abspielen können. Viele Gerätehersteller halten sich jedoch nicht an diese Einschränkung und produzieren Geräte, die den Regionalcode einer DVD ignorieren.

DVD-Videos haben sich anfangs nur sehr zögerlich durchgesetzt, sie haben aber Ende der 1990er Jahre in den USA und mit 18-monatiger Verzögerung in Europa einen enormen Aufschwung erfahren. Im Jahr 2001 wurden erstmals in Deutschland mehr Videos auf DVDs verkauft, als auf vorbespielten VHS-Kassetten. Mittlerweile hat die DVD die bereits in den 1970er Jahren entwickelte VHS-Kassette als Medium für Spielfilme weitgehend verdrängt.

Eine **DVD-ROM** enthält unveränderbare Daten, die typischerweise mittels PC verarbeitet werden. Die Kapazität der auswechselbaren optischen Platte ist vom physikalischen Format (12 cm oder 8 cm, SS/DS oder SL/DL) abhängig. Gängige DVD-ROMs bieten bei einseitiger Aufzeichnung auf eine Speicherschicht 4,7 GB. Die ursprüngliche Datentransferrate betrug 1,321 MB/s. Aktuelle DVD-Laufwerke mit 16facher Geschwindigkeit erlauben beim Lesen von DVD-ROMs eine maximale Dauertransferrate von 21,1 MB/s (im Mittel etwa 15 MB/s) und durchschnittliche Zugriffszeiten von zirka 90 ms.

DVD-ROM-Laufwerke entsprechen in der Funktionsweise CD-ROM-Laufwerken. Sie können alle DVD- und CD-Formate lesen. Die vom Anwender wiederbeschreibbaren CDs (siehe Abschnitt 2.4.2.1) werden allerdings nur mit maximal einem Drittel der Geschwindigkeit einer normalen CD-ROM gelesen.

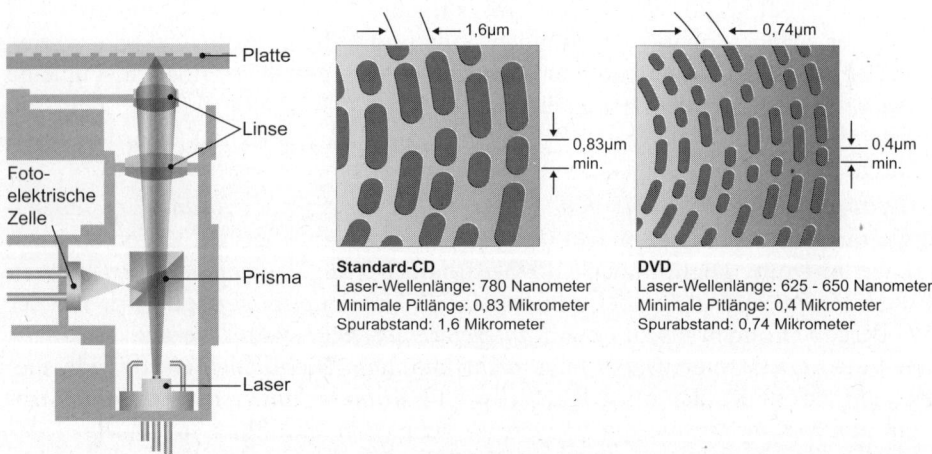

Abb. 2.4.2.2/3: Optische Speicherung bei CD-ROM und DVD-ROM (Quelle: Imation)

Eine **DVD-Audio** bietet viele Stunden Musik in HiFi-Qualität. Die Spieldauer ist vom physikalischen DVD-Typ und den gewählten Audioformaten abhängig. Als Tonformate sind vorgesehen: *PCM* mit einer Wortbreite von 16, 20 oder 24 Bit, *Dolby Digital* in acht Mehrkanaltonvarianten, *MPEG-Audio, DTS* (von Digital Theatre Sound) und *SDDS* (von Sony). Für alle Formate ist eine Abtastrate von 48 kHz definiert, bei PCM sind auch 96 kHz möglich. Der *Kopierschutz* soll durch eingebettete Signale („digitales Wasserzeichen") sichergestellt werden.

Die *Tonqualität* ist wesentlich besser als bei einer Musik-CD. Dort ist PCM auf eine Abtastrate von 41,1 kHz, eine Wortbreite von 16 Bit und in der Regel zwei Kanäle begrenzt. *DTS* ist ein Audioformat, das von manchen HiFi-Enthusiasten aufgrund seines geringeren Kompressionsgrads besser eingeschätzt wird als Dolby Digital.

Eine auf einer Seite und Schicht bespielte DVD (DVD-5) kann *13 Stunden Stereomusik* im PCM-48/16-Format wiedergeben (etwas besser als CD-Qualität). Bei zwei Schichten sind es 24 Stunden. Reicht die Mono-Qualität, so können mit der Dolby-Digital-64-kbit/s-Kompression sogar 160 Stunden (eine Schicht) oder 255 Stunden (zwei Schichten) Musik gespielt werden.

Musik-DVDs können nur dann in DVD-Video-Abspielgeräten verwendet werden, wenn sich der Hersteller der Musik-DVD auf die für DVD-Videos vorgesehenen Spezifikationen beschränkt. Der DVD-Audio-Standard enthält neue Formate und Funktionen, deren Inhalte in einer separaten „DVD-Audio-Zone" gespeichert sind, auf die DVD-Videospieler nicht zugreifen. Es sind also neue universelle Abspielgeräte beziehungsweise Laufwerke erforderlich, so genannte *VCAPs* (Abkürzung von engl.: video-capable audio player).

Fassen wir die *Vorteile von bespielten, unveränderbaren DVDs* gegenüber den entsprechenden CDs zusammen:

1. Vielfache Speicherkapazität (sieben- bis 26-fach);
2. wesentlich höhere Datentransferrate (ungefähr doppelt so hoch) unter geringerer Geräuschentwicklung (aufgrund geringerer Drehzahlen);
3. damit Eignung als auswechselbarer, tragbarer Massenspeicher für Anwendungen mit hohen Leistungs-/Kapazitätsansprüchen (Video, HiFi-Musik, Datenbanken).

Anfänglich waren sowohl DVD-Laufwerke als auch die Medien im Vergleich zur CD deutlich teurer. Dieser *Nachteil* ist mittlerweile jedoch kaum mehr gegeben, da die Preisunterschiede nahezu unbedeutend geworden sind. Als weitere Nachteile speziell von DVD-Videos gegenüber VHS-Kassetten sind noch die fehlende oder nur sehr umständliche Aufnahmemöglichkeit (Kopierschutz) und die eingebaute Nutzungsbeschränkung auf eine bestimmte Weltregion zu nennen.

▶ Übungsaufgabe Nr. 2.2.17 im Arbeitsbuch

Einmalig beschreibbare DVDs

> **DVD-R** (Abkürzung von engl.: DVD-recordable; sprich: DVD minus R) und **DVD+R** (sprich: DVD plus R) sind einmal beschreibbare DVDs. Sie bieten bei einseitiger Aufzeichnung auf eine Speicherschicht (organischer Farbstoff wie bei der CD-R) eine Kapazität bis zu 4,7 GB. Derzeitige Recorder beschreiben DVDs mit bis zu achtfacher DVD-Standardgeschwindigkeit, das heißt, sie schreiben mit bis zu 10,5 MB/s Daten auf das Medium.

DVD+R- und DVD-R-Medien sind einander sehr ähnlich, da sie weitgehend dieselbe Technik einsetzen. Die DVD-R entspricht dem offiziellen, vom DVD-Forum beschlossenen, Standard. Im Gegensatz zur DVD+R verfügen DVD-R-Medien über einen Kopierschutzring, der 1:1-Kopien von Video-DVDs verhindern soll. Bei DVD+R sorgt die interne Software des Recorders dafür, dass 1:1-Kopien von DVD-Videos verhindert werden. Diese unterschiedlichen Formate haben bei den Anwendern zur Verunsicherung geführt, sodass nahezu alle Hersteller mittlerweile so genannte Kombi-Recorder herstellen, die DVD+R, DVD-R, DVD-RW sowie auch DVD+RW beschreiben können.

Aufgrund des erwähnten Kopierschutzringes der DVD-R gibt es hier zwei Versionen für unterschiedliche Märkte. Der Hauptunterschied zwischen der Heimversion – DVD-R(G) – und der Entwicklerversion – DVD-R(A) – sind das Vorhandensein des Kopierschutzringes bei der Heimversion und die unterschiedlichen Wellenlängen des zur Aufzeichnung verwendeten Lasers – DVD-R(G): 650 nm und DVD-R(A): 635 nm –, wodurch die „Profigeräte" die Möglichkeit erhalten, auch DVD-RAMs zu beschreiben.

Der erste *DVD-R-Recorder* kam 1997 auf den Markt, wobei die Kapazität der Medien anfangs auf 3,95 GB beschränkt war. *DVD+R-Recorder* folgten erst im Jahr 2002. Neben DVDs können beide Typen auch CDs (CD-R und CD-RW) beschreiben sowie alle CD- und DVD-Formate (mit Ausnahme der DVD-RAM) lesen. *Leerplatten* (Rohlinge) werden von den meisten Datenträgerherstellern geliefert. Die DVD-Recorder kosten derzeit etwa das Doppelte eines CD-R-Recorders, die passenden Datenträger sind ebenfalls doppelt so teuer wie CD-Rs (siehe die Preise im Abschnitt 2.6.5).

Im Bereich der DVD+R hat 2005 die breite Markteinführung von Recordern begonnen, die doppellagige Medien beschreiben können. Somit können pro Seite 8,5 GB an Daten gespeichert werden. Bei der DVD-R gibt es ebenfalls Prototypen, die doppellagige Medien beschreiben können. Da bei diesen Medien das DVD-Forum als Standardisierungsgremium eingebunden ist, bleibt abzuwarten, ob und wann diese Standardisierung erfolgen wird.

Wiederbeschreibbare DVDs

Es gibt *drei verschiedene löschbare DVD-Formate* – DVD-RW, DVD+RW und DVD-RAM – die miteinander in Wettbewerb stehen.

Eine **DVD-RW** (Abkürzung von engl.: DVD-rewritable; sprich: DVD minus RW), auch kurze Zeit *DVD-E* (Abkürzung von engl.: erasable) genannt, ist eine mit dualer Phasenwechseltechnik wiederbeschreibbare DVD. Sie basiert auf der DVD-R-Technik und bietet bei einseitiger Aufzeichnung auf eine Speicherschicht (Metalllegierung wie bei der CD-RW) eine Kapazität bis zu 4,7 GB (12-cm-Platte). Sie war ursprünglich für Unterhaltungszwecke gedacht (für digitale Videorecorder), wird aber mittlerweile auch zur Speicherung von Daten am PC eingesetzt. Eine DVD-RW kann ungefähr 1.000-mal wiederbeschrieben werden. Die Haltbarkeit wird mit 25 bis 100 Jahren angenommen.

Das DVD-RW-Format ist ebenso wie die DVD-R ein vom DVD-Forum definierter Standard.

Eine **DVD+RW** (Abkürzung von engl.: DVD + rewritable; sprich: DVD plus RW) ist eine mit dualer Phasenwechseltechnik wiederbeschreibbare DVD. Sie basiert auf der CD-RW-Technik und bietet bei einseitiger Aufzeichnung auf eine Speicherschicht eine Kapazität bis zu 4,7 GB, auf zwei Seiten 9,4 GB (12-cm-Platte). Sie ist von Anfang an sowohl für Unterhaltungszwecke (Videorecorder) als auch für den Computereinsatz (PC-Laufwerke) konzipiert worden. DVD+RW-Laufwerke können sowohl CDs als auch DVDs verarbeiten. Die Schreibgeschwindigkeit beträgt das ein- bis vierfache der DVD-Video-Datentransferraten. Eine DVD+RW kann ungefähr 1.000-mal wiederbeschrieben werden. Die Haltbarkeit wird mit 25 bis 100 Jahren angenommen.

Die DVD+RW-Entwicklung beruht auf der Initiative von großen Herstellern (wie zum Beispiel *Philips, Sony, Hewlett-Packard).* Sie wird jedoch wie die DVD+R nicht vom DVD-Forum unterstützt. Vorrangiges Ziel ist die Abwärtskompatibilität zur CD-Technik. Für Videorecorder und PC-Laufwerke werden dieselben Platten verwendet. Dementsprechend können DVD+RW-Laufwerke alle CD- und DVD-Formate (außer DVD-RAM) verarbeiten (das heißt, CDs lesen und brennen).

Die ersten *DVD-RW-Geräte* wurden 1999, die ersten *DVD+RW-Geräte* wurden 2001 vorgestellt. Die Formatvielfalt hat zu einer Verunsicherung der Konsumenten geführt, der die Hersteller mit so genannten *Kombi-Laufwerken* begegnen. Neben der Unterstützung der Plus- und Minus-Formate, zeichnen sich Kombi-Laufwerke der neuesten Generation durch die Möglichkeit aus, zusätzlich DVD-RAM-Medien beschreiben und lesen zu können.

Eine **DVD-RAM** (Abkürzung von engl.: DVD – random access memory) ist eine wiederbeschreibbare DVD, die duale Phasenwechseltechnik mit einigen magneto-optischen Funktionen vereinigt. Eine 12-cm-Platte bietet bei einseitiger Aufzeichnung auf eine Speicherschicht eine Kapazität bis zu 4,7 GB, auf zwei Seiten 9,4 GB. Die DVD-RAM ist wegen ihrer Ausfallsicherheit und ihres schnellen Zugriffs von 65 ms von den beschreibbaren DVD-Formaten am besten für den Computereinsatz geeignet. DVD-RAM-Laufwerke können sowohl CDs als auch DVDs verarbeiten. Eine DVD-RAM kann über 100.000-mal wiederbeschrieben werden. Die Haltbarkeit wird mit 25 bis 100 Jahren angenommen.

Einseitige DVD-RAMs gibt es als *bloße Platte* oder in einer *Kassette:* Die Typ-1-Kassetten sind verschlossen, bei den Typ-2-Kassetten kann die Platte entnommen werden. Zweiseitige DVD-RAM-Platten sind stets in Kassetten eingeschlossen.

Die ersten *DVD-RAM-Laufwerke* kamen 1998 auf den Markt, damals noch mit Kapazitäten von 2,58 GB pro Seite. Heute angebotene Geräte können neben dem aktuellen Format von 4,7 GB pro Seite auch das alte Format verarbeiten. Die durchschnittliche Datentransferrate beim Schreiben von 4,7-GB-DVD-RAMs beträgt beim Schreiben zirka 2 MB/s und beim Lesen zirka 4 MB/s.

Kleinere *8-cm-DVD-RAM-Platten* bieten eine Speicherkapazität von 1,46 GB pro Seite. In Videokameras (Camcorder) kann damit zweimal eine halbe Stunde hochwertiges MPEG-2-Video aufgenommen werden (eine volle Stunde mit weniger guter Qualität). Ein Vorteil gegenüber der bisherigen Technik: Lästiges Hin- und Herspulen entfällt – wie auch der gelegentliche Bandsalat.

Die DVD-RAM ist im asiatischen Raum ein weit verbreitetes Speichermedium für PCs. In Europa und Amerika wird die DVD-RAM eher selten verwen-

Abb. 2.4.2.2/4: DVD-RAM

det. Als wiederbeschreibbare Speichermedien überwiegen die DVD-RW und DVD+RW, die jedoch bezüglich Datensicherheit nicht mit der DVD-RAM konkurrieren können. Mit der zunehmenden Verbreitung von Kombi-Laufwerken ist auch mit einem höheren Marktanteil für DVD-RAM zu rechnen.

Fassen wir die *Vorteile von DVD-RAM-Platten* zusammen:

1. Löschbarer, austauschbarer, leicht zu transportierender Massenspeicher mit Direktzugriff;
2. kein Brennprogramm zum Beschreiben notwendig, DVD-RAM können mit gängigen Betriebssystemen ähnlich wie Disketten direkt manipuliert werden;
3. aufgrund der Sicherheitsfunktionen, der hohen Leistung/Kapazität und der vergleichsweise geringen Datenträgerkosten hervorragend zur Datensicherung und Archivierung geeignet.

Nachteile von DVD-RAM-Platten sind:

1. Aufgrund der rund zehnmal so langen Zugriffszeiten nicht als Magnetplattenersatz (primärer Speicher) geeignet;
2. wegen der bisher geringen Verbreitung von Laufwerken, die DVD-RAM-Platten lesen können, derzeit nur in seltenen Fällen für den Datenträgeraustausch geeignet;
3. fragliche Durchsetzung des Standards (Verbreitung) bei PCs in Europa.

▶ Übungsaufgabe Nr. 2.2.18 im Arbeitsbuch

2.4.2.3 PDD und UDO

Professional Disc for Data (PDD) und *Ultra Density Optical (UDO)* sind Standards für optische Speicherplatten, die zum Schreiben und Lesen blauen Laser einsetzen. Sie sollen langfristig im Bereich der zentralen Datensicherungs- und Archivierungssysteme die dort vorherrschenden magneto-optischen Speicherplatten ablösen.

Die Verwendung von blauem Laserlicht erhöht die mögliche Speicherdichte auf dem Medium, da blaues Laserlicht (405 nm) kurzwelliger als das bei CDs und DVDs eingesetzte rote (780 nm bei CD, 650 nm bei DVD) ist. Die Speicherspuren können folglich enger aneinander liegen.

Eine **PDD** (Abkürzung von engl.: professional disc for data) ist eine mit dualer Phasenwechseltechnik wiederbeschreibbare optische Speicherplatte im 12-cm-Format. Sie basiert auf einer Technik, die blaues Laserlicht zum Schreiben und Lesen von Daten einsetzt und bietet bei einseitiger Aufzeichnung eine Kapazität bis zu 20,5 GB. Eine zweiseitige Aufzeichnung ist nicht möglich. Die PDD ist speziell für die zentrale Datensicherung und Archivierung entwickelt worden. Sie kann zirka 1.000-mal wiederbeschrieben werden. Die Haltbarkeit wird mit 50 Jahren angenommen.

Bei der PDD kommt dieselbe Technik wie bei der Blu-Ray-Disc (siehe Abschnitt 2.4.2.4) zur Anwendung. Sie ist jedoch zur Blu-Ray-Disc inkompatibel. Für 2005 ist eine Erhöhung der Kapazität auf 50 GB und für 2007 auf 100 GB pro Speichermedium geplant.

Für PDD-Laufwerke gibt es neben den wiederbeschreibbaren auch WORM-Platten. Es handelt sich hierbei um ein „Soft-WORM"-Medium, das heißt, das Überschreiben der Daten wird nicht durch die physikalische Beschaffenheit des Mediums, sondern durch die Software im Laufwerk verhindert.

Eine **UDO** (Abkürzung von engl.: ultra density optical) ist eine mit dualer Phasenwechseltechnik wiederbeschreibbare optische Speicherplatte im 5,25-Zoll-Format. Sie basiert auf einer Technik, die blaues Laserlicht zum Schreiben und Lesen von Daten einsetzt und bietet auf einem Medium bei einseitiger Speicherung eine Kapazität bis zu 14 GB. Bei zweiseitiger Speicherung sind bis zu 28 GB möglich. Sie ist speziell für professionelle Datensicherung und Archivierung entwickelt worden. Eine UDO kann zirka 10.000-mal wiederbeschrieben werden. Die Haltbarkeit wird mit 50 Jahren angenommen.

Bei UDO-Platten ist die Erhöhung der Speicherkapazitäten auf 60 GB im Jahr 2005 und 120 GB im Jahr 2007 geplant.

Für UDO-Laufwerke gibt es neben den wiederbeschreibbaren auch WORM-Platten. Im Gegensatz zur PDD handelt es sich dabei um ein „True-WORM"-Medium, das heißt, das Überschreiben der Daten wird durch die physikalische Beschaffenheit des Mediums verhindert. Dies ermöglicht eine revisionssichere Archivierung.

Die zukünftige Bedeutung der beiden Formate ist noch unklar. Da hinter beiden Formaten nur jeweils ein Hersteller steht, ist fraglich, ob diese Formate jemals außerhalb des Profi-Segments Fuß fassen werden.

2.4.2.4 HD-DVD und Blu-Ray-Disc

Neben PDD und UDO, die für die zentrale Datensicherung und Archivierung entwickelt wurden, gibt es auch für Endbenutzer zwei Speicherplattenformate, die kurzwelliges blaues Laserlicht zur Speicherung einsetzen. Ähnlich wie bei der DVD sind diese Formate im ersten Schritt zur Speicherung von Spielfilmen gedacht. Der Bedarf an höheren Kapazitäten entsteht aufgrund der Datenmengen, die bei der Aufnahme von hochauflösendem digitalen Fernsehen (HDTV) entstehen. Bei HDTV gibt es zwei Auflösungsstufen: 1920 x 1080 Bildpunkte oder 1280 x 720 Bildpunkte. (Zum Vergleich: Die europäische Fernsehnorm PAL arbeitet mit 768 x 576 Bildpunkten, DVD-Video mit 720 x 576 Bildpunkten.) Ein digitaler DVD-R-Videorekorder mit 4,7 GB Speicherkapazität könnte bei einem mit 19,28 Mbit/s ausgesendeten HDTV-Signal nur zirka 33 Minuten ohne Plattenwechsel aufnehmen. Für dieses Anwendungsfeld wird daher eine mindestens dreifache Speicherkapazität auf einem Medium notwendig.

Eine **HD-DVD-RW** (Abkürzung von engl.: high definition digital video disc – rewriteable) ist eine mit dualer Phasenwechseltechnik wiederbeschreibbare optische Speicherplatte im 12-cm-Format. Sie basiert auf einer Technik, die blaues Laserlicht zum Schreiben und Lesen von Daten einsetzt, und bietet bei einseitiger und einschichtiger Aufzeichnung eine Kapazität bis zu 20 GB, bei zweischichtiger Aufzeichnung 40 GB. Eine zweiseitige Aufzeichnung ist nicht möglich. Eine **HD-DVD-ROM** (Abkürzung von engl.: high definition digital video disc – read only memory) ist eine optische Speicherplatte im 12-cm-Format, die von einem Benutzer nur gelesen werden kann. Sie besitzt eine Kapazität von 15 GB bei einschichtiger Aufnahme und 30 GB bei zweischichtiger Aufnahme. Die Datentransferrate beträgt bei beiden Versionen laut Spezifikation 36 MBit/s.

Die HD-DVD ist der vom DVD-Forum designierte Nachfolger der DVD und firmierte vor der offiziellen Bestätigung als *AOD (*Abkürzung von engl.: advanced optical disc). Sie besteht aus zwei 0,6 mm starken Schichten und ähnelt im Aufbau der DVD. Die HD-DVD benötigt ebenso wie die DVD keine Kassette zum Schutz des Mediums.

Eine **Blu-Ray-Disc-RW** (Abkürzung von engl.: Blu-Ray-Disc – rewriteable) ist eine mit dualer Phasenwechseltechnik wiederbeschreibbare optische Speicherplatte im 12-cm-Format. Sie basiert auf einer Technik, die blaues Laserlicht zum Schreiben und Lesen von Daten einsetzt, und bietet bei einseitiger und einschichtiger Aufzeichnung eine Kapazität bis zu 27 GB, bei zweischichtiger Aufzeichnung 54 GB. Eine zweiseitige Aufzeichnung ist nicht möglich. Eine **Blu-Ray-Disc-ROM** (Abkürzung von engl.: Blu-Ray-Disc – read only memory) ist eine optische Speicherplatte im 12-cm-Format, die von einem Benutzer nur gelesen werden kann. Sie besitzt eine Kapazität von bis zu 27 GB bei einschichtiger Aufnahme und 54 GB bei zweischichtiger Aufnahme. Die Datentransferrate beträgt bei beiden Versionen laut Spezifikation 36 Mbit/s.

Die Speicherschichten der Blu-Ray-Disc sind nur 0,1 mm (im Vergleich: DVD und HD-DVD: 0,6 mm) dick. Sie sind wesentlich empfindlicher gegenüber Verschmutzung. Daher werden die RW-Medien mit einer Schutzkassette ausgestattet. Die ROM-Medien kommen ohne diese Schutzhülle aus.

Die Abb. 2.4.2.4/1 zeigt einen *digitalen Videorecorder,* der bis zu 120 Minuten HDTV auf eine Blu-Ray-Disc aufnehmen kann. Bei analogem Fernsehen passen in der niedrigsten Qualitätsstufe bis zu 12 Stunden auf ein Medium. Das Gerät kostete bei der Markteinführung in Japan im Jahr 2003 zirka 3.500 Euro, ein Medium kostet zirka 28 Euro. Die Markteinführung in Europa ist im Jahr 2005 geplant.

Abb. 2.4.2.4/1: Digitaler Videorecorder mit Blu-Ray-Disc als Speichermedium

Die Blu-Ray-Disc stand neben der AOD als offizieller Nachfolger für die DVD zur Diskussion, wurde aber vom DVD-Forum zugunsten der AOD (jetzt: HD-DVD) abgelehnt. Die Blu-Ray-Disc wird jedoch vom Herstellerkonsortium weiterentwickelt und als Konkurrent zur HD-DVD am Markt positioniert. Welches Format sich letztendlich durchsetzen wird, ist noch nicht abzusehen. Ähnlich zur Entwicklung der DVD ist davon auszugehen, dass beide Formate nicht nur zur Speicherung beziehungsweise Aufnahme von Spielfilmen verwendet werden, sondern auch verbreitet im Bereich der Datenspeicherung eingesetzt werden. Erste PC-Laufwerke sind für beide Formate als Prototypen verfügbar.

▸ Übungsaufgabe Nr. 2.2.19 im Arbeitsbuch

2.4.3 Magneto-optische Speicherplatten

Bei *magneto-optischen Speicherplatten (Abkürzung: MO)* werden die Vorteile der magnetischen Aufzeichnung (Wiederbeschreibbarkeit) mit dem der optischen Verfahren (hohe Aufzeichnungsdichte) unter Ausnutzung des so genannten Kerr-Effektes vereinigt. Dieser besagt, dass bestimmte Substanzen unter dem Einfluss hoher thermischer Energie und starker Magnetfelder ihre Polarisationsrichtung ändern. Beim Schreiben erzeugt der Schreibkopf ein magnetisches Feld, dessen Fokussierung nicht sehr hoch sein muss. Nur die zusätzlich durch einen Laserstrahl (auf zirka 200 Grad Celsius) erhitzten Bereiche der Platte ändern ihre magnetische Ausrichtung entsprechend dem Magnetfeld. Beim Lesevorgang tastet ein wesentlich schwächerer Laserstrahl diese Bereiche ab, die ihn je nach Magnetisierung unterschiedlich reflektieren. Je nachdem welche Polarisation

(Drehrichtung) der reflektierte Strahl hat, wird die Information als 0 oder 1 interpretiert. Da die Aufzeichnung prinzipiell magnetisch erfolgt, ist der Schreibvorgang jederzeit reversibel. Andererseits kann durch die genaue Fokussierung des Laserstrahls eine sehr hohe Speicherungsdichte erzielt werden. Bei Zimmertemperatur sind magneto-optische Medien unempfindlich gegen magnetische Felder.

Magneto-optische Techniken werden im Bereich der professionellen Datenarchivierung eingesetzt. Die zurzeit am Markt verbreiteten Speicherplatten, die magneto-optische Speicherverfahren einsetzen, sind die *MO-Disc* und die *Mini-Disc*.

2.4.3.1 MO-Disc

Wiederbeschreibbare **MO-Discs** (Abkürzung von engl.: magneto-optical disc) werden derzeit in den Formaten 3,5 und 5,25 Zoll mit Kapazitäten von 128 MB bis 9,1 GB pro Platte angeboten. Die als dünner Film auf das Substrat aufgebrachte Magnetschicht besteht aus einem amorphen Terbium-Eisen-Kobalt-Gemisch. 3,5- und 5,25-Zoll-Platten drehen mit Geschwindigkeiten von 1.800 bis 3.600 rpm. Die durchschnittliche Zugriffszeit beim Lesen beträgt bei den Geräten der neuesten Generation zwischen 45–65 ms, beim Schreiben 85–105 ms. Die durchschnittliche Transferrate beträgt beim Lesen 4,4 MB/s und beim Schreiben 0,58 MB/s. Eine MO-Platte kann über eine Million Mal wiederbeschrieben werden. Die Haltbarkeit beträgt mehr als 30 Jahre (wahrscheinlich über 100 Jahre).

Die *3,5-Zoll-Platten* sind derzeit mit Kapazitäten von 230 MB bis 2,02 GB erhältlich. *5,25-Zoll-Platten* bieten zwischen 1,3 GB und 9,1 GB. Viele Geräte können *beide Plattentypen* mit unterschiedlichen Kapazitäten verarbeiten. Die 5,25-Zoll-Platten kommen meist in Servern (einzelne Laufwerke und Jukeboxen für lokale Netze), die nur halb so teuren 3,25-Zoll-Platten in Arbeitsplatzrechnern (als Einschub oder separates Gerät) zum Einsatz.

MO-Platten werden meist im professionellen Bereich verwendet. Dabei dienen sie als *tertiäre Speicher zur Datensicherung, zum Austausch großer Informationsbestände* (insbesondere im grafischen Bereich) und zur *Archivierung*. Die Medien sind aufgrund des magneto-optischen Verfahrens robuster gegenüber Umwelteinflüssen und können häufiger wiederbeschrieben werden als andere optische Platten (zirka 1.000-mal häufiger als DVD+RW und DVD-RW, zirka 100-mal häufiger als DVD-RAM). Allerdings sind MO-Laufwerke bezüglich der Schreibgeschwindigkeit allen anderen optischen Speicherplatten prinzipbedingt unterlegen (so ist zum Beispiel die DVD-RAM drei- bis sechsmal schneller). MO-Laufwerke haben zwar noch immer das sicherste Speicherverfahren, jedoch weist die DVD-RAM ähnliche günstige Eigenschaften bezüglich Sicherheit auf und verfügt zusätzlich über größere Speicherkapazitäten und schnellere Transferraten.

Abb. 2.4.3.1/1:
Wiederbeschreibbare magneto-optische Speicherplatte

2.4.3.2 MiniDisc

Die kleinste, langsamste und preisgünstigste MO-Platte ist die 1992 eingeführte *MiniDisc* (abgekürzt: *MD)*, die Sie von tragbaren Musikgeräten kennen (MD-Audio). Dieses 2,5-Zoll-Medium (64 mm Durchmesser, 1,2 mm Höhe) kann in einer speziellen Version namens *MD-Data* auch für die Datenspeicherung eingesetzt werden. Die erste Version der MD-Data hatte eine Kapazität von 140 MB. Sowohl Medien als auch Laufwerke sind nicht kompatibel zur MD-Audio. Daher war dieses Format im Gegensatz zur MD-Audio kaum verbreitet.

Mit der im Jahr 2004 vorgestellten *Hi-MD* versucht der Hersteller Sony ein einheitliches Format sowohl für Audio- als auch Datenspeicherungsanwendungen zu etablieren. Die Hi-MD hat eine Kapazität von 1 GB (zirka acht Stunden Musik). Die Hi-MD-Laufwerke haben laut Herstellerangaben eine theoretische Transferrate von 9,83 MBit/s. Da sie in Form kleiner, tragbarer Geräte (MD-Walkman) realisiert werden können und über eine USB-Schnittstelle verfügen, eignen Sie sich sehr gut zur mobilen Datenspeicherung (und sind darüber hinaus zum Abspielen von Musik geeignet). Ob sich die Hi-MD tatsächlich als Datenspeichermedium durchsetzen kann, ist jedoch sehr fraglich.

Abb. 2.4.3.2/1:
Hi-MD mit 1 GB
Speicherkapazität

▶ Übungsaufgabe Nr. 2.2.20 im Arbeitsbuch

2.5 Elektronische Datenträger

Elektronische Datenträger verwenden *Halbleiterbauelemente* zur Datenspeicherung. Wir behandeln zunächst die zukunftsträchtigen, in verschiedenen Anwendungen im breiten Einsatz befindlichen *Chipkarten* (engl.: chip card; integrated circuit card, abgekürzt: IC Card). Dabei beschränken wir uns auf die beiden wichtigsten Typen, die *Mikroprozessorkarten* und die *Flash-Speicherkarten*. Wir machen Sie jedoch darauf aufmerksam, dass es noch weitere Speicherkarten (engl.: memory card) gibt, die mit anderen Speicherchips (beispielsweise EEPROM oder SRAM) ausgestattet und für spezielle Einsatzgebiete vorgesehen sind.

2.5.1 Chipkarten mit Mikroprozessor

Eine **Chipkarte mit Mikroprozessor** (engl.: microprocessor card; smart card) ist eine Plastikkarte mit einem integrierten Chip, der einen Mikroprozessor und einen Speicher enthält. Es sind zwei Kartengrößen normiert: Ein größeres Format für Ausweise, Kunden-, Bank-, Kreditkarten usw. und ein kleineres Format für SIM-Karten in Mobiltelefonen.

Wir konzentrieren uns hier auf die *Chipkarten mit Mikroprozessor* im größeren Standardformat, gehen also auf die SIM-Karten nicht näher ein. Das Akronym SIM (Abkürzung von engl.: subscriber identity module) bedeutet, dass diese Chipkarte mit Prozessor und Speicher in den Endgeräten (meist Mobiltelefone) primär zur Identifikation des Benutzers verwendet wird. Ohne Identifikation ist eine Berechtigungsprüfung und Abrechnung nicht möglich. Viele der nachfolgend beschriebenen Nutzungsmöglichkeiten von Chipkarten in Kreditkartengröße sind aufgrund der integrierten SIM-Karten auch mit Handys möglich.

Abb. 2.5.1/1: Chipkarte mit Mikroprozessor als Studierendenausweis an der Wirtschaftsuniversität Wien

Die Konzeption der Chipkarte erlaubt einen *vielfältigen Einsatz in unserem täglichen Leben*, insbesondere als Ausweis, elektronisches Zahlungsmittel, Studienbuch, Gesundheitspass, „intelligenter Schlüssel" für die Zutrittskontrolle (zu Räumen, Tresoren usw.) und für Schutzsysteme (Personalcomputer, Netze usw.). Moderne Chipkartensysteme erlauben den Einsatz ein und derselben Chipkarte für mehrere dieser Anwendungen zugleich.

Die Abb. 2.5.1/2 zeigt Ihnen die vielfältigen Ausprägungsformen von Chipkarten.

Der in die Karte integrierte Chip kommuniziert mit dem Kartenleser durch einen *direkten körperlichen Kontakt* und/oder *drahtlos*.

Kontaktkarten (engl.: contact smart card) sind derzeit wesentlich häufiger im Einsatz. Ihre physikalischen, elektrischen und mechanischen Eigenschaften sind in ISO 7816-X genormt. Über die *Systemschnittstelle* des Chips erfolgen die Energieversorgung und die Kommunikation mit dem Gerät, das die aufzuzeichnenden Daten liefert, beziehungsweise die gespeicherten Daten liest.

Der *Mikroprozessor* steuert mithilfe des Betriebssystems die Kommunikation über die Systemschnittstelle, führt das Anwendungsprogramm aus, codiert und decodiert dabei Daten und wickelt die Speicherzugriffe ab. Ferner kontrolliert er die Rechtmäßigkeit der vorgenommenen Transaktionen, indem er aufgrund abgespeicherter Information (wie zum Beispiel der PIN – der persönlichen Iden-

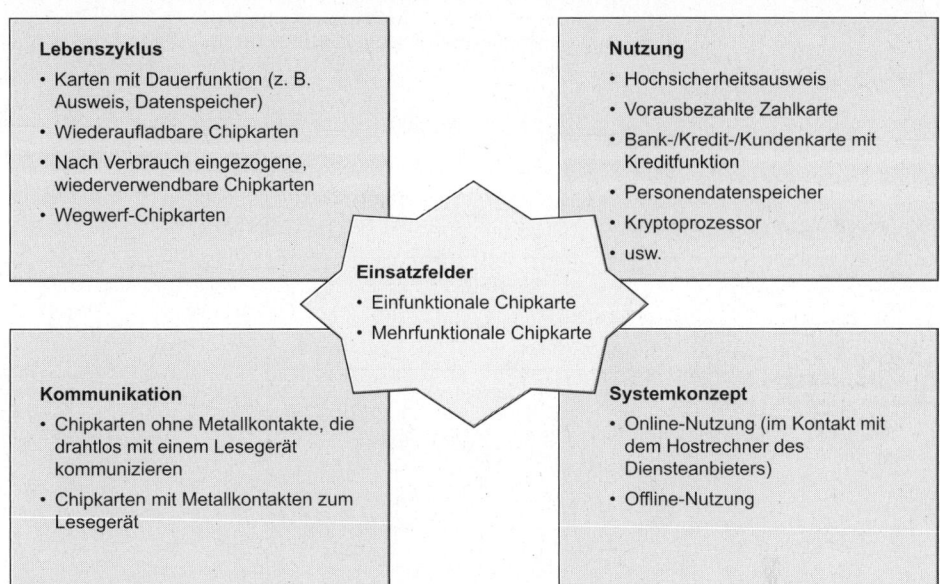

Lebenszyklus

- Karten mit Dauerfunktion (z. B. Ausweis, Datenspeicher)
- Wiederaufladbare Chipkarten
- Nach Verbrauch eingezogene, wiederverwendbare Chipkarten
- Wegwerf-Chipkarten

Nutzung

- Hochsicherheitsausweis
- Vorausbezahlte Zahlkarte
- Bank-/Kredit-/Kundenkarte mit Kreditfunktion
- Personendatenspeicher
- Kryptoprozessor
- usw.

Einsatzfelder

- Einfunktionale Chipkarte
- Mehrfunktionale Chipkarte

Kommunikation

- Chipkarten ohne Metallkontakte, die drahtlos mit einem Lesegerät kommunizieren
- Chipkarten mit Metallkontakten zum Lesegerät

Systemkonzept

- Online-Nutzung (im Kontakt mit dem Hostrechner des Diensteanbieters)
- Offline-Nutzung

Abb. 2.5.1/2: Ausprägungsformen von Chipkarten (in Anlehnung an H. Berger-Müller/Diebold)

tifikationsnummer – oder anderer definierter Zugriffsrechte) die Befugnis des Karteninhabers zur Benutzung von Daten und Programmen prüft. Die CPU (derzeit zwischen 8-Bit und 32-Bit) ist kleiner und wesentlich langsamer als die in Personalcomputern verwendeten Zentralprozessoren.

Die Mikroprozessoren von Chipkarten benutzen entweder ein *Standardkartenbetriebssystem* oder meist proprietäre Programme für spezielle Anwendungen, die Betriebssystemfunktionen enthalten. Die Systemprogramme werden aus dem ROM in ähnlicher Form geladen wie das Basis-Ein/Ausgabesystem (BIOS) eines Personalcomputers. Die dominierenden Betriebssysteme sind MULTOS (Abkürzung von engl.: multiple operating system) und JavaCard. Beide erlauben die Installation und Deinstallation von mehreren voneinander getrennt laufenden Programmen auf einer einzelnen Karte. Die Programme werden so voneinander isoliert, dass sie keinen Einfluss aufeinander haben.

Der Speicher einer Chipkarte wird entsprechend den Anforderungen der jeweiligen Anwendung in drei Bereiche unterteilt:

– Geheimer Bereich,

– geschützter Bereich,

– freier Zugriffsbereich.

Auf den *geheimen Bereich* kann nur der Mikroprozessor zugreifen. Über die Systemschnittstelle, das heißt direkt von „außen", ist kein Zugriff möglich. Der

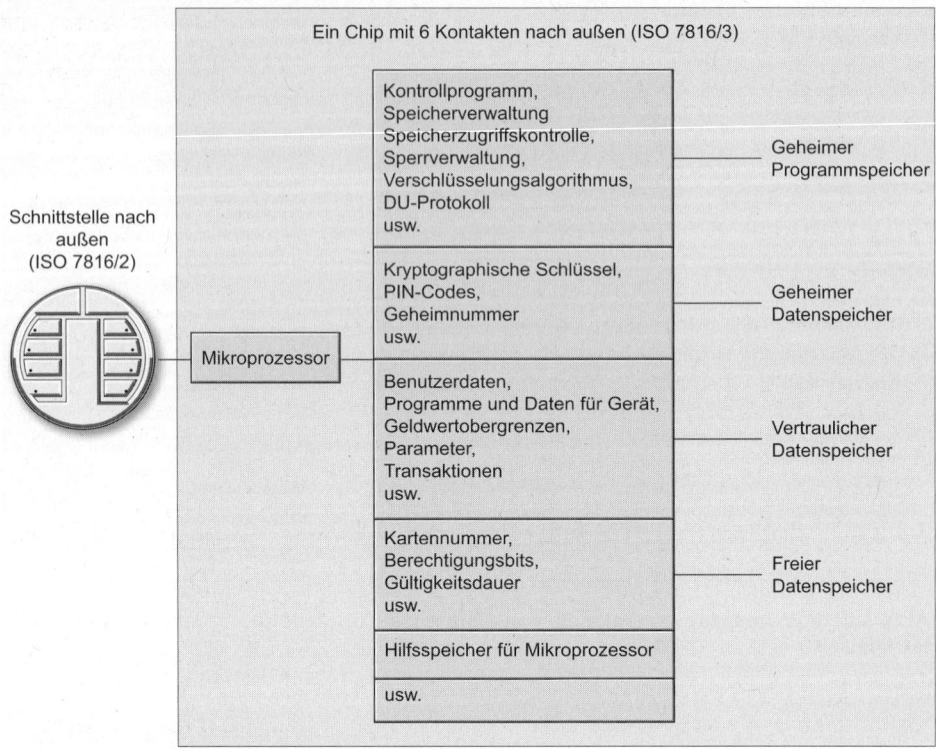

Ein Chip mit 6 Kontakten nach außen (ISO 7816/3)

Schnittstelle nach außen (ISO 7816/2)

Mikroprozessor

Kontrollprogramm,
Speicherverwaltung
Speicherzugriffskontrolle,
Sperrverwaltung,
Verschlüsselungsalgorithmus,
DU-Protokoll
usw.

Geheimer
Programmspeicher

Kryptographische Schlüssel,
PIN-Codes,
Geheimnummer
usw.

Geheimer
Datenspeicher

Benutzerdaten,
Programme und Daten für Gerät,
Geldwertobergrenzen,
Parameter,
Transaktionen
usw.

Vertraulicher
Datenspeicher

Kartennummer,
Berechtigungsbits,
Gültigkeitsdauer
usw.

Freier
Datenspeicher

Hilfsspeicher für Mikroprozessor

usw.

Abb. 2.5.1/3: Architektur einer Chipkarte (Quelle: E. Piller)

geheime Bereich enthält (anwendungsabhängig) unter anderem den PIN-Code, Zeiger auf die einzelnen Bereiche, Geheimcode, Kartentyp, Seriennummer und Programme.

In den *geschützten Bereich* werden alle vertraulichen Daten geschrieben. Ein Zugriff ist nur über einen Zugriffsschlüssel möglich. Der geschützte Bereich enthält, je nach Anwendung, die Identität des Karteninhabers, verschiedene Parameter und vor allem den Transaktionsbereich. In den Transaktionsbereich werden die Daten der einzelnen Transaktionen abgelegt. Die Art und das Format der Daten sind von der Anwendung abhängig.

Die Daten in dem *freien Zugriffsbereich* sind unbeschränkt zugänglich. Der freie Zugriffsbereich enthält je nach Anwendung unter anderem die Gültigkeitsgrenzen der Chipkarte, die Kartennummer, Währung und Kontonummer (bei Geldanwendungen). In diesen Bereich schreibt der Mikroprozessor auch alle Fehler, die durch falsche Zugriffsschlüsselangaben entstehen. Nach einer (vorgegebenen) Anzahl von Fehlern sperrt der Mikroprozessor die Karte.

▶ Übungsaufgabe Nr. 2.2.21 im Arbeitsbuch

Vielerorts wird der Einsatz von *Chipkarten als Personalausweis* diskutiert (Näheres im Abschnitt 2.6.3.1). Die Einführung erscheint insbesondere in Hinblick auf die Sicherheit und Erweiterbarkeit der Funktionen interessant. Es ist zum Beispiel denkbar, dass ein und dieselbe Karte als Personalausweis, Führerschein, Krankenversicherungskarte, Mitarbeiter- und Sozialversicherungsausweis und als Kredit/Debitkarte mit elektronischer Geldbörse eingesetzt wird.

Beim Einsatz von Smart-Cards zur Identitätsprüfung anhand biometrischer Erkennungsmerkmale müssen vor der Nutzung einmalig die Referenzdaten, wie beispielsweise der Fingerabdruck, die Augen-Iris-Merkmale, die Gesichtsproportionen, die Stimme usw., erfasst werden. Aus diesen wird ein charakteristischer Datensatz erzeugt und als Referenzdatensatz auf der Chipkarte abgelegt. Bei der späteren Verifikation des Benutzers werden die biometrischen Merkmale erneut aufgenommen und mit dem Referenzdatensatz auf dem Chip verglichen. Die missbräuchliche Verwendung der biometrischen Merkmale kann verhindert werden, indem sie verschlüsselt auf dem Chip abgelegt werden.

Die Abb. 2.5.1/5 zeigt ein SB-Terminal an der Wirtschaftsuniversität Wien, das zur Foto- und Stammdatenerfassung für die Chip-Studierendenausweise und zur Zulassung zum Studium, zur Rückmeldung mit elektronischer Bezahlung der Studiengebühren, An- und Abmeldung zu Lehrveranstaltungen und Prüfungen, Notenabfrage, zu Ausdrucken wie Zeugnisse, Bestätigungen für das Finanzamt usw. dient.

Bei den *kontaktlosen Chipkarten* (engl.: contactless smart card) gibt es zwei Typen: *Nahkarten* (engl.: proximity card) benutzen eine Antenne mit wenigen Zentimetern Reichweite, um mit dem Lesegerät beziehungsweise der Schreib- und Lesestation zu kommunizieren. Die Karten erhalten ihre Energie durch ein hochfrequentes Magnetfeld, das vom Kartenleser erzeugt wird. Dieses Feld übermittelt auch die Daten und den Takt zwischen Karte und Leser. Solche Karten kommen beispielsweise als Identifikationskarten zum automatischen Öffnen von Türen zum Einsatz.

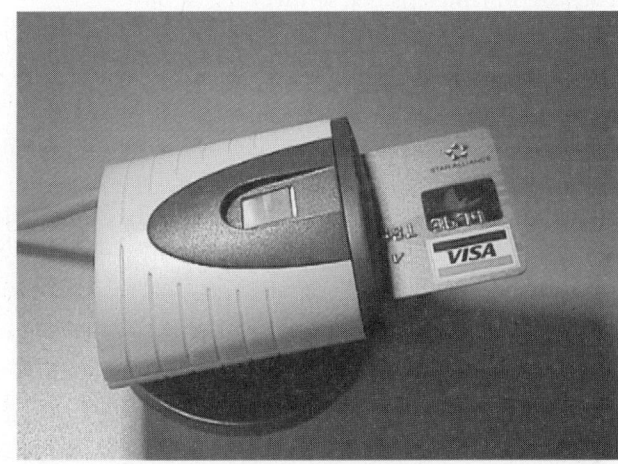

**Abb. 2.5.1/4:
Chipkartenlesegerät, das den Inhalt der Chipkarte nur preisgibt, wenn der Benutzer über den gespeicherten Fingerabdruck verfügt.**

Abb. 2.5.1/5: SB-Terminal an der Wirtschaftsuniversität Wien

Die *Fernkarte* (engl.: remote coupling card) kann über Funk *aus größerer Entfernung* gelesen werden, zum Beispiel an Mautstellen. *Kombinationskarten* (engl.: combination smart card) können sowohl in einen Leser „eingesteckt" als auch berührungslos gelesen werden.

Chipkarten bieten im Wesentlichen dasselbe wie Magnetstreifenkarten, haben darüber hinaus aber noch folgende Vorteile:

1. Sie besitzen eine höhere Speicherkapazität, was ihren Einsatzbereich zur individuellen, tragbaren Datei (zum Beispiel Kundenausweis, Gesundheitspass, Studienbuch usw.) erweitert.

2. Die Chipkarte gewährleistet eine weit bessere Geheimhaltung der gespeicherten Daten und weitgehenden Schutz vor fälschlichem oder unerlaubtem Überschreiben beziehungsweise Löschen von Daten und Programmen. Das bedeutet auch, dass es fast ausgeschlossen ist, Duplikate von Chipkarten anzufertigen. Einzelne Chipkarten erlauben darüber hinaus auch eine verschlüsselte Kommunikation mit der Chipkarte.

3. In der Karte gespeicherte, durch den Prozessor ausgeführte Programme können anwendungsspezifische Unterstützung bieten, zum Beispiel die Datener-

fassung erleichtern (durch Folgen von Bildschirmformularen und maschinelle Prüfungen), Zutritts- und Zugriffskontrollen durchführen, vertrauliche Daten für die Übertragung chiffrieren und dechiffrieren oder Systemaufrufsprozeduren automatisieren.

4. Moderne Chipkartenbetriebssysteme ermöglichen den Einsatz von Multiservicekarten, das sind Karten, die für mehrere Anwendungen verwendet werden können, ohne dass dabei eine unerwünschte gegenseitige Beeinflussung auftritt.

Auch die Nachteile von Chipkarten entsprechen weitgehend jenen von Magnetstreifenkarten (siehe Abschnitt 2.3.1). *Hierzu ist noch zu ergänzen:*

1. Die oben als Vorteil bezeichnete höhere Speicherkapazität ist absolut gesehen immer noch gering. Dieser Engpass verliert aber durch die Entwicklung immer leistungsfähigerer Chips ständig an Bedeutung.

2. Der Preis einer Chipkarte ist um ein Vielfaches höher als der einer Magnetstreifenkarte (die günstigsten Modelle kosten zirka zwei Euro) bei fallender Tendenz.

▶ Übungsaufgabe Nr. 2.2.22 im Arbeitsbuch

2.5.2 Transponder und RFID

> Ein **Transponder** (engl.: transponder) ist ein automatischer Antwortsender, der auf ein eingehendes Signal reagiert. Der Begriff ist ein Kunstwort aus den englischen Worten „transmitter" (Sender) und „responder" (Antwortgeber). Ein Transponder besteht im einfachsten Fall aus einem Ein-Bit-Speicher sowie einer Sende- und Empfangsantenne. Die leistungsfähigsten Transponder sind mit einem Festspeicher (ROM) und einem Schreib-/Lesespeicher (RAM) ausgestattet und verfügen über eine Steuerlogik bis hin zum kompletten Prozessor.

Transponder gibt es *in den verschiedensten Formen für die unterschiedlichsten Zwecke,* beispielsweise zur berührungslosen Identifikation und Ortung von Dingen und Lebewesen oder als Relaisstationen in terrestrischen Rundfunknetzen und bei der Satellitenkommunikation. Auf den zuletzt genannten *Einsatz in der Telekommunikation* gehen wir hier nicht näher ein (siehe dazu Kapitel 6).

Man unterscheidet *aktive Transponder,* die die benötigte Energie für die Datenübertragung und den Datenerhalt einer Batterie entnehmen, und *batterielose, passive Systeme,* die durch ein elektromagnetisches Feld gespeist werden, das der Leser beziehungsweise die Lese-/Schreibstation produziert. Kommt ein passiver Transponder in den Bereich eines Lesers oder einer Lese-/Schreibstation, so wird zunächst der Energiespeicher aufgeladen. Sodann wird der Inhalt des Datenspeichers abgesandt, oder der Transponder erhält neue, abzuspeichernde Daten. Die Datenübertragung wiederholt sich zyklisch, solange sich der

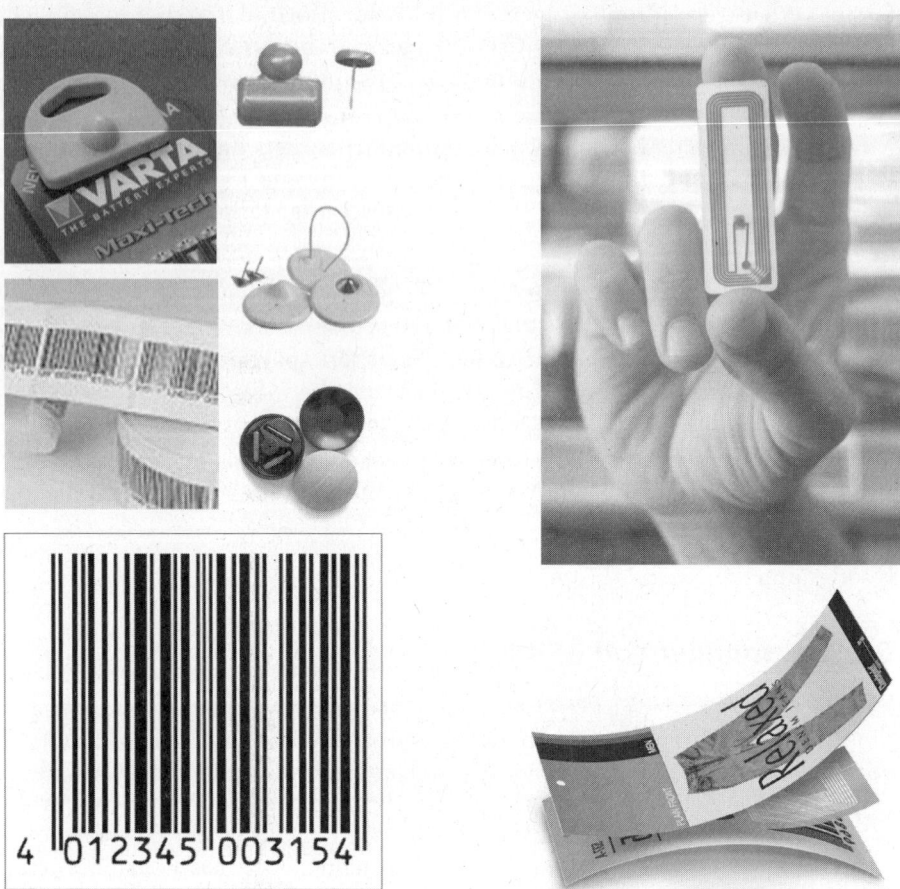

Abb. 2.5.2/1: Etiketten zur Artikel-Sicherung (links) und –Identifikation (rechts)

Transponder innerhalb des Übertragungsbereichs befindet. Damit sich das Sende- und das Antwortsignal nicht überlagern, erfolgt die Rückmeldung entweder auf einer anderen Frequenz oder erst unmittelbar nach dem Stoppen des Transmittersignals.

Im Einzelhandel werden Transponder verbreitet zur elektronischen *Artikelüberwachung* (engl.: electronic article surveillance, abgekürzt: EAS) beziehungsweise *Diebstahlsicherung* eingesetzt. Dabei handelt es sich meist um kostengünstige Ein-Bit-Etiketten, durch die dem Alarmsystem am Ausgang das bloße Vorhandensein (irgend) eines Artikels gemeldet wird. Beim Kassieren wird das Etikett vom Verkaufspersonal entfernt oder deaktiviert. Wurde die Ware nicht bezahlt und damit die Plakette nicht neutralisiert, dann wird dies beim Durchschreiten des Energiefeldes an der Ausgangsschleuse automatisch rückgemeldet und ein entsprechendes Alarmsignal ausgelöst.

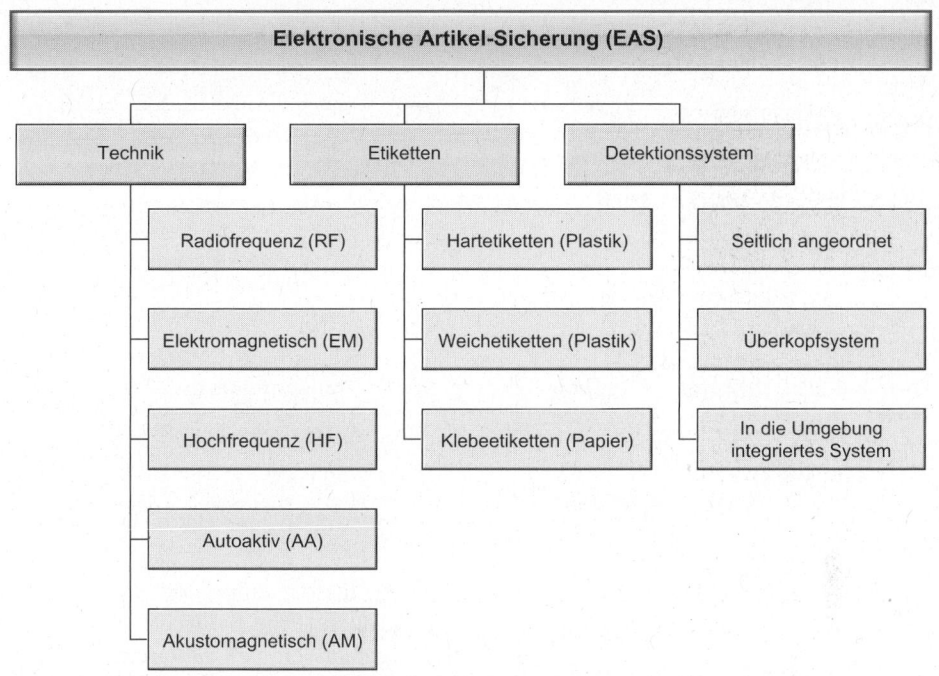

Abb. 2.5.2/2: Elektronische Artikel-Sicherung (EAS)

> Sicherungsetiketten gibt es in verschiedenen Varianten (siehe Abb. 2.5.2/1) mit und ohne Chip, die mit verschiedenen Techniken erkannt werden (siehe Abb. 2.5.2/2).

Eine besonders viel versprechende Transponder-Technik ist *RFID*. Dabei handelt es sich um ein der Strichcode-Erfassung ähnelndes, aber wesentlich leistungsfähigeres Verfahren zur drahtlosen Identifizierung über Funk.

> **RFID** (Abkürzung für engl.: radio frequency identification; deutsch: Radiofrequenz-Identifizierung) ist ein Datenerfassungsverfahren, das elektronische Etiketten (engl.: tag) zur Speicherung von Identifikationsdaten verwendet, die von Lese-/Schreibstationen kontaktlos über Funk (Radiowellen) gelesen und beschrieben werden können. Ein *RFID-Etikett* besteht aus einer Antenne, einem analogen Schaltkreis zum Empfangen und Senden (Transponder) sowie einem digitalen Schaltkreis zur Datenspeicherung.

Die Entfernung, über die ein RFID-Etikett ausgelesen werden kann, schwankt aufgrund der Ausführung des Transponders (aktiv/passiv), dem benutzten Frequenzband, der Sendestärke und Umwelteinflüssen zwischen wenigen Zentimetern und maximal 30 Metern. Ein RFID-Etikett kann in Form und Größe variieren, je nach Modell und Ausführung von wenigen Millimetern bis zu einigen

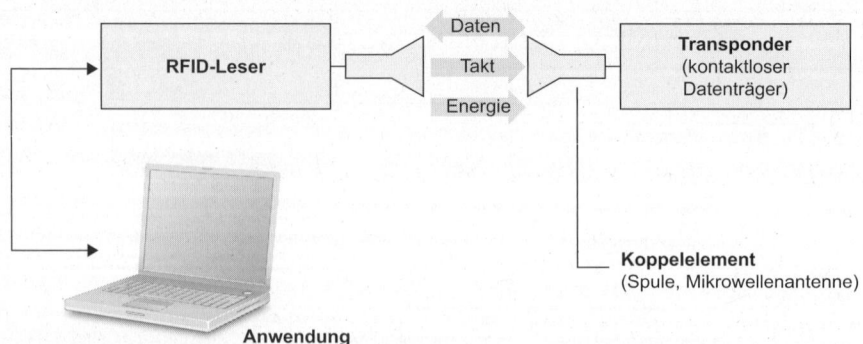

Abb. 2.5.2/3: Drahtlose Kopplung eines passiven Transponders mit einem RFID-Leser

Zentimetern. Das Aussehen kann von rund und massiv, bis flach und flexibel beliebig angepasst werden.

Ähnlich wie der Strichcode kann RFID überall dort eingesetzt werden, wo *Dinge oder Lebewesen identifiziert* werden müssen. Eine Sichtverbindung zur Lesestation ist nicht erforderlich; die Datenträger lassen sich ohne exakte Positionierung der Leseantenne und durch alle nicht-magnetischen Stoffe lesen. Neben den erwähnten Chipkarten und Etiketten können RFID-Datenträger zum Beispiel als implantierter Chip, Plakette, Knopf, Armband, Armbanduhr, Stift, Schraube usw. realisiert sein.

Ein RFID-Etikett kann sehr einfache Information enthalten, wie beispielsweise bei einem Kleid die Artikelnummer und Reinigungsanweisung, oder bei einem Hund eine Identifikationsnummer, über die der Name und die Adresse des Eigentümers festgestellt werden können. Es kann sich aber auch um komplexe, kontextbezogene Information handeln, die zum Beispiel hilft, eine Turbine zusammenzubauen oder ein neues Ladengeschäft einzurichten. Für solche Zwecke kann ein RFID-Chip Kontext-Information wie beispielsweise den Bestimmungsort oder ein Ablaufdatum enthalten.

Eine schon heute verbreitete RFID-Anwendung ist die *Tierkennzeichnung*. Statt sichtbarer Markierungen, wie Brandzeichen oder Tätowierungen, werden Tiere mit einem Chip ausgestattet. Damit können beispielsweise die Eigentümer von verloren gegangenen, gestohlenen oder ausgesetzten Tieren ermittelt werden. In der EU müssen innerhalb einer Übergangszeit von acht Jahren (ab 3. Juli 2004), Haustiere (Hunde, Katzen) durch eine deutlich erkennbare Tätowierung oder ein elektronisches Kennzeichen (Chip) markiert werden. Als Kennnummer dient die Nummer des Chips oder die Tätowierungsnummer. Nach der Übergangszeit ist ausschließlich die Kennzeichnung durch den Chip zulässig. Der kleine Eingriff beim Tierarzt kostet 60 Euro, injiziert wird der reiskorngroße Chip unter die Haut an der linken Halsseite.

Ab 2008 ist laut EU-Verordnung die elektronische Kennzeichnung auch für Schafe und Ziegen zwingend (in EU-Mitgliedstaaten mit einer Schaf- und Ziegenpopulation von über 600.000 Tieren). Angesichts immer wieder grassierender Tierseuchen soll damit Klarheit über die Herkunft der Tiere geschaffen werden.

In den USA hat die Gesundheitsbehörde FDA (Abkürzung für engl.: Food and Drug Administration) für medizinische Zwecke einen Mikrochip der in Florida ansässigen Firma Applied Digital Solutions genehmigt, der Patienten eingepflanzt werden soll, damit im Krankenhaus bei medizinischen Notfällen die Krankengeschichte der Person schneller abrufbar ist. Kritiker weisen auf die Möglichkeit hin, dass eingepflanzte Chips auch für Überwachungszwecke und andere Personengruppen (wie zum Beispiel Häftlinge, auf Bewährung Entlassene, vielleicht auch Besucher der USA) zum Einsatz kommen können.

In Industrie und Handel wird RFID schon verbreitet zur *Palettensteuerung und -verfolgung über die verschiedenen Stufen der Lieferkette* eingesetzt. Für die Identifizierung und Verfolgung des Weges einzelner Produkte sind die RFID-Etiketten meist noch zu teuer (Näheres im Abschnitt 2.6.3.2).

Im Teststadium befindliche *RFID-Systeme* (siehe Abb. 2.5.2/4) können die RFID-Etiketten der Waren im Einkaufswagen lesen und dabei beispielsweise die Artikelnummern der gekauften Produkte auslesen. Auf diese Weise kann eine automatische Abrechung erfolgen, ohne dass die Produkte aus dem Einkaufswagen entfernt werden müssen. Eine Besonderheit von RFID-Etiketten im Ver-

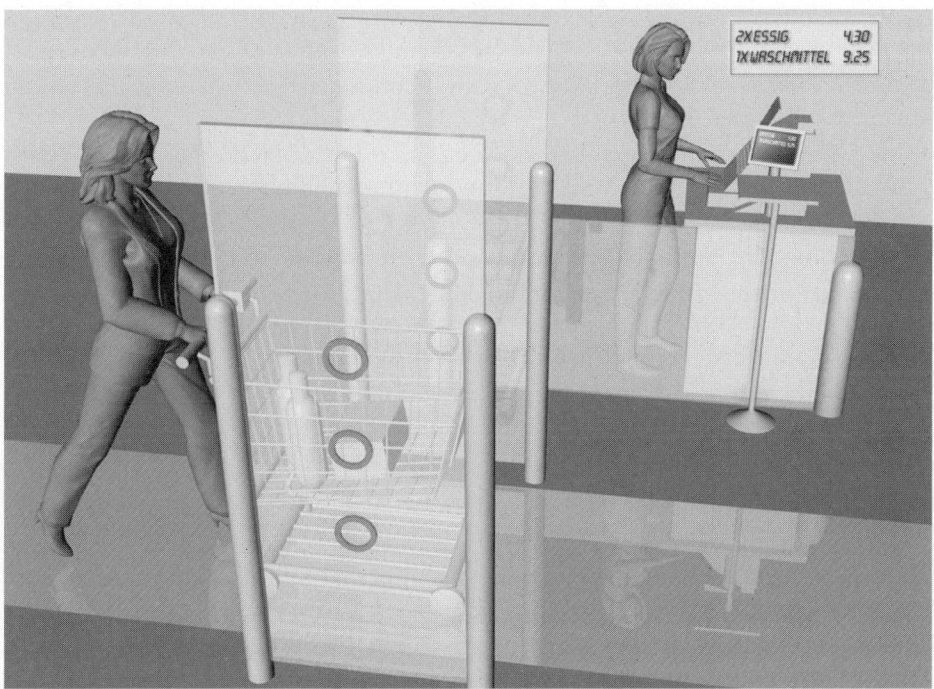

Abb. 2.5.2/4: RFID-Systeme für den Einzelhandel

gleich zu Strichcodes liegt dabei darin, dass sie die eindeutige Identifikation des einzelnen Produkts und nicht nur des Produkttyps ermöglichen.

Zum *Beispiel* kann damit in der *Lebensmittelbranche* artikelgenau die Herkunft (über alle Wirtschaftsstufen hinweg), das Haltbarkeitsdatum usw. der einzelnen Produkte (etwa einer bestimmten Milchpackung, einer bestimmten Wurst usw.) abgefragt werden. Lebensmittelhersteller und -händler sind gemäß „Allgemeinem Lebensmittelrecht" der EU seit dem Jahr 2005 verpflichtet, Systeme zur Rückverfolgbarkeit so zu gestalten, dass Lieferanten und gewerbliche Abnehmer jederzeit feststellbar sind.

Unser *Beispiel-Lebensmittelfilialbetrieb* verspricht sich langfristig vom *Einsatz von RFID-Etiketten* gegenüber den bisher verwendeten EAN-Strichcode-Beschriftungen folgende *Vorteile:*

- Höhere Transparenz durch individuelle Identifikation einzelner Produkte, Packungen und Transporteinheiten (Paletten) sowie des Warenflusses vom Hersteller bis zum Verkaufsort (Rückverfolgbarkeit),
- Kostensenkungen durch einfacheres Waren-Handling (Wegfall des notwendigen Sichtkontaktes), bessere Artikelüberwachung (Diebstahlsicherung), Selbstbedienung bei Frischwaren mittels „intelligenter", die Produkte mittels Kamera erkennender SB-Waagen, sowie vereinfachte Verkaufsabrechnung durch Auslesen der RFID-Etiketten im Einkaufswagen,
- Umsatzsteigerungen durch innovative Marketingmaßnahmen, zum Beispiel durch kunden- und artikelbezogene Werbung an den Einkaufswagen, Kiosks und Regalen (via Bildschirm oder Sprache).

Weitere *Anwendungsbereiche* von Transpondern beziehungsweise RFID-Systemen sind:

- LKW/PKW-Mautsysteme, Waggon- und Container-Überwachung (Erfassung vorbei fahrender Einheiten);
- Identifikation von Flugzeugen im Zuge der Luftraumüberwachung (Kennzeichnung der auf dem Radarschirm sichtbaren Flugzeuge, ihrer Flughöhe usw. für Fluglotsen);
- Sortierung und Verfolgung des aufgegebenen Gepäcks in Flughäfen;
- Produktionssteuerung (Kennzeichnung der durchlaufenden Produkte und der zugehörigen Aktivitäten durch beschreibbare Transponder-„Laufkarten") sowie Qualitätssicherung (Markierung kritischer Teile);
- Abfallentsorgung (Beschreibung von Mülltonnen nach Typ, Häufigkeit der Entleerung, Menge und Gewicht des Mülls usw.);
- Kontrolle von Verschleißteilen, zum Beispiel Reifen;
- Zeitmessung bei Sportereignissen (etwa bei Marathonläufen durch einen am Schuh angebrachten Transponder).

Zu den *Vorteilen von RFID-Systemen* gegenüber anderen Erkennungssystemen (insbesondere Strichcodes) gehören:

1. Kleine, robuste Datenträger (unempfindlich gegen Verschmutzung und extreme Temperaturen) mit langer Lebensdauer, teils wiederverwendbar;
2. hohe Erkennungsgenauigkeit;

3. große Reichweite und schnelle Datenübertragung;
4. automatische Datenerfassung auch im laufenden Prozess;
5. Datenerfassung durch nicht leitende Materialien ohne Sichtkontakt möglich.

Zu den *Nachteilen von RFID-Systemen* gegenüber Strichcode-Systemen gehören:

1. Der Einsatz von RFID-Etiketten und der dazugehörigen Schreib-/Lesegeräte ist bisher noch wesentlich teurer als die Verwendung der bereits etablierten Strichcodesysteme. Darüber hinaus wäre bei einem weitreichenden Einsatz im Handel mit erheblichen Umstellungskosten zu rechnen.
2. Die informationstragenden elektromagnetischen Wellen der RFID-Etiketten interagieren mit verschiedenen Materialien. So können beispielsweise Metalldosen oder ein Einkaufswagen aus Metall Fehler beim Auslesen verursachen.
3. Es bestehen Datenschutzbedenken, weil dem Käufer eines Artikels das Vorhandensein des RFID-Etiketts nicht bekannt sein muss und dieses ohne seine Kenntnis gelesen werden kann. Bei Bezahlung mit Kredit-, Bank- oder Kundenkarten können ohne Kenntnis der Betroffenen Bedarfsprofile erstellt werden.

Exkurs: EPC

Im Jahr 1993 wurde vom Auto-ID-Center des Massachusetts Institute of Technology (MIT) in Cambridge, Massachusetts der zur eindeutigen Kennzeichnung von Waren in der Lieferkette vorgesehene elektronische Produktcode *EPC* vorgestellt. 2003 wurde diese Entwicklung auf *EPCglobal* übertragen, ein Joint Venture der Standardisierungsgremien EAN International und UCC (Abkürzung für engl.: Uniform Code Council). Durch die im EPC gespeicherte EAN und eine serielle Nummer (Fabrikationsnummer) werden Produkte eindeutig identifizierbar. Dadurch kann weitere zu einem bestimmten Produkt gehörende Information vom Benutzer über das Internet direkt beim Hersteller abgerufen werden. Deshalb (und um Kosten und Komplikationen zu verhindern) plädiert EPCglobal dafür, auf dem standardisierten RFID-Etikett nur den EPC zu speichern.

Der **Elektronische Produktcode**, abgekürzt: **EPC** (engl.: electronic product code), dient zur eindeutigen Kennzeichnung von Produkten oder anderen Objekten auf RFID-Etiketten durch eine Bitfolge variabler Länge; bisher liegen Spezifikationen für 64 Bits (EPC-64) und 96 Bits (EPC-96) vor. Der EPC besteht aus einem Kopfteil (engl.: header), in dem das Codierungsschema festgelegt wird, und mehreren Folgeabschnitten (numerischen Feldern), die durch das Codierungsschema bestimmt werden. Das Codierungsschema definiert die Länge des Codes und welche Information in welcher Form abgespeichert wird. Der EPC könnte in vielen Anwendungsgebieten die bisher üblichen EAN-Strichcodes ablösen.

Durch die geringe Länge des 64-Bit-EPC soll Speicherplatz gespart werden, was den Einsatz kostengünstigerer RFID-Etiketten erlaubt. Die künftig wahrscheinlich dominierende Version des EPC hat eine Länge von 96 Bits (siehe Abb. 2.5.2/5). Für den ursprünglich als letzte Ausbaustufe ins Auge gefassten EPC-256 besteht nach aktuellen Untersuchungen derzeit kein dringender Bedarf, da der EPC-96 für heutige Verhältnisse schon ausreichend Spielraum bietet.

Beim EPC werden folgende *Formen der Identifizierung* unterschieden:

1. reine Identifizierung allgemeiner Art,

2. reine Identifizierung spezieller Art, zum Beispiel von Produkten mittels eines bestimmten Artikelnummerierungssystems (etwa EAN) oder von Transporteinheiten mittels eines bestimmten Container-Nummerierungssystems und

3. Identifizierung mit Zusatzinformation zur Codierung und ihrer technischen Realisierung (zum Beispiel: bestimmtes Etikett, bestimmtes Datenbankfeld).

Bei der *reinen Identifizierung allgemeiner Art* (engl.: general identifier) durch den EPC-96 folgen auf den Kopfteil drei Felder: die Nummer des Hauptverantwortlichen (engl.: general manager number) kennzeichnet den Inverkehrbringer (in der Regel der Hersteller), die Objektklasse (engl.: object class) definiert den jeweiligen Objekttyp und eine Seriennummer (Fabrikationsnummer; engl.: serial number) beschreibt ein einzelnes Objekt der Objektklasse. Die Nummer des Hauptverantwortlichen wird von EPCglobal (für Deutschland die Centrale für Coorganisation, abgekürzt: CCG) zugeteilt. Der darin identifizierte Betrieb oder Manager ist für die Vergabe und Wartung der Nummern in den Folgefeldern (Objektklasse, Seriennummer) verantwortlich.

Sie ersehen aus der Abb. 2.5.2/5, dass durch den Binärwert 0011 0101 festgelegt wird, dass es sich um eine *reine Identifizierung allgemeiner Art durch den EPC-96* handelt (GID-96). Dadurch sind die Folgefelder – wie in Abb. 2.5.2/5 dargestellt – bestimmt. Der Inhalt des GID ist nicht weiter spezifiziert.

Das EPC-Codierungsschema für die *Serialized Global Trade Identification Number (SGTIN)* erlaubt die Verwendung der bisherigen EAN/UCC-Num-

Bezeichnung der Felder	Kopfteil	Herstellernummer	Objektklasse	Seriennummer
Anzahl der Bits	8	28	24	36
Anzahl möglicher Werte	0011 0101	268.435.456	16.777.216	68.719.476.736
	Binärwert	Dezimale Kapazität	Dezimale Kapazität	Dezimale Kapazität

Abb. 2.5.2/5: Aufbau des EPC-96 zur allgemeinen Objektidentifizierung (GID-96)

mern, erweitert um Serienummern, auf RFID-Etiketten. Dabei wird die Prüfziffer weggelassen.

Der *Filterwert* (engl.: filter value) wird verwendet, um rasch logistische
Basiseinheiten, wie Artikel, Packungen, Behältnisse und Paletten, einordnen
und vorselektieren zu können. Die *Aufteilung* (engl.: partition) zeigt an,
wo die folgenden beiden Felder, die vorangestellte Unternehmensnummer
(engl.: company prefix) und die Referenznummer der einzelnen Einheit
(engl.: item reference), geteilt sind. Sie ersehen aus der Abb. 2.5.2/6 die minimal und maximal möglichen Feldlängen. Die verfügbaren Aufteilungswerte
und ihre korrespondierenden Feldlängen sind in den Spezifikationen definiert.

Bisher sind elf verschiedene EPC-Codierungsschemata definiert (Stand
Anfang 2005). Wenn im Kopfteil beispielsweise der Binärwert 0011 0001
gespeichert ist, so ist damit ersichtlich, dass es sich um ein 96-Bit-Etikett handelt, in dem die Identifikationsnummer im *Serial Shipping Container Code
(SSCC-96)* gespeichert ist. Ein zweistelliger binärer Wert von 10 bedeutet,
dass es sich um ein EPC-64-Etikett handelt, das eine *Serialized Global Trade
Identification Number (SGTIN-64)* in dem entsprechenden EPC-Codierungsschema enthält.

Weitere *Bestandteile des EPC-Systems* sind ein von EPCglobal betriebener
Internet-Dienst zum Auffinden von Produktinformation anhand eines EPC
(engl.: Object Name Service; abgekürzt: ONS) und eine XML-ähnliche *Sprache zur Beschreibung von physischen Objekten* (engl.: Physical Markup
Language; abgekürzt: PML).

Ende 2004 wurde von EPCglobal, wo alle namhaften RFID-Hersteller
mitarbeiten, das RFID-Protokoll *EPC UHF Generation 2* verabschiedet. Die
Abkürzung UHF steht für den Ultrahochfrequenzbereich (868 – 956 MHz),
in dem weltweit die „sichere" Datenübertragung zwischen Lesegerät und
Etikett stattfinden soll. Das Protokoll beinhaltet auch einen 32-Bit-Befehl,

Bezeich-nung der Felder	Kopfteil	Filterwert	Aufteilung	Vorangestellte Unternehmens-nummer	Referenz-nummer der Einheit	Serien-nummer
Anzahl der Bits	8	3	3	20 – 40	24 – 4	38
Anzahl möglicher Werte	0011 0000	8	8	999.999 – 999.999.999.999	9.999.999 – 9	274.877.906.943
	Binärwert	Dezimale Kapazität	Dezimale Kapazität	Dezimale Kapazität	Dezimale Kapazität	Dezimale Kapazität

Abb. 2.5.2/6: Aufbau des EPC-96 zur Identifizierung von Objekten anhand der bisherigen EAN/UCC-Nummer plus einer Serienummer (SGTIN-96)

mit dem ein Etikett deaktiviert, das heißt, außer Funktion gesetzt, werden kann. Das Protokoll soll das Lesen von 1.700 Etiketten pro Sekunde in Nordamerika und 600 Etiketten pro Sekunde in Europa ermöglichen (in Europa gibt es stärkere Beschränkungen bezüglich der Energieabgabe von Lesegeräten).

▶ Übungsaufgabe Nr. 2.2.23 im Arbeitsbuch

2.5.3 Flash-Speicherkarten und USB-Sticks

Flash-Speicherkarten (engl.: flash memory card) sind kleine, externe Speichermedien, die in tragbaren Geräten wie zum Beispiel Digitalkameras, Musikabspielgeräten, Mobiltelefonen und PDAs eingesetzt werden. Für den Gebrauch mit Geräten, bei denen diese Karten nicht direkt einsetzbar sind, können diese beispielsweise über einen PCMCIA-Adapter oder einen USB-Kartenleser genutzt werden.

Um aufgenommene Bilder ausdrucken oder anzeigen zu können, sind auch manchmal in Fotodrucker und Fernseher Leseeinheiten für die gängigen Flash-Speicherkarten integriert.

Abb. 2.5.3/1: Flash-Speicherkarten

Flash-Speicherkarten enthalten nichtflüchtige Speicherchips. Das bedeutet, dass einmal gespeicherte Daten erhalten bleiben, auch wenn die Karten von der Stromquelle getrennt werden. Bei Flash-Speichern können Bytes einzeln adressiert und gelesen werden, das Schreiben und Löschen kann jedoch nur blockweise erfolgen. Bei jeder Änderung muss der Block komplett gelöscht und anschließend neu geschrieben werden. Die Lebensdauer von Flash-Speichern ist auf zirka 100.000 Schreib- und Löschzyklen begrenzt.

Ein wesentliches Problem bei Flash-Speicherkarten ist das *Fehlen eines Marktstandards*. Es gibt solche Karten in verschiedenen Größen mit unterschiedlichen Schnittstellen, die nicht kompatibel und damit nicht austauschbar sind. Die Normung einheitlicher Formate ist nicht in Sicht; ebenso wenig ist absehbar, ob ein Hersteller beziehungsweise eine Herstellergruppe die proprietären Spezifikationen auf dem Markt durchsetzen kann.

Compact-Flash-Speicherkarten (engl.: compact flash card; Abkürzung: CF) haben die Abmessungen 42,8 x 36,4 x 3,3 mm für den CF-Typ I und 42,8 x 36,4 x 5,0 mm für den CF-Typ II. Die derzeit gängigen Kapazitäten betragen zwischen 16 MB und 4 GB pro Karte. Die Datenübertragungsgeschwindigkeit liegt im Normalfall ungefähr bei 1,5 MB/s beim Schreiben und 5 MB/s beim Lesen. Besonders „schnelle" Karten erreichen bis zu 9 MB/s (Schreiben) und 10 MB/s (Lesen). Auf der Compact-Flash-Speicherkarte ist sowohl der Speicher als auch ein Controller (die Elektronik, die den Chip beschreiben und lesen kann) untergebracht. Diese Karten können auch über einen PCMCIA-Adapter genutzt werden.

Der CF-Typ II ist etwas dicker als der Typ I und kann dadurch eine höhere Speicherkapazität bieten. Es gibt einzelne Angebote, die über die angegebene Maximalkapazität und Übertragungsleistung hinausgehen, diese sind jedoch für „Normalverbraucher" unerschwinglich.

Zum *Beispiel* bietet *Pretec* eine 80X-Karte im *Compact-Flash-II-Format mit 12 GB Kapazität* an, die allerdings 12.500 Euro (Stand 2004) kostet. Die Datenübertragungsrate beträgt 12 MB/s; 80X bezeichnet den Faktor gegenüber einfacher CD-ROM-Geschwindigkeit.

Compact-Flash-Speicherkarten sind weit verbreitet. Sie werden vorwiegend als *Speichermedium für digitale Kameras, PDAs, Mobiltelefone und tragbare Musik-Spieler* verwendet. Weil sie praktisch überall eingesetzt werden können, ist es beispielsweise möglich, mit der Digitalkamera aufgenommene Fotos auf dem PDA oder Notebook-PC anzusehen, in einem elektronischen Album abzuspeichern, als E-Mail-Anlage zu versenden oder auf die Karte Musikstücke herunterzuladen sowie diese mit dem Musik-Player anzuhören usw.

Eine **Smart-Media-Speicherkarte** (engl.: smart media card, abgekürzt: SMC) ist ungefähr so groß wie eine Compact-Flash-Speicherkarte, sie ist aber wesentlich dünner und damit leichter (nur zwei Gramm). Die Abmessungen sind: 37,0 x 45,0 x 0,76 mm. Die Speicherkapazität pro Karte liegt derzeit zwischen 32 MB und 128 MB. Diese Karten können auch über einen PCMCIA-Adapter genutzt werden.

Im Vergleich zu den Compact-Flash-Karten hat die Smart-Media-Speicherkarte eine wesentlich einfachere Struktur und ist dadurch preisgünstiger. In die Karte ist nur ein einziger Flash-Speicherchip eingebettet (keine Steuerelektronik), das jeweilige Gerät muss die Speicherverwaltung übernehmen. Dadurch kann es jedoch zu Problemen kommen, beispielsweise wenn neu eingeführte Speicherkarten mit größeren Kapazitäten vom Betriebssystem nicht erkannt werden. Smart-Media-Speicherkarten werden hauptsächlich in digitalen Kameras und MP3-Playern verwendet.

Eine **Multimedia-Speicherkarte** (engl.: multimedia card, abgekürzt: MMC) ist ungefähr so groß wie eine Briefmarke. Die Abmessungen sind: 24,0 x 32,0 x 1,4 mm. Die Speicherkapazität pro Karte liegt derzeit zwischen 32 MB und 1 GB.

Die Multimedia-Speicherkarte geht auf eine Initiative der Chiphersteller Siemens, Hitachi und SanDisk zurück. In die Karte sind ein oder zwei Flash-Speicherchips sowie die Steuerelektronik integriert. Sie ist *für Geräte mit sehr kleinen Abmessungen* gedacht, die bei wenig Stromverbrauch eine hohe Speicherleistung erfordern, bei denen aber das Speichermedium nicht permanent gewechselt werden muss. Beispiele sind *PDAs, Mobiltelefone, digitale Diktiergeräte* oder *tragbare Musik-Abspielgeräte*.

Eine **Secure-Digital-Speicherkarte** (engl.: secure digital card, abgekürzt: SD) ist eine Weiterentwicklung der MMC. Sie ist etwas dicker als ihr Vorgänger und erlaubt die kryptographische Sicherung der Inhalte. Ihre Abmessungen betragen 24,0 x 32,0 x 2,1 mm. Die Speicherkapazität pro Karte liegt zwischen 32 MB und 1 GB.

In der Secure-Digital-Speicherkarte ist eine von der Secure Digital Music Initiative (abgekürzt: SDMI) entwickelte Spezifikation realisiert, mit der das illegale Kopieren von über das Internet übermittelten Dateien (Musik, elektronische Bücher, Videos) verhindert werden soll. Jede Karte hat eine eigene Identifikationsnummer zum Berechtigungsnachweis und Entschlüsselungsprozeduren, mit denen berechtigte Benutzer geschützte (chiffrierte) Dateien aufzeichnen können.

Da sich die Secure-Digital-Speicherkarte äußerlich von der Multi-Media-Speicherkarte nur in der Höhe unterscheidet, lassen sich in Geräten, die über einen SD-Steckplatz verfügen, in der Regel auch MMCs einsetzen (umgekehrt ist dies meist nicht möglich).

Ein **Memory-Stick** (engl.: memory stick) ist ungefähr so groß wie ein Kaugummistreifen. Es gibt ihn in vier Ausführungen: Memory-Stick (Classic), Memory-Stick-Duo, Memory-Stick-PRO und Memory-Stick-PRO-Duo. Die Abmessungen sind: 21,5 x 50,0 x 2,8 mm (Classic und PRO) und 20,0 x 31,0 x 1,6 mm (Duo und PRO Duo). Die Speicherkapazitäten pro Karte liegen derzeit zwischen 32 MB und 128 MB (Classic), 64 MB – 256 MB (Duo) oder 256 MB – 2 GB (PRO) und 256 MB – 512 MB (PRO Duo). Die maximale Datentransferrate des Memory-Sticks beträgt 1,5 MB/s beim Schreiben und 2,45 MB/s beim Lesen (Classic und Duo) beziehungsweise 15 MB/s beim Lesen und Schreiben (Memory-Stick-PRO und Memory-Stick-PRO-Duo).

Der Memory-Stick wurde von Sony und Fujitsu entwickelt und wird bisher fast ausschließlich *von Sony für die eigenen audiovisuellen Geräte* eingesetzt: von Notebook-PCs, PDAs, Handys und Digitalkameras bis hin zu den Walkman-Stereogeräten. Die Karte enthält neben den Flash-Speicherchips einen Controller, der weitreichende Funktionen (Steuerung des Datentransfers, Fehlerkorrektur, Dateiverwaltung usw.) übernimmt. Viele Sony-Geräte haben standardmäßig einen Memory-Stick-Steckplatz, für andere Geräte gibt es eine Reihe von Adaptern (zum Beispiel PC-Card-Adapter, Diskettenadapter, Compact-Flash-Adapter) beziehungsweise interne und externe Lesegeräte.

Die *Duo-Variante des Memory-Stick-Classic* wurde im Jahr 2001 eingeführt. Diese kleinere, leichtere (zwei Gramm) Version des Memory-Stick erlaubt es, noch kompaktere mobile Geräte (PDAs, Smartphones, tragbare AV-Geräte) zu entwickeln. Der Memory-Stick-Duo ist voll kompatibel zum Memory-Stick-Classic; mithilfe eines gleich großen Adapters kann Duo in den entsprechenden Steckplatz gesteckt werden.

Der 2003 vorgestellte *Memory-Stick-PRO* wurde von Sony zusammen mit SanDisk entwickelt. Gegenüber dem konventionellen Memory-Stick und anderen Speicherkartenstandards soll er eine besonders hohe Speicherkapazität (theoretisch bis zu 32 GB) und eine hohe Datenübertragungsrate erreichen. Analog zu dem Memory-Stick-Classic existiert eine Memory-Stick-PRO-Duo-Variante.

Es ist anzumerken, dass Memory-Stick-PRO-Speichermedien nur mit entsprechend kompatiblen Geräten funktionieren. Vereinzelt bietet die Firma Sony Softwareupdates für ältere, auf den Memory-Stick-Classic ausgelegte, Geräte an. Laut Aussagen des Herstellers existiert allerdings *Abwärtskompatibiltät* für die Speichermedien. Dies bedeutet, dass auch Memory-Stick-Classic beziehungsweise Memory-Stick-Duo von Geräten gelesen werden können, die über einen für Memory-Stick-PRO ausgelegten Steckplatz verfügen.

Eine so genannte *MagicGate-Version* des Memory-Stick (alle Varianten) ist speziell für Audiodaten entwickelt worden. Sie unterstützt die SDMI-Spezifikation für den Urheberrechtsschutz von Audio-Information.

> Die **xD-Picture-Card** (eng.: xD-picture card) ist die derzeit kompakteste Flash-Speicherkarte mit einer Größe von 20,0 x 25,0 x 1,7 mm. Die Speicherkapazität pro Karte liegt zwischen 32 MB und 1 GB. Die Datenübertragungsrate beträgt ungefähr 1,3 MB/s beim Schreiben und 5 MB/s beim Lesen.

Die xD-Picture-Card wurde im Jahr 2003 von Olympus und FujiFilm eingeführt. Sie ist als Nachfolger der Smart-Media-Speicherkarte speziell für Digitalkameras konzipiert. Sie ist deutlich kleiner, aber nicht mehr so dünn wie die Smart-Media-Speicherkarten, wodurch sie eine geringere Anfälligkeit für Schäden durch Verdrehung (Torosion) hat. Auch die großflächigen Kontakte, die die Konkurrenzmodelle aufweisen und durch die elektrostatische Schäden begünstigt werden, sind nicht vorhanden. Es existieren Adapter, die den Betrieb in Compact-Flash-fähigen Geräten, an PCMCIA-Steckplätzen oder an einer USB-Schnittstelle erlauben.

▶ Übungsaufgabe Nr. 2.2.24 im Arbeitsbuch

USB-Sticks

> **USB-Memory-Sticks, USB-Flash-Sticks** oder einfach nur **USB-Sticks** (Synonyme) vereinen die Vorteile einer Flash-Speicherkarte (klein, leicht, steckbar) mit einer Standard-Schnittstelle (USB). Grundlegende Bestandteile dieser portablen Massenspeicher sind ein USB-Anschluss, ein herstellerspezifischer Steuerchip als USB-Slave-Schnittstelle und zur Speicher-Ansteuerung, das Flash-Speichermedium und eine optionale Statusanzeige (LED). Anders als Flash-Speicherkarten benötigen USB-Sticks keine zusätzlichen Geräte beziehungsweise Adapter, um ausgelesen oder beschrieben zu werden, sondern sind mit dem Aufstecken auf eine USB-Schnittstelle sofort einsatzbereit. Ihre Speicherkapazität liegt derzeit zwischen 64 MB und 4 GB.

Es gibt Ausführungen, die speziell für USB-1.1- und die schnelleren USB-2.0-Schnittstellen ausgelegt sind. Beide Varianten funktionieren in der Regel auch an der jeweils anderen Schnittstelle. Die Übertragungsleistung eines USB-2.0-Sticks an einer entsprechenden Schnittstelle kann bis zu 15 MB/s beim Lesen und 13 MB/s beim Schreiben erreichen.

Mit der Verbreitung der USB-Schnittstellen bei handelsüblichen PCs hat auch die Beliebtheit der USB-Sticks stark zugenommen. Als leichter, kompakter Wechselspeicher zum Transport von Datenbeständen haben sie den Disketten längst den Rang abgelaufen. Hinsichtlich Datentransferrate und Speicherkapazität sind sie den Disketten weit überlegen. Bei den gängigen Betriebssystemen besteht keine Notwendigkeit, vor dem Einsatz eines USB-Sticks einen Treiber zu installieren. Durch ihre robuste Bauweise zählen USB-Sticks zu den widerstandsfähigsten der hier vorgestellten Flash-Speicher.

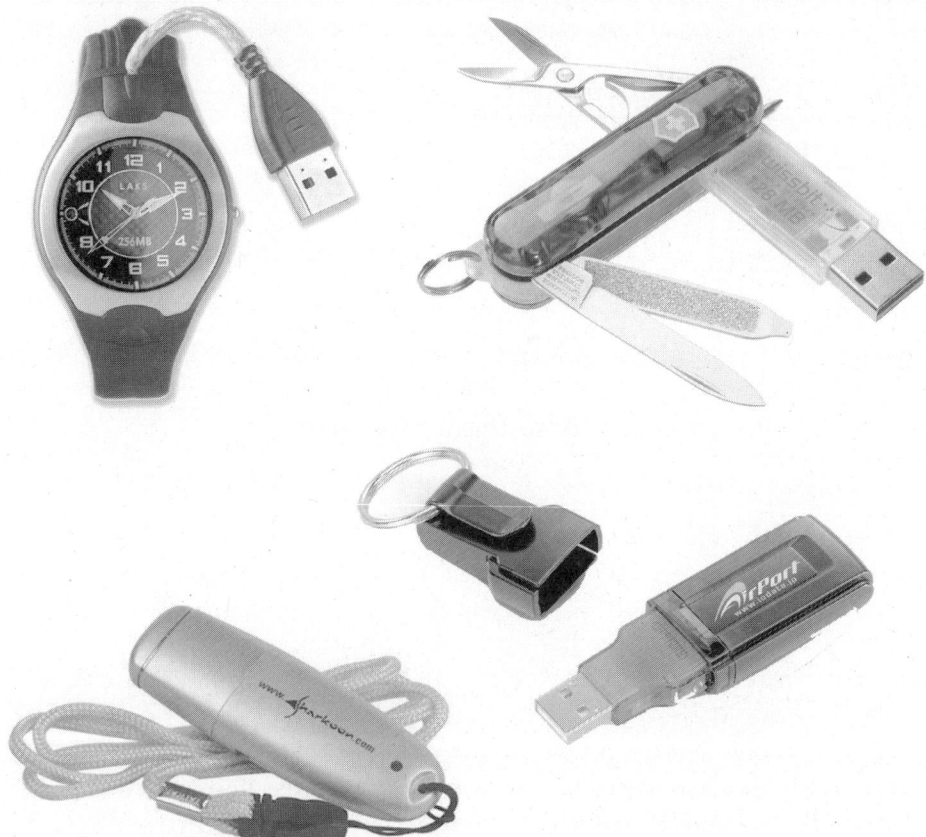

Abb. 2.5.3/2: USB-Sticks gibt es in vielen Varianten: im Standardformat, im Miniformat (ohne Schreibschutzschalter) und als Kombigeräte mit Kugelschreiber, MP3-Player, Uhr, Radio, Taschenmesser usw.

Die Abb. 2.5.3/3 zeigt Ihnen die wichtigsten Kenndaten der beschriebenen Flash-Speichermedien nochmals im Vergleich.

Vorteile von Flash-Speicherkarten und USB-Sticks gegenüber den bisher behandelten externen Schreib-/Lesespeichern sind:

1. Mit Abstand geringste durchschnittliche Zugriffszeit;
2. geringes Gewicht und kleine Abmessungen (Transportierbarkeit);
3. Geräuschlosigkeit und geringer Stromverbrauch beim Betrieb;
4. Unempfindlichkeit (vor allem Stoßfestigkeit im Vergleich zu Magnetplatten – wichtig bei tragbaren Rechnern).

	Abmessungen (L x B x H)	Gewicht	Speicherkapazität
Compact-Flash-Card (Typ II)	42,8 x 36,4 x 3,3 mm	8 – 15 g	16 MB – 4 GB
Smart-Media-Card	37,0 x 45,0 x 0,76 mm	2 g	32 MB -128 MB
Multi-Media-Card	24,0 x 32,0 x 1,4 mm	1,5 g	32 MB – 1 GB
Memory-Stick	21,5 x 50,0 x 2,8 mm	4 g	16 MB -128 MB
Memory-Stick Duo	20,0 x 31,0 x 1,6 mm	2 g	64 MB – 256 MB
Memory-Stick PRO	21,5 x 50,0 x 2,8 mm	4 g	256 MB – 2 GB
Secure-Digital-Card	24,0 x 32,0 x 2,1 mm	2 g	32 MB – 1 GB
xD-Picture-Card	20,0 x 25,0 x 1,7 mm	2 g	32 MB – 512 MB
USB-Stick	Viele verschiedene Bauformen; typisches Standardprodukt: 80 x 25 x 10 mm	10 – 20 g	64 MB – 4 GB

Abb. 2.5.3/3: Vergleich von Flash-Speichern (Stand 2004)

Nachteile sind:

1. Der enorm hohe Preis (pro MB mindestens zehnmal so viel wie bei dem zweitteuersten Massenspeicher – der Magnetplatte);

2. die begrenzte Kapazität (im Vergleich zu Magnetplatten und optischen Platten);

3. die beschränkte Nutzungsintensität (begrenzte Zahl der Schreibzyklen);

4. bei Flash-Speicherkarten die fehlenden Standards und die damit sehr beschränkte Austauschbarkeit zwischen Geräten;

5. bei USB-Sticks das höhere Verlustrisiko aufgrund der kompakten Bauform.

▶ Übungsaufgabe Nr. 2.2.25 im Arbeitsbuch

2.6 Marktsituation und Entwicklungstendenzen

In einer Studie der School of Information Management and Systems der University of California in Berkeley wurde erhoben, wie viel neue Information pro Jahr weltweit erzeugt wird und auf welchen Medien diese gespeichert wird. Für das Jahr 2002 wurde die neue Information auf 3,4 bis 5,6 Exabytes geschätzt (ein Exabyte = 2^{60} Bytes).

Wie viel ist das? Die Autoren der Studie verdeutlichen das am Beispiel der größten Bibliothek der Welt. Würde man die 17 Millionen Bücher der Library of Congress in Washington, D.C., mit voller Formatierung digitalisieren, so wären das ungefähr 136 TB an Information. Die Buchbestände von 37.000 Bibliotheken derselben Größe entsprächen einem Äquivalent von fünf Exabytes.

Zum Vergleich und zur Verdeutlichung der Entwicklung: Die größte Bibliothek des Altertums in Alexandria – angelegt im dritten Jahrhundert vor Christus – repräsentierte das gesamte schriftlich festgehaltene Wissen der damaligen hellenistischen Welt auf zirka 900.000 Schriftrollen.

92 Prozent der im Jahr 2002 neu erstellten Information wurde auf magnetischen Medien aufgezeichnet, der größte Teil davon auf Festplatten. Auf Film (Fotos, Fernsehen, Kino, Videos, Röntgenbilder) entfielen sieben Prozent des Gesamtvolumens, auf Papier (Bücher, Zeitungen, Zeitschriften, Bürodokumente, Briefe usw.) 0,01 Prozent und auf optische Medien (CDs, DVDs) 0,002 Prozent. Zwischen 1999 und 2002 ist die zusätzliche Information um 30 Prozent pro Jahr gewachsen.

2.6.1 Vergleichende Übersicht

Die Abb. 2.6.1/1 zeigt Ihnen die behandelten Datenträger nochmals im *Überblick*, diesmal geordnet nach der maximalen Speicherkapazität. Zusätzlich sind in dieser Tabelle die mittlere Zugriffszeit und die Kosten wiedergegeben.

Diese *Tabelle* bedarf einiger *Erläuterungen*. Es sind *Leistungs-/Kapazitätswerte* angegeben, die von derzeit (2004) auf dem Markt angebotenen Systemen erreicht werden. Die Kenngrößen beziehen sich auf jeweils *eine Einheit (Laufwerk/Medium)*. Die *Zugriffszeit* bei Strichcodefeldern und Plastikkarten ist vom Menschen bestimmt und wurde mit einer Sekunde angenommen. Auf die Angabe der maximalen *Datentransferrate* wurde verzichtet, da diese durch die jeweilige Schnittstelle beeinflusst wird.

Bei den *Geräte- und Medienkosten* sind wir vom derzeitigen mittleren Preisniveau ausgegangen. Als „sehr teuer" werden Laufwerke mit einem Preis von über 1.000 Euro und Medien mit einem Preis von über 50 Euro bezeichnet. „Teuer" heißt beim Laufwerk 500 – 1.000 Euro, beim Datenträger 25 – 50 Euro. Die mittlere Preiskategorie wird bei den Laufwerken mit 250 – 500 Euro und bei den Medien mit 5 – 25 Euro angenommen. „Billige" Laufwerke kosten zwischen 50 und 250 Euro, „billige" Datenträger sind für 0,5 – 5 Euro erhältlich. „Sehr billig" sind die Produkte dann, wenn sie unter den letztgenannten Grenzen liegen. So weit möglich orientieren wir uns dabei an den Preisen in der PC-Welt.

▶ Übungsaufgabe Nr. 2.2.26 im Arbeitsbuch

Datenträger	Derzeitige Kapazität	Laufwerkkosten	Medienkosten	Mittlere Zugriffszeit
Strichcode-Feld	20 Bytes	billig	sehr billig	1 s
Magnetstreifenkarte	170 Bytes	billig	sehr billig	1 s
Markierungsbeleg	2 KB	teuer	sehr billig	>100 s
Klarschriftbeleg	2 KB	teuer	sehr billig	>100 s
Chipkarte mit Mikroprozessor	100 KB	billig	mittel	1 s
Standarddiskette	1,44 MB	sehr billig	sehr billig	100 ms
Optische Speicherkarte	4 MB	mittel	mittel	1 s
CD-R/RW	650 MB	sehr billig	sehr billig	100 ms
Zip-750-Diskette	750 MB	billig	mittel	29 ms
3,5-Zoll-MO	1,3 GB	mittel	mittel	25 ms
Compact-Flash-Speicherkarte	4 GB	sehr teuer	eingebaut	2 ms
1-Zoll-Festplatte	4 GB	teuer	eingebaut	12 ms
DVD-RW, DVD+RW	4,7 GB	billig	billig	90 ms
5,25-Zoll-WORM/MO-Platte	9,1 GB	sehr teuer	mittel	25 ms
DVD-RAM	9,4 GB	billig	mittel	65 ms
Mikrofilm (Rollfilm)	14,8 GB	sehr teuer	teuer	50 s
Travan-TR-7-Band	20 GB	mittel	teuer	25 s
PDD	20,5 GB	sehr teuer	teuer	200 ms
UDO	28 GB	sehr teuer	teuer	82 ms
12-Zoll-WORM-Platte	30 GB	sehr teuer	sehr teuer	100 ms
DDS-5-Band (4 mm)	36 GB	mittel	mittel	25 s
HD-DVD (AOD)	40 GB	sehr teuer	sehr teuer	65 ms
Blu-Ray-Disc	54 GB	sehr teuer	sehr teuer	80 ms
2,5-Zoll-Festplatte	100 GB	mittel	eingebaut	10 ms
SDLT-Magnetband	160 GB	sehr teuer	sehr teuer	25 s
AIT-Magnetband	200 GB	sehr teuer	sehr teuer	25 s
LTO-3-Magnetband	400 GB	sehr teuer	sehr teuer	25 s
3,5-Zoll-Festplatte	500 GB	billig	eingebaut	8 ms

Abb. 2.6.1/1: Zusammenfassender Überblick über externe Speicher

2.6.2 Bedruckte und handbeschriftete Datenträger

Ein großer Teil der in einem Betrieb anfallenden, insbesondere der von außen kommenden, Information ist nach wie vor auf Papier aufgezeichnet. Die Lesegeräte zur Erfassung solcher Information für Zwecke der maschinellen Weiterverarbeitung können in zwei Gruppen eingeteilt werden: Texteingabe und Datenerfassung (formatierte Daten).

Seitenleser beziehungsweise Beleglaser scannen ganze Dokumente (Seiten, Belege) oder große Teile davon und interpretieren den Inhalt (Schriftzeichen, Markierungen) mit Erkennungssoftware. Wegen der nicht hundertprozentigen Erkennungsgenauigkeit und Formatierungsmängeln muss jemand die Daten während oder nach dem Scannen editieren. Die Geräte haben unterschiedliche Größen, Leistungen und Automatisierungsgrade: Das Spektrum reicht vom

OCR-Lesestift um weniger als 100 Euro über kleine Tischgeräte mit manueller oder automatischer Belegzuführung, die einige hundert Euro kosten und über 1.000 Belege pro Stunde lesen können, bis zu großen Standgeräten, die hauptsächlich im Bankwesen für das Verarbeiten und elektronische Archivieren von Schecks und Überweisungsbelegen verwendet werden. Sie erreichen Lese- und Sortierleistungen von über 10.000 Seiten pro Stunde und kosten bis zu 100.000 Euro. Die Geräte sind teils universell ausgelegt, wie beispielsweise die verbreitet in Büros verwendeten Flachbettscanner (siehe Kapitel 3) und die hierzu erhältliche Texterkennungssoftware (siehe Band 1, Abschnitt 3.2.2.5). Teils sind sie auf bestimmte Anwendungsgebiete (zum Beispiel das Lesen von Einzahlungsbelegen, Schecks, Reisedokumenten) spezialisiert und können neben Schriften auch Balkencodes lesen.

Lesegeräte zur Datenerfassung scannen sich wiederholende Daten und übernehmen bei der Eingabe Formatierungsfunktionen. Die Datenerfassung muss mit einer geringen Fehlerrate erfolgen, da, im Gegensatz zu den Seitenlesern, keine nachträgliche Korrektur vorgesehen ist. Hierfür sind vor allem Strichcodes geeignet.

Denken Sie an das *Beispiel* der *Verkaufsdatenerfassung mit Scanner-Kassen:* der Kunde verlässt sich darauf, dass die Abrechnungsdaten stimmen; zu einer nochmaligen Prüfung bleibt während des Kassiervorgangs gar keine Zeit. Ein weiteres Beispiel ist die *Identifizierung und Verfolgung von Gepäckstücken* der Passagiere in der Luftverkehrsbranche. Auch dort muss es schnell gehen und es herrschen raue Verhältnisse.

Strichcodes sind also dort am besten geeignet, wo die primäre Funktion darin besteht, Objekte unter schwierigen Bedingungen zu identifizieren, oder wo die Daten eines Mediums immer wieder gelesen werden müssen und nur aus relativ wenigen Zeichen bestehen. Sie benötigen jedoch mehr Platz auf dem Etikett oder Beleg als OCR (bei einem Standard-Balkencode ungefähr sechsmal so viel).

Strichcode-Scanner gibt es ebenfalls in allen möglichen Varianten: Vom Handgerät mit Kabel- oder drahtlosem Anschluss an den Host (PC, PDA, Datenerfassungsgerät usw.) für unterschiedliche Umweltbedingungen bis zum fest in den Kassentisch eingebauten Lesegerät. Sie können oft viele verschiedene Typen von Strichcodes lesen (UPC/EAN, Code 39 full ASCII, Code 128, Codabar, I2 of 5, Code 93, Discreet 2 of 5, MSI/Plessey). Je nach Ausstattung kostet ein Hand-Scanner zwischen 150 Euro und 1.500 Euro. Es gibt hierbei Multifunktionshandgeräte, die über Barcode- und OCR-Erkennung verfügen.

EAN ist der Weltstandard für Identifikationsverfahren schlechthin, oder besser: der einzige Standard für wirklich grenzüberschreitende Anwendungen, und der einzige Standard, der nicht nur die Lesetechnik und die Dateninhalte festlegt, sondern auf dem soliden Fundament eines eindeutigen Nummernsystems steht. So wird ab 2005 auch in den USA von einem 12-stelligen auf einen 13-stelligen und daher EAN-kompatiblen Code umgestellt. Es ist ferner damit zu rechnen, dass in Zukunft die 13-stellige Artikelkennzeichnung auf 14 Stellen erweitert wird. Dies ermöglicht neue Anwendungsperspektiven wie das Zurückverfolgen einzelner Produkt-Chargen.

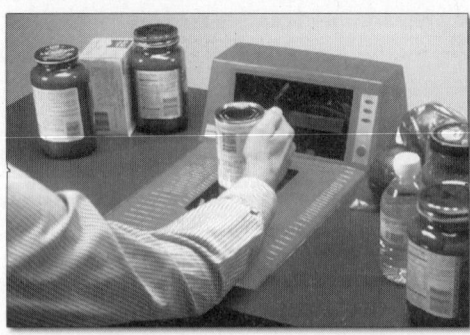

Abb. 2.6.2/1: Verkaufsdatenerfassung mit einem in den Kassentisch eingebauten Scanner

2.6.3 Magnetstreifenkarten und elektronische Datenträger

2.6.3.1 Magnetstreifen- und Chipkarten

Magnetstreifenkarten sind weltweit milliardenfach verbreitet. Neben den großen Kreditkartenorganisationen und Banken bieten Handelsbetriebe, Luftverkehrsgesellschaften, Autovermietungen, Automobilclubs, Hotelketten und viele weitere große Unternehmen eigene Karten an.

Allein die beiden größten *Kreditkartenorganisationen* Visa und MasterCard (zu der auch Eurocard gehört) haben *weltweit* ungefähr 1,2 Milliarden beziehungsweise 638 Millionen Karten ausgegeben, die von 28 beziehungsweise 22 Millionen Vertragspartnern angenommen werden. In *Deutschland* liegt Mastercard mit rund elf Millionen Karten und einem Marktanteil von 50,5 Prozent an erster Stelle. Ungefähr neun Millionen Karten sind von Visa ausgegeben, was einem Marktanteil von 41,6 Prozent entspricht. Es folgen weit abgeschlagen American Express (6,7 Prozent) und Diners (1,2 Prozent) (Stand: Mitte 2004).

Debit-Karten, wie Maestro, die in den meisten Bankkarten integriert ist, sind in Europa die populärste elektronische Zahlungsweise. Mitte 2004 waren in Deutschland rund 90 Millionen *Maestro-Karten* im Umlauf. Maestro-Karten können in allen europäischen und zunehmend auch in außereuropäischen Ländern zur Bezahlung und Bargeldbeschaffung verwendet werden. Weltweit gibt es 7,8 Millionen Akzeptanzstellen und rund 950.000 Geldausgabeautomaten. Die Hälfte der Akzeptanzstellen und ein Drittel der Geldausgabeautomaten befinden sich in Europa.

Die Kreditkartenorganisationen und Banken weiten die *Funktionen ihrer Karten laufend aus.* In der zweiten Hälfte der 1990er Jahre wurden die Möglichkeiten zu weltweiten Barabhebungen an Geldausgabeautomaten ausgebaut und die elektronische Geldbörsenfunktion eingeführt. Derzeit stehen vor allem Internet-Anwendungen, wie sichere Einkäufe, Web-basierte Bonusprogramme („Treueprämien" für mit der Karte durchgeführte Käufe) und elektronisches

Buchen von Karten (Flüge, Bahnfahrten, Kino- und Theatervorstellungen usw.) im Vordergrund. Voraussetzung dieser zusätzlichen Anwendungen war die *Ausgabe von Chipkarten mit Mikroprozessor.*

Die ersten großen *Versuchsprojekte mit Chipkarten* wurden ab 1982 *in Frankreich* von Bull, Schlumberger und Philips durchgeführt. Auf breiter Ebene setzten sich dort, und wenig später auch in Deutschland, einfache Telefonwertkarten (EEPROM, kein Mikroprozessor) durch, durch die das umständliche Hantieren mit Münzen in den Telefonzellen entfallen konnte.

Die erste flächendeckende Ausgabe von *Zahlungsverkehrskarten mit Mikroprozessor und elektronischer Geldbörsenfunktion* erfolgte 1995 in Österreich (EC-Karte mit „Quick"), zwei Jahre darauf folgte die deutsche Kreditwirtschaft mit der „GeldKarte". Die Akzeptanz der Geldbörsenfunktion ist insgesamt sehr gering und fällt in den einzelnen Ländern unterschiedlich aus. Während beispielsweise in Österreich im Jahr 2003 auf zirka 6,5 Millionen Karten 17,7 Millionen Zahlungstransaktionen entfielen, waren es in Deutschland 37,4 Millionen Zahlungstransaktionen, obwohl sich 62 Millionen GeldKarten in Umlauf befanden.

Im Herbst 2004 wurden Pilotversuche mit *Maestro-Prepaid-Karten* begonnen, die mit einem Betrag zwischen 100 und 2.500 Euro „geladen" werden können. Zunächst wird eine *Maestro-Traveller-Card* erprobt, die funktional mit Reiseschecks vergleichbar ist. Im Gegensatz zur „elektronischen Geldbörse" ist das Guthaben nicht auf der Karte, sondern auf einem Server der Clearing-Stelle der Banken gespeichert, der bei Benutzung der PIN-geschützten Karte angewählt wird. Bei Verlust der Karte ist daher das Restguthaben nicht verloren. Während des Pilotversuches kann die Karte über Fax, später über Internet wieder aufgeladen werden. Die Karte hat keinen Bezug zu einem Konto; ein Überziehen ist daher im Gegensatz zu Kredit- und Bankomatkarten nicht möglich. Ein Vorteil gegenüber Reiseschecks ist, dass man mit der Maestro-Prepaid-Karte nicht an Banköffnungszeiten gebunden ist. Sie wird von allen Maestro-Vertragspartnern und Geldausgabeautomaten weltweit akzeptiert.

Die Firmen *Europay, MasterCard und Visa* haben gemeinsame Spezifikationen – *EMV* – für Zahlungsverkehrskarten mit Chip sowie dazugehörige Terminals vereinbart, die zum weltweiten Branchenstandard für Kredit- und Debitkarten geworden sind. Damit soll dem starken Zuwachs an Kartenmissbrauch, vor allem durch Kartendoubletten, begegnet werden.

Allein in *Deutschland* verzeichnete das Bundeskriminalamt im Jahr 2003 mehr als 120.000 Fälle von *Kredit- und Maestro-Karten-Betrug* mit einem Schaden von knapp 65 Millionen Euro (rund sieben Millionen mehr als im Vorjahr).

Die *EMV-Richtlinie* sieht ab 2005 geänderte Haftungsregelungen bei Kredit- und Debitkarten vor. Soweit dies noch nicht geschehen ist, müssen dann alle Banken weltweit nach und nach ihre Kredit- und Debitkarten zunächst zusätzlich, später anstelle des Magnetstreifens mit einem Mikroprozessor ausstatten. Die EMV-Karte bietet eine erhöhte Fälschungssicherheit, da sie nicht wie die bisherigen Magnetkarten mit einfachen technischen Hilfsmitteln ausgelesen und somit kopiert werden kann. Darüber hinaus erlaubt sie eine genauere Analyse der Transaktionsgewohnheiten des Karteninhabers und damit ein verbessertes Kreditrisikomanagement. Schließlich bietet sie noch die Möglichkeit des Angebots zusätzlicher Anwendungen, zum Beispiel mittels digitaler Signaturen (siehe Band 1, Abschnitt 2.4.1.5).

Die Umstellung von den etablierten Magnetstreifenlösungen zur EMV-Chipkartentechnik bedingt nicht nur einen Austausch der Karten, sondern erfordert auch Anpassungen weiterer Systemkomponenten (etwa der Schreib-/Lesegeräte) und Bankhintergrundsysteme. Analysten des Marktforschungsinstituts Frost & Sullivan schätzen deshalb, dass die endgültige Umstellung von Magnetstreifenkarten auf EMV-konforme Chipkarten einen Zeitraum von etwa sieben bis acht Jahren in Anspruch nehmen wird.

Als weitere Masseneinsatzgebiete von Mikroprozessorkarten zeichnen sich *Personalausweise* und *Gesundheitskarten* ab.

So sind beispielsweise an die 460.000 Einwohner des früher unter portugiesischer Verwaltung stehenden chinesischen Territoriums *Macau* fälschungssichere *Bürgerkarten* mit integriertem Fingerabdruck ausgegeben worden. Der Ausweis dient auch als Führerschein, Krankenversicherungskarte, Studenten- und Sozialversicherungsausweis sowie elektronische Geldbörse. *China* plant, bis zum Jahr 2006 zirka 800 Millionen Ausweise mit Mikroprozessor an die Bevölkerung auszugeben. *Südkorea* will 2005 alle offiziellen Kennkarten durch Chipausweise ersetzen. In *Amerika* und *Europa* wird, ausgelöst durch die Angst vor Terroranschlägen, ebenfalls die Einführung solcher Personalausweise geplant. Die EU-Innenminister haben sich darauf geeinigt, dass ab 2006 in EU-Pässe ein Speicherchip mit einem Passfoto und zwei Fingerabdrücken im Format JPEG-2000 integriert werden soll. Damit entsprechen sie genau den Vorgaben der US-amerikanischen National Security Agency (abgekürzt: NSA). Die EU-Kommission denkt ferner daran, den vorgesehenen *europäischen Führerschein in der Form einer Chipkarte* mit Mikroprozessor zu gestalten. Die Daten auf der Karte wären Kopien der Angaben in einer Datenbank bei der „Führerscheinbehörde".

Auch viele große *Unternehmen* haben aus Sicherheitsgründen Mitarbeiterausweise in Form von Chipkarten eingeführt oder planen eine dahin gehende Umstellung. *Hochschulen* gehörten zu den ersten großen Organisationen, die zur Verwaltungsvereinfachung und zur Serviceverbesserung für Mitarbeiter und Studierende Chip-Ausweise eingeführt haben.

Elektronische Gesundheitskarten ersetzen konventionelle Krankenversicherungsausweise, Krankenscheine und teilweise papiergebundene Rezepte. Sie können zusätzliche Verwaltungsdaten und – was unter Datenschutzaspekten umstritten ist – Angaben zur Krankengeschichte der Versicherten enthalten. Um Missbrauch auszuschließen kann die gespeicherte Information nur in Verbindung mit einem Heilberufsausweis in den Händen von Ärzten und Apothekern funktionsbezogen auf Basis von abgestuften Zugangsrechten abgerufen werden.

In einigen Ländern in Asien (zum Beispiel Taiwan) und Europa (zum Beispiel Griechenland) sind *elektronische Gesundheitskarten* bereits im Einsatz. Viele andere Industriestaaten planen die Einführung oder sind bereits in der Einführungsphase (zum Beispiel Belgien, Frankreich, Deutschland, Österreich und Slowenien). Dabei ist es verschiedentlich zu beträchtlichen Verzögerungen gekommen. Gründe sind einerseits die unzureichende Beherrschung der innovativen Technologie, andererseits Koordinationsprobleme und Mängel im Management solcher komplexen Großprojekte mit Millionen von Betroffenen (Versicherten) und Tausenden von Beteiligten (Ärzten, Apotheken, Krankenversicherungen).

In *Österreich* soll die E-Card 2005 an acht Millionen Versicherte ausgegeben werden und rund 42 Millionen Krankenscheine pro Jahr ersetzen. 12.000 Vertragspartner sind in das Projekt einbezogen, für das 116 Millionen Euro veranschlagt sind. Zunächst wird die Karte nur mit Name, Titel und Sozialversicherungsnummer des Karteninhabers versehen, um als Schlüssel für das Gesundheitssystem zu dienen. Sie ist jedoch für die digitale Signatur vorbereitet und kann dadurch in einem späteren Stadium nach Erwerb eines entsprechenden Zertifikates auch als Bürgerkarte für Verwaltungsverfahren und Behördengänge auf elektronischem Wege verwendet werden.

In *Deutschland* soll die Gesundheitskarte 2006 für über 70 Millionen Versicherte eingeführt werden und neben Basisdaten der Karteninhaber auch Rezepte und Gesundheitsdaten enthalten. Der Patient bestimmt selbst, welche Gesundheitsdaten gespeichert werden sollen, und wer darauf Zugriff erhalten soll. 270.000 Ärzte, 77.000 Zahnärzte, 2.000 Krankenhäuser, 22.000 Apotheken und 300 Krankenkassen sollen über eine bundesweite „Gesundheitsplattform" verbunden werden. Mit 11,1 Milliarden Transaktionen und einem Datenaufkommen von 23,6 TB pro Jahr (ohne Bilddaten) gehört das Vorhaben zu den größten IT-Projekten der Welt. Die 1,7 Milliarden Euro Investitionskosten sollen sich durch jährliche Einsparungen von über 500 Millionen Euro bereits nach wenigen Jahren amortisieren.

Auch im *öffentlichen Personennahverkehr* befinden sich bereits vielerorts (wie zum Beispiel in London, Moskau, Peking, Seoul) Chipkarten im Einsatz. Hierfür eignen sich besonders kontaktlose Chipkarten.

Drei Viertel aller Chipkarten kommen derzeit im *Mobilkommunikationsbereich* zum Einsatz. Dabei handelt es sich zu einem großen Teil um einfache, vorausbezahlte Speicherkarten für Mobiltelefone. Während dieser Sektor stagniert, verzeichnen Mikroprozessorkarten auch im Mobilkommunikationsbereich starke Zuwächse.

Der Trend geht vor allem zu *Multifunktionskarten,* das heißt, Karten auf denen mehrere Programme laufen. Aus Sicht der Kunden ist es eine große Erleichterung, nicht für jede Anwendung eine eigene Karte mit sich führen zu müssen. Wichtige Voraussetzung hierfür sind offene, standardisierte Betriebssystemplattformen, wie zum Beispiel *JavaCard,* die eine klare Trennung zwischen Anwendung und Betriebssystem, plattformunabhängige Schnittstellen für die Anwendungsprogrammierung (API), die Programmierung in höheren Programmiersprachen und das Nachladen von Anwendungen bieten. Software für anspruchsvolle Anwendungen wird zunehmend in Java programmiert. Zwei Drittel der SIM-Karten für Smartphones, auf deren Basis Mehrwertdienste angeboten werden, sind bereits Java-Karten.

Akzeptanzbarrieren für Chipkarten sind einerseits die Kosten und andererseits die Vielfalt von Protokollen, die bei kontaktlosen Karten die Interoperabi-

Abb. 2.6.3.1/1: Kontaktlose Chipkarten eignen sich auch für den Einsatz im Öffentlichen Personennahverkehr

lität verhindert. Auf EU-Ebene ist man bemüht, im Rahmen der *eEurope-Initiative* plattformübergreifende Entwicklungen, wie beispielsweise universelle Kartenleser und Multifunktionskarten, zu fördern.

Im *Jahr 2003* wurden *weltweit 1,874 Milliarden Chipkarten* verkauft. 804.000 Stück (43 Prozent) waren Mikroprozessorkarten, 1,07 Milliarden (57 Prozent) Speicherkarten (Quelle: Schlumberger). Nur sechs Prozent des

Gesamtabsatzes (121 Millionen) waren kontaktlose Chipkarten (Quelle: Gartner). *Führende Chipkarten-Hersteller* sind Austria Card, Axalto (Schlumberger), DNP, Gemplus, Giesecke & Devrient, Orga, Sagem, Setec, ST Microelectronics, Toppan und Winter AG. Die meisten dieser Firmen bieten auch Chipkartenleser an.

Von den im Jahr 2003 verkauften *Mikroprozessorkarten* entfielen 60 Prozent auf den Mobilkommunikationsbereich und 24 Prozent auf Kreditkartenorganisationen und Banken. Über die Hälfte der ausgelieferten Mikroprozessorkarten waren Multifunktionskarten (mehrheitlich Java-Karten). Knapp 50 Prozent der Auslieferungen entfielen auf Europa, über 40 Prozent auf Asien und weniger als zehn Prozent auf Nordamerika. Von den *Speicherkarten* kamen fast 90 Prozent als Zahlkarten in Mobiltelefonen zum Einsatz.

Während die Zahl der Speicherkarten stagniert, wird für Mikroprozessorkarten ein starkes *Wachstum* prognostiziert (von 2003 auf 2004: 16 Prozent). Die höchsten Zuwächse mit jährlich über 30 Prozent ergeben sich in der öffentlichen Verwaltung (E-Government). Für das Jahr 2004 schätzt Schlumberger den weltweiten Absatz von Chipkarten auf 1,98 Milliarden. Frost & Sullivan prognostiziert bis 2008 einen Jahresabsatz von 3,1 Milliarden Stück. Davon sollen 516 Millionen kontaktlose Chipkarten sein (Prognose von Gartner).

Die *Preise von Chipkarten und Kartenlesern* hängen von der Abnahmemenge und dem Leistungsvermögen ab. *Speicherkarten* sind am preisgünstigsten. Die Preise werden durch die Größe des Datenspeichers und des eingesetzten Sicherheitssystems bestimmt. Im Einzelverkauf (Endkunden) kosten derzeit Speicherkarten mit 2 Kbit (256 Bytes) EEPROM ungefähr zwei Euro, 64-Kbit-Karten sechs Euro und 256-Kbit-Karten zehn Euro. Bei *Mikroprozessorkarten* variieren die Preise je nach eingesetztem Prozessor und Speichervolumen sehr stark. Häufig eingesetzte Karten mit 8-Bit-MCU und 32 KB EEPROM, die sich für Ausweise und Zahlungsverkehrsanwendungen eignen, kosten ab zwölf Euro. Hinzu kommen noch die Druckkosten und die Personalisierung. Zum Vergleich: Eine *Magnetstreifenkarte* ist blanko bereits für 15 Cent pro Stück erhältlich. Die leistungsfähigsten Java-Karten verfügen über einen 32-Bit-RISC-Prozessor und 1 MB Flash-Speicher. Die Preise für *Chipkartenleser* bewegen sich typischerweise zwischen 30 und 90 Euro.

▶ Übungsaufgabe Nr. 2.2.27 im Arbeitsbuch

2.6.3.2 Transponder und RFID

Von den Identifikationskarten ist es nur ein kleiner Schritt zu *Transpondern, die an Dingen und Lebewesen angebracht sind oder implantiert* werden. Der Transponder- und insbesondere der RFID-Markt ist einer der am schnellsten wachsenden IT-Märkte mit jährlichen Zuwachsraten von 30 – 50 Prozent. Die verschiedenen Marktsegmente unterscheiden sich insbesondere durch den Typ der Transponder.

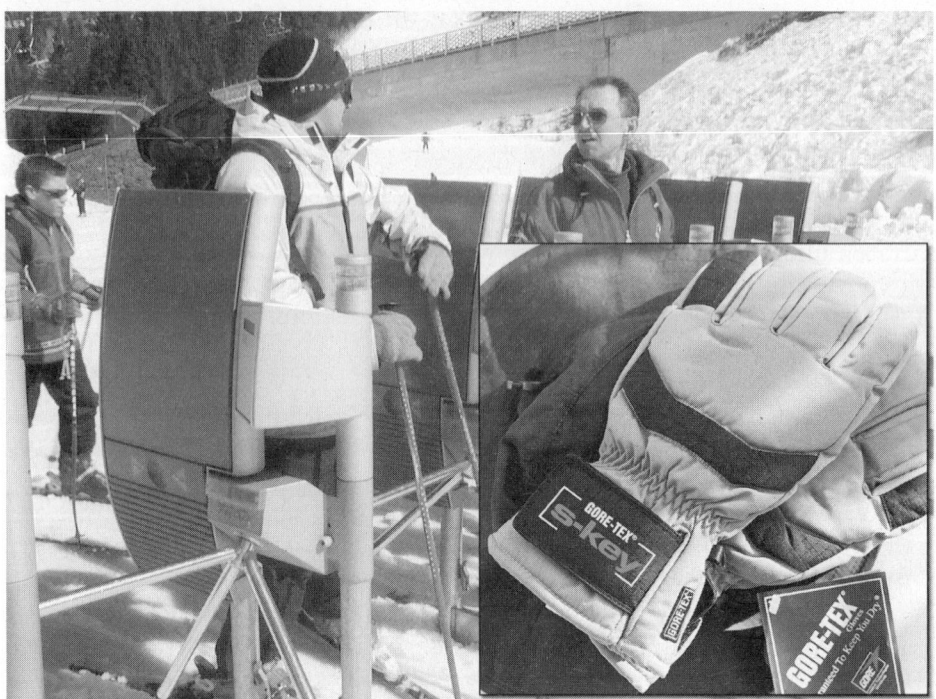

Abb. 2.6.3.2/1: Zutrittskontrollsystem (Skilift), das berührungslos mit passiven RFID-Transpondern arbeitet – Ausschnitt: Skihandschuh mit integriertem Transponder

Im Bereich der *elektronischen Artikelüberwachung (Diebstahlssicherung)* werden jährlich viele Milliarden *Klebeetiketten mit integrierten Magnetstreifen* zu einem Stückpreis von weniger als einem Cent verkauft. In Europa allein sind es jährlich etwa sechs Milliarden. *Hartetiketten,* die vor allem bei Textilien eingesetzt und beim Verkauf abgenommen werden, kosten typischerweise 20 bis 40 Cent pro Stück (Spezialetiketten, zum Beispiel für Brillen, bis zu zwei Euro/Stück). Implantierte *Transponder-Chips* wurden bisher vor allem für Zugangskontrollsysteme und Wegfahrsperren für Kraftfahrzeuge verwendet.

Der große *Durchbruch von RFID-Etiketten* als Strichcode-Nachfolger bei der *Artikelauszeichnung im Einzelhandel* wird erst bei einem Stückpreis von etwa fünf Cent erwartet. Derzeit kosten Nur-Lese-RFID-Etiketten noch 25 bis 40 Cent pro Stück und kommen deshalb in der Regel nur für Waren mit einem Preis von über 15 Euro in Frage. Wegen der komplexen, kostspieligen Fertigung und der beschränkten Nachfrage wird es noch einige Jahre dauern, bis der genannte Preis von fünf Cent erreicht werden wird. Forrester Research geht von einem jährlichen Preisrückgang von neun Prozent aus und rechnet dementsprechend mit acht Jahren (Prognose im Jahr 2004). Das Marktpotenzial ist riesig:

Abb. 2.6.3.2/2: Handleser, der speziell für die Nutzung im Außenbereich entwickelt wurde – in Armbanduhren usw. eingebaute Transponder-Chips werden aus einer Entfernung von zirka 15 cm erkannt

Es wird geschätzt, dass in der Nahrungsmittelbranche allein weltweit jährlich 100 Billionen (10^{14}) Artikel ausgezeichnet werden.

Derzeit und in unmittelbarer Zukunft werden RFID-Etiketten im großen Stil hauptsächlich für innovative *Supply-Chain-Lösungen* und für die *Tierkennzeichnung* (siehe Abschnitt 2.5.2) verwendet.

So hat der US-Handelskonzern *Wal-Mart* mit seinen hundert bedeutendsten Zulieferern vereinbart, ab 2005 alle Warenlieferungen auf Palettenebene mit RFID-Chips auszustatten. Das *US-Verteidigungsministerium* hat ebenfalls seine Lieferanten ab 2005 zur RFID-Auszeichnung der Lieferungen verpflichtet – in jedem einzelnen Produkt oder aber, wenn das nicht möglich ist, in Verpackungen oder Paletten.

In Deutschland ist die *Metro AG* dem Walmart-Beispiel gefolgt und hat ihre hundert wichtigsten Lieferanten auf ein gemeinsames RFID-Projekt verpflichtet. Zuerst sollen

Abb. 2.6.3.2/3: Selbstzahlerkasse im Metro-Future-Store

die Lieferanten ihre Paletten und Transportverpackungen für zehn ausgewählte Metro-Zentrallager und 250 inländische Niederlassungen der Vertriebslinien Metro Cash & Carry, Real, Extra und Galeria Kaufhof mit Funketiketten ausstatten. Bis Ende 2007 soll der RFID-Einsatz auf alle 800 Lager des Metro-Konzerns ausgeweitet werden.

Die Metro erprobt in Zusammenarbeit mit vielen renommierten IT-Herstellern, darunter IBM, Intel, Microsoft und SAP, im nordrhein-westfälischen Rheinberg in einem *„Extra Future Store"* verschiedene *Zukunftstechniken auf der Filialebene.* Dabei spielt die RFID-Artikelauszeichnung eine zentrale Rolle und ermöglicht eine Vielzahl innovativer Anwendungen, vom „Personal Shopping Assistant", einem Empfehlungssystem, das am Einkaufswagen mitfährt, über Werbedisplays, „intelligente" Regale und Waagen bis hin zum Bezahlen ohne Kassierer. Das „intelligente Regal" weiß jederzeit, wo eine bestimmte Ware im Laden vorrätig ist. Die „intelligente Waage" erkennt Obst und Gemüse automatisch mittels Web-Cam und druckt entsprechende Preisetiketten aus. Ob beziehungsweise wann dieser Pilotversuch in die allgemeine Auszeichnung der einzelnen Artikel mit RFID-Etiketten im Metro-Konzern münden wird, ist noch offen.

Viele weitere Handelskonzerne, wie beispielsweise *Carrefour* in Frankreich, *Tesco* in Großbritannien oder *Migros* in der Schweiz, versuchen in Tests, ihre Logistikkosten durch den Einsatz von RFID-Etiketten auf Transportverpackungen zu senken. Die Carrefour-Gruppe beziffert ihr *Einsparungspotenzial* auf 120 Millionen Euro jährlich. Metro erwartet sich von RFID 20 Prozent Kostenreduktion in der gesamten Lieferkette.

Es gibt es eine *Vielzahl weiterer RFID-Projekte und Überlegungen in den verschiedensten Branchen und Funktionsbereichen,* die von der Diebstahlssicherung und Selbstausleihe in Bibliotheken über den schnellen Aufbau von Hilfslagern in Katastrophenfällen bis hin zur Implantierung von Chips in die Arme von Patienten reichen.

Unter *Datenschutzaspekten* ist der unkontrollierte Einsatz von RFID-Etiketten problematisch. Zwei *Beispiele* sollen Ihnen *die potenziellen Gefahren von RFID-Etiketten aus Konsumentensicht* zeigen:

Durch die *Kombination von RFID-Kundenkarten und RFID-ausgezeichneten Waren* ist eine *lückenlose Aufzeichnung des Kundenverhaltens* im Laden möglich – was die Kunden in vielen Fällen nicht wissen. Werden die RFID-Etiketten nicht beim Verlassen des Ladens deaktiviert, besser dauerhaft zerstört oder entfernt, so können sie gelesen werden, solange die Waren in Gebrauch sind. Wenn Sie ein Schaufenster betrachten oder ein Geschäft betreten, könnte damit ermittelt werden, von welchem Hersteller Ihr Pullover und Ihre Schuhe stammen, wo und wann sie gekauft worden sind usw. Die Werbedisplays und die Verkäufer könnten sich dementsprechend einstellen.

Ein in der *TÜV-Plakette integrierter RFID-Chip* würde – entsprechende RFID-Erfassungsstationen im Straßennetz vorausgesetzt – nicht nur eine *automatisierte Mautabrechnung* sondern auch eine *flächendeckende Geschwindigkeitsüberwachung und Strafverfolgung* ermöglichen.

Die *RFID-Umsatzschätzungen und –prognosen* der IT-Marktforschungsinstitute variieren relativ stark und werden mit der Bekanntgabe neuer Großprojekte immer wieder nach oben revidiert. Unterschiedliche Zahlen kommen auch dadurch zustande, dass in einigen Studien fälschlicherweise EAS-Systeme einbezogen werden, obwohl in diesem Bereich nur ein Bruchteil der Etiketten per Funk identifiziert wird. Manchmal werden kontaktlose Chipkarten berücksichtigt, weil sie eine Form von RFID darstellen, manchmal nicht.

Venture Development prognostiziert für 2005 einen weltweiten Umsatz mit RFID-Transpondern, -Lesern und -Software von 1,7 Milliarden Euro (plus 37 Prozent gegenüber dem Vorjahr). Frost and Sullivan schätzen den weltweiten Umsatz mit EAS- und RFID-Produkten im Jahr 2005 auf neun Milliarden Euro.

Der umsatzstärkste RFID-Etiketten-Hersteller, Philips, gibt an, dass 2004 weltweit ungefähr 1,9 Milliarden Chip-Etiketten verkauft worden sind. Die größten Hersteller verkaufen jährlich 60 – 120 Millionen Stück. Führende Hersteller sind (neben Philips) Checkpoint Systems, 3M, Savi Technology, Texas Instruments, TAGSYS, TransCore und Tyco.

Global Research prognostiziert ein Wachstum des RFID-Markts auf acht Milliarden Euro im Jahr 2013. Davon sollen 50 Prozent auf Hardware (Etiketten und Leser) und 50 Prozent auf Software, Services und Infrastruktur entfallen.

▶ Übungsaufgabe Nr. 2.2.28 im Arbeitsbuch

2.6.3.3 Flash-Speicherkarten und USB-Sticks

Der *Markt für Flash-Speicherkarten* hat sich in den letzten Jahren rasant entwickelt. Durch die allgemeine Verfügbarkeit des Internets, neue darauf basierende Anwendungen, wie die Distribution von Musik, und den wachsenden Markt für mobile Kleingeräte, insbesondere Digitalkameras, hat sich die Zahl der Auslieferungen seit 1999 jährlich mehr als verdoppelt.

Das auf dieses IT-Marktsegment spezialisierte Marktforschungsinstitut Semico schätzt den *weltweiten Umsatz mit Flash-Speicherkarten* im Jahr 2003 auf zirka 2,9 Milliarden Euro und geht in den kommenden Jahren von einem durchschnittlichen jährlichen Wachstum von 59 Prozent auf 33,3 Milliarden Euro im Jahr 2008 aus. Zwei Drittel der Umsätze entfallen derzeit auf Digitalkameras; deren Anteil soll bis 2008 auf 47 Prozent sinken. Mobiltelefone mit integrierter Kamera werden hingegen ein immer wichtigeres Marktsegment; ihr Anteil soll von 16 Prozent im Jahr 2003 auf 38 Prozent im Jahr 2008 wachsen. Da die Pixelzahl der gängigen Kameras nicht so schnell ansteigt wie die Speicherdichte der Flash-Karten, passen immer mehr Bilder auf eine Karte.

Nach *Formaten beziehungsweise Modellen* gerechnet hat die Compact-Flash-Speicherkarte mit zirka 30 Prozent den größten Marktanteil. Die SD- und die MMC-Speicherkarten haben mit je etwa 25 Prozent in den letzten Jahren stark aufgeholt und dürften bald die CF-Speicherkarte überflügeln. Die Smart-Media-Speicherkarte, der Memory-Stick und die xD-Picture-Speicherkarte haben Marktanteile zwischen fünf und zehn Prozent. Es gibt eine sehr große Zahl von Kartenherstellern (allein in Taiwan mehr als dreißig), die jedoch vielfach als OEM Karten von Herstellern wie SanDisk (Weltmarkführer) und Sony verkaufen. OEM ist die Abkürzung für engl.: original equipment manufacturer; das ist ein Hersteller, der Produkte zukauft und diese unter eigenen Firmennamen verkauft (unverändert oder angereichert). Der englischsprachige Begriff ist somit irreführend, da ein OEM keine Produkte fertigt.

Die *Preise* für die einzelnen Speichermedien schwanken je nach Format und Hersteller. Vergleicht man beispielsweise die Preise für ein *512 MB großes Medium*, schneidet die Compact-Flash-Speicherkarte mit einem durchschnittlichen Preis von 110 Euro am preisgünstigsten ab (Stand: Mitte 2004). An zweiter Stelle kommen Secure-Digital-Speicherkarten mit einem durchschnittlichen Preis von 160 Euro, gefolgt von Multi-Media-Speicherkarten mit einem durchschnittlichen Preis von 190 Euro und den xD-Picture-Speicherkarten mit einem Preis um zirka 200 Euro. Die Preise für den Memory-Stick-PRO (als Classic in dieser Größe nicht erhältlich) schwanken im Vergleich zu den anderen Medien relativ stark (zwischen 150 und 300 Euro). Smart-Media-Speicherkarten gibt es nur mit einer maximalen Kapazität von 128 MB (Kosten zirka: 30 Euro). USB-Sticks mit einer Kapazität von 512 MB kosten durchschnittlich 160 Euro.

Der *Markt für USB-Sticks* ist in den letzten Jahren geradezu explodiert. Im Jahr 2002 wurden weltweit noch weniger als zehn Millionen Stück verkauft, im Jahr 2005 rechnet Gartner Dataquest mit 67 bis 120 Millionen Auslieferungen im Wert von 1,6 bis 2,4 Milliarden Euro. Microsoft hat angekündigt, in die nächste Version von Windows Datenaustauschfunktionen für USB-Sticks (etwa für E-Mail und die Synchronisierung von Dateien) zu integrieren.

▸ Übungsaufgabe Nr. 2.2.29 im Arbeitsbuch

2.6.4 Magnetische Massendatenträger

2.6.4.1 Magnetbänder

Im Jahr 2003 waren weltweit zirka 25 Millionen Computer-Bandlaufwerke im Einsatz, die Zahl der Auslieferungen (2003: zirka 4,5 Millionen) ist jedoch seit Jahren rückläufig. Heute dienen Magnetbänder fast nur noch als zentrales Datensicherungs- und Archivierungsmedium.

Bei *Arbeitsplatzrechnern* spielen Streamer keine Rolle mehr. Mit dem enormen Wachstum der Festplattenkapazitäten und alternativen Sicherungsmöglichkeiten – insbesondere auf CD-R/RW, DVD-R(W) und DVD+R(W) – ist die Notwendigkeit für den Einsatz der Bandeinheiten zunehmend gesunken.

Bei *kleineren lokalen Netzen* dominiert zurzeit DAT/DDS. Entgegen ursprünglicher Ankündigungen wird dieses Format nun doch weiterentwickelt. Die neueste Version DAT72 (auch DDS-5 genannt) hat eine Kapazität von 36 GB (unkomprimierte Aufzeichnung). Neben DAT/DDS sind in diesem Segment auch die Formate VXA-2 (80 GB), Travan-TR-7 (20 GB) und SLR-100 (50 GB) von Bedeutung. Laufwerke für dieses untere Marktsegment sind ab 200 Euro erhältlich. 10-GB- bis 20-GB-Kassetten kosten 20 – 30 Euro, 50-GB- bis 70-GB-Kassetten kosten 40 – 80 Euro. Führende Hersteller sind Ecrix (VXA), Freecom (DDS), Hewlett-Packard (DDS), Seagate (DDS und Travan), Sony (DDS) und Tandberg (SLR, Travan).

Im *mittleren und oberen LAN-Segment* konkurrieren SLR-100-, 8-mm-Mammoth- und AIT-, S-DLT- sowie LTO-Ultrium-Produkte. Ein *SLR-100-Streamer* von Tandberg kostet zirka 2.000 Euro, das Medium ist für 70 – 90 Euro erhältlich. Ein *Mammoth-2-Laufwerk* von Exabyte wird für 2.000 – 5.000 Euro angeboten, die 150-GB-Kassette kostet 80 – 100 Euro. Die Preise für *AIT-3-Streamer* von Sony beginnen bei 2.500 Euro und reichen bis über 5.000 Euro (Autolader) beziehungsweise für eine kleine Bibliothek mit 30 Kassettenfächern sogar bis über 12.000 Euro; eine AIT-3-Cartridge kostet von 50 bis 70 Euro. Die Preise für die 2001 eingeführten ersten *S-DLT-Streamer* von Quantum beginnen bei zirka 3.000 Euro und enden bei 20.000 Euro, das Medium mit 110 GB Kapazität (unkomprimiert) kostet zirka 70 Euro. Ein *LTO-Ultrium-3-Streamer* mit 400 GB (unkomprimiert) Bandkapazität kostet zirka 5.000 Euro, die Bandkassette 110–120 Euro.

Im Rechenzentrumsbereich dominieren proprietäre Halbzollband-Einheiten mit linearer Aufzeichnung. Führend sind die 3592-Laufwerke von IBM und die 9940-Laufwerke von StorageTek (STK), wobei der Marktanteil von STK zirka 50 Prozent beträgt. Die genannten Laufwerke kosten derzeit 20.000 – 25.000

Euro pro Stück; eine 3592-Kassette mit 300 GB ist für zirka 200 Euro, eine 9940-Kassette mit 200 GB ist für 130 Euro erhältlich. Für eine kleinere Bibliothekskonfiguration mit zwei 9940-Laufwerken und 80 Kassettenfächern werden ungefähr 120.000 Euro verlangt.

Grundsätzlich hinkt die Kapazitätsentwicklung von Magnetbändern jener der Festplatten hinterher. Aufgrund der daraus entstehenden Speicherplatzproblematik sind viele Anwender zur Datensicherung auf Festplatten (Stichwort RAID-Systeme) übergegangen. Bezüglich der Robustheit können Festplatten aber nicht mit den Bandmedien mithalten. Verschiedene Hersteller von Bandlaufwerken versuchen dieser Entwicklung durch größere Kapazitäten entgegenzusteuern. So hat IBM ein Bandformat mit 1 TB Speicherkapazität entwickelt, das in den nächsten Jahren am Markt erscheinen soll. Sony hat basierend auf dem AIT-Format ein Laufwerk mit der Kapazität von 500 GB angekündigt. S-DLT wird von Quantum künftig DLT-S (Abkürzung für engl.: digital linear tape – super) genannt; die nächste (vierte) Generation, DLT-S4, wurde für 2005 angekündigt und speichert 800 GB nativ mit einer Transferrate zwischen 100 und 125 MB/s. Bis 2011 sind drei weitere Generationen von DLT-S geplant, die siebte soll 6 bis 7 TB auf einer Cartridge bei einem Durchsatz von 400 bis 500 MB/s bieten. Bis dahin dürfte auch das derzeit dominierende 0,5-Zoll-Format LTO Ultrium in ähnliche Kapazitäts- und Leistungsdimensionen vorstoßen.

Bei den *Bandmedien* ist Imation mit zirka 70 Prozent Weltmarktanteil führend, gefolgt von Verbatim, Sony, Maxell, Fuji und BASF. Ungefähr *im Zwei-Jahresrhythmus wird eine Verdoppelung der Kapazitäten* geboten.

2.6.4.2 Disketten

Disketten waren einst der wichtigste Wechselspeicher von Arbeitsplatzrechnern, haben aber im letzten Jahrzehnt ständig an Bedeutung verloren. 1995 wurden weltweit 4,5 Milliarden Disketten verkauft, 2003 nur noch 1,1 Milliarden. In Industriestaaten werden die meisten PCs inzwischen ohne Diskettenlaufwerk ausgeliefert; als transportable Datenspeicher werden die immer preisgünstiger werdenden USB-Sticks und CD-R/RW, DVD-R(W) und DVD+R(W) verwendet. Nur bei älteren PCs und Neukäufen in Entwicklungsländern in Afrika, Lateinamerika und Asien spielen 1,44-MB-Disketten noch eine bedeutsame Rolle. Der größte Diskettenhersteller mit einem Marktanteil von über 50 Prozent ist CMC Magnetics (Taiwan). Führende Hersteller von Laufwerken sind Alps, Mitsumi, NEC, Sony und Teac.

Eine ähnliche Entwicklung wie die Standarddisketten haben – zeitverzögert – *Disketten hoher Kapazität* erlebt. 1999, am Höhepunkt der Verbreitung, wurden von Iomega mehr als 11 Millionen Zip-Laufwerke und 64 Millionen 100-MB-Disketten verkauft. Im Jahr 2002 waren es trotz der Erweiterung auf 750 MB schon weniger als die Hälfte, im Jahr 2003 weniger als ein Viertel. Andere Produkte, wie die LS-120- und die HiFD-Disketten, haben nie größere Marktanteile erringen können und sind kaum noch erhältlich.

2.6.4.3 Magnetplatten

Magnetplatten sind für Rechner aller Größenklassen der wichtigste Massenspeicher. Die Leistungs-/Kapazitätsfortschritte und das Marktwachstum sind enorm. 1995 wurden laut IDC weltweit rund 90 Millionen Festplattenlaufwerke mit einer gesamten Speicherkapazität von 105 PB (Petabytes = 2^{50} Bytes) ausgeliefert. Acht Jahre später, 2003, waren es über 250 Millionen mit einer Gesamtkapazität von rund 18 EB (Exabytes = 2^{60} Bytes).

Abb. 2.6.4.3/1 zeigt Ihnen die prognostizierte *Entwicklung des Magnetplattenmarktes* für die kommenden Jahre. 2007 ist mit einem weltweiten Absatz von 358 Millionen Laufwerken zu rechnen.

2003 wurden über 90 Prozent der verkauften Festplatten in Computern eingesetzt (davon 90 Prozent in Arbeitsplatzrechnern und zehn Prozent in Serverrechnern), der Rest in der Unterhaltungselektronik und kleinen mobilen Geräten (Digitalkameras, Musik-Player usw.). Der letztgenannte Einsatzbereich nimmt mit der Robustheit (Erschütterungsfestigkeit) der Mikrofestplatten an Bedeutung zu und soll bis 2007 auf 14 Prozent wachsen. Als ein Wachstumstreiber werden hochwertige Mobiltelefone mit eingebauten Platten gesehen.

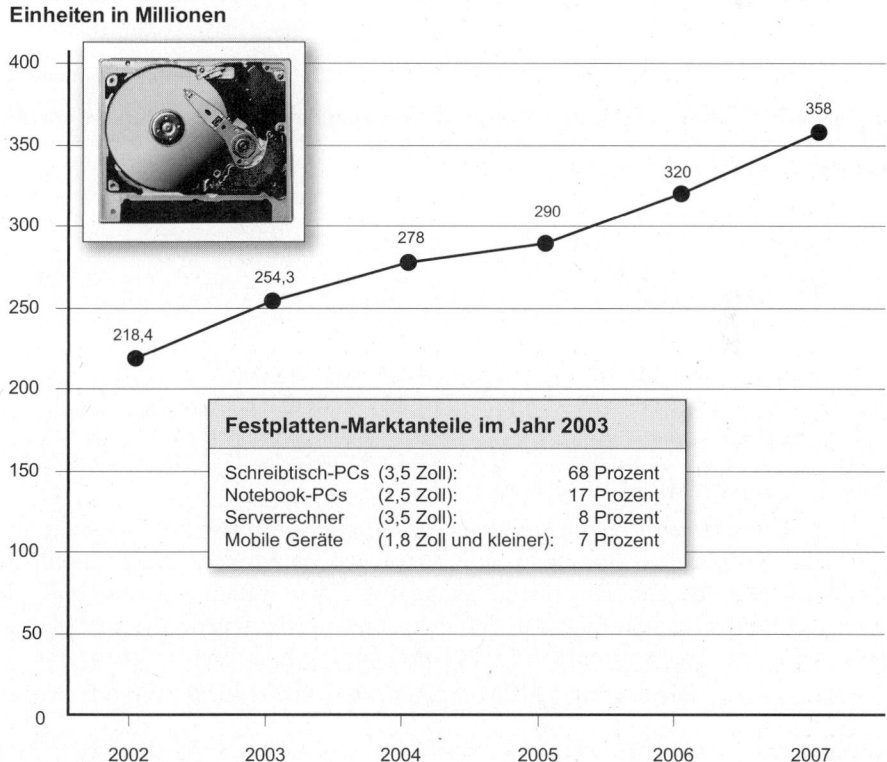

Einheiten in Millionen

Festplatten-Marktanteile im Jahr 2003

Schreibtisch-PCs	(3,5 Zoll):	68 Prozent
Notebook-PCs	(2,5 Zoll):	17 Prozent
Serverrechner	(3,5 Zoll):	8 Prozent
Mobile Geräte	(1,8 Zoll und kleiner):	7 Prozent

Abb. 2.6.4.3/1: Entwicklung des weltweiten Festplattenmarktes 2002 bis 2007 (Quelle: iSuppli Corp.)

Kapazität in Gigabyte

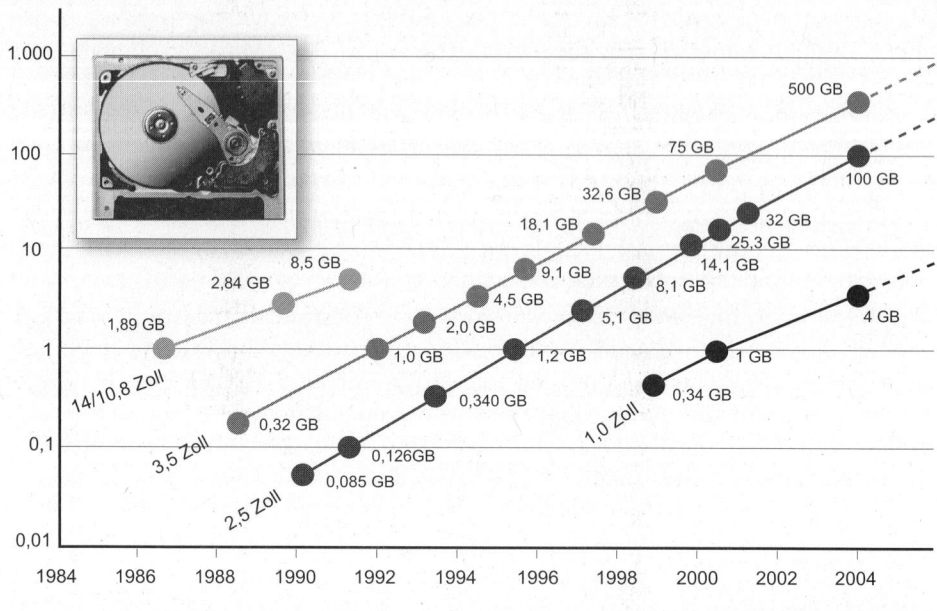

Jahr der Verfügbarkeit

Abb. 2.6.4.3/2: Entwicklung der Kapazität von Magnetplattenlaufwerken am Beispiel des Herstellers IBM bzw. des Herstellers Hitachi (Hitachi hat 2003 die Festplattensparte von IBM übernommen)

> Zum Beispiel hat Hitachi Anfang 2005 unter dem Namen „Mikey" eine 20 Prozent kleinere Version seiner 1-Zoll-Festplatte angekündigt, die auf eine Speicherkapazität von 8 bis 10 GB kommen soll. Das Laufwerk unterstützt den speziell für die Unterhaltungselektronik entwickelten ZIF-Konnektor, verbraucht 40 Prozent weniger Strom als die bisherigen Microdrives und wiegt nur 14 Gramm. Die Stosssicherheit soll um 100 Prozent höher sein.

Führende Magnetplattenlaufwerk-Hersteller

Gesamtweltmarktführer bei Magnetplattenlaufwerken ist die Firma Seagate mit 42 Prozent Marktanteil, gefolgt von Maxtor mit 25 Prozent Marktanteil und Hitachi mit 24 Prozent. Die restlichen neun Prozent fallen auf die Hersteller Western Digital, Toshiba, Fujitsu und Samsung. 2003 wurde die Festplattensparte des ehemalige Weltmarktführers IBM von Hitachi übernommen.

Hitachi ist im Bereich der *Mikrofestplatten* Marktführer mit 51 Prozent (Hitachi vertreibt beispielsweise die von IBM entwickelten Microdrives). Weitere Anbieter sind Cornice und Magicstore. Seagate hat 2004 den Einstieg in dieses Marktsegment mit Ein-Zoll-Laufwerken mit Compact-Flash-Typ-II-Schnittstelle und bis zu 5 GB Speicherkapazität angekündigt.

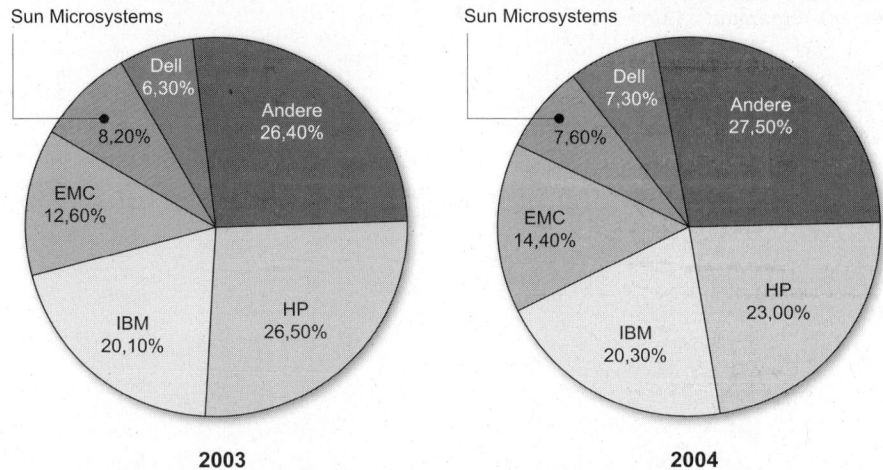

2003   **2004**

Abb. 2.6.4.3/3: Marktanteile bei Magnetplattensystemen (RAID-, SAN- und NAS-Systeme) 2003 und 2004 (Quelle: IDC)

Führende Magnetplattensystem-Hersteller

Bei *Magnetplattensystemen (darunter fallen RAID-, SAN- und NAS-Systeme)* ist Hewlett-Packard (HP) Weltmarktführer. IDC beziffert den Umsatzanteil dieses Herstellers auf 23 Prozent (Stand: 2. Quartal 2004). Der Gesamtumsatz mit externen RAID-Systemen wird von IDC im Jahr 2003 auf 16,2 Milliarden Euro geschätzt; der Zuwachs gegenüber dem Vorjahr betrug ein Prozent. Die Abb. 2.6.4.3/3 zeigt Ihnen die Marktaufteilung.

Preise

Seitdem es Magnetplatten gibt, sind die *Speicherpreise durch technische Fortschritte und zunehmenden Wettbewerb ständig gefallen* (siehe Abb. 2.6.4.3/4). Plattenlaufwerke sind inzwischen zum erschwinglichen Gebrauchsgegenstand geworden. Die Konkurrenzintensität auf der Laufwerkebene ist enorm hoch, sodass damit zu rechnen ist, dass sich diese Entwicklung auch in Zukunft mit derselben Dynamik fortsetzen wird.

Preisgünstige *3,5-Zoll-Festplatten mit 40 GB für Schreibtisch-PCs (ATA-Schnittstelle)* sind derzeit (2004) schon ab 50 Euro erhältlich. Eine *ATA-120-GB-Festplatte* kostet 80 Euro, eine *ATA-250-GB-Platte* bewegt sich im Bereich von 180 – 220 Euro. Die meisten Laufwerke gibt es in 7.200-rpm-Versionen. Laufwerke mit Umdrehungsgeschwindigkeiten von 10.000 rpm und 15.000 rpm sind noch leistungsfähiger, meist aber nur mit SCSI-Anschluss verfügbar und daher entsprechend teurer. Solche schnellen Laufwerke kommen wegen ihres höheren Preises und der Geräuschentwicklung derzeit hauptsächlich für *Server* in Betracht. Die *Endverbraucher-Listenpreise für 15.000-rpm-Magnetplattenlaufwerke* mit 36 GB liegen bei 300 Euro (2004). Die obere Kapazitätsgrenze der angebotenen Laufwerke beträgt derzeit 500 GB.

Preis pro Gigabyte in Euro

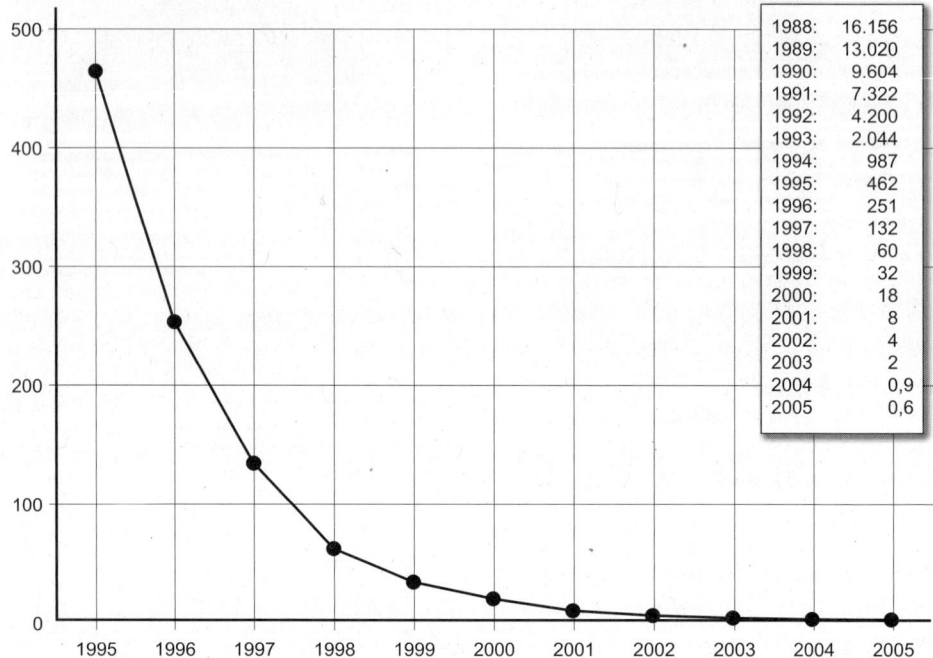

1988:	16.156
1989:	13.020
1990:	9.604
1991:	7.322
1992:	4.200
1993:	2.044
1994:	987
1995:	462
1996:	251
1997:	132
1998:	60
1999:	32
2000:	18
2001:	8
2002:	4
2003	2
2004	0,9
2005	0,6

Abb. 2.6.4.3/4: Entwicklung der Preise für ein Gigabyte Speicherkapazität 1995 bis 2005

Die *2,5-Zoll-Festplatten für Notebook-PCs* sind mehr als doppelt so teuer wie vergleichbare 3,5-Zoll-Platten für Schreibtisch-PCs. Eine 20-GB-Platte mit 5.200 rpm kostet derzeit 90 Euro. 80-GB-Plattenlaufwerke werden für zirka 200 Euro angeboten (zum Vergleich: 80-GB-Platten im 3,5-Zoll-Format kosten 70 Euro). Das *1-Zoll-Microdrive* von Hitachi für noch kleinere mobile Geräte wird in der 4-GB-Version für ungefähr 500 Euro angeboten, die 2-GB-Version kostet zirka 180 Euro, die 1-GB-Version ist für 130 Euro erhältlich.

Große externe RAID-Systeme, wie beispielsweise der im Abschnitt 2.3.4.2 beschriebene Unternehmensspeicherserver, kosten je nach Ausbau *einige hunderttausend bis über eine Million Euro.*

Künftige technische Entwicklung

Die *Aufzeichnungsdichte* bei Magnetplatten wächst derzeit um ungefähr 100 Prozent pro Jahr (früher 60 Prozent). Das wird durch entsprechend kleinere Bitzellen ermöglicht, die wiederum glattere, dünnere Plattenbeschichtungen und niedriger fliegende Magnetköpfe bedingen. Derzeit fliegen die Magnetköpfe mit 15 – 25 nm Abstand über die Plattenoberfläche. Die in der Vergangenheit oftmals prognostizierte Erreichung physikalischer Grenzen infolge *Superparamagnetismus*[4] wurde durch technische Innovationen immer wieder hinausgeschoben. Die aktuelle Entwicklungsarbeit konzentriert sich auf neue Plattenmaterialien und -strukturen, größere widerstandsfähigere (engl.: giant magneto resistive; abgekürzt: GMR) Schreib-/Leseköpfe und magneto-optische Verfahren mit Laserunterstützung.

▶ Übungsaufgabe Nr. 2.2.30 im Arbeitsbuch

2.6.5 Optische Speicherplatten

In optische Speicherplatten wurde *einst die große Erwartung* gesetzt, dass sie die Magnetplatten als primäre Speicher ablösen könnten. Diese Hoffnungen wurden jedoch *nicht erfüllt.* Einerseits wurden die erhofften höheren Aufzeichnungsdichten nicht erreicht, andererseits sind die Suchzeiten länger und Datentransferraten geringer als bei Festplatten. Zudem sind die Kosten der schnellsten wiederbeschreibbaren optischen Platten höher als die der Magnetplatten.

Entwicklung der Teilmärkte für optische Speicherplatten

Der größte *Vorteil der optischen Speicherplatten* gegenüber Magnetplatten ist ihre Auswechselbarkeit. Nahezu jeder neu gekaufte PC hat heute ein DVD-ROM-Laufwerk eingebaut. Aufgrund des geringen preislichen Unterschieds (siehe unten) werden die CD-Recorder zwischen 2005 und 2006 weitgehend von den DVD-Recordern vom Markt verdrängt werden.

Im Jahr 2004 waren weltweit bereits über 200 Millionen *DVD-ROM-Laufwerke* installiert; jährlich kommen 60 – 70 Millionen hinzu. Der *DVD-Recorder-Absatz* wird von Nomura Securities im Jahr 2003 auf 3,6 Millionen verkaufte Einheiten im Wert von 3,7 Milliarden Euro geschätzt; für 2004 wird mehr als eine Verdoppelung auf 8,4 Millionen verkaufte Einheiten prognostiziert. Über 80 Prozent der DVD-Recorder kommen in PCs zum Einsatz. Die Zahl der pro Jahr abgesetzten *DVD-Abspielgeräte* ist auf über 60 Millionen jährlich gewachsen (2003).

In einer Studie von Jon Peddie Research wird ein *weiterhin rasantes Wachstum des DVD-Markts* prognostiziert. Für das Jahr 2006 wird ein Absatz von über 420 Millionen DVD-Geräten und 1,6 Milliarden Platten vorhergesagt. Die jährliche Wachstumsrate wird danach bei Recordern 271 Prozent und bei den Medien 159 Prozent betragen.

Der Umsatz mit *magneto-optischen Laufwerken* ist seit 2000 rückläufig. Jährlich wurden seitdem zirka zehn Prozent weniger MO-Laufwerke verkauft.

---

4 Als Superparamagnetismus bezeichnet man das Phänomen, dass magnetisierbare Partikel ihre ferromagnetischen Eigenschaften verlieren, wenn ihre Größe einen bestimmten Wert unterschreitet. Das superparamagnetische Limit hängt von der magnetischen Härte des Materials und der Temperatur ab.

Im Jahr 2003 wurden weltweit noch knapp eine Million Laufwerke abgesetzt, davon 90 Prozent in Japan.

Laufwerke der nächsten Generation, die mit *blauem Laserlicht* arbeiten, sind bisher erst in Nischenanwendungsgebieten anzutreffen (zum Beispiel UDO und PDD). Im Bereich der Unterhaltungselektronik ist mit einer breiten Verfügbarkeit von *Blu-Ray-Disc und HD-DVD* nicht vor 2006 zu rechnen. Der Markterfolg dürfte wesentlich von der Verbreitung des hochauflösenden Fernsehens abhängen.

> Es zeichnet sich ab, dass *HDTV* nach Australien, Japan, Kanada und den USA bald in Europa eingeführt wird. In den USA wurden bis Ende 2004 mehr als 14 Millionen HDTV-fähige Fernsehempfänger verkauft, in Japan rund zehn Millionen. Der Pay-TV-Anbieter Premiere hat angekündigt, ab November 2005 über Satellit (Astra) Programme im hochauflösenden Format zu senden und strebt auch die Verbreitung über Kabel an. Viele weitere TV-Sender setzen sich intensiv mit dem Thema HDTV auseinander. Von der Fußballweltmeisterschaft 2006, die mittels HDTV-Kameras aufgezeichnet werden soll, verspricht man sich wesentliche Impulse. Es scheint unwahrscheinlich, dass es in absehbarer Zeit eine Vereinheitlichung der verschiedenen HDTV-Varianten geben wird; vielmehr ist anzunehmen, dass die Aufnahme-, Empfangs- und Abspielgeräte (Camcorder, Fernsehempfänger, Videorecorder, PC-Laufwerke) mehrere Formate verarbeiten können.

Führende Hersteller

Die *CD-Technik* wurde Ende der 1970er, Anfang der 1980er Jahre gemeinsam von Philips (Niederlande) und Sony (Japan) entwickelt. Heute findet die Forschungs- und Entwicklungsarbeit an den Nachfolgeprodukten *DVD, Blu-Ray-Disc und HD-DVD* hauptsächlich in Japan statt. *Führende japanische Unternehmen* in diesem Bereich sind Matsushita, NEC, Pioneer, Sharp, Sony und Toshiba. Andere Hersteller in aller Welt bieten CD- und DVD-Laufwerke dieser Firmen unter eigenem Namen an oder bauen diese in ihre Rechner ein.

Bekannte *Anbieter von CD- und DVD-Rohlingen* sind Acer, CD Technology, Eastman Kodak, Fuji, Fujitsu, Hewlett-Packard, Hitachi-Maxell, Imation, Memorex, Mitsubishi, Mitsui, Pengo, Pioneer, Ricoh, Ritek, Sony, TDK, Verbatim, Victor und Yamaha.

Professionell für die Archivierung genutzte magneto-optische Platten werden nur noch von Fujitsu hergestellt; Sony, Hitachi-Maxell, Mitsubishi, Nikon und Sanyo haben sich aus dem schrumpfenden MO-Laufwerke-Markt zurückgezogen. MO-Konkurrenten und (vermeintliche) Nachfolger sind die UDO und die PDD. Die *UDO* wurde gemeinsam von dem führenden Jukebox-Anbieter Plasmon mit Hewlett-Packard entwickelt. Die *PDD* ist ein Produkt von Sony.

Preise für Laufwerke und Medien

CD-ROM-Laufwerke mit 52facher Geschwindigkeit kosten zurzeit zirka 15 Euro. Sie werden kaum mehr in neuen Rechnern ausgeliefert. Im Vergleich kosten DVD-ROM-Laufwerke mit 16facher Geschwindigkeit mit etwa 30 Euro das Doppelte.

Die derzeit (2004) leistungsfähigsten *CD-RW-Laufwerke* mit 52facher Standardgeschwindigkeit für CD-R-Schreiben, 32facher Standardgeschwindigkeit für CD-RW-Schreiben und 52facher Standardgeschwindigkeit für CD-ROM-Lesen kosten zwischen 30 und 40 Euro.

CD-R-Rohlinge (52x) von Markenherstellern kosten pro Stück knapp unter einem Euro, No-Name-Produkte sind schon ab 30 Cent erhältlich. *CD-RW-Rohlinge* von Markenherstellern kosten knapp unter 2 Euro.

Bei *wiederbeschreibbaren DVDs* konkurrierten die drei Formate DVD-R(W), DVD+R(W) und DVD-RAM. Im Bereich der Laufwerke ist dieser Konkurrenzkampf zu Ende, da so gut wie alle Hersteller mittlerweile Kombi-Recorder anbieten. Recorder, die neben der DVD-R(W) und der DVD+R(W) auch DVD-RAM unterstützen, sind jedoch in der Minderzahl. Das DVD-RAM-Format spielt nur in der Unterhaltungselektronik (Stand-alone-DVD-Recorder) eine bedeutsame Rolle; bei PCs liegt der Marktanteil unter einem Prozent. Die Kombi-Recorder kosten zwischen 100 und 130 Euro. Im Bereich der Medien ist die DVD+R(W) in punkto Schreib-/Leseleistung der DVD-R einen Entwicklungsschritt voraus, da das Genehmigungsverfahren durch das DVD-Forum entfällt.

Im Bereich der optischen Speicherplatten, die mit blauem Laserlicht arbeiten, werden zurzeit in Europa nur UDO und PDD angeboten. UDO-Laufwerke kosten zirka 2.500 Euro, die Medien kosten zirka 60 Euro. PDD-Laufwerke haben einen Preis von etwa 3.000 Euro, die Medien schlagen mit zirka 45 Euro zu Buche.

Künftige technische Entwicklung

Wie bei den Magnetplatten konzentriert sich auch bei den optischen Speicherplatten die Entwicklungsarbeit darauf, einerseits durch *höhere Aufzeichnungsdichten* größere Speicherkapazitäten der Medien und damit günstigere Preis-/Kapazitätsverhältnisse zu erreichen und andererseits die *Zugriffszeiten und Datentransferraten* zu verbessern.

> Zum *Beispiel* hat Sony im Labor bereits eine *achtlagige Blu-Ray-Disc* mit einer Kapazität von 200 GB entwickelt. Eine vierlagige Variante mit 100 GB Speicherkapazität soll bis 2007 auf dem Markt eingeführt werden. Für die PDD ist ebenfalls eine vierlagige Variante geplant.

Bei *holografischer Speicherung* erfolgt die Aufzeichnung der Daten nicht zweidimensional auf der Oberfläche der Speicherschicht, sondern volumetrisch oder dreidimensional. Sie kennen Sicherheitshologramme von Geldscheinen und Ihrer Maestro- oder Kreditkarte. Bei der Holografie werden viele Speicherschichten des lichtempfindlichen Materials (Photopolymere) wie in einem Sandwich übereinander positioniert, um eine hohe Speicherdichte zu erzielen. Ein Hologramm wird hergestellt, indem ein Laserlichtbündel in zwei Lichtstrahlen geteilt und die Information auf den verschiedenen Materialschichten gespeichert wird. Das große Kapazitätspotenzial der holografischen Speicher wird jedoch erst durch das so genannte „Multiplexen" erschlossen: Das Spei-

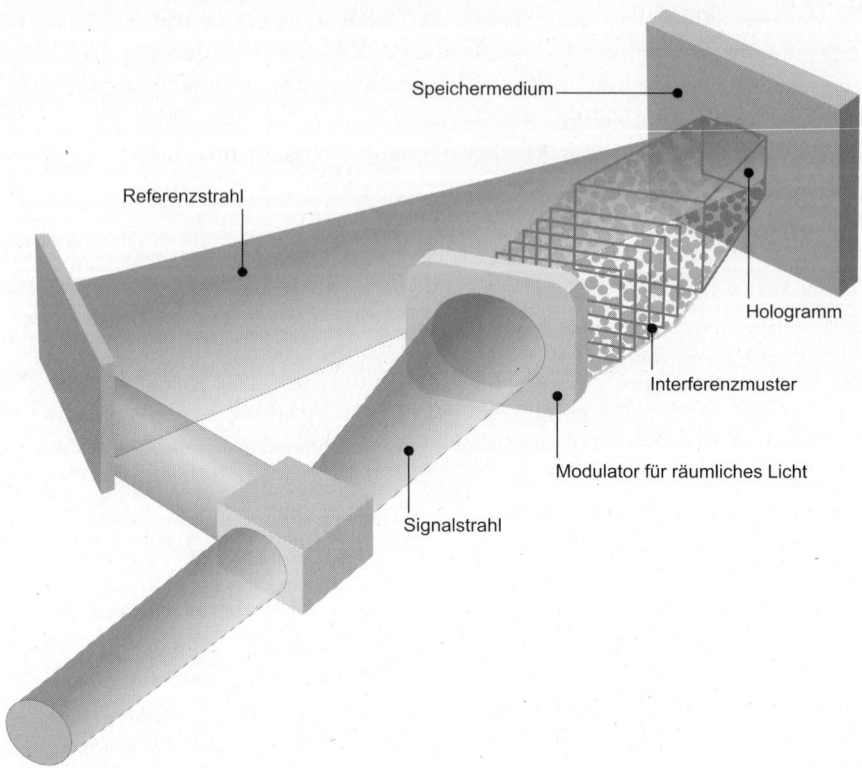

Speichermedium

Referenzstrahl

Hologramm

Interferenzmuster

Modulator für räumliches Licht

Signalstrahl

Abb. 2.6.5/1: Schreiben von Daten in einen Holografiespeicher (Quelle: InPhase Technologies)

chern mehrerer Hologramme in demselben Materialvolumen durch Variieren des Referenzstrahls, zum Beispiel seines Eintrittswinkels oder seiner Wellenlänge (Farbe), wobei dann jedes Hologramm mit einem eindeutigen Winkel oder einer eindeutigen Wellenlänge gespeichert wird. Ein einfacherer, kostengünstigerer Ansatz ist die Veränderung der Position des Mediums in Bezug auf die Strahlen (durch Rotation). Auch das Auslesen der Daten erfolgt mit einem Laser.

Bei der *Entwicklung von Holografiespeichern* sind Imation, InPhase Technologies und NTT führend. Es sind Medien in unterschiedlichen Formaten als Karten (2 x 3 Zoll, 3 x 3 Zoll) und Platten (12 und 13 cm) geplant.

Zum *Beispiel* hat InPhase Technologies für 2006 einen *Holografiespeicher* (Tapestry HDS2000) angekündigt, der mit grünem Laser (510 – 532 nm Wellenlänge) auf einer 13-cm-Platte 200 GB speichern kann. Das Speichermaterial ist nur 200 Mikron bis zwei Millimeter dick. Die Datentransferrate soll 20 MB/s, die durchschnittliche Suchzeit einer Seite 1 ms betragen. Als Preis des Mediums werden zirka zehn Euro genannt. Das Preis-/Leistungsverhältnis von 20 Eurocent pro Gigabyte wäre besser als bei jedem anderen Datensicherungs- und Archivierungsmedium (Band oder optische Speicher-platte). Die Haltbarkeit wird mit 50 Jahren angegeben.

Zunächst soll es eine WORM-Platte geben, eine wiederbeschreibbare Hologramm-platte soll später folgen. Laufwerke der für 2007 befindlichen Folgegeneration sollen mit blauem Laser (400 – 410 nm) 400 GB auf dem Wechselmedium speichern können und eine Transferrate von 40 MB/s aufweisen. 2008 sollen 800 GB und 80 MB/s, 2010 sollen 1,6 TB und 120 MB/s erreicht werden.

Die *Speicherkarten* sollen mittelfristig bis zu zehn GB an Daten in 100 Schichten speichern. Diese Karte soll als „sicheres" Medium zur Verbreitung multimedialer Daten dienen, da sich Kopien nur sehr schwer anfertigen lassen.

Hersteller, die an holografischen Verfahren arbeiten, hatten in der Vergangen-heit Probleme, den Übergang von der Labor- zur Massenfertigung zu bewerk-stelligen. Daher ist schwierig vorherzusagen, ob und wann solche Speicher ver-breitet in der Praxis zum Einsatz kommen werden.

▶ Übungsaufgabe Nr. 2.2.31 im Arbeitsbuch

3 Ein- und Ausgabegeräte

Lehrziele

Nach der Durcharbeitung dieses Kapitels sollten Sie

- einen Überblick über die wichtigsten Ein- und Ausgabegeräte besitzen,
- Vor- und Nachteile verschiedener Zeigegeräte zur Dateneingabe nennen können,
- die Funktionsweise von Scannern und die verschiedenen Scannertypen erläutern können,
- wesentliche Merkmale digitaler Kameras aufzählen können,
- die Technik von Flüssigkristallbildschirmen darstellen können,
- die notwendige Abstimmung zwischen Monitor und Grafikkarte eines Personalcomputers erklären können,
- die wichtigsten Termini im Bereich des elektronischen Drucks kennen und verstehen,
- die wichtigsten Druckertypen und die Kriterien für die Auswahl eines PC-Druckers kennzeichnen können,
- die Trends auf dem Scanner-, Digitalkamera-, Monitor- und Druckermarkt (Anbieter, Produkte und Preise) beschreiben können.

In den folgenden Ausführungen werden die *wichtigsten Geräte* dargestellt, die *Eingabe- und/oder Ausgabefunktionen* wahrnehmen (siehe Abb. 3/1).

> Ein **Eingabegerät** (engl.: input device) ist ein Gerät, mit dem Daten zur Verarbeitung in einem Rechner von außen her aufgenommen werden. Ein **Ausgabegerät** (engl.: output device) ist ein Gerät, durch das ein Rechner Ergebnisse der Verarbeitung nach außen hin abgibt.

Die Ein- und Ausgabegeräte sind *periphere Einheiten*, das heißt, Baueinheiten eines Rechners, die nicht zur Zentraleinheit gehören. Die Erfassung und Ausgabe der Daten kann *online* und/oder *offline* erfolgen.

> Der **Online-Betrieb** (engl.: online mode) ist eine Betriebsart, bei der zwischen einem peripheren Gerät und der Zentraleinheit des Verarbeitungsrechners ein Steuerungszusammenhang und somit eine direkte Kommunikationsverbindung besteht. Der **Offline-Betrieb** (engl.: offline mode) ist eine Betriebsart, bei der ein peripheres Gerät getrennt von der Zentraleinheit betrieben wird.

In vielen Fällen können Ein- und Ausgabegeräte *nur online* oder *nur offline* betrieben werden. In anderen Fällen ist *alternativ Online- oder Offline-Betrieb* möglich.

Zum *Beispiel* kann die Eingabe über Tastatur und Maus oder die Ausgabe über Bildschirm nur im Online-Betrieb erfolgen. Mobile Datenerfassungsgeräte, Scannerkassen, Karten- und Belegleser können oft sowohl online als auch offline betrieben werden; im Offline-Betrieb werden die erfassten Daten meist auf einem Magnet- oder Flash-Speicher aufgezeichnet und erst später an den Verarbeitungsrechner übertragen (zum Bei-

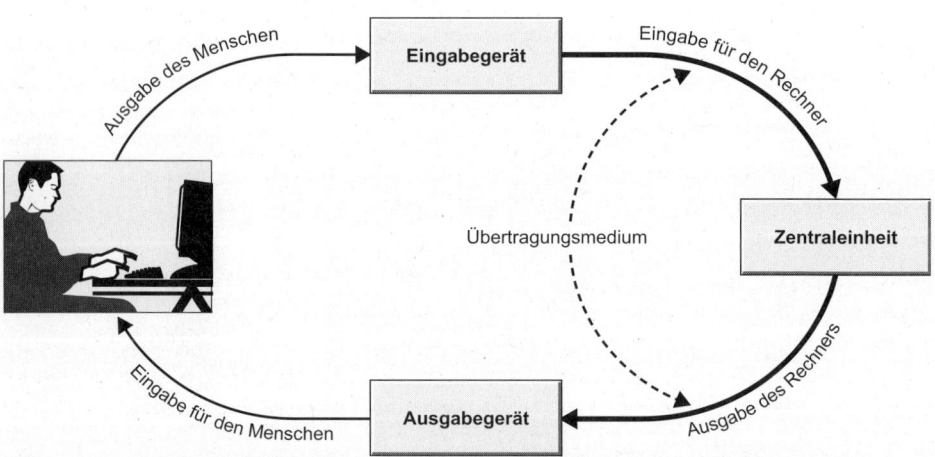

Abb. 3/1: Interaktion zwischen Mensch und Rechner

spiel, wenn die Datenerfassungskraft in die Zentrale zurückkehrt, oder nachts, wenn die Übertragungskosten besonders günstig sind, oder dann, wenn ein Belegstapel abgearbeitet ist). Fotodrucker sind ein Beispiel für ein vielfach sowohl online als auch offline verwendbares Ausgabegerät. Digitalkameras werden primär offline benutzt und nur zur Eingabe der weiter zu verarbeitenden Bilder (Speicherung, Bildaufbereitung, Drucken, elektronischer Versand) an die Zentraleinheit gekoppelt. Am letztgenannten Beispiel sehen Sie, dass fast jedes Gerät zum Ein- oder Ausgabegerät werden kann, also zum Beispiel auch die Klimaanlage, die über Sensoren die Temperatur und Luftfeuchtigkeit an eine Zentraleinheit meldet und von dort entsprechend gesteuert wird, der an das Internet gekoppelte „intelligente" Kühlschrank, der automatisch Waren nachbestellt, der MP3-Player, der am PC mit Musik geladen wird usw.

Es gibt eine Vielzahl von Interaktionsmöglichkeiten zwischen Rechnern und menschlichen Benutzern und eine Vielzahl an Verfahren, mit denen sich gewünschte Interaktionen hardware- oder softwaretechnisch realisieren lassen. Vor allem durch den technischen Fortschritt ist die Innovationsrate hoch. Es kommen laufend neue Gerätetypen auf den Markt, die Preis-/Leistungsverhältnisse werden verbessert, die Geräte werden kompakter, sie werden für spezielle Bedingungslagen ausgelegt und eignen sich auf Grund ihrer Multifunktionalität für verschiedene Einsatzzwecke.

Ein- und Ausgabegeräte werden über ein Übertragungsmedium mit dem Rechner verbunden. Neue Entwicklungen ermöglichen die *drahtlose Kommunikation* verschiedener Geräte über Funk oder Infrarotverbindungen und verlangen universelle Schnittstellen. Die dafür relevanten Schnittstellen wurden bereits im Abschnitt 1.6 dieses Bandes behandelt.

Die heute übliche Mindestausstattung an Ein- und Ausgabegeräten, die bei Arbeitsplatzrechnern praktisch immer anzutreffen ist, sind Tastatur und Maus als Eingabegeräte sowie ein Monitor als Ausgabegerät.

Wir vermitteln Ihnen zunächst einen Überblick über die angebotenen Ein- und Ausgabegeräte beziehungsweise Geräteklassen und greifen uns dann in der Folge einige Beispiele heraus, die wir etwas genauer beschreiben. Dabei handelt es sich um Geräte, die besonders weit verbreitet und damit typisch für die derzeitige Anwendungspraxis sind oder welche aus heutiger Sicht die „Technik der Zukunft" darstellen.

Da die Auswahl der Gerätetypen nach Herstellern zufällig erfolgte, wurde auf die jeweilige Typenbezeichnung und die Herstellerangabe verzichtet. Abgesehen von einigen Ausnahmen werden Varianten der abgebildeten Geräte jeweils von vielen Herstellern angeboten.

Auf (exakte) Leistungsangaben wird in der nachfolgenden Darstellung der wichtigsten Ein- und Ausgabegeräte vielfach verzichtet. Diese Kenndaten unterscheiden sich von Gerätetyp zu Gerätetyp. An kleine Zentraleinheiten werden wesentlich langsamere Geräte angeschlossen als an große. Je nach Leistung sind auch die Preise der angebotenen Peripheriegeräte sehr unterschiedlich.

3.1 Allgemeine Anforderungen

Die *Eingabe* von Information in einen Rechner kann *unmittelbar durch den* Menschen vorgenommen werden. Eine Äußerung des Menschen (im weitesten Sinn) ist dabei die Eingabe in den Rechner. In diesem Abschnitt werden *personelle Eingaben* behandelt; auf experimentelle Ansätze, wie beispielsweise Gestenerkennung, wird dabei nicht eingegangen. Eingaben in den Rechner können auch *mittelbar*, unter Verwendung von Datenträgern und Lesegeräten, erfolgen.

Die aus der Sicht des einzelnen Benutzers wichtigsten und verbreitetsten Eingabegeräte für schriftliche Daten sowie die Ablaufsteuerung des Dialogverkehrs mit dem Rechner sind *Tastaturen* und *Zeigegeräte* für Bildschirme. *Scanner, Digitalisiertabletts und Digitalkameras* sind für die Eingabe von Bildern am bedeutendsten. Diese Geräte (siehe Abb. 3.1/1) werden im Folgenden in gesonderten Abschnitten gekennzeichnet.

Die *Ausgabe* von Daten aus einem Rechner ist eine Eingabe für den Menschen und erreicht ihn in flüchtiger Form über das Auge *(Bildschirm oder Projektor)* oder das Ohr *(Lautsprecher oder Kopfhörer)*. In dauerhafter, meist visuell und ohne Gerät lesbarer Form werden schriftliche und bildliche Daten durch die Ausgabe mittels *Drucker* oder *Plotter* aufgezeichnet (siehe Abb. 3.1/2).

Die *Wahl der günstigsten Ausgabegeräte* wird im Wesentlichen durch folgende Merkmale bestimmt:

• Zweck der Ausgabe (aktuelle Wissensvermittlung, Dokumentation, maschinelle Weiterverarbeitung oder Kombination dieser Formen);

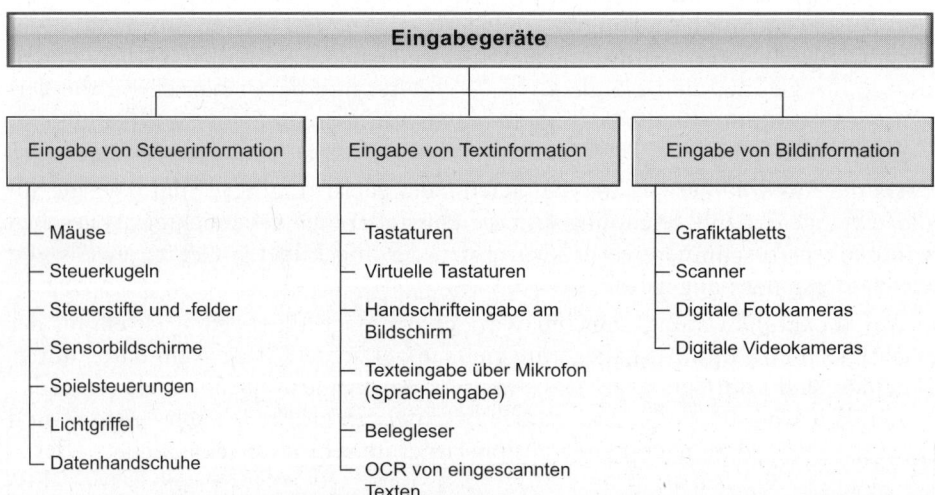

Abb. 3.1/1: Übersicht über Eingabegeräte

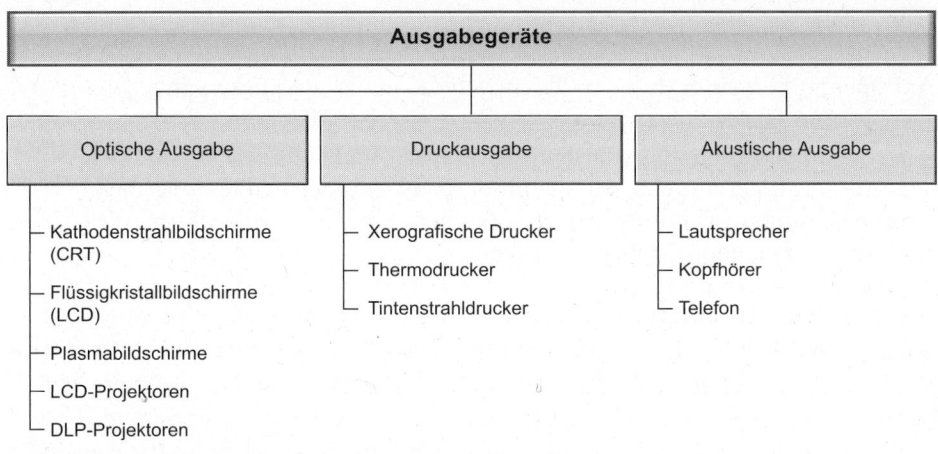

Abb. 3.1/2: Übersicht über Ausgabegeräte

- Qualitätsanforderungen an die Ausgabe (Darstellungsform, Aktualität, Volumen, Verwendungshäufigkeit, Sicherheit und Anderes);
- vorhandene und zusätzlich mögliche Geräte und Datenträger für die Ausgabe;
- Bereiche (extern oder intern) beziehungsweise Benutzer, für die die Ausgabe bestimmt ist.

Auf die *akustische Ein- und Ausgabe* sind wir bereits im Band 1, Kapitel 3 eingegangen. Wir verzichten deshalb hier auf eine erneute Darstellung.

▶ Übungsaufgabe Nr. 2.3.1 im Arbeitsbuch

3.2 Eingabe von Steuerinformation

Steuerinformation sind Angaben, die den Informationsverarbeitungsprozess steuern (siehe Band 1, Abschnitt 1.1.1). Bei der heute dominierenden Dialogverarbeitung (Näheres folgt im Kapitel 4) erfolgt zur schrittweisen Auftragsabwicklung eine ständige Kommunikation zwischen Benutzer und Rechner. Der Benutzer kann seine Steuerbefehle in textlicher Form in einer Kommandosprache über die Tastatur eingeben oder – wenn eine grafische Benutzeroberfläche (Programmschnittstelle) vorhanden ist – hierfür Zeigegeräte verwenden.

> Ein **Zeigegerät** (engl.: pointing device) ist ein für grafische Benutzeroberflächen (engl.: graphical user interface; auch im Deutschen übliche Abkürzung: GUI) vorgesehenes Gerät, wie zum Beispiel eine Maus, mit dem der Benutzer Objekte (Programme, Dateien) und Steuerbefehle auf dem Bildschirm auswählen und Abläufe interaktiv steuern kann.

Mit dem Zeigegerät wird ein auf dem Bildschirm erscheinender *Zeiger (Cursor)* bewegt, um – zum Beispiel durch einen Tastendruck (Anklicken) oder Antippen mit einem Stift – ein Objekt oder Kommando auszuwählen.

Der **Cursor** (auch **Positionsmarke, Zeiger**; engl.: cursor, pointer) ist ein bestimmtes, hervorgehobenes Symbol (meist ein kleiner Pfeil oder bei Textverarbeitungsanwendungen ein I-Zeichen) auf dem Bildschirm, das die aktuelle Eingabeposition kennzeichnet.

Bei *grafischen Anwendungen,* wie zum Beispiel bei CAD, Computerspielen und Virtueller Realität, können mithilfe von Zeigegeräten Objekte auf dem Bildschirm beziehungsweise im virtuellen Raum bewegt und in ihrem Verhalten gesteuert werden.

Wir beschreiben in den nachfolgenden Abschnitten 3.2.1 – 3.2.6 *Zeigegeräte für grafische Benutzeroberflächen.* Auf Tastaturen, über die Steuerinformation in einer Kommandosprache eingegeben werden kann, gehen wir im Abschnitt

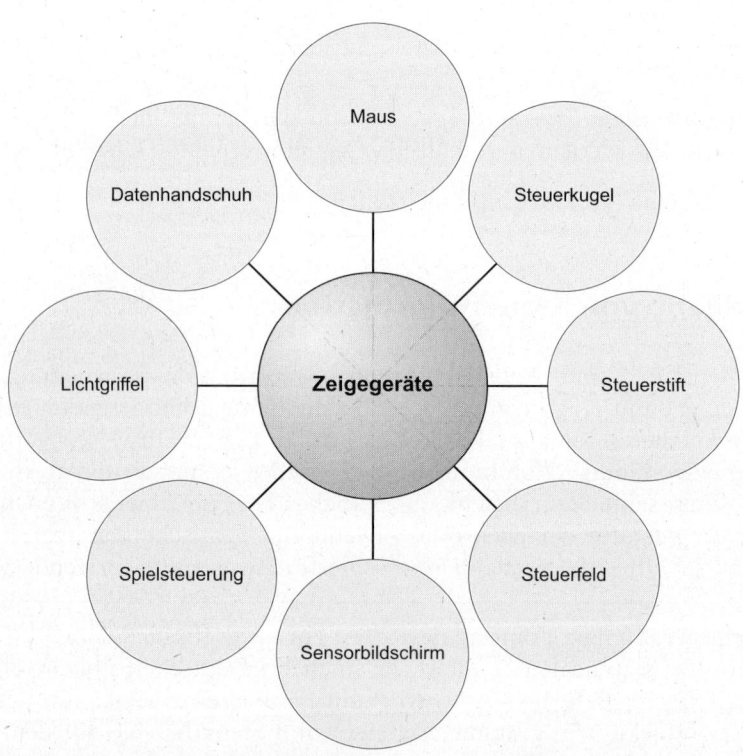

Abb. 3.2/1: Übersicht über Zeigegeräte

3.3.1 ein; zur Eingabe von textlicher Nutzinformation besteht kein gerätetechnischer Unterschied. Zu den Zeigegeräten gehören auch *Grafiktabletts*. Wir behandeln diese im Abschnitt 3.4 Eingabe von Bildinformation, da bei Grafiktabletts weniger die Steuerfunktionen als die Funktionen zum Freihandzeichnen im Vordergrund stehen. Die Abb. 3.2/1 gibt Ihnen einen Überblick über die nachfolgend beschriebenen Zeigegeräte.

3.2.1 Mäuse

Eine **Maus** (engl.: mouse) ist ein Eingabegerät, dessen zweidimensionale Bewegung auf einer ebenen Fläche von einer Positionsmarke auf dem Bildschirm nachvollzogen wird. Sie verfügt über Auslösemechanismen (Funktionstasten), mit denen die selektierten Objekte durch Anklicken aktiviert werden können.

Viele Hersteller bieten *unterschiedlich konstruierte Mäuse* an, die sich vor allem hinsichtlich der Erfassung der Bewegungen (mechanisch oder optisch), der Anzahl der Funktionstasten und des Anschlusses zur Übertragung der Steuerimpulse unterscheiden.

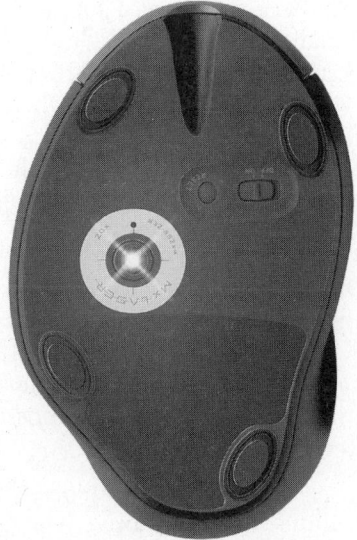

Abb. 3.2.1/1: Kabellose Lasermaus (Ober- und Unterseite)

Mechanische versus optische Mäuse

Bewegt man eine *mechanische Maus* über eine ebene Fläche, wird eine auf der Unterseite etwas herausragende Stahlkugel, die mit Gummi überzogen ist, gedreht. Die Drehbewegung der Kugel wird von zwei Walzen, die im rechten Winkel zueinander stehen, abgetastet und anschließend in elektrische Signale umgewandelt. Eine Rolle reagiert auf Vor- und Zurückbewegungen, die den vertikalen Bewegungen am Bildschirm entsprechen, die andere Rolle reagiert auf Seitwärtsbewegungen.

Optische Mäuse (siehe Abb. 3.2.1/1) beleuchten den Untergrund mittels einer Leuchtdiode (LED) oder mittels Laser. Ein optischer Sensor nimmt in bestimmten Intervallen Bilder der Oberfläche auf, ein integrierter Chip vergleicht die im Zeitablauf aufgenommenen Bilder und errechnet dadurch die Bewegung der Maus. Nachteile dieser Methode gegenüber mechanischen Mäusen sind der höhere technische Aufwand und der gesteigerte Stromverbrauch. Ein Vorteil ist die Unempfindlichkeit gegenüber Verschmutzungen, die ein regelmäßiges Reinigen der Maus nicht mehr notwendig macht. Außerdem zeichnen sich optische Mäuse, aufgrund des Wegfalls der mechanischen Elemente, durch ein geringeres Gewicht aus. Sie funktionieren auf nahezu jeder Oberfläche; lediglich reflektierende Flächen wie Glas bereiten LED-Mäusen Schwierigkeiten. Aufgrund der kurzen Wellenlänge des verwendeten Laserlichts können Lasermäuse mehr Details von Oberflächenstrukturen erfassen als ihre LED-Pendants und lassen sich dadurch auch auf polierten und glänzenden Oberflächen nutzen.

Auslösemechanismen von Mäusen

Computermäuse besitzen ein bis drei *Drucktasten* die Signale auslösen, welche zum PC gesendet und anschließend verarbeitet werden. In Abhängigkeit von der Anzahl der Mausklicks und der Position des Cursors zum Zeitpunkt des Klickens wird die gewünschte Aktion ausgeführt. In vielen Modellen befindet sich zwischen den beiden üblichen Maustasten ein Rädchen, das einerseits durch Drehen zum „Scrollen" (das heißt, vertikales Navigieren) in umfangreichen Texten und andererseits durch Drücken als dritte Taste verwendet werden kann (engl.: scroll ist eine „Schriftrolle", die man beim Lesen quasi abwickelt).

Signalübertragung zwischen Maus und Rechner

Die früher häufig verwendeten seriellen Mäuse, die an der seriellen Schnittstelle angeschlossen werden, sind inzwischen weitgehend durch Mäuse abgelöst worden, die den PS/2- oder USB-Bus verwenden. Wie auch bei Tastaturen sind kabellose Mäuse mittlerweile weit verbreitet, die entweder über einen Funkempfänger am Bus angeschlossen werden oder mittels Bluetooth die Daten zum Rechner übertragen.

Zu den *Vorteilen der Maus* gehören:

• Einfache und intuitive Bedienung von Anwendungen mit grafischer Benutzeroberfläche;

Abb. 3.2.1/2:
Mauseinstellungen

- durch präzise Positionierung lassen sich kleinste Zeichenstellen auf dem Bildschirm ansprechen, woraus sich eine besondere Eignung für Grafikanwendungen ergibt;
- für langes und ermüdungsfreies Arbeiten geeignet;
- preisgünstige Angebote mehrerer Hersteller.

Zu den *Nachteilen der Maus* gehören:
- Zumindest anfänglich Koordinationsprobleme zwischen Auge und Hand;
- für ungehindertes Arbeiten ist eine relativ große freie Fläche notwendig.

▶ Übungsaufgabe Nr. 2.3.2 im Arbeitsbuch

3.2.2 Steuerkugeln (Trackballs)

Eine **Steuerkugel** (auch im Deutschen übliche englische Bezeichnung: **Trackball**) ist eine Zeigeeinrichtung, vergleichbar einer umgedrehten mechanischen Maus, mit dem Vorteil der ortsfesten Verwendung. Zur Steuerung der Positionsmarke dient eine auf Sensorwalzen aufgesetzte oder optisch abgetastete Kugel, die die Bewegungen der Hand in Steuerungssignale umsetzt.

Bei Platzmangel ist die Steuerkugel (siehe Abb. 3.2.2/1) eine gute Alternative zur Maus. Auch bei den Trackball-Modellen gibt es verschiedene ergonomische

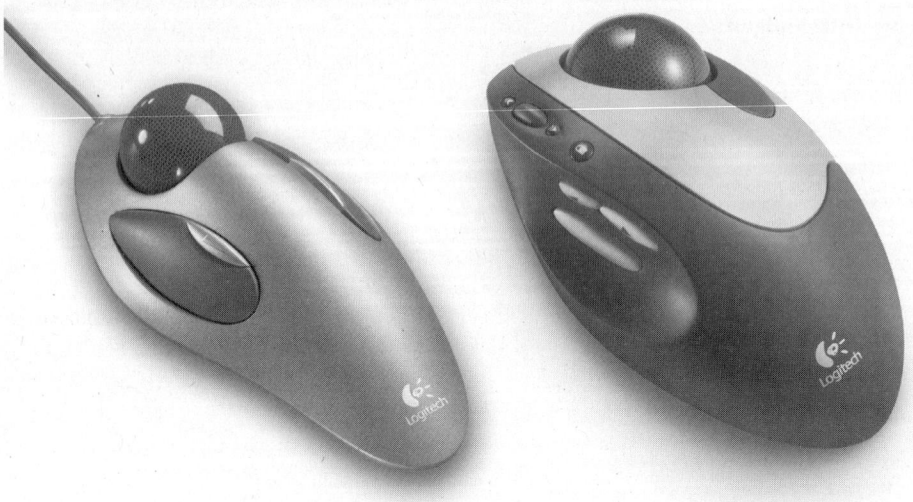

Abb. 3.2.2/1: Optische Trackballs (links mit USB-Kabelanschluss, rechts kabellos)

Designs, die den natürlichen Winkel zwischen Hand und Handgelenk unterstützen und für ein entspanntes Arbeiten sorgen.

3.2.3 Steuerstifte und -felder

Da Notebook-PCs häufig mobil auf Reisen eingesetzt werden, wird versucht, die Zahl der Geräte für die Bedienung zu minimieren. Deshalb gibt es speziell für Notebook-PCs zwei Möglichkeiten, die Maus zu ersetzen:

Ein **Steuerstift** (engl.: trackpoint, touchpoint) ist ein kleiner, auf der Tastatur zwischen den Tasten herausragender Stift, der durch leichtes Andrücken mit einem Finger gesteuert werden kann. Dieser Stift kann zur Bewegung des Cursors und als Auslöser (Klicken) eingesetzt werden. Zwei zusätzliche Tasten übernehmen die Funktionen der Maustasten.

Ein **Steuerfeld** (engl.: touchpad) ist eine berührungsempfindliche Oberfläche, die sich meist direkt vor der Tastatur des Notebook-PCs befindet. Die Bedienung erfolgt mit den Fingern, wobei zwei seitlich oder unterhalb des Steuerfelds angeordnete Tasten die Funktionen der Maustasten übernehmen.

Dtr *Vorteil* dieser Eingabegeräte für einen tragbaren Computer liegt hauptsächlich darin, dass man kein zusätzliches Gerät benötigt und doch einen vollwertigen Mausersatz hat. Der *Nachteil* liegt in der etwas gewöhnungsbedürftigen Bedienung. Bei vielen Steuerfeldern kommt es vor, dass beim Arbeiten mit der Tastatur der Cursor durch Berühren der Oberfläche unbeabsichtigt neu positioniert wird, was den Schreibfluss im Regelfall stark stört. Steuerfelder können deshalb meist mit einem eingebauten Schalter deaktiviert werden.

3.2.4 Sensorbildschirme

Ein **Sensorbildschirm** (engl.: touch screen), **Kontaktbildschirm** oder **berührungsempfindlicher Bildschirm** (Synonyme) erlaubt die Auswahl von Kommandos beziehungsweise die Eingabe von sonstige angezeigten Daten (aus einem Menü) durch Markierung der auszulösenden Aktion mit dem Finger oder einem beliebigen Stift (Berühren des Eingabefelds).

Sensorbildschirme (siehe Abb. 3.2.4/1) werden häufig als *Informationsterminals* eingesetzt und sind auch für Computerlaien sehr leicht nutzbar, da man einfach mit dem Finger auf die entsprechende Stelle des Bildschirms tippt.

Durch den Einsatz an öffentlichen Stellen wird den Geräten ein gewisses Maß an Robustheit abverlangt. So kann zum Beispiel die Standard-Glasscheibe des Monitors durch eine zusätzliche Glasschicht geschützt oder einfach mit einem

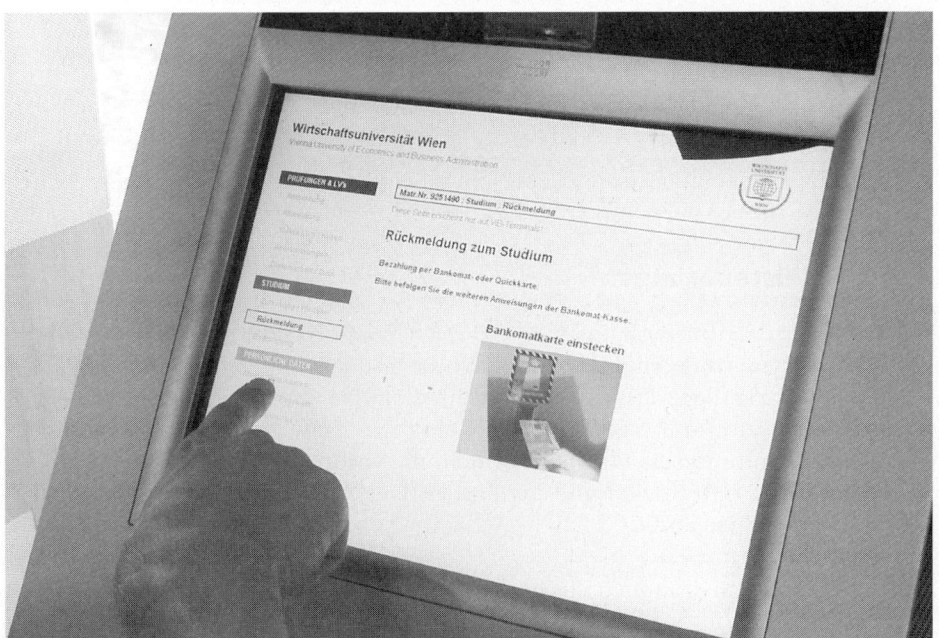

Abb. 3.2.4/1: Beispiel für einen Sensorbildschirm

Folienaufsatz versehen werden. Das Orten des Fingers kann durch *druckempfindliche Membranen*, mithilfe von *Ultraschall* oder durch die Benutzung von *Infrarot-Lichtschranken* geschehen.

Bei der *Infrarot-Technik* befindet sich an drei Seiten des Bildschirms jeweils ein Empfänger. An der vierten Seite ist ein breit strahlender Infrarot-Sender platziert. Ist kein Gegenstand am Bildschirm, werden alle drei Infrarot-Sensoren mit einer bestimmten Lichtstärke beleuchtet, die der Controller als keine Eingabe wertet. Ein berührender Finger wirft jedoch einen Infrarotschatten. Das heißt, dass die drei Infrarot-Empfänger von unterschiedlich großen Lichtenergien erreicht werden und dadurch ziemlich genau die Position des Auslösers bestimmt werden kann. Im Gegensatz dazu werden *druckempfindliche Membranen* auf der Bildschirmfläche befestigt und arbeiten mit kapazitiven oder resistiven Techniken. Dabei existiert eine geringe Spannung, die durch Berührung mit dem Finger „gestört" wird, wodurch sich die aktuelle Position berechnen lässt.

Vor allem bei *PDAs* wird die Eingabe über einen Plastikstift genutzt. Auf Grund der geringen Abmessungen besitzen die meisten dieser Geräte keine Tastatur und werden daher hauptsächlich zur Datenabfrage, beispielsweise von Adressen und Terminen, sowie zur Kommunikation genutzt.

Zu den *Vorteilen von Sensorbildschirmen* gehören:

1. Einfachere und intuitivere Bedienung im Vergleich zu Tastatur und Maus;
2. kein spezielles Zeigeinstrument nötig.

Zu den *Nachteilen von Sensorbildschirmen* gehören:

1. Verunreinigung und dadurch teilweise Unschärfe des Bildschirms (Lichtbrechung durch die berührungsempfindliche Membran, Fett, Schmutz usw.);
2. ergonomisch ungünstige Arbeitsweise (unruhige Hand, auf Dauer ermüdend);
3. begrenzte Genauigkeit (sehr kleine Eingabefelder können nicht angesprochen werden).

3.2.5 Spielsteuerungen

Eine **Spielsteuerung** (engl.: game controller) ist ein vorwiegend zum Spielen genutztes Eingabegerät. Es erlaubt dem Benutzer Spielobjekte zu steuern beziehungsweise in die gewünschte Richtung zu navigieren. Spielsteuerungen gibt es in unterschiedlichen Formen: die verbreitetsten sind Gamepads, Steuerknüppel (Joysticks) und Lenkräder. Der Anschluss erfolgt per Kabel oder drahtlos per Funk.

Spielsteuerungen kommen für PC-Spiele und Videospiele auf Spielkonsolen wie Dreamcast von Sega, GameCube von Nintendo, PlayStation 2 von Sony oder Xbox von Microsoft zum Einsatz, die zur Anzeige in der Regel an einen Fernseher angeschlossen werden.

Abb. 3.2.5/1: Spielsteuerungen – links oben Gamepad, links unten Steuerknüppel (Joystick), rechts oben Lenkrad, rechts unten das dazu erhältliche Gas- und Bremspedal

Bei Spielsteuerungen mit *Force-Feedback-Technik* wird ein Rückkanal zur Verfügung gestellt. In den meisten Fällen wird dem Benutzer durch ansteuerbare Elektromotoren ein mechanisches Feedback auf seine Eingaben gegeben. So kann zum Beispiel bei einer Fahrsimulation ein Schlagloch durch Vibration des Lenkrades angezeigt werden, oder Flugsimulatoren können den Ruderdruck für den Piloten am Steuerknüppel realistisch simulieren. Eine andere Anwendung dieser Technik ist zum Beispiel, sehbehinderten Menschen durch Vibration eines Zeigegeräts das Auffinden einer Schaltfläche am Bildschirm zu erleichtern.

Ein **Gamepad** (englische, auch im Deutschen gebräuchliche Bezeichnung; Synonym engl.: joypad) ist eine blockförmige Spielsteuerung mit zwei Griffen, die mit beiden Händen gehalten werden. Die Steuerung der Spielfiguren erfolgt mit den Daumen mithilfe eines druckempfindlichen 8-Wege-Richtungsblocks (Steuerkreuz) sowie meist zwei integrierten analogen

Stiften (Mini-Joysticks) für Bewegungen um 360°, vier reaktionsschnellen Auslösern und weiteren Tasten, die mit verschiedenen Funktionen belegt werden können.

Gamepads sind für Computerspiele aller Art geeignet, zum Beispiel Sportspiele, Abenteuerspiele usw. Flugzeug- und Fahrzeug-Simulationen lassen sich damit jedoch nicht ganz so exakt steuern wie mit Steuerknüppel und Lenkrad.

Ein **Steuerknüppel** (auch im Deutschen übliche englische Bezeichnung: **Joystick**) ist eine knüppelförmige Spielsteuerung, die sich mit der Hand in mindestens vier Richtungen bewegen lässt und Spielfiguren, Flugzeuge, Fahrzeuge und Anderes steuert. Eine Reihe von oben angebrachten Eingabetasten wird mit den Fingern der steuernden Hand ausgelöst. Meist gibt es an der Basis des Geräts noch einige weitere Knöpfe, die mit der zweiten Hand bedient werden.

Joysticks (siehe Abb. 3.2.5/1) sind wie die Gamepads für Spiele aller Art einsetzbar, haben aber aufgrund der präzisen Steuerung besondere Vorteile bei Flug- und Rennsimulationen. Sie funktionieren ähnlich wie ein Steuerknüppel in einem Flugzeug. Je nach Positionsveränderung wird ein anderer Widerstandswert produziert, der dem Computer mitteilt, wie er das zu steuernde Objekt lenken soll.

Ein **Lenkrad** (engl.: steering wheel) ist eine spezielle Spielsteuerung für Rennsimulationen. Die meisten Lenkräder sind mit Tasten zum Schalten ausgestattet, es gibt aber auch Modelle mit einem kleinen Schalthebel oder einem zusätzlichen Schaltknüppel. Auch Gaspedal und Bremse sind als Extra erhältlich.

3.2.6 Sonstige Zeigegeräte

Neben den bisher vorgestellten existiert noch eine Vielzahl von Zeigegeräten, die für spezielle Anwendungen eingesetzt werden. Zum Beispiel werden im Spielbereich zunehmend Geräte populär, welche die Bewegungen der Benutzer aufzeichnen und virtuell umsetzen (*Gestenerkennung*). Eine auf dem Bildschirm positionierte Kamera filmt den Anwender und baut diesen in Echtzeit in das Spiel ein. Ähnlich wie bei einem Datenhandschuh (Näheres folgt) ist es möglich einzelne Gesten, wie zum Beispiel bestimmte Handzeichen, zu analysieren und dadurch den Programmablauf zu steuern.

Lichtgriffel (engl.: light pen) sind Stifte, welche die Möglichkeit bieten, bestimmte Stellen direkt auf einem aktiv beleuchteten Bildschirm (Kathodenstrahlröhre) zu markieren (siehe Abb. 3.2.6/1). Der Lichtgriffel nimmt über einen Fototransistor oder eine Fotodiode an der Spitze den Abtaststrahl der Bildröhre auf und liefert damit die Bildschirmposition. Er hat nur im CAD/CAM-Bereich eine größere Verbreitung gefunden.

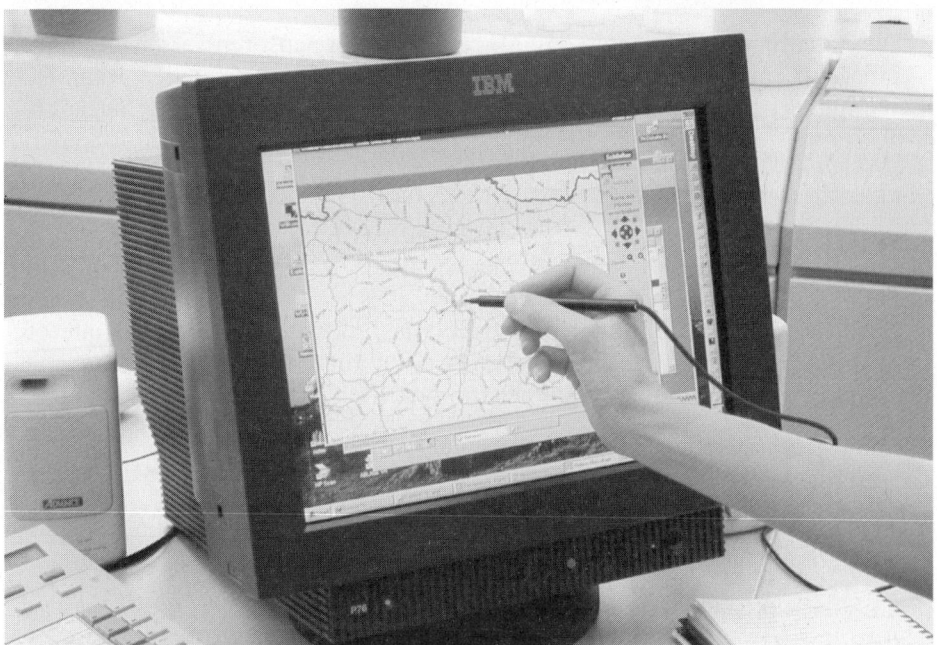

Abb. 3.2.6/1: Lichtgriffel

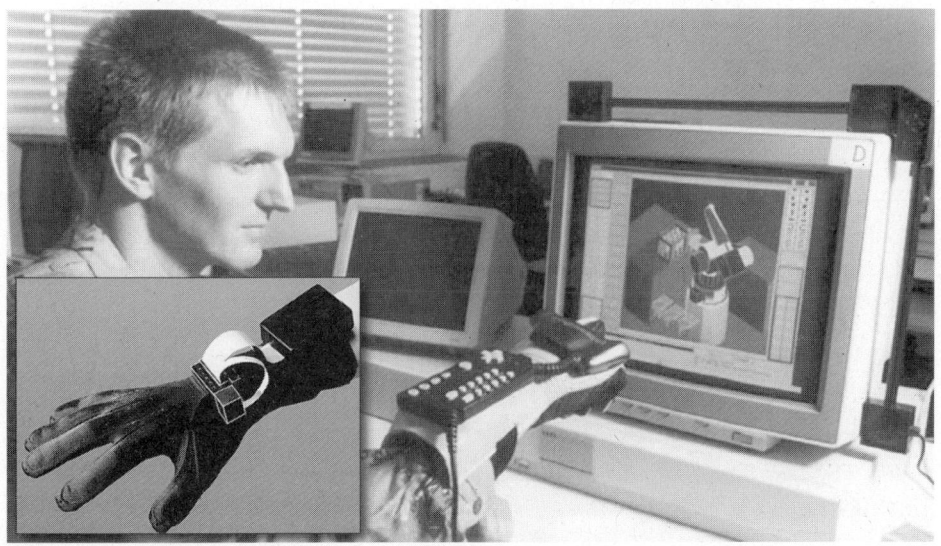

Abb. 3.2.6/2: Datenhandschuh

Ein **Datenhandschuh** (engl.: dataglove) ist ein mit Sensoren versehenes Eingabegerät, mit dem dreidimensionale Gegenstände in virtuellen Räumen manipuliert werden können. In den Handschuh eingearbeitete Sensoren übermitteln Daten an den Rechner, der daraus die jeweilige Position in der virtuellen Welt errechnet.

Die Bewegungen der Finger und der Hand werden mit Sensoren erfasst, aus denen sich die Handbewegungen rekonstruieren lassen. Ein Datenhandschuh (siehe Abb. 3.2.6/2) misst die Krümmung jedes einzelnen Fingers; in Verbindung mit geeigneter Computersoftware können Gesten des Benutzers interpretiert werden. So könnte zum Beispiel das Zeigen auf ein Objekt in einem virtuellen Raum bedeuten, dass man Information darüber erhalten möchte.

▶ Übungsaufgabe Nr. 2.3.3 im Arbeitsbuch

3.3 Eingabe von Textinformation

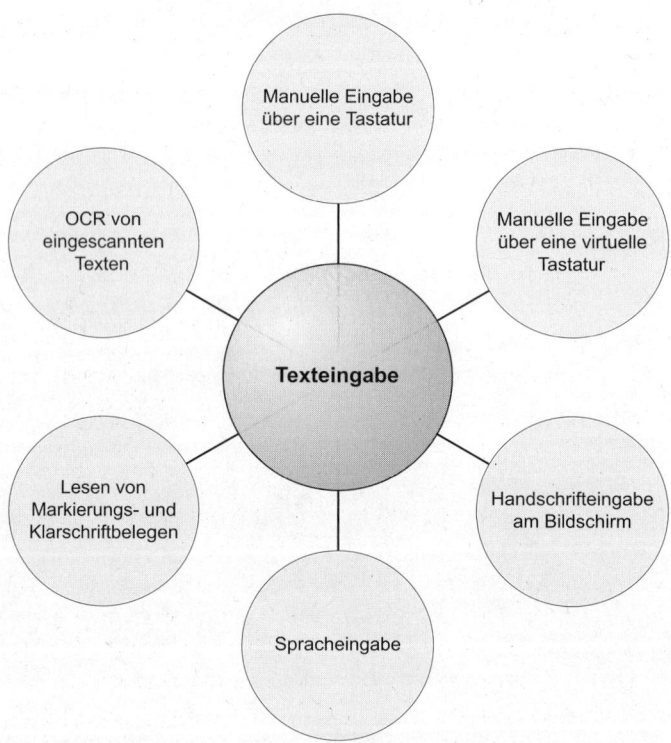

Abb. 3.3/1: Übersicht über die Möglichkeiten zur Texteingabe

Um einen Text in den Rechner einzugeben, gibt es verschiedene Möglichkeiten (siehe Abb. 3.3/1), die Sie größtenteils schon aus den vorhergehenden Kapiteln kennen. Die Eingabe mittels Tastatur ist die mit Abstand wichtigste Methode. Wir gehen im Abschnitt 3.3.1 auf Tastaturen (reale und virtuelle) näher ein und kennzeichnen die bereits behandelten anderen Verfahren nur in einer vergleichenden Übersicht im Abschnitt 3.3.2. Die Eingabe von Schriftstücken mittels Scanner wird im Abschnitt 3.4.2 (Eingabe von Bildinformation) behandelt, da dies der technischen Arbeitsweise der Geräte entspricht, und die eigentliche Texterkennung erst im Anschluss durch entsprechende OCR-Software erfolgt (siehe Band 1, Abschnitt 3.2.2.5).

3.3.1 Tastaturen

Eine **Tastatur** (engl.: keyboard) ist ein Eingabegerät mit einer Vielzahl von Tasten, die auf bestimmte Weise angeordnet und mit einer bestimmten Bedeutung (Zeichen, Funktionen) belegt sind. Die Dateneingabe erfolgt durch die aufeinander folgende Betätigung der Tasten mit den Fingern.

Im Gehäuse einer heute üblichen PC-Tastatur (siehe Abb. 3.3.1/1) befindet sich ein Mikroprozessor, der erkennt, welche Taste gedrückt beziehungsweise losgelassen wurde. Der Mikroprozessor der Tastatur überträgt einen Code (Scancode), der die gedrückten Tasten identifiziert, an den Rechner. Das elementare Ein-/Ausgabesystem des Rechners (engl.: BIOS) wandelt den Scancode in den vom Rechner verwendeten Zeichensatz um und schreibt diesen in einen Speicherpuffer, aus dem das Betriebssystem das Zeichen lesen kann.

Nach der Art der einzugebenden Daten unterscheidet man

- *numerische Tastaturen,* die aus einem numerischen Bereich (Ziffern, Sonderzeichen) und einem Funktionstastenbereich (Auslösen von Steuerfunktionen und Befehlen) bestehen,
- *alphanumerische Tastaturen,* die aus einem alphanumerischen Bereich (Buchstaben, Ziffern, Sonderzeichen) und einem Funktionstastenbereich bestehen,
- *kombinierte Tastaturen,* die aus einem numerischen und einem alphanumerischen Bereich sowie mindestens einem Funktionstastenbereich bestehen,
- *überlagerte Tastaturen,* bei welchen der numerische Bereich einen Teil des alphanumerischen Bereichs überlagert.

Numerische Tastaturfelder kennen Sie zum Beispiel von Taschenrechnern (Zehner-Blocktastatur), Telefonen oder der Fernbedienung von Fernsehempfängern. *Alphanumerische Tastenfelder* sind Ihnen von Schreibmaschinen (zum Beispiel PCs) vertraut, bei denen es zahlreiche länderspezifische Varianten gibt. Bei einer *überlagerten Tastatur* wird die Umschaltfunktion (engl.: shift) oder ein längerer beziehungsweise mehrfacher Tastendruck zum Wechseln zwischen verschiedenen, durch eine Taste darstellbaren Zeichen benutzt (so wie bei der

Abb. 3.3.1/1: PC-Tastatur (nach dem am weitesten verbreiteten Multifunktionsstandard II)

Schreibmaschine zwischen Groß- und Kleinbuchstaben), wodurch ein besonders kompaktes Tastenfeld realisiert wird. Die Möglichkeit zur *Mehrfachbelegung der Tasten* wird auch bei einer Vielzahl von *Spezialtastaturen* genutzt, um damit beispielsweise Sonderzeichen spezieller Zeichensätze eingeben zu können.

Die *Tastenanordnung einer englischen PC-Tastatur* geht auf die in den USA von Sholes & Glidden 1873 konstruierte, von Remington ein Jahr später mit großem Erfolg eingeführte Schreibmaschine zurück. Sie wird nach den ersten sechs Buchstaben oben links als QWERTY-Tastatur bezeichnet. Die Tasten wurden so verteilt, dass häufige Buchstabenkombinationen möglichst weit in der Mechanik auseinander lagen. Bei deutschen Tastaturen wurde das Y mit dem Z vertauscht, weil Y im Deutschen nur sehr selten vorkommt; man bezeichnet diese als QWERTZ-Tastatur. Bei der Einführung der ersten IBM-PCs Anfang der 1980er Jahre wurde neben dem schreibmaschinentypischen Buchstaben- und Sonderzeichenblock ein Ziffernblock und ein Block für Funktions- und Cursortasten integriert. Mit letzteren wird die Positionsmarke auf dem Bildschirm gesteuert, an deren Stelle die eingegebenen Zeichen eingefügt werden.

Bei den meisten Aufgaben sind jedoch die im Abschnitt 3.2 dargestellten Zeige-geräte schneller als die Cursorsteuerung über die Tastatur.

Ein wesentliches Merkmal vieler Tastaturen ist deren *ergonomische Bau-weise*. Charakteristisch ist vor allem die Ausrichtung des Tastenfeldes im Win-kel, um die Handgelenke der Benutzer zu schonen (siehe Abb. 3.3.1/2). Diese Tastaturen bieten zumeist eine Handauflage zur Entlastung der Muskulatur. Die entscheidende physikalisch messbare und genormte Größe bei der Beurteilung von Tastaturen ist jedenfalls der Druckpunkt im Kraft-Weg-Diagramm des Hin-und Rückwegs einer gedrückten Taste. Dieser Druckpunkt ist als sanfte Bremse beim Drücken und Loslassen einer Taste spürbar.

Tastaturen werden üblicherweise über ein Kabel an einer *USB- oder PS/2-Schnittstelle* an den Rechner angeschlossen. Zunehmend verbreitet sind auch kabellose Tastaturen, bei denen entweder über einen Funkempfänger, der am USB- oder PS/2-Port angeschlossen ist, oder über Bluetooth die Daten zum Rechner übertragen werden.

Für spezielle Anwendungsgebiete werden Tastaturen angeboten, die *weitere Funktionen im Gehäuse* integrieren; dazu gehören beispielsweise Chipkartenle-ser oder biometrische Scanner für Fingerabdrücke. Mithilfe dieser Geräte kann ein sicheres Zugangskontrollsystem für einen Rechner realisiert werden, ohne weitere Peripheriegeräte anschließen zu müssen.

Bei *Folientastaturen* besteht die Oberfläche aus Druckflächen, die sich in der Belegung frei definieren lassen. Sie werden zum Beispiel im Gastgewerbe, Super-märkten und Industrie-Umgebungen verwendet. Folientastaturen sind unemp-findlicher gegenüber Schmutz und Flüssigkeiten als herkömmliche Tastaturen.

Abb. 3.3.1/2: Ergonomische Tastatur

Kleine mobile Geräte wie PDAs und Smartphones bieten zur Texteingabe eine *virtuelle Tastatur,* die nach Aktivierung durch den Benutzer auf dem Bildschirm eingeblendet wird. Durch Antippen der Tasten mit dem Stift werden die entsprechenden Zeichen in das ausgewählte Feld der gerade verwendeten Anwendung eingegeben. Für solche Geräte gibt es als Zubehör auch *klappbare und faltbare Tastaturen,* um unterwegs eine ähnlich komfortable Eingabe wie mit einer PC-Tastatur zu ermöglichen. Sie sind zusammengelegt kaum größer und wiegen nur wenig mehr als der PDA oder das Smartphone selbst.

Zu den *Vorteilen von Tastaturen* gehören:

1. Die komfortable und zügige Eingabe von Text durch geübte Benutzer;
2. die Kontrolle kann während des Schreibens durch Mitlesen am Bildschirm erfolgen;
3. die Vielzahl an Sondertasten ermöglicht eine umfassende Funktionalität.

Zu den *Nachteilen von Tastaturen* gehören:

1. Die zeitaufwändige manuelle Dateneingabe einzelner Zeichen, insbesondere die langsame Cursorpositionierung;
2. die relativ lange Übungszeit bis zum schnellen und fehlerfreien Tastaturgebrauch, beziehungsweise fehlende Schreibmaschinenpraxis bei einem Großteil der potenziellen Benutzer;
3. die mangelnde Eignung für grafische Eingabedaten;
4. die ergonomisch ungünstige Haltung der Hände beim Arbeiten (relativ häufige Folge ist eine Sehnenscheidenentzündung).

▶ Übungsaufgabe Nr. 2.3.4 im Arbeitsbuch

3.3.2 Sonstige Texteingabemöglichkeiten

Sie haben in den vorangehenden Kapiteln *weitere Möglichkeiten zur Texteingabe* kennen gelernt: Handschrifteingabe bei PDAs und Smartphones (siehe Band 1, Abschnitt 3.1.6), Spracheingabe, insbesondere mit Diktierprogrammen (siehe Band 1, Abschnitt 3.3.1), Texterfassung mit Markierungs- und Klarschriftbelegen (siehe in diesem Band Abschnitt 2.2.1) und Texterkennung mittels OCR von eingescannten Dokumenten (siehe Band 1, Abschnitt 3.2.2.5).

Ein **Schriftenleser** (engl.: character reader) erkennt optisch einzelne, auf den Datenträgern gespeicherte Zeichen und gibt diese in maschinell weiterverarbeitbarer Codierung (zum Beispiel ASCII, EBCDIC, Unicode) aus. Hierzu werden vorher definierte Bereiche der Datenträger ausgewertet, in denen die Zeichen in maschinell lesbarer Form aufgedruckt sind.

Das Layout der Datenträger wird bei Schriftenlesern nicht miterfasst. Der Unterschied zwischen Schriftenlesern und den im Abschnitt 3.4.2 behandelten

Scannern besteht darin, dass Schriftenleser als einzige Aufgabe die geschriebenen Buchstaben, Ziffern und Sonderzeichen erkennen und ausgeben, während Scanner das Dokument als Grafik interpretieren, die dann softwaremäßig weiterverarbeitet werden kann.

Die nachfolgende Tabelle (Abb. 3.3.2/1) zeigt Ihnen die wichtigsten *Vor- und Nachteile der behandelten Texteingabemöglichkeiten* im Vergleich.

	Vorteile	Nachteile
Tastatur	• Standard-Eingabegerät, bei Arbeitsplatzrechnern meist im Lieferumfang enthalten; • zur Kommandoeingabe beziehungsweise Programmablaufsteuerung geeignet; • keine zusätzliche Software notwendig; • interaktive Bedienung und Kontrolle, der Text erscheint beim Tippen auf dem Bildschirm.	• Bei vielen Modellen eine unergonomische Handhaltung; • für schnelles und fehlerfreies Schreiben ist Übung notwendig; • im Vergleich zu Beleglesern und OCR-Scannern geringe Eingabeleistung.
Virtuelle Tastatur	• Platz sparend, gewichtslos, Eingabefeld wird am Bildschirm angezeigt; • in kleine Geräte (PDAs, Smartphones, mobile Datenerfassungsgeräte) integrierbar.	• Die Eingabe ist im Vergleich zu einer Tastatur langsam und ermüdend; • für lange Texte ungeeignet.
Handschrifteingabe am Bildschirm	• Platz sparend, gewichtslos, wird am Bildschirm angezeigt; • in kleine Geräte (PDAs, Smartphones, mobile Datenerfassungsgeräte) integrierbar; • nach Eingewöhnungsphase etwas schneller als eine virtuelle Tastatur.	• Eingewöhnungsphase für das Programm und den Benutzer notwendig; • für lange Texte ungeeignet; • langsamer als eine Tastatureingabe.
Spracheingabe (Datenerfassung, Diktieren)	• Kann interaktiv oder durch Tonaufzeichnung und spätere Spracherkennung am PC geschehen; • zum Aufruf von vorher festgelegten Befehlen geeignet; • Platz sparend; • Erfassungsfunktion in kleine Geräte integrierbar; • die Hände bleiben frei, die Eingabe kann nebenbei, ohne Unterbrechung der Arbeit, erfolgen; • für körperlich behinderte Personen geeignet, die keine Tastatur bedienen können; • die Bedienung kann auch aus der Ferne, zum Beispiel über eine Telefonverbindung, erfolgen.	• Kostspielige Spracherkennungssoftware notwendig; • Eingewöhnungsphase für das Programm und den Benutzer notwendig; • langsamer als OCR; • bei fließender Sprache sehr fehleranfällig, eine Nachkontrolle ist notwendig. Die Erkennungsgenauigkeit nimmt mit dem Spezialisierungsgrad der Anwendung zu.

Abb. 3.3.2/1 Vergleich verschiedener Texteingabemöglichkeiten

	Vorteile	Nachteile
Lesen von Markierungs- und Klarschriftbelegen	• Datenerfassung kann auf dem Urbeleg am Ort des Datenanfalls geschehen, das heißt zum Beispiel in den Fachabteilungen und beim Kunden; • schnelle Verarbeitung; • gute Erkennungsgenauigkeit.	• Zeit raubende Vorbereitungsarbeiten; • kostspielig, keine wirtschaftlich vertretbare Anwendung bei kleinen Datenmengen; • Fehleranfälligkeit durch Verschmutzungen und – bei Handschrifteintragungen – durch nicht korrekte Zeichengestaltung; • für lange Texte nicht geeignet; • keine Befehlseingabe möglich.
OCR von eingescannten Texten	• Bei hohem Dokumentenaufkommen sehr schnelle Eingabe; • relativ geringer Arbeitsaufwand, wenn der Text bereits in schriftlicher Form vorhanden ist.	• Nachkontrolle des Textes notwendig; • Scanner und OCR-Software notwendig; • für Handschrift schlecht geeignet (Spezialsoftware ist kostspielig, die Erkennungsgenauigkeit ist unbefriedigend); • keine Befehlseingabe möglich.

Abb. 3.3.2/1 (*Fortsetzung*)

3.4 Eingabe von Bildinformation

Bei der Eingabe von Bildinformation kann man zwischen stehenden und bewegten Bildern unterscheiden, die entweder neu generiert oder durch das Kopieren von Vorlagen gewonnen werden (siehe Band 1, Abschnitt 3.3.2.1). Die Abb. 3.4/1 zeigt Ihnen die hierfür verwendeten, nachfolgend behandelten Geräte.

3.4.1 Grafiktabletts

Ein **Grafiktablett** (Synonyme: Digitalisiertablett, Zeichen-Tableau, engl.: digitizing tablet, digitizer, graphics tablet, touch tablet) ist ein Zeigegerät mit einer rechteckigen Oberfläche mit zahlreichen Sensoren, auf der mit einem Stift, einer Fadenkreuzlupe oder einer Maus der Cursor gesteuert und mit hoher Präzision Konturen gezogen werden können. Durch Schalter, unterschiedlichen Druck und Neigungswinkel des Stifts sowie über die programmierbaren Tasten der Menüleiste des Tabletts können Funktionen zum Zeichnen (wie Linienbreite, Farbintensität, Radiergummi) aktiviert werden.

Grafiktabletts (siehe Abb. 3.4.1/1) gibt es in *unterschiedlichen Abmessungen* für verschiedene Einsatzzwecke: das Angebotsspektrum reicht vom kleinen für Notebook-PCs vorgesehenen DIN-A6-Tablett bis zu Geräten im DIN-A0-Format für professionelle Grafiker, Designer, Architekten usw. Die gängigste Größe

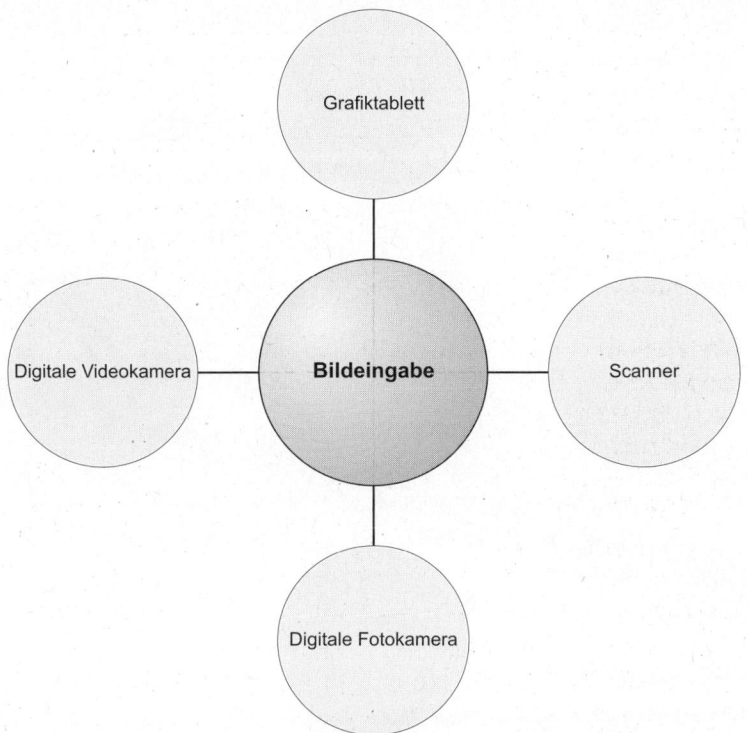

Abb. 3.4/1: Übersicht über die wichtigsten Geräte zur Eingabe von Bildinformation

ist DIN-A4. Grafiktabletts werden meist über die *USB-Schnittstelle* an den Rechner angeschlossen.

Für die *Bestimmung der Position* des Abtasters auf dem Tablett gibt es verschiedene technische Lösungen. Es dominiert die *elektromagnetische Kopplung*, bei der in die Zeichenfläche ein Gitter von Drähten beziehungsweise Magnetspulen eingebettet ist, und der Abtaster magnetische Signale empfängt beziehungsweise sendet. Die *maximale Auflösung* liegt derzeit zwischen 2.540 lpi (Abkürzung engl.: lines per inch, das heißt Linien pro Zoll) und 5.080 lpi.

Als *Abtaster* werden spezielle Mäuse, Click-tip- und drucksensitive Stifte, Airbrush-Stifte und Fadenkreuzlupen mit unterschiedlicher Tastenzahl angeboten. Zunehmend setzen sich kabellose Varianten durch. Die *Tablett-Maus* besitzt mehr Funktionstasten (bis zu fünf) und erlaubt eine höhere Zeigegenauigkeit (plus/minus 0,5 mm) als eine gewöhnliche Maus, bei der Bedienung gibt es jedoch keinen wesentlichen Unterschied. Die hauptsächlich verwendeten *drucksensitiven Stifte* arbeiten noch präziser (plus/minus 0,25 mm) und bieten mehr Funktionalität. Sie haben die Größe und Form eines Kugelschreibers und können wegen der druckempfindlichen, austauschbaren Spitze sehr sensibel auf

Abb. 3.4.1/1: Grafiktablett

die individuelle Art des Zeichnens, Schreibens, Malens, Verschiebens und Klickens reagieren.

Für *Büroanwendungen* ist die Möglichkeit interessant, mittels der bei manchen Modellen mitgelieferten Software Unterschriften unter elektronische Dokumente zu setzen und handschriftliche Notizen in die gängigen Anwendungen (Textverarbeitung, Tabellenkalkulation, Präsentationsgrafik) einzufügen. Bei Präsentationen können „live" Anmerkungen, Skizzen oder Feedback in die Folien hineingeschrieben werden.

Zum *Beispiel* kann der in Abb. 3.4.1/1 gezeigte *druckempfindliche Stift* bis zu 1.024 verschiedene Druckstufen unterscheiden. Er wiegt 18 Gramm, verfügt über zwei frei programmierbare Seitenschalter und wird zum Radieren einfach umgedreht. Er kann Neigungswinkel bis zu 60 Grad erkennen, was besonders bei realistischen „Sprühdosen-Simulationen" und dem Gebrauch breiter Werkzeugspitzen vorteilhaft ist. Das dargestellte *Tablett mit einer DIN-A4-Fläche* bietet eine Auflösung von 5.080 lpi und wiegt 1.800 Gramm. Unter die transparente Auflage (Folie) kann man Bilder legen und mit dem Stift nachzeichnen. Die maximale Stifterkennungshöhe beträgt sechs Millimeter, die Datenübertragungsrate 200 Punkte/s. Das DIN-A4-Grafiktablett wird mit einer kabellosen 5-Tasten-Maus, einem druckempfindlichen Stift mit Standardspitze und zwei weiteren speziellen Stiftspitzen sowie einer speziell angepassten Grafiksoftware

(Corel Painter Essentials) um zirka 400 Euro angeboten. Im DIN-A6-Format kosten Modelle dieser Gerätefamilie zirka 200 Euro, im DIN-A3-Format zirka 1.000 Euro.

Zu den *Vorteilen von Grafiktabletts* gehören:

1. Größter Funktionsumfang aller Eingabegeräte für die Ersterfassung grafischer Daten (Freihandzeichnen);
2. gut geeignet für die Handschrifteingabe;
3. Papierunterlagen, die auf das Tablett gelegt werden, können nachgezeichnet werden;
4. für einen längeren, ermüdungsfreien Gebrauch geeignet;
5. hohe Genauigkeit;
6. Formate sind bis zu DIN-A0 möglich.

Zu den *Nachteilen von Grafiktabletts* gehören:

1. Das Tablett muss stets als Unterlage vorhanden sein;
2. sehr beschränkte Eignung für die Eingabe schriftlicher Daten (nur über Menüauswahl), der Wechsel zwischen Tastatur und Stiftgebrauch ist umständlich.

▶ Übungsaufgabe Nr. 2.3.5 im Arbeitsbuch

3.4.2 Scanner

> Ein **Scanner** (engl.: scanner; Synonym: image scanner; Bildabtaster) tastet mittels Licht eine Vorlage ab, ermittelt für jeden Bildpunkt (Pixel) den entsprechenden Helligkeits- und Farbwert und übermittelt diese digitale Bildinformation an den angeschlossenen Rechner.

Scanner sind Peripheriegeräte, die durch zeilenweise optische Abtastung von analogen Vorlagen (Schriftstücken, Zeichnungen, Fotos, Etiketten) digitale Rasterbilder (Pixelgrafiken) erzeugen. Beim Scannen werden die Papieroberfläche oder andere Medien mittels Licht abgetastet. Die reflektierte Helligkeitsinformation wird mithilfe einer Zeile (monochromer Scanner) oder mehrerer Zeilen (Farbscanner) *lichtempfindlicher Sensoren* (realisiert durch CCD-Chips; Näheres folgt im Abschnitt 3.4.3.1) in entsprechende digitale Signale umgesetzt. Weiße Flächen reflektieren mehr Licht als bunte oder schwarze Bereiche der Vorlage. Dioden wandeln die zurückgeworfene Lichtmenge in elektrischen Strom um, wobei ein höherer Reflexionswert eine größere Spannung bewirkt. Ein Analog/Digital-Wandler speichert jeden Spannungswert als digitales Pixel, wobei entweder Schwarz-Weiß-Werte oder verschiedene Graustufen erfasst werden. Die Scanköpfe von Farbscannern verwenden Filter (rot, grün, blau), um die Anteile der jeweiligen Grundfarbe zu ermitteln.

Die erfassten Dokumente (= Rasterbilder) lassen sich abspeichern und mittels *Bildbearbeitungssoftware* weiterbearbeiten. Im Gegensatz zu Markierungs- und Schriftenlesern liefern Scanner eingelesene Textzeichen nicht als maschinell verarbeitbaren Text, sondern in Form von Pixelgrafiken. Diese können mithilfe entsprechender *Texterkennungssoftware* in editierbaren Text umgewandelt werden (siehe Band 1, Abschnitt 3.2.2.5).

Die mit Abstand am häufigsten verkauften Scanner sind *Farbscanner*. Monochrome Scanner werden praktisch nur mehr in kombinierten Vervielfältigungsgeräten (wie digitalen Kopierern oder in Faxgeräten) eingesetzt.

Man unterscheidet nach der Konstruktionsform Flachbett-, Hand-, Einzugs- und Diascanner.

Flachbettscanner (siehe Abb. 3.4.2/1) funktionieren ähnlich wie Kopiergeräte: die Vorlage befindet sich auf einer Glasplatte, unter der sich der Abtastmechanismus bewegt. Sie sind die größten „Normalformat"-Scanner (sie erfassen typischerweise das Format DIN-A4, manchmal auch DIN-A3) und liefern auch die besten Ergebnisse. Flachbettscanner sind sowohl bei privaten als auch bei geschäftlichen Anwendungen die mit Abstand meistverwendeten Scanner.

Handscanner sind die billigsten Geräte und werden manuell über die Vorlage gezogen. Sie kommen vorwiegend zur Strichcode-Erfassung an Kassen oder bei mobilen Anwendungen zum Einsatz.

Einzugsscanner verfügen über einen automatischen Einzugsmechanismus für Einzelblätter und brauchen weniger Platz als Flachbettscanner. Die Vorlage wird beim Scanvorgang an den CCD-Sensoren vorbeigeführt. Das Erfassen von Büchern oder Katalogen ist auf Grund der Bauweise nicht möglich.

Abb. 3.4.2/1: Flachbettscanner

Diascanner dienen zur Erfassung von Diapositiven und Farbbildnegativen. Sie arbeiten mit hohen Auflösungen und mit einem speziellen Beleuchtungsverfahren, um die Streu- und Nebeneffekte der stark reflektierenden Vorlagen zu minimieren. *Fotoscanner* sind zur Verarbeitung von Papierbildern gedacht, können aber meist auch Dias einlesen.

Wichtige *Auswahlkriterien* neben dem Bedienungskomfort und dem Preis sind:

- Graustufen/Farbtiefe: die derzeit üblichen Werte liegen bei 8 Bit (Graustufen) beziehungsweise zwischen 36 und 48 Bit (Farbtiefe);
- Maximale Auflösung: derzeit typische Werte liegen zwischen 600 x 600 dpi (Einzugsscanner) und 2.400 x 3.200 dpi (Flachbettscanner);
- Schnittstellen: zum Rechner parallel, USB, Firewire oder SCSI, zu Anwendungsprogrammen üblicherweise TWAIN;
- Zusatzeinrichtungen: automatischer Vorlageneinzug, Durchlichtaufsatz zum Einlesen von Dias und Folien;
- Mitgelieferte Software: optische Zeichenerkennung (OCR), Komprimierung, Bildverarbeitung und Archivierung;
- maximale Vorlagengröße: meist DIN A4, selten DIN A3, bei Spezialgeräten bis DIN A0.

3.4.3 Digitale Kameras

3.4.3.1 Digitale Fotokameras

Eine **digitale Fotokamera** (engl.: digital photo camera) zeichnet fotografische Bilder auf und speichert diese in digitaler Form (standardmäßig in JPEG, wenn nicht TIFF oder das herstellerspezifische Rohformat ausgewählt wurde). Die einzelnen Bilder werden üblicherweise auf einen PC übertragen, wo sie nachbearbeitet, dauerhaft gespeichert und gedruckt werden können.

Die Abb. 3.4.3.1/1 zeigt Ihnen einige aktuelle Modelle digitaler Fotokameras – links eine Profi-Spiegelreflexkamera mit 16,7 Megapixel, rechts unten eine LCD-Sucherkamera mit 12-fach-Zoom und darüber eine besonders kleine, leichte Kompaktkamera (Vorder- und Rückseite) mit jeweils fünf Megapixel.

Ein großer *Vorteil der Digitaltechnik* gegenüber analogen Kameras liegt in der schnellen und einfachen Verfügbarkeit der Bilder in digitaler Form. Die Aufnahmen müssen nicht erst entwickelt und ausgearbeitet, sondern können sofort weiterverarbeitet werden. Außerdem entstehen bei Digitalkameras keine variablen Kosten bei der Bildaufnahme (wie beispielsweise durch Filme). Die Qualität von Abzügen wird unter anderem von der Auflösung bei der Belichtung des Fotopapiers bestimmt. Verschiedene Hersteller empfehlen diesbezüglich unterschiedliche Auflösungen. In vielen Fällen werden 150 dpi als Mindestqualität angesehen, um gute Ergebnisse zu bekommen; für qualitativ hochwertige

Abb. 3.4.3.1/1: Digitale Fotokameras

Abzugsformate in cm	Empfehlenswerte Auflösung bei Belichtung mit	
	150 dpi	250 dpi
9 x 13	768 x 531 ~ 0,5 Megapixel	1.280 x 886 ~ 1 Megapixel
10 x 15	886 x 591 ~ 0,5 Megapixel	1.476 x 984 ~ 1,5 Megapixel
15 x 20	1.181 x 886 ~ 1 Megapixel	1.969 x 1.476 ~ 3 Megapixel
20 x 30	1.772 x 1.181 ~ 2 Megapixel	2.953 x 1.969 ~ 6 Megapixel
30 x 45	2.657 x 1.772 ~ 5 Megapixel	4.429 x 2.953 ~ 13 Megapixel
40 x 60	3.543 x 2.362 ~ 8 Megapixel	5.906 x 3.937 ~ 23 Megapixel
60 x 75	4.429 x 2.953 ~ 13 Megapixel	7.382 x 4.921 ~ 36 Megapixel

Abb. 3.4.3.1/2: Empfehlenswerte Auflösung bei verschiedenen Fotoabzugsformaten

Abzüge wird mit 250 dpi und darüber belichtet. In Abb. 3.4.3.1/2 werden verschiedene Abzugsformate mit den empfehlenswerten Auflösungen bei Belichtungen mit 150 dpi und 250 dpi und einem Richtwert, über wie viele Megapixel die Kamera dazu verfügen sollte, gegenübergestellt. In vielen Fällen können auch mit geringeren Auflösungen gute Ergebnisse erzielt werden.

▶ Übungsaufgabe Nr. 2.3.6 im Arbeitsbuch

In vielen Bereichen gleicht die *Funktionsweise digitaler Fotokameras* jener ihrer analogen Gegenstücke. Das Licht fällt durch das Objektiv ein, wird aber nicht auf einen Zelluloidstreifen, sondern auf einen fotosensorischen Chip geworfen. Es gibt verschiedene Typen solcher Chips, zum Beispiel *Charged Coupled Device (CCD)* und *Complementary Metal Oxide Semiconductor (CMOS)*. Die Sensoren enthalten sehr kleine lichtempfindliche Fotozellen, aus denen ein Rasterbild zusammengesetzt wird. Diese Zellen werden vor der Aufnahme entladen. Fällt dann Licht auf den Chip, treffen die einfallenden Photonen auf den Halbleiter und laden die Zelle mit elektrischer Spannung. CCD und CMOS unterscheiden sich unter anderem durch die Art der Auslesung dieser geladenen Bereiche.

Bei *CCD-Chips* (siehe Abb. 3.4.3.1/3) ist jeder Bildzeile ein analoges Schieberegister und ein Auswerteverstärker zugeordnet. Die Spannungen der Fotozellen werden nach der Aufnahme in das Schieberegister übertragen und dann nach einem „Eimerkettenprinzip", bei dem die Spannung jeder einzelnen Zelle verlustfrei zur Nachbarzelle verschoben wird, zum Auswerteverstärker transportiert, der das Signal für den Analog/Digital-Wandler weitergibt. Die einzelnen Punkte jeder Zeile werden demnach sequenziell aus dem Sensor ausgelesen.

Bei *CMOS* hingegen besitzt jeder Bildpunkt einen eigenen Auswerteverstärker, der die Spannungen über einen Analog-Multiplexer an den Analog/Digital-Wandler weitergibt. CMOS-Chips sind, im Unterschied zu CCD-Chips, ähnlich aufgebaut wie Prozessor- oder Speicherchips. Sie sind günstiger in der Produktion und benötigen weniger Strom, weisen jedoch tendenziell ein größeres Bildrauschen auf.

Unter *Bildrauschen* versteht man eine störende körnige Struktur aus zu hellen Pixeln, die nicht zur Umgebung passen (besonders auffallend in dunklen Bildbereichen). Es wird vor allem bei langen Belichtungszeiten und bei erhöhter Empfindlichkeitseinstellung (ISO-Zahl) der Digitalkamera sichtbar.

Ein *Nachteil* der CCD- und CMOS-Techniken ist, dass in jedem Punkt nur Rot-, Grün- oder Blauwerte gemessen werden können, jedoch nicht der komplette Farbwert auf einmal. Am Chip selbst sind die Sensoren für verschiedene Farbbereiche deshalb verteilt aufgetragen, für das endgültige Bild müssen die jeweiligen RGB-Werte aus den umliegenden Farbfeldern interpoliert werden. Dieses Verfahren hat negative Auswirkungen auf die Bildqualität, es entstehen Farbverwerfungen bei Kanten, Moiré-Muster und andere Artefakte. Anders ist dies bei *X3-Sensoren* (siehe Abb. 3.4.3.1/3). Diese messen die Rot-, Grün- und Blauanteile jeweils am selben Punkt und können solche Effekte somit vermeiden. Der X3-Sensor kann jedoch nicht mit so hohen Auflösungen wie herkömmliche Sensoren hergestellt werden.

Um die Farbdarstellung der Aufnahme möglichst getreu wiederzugeben, muss bei digitalen Kameras ein *Weißabgleich* durchgeführt werden. Dabei werden die Verstärker der drei Farbkanäle Rot, Grün und Blau so aneinander angeglichen, dass alle Farben innerhalb des Farbraums ohne Farbstich wiedergegeben werden. Der Weißabgleich erfolgt in vielen Fällen automatisch, kann aber bei einigen Kameras auch manuell durchgeführt werden.

**Herkömmliche
fotosensorische Chips**

 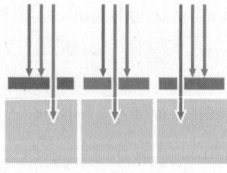 

blau   grün   rot

| Haben eine fotoempfindliche Schicht. | Jeder Bildpunkt misst einen bestimmten Farbanteil, die restlichen Farben werden vorher weggefiltert. | Die verschiedenen Farben sind mosaikförmig über den Chip verteilt. Das vollständige Bild entsteht durch Interpolation der einzelnen Teilbilder. |

 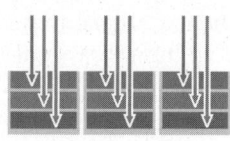 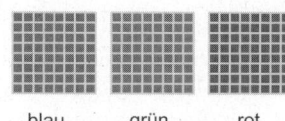

blau   grün   rot

| Der X3-Sensor besteht aus drei verschiedenen Schichten. | Jede Schicht misst einen Farbanteil und lässt das restliche Licht in die unteren Schichten durch. | Somit kann der X3-Sensor alle Farben an jedem Punkt messen. |

Abb. 3.4.3.1/3: Aufbau eines konventionellen CCD-Sensors und eines X3-Sensors (Quelle: Foveon)

Die meisten Digitalkameras besitzen einen integrierten *LCD-Monitor*. Dieser kann als Sucher oder zum Betrachten der Bilder im Speicher verwendet werden.

Wichtige *Auswahlkriterien von digitalen Fotokameras* sind:

- *Maximale Auflösung*: diese wird in Millionen Bildpunkten (Megapixel) angegeben. Je mehr Punkte für die Anzeige beziehungsweise den Druck verwendet werden, desto besser ist der optische Eindruck eines Bildes. Kameras für den Massenmarkt verfügen heute meist mindestens über drei Megapixel, bei Profigeräten reicht die maximale Auflösung bis zu über 20 Megapixel. Bei den Aufnahmen hat der Benutzer die Wahl zwischen verschiedenen Graden der Auflösung; er bestimmt damit die Bildschärfe und den erforderlichen Speicherbedarf (Dateigröße).

Zum *Beispiel* bietet die in Abb. 3.4.3.1/1 links gezeigte professionelle 16,7-Megapixel-Kamera mit CMOS-Sensor folgende Standardauflösungen, die unkomprimiert bei 48 Bit Farbtiefe ungefähr folgende Dateigrößen pro Bild ergeben: 2.496 × 1.664 Pixel → 24 MB; 3.072 × 2.048 Pixel → 36 MB; 3.600 × 2.400 Pixel → 50 MB; 4.992 × 3.328 Pixel → 95 MB. Bei einer geringen Komprimierung um den Faktor vier, die auch für großformatige Ausgaben noch sehr gute Ergebnisse liefert, ergeben sich immer noch vergleichsweise große Dateien von 6 bis 24 MB pro Bild. Bei mittlerer Kompression um den Faktor acht wird gute Bildqualität durch Dateien geliefert, die in diesem Fall 3 bis 12 MB groß sind. Bei Geräten für Fotoamateure mit fünf Megapixel und 24 Bit Farbtiefe, wie sie in Abb. 3.4.3.1/1 rechts gezeigt werden, beträgt die ungefähre Dateigröße pro Bild unkomprimiert 15 MB, mit geringer Kompression 3 bis 4 MB und mit mittlerer Kompression, die zum Beispiel für Urlaubsfotos meist völlig ausreicht, 1 bis 2 MB. Noch höhere Kompressionsfaktoren sind in der Regel nicht empfehlenswert.

- *Sensor:* Der verwendete Sensor (CCD, CMOS, X3) hat wesentlichen Einfluss auf die Bildqualität der Kamera.

- *Brennweite und optischer Zoom:* Die Brennweite ist die Distanz (in mm) zwischen dem optischen Zentrum der Linse und dem Sensor. Durch Veränderung der Brennweite des Objektivs kann ein gewisser Bildausschnitt vergrößert (herangezoomt) werden. Kompakte Kameras verfügen oft nur über einen geringeren Zoomfaktor (zum Beispiel bis zu 3-fach-Zoom) als größere Modelle (bis zu 12-fach). Während das optische Zoom also durch eine Bewegung des Linsenmechanismus realisiert wird, erfolgt beim *digitalen Zoom* eine digitale Vergrößerung der Pixel, was zu einer deutlich verminderten Bildqualität führt.

- *Verschlusszeiten und Blendeneinstellung:* Die Verschlusszeit gibt die Dauer der Belichtung an. Durch die Blende wird die Größe der Öffnung, durch die Licht auf den Sensor fällt, und somit die Lichtstärke, verringert. Die Wahl der Verschlusszeit und der Blendeneinstellung erfolgt in den meisten Fällen automatisch. Gute Kameras für Amateure bieten hierfür verschiedene Programme, die für bestimmte Motive oder Situationen optimiert werden, an. Im (semi-)professionellen Bereich erlauben Kameras auch manuelle Einstellungen.

- *Qualität der Optik:* Eine entscheidende Rolle für die Qualität der Aufnahme spielt nicht nur der eingesetzte Sensor, sondern auch die Qualität des verwendeten Objektivs. Hochwertige Spiegelreflexkameras verfügen deshalb über wechselbare Objektive (zum Beispiel Weitwinkel- und Teleobjektive). Diese bieten die Möglichkeit, die Optik der Kamera optimal auf die jeweiligen Aufnahmebedingungen abzustimmen.

  Bei den heutzutage üblichen einäugigen *Spiegelreflexkameras* (engl.: single lens reflex camera, abgekürzt: SLR) schaut man bei einer Aufnahme direkt durch das Objektiv. Das Fotomotiv wird vom Objektiv über einen Spiegel auf einer Mattscheibe exakt abgebildet. Bei einer *Sucherkamera* dient hingegen das Objektiv nur zur Belichtung; für die Kontrolle des Bildausschnitts wird eine separate Optik, der Sucher, verwendet. Das hat einige Nachteile: Das Sucherbild stimmt nur annähernd mit dem Aufnahmeausschnitt überein (Parallaxenfehler bei Nahaufnahmen), es ist keine Kontrolle der Schärfentiefe im Sucher möglich und ein störender Gegenstand (zum Beispiel ein Finger) vor dem Objektiv ist im Sucherbild nicht sichtbar. Vorteile von Sucherkameras gegenüber Spiegelreflexkameras sind der wesentlich günstigere Preis, die geringeren Abmessungen und das geringere Gewicht.

- *Speicherkapazität*: Die digitalen Bilder müssen unmittelbar nach der Aufnahme auf einem geeigneten Medium gespeichert werden. Als Speichermedien werden meist Flash-Speicherkarten oder kleine Magnetplatten verwendet. Ist der Speicher voll, müssen die Bilder entweder auf einen Rechner übertragen oder das Speichermedium gewechselt werden. Um Speicherplatz zu sparen werden die Bilder oft komprimiert (meist im JPEG-Format) gespeichert.

- *Gewicht:* Das Gewicht spielt eine entscheidende Rolle dafür, wie geeignet eine Kamera für bestimmte Anwendungsbereiche ist. Sehr kompakte Kameras für Hobby-Fotografen sollten möglichst leicht sein, wohingegen Profigeräte ein gewisses Gewicht aufweisen müssen, um ruhig in der Hand zu liegen.
- *Schnittstelle*: Die physikalische Verbindung zum Computer oder Drucker wird meistens über die USB- oder eine IEEE-1394-Schnittstelle realisiert. Kann der Rechner/Drucker die entsprechenden Wechselmedien lesen, können die Bilder auch über das Umstecken des Mediums auf ein anderes Gerät übertragen werden.

▶ Übungsaufgabe Nr. 2.3.7 im Arbeitsbuch

Anmerkung: Im Gegensatz zu den gängigen, vorstehend beschriebenen One-shot-Systemen, die das Motiv mit einer einzigen Belichtung aufnehmen, erfassen *Scannerkameras* die Bildfläche nicht als Ganzes, sondern tasten diese sequenziell mit einer länglichen Zelle von CCD-Elementen Schritt für Schritt ab. Sie werden üblicherweise stationär im Studio für Stilllife-Aufnahmen (zum Beispiel Produktfotografie in der Werbung, Kunstreproduktionen) mit Stativ verwendet. Die Scanzeit beträgt mindestens 30 Sekunden. Scannerkameras bieten eine sehr hohe Auflösung (bis zu über 50 Megapixel) und einen großen Farbumfang.

3.4.3.2 Digitale Videokameras

In diesem Abschnitt wird ein kurzer *Überblick über Camcorder und Webcams* gegeben.

Unter einem **Camcorder** (engl.: camcorder) versteht man ein tragbares, elektronisches Video- und Audioaufzeichnungs- und Wiedergabegerät. Der Begriff entstand aus der Kombination der englischen Begriffe „Camera" und „Recorder". Die Aufzeichnung der Videos erfolgt üblicherweise auf Bandkassette oder DVD und nur sehr selten auf eine Flash-Speicherkarte oder Magnetplatte. Im Fotomodus werden Festbilder auf Flash-Speicherkarten aufgezeichnet.

Wie bei den Fotokameras haben auch bei den Camcordern digital aufzeichnende Geräte ihre analogen Vorgänger weitgehend vom Markt verdrängt. *Digitale Camcorder* (siehe Abb. 3.4.3.2/1) bieten eine bessere Qualität bei Aufnahmen und Kopien, und die Videobearbeitung ist wesentlich einfacher als bei analogen Camcordern. Nachfolgend gehen wir nur noch auf digitale Geräte ein.

Abb. 3.4.3.2/1: Digitale Camcorder

Digitale Camcorder arbeiten wie die meisten digitalen Fotokameras mit licht-empfindlichen *CCD-Sensoren,* die sichtbares Licht in elektronische Signale umwandeln. Je größer die CCDs sind, desto mehr Licht kann aufgenommen werden und desto besser sind die Helligkeit und die Farbbrillanz. Das ist vor allem bei ungünstigen Lichtverhältnissen wichtig, unter denen sich die Aufnahmequalität der meisten Camcorder erheblich verschlechtert (Bildrauschen). Geräte für Fernsehaufnahmen besitzen meist 1/2-Zoll- bis 2/3-Zoll-CCDs, bei Geräten für Konsumenten sind sie 1/6 bis 1/3 Zoll groß. Professionelle Geräte verwenden stets drei CCD-Sensoren, wobei jeder für eine Primärfarbe zuständig ist. Preisgünstige Geräte für den Massenmarkt verfügen hingegen meist nur über einen Chip, der alle Farben verarbeitet. Zunehmend werden jedoch auch Konsumentengeräte mit drei CCDs ausgerüstet und bieten dadurch sowohl unter normalen als auch schlechten Lichtverhältnissen eine deutlich bessere Aufnahmequalität.

Die *Auflösung (Bildschärfe)* wird durch die Zahl der Pixel auf dem CCD bestimmt. Die in Europa bei Fernseh- und Videogeräten übliche PAL-Norm arbeitet mit 25 Bildern pro Sekunde bei einer Auflösung von 720 x 576 Pixel, das entspricht ungefähr 0,4 Megapixel. Eine höhere Pixelzahl besitzt kaum eine Auswirkung auf die Bildschärfe von Videoaufnahmen, sofern diese auf dem herkömmlichen TV-Schirm betrachtet werden. Sie erhöht jedoch im Fotomodus die Vergrößerungsfähigkeit. Neue Camcorder-Modelle verfügen meist über drei Megapixel.

Im Jahr 2004 wurden die ersten halbprofessionellen Camcorder im Markt eingeführt, die mit dem hochauflösenden *High-Definition-Standard* (abgekürzt: HDV) im 16:9-Format mit 1.440 x 1.080 Pixel pro Bild aufzeichnen (siehe Abb. 3.4.3.2/1 links). Die gegenüber dem PAL-Standard wesentlich bessere Bildqualität wird erst auf einem hochauflösenden LCD- oder Plasma-Bildschirm mit Komponenteneingängen sichtbar.

Im *Fotomodus* können mit einem Camcorder, wie mit einer digitalen Fotokamera, Einzelaufnahmen gemacht werden. Die Bildqualität ist jedoch wegen der anderen Signalverarbeitung und des für diesen Zweck nicht ausgelegten Objektivs deutlich schlechter.

Viele der für digitale Fotokameras genannten *Auswahlkriterien* gelten auch für Camcorder (siehe hierzu Abschnitt 3.4.3.1). Bei beiden Gerätekategorien stellt sich die Frage, ob der Benutzer eher vielfältige manuelle Einstellungen oder eine möglichst einfache Bedienung durch einen hohen Automatisierungsgrad schätzt. *Optische Zooms* bieten bei Videokameras eine bis zu zwanzigfache Vergrößerung, die wegen der Bildverschlechterung nicht empfehlenswerten digitalen Zooms reichen von 20- bis 800-fach. Die *Audioaufnahmequalität* hängt wesentlich vom mitgelieferten Mikrofon ab; empfehlenswert ist ein externes Mikrofon, damit es durch Geräusche des Speicherlaufwerks oder bei der manuellen Bedienung nicht zu Problemen kommt.

Eine wichtige Leistungsdeterminante ist die *Bildstabilisierung*, die elektronisch oder optisch erfolgt. Bei elektronischer Bildstabilisierung verlagert der in das Gerät integrierte Mikroprozessor das Bild in die entgegengesetzte Richtung, in die es durch Erschütterungen bewegt wird. Bei optischer Bildstabilisierung werden die Erschütterungen nach demselben Prinzip durch Bewegungen des Linsensystems kompensiert. Die optische Bildstabilisierung ist besser, aber kostspieliger und wird deshalb nur selten in Konsumenten-Camcordern eingesetzt.

Als *Speichermedien* für Videos kommen überwiegend Magnetbandkassetten zum Einsatz, und zwar hauptsächlich digitales MiniDV-Videoband, seltener das von Sony entwickelte Digital8-Band. Zunehmend werden auch DVD-Camcorder angeboten, die auf DVD-R, DVD-RW oder DVD-RAM aufzeichnen (siehe hierzu Abschnitt 2.4.2.2). Zur Aufnahme von Fotos kommen, wie bei digitalen Fotokameras, alle möglichen Flash-Speicherkarten zum Einsatz (siehe hierzu Abschnitt 2.5.3).

Auf Grund der bei Videoaufzeichnung anfallenden großen Datenmenge erfolgt die Übertragung der digitalen Video- und Audioinformation zum PC oder zu einem anderen Videorecorder meist über eine *IEEE 1394- oder USB 2.0-Schnittstelle.*

Webcams

Eine **Webcam** (engl.: webcam) ist eine Videokamera, die direkt an einem Computer angeschlossen ist und deren Aufnahmen über das Internet übermittelt werden. Manche Websites verwenden so genannte *Livecams* zur

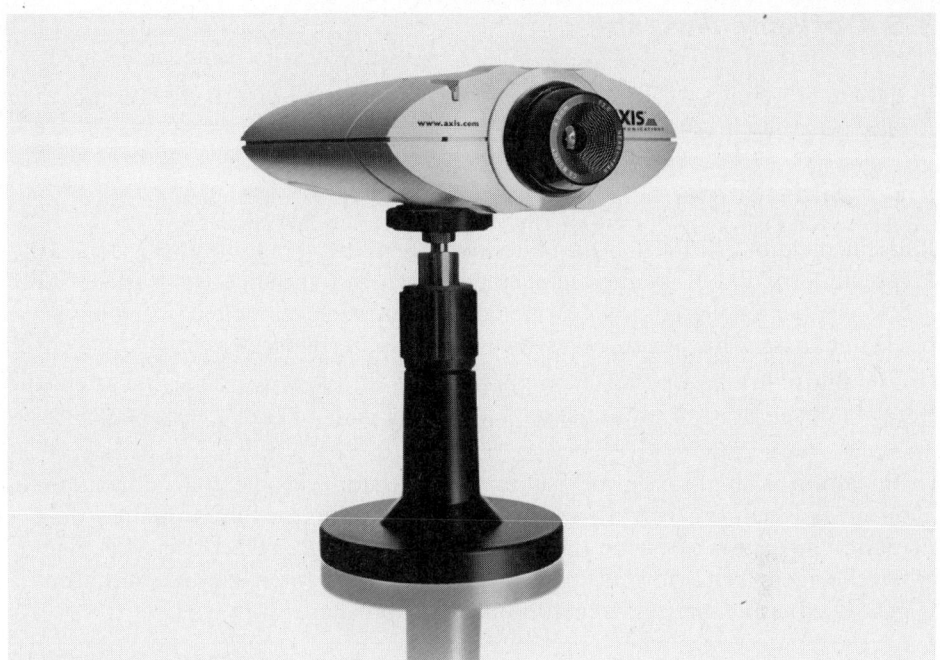

Abb. 3.4.3.2/2: Webcam

Übertragung aktueller Information. Zusätzlich können Webcams auch zum Abhalten von optisch niederqualitativen Videokonferenzen genutzt werden. Die meisten Modelle bieten die Möglichkeit, wahlweise Fotos oder Videos zu übertragen.

Meist sind Webcams (siehe Abb. 3.4.3.2/2) in oder auf Gebäuden montiert und nehmen in mehr oder weniger kurzen Abständen ein Bild auf, das danach ins Internet eingespeist wird. Es gibt Zehntausende von Angeboten, die von Astronomie, über Bildung bis zu Tourismuswerbung, Verkehrs- und Wetterinformation reichen. Webcam-Verzeichnisse im Internet klassifizieren das öffentliche Angebot nach geografischen und sachlichen Kriterien.

Von Betrieben können *Innenkameras* eingesetzt werden, um Kunden über Abläufe, freie Kapazitäten oder Warteschlangen zu informieren und um Räumlichkeiten zu überwachen.

▶ Übungsaufgabe Nr. 2.3.8 im Arbeitsbuch

3.5 Optische Ausgabe

In diesem Abschnitt werden die derzeit verbreitetsten *Bildschirme* und *digitalen Projektoren* beschrieben.

3.5.1 Bildschirme

Bildschirme gibt es in vielen Varianten: von den über Funk aktualisierten LCD-Preisschildern und Reklametafeln eines Lebensmittelfilialbetriebs (siehe Abb. 3.5.1/1), über in Geräte aller Art eingebaute Anzeigeeinheiten (beispielsweise bei Datenkassen) bis hin zu Fernseh- und Computerbildschirmen.

Für Bildschirme, die an Computer angeschlossen werden, hat sich die Bezeichnung „*Monitor*" durchgesetzt.

> Ein **Monitor** (engl.: monitor) ist ein Ausgabegerät, das die vom Videoadapter eines Rechners (zum Beispiel einer PC-Grafikkarte) übermittelte Information anzeigt. Er besteht aus dem Bildschirm (engl.: screen; display), dem zugehörigen Gehäuse und eventuell darin eingebauten Zusatzeinrichtungen, wie beispielsweise Mikrofon und Lautsprecher.

3.5.1.1 Übersicht

Die wichtigsten *Merkmale von Monitoren* sind die Darstellungsqualität, die Bildschirmgröße, die Wiederholfrequenz und der Energieverbrauch, die alle maßgeblich durch die Anzeigetechnik bestimmt werden.

Die Abb. 3.5.1.1/1 gibt Ihnen einen Überblick über die verschiedenen *Anzeigetechniken* von Bildschirmen. In der Praxis kommen derzeit fast ausschließlich Kathodenstrahlbildschirme (CRT) und aktive LCD-Flachbildschirme (TFT) zum Einsatz, die in den Abschnitten 3.5.1.3 und 3.5.1.4 beschrieben werden. Plasmamonitore (siehe Abschnitt 3.5.1.5) waren die ersten, schon vor über 20 Jahren für Computer verwendeten Flachbildschirme, sie konnten sich jedoch wegen ihres vergleichsweise ungünstigen Preis-/Leistungsverhältnisses nie auf breiter Ebene durchsetzen. Heute werden sie hauptsächlich für großflächige Anzeigen (Präsentationstafeln) und für Luxusfernseher verwendet. Große Zukunftshoffnungen werden in organische Elektroluminiszenzbildschirme gesetzt; einige Produkte mit kleinem OLED-Display werden bereits auf dem Markt angeboten. Wir gehen auf diese und andere „Zukunftstechnologien" im Abschnitt 3.7.3 Markt und Entwicklungstendenzen näher ein.

> Die **Bildschirmgröße** (engl.: screen size) wird in der Diagonale gemessen und in Zoll angegeben. Die verbreitetsten Größen bei Bildschirmen für Notebook-PCs sind 14 Zoll (35,6 cm) und 15 Zoll (38,1 cm), für Schreibtisch-PCs 17 Zoll (43,2 cm) und 19 Zoll (48,3 cm).

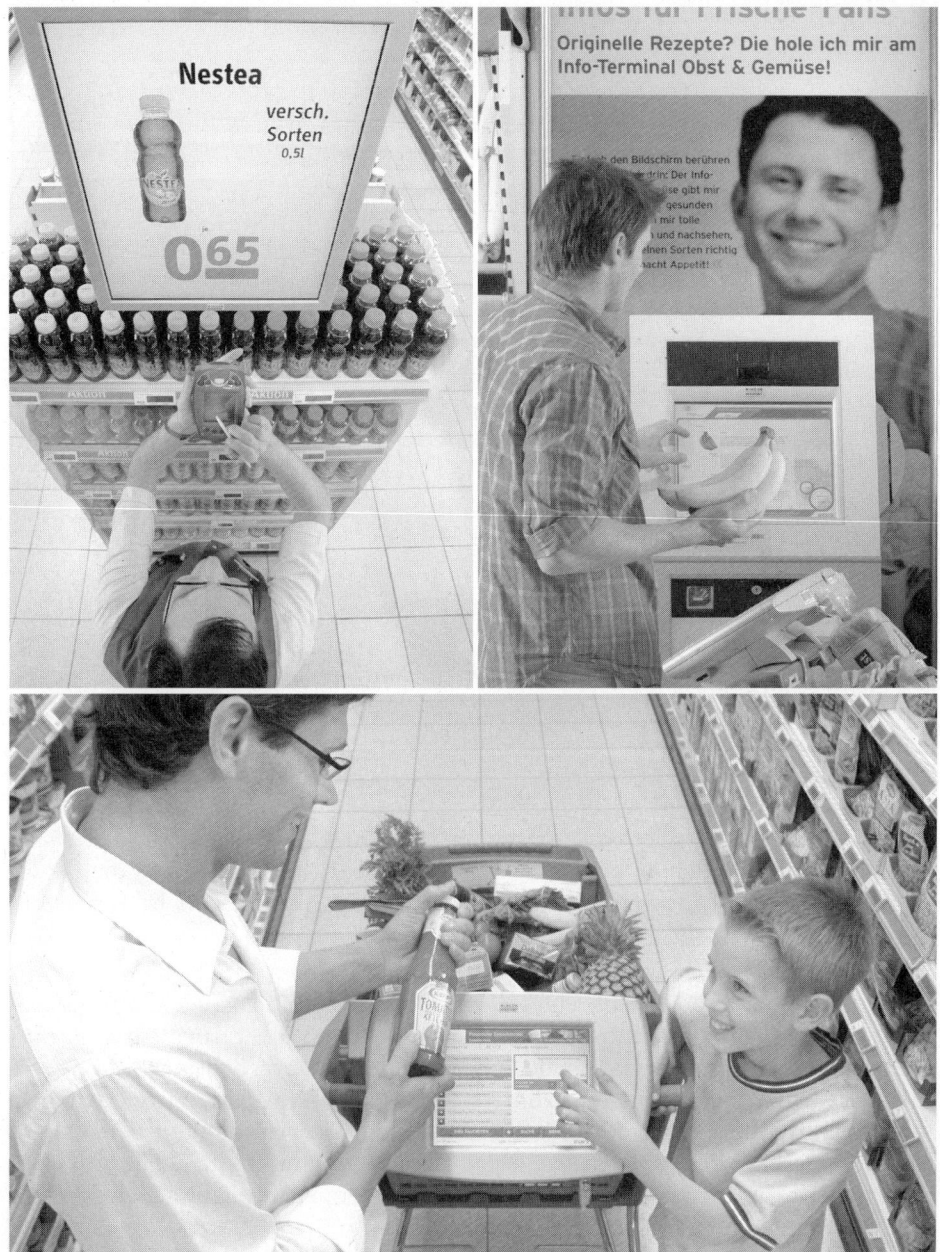

Abb. 3.5.1/1: Infobildschirme im Lebensmittelhandel (Quelle: Metro Future Store)

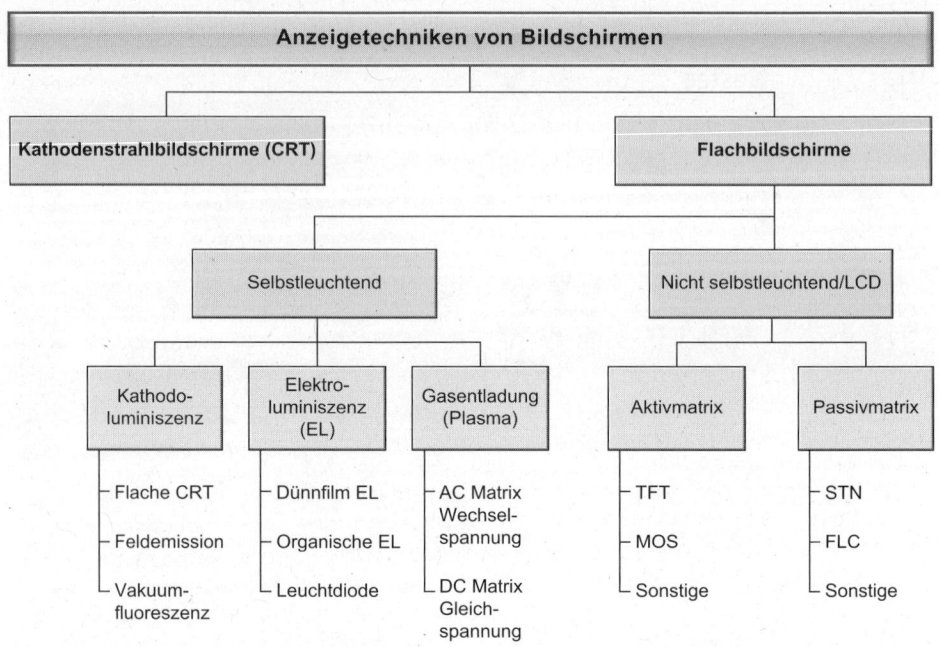

Abb. 3.5.1.1/1: Klassifikation der Anzeigetechniken von Bildschirmen

Größere Bildschirme (bis zu 24 Zoll) werden vorwiegend für Spezialanwendungen, wie zum Beispiel CAD (Computer Aided Design), genutzt. Der sichtbare Bildschirmbereich ist bei Kathodenstrahlröhren stets kleiner als die Nenngröße, weil die Randbereiche auf Grund von Verzerrungen nicht verwendet werden können.

Die **Bildwiederholfrequenz** eines Monitors, auch **Bildfrequenz, Bildrate, Vertikalfrequenz** oder **Auffrischrate** (engl.: refresh rate; vertical scan rate) genannt, gibt an, wie oft das Bild pro Sekunde neu aufgebaut wird (in Hz). Die **Zeilenfrequenz** oder **Horizontalfrequenz** (engl.: horizontal frequency; horizontal scan rate) gibt an, wie viele Zeilen pro Sekunde auf den Bildschirm geschrieben werden (in kHz). Die **Videobandbreite** (engl.: video bandwidth) entspricht der maximalen Grenzfrequenz, mit der Bildpunkte dargestellt werden können (Angaben in MHz).

Je höher die *Bildwiederholfrequenz,* desto ermüdungsfreier ist die Arbeit am Bildschirm für das menschliche Auge. Die ergonomische Mindestanforderung beträgt bei CRT-Bildschirmen etwa 75 Hertz (Hz). Die nötige *Zeilenfrequenz* ergibt sich aus dem Produkt von gewünschter Bildwiederholfrequenz und Zeilenanzahl plus einem fünf- bis zehnprozentigen Aufschlag für die Synchronisation und den Rücklauf der Elektronenstrahlen (bei CRT-Bildschirmen). Die erforderliche *Videobandbreite* berechnet sich aus dem Produkt aus Bildwiederholfrequenz und Auflösung plus einem etwa 30-prozentigen Synchronisationsaufschlag.

Um die Ergonomie und Umweltverträglichkeit von Monitoren sicherzustellen, wurden zahlreiche *Normen* eingeführt. Die gebräuchlichsten sind:

- **EPA: Energy Star**

  Die Vorschriften der Environmental Protection Agency (EPA) haben unter anderem das Ziel, den Stromverbrauch zu verringern. Eine Voraussetzung zum Erhalt dieses Gütezeichens ist zum Beispiel ein *Auto Power Down System*, welches pro Monitor eine Stromersparnis von zirka zehn Euro im Jahr bringt.

- **TCO 03**

  Die TCO 03-Norm ist eine Weiterentwicklung von TCO 99, wobei die Änderungen zur Vorgängerversion eher gering sind. Verschärft wurden lediglich Anforderungen, die Fertigung und Recycling sowie die verwendeten Ausgangsmaterialien betreffen. Die Bildwiederholfrequenz für die empfohlene Auflösung muss mindestens 85 Hz betragen. Beim Energieverbrauch fordert die Norm für den Stromsparmodus maximal 15 Watt und im Power-off-Modus maximal fünf Watt. Für Bildschirme mit Diagonalen von 17 Zoll bis 19 Zoll gilt eine minimale Auflösung von 1.280 x 1.024 Bildpunkten, solche mit 21 Zoll oder mehr müssen mit mindestens 1.600 x 1.200 Bildpunkten arbeiten.

▶ Übungsaufgabe Nr. 2.3.9 im Arbeitsbuch

3.5.1.2 Grafikkarten

Eine **Grafikkarte** (engl.: graphics card, video card) steuert die Ausgabe von Bildern auf Bildschirmen. Moderne Grafikkarten besitzen einen eigenen Grafikspeicher (engl.: video RAM) und einen Grafikprozessor (engl.: graphics processing unit, abgekürzt: GPU), der die Manipulation von 2-D-Bildern und die Darstellung von dreidimensionalen Objekten durch *Rendering* beherrscht und dadurch die CPU entlastet.

Die wichtigsten Leistungsmerkmale einer Grafikkarte sind die *Darstellungsqualität (Auflösung, Farbtiefe)* und die *Schnelligkeit des Bildaufbaus,* die im Wesentlichen durch das Leistungsvermögen der GPU und des Grafikspeichers bestimmt werden. Die Videodaten werden entweder digital zum Bildschirm übertragen oder zuerst durch den Digital/Analog-Wandler (engl.: RAMDAC; Abkürzung von engl.: random access memory digital/analog converter) in ein analoges Signal umgewandelt. Üblicherweise ist der Digital/Analog-Konverter mit der restlichen GPU in einem Chip integriert.

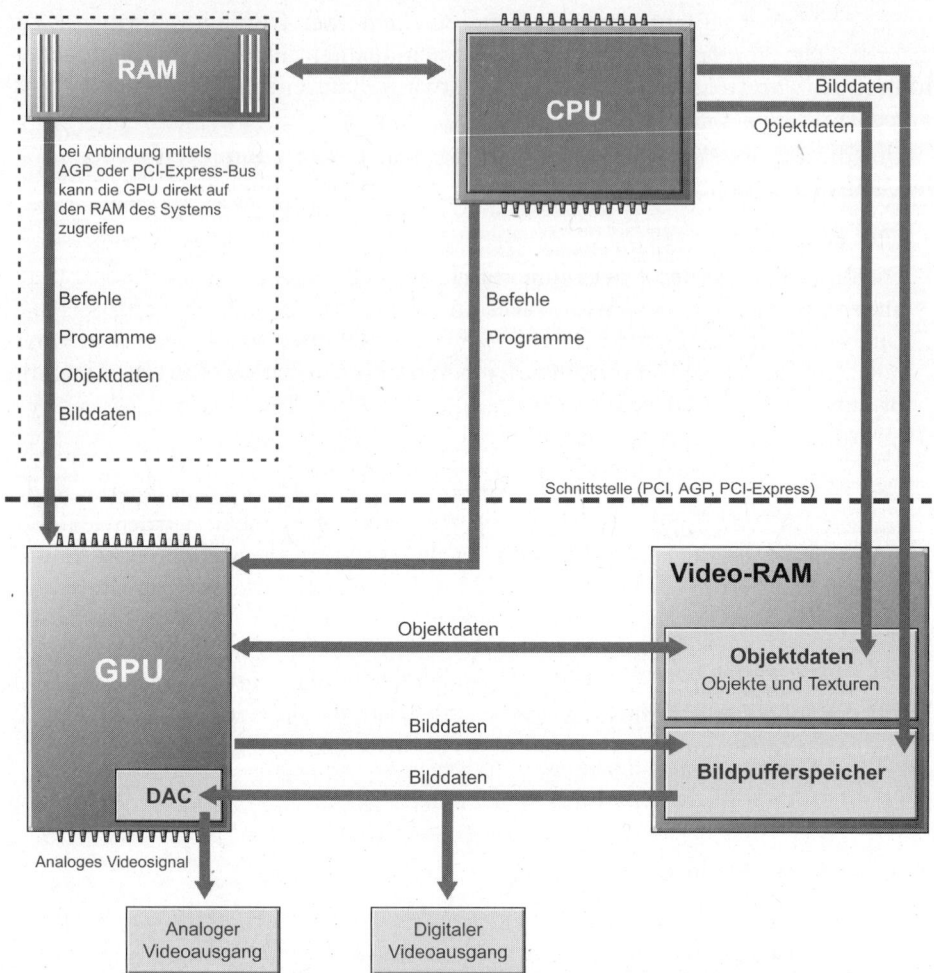

Abb. 3.5.1.2/1: Bildaufbereitung durch die Komponenten einer Grafikkarte

Grafikkarten mit *3-D-Funktionalität* können auf verschiedene Arten genutzt werden. Sollen dreidimensionale Bilder ausgegeben werden, legt die CPU Information über Objekte und ihr Aussehen (Texturen) in einem Teil des Grafikspeichers ab. Die GPU errechnet daraus ein 3-D-Bild und speichert dieses in einen anderen Teil des Grafikspeichers, den Bildpufferspeicher (engl.: frame buffer), der vom Digital/Analog-Konverter zur Anzeige am Bildschirm ausgelesen wird. Werden zweidimensionale Bilder ausgegeben, legt die CPU den Großteil der Bildinformation direkt im Bildpufferspeicher ab. Die GPU kann gegebenenfalls dazu benutzt werden, Aktionen wie das Verschieben eines Fensters, Füllen bestimmter Bereiche und das selbstständige Dekomprimieren und Anzeigen von komprimierten Videoformaten durchzuführen.

Der *Kapazitätsbedarf* für den Bildpufferspeicher ergibt sich aus der eingestellten Auflösung multipliziert mit der Farbtiefe. So benötigt ein Bild in SXGA-Auflösung mit 24 Bit Farbtiefe 1.280 x 1.024 x 3 Bytes = 3.932.160 Bytes = 3,75 MB Grafikspeicher. Im Normalfall wird heute mit doppelter oder dreifacher Pufferung (engl.: double or triple buffering) gearbeitet, das heißt es gibt zwei oder drei verschiedene Speicherbereiche, die ein ganzes Bild aufnehmen können. Während der Digital/Analog-Konverter den Inhalt eines Bereichs anzeigt, wird das nächste Bild in einem anderen Puffer aufgebaut. Wenn das anzuzeigende Bild fertig ist, wird zwischen den Puffern umgeschaltet. Durch diese Technik ergibt sich der doppelte beziehungsweise dreifache Bedarf an Bildpufferspeicher, das heißt 7,5 oder 11,25 MB für das vorige Beispiel. Der Grund, warum Grafikkarten heute mit sehr viel mehr Grafikspeicher (Hochleistungskarten: meist 256 MB) ausgestattet werden, ist, dass die Objektinformation, aus der die GPU ein Bild berechnet, sehr viel Kapazität in Anspruch nehmen kann.

Je größer ein Monitor ist, desto höher kann die *Auflösung* gewählt werden – soweit dies die Grafikkarte unterstützt. Bei einer höheren Auflösung passt mehr auf den Bildschirm, die gezeigten Objekte werden somit kleiner dargestellt. Die Monitorhersteller geben die maximal mögliche und eine empfohlene Auflösung an, die nicht unterschritten werden sollte.

Die Abb. 3.5.1.2/3 zeigt in Gebrauch befindliche und für hochauflösende Geräte künftig vorgesehene (durch * gekennzeichnete) Auflösungen für Bildschirme mit dem überwiegend üblichen Seitenverhältnis von 4:3. „Quad(ruple)" beschreibt einen Modus mit einer vierfachen Pixelzahl des vorhergehenden Modus (doppelte Zahl der Pixel vertikal und horizontal), „Hex(adecimal)" beschreibt einen Modus mit der 16-fachen Pixelzahl (vierfache Pixelzahl vertikal und horizontal).

Zum *Beispiel* wird für Pocket-PC-PDAs die QVGA- und die VGA-Auflösung eingesetzt. Für die üblichen LCD-Computermonitore mit 12 bis 14 Zoll Diagonale wird SVGA, mit 15 Zoll XGA, mit 17 Zoll SXGA und mit 19 Zoll UXGA empfohlen.

Die Abb. 3.5.1.2/4 kennzeichnet die für *Breitbildschirme* (engl.: widescreen) mit einem 16:9- oder 16:10-Seitenverhältnis verwendeten und vorgesehenen Standards.

Farbtiefe	Bezeichnung	Anzahl der Farben
4 Bit		16
8 Bit	Pseudo Color	256
16 Bit	High Color	65.536
24 Bit	True Color	16,7 Millionen
32 Bit	True Color	> 4 Milliarden

Abb. 3.5.1.2/2: Farbtiefe und Anzahl der darstellbaren Farben

Abkürzung	Bezeichnung	Auflösung (Breite x Höhe)	Gesamtzahl der Pixel
CGA	Color Graphics Adapter	320 x 200	64.000
QVGA	Quarter Video Graphics Array	320 x 240	76.800
EGA	Enhanced Graphics Adapter	640 x 350	224.000
VGA	Video Graphics Array	640 x 480	307.200
SVGA	Super Video Graphics Array	800 x 600	480.000
XGA	Extended Graphics Array	1.024 x 768	786.432
SXGA	Super Extended Graphics Array	1.280 x 1.024	1.310.720
SXGA+	Super Extended Graphics Array +	1.400 x 1.050	1.470.000
UXGA	Ultra Extended Graphics Array	1.600 x 1.200	1.920.000
QXGA*	Quad Extended Graphics Array	2.048 x 1.536	3.145.728
QSXGA*	Quad Super Extended Graphics Array	2.560 x 2.048	5.242.880
QUXGA*	Quad Ultra Extended Graphics Array	3.200 x 2.400	7.680.000
HSXGA*	Hex Super Extended Graphics Array	5.120 x 4.096	20.971.520
HUXGA*	Hex Ultra Extended Graphics Array	6.400 x 4.800	30.720.000

Abb. 3.5.1.2/3: Auflösungen für Bildschirme mit einem Seitenverhältnis von 4:3

Je höher die Auflösung, die Farbtiefe und die Bildwiederholrate, desto größer sind die Anforderungen an den, im Normalfall in die GPU integrierten, Digital-Analog-Konverter (RAMDAC), den Grafikspeicher in Abhängigkeit von der Videobandbreite auszulesen. Dies erfordert sehr schnelle Zugriffszeiten auf die Zellen des Speichers, was sich in Folge auf die erforderliche Leistung der GPU und die Größe und Geschwindigkeit des Grafikspeichers auswirkt.

In vielen Fällen sind bereits einfache *Grafikkarten* beziehungsweise *Grafik-chips* in die *Hauptplatine (Motherboard)* eines Rechners integriert. Diese sind für Anwendungen, die keine besonderen Anforderungen an die Grafikleistung stellen, wie zum Beispiel typische Büroaufgaben, ausreichend. Stellen die einge-setzten Anwendungen höhere Anforderungen, wie etwa CAD oder Spiele, oder ist in die Hauptplatine kein Grafikchip integriert, so muss eine Grafikkarte nachgerüstet werden. Dazu wird die Grafikkarte über den AGP- (Accelerated Graphics Port), PCI-Bus oder PCI-Express-Bus mit dem System verbunden. Der *AGP-Bus* ist ausschließlich für Grafikanwendungen vorgesehen und ermöglicht schnelle Datentransfers und Fließbandverarbeitung sowie eine direkte Zugriffs-möglichkeit des Grafikprozessors auf den Arbeitsspeicher. Dadurch kann der Arbeitsspeicher des Systems auch als Grafikspeicher verwendet werden.

Zusätzlich zur Grafikkarte werden *Grafiktreiber* benötigt, die für das Betriebssystem eine möglichst einheitliche Schnittstelle für unterschiedliche Gra-fikkarten bereitstellen sollen.

Der *Anschluss des Monitors an die Grafikkarte* kann über *VGA-Stecker für analoge Signale* oder über *DVI-Stecker für analoge oder digitale Signale* erfol-gen. DVI ist die Abkürzung für engl.: *Digital Visual Interface*; das ist ein

Akronym	Bezeichnung	Auflösung (Breite x Höhe)	Gesamtzahl der Pixel
WVGA	Wide Video Graphics Array	852 x 480 oder 858 x 484	408.960 oder 415.272
WXGA	Wide Extended Graphics Array	1.366 x 768	1.049.088
WSXGA	Wide Super Extended Graphics Array	1.600 x 1.024	1.638.400
WSXGA+	Wide Super Extended Graphics Array +	1.680 x 1.050	1.764.000
HDTV	High Definition Television (Standard 1080i)	1.920 x 1.080	2.073.600
WUXGA	Wide Ultra Extended Graphics Array	1.920 x 1.200	2.304.000
WQSXGA	Wide Quad Super Extended Graphics Array	3.200 x 2.048	6.553.600
WQUXGA	Wide Quad Ultra Extended Graphics Array	3.840 x 2.400	9.216.000
WHSXGA	Wide Hex Super Extended Graphics Array	6.400 x 4.096	26.214.400
WHUXGA	Wide Hex Ultra Extended Graphics Array	7.680 x 4.800	36.864.000

Abb. 3.5.1.2/4: Auflösungen für Breitbildschirme mit einem Seitenverhältnis von 16:9 oder 16:10

Schnittstellenstandard, der entwickelt wurde, um beim Anschluss digitaler Monitore eine höhere Übertragungsleistung und eine bessere Qualität zu ermöglichen. Es gibt drei *Arten von DVI-Verbindungen:*

- DVI-D (digital) für direkte digitale Verbindungen zwischen der Videoquelle (Grafikkarte) und digitalen Bildschirmen (primär LCD); hier entfällt die bei der VGA-Schnittstelle erforderliche qualitätsmindernde Analog/Digital-Wandlung.
- DVI-A (analog) um ein DVI-Signal an analoge Bildschirme (CRT) zu übermitteln; obwohl hier ein gewisser Qualitätsverlust durch die Digital-Analog-Wandlung eintritt, ist die Bildqualität immer noch besser als bei Standard-VGA.
- DVI-I (integriert analog und digital) übermittelt Digital-zu-Digital- und Analog-zu-Analog-Signale in einem Kabel, unterstützt aber keine Digital-zu-Analog- und Analog-zu-Digital-Verbindungen.

Einige Grafikkarten besitzen die *Möglichkeit, mehr als einen Bildschirm anzusteuern.* Wird dies vom Betriebssystem und dem Grafiktreiber unterstützt, kann dadurch die Arbeitsfläche auf mehrere Bildschirme ausgedehnt werden. Werden in diesem Modus Cursor oder Fenster aus einem Bildschirm „hinausbewegt", erscheinen sie auf dem anderen Bildschirm. Einige Grafikkarten können auch PAL- beziehungsweise NTSC-Signale zur *Anzeige auf Fernsehgeräten* erzeugen.

▶ Übungsaufgabe Nr. 2.3.10 im Arbeitsbuch

3.5.1.3 Kathodenstrahlbildschirme (CRT)

Kathodenstrahlbildschirme (siehe Abb. 3.5.1.3/1) verwenden prinzipiell die gleiche Technologie (Kathodenstrahlröhre) wie die herkömmlichen Fernsehapparate.

Eine **Kathodenstrahlröhre** (engl.: cathode ray tube; abgekürzt: CRT) besteht aus einem luftleeren Glaskolben, in dessen Hals eine *Kathode* – ein auf Rotglut erhitzter Draht mit dünner Oxidbeschichtung – einen scharf gebündelten Elektronenstrahl auf die gegenüberliegende *Anodenfläche,* der Stirnfläche des Kolbens, richtet. Beim Auftreffen des Kathodenstrahls leuchtet die Phosphorbeschichtung der Anodenfläche auf, und die Bildpunkte werden durch die Glasfläche hindurch sichtbar. Bei einem Farbschirm ist der Belag aus Farbtripletts in den Grundfarben Rot, Grün und Blau aufgebaut, die von drei Elektronenstrahlen punktgenau angesteuert werden. Die Bewegung der Elektronenstrahlen verläuft zeilenweise von links nach rechts, von oben nach unten. Damit der Bildschirm nicht flimmert, muss er mindestens 75mal pro Sekunde aufgefrischt werden.

Abb. 3.5.1.3/1: Kathodenstrahlbildschirm

Bildschärfe, Kontrast und Farbreinheit von Kathodenstrahlmonitoren werden wesentlich durch die verwendete Art der so genannten *Maske* des Monitors bestimmt. Die Maske (engl.: mask) des Monitors befindet sich (vom Benutzer aus gesehen) unmittelbar hinter dem Glas des Bildschirms. Sie dient zum präzisen Ansteuern der Phosphorpunkte beziehungsweise Farbtripletts durch die Elektronenstrahlen und hält wie eine Blende überflüssiges Licht zurück. Je nach Bauart des Monitors unterscheidet man zwischen einer *Lochmaske,* die aus dünnem Blech mit Öffnungen in der Form von kreisrunden Löchern besteht, einer *Streifenmaske*, die durch vertikale Streifen aufgebaut ist, und einer *Schlitzmaske*, die mit einer vertikal aufgestellten Jalousie mit versetzten Querstegen vergleichbar ist.

Bei einer *Lochmaske* wird der Abstand zwischen zwei Öffnungen gemessen. Gut sind dabei Abstände unter 0,28 mm, es gibt aber auch schon Lochmasken mit einem Lochabstand von 0,22 mm. Die Lochmaske sieht unter dem Mikroskop aus wie ein Fliegengitter.

Monitore mit Kathodenstrahlröhre haben eine *große Bautiefe* (wegen des langen Glaskolbens), einen dementsprechenden *Platzbedarf* und ein *hohes Gewicht*. Deshalb und wegen der erforderlichen hohen Betriebsspannungen (für die Elektronenstrahlbeschleunigung) sind sie für mobile Datenerfassungsgeräte und tragbare Rechner ungeeignet. Besonders an den Rändern des Anzeigebereichs treten Verzerrungen auf.

Zu den *Vorteilen von Kathodenstrahlmonitoren* gehören:
1. Kontrast und Farben sind nicht winkelabhängig;
2. verschiedene Auflösungen sind problemlos möglich;
3. günstiger Preis;
4. gute Darstellung schneller Bewegungen.

Zu den *Nachteilen von Kathodenstrahlmonitoren* gehören:
1. Schwer und unhandlich;
2. langes Arbeiten am Bildschirm ermüdet die Augen (Flimmern);
3. hoher Stromverbrauch;
4. Strahlenemission.

3.5.1.4 Flüssigkristallbildschirme (LCD)

Flachbildschirme (engl.: flat panel display) werden mit verschiedenen Techniken realisiert (siehe Abb. 3.5.1.1/1), am verbreitetsten sind Flüssigkristallbildschirme.

Ein **Flüssigkristallbildschirm** (engl.: liquid crystal display; Abkürzung: LCD) verwendet zur Anzeige in Glasflächen eingeschlossene Flüssigkristalle. Bei Anlegen einer Spannung richten sich die Flüssigkristalle in Richtung des elektrischen Feldes aus und bekommen dadurch andere optische Eigenschaften (Wechsel zwischen Lichtdurchlässigkeit und Lichtundurchlässigkeit, wodurch ein angesteuerter Bildpunkt dem Betrachter hell oder dunkel beziehungsweise farbig erscheint).

LCD-Bildschirme (siehe Abb. 3.5.1.4/1) verfügen über eine so genannte *optimale Auflösung*, bei der auf jedes Pixel genau ein LCD-Punkt kommt. Bei 17-, 18- und 19-Zoll-Bildschirmen ist dies im Allgemeinen eine Auflösung von 1.280 x 1.024 Bildpunkten. Jede abweichende Auflösung kann zu einer nicht zufrieden stellenden Bilddarstellung führen, da die Bildpunkte auf die LCD-Punkte interpoliert werden.

Statt Licht auszustrahlen, reflektieren *passive LCD-Bildschirme* (engl.: passive-matrix display) dieses, woraus sich ein geringer Stromverbrauch ergibt. Damit ist ein längerer Akkubetrieb von tragbaren Rechnern möglich. Aus diesem Grund verfügen passive LCD-Bildschirme aber auch nur über eine geringe Leuchtstärke und Bildauffrischungsrate. Darüber hinaus können sich bei der Anzeige störende Effekte (Schmieren und Verschwinden des Cursors) ergeben.

Bei *aktiven LCD-Bildschirmen* (Aktivmatrix-Bildschirme; engl.: active-matrix display) werden die einzelnen Bildpunkte über Dünnfilmtransistoren individuell aktiviert und deaktiviert. Sie heißen deshalb auch *TFT-Bildschirme* (Abkürzung von engl.: thin film transistor). Durch eine besonders hohe Beweg-

Abb. 3.5.1.4/1: LCD-Bildschirm

lichkeit der Kristalle und die präzise Ansteuerung werden Schattenbildeffekte vermieden. Bei Farbschirmen stellen drei übereinander liegende Schichten die Grundfarben (Rot, Grün, Blau) dar. Für jede Farbzelle steht ein eigener Transistor zur Verfügung.

Bei TFT-Bildschirmen wird vorwiegend die *TN-Technik* (Abkürzung für engl.: twisted nematic) eingesetzt. Dabei wird ein um 90° verdrehtes Flüssigkristallmaterial benutzt, das sich bei Anlegen einer Spannung entdreht und somit lichtundurchlässig wird. Daneben kommen in TFT-Monitoren Panels mit *„In Plane Switching"* (Abkürzung: IPS) und *„Multi Domain Vertical Alignment"* (Abkürzung: MVA) zum Einsatz. Anders als bei TN-LCDs richten sich bei IPS-Displays die Kristalle im elektrischen Feld nicht in einer Helix aus, sondern parallel zur Bildschirmoberfläche. Bei angelegter Spannung rotieren die Moleküle um 90° und lassen das auftreffende Licht durch. Diese Technik ermöglicht bei gleichbleibendem Kontrast einen Blickwinkel von 160° und mehr. Bei der MVA-Technik wird jede Pixelzelle in bis zu vier Bereiche (Domains) aufgeteilt. Bei Anlegen einer Spannung wechseln die Moleküle ihre Position und das Hintergrundlicht kann durchdringen. Auch bei diesem Verfahren wird ein Blickwinkel von 160° geschaffen, wobei allerdings der Kontrast leicht abnimmt.

Im Vergleich zu Kathodenstrahlbildschirmen besitzen LCD-Bildschirme einen langsameren Bildaufbau, der sich bei schnellen Bewegungen auf dem Bildschirm durch ein *Verwischen* bemerkbar macht. TN-Monitore schalten dabei schneller als solche, welche die MVA-Technik verwenden.

Zu den *Vorteilen von Flüssigkristallbildschirmen* gehören:

1. Sehr Platz sparend;
2. hohe Leuchtdichte (vom Menschen wahrgenommene Helligkeit);
3. keine Geometrie- und Konvergenzfehler;
4. scharfes, glasklares Bild;
5. hoher Kontrast;
6. niedriger Stromverbrauch;
7. flimmerfrei;
8. geringe Wärmeabgabe;
9. unempfindlich gegen elektromagnetische Felder;
10. strahlungsarm.

Zu den *Nachteilen von Flüssigkristallbildschirmen* gehören:

1. Winkelabhängigkeit von Kontrast und Farben;
2. geringe Schaltgeschwindigkeit von hell zu dunkel;
3. Farbkalibrierung für Drucktechnik kaum möglich;
4. mäßige Bildqualität außerhalb der Standardauflösung;
5. langsamer Bildaufbau.

▶ Übungsaufgabe Nr. 2.3.11 im Arbeitsbuch

3.5.1.5 Plasmabildschirme

> Ein **Plasmabildschirm** (engl.: plasma display) besteht aus zwei Glasplatten, zwischen denen sich ein Mosaik aus 0,2 Millimeter kleinen gasgefüllten Zellen befindet. Ein elektrisches Leitungsgitter (Elektrodenarray) hält die gesamte Fläche unter Spannung, knapp unter dem Grenzwert, bei dem das Edelgasgemisch (Plasma) zu leuchten beginnt. Durch elektrische Entladungen in den einzeln adressierbaren Zellen emittiert das Gas ultraviolette Strahlen, die die Phosphorbeschichtung der Zellen zum Leuchten anregen.

Plasmabildschirme (siehe Abb. 3.5.1.5/1 und 2) werden zurzeit für Luxusfernsehgeräte und als Präsentationsmedium (Anzeigentafel) verwendet. Die durchschnittliche Lebensdauer ebenso wie die Auflösung konnten in den letzten Jahren deutlich erhöht werden. Der wesentliche Wettbewerbsnachteil von Plasmabildschirmen liegt in den im Vergleich zu Kathodenstrahl- oder LCD-Bildschirmen deutlich höheren Preisen. Auch ist auf Grund der nach unten begrenzten Größe der Plasmakanäle die Herstellung von kleinen, hochauflösenden Bildschirmen nicht möglich.

Abb. 3.5.1.5/1: Plasmabildschirm

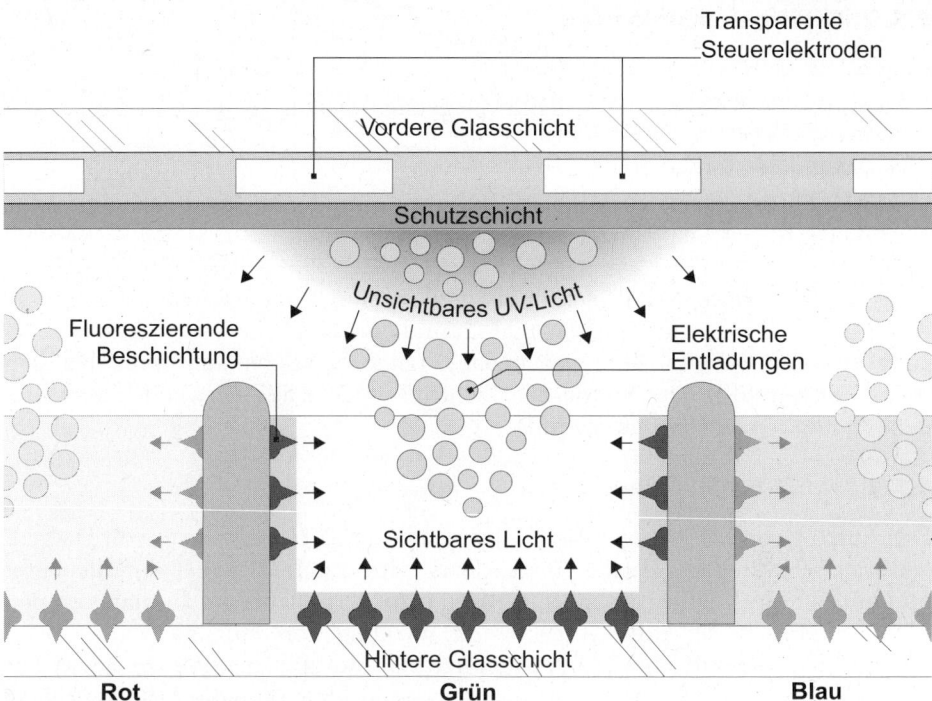

Abb. 3.5.1.5/2: Plasmatechnik

Zu den *Vorteilen von Plasmabildschirmen* gehören:

1. Sehr flache Anzeigeeinheit;
2. Bildschirmgrößen von bis zu über zwei Meter Bilddiagonale;
3. leuchtstärkeres, kontrastreicheres Farbbild und breiterer Betrachtungswinkel als bei LCD-Bildschirmen;
4. keine Strahlenemission;
5. unempfindlich gegenüber Magnetfeldern, Temperaturschwankungen, Stößen und Vibrationen;
6. nach LCD die am weitesten entwickelte Technik für Flachbildschirme.

Zu den *Nachteilen von Plasmabildschirmen* gehören:

1. Hoher Preis;
2. großer Stromverbrauch (für Akkubetrieb schlechter geeignet als LCD-Schirme) und hohe Wärmeabgabe;
3. im Vergleich zu Kathodenstrahlmonitoren niedrigere Auflösung und geringere Farbtiefe;
4. großes Gewicht.

3.5.2 Digitale Projektoren

> **Digitale Projektoren** (engl.: digital projector) dienen zur Präsentation der Ausgabedaten von Rechnern, Fernsehern und sonstigen Videogeräten (DVD-Player, Videorekorder usw.) in vergrößerter Form. Die eingehende digitale Information wird dabei in optische Signale umgewandelt und auf eine Projektionsfläche projiziert.

In heute hergestellten Projektoren werden zwei konkurrierende Techniken eingesetzt: *LCD* (Abkürzung von engl.: liquid crystal display) und *DLP* (Abkürzung von engl.: digital light processing). Beide Verfahren unterscheiden sich grundlegend in der Art, wie sie den Lichtfluss regeln und verwenden verschiedene Methoden der Farbdarstellung.

3.5.2.1 LCD-Projektoren

Der Aufbau von LCD-Projektoren (siehe Abb. 3.5.2.1/1) ist jenem von Diaprojektoren sehr ähnlich. Anstelle eines Dias wird ein LCD-Panel durchleuchtet und mithilfe eines Objektivs an eine Wand projiziert. Dabei macht man sich den optischen Effekt der doppelbrechenden Wirkung von Flüssigkristallen beim Anlegen eines elektrischen Feldes zunutze. Grundsätzlich kommen heute nur noch *TFT-LCDs* zum Einsatz, bei denen jede einzelne Zelle des Displays direkt von einem eigenen Transistor angesteuert wird.

Abb. 3.5.2.1/1: LCD-Projektor

Weißes Licht, das von der Projektorlampe auf das LCD-Panel fällt, wird je nach der an der einzelnen Zelle angelegten Spannung durchgelassen oder zu einem bestimmten Grad absorbiert. Mithilfe von Prismen oder halbdurchlässigen Spiegeln wird das weiße Licht der Lampe in die drei Grundfarben aufgetrennt und es werden damit drei identische LCD-Panels beleuchtet. Die durchgehenden Strahlen werden anschließend wieder überlagert und ergeben das farbige Bild.

Zu den *Vorteilen von LCD-Projektoren* gehören:

1. Relativ preisgünstig;
2. hohe Auflösung;
3. gute Farbsättigung.

Zu den *Nachteilen von LCD-Projektoren* gehören:

1. Staubempfindlichkeit (im Lauf der Zeit leicht erhellte Staubwolken in dunklen Bildern);
2. Unregelmäßigkeiten in der Form von Farbstichen, Veränderung der Farbwiedergabe in der Gesamtfläche des Projektionsbildes;
3. Pixelfehler, die besonders bei weniger hohen Auflösungen störend wirken.

3.5.2.2 DLP-Projektoren

Bei der DLP-Technik, die im Vergleich zur LCD-Technik bessere Kontrastwerte erzielt, kommt ein mikroelektromechanisches Bauelement zum Einsatz, die so genannte *Digital Micromirror Device*. Auf deren Oberfläche reflektieren mehrere hunderttausend winzige Spiegel das einfallende Licht. Jeder einzelne Spiegel kann mehr als 50.000-mal pro Sekunde zwischen zwei Positionen gekippt werden. Obwohl die beiden Stellungen sich nur um rund 20 Grad unterscheiden, reicht dies aus, um den reflektierten Strahl entweder ins Aus oder in das optische System und damit auf die Leinwand zu werfen.

Im Gegensatz zu den LCD-Projektoren reicht zur Farbdarstellung prinzipiell ein einziger DMD-Chip aus: Durch die kurzen Schaltzeiten ist es möglich, die Grundfarben dadurch zu überlagern, dass sie schnell nacheinander auf die Bildfläche projiziert werden. Ein schnell drehendes Rad bringt dabei unterschiedliche Farbfilter in rascher Folge zwischen den weißen Lichtstrahl der Lampe und das DLP-Element. Eine bessere Darstellungsqualität erzielen jedoch Geräte, die über zwei oder drei Chips verfügen. Im letzten Fall wird das Licht durch ein Prisma in die Grundfarben rot, grün und blau aufgeteilt, für die jeweils ein Chip zuständig ist.

Auch zur Darstellung von unterschiedlichen Helligkeitsstufen macht man sich die Schnelligkeit der Mikrospiegel zunutze. Dazu wird das Licht in kurzen Pulsen reflektiert, schneller als es der Betrachter wahrnehmen kann. Je länger die einzelnen Pulse bei gleich bleibenden zeitlichen Abständen sind, desto heller erscheint das Licht. DLP wird verstärkt bei Projektoren im Heimkino-, wie auch im Großkinobereich eingesetzt.

Zu den *Vorteilen von DLP-Projektoren* gehören (insbesondere im Vergleich zu LCD-Projektoren):

1. Sehr hoher Kontrast;
2. neutrale Farbdarstellung;
3. kaum Spiegelausfälle oder Staubprobleme;
4. Pixelstruktur selbst bei niedrigen Auflösungen nicht erkennbar.

Zu den *Nachteilen von DLP-Projektoren* gehören (insbesondere im Vergleich zu LCD-Projektoren):

1. Relativ teuer (insbesondere bei höheren Auflösungen);
2. Regenbogeneffekt, das heißt kurzzeitige Wahrnehmung der drei Grundfarben des Farbrades, und Rauschen (vor allem bei billigeren Geräten);
3. Geräuschkulisse durch Lüftung und Farbrad.

▶ Übungsaufgabe Nr. 2.3.12 im Arbeitsbuch

3.6 Druckausgabe

> **Drucker** (engl.: printer) sind Ausgabegeräte, die visuell darstellbare Daten (Text, Bilder) auf Druckträger (meist Papier) ausgeben, das heißt durch Kontrasterzeugung visuell lesbar machen. Während bei *Druckern* Formate bis zu DIN A3 (beziehungsweise bei Endlosdruckern theoretisch A2) bedruckt werden, spricht man bei darüber hinausgehenden Formaten von *Plottern* (aus historischen Gründen: früher hießen mit Stiften arbeitende Zeichengeräte so – von engl.: to plot, das heißt auf Deutsch: zeichnen, Kurve darstellen).

3.6.1 Übersicht

Drucker werden in der Praxis nach mehreren Dimensionen eingeteilt (siehe Abb. 3.6.1/1):

• Aufbereitung und Ausgabe des Druckbilds: Zeichen-, Zeilen- und Seitendrucker,

• Drucktechnik: Impact- und Non-Impact-Drucker,

• Farbdarstellung: Monochrom-, Highlight-Color- und Vollfarbdrucker,

• Einsatzzweck: Bürodrucker, EDV-Drucker, Fotodrucker, Plotter, Plakatdrucker …,

• Papiertyp: Endlos- und Einzelblattdrucker,

• oder es wird einfach der Technologiename genannt (zum Beispiel „Laserdrucker", „Inkjet-Plotter").

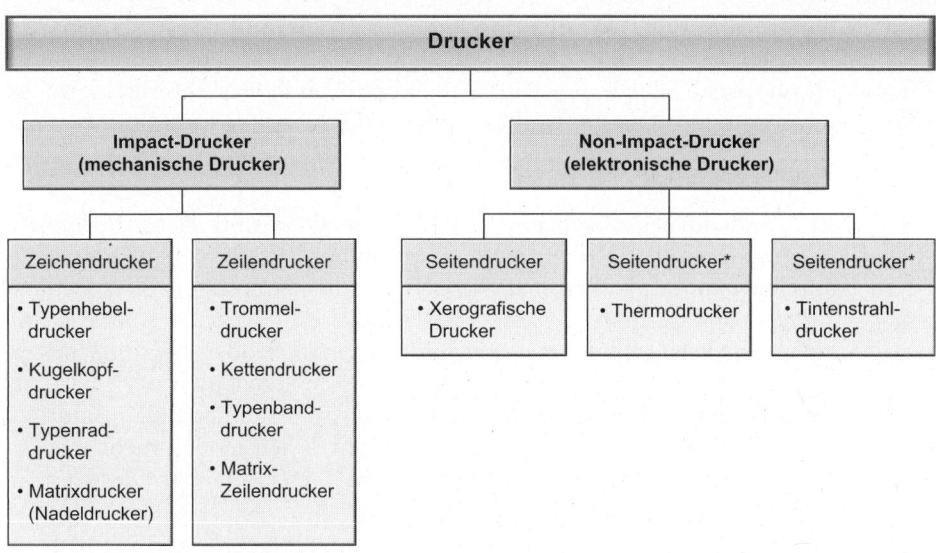

*) Prinzipiell können Thermodrucker und Tintenstrahldrucker auch als Zeichendrucker ausgeführt sein, die Darstellungsmöglichkeit von kompletten Dokumenten (siehe Abschnitt Seitenbeschreibungssprachen) erzwingt die Betrachtungsebene „Seite".

Abb. 3.6.1/1: Klassifikation von Druckern

In der Folge werden diese Begriffe erläutert und um einige in der Praxis häufig vorkommende Termini ergänzt:

Zeichendrucker (engl.: character printer): Bei diesem Druckverfahren, das heute nahezu keine Bedeutung mehr hat, werden für die Zeichendarstellung entweder – wie bei einer Schreibmaschine – feste Symbole („Zeichen für Zeichen") auf Typenhebeln, Kugelköpfen oder Typenrädern verwendet, oder die Symbole werden aus einer Matrix von Punkten aufgebaut und mit Nadeln auf das Papier gedruckt.

Zeilendrucker (engl.: line printer) waren in der Vergangenheit die klassischen EDV-Drucker in Rechenzentrumsumgebungen („Schnelldrucker") und werden heute nur mehr vereinzelt für Spezialanwendungen (Druck auf Durchschlag-Garnituren, zum Beispiel für Lohnzettel) verwendet. Bei diesen typischen *Impact-Druckern*, die das Druckbild Zeile für Zeile mechanisch zu Papier bringen, wird zwischen *Impact-Matrixdruckern*, *Trommeldruckern* und *Ketten-* beziehungsweise *Typenbanddruckern* unterschieden. Typischerweise bedrucken diese Drucker Endlospapier mit Transportlochung (Endlosdrucker).

Die Entwicklung der Drucknotwendigkeiten der Informationsverarbeitung von reiner (Schwarz-Weiß-)Zeichendarstellung hin zur Repräsentation aller visuell darstellbaren Datentypen (Text, Strichcodes, Logos, Bilder usw. in Farbe und unterschiedlichsten Formaten) führt dazu, dass heutzutage außer für Spezialanwendungen ausschließlich nichtmechanische (engl.: non-impact) *Seitendrucker* (engl.: page printer) zum Einsatz gelangen. Dabei wird jeweils das gesamte Druckbild (physische Seite; unter Umständen bestehend aus mehreren logischen Seiten) elektronisch aufbereitet und gedruckt. Diese Entwicklung bringt es mit sich, dass bisher unterschiedliche Gerätetypen wie Kopierer, Drucker oder Plotter technisch konvergieren.

Klassische Seitendrucker arbeiten mit *Lasertechnik* und *elektrofotografischem (xerografischem) Druckprinzip* (Varianten: LED-Drucker, Ionendrucker). Bauformen sind *Einzelblattdrucker* (engl.: cut sheet printer) oder *Endlosdrucker (engl.: continuous feed printer)*. Der gleichen Logik der Aufbereitung der gesamten Druckseite folgen auch *Tintenstrahldrucker* oder *Thermodrucker;* unterschiedliche Bauformen (zum Beispiel ein sich „zeilenweise" über das Papier bewegender Druckkopf bei kleinen Druckern) lassen dabei den Eindruck von Zeilendruck entstehen. Die Druckzeile orientiert sich jedoch nicht wie bei den klassischen Zeilendruckern an Zeichen (engl.: character) sondern an zu Papier gebrachten Druckpunkten (engl.: dot).

Während bei *Impact-Druckern* der Einsatz von Farbe nur umständlich zu realisieren ist (zum Beispiel durch Farbbänder) sind die *Non-Impact-Techniken* für den Farbdruck gut geeignet.

Eine zentrale Aufgabenstellung beim Druck ist die Aufbereitung der Daten im Rechner in das Druckformat beziehungsweise in die jeweilige „Sprache" des Druckers (Beispiel: um den Buchstaben „A" auf einem Kettendrucker darzustellen, sind andere Vorkehrungen nötig, als ein „A" in einer bestimmten Schriftart und Farbe auf einem Laserdrucker auszugeben). Diese Aufgabe wird für gewöhnlich durch einen *Treiber* (engl.: driver), eine Druckersteuerungssoftware, erfüllt. Im Zuge der Weiterentwicklung der Drucker wurden *Emulationen* notwendig.

Emulation

Emulation bedeutet die softwaremäßige Nachbildung eines (üblicherweise Firmen-)Standards (De-facto-Standard). Von einer *Druckeremulation* spricht man, wenn sich ein Drucker in einer bestimmten Einstellung exakt so verhält, wie eine andere in der Regel nicht baugleiche Maschine. Das bedeutet, dass zum Beispiel ein sehr flexibler Laserdrucker in der Emulation eines Typenrad- oder Nadeldruckers die gleichen Fähigkeiten beziehungsweise Einschränkungen besitzt, wie der emulierte Drucker (zum Beispiel Einschränkungen des Zeichensatzes, der Schriftgrößen oder -orientierungen und der Grafikfähigkeit). Emulationen sind notwendig, um Programme, die ausschließlich für bestimmte (oft ältere) Drucker ausgelegt sind, ohne Änderungen weiterverwenden zu können. Der Drucker passt sich so der Anwendung oder dem Programm an. Hersteller versuchen damit, ihre Drucker möglichst flexibel zu gestalten. Der Begriff Emulation wird auch bei Datensichtstationen (Terminals) verwendet (Terminalemulationen).

Seitenbeschreibungssprachen

Auf Grund der besonderen Technik bei Seitendruckern – wie erwähnt wird eine Druckseite zuerst vollständig im Speicher des Druckers Punkt für Punkt aufgebaut und erst dann gedruckt – entwickelten sich eine Reihe von *Seitenbeschreibungssprachen* (engl.: page description language; abgekürzt: PDL) zur bestmöglichen Ausnutzung der Druckerfähigkeiten.

Die bedeutendste Seitenbeschreibungssprache stellt *PostScript* dar (von der amerikanischen Firma Adobe entwickelt). Es handelt sich dabei um eine Programmiersprache, die unter anderem das Erstellen von vektororientierten Grafiken, das Darstellen von Rastervorlagen und das freie Definieren von Zeichensätzen ermöglicht. Alle Objekte können mithilfe von PostScript beliebig gedreht, gedehnt und verschoben werden. Mit der Level-2-Version wurden neben anderen Verbesserungen die Formularunterstützung und die geräteunabhängige Farbdarstellung eingeführt; Level 3 bringt verbesserte Internet-Unterstützung, optimierte Grafikdarstellung und direkten HTML- beziehungsweise PDF-Druck.

Damit Seitendrucker PostScript einsetzen können, müssen sie zumindest über einen eigenen Prozessor und einen (lizensierten) Interpreter verfügen, der die Programmanweisungen in entsprechende Punkte für die zu druckenden Seiten umsetzt. Deshalb muss die „PostScript-Fähigkeit" durch höhere Preise erkauft werden. Auf Grund der geräteunabhängigen Definition dieser Druckerbeschreibungssprache finden Sie PostScript auch in Geräten, die Seitendruckern vergleichbar sind, wie beispielsweise in professionellen Satzbelichtern. Bei der Darstellung von PostScript auf Bildschirmen spricht man von *Display PostScript*.

Mit der zunehmenden Leistungsfähigkeit von PCs ergaben sich auch neue Möglichkeiten für Tischlaserdrucker: *GDI* (Abkürzung von engl.: graphical device interface) und *WPS* (Abkürzung von engl.: windows printing system) bedeuten, dass die Rasterung der Dokumente nicht im Drucker-Controller, sondern direkt im Rechner erfolgt. *Vorteile* sind geringere Herstellungskosten und damit günstigere Anschaffungspreise der Drucker. *Nachteile* sind die eingeschränkte Verwendbarkeit (ausschließlich unter Windows) und die starke Beanspruchung des Rechners, woraus Geschwindigkeitseinbußen resultieren können.

Papier

Wesentlich für ein optimales Druckergebnis ist das Zusammenspiel von Drucker und Druckträger. Bei Papierausgabe sind unter anderem folgende Faktoren qualitätsrelevant: Flächengewicht (g/m2), Biegesteifigkeit, Wölbung, Dicke, elektrischer Widerstand, Füllstoff, Glättung, Beschichtung („gestrichen"), Helligkeit, Holzhaltigkeit, Opazität (Maß für die Lichtundurchlässigkeit) und Zugfestigkeit.

▶ Übungsaufgabe Nr. 2.3.13 im Arbeitsbuch

3.6.2 Drucktechniken

Wir erläutern im Abschnitt 3.6.2 die Arbeitsweise der in der Praxis verbreitetsten Druckertypen: Xerografische Drucker (= Laserdrucker), Thermodrucker und Tintenstrahldrucker.

3.6.2.1 Xerografische Drucker

Die Verbreitung des *xerografischen* (*elektrofotografischen*) Drucks geht auf die Erfindung der Trockenkopie durch Chester Carlson im Jahr 1938 zurück. Dieses Verfahren findet sich in Kopierern sowie den im Prinzip baugleichen Laserdruckern. Der prinzipielle Unterschied zwischen (analogen) Kopierern und elektronischen Druckern besteht darin, dass das Druckbild beim Kopierer durch die analoge Ablichtung einer Vorlage, im Druck durch den digitalen Aufbau einer Seite und die anschließende Übertragung auf den Fotoleiter erfolgt. Analoge Kopierer wurden inzwischen in der Praxis von Digitalkopierern, die die Vorlage scannen und dann ausdrucken, ersetzt.

Der *Prozess des xerografischen Drucks* lässt sich in sechs Schritte gliedern (siehe hierzu Abb. 3.6.2.1/1):

1. *Elektronische Aufbereitung der Druckdaten im Rechner und/oder Drucker:* Zu druckende Daten gelangen vom Rechner beziehungsweise vom Anwendungsprogramm via Druckertreiber in Form eines proprietären Datenstroms oder einer Seitenbeschreibungssprache an den Drucker, der üblicherweise über einen leistungsfähigen Prozessor (engl.: raster image processor, abge-

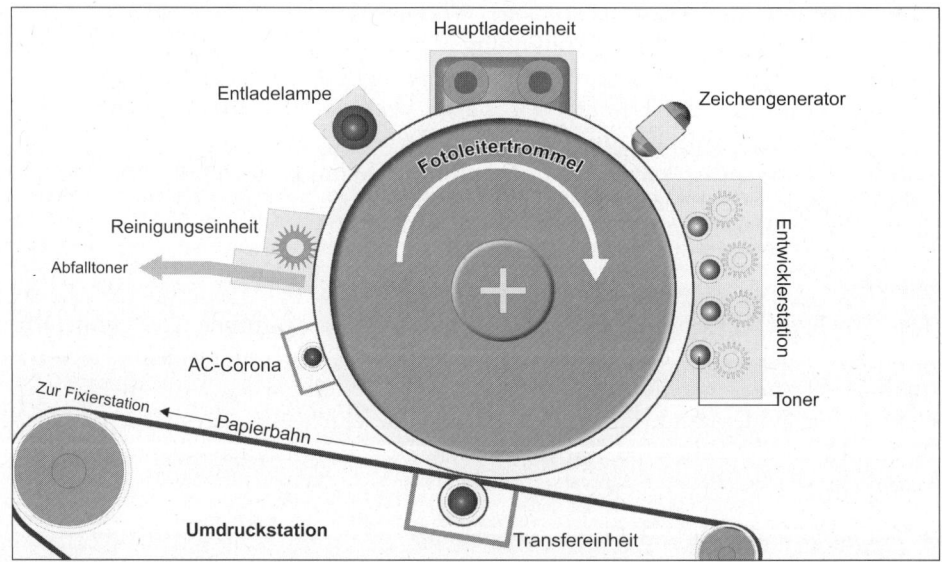

Abb. 3.6.2.1/1: Schematische Anordnung der elektrofotografischen Komponenten

kürzt: RIP) verfügt. In diesem Prozessschritt erfolgt die Umwandlung des Druckbildes in ein den Hardwareeigenschaften des Druckers entsprechendes Rasterbild.

2. *Vorbereitung („Aufladung") des Fotoleiters:* Zentrales Bauelement des xerografischen Druckers ist eine Fotoleitertrommel oder ein Fotoleiterband aus selenbasierten beziehungsweise organischen Materialien (engl.: organic photo conductor, abgekürzt OPC), welche(s) zunächst durch das Corotron (einen Draht) elektrostatisch aufgeladen wird.

3. *Generierung des Ladungsbildes auf dem Fotoleiter mittels Zeichengenerator (Laser, LED):* Der Zeichengenerator (scharf gebündelter Laserstrahl, der mithilfe eines Polygonspiegels und einer Abblendvorrichtung den Fotoleiter in Zeilen 90 Grad zur Umdrehungsrichtung Pixelzeile für Pixelzeile bestreicht, beziehungsweise ein LED-Kamm) entlädt das durch das Corotron aufgebaute Potenzial gemäß der „Vorlage des Controllers" und es entsteht ein elektronisches Abbild der zu druckenden Seite (siehe Abb. 3.6.2.1/2). Bei LED-Druckern (LED ist die Abkürzung für engl.: light emitting diode) wird der zur Druckbilderzeugung gelenkte Laserstrahl durch einen starren LED-Kamm ersetzt; das heißt, für jeden Druckpunkt existiert ein winziger elektronischer Bauteil, der für die Erstellung der Druckpunkte verantwortlich ist.

4. *Entwicklung (Sichtbarmachung) des Ladungsbildes mit Toner:* In diesem Schritt wird in einer Entwicklerstation nach dem Prinzip, wonach sich gleichorientierte Ladungen abstoßen und entgegenorientierte Ladungen anziehen, elektrostatisch aufgeladener Toner mittels eines Trägermaterials (Entwickler;

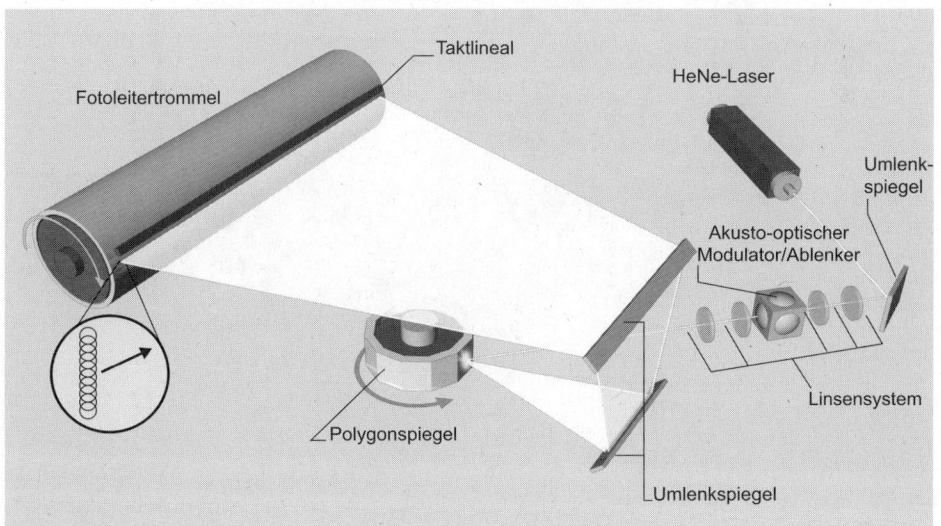

Abb. 3.6.2.1/2: Prinzip des Laserstrahl-Zeichengenerators

engl.: developer) auf den Fotoleiter gebracht, womit das Ladungsbild zu einem sichtbaren Tonerbild wird.

5. *Transfer des Ladungsbildes auf den Druckträger* (Bedruckstoff; in der Regel Papier).

6. *Fixierung (Haltbarmachen) des Toners auf dem Druckträger*: Dazu verwendet man Hitze- beziehungsweise Druckfixierung. In der kurzzeitigen Erhitzung (150 – 220 Grad Celsius) zwischen Fixier- und Gegenwalze schmilzt der Toner und verbindet sich nach dem folgenden Erkalten dauerhaft mit dem Druckträger.

Farblaserdruck

Beim Farblaserdruck wird zwischen *Druck mit einer Zusatzfarbe* (Highlight-Color-Druck) und *Vollfarbdruck* unterschieden. Unterscheidungsmerkmale sind die Technik, typische Anwendungen sowie die (variablen) Kosten.

Speziell in Rechenzentrumsumgebungen werden *Produktionslaserdrucker* verwendet, die außer in Schwarz noch in einer Zusatzfarbe drucken können. Das dabei verwendete Verfahren nennt sich *Tri-Level-Xerography* (siehe Abb. 3.6.2.1/3) und bedeutet, dass auf dem Fotorezeptor nicht wie bei konventionel-

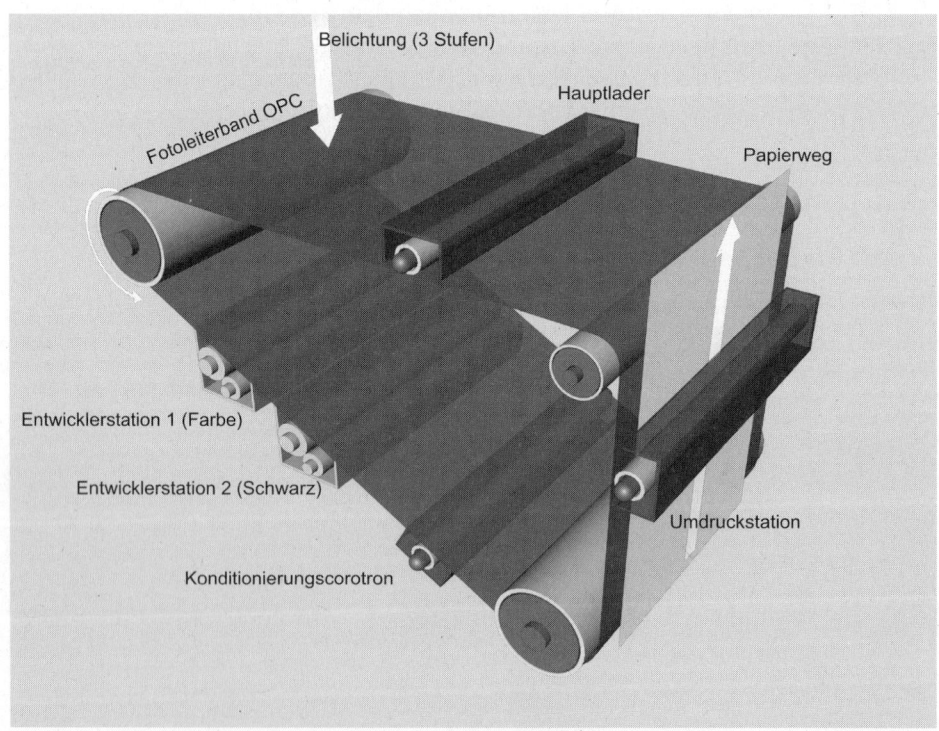

Abb. 3.6.2.1/3: Verfahren der Tri-Level-Xerography

lem Laserdruck zwei sondern drei Ladungszustände dafür sorgen, dass schwarzer, farbiger oder kein Toner (in einem Durchlauf) zu Papier gebracht wird. Vorteile gegenüber Vollfarbdruck sind deutlich geringere Kosten. Typische Einsatzgebiete sind Bankanwendungen, Versicherungsanwendungen (zum Beispiel Policen, bei denen für den Kunden wichtige Teile farblich hervorgehoben werden) oder Direct Mail (blaue Unterschriften, farbige Logos ...). Der Wechsel zwischen Schwarz und Zusatzfarbe ist, auch abhängig vom Dateninhalt, möglich.

Der *Laserdruck mit Vollfarbe* (Prozessfarbe; engl.: process color) erfolgt wie im traditionellen Offsetdruck mit vier Farben (Cyan, Magenta, Yellow, Black; abgekürzt CMYK) und erfordert in der Regel vier Druckstationen zur sequenziellen Aufbringung des Toners auf den Druckträger (beziehungsweise auf einen Zwischenträger), woraus sich nach dem subtraktiven Farbmodell jede beliebige sichtbare Farbe darstellen lässt (siehe Abb. 3.6.2.1/4). Die heute erzielbaren Druckqualitäten bei Hochleistungsgeräten sind mit dem Offsetdruck vergleichbar; der Vorteil liegt in der Variabilität von Texten und Bildern Druck für Druck (engl.: variable data print); typische Anwendungen liegen im 1:1-Marketing

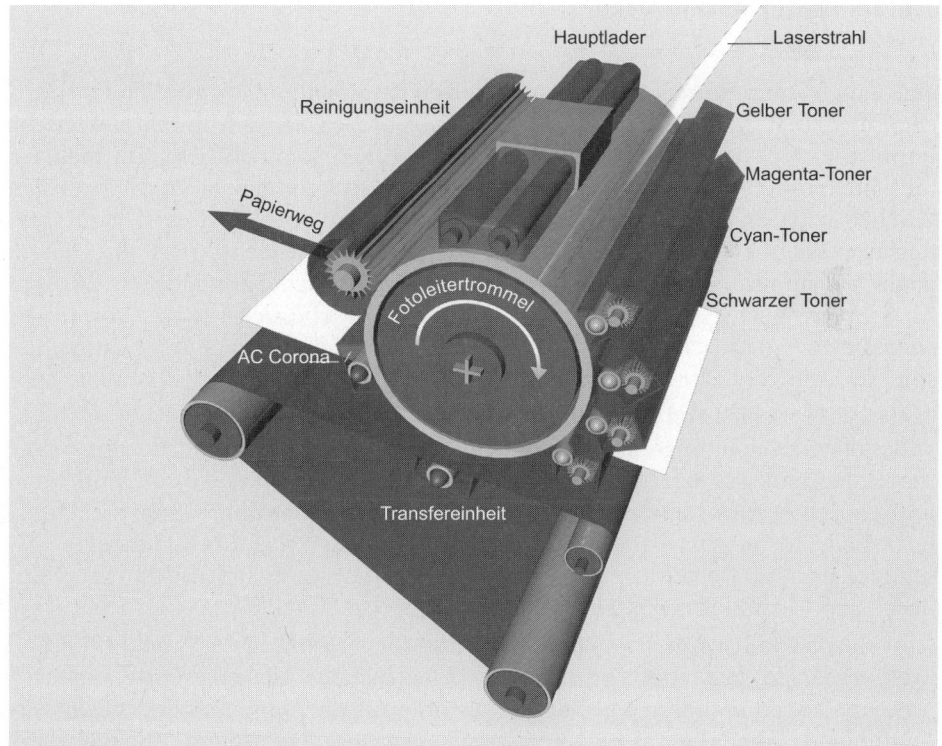

Abb. 3.6.2.1/4: Schema des Laserdrucks in Vollfarbe

(personalisierte Broschüren; Direct Mail; bei Endloslaserdrucksystemen auch im Erstellen von Oberflächenfolien in Klein- und Kleinstserien zum Beispiel für Skier oder Snowboards).

3.6.2.2 Thermodrucker

Heute nur noch selten verwendete nichtmechanische Zeichendrucker sind die *Thermodrucker* (engl.: thermal printer). Bei diesen wird ein wärmeempfindliches Papier durch in einer Matrix angeordnete Heizstifte des Druckkopfs an den jeweiligen Zeichenstellen im entsprechenden Typenmuster berührt. Im Allgemeinen ist der Druckkopf in Halbleitertechnik ausgeführt und enthält auch die gesamte Ansteuerelektronik. Die Druckgeschwindigkeit dieser sehr billigen und leisen Drucker beträgt zwischen zehn und maximal 100 (meist unter 50) Zeichen/s. Höhere Geschwindigkeiten sind wegen der notwendigen Abkühlzeit der Heizelemente nicht realisierbar. Es ist (oft nur begrenzt haltbares) Spezialpapier erforderlich.

Bei *Thermotransfer-Zeichendruckern* (engl.: thermal transfer character printer) erhitzt der Druckkopf im Punktrasterverfahren ein hitzeempfindliches Farbband und überträgt die „geschmolzene Tinte" auf Normalpapier.

3.6.2.3 Tintenstrahldrucker

Bei einem *Tintenstrahldrucker* (engl.: ink jet printer; siehe Abb. 3.6.2.3/1) werden die Zeichen mittels eines kontrollierten Strahlenbündels von Tintentröpfchen aus einer Matrix erzeugt. Die Tintentröpfchen werden durch elektrische Impulse aus parallelen Düsenkanälen ausgestoßen, die pro Sekunde mehrere tausend Tröpfchen abgeben können. Die Druckgeschwindigkeit wurde früher in Zeichen pro Sekunde (engl.: characters per second, abgekürzt: cps) gemessen; mittlerweile findet man nur mehr die Angabe von Seiten pro Minute (engl.: pages per minute, abgekürzt: ppm), die sich in Größenordnungen bis 20 ppm für Schwarz/Weiß-Druck und bis 15 ppm für den Farbdruck bewegt. Vorteilhaft sind die fast geräuschlose Arbeitsweise, die geringen Abmessungen (zum Beispiel transportable Drucker für Notebook-PCs) sowie die Möglichkeit zur vollgrafischen, farbigen Darstellung in hoher Auflösung (Fotodruck).

Bei der Einschätzung der *Wirtschaftlichkeit* von Tintenstrahldruckern ist die Verteilung von Anschaffungskosten, Tinten- beziehungsweise Druckkopfkosten und Papierkosten bedeutsam. Extrem niedrigen Anschaffungskosten stehen oft hohe Folgekosten (für Tinte, Druckköpfe und Papier) gegenüber. Hersteller versuchen, das im Gegensatz zur Hardware profitable Verbrauchsgütergeschäft durch proprietäre Tonerpatronen beziehungsweise Druckköpfe abzusichern.

In Europa fallen pro Jahr rund 400 Millionen verbrauchte Druckköpfe und Tintentanks an, fast jeder dritte davon in Deutschland. Viele dieser „Hightech"-Tintenpatronen wandern über den Hausmüll auf die Deponie oder in die Verbrennungsanlage, obwohl nur die Tinte leergeschrieben ist und der Tintentank wieder aufgefüllt werden könnte.

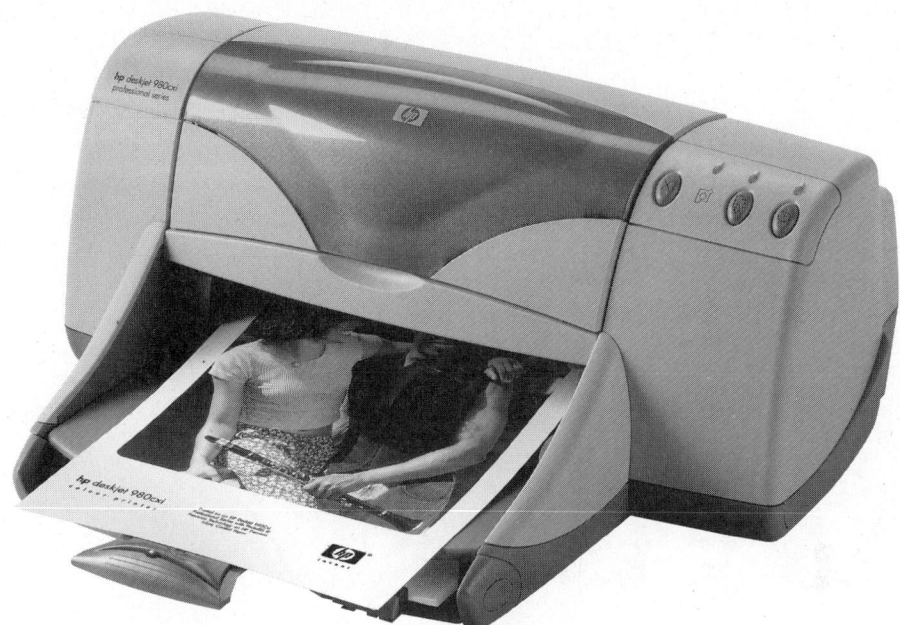

Abb. 3.6.2.3/1: Tintenstrahldrucker

Die meisten heute verwendeten Tintenstrahldrucker arbeiten mit einem pulsierenden Tintenstrahl nach dem *Thermo-Inkjet-Verfahren* (das „Abschießen" der Tintentröpfchen auf das Papier wird durch Hitze bewirkt), nach dem *Piezokeramik-Verfahren* (Ausnutzung der spannungsinduzierten Krümmung von Hartkeramikelementen) oder nach dem *Solid-Ink-Verfahren*.

Solid-Ink-Drucker verwenden als Ausgangsdruckmaterial feste, in kleinen Stücken einfach nachfüllbare Tinte; aus einer großen Zahl (etwa 400) quer zur Papierbahn angeordneter Druckköpfe werden (geschmolzene) Tintentröpfchen auf den Druckträger übertragen. Diesem Verfahren werden im Schreibtischdruckerbereich große Wachstumschancen prognostiziert; es gilt als schnell, preiswert und umweltfreundlich.

Ein Charakteristikum des Tintenstrahldrucks ist es, dass er nicht nur im unteren Leistungsbereich zum Einsatz gelangt, sondern in der Variante *Continuous Ink* auch für hohe und höchste Geschwindigkeiten und preiswerten Vollfarbdruck in hohen Volumina verwendbar ist. Bei Continuous Ink beziehungsweise Continuous Stream verwendet man im Gegensatz zum oben beschriebenen „Drop-on-Demand"-Verfahren einen quer zur Papierbahn angeordneten Kamm von Druckköpfen, bei denen kontinuierlich elektrostatisch aufgeladene Tintenströme auf den Druckträger „geschossen" werden, die vor nicht zu druckenden Bildpunkten durch Ablenkelektroden in einen „Tröpfchenfänger" abgelenkt

Abb. 3.6.2.3/2: Continuous-Ink-Produktionsdrucker

und wieder in den Tintenkreislauf zurückgeführt werden. Erzielbare Auflösungen liegen bei 300 x 600 dpi, durch die modulare Anordnung der Druckstationen können Schwarz-Weiß-, Highlight Color- oder Vollfarbmaschinen konfiguriert werden. Diese Technik scheint ein großes Potenzial in Richtung Erhöhung der Druckgeschwindigkeit zu haben (derzeit bis zu 725 Fuß pro Minute, das bedeutet im 2-up-Duplexdruck etwa 3.200 DIN-A4-Seiten pro Minute). Anwendungsbereiche liegen im hochvolumigen Rechnungsdruck, bei hochvolumigen individualisierten Massensendungen und im Buch- und Zeitungsdruck.

Das *Investitionsvolumen* für eine solche Maschine (siehe Abb. 3.6.2.3/2) liegt je nach Konfiguration in der Größenordnung von 0,8 bis 5,3 Millionen Euro; die *variablen Kosten* pro Seite liegen wesentlich unter allen vergleichbaren Techniken, woraus ein sehr hohes Volumen (10 bis 50 Millionen A4-Seiten pro Monat) für einen wirtschaftlich sinnvollen Einsatz folgt.

▶ Übungsaufgabe Nr. 2.3.14 im Arbeitsbuch

3.6.3 Einsatzszenarien

Im Abschnitt 3.6.3 erläutern wir zunächst die typischen Merkmale von Hochleistungsdruckern, die zentral zur betriebsweiten Unterstützung vieler Benutzer eingesetzt werden, und gehen anschließend auf die dezentral im Bürobereich verwendeten Geräte (Arbeitsplatz- und Abteilungsdrucker, Plotter, Multifunktionsgeräte) ein. Abschließend werden die Kriterien genannt, die bei Druckerbeschaffungen zu berücksichtigen sind.

3.6.3.1 Zentraldrucker und Druckzentren

Im Rechenzentrumsbereich wurden die in der Vergangenheit dominierenden mechanischen Zeilendrucker (unflexibel, laut), die Endlospapier verarbeiten, nahezu gänzlich von *elektronischen Drucksystemen*, zunehmend Einzelblattdruckern, abgelöst. Solche Drucksysteme, die von einer geringen Anzahl von Herstellern angeboten werden, zeichnen sich gegenüber Bürodruckern durch eine Reihe von *Vorteilen* aus:

- Eignung für hohe Geschwindigkeiten und Volumina;
- hohe Flexibilität bei unterschiedlichen Datenströmen;
- hohes Maß an Programmierbarkeit: Programmgesteuerte Wahl von Papiereingabebehältern, Integration mit Endverarbeitungsgeräten (Poststraßen, Binde- und Heftgeräten, Verpackungsgeräten usw.).

Bei dem in Abb. 3.6.3.1/1 gezeigten Gerät handelt es sich um den im Jahr 2004 schnellsten *Einzelblattproduktionslaserdrucker* der Welt. Dieser Drucker ist in der Lage, alle gängigen Datenströme in nahezu beliebiger Verbindung zum Rechner, der die Daten aufbereitet, zu verarbeiten. Bedruckt werden Druckträger (Standardkopierpapier in den Grammaturen 60 – 200 g/m²) in den Größen DIN A4 bis DIN A3 aus bis zu sechs Papierladen (12.100 Blatt) mit einer Geschwindigkeit von 180 DIN-A4-Seiten pro Minute. Die Auflösung beträgt 600 x 600 dpi, wodurch eine hervorragende Grafikwiedergabe und eine minimale Buchstabengröße von 3 Punkt ermöglicht wird. Die monatliche Druckleistung eines solchen Druckers liegt bei mehr als zwei Millionen Seiten. Der Kaufpreis des Systems beträgt zirka 350.000 Euro.

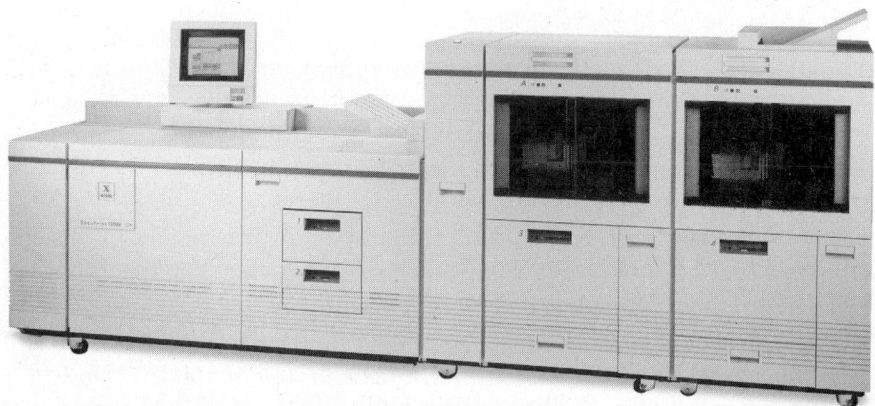

Abb. 3.6.3.1/1: Seitendrucker (Hochleistungslaserdrucker)

Drucker wie dieser besitzen ein eigenes Betriebssystem und können auf eingebauten Magnetplatten Schriftarten (Fonts), Formulare, Grafiken und Druckaufträge verwalten. Im Gegensatz zu Tischlaserdruckern, bei denen Nominalgeschwindigkeit und tatsächlicher Druckdurchsatz oft weit auseinander klaffen, ist es in Rechenzentrumsumgebungen wesentlich, auch komplexe Seiten mit Maximalleistung zu drucken. Entscheidend ist bei solchen Drucksystemen, dass unterschiedlichste Datenströme (Zeilendaten, PostScript, HP-PCL, IBM-AFP beziehungsweise IPDS) über unterschiedliche Schnittstellen (Anschlussvarianten) gedruckt werden können.

Damit Sie sich eine Vorstellung machen können, für welche Zwecke solche Hochleistungsdrucker zum Einsatz kommen, beschreiben wir nachfolgend als Beispiel die Ausgabegeräte im *Druckzentrum der Nürnberger DATEV*.

Die DATEV erledigt als IT-Dienstleister für 39.000 Mitglieder des steuerberatenden Berufstands und deren Mandanten auch Datenverarbeitungs- und Druckaufgaben. Monatlich werden dort 100 Millionen Seiten in Form von Lohn- und Gehaltsabrechnungen, Finanzbuchhaltungen, Steuererklärungen, betriebswirtschaftlichen Auswertungen und Ähnlichem bedruckt.

Für die Druckausgabe stehen je nach Aufgabe diverse Hochleistungssysteme zur Verfügung. Dazu gehören über 20 Océ-Endlos-LED-Drucker, zwölf Xerox-Laserdrucker sowie zwei DocuTech-Systeme. Das Druckzentrum liegt etwa fünf Kilometer vom zentralen Rechenzentrum entfernt. Die Druckdaten werden über Glasfaserkabel mit einer Leistung von 200 Mbit/s direkt auf die Drucker übertragen.

Große Unternehmen unterhalten oft *zentrale Hausdruckereien*, in denen in der Vergangenheit gewöhnlich Offsetanlagen oder hochvolumige Kopierer installiert waren. Die heutzutage typische Ausstattung einer solchen Druckerei besteht aus digitalen Hochleistungsdruckern (monochrom und vollfärbig), die im Verbund mit Scannern zum Vervielfältigen von Papieroriginalen genutzt werden. Die *Konvergenz der Technologien* führt oft zum Zusammenlegen von IT-Druck und hauseigener Vervielfältigung zu einem zentralen Druckzentrum.

3.6.3.2 Arbeitsplatz- und Abteilungsdrucker

Arbeitsplatzdrucker

Im Bürobereich haben *Tintenstrahldrucker und Laserdrucker niedriger Geschwindigkeit* (weniger als 25 ppm) im vergangenen Jahrzehnt die Druckerlandschaft revolutioniert. *Typische Merkmale* (bei mittlerweile großem Variantenreichtum) solcher Drucker (siehe Abb. 3.6.3.2/1) sind:

- *Geringe Abmessungen* (besonders kleine Geräte brauchen an Stellplatz nicht wesentlich mehr als die Größe eines DIN A4-Blatts).
- *Ein bis drei Eingabepapierbehälter* zum Beispiel für Briefpapier mit Briefkopf und Folgeblätter, zusätzliche Möglichkeit der manuellen Papierzufuhr.
- *Ein oder mehrere Möglichkeiten der Papierausgabe.*
- *Angebot immer höherer Druckauflösungen (vor einigen Jahren noch 300 x 300 dpi; mittlerweile werden Auflösungen bis zu 4.800 dpi angeboten)*; dokumentenechter Druck mit höchster Bildqualität auf Normalpapier. „Sparbetriebsarten" helfen oft Toner und Energie sparen.

- *Vom Benutzer auswechselbare Tonerkassette beziehungsweise Fotorezeptoreinheit.* Unterschiede in der Lebensdauer dieser Verbrauchsmaterialien wirken sich wesentlich auf die Betriebskosten dieser Drucksysteme aus. Üblicherweise verhalten sich die variablen Betriebskosten umgekehrt proportional zur Größe beziehungsweise Geschwindigkeit und auch zum Anschaffungspreis des Drucksystems. Die konstruktive Vereinigung von Tonereinheit und Fotorezeptoreinheit ist vom Standpunkt der Bequemlichkeit und der Ressourcenausnutzung beziehungsweise der Umweltverträglichkeit unterschiedlich zu beurteilen.
- *Geringe Umweltbelastung: Geringes Betriebsgeräusch.* Moderne Tischlaserdrucker sind auch bezüglich ihrer *Ozonemission unproblematisch.*
- *Parallele Schnittstelle für den Anschluss an PCs; vielfach Infrarot- (IrDA-), Bluetooth-, USB-Schnittstelle* oder Netzwerkanschluss.
- In der Regel mehrere *Druckeremulationen* (zum Beispiel HP-PCL, HPGL, PostScript; derzeit PS Level 3).

Abb. 3.6.3.2/1: Arbeitsplatz- und Abteilungsdrucker (Laserdrucker)

Abteilungsdrucker

Im Bürobereich gewinnen *Laserdrucker im mittleren Volumensband (20 – 70 ppm)* eine immer größere Bedeutung. Wesentliche Eigenschaften von solchen oft als *Abteilungsdrucker* eingesetzten Geräten sind zum Beispiel flexible Anschlussmöglichkeiten, Eignung als Netzwerkdrucker, Flexibilität in der Handhabung von Papierformaten und Grammaturen (mehrere Laden), Emulationen, hohe Rechenleistung, eigenes Plattensubsystem, Eignung als Kopierer, Fax und Scanner („All-in-One") und die Endverarbeitung wie zum Beispiel Heftung.

Administration

Führende Druckerhersteller statten ihre Netzwerkdrucker mit Softwarepaketen aus, die sowohl für den Benutzer als auch den Systemadministrator den Netzwerkdruck transparenter gestalten (zum Beispiel: zentralisiertes Setup beziehungsweise Konfiguration, Ermittlung von Druckerstatus und Verfügbarkeit von entfernten Arbeitsstationen, Einsicht in Auftragswarteschlangen, Statistiken und Kostenzurechnung, Integration in das Netzwerk-Management). Die gute Netzwerkintegration von Druckern wird in Zukunft ein immer bedeutenderes Merkmal. Die Abb. 3.6.3.2/2 zeigt die Statusabfrage eines multifunktionalen Abteilungsdruckers mit eingebautem Webserver mittels Webbrowser.

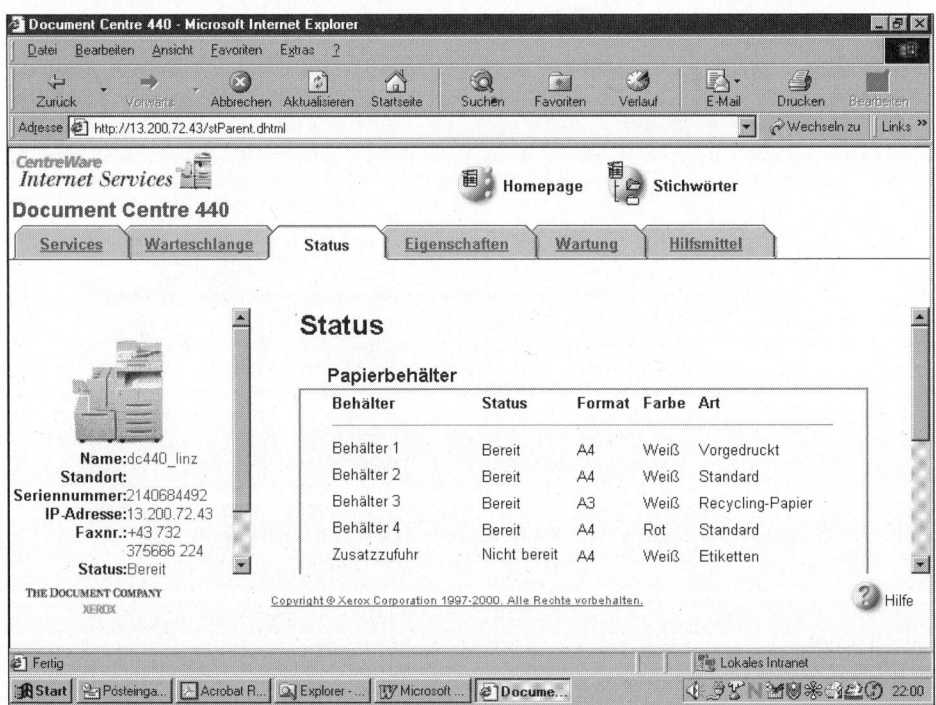

Abb. 3.6.3.2/2: Statusanzeige eines Abteilungsdruckers

3.6.3.3 Plotter

Plotter (siehe Abb. 3.6.3.3/1), in der Vergangenheit eine auch technisch eigenständige Kategorie (Kurvenschreiber, Stiftplotter usw.), unterscheiden sich von den bisher beschriebenen elektronischen Drucksystemen lediglich durch das verwendete Format (bis zu mehrfachem A0) und die marktüblichen Datenströme (zusätzlich zu PostScript: HPGL, HPGL/2, HP-RTL, TIFF, CALS, Cal-Comp, Versatec usw.). Als *Format* dienen Druckträgerbahnen (opakes und transparentes Papier, Folien) bis zu einer Breite von 1,5 Metern. Drucktechnisch findet man im *Schwarz-Weiß-Druck* (Marktsegment: technische Zeichnungen) *LED-Druck* mit bis zu 400 dpi vor (dabei dominieren multifunktionale Systeme, das heißt, Unterstützung der Funktionen Kopieren, Scannen und Plotten inklusive angeschlossener elektronischer Archivierung, Drucken mit Rollenwechsel und Online-Endverarbeitung wie Faltung). Im Bereich des *Vollfarbplots* (Plakate in Klein- und Kleinstserien, Folien zum Beispiel für Beschriftung und Bebilderung von Fahrzeugen, technische Zeichnungen im Bauwesen und im Maschinenbau für 3-D-Darstellungen) dominiert der *Tintenstrahldruck* mit Auflösungen bis zu 1.600 dpi. Eine Spezialausprägung des Farbplots ist der so genannte *Dye-Sublimationsdruck,* bei dem eine spezielle Druckfarbe auf ein Umdruckmaterial gedruckt wird, das in Folge mit einer Presse auf nahezu beliebige Materialien übertragen werden kann (zum Beispiel Fliesen, Textilien, Metalle).

▶ Übungsaufgabe Nr. 2.3.15 im Arbeitsbuch

Abb. 3.6.3.3/1: Plotter

3.6.3.4 Multifunktionale Geräte

Multifunktionale (engl.: multifunctional; all-in-one) Geräte (siehe Abb. 3.6.3.4/1) integrieren die Funktionen verschiedener Einzelgeräte, wie zum Beispiel Drucker, Scanner, Kopierer und Faxgerät.

Zu den *Vorteilen von multifunktionalen Geräten* gehören:

1. Geringerer Platzverbrauch im Vergleich zu Einzelgeräten;
2. Kostenersparnis im Vergleich zu Einzelgeräten.

Zu den *Nachteilen von multifunktionalen Geräten* gehören:

1. Eventuell nicht oder nur selten benötigte Funktionalität;
2. oft geringere Ein-/Ausgabequalität im Vergleich zu monofunktionalen Geräten;
3. Ausfall mehrerer Funktionen bei Störung einer Funktion (wenn zum Beispiel der Scanner ausfällt kann man auch nicht mehr kopieren, wohl aber noch drucken).

3.6.3.5 Kriterien für Beschaffungsentscheidungen

Die Vielfältigkeit der angebotenen Drucker als Funktion der unterschiedlichsten Einsatzgebiete und unterstützten IT-Anwendungen macht eine *Beschaffungsent-*

Abb. 3.6.3.4/1: Multifunktionales Gerät

scheidung zu einer komplexen Aufgabe. Zur vollständigen Klassifizierung und Unterstützung von Beschaffungsentscheidungen können als wichtigste *Merkmale* dienen:

1. *Drucktechnik:* Mechanische Verfahren (Impact-Druck): Typendrucker und Rasterdrucker; nichtmechanische Verfahren (Non-Impact-Druck): Tintenstrahl-, Thermo-, Thermotransferdrucker, Thermo-Sublimations-, elektrografische, elektrofotografische (xerografische), magnetografische und im weiteren Sinne auch fotografische (COM) Drucker und Offsetdruckverfahren in Kombination mit elektronischer Direktbelichtung der Druckplatte;

2. *Aufzeichnungsträger:* Normalpapier, Spezialpapier oder Folie, Einzelblätter oder Endlospapier (mit oder ohne Transportlochung), Zahl der Durchschläge, Möglichkeit des doppelseitigen Drucks, Papierformate und -grammaturen, Eignung für Recyclingpapier;

3. *Ein- und Ausgabeeinrichtungen:* Anzahl und Kapazität der Eingabepapierbehälter (Druck ohne Intervention) beziehungsweise Zufuhrmöglichkeiten (zum Beispiel Kuverts), Ausgabemöglichkeiten (engl.: „face up", „face down"), Beschaffenheit des Papierweges (wichtig für steifere Papiersorten), integrierte Endfertigung (zum Beispiel Heftung) sowie Anschlussmöglichkeit von externen Endfertigungsgeräten, Druck in „Postfächer";

4. *Druckgeschwindigkeit* (in Abhängigkeit von Druckformat und Druckqualität): Seiten/Min. (ppm) bei Seitendruckern, für gewöhnlich normiert auf DIN A4 beziehungsweise im angloamerikanischen Sprachgebiet auf 8,5 x 11 Zoll, wodurch sich Unterschiede in der Geschwindigkeitsangabe ergeben können; Meter/Sekunde oder Fuß/Sekunde (engl.: feet per second, abgekürzt: fps) bei Non-Impact-Endlosdruckern;

5. *Durchsatz:* Effektive Druckleistung als Funktion von Druckgeschwindigkeit (Nominalgeschwindigkeit) und Interpretationsgeschwindigkeit des Datenstroms (in vielen Fällen ist dieser Durchsatz wesentlich geringer als die vom Druckerhersteller angegebene Nominalgeschwindigkeit), Zeit für den ersten Druck (engl.: first page out, abgekürzt: FPO);

6. *Druckqualität:* Im Wesentlichen durch die Druckauflösung und Methoden der Druckbildverbesserung bestimmt; insbesondere bei Farbdruckern ist die Druckqualität nicht ausschließlich eine Funktion der Auflösung;

7. *Zeichensätze:* Anzahl, Art und Mischbarkeit von Zeichensätzen, alphanumerische oder grafische Darstellung;

8. *Farbe:* Anzahl, Art und Mischbarkeit von Farben, Haltbarkeit, Dokumentenechtheit, Abriebfestigkeit, Farbkorrekturmöglichkeit, Farbmanagement, Kalibrierbarkeit der Farbe, darstellbarer Farbraum (bei Fotodruckern oft durch Farben zusätzlich zu den Primärfarben Cyan, Magenta, Gelb und Schwarz realisiert);

9. *Betriebsgeräusch:* Gemessen in Dezibel im Betrieb sowie im Stand-by-Modus;

10. *Zuverlässigkeit und Servicefreundlichkeit:* Möglichkeit des Abschlusses von Wartungsverträgen, Wartung vor Ort oder am Sitz des Herstellers beziehungsweise Händlers („Bring-in-Service"), Existenz einer Hotline oder Assistenz via Internet, Selbstwartung durch vom Kunden austauschbare Teile;

11. *Schnittstellen:* Schnittstellen für die Datenübertragung beziehungsweise Anschlussmöglichkeiten an Steuer- und Zentraleinheiten sowie Unterstützung des Druckers durch die darauf installierte Software (serieller, paralleler Anschluss, Kabelnetz beziehungsweise WLAN, USB, Infrarot, Bluetooth, Kanalanschluss, Datenübertragung via Medien: Speicherkarten, CD, DVD);

12. *Speicher:* Arbeitsspeicher und Magnetplattenspeicher;

13. *Treiber:* Steuerungssoftware für das gewünschte Betriebssystem beziehungsweise die gewünschte Anwendungssoftware;

14. *Unterstützung von Datenströmen* beziehungsweise *Seitenbeschreibungssprachen* oder bestimmten *Druckeremulationen* wie zum Beispiel PostScript, PDF, PCL, TIFF, SCS (Abkürzung von engl.: systems network architecture character stream) von IBM, IPDS (Abkürzung von engl.: intelligent printer data stream), LCDS oder Xerox-Metacode;

15. *Umweltverträglichkeit*: Ozonemission, Wiederverwertbarkeit von Verbrauchsgütern wie zum Beispiel Tonerbehälter;

16. *Organisatorische Einbindung*: Tischdrucker (am individuellen Arbeitsplatz), Abteilungsdrucker, Produktionsdrucker im Rechenzentrum beziehungsweise in der Hausdruckerei;

17. *Funktionalität:* Dedizierter Drucker versus multifunktionaler Drucker mit Integration von Scan- (engl.: scan-to-file, scan-to-e-mail), Fax- und Kopierfunktionen;

18. *Baugröße und Energiebedarf* (im Betrieb und im Stand-by-Modus);

19. *Kosten*: Gerät, Verbrauchsgüter (Toner, Tinte, Papier, Folien), Service, insbesondere für Arbeitsplatzdrucker gilt: billige Anschaffung versus hohe variable Kosten;

20. *Länge des Produktlebenszyklus* (kann Auswirkung auf Versorgung mit Verbrauchsgütern beziehungsweise Ersatzteilen haben);

21. *Eignung für bestimmte (monatliche) Volumina und Spitzenbedarf* („Druckfenster");

22. *Administrationsmöglichkeiten* im Netzwerkverbund beziehungsweise über Internet (im Drucker eingebauter Webserver): Abrechnung, Lastausgleich, Ausgabemanagementsoftware, SNMP, Fernüberwachung, Fernsteuerung;

23. *Verwaltung von Druckwarteschlangen.*

▶ Übungsaufgabe Nr. 2.3.16 im Arbeitsbuch

3.7 Marktsituation und Entwicklungstendenzen

Auf dem Markt für Ein- und Ausgabegeräte tritt ein *sehr großer Kreis von Anbietern* auf, der eine kaum noch übersehbare *Vielfalt von Geräten* vertreibt. Wir beschränken uns auf eine Darstellung der wichtigsten Teilmärkte: den Scanner-, Digitalkamera-, Grafikkarten-, Monitor- und Druckermarkt.

3.7.1 Scanner

Sättigungstendenzen und alternative Lösungen wie Digitalkameras oder Multifunktionsgeräte haben seit Beginn der 2000er Jahre zu einer Erosion des Scannermarkts geführt. Im Jahr 2001 betrugen die weltweiten Scanner-Umsätze noch 3,1 Milliarden US-Dollar, für das Jahr 2006 werden 2,6 Milliarden US-Dollar bei 24,7 Millionen verkauften Einheiten prognostiziert (Quelle: Info-Trends).

Über 90 Prozent der verkauften Geräte sind *Flachbettscanner für das DIN-A4-Format*. Die von den Herstellern angegebenen *Auflösungen* reichen von 1.200 x 2.400 dpi bis zu 3.200 x 6.400 dpi. Die Erkennungsleistungen im praktischen Betrieb sind jedoch oft wesentlich niedriger als die Nennleistungen. Die *Preise von Flachbettscannern für den Bürogebrauch* liegen derzeit zwischen 80 Euro und 400 Euro. Qualitativ hochwertige Geräte zeichnen sich durch eine höhere Auflösung und eine größere Empfindlichkeit in dunklen Bildbereichen aus und verfügen meist über eine SCSI-, USB 2.0- oder IEEE 1394-Schnittstelle.

Großformatscanner für monochrome oder farbige Vorlagen von DIN A2 (420 x 594 mm) bis A0 (841 x 1.189 mm) kosten zwischen 8.000 und 25.000 Euro.

Hochleistungsscanner zur Belegerfassung für zentrale Archivierungssysteme kosten je nach Leistung einige tausend oder zehntausend Euro. Die leistungs-

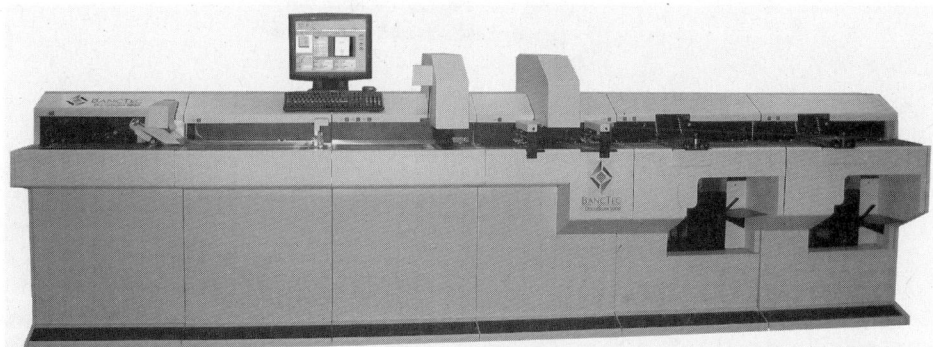

Abb. 3.7.1/1: Hochleistungsscanner für Scandienstleister und Poststellen von gro-ßen Unternehmen mit einer Leistung von 240 ppm

stärksten Geräte, die beispielsweise in Bankzentralen zum Einsatz kommen, können bis zu 240 Seiten pro Minute scannen (duplex, in Farbe) und kosten über 100.000 Euro.

Neben diesen Scannern für Vorlagen von DIN A4 oder größer gibt es auch *Scanner für kleinere Formate und spezielle Anwendungen*, zum Beispiel für den Handel (Scannerkassen) oder die Medizin.

Dedizierte Geräte sind beispielsweise auch die *Scan- und Übersetzungsstifte*. Fremdsprachige Ausdrücke, für die man eine Übersetzung wünscht, werden eingescannt, indem man über die betreffende Textzeile fährt. Auf dem integrierten Display erscheint dann die deutsche Übersetzung. Solche Stifte kosten in der Grundausstattung mit ein bis sechs Sprachen 150 bis 200 Euro, weitere Sprachen sind separat zu bezahlen.

Abb. 3.7.1/2: Hand- und Fingerabdruck-Scanner

Zunehmend werden auch *3-D-Scanner* verwendet, die die dreidimensionale Form des Objekts und dessen Oberflächenfärbung und -struktur ermitteln können. Diese Scanner tasten die Oberfläche entweder mit einem Laserstrahl ab oder fotografieren das Objekt aus unterschiedlichen Winkeln. Bei beiden Verfahren ermittelt die mitgelieferte Software aus den Rohdaten ein dreidimensionales Abbild, das häufig noch nachbearbeitet werden muss.

Ein weiteres Einsatzgebiet der Scannertechnik stellt die *Erfassung biometrischer Daten* dar, die durch die Angst vor Terrorattacken derzeit einen Boom erlebt. Die technische Entwicklung bei *Fingerabdruck-Scannern* ist am weitesten fortgeschritten. Die Position und Ausrichtung von etwa 20 Minuzien (Anfangs- und Verzweigungspunkte von Fingerlinien) reichen bereits aus, um eine Person mit sehr hoher Sicherheit zu erkennen; die relevanten Daten eines Fingerabdrucks lassen sich demzufolge in wenigen hundert Bytes abspeichern.

Zum *Beispiel* werden seit dem Jahr 2004 in den USA jährlich zirka 24 Millionen einreisende Besucher fotografiert und zu zwei Fingerabdrücken verpflichtet. Die Grundausstattung dieses Sicherheitssystems kostete 380 Millionen US-Dollar. Zunehmend setzen auch Unternehmen Fingerabdruck-Scanner zur Zugangskontrolle ein. In mobile Geräte, wie Notebook-PCs, PDAs und Mobiltelefone, werden zur Unterbindung der missbräuchlichen Verwendung ebenfalls Fingerabdruck-Scanner integriert.

Ein Fingerabdruck-Scanner kostet im Einzelhandel zirka 150 Euro, die Preise für Iris-Scanner oder Handgeometrie-Leser beginnen bei 1.000 Euro.

Zu den weltweit bedeutendsten *Flachbettscanner-Produzenten* gehören Canon, Epson, Hewlett-Packard (Weltmarktführer), Microtek, Mustek, Papyrus-Corex, Plustek, Primax und Umax. Bei *Großformatscannern* hat Contex einen Weltmarktanteil von zirka 80 Prozent; weitere Hersteller sind Action Imaging, CalComp, Océ und Widecom. Bei *Hochleistungsscannern* sind Agfa, Banctec, Bell + Howell, Canon, Fujitsu, Inotec, Kodak, Panasonic und Ricoh führend.

▶ Übungsaufgabe Nr. 2.3.17 im Arbeitsbuch

3.7.2 Digitale Kameras

3.7.2.1. Digitale Fotokameras

Digitale Fotokameras haben seit Beginn der 2000er Jahre einen Siegeszug ohnegleichen erlebt. Die ständig verbesserte Technik und drastisch fallende Preise haben zu einem Nachfrageboom mit jährlichen Zuwachsraten von zirka hundert Prozent und zu einem gewaltigen Umbruch in der Fotoindustrie geführt.

Im Jahr 2003 wurden *weltweit fast 600 Millionen Fotoapparate* verkauft. Davon entfielen 420 Millionen auf Einwegkameras und 107 Millionen auf Fotokameras, welche die Haupteinnahmequelle der Branche bilden. Fast die Hälfte dieser Geräte, *53 Millionen,* waren *Digitalkameras.* Darüber hinaus wurden zirka 70 Millionen Foto-Mobiltelefone verkauft. In Industriestaaten wie den USA, Japan, Deutschland, Österreich und der Schweiz wurden 2003

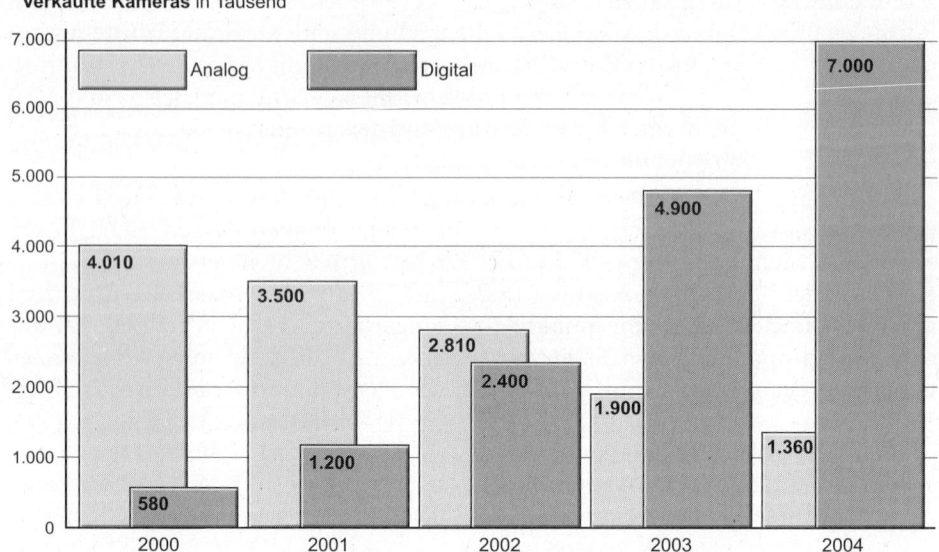

Verkaufte Kameras in Tausend

Abb. 3.7.2.1/1: Absatz von analogen und digitalen Fotokameras in Deutschland in tausend Stück

bereits mehr als doppelt so viele digitale wie analoge Fotokameras verkauft. Für *Deutschland* werden für das Jahr 2004 1,63 Milliarden Euro Umsatz mit 8,36 Millionen Fotokameras angenommen; 87 Prozent des Umsatzes entfallen auf Digitalkameras (Quellen: InfoTrends, Der Spiegel 39/2004).

Viele einstmals führende traditionelle *Kamerahersteller* haben den Anschluss an die rasante technische Entwicklung verloren. Die letzten europäischen Hersteller, die sich als Spezialisten für ganz bestimmte Anwendungen gegenüber der vorwiegend fernöstlichen Konkurrenz behaupten können, sind Rollei und Hasselblad. Branchenfremde, in der Digitaltechnik erfahrene Unternehmen wie Sony und Hewlett-Packard haben die neuen Aktionsräume genutzt und gehören heute zu den Weltmarktführern.

Auf dem Markt gibt es derzeit ungefähr *70 Hersteller,* die über *300 Kameramodelle* anbieten. Mehr als 80 Prozent des Absatzes von digitalen Kameras entfallen auf die Firmen Sony, Kodak, Canon, Olympus, Fuji, Hewlett-Packard und Nikon (Reihung entsprechend Marktanteil in der ersten Hälfte des Jahres 2004; Quelle: IDC). Darüber hinaus bietet eine große Zahl von Firmen *Zubehör* an. Dazu gehören traditionelle Accessoires wie Fototaschen, Objektive, Stative, Blitzgeräte und speziell für die Digitaltechnik entwickelte Peripheriegeräte (Bildspeicher, Dia- und Fotoscanner, Fotodrucker).

Der *Trend zur höheren Auflösung* ist ungebrochen. Im Jahr 2004 erreichten aktuelle Foto-Mobiltelefone ein Megapixel, Einstiegskameras drei Megapixel,

Kompaktkameras bis zu acht Megapixel und Spiegelreflexkameras von acht bis zu über 20 Megapixel. Im Jahr 2005 ist mit 3-Megapixel-Foto-Handys und 5-Megapixel-Einstiegskameras zu rechnen. Um sich von den Einstiegsgeräten abzuheben, wird auch die Auflösung von Kompaktkameras für Konsumenten und von Profigeräten weiter steigen, obwohl die heute gebotenen Pixelwerte im Normalfall längst den Anforderungen entsprechen.

Die *Preise* werden weiter fallen, wenn auch nicht so rasant wie in den vergangenen Jahren (von 2001 bis 2003: Halbierung des durchschnittlichen Verkaufspreises von zirka 800 auf 400 Euro). Einstiegskameras bieten heute für 150 – 200 Euro eine durchaus gute Bildqualität und Funktionsvielfalt. Im Vergleich zu Foto-Mobiltelefonen haben sie einige Vorteile: einfachere Handhabung, schnellere Auslösezeiten und bessere Optik. Besonders kleine und leichte Kompaktkameras mit fünf Megapixel und dreifachem optischen Zoom kosten zirka 350 bis 400 Euro. Größere, etwas schwerere LCD-Sucherkameras (zirka 500 g) mit acht Megapixel und achtfachem optischen Zoom werden ab 650 Euro angeboten. Die früher Profi-Fotografen vorbehaltenen Spiegelreflexkameras werden durch Preise von unter 1.000 Euro allmählich auch für ambitionierte Amateure erschwinglich. Profi-SLR-Geräte mit 12 Megapixel kosten ohne Objektiv zirka 2.000 Euro, mit 16,7 Megapixel 6.500 Euro (alle Preise Stand November 2004).

Aktuelle Entwicklungen sind:

• *Verringerung des Gewichts und der Abmessungen der Geräte* bei zunehmender Bildqualität (Schnappschusskameras sind kaum mehr größer als Mobiltelefone (zirka 9 x 5 x 2 cm), wiegen 100 – 120 Gramm und bieten fünf Megapixel Auflösung).

• *Verringerung der Rauschempfindlichkeit* der Sensoren.

• *Starke Zoomobjektive* (bis zu zwölffache Brennweite von 420 Millimeter bei Kompaktkameras im Konsumentenbereich) und *Bildstabilisatoren*.

• *Vereinheitlichung der derzeit herstellerspezifischen Rohdatenformate:* Wird anstatt in JPEG im Rohdatenformat (engl.: raw data format) abgespeichert, so wird die Verarbeitung der Bilder auf den Rechner verlagert, wodurch Parameter wie der Weißabgleich, die Farbgebung und die Bildschärfe am Monitor fein eingestellt werden können. Adobe hat die Spezifikation *Digital Negative*, abgekürzt: *DNG*, vorgestellt, in die sich alle Rohdatenformate überführen lassen, und einen kostenlosen Konverter zum Download ins Internet gestellt.

• *„Intelligente" Peripheriegeräte, die mittels entsprechender Software automatisch die Qualität von Fotos verbessern können,* zum Beispiel Drucker, die selbstständig Rote-Augen-Effekte eliminieren und Unterbelichtungen aufhellen, oder Scanner, die verblichene oder verfärbte Fotos analysieren und ein gestochen scharfes, „neues" Bild erzeugen.

• *Aufzeichnung von Videosequenzen* in VGA-Qualität (640 x 480 Pixel) mit 25 oder 30 Bildern pro Sekunde, wobei die Länge der Aufzeichnung meist nur noch durch die Kapazität des Speichermediums begrenzt ist.

3.7.2.2. Digitale Videokameras

Da auch die meisten höherwertigen Camcorder Fotos (mit derzeit bis zu fünf Megapixel Auflösung) auf Speicherkarten aufnehmen können, verschwimmen die Grenzen zwischen digitalen Foto- und Videokameras immer mehr.

Die Trends im Camcorder-Markt ähneln jenen im Fotokamera-Markt, obwohl das Wachstum längst nicht den Zuwachsraten bei Fotokameras entspricht: Im Zuge der Umstellung von Analog- auf Digitaltechnik kommt es zu ständigen Verbesserungen der Bildqualität und zu einer Verringerung von Abmessungen, Gewicht und Preis der Geräte.

Der *Anteil analoger Geräte* liegt bei steigenden Auslieferungen (siehe Abb. 3.7.2.2/1) mittlerweile unter 25 Prozent. Die Hersteller haben das Angebot analoger Geräte zugunsten digitaler Camcorder stark eingeschränkt oder ganz aufgegeben (zum Beispiel Sharp 2002, Canon 2003). Im verbleibenden analogen Marktsegment dominiert das *Hi8-Format* (doppelt so groß und so dick wie die MiniDV-Kassetten). Digitale Camcorder speichern Videos überwiegend auf *MiniDV-Magnetbändern*. Zunehmend werden auch *DVD-Camcorder* nachge-

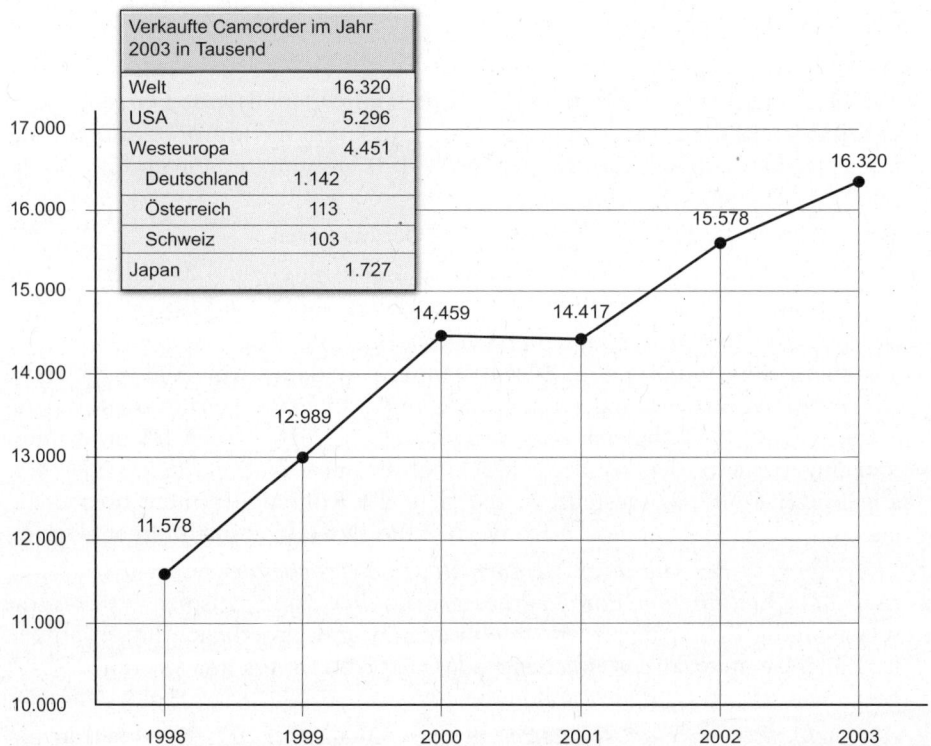

Abb. 3.7.2.2/1: Weltweiter Absatz von Camcordern in Tausend Stück (Quelle: GMID)

fragt; im oberen Preissegment von über 600 Euro entfällt auf diese Gerätekategorie bereits die Mehrheit der Auslieferungen. Inwieweit sich die seit 2004 angebotenen Camcorder mit *Magnetplatte (Microdrive)* durchsetzen können, ist noch nicht absehbar.

Auf die fünf größten *Hersteller* Sony, JVC, Canon, Panasonic und Samsung entfallen über 90 Prozent der weltweiten Camcorder-Umsätze (2003: 9,8 Milliarden US-Dollar; Quelle: GMID). Weitere namhafte Camcorder-Hersteller sind Sharp, Quasar, RCA, Hitachi und Mustek. Die meisten dieser Firmen stellen auch Videobänder her; zusätzliche Anbieter von Videobändern sind TDK, Maxell, Fuji und Memorex.

Die *Preise* digitaler Camcorder liegen je nach Ausstattung zwischen 300 und 3.500 Euro. Für 500 bis 800 Euro sind schon einfach bedienbare Geräte mit guter Bild- und Tonqualität, schnellem Autofocus und vielen manuellen Einstellmöglichkeiten für ambitionierte Filmer erhältlich. Geräte der führenden Hersteller mit drei CCD-Chips, die sich durch eine höhere Bildqualität, Lichtempfindlichkeit und einen besseren Bildstabilisator auszeichnen, kosten zwischen 1.600 und 2.600 Euro (Straßenpreis; die von den Herstellern empfohlenen Verkaufspreise liegen um 400 bis 1.400 Euro höher). HDTV-Camcorder werden ab 3.400 Euro angeboten.

▸ Übungsaufgabe Nr. 2.3.18 im Arbeitsbuch

3.7.3 Bildschirme

3.7.3.1. Grafikkarten

Die Marktentwicklung von Grafikkarten wird durch zunehmend leistungsfähigere *3-D-Grafikkarten* geprägt, die in immer kürzeren Abständen zum Vorgängermodell angekündigt werden. Diese Entwicklung wird vor allem durch den Spielebereich, in dem zunehmend realistische Darstellungen von dreidimensionalen Welten zum Einsatz kommen, vorangetrieben. Mittlerweile ist der Funktions- und Leistungsumfang von Grafikkarten so weit fortgeschritten, dass Spiele-Entwickler das Leistungsvermögen kaum mehr ausnutzen können. Außerdem verringert sich die Bereitschaft der Kunden, regelmäßig in die neuesten Grafikchips zu investieren. Ob die Dynamik des Grafikkartenmarktes anhalten wird, ist demnach sehr fraglich.

Im *Grafikkartenmarkt für Schreibtisch-PCs* dominieren die Chiphersteller Intel mit 35 Prozent, NVIDIA mit 25 Prozent und ATI mit 22 Prozent Marktanteil. Intel verkauft die meisten Grafiklösungen in Form von integrierten Motherboard-Chipsätzen. Beim Verkauf von dedizierten GPUs, die in Grafikkarten eingebaut werden, dominieren NVIDIA mit 53 Prozent und ATI mit 40 Prozent Marktanteil. Beim Einsatz in *Notebook-PCs* hat Intel durch den steigenden Verkauf von Centrino-Chipsätzen mit 45 Prozent Anteil den bisherigen Marktführer ATI überholt. Bei Stand-alone-Chips führt ATI im mobilen Bereich weiterhin mit 71 Prozent Marktanteil (Stand Ende 2003, Quelle: Mercury Research).

GPUs zählen mittlerweile zu den leistungsstärksten und komplexesten Bausteinen in Computersystemen. Es kommen Prozessoren und Speicherchips mit 256 Bit Verarbeitungsbreite und bis zu 30 GB/s Speicherbandbreite zum Einsatz. Die Leistung von in Spiele-PCs eingebauten Grafikkarten reicht mittlerweile dazu aus, Animations-Filmsequenzen, die vor einigen Jahren monatelange Berechnungen auf High-End-Workstations erforderten, in Echtzeit zu berechnen. Grafikkarten für Privatbenutzer kosten je nach Leistungsfähigkeit zwischen 50 und 600 Euro.

3.7.3.2 CRT-, LCD- und Plasma-Bildschirme

LCD-Bildschirme verdrängen zunehmend die *Röhrenmonitore* vom Markt. Für das Jahr 2007 prognostiziert IDC einen weltweiten Verkauf von 149 Millionen Monitoren, wovon 118 Millionen LCD-Bildschirme sein werden (siehe Abb. 3.7.3.2/1). Dabei wird der asiatische/pazifische Raum die USA als größten Markt für Monitore verdrängen. Die durchschnittlichen Verkaufspreise für LCD-Bildschirme werden jährlich etwa 12 – 15 Prozent fallen, wohingegen die Gesamtumsätze um 16 Prozent steigen werden. Dies kann durch ein starkes Wachstum des Gesamtmarktes und einen Trend zu größeren und somit teureren Bildschirmen begründet werden.

LCD-Bildschirme kommen auch zunehmend bei Fernsehgeräten zum Einsatz. Sie stehen dort in direkter Konkurrenz zu *Plasmabildschirmen,* die Diagonalen von bis zu über zwei Meter erreichen. Laut Stanford Resources werden im Jahr 2005 weltweit 2,8 Millionen Plasmabildschirme verkauft werden, die sich allerdings gegen prognostizierte 188 Millionen Röhrenfernseher immer noch bescheiden ausnehmen.

CRT-Monitore sind ab zirka 100 Euro für ein 17-Zoll-Gerät und ab zirka 200 Euro für ein 19-Zoll-Gerät erhältlich, sie können aber auch doppelt so viel kosten. Ein 21- oder 22-Zoll-CRT-Monitor kostet 500 – 600 Euro. Die Preise für *TFT-Monitore* sind immer noch erheblich höher, obwohl sie in den letzten Jahren drastisch gefallen sind. Ein 15-Zoll-TFT-Monitor kostet typischerweise 300 bis 400 Euro, ein 17-Zoll-TFT-Monitor 350 bis 550 Euro und ein 19-Zoll-Monitor 500 bis 800 Euro. Für einen 20- oder 21-Zoll-TFT-Monitor werden

Größe	Weltweite Auslieferungen von Computer-Bildschirmen (in 1.000 Stück) im Jahr			
	2004		2007	
	CRT	LCD	CRT	LCD
15 Zoll	10.335	30.175	3.151	31.285
17 Zoll	34.714	27.211	23.599	58.651
19 Zoll	6.336	4.956	3.261	17.313
20/21 Zoll	1.784	1.198	412	3.409

Abb. 3.7.3.2/1: Weltweiter Absatz von Computerbildschirmen (Quelle: IDC)

zirka 1.000 bis 1.200 Euro, für einen 23- oder 24-Zoll-TFT-Monitor 2.000 bis 2.500 Euro in Rechnung gestellt (Einzelhandelspreise Ende 2004).

Führende Monitorhersteller sind Acer, BenQ, Belinea, CTX, Eizo, Hyundai, Ilyama, NEC, Philips, Samsung, Samtron, Sony und Viewsonic.

3.7.3.3 OLED-Bildschirme

Ein großes Zukunftspotenzial verspricht man sich von *organischen Leuchtdioden* (OLED; Abkürzung von engl.: organic light emitting diodes). Bei dieser Technik werden unterschiedliche Kunststoffe (Polythiopen für Rot, Polyfluoren für Blau und Polyphenylenvinylen für Grün) zusammen mit Elektroden auf ein Glas oder eine Trägerfolie aufgebracht. Sobald Spannung anliegt, geben die Kunststoffe Licht ab. Die Helligkeit und Kontrastwerte sind besser als bei LCD-Bildschirmen, der Energiebedarf ist geringer. Einsatzgebiete der neuen Technik sind zunächst kleinere Displays für Digitalkameras, Armbanduhren, Autoradios und -navigationssysteme, PDAs und Mobiltelefone. Es wurden aber auch schon Prototypen für OLED-Computermonitore vorgestellt, die bald in Serie gehen sollen. Samsung hat für 2005 die voraussichtliche Markteinführung eines 17-Zoll-OLED-Bildschirms angekündigt, der dreimal dünner als vergleichbare LCDs ist und eine Auflösung von 1.600 x 1.200 Bildpunkten bietet. Epson hat einen 40-Zoll-OLED-Monitor entwickelt, der im Jahr 2007 serienreif sein soll.

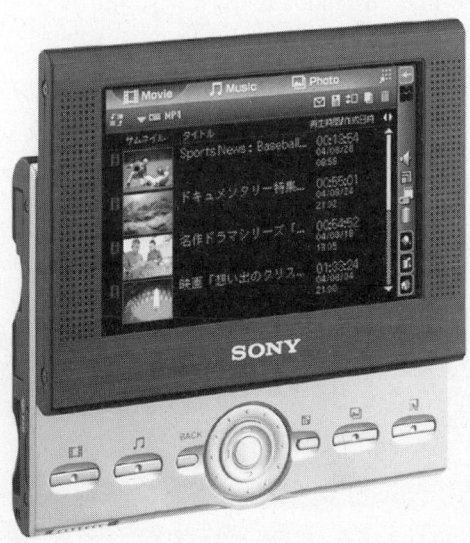

Abb. 3.7.3.3/1: PDA mit selbstleuchtendem OLED-Bildschirm (Auflösung 480 x 320 Pixel bei 18 Bit Farbtiefe)

3.7.3.4 Mikrodisplays und schirmlose Anzeige

Gute Zukunftsaussichten werden auch den *Mikrodisplays* vorausgesagt. Diese passiven LCDs betrachtet man entweder durch eine Vergrößerungsoptik oder das Bild wird direkt auf die Augenlinse projiziert. Sie verbrauchen sehr wenig Strom, sind klein, leicht und besitzen eine hohe Auflösung – allesamt Kriterien, die der „Bildschirm von morgen" erfüllen sollte.

Ein *Beispielgerät* (siehe Abb. 3.7.3.4/1), das auf eine Brille montiert werden kann, weist bei einem Gewicht von 35 Gramm eine Bildauflösung von 640 x 480, eine Farbtiefe von 18 Bit (262.144 Farben) und eine maximale Betriebsdauer des Akkus von fünf Stunden auf.

Kampfpiloten und Formel-1-Fahrer sind mit *Helmen mit Mikrodisplay* ausgestattet und erhalten darüber laufend in Echtzeit technische Information über das Flugzeug beziehungsweise Fahrzeug. Auch für „normale" Motorradfahrer werden für zirka 300 Euro solche Helme angeboten, auf deren Display per Funk die Geschwindigkeit, Umdrehungen pro Minute oder der aktuelle Gang angezeigt werden.

Am Kopf angebrachte Bildschirme (engl.: head mounted display) ermöglichen dem Benutzer einen vollständigen Blick in die reale Welt, der durch zusätzliche virtuelle Information überlagert (= erweitert) wird. Der Benutzer kann beide Hände gleichzeitig zur Interaktion mit der Realität benutzen und erhält hierzu die nötigen Daten in Echtzeit eingeblendet. Eine solche Verbindung zwischen realer und virtueller Welt wird als *angereichertes Realitätssystem* (engl.: augmented reality system) bezeichnet.

Augmented-Reality-Systeme kommen zum Beispiel für medizinische Anwendungen (Chirurgie), Montage und Instandhaltung, Katastrophenmanagement sowie in der

Abb. 3.7.3.4/1: Brille mit integriertem Mikrodisplay

Abb. 3.7.3.4/2: Prototyp des Heliodisplays

Geologie (Darstellung von Karten und Geländemerkmalen, etwa zur Gewinnung von Bodenschätzen) zum Einsatz.

Darüber hinaus existieren Versuche, eine *schirmlose Darstellung* zu erreichen, wie beispielsweise bei einem Gerät von IO_2 Technology, welches das Bild planar in die Luft projiziert, wobei aus einiger Entfernung sogar ein 3-D-Effekt sichtbar wird. Dieses so genannte Heliodisplay ist berührungssensitiv, das heißt, der Benutzer kann mit der Hand oder dem Finger navigieren und auswählen.

Anwendungsmöglichkeiten werden zum Beispiel in Werbung und Verkaufsförderung (Infobildschirme in Verkaufsräumen, Museen, Ausstellungen), zur Unterstützung der Gruppenarbeit (Präsentationen, Videokonferenzen), Simulation und Training sowie im Unterhaltungsbereich (TV, Videospiele) gesehen.

3.7.3.5 E-Paper

E-Paper (Abkürzung für engl.: electronic paper) ist ein flexibler, faltbarer Bildschirm mit den typischen Merkmalen von traditionellem Papier: Dünn, elastisch und rollbar mit hohen Kontrastwerten, guter Lesbarkeit auch aus

GYRICON Kügelchen

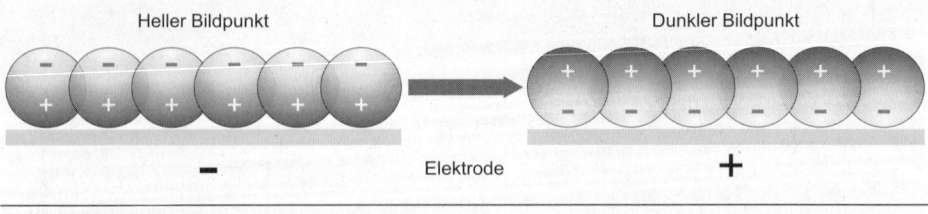

E-INK Mikrokapseln

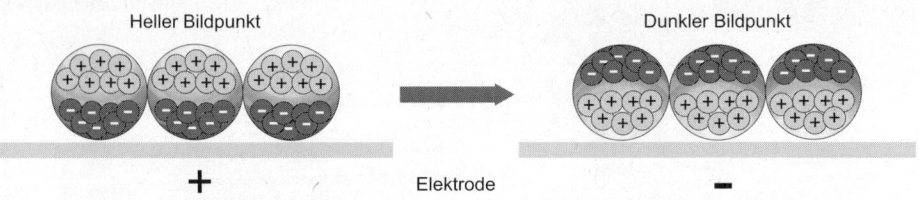

Abb. 3.7.3.5/1: Techniken für E-Paper

> ·ungünstigen Blickwinkeln und niedrigem Gewicht. E-Paper besteht aus
> einer transparenten Kunststofffolie mit eingeprägten Elektroden und inte-
> grierten bistabilen Farbpigmenten, die bei Anlegen einer Spannung ihre
> Farbe ändern. Die Darstellung, zum Beispiel einer PDF- oder JPEG-Datei,
> bleibt ohne weiteren Stromverbrauch bis zu Änderungen erhalten.

Es gibt verschiedene technische Ansätze (siehe Abb. 3.7.3.5/1), die gemeinsam haben, dass kleine Mikrokapseln beziehungsweise Kügelchen bei Anlegen
einer Spannung ihre Ausrichtung oder Farbe ändern. Das Bild ist haltbar bis
neuerlich eine geeignete Lösch- beziehungsweise Wiederbeschreibspannung
angelegt wird – dieser Vorgang kann beliebig oft wiederholt werden. Einsatzbereiche sind tragbare Dokumentenleser (engl.: portable document reader) mit
Lese- und Transporteigenschaften, die heute gebräuchlichen Bildschirmen weit
überlegen sind, Schilder oder Informationstafeln, textile Displays und elektronische Zeitungen.

Das *erste Produkt auf Basis von elektronischem Papier für den Massenmarkt* wurde
2004 von Sony eingeführt. Der sechs Zoll große SVGA-Bildschirm ermöglicht mit 170
dpi eine dem Zeitungspapier ähnliche Darstellung. Mit einem Satz Batterien lassen sich
rund 10.000 Seiten lesen. Das Lesegerät basiert auf der Technik von E-Ink, kostet zirka
300 Euro und ist zunächst nur in Japan erhältlich (siehe Abb. 3.7.3.5/2 rechts oben).

Firmen, die an der Entwicklung von E-Paper arbeiten, sind 3M, Gyricon
(Xerox), Lucent/E-Ink (Bell Labs), IBM, Philips und Siemens.

▶ Übungsaufgabe Nr. 2.3.19 im Arbeitsbuch

Abb. 3.7.3.5/2: Lesegeräte auf der Basis von elektronischem Papier (rechts) und für die Anzeige verwendete Kunststofffolie

3.7.4 Drucker

Im Jahr 2003 wurden *weltweit ungefähr 75 Millionen Drucker im Wert von zirka 20 Milliarden Euro* verkauft. Mehr als drei Viertel der Geräte waren Tintenstrahldrucker, ein zunehmend großer Teil davon Multifunktionsgeräte und Fotodrucker. Etwa 20 Prozent der Auslieferungen bestanden aus Laserdruckern, ungefähr ein Zehntel davon waren Farbdrucker. Der Anteil der Matrixdrucker wird derzeit auf zwei bis drei Prozent geschätzt; solche Geräte werden fast nur noch in Dritte-Welt-Ländern wie China und Indien verkauft (Quellen: IDC, Gartner, Oki).

Folgende *Trends* lassen sich beobachten:

- *Preisverfall:* Je nach Produktkategorie existieren Preisverfallsraten bis zu 20 Prozent jährlich.
- Tintenstrahldrucker und Laserdrucker der untersten Preis-/Leistungsklasse haben den Heimcomputer- beziehungsweise Privathaushaltsmarkt weitgehend durchdrungen. Das Segment der Farbtintenstrahldrucker, insbesondere der *Tintenstrahlmultifunktionsgeräte* (im Jahr 2003 mit einem Wachstum von 130 Prozent), wird auch weiterhin stark wachsen. Kennzeichen dieses

Marktsegments sind rasche Produktfolgen, extrem kurze Produktlebenszyklen, zunehmende Leistungen und aggressive Preisgestaltung.

- *Farbdruck* ist ein Wachstumsmarkt in allen Leistungsklassen. Produktionsfarbdrucker erreichen mittlerweile eine Leistung von 100 DIN-A4-Seiten pro Minute bei höchster Druckqualität. Der Farb-Inkjet-Markt erhält durch die digitale Bildverarbeitung wesentliche Impulse (zum Beispiel Fotodrucker). Die Solid-Ink-Technik nimmt an Bedeutung zu.

- Die *Multifunktionalität* der Geräte nimmt zu. Analoge Kopierer weichen digitalen Kopierern; dadurch wird Multifunktionalität erleichtert. Hybridgeräte für kostengünstigen Schwarz-Weiß-Druck und gelegentlichen Farbdruck gewinnen an Bedeutung (Verdopplung des Absatzes 2003 gegenüber dem Vorjahr).

- Die *Auflösung* steigt; auch bei den preisgünstigen PC/Workstation-Druckern ist der Standard mittlerweile 600 x 600 bis 4.800 x 1.200 dpi. Im Laserdruckerbereich ist die Verwendung von „gezüchtetem Toner" im Bereich von 3-5 µm ein weiterer „Motor zur Qualitätssteigerung".

- Rechenzentren und Hausdruckereien legen oft Druckaufgaben zu *„Output-Zentren"* zusammen (gemeinsame Nutzung von Endfertigungsgeräten).

- *Hoch- und Höchstgeschwindigkeitsdrucker mit hohen Volumina erobern Teilgebiete des Offsetdrucks* (Teilsegmente in der Buchproduktion – engl.: books-on-demand; Teilgebiete des hochaktuellen Zeitungsdrucks). *1:1-Marketing ist ein Wachstumsmotor* für den Transfer von traditionellen Offsetanwendungen (Broschüren, Serienbriefe) in *hochqualitative (Farb-) Druckanwendungen mit variablen Daten* (variable Texte, variable Bilddaten; diese Anwendungen stellen hohe Anforderungen an Drucksysteme und deren RIP-Komponenten).

- Traditionelle *Applikationen im zentralen IT-Druck werden entweder verschwinden* (zum Beispiel Krankenscheine, ersetzt durch Chipkarten) oder *durch Web-Anwendungen ergänzt* (zum Beispiel Rechnungen von Telekommunikationsgesellschaften oder Energieanbietern, Kontoauszüge werden über Internet einsehbar; engl.: electronic bill presentment and payment; abgekürzt: EBPP). Der Begriff des *Output-Managements* wird an Bedeutung gewinnen; das heißt, Daten, die bisher lediglich gedruckt wurden, werden – je nach Bedarf des Empfängers – automatisch an Drucker, Faxgeräte, Web-Applikationen, EDI-Anwendungen, E-Mail, Archive, Mobiltelefone (Sprache, SMS) und CRM-Systeme übergeben, wobei die Charakteristika des jeweiligen Mediums zu beachten sind (deswegen Output-Management).

Die *Endkundenverkaufspreise* von *DIN-A4-Arbeitsplatzdruckern mit Tintenstrahltechnik* liegen typischerweise zwischen 60 und 200 Euro, hochwertige Fotodrucker kosten 250 bis 300 Euro. *Multifunktionsgeräte* für Drucken, Scannen, Kopieren und Faxen sind schon ab 120 Euro erhältlich. *DIN-A3-Tintenstrahldrucker* kosten 400 bis 500 Euro.

Für *monochrome DIN-A4-Arbeitsplatzdrucker mit Lasertechnik* werden Preise zwischen 120 Euro (8 MB Speicher) und 700 Euro (64 MB) verlangt.

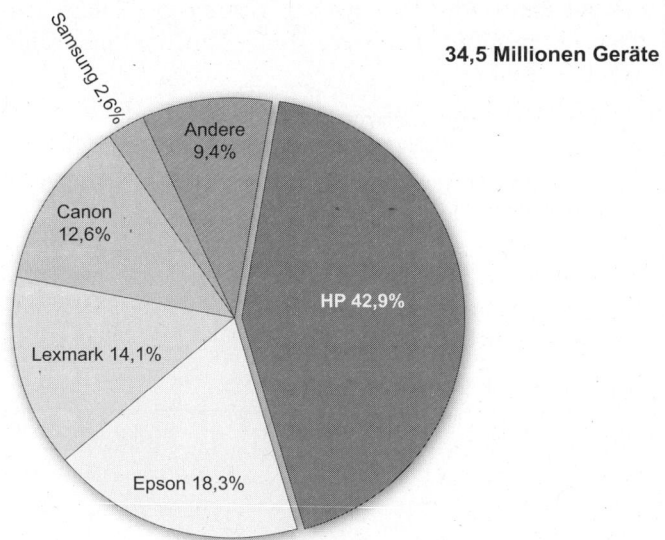

34,5 Millionen Geräte

Samsung 2,6%

Andere
9,4%

Canon
12,6%

HP 42,9%

Lexmark 14,1%

Epson 18,3%

Abb. 3.7.4/1: Anteile am europäischen Markt für Drucker, Kopierer und Multifunktionsgeräte 2003 (nach Stückzahlen) (Quelle: Gartner)

Farblaserdrucker für das A4-Format kosten ab 500 Euro aufwärts; in diesem Marktsegment gibt es beträchtliche Preisunterschiede. *Xerografische Abteilungsdrucker* haben je nach Leistung, Format (DIN A4 oder A3), Farbdarstellung (Schwarz-Weiß oder Farbe) und Ausstattung Preise zwischen zirka 1.000 und 4.000 Euro. Um 1.000 – 1.500 Euro sind auch Kombigeräte mit Farbscanner, Fax und Schwarz-Weiß-Laserdrucker für Netzwerke erhältlich. In Druckzentren eingesetzte *Hochleistungsdrucker* haben Kaufpreise von einigen zehntausend oder hunderttausend Euro.

Die *führenden Hersteller von Tintenstrahldruckern,* auf die zusammen genommen über 90 Prozent aller Auslieferungen entfallen, sind Hewlett-Packard, Epson, Canon und Lexmark. Die bedeutendsten *Markennamen bei kleinen Laserdruckern* sind dieselben Firmen sowie Samsung, Brother, Kyocera, Oki, Sharp, Xerox und Minolta, deren Geräte sich unter anderem auf Druckwerke der Hersteller Canon, Kyocera, Lexmark, Xerox, Ricoh und TEC zurückführen lassen. Hewlett-Packard hat mit 41 Prozent Weltmarktanteil (im Jahr 2003; Quelle: IDC) einen deutlichen Vorsprung vor den anderen Anbietern und seine PCL-Sprache als De-facto-Standard etabliert. Diese Firma hat in den letzten 20 Jahren 228 Millionen Tintenstrahldrucker und 75 Millionen Laserdrucker ausgeliefert. An zweiter Stelle steht Epson mit 14,1 Prozent Weltmarktanteil, an dritter Stelle Canon mit 9,8 Prozent (Quelle: IDC). Bei *Großsystemen* dominieren Xerox, Océ und IBM.

Über die Hälfte der Umsätze im Bereich des Digitaldrucks entfallen bereits auf *Versorgungsmaterial* (Tinte, Toner, Papier); die jährliche Zuwachsrate liegt bei zwei bis drei Prozent.

▶ Übungsaufgabe Nr. 2.3.20 im Arbeitsbuch

4 System- und Entwicklungssoftware

Lehrziele

Nach der Durcharbeitung dieses Kapitels sollten Sie

- einen Überblick über die Entwicklung und die Einsatzgebiete der wichtigsten Programmiersprachen besitzen,
- bei der Auswahl einer Programmiersprache für ein IS-Projekt mitreden können,
- eine gute Grundlage für das Erlernen einer Programmiersprache besitzen,
- den Ablauf bei der Übersetzung von Programmen erklären können,
- unterschiedliche Ansätze von Programmiersprachen beschreiben können,
- den Zweck von Softwareentwicklungsumgebungen darlegen können,
- die Betriebsarten eines Rechners in konkreten Anwendungsfällen angeben können,
- die Aufgaben eines Betriebssystems und ihre Realisierung durch die verschiedenen Systemprogramme kennzeichnen können,
- die Gemeinsamkeiten von gängigen PC-Betriebssystemen erläutern können,
- die verschiedenartigen Anforderungen an PC- und Serverbetriebssysteme verschiedener Größenklassen darstellen können,
- die Bedeutung der Standardisierung von Methoden und Werkzeugen im IS-Bereich anhand einiger Beispiele beschreiben können,
- die wichtigsten Trends auf dem System- und Entwicklungssoftwaremarkt darlegen können.

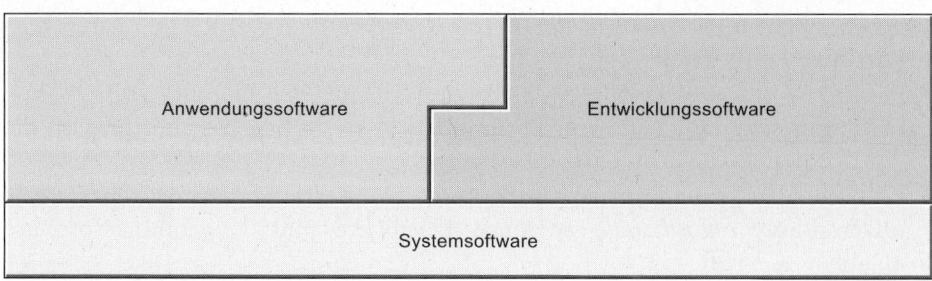

Abb. 4/1: Arten von Software

In diesem Kapitel gehen wir zunächst auf die Systemsoftware ein, die das *Betriebssystem* bildet. Dabei betrachten wir zuerst die Grundlagen der unterschiedlichen Betriebsarten eines Rechners und die wichtigsten Grundkomponenten des Betriebssystems. In weiterer Folge behandeln wir die *Entwicklungssoftware*, mit deren Hilfe *System-* und *Anwendungsprogramme* entwickelt werden. In diesem Kontext stellen wir die Grundkonzepte der wichtigsten Programmiersprachen vor und behandeln in knapper Form Entwicklungsumgebungen und Komponententechniken.

Abschließend skizzieren wir die *Angebots- und Nachfragesituation für System- und Entwicklungssoftware.*

▶ Übungsaufgabe Nr. 2.4.1 im Arbeitsbuch

4.1 Betriebssysteme

Die *Systemsoftware* stellt die grundlegenden Dienste für andere Programme zur Verfügung, insbesondere den Zugriff auf eine konkrete Rechnerplattform. Die verschiedenen Dienste der Systemsoftware werden zusammenfassend auch als *Betriebssystem* bezeichnet.

Als **Betriebssystem** (engl.: operating system) bezeichnet man die Programme, die (zusammen mit den Eigenschaften der Rechnerhardware) die grundlegende Infrastruktur für die Ausführung von Anwendungssoftware bilden. Das Betriebssystem bildet eine Abstraktion von Hardwareeigenschaften und ist für die Steuerung und Überwachung von Anwendungsprogrammen zuständig.

Die beherrschenden *Anliegen der Betriebssystementwicklung* sind, durch leistungsfähige Funktionen

- die *Effizienz von Rechnern zu steigern*, das heißt, den Durchsatz (die Verarbeitungsgeschwindigkeit) von Programmen zu erhöhen beziehungsweise die Antwortzeiten zu verringern,

- eine möglichst *standardisierte* und über (viele) Versionen des Betriebssystems unveränderte *Schnittstelle* zwischen Hardware und Anwendungssoftware anzubieten, sowie

- die *Rechnerbenutzung* für den Menschen zu *vereinfachen*, komfortabler und sicherer zu gestalten.

4.1.1 Betriebsarten

Die *ersten Betriebssysteme* zielten fast ausschließlich darauf ab, „Leerlaufzeiten" zu beseitigen, indem sie versuchten, mehreren konkurrierenden Programmen möglichst unmittelbar nacheinander die knappen (und damit kostbaren) Rechnerressourcen zur Verfügung zu stellen. Weitere Leerlaufzeiten entstehen infolge der Geschwindigkeitsdifferenzen zwischen der Zentraleinheit (dem Prozessor), den Peripheriegeräten und den menschlichen Benutzern eines Systems.

Abb. 4.1.1/1: Überblick über die Betriebsarten von Rechnern

Um Leerlaufzeiten zu verringern, wurden zunächst *standardisierte System-programme* eingesetzt, die unabhängig von den Anwendungsprogrammen die Ein-/Ausgabe steuerten und damit einen Ausgleich der unterschiedlichen Leis-tungsfähigkeit von Peripherie und Zentraleinheit ermöglichten. Anschließend bemühte man sich, die zeitaufwändige manuelle Bedienung des Rechners bei der Abwicklung von einzelnen Aufträgen durch *Ablaufsteuerungsprogramme* (so genannte „Skripts") zu automatisieren, durch die mehrere Einzelaufträge zusammengefasst werden.

Unter einem **Auftrag** (engl.: job) ist eine bestimmte Aufgabe zu verstehen, die der Rechner auf Anforderung eines Benutzers übernimmt. Der Benutzer beschreibt den von ihm gewünschten Bearbeitungsablauf, zum Beispiel das Laden und Ausführen eines Programms, und übermittelt ihn in einer **Auf-tragsnachricht** an das System.

In den 1950er Jahren wurde die Eingabe von der damals verbreiteten „Papierperipherie" (Lochkarten- und Lochstreifenleser) beschleunigt, indem die *Aufträge* auf Magnetband *zwischengespeichert* und anschließend wesentlich schneller in einem *Stapel* (engl.: batch) der Verarbeitung zugeführt werden konnten. Analog wurde bei der *Ausgabe über Drucker eine Zwischenspeiche-rung* der zu druckenden Daten üblich. Erweiterungen der Steuerprogramme ermöglichten es, die gespeicherten *Aufträge* automatisch *nach Prioritäten aus-zuwählen* und eine entsprechende *Verarbeitungsreihenfolge zu veranlassen.*

Die bis zur Mitte der 1960er Jahre existierenden Systeme konnten immer nur einen Auftrag nach dem anderen im *Stapelbetrieb* verarbeiten. Zudem musste die Ein- und Ausgabe von Daten und Programmen im Rechenzentrum bezie-hungsweise über Peripheriegeräte erfolgen, die in räumlicher Nähe zur Zentral-einheit aufgestellt waren. *Mögliche Betriebsarten* waren somit

- der Einprogrammbetrieb,
- die Stapelverarbeitung und
- die lokale Verarbeitung.

Später bildeten sich weitere Betriebsarten heraus, die bei den heutigen Rechnern vorherrschend sind:

- der Mehrprogrammbetrieb,
- die interaktive Verarbeitung (Prozess- und Dialogverarbeitung) sowie
- die Datenfernverarbeitung.

4.1.1.1 Einprogrammbetrieb und Mehrprogrammbetrieb

Beim **Einprogrammbetrieb** (engl.: single programming mode; single tas-king) werden einzelne Benutzeraufträge von der Zentraleinheit nacheinan-der bearbeitet. Es befindet sich jeweils nur ein Anwendungsprogramm im

> Arbeitsspeicher, das für seinen gesamten Ablauf alle vorhandenen Betriebsmittel (Prozessoren, Speicher, Kanäle, periphere Geräte) zugeteilt erhält.

Der *Durchsatz* (= Zeitspanne, die ein Rechner benötigt, um einen bestimmten Aufgabenumfang vollständig zu verarbeiten; engl.: throughput) und die *Maschinenbelegung* sind *vom Betriebssystem praktisch unabhängig* und werden hauptsächlich durch die Geräteleistung und die Programmiertechnik des Anwendungsprogrammierers bestimmt. Der wesentlichste *Nachteil* des Einprogrammbetriebs ist die *mangelnde Kapazitätsausnutzung des Zentralprozessors*. Da immer nur ein Anwendungsprogramm im Arbeitsspeicher zur Verarbeitung ansteht, kann die verfügbare Prozessorleistung während der zeitaufwändigen Ein/Ausgabevorgänge nicht ausgenutzt werden.

▸ Übungsaufgabe Nr. 2.4.2 im Arbeitsbuch

> Beim **Mehrprogrammbetrieb** (engl.: multiprogramming mode; multitasking) werden mehrere Benutzeraufträge von der Zentraleinheit gemeinsam bearbeitet. Die Bearbeitung der verschiedenen Programme erfolgt hierbei abwechselnd, verzahnt in Zeitabschnitten *(Zeitscheibenverfahren)*. Es befinden sich gleichzeitig mehrere Anwendungsprogramme ganz oder teilweise im Arbeitsspeicher, denen das Betriebssystem bei der Ausführung die benötigten Betriebsmittel abwechselnd zuteilt.

Wann und wie lange die ablaufenden Programme jeweils Prozessor(en), Speicher, Kanäle oder periphere Geräte zur Verfügung gestellt bekommen, wird bestimmt durch

• vom Benutzer vorgegebene *Prioritäten* und/oder

• *Mechanismen* im Betriebssystem *für die Abgrenzung von Belegungsintervallen*, die zur Erzielung einer möglichst hohen Systemauslastung vorgesehen sind.

Zum *Beispiel* kann einem ablaufenden Programm die Erlaubnis zur Nutzung des *Zentralprozessors* bei einer Ein-/Ausgabeanforderung entzogen und einem anderen, auf Prozessorzeit wartenden Programm zugeteilt werden. Die Voraussetzung ist in diesem Fall aber, dass die Abwicklung des noch laufenden Datentransfers mit dem peripheren Gerät von einer anderen Funktionseinheit (einem anderen Prozessor) übernommen werden kann, die parallel arbeitet.

Außer solchen „natürlichen" Ereignissen können auch „künstliche" zeitliche Begrenzungen zur Weitergabe des Nutzungsrechts für den Zentralprozessor führen. Ein Beispiel hierfür ist das *Zeitscheibenverfahren* (engl.: time slicing). Der Prozessor wird dabei den um ihn konkurrierenden Programmen in einer bestimmten Reihenfolge (nach Prioritäten, zyklisch o.ä.) jeweils für eine feste Zeit zugeteilt (siehe Abb. 4.1.1.1/1). Nach Ablauf der zugeteilten Zeitscheibe wird dem aktiven Programm das Nutzungsrecht für den Prozessor entzogen.

Abb. 4.1.1.1/1: Zeitscheibenverfahren im Mehrprogrammbetrieb

Dieser Rechteentzug erfolgt durch das Betriebssystem unabhängig vom Prozessstatus und kann von dem jeweils aktiven Programm nicht beeinflusst werden.

Die Einteilung der Zeitintervalle, die sich in der Regel in der Größenordnung von Mikrosekunden bewegen, nimmt das Betriebssystem mithilfe einer internen Uhr vor. Infolge der hohen internen Verarbeitungsgeschwindigkeit (und den vergleichsweise langsamen menschlichen Reaktionen) ist dieser Mechanismus beim Dialogverkehr für die Benutzer meist nicht bemerkbar. Erst wenn eine wachsende Zahl von Mitbewerbern um die Prozessorleistung die Antwortzeiten verlängert, werden die Auswirkungen für den Benutzer spürbar.

Jeder einzelne Benutzer beziehungsweise jedes einzelne zur Ausführung gelangende Programm verfügt scheinbar über seinen eigenen Rechner, obwohl für alle Benutzer beziehungsweise deren Programme physisch nur ein Rechner existiert. Dies erinnert unmittelbar an einen *virtuellen Speicher*, der durch die Erweiterung des Adressraumes auf externe Direktzugriffsspeicher die vom Programmierer nutzbare Arbeitsspeicherkapazität wesentlich erhöht. Auch die virtuelle Speicherung wird durch das Betriebssystem organisiert. Genauso wie dort auf eine gedachte Funktionseinheit der Begriff „virtuell" angewendet wird, kön-

nen wir die beim Mehrprogrammbetrieb für das einzelne Programm nur scheinbar vorhandenen Betriebsmittel als *„virtuelle Betriebsmittel"* beziehungsweise
in ihrer Gesamtheit als *„virtuellen Rechner"* bezeichnen.

▶ Übungsaufgabe Nr. 2.4.3 im Arbeitsbuch

Vor allem beim Ein- und Ausschleusen von Daten, dem so genannten *Spool*
(Abkürzung von engl.: simultaneous peripheral operations online), ist *virtuell*
eine treffende Bezeichnung. Weil beim Mehrprogrammbetrieb in der Regel nicht
genügend Peripheriegeräte (wie beispielsweise Drucker) vorhanden sind, um
den Anforderungen der bearbeiteten Benutzeraufträge zu entsprechen, werden
die *Ein- und Ausgabedaten in temporären Dateien zwischengespeichert* (meist
auf einer Magnetplatte). Dadurch lassen sich Wartezeiten auf die langsamen
Ein-/Ausgabegeräte vermeiden, der Arbeitsspeicher wird kürzer durch die Programme belegt, mehrfache Kopien von Ausgaben sind kostengünstiger, und es
wird eine hohe Auslastung der (teuren) Peripheriegeräte ermöglicht. Dieser Vorgang wird vom Betriebssystem normalerweise so durchgeführt, dass die Anwendungsprogramme davon nichts bemerken.

Wenn auf unserem *Beispiel-Personalcomputer* mehrere Anwendungen gleichzeitig auf
demselben Gerät ausdrucken, beispielsweise einen Serienbrief für hunderte Kunden
und *gleichzeitig* den Inhalt einer WWW-Seite, müssen diese unterschiedlichen Druckaufträge voneinander getrennt bearbeitet werden. Die Daten für den Drucker werden
daher vom so genannten Spooler getrennt entgegengenommen und anschließend hintereinander an den Drucker weitergeleitet. Ein *Spooler* ist ein Programm, das eingehende Aufträge nach Priorität sortiert und abarbeitet. Ohne einen Spooler könnte
gleichzeitig jeweils nur ein einziges Anwendungsprogramm einen Druckauftrag an den
Drucker senden, alle anderen müssten mit ihrem Ausdruck solange warten, bis der
Drucker wieder freigegeben wird.

▶ Übungsaufgabe Nr. 2.4.4 im Arbeitsbuch

4.1.1.2 Einbenutzerbetrieb und Mehrbenutzerbetrieb

Mehrprogrammbetrieb ist eine Voraussetzung für den **Mehrbenutzerbetrieb**
(engl.: multi-user mode), bei dem eine Zentraleinheit mehreren Arbeitsplätzen beziehungsweise mehreren menschlichen Benutzern zur Verfügung steht.
Jedem dieser Arbeitsplätze werden Systemressourcen (beispielsweise Festplattenkapazitäten) und Rechte (beispielsweise Lese- oder Schreibrechte für
Dateien oder Zugriffsrechte für Peripheriegeräte) von einem Systemadministrator zugeteilt. Beim **Einbenutzerbetrieb** (engl.: single-user mode) kann nur
ein Benutzer einen Rechner zu einem Zeitpunkt nutzen.

Alle Serverbetriebssysteme müssen den *Mehrbenutzerbetrieb* beherrschen, da
derartige Systeme regelmäßig eine große Anzahl von Datenstationen (oder
Klientenrechnern) zu bedienen haben. Dagegen werden Arbeitsplatzrechner zu

einem Zeitpunkt meist nur durch eine Person genutzt (Einbenutzerbetrieb). Der Einbenutzerbetrieb schließt jedoch nicht aus, dass – die entsprechende Erlaubnis vorausgesetzt – auch andere Benutzer über das Netz auf die Ressourcen (Dateien usw.) eines solchen Arbeitsplatzrechners zugreifen können.

Wenn ein *Einzelplatzsystem* den Mehrprogrammbetrieb erlaubt, so kann der Benutzer gleichzeitig mehrere Programme ausführen. Allerdings werden in einem solchen Fall, wenn beispielsweise drei oder vier Programme gleichzeitig im Arbeitsspeicher stehen, weitaus geringere Anforderungen an die Ablaufsteuerung des Betriebssystems gestellt, als wenn bei einem Mehrbenutzersystem Dutzende oder Hunderte von Benutzeraufträgen um die knappen Betriebsmittel konkurrieren.

In der Mehrzahl der Fälle kommen leistungsfähige *Personalcomputer und Workstations* als *Arbeitsplatzrechner* zum Einsatz. Diese Rechner lassen sich ebenso – das entsprechende mehrbenutzerfähige Betriebssystem vorausgesetzt – als *Serverrechner* einsetzen. Sie können dann für die an das Netz angeschlossenen Rechner (Benutzer) beispielsweise gemeinsam nutzbare Dateien, Druckdienste und/oder Kommunikationsdienste anbieten. Zu den derzeit eingesetzten PC-Betriebssystemen gehören sowohl Einbenutzerbetriebssysteme (Windows 95/98/Me), die ausschließlich für die Nutzung am Arbeitsplatz zur Verfügung stehen, als auch Mehrbenutzerbetriebssysteme (Windows NT/2000/XP, Mac OS X, Linux, weitere Vertreter der UNIX-Familie), die ihre Ressourcen auch mehreren Benutzern zur Verfügung stellen können, oder als Server eingesetzt werden können.

4.1.1.3 Einprozessorbetrieb und Mehrprozessorbetrieb

Der weitaus größte Teil der heute im Einsatz befindlichen Rechner verfügt nur über eine Zentraleinheit (einen Prozessor). Dementsprechend müssen Betriebssysteme, die auf diesen Rechnern eingesetzt werden, üblicherweise nur den *Einprozessorbetrieb* unterstützen. Vor allem bei Mehrbenutzersystemen kann der Zentralprozessor jedoch rasch zum Engpass werden. Wenn die Rechnerbelastung durch eine hohe Anzahl an Aufträgen und/oder durch den Einsatz sehr rechenintensiver Anwendungen zu großen Wartezeiten (schlechtem Antwortzeitverhalten) führt, können *mehrere Zentralprozessoren in Mehrprozessorsystemen* (siehe Abschnitt 1.4) sowie speziell *darauf abgestimmte Betriebssysteme* Entlastung bringen.

In Multiprozessorsystemen können gleichzeitig mehrere Programme (oder auch *virtuelle Rechner)* auf verschiedenen physischen (oder virtuellen, siehe unten) Prozessoren ablaufen. Die Verteilung der Aufträge auf die Prozessoren kann entweder *symmetrisch* erfolgen (engl.: symmetric multiprocessing; Abkürzung: *SMP*), wobei im Prinzip jeder Prozessor diesen Auftrag übernehmen kann, oder *asymmetrisch* (engl.: asymmetric multiprocessing). Im letzteren Fall werden *einzelne Prozessoren* vom Betriebssystem für *die exklusive Abarbeitung einzelner Aufträge reserviert* (zum Beispiel für Netzwerkserversoftware, Datenbankserversoftware oder spezielle Gerätetreiber).

Durch die Verwaltung zusätzlicher Prozessoren ergibt sich allerdings ein deutlich höherer Aufwand für das Betriebssystem. Als Leistungsindikator von multiprozessorfähigen Betriebssystemen gilt dementsprechend, welcher Anteil der zusätzlichen Kapazität eines weiteren Prozessors tatsächlich für die Anwendungen genutzt werden kann.

Intel hat im Jahr 2002 für die Xeon-Prozessorfamilie und 2003 für die Pentium-4-Familie die so genannte *Hyperthreading*-Technik eingeführt. Unter *Hyperthreading* versteht man die Fähigkeit einer einzigen physischen CPU, mehrere virtuelle CPUs zu emulieren. Prozessoren, die Hyperthreading unterstützen, besitzen zwei Prozessorkerne (siehe Abschnitt 1.1.2). Ein Rechnersystem mit einer CPU mit Hyperthreading kann somit als Multiprozessorsystem betrieben werden. Beim Hyperthreading teilen sich zwei virtuelle Prozessoren die Ausführungseinheiten und Caches innerhalb einer physikalischen CPU, wodurch Berechnungen besser auf die Ressourcen des Prozessors verteilt werden können. Ein zweiter (virtueller) Prozessor bedeutet aber keineswegs eine Leistungsverdoppelung.

Intel beziffert zum Beispiel bei der Verwendung von Microsofts *Internet Information Server* den Leistungszugewinn durch Hyperthreading für dynamische Webseiten mit bis zu 30 Prozent.

Der *Nutzen und die Leistungssteigerung* von Hyperthreading hängen in erster Linie von der Betriebssystemunterstützung und den verwendeten Anwendungen ab, die für eine Verteilung auf mehrere Prozessoren ausgelegt sein müssen. Dies ist beispielsweise der Fall, wenn eine Anwendung durch mehrere Prozesse oder Threads realisiert ist. Bei Anwendungen, die das nicht berücksichtigen, können bei Verwendung von Hyperthreading sogar Leistungseinbußen auftreten.

▶ Übungsaufgabe Nr. 2.4.5 im Arbeitsbuch

4.1.1.4 Stapelverarbeitung und interaktive Verarbeitung

Sowohl die Stapelverarbeitung als auch die interaktive Verarbeitung (gleichzeitig im Mehrprogrammbetrieb) sind mittlerweile auf Rechnern sämtlicher Leistungsklassen üblich. Dies hat für den Benutzer unmittelbare Konsequenzen. Bei der Stapelverarbeitung übergibt er seinen Auftrag an das Betriebssystem und erhält nach erfolgter Auftragserledigung – möglicherweise erst nach Stunden – vom Rechner die Ergebnisse. Bei der interaktiven Verarbeitung ist er hingegen in die Auftragsbearbeitung eingebunden; hierzu findet ein ständiger Dialog zwischen dem Benutzer und dem Rechner statt. Ist der Auftraggeber bei der interaktiven Verarbeitung kein menschlicher Benutzer sondern ein Programm oder ein vom Rechner gelenkter physikalisch-technischer Prozess (beispielsweise die Steuerung einer Produktionsstraße), so bezeichnen wir diese Betriebsart als *Prozessverarbeitung*. Im Folgenden werden einige wesentliche Charakteristika dieser Nutzungsformen aufgezeigt, wobei vor allem auf den heute vorherrschenden Dialogbetrieb näher eingegangen wird.

> Bei der **Stapelverarbeitung** (engl.: batch processing) muss ein Auftrag vollständig definiert sein, bevor mit seiner Abwicklung begonnen werden kann. Mehrere Aufträge werden vom Rechner nacheinander oder schubweise abgearbeitet.

Die *Warteschlange* (engl.: queue) der zur Verarbeitung anstehenden Stapelaufträge wird automatisch (oft nach einer *prioritätsgesteuerten Strategie* des Betriebssystems) abgearbeitet. Die Reihenfolge der Abarbeitung wird bestimmt durch

- vom Benutzer vorgegebene Prioritäten,
- bereits angefallene Wartezeiten,
- die geschätzte Rechenzeit oder Betriebsmittelanforderungen,
- benutzerbestimmte Zeitpunkte oder
- spezielle Ereignisse (Beendigung eines Auftrags, Eintreffen einer E-Mail usw.).

Die *Reihenfolgesteuerung* kann jedoch ebenso *der Benutzer im Dialog* vornehmen. Zwischen Auftragserteilung und dem Vorliegen der Ergebnisse kann er aber (meist) nicht mehr gezielt in die Abwicklung eingreifen.

Da beim *Stapelbetrieb* die Betriebsmittelanforderungen der Aufträge weitgehend im vorhinein bekannt sind, kann bei *Mehrbenutzersystemen* durch eine gute Maschinenbelegungsplanung sowie die oben erwähnte automatische Prioritätensteuerung eines Auftragsverwaltungssystems *eine optimale Auslastung der Rechner und ein hoher Durchsatz* erzielt werden.

Wie erwähnt ist die Stapelverarbeitung jedoch durchaus auch bei Arbeitsplatzrechnern bedeutsam. Beispielsweise werden für die *Sicherung des Datenbestandes eines Personalcomputers* regelmäßig folgende Schritte ausgeführt:

- Beenden sämtlicher Anwendungsprogramme,
- Aufsuchen eines bestimmten Verzeichnisses für das Speichern von Protokolldateien,
- Starten des Sicherungsprogramms mit bestimmten Parametern,
- Meldung mittels elektronischer Post, wenn die Sicherung aus bestimmten Gründen versagt hat.

Anstelle der interaktiven Ausführung dieser Schritte durch einen Benutzer kann ein entsprechendes Skript angelegt werden, das in regelmäßigen Intervallen vom System selbstständig gestartet wird. Die Systemauslastung wird optimiert, wenn dieses Skript zum Beispiel in der Nacht zur Ausführung gelangt, sodass während der normalen Arbeitszeit keine Beeinträchtigung erfolgt.

▶ Übungsaufgabe Nr. 2.4.6 im Arbeitsbuch

> Bei der **interaktiven Verarbeitung** (engl.: interactive processing) muss ein Auftrag nicht vollständig definiert sein, bevor mit der Abwicklung begonnen werden kann. Er wird dem Rechner vielmehr in Form von einzelnen Schritten (Teilaufträgen) übergeben, die unmittelbar danach ausgeführt

werden. Während der Auftragsbearbeitung findet hierzu ein fortlaufender Informationsaustausch zwischen dem Anwendungssystem und dem Auftraggeber (zum Beispiel einem Benutzer) statt.

Der Auftraggeber kann ein menschlicher Benutzer, ein Programmsystem oder ein vom Rechner zu lenkender physikalisch-technischer Prozess sein. Wenn bei der interaktiven Verarbeitung der *Auftraggeber ein menschlicher Benutzer ist*, spricht man von *Dialogverarbeitung*.

Unter der **Dialogverarbeitung** (engl.: conversational mode) versteht man eine Betriebsart, bei der zur schrittweisen Auftragsabwicklung eine ständige Kommunikation zwischen Benutzer und Rechner erfolgt. Die Benutzerschnittstelle des Programms muss hierzu eine Dialogkomponente enthalten.

Voraussetzung für eine effiziente Nutzung des Rechners im Dialogbetrieb sind kurze *Antwortzeiten* des Rechners (im Sekundenbereich). Wenn *viele Benutzer gleichzeitig* mit einem Rechner *im Dialogbetrieb* arbeiten, so geschieht das entweder *im Teilnehmer- oder im Teilhaberbetrieb*.

Der **Teilnehmerbetrieb** (engl.: time sharing mode) ist eine Form des Dialogbetriebs, bei der mehrere Benutzer eines Rechners unabhängige, im Allgemeinen voneinander verschiedene Aufgaben bearbeiten.

Jeder Benutzer verkehrt beim *Teilnehmerbetrieb* mit dem Rechner so, als stünde er ihm allein zur Verfügung. Er kann also – soweit er dazu berechtigt ist – im Dialog die gesamte Software (System- und Anwendungsprogramme) in Anspruch nehmen und auch selbst in einer oder mehreren Programmiersprachen Programme erstellen, testen und zum Ablauf bringen. Die Auftragsabwicklung erfolgt dabei stets unter der Kontrolle des Benutzers; dieser muss dementsprechend die Kommandosprache des Betriebssystems kennen. Die einzelnen Benutzer werden – wie beim Mehrprogrammbetrieb beschrieben – im *Zeitscheibenverfahren* (engl.: time sharing) bedient.

Der **Teilhaberbetrieb** (*Transaktionsbetrieb*; engl.: transaction mode) ist eine Form des Dialogbetriebs, bei der mehrere Benutzer dasselbe Aufgabengebiet mit einem oder mehreren zentral gespeicherten Anwendungsprogrammen (Transaktionsprogrammen) bearbeiten.

Der Benutzer kann ein Programmsystem (oft ein Serverprogramm) nutzen und von diesem wohldefinierte Dienste mithilfe eines Kommandovorrats (beispielsweise Transaktionscodes) in Anspruch nehmen. Diese Dienste stellen dem Benutzer System- oder Anwendungsfunktionen zur Verfügung, die dem Benutzer (Teilhaber) die gewünschten Ergebnisse liefern. Hierbei bedient ein Programm in der Regel eine Vielzahl von Benutzern gleichzeitig.

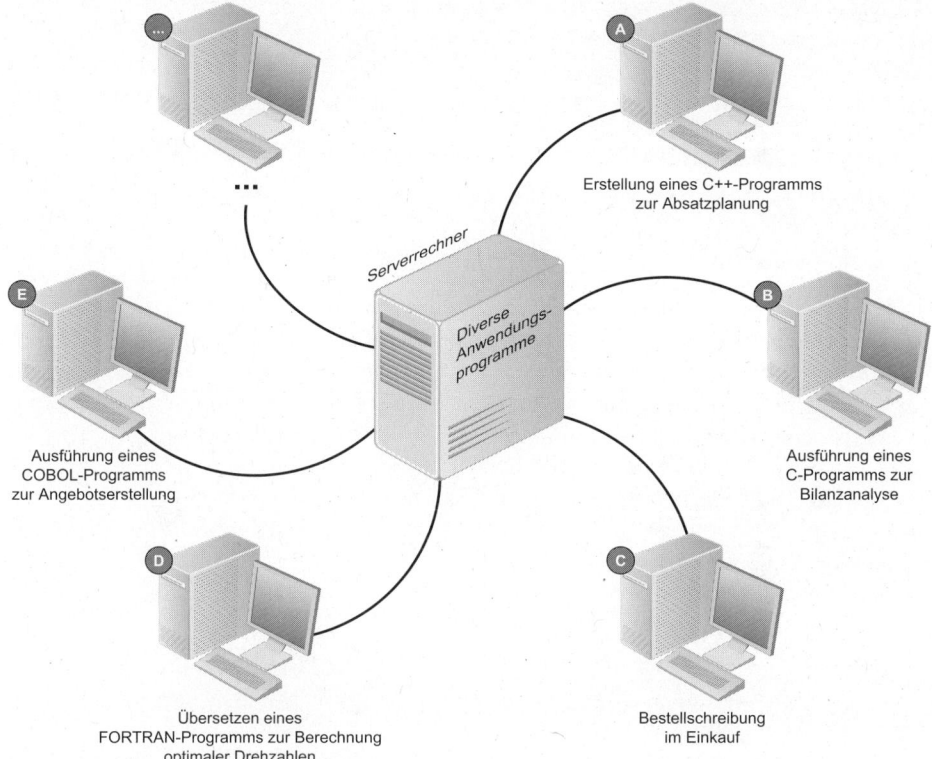

Erstellung eines C++-Programms
zur Absatzplanung

Serverrechner

Diverse
Anwendungs-
programme

Ausführung eines
COBOL-Programms
zur Angebotserstellung

Ausführung eines
C-Programms zur
Bilanzanalyse

Übersetzen eines
FORTRAN-Programms zur Berechnung
optimaler Drehzahlen

Bestellschreibung
im Einkauf

Abb. 4.1.1.4/1: Teilnehmerbetrieb

Diese Betriebsart ist vor allem für die Abwicklung einer großen Zahl gleichartiger, wohlstrukturierter Vorgänge an vielen Arbeitsplätzen vorteilhaft.

In mittleren und großen Betrieben sind die Anwendungen auf operativer Ebene (Finanz- und Rechnungswesen, Materialwirtschaft usw.) heutzutage fast durchwegs als *datenbankbasierte Transaktionssysteme* realisiert. Einige der größten Systeme gibt es im Luftverkehr, wo teilweise über 100.000 Terminals auf der ganzen Welt an zentrale Reservierungssysteme angeschlossen sind. Weitere *Beispiele* sind Konsumenteninformationssysteme, wie die Geldautomatensysteme der Banken oder die Informationsangebote von WWW-Servern.

Bei einem **Client-Server-System** fordern viele Benutzer (über ihre Klientenprogramme) Dienste eines Servers (eines Serverprogramms) an, der im Teilhaberbetrieb läuft. In manchen Systemen können die Rollen zwischen Server und Klienten austauschbar sein, sodass man hier von einem **Peer-to-Peer-System** spricht (engl.: peer bedeutet „Gleichrangiger").

Bei der ersten großen Internet-Musiktauschbörse *Napster* wird zum *Beispiel* an zentraler Stelle (beim Napster-Server) Information über Musikdateien der derzeit angemelde-

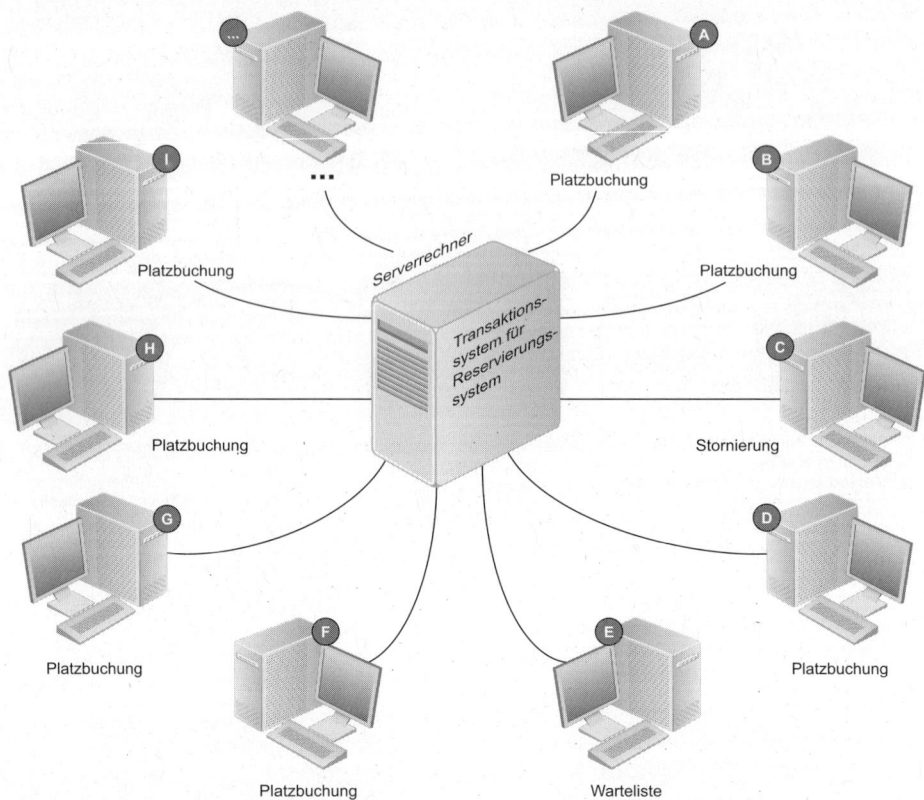

Abb. 4.1.1.4/2: Teilhaberbetrieb

ten Benutzer geführt. Ein Benutzer, der ein Musikstück sucht, nutzt die Dienste des Servers, um einen Benutzer ausfindig zu machen, der das Musikstück besitzt. Jeder der angemeldeten Benutzer ist hierfür ein potenzieller Kandidat. Beim *Herunterladen* (engl.: download) eines Musikstücks übernimmt das Klientenprogramm des Benutzers, der das Musikstück auf seiner Festplatte hält, kurzfristig Serverfunktionen für den herunterladenden Benutzer. Somit übernimmt das Napster-Klientenprogramm einmal die Rolle eines Klienten und einmal die des Servers. Die Napster-Klientenprogramme bilden somit ein (potenziell sehr großes) Peer-to-Peer-System.

▶ Übungsaufgabe Nr. 2.4.7 im Arbeitsbuch

Wie oben beschrieben, spricht man bei der interaktiven Auftragsverarbeitung von einer *Dialogverarbeitung*, wenn der Auftraggeber ein menschlicher Benutzer ist, und das zur Verfügung gestellte Programm mit einer entsprechenden interaktiven Benutzerschnittstelle ausgestattet ist. Bei den beschriebenen Teilhaber- und Teilnehmerbetriebsarten kann der unmittelbare *Auftraggeber* entweder

• ein Benutzer sein (das benutzte System besitzt eine dialogfähige Benutzerschnittstelle),

- ein anderes Programmsystem sein (beispielsweise beim Client-Server-Betrieb),
- oder ein vom Rechner zu lenkender physikalisch-technischer Prozess sein.

> Unter **Prozessverarbeitung** (engl.: process control) versteht man eine Betriebsart, bei der zwischen dem Rechner und einem physikalisch-technischen Prozess ein fortlaufender Informationsaustausch erfolgt, um den Prozess zu überwachen, zu steuern und/oder zu regeln.

Bei der Prozessverarbeitung empfängt der Rechner von Messgeräten die Prozessdaten. Diese entstehen oft ad hoc (unaufgefordert), in rascher Folge und nicht reproduzierbar und müssen sofort verarbeitet werden, um notwendige Lenkungsmaßnahmen unmittelbar einleiten zu können. Dementsprechend muss der Rechner für die ankommenden Messwerte ständig aufnahmebereit sein.

> Unter **Echtzeitbetrieb** (oder *Realzeitbetrieb*, engl.: real time processing) versteht man eine Betriebsart, bei der für die zur Verfügung gestellten Dienste eine ständige Betriebsbereitschaft vorausgesetzt wird. Hierbei ist es vor allem wichtig, dass das Betriebssystem für jede der Grundfunktionen *eine maximale Bearbeitungszeit* garantieren kann, die für den zu steuernden Prozess ausreichend kurz ist.

Beispiele für die Prozessverarbeitung sind etwa die Lenkung von Industrierobotern, Walzwerken, Raffinerien, Kraftwerken, Hochöfen, Ampelanlagen, Transportsystemen, Raumschiffen usw. Beispielsweise muss bei einem Industrieroboter garantiert werden können, dass der Befehl zum Stoppen einer Bohrung exakt zum richtigen Zeitpunkt erfolgt. Ist dies nicht der Fall, könnte unter Umständen ein Schaden an einer Fertigungsstraße in Millionenhöhe entstehen.

Für die Prozessverarbeitung kommen entweder *separate Rechner oder eingebettete Systeme* zum Einsatz. Letztere finden sich heutzutage in Form von Ein-Chip-Computern in fast jedem technischen Gerät mit einer gewissen Komplexität.

In den meisten heutigen PKWs sind einige Dutzend solcher Computer eingebaut, die in Abhängigkeit von den mittels Sensoren erfassten Umweltverhältnissen die Hardwarekomponenten steuern (zum Beispiel Bremse, Schaltung, Lenkung, Zündung, Einspritzpumpe usw.). Die Rechenleistung, die in einem Auto der Mittelklasse vorhanden ist, übersteigt beispielsweise erheblich die Rechenleistung, die in der Mondlandefähre bei den Mondlandungen zwischen 1969 und 1972 verfügbar war.

4.1.1.5 Rechnerverbundsysteme

Moderne Betriebssysteme erlauben im Mehrprogrammbetrieb gleichzeitig die Stapel- und die Dialogverarbeitung (Teilnehmer- und Teilhaberbetrieb). Im Mehrprogrammbetrieb muss die Prozessorkapazität den anfordernden Benutzeraufträgen abwechselnd durch das Betriebssystem zugeteilt werden. Dieser *pseudoparallele* Betrieb kann durch einen *echten Parallelbetrieb* teilweise ersetzt werden, wenn *mehrere Zentralprozessoren* zur Verfügung stehen. Diese können jeweils zur selben Zeit unabhängig voneinander an verschiedenen Benutzeraufträgen oder auch gemeinsam am gleichen Auftrag arbeiten. Hierdurch lassen sich der Programmdurchsatz, die Antwortzeiten und auch die Ausfallsicherheit wesentlich verbessern (siehe auch Kapitel 1 dieses Bandes). Die Ersetzung des pseudoparallelen durch einen echt parallelen Betrieb kann nur teilweise erfolgen, da in der Regel weit mehr Aufträge zu bearbeiten sind, als Prozessoren zur Verfügung stehen.

Ein **Rechnerverbundsystem** (*verteiltes System*, engl.: distributed system) ist ein Zusammenschluss mehrerer autonomer Rechner. In einem solchen Verbund kann eine Gesamtaufgabe in mehrere Teilaufgaben zerlegt werden, die unabhängig voneinander auf einem oder mehreren Rechnern bearbeitet werden.

Durch die Möglichkeit, Rechner zu einem Verbund zusammenzuschließen, erweitern sich die Nutzungsmöglichkeiten von Rechnern beträchtlich. Andererseits geht damit gleichzeitig ein gesteigerter Koordinierungsaufwand zwischen den Rechnern einher. Bei Rechnerverbundsystemen kann man zwischen folgenden Ausprägungen unterscheiden:

- *Lastverbund*: Mehrere Server erbringen die gleiche Leistung, die gestellten Aufgaben verteilen sich auf mehrere Rechner.
- *Datenverbund*: Daten können auf mehreren Rechnern verteilt gehalten werden.
- *Kooperationsverbund*: Unterschiedliche Teilleistungen werden auf unterschiedlichen Rechnern ausgeführt.
- *Überlebensverbund*: Wenn ein Server ausfällt, kann ein anderer Server die Aufgaben übernehmen, sofern er laufend mit dem ausgefallenen Server synchronisiert wurde.

Ein Rechnerverbundsystem stellt somit erhöhte Anforderungen an die Hardware, an das Betriebssystem und in den meisten Fällen auch an das Anwendungssystem. Mehr dazu finden Sie im Kapitel 7 dieses Bandes, in dem verteilte Systeme eingehend behandelt werden.

▶ Übungsaufgabe Nr. 2.4.8 im Arbeitsbuch

4.1.2 Betriebssystemkomponenten

Der *Umfang eines Betriebssystems* schwankt zwischen einigen tausend und einigen Millionen Programmzeilen.

Der *Kern des Betriebssystems Linux* (Version 2.6) umfasst beispielsweise zirka vier Millionen Zeilen Programmcode der Programmiersprache C.

Entsprechend unterschiedlich sind auch die angebotenen Funktionen und Leistungen, die Einfachheit und Sicherheit in der Benutzung, aber auch der

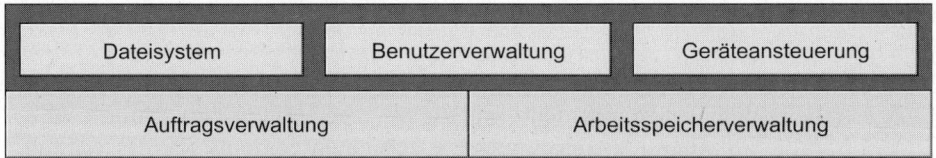

Abb. 4.1.2/1: Komponenten eines Betriebssystemkerns

zusätzliche *Aufwand*, der hierfür in Kauf genommen werden muss. Dieser zusätzliche Aufwand drückt sich aus

- im *Verwaltungsaufwand* (engl.: overhead), das heißt, der vom Betriebssystem für die Auftrags-, Prozess- und Datenverwaltung in Anspruch genommenen Zeit, sowie
- im *Speicherbedarf* des Betriebssystems; große Teile müssen sich permanent im Arbeitsspeicher befinden, andere werden extern gespeichert und bei Bedarf in den Speicher geladen.

> Ein Betriebssystem besteht aus einem Betriebssystemkern und aus Dienstprogrammen. Den Teil des Betriebssystems, der sich permanent im Speicher befindet, nennt man den **Betriebssystemkern** (engl.: operating system kernel). Die weiteren Teile des Betriebssystems werden den Dienstprogrammen zugeordnet.

Die *Aufgaben des Betriebssystemkerns* lassen sich grob in folgende *Kategorien* einteilen: Auftragsverwaltung, Arbeitsspeicherverwaltung, Geräteansteuerung, Dateisystem und Benutzerverwaltung.

4.1.2.1 Auftragsverwaltung

Eine zentrale Aufgabe des Betriebssystems ist (vor allem bei Mehrprogramm- und Mehrbenutzerbetrieb) die Verwaltung der gleichzeitig ablaufenden Programme, wobei diese zeitverzahnt oder parallel abgearbeitet werden.

> Unter einem **Task** (deutsch: Aufgabe, engl.: task) versteht man ein ablaufendes Programm im Arbeitsspeicher eines Rechners.

Je nach Realisierung eines Tasks spricht man von einem *Prozess* oder einem *Thread*.

> Bei einem **Prozess** (engl.: process) wird ein Programm (Ablauflogik) mit dem von diesem Programm belegten Arbeitsspeicherbereich als eine Einheit aufgefasst. Möchte ein Prozess auf die Daten eines anderen Prozesses zugreifen, ist *Intraprozesskommunikation* notwendig.

Ein *Thread* kann als leichtgewichtiger Prozess gesehen werden.

Bei einem **Thread** (engl.: thread) werden die Ablauflogik und der zugehörige Arbeitsspeicherbereich nicht explizit als eine Einheit betrachtet; mehrere parallel ablaufende Programme besitzen einen gemeinsamen Datenbereich im Arbeitsspeicher. Um ungewolltes gegenseitiges Überschreiben der Daten zu verhindern, muss im zugehörigen Anwendungsprogramm ein Sperrmechanismus mit *exklusiven Zugriffsrechten* (engl.: mutual exclusive access right) realisiert werden. Bei einem Konflikt wird ein Thread blockiert, bis der andere Thread den Speicherbereich wieder frei gibt.

Grundsätzlich gilt, dass der *Ablauf eines Tasks unterbrochen* wird, wenn eine erforderliche Ressource (temporär) nicht verfügbar ist. Dies können beispielsweise eine Speicherseite des virtuellen Arbeitsspeichers, Daten aus einem Kommunikationskanal oder ein Datenblock von einer Festplatte sein. In einem solchen Fall wird die erforderliche Ressource durch das Betriebssystem angefordert und der Auftrag wird solange blockiert, bis die Ressource wieder verfügbar ist.

Die Frage, ob ein Programm als *Prozess oder Thread* realisiert wird, hängt von vielerlei Faktoren ab. Die Realisierung als Prozess ist meist der einfachere Fall, da aus der Sicht des Anwendungsprogramms keine speziellen Vorkehrungen getroffen werden müssen. Manche Programmsysteme erfordern allerdings die Kommunikation mit anderen gleichzeitig ablaufenden Tasks, wodurch auch bei Verwendung von Prozessen ein Mehraufwand zur Kommunikation notwendig wird. Grundsätzlich stellt sich hierbei die Frage, ob das Betriebssystem Prozesse und Threads unterstützt, was bei modernen Betriebssystemen in der Regel der Fall ist. Da die Spezifizierung der zu sperrenden Speicherbereiche (Variablen) bei der Verwendung von Threads im Anwendungsprogramm erfolgen muss, ist hier entweder Unterstützung seitens der Programmiersprache, oder die Verwendung einer entsprechenden Programmbibliothek notwendig. Dies kann wiederum die Übertragbarkeit (Portierbarkeit) eines Programms auf andere Betriebssysteme reduzieren, wenn die verwendeten Techniken nicht für alle Plattformen verfügbar sind.

Manche Programmsysteme verlangen das parallele Zusammenwirken mehrerer Tasks, die als Prozesse oder Threads realisiert werden können und die untereinander koordiniert werden müssen. Man spricht hierbei von **nebenläufigen Tasks** (engl.: concurrent task).

Bei der Realisierung *nebenläufiger Tasks* mittels Threads kann das Umschalten zwischen einzelnen Tasks rascher erfolgen als das Umschalten zwischen Prozessen. Dies folgt aus dem Umstand, dass die Tasks bei der Realisierung als Threads auf gemeinsame Ressourcen im Arbeitsspeicher zugreifen.

Die **Auftragsverwaltung** (engl.: task management) organisiert die *Zuteilung der Rechenzeit des Zentralprozessors* oder der Zentralprozessoren an die einzelnen Tasks. In der ihnen zugeteilten Zeit können die Tasks auf die weiteren Ressourcen des Systems zugreifen. Für die Zuteilung der Rechenzeit werden Kriterien wie Prioritäten, Warteschlangenposition, Ein-/Ausgabeintensität oder verbrauchte Prozessorzeit herangezogen.

Eine einfache Methode, bei der die Rechenleistung jedem wartenden Prozess nacheinander für eine feste Zeit überlassen wird, haben Sie in Form des *Zeitscheibenverfahrens* bereits kennen gelernt. Diese Methode ist jedoch für interaktive Anwendungen nicht ressourceneffizient, da die bei einer Interaktion „angebrauchten" Zeitscheiben nicht genutzt werden können. Bei den heute verbreitetsten Betriebssystemen erfolgt die Zuteilung von Rechenzeit zu den einzelnen Tasks „vollautomatisch" durch die Prozessverwaltung (= *präemptives Multitasking*); bei manchen Einzelplatzsystemen oder bei manchen eingebetteten Systemen erfolgt die Zuteilung unter der aktiven Mitwirkung der Anwendungen (= *kooperatives Multitasking*).

Einzelne Betriebssysteme (beispielsweise Linux) erlauben unterschiedliche Formen der Prozessorzuteilung zu definieren, da sich je nach Aufgabenprofil für beispielsweise interaktive oder rechenintensive Aufgaben unterschiedliche Strategien eignen. Ein Prozess, der von Ein-/Ausgabe abhängt (der beispielsweise Daten vom Netzwerk oder von einer Festplatte liest), befindet sich meist in einem Wartezustand (siehe Abb. 4.1.2.1/1). Es wäre nicht gut, diesem Prozess fixe Zeitscheiben zuzuordnen, da er diese nicht aufbrauchen würde. Da die Ein-/Ausgabeoperationen vom Betriebssystemkern durchgeführt werden, kann dieser bei einem sich abzeichnenden Wartezustand eines Prozesses die CPU-Zuteilung einem anderen Prozess zuweisen, der sich in einer CPU-Warteschlange befindet, und Berechnungen durchführen kann. Würden auf einem Rechner mehrere rechenintensive Prozesse zeitgleich ablaufen, würde eine

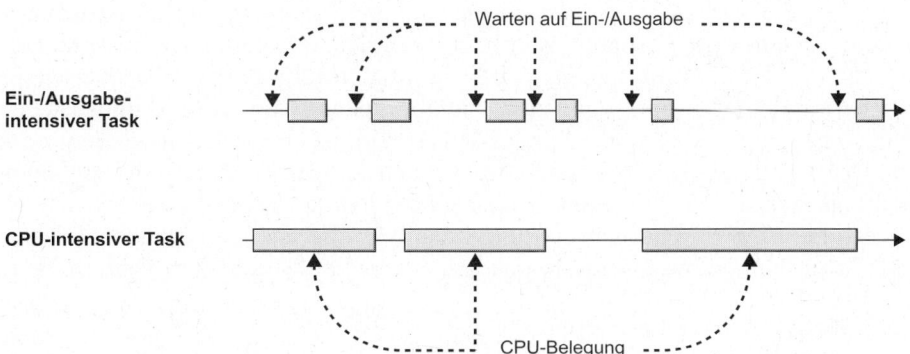

Abb. 4.1.2.1/1: CPU-Belegung von rechenintensiven und interaktiven Tasks

Zuteilungspolitik, die sich an Ein-/Ausgabeoperationen orientiert, zur Ungleichverteilung bei der Prozessorzuteilung führen.

Aus diesen Gründen eigenen sich für Serverrechner und Arbeitsplatzrechner unterschiedliche Zuteilungsstrategien (engl.: scheduling strategies), wobei auch meist für jede einzelne Strategie unterschiedliche Prioritätenvergaben möglich sind, die teils auch automatisch vom Betriebssystem auf Basis des Benutzungsprofils vergeben werden können. Ist es einem Betriebssystem möglich, CPU-Zuteilungen für einzelne Prozesse zu garantieren, spricht man von einem *Echtzeitsystem* (engl.: real time system; siehe auch Abschnitt 4.1.1.4).

Moderne Betriebssysteme für Mehrprozessorsysteme verwenden pro Prozessor eigene Warteschlangen mit Prioritätensetzungen, um eine bessere Skalierbarkeit zu erreichen (beispielsweise Linux 2.6).

▶ Übungsaufgabe Nr. 2.4.9 im Arbeitsbuch

4.1.2.2 Arbeitsspeicherverwaltung

Die **Arbeitsspeicherverwaltung** (engl.: memory management) des Betriebssystems zeichnet für die Verwaltung des realen (physischen) Arbeitsspeichers verantwortlich und stellt den Anwendungsprozessen einen linearen, virtuellen Arbeitsspeicher zur Verfügung.

Der *reale Arbeitsspeicher* wird den Anwendungsprogrammen primär in der Form eines virtuellen Arbeitsspeichers zur Verfügung gestellt (siehe Kapitel 1 dieses Bandes). Alle auszuführenden Programme müssen in den Arbeitsspeicher geladen werden. Der Betriebssystemkern wird beim Starten des Rechners geladen, die Anwendungs- und Entwicklungsprogramme bei Bedarf. Teile des Arbeitsspeichers werden auch zur Pufferung der Ein-/Ausgabe eingesetzt, sodass die Zahl der Zugriffe auf die im Vergleich zum Arbeitsspeicher relativ langsamen Geräte (wie beispielsweise Festplatten) reduziert werden kann und die Laufzeiteffizienz des Gesamtsystems erhöht wird.

Die für die *Organisation der virtuellen Speicherung* vom Betriebssystem benötigte Zentralprozessorzeit ist oft beträchtlich und kann zu wesentlichen Einbußen in der Laufzeiteffizienz von Programmen führen, wenn beispielsweise Speicherinhalte (*Speicherseiten*; engl.: memory, page) vom Hintergrundspeicher (dem so genannten Swap-Speicher) in den Arbeitsspeicher geladen werden müssen. Der Grad der Unterstützung des virtuellen Speichermanagements hängt auch vom Typ des verwendeten Prozessors ab; ist die Unterstützung seitens des Prozessors nur gering ausgeprägt, muss das Betriebssystem zusätzliche Teilaufgaben übernehmen, was wiederum zu Lasten der Laufzeiteffizienz geht.

Der Arbeitsspeicher wird je nach Betriebssystem *in festen oder in variablen Abschnitten vergeben*. Über die Belegung dieser Bereiche wird laufend Buch geführt, um *freie Abschnitte dynamisch den aktiven Prozessen* zuteilen zu können.

Im Mehrprogrammbetrieb stellt die Arbeitsspeicherverwaltung jedem laufenden Prozess einen getrennten virtuellen Arbeitsspeicher zur Verfügung. Die ablaufenden Prozesse (beispielsweise ein Anwendungsprogramm) benötigt somit keinerlei Information, welche Teile des Arbeitsspeichers belegt sind. Darüber hinaus bietet die Arbeitsspeicherverwaltung *Speicherschutz*. Dieser Speicherschutz verhindert, dass gleichzeitig laufende Programme sich irrtümlich gegenseitig überschreiben (im Gegensatz zu Windows NT/2000/XP, Linux usw. bietet Windows Me beispielsweise keinen Speicherschutz).

4.1.2.3 Geräteansteuerung

Eine weitere Aufgabe des Betriebssystems ist es, eine möglichst *standardisierte Abstraktionsschicht* zwischen der real verfügbaren Hardware (vor allem Speicher- und Ein-/Ausgabegeräten) und den Anwendungsprogrammen anzubieten. Ein Anwendungsprogramm soll nicht über Detailwissen zur Ansteuerung bestimmter Hardware verfügen müssen, wie beispielsweise die Netzwerkkarte 3CSOHO100B-TX von 3COM angesteuert werden muss. Einerseits hätte dies eine unnötige Replikation von Wissen (und damit Programmcode) in zahlreichen Anwendungsprogrammen zur Folge, andererseits würde dies die Übertragbarkeit des Programms auf andere Rechner mit anderen Netzwerkkarten erschweren. Aus diesem Grund bieten Betriebssysteme eine Schnittstelle an, über die mittels so genannter *Gerätetreiber* (engl.: device driver) die Ansteuerung der Peripheriegeräte stark vereinfacht und standardisiert werden kann. Auch diese Peripheriegeräte stellen aus der Sicht des Betriebssystems Ressourcen (Betriebsmittel) dar, um die häufig mehrere Tasks miteinander konkurrieren.

Beispielsweise möchten mehrere Prozesse gleichzeitig auf die Festplatte schreiben oder gleichzeitig über das Netzwerk kommunizieren. Ist die entsprechende Ressource nicht verfügbar (das heißt, sie wird bereits durch einen anderen Task verwendet), wird dem anfordernden Task die CPU entzogen, und der Task wird in eine *Warteschlange* für die angeforderte Ressource gereiht. Diese Warteschlange kann nach unterschiedlichen Strategien organisiert werden. Ähnlich wie beim Zentralprozessor kann die Zuteilung etwa in der Reihenfolge der Anforderung, nach Priorität des Auftrags oder im Zeitmultiplexbetrieb erfolgen. Der Entzug des Nutzungsrechts für diese Ressource (die Freigabe der Ressource) erfolgt freiwillig nach Abarbeitung der Anfrage oder kann auch zwangsweise erfolgen, zum Beispiel bei Ablauf des zugeteilten Zeitintervalls oder bei Anforderung des Betriebsmittels durch einen „wichtigeren" Prozess.

Die *Verwaltung von Ein- und Ausgabegeräten* umfasst die Zuteilung der entsprechenden Nutzungsrechte an aktive Prozesse sowie die Steuerung und Überwachung der Gerätebenutzung. Die Peripherieansteuerung erfolgt über logische Gerätenamen, die mittels einer gespeicherten Zuordnungstabelle in physikalische Adressen umgesetzt werden. Für die Ein-/Ausgabe werden spezielle *Programme zur Steuerung des E/A-Prozessors* aktiviert. Weitere Aufgaben sind die *Koordination der simultanen Benutzung gemeinschaftlicher Geräte durch mehrere Prozesse* (etwa Optimierung der Bewegungen des Schreib-/Lesekopfs bei

Suchoperationen auf Festplatten), *die Meldung beendeter Ein-/Ausgabeoperationen* durch E/A-Unterbrechungen sowie die *Behandlung von Fehlern*.

4.1.2.4 Benutzerverwaltung

Unter der **Benutzerverwaltung** (engl.: user management) versteht man den Teil eines Betriebssystems, durch den die verschiedenen Benutzer dazu ermächtigt werden, das Gesamtsystem oder Teilsysteme des jeweiligen Rechners zu verwenden.

Die *Benutzerverwaltung* ist naturgemäß im Mehrbenutzerbetrieb von Bedeutung. Durch die Benutzerverwaltung werden unterschiedliche Benutzer definiert, für die in der Regel eine Kurzbezeichnung (*Benutzerkennung*, engl.: login name) und ein *Kennwort* (engl.: pass word) definiert werden. Das Kennwort dient zur Authentifikation des Benutzers. Den Benutzern werden unterschiedliche Rechte zugewiesen, um beispielsweise vertrauliche Daten vor unberechtigten Zugriffen zu schützen, oder um die Stabilität des Systems zu gewährleisten. Wichtige Systemeinstellungen sollten beispielsweise nur von einem (geschulten) *Systemadministrator* verändert werden dürfen.

Zur Vereinfachung der Rechteverwaltung unterstützen viele Systeme *Benutzergruppen* (engl.: group). Hierbei können Rechte für die Nutzung einzelner Ressourcen auch an Gruppen vergeben werden. Dadurch erhalten alle Benutzer, die dieser Gruppe angehören, automatisch die entsprechenden Rechte.

Die Benutzerverwaltung sollte auch die Definition von *Benutzungsbeschränkungen* (engl.: quota) für die Nutzung einzelner Ressourcen bereitstellen. Derartige Beschränkungen werden definiert, um eine überproportionale Nutzung der Ressourcen durch einen einzelnen (oder wenige) Benutzer zu verhindern und um die Systemstabilität gewährleisten zu können. Darüber hinaus sollte ein Betriebssystem in der Lage sein, ein Benutzungsprofil der Systemnutzung zu erstellen, das *für jeden Auftrag die Ressourcennutzung protokolliert* (engl.: auditing). Ein entsprechendes Protokoll ermöglicht in vielen Situationen die Nachvollziehbarkeit, um beispielsweise bei einem Systemfehler oder einem Einbruch in das System Transparenz über die durchgeführten Aktionen zu erlangen. Eine derartige Protokolldatei kann ebenso für *Abrechnungszwecke* (engl.: accounting) genutzt werden.

4.1.2.5 Dateisystem

Ein **Dateisystem** (engl.: file system) organisiert die Daten auf einem Datenträger in der Form von Dateien. Es führt ein Belegungsverzeichnis zur Verwaltung der belegten und der unbenutzten Datenblöcke (vergleichbar mit einer Inventarliste). Für jede Datei wird neben dem Namen noch die Größe, das Modifikationsdatum und ähnliche Information gespeichert.

Ferner stellt das Dateisystem bestimmte Zugriffsmethoden für Dateien zur Verfügung. Die Dateien werden meist mithilfe von *Verzeichnissen* (engl.: directory, folder) organisiert, die die Funktion eines Inhaltsverzeichnisses übernehmen.

Die Dateien enthalten beliebige Datenbestände (zum Beispiel Programme oder Textdateien), die durch einen Dateinamen identifiziert werden. Innerhalb des gleichen Verzeichnisses sind die Dateinamen eindeutig. Ein Verzeichnis kann Unterverzeichnisse enthalten. Unter dem *absoluten Dateinamen* versteht man den Namen einer Datei inklusive des kompletten Verzeichnispfads für das Verzeichnis, in dem die Datei gespeichert ist. Absolute Dateinamen sind (mindestens) auf dem gleichen physikalischen Rechner eindeutig.

Das Dateisystem unterstützt *Operationen* wie Verschieben, Umbenennen, Lesen und Schreiben von Dateien. Hierbei beachtet es die Einhaltung der Zugriffsrechte für diese Operationen, führt über das Modifikationsdatum Buch (und unter Umständen über Erzeugungsdatum oder Lesedatum), und versucht die den Dateien zugeordneten Datenblöcke möglichst effizient zu verwalten. Ein Ziel ist die Minimierung der Verarbeitungszeiten beim Lesen oder Schreiben der Datei, indem möglichst physikalisch aneinandergrenzende Sektoren auf der Festplatte belegt werden, um die Bewegungen des Lese-/Schreibkopfes zu minimieren. Weitere Ziele sind die geringe Notwendigkeit zur physischen Reorganisation der Daten, eine hohe Ausnutzung des Speichermediums und möglichst geringe Datenverluste bei Systemfehlern.

Wenn zum *Beispiel* während des Überschreibens einer Datei und/oder der Aktualisierung des Verzeichnisses der Strom ausfällt, ist bei den meisten Dateisystemen keinerlei Transaktionssicherheit gegeben. Es könnte somit passieren, dass sowohl die alte Datei zerstört, die neue Datei nur unvollständig angelegt und auch das gesamte Verzeichnis und die darin enthaltenen Dateien unbrauchbar werden.

Manche Dateisysteme (beispielsweise *JFS*, Abkürzung von engl.: journaling file system, von IBM) ermöglichen auch die *dynamische Vergrößerung oder Verkleinerung des Dateisystems* im laufenden Betrieb. Der im Namen verwendete Begriff „Journal" entspricht einem Speicherbereich, in dem – ähnlich einem Protokoll - die laufenden Veränderungen aufgezeichnet werden.

Weitere Beispiele für Journal-basierte Dateisysteme sind: EXT3, XFS, ReiserFS.

Die meisten heute gängigen Betriebssysteme *unterstützen mehrere Dateisysteme,* die gleichzeitig für unterschiedliche Datenträger oder Plattenpartitionen genutzt werden können.

Beispielsweise unterstützt Windows XP die Dateisysteme *FAT, VFAT16, FAT32* und *NTFS* für Festplatten, das Betriebssystem Linux unterstützt sogar über dreißig verschiedene Dateisysteme.

Von zunehmender Bedeutung sind Netzwerkdateisysteme, die den gemeinsamen Speicherplatz mehrerer Rechner über ein lokales Netzwerk oder das Internet zur Verfügung stellen. Die wichtigsten Vertreter für Netzwerkdateisysteme sind *NFS* (Abkürzung von engl.: network file system von Sun Microsystems) und *AFS* (Abkürzung von engl.: Andrew file system von der Carnegie Mellon University).

▶ Übungsaufgabe Nr. 2.4.10 im Arbeitsbuch

4.1.2.6 Dienstprogramme

> **Dienstprogramme** (engl.: utility program) sind Hilfsprogramme zur Abwicklung häufig vorkommender, anwendungsneutraler Aufgaben bei der Benutzung des Rechners. Dienstprogramme bilden die Schnittstelle zwischen dem Betriebssystemkern und dem Benutzer des Systems.

Auf heutigen Rechnern befinden sich oft Hunderte von (kleinen) Dienstprogrammen, mit deren Hilfe ein Benutzer zum Beispiel Dateien suchen, Disketten formatieren oder Dateien kopieren kann. Daneben existieren weitere Programme, mit denen der Benutzer beispielsweise abfragen kann, welche Prozesse gerade aktiv sind, wie einzelne Ressourcen genutzt werden, wer gerade im System angemeldet ist usw. Einige dieser Dienstprogramme sind vornehmlich für den Systembetreuer (Administrator) vorgesehen, wie beispielsweise das Anlegen von neuen Benutzerkennungen, die Sicherung von Systemdateien und die Befehle zur Änderung der Konfiguration des Rechners.

Die Dienstprogramme verfügen zumeist entweder über eine so genannte *Kommandozeilenschnittstelle* (engl.: command line interface) und/oder über *eine grafische Benutzerschnittstelle* (engl.: graphical user interface). Bei der Nutzung der Kommandozeilenschnittstelle erfolgt die Interaktion mithilfe von Kommandos, die entweder

- einzeln über ein Bildschirmfenster (in Windows: Eingabeaufforderung; in Linux: virtuelles Terminal) eingegeben werden,
- in einem Skript zusammengefasst werden
- oder von anderen Programmen aufgerufen werden.

> Ein **Kommando** (engl.: command) besteht aus einem *Schlüsselwort* zur Kennzeichnung der aufgerufenen Operation und aus optionalen *Parameterangaben*, die besagen, worauf sich die jeweilige Operation bezieht. Diese Operationen werden vielfach als Dienstprogramme realisiert.

Manche Kommandos besitzen keine Parameter (beispielsweise das Kommando zur Ausgabe des aktuellen Verzeichnisses). Häufig existieren für Parameterangaben *Standardbelegungen* (engl.: default value). Wird für einen entsprechenden Parameter beim Aufruf des Kommandos kein Wert übergeben, so wird der zuvor definierte Standardwert verwendet.

> Soll eine komplexere Aufgabe gelöst werden, können die notwendigen Befehle in einem **Skript** (engl.: script) zusammengefasst werden. Hierbei werden die Kommandos in der gewünschten Reihenfolge in eine Datei

geschrieben, deren Name im Anschluss als neues Kommando zur Verfügung steht.

Alle heute gängigen *Skriptsprachen* erlauben zusätzlich beispielsweise die Abfrage von Bedingungen und bieten integrierte Programmbibliotheken für die Erstellung grafischer Benutzeroberflächen, die Anbindung an Datenbanksysteme und Ähnliches. Diese Skriptsprachen stehen vielfach im Bezug auf ihren Befehlsumfang und die damit verbundene Ausdrucksstärke den in der Folge beschriebenen Programmiersprachen um nichts nach.

▸ Übungsaufgabe Nr. 2.4.11 im Arbeitsbuch

4.2 Programmiersprachen und Programmentwicklung

Wenn eine Aufgabe mithilfe eines Rechners gelöst werden soll, so müssen zunächst detaillierte Lösungsanweisungen in einer der Maschine verständlichen Sprache, einer so genannten Programmiersprache, formuliert werden.

Programmiersprachen haben abhängig von den bei ihrem Entwurf zugrunde gelegten Zielen und den vorgesehenen Einsatzgebieten *unterschiedliche Eigenschaften*. Frühe Programmiersprachen wurden in *Generationen* eingeteilt. Bei neueren Sprachen hat man diese Einteilung aufgegeben und ist zu einer Klassifikation nach den zugrunde liegenden *Konzepten* – wie Objekt-, Funktions- oder Logikorientierung – übergegangen. Im Lauf der Zeit sind einige hundert Programmiersprachen entstanden. Nachfolgend skizzieren wir die wichtigsten (in der Wirtschaft verbreiteten) Konzepte und Sprachen sowie deren „Ahnen" und potenzielle Nachfolger.

4.2.1 Entwicklungssoftware

Wie bereits beschrieben, ist auch für die Erstellung von jeder Art von Software weitere Software, die *Entwicklungssoftware*, notwendig. Diese Entwicklungssoftware enthält spezielle Komponenten zur Erstellung, Ausführung und Fehlerkorrektur von Programmen. Der Umfang dieser Komponenten ist je nach angestrebtem Verwendungszweck sehr unterschiedlich und reicht von universell einsetzbaren Einzelkomponenten (beispielsweise einem *Editor*) bis hin zu hoch integrierten *Entwicklungsumgebungen*, die speziell für bestimmte Programmiersprachen entworfen wurden.

Ein **Texteditor** (*Dateibearbeitungsprogramm*; engl.: text editor) ist ein Programm zum Erstellen, Lesen und Ändern von Dateien, die Texte aller Art (beispielsweise Quellprogramme) in weitgehend unformatierter Form enthalten.

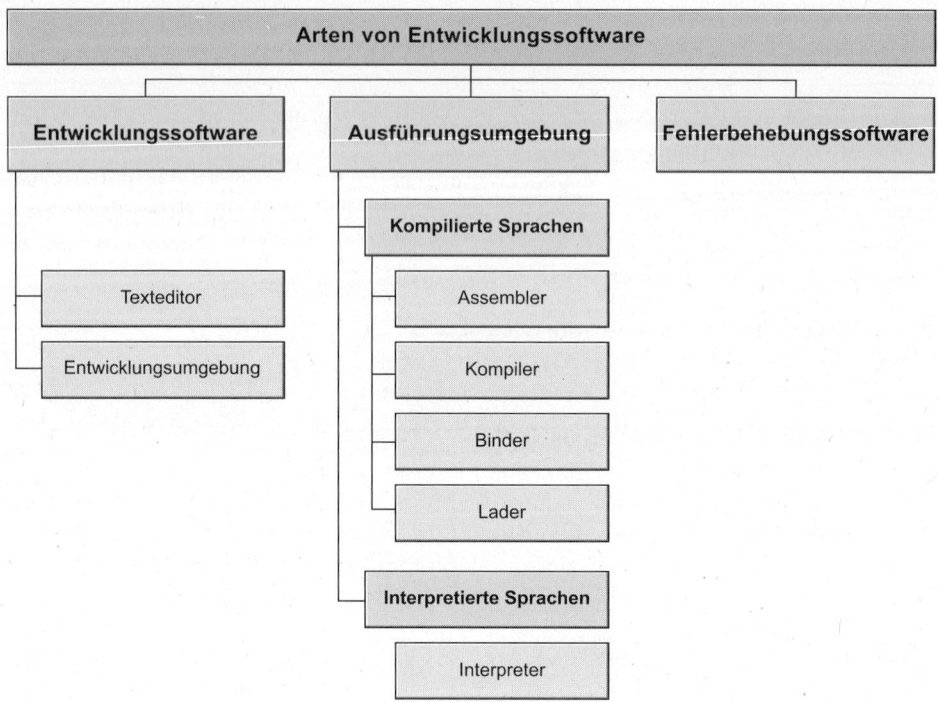

Abb. 4.2.1/1: Überblick über die Arten von Entwicklungssoftware

Neben Texteditoren gibt es auch Editoren für weitere Dateiformate, wie beispielsweise Grafikeditoren oder Editoren für Videoformate, allerdings werden diese nicht zur Entwicklungssoftware gezählt.

Eine **Entwicklungsumgebung** (engl.: development environment, programming environment) stellt mindestens die grundlegenden Softwarewerkzeuge zur Verfügung, die für die Erstellung von Computerprogrammen benötigt werden. Hierzu zählen neben einem *Editor* vor allem die *Werkzeuge zur Übersetzung des Quellprogramms* in die Maschinensprache des jeweiligen Rechners, sowie ein Werkzeug, das die *Fehlerbehebung* vereinfacht (ein so genannter *Debugger*). Aktuelle Entwicklungsumgebungen bieten zudem noch eine Fülle weiterer Hilfsmittel. Zum Beispiel sind häufig komfortable *Werkzeuge zur einfachen Erstellung von grafischen Benutzeroberflächen* (engl.: graphical user interface; abgekürzt: GUI) enthalten.

Die meisten *Entwicklungsumgebungen* sind speziell *für eine (oder sehr wenige) Programmiersprache(n)* optimiert. Es existieren jedoch auch Entwicklungsumgebungen, die den Austausch der programmiersprachenspezifischen

Softwarewerkzeuge (wie zum Beispiel des Übersetzungsprogramms) erlauben. Dadurch können diese für eine Vielzahl verschiedener Programmiersprachen eingesetzt werden.

Um ein *Quellprogramm auf einem Rechner auszuführen*, können zwei prinzipiell unterschiedliche Vorgehensweisen unterschieden werden:

- Das Quellprogramm kann mittels eines Übersetzungsprogramms – des *Compilers* – in den *Maschinencode* des jeweiligen Prozessors übersetzt werden und dann von diesem ausgeführt werden, oder

- das Quellprogramm kann in einen *Zwischencode* übersetzt werden, der von einem speziellen Programm – dem *Interpreter* – in effizienter Form abgearbeitet wird.

Je nachdem, ob das Quellprogramm in einer Assemblersprache oder in einer höheren Programmiersprache abgefasst ist, wird das Übersetzungsprogramm *Assembler* oder *Compiler* genannt.

> Ein **Assembler** (auch: Assemblierer, engl.: assembler) ist ein Übersetzungsprogramm, das ein in einer Assemblersprache abgefasstes Quellprogramm in eine Maschinensprache umwandelt (assembliert).

Im Regelfall entspricht ein Befehl der Assemblersprache einem Maschinenbefehl. Der *Übersetzungsaufwand* ist im Vergleich zur Übersetzung von höheren Programmiersprachen *gering* und besteht im Wesentlichen darin, symbolische Adressen in numerische umzuwandeln.

> Ein **Compiler** (auch: Kompilierer, engl.: compiler) ist ein Übersetzungsprogramm, das ein in einer höheren Programmiersprache abgefasstes Quellprogramm in eine Maschinensprache übersetzt (kompiliert). Die Übersetzung erfolgt häufig über den Zwischenschritt der Übersetzung in eine Assemblersprache, wobei dann ein Assembler zur Erzeugung des Maschinencodes herangezogen wird.

Bei der Übersetzung einer höheren Sprache werden in der Regel aus einer Quellanweisung mehrere Befehle in der Maschinensprache. Die meisten Compiler bieten im Zuge des Übersetzungsvorgangs eine *Optimierung* an, wodurch die erzeugten Programme einen geringeren Umfang und/oder eine verbesserte Ausführungsgeschwindigkeit für den gewählten Prozessortyp aufweisen.

Das Ergebnis der Kompilierung ist ein so genanntes *Objektprogramm* (Objektcode, Binärprogramm, engl.: object code) in Maschinensprache, das in der Regel auf andere Softwarekomponenten (beispielsweise Programmbibliotheken für Ein-/Ausgabe oder Arithmetik) zurückgreift und nur gemeinsam mit diesen ausführbar ist. Diese grundlegenden Softwarekomponenten müssen ebenso als Objektprogramme zur Verfügung stehen und sind meist in so genannten *Programmbibliotheken* zusammengefasst. Um aus mehreren Objektprogrammen ein lauffähiges Programm zu erzeugen, sind weitere Dienstprogramme namens *Binder* und *Lader* notwendig.

Ein **Binder** (engl.: linker) ist ein Dienstprogramm, das mehrere Komponenten zu einem gemeinsamen Objektprogramm zusammenfasst und dabei Verweise (wie beispielsweise Funktionsnamen) auf externe Softwarekomponenten durch Sprungadressen ersetzt. Ein **Lader** (engl.: loader) ist ein Dienstprogramm, das ein gebundenes Objektprogramm in den Arbeitsspeicher an eine vorgegebene Adresse lädt, dabei relative Adressen durch absolute ersetzt und die Ausführung des Programms anstößt.

Je nach Dauerhaftigkeit des Bindens kann man zwischen dem *statischen Binden* und dem *dynamischen Binden* unterscheiden. Wird beim Binden eine dauerhaft abzuspeichernde Komponente erzeugt, die Kopien der zugrunde liegenden Programmbibliotheken enthält, so spricht man von *statischem Binden* (engl.: static linking).

Moderne Betriebssysteme verfügen zusätzlich auch über die Fähigkeit des *dynamischen Bindens* (engl.: dynamic linking). Hierbei werden die Verknüpfungen zu den benötigten Bibliotheken während des Ladevorgangs hergestellt. Die entsprechenden Programmbibliotheken werden in den Arbeitsspeicher geladen und können dort prinzipiell von beliebig vielen Programmen benutzt werden. Der Lader lädt bei Bedarf auch noch weitere benötigte Softwarekomponenten nach. Ein *dynamischer Lader* (engl.: dynamic loader) erfüllt somit auch Aufgaben eines Binders.

Wie bereits erwähnt, ermöglicht es das *dynamische Laden*, häufig benutzte Softwarekomponenten nur einmal physisch in den Arbeitsspeicher zu laden und im Mehrprogrammbetrieb allen Programmen zur Verfügung zu stellen. Im Unterschied zum statischen Binden kann dadurch zum Teil eine beträchtliche Menge an Speicherplatz eingespart werden.

Die Abb. 4.2.1/2 veranschaulicht nochmals den *Ablauf beim Übersetzen, Binden und Laden eines Programms*.

Ein **Interpretierer** oder **Interpreter** (engl.: interpreter) ist ein Programm, das ein Quellprogramm meist in einen Zwischencode übersetzt, der hinreichend effizient ausgeführt werden kann. Der Interpreter stellt eine *abstrakte Maschine* zur Verfügung, vergleichbar mit einem sehr mächtigen Prozessor, der programmiersprachennahe Befehle ausführen kann.

Im Unterschied zu kompilierten Programmen entsteht bei einem Interpreter *kein dauerhaft gespeichertes Objektprogramm*. Manche Systeme erlauben jedoch die Abspeicherung des Zwischencodes (beispielsweise die Sprache Java mit dem Java-Bytecode), bei anderen Sprachen ist der Zwischencode nur eine interne Datenstruktur zur effizienten Verarbeitung der Anweisungen. Die wich-

Abb. 4.2.1/2:
Übersetzen, Binden und Laden eines Programms

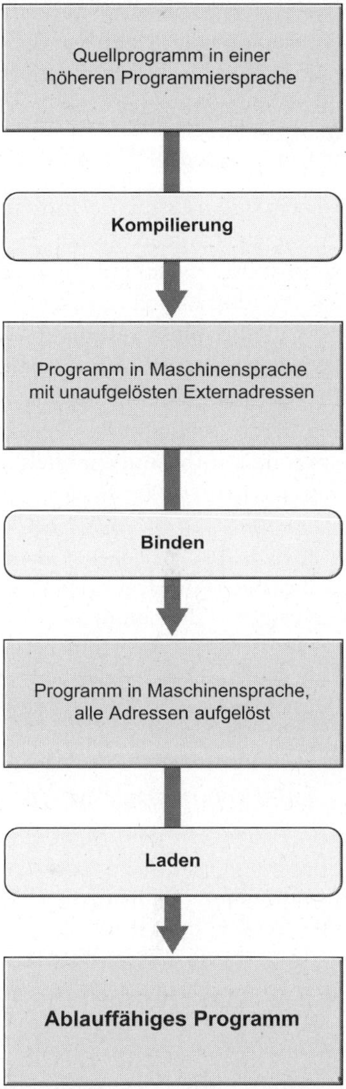

tigsten *Vorteile von Interpretern* (beziehungsweise interpretierten Programmiersprachen) gegenüber Compilern sind:

- *Schnellere Entwicklungszyklen:* Jede Programmanweisung kann sofort übersetzt und ausgeführt werden (beispielsweise wichtig für interaktive Programmierung, Fehlerkorrektur).
- *Plattformunabhängigkeit des Zwischencodes:* der Zwischencode kann zwischen mehreren Betriebssystemen und Hardwareplattformen ausgetauscht und dort ohne Modifikation ausgeführt werden (wenn der Zwischencode als Datei vorliegt).
- *Einfachere Portierung einer Sprachimplementierung:* Bei einer Übertragung auf eine weitere Hardware- oder Betriebssystemplattform muss „nur" der (Zwischencode)Interpreter portiert werden, die verhältnismäßig aufwändige und stark plattformabhängige Erzeugung des Maschinencodes ist nicht notwendig.
- *Sichere Programmausführung in einer geschützten Umgebung:* Auf der Ebene des Zwischencodes kann verhältnismäßig einfach geprüft werden, ob ein Programm in einer Installation Schaden anrichten kann, auf der Ebene des Maschinencodes ist das praktisch nicht möglich. Manche Interpretersprachen (zum Beispiel Java, Tcl) bieten eine

sichere *Ausführungsumgebung* (engl.: sandbox) an, die besonders für mobile Softwarekomponenten geeignet ist (mehr dazu in Kapitel 7 dieses Bandes).

- *Vereinfachte Fehlerkorrektur:* Da bei einer Interpretersprache häufig auch der Quellcode eines Programms verfügbar ist, können im Fehlerfall Fehlermeldungen erzeugt werden, die direkt auf die „verantwortlichen" Stellen im Quellcode verweisen. Die Laufzeitumgebung kann somit detaillierte Information über den aktuellen Ausführungszustand und über die möglichen Ursachen eines Fehlers liefern.

Quellprogramm in einer höheren Programmiersprache → Kompilierung → Programm in Maschinensprache mit unaufgelösten Externadressen → Binden → Programm in Maschinensprache, alle Adressen aufgelöst → Laden → Ablauffähiges Programm

Zu den größten Nachteilen bei der Verwendung eines Interpreters anstelle eines Compilers zählen die *verringerte Laufzeiteffizienz* und ein erschwerter Schutz der *intellektuellen Rechte* an einem Programm. Dies gilt vor allem, wenn die Weitergabe des Quellprogramms für die Ausführung des Programms notwendig ist.

Da für eine *Interpretersprache* eine weitere Interpretationsschicht notwendig ist, *verringert sich die Laufzeiteffizienz* des Programms. Es ist jedoch schwierig, aussagekräftige Maßzahlen für die Effizienzunterschiede anzugeben, da diese sehr stark zwischen verschiedenen Interpretersprachen und unterschiedlichen Problembereichen variieren. Während es meist nicht sinnvoll ist, sehr rechenintensive Problemstellungen (MPEG-Codierung oder -Decodierung, neuronale Netzwerke usw.) zur Gänze in Interpretersprachen zu lösen, sind für andere Problembereiche (beispielsweise Konfiguration von Komponenten, grafische Benutzeroberflächen, Web-Programmierung) die Unterschiede zu Compilersprachen völlig unerheblich.

Typischerweise liegt der *Geschwindigkeitsunterschied zwischen kompilierten Sprachen und Interpretersprachen* bei einem Faktor von sieben, kann aber leicht auch einen Faktor von 100 erreichen. Untersuchungen zeigen, dass für praktisch relevante Probleme die Unterschiede in der Ausführungsgeschwindigkeit von Anwendungsprogrammen vielfach nicht signifikant sind, während die Dauer der Programmentwicklungszeit zu Gunsten der Skriptsprache bei einem Faktor von 0,5 bis 0,33 gemessen wurde. Das bedeutet, dass das gleiche Problem in einer Skriptsprache im Mittel in der Hälfte oder gar in einem Drittel der Zeit gelöst werden kann.

▶ Übungsaufgabe Nr. 2.4.12 im Arbeitsbuch

In den *folgenden Abschnitten* beschreiben wir *nun unterschiedliche Typen von Programmiersprachen* ausgehend von sehr primitiven und maschinennahen Sprachen bis hin zu hoch entwickelten Programmiersprachen. Diese Beschreibung entspricht in großen Zügen der Entwicklung der Programmiersprachen, wie sie sich in den letzten 50 Jahren vollzogen hat.

4.2.2 Maschinennahe Programmiersprachen

Unter einer **maschinennahen Programmiersprache** (engl.: machine language) versteht man eine Programmiersprache, deren Befehlsvorrat im Wesentlichen den Instruktionen eines Prozessors entspricht. Eine **Instruktion** (*Maschinenbefehl*; engl.: instruction) ist eine elementare Anweisung an den Rechner.

Bei der Programmausführung liest der Prozessor aus dem Arbeitsspeicher Instruktion für Instruktion und führt diese aus.

Der gesamte, lineare *Arbeitsspeicher* setzt sich aus *Speicherstellen* zusammen, *die jeweils ein Byte aufnehmen*. Jede einzelne Speicherstelle kann durch Maschinenbefehle gelesen oder geschrieben werden. Um Speicherstellen ansprechen zu können, sind diese – mit Null beginnend – in aufsteigender Reihenfolge fortlaufend nummeriert. Diese Nummern sind die *Speicheradressen*. Die Summe der verfügbaren Speicherstellen heißt *Arbeitsspeicherkapazität*.

Maschinenbefehle können zum *Beispiel* die Übertragung von Daten aus einem Speicherbereich in einen anderen veranlassen. Sie können dafür sorgen, dass ein Ausgabegerät in Betrieb gesetzt wird, oder sie können bewirken, dass aus einer vorgegebenen Befehlsfolge verzweigt wird und die Verarbeitung an einem anderen Punkt im Programm fortgesetzt wird. Die Reihenfolge, in der die Befehle ausgeführt werden sollen, lässt sich bei der Programmierung nach Bedarf festlegen.

Ein Maschinenbefehl enthält meist zwei Angaben: Einerseits wird die auszuführende Tätigkeit (Operation) genannt, andererseits werden die Werte oder Speicherstellen (Operanden) angeführt, mit denen die Operation durchgeführt werden soll. Dementsprechend besteht ein Maschinenbefehl aus einem *Operationsteil* und einem *Operandenteil*.

Dae *Operanden eines Befehls* sind nicht nur Nutzdaten (Werte des Anwendungsprogramms), sondern zum Beispiel auch deren Adressen sowie die Adressen von Registern und peripheren Geräten. Alle Daten, auf die ein Prozessor zugreifen soll, müssen im Arbeitsspeicher liegen.

Wie bereits bekannt, muss auch das auszuführende Programm (Binärprogramm) im Arbeitsspeicher liegen. Dies bedeutet, dass auch alle zugehörigen Instruktionen in den Speicherzellen des Arbeitsspeichers liegen müssen und durch Binärzahlen von 0 bis 255 dargestellt werden. Auf den heute üblichen Rechnern werden je nach Befehl unterschiedlich viele Speicherzellen verwendet.

Heutige PCs – wie unser Beispiel-Personalcomputer mit dem *Pentium-4-Prozessor* – verfügen über zirka 350 Hauptbefehle (genauer: Befehlsvarianten), 240 Gleitkommabefehle und 140 *SIMD*-Instruktionen (Abkürzung von engl.: single instruction, multiple data), die primär für Multimedia-Anwendungen genutzt werden können. Ein Entwickler, der in einer maschinennahen Programmiersprache programmiert, muss bei der Programmierung nicht unbedingt wissen, wie diese Befehle im Arbeitsspeicher (binär) codiert werden. Stattdessen wird bei der Programmierung für jede Instruktion eine *mnemotechnische Abkürzung* (engl.: mnemonic) bestehend aus meist zwei bis vier Buchstaben als Befehlsname verwendet.

Eine Sprache, die den Aufbau der Befehle der Maschinensprache beibehält und die Befehle und Speicheradressen durch symbolische Ausdrücke (Namen) beschreibt, wird **Assemblersprache** (engl.: assembler language) genannt. Während man Maschinensprachen „Sprachen der ersten Generation" nennt, bezeichnet man Assemblersprachen auch als „Sprachen der zweiten Generation".

Die *Addition der Konstanten 3 und 4* hat für die Intel-Pentium-Prozessor-Familie folgende Form: Die erste angeführte Instruktion lädt die Konstante 3 in das Register BL des Prozessors. „MOV" (von engl.: move) ist hier die Operation, „BL, 3" bezeichnet die Operanden. Die zweite Instruktion verwendet die Operation „ADD" (von engl.: add), um zu dem aktuellen Wert im Register BL die Konstante 4 zu addieren.

```
MOV BL, 3
ADD BL, 4
```

Nach der Ausführung dieser Instruktionen steht das Ergebnis der Addition (der Wert 7) im Register BL.

Dies ist nur ein stark vereinfachtes Beispiel. Für die meisten Verwendungszwecke werden die Werte 3 und 4 keine Konstanten sein, sondern werden in veränderlichen Speicherbereichen liegen (man spricht dann von Variablen). Das Ergebnis wird ebenfalls meistens in einer Variablen abgelegt. Dies kann durch weitere Instruktionen erreicht werden.

Die Binärdarstellung dieses Beispielprogramms hat folgende Form:

```
1011 0011 0000 0011
1000 0000 1100 0011 0000 0100
```

Beachten Sie, dass die Binärdarstellung 0000 0011 dem Wert 3 und 0000 0100 dem Wert 4 entspricht.

Wie aus dem Beispiel erkennbar, ist die *Binärdarstellung* (die hier durch den Zeilenumbruch bereits besser lesbar gemacht wurde), für den Menschen nur sehr schwer verständlich. Auch geübte und erfahrene Entwickler können aus dieser Darstellungsform nicht „mit einem Blick" erkennen, was das zugehörige Programm berechnen soll. Die Darstellung in Assemblersprache ist bereits viel besser für die Verwendung durch Menschen geeignet. Die Veränderung eines Binärprogramms ist jedoch auch nur in seltenen Einzelfällen notwendig (wenn beispielsweise kein Quellcode vorliegt). Doch auch in diesen Fällen kann mithilfe eines so genannten *Disassembler-Programms* aus einem Binärprogramm ein Programm in der Assemblersprache rekonstruiert werden. Eine solche Rekonstruktion enthält allerdings weder Kommentare noch für Menschen einfach verständliche Variablennamen.

Assemblersprachen bieten meist auch die Möglichkeit an, häufig verwendete Befehlssequenzen (zum Beispiel für die Ausgabe am Bildschirm) zu so genannten *Makros* (engl.: macro) zusammenzufassen, die anschließend durch eine einzige Anweisung an beliebigen Stellen im Quellprogramm aufgerufen werden können. Übersetzungsprogramme, die Makroaufrufe in Assemblerprogrammen auflösen können (das heißt, die Makroaufrufe vor der Übersetzung durch die Routinen aus der Makro-Bibliothek ersetzen können), werden *Makroassembler* (engl.: macro assembler) genannt.

Bei manchen Prozessoren ist der verfügbare Befehlssatz nicht fest vorgegeben, sondern kann verändert oder erweitert werden. Dies geschieht durch so genannte *Mikrobefehle*, die in den Prozessor geladen werden.

Ein **Mikrobefehl** (engl.: microinstruction) besteht aus gespeicherten Steuerangaben für die Ausführung einer Elementaroperation in der Prozessorhardware. Mehrere aufeinander folgende Mikrobefehle zur Steuerung des Ablaufs eines Maschinenbefehls werden **Mikroprogramm** (engl.: microprogram) genannt. Die Gesamtheit der Mikroprogramme heißt **Firmware** (engl.: firmware).

Der *Pentium-4-Prozessor* besitzt beispielsweise ein *Mikroprogramm-ROM*, in dem fest vorgegebene komplexe Operationen wie Verschieben von Zeichenketten, Signalbehandlung usw. gespeichert sind. Dagegen ermöglicht der *Crusoe-Prozessor* der Firma *Transmeta* eine relativ problemlose Änderung der Firmware. Dies ist möglich, da ein großer Teil der Fähigkeiten des Crusoe-Prozessors in Software (und nicht in Hardware) realisiert wurde und daher leicht änderbar ist.

Zum Schreiben von Anwendungsprogrammen werden heutzutage überwiegend *höhere Programmiersprachen* verwendet, die „problemnähere" Ausdrucksmittel als die maschinennahen Programmiersprachen anbieten. In Einzelfällen, in denen sehr hohe Ausführungsgeschwindigkeiten, sehr geringer Speicherbedarf oder Zugriff auf spezielle Hardwarekomponenten notwendig sind, werden aber auch heute noch Programme in Assemblersprachen „handcodiert". Diese Programme werden auf den jeweiligen Prozessortyp „maßgeschneidert" und können nur durch Neuprogrammierung auf andere Prozessortypen übertragen werden.

▶ Übungsaufgabe Nr. 2.4.13 im Arbeitsbuch

4.2.3 Höhere Programmiersprachen

Den Anstoß zur Entwicklung höherer Programmiersprachen gab die mangelhafte Eignung maschinennaher Programmiersprachen zur Erstellung komplexer Anwendungsprogramme (hoher Entwicklungs- und Änderungsaufwand, schlechte Nachvollziehbarkeit und unübersichtliche Struktur der Programme).

Das obige *Beispiel* wäre etwa in einer höheren Programmiersprache wie folgt darstellbar:

SUMME : = 3 + 4

Die Frage, wie man komplexe Sachverhalte am besten in einer möglichst exakten Sprache definieren kann, beschäftigt die Philosophie und die Mathematik bereits seit mehr als 3.000 Jahren. Da die natürlichen Sprachen sehr viele Mehrdeutigkeiten zulassen, sind sie für eine exakte Problembeschreibung nur bedingt verwendbar.

Eine **formale Sprache** (engl.: formal language) ist eine künstliche Sprache, die durch eine formale Grammatik bestimmt ist. Diese Grammatik legt die

Syntax der Sprache fest und definiert somit den Aufbau jedes Textes, der durch diese Sprache definiert wird.

Beispiele für formale Sprachen sind die Notation der Mathematik (arithmetische Ausdrücke usw.), die Notation der Logik oder auch Programmiersprachen.

Durch die Entwicklung von Rechnern ist ein weiteres Merkmal hinzugekommen: formale Sprachen sind nicht nur dazu geeignet, Sachverhalte exakt zu beschreiben, viele dieser Sprachen sind auch auf Rechnern ausführbar. Das heißt, sie können das, was ein Programm ausdrückt, auch *bewirken*.

Programmiersprachen (engl.: programming language) sind formale Sprachen mit festgelegter Syntax und Semantik. Die *Syntax* einer Sprache (somit auch einer Programmiersprache) ist die Menge aller in dieser Sprache zulässigen Aussagen. Die *Semantik* einer Sprache ist die Definition der den zulässigen Aussagen zugeordneten Bedeutungen.

Syntaktisch falsche Aussagen haben (in einer Programmiersprache) keine Bedeutung. Umgekehrt haben aber auch syntaktisch korrekte Aussagen nicht immer eine Semantik.

Eine **höhere Programmiersprache** (engl.: higher programming language) ist dadurch gekennzeichnet, dass ein hiermit erstelltes Quellprogramm relativ leicht auf andere Prozessoren portiert werden kann (im Vergleich zu einem Programm, das in einer maschinennahen Programmiersprache erstellt wurde). Höhere Programmiersprachen sind somit weitgehend unabhängig von dem zugrunde liegenden Prozessortyp.

Verschiedene Programmiersprachen können nach ihrer Mächtigkeit, das heißt durch die Menge und Ausdrucksstärke der zur Verfügung gestellten Befehle unterschieden werden. Ein Ziel der Programmierung besteht darin, für eine Problemstellung mit möglichst geringem Aufwand ein möglichst hochqualitatives Programm zu erzeugen. Ist dies mit einer geringen Menge an neu zu erstellendem Programmcode möglich, so ist im Allgemeinen auch mit einer geringen Menge an Fehlern zu rechnen. Um dies zu erreichen, geht man in jüngster Zeit verstärkt dazu über, in einer Programmiersprache möglichst mächtige Befehle und Sprachkonstrukte zur Verfügung zu stellen. Diese Sprachkonstrukte ersparen dem Entwickler eine eigene Implementierung der zugehörigen Funktionen und tragen somit direkt zu einer Reduktion der potenziellen Fehlerquellen bei.

Die *Mächtigkeit einer Programmiersprache* hat keinen Einfluss auf die Zahl der Probleme, die mit ihr gelöst werden, sondern auf den Programmieraufwand. Auch die einfachste, maschinennahe Programmiersprache kann die gleichen Berechnungen wie die höchsten Programmiersprachen durchführen – allerdings ist der Aufwand der Programmerstellung meist wesentlich höher.

Eine wichtige Frage bei der Entwicklung von Programmiersprachen besteht darin, was man als *zentrales Ausdrucksmittel* in der entsprechenden Sprache verwenden möchte. Im Folgenden werden wir auf folgende Ansätze näher eingehen:

- *Imperative Programmiersprachen:* Im Vordergrund stehen komplexe Anweisungen an den Rechner, wie beispielsweise Kopieren von Speicherinhalten, Lesen von Dateien, Versenden von Datenblöcken über ein Netzwerk.

- *Funktionale Programmiersprachen:* Im Vordergrund steht die Definition von komplexen Funktionen, wie beispielsweise: Multipliziere bei der Ermittlung des Mietpreises das Ergebnis der Flächenberechnung mit dem Quadratmeterpreis.

- *Logische Programmiersprachen:* Im Vordergrund steht die Definition von logischen Zusammenhängen, wie beispielsweise, dass jede männliche Person, die ein Kind hat, als Vater bezeichnet wird.

Je nach Anwendung stehen unterschiedliche Problemstellungen im Vordergrund, die meist durch ein bestimmtes der oben erwähnten Sprachmittel am klarsten ausgedrückt werden können. In einzelnen Programmiersprachen kommen oft mehrere Grundbestandteile der genannten Archetypen zur Anwendung, sodass die Zuordnung einer konkreten Sprache zu diesen Kategorien oft nicht eindeutig ist.

Es gibt somit keine Programmiersprache, die alle Anwendungsprobleme auf optimale Art und Weise ausdrücken kann. So eine Sprache kann es aus heutiger Sicht auch gar nicht geben. Bisher sind alle Versuche, eine allumfassende „optimale" Programmiersprache zu schaffen, gescheitert (wie beispielsweise bei der Programmiersprache Ada, siehe weiter unten). Zudem haben verschiedene Entwickler eine jeweils unterschiedliche Vorbildung und sind daher mit unterschiedlichen Programmiersprachen am produktivsten.

Die *Entwicklungsgeschichte der Programmiersprachen* ist noch lange nicht am Ende angelangt. Die meisten Programmiersprachen wurden entwickelt, um zuvor festgestellte Defizite von älteren Programmiersprachen zu beheben, beziehungsweise um neue Ideen aus der Forschung in Programmiersprachen einfließen zu lassen.

4.2.3.1 Imperative Programmiersprachen

Unter einer **imperativen Programmiersprache** (engl.: imperative programming language) versteht man eine höhere Programmiersprache, deren Ausdrucksmittel zum Ziel haben, Anweisungen an den Rechner in einer möglichst klaren und systematischen Art und Weise zu erstellen. Im Vordergrund stehen hierbei allerdings immer die Anweisungen an den Rechner. Die imperativen, kompilierten Programmiersprachen werden auch als *„Sprachen der dritten Generation"* bezeichnet.

Die meisten in der heutigen Praxis eingesetzten Programmiersprachen sind imperative Programmiersprachen. Zu ihnen zählen die *prozeduralen* und (die meisten) *objektorientierten Programmiersprachen*.

> **Prozedurale Programmiersprachen** (engl.: procedural language) unterstützen den Top-Down-Entwurf, indem sie es ermöglichen, eine Folge von Anweisungen unter einem vom Entwickler vorgegebenen Namen in der Form einer **Prozedur** (engl.: procedure, subroutine) zusammenzufassen. Prozeduren können prinzipiell an beliebiger Stelle innerhalb des Programms aufgerufen werden. Zudem können verschiedene Prozeduren in Form einer Programmbibliothek für andere Programme bereitgestellt werden. Beim Aufruf der Prozedur verzweigt der Kontrollfluss an den Beginn der jeweiligen Prozedur, nach deren Abarbeitung verzweigt er zurück an die Anweisung, die im Programm nach dem Prozeduraufruf steht.

Anfänglich wurden zunächst unabhängig voneinander höhere Programmiersprachen für *technisch-wissenschaftliche Zwecke* und höhere Programmiersprachen für *kommerzielle Anwendungen* entwickelt. Diese Trennung hat sich jedoch nicht als sinnvoll erwiesen und wird daher bei neueren Entwicklungen nicht mehr vorgenommen.

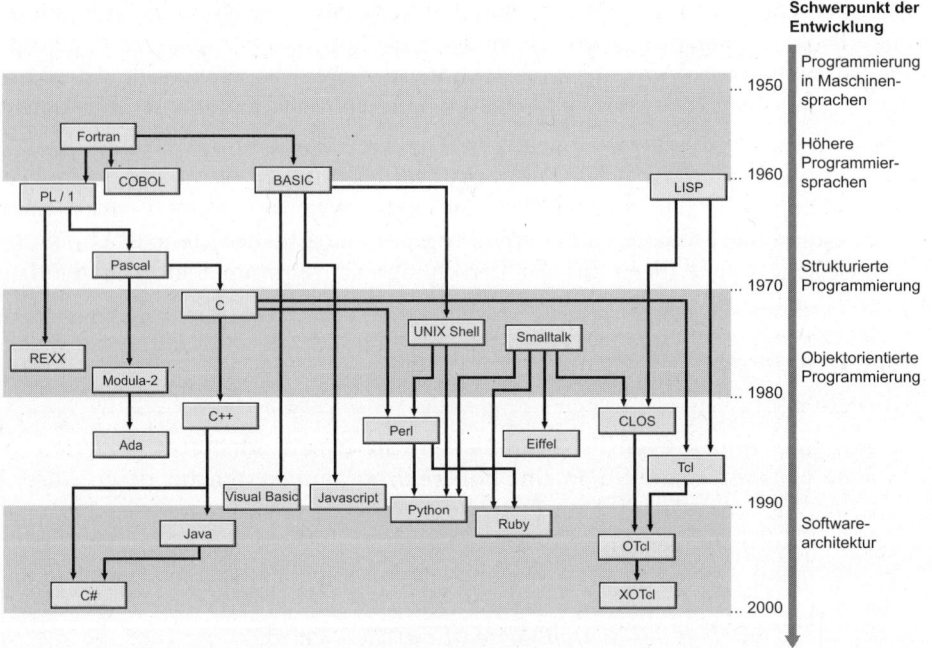

Abb. 4.2.3.1/1: Entwicklung der Programmiersprachen

Die Abb. 4.2.3.1/1 zeigt einen Ausschnitt aus der Entwicklungsgeschichte der Programmiersprachen und bildet natürlich nicht die komplette Entwicklung ab. Wie bereits erwähnt, existieren derzeit mehrere Hundert verschiedener Programmiersprachen.

Die älteste höhere (imperative) Programmiersprache für technisch-wissenschaftliche Anwendungen ist **Fortran** (Abkürzung von engl.: formula translator). Das Ziel bei der Entwicklung dieser Sprache war, das aufwändige Codieren von mathematischen Formeln in Assemblersprachen zu vereinfachen, und ein Programm zu entwickeln, das diese Umsetzung automatisiert (daher der Name). Die Stärken von Fortran liegen folglich im Bereich numerischer Algorithmen. Die Sprache ist seit der ersten Version im Jahre 1957 (Fortran I) schrittweise weiterentwickelt worden; der aktuelle Standard ist Fortran 95.

In diesem Kapitel sind mehrere Beispielprogramme in unterschiedlichen Programmiersprachen abgebildet. Durch diese Beispielprogramme sollen Sie einen ersten Eindruck erhalten, wie in etwa entsprechende Programme aussehen und wie in den vorgestellten Programmiersprachen Programme formuliert werden (beispielsweise auch im Gegensatz zu den Assemblersprachen). Die wenigsten von Ihnen werden die Programme in allen Details verstehen. Dies ist auch nicht notwendig, um sich einen Eindruck zu verschaffen. Betrachten Sie die Beispielprogramme wie eine Abbildung.

Bei vielen betrieblichen Anwendungen liegt das Schwergewicht auf der Verarbeitung umfangreicher Datenbestände, die in Dateien und/oder Datenbanken gehalten werden. Folglich sind betriebliche Anwendungen vielfach ein-/ausgabeintensiv, während technisch-wissenschaftliche Programme demgegenüber eher rechenintensiv sind. Für betriebliche Anwendungen kann eine Sprachunterstützung für diese Ein-/Ausgabeoperationen daher dazu beitragen, die Produktivität eines Entwicklers zu erhöhen und die Fehleranfälligkeit der entwickelten Programme zu reduzieren.

Sehr bald nach der Entwicklung von Fortran wurde 1960 mit **COBOL** (Abkürzung von engl.: common business oriented language) die erste höhere

```
 program kreis
 real r, fl
C Dieses Programm liest eine Kommazahl r ein und druckt
C die Fläche eine Kreises mit dem Radius r aus.
 write (*,*) 'Geben Sie den Radius ein:'
 read  (*,*) r
 fl = 3.14159*r*r
 write (*,*) 'Fläche = ', fl

 stop
 end
```

Abb. 4.2.3.1/2: Quellprogramm eines Fortran-Programms zur Ermittlung der Kreisfläche

(imperative) Programmiersprache für betriebliche Anwendungen entwickelt, die ebenso wie Fortran seitdem periodisch (entsprechend den Wandlungen der Informationstechnik) angepasst und erweitert wird. Der aktuell gültige Stand der COBOL-Normen ist in der Norm ANSI X3.23-1985 festgehalten (ANSI-COBOL-85). Ein Ziel beim Entwurf von COBOL war, Anweisungen in COBOL weitgehend selbstdokumentierend zu halten. COBOL-Anweisungen sind daher stark an die englische Sprache angelehnt. *Nachteilig* ist jedoch der hieraus resultierende relativ hohe Schreibaufwand beim Programmieren.

Der erste Versuch, die Trennung in kommerziell und technisch-wissenschaftlich orientierte Programmiersprachen aufzuheben, führte 1964 zur Entwicklung von **PL/I** (Abkürzung von engl.: programming language I, wobei I für die Zahl „römisch eins" steht) durch die Firma IBM. PL/I baut unter anderem auf den Erfahrungen mit Fortran und COBOL auf: Man versuchte die Stärken dieser beiden Sprachen in einer Programmiersprache zusammenzufassen. Die Hauptverwendung von PL/I liegt bis heute vor allem im Großrechnerbereich.

BASIC (Abkürzung von engl.: beginners all-purpose symbolic instruction code) wurde Anfang der 1960er Jahre in den USA als stark vereinfachtes Fort-

```
$ SET SOURCEFORMAT"FREE"
IDENTIFICATION DIVISION.
PROGRAM-ID. Multiplier.
AUTHOR. Hans G.
* Beispielprogramm, das ACCEPT, DISPLAY und MULTIPLY verwendet,
* um zwei einstellige Zahlen einzulesen, zu multiplizieren und
* und das Ergebnis auszugeben

DATA DIVISION.

WORKING-STORAGE SECTION.
01  Num1                        PIC 9  VALUE ZEROS.
01  Num2                        PIC 9  VALUE ZEROS.
01  Ergebnis                    PIC 99 VALUE ZEROS.

PROCEDURE DIVISION.
    DISPLAY "Geben Sie eine Ziffer ein: " WITH NO ADVANCING.
    ACCEPT Num1.
    DISPLAY "Geben Sie eine weitere Ziffer ein: " WITH NO ADVANCING.
    ACCEPT Num2.
    MULTIPLY Num1 BY Num2 GIVING Ergebnis.
    DISPLAY "Das Ergebnis ist: ", Ergebnis.
    STOP RUN.
```

Abb. 4.2.3.1/3: Beispiel eines COBOL-Programms zur Multiplikation zweier Zahlen

ran für Schüler und Programmieranfänger entwickelt und existiert mittlerweile in zahlreichen erweiterten Formen. Vor allem die Familie der visuellen BASIC-Dialekte, die in den letzten Jahren unzählige Funktionserweiterungen erfahren hat, richtet sich an (semi)professionelle Programmierer.

4.2.3.2 Programmiersprachen für die strukturierte Programmierung

Nach den ersten Erfahrungen mit verschiedenen Programmiersprachen stellte sich sehr bald heraus, dass einige der entwickelten Programme leicht veränderbar und erweiterbar waren, während andere nur sehr schlecht verständlich waren. Man erkannte, dass eine uneingeschränkte Verwendung von Sprungbefehlen wie GOTO zu sehr schlecht verständlichen Programmen führen kann (GOTO ist in maschinennahen Programmiersprachen meist der einzige Befehl zur wiederholten Ausführung von Programmteilen). Aus diesem Grund wurden die Regeln zur strukturierten Programmierung entwickelt.

Die Regeln der **strukturierten Programmierung** (engl.: structured programming) untersagen die Verwendung des Sprungbefehls GOTO und verlangen, dass Programme ausnahmslos aus den Grundbausteinen der Sequenz (sequenzielle Befehlsreihenfolgen), der Verzweigung (IF-THEN-ELSE), der Fallunterscheidung (CASE) sowie der Schleife mit Anfang- und Endbedingung (DO-WHILE und REPEAT-UNTIL) aufgebaut sein dürfen.

Die Programmiersprache **Pascal** war 1971 eine der ersten Programmiersprachen, die zur Unterstützung der *strukturierten Programmierung* entwickelt wurde. Pascal ist eine Entwicklung des Züricher Hochschulprofessors Niklaus Wirth und wurde ursprünglich in erster Linie für Lehrzwecke entwickelt. Pascal unterstützt neben der strukturierten Programmierung auch den Top-Down-Entwurf und ermöglicht durch den Einsatz von *Zeigern* (engl.: pointer) die laufzeit- und speichereffiziente Verwaltung komplexer Datenstrukturen wie Listen oder Baumstrukturen im Arbeitsspeicher. Zudem war Pascal die erste Programmiersprache, deren Spezifikation bereits vor der Implementierung feststand.

Die Programmiersprache **C** wurde 1974 in den Bell Laboratories des amerikanischen Telekommunikationskonzerns AT&T für die Systemprogrammierung entwickelt und vereint die Grundideen der strukturierten Programmierung mit den Erfordernissen der maschinennahen Programmierung. Die Sprache C wurde ursprünglich für die Entwicklung des Betriebssystems UNIX entworfen. Bis zu diesem Zeitpunkt herrschte die Meinung, dass es nicht machbar sei, ein Betriebssystem in einer höheren Programmiersprache zu entwickeln. Viele der Anweisungen in C lassen sich „eins-zu-eins" in unterschiedliche Maschinensprachen übersetzen. Die Programmierung in C unterstützt reichhaltige Befehle zur Manipulation von Zeigern und verlangt vom Systementwickler Detailinformation (und –wissen) bezüglich der Speicherverwaltung des Anwendungsprogramms. Fehler in der Speicherverwaltung führen in der Regel (früher oder später) zu einem Programmabbruch. Da die Sprache C dem Entwickler eine weitgehende Kontrolle über den Rechner gibt, können in dieser Sprache auch sehr laufzeit- und speichereffiziente Programme entwickelt werden. Zahlreiche heute am Markt befindliche Standardsoftwarepakete (von Betriebssystemen über Standardanwendungsprogramme bis zu Endbenutzerwerkzeugen) wurden nicht zuletzt aus diesem Grund in C implementiert.

Modula-2 (Abkürzung von engl.: modular language) ist eine Weiterentwicklung von Pascal aus dem Jahr 1980: dabei wurde besonderer Wert auf die Unterstützung der modularen Programmierung gelegt. Das zu programmierende System wird in übersichtliche Teilsysteme (= Module) aufgegliedert. Unter einem Modul versteht man die Zusammenfassung aller zur Lösung einer Gesamt- oder Teilaufgabe notwendigen Daten und Funktionen. Die Module eines Programmsystems müssen untereinander und mit ihrer Umwelt über wohldefinierte Schnittstellen kommunizieren. Modula-2 wurde in den späten 1980er und frühen 1990er Jahren verbreitet als Lehrsprache an Universitäten eingesetzt.

Die bis hierher vorgestellten Programmiersprachen beschreiben nur einen kleinen Ausschnitt der Vielfalt an Programmiersprachen. Bereits in den späten 1970er Jahren stellte das US-amerikanische Verteidigungsministerium (einer der größten Auftraggeber für Softwareentwicklung weltweit) in einer Evaluationsstudie fest, dass die in seinem Auftrag entwickelten Softwaresysteme in mehreren hundert verschiedenen Programmiersprachen geschrieben waren. Hiermit war auch ein entsprechend vielfältiges Programmiersprachenwissen zur War-

```
PROCEDURE GGT (x, y : CARDINAL) : CARDINAL;
    (* Diese Prozedur berechnet den größten gemeinsamen
       Teiler zweier gegebenen Zahlen x und y (ungleich 0) *)

    VAR
        Ergebnis, z : CARDINAL;

    BEGIN (* Stelle sicher, dass x größer gleich y ist *)
        IF y > x THEN
            z := y; y := x; x := z;
        END;
        (* Berechne nun den GGT *)
        REPEAT
            Ergebnis := y;    (* Ergebniskandidat *)
            y := x MOD y;     (* Ersetze y durch den Divisionsrest *)
            x := Ergebnis;    (* Setze x auf das Zwischenergebnis *)
        UNTIL y = 0;
    RETURN Ergebnis;
END GGT;
```

Abb. 4.2.3.2/1: Beispiel einer Modula-2-Funktion zur Ermittlung des größten gemeinsamen Teilers

tung der Programme erforderlich. Aus diesem Grund wurde über eine groß angelegte Ausschreibung versucht, eine neue Programmiersprache zu entwickeln, die die Ausdrucksmittel von nahezu allen bis dahin existierenden Sprachen in sich vereinen sollte. Das Ergebnis war die Sprache **Ada**, deren Spezifikation 1983 verabschiedet wurde. Ziele beim Entwurf von Ada waren unter anderem: hohe Laufzeiteffizienz für Rechner aller Größenklassen und Hersteller, die explizite Unterstützung von nebenläufigen Prozessen, die Entwicklung zuverlässiger und leicht verständlicher Programme und geringe Kosten für die Softwarewartung. Die Sprache Ada hat die hohen Erwartungen jedoch nicht erfüllen können und führt – außerhalb des US-amerikanischen Verteidigungsministeriums – nur ein Nischendasein.

▶ Übungsaufgabe Nr. 2.4.14 im Arbeitsbuch

4.2.3.3 Objektorientierte Programmiersprachen

Bei der *objektorientierten Programmierung* liegt der Schwerpunkt der Betrachtung auf der möglichst guten Strukturierung von Programmen gemäß den Objekten des zu implementierenden Realitätsausschnitts.

> **Objektorientierte Programmiersprachen** (engl.: object-oriented programming language) enthalten Sprachkonstrukte, die die objektorientierte Systementwicklung unterstützen. Ein Objekt ist hierbei ein logisch abgeschlossener Teil eines Programms, dessen Zustand in Variablen (den so genannten *Instanzvariablen*) gespeichert ist. Dieser Zustand kann (ausschließlich) über spezielle Operationen des Objekts verändert werden.

Die Grundkonzepte der objektorientierten Systementwicklung (Objektbasierung und Vererbung) wurden bereits im Band 1, Kapitel 2 erläutert.

Während die *Objektbasierung* eine Kapselung des internen Aufbaus und Zustands von Programmiersprachenobjekten unterstützt, ermöglicht die *Vererbung* die Bereitstellung und systematische Erweiterung von Methoden für die einzelnen Objekte.

Die internen Abläufe beim Aufruf von Methoden in Programmiersprachenobjekten nennt man auch *Methodenauflösung*. Wenn ein Objekt zum Beispiel eine Nachricht erhält und keine Methode mit demselben Namen in seiner Klasse findet (das heißt in der Klasse, deren Instanz das Objekt ist), wird die entsprechende Methode in der unmittelbar übergeordneten Klasse (Superklasse, Oberklasse) gesucht und so weiter. Diese *Methodenauflösung* erfolgt solange, bis die entsprechende Methode in einer der Superklassen gefunden wurde. Wenn die gesuchte Methode jedoch auch in der Wurzelklasse nicht gefunden wird, zeigt das Laufzeitsystem einen Fehler an.

Die *einfache Vererbung* (engl.: single inheritance) stellt auf eine streng hierarchische Vererbung ab, das heißt jede Klasse kann nur von genau einer direkten

Oberklasse erben. *Mehrfache Vererbung* (engl.: multiple inheritance) bietet die Möglichkeit für eine Klasse, von mehreren Oberklassen zu erben.

> Ein *Beispiel für Mehrfachvererbung*: Ein Amphibienfahrzeug ist sowohl ein Landfahrzeug als auch ein Wasserfahrzeug. In einer Klassenhierarchie wird das „Amphibienfahrzeug" so modelliert, dass diese Klasse sowohl die Klasse „Landfahrzeug" als auch die Klasse „Wasserfahrzeug" als direkte Oberklassen besitzt. In einer Programmiersprache, die ausschließlich einfache Vererbung unterstützt (beispielsweise in der Sprache Java), wäre eine solche Klassenhierarchie dagegen nicht möglich.

Es gibt heute eine Vielzahl von Programmiersprachen, die die objektorientierten Grundprinzipien auf verschiedene Art und Weise und in unterschiedlichem Umfang unterstützen:

- Einige objektorientierte Sprachen unterstützen beispielsweise keine Mehrfachvererbung,
- manche objektorientierte Sprachen erlauben dynamische Veränderungen der Beziehungen zwischen Objekten und Klassen (und Klassen untereinander), während diese Beziehungen in anderen Sprachen statisch sind,
- manche objektorientierte Sprachen erlauben, dass individuelle Objekte abweichende (oder zusätzliche) Eigenschaften haben als in „ihren" Klassen definiert,
- manche objektorientierte Sprachen sehen eine gemeinsame Superklasse (Wurzelklasse) für alle anderen Klassen vor, andere verzichten darauf.

Vielfach unterscheidet man auch zwischen *rein objektorientierten Sprachen*, bei denen das gesamte Programmsystem objektorientiert aufgebaut sein muss, und *Hybridsprachen*, bei denen (meist) objektorientierte und prozedurale Sprachaspekte gemischt werden können.

Die erste rein objektorientierte Programmiersprache war **Smalltalk** und wurde von Alan Kay 1972 im Xerox Palo Alto Research Center (Xerox PARC) entwickelt (Smalltalk-72). Bekannt wurde die Sprache Smalltalk allerdings erst durch *Smalltalk-80*, das wesentlich zur Durchsetzung objektorientierter Denkweisen in der Informatik beigetragen hat. Aktuelle Smalltalk-Versionen verfügen über eine sehr benutzerfreundliche Entwicklungsumgebung und werden vielfach zur Implementierung von komplexen Benutzerschnittstellen verwendet.

Im Jahr 1984 wurde die Programmiersprache **C++** von Bjarne Stroustroup bei der Firma AT&T als objektorientierte Erweiterung von C entwickelt. C++ ist somit eine Hybridsprache. Das „++" in C++ soll ausdrücken, dass es sich bei C++ um eine Variante von C handelt, bei der objektorientierte Sprachkonstrukte hinzugefügt wurden. C++ ist heute eine weit verbreitete Programmiersprache. Ein Grund für den großen Markterfolg von C++ ist sicherlich die weitgehende Kompatibilität zu C, wodurch existierende C-Programme ohne zusätzlichen Aufwand weiterverwendet werden können. Entwickler, die mit C vertraut sind, können sich schrittweise in die objektorientierten Konzepte einarbeiten. Dies ist ein genereller Vorteil von Hybridsprachen. Ein Nachteil von C++ ist allerdings der große Sprachumfang, und dass diese Sprache in manchen

```
class Stack {
  typedef char stack_element;
  stack_element *e;
  enum {leer = -1};
  int groesse;
  const int voll;

public:
  Stack(int max)                      // Konstruktor
    : voll(max-1), groesse(leer) {    // Initialisierung
    e = new stack_element[max];
  }
  void          push(stack_element x) {e[++groesse]=x;}
  stack_element pop()      {return e[groesse—];}
  int           ist_leer() {return groesse==leer;}
  int           ist_voll() {return groesse==voll;}
};
```

Abb. 4.2.3.3/1: Quellprogramm einer C++-Klasse für die Realisierung eines Stapel-speichers

Bereichen das Detailwissen eines Systemprogrammierers, in anderen Situationen den Umgang mit abstrakten objektorientierten Konzepten erfordert.

Die rein objektorientierte Programmiersprache **Java** wurde 1995 von der US-amerikanischen Firma *Sun Microsystems* unter der Federführung von James Gosling entwickelt. Das ursprüngliche Ziel war die Entwicklung einer möglichst plattformunabhängigen Sprache für eingebettete Anwendungen (beispielsweise zur Steuerung von Geräten). Durch die Entscheidung der Firma Netscape, eine Laufzeitumgebung für Java-Programme in ihren Webbrowser „Netscape Navigator" zu integrieren, wurde Java zu einer der wichtigsten Sprachen der Internet-Programmierung. Andere Browser-Hersteller folgten dem Beispiel von Netscape. Durch diese Entwicklung sind heute auf praktisch allen PCs, die einen Webbrowser installiert haben, Laufzeitumgebungen für die Ausführung von Java-Programmen ohne weiteren Installationsaufwand verfügbar.

```
import java.applet.Applet;
import java.awt.Graphics;

public class HelloWorldApplet extends Applet {

  public void paint(Graphics g) {
    g.drawString("Hallo Welt!", 50, 25);
  }
}
```

Abb. 4.2.3.3/2: Quellprogramm eines Java-Applets, das „Hallo Welt!" ausgibt

Die aus heutiger Sicht wichtigsten *Entwurfsprinzipien der Sprache Java* sind:

- Anlehnung an die Syntax von C++,
- Unterstützung von vereinfachenden Sprachelementen (im Vergleich zu C++) und die Implementierung in einer plattformunabhängigen Art und Weise zur Unterstützung von mobilem Code.

Die weitgehende *Anlehnung an die C++-Syntax* war eine strategische Überlegung von Sun, da so die vielen C++-kundigen Entwickler mit relativ geringem Aufwand ihre Systeme nach Java portieren konnten, beziehungsweise leicht auf Java umsteigen konnten. Java ist im Gegensatz zu C++ eine rein objektorientierte Sprache. Zur Vereinfachung der Programmierung wurden einige der komplexen und erfahrungsgemäß fehlerträchtigen Sprachkonstrukte und Konzepte aus C++ eliminiert (beispielsweise Zeiger, Operatorenüberladung und Mehrfachvererbung). Dafür stellt die Laufzeitumgebung einen so genannten *Garbage-Collector* (deutsch wortwörtlich: Müllabfuhr, sinngemäß: Speicherplatzverwalter) bereit, der von dem Java-Programm nicht mehr benötigten Speicher automatisch wieder zur Nutzung freigibt.

Die *Plattformunabhängigkeit* wird in Java durch die *Definition einer abstrakten Java-Maschine* (engl.: java virtual machine) erreicht, die mit relativ geringem Aufwand auf diversen Hard- und Softwareplattformen realisiert werden kann. Der Java-Compiler übersetzt Java-Quellprogramme typischerweise nicht in einen Objektcode für die jeweilige Plattform, sondern erzeugt *Instruktionen* für die abstrakte Java-Maschine (engl.: java byte code). Diese Instruktionen werden meist von einem *Interpreter* (engl.: byte code interpreter) ausgeführt, der für jedes Betriebssystem auf dem ein Java-Programm zur Ausführung gebracht werden soll, verfügbar sein muss.

Die *Eignung von Java für mobilen Code* wird zusätzlich durch die Definition einer „sicheren Untermenge" der Sprache erreicht, die es gewährleisten soll, dass ein übertragenes Programm im Java-Bytecode auf dem Zielrechner keinen Schaden anrichten kann (das heißt, es können keine lokalen Daten zerstört oder ausspioniert werden). Diese Eigenschaft hat zu der verhältnismäßig weiten Verbreitung von *Java-Applets* geführt. Java-Applets sind spezielle Java-Programme, die von einem Server heruntergeladen werden und anschließend in einer eingeschränkten, gesicherten Laufzeitumgebung innerhalb eines Webbrowsers ablaufen.

Zudem stellt Java sehr umfangreiche *Klassenbibliotheken* zur Verfügung, die für eine Vielzahl von wiederkehrenden Programmieraufgaben vorgefertigte Lösungen anbieten. Durch die Nutzung der objektorientierten Konzepte können diese Klassen mit relativ geringem Entwicklungsaufwand genutzt werden, sodass sich die Menge an neu zu entwickelndem Programmcode stark reduziert. Allerdings darf auch der Aufwand zum Erlernen der Funktionalität dieser Klassenbibliotheken nicht unterschätzt werden. Hierin liegt einer der *Nachteile von Java*. Für eine sinnvolle und produktive Verwendung der Sprache ist zumindest eine gute Kenntnis der standardmäßigen Klassenbibliothek von Java erforderlich. Um die entsprechenden Kenntnisse zu erwerben, werden (je nach Erfahrung) jedoch mindestens einige Monate benötigt.

Bedingt durch die Interpretation des Java-Bytecodes laufen Java-Programme im Vergleich zu C-Programmen (im Mittel) zwischen fünf und 35 Mal langsamer ab. Für viele Anwendungen ist die Ausführung der Java-Programme bedingt durch die hohen Rechenleistungen moderner Personalcomputer trotzdem hinreichend schnell. Die Ausführungszeiten von Java-Bytecode-Programmen wurden seit 1996 durch die Einführung von so genannten *„Just-In-Time-Compilern"* (abgekürzt: JIT-Compiler) sukzessive deutlich verbessert. Diese Kompilierer übersetzen Java-Bytecode-Programme in die Maschinensprache der entsprechenden Prozessoren. Dadurch kann die Ausführungsgeschwindigkeit erheblich (bis zu einem Faktor 25) gesteigert werden. Ein weiteres Problem von Java-Programmen ist, dass diese vielfach sehr „speicherhungrig" sind. Als Folge müssen die Rechner, auf denen umfangreiche Java-Systeme eingesetzt werden sollen, häufig mit vergleichsweise hohen Arbeitsspeicherkapazitäten (beispielsweise über 500 MB) ausgestattet werden, um geringe Antwortzeiten zu erreichen.

Gemeinsam mit der .NET-Architektur wurde im Jahr 2000 von Microsoft die Sprache **C#** (ausgesprochen: cee-sharp) vorgestellt. In dieser Sprache wurden Eigenschaften von C++ und Java vereinigt; sie weicht von den Vorgängern nur in Details ab. Der Erfolg und die Verbreitung dieser Sprache hängen eng mit der Verbreitung von .NET zusammen.

Die Programmiersprache **Eiffel** wurde 1985 von Bertrand Meyer entwickelt und nach Gustav Eiffel, dem Erbauer des Eiffelturms, benannt. Eiffel ist eine durchgängig objektorientierte Programmiersprache. Neben Klassen und Vererbung unterstützt Eiffel eine Reihe fortgeschrittener objektorientierter Konzepte wie *Mehrfachvererbung* und *Zusicherungen* (engl.: assertions). Zusicherungen ermöglichen die Festlegung von Vorbedingungen, Nachbedingungen und Invarianten, die vor und/oder nach der Ausführung einer Funktion erfüllt werden müssen. Hierdurch wird das so genannte *Programming by Contract* unterstützt, das die Grundannahmen von Komponenten in Form von Zusicherungen dokumentiert und das Erkennen von Fehlern erleichtert.

▶ Übungsaufgabe Nr. 2.4.15 im Arbeitsbuch

4.2.3.4 Skriptsprachen

Skripts wurden ursprünglich als eine Mitschrift von Kommandos verstanden, die ein Benutzer nacheinander eingegeben hat. Wenn die gleichen Kommandos ein weiteres Mal ausgeführt werden sollen, kann – statt einer wiederholten manuellen Eingabe – das Skript (die Mitschrift) zur Ausführung der Befehle genutzt werden. Der Begriff der Skriptsprache geht somit historisch auf die Möglichkeit zur *Automatisierung von wiederkehrenden Tätigkeiten* zurück.

Unter einem **Skript** (engl.: script) versteht man eine Folge von Anweisungen, die in einer Datei abgelegt sind und so wiederholt ausgeführt werden können. Eine **Skriptsprache** (engl.: scripting language) erlaubt neben dem bloßen Abspeichern der Kommandos die Formulierung von *Ablaufsteuerungsprogrammen*. Hierdurch kann die (wiederholte) Ausführung dieser Kommandos an Bedingungen geknüpft werden. Kommandos können entweder dem Aufruf von externen Programmen (extern aus der Sicht der Skriptsprache) oder von Softwarekomponenten entsprechen, mit denen die Skriptsprache erweitert wurde. Skriptsprachen werden auch als *„Sprachen der vierten Generation"* bezeichnet.

Durch eine Skriptsprache kann dem Rechner bis zu einem gewissen Grad mitgeteilt werden, *was* zu geschehen hat (welche Kommandos auszuführen sind) ohne im Detail sagen zu müssen, *wie* das angestrebte Ziel zu erreichen ist. Es ist meist nicht notwendig, den Aufbau und die genaue interne Funktionsweise der aufgerufenen Kommandos (beziehungsweise Komponenten) zu kennen.

Im Wesentlichen haben Skriptsprachen drei wichtige Eigenschaften:

- *Erweiterbarkeit:* Der Befehlsumfang der Sprache kann verhältnismäßig einfach (anwendungsspezifisch) erweitert werden.

- *Zwei Sprachschichten:* Die Befehle der Skriptsprache (Kommandos) sind meist in einer anderen Programmiersprache (in einer „Systemsprache" wie beispielsweise in C) implementiert.

- *Interpretativ, dynamische Typung:* Skriptsprachen sind in der Regel interpretativ (das Programm wird durch einen Interpreter ausgeführt) und verlangen keine Deklaration der verwendeten Variablen (die Variablen werden bei Verwendung automatisch angelegt und freigegeben).

Durch diese Eigenschaften eignen sich Skriptsprachen sehr gut für die komponentenbasierte Softwareentwicklung und somit *für schnelle Anwendungsentwicklungen* (RAD, Abkürzung von engl.: rapid application development). Die in der Schnittstelle der Komponenten definierten Funktionen stehen in der Skriptsprache als Kommandos zur Verfügung und können in einem Skript direkt aufgerufen werden. Die Skriptsprache dient dabei vor allem zur Konfiguration und zur Verknüpfung der Komponenten und bestimmt die Ablauflogik des neuen Anwendungsprogramms. Das Skript fungiert hier als „Vermittler" und ermöglicht die Interaktion zwischen den verschiedenen Komponenten. Mithilfe von Skriptsprachen können verschiedenste Komponenten auf einfache Weise miteinander kombiniert werden. Dies gilt insbesondere auch, wenn ihre gemeinsame Verwendung zum Entwicklungszeitpunkt noch nicht absehbar war. Die wiederverwendbaren Komponenten müssen hierzu nicht (oder nur in sehr geringem Umfang) angepasst werden.

Skriptsprachen können somit dazu beitragen, einen *hohen Grad an Wiederverwendung für Komponenten* zu erreichen. Dies führt wiederum zu einer hohen Codequalität der Komponenten (da diese durch die häufige Verwendung ausgiebig getestet werden) und andererseits zu einer hohen Produktivität des Entwicklers (da ein Großteil der Funktionalität wiederverwendet wird und nicht neu entwickelt werden muss).

Die Verwendung von zwei Sprachschichten ermöglicht eine *Verknüpfung der Vorteile von interpretativen und kompilierten Programmiersystemen*. Die Skriptsprache selbst ist in der Regel interpretativ, wodurch vielfach komfortable Entwicklungsumgebungen und Fehlersuchhilfen bereitstehen. Laufzeitkritische Funktionen können dagegen in die, in der Systemsprache definierten, Komponenten ausgelagert werden. Die Schnittstelle zwischen der Skriptsprache und den zugrunde liegenden Systemkomponenten ist meist sehr gut dokumentiert, wodurch die Erweiterung und Bereitstellung neuer Komponenten vereinfacht wird.

Eine der ersten Skriptsprachen war die Sprache **REXX**, die von Michael Cowlishaw im Jahre 1979 bei IBM entwickelt wurde. REXX wurde ursprünglich für Großrechner konzipiert, auch Endbenutzer können bereits nach relativ kurzer Einarbeitungszeit produktiv damit arbeiten.

Die Sprache **Perl** wurde 1987 von Larry Wall ursprünglich als Sprache zur Vereinfachung der Systemadministration von UNIX-Rechnern entwickelt. Perl verwendet eine in den Grundzügen an C angelehnte Syntax und richtet sich an professionelle Entwickler. Die Sprache bietet direkte Zugriffsmöglichkeiten auf die Systemfunktionen eines Rechners und verfügt zusätzlich über sehr mächtige und effiziente Sprachelemente zur Verarbeitung von Texten. Dadurch wird Perl sehr häufig zur serverseitigen Internet-Programmierung eingesetzt. In neueren Versionen wird von Perl auch das objektorientierte Programmier-Paradigma unterstützt. Die Implementierung von Perl ist als Open-Source-Software verfügbar.

Die Skriptsprache **Tcl** (Abkürzung von engl.: tool command language) wurde 1990 von John Ousterhout an der Universität Berkeley als *einbettbare Programmiersprache* entwickelt. Die Grundidee ist, dass ein Anwendungssystem Komponenten bereitstellt, die auf möglichst einfache Art und Weise durch Tcl verbunden werden können. Die Skriptsprache bildet somit eine *dünne, flexible Sprachschicht* (engl.: glue code) zwischen den Komponenten. Die Implementierung der Programmiersprache kann in Form einer Programmbibliothek in beliebige Anwendungsprogramme eingebunden werden (daher ist die Sprache *einbettbar*).

Die Sprache Tcl wurde auch im Zusammenhang *Tk* bekannt, einer plattformunabhängigen Programmbibliothek von Benutzerschnittstellenkomponenten. Mit Tk können mit wenigen Zeilen Programmcode Systeme mit komfortablen Benutzerschnittstellen entwickelt werden, die unverändert auf allen gängigen Betriebssystemplattformen einsetzbar sind. Für die gängigen Webbrowser sind Plug-ins verfügbar, durch die Tcl-Programme ähnlich wie Java-Applets innerhalb des Webbrowsers ausgeführt werden können. Die Implementierung von Tcl ist als Open-Source-Software verfügbar.

JavaScript ist eine Skriptsprache, die zu Beginn der 1990er Jahre von der Firma Netscape entwickelt wurde, um Webseiten mit dynamischen Inhalten ausstatten zu können. Hierzu wurde JavaScript in Netscapes Webbrowser „Navigator" integriert. Inzwischen wird JavaScript von nahezu jedem Webbrowser unterstützt. JavaScript ist eine eigenständige Sprache und hat außer der Ähnlichkeit des Namens nichts mit der Sprache Java von Sun Microsystems gemein. Insbesondere ist JavaScript *keine* Java-basierte Skriptsprache. JavaScript kann sowohl klienten- als auch serverseitig eingesetzt werden. Bei klientenseitiger Verwendung kann mittels JavaScript zum Beispiel auf bestimmte Aktionen des Benutzers reagiert werden, wie auf Maus-Klicks oder Eingaben über die Tastatur. Bei serverseitiger Verwendung (eher selten) kann JavaScript eingesetzt werden, um Daten aus einer relationalen Datenbank zu lesen und daraus Webseiten zu erzeugen. Im Laufe der Zeit wurde JavaScript auch um einige objektorientierte Konzepte erweitert. JavaScript wird von der *ECMA* (Abkürzung von engl.: European Computer Manufacturers Association) unter dem Namen *ECMAScript* standardisiert.

Während die bisher genannten Skriptsprachen jeweils auf unterschiedlichen Betriebssystemen verfügbar sind, ist **Visual BASIC** eine herstellerabhängige Skriptsprache. Visual BASIC wurde 1991 von Microsoft zur Vereinfachung der Entwicklung von Windows-Programmen mit grafischer Benutzeroberfläche entwickelt. Visual Basic ermöglicht die einfache Einbindung von Microsofts *COM-* (Abkürzung von engl.: component object model) und *DCOM-* (Abkürzung von engl.: distributed COM) Komponenten (siehe auch Kapitel 7 dieses Bandes).

▶ Übungsaufgabe Nr. 2.4.16 im Arbeitsbuch

Makrosprachen (engl.: macro language) erlauben die Automatisierung von wiederkehrenden Abläufen innerhalb von Anwendungen, beispielsweise für die Erstellung von Serienbriefen in Textverarbeitungsprogrammen, oder die Anpassung von Kalkulationsberechnungen in einer Tabellenkalkulation. Makrosprachen stellen zumindest jene Funktionen zur Verfügung, die Endbenutzern am Bildschirm in Form von Menüs und Dialogfenstern angeboten werden. Makrosprachen haben somit eine starke Ähnlichkeit mit (leichtgewichtigen) Skriptsprachen. Im Gegensatz zu Skriptsprachen sind Makrosprachen jedoch in der Regel nur für die Steuerung einer (oder weniger) Anwendung(en) ausgelegt und können nicht zur Entwicklung beliebiger Applikationen verwendet werden.

Ähnlich wie Skriptsprachen sind auch Makrosprachen relativ einfach erlernbar und haben das Ziel, Endbenutzer in die Lage zu versetzen, selbstständig eine Automatisierung von wiederkehrenden Abläufen vorzunehmen.

Objektorientierte Skriptsprachen

Da Skriptsprachen eine sehr hohe Produktivität ermöglichen, werden sie auch unter professionellen Softwareentwicklern stetig beliebter. Der Sprache Perl sagt man beispielsweise nach, dass für ein vergleichbares Programm der Entwicklungsaufwand und der resultierende Quellcode etwa fünfmal kürzer als bei Java sind. Bedingt durch den zunehmenden Erfolg von Skriptsprachen entstand auch bald Bedarf an besseren Strukturierungsmöglichkeiten für die erstellten Programme. Wie bereits bekannt, trägt die (sachgerechte) Verwendung objektorientierter Konzepte stark zu einer besseren Strukturierung von Programmen bei. Objektorientierte Skriptsprachen können daher eingesetzt werden, um die Vorteile von Skriptsprachen mit den Vorteilen der Objektorientierung zu vereinen.

Python ist eine objektorientierte Skriptsprache, deren Entwicklung 1990 am CWI (von holländisch: Centrum voor Wiskunde en Informatica) in Amsterdam begann. Python unterstützt Mehrfachvererbung und ermöglicht die dynamische Erweiterung von Klassen zur Laufzeit. Zudem stellt Python einen Introspektionsansatz zur Verfügung, der es ermöglicht, Objektzustände dynamisch abzufragen. Klassen, Objekte und Funktionen bilden in Python jeweils einen eigenen Namensraum. Eine Besonderheit von Python ist es, dass für die Gruppierung von Anweisungen (Anweisungsblöcke) keine Klammern oder ähnliche Begrenzungszeichen verwendet werden. Stattdessen entscheidet die Einrückungstiefe darüber, welche Anweisungen zum gleichen Block gehören. Die Implementierung von Python ist als Open-Source-Software verfügbar.

Die objektorientierte Skriptsprache **Ruby** ist 1993 von Yukihiro Matsumoto entwickelt worden. Ruby unterstützt einfache Vererbung. Zudem können so genannte Module definiert werden. In Ruby ist ein Modul eine Klasse, die nicht instanziiert werden kann. Diese Module können nun wiederum als „mix-ins" zur Erweiterung von Klassen verwendet werden. Auf diese Weise kann Ruby bis zu einem gewissen Grad auch Mehrfachvererbung unterstützen. Zudem ist es möglich, alle Aspekte eines Ruby-Programms zur Laufzeit dynamisch zu ändern. Hierzu zählt zum Beispiel auch die Veränderung der Klassenhierarchie oder das Hinzufügen neuer Methoden zu einzelnen Objekten. Die Implementierung von Ruby ist als Open-Source-Software verfügbar.

Extended Object Tcl (abgekürzt: XOTcl) ist eine objektorientierte Skriptsprache, die im Jahr 1999 von Gustaf Neumann und Uwe Zdun entwickelt wurde. Extended Object Tcl ist eine Weiterentwicklung der Sprache *OTcl* (Abkürzung von engl.: Object Tcl), die von David Wetherall und Christopher Lindblad am Massachusetts Institute of Technology (MIT) stammt. Wie OTcl basiert das Objektsystem von Extended Object Tcl daher auf Objekten, Klassen und Metaklassen, wobei auch Mehrfachvererbung eingesetzt werden kann. Klassen und Metaklassen sind ebenfalls Objekte, die allerdings die Fähigkeit besitzen, andere Objekte zu verwalten. „Verwalten" bedeutet, dass eine Klasse die Erzeugung und das Löschen ihrer Instanzen kontrolliert und Methoden bereitstellt, die von ihren Instanzen genutzt werden können. Zudem kann jedes Objekt individuell durch weitere objektspezifische Methoden erweitert werden. Alle Beziehungen zwischen Objekten und Klassen sind in XOTcl vollständig dynamisch, wodurch sowohl die Klassenhierarchie, als auch alle weiteren Beziehungen zwischen Klassen und Objekten jederzeit zur Laufzeit verändert werden können. Die Beziehung zwischen einem Objekt und seiner Klasse ist lose und entspricht einer Assoziation. Um die sich daraus ergebenden Möglichkeiten flexibel nutzen

```
# Definition der allgemeinen Klasse "Person" (mit
# Attributen "Vorname", "Zuname" und "Adresse")
# und der Methode "umziehen"
Class Person -parameter {Vorname Zuname Adresse}
Person instproc umziehen {neueAdresse} {
    my Adresse $neueAdresse
}


# Definition der Klasse "Autor" (Spezialisierung von "Person")
# mit der Methode "buchVerfassen"
Class Autor -superclass Person -parameter {Autorennr}
Autor instproc buchVerfassen {titel} {
    my set autorVon($titel) 1
}


# Klasse "Kunde" (Spezialisierung von "Person"
# mit den Methoden "buchEntleihen" und "buchRückgabe"
Class Kunde -superclass Person -parameter {Kundennr}
Kunde instproc buchEntleihen {buch} {
    my set entlieheneBücher($buch) 1
    $buch set EntleihDatum [clock seconds]
}
Kunde instproc buchRückgabe {buch} {
    my unset entlieheneBücher($buch)
    $buch unset EntleihDatum
}


# Klassen "Adresse" und "Buch" (ohne Methoden)
Class Adresse -parameter {Strasse Hausnr Ort Land Telefonnr}

Class Buch -parameter {
    Inventarnr Titel Verlag Preis ErschDatum ErschOrt
    EntleihDatum Schlagwortliste
}


# Erzeugen von Instanzen für Klassen "Adresse", "Kunde" und "Buch"
Adresse a1 -Strasse "Hauptstrasse" -Hausnr 3 \
    -Ort "Wien" -Land "Österreich" -Telefonnr 123654

Kunde k1 -Vorname "Anne" -Zuname "Meier" -Adresse a1 -Kundennr K987

Buch B456 -Titel "Der Unterkiefer der Blattlaus" \
    -Verlag "Natur Verlag" -Preis "24,95 Euro"

# Aufruf der Methode "buchEntleihen" für Kunde "k1"
k1 buchEntleihen B456
```

Abb. 4.2.3.4/1: Beispiel eines Programms in Extended Object Tcl

zu können, bietet XOTcl zudem umfangreiche Abfragemöglichkeiten über den Zustand von Objekten und Klassen zur Laufzeit. Man spricht hierbei von Introspektion.

In Abb. 4.2.3.4/1 sehen Sie eine einfache Implementierung des Bibliotheksystems mittels Extended Object Tcl. Diese Implementierung folgt dem Klassendiagramm des Bibliotheksbeispiels für objektorientierte Datenbanken (siehe Abb. 5.3.1.3/1 in Kapitel 5 dieses Bandes). Die mit Fettdruck dargestellten Worte entsprechen den im Klassenmodell definierten Begriffen, die Zeilen, die mit dem Zeichen „#" beginnen, sind erklärende Kommentare.

Eine Besonderheit von Extended Object Tcl sind innovative Sprachkonstrukte für die vereinfachte Implementierung von Entwurfsmustern und für die flexible Verknüpfung von heterogenen Softwarekomponenten. Dies erlaubt beispielsweise, nicht kompatible Softwarekomponenten in unterschiedlichen Programmsystemen einsetzbar zu machen und erhöht somit die Wiederverwendung von Softwarekomponenten. Extended Object Tcl unterstützt zusätzlich hoch stehende und flexible Sprachkonstrukte, die eine systematische Softwarekomposition unterstützen. Beispiele hierfür sind Mixin-Klassen und Filter. Mixin-Klassen erlauben die Komposition von unabhängigen (orthogonalen) Aspekten, indem unterschiedliche Klassenhierarchien für Objekte gleichzeitig genutzt werden können. Dies entspricht einer polydimensionalen Klassifikation (siehe Abschnitt 5.4.3). Über Filter können beliebige Meldungen an ein Objekt von einem anderen Objekt verarbeitet oder an das Zielobjekt weitergeleitet werden, wodurch beispielsweise die grafische Darstellung von Objektveränderungen ohne Eingriff in die Realisierung des Objekts implementiert werden kann. Alle Tcl-Befehle und -Funktionen sind in XOTcl ohne Einschränkung verwendbar. Die Implementierung von Extended Object Tcl ist als Open-Source-Software verfügbar.

Anwendungsspezifische Skriptsprachen

Viele Hersteller von Standardanwendungssoftware haben einfache Skriptsprachen zur anwendungsspezifischen Konfiguration und Erweiterbarkeit ihrer Systeme durch den Anwender entwickelt. Die möglichen Einsatzbereiche dieser Skriptsprachen sind vielfältig. Mögliche Anwendungsfälle sind zum Beispiel die Konfiguration und kundenspezifische Anpassung (Customizing) betrieblicher Standardanwendungssoftware (wie beispielsweise von SAP-Systemen) oder der Zugriff auf ein Datenbankverwaltungssystem zur Interaktion mit statistischen Komponenten (wie beispielsweise SAS oder R).

Wichtige Vertreter dieser Systeme sind zum Beispiel *ABAP/4* (SAP), *AS, CSP, Informix/4GL, Lotus Notes Makrosprache* und *QMF* (IBM), *Drive/Windows* (Siemens), *FOCUS* (Information Builders), *Ingres* (Computer Associates), *Mantis* (Cincom Systems), *Mapper* (Unisys), *Natural* (Software AG), *R* (Open Source), *SQL*Forms* (Oracle) sowie *SAS* (SAS Institute).

Im Gegensatz zu den zuvor erwähnten Skriptsprachen, die zumeist auf praktisch allen Plattformen zur Verfügung stehen und von vielen Anbietern vertrieben und eingesetzt werden, bedeutet die Verwendung anwendungsspezifischer Sprachen oft die *Abhängigkeit vom jeweiligen Hersteller*. Das heißt, dass bei Gebrauch einer solchen herstellerspezifischen Sprache aufwändige Neuprogrammierungen notwendig werden, falls sich der Anwender von „seinem" Hersteller lösen möchte (oder muss, zum Beispiel weil dieser in Konkurs geht oder von einer anderen Firma übernommen wird, die das „fremde" Produkt auf absehbare Zeit nicht weiter führen möchte). Eine solche Herstellerabhängigkeit sollte also wohl überlegt sein. Ein weiterer Punkt ist, dass diese Sprachen häufig in ihrem Funktionsumfang genau auf die Erfordernisse eines bestimmten Herstellers beziehungsweise seiner jeweiligen Produkte optimiert sind und daher auf ein relativ schmales Einsatzgebiet beschränkt sind.

▶ Übungsaufgabe Nr. 2.4.17 im Arbeitsbuch

4.2.3.5 Logische Programmiersprachen

Die Entwicklung der imperativen Programmiersprachen wurde von dem Ziel beherrscht, möglichst effizienten Gebrauch von der von-Neumann-Rechnerarchitektur zu machen. Dies erfolgte primär unter der Maxime, dass die entwickelten Programme möglichst schnell, stabil und speicherplatzsparend ablaufen sollten. Diese in der betrieblichen Praxis allgemein akzeptierte Festlegung der Entwicklungsrichtung wurde jedoch von vielen Wissenschaftlern als unnötige Beschränkung der Möglichkeiten zur Softwareentwicklung empfunden und es wurden Wege gesucht, um beispielsweise eine möglichst kompakte und semantisch genaue Wissensrepräsentation zu erreichen. Die grundlegenden Operationen des Rechners sind hier zweitrangig. Ein wichtiger Vertreter dieses Sprachansatzes sind die logischen Programmiersprachen.

> **Logische Programmiersprachen** (engl.: logic programming language) basieren auf einfachen Formen der mathematischen Logik, die sich für eine Verarbeitung am Rechner eignen. Die derzeit wichtigste Form basiert auf einer Untermenge der Prädikatenlogik – genannt Horn-Klauseln – die nur in sehr eingeschränkter Form Negationen erlauben.

Bei der Formulierung eines *logischen Programms* (Programm in einer logischen Programmiersprache) steht nicht der schrittweise, prozedurale Lösungsweg im Vordergrund, sondern die Formulierung der zugrunde liegenden Sachlogik durch eine mathematisch exakte Beschreibung der relevanten Zusammenhänge. Ein komplexer Zusammenhang wird dabei in der Form von Fakten und Regeln spezifiziert. Über die derart definierten Zusammenhänge können im Anschluss Abfragen formuliert werden. Eine wichtige Eigenschaft ist dabei, dass mit einer Spezifikation des Problems unterschiedliche „Berechnungsrichtungen" möglich sind. Man kann beispielsweise im nachstehenden Beispiel ermitteln, wer der Vater von Robert und wer der Sohn von Hans ist, indem man an den entsprechenden Platz in der Abfrage eine Variable setzt.

Die logische Programmiersprache bietet eine vordefinierte Problemlösungskomponente (einen Inferenzmechanismus) für die Abarbeitung der Fragestellungen. Die bekannteste logische Programmiersprache ist die Sprache **Prolog** (Abkürzung von engl.: programming in logic), die 1971 in Frankreich von Alain Colmerauer entwickelt wurde.

Das Beispielprogramm in Abb. 4.2.3.5/1 definiert, dass *Hans* Vater von *Robert*, und dass *Robert* der Vater von *Rudi* ist. Danach wird eine Regel definiert, die aus zwei Vaterbeziehungen eine Großvaterbeziehung ableitet.

```
vater(hans,robert).
vater(robert,rudi).
grossvater(X,Z) :- vater(X,Y), vater(Y,Z).
```

Abb. 4.2.3.5/1: Quellprogramm eines Prolog-Programms, das Vaterbeziehungen definiert

Zu diesem Programm können nun vielfältige Abfragen gestellt werden, beispielsweise, wer Vater ist (?- vater(V,_)), wer Kind (?- vater(_,K)), wer Großvater (?- grossvater(GV,E)), wer Enkel usw. ist.

Sie sehen in dem obigen (vollständigen) Programm, dass bei der Formulierung eines Prolog-Programms ausschließlich die Definition der Zusammenhänge im Vordergrund steht, und dass das Programm keinerlei imperative „Anweisungen an den Rechner" enthält. Prolog eignet sich sehr gut für die Formulierung komplexer Sachverhalte und findet beispielsweise im Bereich der Künstlichen Intelligenz Anwendung.

Einer Weiterentwicklung von Prolog ist die Sprache **CLP(R)**, die von IBM 1987 entwickelt wurde. Diese Sprache verknüpft die deklarative Programmierung von Prolog mit der Formulierung von Nebenbedingungen, die den Wertebereich von – vor allem numerischen – Variablen einschränken. Auf diese Weise kann ein Lösungsraum entsprechend eingeengt werden, und eine Antwort kann ebenso Nebenbedingungen enthalten.

In CLP(R) kann beispielsweise auf eine Anfrage gehalt(Person,X) die Lösung geliefert werden, dass für die Person *Hans* das Einkommen zwar nicht bekannt, aber im Bereich von 50.000 bis 80.000 Euro liegt (Person=hans, X>=50000 und X<80000 Euro).

4.2.3.6 Funktionale Programmiersprachen

Funktionale Programmiersprachen beruhen auf der Formulierung komplexer Sachverhalte durch mathematische Funktionen.

Ziel **funktionaler Programmiersprachen** (engl.: functional programming language) ist es, die Programmierung weitest möglich an die Formulierung mathematischer Funktionen anzunähern. Basis ist die von Church 1941 entwickelte Lambda-Notation. Diese geht davon aus, dass mit drei Basis-

354 · Programmiersprachen und Programmentwicklung

> funktionen (Aneinanderfügen, Iteration, Rekursion) alle anderen theoretisch möglichen Funktionen zusammengestellt werden können.

Das klassische Beispiel für eine funktionale Programmiersprache ist **LISP** (Abkürzung von engl.: list processing language). LISP wurde bereits in den 1950er Jahren entwickelt und gilt seither als wichtige Sprache zur Lösung von Aufgabenstellungen der Künstlichen Intelligenz. In den 1970er und frühen 1980er Jahren entstand eine Reihe von LISP-Dialekten, die zu Portabilitätsproblemen geführt haben. Um diese Situation zu bereinigen, wurde 1984 eine Standardversion namens **COMMON LISP** eingeführt.

```
fun summe nil = 0
  | summe(h::t) = h + summe t;
```

Abb. 4.2.3.6/1: Quellprogramm eines ML-Programms, das die Zahlen einer Liste addiert

Weitere moderne funktionale Programmiersprachen sind **ML** (Standard ML 1997) und **Haskell** (1990), zwei Sprachen mit mächtigen innovativen Sprachkonstrukten.

4.2.3.7 Auswahl von Programmiersprachen

Die Wahl einer Programmiersprache wird von vielerlei Faktoren beeinflusst, wobei hierfür oft Entscheidungen des Managements oder der Entwickler maßgeblich sind. Für beide Varianten gibt es gute und schlechte Beispiele. Vielfach werden in der Praxis keine anwendungsproblemspezifischen Kriterien herangezogen, sondern das Vorwissen der an der Entscheidung Beteiligten ist entscheidend. Eine sehr schwierige Situation tritt auf, wenn beispielsweise in einer Fachabteilung sämtliche Mitarbeiter ausschließlich über Wissen einer beispielsweise 30 Jahre alten Technologie verfügen, beziehungsweise wenn die gesamte Programmbasis auf dieser Technologie stehen geblieben ist. In diesen Fällen ist sicherlich dem Management eine fehlende Personalentwicklungsstrategie vorzuwerfen, die im Bereich der Informationstechnik unerlässlich ist.

Allerdings ist die Wahl der eingesetzten Programmiersprachen auch für die *Problemlösungsgeschwindigkeit* und - damit verwandt - *die Ausdrucksfähigkeit der Entwickler* in der Programmiersprache entscheidend. Es ist in manchen Programmiersprachen überaus arbeitsaufwändig, gewisse Dinge zu realisieren (beispielsweise Umsetzung von Änderungen, Systemintegration und Wiederverwendbarkeit, Anpassung an Standards, Internationalisierung). Dies drückt sich unter anderem durch den notwendigen Programmumfang der Änderung aus. Eine Folge ist eine erhöhte Fehleranfälligkeit der entwickelten Systeme. Da die Programmiersprache einen Softwareentwickler hinsichtlich seiner Ausdrucksmöglichkeiten bei der Problemlösung maßgeblich prägt, übt die Wahl einer Programmiersprache einen ganz wesentlichen Einfluss auf die Denkweise, die Problemlösungsstrategien und auch auf das Verständnis von Konzepten des Entwicklers aus.

Verschiedene Programmiersprachen bieten in jeweils unterschiedlichem Umfang *unterschiedlich mächtige Sprachkonstrukte* an. Bei der Suche nach einer Problemlösung ist der Entwickler vorrangig auf die programmiersprachenunterstützten Konstrukte angewiesen. Der Entwickler „denkt in der Programmiersprache", die er verwendet. Man kann häufig das interessante Phänomen beobachten, dass auch erfahrene Entwickler, die über einen relativ langen Zeitraum stets mit der gleichen Programmiersprache arbeiten, nur schwer den Zugang zu einer anderen, mächtigeren und produktiveren Sprache finden können, und versuchen, den Einsatz der weniger mächtigen Sprache zu rechtfertigen. Ein erfahrener Entwickler erlernt durch seine Praxis ein Instrumentarium für den Umgang mit den Unzulänglichkeiten „seiner" Programmiersprache. Dies ist ein Wettbewerbsvorteil gegenüber weniger erfahrenen Entwicklern derselben Sprache. Wenn nun eine mächtigere Programmiersprache einen anderen (unter Umständen einfacheren) Lösungsansatz anbietet, ist dieser Wettbewerbsvorteil verloren. Dies ist häufig bei Diskussionen über den Einsatz von objektorientierten versus rein prozeduralen Programmiersprachen zu beobachten. Erfahrene prozedurale Entwickler wenden intuitiv objektorientierte Techniken an und argumentieren, dass sie somit die objektorientierten Sprachkonstrukte nicht benötigen. In den entsprechenden prozeduralen Programmen ist allerdings ein nicht unerheblicher Anteil des Programmcodes Konstrukten gewidmet, die höhere Programmiersprachen als elementare Sprachkonstrukte anbieten, und die in der niederen Sprache immer wieder „neu erfunden" werden müssen.

Ein anderes Beispiel für dieses Phänomen kann auch innerhalb der objektorientierten Sprachen beobachtet werden, wo gewisse *Einschränkungen früherer Sprachen* den Problemlösungsansatz der Entwickler stark beeinflussen. Sprachen wie beispielsweise C++ oder Java bieten ausschließlich statische Klassenhierarchien an, die zur Laufzeit eines Programms nur schwer änderbar sind. Diese Klassenhierarchien sind zudem das einzige Mittel zur Verhaltensbestimmung von Objekten. Die Grundidee einer Klassenhierarchie ist ein Ausdrucksmittel für eine „is-a"-Beziehung (Generalisierung/Spezialisierung). In der realen Programmierung mit Sprachen wie C++ oder Java ist man jedoch häufig gezwungen, Funktionen an eine „möglichst sinnvolle" Stelle innerhalb der Klassenhierarchie zu platzieren, um diese Funktionen den Objekten zur Verfügung zu stellen. Dabei ist die semantische Bedeutung der Generalisierung zweitrangig. Die ursprünglich als Erleichterung bei der Problemlösung vorgesehene Klassenhierarchie führt eher dazu, dass der mögliche Lösungsraum eingeengt wird. Entwickler sind somit gezwungen, eine Lösung zu finden, die die Sprache zulässt, wobei Lösungen, die einer natürlichen Denkweise entsprechen, nicht in Betracht kommen. Ein Entwickler (der beispielsweise C++ verwendet) betrachtet dabei seine Problemlösungen als elegant, empfindet den Aspekt der Generalisierung/Spezialisierung als zweitrangig und sieht auch nicht, dass es andere Lösungen gibt, die von der verwendeten Sprache nicht unterstützt werden.

Einen Schritt zur Verbesserung dieser Situation machen *dynamische Sprachen*, die zum Beispiel eine Änderung der Klassenhierarchie zur Laufzeit unterstützen, um Lebenszyklen von Objekten zu realisieren, oder die objektspezifische Verhaltenserweiterungen zur Behandlung von Sonderfällen ermöglichen.

Die Beispiele illustrieren, wie die Sprache die Ausdrucksweise und somit auch die Denkweise eines Entwicklers bei der Problemlösung beeinflusst. Entwickler und Entscheidungsträger müssen mit den Möglichkeiten und Einsatzgebieten von Programmiersprachen vertraut sein, um bei der Wahl der Sprache eine für ein Projekt fundierte Wahl treffen zu können. Diese Beteiligten sollten über ein aktives Wissen von mindestens fünf (aktuellen) Programmiersprachen verfügen.

4.2.4 Programmgeneratoren und Entwicklungsumgebungen

Softwaresysteme, die aufgrund von formalen Spezifikationen Programmcode erzeugen können, werden als **Programmgeneratoren** (engl.: program generator) bezeichnet.

Ursprünglich wurden Programmgeneratoren insbesondere für die automatisierte Erzeugung von Bildschirmmasken, Menüsystemen und Druckprogrammen verwendet. Heute haben Programmgeneratoren zur Unterstützung der Softwareentwickler in praktisch alle (grafisch orientierten) Programmierumgebungen Eingang gefunden haben.

Eine **Programmierumgebung** oder **Entwicklungsumgebung** (engl.: programming environment, development environment) ist eine Sammlung von Softwarewerkzeugen (engl.: software tool), die zur Entwicklung von prinzipiell beliebiger Software verwendet werden können.

Die Entwicklungsumgebung kann (lediglich) aus einem Texteditor zum Schreiben der Programme, einem Dateiverwaltungssystem, einem Binder und einem Compiler bestehen (siehe Abschnitt 4.2.1). Oder sie kann sich aus einer umfangreichen Bibliothek von integrierten Werkzeugen zusammensetzen, auf die über eine einheitliche grafische Benutzeroberfläche zugegriffen wird (siehe Abb. 4.2.4/1).

Wesentlich bei der Beurteilung und der Auswahl von Programmiersprachen sind also nicht nur die Sprachmerkmale an sich (Erlernbarkeit, Lesbarkeit, Zuverlässigkeit, Effizienz, Ausdrucksfähigkeit usw.), sondern auch die Verfügbarkeit einer angemessenen, leistungsfähigen Programmierumgebung. Beispiele für kommerzielle Programmierumgebungen sind *JBuilder* (von Borland) oder *VisualAge* (von IBM) für die Sprache Java, *VisualWorks* (von Cincom) für die Sprache Smalltalk oder *Visual C++* (von Microsoft) für die Sprache C++. Daneben existiert eine Vielzahl frei verfügbarer Entwicklungsumgebungen wie

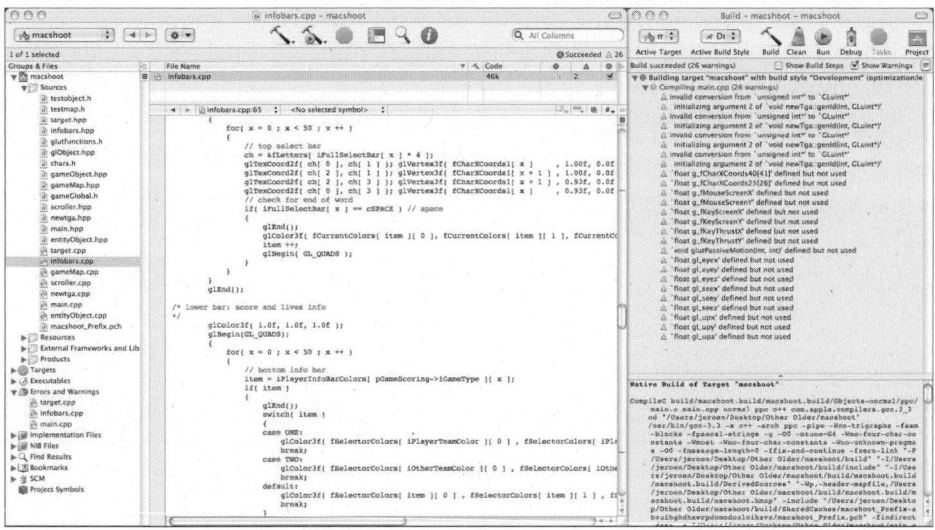

Abb. 4.2.4/1: Beispiel einer Entwicklungsumgebung

zum Beispiel *KDevelop* für C/C++, *NetBeans* für die Sprache Java, *Visual Tcl* für die Sprache Tcl oder *eclipse* (mehrere Programmiersprachen, mehrere Plattformen)

Aufgrund des Bemühens, große Informationssysteme *„ingenieurmäßig"* – also auf Basis einer systematischen Vorgehensweise – und *rechnergestützt* zu entwickeln, entstanden so genannte **CASE**–Systeme (Abkürzung von engl.: computer aided software engineering). Ein CASE-System ist eine **integrierte Softwareentwicklungsumgebung** (engl.: integrated software development environment, abgekürzt *IDE*), die den gesamten Softwarelebenszyklus unterstützt. Die hierfür bereitgestellten Werkzeuge sind speziell aufeinander abgestimmt und verwenden als Grundlage eine *gemeinsame Datenbasis* (engl.: repository).

Die allgemeine *Zielsetzung von CASE-Werkzeugen* besteht darin, Softwareentwicklern durch weitgehend grafische Benutzerschnittstellen während aller Phasen der Softwareentwicklung durchgängig Hilfestellung zu leisten. Dies beginnt bei der IS-Anforderungsanalyse und geht über den Entwurf bis hin zur Implementierung und Softwareintegration, sowie zu den phasenübergreifenden Change-Management- und Testaktivitäten.

So genannte **Upper-CASE**-Werkzeuge (engl.: upper case tool) unterstützen entweder die frühen („oberen") Phasen der IS-Entwicklung oder phasenübergreifende Aktivitäten, wie zum Beispiel das Change-Management.

Upper-CASE-Werkzeuge für den Softwareentwurf erlauben unter anderem die rechnergestützte konzeptionelle Modellierung, beispielsweise mithilfe von Entity-Relationship-, Funktionshierarchie-, Datenflussdiagrammen usw. So genannte **Lower-CASE**-Werkzeuge (engl.: lower case tool) umfassen im Wesentlichen Programmgeneratoren, die aufgrund der erfassten Modelldaten selbstständig einen Teil (zumindest ein Grundgerüst) des benötigten Programmcodes für die gewünschten Anwendungen erzeugen.

Einige bekannte kommerzielle CASE-Systeme mit jeweils unterschiedlichen Schwerpunkten sind beispielsweise *Oracle Designer* (Oracle), *DOORS* (Telelogic), *ERwin* (Computer Associates), *Rational Rose* Produktfamilie (IBM) und *SLATE* (SDRC).

Die am Markt etablierten integrierten CASE-Systeme basieren heute methodisch größtenteils auf einer objektorientierten oder einer strukturierten IS-Entwicklung, bei der die zugrunde liegenden Modelle schrittweise verfeinert und miteinander in Beziehung gesetzt werden.

▶ Übungsaufgabe Nr. 2.4.18 im Arbeitsbuch

4.2.5 Komponententechniken

Im vorhergehenden Abschnitt wurden die verschiedenen Arten von Programmiersprachen einer näheren Betrachtung unterzogen. In diesem Abschnitt sollen nun unterschiedliche *Komponententechniken* im Mittelpunkt stehen, die die Wiederverwendung von Softwarekomponenten ermöglichen und somit die Grundlage für die Erstellung umfangreicher Anwendungen bilden.

4.2.5.1 Objektorientierte Frameworks

Objektorientierte Frameworks (engl.: object-oriented framework, object oriented-component system) entstehen durch die Kombination von Klassen(hierarchien), die gemeinsam einen (relativ) eng umrissenen Problembereich abdecken. Die zugehörigen Klassen können mit verhältnismäßig geringem Zusatzaufwand zur Entwicklung von Programmen eingesetzt werden, die verschiedenartige Aufgaben in dem jeweiligen Bereich lösen.

Objektorientierte Systeme erlauben die Erstellung vorgefertigter Problemlösungen für einen engen Aufgabenbereich, wie beispielsweise die Ansteuerung einer grafischen Benutzerschnittstelle oder von relationalen Datenbanksystemen. Ein Entwickler muss somit nur jene Teile der Benutzerschnittstelle problemspezifisch festlegen ("ausprogrammieren"), die ein für die Anwendung spezialisiertes Verhalten aufweisen sollen.

Zum *Beispiel* hat ein Programmierer, der die Dateiordner einer grafischen Benutzeroberfläche vor unautorisiertem Zugriff schützen muss, im Wesentlichen zwei Möglichkeiten zur Verfügung (wenn objektorientierte Techniken eingesetzt werden sollen):

- Er kann sämtliche Eigenschaften, die die bestehenden Ordner bereits aufweisen (beispielsweise Dateien aufnehmen, den Inhalt löschen, ändern, umsortieren lassen, den Ordner selbst löschen usw.), „von Hand" in allen Einzelheiten nachprogrammieren und zusätzlich mit einem Zugriffsschutz versehen (zum Beispiel mit Kennworten), oder

- er kann ein bestehendes Framework für die Programmierung der grafischen Benutzerschnittstelle erweitern, indem er beispielsweise von einer bestehenden Klasse *Ordner* eine spezialisierte Form *Kennwortordner* ableitet, die über sämtliche Methoden der Klasse *Ordner* verfügt (Vererbung). Anschließend kann für diese neue Klasse die Methode „*Ordner öffnen*" neu definiert werden („Überschreiben von geerbten Methoden"), sodass vom Benutzer ein Kennwort verlangt wird, wenn dieser die Funktion „Ordner öffnen" verwendet.

Die zweite Variante verringert nicht nur den Programmieraufwand und damit die Kosten erheblich, sondern benutzt zudem bereits getesteten Programmcode der übergeordneten Klassen. Sollten diese übergeordneten Klassen durch eine neue Version des Frameworks für die Benutzerschnittstelle zusätzliche oder geänderte Eigenschaften erhalten (beispielsweise optisch attraktivere Fensterrahmen für Ordner), so werden diese neuen Eigenschaften den Instanzen der Klasse *Kennwortordner* über den Weg der Vererbung automatisch verliehen.

Durch die gemeinsame Verwendung von unterschiedlichen Frameworks ist es möglich Anwendungen zu erstellen, die zugleich auf die Fähigkeiten mehrerer Frameworks zurückgreifen. Die Kommunikation zwischen Frameworks unterschiedlicher Hersteller setzt jedoch übergreifende (herstellerunabhängige) Standards voraus, wie sie zum Beispiel von der Standardisierungsorganisation *OMG* (Abkürzung von engl.: Object Management Group) erstellt werden.

4.2.5.2 Microsofts Komponententechniken

> Das **Component Object Model** (COM) ist die von Microsoft verwendete, herstellerspezifische Komponententechnik für Anwendungen auf der Windows-Plattform. COM ist ein Binärstandard, der das Speicherlayout für Komponenten definiert. Jede Komponente, deren Schnittstelle zur Laufzeit ein konformes Speicherlayout anbietet, kann in einem Programm als COM-Komponente angesprochen werden.

Theoretisch ist COM daher programmiersprachenneutral. Praktisch ist es jedoch notwendig, dass für die verwendete Programmiersprache ein Compiler existiert, der eben diese Strukturen erzeugen kann. Aus diesem Grund können COM-Komponenten nicht ohne zusätzlichen Aufwand in einer beliebigen Programmiersprache erstellt werden. Derzeit ist die Entwicklung von COM-Komponenten beispielsweise in *Visual C++*, *Visual Basic* oder *Delphi* möglich.

Durch die Unterstützung von C können auch Programmiersprachen für die Entwicklung von COM-Komponenten benutzt werden, die durch C-Code (beziehungsweise C++-Code) erweitert werden können. So existiert beispielsweise für die Programmiersprache Tcl eine Open-Source-Software namens

TCOM, die es ermöglicht, auch in Tcl COM-Komponenten zu erstellen oder von Tcl aus auf beliebige COM-Komponenten zuzugreifen (siehe auch Kapitel 7 dieses Bandes).

COM ist heute in zahlreichen Microsoft-Techniken inkludiert. Die folgenden Ausführungen versuchen, die Zusammenhänge und Unterschiede dieser Techniken zu erläutern. COM wurde für die Realisierung von *OLE* (Abkürzung von engl.: object linking and embedding) zum ersten Mal in einem umfangreicheren Vorhaben eingesetzt. OLE ist eine Technik, die es erlaubt, Objekte aus verschiedenen Anwendungen (zum Beispiel aus einer Textverarbeitung, einer Tabellenkalkulation oder einem Zeichenprogramm) in ein gemeinsames Dokument einzubetten und zu bearbeiten.

Verschiedene COM-Komponenten können direkt über Funktionsaufrufe miteinander interagieren, solange sie sich auf dem selben Rechner befinden. Um die Interaktion von verteilten COM-Komponenten zu ermöglichen, wurde **DCOM** (Abkürzung von engl.: distributed COM) entwickelt (Abb. 4.2.5.2/1). Als Kommunikationsmechanismus für DCOM-Komponenten kommt ein RPC-Mechanismus (mehr dazu in Kapitel 7 dieses Bandes) zum Einsatz.

Mit dem so genannten **Microsoft Transaction Server** (MTS) wurde aufbauend auf DCOM eine weitere Schicht definiert, die zusätzliche Dienste für die Entwicklung von verteilten (und lokalen) Applikationen verfügbar macht, wie

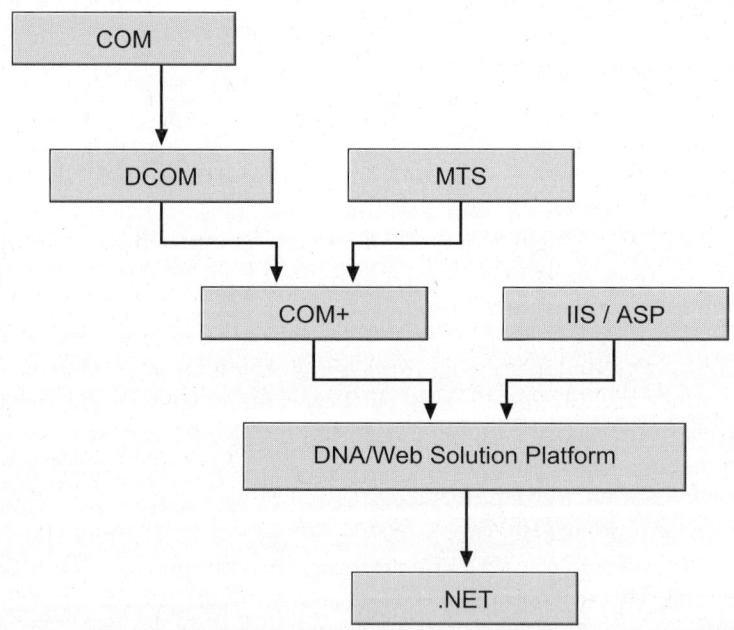

Abb. 4.2.5.2/1: Microsofts Komponententechniken

zum Beispiel die Unterstützung von Transaktionen und einen verbesserten Sicherheitsmechanismus. Zusammen mit MTS wurde die so genannte *„attribut-basierte Programmierung"* von Microsoft eingeführt. Hierbei handelt es sich im Wesentlichen um eine Technik, beziehungsweise um eine zusätzliche Schicht – die so genannte „Interception-Schicht" – die zur Laufzeit Funktionsaufrufe an Programmiersprachenobjekte abfängt, und die Ausführung weiterer Funktionen vor und/oder nach dem gewünschten Funktionsaufruf ermöglicht (von Microsoft auch als „pre-processing" und „post-processing" bezeichnet). Der Name „attributbasiert" rührt daher, dass für jeden MTS-Aufruf Attribute (Metadaten) bezüglich der Ausführung der entsprechenden Funktion angegeben werden können, wie beispielsweise „Transaktionsunterstützung benötigt ja/nein", die von MTS genutzt werden.

MTS ist jedoch eine *zusätzliche* Schicht und wurde nicht gut mit COM integriert. Dieser Umstand äußert sich unter anderem darin, dass COM und MTS jeweils unterschiedliche Programmiermodelle voraussetzen und verschiedene Laufzeitumgebungen benötigen. Zudem können viele gültige COM-Programmiertechniken für MTS-Anwendungen nicht eingesetzt werden, da sie hier nicht korrekt funktionieren. Um diese Inkompatibilitäten zu beseitigen, wurde zusammen mit Windows 2000 COM+ eingeführt.

COM+ integriert die – aus Microsofts Sicht – besten Eigenschaften von COM und MTS zu einem gemeinsamen, neuen Modell. COM+ schreibt wie COM ebenfalls ein bestimmtes Speicherlayout der Komponenten vor und verwendet RPC für die Kommunikation von Komponenten. Von MTS hat COM+ unter anderem die verbesserten Sicherheitseigenschaften sowie die Unterstützung von Transaktionen übernommen. Daneben definiert COM+ auch zusätzliche Eigenschaften wie beispielsweise die so genannten *„Queued Components"*. Diese Queued-Components ermöglichen eine asynchrone Kommunikation zwischen zwei Komponenten und stellen somit einen Dienst zur Verfügung, der zum Beispiel durch asynchrone CORBA-Aufrufe bereits seit längerem zur Verfügung stand (siehe auch dazu Abschnitt 7.2.3).

Der *Internet Information Server (IIS)* ist das Webserverprodukt von Microsoft. Über die Programmierschnittstelle dieses Servers (*ISAPI*, Abkürzung von engl.: Internet Server API) können Web-Applikationen mit serverseitiger Programmlogik erstellt werden. Alternativ dazu können so genannte *Active Server Pages (ASP)* verwendet werden, um derartige Anwendungen zu erstellen. Das ASP-Framework ist wiederum eine Erweiterung von ISAPI, die insbesondere die Entwicklung von serverseitigen Web-Applikationen mit Visual Basic vereinfachen soll. Um auch komplexe Funktionalität (wieder)verwenden zu können, wurden Schnittstellen zwischen ASP und COM+ geschaffen. Auf diese Weise können ASP-basierte Anwendungen auf COM+-Komponenten zugreifen.

Die verstärkte Konkurrenz im Bereich der Entwicklung verteilter Internet-Anwendungen durch andere Techniken wie Java, Enterprise JavaBeans oder CORBA, hat die Firma Microsoft veranlasst, alle ihre Produkte und Techniken zur Entwicklung verteilter internetbasierter Anwendungen unter dem Namen

Distributed InterNet Applications Architecture *(DNA)* zusammenzufassen. Microsoft DNA bildet damit ein gemeinsames Dach für die vorher genannten Techniken, mit wiederum zusätzlichen Erweiterungen, die mit dem Microsoft-Internet-Browser verwendet werden können. Wie bereits erwähnt wurde der Name DNA jedoch aus Marketingüberlegungen heraus eingeführt, um den „jungen" Konkurrenztechniken einen ebenfalls „jungen" Namen entgegenzusetzen. Aus vermutlich ähnlichem Grund wurde Microsoft DNA im Jahr 2001 in *Microsoft Web Solution Platform* umbenannt, da man besonders die Eignung für web-basierte Anwendungen unterstreichen wollte.

Die jüngste Entwicklung von Microsoft in dieser Reihe ist .NET (gesprochen Dotnet). Diese Plattform ist als Weiterentwicklung der Web Solution Platform vorgesehen. Das Ziel von .NET liegt laut Microsoft darin, eine Plattform für die Erstellung von Web-Anwendungen zu schaffen, die auf *offenen Standards* beruht. Aus diesem Grund hat Microsoft eine Standardisierung von .NET durch die *ECMA* (Abkürzung von engl.: European Computer Manufacturers Association) angestrebt. Die ECMA erteilte die Ratifizierung und leitete die Standards an die *International Organization for Standardization* (ISO) weiter. Diese hat im Jahr 2003 die Standards ISO/IEC 23270 (C#), ISO/IEC 23271 (CLI) und ISO/IEC 23272 (CLI TR), die die Grundlage von .NET bilden, verabschiedet.

Im Zuge der .NET-Initiative wurden zudem bereits die ehemals als Microsoft *Back-Office* bekannten Produkte pauschal unter dem Namen „*.NET Enterprise Server*" zusammengefasst. Hierzu zählen unter anderem Microsoft *SQL Server*, *Exchange Server* und *Commerce Server*.

Speziell für .NET entwickelte Programme werden in einen programmiersprachenunabhängigen Zwischencode (Microsoft Intermediate Language) – vergleichbar mit Java-Bytecode – übersetzt. Dieser Zwischencode kann dann prinzipiell auf jeder Plattform ausgeführt werden, für die ein entsprechender Interpreter/Compiler zur Verfügung steht. Diese Laufzeitumgebung für .NET-Programme wird von Microsoft *Common Language Runtime (CLR)* genannt.

COM+-Komponenten können über so genannte *Wrapper* in .NET-Komponenten verwendet werden. Zudem können auch speziell für .NET entwickelte Komponenten über den gleichen Mechanismus als COM+-Komponenten genutzt werden.

Ursprünglich wurde .NET nur von dessen Entwickler Microsoft unterstützt. Mittlerweile gibt es einige Open-Source-Projekte, die eine freie Implementierung einer .NET-Entwicklungsumgebung bieten. Das Mono-Projekt (http://www.go-mono.com) wird unter anderem von der Firma Novell unterstützt und bietet zum Beispiel einen C#-Compiler, eine *Common Language Runtime* (CLR) für die *Common Language Infrastructure (CLI)* und eine Reihe von Klassenbibliotheken an. Das *DotGNU-Projekt* (http://dotgnu.org) stellt eine weitere Open-Source-Implementierung einer Entwicklungsumgebung für .NET dar.

4.2.5.3 Java-basierte Komponententechniken

Für Java-basierte Anwendungen existieren *zwei Arten von Komponententechniken,* die ausschließlich Java-spezifische Konstrukte und Mechanismen verwenden:

- **JavaBeans** ist eine Komponententechnik, die für die Erstellung von klientenseitigen Komponenten vorgesehen ist. JavaBeans werden in der Regel eingesetzt, um die Präsentationslogik einer (verteilten) Anwendung zu implementieren. JavaBeans werden in einem so genannten *Container*, wie zum Beispiel einem Java-Applet oder einem Java-Programm, ausgeführt. Ein Java-Programm kann zur Laufzeit Eigenschaften von JavaBeans (wie beispielsweise die Namen der exportierten Methoden) abfragen, wodurch diese Komponenten beispielsweise leicht in einen Interface-Builder eines Drittherstellers integriert werden können.

- **Enterprise JavaBeans** *(EJB)* stellen eine Erweiterung des JavaBeans-Konzepts zur Entwicklung serverseitiger Komponenten dar. EJBs werden allerdings in einer eigenen Spezifikation definiert, die nicht auf der JavaBeans-Spezifikation aufbaut. EJBs werden eingesetzt, um die Anwendungslogik einer verteilten Anwendung zu implementieren. Da sie serverseitig zum Einsatz gelangen, besitzen EJBs keine (eigene) grafische Schnittstelle. Um korrekt ablaufen zu können, benötigen EJBs eine spezielle Laufzeitumgebung (einen Container), die ihnen den Zugriff auf bestimmte Dienste wie zum Beispiel einen Transaktionsdienst oder einen Persistenzdienst ermöglicht (Abb. 4.2.5.3/1).

Bei der Entwicklung verteilter Anwendungen mit JavaBeans und EJBs können sowohl die Java-spezifische RPC-Realisierung *RMI* (Abkürzung von engl.: remote method invocation) als auch CORBA zur Kommunikation zwischen mehreren EJBs eingesetzt werden.

Anders als Microsofts COM-Komponenten definieren JavaBeans kein spezifisches Speicherlayout für die Komponentenschnittstelle. Stattdessen werden JavaBeans nach ihrer Entwicklung in einen plattformunabhängigen Bytecode übersetzt. In diesem Sinne sind JavaBeans binäre Black-Box-Komponenten, da sie direkt ausführbar sind und ihr Quellprogramm in der Regel nicht unmittelbar verfügbar ist.

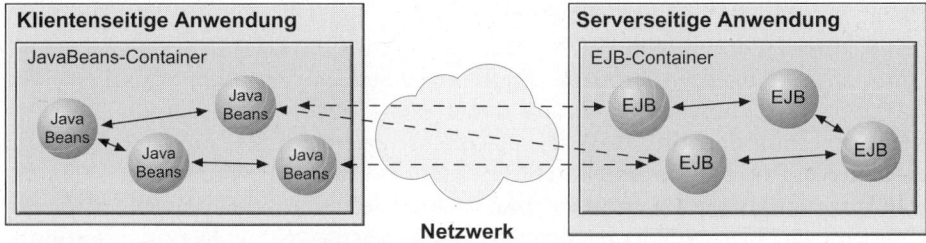

Abb. 4.2.5.3/1: JavaBeans und Enterprise JavaBeans

JavaBeans erweitern das *Java Development Kit* (JDK) um eine Programmierschnittstelle für die Entwicklung von Java-spezifischen Komponenten. Die Java-Beans-Schnittstelle ist Bestandteil des JDK. Da JavaBeans für die Entwicklung der klientenseitigen Komponenten einer verteilten Anwendung vorgesehen sind, sind sie im Vergleich zu EJBs in der Regel eher feingranular und wenig umfangreich. Auf der Programmiersprachenebene werden „normale" Java-Klassen für die Erstellung von JavaBeans verwendet, das heißt, es gibt weder ein bestimmtes Schlüsselwort, das JavaBeans kennzeichnet, noch eine bestimmte Superklasse, von der JavaBeans abgeleitet werden müssen.

JavaBeans ermöglichen unter anderem auch die so genannte *Introspektion* (engl.: introspection). Dies ist ein Mechanismus zur Abfrage der Schnittstelle zur Laufzeit des Programms. Die so genannte BeanInfo-Klasse ist eine spezielle Klasse, die durch den Entwickler erstellt werden muss und zur Laufzeit Information über die Schnittstelle der zugehörigen JavaBeans für die Introspektion verfügbar macht.

EJBs sind besonders für die Implementierung einer Geschäftslogik vorgesehen. Daher stellt eine EJB-Laufzeitumgebung (ein EJB-Container) bestimmte Dienste zur Verfügung (zum Beispiel einen Transaktionsdienst oder Sicherheitsmechanismen), die der Entwickler nicht mehr selbst implementieren muss und sich somit verstärkt auf die Lösung des Anwendungsproblems konzentrieren kann.

Über eine Netzwerkverbindung sind EJBs über das so genannte „remote interface" zugreifbar. In diesem „remote interface" sind alle Methoden enthalten, die die von dieser EJB extern angebotene Anwendungslogik repräsentieren. Damit eine Klientensoftware mit einer serverseitigen EJB interagieren kann, sendet der EJB-Server ein so genanntes *Proxyobjekt* an die klientenseitige Anwendung. Ein solches Proxyobjekt stellt die gleiche Schnittstelle zur Verfügung wie das „remote interface" der zugehörigen EJB. Die klientenseitige Anwendung greift sodann auf dieses lokale Proxyobjekt zu, welches wiederum auf die EJB-Komponente des Serverrechners zugreift. Durch dieses Vorgehen greift ein Klientenprogramm ausschließlich auf das Proxyobjekt zu, ohne dass es berücksichtigen muss, dass sich die zugehörige EJB-Komponente auf einem entfernten Server befindet.

Java und die zugehörigen Komponententechniken werden außer von *Sun Microsystems* unter anderem auch von *Oracle* und *IBM* unterstützt. Diese Unterstützung hat zum Teil auch marktpolitische Hintergründe. Java und die zugehörigen Techniken sollen hierbei als Gegengewicht zu den von Microsoft definierten Techniken fungieren.

In Konkurrenz zu Microsofts .NET bietet Sun Microsystems **ONE** (Abkürzung von engl.: Open Net Environment) als Plattform zur Entwicklung von Web-Applikationen auf Java-Basis an. Ebenso wie bei .NET soll auch ONE auf offenen Internet-Standards wie HTTP, XML oder SOAP aufbauen. ONE stellt eine Infrastruktur zur Erstellung von web-basierten Anwendungen zur Verfügung, die aus verschiedenen Diensten, wie beispielsweise Kommunikations-, Sicherheits- oder Namensdiensten besteht.

Die Grundlage für ONE bildet eine so genannte *Service Platform*, die den darauf aufbauenden Diensten den Zugriff auf das zugrunde liegende Betriebssystem und/oder die verfügbare Hardware ermöglicht. Eine Web-Applikation in ONE wird als Makro-Service (oder Composite-Service) bezeichnet. Ein solcher Makro-Service besteht wiederum aus einer Reihe von Mikro-Services. Jeder Mikro-Service wird im Wesentlichen durch eine abgeschlossene Komponente mit einer klar definierten und relativ überschaubaren Funktionalität repräsentiert. Mikro-Services können zum Beispiel in Form von Java-Servlets oder EJBs implementiert sein.

Die *Service Platform* von ONE fungiert als Abstraktionsschicht für die grundlegenden ONE-Dienste und die darauf aufbauenden Web-Anwendungen. Das heißt, Anwendungen für ONE sind plattformunabhängig, da sie prinzipiell auf allen Betriebssystemen ablaufen können, für die eine Implementierung der *Service Platform* verfügbar ist. Da die gesamte Architektur von ONE jedoch sehr stark auf die Sprache Java ausgerichtet ist, sind Entwickler bei der Erstellung von web-basierten Anwendungen mit ONE an die Verwendung von Java gebunden.

4.2.5.4 Herstellerunabhängige Ansätze

Die in den vorhergehenden Abschnitten vorgestellten Komponentenansätze sind herstellerabhängig, da die zugrunde liegenden Techniken jeweils als das Eigentum von Microsoft beziehungsweise Sun Microsystems betrachtet werden. An der Fortentwicklung der Java-Techniken sind zwar neben Sun auch viele weitere Firmen (vor allem IBM) beteiligt, dennoch steht Java auch weiterhin unter der Kontrolle von Sun Microsystems. Dies bedeutet, dass dieses Unternehmen auch den Umfang der aktuellen Version der Sprache festlegt.

Neben den oben erwähnten Ansätzen gibt es eine Reihe herstellerunabhängiger Komponententechniken, die teils sprachspezifisch und teils programmiersprachenunabhängig sind. Beispielhaft für sprachspezifische Komponententechniken sollen hier die von den Sprachen Perl und Tcl angebotenen Konzepte genannt werden:

- **Perl-Modules** repräsentieren eine Technik zur Entwicklung von Komponenten, die in Perl-Programmen wiederverwendet werden können. Perl-Modules können entweder in der Sprache C oder in Perl selbst entwickelt werden. Standard-Perl-Module können über das Internet aus dem so genannten *Comprehensive Perl Archive Network (CPAN)* bezogen werden. Zudem werden sie in der Regel auch direkt von den jeweiligen Entwicklern über eine Webseite bereitgestellt.

- **Tcl-Packages** stellen einen Mechanismus zur Erstellung von Komponenten zur Verfügung, die in beliebigen Tcl-Programmen wiederverwendet werden können. Tcl-Packages können in der Sprache C oder in Tcl selbst implementiert werden. Einige Tcl-Packages sind in der Tcl-Distribution enthalten, weitere können über das Internet aus dem *Tcl/Tk Contributed Sources Archive* bezogen werden. Daneben existiert aber noch eine große Menge weiterer Webseiten, die Tcl-Packages über das Internet bereitstellen.

Ähnliche sprachspezifische Komponententechniken gibt es beispielsweise für die Programmiersprachen Python, Ruby oder JavaScript. Des Weiteren existieren für verteilte Systeme (siehe Kapitel 7 dieses Bandes) sehr allgemeine Komponentenansätze, die sowohl hersteller- als auch weitgehend programmiersprachenunabhängig sind und zudem noch über Rechnernetze genutzt werden können.

- Das **CORBA Component Model** *(CCM)* wurde von der *OMG* (Abkürzung von engl.: Object Management Group) spezifiziert und ist stark an die in Abschnitt 4.2.5.3 erwähnten Enterprise JavaBeans angelehnt. Der wichtigste Unterschied zu den EJBs besteht darin, dass die Schnittstellen von CCM-Komponenten programmiersprachenunabhängig in einer *Schnittstellendefinitionssprache* (engl.: interface definition language, abgekürzt: IDL) der OMG definiert werden. Auf diese Weise können CCM-Komponenten prinzipiell in einer beliebigen Programmiersprache erstellt werden, für die eine Implementierung für die Schnittstellenbeschreibungssprache vorliegt. Zur Kommunikation zwischen CCM-Komponenten gelangt CORBA zum Einsatz (siehe Abschnitt 7.3.2).

- Eine weitere Verallgemeinerung stellen Web-Services dar, die in eine serviceorientierte Architektur eingebunden sind. Die Basiskomponente stellt dabei das **Simple Object Access Protocol** *(SOAP)* dar, das als Mechanismus zum Austausch strukturierter und getypter Information in der Form von XML über das Internet dient. Die **Web Service Definition Language** *(WSDL)* ist eine Sprache zur Beschreibung dieser über SOAP bereitgestellten Dienste. Der Standard **UDDI** (Abkürzung von engl.: universal discovery description and integration) wurde entworfen, um einen Verzeichnisdienst für Web-Services zu realisieren. Über UDDI können Dienste veröffentlicht, gesucht und automatisiert aufgerufen werden. Eine ausführlichere Beschreibung der hier genannten Standards finden Sie im Abschnitt 7.2.4.

▶ Übungsaufgabe Nr. 2.4.19 im Arbeitsbuch

4.3 Marktsituation und Entwicklungstendenzen

4.3.1 Betriebssysteme

In diesem Abschnitt erhalten Sie einen Überblick über verbreitete Betriebssysteme. Die bedeutendsten Vertreter mit der größten installierten Basis auf Arbeitsplatzrechnern und Serversystemen sind die Microsoft-Betriebssysteme und die UNIX-basierten Betriebssysteme (dazu gehört auch Linux). Anschließend stellen wir noch die wichtigsten weiteren Betriebssysteme vor, die in ihren Einsatzbereichen keineswegs weniger bedeutend sind. Die später genannten

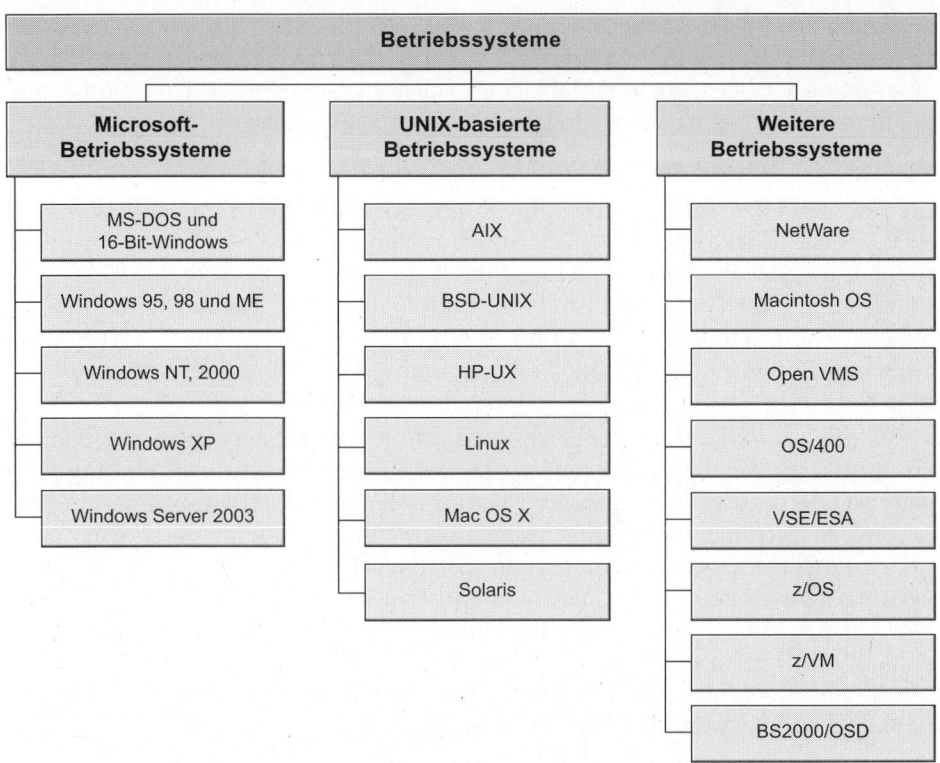

Abb. 4.3.1/1: Übersicht über die vorgestellten Betriebssysteme

Betriebssysteme sind zwar zahlenmäßig weniger verbreitet, doch betreiben zahlreiche große Institutionen ihre wichtigsten Anwendungen auf entsprechenden Betriebssystemen (wie beispielsweise z/OS).

4.3.1.1 Microsoft-Betriebssysteme

MS-DOS und 16-Bit-Windows

Ursprünglicher Auftraggeber für die Erstellung des 16-Bit-Betriebssystems *MS-DOS* (Abkürzung von engl.: Microsoft Disk Operating System) war die Firma IBM, die Ende der 1970er Jahre für den IBM-PC ein einfaches Betriebssystem suchte.

Aufgrund des sich abzeichnenden Trends zu grafisch orientierten Benutzeroberflächen entwickelte Microsoft Mitte der 1980er Jahre das Produkt *Windows*. Windows setzt auf MS-DOS auf und stellt eine *grafische* Benutzeroberfläche zur Verfügung. Erst mit Windows 3.x (dies umfasst Windows 3.0, 3.1 und 3.11), das 1990 eingeführt wurde, stellte sich ein durchschlagender Erfolg am Markt ein. Innerhalb von zwei Jahren konnten zehn Millionen Exemplare verkauft werden. Allein bis Sommer 1995 wurden ungefähr 90 Millionen Personalcomputer mit vorinstalliertem Windows ausgeliefert. Durch den enormen Absatzerfolg von MS-DOS und der darauf basierenden Benutzeroberfläche *Windows* ist Microsoft innerhalb eines Jahrzehnts zu einem der größten und profitabelsten US-amerikanischen Unternehmen geworden.

Windows 95, 98 und Me

Im Sommer 1995 führte Microsoft mit gigantischem Werbeaufwand *Windows 95* auf dem Markt ein. Im Gegensatz zum Vorgänger MS-DOS/Windows verfügte Windows 95 über die Möglichkeit, gleichzeitig mehrere MS-DOS-Programme, 16-Bit-Windows- und 32-Bit-Windows-Programme ablaufen zu lassen. 16-Bit-Windows-Programme sind auf kooperatives Multitasking angewiesen, während 32-Bit-Windows-Programme mittels präemptivem Multitasking ausgeführt werden.

Windows 95 erhielt im Vergleich zur Version 3.x eine neue grafische Benutzeroberfläche, die die Bedienung weiter vereinfachen sollte. In Windows 95 gehörten Netzwerkfunktionen bereits zum normalen Installationsumfang. Eine besonders stark beworbene Eigenschaft von Windows 95 lag im so genannten „*Plug and Play*", dem automatischen Erkennen von im Personalcomputer eingebauter Hardware und automatischem Installieren der entsprechenden Treiber. Die entsprechende Funktionalität konnte die angestrebten Ziele zu Beginn jedoch nur eingeschränkt erfüllen und wurde im Wesentlichen erst durch den Nachfolger *Windows 98* und das im Jahr 2000 veröffentlichte *Windows Me* (von engl.: Millennium Edition) zur Reife gebracht.

Im Unterschied zu dem nachfolgend beschriebenen Betriebssystem Windows NT sind bei Windows 95 und seinen Nachfolgern im laufenden Betrieb nicht alle Teile des Betriebssystems und der Applikationen voreinander geschützt, sodass – wie bei Windows 3.x – der Fall eintreten kann, dass eine fehlerhaft programmierte Anwendung zum Absturz des gesamten Betriebssystems und aller aktuell ausgeführten Anwendungen führt. Windows 95 benutzt wie MS-DOS das Dateiverwaltungssystem *FAT* (Abkürzung von engl.: file allocation table), wobei – für Windows erstmalig – Dateinamen mehr als elf Zeichen umfassen können.

Aufgrund von OEM-Verträgen zwischen Microsoft und den großen PC-Herstellern werden die meisten verkauften *Personalcomputer mit Intel- oder AMD-Prozessoren* zusammen mit einer Version von Windows ausgeliefert. Die entsprechenden Kosten werden hierbei häufig nicht gesondert aufgeführt, sondern in den Hardwarepreis eingerechnet.

Windows NT, 2000

Das Betriebssystem *Windows NT* (Abkürzung von engl.: new technology) ist keine Fortentwicklung von Windows 3.x oder Windows 95, sondern entstand als völlig neues 32-Bit-Betriebssystem, das ursprünglich auf unterschiedliche Prozessorarchitekturen portiert werden sollte. Windows NT existiert zwar in verschiedenen Versionen, die auf mehreren Prozessorarchitekturen lauffähig sind, außer mit Intel-80x86/Pentium-Prozessoren wurde es jedoch kaum einge-setzt. Windows 2000 ist nur für die Intel-Architektur verfügbar.

Sowohl die Server- als auch die Arbeitsplatzrechnerversion dieses Betriebssys-tems bieten im Gegensatz zu Windows 9x und Me einen Zugriffskontrollme-chanismus, der den Schutz von Dateien und Rechnerressourcen ermöglicht. Ver-gleichbar mit den meisten UNIX-Systemen muss sich der Benutzer zunächst mit einem gültigen Kennwort authentifizieren. Neben dem Dateiverwaltungssystem FAT unterstützt das Betriebssystem NT zusätzlich das Dateisystem *NTFS* (Abkürzung von engl.: NT file system). NT war das erste SMP-fähige Micro-soft-Betriebssystem.

Aus Marketinggründen wurde die erste Version dieses neuen Betriebssystems von Microsoft 1993 unter dem Namen *Windows NT 3.5* am Markt in zwei Versionen eingeführt: einer Serverversion und einer Arbeitsplatzrechnerversion. Windows NT wurde bis zur Version 4.0 (Service Pack 6a) weiterentwickelt und kam vor allem in kleinen lokalen Netzen als Arbeitsgruppenserver für andere Windows-Rechner zum Einsatz. Als Nachfolger von Windows NT wurde im Jahr 2000 das Betriebssystem Windows 2000 eingeführt. Windows 2000 liegt wiederum in vier verschiedenen Varianten vor:

- *Windows 2000 Professional* ist der Nachfolger der Arbeitsplatzrechnerver-sion von Windows NT und kann als Klient für die zugehörigen Windows-Ser-ver eingesetzt werden.
- *Windows 2000 Server* ist der Nachfolger der Serverversion von Windows NT und stellt grundlegende Serverfunktionen zur Verfügung, wie zum Beispiel Datei- und Druckdienste.
- *Windows 2000 Advanced Server* wird von Microsoft als besonders geeignet für geschäftskritische und E-Commerce-Anwendungen beworben.
- *Windows 2000 Datacenter Server* ist als Windows-Version für Rechenzentren positioniert, die den Verfügbarkeitsgrad von Anwendungen erhöht.

Nach Einschätzung der *Giga Information Group* erreichen die Windows-2000-Produkte im Vergleich zu Windows NT zwar ein besseres Betriebsverhal-ten, haben aber noch nicht die Stabilität von UNIX-basierten Systemen oder von Großrechnerbetriebssystemen, die vielfach in Rechenzentren zum Einsatz gelangen.

Windows XP

Im Jahr 2001 wurden die zuvor getrennten Microsoft-Betriebssysteme für Arbeitsplatzrechner zusammengefasst. Die Systeme Windows 2000 Professional und Windows Me wurden hierbei durch den gemeinsamen Nachfolger *Wind-ows XP* (XP steht für engl.: experience) ersetzt. Windows XP verzichtet dabei völlig auf das alte DOS-Fundament und arbeitet nur mehr auf Basis eines 32-Bit-Systems.

Microsoft bietet *Windows XP* in zwei Versionen an: zum einen als so genannte *Home Edition*, die den Nachfolger von Windows 9x/Me darstellt, zum anderen als *Professional Edition*, ein Nachfolger von Windows 2000 mit erweiterter Netzwerkfunktionalität. Daher wird die Professional Edition vorzugsweise in mittleren und größeren Netzwerken eingesetzt. Windows XP bietet viele Neuerungen im Bereich der Benutzerfreundlichkeit, so gibt es zum Beispiel zahlreiche Assistenten für die Administration und Verwaltung des Systems. Microsoft hat auch einen Schwerpunkt auf die Integration von Audio- und Videomedien in XP gelegt. Der Windows-eigene *Media Player* unterstützt dabei auch die Rechteverwaltung von Audio- und Videodateien mithilfe eines Systems zur *Rechteverwaltung für digitale Güter* (engl.: digital rights management system, abgekürzt: DRM).

Nach einer Kartellrechtsentscheidung der EU-Kommission vom März 2004 hat Microsoft (unter anderem) mit der Integration des *Windows Media Player* jedoch einen „Missbrauch seines Quasi-Monopols (Artikel 82 EG-Vertrag)" begangen und „gegen die EG-Wettbewerbsregeln verstoßen". Neben Produktauflagen für den weiteren Vertrieb des Betriebssystems (zum Beispiel: Offenlegung von Schnittstellen und Anbieten einer Windows Version ohne *Windows Media Player*) wurde Microsoft mit einer Geldstrafe von 497,2 Millionen Euro belegt. Obwohl dies die bis zu diesem Zeitpunkt höchste von der EU verhängte Geldstrafe war, ist die EU-Kommission hiermit deutlich am unteren Rand dessen geblieben, was als Strafe möglich gewesen wäre. Die EU-Gesetze erlauben eine Strafe in Höhe von bis zu zehn Prozent des weltweiten Jahresumsatzes.

Windows XP ermöglicht den *Mehrbenutzerbetrieb*. Dazu werden jeweils eigene Speicherbereiche für die jeweiligen Benutzer reserviert, die auf Wunsch auch voneinander abgeschottet werden können. Es besteht für einen Benutzer die Möglichkeit, zwischen mehreren Benutzerkennungen hin- und her zu wechseln, ohne laufende Programme beenden zu müssen. Windows XP verfügt zusätzlich über Mechanismen, die das System vor unsachgemäßer Verwendung schützen. Zudem können über so genannte Wiederherstellungspunkte bei Problemen mit beispielsweise neu installierten Treibern ältere Konfigurationszustände wieder hergestellt werden. Weiters bietet Windows XP gegenüber den Vorgängerversionen eine verbesserte Hardwareerkennung.

Umstritten bei der Einführung von Windows XP war die Notwendigkeit zur (Online-)Aktivierung des Betriebssystems, die unabhängig von dessen Registrierung erfolgt. Der Benutzer eines neu installierten Windows-XP-Betriebssystems muss dabei innerhalb von 30 Tagen eine Art *Installations-ID* an Microsoft übermitteln, die sein System eindeutig identifiziert. Ohne Aktivierung startet Windows XP nach 30 Tagen nicht mehr. Diese Aktivierung soll verhindern, dass eine Lizenz auf mehreren Rechnern zum Einsatz gebracht wird.

Der Nachfolger von Windows XP, der unter der internen Bezeichnung *Windows Longhorn* entwickelt wird, soll 2006 in sieben verschiedenen Versionen erscheinen, die von Versionen für den privaten Gebrauch bis zu Versionen für Klein- und Mittelbetriebe reichen.

Windows Server 2003

Im Jahr 2003 hat Microsoft eine neue Generation seiner Serversoftware unter dem Namen *Windows Server 2003* vorgestellt, die in unterschiedlichen Ausgaben als Web-, Standard-, Enterprise- und Datacenter-Edition bezeichnet werden. Es handelt sich dabei um die Servervariante von Windows XP und somit um die Nachfolger der Serverversionen von Windows 2000.

Windows XP und Windows Server 2003 bauen zwar auf der gleichen Codebasis auf, letzterer weist aber viele Detailänderungen für den Serverbetrieb auf. Windows Server 2003 bietet vor allem zusätzliche (Server-)Dienste an, beispielsweise die zentralisierte Benutzerverwaltung in einer Datenbank über einen Verzeichnisdienst. Benutzer können darüber authentifiziert und Gruppen zugeordnet werden. Dieser Verzeichnisdienst wird von Microsoft als *Active Directory* bezeichnet und ermöglicht es, Benutzer in so genannten *Domänen* zu verwalten. Das Active Directory kam schon im Windows 2000 Server zum Einsatz, wurde aber für Windows Server 2003 weiterentwickelt. Gegenüber Windows NT, bei dem die Rolle eines Servers bereits bei der Installation festgelegt werden musste, kann bei Windows Server 2003 diese zu einem späteren Zeitpunkt geändert werden. So kann man einem Server, der zum Beispiel als *Domänencontroller* installiert wurde, während des Betriebs zusätzlich die Rolle eines Datei- oder Druckservers übertragen.

Eine weitere Neuerung stellt die Möglichkeit dar, von jedem freigegebenen Verzeichnis vom System (automatisiert) Kopien anfertigen zu lassen. Dies bietet geeigneten Klientenprogrammen die Möglichkeit, auf ältere Stände der Dateien zurückzugreifen und somit versehentlich gelöschte oder überschriebene Dateien wiederherzustellen. Microsoft bietet mit Windows Server 2003 auch eine verbesserte Version seines Webservers *Internet Information Server (IIS6)* an.

4.3.1.2 UNIX-basierte Betriebssysteme

Die Entwicklung des Betriebssystems *UNIX* begann 1969 in den Bell Laboratories des US-amerikanischen Telekommunikationskonzerns AT&T. UNIX wurde als erstes Betriebssystem in einer höheren Programmiersprache, der Sprache C, entwickelt. Es basiert auf einer Schichtenarchitektur und ist weitgehend hardwareunabhängig. UNIX ist ein eingetragener Markenname der *X Open Group* und wird heute als generischer Name für eine Vielzahl von Betriebssystemen verwendet, die mehr oder minder direkt von dem ursprünglichen System abstammen. Dazu gehören beispielsweise die herstellerspezifischen Varianten *AIX* (IBM), *HP-UX* (Hewlett-Packard), *Solaris* (Sun Microsystems) und *True64 UNIX* (Hewlett-Packard, vormals Compaq), sowie die Open-Source-Produkte *Linux* und die *BSD-UNIX-Familie*.

Die *unterste Schicht* ist der so genannte *Betriebssystemkern* (engl.: operating system kernel). Darüber liegt die Schicht der *Benutzerprozesse*, die einerseits über die Datenstationen mit den Benutzern kommunizieren, bestimmte Aufträge an den Kern erteilen und ihrerseits von diesem überwacht werden. Zu den Benutzerprozessen gehören nicht nur die Anwendungsprogramme, sondern auch der UNIX-Kommando-Interpreter (die so genannte Shell) und die Dienstprogramme wie zum Beispiel Softwareentwicklungswerkzeuge.

Die *Shell* bildet die *Kommandoschnittstelle*, über die Benutzer alle Dienste des Systems aufrufen können. Die Bedienung der Shell kann entsprechend speziellen Benutzerbedürfnissen gestaltet werden, zum Beispiel auf konventionelle Weise durch Eintippen der Kommandos, menügesteuert oder mithilfe grafischer Oberflächen. *Stärken* von UNIX sind beispielsweise die weitgehend standardisierte hierarchische Dateiverwaltung, das Prozesskonzept, das breite, jederzeit vom Benutzer erweiterbare Angebot an Dienstprogrammen, die explizite Auslegung als Netzwerkbetriebssystem, seine Stabilität, sowie die Portabilität (Hardware- und Herstellerunabhängigkeit). Weil nur die unterste Schicht (Hardwareschnittstellen, Gerätetreiber) an die jeweilige Maschinenkonfiguration angepasst werden muss, entstanden die zahlreichen herstellerspezifischen UNIX-Varianten der jeweiligen Hersteller.

UNIX wurde ursprünglich für Minirechner entwickelt. Aufgrund der Leistungsfähigkeit moderner 32-Bit-Prozessoren für Personalcomputer wurde eine Reihe von *UNIX-Portierungen auf die Intel-80x86/Pentium-Architektur* durchgeführt. Zwei Beispiele sind die *Solaris x86 Platform Edition* von *Sun Microsystems* und das mittlerweile nicht mehr weiterentwickelte *BSD/OS* von *Wind River* (früher *BSDi*). Zahlreiche weitere Unternehmen, die in diesem Markt tätig waren, wurden inzwischen von anderen Herstellern übernommen.

Im Umfeld von UNIX wurde die Idee von *offenen Systemen* geprägt, die den Anwendern Hardwareunabhängigkeit bringen sollte. Diese Hoffnungen haben sich jedoch bisher nur teilweise erfüllt. Dies war vor allem auf den Umstand zurückzuführen, dass viele Computerhersteller eine eigene UNIX-Variante vertreiben oder eng mit einem bestimmten UNIX-Produzenten verbunden sind. Zwischen den verschiedenen UNIX-Systemen herrscht zum Teil auch auf Quellcode-Ebene nur *eingeschränkte Kompatibilität*. Zudem wird durch im Lieferumfang enthaltene Systemadministrationswerkzeuge, die die Bedienung vereinfachen sollen, die Herstellerbindung verstärkt. Mit dem stetig steigenden Erfolg von Linux hat hier jedoch eine Wende eingesetzt, wobei alle bedeutenden UNIX-Hersteller zumindest die Binärkompatibilität mit Linux angekündigt oder bereits verwirklicht haben.

Linux

Linux ist ein Open-Source-Betriebssystem und wurde von Linus Torvalds entwickelt, der auch die Markenrechte an dem Namen „Linux" besitzt. Linus Torvalds hat dieses Betriebssystem als Student an der Universität Helsinki in den Jahren 1991 (Version 0.02) bis 1994 (Version 1.0) entwickelt und ist bis heute federführend an der Weiterentwicklung von Linux beteiligt (Version 2.6 in 2004). Im Laufe der Zeit haben viele Softwareentwickler zur Weiterentwicklung von Linux beigetragen.

Durch die Offenheit des Systems, durch die intensive Berücksichtigung von Standards, seine Leistungsfähigkeit, und nicht zuletzt auch durch seine kostenfreie Verfügbarkeit hat sich ein eigener Wirtschaftszweig um Linux entwickelt. Neben den bekannten Linux-Firmen, die jeweils eigene Linux-Distributionen vertreiben (zum Beispiel *Red Hat* oder *SuSE*), wenden auch sehr große Softwareunternehmen wie *IBM* oder *Sun Microsystems* beträchtliche Geldmittel auf, um Linux oder Linux-Anwendungen weiterzuentwickeln. Linux ist darüber hinaus Basis von kommerziellen Produkten, die das freie Betriebssystem mit kommerzieller Software bündeln. Ein Beispiel hierfür ist das Produkt der Firma *Caldera,* die 2001 die langjährige UNIX-Entwicklungsfirma *Santa Cruz Operations* (SCO) übernommen hat und nunmehr unter diesem Namen firmiert. Die SCO Group sorgte 2003 für Aufsehen, als sie die Firma IBM auf eine Milliarde US-Dollar Schadensatz verklagte. SCO beschuldigte IBM im Rahmen seiner Linux-Initiative geistiges Eigentum von SCO gestohlen zu haben.

Derzeit ist Linux das einzige Betriebssystem, das durchgängig von eingebetteten Systemen über Armbanduhren, Telefone und PDAs, über Personalcomputer und Abteilungsserver bis zu Unternehmensservern auf praktisch jeder Rechnerplattform eingesetzt werden kann. Linux ist sowohl in 32-Bit- als auch in 64-Bit-Versionen verfügbar.

Seit 2001 unterstützt die Firma *IBM* Linux substanziell *für ihre Unternehmensserver.* IBM bietet in diesem Marktsegment sowohl 32-Bit-Rechner unter der Bezeichnung S/390 an, als auch 64-Bit-Rechner unter der Bezeichnung zSeries. Linux kann für beide Systemtypen sowohl auf der realen Maschine als auch in einer virtuellen Maschine verwendet werden. Das 32-Bit-Produkt heißt „*Linux for S/390*", die 64-Bit-Variante für die zSeries-900-Rechner trägt die Bezeichnung „*Linux for zSeries*". Sollen beispielsweise mehrere Linux-Installationen neben anderen Betriebssystemen auf einem entsprechenden Rechner parallel eingesetzt werden, so kann dies im 64-Bit-Modus über z/VM erfolgen (siehe unten). Im 32-Bit-Modus kann Linux unter VM/ESA, VSE/ESA und ebenfalls unter z/VM betrieben werden. Linux kann für diese Rechner frei über das Internet beziehungsweise von einem Distributor wie zum Beispiel SuSE bezogen werden.

Für *Abteilungsserver* ist Linux ebenso für die iSeries-Rechnerfamilie (früher AS/400) von IBM als Gastbetriebssystem neben OS/400 einsetzbar. Typische Anwendungsbereiche umfassen Webserverdienste, Firewalls, E-Mail-Dienste usw. Dies ist eine interessante Entwicklung, da gerade die Abteilungs- und Unternehmensserverrechner von IBM lange Zeit als Bastionen für proprietäre Betriebssysteme galten.

Obwohl der Haupteinsatzbereich von Linux bei *Serverrechnern* liegt, erhöht sich auch im Bereich von Arbeitsplatzbetriebssystemen der Einsatz von Linux. Beispielsweise im öffentlichen Bereich lassen sich durch den Einsatz von Linux substanzielle Einsparungen erreichen. Diese Entwicklung wurde vor allem durch die Entwicklung komfortabler Benutzerschnittstellen (wie beispielsweise KDE oder GNOME, siehe Abb. 4.3.1.2/2) eingeleitet.

Linux erfreut sich im Einsatz bei Behörden und in der öffentlichen Verwaltung immer größerer Beliebtheit. Immer mehr Gemeinden erwägen ihre Verwaltungssysteme auf Linux umzustellen, oder haben dies bereits vollzogen. Die

Stadt München ist eine der ersten Metropolen, die sich dafür entschieden hat, ihre IT-Infrastruktur auf Linux umzustellen. Durch die Umstellung sollen vor allem Kosten gespart werden und die einseitige Abhängigkeit von Microsoft-Produkten und deren Lizenzpolitik vermieden werden.

Eine ähnliche Diskussion erfolgte auch Ende 2004 für die Stadt Wien. Eine Evaluationsstudie untersuchte die Aufgabenprofile von 16.000 PC-Arbeitsplätzen. Für einen Großteil der Arbeitsplätze wird der Einsatz von Open-Source-Software vorgeschlagen, wobei für 7.500 Arbeitsplätze ein Parallelbetrieb von Open Office (siehe Band 1, Kapitel 3) und MS-Office unter Windows vorgeschlagen wird. Für 4.800 Arbeitsplätze wird die Einführung von Linux empfohlen. Bei dieser Umstellung wird auch der EU-Empfehlung für die Verwendung von offenen Dokumentformaten auf Basis von XML Rechnung getragen. Ungeachtet des wirtschaftlich oder technisch Machbaren sieht die Studie bis zumindest 2007 keinen zwangsweisen Softwaretausch vor, sondern empfiehlt eine kooperative Softwareeinführung. Es wird erwartet, dass zunächst hoch motivierte und qualifizierte Mitarbeiter auf Open-Source-Software umsteigen werden, wodurch der Schulungsaufwand gering gehalten werden soll.

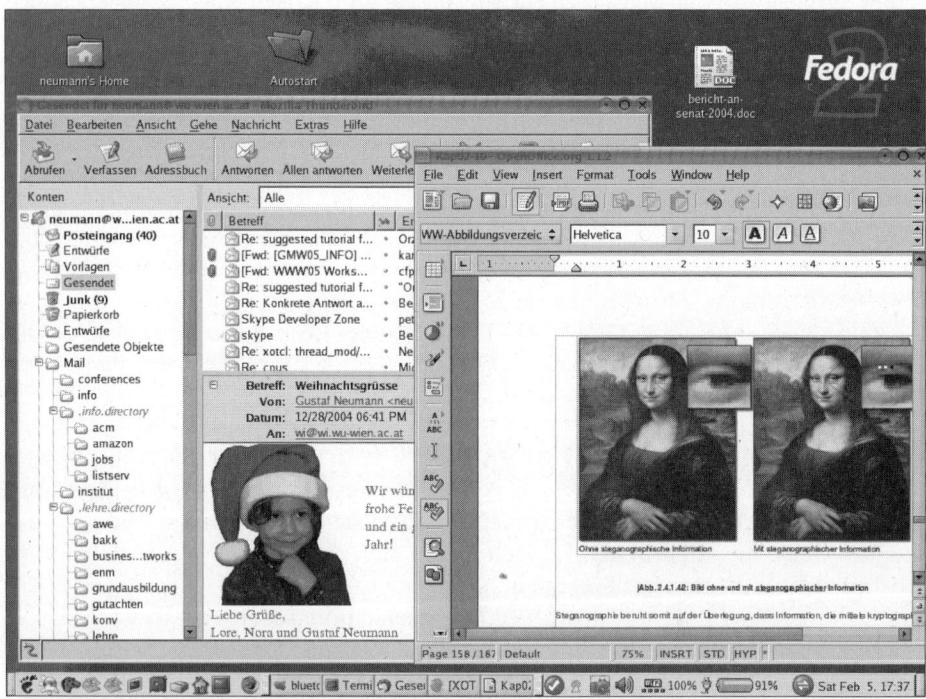

Abb. 4.3.1.2/1: Linux-Arbeitsplatz unter *Fedora Core 2* mit *Thunderbird* und *Open Office*

Das Vertriebsmodell von Linux unterscheidet sich von dem proprietärer Betriebssysteme. Es existiert weltweit eine Vielzahl von Organisationen, die so genannte *Linux-Distributionen* zusammenstellen. Etwa zehn dieser Distributionen werden von einem größeren Benutzerkreis genutzt, die anderen stellen Nischenprodukte dar. Eine Linux-Distribution ist eine Zusammenstellung von mehreren tausend Programmen, deren Zusammenspiel von einem *Distributor* getestet und entsprechend konfiguriert wurde. Eine typische Linux-Distribution enthält neben dem eigentlichen Betriebssystem Programmiersprachenimplementierungen für die gängigsten Programmiersprachen, Büro- und Kommunikationssoftware, Webserver, Datenbanksysteme usw., und besteht aus über 100.000 Dateien.

Wichtige Linux-Distributionen sind in alphabetischer *Reihenfolge Debian, Fedora Core, Knoppix, Mandrake, Red Hat, Suse* oder *Ubuntu* (siehe Abb. 4.3.1.2/2). Die Linux-Distribution *Knoppix* zeichnet sich beispielsweise dadurch aus, dass vollständig von einer CD lauffähig ist. Dies bedeutet, dass Knoppix-Linux ohne weitere Installation auf beliebigen PCs einsetzbar ist. Entsprechend angepasste Knoppix-CDs können auch von Anwendern oder Softwareentwicklern erstellt werden, um komplexe Softwarekonfigurationen wie beispielsweise ein speziell konfiguriertes Datenbanksystem mit einem Content-

Abb. 4.3.1.2/2: Ubuntu Linux

Management-System von CD ladbar zu machen. Dadurch können diese Linux-basierten Anwendungssysteme auch auf Rechnern, auf denen beispielsweise Windows installiert ist, erprobt und verwendet werden.

BSD-UNIX

Eine weitere freie Familie von UNIX-Systemen bildet *BSD-UNIX* (Abkürzung von engl.: Berkeley software distribution). Dieses Betriebssystem war eines der ersten freien Betriebssysteme mit umfangreicher Unterstützung für die Internet-Protokolle. In den letzten Jahren hat BSD-UNIX deutlich an Boden gegenüber Linux verloren. Dies ist unter anderem auch auf eine Zersplitterung der Entwicklungslinien zurückzuführen. Derzeit werden die Varianten FreeBSD, OpenBSD und NetBSD parallel weiterentwickelt. Die aktuellen Versionen des Macintosh-Betriebssystems (Mac OS X) basieren ebenfalls auf BSD-UNIX.

4.3.1.3 Weitere Betriebssysteme

Dieser Abschnitt gibt einen kurzen Überblick über weitere Betriebssysteme.

NetWare

Das Betriebssystem *NetWare* der amerikanischen Firma Novell wurde von vornherein ausschließlich für den Einsatz als *Netzwerkbetriebssystem* (engl.: network operating system) für den Betrieb von Datei- und Druckservern entwickelt. Demgemäß existieren mit Ausnahme der Konfigurations- und Dienstprogramme für die Kommunikation mit dem Serverbetriebssystem keine „nativen" Klientenapplikationen für NetWare. Klienten können auf Rechnern implementiert sein, die unter den Betriebssystemen MS-DOS, Windows (alle Varianten), UNIX und Macintosh OS laufen.

Als eines der ersten Systeme, das für Personalcomputer Datei- und Druckdienste in einem lokalen Netzwerk zur Verfügung stellte und zudem einfach administrierbar war, wurde dieses System rasch zum Marktführer. In letzter Zeit hat es jedoch stark an Marktanteil verloren und liegt nun hinter UNIX- und Windows-basierten Systemen. Aus dieser Sicht war der Kauf des deutschen Linux-Distributors SuSE und des Softwareherstellers Ximian durch Novell im Jahr 2003 ein strategisch günstiger Schachzug. Novell kann somit eine Komplettlösung für Linux anbieten, die alle Einsatzbereiche vom Server bis zum Desktop abdeckt. Novell möchte dadurch seine Marktposition wieder verbessern.

Macintosh OS

Die Firma Apple galt mit ihrem Betriebssystem *Macintosh OS* (häufig kurz: Mac OS) seit den 1980er Jahren als der „Schrittmacher" bei der Entwicklung von grafischen Benutzeroberflächen und legte seit jeher besonderen Wert auf die leichte und durchgängig gleichartige Bedienbarkeit der angebotenen Systeme. Durch das Angebot an leistungsfähigen grafischen Benutzeroberflächen für die Microsoft-Betriebssysteme (Windows) sowie später für Linux (KDE und GNOME) hat Apple jedoch einiges an Vorsprung eingebüßt. Im Vergleich zur

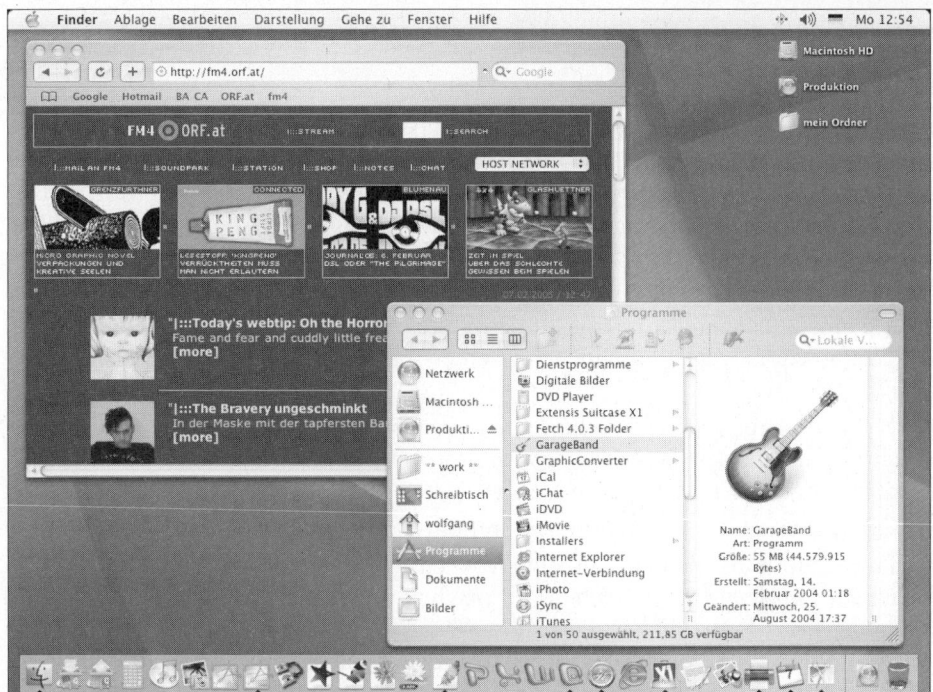

Abb. 4.3.1.3/1: Mac OS X mit Aqua

Windows- und auch zur UNIX-Welt ist das verfügbare Softwareangebot für Mac OS weitaus geringer, jedoch hat Apple vor allem im Bereich der Grafik- und Satzsysteme ein etabliertes Marktsegment und eine treue Kundschaft.

Die neueste Version des Betriebssystems Mac OS X basiert auf BSD-UNIX und verknüpft die Entwicklungspfade der NeXT- und Macintosh-Rechner. Seit der Einführung von *Mac OS X* gehört das Macintosh-Betriebssystem ebenso zur UNIX-Familie. Mac OS X verwendet die proprietäre Benutzerschnittstelle Aqua (siehe Abb. 4.3.1.3/1).

Durch die Entwicklung von *Mac OS* zu *Mac OS X* hat Apple neue Benutzerkreise erschlossen. Während für Windows-Benutzer die aktuellen Office-Produkte zur Verfügung stehen, existiert für UNIX-Entwickler unter Mac OS X eine vollständige und freie Entwicklungsumgebung. Dadurch sind praktisch alle wichtigen Open-Source-Softwareprodukte (beispielsweise *PostgreSQL*, *MySQL*, der *Emacs-Editor*, *Java*, alle wichtigen *Skriptsprachen*, der Webserver *Apache*, der Webbrowser *Mozilla Firefox*, oder der E-Mail-Klient *Mozilla Thunderbird*) in den aktuellsten Versionen verfügbar. Hinzu kommt die traditionell gute Unterstützung von Apple im Grafik- und Multimedia-Bereich, die durch Zusatzprodukte in Form von Hard- oder Software (beispielsweise *iPod* oder *iTunes*) weiter ausgebaut wird.

▶ Übungsaufgabe Nr. 2.4.20 im Arbeitsbuch

Open VMS

Open *VMS* (Abkürzung von engl.: virtual management system) der Firma Hewlett-Packard (ehemals *Compaq,* davor *Digital Equipment Corporation,* abgekürzt: *DEC)* ist ein Betriebssystem, das auf den *VAX-Rechnern* (mit 32-Bit-CISC-Technik) und den *Alpha-Rechnern* (mit 64-Bit-RISC-Technik) dieses Herstellers läuft. Aus mehreren Gründen hat eine große Anzahl von Anwendern diesem System lange Zeit „die Treue gehalten":

- Wegen des großen Komforts dieses Systems: unter anderem ausgezeichnete Hilfefunktionen und ausführliche Fehler- beziehungsweise Zustandsmeldungen.
- Wegen des ausgereiften Sicherheitskonzepts: vielfach abgestufte Zugriffsbeschränkungen, selbstständige Journalführung, sodass bei einem Rechnerabsturz die gerade in Bearbeitung befindlichen Dateien nicht verloren gehen.
- Wegen der Fülle der angebotenen Standardsoftware.

Hauptgründe für den zunehmenden Wechsel von VMS-Anwendern zu UNIX beziehungsweise für entsprechende Entscheidungen von Neukunden sind vor allem der hohe Preis, die unklare Zukunft des Betriebssystems, die zunehmende Anwendungsvielfalt im UNIX-Bereich und letztendlich die hohen Rechenleistungen der UNIX-basierten Rechner.

OS/400

Dieselbe Rolle, die VMS im technisch-wissenschaftlichen Bereich spielt, nimmt *OS/400* (Abkürzung von engl.: operating system/400) im kommerziellen Bereich ein. Dieses 64-Bit-Betriebssystem für die iSeries-Systeme (früher AS/400-Systeme) der Firma IBM bietet eine Reihe von Einrichtungen, die den Anwender bei der Installation und Wartung von Software unterstützen. Alle Funktionen sind für den unerfahrenen Benutzer menügeführt und mit umfassenden Hilfetexten versehen. Für erfahrene Benutzer existiert ein Expertenmodus. OS/400 bietet:

- Ein ausgereiftes Sicherheitskonzept: abgestufte Zugriffsbeschränkungen, selbstständige Menüführung, selbstständige Journalführung, sodass bei einem Rechnerabsturz die gerade in Bearbeitung befindliche Datei nicht verloren geht. Diese Sicherheitseinrichtungen werden durch die Objektorientierung des Betriebssystems verfeinert, indem Programme, Befehle und Dateien als jeweils eigenständige Objekte angesprochen werden können.
- Ein voll integriertes, relationales Datenbankverwaltungssystem, ausführliche Fehler- und Zustandsmeldungen, ein Einschulungssystem, Netzwerkunterstützung und integrierte Bürofunktionen (wie ein E-Mail-System, eine Textverarbeitung usw.).
- Unterstützung der wichtigsten Standards für proprietäre und offene Systeme, zum Beispiel SNA, TCP/IP, OSI, Tokenring, Ethernet, X.25, ISDN, SQL,

DRDA, ODBC, NFS, DCE. Auf dem Markt steht eine breite Palette von Anwendungssoftware zur Verfügung, insbesondere Branchenlösungen für Klein- und Mittelbetriebe.

- Betrieb von Linux als Gastbetriebssystem, wodurch eine Vielzahl von Open-Source-Software (beispielsweise der Webserver Apache, das E-Mail-System sendmail oder die Microsoft-Integrationsumgebung Samba) für diese Plattform verfügbar wird.

Die neueste Version von OS/400 für die POWER5-Architektur trägt die Bezeichnung *i5/OS*.

▶ Übungsaufgabe Nr. 2.4.21 im Arbeitsbuch

VSE/ESA

VSE/ESA (Abkürzung von engl.: virtual storage extended/enterprise systems architecture) ist ein Betriebssystem für Unternehmensserver und unterstützt Transaktions- und Stapelverarbeitung auf „kleinen bis mittleren" Unternehmensservern der Firma IBM (S/390-Series). VSE/ESA kommt einerseits als Betriebssystem in kleineren Rechenzentren zum Einsatz und wird andererseits auf Netzknotenrechnern verwendet, die ein zentraler Großrechner steuert. Abhängig von der Rechnerleistung und dem Anwendungsprofil können einige dutzend bis einige hundert Benutzer an einem Rechner gleichzeitig arbeiten. VSE unterstützt nur den Betrieb von Einzelprozessoren. Beim Einsatz von Multiprozessorsystemen ist ein übergeordnetes Steuerprogramm wie VM/ESA erforderlich.

z/OS

z/OS (OS ist die Abkürzung von engl.: operating system, „z" steht für die zSeries-Rechner) ist ein Betriebssystem für Unternehmensserver von IBM, das 2001 als Nachfolgesystem von *OS/390* eingeführt wurde (das wiederum 1996 *MVS/ESA* abgelöst hat). z/OS ist ein 64-Bit-Betriebssystem und erfüllt unter anderem *sämtliche* XPG4-UNIX-Spezifikationen und die Anforderungen des *DCE* (Abkürzung von engl.: distributed computing environment, siehe Abschnitt 7.2.2), die von der Open Group definiert wurden. Zudem verfügt das Betriebssystem über eine Implementierung der CORBA-Spezifikation (siehe Abschnitt 7.2.3).

Die grundlegende Architektur von z/OS basiert auf *MVS*, das IBM als Betriebssystem für den oberen Unternehmensserverbereich konzipiert hat. MVS hat sich ab Mitte der 1970er Jahre von einem stapelorientierten zu einem transaktionsorientierten Betriebssystem entwickelt, das alle Bereiche der Informationsverarbeitung unterstützt. z/OS ist zur effizienten Verarbeitung umfangreicher Datenmengen konzipiert. Dabei wird ein von anderen Betriebssystemen bisher unerreichter Grad an Datenintegrität und Zugriffssicherheit bei minimalen Zugriffszeiten für eine große Zahl an Benutzern erreicht.

Die zu verwaltenden Datenbestände können in die Größenordnung von mehreren Terabyte gehen. Darüber hinaus bietet dieses Betriebssystem eine Reihe von Funktionen, die zusammen mit der zugehörigen Hardware permanente Verfügbarkeit (das ganze Jahr über im 24-Stunden-Betrieb) und hohe Sicherheit garantieren.

z/OS ist für den Einsatz in Multiprozessorsystemen konzipiert. Mit *SYSPLEX* (Abkürzung von engl.: system complex) bietet z/OS zudem die Möglichkeit, mehrere MVS-Systeme zu einem einheitlich verwalteten Verbundsystem zu koppeln. Auf der anderen Seite unterstützt z/OS die verteilte Datenverarbeitung mit Abteilungs- und Arbeitsplatzrechnern im Rahmen von Client-Server-Architekturen. Hierbei fällt dem Unternehmensserverrechner vorwiegend die Rolle eines mächtigen, zentralen Servers zu (Datenbankserver, LAN-Server mit Drucker- und Dateidiensten, Transaktionsserver, Internet-Server, Systemverwaltungsserver, Kommunikationsserver, Sicherheitsserver). Abhängig von der Rechnerleistung und dem Anwendungsprofil können einige tausend Benutzer gleichzeitig mit diesem System im Teilnehmerbetrieb arbeiten.

z/VM

z/VM (VM ist die Abkürzung von engl.: virtual machine, „z" steht für die zSeries-Rechner) ist ein Betriebssystem für Unternehmensserver der Firma IBM, das 2001 als Nachfolgesystem von *VM/ESA* (ESA ist die Abkürzung für engl.: Enterprise System Architecture) vorgestellt wurde. VM wurde ursprünglich für die Entwicklung von Betriebssystemen konzipiert. Ein relativ teurer Großrechner kann zu diesem Zweck in mehrere virtuelle Maschinen aufgeteilt werden. Diese virtuellen Maschinen sind jeweils komplett unabhängig voneinander und vermitteln dem Benutzer den Eindruck von physikalisch getrennten Rechnern. Heute fungiert VM vielfach als „Wirtsbetriebssystem": Es bietet Umgebungen für Gastbetriebssysteme, das heißt für Betriebssysteme, die parallel unter VM ablaufen (wie z/OS, OS/390, VSE, Linux usw.), und die Zugriff auf die realen Ressourcen nur über VM erhalten. Es ist somit möglich, mehrere unterschiedliche Betriebssysteme oder die gleichen Betriebssysteme in möglicherweise unterschiedlichen Versionen parallel zu betreiben. Dies ermöglicht ein verhältnismäßig einfaches Testen von neuen Versionen parallel zu einer erprobten Konfiguration, ohne dass der operative Betrieb darunter leiden muss.

VM kann Multiprozessorsysteme steuern und abhängig von der Rechnerleistung und dem Arbeitsprofil mehrere tausend Benutzer im Teilnehmerbetrieb gleichzeitig bedienen.

BS2000/OSD

Im Gegensatz zu IBM bietet *Fujitsu Siemens* sein Großrechnerbetriebssystem *BS2000/OSD* (Abkürzung von: Betriebssystem 2000/Open Systems Direction) durchgängig vom kleinsten bis zum größten Rechner der hauseigenen Unternehmensserverserie (Bezeichnungen: *S Model, SR Model, Data Server*) an. Damit kann der sonst beträchtliche Umstellungsaufwand entfallen, der entsteht, wenn ein Anwender infolge des zunehmenden Aufgabenumfangs aus einem kleineren System „herauswächst".

BS2000/OSD verfügt über eine Virtual-Storage-Architektur und bietet eine vergleichbare Funktionalität wie das IBM-Betriebssystem OS/390. Auch Siemens unterstützt die XPG4-UNIX-Spezifikationen in BS2000/OSD. Weil BS2000/OSD zum Ablauf deutlich weniger Speicherplatz als OS/390 benötigt, ist es nicht nur für Großrechner in unternehmensweiten Rechenzentren, sondern gleichermaßen auch für Abteilungsrechner in Büroumgebungen beziehungsweise für die verteilte Datenverarbeitung geeignet.

▶ Übungsaufgabe Nr. 2.4.22 im Arbeitsbuch

4.3.2 System- und Entwicklungssoftware

Serverbetriebssysteme

Im Bereich der *Neuinstallationen von Betriebssystemen für Serverrechner* führt – gemessen an den erzielten Lizenzgebühren –Windows ganz klar mit über 56 Prozent Marktanteil im Jahr 2003 (siehe Abb. 4.3.2/1). Dahinter folgen Linux und UNIX, die gemeinsam etwa 34 Prozent erreichen. Die weiteren Betriebssysteme (beispielsweise für Großrechner) kommen auf unter zehn Prozent. Interessant ist, dass in diesem Segment Windows das größte Wachstum erzielt hat.

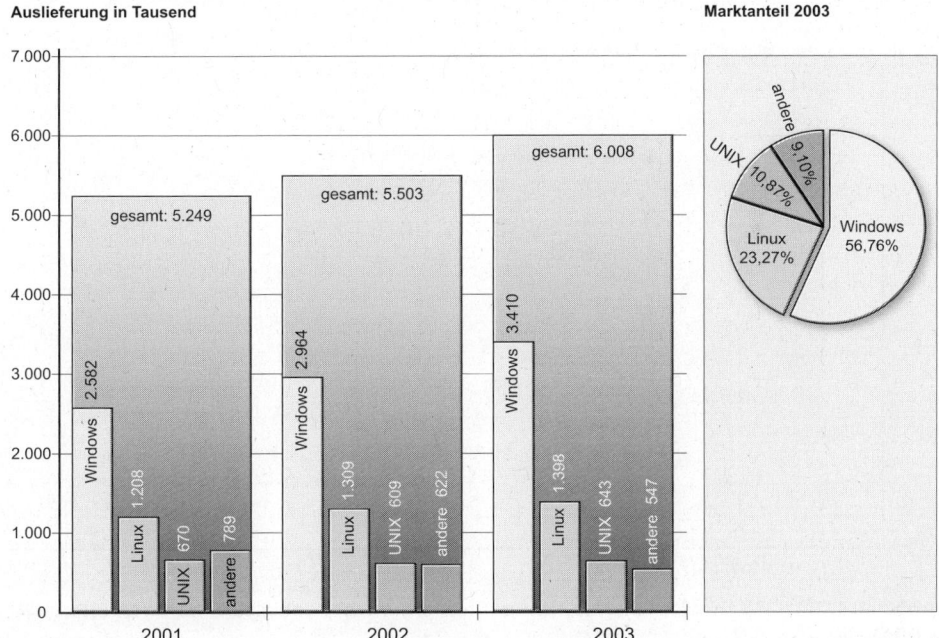

Abb. 4.3.2/1: Weltweite Auslieferungen von lizenzierten Serverbetriebssystemen (Quelle: IDC 2004)

Der relativ geringe *Umsatz mit Linux* ergibt sich aus einer Reihe von Besonderheiten und kann nicht ohne weiteres mit den Umsätzen der anderen Betriebssysteme verglichen werden, da im Linux-Umfeld *andere Geschäftsmodelle* existieren. Zunächst ist Linux (und jede bedeutende Linux-Distribution) frei
verfügbar, kann ohne Zusatzkosten aus dem Internet bezogen und dann auf
beliebig vielen Rechnern installiert werden. Die ohnehin sehr geringen Preise,
die für eine Linux-Distribution zu entrichten sind, stellen keinen Preis für das
Betriebssystem dar, sondern sind ein Gegenwert für das beiliegende Handbuch
und Dienstleistungen für die Aufbereitung und Zusammenstellung der Linux-
Distribution. Allerdings haben neuerdings Linux-Distributoren ihre Produktpolitik umgestellt und bieten neben einer freien „Leading Edge"-Distribution auch
Produkte mit Wartung für Großkunden an. Ein Beispiel hierfür ist die Firma
Red Hat, die eine freie Version unter der Bezeichnung *Fedora Core* und ein Pro-
dukt mit laufender Wartung als *Red Hat Enterprise Linux* vertreibt. Durch
diese Maßnahme hat die Zahl der Neuinstallationen stagniert, der Umsatz des
Unternehmens ist aber deutlich gewachsen.

Auch eine Studie der *META Group* kommt zu ähnlichen Zahlen bei neuen
Serverbetriebssysteminstallationen. Die META Group schätzt den Marktanteil
von Linux in diesem Segment im Jahr 2003 zwischen 15 Prozent und 20 Prozent, prognostiziert allerdings bis zum Jahr 2006 einen Anstieg auf 45 Prozent.

Für das Jahr 2008 erwartet IDC einen weltweiten Gesamtumsatz für Serverbetriebssysteme von etwa 61 Milliarden Dollar. 60 Prozent der Server sollen mit

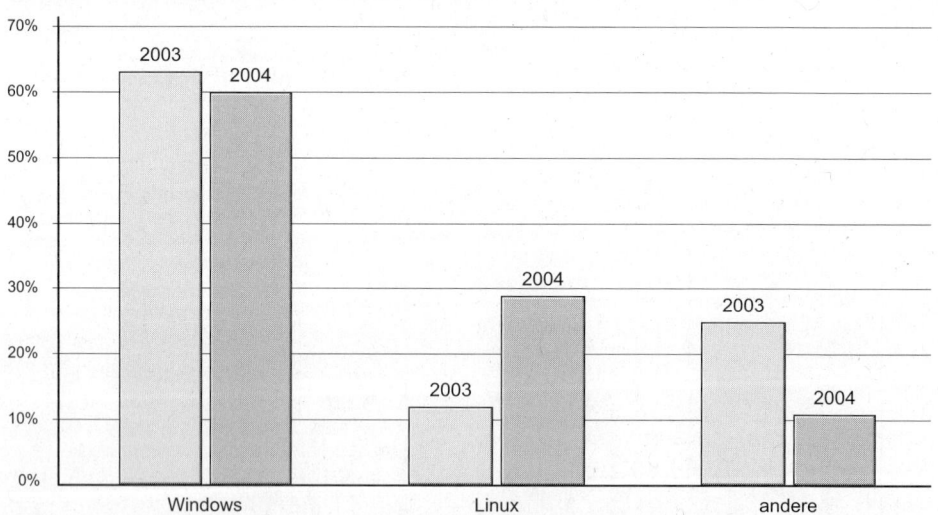

Abb. 4.3.2/2: Weltweite Installationen von Serverbetriebssystemen (Quelle: IDC 2004)

Windows ausgeliefert werden, 29 Prozent mit Linux (siehe Abb. 4.3.2/2). Die Umsätze von Windows auf Serversystemen sollen bis 2008 etwa 23 Milliarden Euro erreichen, die von Linux etwa zehn Milliarden Euro. Das größte Wachstum wird in Mittel- und Osteuropa sowie in Asien erwartet.

Entwicklung des gesamten Betriebssystemmarkts

Statistiken auf Basis der Neuinstallationen von Betriebssystemen sind im Bezug auf die derzeitige Verbreitung von Betriebssystemen nur bedingt aussagekräftig, da hier die bestehende Installationsbasis nicht betrachtet und beispielsweise die Wartungsumsätze nicht einbezogen werden.

Die Tabelle in Abb. 4.3.2/3 zeigt die aktuellen und prognostizierten Gesamtumsätze mit Betriebssystemen, wobei hier auch die Umsätze von Betriebssystemen von Arbeitsplatzrechnern einbezogen sind. Es wird erwartet, dass mehr als 75 Prozent der weltweiten Umsätze im Jahr 2008 auf Windows entfallen, das auch insgesamt ein unvermindert starkes Wachstum aufweist. Die Umsatzzahlen für Windows werden im Jahr 2008 etwa doppelt so hoch erwartet als 2001.

Laut dieser Prognose werden auch weiterhin die Umsatzanteile von Linux am gesamten Betriebssystemmarkt sehr klein sein (etwa ein Prozent im Jahr 2008). Linux weist jedoch die höchsten Wachstumsraten auf, die Umsätze werden sich bis 2008 auf Basis von 2001 mehr als verdreifachen. Die Umsätze bei Großrechnerbetriebssystemen oder UNIX-Systemen bleiben nahezu unverändert, liegen damit aber deutlich unter dem Marktdurchschnitt.

Bei dieser Statistik ist zu berücksichtigen, dass heute die weitaus meisten neuen Personalcomputer mit einem vorinstallierten Betriebssystem (meist Windows, Ähnliches gilt auch für Mac OS) erworben werden (müssen). Dies führt zu einer „automatischen" Erhöhung der Umsatzzahlen beim Kauf neuer Rechner, die sich in den Gesamtumsätzen widerspiegeln. Demgegenüber stellt der Einsatz von anderen Betriebssystemen, wie zum Beispiel Linux, immer eine bewusste Entscheidung für dieses Betriebssystem dar. Solange diese Distributionspolitik sich nicht ändert, werden sich auch die Umsatzanteile nicht deutlich verändern.

Qualifikationsprofile

Ein wichtiger *Trend bei der System- und Entwicklungssoftware* ist die zunehmende Akzeptanz von Linux. Laut einer Studie der *META Group Deutschland GmbH* aus dem Jahr 2003 setzen 36 Prozent der befragten deutschen Unternehmen Linux bereits in irgendeiner Art und Weise ein, sehr häufig als Serversystem oder als Softwareentwicklungsplattform.

Im Bereich der Softwareentwicklung lässt sich deutlich *ein Trend zur Verwendung von Entwicklungsumgebungen* ausmachen, die eine verhältnismäßig schnelle Softwareentwicklung ermöglichen und vielfach starken Gebrauch von *Skriptsprachen* machen. Hierbei finden Skriptsprachen nicht nur für die Entwicklung „herkömmlicher" Anwendungen Verwendung, sondern werden insbe-

	2001	2002	2003	2004	2005	2006	2007	2008	Anteil 2008	Faktor 2008 zu 2001
Großrechner-betriebssysteme	2.409	2.308	2.679	2.597	2.507	2.407	2.299	2.208	8,17%	0,92
OS/400	262	219	287	293	284	275	267	259	0,96%	0,99
UNIX	2.572	2.507	2.597	2.595	2.623	2.649	2.649	2.623	9,70%	1,02
Linux/Open Source OS	80	87	117	155	185	217	252	292	1,08%	3,65
Windows	10.446	11.745	13.094	14.490	15.931	17.486	18.991	20.514	75,86%	1,96
Eingebettete Systeme	739	704	672	718	771	755	805	853	3,15%	1,15
Andere	1.154	849	889	712	570	456	365	293	1,08%	0,25
Gesamt	17.662	18.419	20.335	21.560	22.871	24.245	25.628	27.042	100,00%	1,53

Abb. 4.3.2/3: Prognose der Entwicklung der Umsätze mit Betriebssystemen in Millionen Dollar weltweit (Quelle: IDC 2004)

sondere für die Entwicklung verteilter, internetbasierter Applikationen eingesetzt.

Gemäß einer Stellenmarktanalyse von CDI (Deutsche Private Akademie für
Wirtschaft GmbH) im Jahr 2003, bei der 19 deutsche Zeitungen (Tages- und
Fachpresse) und die führenden deutschen Jobbörsen untersucht wurden, zeigte
sich, dass für die IT-Kernberufe die wichtigste vorausgesetzte Fachqualifikation
Kenntnisse der Softwareentwicklung sind. In den Stellengesuchen wurden zu
etwa 28 Prozent Skript- und Auszeichnungssprachen verlangt und zu etwa 78
Prozent traditionelle Programmiersprachen, wobei hier die objektorientierten
Sprachen führend sind (beispielsweise C++ 41 Prozent, Java 38 Prozent) und
COBOL nur mehr gering nachgefragt wird (vier Prozent). Nach dem Berufsfeld
der Softwareentwicklung (30 Prozent der Anzeigen) folgt anteilsmäßig der
Bereich der *IT-Organisation und IT-Beratung* (25 Prozent). Eine nähere Untersuchung zeigt, dass im Beratungsbereich vor allem interne IT-Berater (44 Pro-
zent) gefolgt von externen IT-Beratern (28 Prozent) gesucht werden. Die insgesamt höchste Nachfrage besteht nach Mitarbeitern mit Kenntnissen über
Datenbanksysteme, Datenbankentwicklung und Systemsoftware.

5 Datenstrukturen und Datenspeicherung

Lehrziele

Nach der Durcharbeitung dieses Kapitels sollten Sie

- die wichtigsten Datentypen und die gebräuchlichsten Formen ihrer Speicherung beschreiben können,
- die wichtigsten Zeichensätze und deren Vor- und Nachteile skizzieren können,
- die Grundelemente von graphenbasierten Datenstrukturen verstehen,
- die verschiedenen Typen von Dateien und Datenbanken beschreiben können,
- die wichtigsten Verfahren nachvollziehen können, die zur Ablage und zum Wiederauffinden von Daten auf Direktzugriffsspeichern dienen,
- anhand ausgewählter Anwendungen darlegen können, welche Zugriffsmethoden für die Dateien in Frage kommen und welche auszuschließen sind,
- die Komponenten von Datenbanksystemen kennzeichnen und erläutern können, welche Vorteile Datenbanksysteme gegenüber der herkömmlichen Dateiorganisation haben,
- die wichtigsten, in Datenbanksystemen realisierten Datenmodelle unterscheiden können,
- einfache Datenbankabfragen in der Sprache SQL formulieren können,
- die wichtigsten Eigenschaften von temporalen, verteilten oder aktiven Datenbanksystemen so wie von Verzeichnisdiensten charakterisieren können,
- die Grundzüge von XML und darauf aufbauenden Abfrage- oder Transformationssprachen verstehen,
- die Bedeutung von XML-Datenbanksystemen abschätzen können,
- die Ziele und Ideen des semantischen Webs und von RDF und Metadaten präsentieren können,
- die Grundkonzepte und wichtigsten Maßzahlen des Information Retrieval skizzieren und deren Bedeutung für die Informationssuche im Web erklären können,
- einen Überblick über aktuelle Entwicklungen der Datenbanktechnik geben können.

5.1 Grundlagen der Datenstrukturierung

In diesem Kapitel wird erklärt, wie und in welcher Form Daten in einem Informationssystem gespeichert werden. Abschnitt 5.1 präsentiert die Grundlagen der Datenstrukturierung, wobei zwischen unterschiedlichen Typen von elementaren Datenelementen und zusammengesetzten Datenstrukturen unterschieden wird. Während die grundlegenden Konzepte der Datenspeicherung weitgehend unabhängig von der Form der Speicherung sind, werden im Abschnitt 5.2 Formen der Datenorganisation für die dauerhafte Speicherung auf externen Speichern beschrieben. Da diese Speicher verhältnismäßig hohe Zugriffszeiten besitzen, ist es notwendig, effiziente *Zugriffsverfahren* einzusetzen, von denen die wichtigsten in kurzer Form vorgestellt werden.

Der Abschnitt 5.3 schließt an das Wissen von Band 1, Abschnitt 2.2.3 an, in dem die *konzeptionelle Modellierung* und das *relationale Datenmodell* vorgestellt wurden. In diesem Abschnitt skizzieren wir alternative Datenmodelle, wie beispielsweise das *hierarchische Datenmodell*, das *Netzwerkdatenmodell* und das *objektorientierte Datenmodell*. Des Weiteren werden Grundkonzepte von *Abfragesprachen* und der *Transaktionsverarbeitung* in Datenbanksystemen präsentiert und die Zielrichtungen von Spezialformen von Datenbanken wie die *verteilten, aktiven* und *temporalen Datenbanken* dargelegt. Die zunehmend wichtiger wer-

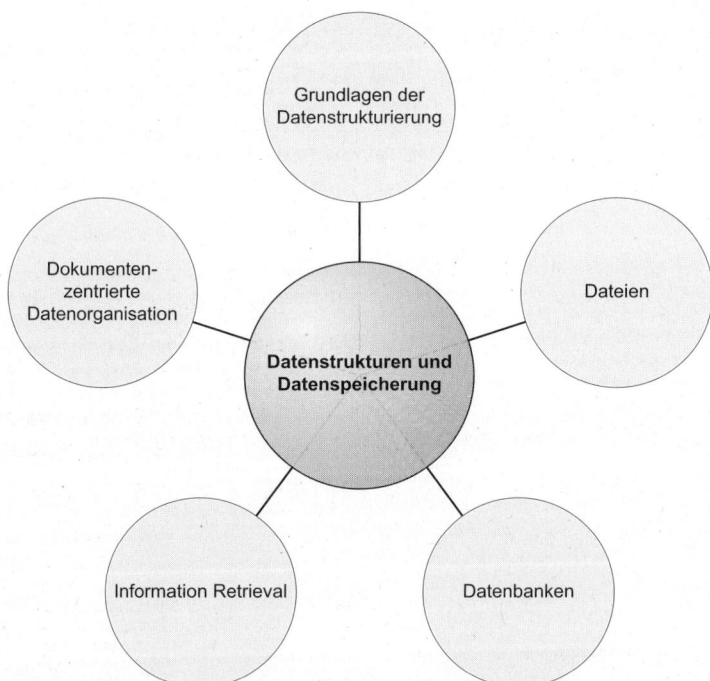

Abb. 5.1/1: Übersicht über Datenstrukturen und Datenspeicherung

denden Verzeichnisdienste (Abschnitt 5.3.2.6), die auch im Kapitel 7 dieses Bandes an mehreren Stellen vorausgesetzt werden, schließen diesen Abschnitt ab.

Im Abschnitt 5.4 betrachten wir die *dokumentenzentrierte Datenorganisation*. Während die zuvor behandelten Abschnitte von weitgehend streng formatierten Daten mit meist beschränkten Feldinhalten ausgehen, bilden in diesem Abschnitt *Dokumente* die Datenstrukturen. Wir präsentieren hier die Grundkonzepte und wichtigsten Eigenschaften von *XML*, einem Standard, der die Grundlage für einen Großteil der Internet-Dienste bildet. Darauf aufbauend werden *Abfragesprachen* und Instrumente zur *Transformation* und *Darstellung* von XML-Dokumenten behandelt. Abschließend werden in diesem Abschnitt Standards für die Erzeugung und Verwaltung von Metadaten (RDF) und XML-Datenbanken vorgestellt.

Der Abschnitt 5.5 ist dem *Information Retrieval* gewidmet, das sich mit dem Zugriff auf Textinhalte beschäftigt. Information Retrieval ist die Grundlage der *Suchmaschinen im Internet*, die für die Suche zum Teil Inhaltskriterien und zum Teil Strukturinformation nutzen. Während die meisten großen Suchmaschinen heute mit syntaktischen Instrumenten arbeiten, können für relativ enge Anwendungsbereiche auch *semantische Verfahren* für ein qualitativ hochwertiges Wissensmanagement eingesetzt werden. Die in diesem Abschnitt vorgestellten Ansätze bilden auch die Grundlage eines interessanten Forschungsbereichs, des *semantischen Webs*.

5.1.1 Datenelemente und Datenstrukturen

Dieser Abschnitt behandelt zunächst *elementare Datenelemente* (Abschnitt 5.1.2), die für die Speicherung von schriftlicher Information und von Zahlen verwendet werden. Aus diesen einfachen Datenelementen können zusammengesetzte *(komplexe) Datentypen* geschaffen werden, die zu komplexen Datenstrukturen zusammengefasst werden (Abschnitt 5.1.3).

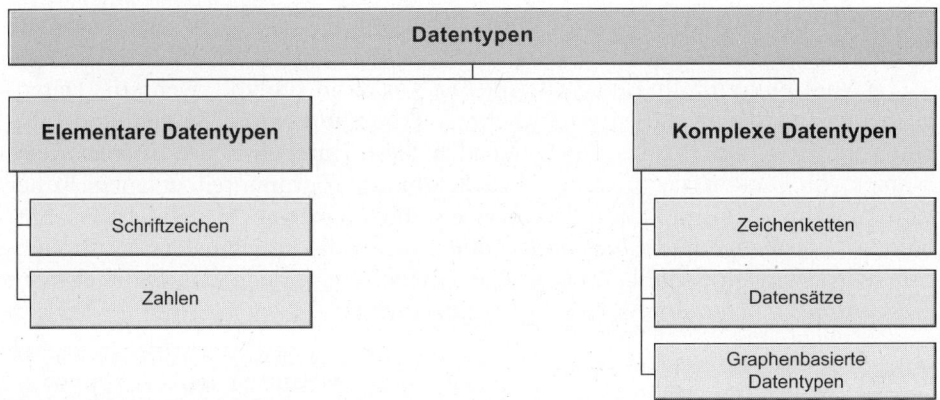

Abb. 5.1.1/1: Übersicht über die behandelten Datentypen

5.1.1.1 Datenelemente

Rechnerintern wird Information durch *Bit-* beziehungsweise *Bytefolgen* repräsentiert. So ist es für ein konzeptionelles Modell (siehe Band 1, Kapitel 2) unerheblich, in welcher Form die Datenelemente gespeichert werden. Für Operationen, die auf diese Datenelemente zugreifen und sie verändern, ist allerdings die Repräsentation dieser Daten sehr wohl wichtig. Beispielsweise ist die Suche nach einem (gesprochenen) Wort in einer abgespeicherten akustischen Information sehr rechenintensiv und führt nur mit einer gewissen Wahrscheinlichkeit – meist abhängig vom Sprecher - zu einem Ergebnis. Ist die Information hingegen in Form eines Textes dargestellt, ist die Suche vergleichsweise einfach. Die Suche kann in diesem Fall „sprecherunabhängig" ablaufen und führt zu leicht nachvollziehbaren Ergebnissen. Die Repräsentation von Information kann somit die Operationen bestimmen, die mit diesen Daten mit verhältnismäßig geringem Aufwand durchgeführt werden können. Für die Bearbeitung von Daten mit einem Rechner ist es folglich sinnvoll, zwischen verschiedenen *Typen* von Datenelementen zu unterscheiden.

Ein **Datenelement** (engl.: data element) ist ein Speicherbereich, der einen *Namen* (Bezeichner, engl.: identifier), einen *Inhalt* (Wert, engl.: value) und einen *Datentyp* besitzt. Der Name dient zur Identifikation eines Datenelements.

Der **Datentyp** (oder kurz Typ, engl.: data type) bestimmt, welche Operationen mit Werten dieses Typs durchgeführt werden können und wie die Werte im Rechner repräsentiert werden.

Betrachten Sie folgende Anweisung:

Gesamtpreis : = Liefermenge × Einzelpreis

Dieser Programmteil wird in dieser oder sehr ähnlicher Form in den meisten Programmiersprachen wie folgt verstanden: Ein Datenelement mit dem Namen *Liefermenge* wird mit einem Datenelement mit dem Namen *Einzelpreis* multipliziert. Das Ergebnis der Multiplikation wird einem Datenelement *Gesamtpreis* zugewiesen und dort abgespeichert.

Die Multiplikation im obigen Beispiel ist nur dann sinnvoll, wenn die Datenelemente, mit denen die Multiplikation durchgeführt wird, Zahlen sind (also einen numerischen Typ besitzen). Würden diese Datenelemente beispielsweise Namen von Personen enthalten, so würde obiger Programmteil zu einem Fehler führen, da die Multiplikation üblicherweise für Namen nicht definiert ist. Enthalten *Liefermenge* und *Einzelpreis* Zahlen, so ist das Ergebnis der Multiplikation wiederum eine Zahl, und es folgt daraus, dass auch das Datenelement *Gesamtpreis* einen numerischen Typ besitzen muss.

Datenelemente, deren Werte durch Operationen verändert werden können, bezeichnet man als **Variablen** (engl.: variable). Sind die Werte von Datenelementen unveränderlich, so spricht man von **Konstanten** (engl.: constant).

In einem Programm für Kreisberechnungen wird häufig die Zahl 3,1415926535 als Näherungswert für die Zahl π (pi) verwendet. Der numerische Wert dieser Konstante könnte jedes Mal, wenn er benötigt wird, direkt in den Programmtext geschrieben werden. Dies ist allerdings schreibaufwändig und fehleranfällig. In diesem Fall ist es ist besser, eine Konstante namens PI zu definieren, die diesen Wert enthält. An allen Stellen, an denen mit π gerechnet wird, kann nun diese Konstante eingesetzt werden. Eine Änderung der Genauigkeit des verwendeten Näherungswertes von π braucht somit nur einmal in der Konstantendefinition berücksichtigt werden, und nicht an allen Stellen im Programm, wo diese Konstante auftritt.

In dem gleichen Programm könnte man statt einer Konstanten auch eine *Variable* namens PI definieren. Dies ist allerdings programmtechnisch nicht wünschenswert, da in diesem Fall (unter Umständen versehentlich) der Inhalt des entsprechenden Datenelements überschrieben werden könnte, was wiederum zu falschen Berechnungen führen kann.

Die Namen von Variablen können verwendet werden, um den Inhalt der zugehörigen Datenelemente zu lesen, oder um den Inhalt dieser Datenelemente zu überschreiben. Die Namen von Konstanten können nur verwendet werden, um lesend auf den Inhalt zuzugreifen.

Betrachten Sie folgende Anweisung:

$X := X + 1$

Das Ziel der Anweisung ist, den Inhalt der Variablen X um den Wert eins zu erhöhen. X wird auf der rechten Seite des Zuweisungsoperators verwendet, um den aktuellen Wert der Variablen auszulesen, auf der linken Seite bezeichnet X den Speicherplatz, an dem das Ergebnis abgelegt wird. Die Bedeutung des Variablennamens ist an beiden Stellen somit unterschiedlich.

Die wichtigsten *elementaren Datentypen* sind Zahlen und Zeichen (Text). Die Anzahl und die genaue Definition dieser Datentypen hängen von der verwendeten Programmiersprache und auch vielfach von der Hardwareplattform ab. In einem späteren Abschnitt werden wir auf die elementaren Datentypen noch näher eingehen.

▶ Übungsaufgabe Nr. 2.5.1 im Arbeitsbuch

5.1.1.2 Datenstrukturen

Um komplexe Objekte zu beschreiben werden im Allgemeinen mehrere Datenelemente mit unterschiedlichen Datentypen benötigt. Die Aggregation mehrerer Datenelemente bildet somit ein komplexes Objekt (den komplexen Datentyp).

Ein **Datensatz** (engl.: record) ist die Aggregation von unterschiedlichen Datenelementen. Die Aggregation von gleichartigen Datenelementen einer bestimmten Menge heißt **Datenfeld** (engl.: array). Der Typ eines Datensatzes (beziehungsweise eines Datenfelds) bestimmt, welche Datenelemente aggregiert werden.

Sie haben das Konzept der *Aggregation* (genauer Objektaggregation) bereits in Band 1, Kapitel 2 kennen gelernt. Generell drückt eine Aggregationsbeziehung immer aus, dass eine bestimmte konzeptionelle Einheit *Bestandteil* (engl.: part of) einer anderen ist. Im Bereich der Datentypen ist die Aggregation ein Mittel, um mithilfe von einfachen Datentypen komplexe Datentypen zu definieren.

In Abb. 5.1.1.2/1 ist ein komplexer Datentyp (Datensatz) für einen Kunden dargestellt, der Kundennummer, Vorname und Familienname enthält.

Datenelemente, die auf der konzeptionellen Ebene als *mehrwertige Attribute* (engl.: multi-valued attributes) modelliert wurden, können zu einem Zeitpunkt mehrere Werte besitzen. Folglich können diese durch ein *Datenfeld* realisiert werden.

In manchen Ländern leuchten bei Verkehrsampeln gleichzeitig mehrere Ampelfarben (beispielsweise rot und gelb gleichzeitig). Wenn die aktuell leuchtenden Farben der Ampel als ein *mehrwertiges Attribut* modelliert werden, so kann dieses durch ein Datenfeld realisiert werden. Die Anzahl der maximal gleichzeitig leuchtenden Farben entspricht der maximalen Anzahl der in dem Datenfeld aggregierten Datenelemente.

Durch die Aggregation werden entweder unterschiedliche oder gleichartige Datenelemente zu einem neuen Datenelement zusammengefasst. Datenelemente, die aus einer Aggregation entstanden sind, werden als **strukturierte Datenelemente** bezeichnet, andernfalls sind sie **atomar** (unstrukturiert).

Die strukturierten Datenelemente entsprechen den komplexen Datentypen des Datensatzes und des Datenfelds. Komplexe Datentypen enthalten vielfach auch *Verweise* auf andere (komplexe) Datentypen. Die betroffenen Datenelemente stehen somit in Beziehung zueinander, ohne dass – wie bei der Aggregation – eines das andere enthält. Das entsprechende Konstrukt, die *Assoziation*,

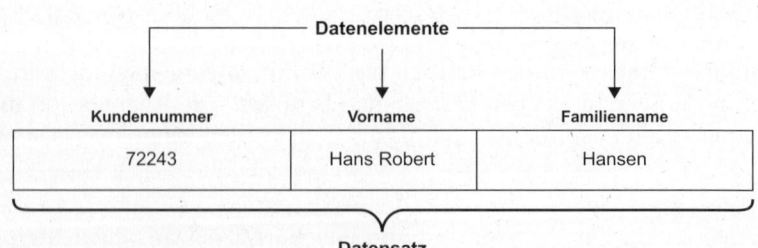

Abb. 5.1.1.2/1: Beispiel für einen Datensatz

ist Ihnen ebenfalls bereits aus Band 1, Kapitel 2 bekannt. Die Assoziation kann sowohl auf komplexe Datenelemente (beispielsweise Objekte) als auch auf elementare Datenelemente angewendet werden.

Für die Implementierung einer Assoziation sind Verweise notwendig, die zur eindeutigen Identifikation und zur korrekten Adressierung der referenzierten Datenelemente dienen. Diese Verweise können über *Zeiger* oder *Schlüssel* (Band 1, Kapitel 2) realisiert werden.

> Unter einem **Zeiger** (engl.: pointer) versteht man einen Verweis (eine Referenz) auf eine Speicheradresse. Diese Speicheradresse bezeichnet die Stelle im Arbeitsspeicher, an dem der Wert des referenzierten Datenelements gespeichert ist.

Da für Zeiger in der Regel Arbeitsspeicheradressen verwendet werden, können diese nur bei der Speicherung im Arbeitsspeicher eingesetzt werden. Bei der Speicherung auf externen Speichermedien werden entweder Schlüssel oder beispielsweise Datensatznummern verwendet, um Assoziationsbeziehungen zu realisieren.

Ein *Beispiel für eine Assoziation* ist der Verweis auf den Datensatz eines Kunden (des Entleihers) im Datensatz eines Buchexemplars.

Bei der Realisierung der Assoziation können somit entweder *Verweise* verwendet werden, die *impliziter Bestandteil des verweisenden Datensatzes* sind (Schlüssel), oder es können eigene *Assoziationstabellen* gebildet werden, die Verweise auf die beteiligten Datenelemente enthalten.

> Die **Datenstruktur** (engl.: data structure) bezeichnet die Summe aller elementaren und komplexen Datenelemente inklusive ihrer Referenzen.

▶ Übungsaufgabe Nr. 2.5.2 im Arbeitsbuch

5.1.2 Elementare Datentypen

Die wichtigsten elementaren Datentypen sind Zahlen und Zeichen (Text). In manchen Programmiersprachen werden noch weitere elementare Datentypen wie zum Beispiel Aufzählungstypen und Boole'sche Typen (wahr/falsch) unterstützt, auf die wir hier jedoch nicht näher eingehen.

Jedes Datenelement wird im Rechner als eine Folge von Bits dargestellt. Der Datentyp bestimmt dabei, wie viel Speicherplatz für ein entsprechendes Datenelement reserviert werden muss. Man spricht hierbei von der *Repräsentationsgröße* des Datentyps. Wichtige Repräsentationsgrößen für einen 32-Bit-Rechner sind:

Bezeichnung	Repräsenta-tionsgröße	Darstellung unterschied-licher Werte	Verwendungszweck
Bit	1 Bit	$2^1 = 2$	Wahrheitswert
Byte	8 Bit	$2^8 = 256$	Schriftzeichen, Wahrheits-wert, Aufzählungsdatentyp, kleine ganze Zahlen
Halbwort	16 Bit	$2^{16} = 65.536$	Internationaler Zeichensatz, kleine ganze Zahlen
Wort	32 Bit	$2^{32} = 4.294.967.296$	Ganze Zahlen, Speicheradres-sen, Gleitkommazahlen
Doppelwort	64 Bit	$2^{64} =$ 18.446.744.073.709.551.616	Gleitkommazahlen mit hoher Genauigkeit, Verweise in Dateien größer 4 GB

Abb. 5.1.2/1: Wichtige Repräsentationsgrößen in einem 32-Bit-Rechner

Der Wert in der Spalte „Darstellung unterschiedlicher Werte" ist jeweils um eins größer als die größtmögliche Zahl, die in einem entsprechenden Datenele-ment abgelegt werden kann (da der kleinste Wert 0 ist). Ein *Wort* ist jene Größe, die in einem Register des Zentralprozessors abgelegt werden kann.

Die Werte in der Tabelle bezeichnen die Speichereinheiten, die auf Rechnern sehr effizient verarbeitet werden. In einem Programm könnten auch andere Speichereinheiten verwendet werden, allerdings ist dann die Verarbeitung der entsprechenden Datenelemente aufwändig, da beispielsweise bei einem 12 Bit großen Datenelement bei jeder Lese- oder Schreibinteraktion zwei Bytes gelesen werden und die nicht benötigten Bits ausgeblendet werden müssen.

Die Interpretation der Werte, die in diesen Speichereinheiten abgelegt sind, erfolgt durch das verarbeitende Programm. Sie können ebenfalls der Tabelle entnehmen, dass ein Byte entweder ein Schriftzeichen, eine Zahl oder einen anderen Datentyp repräsentieren kann. Die nun folgenden Abschnitte beschrei-ben Standards und Konventionen für die Repräsentation elementarer Datenty-pen.

▶ Übungsaufgabe Nr. 2.5.3 im Arbeitsbuch

5.1.2.1 Codierung von Schriftzeichen

Eine **Zeichencodierung** (engl.: character encoding) bestimmt die Darstel-lung (Codierung) von Zeichen (beispielsweise Buchstaben, Ziffern oder

Steuerzeichen) auf einem Rechner. Ein **Zeichensatz** (engl.: character set) bestimmt die Zeichencodierung für eine Menge von Zeichen. Jedem Zeichen wird hierbei ein Zahlenwert zugewiesen, der die Position des Zeichens innerhalb des Zeichensatzes bestimmt. Dieser Zahlenwert wird auch meistens bei der Sortierung von Texten, die durch den Zeichensatz dargestellt werden, herangezogen.

Der Umfang der gebräuchlichen Zeichensätze entspricht meistens Zweierpotenzen, die die rechnerinterne Repräsentationsgröße der Zeichen bestimmen. Werden beispielsweise in einem Zeichensatz maximal 127 Zeichen verwendet, so kann jedes der Zeichen durch eine 7-Bit-Größe dargestellt werden. Man spricht hierbei auch von einem *7-Bit-Zeichensatz*.

Ein *Zeichensatz* darf nicht mit einer *Schriftart* (engl.: font) verwechselt werden. Während der Zeichensatz die Codierung von Texten am Rechner, beziehungsweise die Interpretation von Binärwerten als Zeichenfolgen festlegt, bestimmt die Schriftart, wie Zeichen auf dem Bildschirm oder auf einem Ausdruck dargestellt werden sollen (beispielsweise durch eine serifenlose Schrift). Die Schriftarten müssen an die Zeichensätze angepasst werden, da sie für alle (druckbaren) Zeichen eines Zeichensatzes eine Darstellung bereitstellen müssen.

Ein historisch wichtiger Zeichensatz ist der *American Standard Code for Information Interchange* (Abkürzung: *ASCII)*. Die meisten Rechner verwenden heute einen Nachfahren dieses Zeichensatzes. Eine Ausnahme stellen die *Großrechner* dar, bei denen hauptsächlich der von IBM entwickelte *Extended Binary-Coded Decimal Interchange Code* (Abkürzung: *EBCDIC)* benutzt wird. Auf diesen 8-Bit-Zeichensatz werden wir im Folgenden jedoch nicht näher eingehen.

Die bereits vor Jahrzehnten vollzogene Normung des ASCII-Zeichensatzes vereinfacht den Austausch schriftlicher Information zwischen Rechnern verschiedener Hersteller. Der ASCII-Zeichensatz ist in der ISO-Norm 646 international genormt.

Der **ASCII** (Abkürzung von engl.: American Standard Code for Information Interchange) ist ein genormter, weit verbreiteter Zeichensatz für Schrift- und Steuerzeichen mit einer Repräsentationsgröße von 7 Bit. Der ASCII-Zeichensatz umfasst $2^7 = 128$ Zeichen (die Werte 0 bis 127). Der 7-Bit-ASCII-Code reicht aus, um beliebige englischsprachige Texte darstellen zu können. Umlaute sind in diesem Zeichensatz nicht enthalten.

Im *ASCII-Zeichensatz* werden die ersten 32 Zeichen (in Abb. 5.1.2.1/1 nicht angeführt) zur Steuerung der Datenübertragung zwischen Rechnern beziehungsweise zwischen einem Computer und einem Drucker verwendet. Bei diesen Steuerzeichen handelt es sich um nicht-druckbare Zeichen wie Rückschritt, Zeilenvorschub und Tabulator. Die restlichen 96 Schriftzeichen umfassen die Groß- und Kleinbuchstaben des lateinischen Alphabets, die Ziffern 0 bis 9, die allge-

		Rechtes Halbbyte															
		0000	0001	0010	0011	0100	0101	0110	0111	1000	1001	1010	1011	1100	1101	1110	1111
Linkes Halbbyte	0000																
	0001																
	0010		!	"	#	$	%	&	'	(	)	*	+	,	_	.	/
	0011	0	1	2	3	4	5	6	7	8	9	:	;	<	=	>	?
	0100	@	A	B	C	D	E	F	G	H	I	J	K	L	M	N	O
	0101	P	Q	R	S	T	U	V	W	X	Y	Z	[	\	]	^	_
	0110	`	a	b	c	d	e	f	g	h	i	j	k	l	m	n	o
	0111	p	q	r	s	t	u	v	w	x	y	z	{			}	~	

Abb. 5.1.2.1/1: 7-Bit-ASCII-Code

mein üblichen Satzzeichen, Leerzeichen, mathematische Operatoren, sowie Klammern und Sonderzeichen.

> Ein **Schriftzeichen** (Zeichen, engl.: character) ist ein Buchstabe, eine Ziffer, ein Sonderzeichen oder das Leerzeichen. Unter *Sonderzeichen* versteht man allgemein gebräuchliche Zeichen, die nicht den Buchstaben oder Ziffern zuzuordnen sind, wie zum Beispiel + − * / = . , ; : ? ! $ ( ) [ ] { } % & usw.

Das Wort *Haus* hat folgende ASCII-Repräsentation:

Zeichen	H	a	u	s
Bitmuster	01001000	01100001	01110101	01110011
ASCII-Wert (dezimal)	72	97	117	115

▶ Übungsaufgabe Nr. 2.5.4 im Arbeitsbuch

Beachten Sie, dass im 7-Bit-ASCII-Zeichensatz *keine Zeichen für Umlaute* enthalten sind. Ein mit ASCII nicht kompatibler 7-Bit-Zeichensatz, der deutsche Umlaute und den Buchstaben ß enthält, ist durch die DIN-Norm 66003 festgelegt. Dieser DIN-Zeichensatz wird heute allerdings nur in Spezialanwendungen eingesetzt.

Für die *rechnerinterne Repräsentation des 7-Bit-ASCII-Codes* werden Bytes, also 8-Bit-große Speichereinheiten verwendet. Ein Bit der Repräsentation wird somit nicht genutzt und kann programmtechnisch für verschiedene Zwecke genutzt werden. Häufig wird dieses Bit verwendet, um den einzelnen Zeichen eine Eigenschaft zuzuordnen, beispielsweise um in einem Texteditor die inverse Darstellung zu kennzeichnen, bei der Hintergrund- und Vordergrunddarstellung vertauscht sind. Diese programmspezifische Verwendung des freien Bits ist allerdings nur für einen 7-Bit-Code anwendbar. In der Praxis kommt es vielfach vor, dass Umlaute bei der Textübertragung verloren gehen, das heißt, sie erscheinen beim Empfänger als inkorrekte oder fehlende Zeichen. Teilweise ist dies darauf zurückzuführen, dass Programme, die ursprünglich nur für die Bearbeitung „reiner" 7-Bit-ASCII-Texte (englischsprachiger Texte) vorgesehen waren, annehmen, dass das achte Bit programmtechnisch genutzt wird und daher ignoriert werden kann. Ein weiterer Teil dieser Probleme resultiert daraus, dass unterschiedliche 8-Bit-Erweiterungen des ASCII-Zeichensatzes auf unterschiedlichen Rechnerplattformen eingesetzt werden.

Es gibt zahlreiche *Zeichensätze, die den 7-Bit-ASCII-Code erweitern*, indem weitere, beispielsweise länder- oder sprachspezifische Zeichen hinzugefügt werden. Wichtige Vertreter hierfür sind die Zeichensätze der *Standardserie ISO-8859* (genauer: ISO/IEC 8859). Sie standardisieren Zeichensätze für lateinische, kyrillische, arabische, neugriechische, hebräische, türkische und grönländische Schriften. Alle Zeichensätze der ISO-8859-Familie beruhen auf einer 8-Bit-Darstellung von Zeichen ($2^8 = 256$ verschiedene Zeichen). Die Zeichen 0 bis 127 enthalten hierbei jeweils die Zeichen des 7-Bit-ASCII-Codes, die Bedeutung der Zeichen 128 bis 255 wird sprachspezifisch neu definiert (siehe Abb. 5.1.2.1/2).

Der ISO-8859-Zeichensatz für die *westlichen Sprachen* heißt *ISO-8859-1* und wird auch vielfach als *Latin-1* bezeichnet. Dieser Zeichensatz wurde 1987 verabschiedet und deckt beispielsweise die Zeichen der wichtigsten westeuro-

ISO-Bezeichnung	Alternativbezeichnung	Sprachraum
ISO-8859-1	Latin-1	Westliche Sprachen
ISO-8859-2	Latin-2	Slawische Sprachen
ISO-8859-3	Latin-3	Südeuropäische Sprachen (Türkei, Malta) und Esperanto
ISO-8859-4	Latin-4	Baltische Sprachen (Estland, Lettland, Litauen, Grönland)
ISO-8859-5		Kyrillisch (Russland, Weißrussland, Mazedonien, Serbien, tlw. Ukraine)
ISO-8859-6		Arabisch
ISO-8859-7		Griechisch
ISO-8859-8		Modernes hebräisches Alphabet
ISO-8859-9	Latin-5	Wie Latin-1, allerdings Türkisch statt Isländisch, zusätzlich Kurdisch
ISO-8859-10	Latin-6	Nordisch, neuere Form von Latin-4
ISO-8859-11		Thai
ISO-8859-12		Zurückgewiesen
ISO-8859-13	Latin-7	Ersetzt Latin-4 und Latin-6 für baltische Sprachen
ISO-8859-14	Latin-8	Keltische Sprachen (Gälisch, Bretonisch)
ISO-8859-15	Latin-9	Latin-1 mit Euro-Zeichen, komplettiert Unterstützung für Französisch und Finnisch
ISO-8859-16	Latin-10	Südosteuropäische Sprachen mit Euro-Zeichen (Albanisch, Italienisch, Kroatisch, Polnisch, Rumänisch, Slowenisch, Ungarisch, auch Unterstützung für Finnisch, Französisch, Deutsch)

Abb. 5.1.2.1/2: ISO-8859-Zeichensätze und ihre Sprachräume

päischen Sprachfamilien ab. Da 1987 die Währungsunion und somit auch das Euro-Zeichen in weiter Ferne lagen, enthält dieser Zeichensatz kein Euro-Zeichen. Dieser Mangel wurde durch den Zeichensatz ISO-8859-15 behoben, der im Wesentlichen ISO-8859-1 entspricht. Allerdings wurden wenige unwichtige Zeichen durch das Euro-Symbol und durch sieben weitere Zeichen zur verbesserten Unterstützung der französischen und finnischen Sprache ersetzt. Der Zeichensatz ISO-8859-2 (auch *Latin-2* genannt) deckt die slawischen Sprachen wie beispielsweise Tschechisch, Ungarisch, Polnisch, Slowakisch, Slowenisch ab. Auch ISO-8859-2 wurde durch eine neuere Version mit Euro-Zeichen ersetzt, die die Bezeichnung ISO-8859-16 trägt.

> Die Microsoft-Betriebssystemfamilie verwendet teilweise eigene Zeichensätze beziehungsweise eine eigene Terminologie. Die unterstützten Zeichensätze werden *Code Page* (abgekürzt: CP) genannt. So entspricht beispielsweise CP-1252 (bei der IANA unter der Bezeichnung Windows-1252 registriert) weitgehend ISO-8859-1, allerdings wurde ein Teil der nicht-druckbaren Zeichen von Microsoft mit druckbaren Zeichen belegt (beispielsweise mit dem Euro-Zeichen). Diese Belegung ist mit den Standard-Zeichensätzen nicht kompatibel. So liegt beispielsweise das Euro-Zeichen bei CP-1252 an der Stelle 128 (hexadezimal 0x80), während es bei ISO-8859-15 oder ISO-8859-16 an der Stelle 164 (hexadezimal 0xA4) liegt. Auf die hexadezimale Schreibweise gehen wir später in diesem Kapitel noch genauer ein.

Da bei all den genannten ASCII-basierten Zeichensätzen die ersten 128 Zeichen übereinstimmen, ist der 7-Bit-ASCII-Code bei der Übertragung von Textdateien der kleinste gemeinsame Nenner. Solange nur diese 128 Zeichen verwendet werden, treten keinerlei Informationsverluste auf.

Wie durch die ISO-8859-Familie aufgezeigt wird, reicht ein einziger 8-Bit-Zeichensatz mit maximal 256 verfügbaren Zeichen nicht aus, um beispielsweise sämtliche Schriftzeichen der westlichen und slawischen Sprachen abzudecken. Aus diesem Grund sind in den vergangenen Jahren die Bestrebungen intensiviert worden, *umfangreichere Zeichensätze* zu entwickeln. Eine Entwicklungsrichtung stellen hierbei *Multibyte-Zeichensätze* (engl.: multi byte character set) dar, bei denen ein Zeichen durch mehrere Bytes dargestellt wird.

Von einem Zeichensatz, der *zwei Bytes* pro Zeichen verwendet (engl.: double byte character set), können beispielsweise 2^{16} (= 65.536) Zeichen dargestellt werden.

Unicode ist ein international genormter Zeichensatz, der mit dem Ziel entwickelt wird, eine einheitliche Codierung für jedes Textdokument aller Sprachen und Kulturen der Erde bereitzustellen. Unicode wird gemeinsam von dem Unicode-Konsortium und dem ISO/IEC-Standardkomitee 10646 definiert. Neben den Zeichen der westlichen und slawischen Sprachen werden durch Unicode unter anderem Zeichen für Arabisch und Hebräisch, Griechisch, Kyrillisch und Armenisch, Indisch, Einheitszeichen aus dem Chinesischen, Koreanischen und Japanischen, mathematische, technische und grafische Symbole sowie spezielle Zeichen für Anwendungen definiert.

Unicode definiert einen *universellen Zeichensatz* (engl.: universal character set; abgekürzt UCS), der über 1,1 Millionen *Zeichenplätze* (engl.: code point) bietet. Unicode definiert – ähnlich wie auch andere Zeichensätze – für jedes Zeichen einen numerischen Wert (den Zeichenplatz) und einen Namen. Zusätzlich normt der Standard auch für die Zeichen Zusatzinformation, wie beispielsweise die Schreibrichtung, ob ein Buchstabe ein Groß- oder Kleinbuchstabe ist, sowie Sortiereigenschaften. Der Großteil der heute verwendeten Zeichen findet in den ersten 65.536 Zeichenplätzen Raum. Dieser Bereich wird auch als *BMP* (Abkürzung von engl.: basic multilingual plane) bezeichnet. Die Menge aller Zeichenplätze reicht aus heutiger Sicht für Zeichencodierungsanforderungen, die von historischen Schriften über künstliche Schriften (Klingonisch oder Tengwar) bis zu Programmiersprachen mit speziellen Zeichensatzanforderungen (beispielsweise APL) reichen.

Die *Entwicklung von Unicode* ist noch nicht abgeschlossen. Die Version 4.1.0 von Unicode wurde im Jahr 2005 verabschiedet und definiert 96.382 Zeichen.

Bei Unicode erfolgt die Definition der Zeichen getrennt von der Definition deren Repräsentation am Rechner. Da Unicode über eine Million Zeichenplätze bietet, müssen – in Bytes betrachtet – zumindest drei Bytes pro Zeichen verwendet werden. Der daraus resultierende Nachteil ist, dass gegenüber einem Zeichensatz, der nur ein Byte pro Zeichen benötigt (wie beispielsweise ISO-8859-1), dieser Zeichensatz die dreifache Menge an Speicherplatz benötigt. Zudem ist ein Großteil der Texte, die heute existieren, mit einem 8-Bit-Zeichensatz darstellbar. Aus diesem Grund bietet Unicode drei Codierungen für Unicode-Zeichen an, die auf 8-, 16- oder 32-Bit-Größen beruhen. Diese werden entsprechend UTF-8, UTF-16 und UTF-32 genannt.

UTF-8 (Abkürzung von engl.: Unicode transformation format) ist eine byteorientierte Codierung von Unicode, die unter anderem aus Kompatibilitätsgründen zu existierenden Systemen mit 8-Bit-Zeichen entwickelt wurde. Bei der UTF-8-Codierung besitzen unterschiedliche Zeichen unterschiedliche Repräsentationsgrößen. Ein Unicode-Zeichen entspricht einer Sequenz von ein bis vier Bytes in der UTF-8-Codierung.

UTF-8 wurde speziell für die einfache Verwendung auf ASCII-basierten Systemen entwickelt. Die ersten 128 Zeichen von UTF-8 entsprechen dem 7-Bit-ASCII-Code. Um Zeichen zu codieren, die nicht durch das erste Byte alleine repräsentierbar sind, wird durch spezielle Bytewerte ausgedrückt, dass beispielsweise auch das folgende Byte zur Repräsentation des Zeichens gehört. Durch den Einsatz von UTF-8 benötigen die meisten der heute gebräuchlichen Dokumente etwa den gleichen Speicherplatz wie bei einem reinen 8-Bit-Zeichensatz.

Bei UTF-8 benötigt beispielsweise der Buchstabe „A" ein Byte und der Buchstabe „Ä" zwei Bytes zur Repräsentation.

UTF-16 verwendet als Basis-Repräsentationsgröße 16 Bit. Durch die ersten 65.536 Zeichenplätze kann der Großteil der gängigen Schriften mit einer Codierung fixer Länge abgebildet werden. UTF-16 wird intensiv von Windows 2000 und Windows XP genutzt.

Die meisten UNIX-basierten Betriebssysteme (beispielsweise AIX, BSD, Linux, Mac OS X, Solaris) verwenden UTF-8. Bis jetzt bieten relativ wenige Programmiersprachen (beispielsweise Tcl) standardmäßig Unterstützung für Unicode. Zumeist werden hierfür spezielle Bibliotheken benötigt, die für alle wichtigen Programmiersprachen vorhanden sind.

Die Web-Datenformate HTML und XML – und damit auch Programme zur Verarbeitung dieser Datenformate – verwenden standardmäßig Unicode. Entsprechend wird Unicode von den gängigen Webbrowsern wie *Internet Explorer* oder *Mozilla Firefox* unterstützt.

▶ Übungsaufgabe Nr. 2.5.5 im Arbeitsbuch

5.1.2.2 Codierung von Zahlen

Dualzahlen sind die elementarste Form, um Zahlenwerte in einem Rechner darzustellen. Dualzahlen sind *Zahlen, die dual codiert* sind. Das heißt, dass diese Zahlen durch Ziffern des *dualen Zahlensystems* repräsentiert sind. Es werden somit zur Bildung von Zahlen nur zwei Ziffern (die Dualziffern) verwendet, wodurch einfachste elektronische Grundschaltungen („an/aus") zur Ausführung von Berechnungen verwendet werden können.

„Dual" ist nicht gleichbedeutend mit „binär", sondern bezieht sich nur auf die Repräsentationsform dieser Zahlen. Ein Bit ist die Stelle („der Platz"), an der eine duale Ziffer dargestellt sein kann. Die duale Zahl 11100101 hat zum Beispiel acht duale Ziffern, folglich werden für ihre Darstellung acht Bits benötigt. Im Dezimalsystem hat diese Zahl den Wert 229.

Die Bildung von Zahlen erfolgt im Dualsystem nach denselben Prinzipien wie im Dezimalsystem. Wir erläutern daher zunächst den Aufbau von Zahlen im Allgemeinen und erklären, wie der Wert einer Zahl, die in einem beliebigen Zahlensystem dargestellt ist, ermittelt werden kann.

Ermittlung des Zahlenwertes von Zahlen aus unterschiedlichen Zahlensystemen

Im *Dezimalsystem* lässt sich der Wert einer Zahl aus dem *Wert* und *der Stellung der Ziffern* ermitteln. So repräsentiert beispielsweise bei der Dezimalzahl 213 die erste Ziffer den Wert 200, die zweite den Wert 10 und die dritte den Wert 3.

> Ein Zahlensystem, bei dem der Wert einer Ziffer innerhalb einer Ziffernfolge von ihrer Stellung (ihrer Position) abhängt, heißt **Stellenwertsystem**. Bei Stellenwertsystemen nimmt der Wert einer Ziffer von Ziffernposition zu Ziffernposition jeweils um einen Faktor zu, der der *Basis* des Zahlensystems entspricht.

Nicht jedes Zahlensystem ist ein Stellenwertsystem – denken Sie beispielsweise an das römische Zahlensystem.

Ein Stellenwertsystem mit der Basis B verfügt über einen Zeichenvorrat von B Ziffern $(0, 1,..., B-1)$. In einem solchen System errechnet sich der Wert W einer positiven ganzen Zahl, die durch n Ziffern dargestellt wird, nach der Formel:

$$W = \sum_{i=0}^{n-1} b_i \times B^i$$

wobei b_i den Wert der i-ten Ziffer darstellt (*Nennwert*) und B^i den *Stellenwert* ausdrückt. Der *Ziffernwert* ergibt sich aus der Multiplikation des Ziffernwertes mit dem Stellenwert. Aus der Formel ist ebenfalls erkennbar, dass der *Gesamtwert einer Zahl gleich der Summe der Ziffernwerte* ist.

> Der Wert der Dezimalzahl 675 ergibt sich wie folgt: Die Basis B des Dezimalsystems ist 10. Der Wert W der Dezimalzahl ergibt sich nach obiger Formel aus:
>
> $W = 6 \times 10^2 + 7 \times 10^1 + 5 \times 10^0 = 600 + 70 + 5 = 675$
>
> Der Nennwert der zweiten Ziffer ist 7, der Stellenwert dieser Ziffer ist 10, demgemäß ist ihr Ziffernwert 70.

In einem Stellenwertsystem mit der Basis B kann der Nennwert einer Ziffer maximal $B-1$ sein. Wird zu einer Ziffer, deren Nennwert genau $B-1$ ist, der Wert 1 addiert, so kommt es zu einem *Übertrag* (engl.: carry over). Dies bedeutet, dass zum Nennwert der Ziffer links von der betroffenen Ziffer der Wert 1 addiert wird und die betroffene (rechte) Ziffer auf den Wert 0 gesetzt wird. Auch durch die Addition von 1 zur Ziffer mit dem nächst höheren Stellenwert kann ein Überlauf auftreten, der auf die gleiche Weise behandelt wird.

> Beispiel im Dezimalsystem: *109 + 1 = 110 oder 999 + 1 = 1000*

Das **dezimale Zahlensystem** (engl.: decimal number system) wird von den meisten Menschen der Erde benutzt. Es hat die Basis 10 und umfasst somit einen Ziffernvorrat von 10 Ziffern $(0, 1,..., 9)$.

Für den Wert W einer ganzen, positiven Dezimalzahl, die durch n Ziffern dargestellt wird, gilt:

$$W = \sum_{i=0}^{n-1} b_i \times 10^i$$

Anders geschrieben entspricht diese Formel:

$W = b_{n-1} 10^{n-1} + ... + b_0 10^0$

> Für die Dezimalzahl 3.729 erhält man zum Beispiel:
>
> $3.729 = 3 \times 10^3 + 7 \times 10^2 + 2 \times 10^1 + 9 \times 10^0$

▶ Übungsaufgaben Nr. 2.5.6 und 2.5.7 im Arbeitsbuch

Bis hierher haben wir uns nur mit positiven, ganzen Zahlen beschäftigt. Zahlensysteme umfassen im Allgemeinen allerdings auch *negative Zahlen* (Zahlen kleiner als 0) und *Kommazahlen* (Zahlen, deren Wert zwischen benachbarten ganzen Zahlen liegt). Negative Zahlen werden durch ein *Vorzeichen* ausgedrückt, das ein zusätzliches reserviertes Symbol ist und besagt, ob der ermittelte Wert positiv oder negativ ist.

Für Kommazahlen lässt sich eine ähnliche Summendarstellung wie zuvor angeben, die aus beliebigen endlichen (nicht periodischen) Dezimalbrüchen besteht. Für den Wert W einer Dezimalzahl mit n Stellen vor und m Stellen nach dem Komma gilt entsprechend:

$$W = \sum_{i=-m}^{n-1} b_i \times 10^i$$

Wir schreiben auch diese Gleichung ausführlicher:

$W = b_{n-1}10^{n-1} + \dots + b_0 10^0 + b_{-1}10^{-1} + \dots + b_{-m}10^{-m}$

> Der Wert der Dezimalzahl 123,56 wird wie folgt ermittelt:
>
> $123{,}56 = 1 \times 10^2 + 2 \times 10^1 + 3 \times 10^0 + 5 \times 10^{-1} + 6 \times 10^{-2}$

▶ Übungsaufgabe Nr. 2.5.8 im Arbeitsbuch

Das **Dualsystem** (engl.: binary number system) ist ein Stellenwertsystem mit der Basis 2.

Da das duale Zahlensystem nur über *zwei verschiedene Ziffern* verfügt, *nämlich 0 und 1*, werden bereits für Zahlen, die größer als 1 sind, mehrere Stellen benötigt. Die *Stellenwerte* sind *Potenzen von 2*.

Der Wert einer positiven ganzen Dualzahl mit n Ziffern ergibt sich aus der Formel:

$$W = \sum_{i=0}^{n-1} b_i \times 2^i$$

Wir schreiben auch diese Gleichung ausführlicher:

$W = b_{n-1}2^{n-1} + \dots + b_0 2^0$

Um den Wert einer Dualzahl zu erhalten, stellt man die Dualzahl als Summe von Zweierpotenzen dar, die mit ihren Nennwerten multipliziert werden.

> Wir werden nun den Wert der Dualzahl 1100 ermitteln. Der Wert wird, wie wir es gewohnt sind, im dezimalen System angegeben. Wenn Verwechslungsmöglichkeiten bestehen, schreiben wir bei Zahlen, die nicht aus dem Dezimalsystem stammen, die Basis als tiefer gestellten Index. Ein Wert ohne Index ist ein Dezimalwert:
>
> $1100_2 = 1 \times 2^3 + 1 \times 2^2 + 0 \times 2^1 + 0 \times 2^0$
> $\qquad = 8 + 4 + 0 + 0$
> $\qquad = 12$

N	2^n	N	2^n	N	2^n
0	1	11	2.048	22	4.194.304
1	2	12	4.096	23	8.388.608
2	4	13	8.192	24	16.777.216
3	8	14	16.384	25	33.554.432
4	16	15	32.768	26	67.108.864
5	32	16	65.536	27	134.217.728
6	64	17	131.072	28	268.435.456
7	128	18	262.144	29	536.870.912
8	256	19	524.288	30	1.073.741.824
9	512	20	1.048.576	31	2.147.483.648
10	1.024	21	2.097.152	32	4.294.967.296

Abb. 5.1.2.2/1: Tabelle der Zweierpotenzen

Unter Verwendung dieser Beziehungen können die dezimalen Äquivalente von Dualzahlen leicht bestimmt werden (siehe Abb. 5.1.2.2/1).

▸ Übungsaufgaben Nr. 2.5.9 und 2.5.10 im Arbeitsbuch

Weitere Zahlensysteme, die man häufig im Zusammenhang mit der Darstellung von rechnerinternen Repräsentationen verwendet, sind das Oktal- und das Hexadezimalsystem.

> Das **Oktalsystem** (engl.: octal number system) ist ein Stellenwertsystem mit der Basis 8, das **Hexadezimalsystem** (engl.: hexadecimal number system) ist ein Stellenwertsystem mit der Basis 16.

Die Darstellung und Umwandlung von Oktal- und Hexadezimalzahlen erfolgt analog zu allen anderen Stellenwertsystemen. Das Oktalsystem verwendet die Ziffern *0* bis *7*, das Hexadezimalsystem die Ziffern *0* bis *9* und die Buchstaben *A, B, C, D, E* und *F*. Der Ziffernwert der Hexadezimalziffer *F* beträgt 15.

Das Hexadezimalsystem eignet sich für die Ausgabe von Speicherinhalten, da jedes Byte durch nur zwei Zeichen ausdrückbar ist (*00* bis *FF*). Der hexadezimale Wert *FF* (häufig auch *0xFF* geschrieben) besitzt den Wert $15 \times 16^1 + 15 \times 16^0 = 255$ im Dezimalsystem.

▸ Übungsaufgabe Nr. 2.5.11 im Arbeitsbuch

Ermittlung der Repräsentation von Zahlen in unterschiedlichen Zahlensystemen aus gegebenen Werten

Bis jetzt haben wir uns damit beschäftigt, auf welche Weise der Wert einer gegebenen Zahl (Dezimalzahl oder Dualzahl) ermittelt wird. Nun betrachten wir

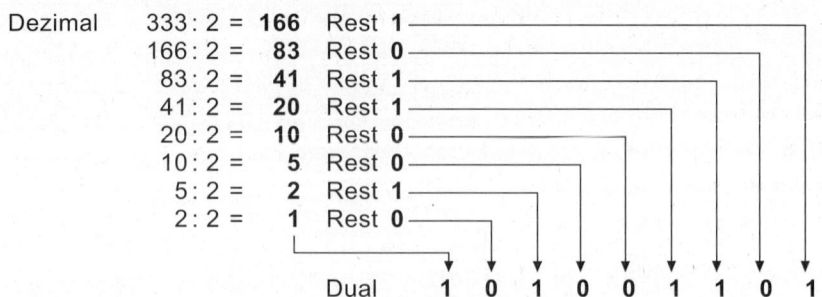

Abb. 5.1.2.2/2: Umrechnung der Dezimalzahl 333 in eine Dualzahl

den umgekehrten Schritt und ermitteln aus einem Zahlenwert die Repräsentation der zugehörigen Zahl in einem beliebigem Zahlensystem. Hierbei konzentrieren wir uns im Folgenden insbesondere auf das duale Zahlensystem.

Die einfachste Methode, um einen Zahlenwert in einem Zahlensystem darzustellen, ist das *Verfahren der fortgesetzten Division* (siehe Abb. 5.1.2.2/2). Dabei
wird fortlaufend der Wert durch die Basis des Zahlensystems dividiert, bis der
Zahlenwert durch eine Ziffer des Zahlensystems dargestellt werden kann. Die
Folge der ermittelten Divisionsreste ergibt die Ziffernfolge des Zahlensystems.

Betrachten wir den *Zahlenwert 23*, den wir beispielsweise *als Dualzahl* darstellen wollen. Im ersten Schritt wird der Wert durch 2 dividiert, das Ergebnis ist 11, der Divisionsrest ist 1. Das Ergebnis ist nicht durch eine Ziffer im dualen System darstellbar,
folglich wird 11 wiederum durch 2 dividiert, das Ergebnis ist 5, Rest 1. Auch 5 wird
nochmals durch 2 dividiert, das Ergebnis ist 2 und der Rest ist 1. Auch 2 wird wiederum durch 2 dividiert, das Ergebnis ist 1, Rest 0. Der verbleibende Wert 1 ist direkt
als Dualzahl repräsentierbar. Wir verwenden die Notation 1_2 um auszudrücken, dass
hier beispielsweise der Wert 1 zur Basis 2 vorliegt. Die Folge der ermittelten Divisionsreste ist somit 10111_2 (der erste Divisionsrest hat hierbei den niedrigsten Stellenwert).

$$23 = 1 \times 2^4 + 0 \times 2^3 + 1 \times 2^2 + 1 \times 2^1 + 1 \times 2^0$$
$$= 1 \times 16 + 0 \times 8 + 1 \times 4 + 1 \times 2 + 1 \times 1$$

Das gleiche Verfahren kann angewendet werden, um die *Ziffernfolge des Wertes im
hexadezimalen System* zu ermitteln, wobei nun fortlaufend durch 16 dividiert wird.
Der Wert 23 durch 16 dividiert ergibt 1, Rest 7. Der Wert 1 ist direkt durch ein Zeichen des hexadezimalen Zeichenvorrats (0-9 und A-F) darstellbar. Die Darstellung von
23 im Hexadezimalsystem ist somit 17_{16} (Überprüfung: $1 \times 16^1 + 7 \times 16^0 = 23$).

Nach dem gleichen Verfahren erfolgt auch die *Umrechnung in das dezimale System*.
Zunächst wird der Wert 23 durch 10 dividiert. Das Ergebnis ist 2, Rest 3. Der Wert 2
ist direkt durch ein Zeichen des Zeichenvorrats des dezimalen Systems (0-9) darstellbar. Wie nicht anders zu erwarten, besteht die Zahl 23 im Dezimalsystem also aus den
Ziffern 2 und 3.

▶ Übungsaufgaben Nr. 2.5.12 und 2.5.13 im Arbeitsbuch

Vor- und Nachteile von unterschiedlichen Zahlensystemen

Der wichtigste *Vorteil des Dualsystems* liegt in der verhältnismäßig einfachen Realisierbarkeit entsprechender Schaltungen auf Hardwareebene. Ein Rechner, der als interne Darstellung das Dezimalsystem verwenden würde, wäre technisch wesentlich aufwändiger als die heute gebräuchlichen Rechner mit dualer Darstellung. Der rechnerinterne Einsatz des Dezimalsystems würde zum Beispiel verlangen, dass jede elementare Speicherzelle für die Darstellung von Ziffern zehn unterschiedliche Zustände annehmen müsste, während man bei dem dualen System mit den beiden Werten/Zuständen 0 und 1 („an/aus") auskommt. Der Einsatz des Dualsystems erlaubt also einfache elektronische Schaltungen und führt somit zu enorm hohen Rechenleistungen. Der Umstand, dass man zur Darstellung großer Zahlen im Dualsystem mehr Ziffern benötigt als beispielsweise im Dezimalsystem, fällt somit nicht ins Gewicht.

Die größten *Nachteile des Dualsystems* sind die hohe Stellenzahl und die daraus resultierende schwierige Verständlichkeit für den Menschen. Dualzahlen mit vielen Stellen sind selbst für geübte Menschen nur verhältnismäßig schwer lesbar, und es kann leicht zu Interpretationsfehlern kommen.

Da es für bestimmte Tätigkeiten jedoch erforderlich ist, maschinell verarbeitete Dualzahlen (und Bitmuster anderer Bedeutung) zu erkennen und zu analysieren, hat sich in der Praxis die *Kontrollumwandlung von Binärzeichen in die kompakteren und leichter lesbaren Hexadezimalzahlen* durchgesetzt. Will man beispielsweise den Inhalt eines Zentralspeichers beziehungsweise eines ausgewählten Speicherbereichs zu einem speziellen Zeitpunkt untersuchen, so besteht mithilfe von Dienstprogrammen die Möglichkeit, einen so genannten *Speicherabzug* (engl.: memory dump) zu erzeugen und meist in hexadezimaler Form auszugeben.

▶ Übungsaufgabe Nr. 2.5.14 im Arbeitsbuch

Rechnerinterne Darstellung von positiven und negativen ganzen Zahlen

Um im Rechner *positive ganze Zahlen* (engl.: unsigned integer) darzustellen, werden Dualzahlen verwendet, wobei jede Stelle einer Dualzahl einem Bit entspricht. In Abhängigkeit von der verwendeten Repräsentationsgröße ergibt sich der Darstellungsbereich dieser Zahl. Die kleinste Zahl ist jeweils 0, die größte Zahl ist bei einem Byte 255, bei der Repräsentationsgröße von 16 Bit 65.536, bei einer Repräsentationsgröße von 32 Bit 4.294.967.296 und bei einer Repräsentationsgröße von 64 Bit 18.446.744.073.709.551.616. Auf den derzeit (noch) am weitesten verbreiteten 32-Bit-Rechnern werden meist auch 32 Bit für die Zahlenrepräsentation verwendet, da die ganzzahligen arithmetischen Rechenoperationen des Prozessors mit maximal dieser Größe arbeiten. Die nicht benötigten Bits werden jeweils auf Null gesetzt.

Um ganze Zahlen darzustellen, die auch *negativ* sein können (engl.: signed integer), benötigt man *ein Bit* zur Repräsentation des *Vorzeichens*. Das Vorzeichen belegt gewöhnlich das *werthöchste* Bit. Bei positiven Zahlenwerten hat das Vorzeichenbit den Wert 0, bei negativen Zahlen ist der Wert 1.

Repräsentationsgröße	Minimaler Wert	Maximaler Wert
8 Bit (1 Byte)	-128	127
16 Bit (2 Byte)	-32.768	32.767
32 Bit (4 Byte)	-2.147.483.648	2.147.483.647

Abb. 5.1.2.2/3: Darstellungsbereiche für ganze Zahlen mit Vorzeichen

Da das Vorzeichen ein Bit belegt, wird die Zahl der Bits, die für die Repräsentation des Zahlenwertes verwendet werden kann, um eins reduziert. Dadurch reduziert sich der Darstellungsbereich. Die folgende Tabelle zeigt den maximalen und minimalen Darstellungsbereich für unterschiedliche Repräsentationsgrößen.

Sind beispielsweise in einem Rechner 16 Bit für die Darstellung eines Zahlenwertes vorgesehen, so wird die der Dezimalzahl +333 entsprechende Dualzahl +101001101 wie in Abb. 5.1.2.2/4 dargestellt.

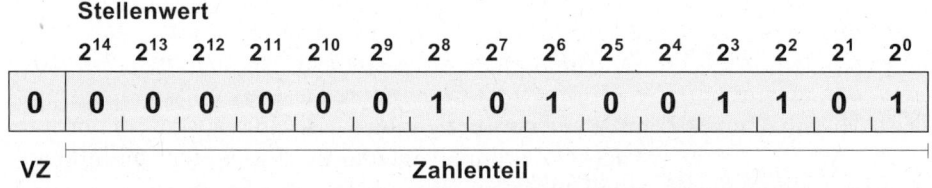

Abb. 5.1.2.2/4: Darstellung des Wertes 333 als Dualzahl mit Vorzeichen

Beachten Sie, dass durch die Vorgabe der Repräsentationsgröße der Wertebereich der darstellbaren Zahlen beschränkt wird, wodurch Bereichsüberschreitungen auftreten können. Enthält beispielsweise eine vorzeichenlose ganze Zahl, für die ein Byte als Repräsentationsgröße vorgesehen ist, den Wert 250, und wird zu diesem Wert 6 addiert, so kommt es zu einem Überlauf, da der Wert 256 nicht in einem Byte darstellbar ist. In den gängigen Programmiersprachen werden diese Überläufe meist nicht automatisch behandelt und die „überschüssigen" Bits ignoriert. Die entsprechende Variable enthält somit den (inkorrekten) Wert $00000000_2 = 0$.

▶ Übungsaufgabe Nr. 2.5.15 im Arbeitsbuch

Rechnerinterne Darstellung von ganzen Zahlen durch ziffernweise Codierung

Einzelne Programmiersprachen (beispielsweise COBOL oder PL/I) bieten alternativ die ziffernweise Codierung von Dezimalzahlen an. Bei dieser ziffernweisen dualen Codierung wird nicht der Zahlenwert durch eine entsprechende Dualzahl repräsentiert, sondern es wird *jede einzelne Ziffer* der Dezimalzahl für sich durch eine Dualzahl dargestellt, wobei ihr dezimaler Stellenwert erhalten bleibt.

Für jede Dezimalstelle werden so viele Bits reserviert, wie zur dualen Darstellung der höchsten Dezimalziffer notwendig sind, nämlich vier (9 entspricht 1001_2). Diese Form der Zahlendarstellung wird auch *BCD-Code* genannt (Abkürzung von engl.: binary coded decimal code).

Abb. 5.1.2.2/5: Darstellung des Wertes 333 im BCD-Code

Bei der Codierung einer Dezimalzahl belegt jede Ziffer ein Halbbyte (vier Bits), das *Vorzeichen* belegt die letzten (wertniedrigsten) vier Bits der Codierung (siehe Abb. 5.1.2.2/5).

▶ Übungsaufgabe Nr. 2.5.16 im Arbeitsbuch

Darstellung von Kommazahlen

Für die rechnerinterne Darstellung von Kommazahlen kann die Festkommadarstellung oder die Gleitkommadarstellung verwendet werden.

> Die **Festkommadarstellung** (engl.: fixed point representation) ist eine Form der ziffernweisen Codierung, bei der an einer (gedachten) Stelle das Komma eingefügt wird. Die Position des Kommas wird getrennt gespeichert.

Durch diese Darstellungsform kann erreicht werden, dass für die rechnerinterne Repräsentation eines Wertes beispielsweise stets drei Stellen vor dem Komma und zwei Stellen nach dem Komma verwendet werden. Diese Darstellungsform ist jedoch problematisch, wenn mit derartigen Werten Operationen durchgeführt werden, deren Ergebnis den vorgegebenen Darstellungsbereich überschreitet, aber dieses wieder in dieselbe Darstellungsform gebracht werden soll. Hierdurch können sehr leicht Überläufe auftreten, die zu sehr schwer auffindbaren Fehlern führen können

> Beispielsweise wird für eine Festkommazahl angegeben, dass drei Vorkomma- und zwei Nachkommastellen gespeichert werden sollen. Diese Zahl wird beispielsweise mit dem Wert 123,11 initialisiert. Wird nun dieser Wert durch eine arithmetische Operation des Programms mit 100 multipliziert, so ist das Ergebnis 12311,00. Soll dieses Ergebnis wieder in der geforderten Formatierung gespeichert werden, so werden die „überschüssigen" Ziffern ignoriert und die (inkorrekte) Darstellung ist 311,00.

▶ Übungsaufgabe Nr. 2.5.17 im Arbeitsbuch

> Die **Gleitkommadarstellung** (engl.: floating point representation) ist eine Form der Codierung von Kommazahlen, bei der jede Kommazahl durch

den Zahlenwert (*Mantisse*) und eine Größenordnung (*Exponent*) dargestellt wird. Der Zahlenwert ergibt sich aus der Formel:

$$\text{Wert} = \text{Mantisse} \times \text{Basis}^{\text{Exponent}}$$

Verwendet man beispielsweise für die Gleitkommadarstellung einer Kommazahl 32 Bits, so können beispielsweise 26 Bits für die Mantisse und 6 Bits für
den Exponenten verwendet werden. Werden auch Vorzeichen berücksichtigt,
reduziert sich die Zahl der Bits für die Repräsentation des Zahlenwertes jeweils
um 1. Das IEEE-Gleitkommaformat verwendet als Basis den Wert 2 und unterscheidet eine Darstellung mit *einfacher* und *doppelter* Genauigkeit. Bei *einfacher Genauigkeit* besteht die Darstellung der Kommazahl aus einem Vorzeichenbit, 8 Bits für den Exponenten und 23 Bits für die Mantisse. Bei der
Darstellung in doppelter Genauigkeit werden 64 Bits benötigt, wobei das erste
Bit wiederum das Vorzeichenbit ist, 11 Bits werden für den Exponenten und 52
Bits werden für die Mantisse genutzt. Die Operationen zur Ermittlung der
Exponenten und Mantissen bei Rechenoperationen im Gleitkommaformat galten lange Zeit als sehr zeitaufwändig. Inzwischen verfügen jedoch praktisch alle
modernen Mikroprozessoren direkt über Befehle für arithmetische Operationen
mit Gleitkommazahlen, sodass auch diese Operationen in wenigen Prozessorzy-
klen durchführbar sind.

Durch den Einsatz der Exponentialfunktion zur Ermittlung des Zahlenwertes
können viele Werte nur näherungsweise durch die in der Mantisse zur Verfügung stehenden Bits dargestellt werden. Leichte Fehler in der Darstellungsge-
nauigkeit können sich verstärken, wenn diese Werte in Rechenoperationen wiederholt eingesetzt werden.

Durch die repräsentationsbedingte Rechenungenauigkeit kann das Ergebnis des Aus-
drucks 123,0 x 1000,0 / 1000,0 beispielsweise den Wert 123,00000000000001 annehmen. Wird dieses Ergebnis in einem Programm mit einem Gleichheitsvergleich mit dem
Wert 123,0 verglichen, können die Werte als ungleich erkannt werden. Gleichheitsver-
gleiche mit Gleitkommazahlen sollten folglich in Programmen möglichst vermieden
werden.

▶ Übungsaufgabe Nr. 2.5.18 im Arbeitsbuch

5.1.3 Komplexe Datentypen

Wie bereits zuvor beschrieben, setzen sich *komplexe Datentypen* aus elementaren (oder weiteren komplexen) Datentypen zusammen. Ein komplexer Datentyp bildet somit eine *Aggregation von Datenelementen*. Die meisten komplexen
Datentypen sind anwendungsspezifisch und werden vom Systementwickler definiert: Zu den wichtigsten komplexen Datentypen zählen die Objekttypen, die
im Rahmen der konzeptionellen Modellierung entwickelt werden. Im Folgenden konzentrieren wir uns auf komplexe Datentypen, die in einer Vielzahl von
Programmsystemen eingesetzt werden können.

5.1.3.1 Zeichenketten

Ein für die betriebliche Informationsverarbeitung besonders wichtiger komplexer Datentyp ist die **Zeichenkette** (engl.: string). Sie entsteht aus der Aneinanderreihung von einzelnen Zeichen zu gemeinsamen Einheiten (wie beispielsweise einem Wort, Namen, einer Zeile). Die wichtigsten Operationen, die mit Zeichenketten durchgeführt werden können, sind die Abfrage ihrer Länge, das *Verketten* (engl.: concatenation) von Zeichenketten zu einer neuen Zeichenkette, das Suchen von einzelnen Zeichen oder von (Teil-)Zeichenketten innerhalb einer Zeichenkette, der *Mustervergleich* (engl.: pattern matching) usw.

Für alle 7- oder 8-Bit-Zeichensätze existieren in praktisch jeder höheren Programmiersprache Funktionen, die die genannten Operationen unterstützen. Die programmtechnische Verarbeitung von Zeichen (beziehungsweise Zeichenketten), die mithilfe von 16-Bit-Zeichensätzen oder Zeichensätzen mit variabler Zeichenlänge codiert wurden, stellt jedoch vielfach ein Problem dar. Viele Programmiersprachen beziehungsweise viele Anwendungsprogramme gehen von der Annahme aus, dass die Anzahl der Zeichen einer Zeichenkette (eines Wortes oder einer Zeile) der benötigen Speichergröße entspricht. Da diese Annahme bei neueren Zeichensätzen jedoch nicht mehr gilt, liefern die entsprechenden Funktionen fehlerhafte Angaben und können somit nicht mehr verwendet werden.

Die ersten Programmiersprachen, die eine umfangreiche (native) UTF-8-Unterstützung anbieten, sind die Sprachen *Java, Tcl und JavaScript* (Näheres zu diesen Sprachen finden Sie in Kapitel 4 dieses Bandes). Für die meisten anderen Programmiersprachen müssen je nach Art des verwendeten Zeichensatzes unterschiedliche (Zusatz-)Funktionen eingesetzt werden.

Bei der *rechnerinternen Darstellung von Zeichenketten* gibt es im Wesentlichen zwei Problembereiche: Welche Menge an Speicherplatz wird für eine Zeichenkette verwendet und wie wird die Länge einer Zeichenkette ermittelt.

Die einfachste Form sind *Zeichenketten mit vorgegebener Speichergröße*. Im Anwendungsprogramm wird hierbei eine konstante Größe vorgegeben, die die Zeichenkette maximal erreichen kann. Beispielsweise könnten für einen Familiennamen 30 Zeichen als Maximalgröße definiert werden. Diese Definition einer festen Größe hat zumindest zwei Nachteile:

– Werden für eine Zeichenkette mehr Zeichen als vorgesehen benötigt, können diese nicht dargestellt werden und werden *abgeschnitten* (engl.: truncated).
– Für jede Zeichenkette wird unabhängig von der tatsächlichen Verwendung Speicherplatz für die maximale Anzahl von Zeichen reserviert. Werden im genannten Beispiel nur fünf Zeichen für den Namen benötigt (beispielsweise für den Namen „Maier"), so werden die restlichen 25 Zeichen verschwendet (die Verschwendung beträgt hier immerhin einen Faktor 5 der Nutzdaten).

Aus diesem Grund unterstützen viele Programmiersprachen *Zeichenketten mit variabler Größe*, wodurch solche Probleme gelöst werden. Im Regelfall ist bei derartigen Realisierungen die Länge einer Zeichenkette nur durch den gesamt verfügbaren Speicherplatz beschränkt. Dadurch ergibt sich allerdings ein weiteres Problem, weil vielfach die tatsächliche Größe der Zeichenketten erst zur Laufzeit ermittelt werden kann (beispielsweise da die Eingabe durch den Benutzer erfolgt, oder da die Zeichenkette das Ergebnis einer Funktion ist). Es ist somit häufig nicht möglich, den benötigten Speicherbedarf eines Programms zur Übersetzungszeit zu ermitteln. Daher müssen solche Programmiersprachen den benötigten Speicher zur Laufzeit (dynamisch) verwalten.

Um die Länge einer Zeichenkette zu ermitteln, kommen verschiedene Vorgehensweisen in Betracht. Einige Programmiersprachen verwenden ein eigenes *Längenfeld*, das für jede Zeichenkette deren aktuelle Länge enthält. Dieses Längenfeld ist in manchen Sprachen wiederum die Ursache für die beschränkte Maximallänge von Zeichenketten, da auch das Längenfeld einen maximalen Darstellungsbereich besitzt. Dies kann zu Problemen führen, wenn der Inhalt einer großen Datei gelesen und in einer Variablen gespeichert werden soll.

Die *Programmiersprache C (und C++)* verwendet einen anderen *Ansatz zur Bestimmung der Länge von Zeichenketten:* hier wird ein spezielles Zeichen (das Zeichen mit dem Dezimalwert „0", das 0-Zeichen) als Abschlusszeichen jeder Zeichenkette verwendet. Dadurch wird weniger Speicher benötigt als bei der Verwendung eines eigenen Längenfelds (das Längenfeld benötigt in der Regel mehr als ein Byte). Zudem ist die Angabe der Größe nicht notwendig. Nachteile dieses Ansatzes sind:

– dass die Ermittlung der tatsächlichen Länge einer Zeichenkette mehr Aufwand bedeutet (Suchfunktion nach dem 0-Zeichen), und – noch viel wichtiger –

– dass die Zeichenkette selbst kein 0-Zeichen enthalten darf. Dies ist vor allem ein Problem, wenn der Inhalt einer beliebigen Datei als Zeichenkette gespeichert werden soll, bei der dieses 0-Zeichen vorkommen kann, oder wenn Zeichensätze verwendet werden, die Zeichen größer als 8-Bit erlauben.

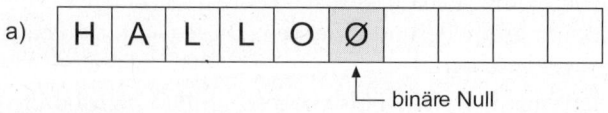

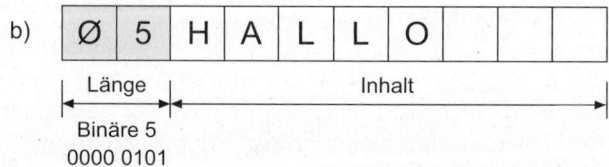

Abb. 5.1.3.1/1: Darstellung von Zeichenketten

Die Abb. 5.1.3.1/1 zeigt zwei alternative Möglichkeiten zur Darstellung von Zeichenketten. Die in Teilabbildung (a) gezeigte Variante verwendet ein spezielles Zeichen (die „binäre Null"), um das Ende einer Zeichenkette zu markieren. Demgegenüber wird in Teilabbildung (b) ein bestimmter Bereich reserviert, in dem die Länge der anschließenden Zeichenkette definiert ist (hier fünf Zeichen).

▶ Übungsaufgabe Nr. 2.5.19 im Arbeitsbuch

5.1.3.2 Graphenbasierte Datentypen

In diesem Abschnitt behandeln wir *Assoziationsbeziehungen zwischen Datenelementen.* Diese Beziehungen werden durch Verweise von Datenelementen auf andere Datenelemente gebildet. Die hierbei entstehenden Datenstrukturen folgen je nach Organisationsform unterschiedlichen Gesetzmäßigkeiten. Diese Gesetzmäßigkeiten lassen sich durch die *Grundkonzepte der Graphentheorie* zusammenfassen.

> Ein **Graph** (engl.: graph structure) ist eine Datenstruktur, die aus **Knoten** (engl.: node) und **Kanten** (engl.: edge) aufgebaut ist, wobei die Knoten durch Kanten verbunden sind. Man spricht von einem **gerichteten Graphen** (engl.: directed graph), wenn die Kanten nur in einer Richtung durchlaufen werden können, andernfalls ist der Graph **ungerichtet** (engl.: undirected graph).

Die Abb. 5.1.3.2/1 zeigt einen ungerichteten Graphen in Teilabbildung (a) und einen gerichteten Graphen in Teilabbildung (b).

Graphen eigenen sich als Repräsentation für unterschiedlichste Aufgabenbereiche (beispielsweise für Verkehrsnetze, Schaltpläne oder Kommunikationsnetze).

> Zwei Knoten *A* und *B* eines Graphen heißen **zusammenhängend** (engl.: connected), wenn *A* und *B* direkt oder indirekt über Kanten verbunden sind (wenn ein so genannter *Pfad* zwischen *A* und *B* existiert). Ein Graph heißt zusammenhängend, wenn jeder Knoten über Kanten direkt oder indirekt mit jedem anderen Knoten des Graphen verbunden ist.

In Verbindung mit Datenstrukturen werden meist gerichtete Graphen verwendet, wobei die Knoten Datenelemente repräsentieren, während die Kanten Verweisen zwischen diesen Datenelementen entsprechen.

> Ein Knoten, der entlang einer gerichteten Kante erreicht werden kann, wird als **Nachfolgerknoten** (engl.: successor node) bezeichnet. Der Knoten, von dem diese gerichtete Kante ausgeht, heißt entsprechend **Vorgängerknoten** (engl.: predecessor node).

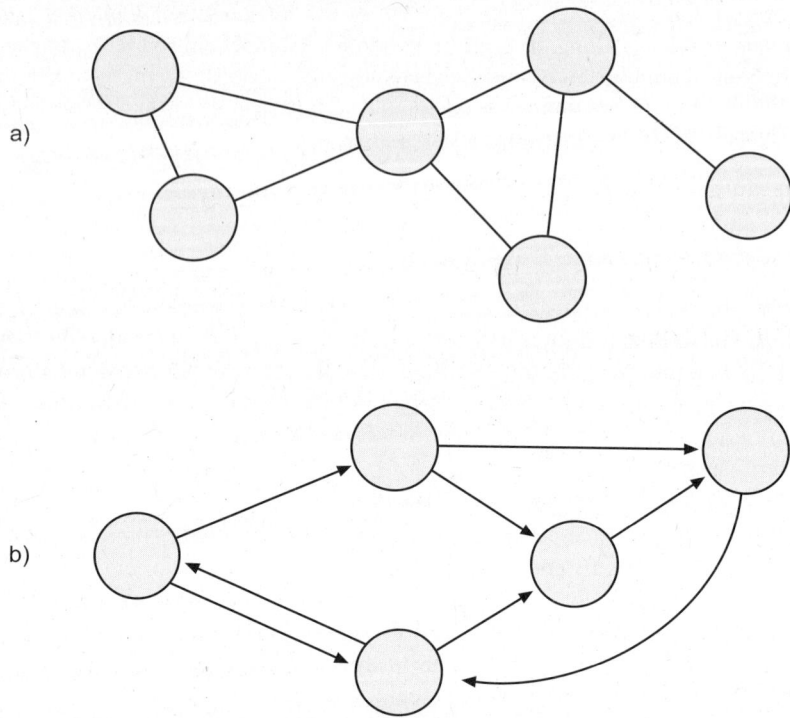

Abb. 5.1.3.2/1: Ungerichtete und gerichtete Graphstrukturen

Allgemeine Graphen können beliebig komplexe Datenstrukturen repräsentieren. Die allgemeine Definition der (gerichteten) Graphen kann je nach Anwendungsfall weiter eingeschränkt werden, wodurch speziellere Datenstrukturen mit spezifischen Eigenschaften entstehen. Es werden hier nur kurz die wichtigsten Vertreter genannt.

> Ein **gerichteter azyklischer Graph** (engl.: directed acyclic graph, häufige Abkürzung: DAG) ist ein gerichteter Graph, in dem keine Zyklen erlaubt sind.

Die Einschränkung der Zyklenfreiheit bedeutet, dass auf jedem Pfad des Graphen jeder Knoten nur einmal erreicht werden kann.

> Unter einem **Pfad** (engl.: path) versteht man einen Weg, der ausgehend von einem Knoten über eine oder mehrere Kanten zu einem Zielknoten führt.

Wäre die Einschränkung der Zyklenfreiheit verletzt, könnte man auf einem Pfad, der entlang der gerichteten Kanten verläuft, beliebig oft „im Kreis lau-

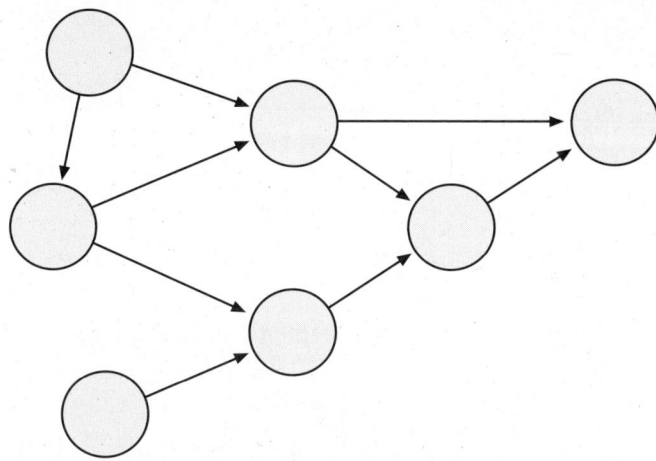

Abb. 5.1.3.2/2: Gerichteter azyklischer Graph

fen". Ein Knoten könnte dann auch sein eigener Vorgänger- oder Nachfolger-knoten sein.

Gerichtete azyklische Graphen haben in vielen Daten- und Programmstrukturen eine große Bedeutung. Beispielsweise wissen Sie aus Band 1, Kapitel 2, dass eine Klassen-hierarchie durch Generalisierung gebildet wird. Eine wichtige Einschränkung der Klassenhierarchie ist, dass eine Klasse nicht Oberklasse oder Unterklasse von sich selbst sein darf. Die Klassenbeziehungen bilden somit einen gerichteten azyklischen Graph.

Unter einem **gerichteten azyklischen Graphen mit Wurzelknoten** (engl.: single rooted directed acyclic graph) versteht man einen gerichteten azyklischen Graphen, der *genau einen* Knoten ohne Vorgängerknoten besitzt, von dem aus alle weiteren Knoten erreichbar sind. Dieser „oberste" Knoten heißt **Wurzelknoten** (engl.: root node) des Graphen.

Viele objektorientierte Programmiersprachen (beispielsweise Java, Smalltalk, Extended Object Tcl) verlangen, dass alle Klassen des Systems von einer einzigen allgemeinen Klasse (der Wurzelklasse) abgeleitet werden. Dadurch ist es möglich, durch Veränderungen an der allgemeinsten Klasse Veränderungen für alle weiteren Klassen des Systems zu erreichen. Wird beispielsweise die allgemeinste Klasse mit einer Methode erweitert, so ist diese Methode unmittelbar für alle Klassen des Systems verfügbar.

▶ Übungsaufgabe Nr. 2.5.20 im Arbeitsbuch

Unter einem **Baum** (engl.: tree) versteht man einen gerichteten azyklischen Graphen mit Wurzelknoten, der als weitere Einschränkung verlangt, dass jeder Knoten maximal einen Vorgängerknoten besitzt.

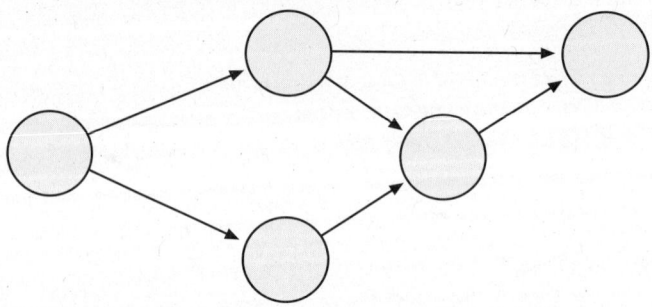

Abb. 5.1.3.2/3: Gerichteter azyklischer Graph mit Wurzelknoten

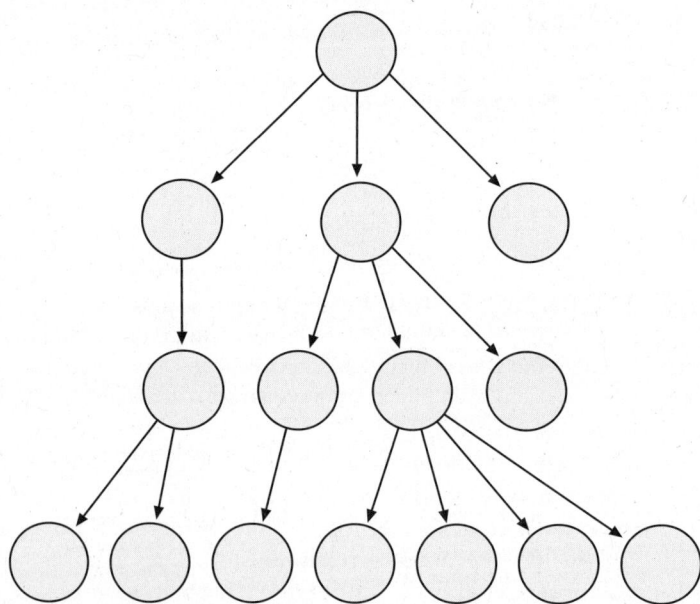

Abb. 5.1.3.2/4: Baumstruktur

Wie Sie Abb. 5.1.3.2/4 entnehmen können, werden Baumstrukturen gewöhnlich „verkehrt herum" gezeichnet – das heißt, mit der Wurzel nach oben. Wenn Sie diese Seite um 180 Grad drehen, dann befindet sich die Wurzel wie bei einem pflanzlichen Baum unten.

Die Klassenhierarchie eines Klassensystems, das keine Mehrfachvererbung erlaubt, entspricht einer Baumstruktur. Andere *Beispiele für Baumstrukturen* sind Ableitungsbäume einer Grammatik (die beispielsweise die Struktur eines Satzes repräsentieren) oder Entscheidungsbäume.

Die bis jetzt genannten Einschränkungen betreffen vor allem die Vorgängerknoten. Trotz der vielen Einschränkungen der Graphstruktur lassen sich hiermit

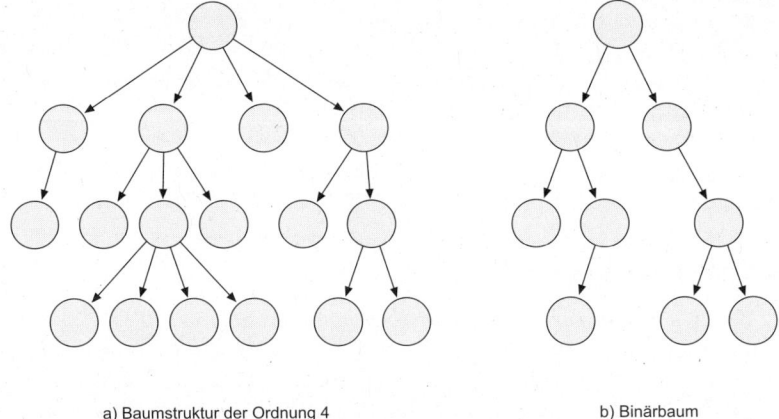

a) Baumstruktur der Ordnung 4   b) Binärbaum

Abb. 5.1.3.2/5: Baumstruktur der Ordnung 4 und Binärbaum

eine Vielzahl unterschiedlicher Datenstrukturen realisieren. Im Folgenden gehen wir nun verstärkt auf die Bedeutung von Nachfolgerknoten ein.

> Mit **Ordnung (Grad)** wird die maximale Anzahl der unmittelbaren Nach-folger eines Knotens bezeichnet. Ein *Baum der Ordnung zwei* heißt **Binär-baum** (oder *binärer Baum*, engl.: binary tree).

Die Abb. 5.1.3.2/5 zeigt einen Baum mit der Ordnung vier in Teilabbildung (a) und einen Binärbaum in Teilabbildung (b).

Binäre Bäume sind bereits relativ einfache Datenstrukturen. Datenelemente in Binärbäumen bestehen aus einem Datenelement zur Repräsentation des Inhalts und aus zwei Verweisen auf die beiden Nachfolgerknoten. Ist kein Nachfolger-knoten gegeben, wird das entsprechende Verweisfeld meist auf einen ungültigen Wert (beispielsweise auf den Wert 0) gesetzt.

Binäre Bäume werden vielfach für die Suche eingesetzt, wobei die beiden möglichen Nachfolgerknoten auch als „linke" und „rechte" Nachfolger bezeichnet werden. Bei diesen *binären Suchbäumen* werden die Knoten mit kleineren (Schlüssel-)Werten in den linken Nachfolgerknoten gehalten und die Knoten mit größeren (Schlüssel-)Wer-ten in den rechten. Wir werden binäre Suchbäume später noch genauer behandeln.

▶ Übungsaufgabe Nr. 2.5.21 im Arbeitsbuch

> Unter einer **linearen Liste** (auch *Kette*, engl.: linear list) versteht man eine Baumstruktur der Ordnung eins. Jedes Listenelement besitzt maximal einen unmittelbaren Vorgängerknoten und maximal einen unmittelbaren Nachfolgerknoten. Das Äquivalent zur Wurzel des Baums heißt **Anker** (engl.: anchor) der Liste.

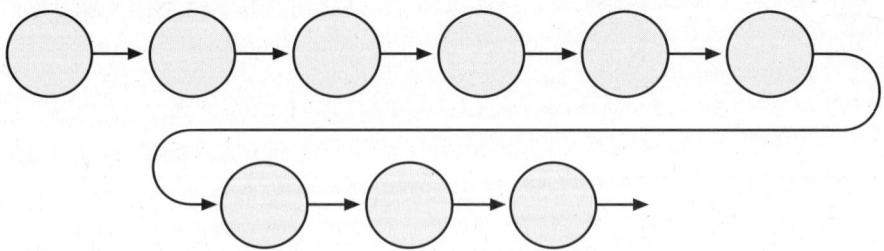

Abb. 5.1.3.2/6: Lineare Listenstruktur

Lineare Listen repräsentieren die einfachsten Datenstrukturen. Listen werden aus Elementen aufgebaut, die aus einem Datenelement zur Repräsentation des Inhalts und aus einem Verweis auf den Nachfolgerknoten (das nachfolgende Listenelement) bestehen. Häufig werden auch so genannte *doppelt verkettete Listen* verwendet, wobei hier jedes Listenelement einen Verweis auf das Vorgänger- und das Nachfolgerelement besitzt (wofür nun in Summe zwei Verweisfelder pro Listenelement benötigt werden).

Typische Anwendungen für lineare Listen sind Bestelllisten, Adresslisten, Listen von URLs (engl.: bookmark lists), Listen von verfügbaren Funktionen usw.

▶ Übungsaufgabe Nr. 2.5.22 im Arbeitsbuch

5.2 Dateien

Bis hierher haben wir uns vor allem den allgemeinen Datenstrukturen gewidmet, die hauptsächlich im Arbeitsspeicher gehalten werden. In diesem Abschnitt wenden wir uns nun der Speicherung auf externen Medien zu, die im Gegensatz zum Arbeitsspeicher eine *dauerhafte (persistente) Speicherung* erlauben. Dies bedeutet, dass die entsprechenden Datenstrukturen länger als nur während des Ablaufs eines Programms existieren. Zur Speicherung auf externen Speichermedien werden primär Dateien verwendet.

> Eine **Datei** (engl.: data file; file) ist ein komplexer Datentyp, der primär zur dauerhaften (persistenten) Speicherung von Daten auf einem externen Datenträger dient. Die wichtigsten Operationen, die mit Dateien durchgeführt werden, sind das Öffnen und Schließen von Dateien, sowie Lese- und Schreiboperationen.

Wichtige Formen von Dateien sind *Textdateien* und *Binärdateien*, beziehungsweise Dateien mit *formatiertem* oder *unformatiertem* Inhalt. Textdateien enthalten nur druckbare und für Menschen direkt interpretierbare Zeichen, Binärdateien enthalten beliebige Zeichen, die in der Regel nur von bestimmten

Programmen interpretiert und verarbeitet werden können. In formatierten Dateien hat jeder einzelne Datensatz der Datei denselben Aufbau, wobei oft die Repräsentationsgrößen (wie zum Beispiel die Länge der erlaubten Zeichenketten) vorgegeben sind. Dateien mit unformatiertem Inhalt besitzen keinerlei derartige Vorgaben.

Der Quellcode von Programmen wird in *unformatierten Textdateien* gespeichert. Weitere Vertreter dieser Art von Dateien sind XML- oder HTML-Dateien. Die meisten Grafikdateien (beispielsweise JPEG-Dateien) oder auch Dateien im Microsoft-Word-Format sind *Binärdateien*. Einige Dateiformate wurden bereits in Band 1, Kapitel 3 vorgestellt.

Beispiele für Dateien mit formatiertem Inhalt können sein:

- Die Bücherdatei einer Bibliothek mit der Inventarnummer, dem Titel, dem Verlag und anderen Attributen.
- Die Datei mit Matrikelnummern und Noten von Studierenden, die eine Prüfung abgelegt haben.
- Die Datei mit den Wertpapierkunden einer Bankfiliale mit den Attributen Kundenvor- und -zuname, Titel, Kundenadresse usw.

Da die Zugriffszeiten auf externe Speicher (auf denen die Dateien meist abgelegt werden) relativ hoch sind, kommt den Zugriffsverfahren auf die Dateien eine wichtige Bedeutung zu. Das Zugriffsverfahren beeinflusst zudem die Organisation der Dateien. Abb. 5.2/1 gibt einen Überblick über die Zugriffsverfahren, die in den folgenden Abschnitten präsentiert werden.

Je nach dem Zugriffsverfahren auf Datenelemente einer Datei kann man zwischen *sequenziellen* und *direkt adressierbaren Organisationsformen* unterscheiden.

> Bei einer **sequenziellen Organisationsform** ist ausschließlich ein systematisches Durcharbeiten der Datenelemente innerhalb einer Datei von Beginn an möglich. Bei einer **direkt adressierbaren Organisationsform** kann bei Kenntnis der Adresse direkt auf ein Datenelement zugegriffen werden.

Die Organisationsformen von Dateien werden auch durch die zugrunde liegenden Speichermedien beeinflusst. Wenn ein Speichermedium beispielsweise nur einen sequenziellen Zugriff erlaubt, sind auch nur sequenzielle Organisationsformen möglich.

Die einzige mögliche Strategie, um bei sequenzieller Organisationsform nach einem Datenelement zu suchen, ist das *sequenzielle Suchen*. Die Datei kann hierbei nur Datenelement für Datenelement durchsucht werden, bis das gewünschte Datenelement gefunden wird.

Nehmen wir an, dass in einem *Bibliotheksverwaltungssystem* die Datensätze der Bücher sequenziell gespeichert sind. Um beispielsweise einen bestimmten von 1.000 insgesamt gespeicherten Datensätzen zu finden, ist im besten Fall ein Zugriff notwendig (der gesuchte Datensatz ist der erste), im schlechtesten Fall sind dies 1.000 Zugriffe (der gesuchte Datensatz ist der letzte in der Liste). Im Durchschnitt werden 500

Abb. 5.2/1: Übersicht über Zugriffsverfahren auf Dateiinhalte

Zugriffe für das erfolgreiche Suchen eines bestimmten Datensatzes in diesem Datenbestand benötigt. Ist die Suche nicht erfolgreich, werden 1.000 (erfolglos) verglichen.

▶ Übungsaufgabe Nr. 2.5.23 im Arbeitsbuch

5.2.1 Direkte Adressierung von Datensätzen

Für den direkten Zugriff auf einen Datensatz muss dessen Adresse bekannt sein. Diese Adresse ist prinzipiell abhängig von der Dateiorganisation und kann unterschiedlich aufgebaut sein. Typische Ansätze für die Definition der Adresse sind entweder der Abstand des Datenelements (gemessen in Bytes) vom Beginn der Datei oder die direkte Adressierung des *n*-ten Datensatzes über dessen *Satznummer*, wenn alle Datensätze die gleiche Länge aufweisen.

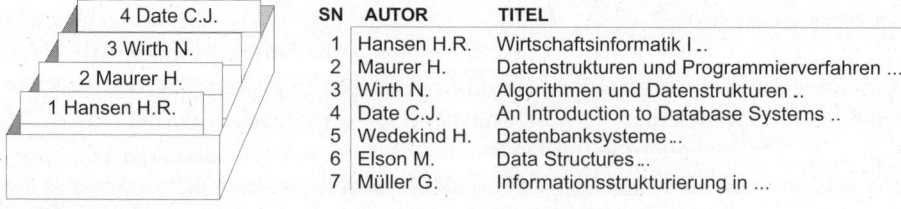

Abkürzung: SN = Satznummer

Abb. 5.2.1/1: Karteikarte und Adressierung über Satznummer

In einer *Bibliothek* werden fortlaufend Bücher inventarisiert. Der Bibliothekar legt für jedes Exemplar eine eigene Karteikarte an, auf die er die Inventarnummer, Titel, Autoren, Verlag, Eingangsdatum, Standortnummer und Ähnliches mehr einträgt.

Eine 1:1-Implementierung dieses Systems in Form eines rechnergestützten Informationssystems ist relativ einfach. Für jede Karteikarte wird ein Datensatz angelegt, dessen Satznummer (SN) der Inventarnummer entspricht. Der Bibliothekar kann jederzeit leicht über diesen rein numerischen Schlüssel direkt auf jeden Datensatz (= Karteikarte) zugreifen. Die Datenstruktur wird in Abb. 5.2.1/1 gezeigt.

Wenn bei der konzeptionellen Modellierung die Inventarnummer als numerischer, fortlaufender Schlüssel definiert wird, kann eine Implementierung auf die Speicherung dieses Datenelements innerhalb des Datensatzes verzichten. Der

Abstand des Datensatzes vom Beginn der Datei in Bytes = (Satznummer – 1) x Länge des Datensatzes in Bytes		
Attributname	**Länge in Bytes**	**Datentyp**
Titel	30	Zeichenkette
Autor	20	Zeichenkette
Verlag	30	Zeichenkette
Eingangsdatum	8	Datum
Standortnummer	4	Positive ganze Zahl

Abb. 5.2.1/2: Aufbau eines Datensatzes mit Längenangaben

Zugriff kann in diesem Fall effizient über die Satznummer erfolgen, die der Inventarnummer entspricht. Der Abstand in Bytes vom Beginn der Datei kann durch folgende Berechnung gefunden werden:

Beispielsweise soll auf den Datensatz mit der Inventarnummer 7 direkt zugegriffen werden. Da 7 auch der Satznummer entspricht, und ein Datensatz die Länge von 30+20+30+8+4 = 92 Bytes umfasst (siehe Abb. 5.2.1/2) ist der Abstand vom Dateibeginn 552 Bytes.

▶ Übungsaufgabe Nr. 2.5.24 im Arbeitsbuch

Der *Zugriff über einen numerischen Schlüssel*, der der Satznummer entspricht, auf die Datenelemente innerhalb von Dateien ist in der Praxis *eher selten*. In der betrieblichen Informationsverarbeitung ist der *Zugriff über alphanumerische Schlüssel von größerer Bedeutung*. Dieser (sowie selbstverständlich auch der Zugriff über rein numerische Schlüssel) wird im weiteren Verlauf dieses Kapitels noch genauer behandelt.

An dieser Stelle muss darauf hingewiesen werden, dass die Verwaltung der Daten, also auch der Zugriff auf Datensätze über (Primär-)Schlüssel, in der Regel von speziellen Systembibliotheken oder Datenbankverwaltungssystemen übernommen wird. Jedoch ist es für jeden, der sich auch nur entfernt mit Softwareentwicklung beschäftigt, unumgänglich, sich mit den zugrunde liegenden Prinzipien vertraut zu machen.

Der Bibliothekar steigert seine Ansprüche. Er will nun ebenfalls über Autoren, Titel, Schlagwörter und noch vieles mehr zugreifen.

Wie kann dem Bibliothekar geholfen werden? Aus dem Zugriff über einen numerischen Schlüssel, der durch die Satznummer realisiert werden kann, ist nun der Zugriff über alphanumerische Schlüssel (Autor, Titel, ...) geworden. Die gleiche Problematik entsteht auch, wenn anstelle der fortlaufenden Zahlen die Inventarnummern nach anderen Kriterien vergeben werden.

Wir sprechen im Allgemeinen von der *schlüsselbasierten Suche* (engl.: key based search). Für die schlüsselbasierte Suche sind folgende Strategien anwendbar:

1) *Sequenzielle Suche* (engl.: sequential search): Die Datensätze werden von Beginn der Datei an sukzessiv durchsucht, bis der Datensatz mit dem gesuchten Schlüssel gefunden wird.

2) *Indizierte Suche* (engl.: indexed search): Es wird zusätzlich zu den Daten eine Indexdatei angelegt, die neben allen Schlüsseln auch die Adressen der zugehörigen Datensätze enthält.

3) *Hash-basierte Suche* (engl.: hashed search): Aus dem Schlüssel wird mithilfe eines speziell dafür vorgesehenen Algorithmus direkt die Adresse des Datensatzes berechnet.

Die sequenzielle Suche ist die einfachste aber auch die ineffizienteste dieser Suchstrategien und sollte nur für seltene Zugriffspfade verwendet werden. In den nachfolgenden Abschnitten werden indizierte und hash-basierte Zugriffsverfahren näher beschrieben. Diese Zugriffsverfahren können sowohl für die Suche in Dateien, als auch für Zugriffsverfahren im Arbeitsspeicher des Rechners angewendet werden, wobei anstelle von Satznummern Speicheradressen im Arbeitsspeicher verwendet werden.

5.2.2 Indexbasierte Zugriffsverfahren

> Unter einem **Index** (*Indexdatei*, engl.: index) versteht man eine Hilfsdatei, deren Datensätze neben den Schlüsseln der Hauptdatei die Adressen der zugehörigen Datensätze beinhalten.

Im *einfachsten Fall* der Dateiorganisation mit einem Index werden die Schlüssel in der Reihenfolge, in der die zugehörigen Datensätze erfasst werden, in den Index eingetragen. Das Ergebnis ist ein *unsortierter Index*. Bei jedem Suchvorgang über diesen Index muss dieser zur Gänze gelesen werden, da das System nicht „wissen" kann, an welcher Stelle in der Indexdatei der gesuchte Schlüssel aufzufinden ist. Für Schlüssel, die im Index enthalten sind, entspricht die durchschnittliche Zahl der Vergleiche der *Anzahl der Einträge/2*. Gemessen an der Anzahl der nötigen Vergleiche während einer Suche entspricht dies der sequenziellen Suche in der Hauptdatei, allerdings ist die Indexdatei im Allgemeinen um ein Vielfaches kleiner, und somit *können bei jedem Zugriff* auf den externen Datenträger *mehrere Schlüssel* eingelesen werden. Die Dauer des Suchprozesses kann dadurch in der Regel bereits stark verkürzt werden.

INDEXDATEI			HAUPTDATEI		
Schlüssel	**AV**	**SN**	**INR**	**Autor**	**Titel**
Date C.J.	4	1	4711	Hansen H.R.	Wirtschaftsinformatik I ...
Elson M.	6	2	3812	Maurer H.	Datenstrukturen und ...
Hansen H.R.	1	3	1029	Wirth N.	Algorithmen und Datenstrukturen ...
Maurer H.	2	4	1744	Date C.J.	An Introduction to Database Systems ...
Müller G.	7	5	1222	Wedekind H.	Datenbanksysteme ...
Wedekind H.	5	6	1313	Elson M.	Data Structures ...
Wirth N	3	7	4712	Müller G.	Informationsstrukturierung in ...

Abkürzungen: AV = Adressverweis; INR = Inventarnummer; SN = Satznummer

Abb. 5.2.2/1: Index- und Hauptdatei

Die verkürzte Suchzeit soll an einem konkreten Beispiel demonstriert werden. Es gelten folgende Annahmen: Ein Datensatz der Hauptdatei hat genau die Länge eines Sektors auf einer Diskette (512 Zeichen). Der Schlüssel ist vier Zeichen lang. Die Datei besteht aus 1.000 Datensätzen, daher kann die Adressierung über vier Zeichen erfolgen. Die Datensätze der Indexdatei haben folgenden Aufbau:

$$\begin{array}{ll} \textit{Schlüssel} & \text{4 Bytes} \\ \textit{Adresse} & \text{4 Bytes} \\ \hline \textit{Summe} & \text{8 Bytes} \end{array}$$

Die Dauer des Suchvorganges wird hauptsächlich von der Anzahl der Diskettenzugriffe zum Auslesen eines Sektors bestimmt (Zugriffszeiten im Arbeitsspeicher können für dieses Beispiel vernachlässigt werden). Sowohl die Hauptdatei, als auch die Indexdatei ist unsortiert.

Wie lange dauert maximal das Auffinden eines Datensatzes,

• wenn in der Hauptdatei gesucht wird?

• wenn zuerst in der Indexdatei gesucht wird?

Lösung: Die maximale Zugriffszeit tritt auf, wenn nach einem Schlüssel vergeblich gesucht wird, da alle Werte verglichen werden müssen.

Das Lesen aller Datensätze der Hauptdatei entspricht *1.000 Zugriffen* auf Sektoren (ein Datensatz entspricht ja genau einem Sektor).

In einen Sektor mit 512 Zeichen passen maximal 64 Indexeinträge mit je acht Zeichen (512/8 = 64). Das bedeutet, dass sämtliche Indexeinträge für 1.000 Datensätze in 16 Sektoren Platz finden (1.000 / 64 = 15,625). Für die indexbasierte Suche sind daher nur maximal *16 Zugriffe* im Index notwendig, um die Satznummer der Hauptdatei zu ermitteln.

Die Zugriffszeit für die vergebliche Suche kann also durch die Indizierung in diesem Beispiel von 1.000 Sektorenzugriffen auf 16 reduziert werden (Verbesserung um mehr als den Faktor 62) Dieses Beispiel beschreibt jedoch nur die Grundidee der indizierten Organisation. Wie wir in den folgenden Abschnitten sehen werden, gibt es noch wesentlich effizientere indizierte Zugriffsverfahren.

▶ Übungsaufgabe Nr. 2.5.25 im Arbeitsbuch

5.2.2.1 Indizierter Zugriff mit physisch sortiertem Index

Eine *Verbesserung* gegenüber dem im vorherigen Abschnitt beschriebenen Suchen mit unsortiertem Index kann durch die *Sortierung der Indexeinträge* erreicht werden. In einem *physisch sortierten Datenbestand* entspricht die physische Reihenfolge der Datenelemente auf einem Speichermedium der Sortierreihenfolge.

Im Folgenden erläutern wir die *Suchverfahren in solchen physisch sortierten Datenbeständen*. Auf Sortierverfahren, also die Vorgehensweisen zur Erstellung eines physisch sortierten Index, werden wir hier nicht näher eingehen.

Auch in einem physisch sortierten Index kann *sequenziell gesucht* werden. Bei der erfolgreichen Suche sind dann weiterhin $n/2$ Vergleiche notwendig (*n* entspricht der Anzahl der Datensätze). Jedoch reduziert sich die Zahl der Vergleiche auch bei der erfolglosen Suche auf $n/2$, da die Suche abgebrochen werden kann, sobald ein Wert gefunden wird, der größer als der Vergleichswert ist. Durch andere Suchverfahren sind allerdings noch wesentlich größere Verbesserungen erzielbar. Eines dieser Verfahren ist das *binäre Suchen*, das Ihnen durch folgendes bekannte Ratespiel erläutert werden soll:

Person *A* denkt sich eine Zahl zwischen 1 und 1.023 aus, Person *B* muss diese Zahl erraten. Bei einem Rateversuch muss *A* bekannt geben, ob die Zahl erraten wurde. Ist dies der Fall, ist das Spiel beendet. Ist die Zahl nicht die gemerkte, muss *A* bekannt geben, ob die gemerkte Zahl kleiner oder größer ist. Ein *Beispiel*:

	Person A	Person B
	Person A	*Person B*
1	Merkt sich 297	Ist die Zahl 512?
2	Nein, kleiner	Ist die Zahl 512 – 256 = 256?
3	Nein, größer	Ist die Zahl 256 + 128 = 384?
4	Nein, kleiner	Ist die Zahl 384 – 64 = 320?
5	Nein, kleiner	Ist die Zahl 320 – 32 = 288?
6	Nein, größer	Ist die Zahl 288 + 16 = 304?
7	Nein, kleiner	Ist die Zahl 304 – 8 = 296?
8	Nein, größer	Ist die Zahl 296 + 4 = 300?
9	Nein, kleiner	Ist die Zahl 300 – 2 = 298?
10	Nein, kleiner	Die Zahl ist 297!
	Richtig!	

Spieler *B* hat hier die Strategie gewählt, die in der kürzesten Zeit zum Erfolg führt. Bei dieser *Strategie der Halbierung des durchzusuchenden Bereichs* ist bei 1.023 Zahlen $(1.023 + 1 = 1.024 = 2^{10})$ dieses Spiel nach maximal zehn Fragen erfolgreich beendet.

Diese Vorgehensweise kann man leicht auf das **binäre Suchen** (engl.: binary search) im physisch sortierten Index übertragen. Hierbei wird zunächst angenommen, dass das gesuchte Element in der Mitte des Indexbereichs liegt, der gesuchte Wert wird demgemäß mit dem Element in der Mitte verglichen. Ist dieses Element kleiner (größer) als das gesuchte Element, wird die Suche nach dem gleichen Verfahren in der Hälfte nach (vor) dem gefundenen Element fortgesetzt. Ist das gefundene Element das gesuchte, wird die Suche erfolgreich beendet. Wenn durch das fortgesetzte Halbieren die

> Länge des Suchbereichs eins wird, kann die Suche erfolglos abgebrochen werden, der gesuchte Datensatz ist nicht vorhanden.

Mit diesem Verfahren kann ein Datenbestand von *n* Elementen in log_2 *(n+1)* Vergleichen durchsucht werden.

Bei unserem *Bibliotheksbeispiel* sind mit diesem Suchverfahren beispielsweise für 65.535 Bücher (65.536 = 2^{16}) nur 16 Suchschritte notwendig, um ein beliebiges Element zu finden.

▶ Übungsaufgabe Nr. 2.5.26 im Arbeitsbuch

> Das **m-Wege-Suchen** (engl.: m-way search) stellt eine Alternative zum binären Suchen dar. Der sortierte Datenbestand wird in Blöcke mit beispielsweise konstanter Länge eingeteilt. Der Suchschlüssel wird zuerst mit dem letzten Element des ersten Blockes verglichen. Ist der Wert des Suchschlüssels größer, wird zum nächsten Block übergegangen (falls vorhanden). Ist der Wert des Suchschlüssels kleiner, wird im so ermittelten Block mit einem der oben bereits beschriebenen Suchverfahren weitergesucht.

Das m-Wege-Suchen findet beispielsweise bei der Verwendung eines so genannten *hierarchischen Index* Anwendung. In diesem Fall werden zwei oder mehr Indexdateien „übereinander" angelegt. Die Schlüsseleintragungen der obersten Hierarchieebene beinhalten den Schlüssel des größten Elements und die relative Adresse des kleinsten Blockes der darunter liegenden Ebene.

In Abb. 5.2.2.1/1 besteht zum *Beispiel* die erste Eintragung auf höchster Hierarchieebene aus dem Schlüssel „Knuth D.E." (das ist der größte Schlüssel des ersten Blockes) und „1" (das ist die Satznummer des kleinsten Schlüssels des ersten Blockes).

Nehmen wir als weiteres *Beispiel* das *Telefonverzeichnis*. In größeren Städten werden mehrere Telefonbücher geführt. So wird in einer Millionenstadt beispielsweise für die

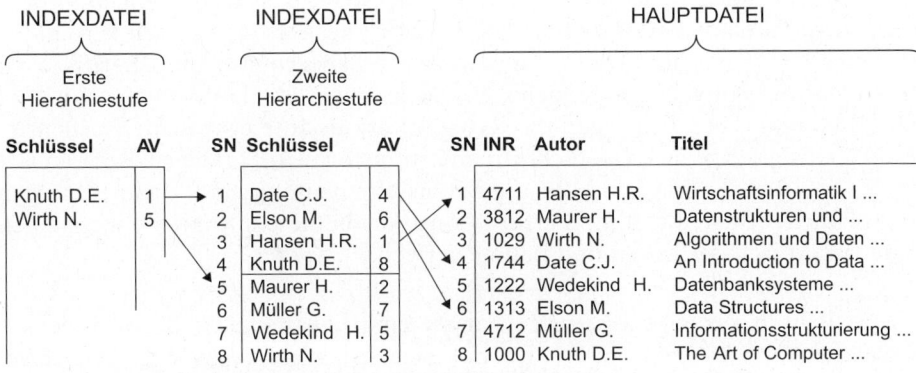

INDEXDATEI		INDEXDATEI			HAUPTDATEI		
Erste Hierarchiestufe		Zweite Hierarchiestufe					
Schlüssel	AV	SN	Schlüssel	AV	SN	INR	Autor	Titel
Knuth D.E.	1	1	Date C.J.	4	1	4711	Hansen H.R.	Wirtschaftsinformatik I ...
Wirth N.	5	2	Elson M.	6	2	3812	Maurer H.	Datenstrukturen und ...
		3	Hansen H.R.	1	3	1029	Wirth N.	Algorithmen und Daten ...
		4	Knuth D.E.	8	4	1744	Date C.J.	An Introduction to Data ...
		5	Maurer H.	2	5	1222	Wedekind H.	Datenbanksysteme ...
		6	Müller G.	7	6	1313	Elson M.	Data Structures ...
		7	Wedekind H.	5	7	4712	Müller G.	Informationsstrukturierung ...
		8	Wirth N.	3	8	1000	Knuth D.E.	The Art of Computer ...

Abkürzungen: AV = Adressverweis; INR = Inventarnummer; SN = Satznummer

Abb. 5.2.2.1/1: Zweistufiger hierarchischer Index

Buchstaben A bis H, I bis Q und R bis Z jeweils ein Teilband verwendet. Man könnte nun den Suchvorgang in den drei Teilbänden als *3-Wege-Suchen* betrachten; man beginnt in jenem Telefonbuch zu suchen, das den gesuchten Namen und damit die gesuchte Telefonnummer beinhaltet (ohne zuvor die anderen Bände durchsuchen zu müssen).

Die *Qualität des m-Wege-Suchens* ist stark von der gewählten Blockgröße abhängig. Im Grenzfall, bei Blockgröße 1, entspricht das m-Wege-Suchen dem sequenziellen Verfahren.

Allgemein kann gesagt werden, dass in größeren Datenbeständen mithilfe des *binären Suchens* nach den wenigsten Vergleichen das gesuchte Element aufgefunden wird.

Die in diesem Abschnitt vorgestellten Suchverfahren sind anwendbar, wenn der Index (oder Datenbestand) sortiert ist. Was passiert nun, wenn ein *neuer Datensatz in eine Datei aufgenommen* wird? Falls nach jedem Einfügen oder Löschen eines Eintrags der Datenbereich neu sortiert werden müsste, so würde dies einen erheblichen Aufwand bedeuten, der die Verbesserungen des indizierten Zugriffsverfahrens aufheben kann. Um häufige Sortiervorgänge zu verhindern, wird vielfach im Index ein so genannter *Überlaufbereich* angelegt, in den die Indexeintragungen der hinzukommenden Sätze in der Reihenfolge ihrer Erfassung eingetragen werden. Wird der gesuchte Schlüssel im sortierten Bereich nicht gefunden, so wird im unsortierten Überlaufbereich sequenziell weitergesucht. Die Dauer des gesamten Suchvorganges wird somit von der Größe des Überlaufbereichs wesentlich beeinflusst. Bei der Verwendung eines Überlaufbereichs ist es jedoch notwendig, den Index von Zeit zu Zeit zu reorganisieren, das heißt, den Indexdatenbestand neu zu sortieren und den Überlaufbereich zu leeren.

▶ Übungsaufgabe Nr. 2.5.27 im Arbeitsbuch

5.2.2.2 Indizierter Zugriff mit logisch sortiertem Index

Im vorhergehenden Abschnitt haben wir festgestellt, dass das Einfügen in physisch sortierte Datenbestände mit dem Problem der *Reorganisation* verbunden ist. Wird der Index nur selten reorganisiert, verlängern sich die Zugriffszeiten durch das zeitaufwändige sequenzielle Suchen im Überlaufbereich. Wird zu häufig reorganisiert, benötigen die Reorganisationsläufe erhebliche Rechenzeiten. Es existieren allerdings auch Organisationsformen, bei denen Reorganisationen nicht notwendig sind, da die Schlüsselreihenfolge auch beim Einfügen und Löschen erhalten bleibt. Hierfür können die in diesem Kapitel vorgestellten Datenstrukturen der Listen und Bäume verwendet werden.

Eine **logisch sortierte Listenstruktur** ist eine lineare Liste, bei der jedes nachfolgende Listenelement einen höheren, jedes Vorgängerelement einen niedrigeren Schlüsselwert besitzt. Ausgehend vom Anker können die Datenelemente somit immer in sortierter Reihenfolge durchlaufen werden, ohne dass der Datenbestand hierfür physisch sortiert sein muss.

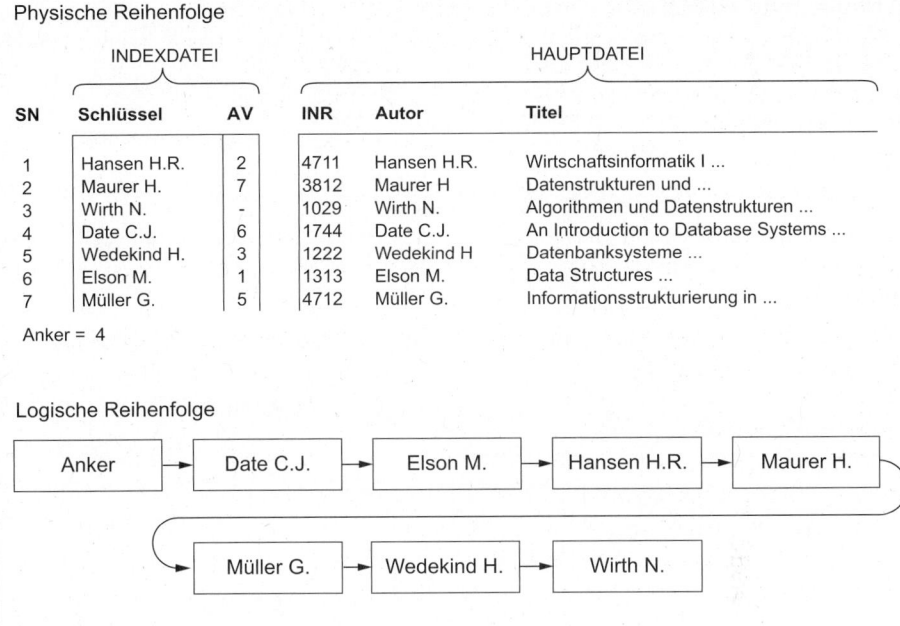

Abkürzungen: AV = Adressverweis; INR = Inventarnummer; SN = Satznummer

Abb. 5.2.2.2/1: Logisch sortierte Listenstruktur

Bei der in Abb. 5.2.2.2/1 dargestellten Lösung erfolgen die Einträge in der Indexdatei in der gleichen Reihenfolge wie in der Hauptdatei. Da somit die Satznummer der Indexdatei der Satznummmer des dazugehörigen Eintrags in der Hauptdatei entspricht, wird kein weiteres Verweisfeld benötigt, um vom Index auf den zugehörigen Eintrag in der Hauptdatei zu gelangen. Die Eintragung im Adressverweis (AV) der Indexdatei entspricht der Satznummer des logisch nachfolgenden Eintrags innerhalb der Listenstruktur. Der Bindestrich „-" repräsentiert die Endmarke.

Der Anker ist in diesem Fall durch ein Feld mit dem Inhalt „4" (= Satznummer des alphabetisch kleinsten Indexeintrags) realisiert.

Wird ein *neuer Datensatz hinzugefügt*, so wird er physisch an das Ende des Datenbestands geschrieben. Logisch wird er aber in folgender Art und Weise in die Kette eingefügt: Der Verweis des nächst kleineren Datensatzes wird auf das neu eingefügte Element gerichtet, das neue Element erhält als Verweis die Satznummer des nächst größeren Datensatzes (siehe Abb. 5.2.2.2/2).

Wird ein *Datensatz gelöscht*, so wird nur der Zeiger des Vorgängerdatensatzes verändert, und der physische Speicherplatz des gelöschten Datensatzes wird als überschreibbar gekennzeichnet.

▶ Übungsaufgabe Nr. 2.5.28 im Arbeitsbuch

Der wesentliche *Vorteil von logisch sortierten Listenstrukturen* liegt in der jederzeitigen Aufrechterhaltung der Sortierreihenfolge bei Einfüge- oder Lösch-

Physische Reihenfolge

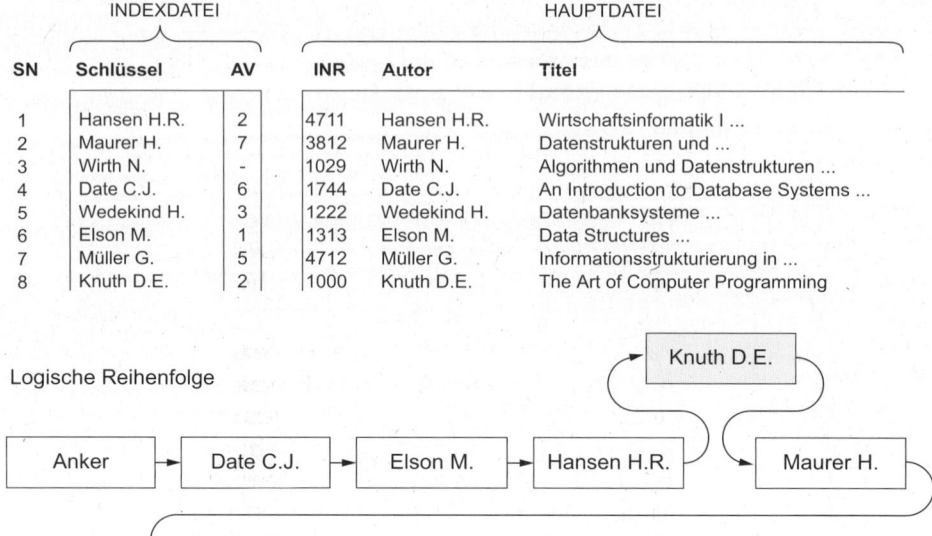

SN	Schlüssel	AV	INR	Autor	Titel
	INDEXDATEI			**HAUPTDATEI**	
1	Hansen H.R.	2	4711	Hansen H.R.	Wirtschaftsinformatik I ...
2	Maurer H.	7	3812	Maurer H.	Datenstrukturen und ...
3	Wirth N.	-	1029	Wirth N.	Algorithmen und Datenstrukturen ...
4	Date C.J.	6	1744	Date C.J.	An Introduction to Database Systems ...
5	Wedekind H.	3	1222	Wedekind H.	Datenbanksysteme ...
6	Elson M.	1	1313	Elson M.	Data Structures ...
7	Müller G.	5	4712	Müller G.	Informationsstrukturierung in ...
8	Knuth D.E.	2	1000	Knuth D.E.	The Art of Computer Programming

Logische Reihenfolge

Abkürzungen: AV = Adressverweis; INR = Inventarnummer; SN = Satznummer

Abb. 5.2.2.2/2: Einfügen eines Datenelements in eine logisch sortierte Listenstruktur

operationen ohne die Notwendigkeit von vollständigen Reorganisationen mittels Sortierverfahren. Dem steht jedoch der *Nachteil* gegenüber, dass bei dieser Organisationsform nur sequenzielles Suchen möglich ist (durchschnittlicher Aufwand *n/2*). Logische sortierte Listenstrukturen finden *vor allem im Arbeitsspeicher* Anwendung, wo infolge der geringen Zugriffszeit die Nachteile des sequenziellen Suchens weniger ins Gewicht fallen. Wenn dieses Verfahren auf die Suche auf externen Datenträgern angewendet wird, muss man zudem damit rechnen, dass potenziell jedes Listenelement in einem anderen Sektor liegt, sodass für jeden Vergleich ein Zugriff auf den externen Datenträger notwendig ist und die Suche noch zeitaufwändiger wird.

Die soeben genannten Probleme können weitgehend durch *baumstrukturierte Organisationsformen* beseitigt werden. Die graphentheoretischen Grundlagen von Baumstrukturen haben wir bereits in einem früheren Abschnitt dieses Kapitels behandelt. Die in der Literatur vorgeschlagenen Varianten von baumstrukturierten Organisationsformen für effiziente Suchverfahren sind überaus zahlreich. Daher können hier in der Folge *nur die wichtigsten grundlegenden Konzepte* dargelegt werden.

Ein **logisch sortierter Binärbaum** ist eine binäre Baumstruktur, bei der die beiden Nachfolgerknoten jedes Knotens als linker und rechter *Nachfolger-*

> *knoten* bezeichnet werden. Die linken Nachfolgerknoten enthalten nur Werte, die kleiner als das übergeordnete Knotenelement sind, während die rechten Nachfolger ausschließlich Datenelemente besitzen, die größer sind.

Eine mögliche Realisierung eines logisch sortierten Binärbaums innerhalb einer Datei sieht ähnlich wie die Realisierung der logisch sortierten Listenstruktur aus (siehe Abb. 5.2.2.2/4). Die Indexdatei besteht nun aus dem *Schlüssel* und zwei Verweisen, die auf die *linken* und *rechten Nachfolger* zeigen. Die Abb. 5.2.2.2/4 zeigt die Realisierung des logisch sortierten Binärbaums aus Abb. 5.2.2.2/3.

Das *Suchen und Einfügen in sortierten binären Bäumen* sind verhältnismäßig einfache Operationen. Beginnen wir mit dem *Suchen*. Wir suchen in dem Baum aus Abb. 5.2.2.2/5 nach dem Knoten mit dem Schlüssel „*Knuth D.E.*". Zuerst vergleichen wir den Suchschlüssel mit der Wurzel. Dabei können im Wesentlichen vier verschiedene Situationen auftreten:

Situation	Aktion
Der gesuchte Schlüssel ist kleiner	Suche im linken Teilbaum
Der gesuchte Schlüssel ist größer	Suche im rechten Teilbaum
Der gesuchte Schlüssel wird gefunden	Beende Suchprozess
Der gesuchte Schlüssel ist nicht vorhanden	Beende Suchprozess

Die letztgenannte Situation kann nur dann auftreten, wenn der gesuchte Schlüssel kleiner oder größer ist, und der entsprechende Zeiger auf die Endmarke weist. Bei der Operation *Einfügen* wird auf diese Weise die logische Position des neuen Knotens ermittelt (es wurde eine Endmarke erreicht), an der der neue Knoten eingefügt wird.

In Abb. 5.2.2.2/5 wird nach dem Knoten „*Knuth D.E.*" gesucht. Ist dieser Wert nicht vorhanden, soll er eingefügt werden. Der erste verglichene Knoten (Wurzel „*Hansen H.R.*") ist kleiner als das gesuchte Element; infolgedessen wird im rechten Teilbaum

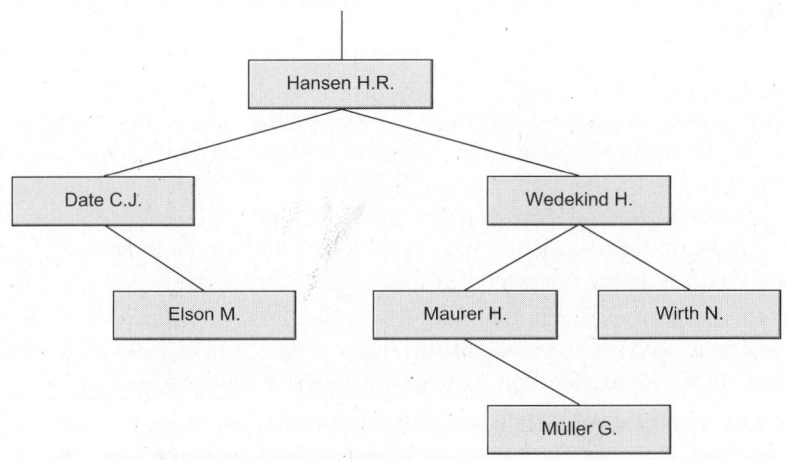

Abb. 5.2.2.2/3: Logisch sortierter Binärbaum

	INDEXDATEI				HAUPTDATEI	
SN	Schlüssel	AV li	AV re	INR	Autor	Titel
1	Hansen H.R.	4	5	4711	Hansen H.R.	Wirtschaftsinformatik I ...
2	Maurer H.	-	7	3812	Maurer H.	Datenstrukturen und ...
3	Wirth N.	-	-	1029	Wirth N.	Algorithmen und Datenstrukturen ...
4	Date C.J.	-	6	1744	Date C.J.	An Introduction to Database Systems ...
5	Wedekind H.	2	3	1222	Wedekind H.	Datenbanksysteme ...
6	Elson M.	-	-	1313	Elson M.	Data Structures ...
7	Müller G.	-	-	4712	Müller G.	Informationsstrukturierung in ...

Abkürzungen: AV = Adressverweis; INR = Inventarnummer; AV li = linker Adressverweis;
          AV re = rechter Adressverweis; SN = Satznummer

Abb. 5.2.2.2/4: Realisierung eines sortierten Binärbaums durch eine Indexdatei mit zwei Verweisfeldern

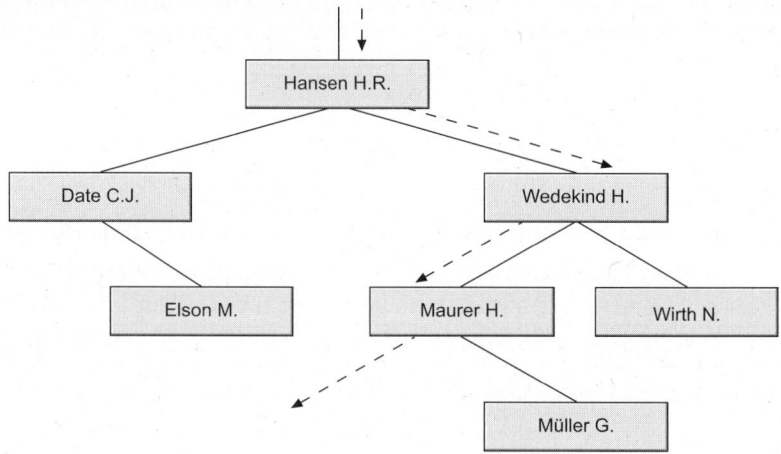

Abb. 5.2.2.2/5: Suche in einem sortierten Binärbaum nach dem Schlüssel „Knuth D.E."

weitergesucht. Die nächsten beiden verglichenen Knoten („*Wedekind H.*" und „*Maurer H.*") sind beide größer; es wird in den linken Teilbäumen (das heißt in den Teilbäumen mit den kleineren Elementen) weitergesucht. „*Maurer H.*" hat keinen linken Nachfolger, das bedeutet, der gesuchte Knoten ist nicht im Baum enthalten. „*Knuth D.E.*" wird als linker Nachfolger dieses Knotens eingetragen (siehe Abb. 5.2.2.2/6)

Physisch wird der neue Knoten am Ende des Datenbereichs hinzugefügt, seine logische Position im Baum wird durch Verweise realisiert.

Das *Löschen* in binären Bäumen ist dann einfach, wenn der zu löschende Knoten keinen oder nur einen unmittelbaren Nachfolger hat. In diesen Fällen kann der zu löschende Knoten einfach eliminiert werden, indem

– im ersten Fall in das Verweisfeld eine Endmarke gesetzt wird und

– im zweiten Fall der Verweis des Vorgängerknotens auf den unmittelbaren Nachfolgerknoten des zu löschenden Elements gesetzt wird.

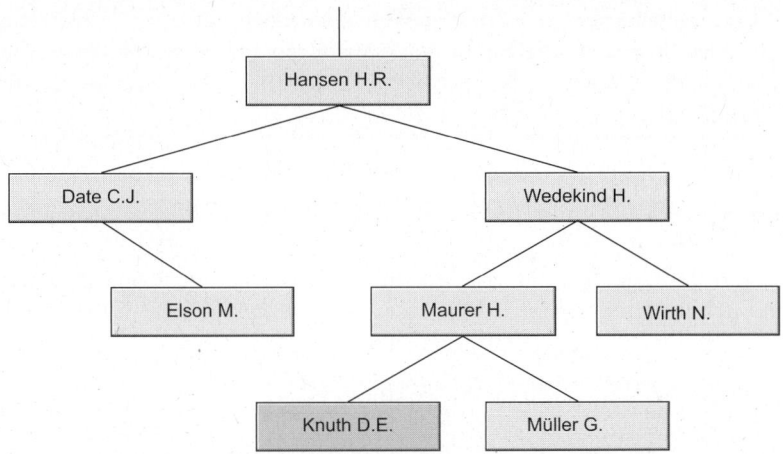

Abb. 5.2.2.2/6: Sortierter Binärbaum nach Einfügen des Schlüssels „Knuth D.E."

Hat der Knoten zwei Nachfolger, kann die gleiche Situation durch eine einfache Vertauschoperation erreicht werden: Der zu löschende Knoten wird durch den nächst kleineren oder nächst größeren Knoten ersetzt (dieser nächst kleinere oder nächst größere Knoten wird anschließend an seiner alten Position gelöscht). Sowohl der nächst kleinere als auch der nächst größere Knoten eines inneren Knotens haben maximal einen unmittelbaren Nachfolger und können einfach gelöscht werden.

▶ Übungsaufgabe Nr. 2.5.29 im Arbeitsbuch

5.2.2.3 Behandlung gleicher Schlüsselwerte

Betrachten Sie den Fall, dass es in der Bibliothek mehrere Bücher von „Dijkstra" gibt. Als Ergebnis einer Suche nach dem Autor „Dijkstra" erhalten Sie daher mehrere Datensätze. Bis jetzt sind wir davon ausgegangen, dass zu jedem Schlüssel nur genau ein Eintrag existiert. Je nach Speicherungsorganisation wird beim Auftreten mehrerer gleicher Schlüsselwerte leicht unterschiedlich verfahren. Generell kann entweder pro Indexeintrag eine lineare Liste von Datensätzen mit dem gleichen Schlüssel geführt werden, oder es werden mehrere Einträge mit den gleichen Schlüsselwerten im Index gespeichert. Dies hat bei der Suche folgende Konsequenzen:

Binäres Suchen im physisch sortierten Index: Da der Index sortiert gehalten wird, findet man die Einträge mit gleichem Schlüsselwert unmittelbar benachbart entweder im Index oder im Überlaufbereich.

– *M-Wege-Suchen im physisch sortierten Index*: Auch hier liegen gleichartige Indexeintragungen physisch benachbart. Es kann aber notwendig sein, mehrere Blöcke zu durchsuchen.

– *Logisch sortierte Listenstrukturen:* Wenn das erste zutreffende Datenelement gefunden wird, erfolgt die Suche nach weiteren Datenelementen entlang der Listenstruktur. Es wird sequenziell weitergearbeitet, bis das Ende der linearen Liste erreicht ist.

– *Sortierte Binärbäume:* Bei sortierten Binärbäumen ist die Behandlung von gleichartigen Schlüsselwerten etwas aufwändiger. Prinzipiell könnten Werte mit gleichen Schlüsseln im linken und/oder rechten Teilbaum gespeichert werden. Dies hätte zur Folge, dass bei einer Suche nach gleichen Werten auch in beiden Teilbäumen gesucht werden müsste, was zu einem unverhältnismäßig hohen Suchaufwand führt. Folglich ist es effizienter, gleiche Werte stets in nur einem Teilbaum, beispielsweise dem rechten zu speichern.

▸ Übungsaufgabe Nr. 2.5.30 im Arbeitsbuch

5.2.3 Gestreute Zugriffsverfahren

Im vorhergehenden Abschnitt wurde beschrieben, wie man in physisch oder logisch sortierten Datenbeständen Datensätze möglichst effizient, das heißt mit möglichst wenigen Zugriffen, finden und gegebenenfalls verändern kann. Eine Alternative zu diesen Verfahren stellt die gestreute Organisation dar.

> Die gestreute Organisation basiert auf einer **Schlüsseltransformations-funktion** (auch *Hash-Funktion*, engl.: hash function), mit deren Hilfe aus einem Schlüssel die *Adresse* des zugehörigen Datensatzes *errechnet* wird.

Dabei sind zwei Fragen zu klären:
– Welche Funktion soll als *Hash-Funktion* verwendet werden?
– Da die Anzahl der verfügbaren Speicherplätze in der Regel geringer ist als die der theoretisch möglichen Schlüssel, muss eine Funktion gewählt werden, die eine *Doppelbelegung* (Kollision; engl.: collision) einer Adresse zulässt. Die Art der Behandlung derartiger Kollisionen beeinflusst die Zugriffsdauer wesentlich.

Wir werden nun eine einfache Schlüsseltransformationsfunktion vorstellen, die das Prinzip der Umwandlung verdeutlicht. In der Praxis werden komplexere Verfahren verwendet, die über den einführenden Charakter dieses Abschnitts hinausgehen.

Versuchen wir, aus dem Schlüssel einen umkehrbar eindeutigen Wert zu errechnen, also einen Wert, aus dem wiederum der Schlüssel berechnet werden kann. Umkehrbar eindeutige Beziehungen werden auch als *eineindeutig* oder *bijektiv* bezeichnet.

Da die Zeichen als Bytesequenz dargestellt werden, kann jedes Byte 256 verschiedene Werte (die Werte 0 bis 255) annehmen. Man kann also einen Schlüssel, der als Zeichenkette vorliegt, direkt in ein Zahlensystem mit der Basis 256 übertragen (Zahlensysteme wurden bereits im Abschnitt 5.1.2.2 behandelt).

Beispiel:

Gegeben ist ein 10-stelliges Schlüsselfeld mit dem Inhalt |HANSEN |:

Buchstaben	H	A	N	S	E	N				
Wert im Zeichensatz ISO-8859-1	72	65	78	83	69	78	32	32	32	32

$$\text{Wert} = 72 \times 256^9 + 65 \times 256^8 + 78 \times 256^7 + 83 \times 256^6$$
$$+ 69 \times 256^5 + 78 \times 256^4 + 32 \times 256^3 + 32 \times 256^2$$
$$+ 32 \times 256^1 + 32 \times 256^0 =$$
$$341.215.069.062.365.450.346.528$$

Der errechnete Wert 341.215.06... ist ein numerischer Wert des aus 10 Bytes bestehenden Schlüssels |HANSEN |. Die Anzahl der möglichen Schlüssel kann berechnet werden, indem man für jeden Buchstaben den höchsten Wert einsetzt, den dieser annehmen kann (255). Bei einer Schlüssellänge von zehn ist das 255^{10}-1.

Sie sehen, dass die Anzahl der möglichen Schlüssel weit größer ist als die Anzahl der in der Regel zur Verfügung stehenden Speicherplätze. Man benötigt daher eine Funktion (die Schlüsseltransformationsfunktion), die die riesige Anzahl möglicher Schlüssel auf eine angemessene Menge von Adressen abbildet. Dies kann beispielsweise durch das *Divisionsrestverfahren* erfolgen.

Beim *Divisionsrestverfahren* wird der (etwa auf obige Weise) errechnete, dem jeweiligen Schlüssel entsprechende numerische Wert durch die Anzahl der möglichen Einträge der Hash-Tabelle n dividiert. Der Rest dieser Division liegt zwischen 0 und $n-1$ und kann als Speicheradresse verwendet werden. Zur Vermeidung von übermäßig vielen Kollisionen wird für n üblicherweise eine Primzahl gewählt.

Nehmen wir zum *Beispiel n = 1.117*. Dann wird dem Schlüssel |HANSEN | eine Adresse zwischen 0 und 1.116 zugeordnet. Diese Adresse ist der Rest der Division von dem oben berechneten Wert (341.215.06...) durch 1.117, das ist die Zahl 158. Dies bedeutet, dass der entsprechende Schlüsselwert als Datensatz Nummer 158 gespeichert wird.

Da durch die Verwendung einer Hash-Funktion die Anzahl der errechneten Adressen geringer als die der möglichen Schlüssel ist, kann es vorkommen, dass aus mehreren verschiedenen Schlüsseln dieselbe Adresse ermittelt wird. Wir sprechen in diesem Fall von einer *Kollision*.

Folgende Ansätze stehen für die Kollisionsbehandlung zur Verfügung:

– *Führung einer linearen Liste:* Eine einfache Möglichkeit zur Kollisionsbehandlung ist Verwendung einer linearen Liste, die die kollidierenden Datensätze enthält. Der Nachteil dieser Methode ist, dass eine zusätzliche Liste zu führen ist, deren sequenzielle Durchsuchung bei häufigen Kollisionen (das heißt bei großer Listenlänge) zeitaufwändig werden kann.

– *Offene Adressierung:* Einen anderen Ansatz verfolgt die *offene Adressierung* (engl.: open addressing), wobei im Kollisionsfall im Adressbereich entweder in konstanten (lineares Sondieren) oder in quadratisch ansteigenden (quadratisches Sondieren) Abständen nach freien Speicherplätzen gesucht wird.

– *Hash-hash-Verfahren:* Der Name *Hash-hash-Verfahren* (engl.: double hashing) besagt, dass im Kollisionsfall zur Suche eines freien Speicherplatzes wieder eine Hash-Funktion verwendet wird. Diese zweite Hash-Funktion muss sich von der ersten unterscheiden, da sonst in jedem Fall unmittelbar eine neuerliche Kollision auftreten würde. Bei geeigneter Wahl der beiden Hash-Funktionen ist dieses Verfahren gut geeignet, um die Anzahl der Kollisionen gering zu halten.

▶ Übungsaufgabe Nr. 2.5.31 im Arbeitsbuch

Mittels guter Hash-Verfahren lassen sich bessere Zugriffszeiten als durch Baumstrukturen erreichen. Allerdings besitzen gestreute Organisationsformen *folgende Nachteile*:

1) Hash-Verfahren eignen sich vor allem für den *Zugriff auf eindeutige Schlüssel.* Die Behandlung von gleichen Schlüsselwerten führt unweigerlich zu Kollisionen und verlängert die Suche wesentlich.

2) Die *Größe der Hash-Tabelle* (der für die Datensätze reservierte Speicherbereich) kann (bei den hier beschriebenen Verfahren) nur mit erheblichem Aufwand geändert werden, da die Größe der Hash-Tabelle von der Hash-Funktion abhängt. Deshalb sollte es angestrebt werden, die Anzahl der zu erwartenden Datensätze relativ genau zu bestimmen. Bei einer schlecht gewählten Größe ist die Folge entweder eine schlechte Speicherplatzausnutzung (weil die Hash-Tabelle nur spärlich gefüllt ist) oder schlechte Zugriffszeiten, da Kollisionen um so öfter auftreten, je dichter die Datensätze in der Tabelle liegen.

3) Die Datensätze können nur nach der (zeitaufwändigen) Anwendung eines Sortierverfahrens *sortiert ausgegeben* werden; bei sortierten Bäumen ist hingegen jederzeit die Ausgabe der Datensätze in auf- oder absteigender Folge der Schlüssel möglich.

Bei allen Formen der sortierten Speicherung (physisch oder logisch sortiert) ist – in gewissem Umfang – auch ein „*teilqualifizierter*" Zugriff möglich. Das heißt, es sind auch Zugriffe auf Datensätze möglich, von denen nur ein Teil des Schlüssels bekannt ist. Es können zum Beispiel alle Datensätze, deren Schlüssel mit „A" beginnen, aufgelistet werden. Diese vor allem bei sehr langen Schlüsseln vorteilhafte Möglichkeit ist *bei gestreuter Organisation nicht gegeben.*

▶ Übungsaufgabe Nr. 2.5.32 im Arbeitsbuch

5.2.4 Vergleich der Dateizugriffsverfahren

In der folgenden *Übersicht* (Abb. 5.2.4/1) werden die *wichtigsten Merkmale der verschiedenen Zugriffsverfahren* nochmals zusammenfassend dargestellt.

Datei-organisation	Sequenziell	Direkt	Indiziert		Gestreut
			Physisch sortiert	Logisch sortiert	
Charakteristische Merkmale	Es existiert nur eine Hauptdatei	Direkter Zugriff über Satznummer	Neben der Hauptdatei existiert eine Hilfsdatei (Index), über die der Zugriff auf die Hauptdatei erfolgt		Die Adressen der Datensätze werden über einen Algorithmus aus dem Schlüssel errechnet
Mögliche Speichermedien	Sequenziell oder direkt adressierbar	Direkt adressierbar	Direkt adressierbar		Direkt adressierbar
Suchstrategien	Sequenziell	Ermittlung der Satznummer	Sequenziell, binär, m-Wege-Suchen	Listen: sequenziell Binärbäume: ähnliche binäre Suche	Suche nur bei Kollision notwendig
Reorganisation notwendig?	Nein	Nein	Ja	Nein	Nein
Speicherung doppelter Schlüsselwerte	Ja	Kein Schlüsselzugriff	Ja	Ja	Ungeeignet

Abb. 5.2.4/1: Gegenüberstellung der wichtigsten Merkmale der beschriebenen Zugriffsverfahren

5.3 Datenbanken

Sie haben bereits in Band 1, Kapitel 2 eine Einführung in konzeptionelle Datenmodelle und relationale Datenbanken erhalten. In diesem Abschnitt werden die nicht-relationalen Datenmodelle vorgestellt. Als durchgängiges Beispiel verwenden wir das Bibliotheksverwaltungssystem aus Band 1, Abschnitt 2.2.3.3. Dieses konzeptionelle Modell ist in Abb. 5.3/2 in Form eines ER-Diagramms nochmals als Einstieg in die Thematik dargestellt.

In den meisten Informationssystemen werden Daten in gleichartigen Datensätzen gespeichert, wobei jeder Datensatz eine konkrete Ausprägung eines abstrakten Typs beschreibt (beispielsweise eine Person, ein Buch oder ein Kraftfahrzeug). Die Datenelemente der Datensätze entsprechen jeweils den Attributen der Ausprägungen (beispielsweise Name, Bestellnummer, Rechnungsbetrag usw.).

Wenn die Attribute nicht weiter in Unterattribute zerlegbar (also atomar) sind, können diese Daten in einem relationalen Modell in der Form von *zweidi-*

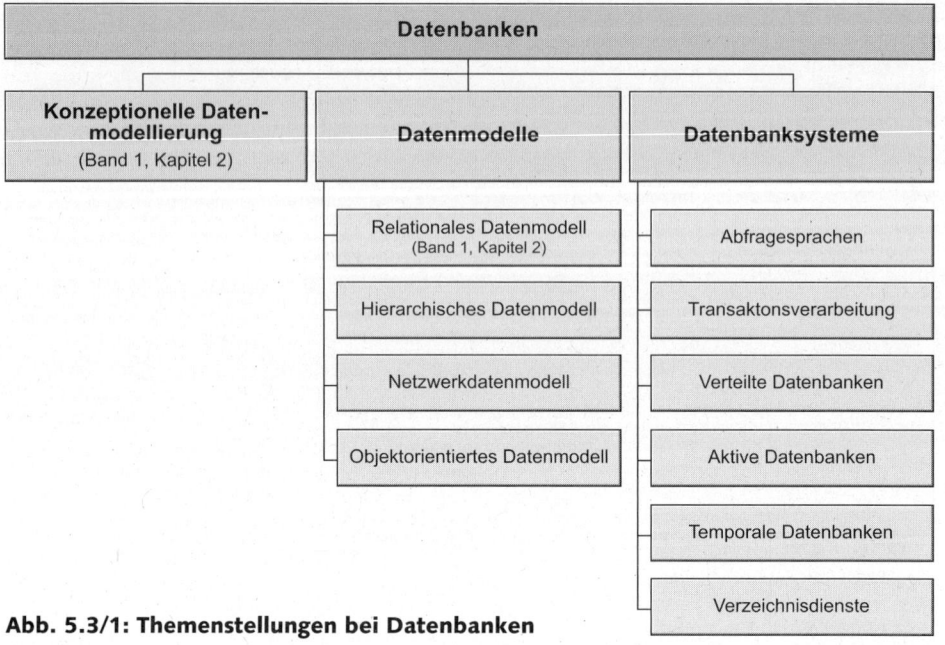

Abb. 5.3/1: Themenstellungen bei Datenbanken

mensionalen Tabellen gespeichert werden, wobei die *Zeilen* den Datensätzen und die *Attribute* den Spalten entsprechen. Die Tabellenstrukturen sind meist so beschaffen, dass für einzelne Objekttypen (beispielsweise für Buch, Autor, Entleiher) eigene Tabellen angelegt werden, und dass Assoziationen mittels Verweisen zwischen diesen Tabellen realisiert werden. Für den Aufbau der Tabellen sind einerseits die Regeln der Normalisierung (siehe Band 1, Kapitel 2), als auch die Gegebenheiten des modellierten Realitätsausschnitts maßgeblich. In nicht-relationalen Modellen fällt die Einschränkung der atomaren Attribute, die Struktur der Datenbank wird nicht durch die Normalisierung geprägt.

5.3.1 Nicht-relationale Datenmodelle

Nicht-relationale Datenmodelle sind Datenmodelle, die sich nicht am relationalen Datenmodell und der relationalen Algebra orientieren. Einige dieser Modelle sind älter als das relationale Datenmodell (beispielsweise das hierarchische Datenmodell und das Netzwerkdatenmodell), andere sind jüngeren Datums (beispielsweise das objektorientierte Datenmodell, das einige Restriktionen des relationalen Datenmodells aufhebt). Eine sehr wichtige Restriktion des relationalen Datenmodells ist die Beschränkung auf atomare Attribute, die auch auf den Einschränkungen der ersten Normalform beruht. Gerade in jüngster Zeit ist durch den Erfolg von XML die Bedeutung von nicht-relationalen Datenmodellen wieder gestiegen, da sich tief strukturierte Daten (beispielsweise in Form eines XML-Dokuments, mehr dazu in Abschnitt 5.4) für die Speiche-

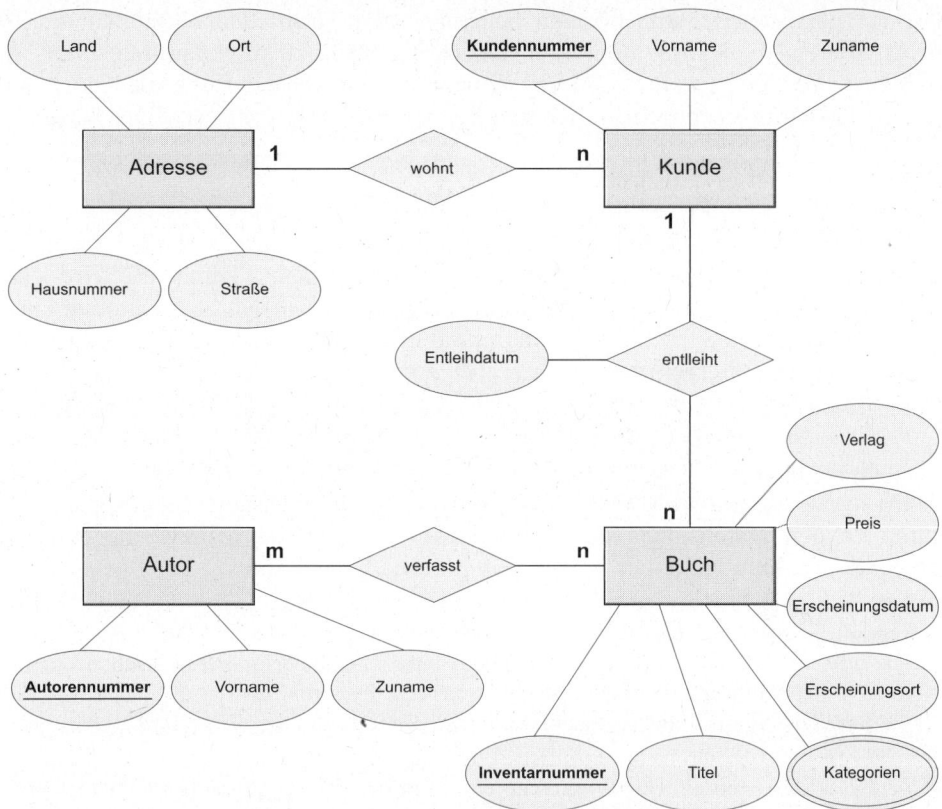

Abb. 5.3/2: Ausschnitt eines konzeptionellen Datenmodells eines Bibliotheksverwaltungssystems

rung und Abfrage in einem relationalen Datenmodell nicht sonderlich eigenen. Die Reihenfolge der nachstehenden Datenmodelle orientiert sich an deren geschichtlicher Entwicklung.

5.3.1.1 Hierarchisches Datenmodell

In vielen Anwendungen werden häufig 1:n-Assoziationen benötigt (zum Beispiel Abteilung/Mitarbeiter, Kunde/Auftrag, Flugzeug/Passagier, Entleiher/Buch). Hierarchische Datenbanksysteme unterstützen die Definition dieser Beziehungstypen durch so genannte *untergeordnete Satztypen* und erlauben den effizienten Zugriff entlang dieser Beziehungen.

Auf dem **hierarchischen Datenmodell** (engl.: hierarchical data model) basierende Datenbanksysteme repräsentieren Anwendungsdaten durch Baumstrukturen. Die Knoten der Baumstruktur (so genannte *Segmente* oder *Records*) des zugehörigen Schemas entsprechen den Satztypen mit Attributen, die Kanten definieren Beziehungstypen zu so genannten *untergeordneten Satztypen*. In anderen Worten: Daten werden durch die Knoten und Beziehungen durch die Kanten des Graphen repräsentiert. Die Beziehungen zwischen Ausprägungen der Satztypen werden durch Satzzeiger (Adressverweise) realisiert.

Im hierarchischen Datenmodell erfolgt der Zugriff auf die Daten in einer Datenbank immer ausgehend von dem Wurzelsegment. Zunächst wird ein Datensatz des Satztyps des Wurzelsegments gesucht, der den Suchkriterien entspricht. Für diesen Satz kann man dann auf effiziente Weise auf die assoziierten Datensätze der untergeordneten Satztypen zugreifen.

Ist beispielsweise das Wurzelsegment *Abteilung* und der untergeordnete Satztyp *Mitarbeiter*, so kann man auf einen Mitarbeiter immer nur über die Abteilung zugreifen. Ähnliches gilt für *Entleiher* und *Buch* und die weiteren genannten Beispiele.

Da die Suche immer von den Datensätzen des Wurzelsegments ausgeht und dann zu den Datensätzen der untergeordneten Satztypen verzweigt (und so fort), spricht man von einer *Navigation* innerhalb des Baums.

Die Abb. 5.3.1.1/1 zeigt die *hierarchische Informationsstruktur* des Bibliotheksverwaltungssystems, das auf dem konzeptionellen Datenmodell in Abb. 5.3/1 beruht. Die Informationsstruktur ist in vier Bereiche unterteilt, die beim hierarchischen Datenmodell meist als Datenbanken bezeichnet werden. Dies sind für das gegebene Beispiel die *BuchEntleiherDB*, die *AutorenDB*, die *KundenDB* und die *AdressenDB*.

Der Aufbau dieser Informationsstruktur soll nun beispielhaft an der *BuchEntleiherDB* erklärt werden. Der Wurzelknoten der *BuchEntleiherDB* ist der Knoten *Buch*. Für jedes Buch (jede Ausprägung beziehungsweise Instanz des Satztyps *Buch*) werden eine Reihe von Attributen (wie beispielsweise *Inventarnr*, *Titel*, *Verlag*) gespeichert. Zudem können die Instanzen dieses Typs mit einer oder mehreren Instanzen vom Satztyp *Autor* (identifiziert durch *Autorennr*) sowie einem *Entleiher* (identifiziert durch *Kundennr* und *EntleihDatum*) in Beziehung stehen.

Es existieren sehr effiziente Implementierungen von Datenbanksystemen, die das hierarchische Datenmodell verwenden. Das hierarchische Datenmodell kann allerdings keine n:m-Beziehungen direkt abbilden. Um diese Beziehungstypen trotzdem abzubilden, müssen diese durch getrennte Bäume realisiert werden, wobei die Sätze jeweils pro Hierarchie und somit mehrfach (redundant) gespeichert werden müssen, was sehr leicht zu Inkonsistenzen führen kann.

Die Abb. 5.3.1.1/2 zeigt beispielhaft Ausprägungen des in Abb. 5.3.1.1/1 dargestellten Datenmodells.

Das Buch mit der Inventarnummer „B456" wurde gemeinsam von drei verschiedenen Autoren verfasst (*Peter Meier*, *Karl Müller* und *Andrea Schulz*). Demgemäß steht dieser *Buchsatz* mit den entsprechenden Datensätzen der genannten Autoren in Beziehung. Zusätzlich ist das Buch zum aktuellen Zeitpunkt an den Kunden mit der Kundennummer „K783" ausgeliehen. Dies wird durch die Beziehung des Buchsatzes zu einem *Entleihersatz* ausgedrückt. Über die Kundennummer (Attribut *Kundennr*) des Entleihers kann der Kundensatz ermittelt werden. Für den Kundensatz existiert eine

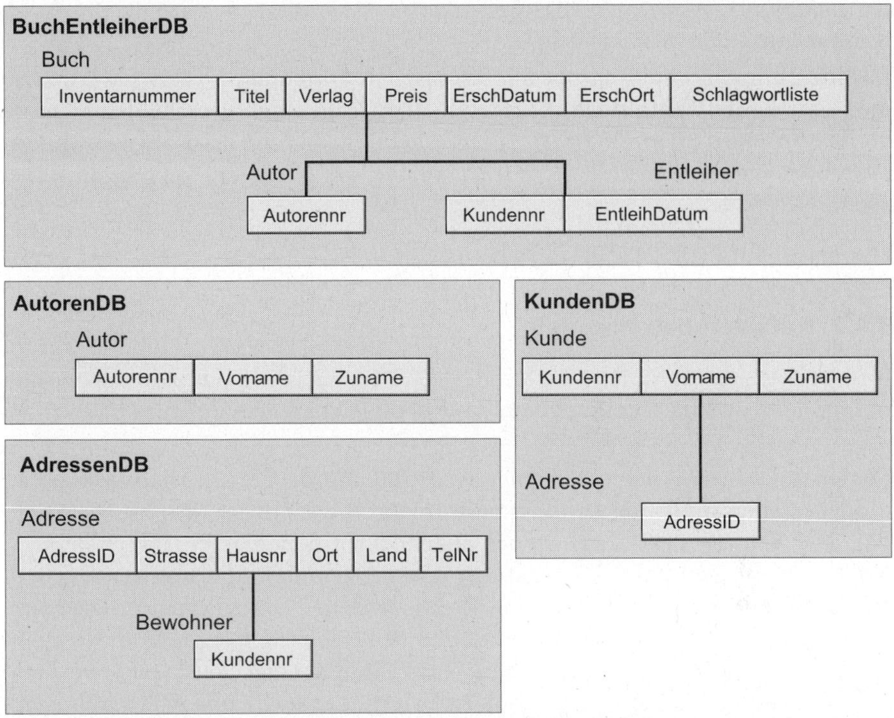

BuchEntleiherDB
Buch
Inventarnummer
Titel
Verlag
Preis
ErschDatum
ErschOrt
Schlagwortliste
Autor
Entleiher
Autorennr
Kundennr
EntleihDatum
AutorenDB
Autor
Autorennr
Vorname
Zuname
KundenDB
Kunde
Kundennr
Vorname
Zuname
Adresse
AdressID
AdressenDB
Adresse
AdressID
Strasse
Hausnr
Ort
Land
TelNr
Bewohner
Kundennr

Abb. 5.3.1.1/1: Hierarchisches Datenmodell für das Bibliotheksbeispiel

Buch
B456
Der Unterkiefer der Blattlaus
Natur Verlag
Autor
A35
Peter
Meier
Entleiher
K783
28.09.2001
Kunde
K783
Paul
Panther
Adresse
A7465
Steinstrasse
3
Wien
Österreich
08154711

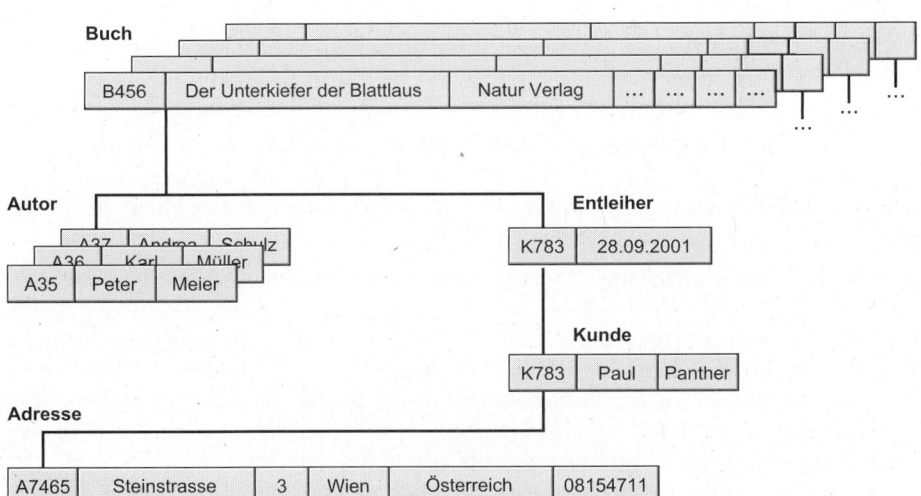

Abb. 5.3.1.1/2: Beispielausprägung des hierarchischen Datenmodells für die Bibliotheksdatenbank

Beziehung zur *AdressID*, über die wiederum bei Bedarf der *Name* und die *Adresse* des Kunden ermittelt werden können.

In einer Implementierung des hierarchischen Datenbanksystems werden die (unter Umständen vielfältigen) Beziehungen zwischen den verschiedenen Sätzen mithilfe von *„virtuellen Records"* realisiert. Ein konkreter Satz verweist hierbei auf ein oder mehrere *virtuelle Records*, welche wiederum auf weitere Sätze verweisen.

▶ Übungsaufgabe Nr. 2.5.33 im Arbeitsbuch

5.3.1.2 Netzwerkdatenmodell

Das Netzwerkdatenmodell ist eine Weiterentwicklung des hierarchischen Datenmodells und basiert demgemäß auf den gleichen Prinzipien.

Datenbanksysteme nach dem **Netzwerkdatenmodell** (engl.: network data model) stellen die Informationsstruktur durch gerichtete Graphstrukturen dar. Die Knoten des Graphen des zugehörigen Schemas entsprechen den *Satztypen* (so genannte Records) mit ihren Attributen, die Kanten definieren *Beziehungstypen* (so genannte Sets) zwischen assoziierten Satztypen. Jeder Knoten kann über mehrere Kanten in Beziehung mit anderen Knoten stehen. Die Beziehungen zwischen Ausprägungen der Satztypen werden durch Satzzeiger (Adressverweise) realisiert, die auch einen zusätzlichen Rückverweis besitzen.

Viele der grundlegenden Konzepte sind dem hierarchischen Datenmodell entnommen. Beispielsweise können auf direktem Wege nur binäre 1:n-Beziehungen abgebildet werden. Das Netzwerkdatenmodell erlaubt allerdings mehrere verbundene Hierarchien, wodurch auch n:m-Beziehungen realisierbar sind. Die Darstellung von n:m-Beziehungen ist dabei über die Zerlegung in einen neuen Satztyp (ein so genannter *Kett-Record*) und zwei 1:n-Beziehungen möglich.

Die Navigation durch die Datenbank ist durch die (im Vergleich zum hierarchischen Datenmodell neuen) Rückverweise weit flexibler. Eine Suche kann beim Netzwerkdatenmodell somit prinzipiell an einer beliebigen Stelle beginnen.

Die Abb. 5.3.1.2/1 zeigt das Netzwerkdatenmodell des Bibliotheksbeispiels auf Basis des ER-Diagramms aus Abb. 5.3/1.

Eine Adresse steht über die Beziehung *„bewohnt von"* mit einem oder mehreren Kunden in Beziehung (1:n-Beziehung). Ebenso kann jeder Kunde ein oder mehrere Bücher entleihen. Da jedes Buchexemplar in unserem Beispiel über die Inventarnummer eindeutig identifiziert werden kann, ist die *entleiht*-Beziehung als 1:n-Beziehung entsprechend des ER-Diagramms realisiert. Für den Fall, dass nicht jedes einzelne Buchexemplar in der Datenbank abgelegt würde, sondern beispielsweise nur die allgemeinen Daten des entsprechenden Buches (Titel, Verlag usw.) müsste die Beziehung zwischen *Kunde* und *Buch* als n:m-Beziehung modelliert werden.

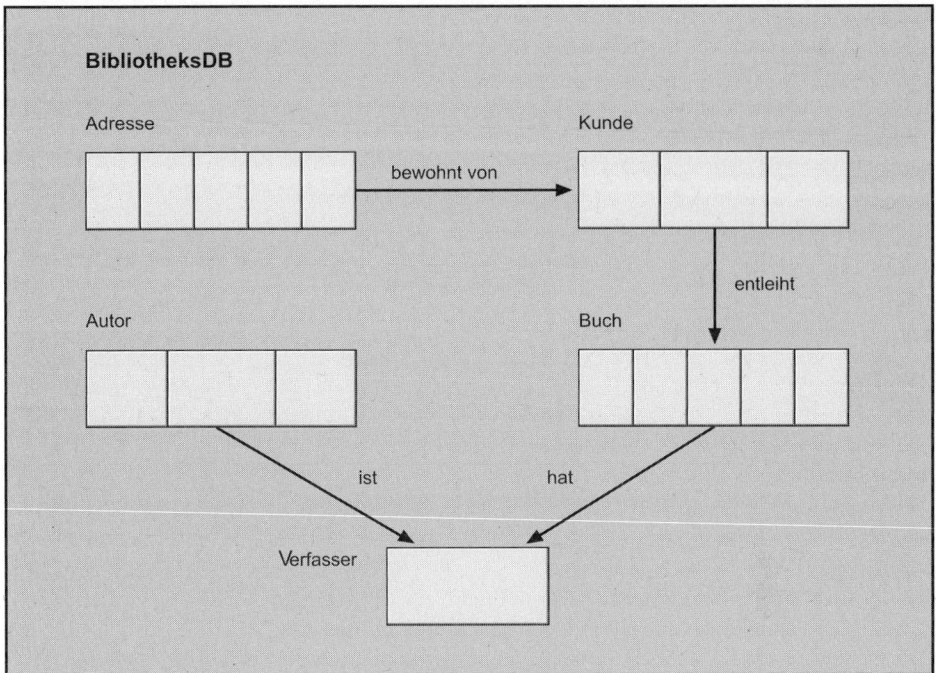

Abb. 5.3.1.2/1: Netzwerkdatenmodell für das Bibliotheksbeispiel

Die Beziehung zwischen *Autor* und *Buch* ist eine n:m-Beziehung. Da n:m-Beziehungen im Netzwerkdatenmodell nicht unterstützt werden, muss die n:m-Beziehung durch zwei 1:n-Beziehungen nachgebildet werden, die die Sätze von *Autor* und *Buch* mit jeweils einem so genannten Kett-Record verbinden (hier dem künstlich eingefügten neuen Satztyp *Verfasser*).

In Abb. 5.3.1.2/2 ist eine Ausprägung des in Abb. 5.3.1.1/1 dargestellten Netzwerkdatenmodells abgebildet. Hierbei sind besonders die im Vergleich zum hierarchischen Datenmodell verbesserten Navigationsstrukturen zu beachten.

Den drei Autoren „*Peter Meier*", „*Karl Müller*" und „*Andrea Schulz*" ist die Verfassernummer „*v081*" zugeordnet. Das heißt, dass jedes Buch, das von diesen drei Autoren gemeinsam geschrieben wurde, mit dieser Verfassernummer verknüpft ist. Eines dieser Bücher trägt in diesem Beispiel die Inventarnummer „*B456*" (siehe Abb. 5.3.1.2/2).

Jeder Kunde kann mehrere Bücher ausleihen. Demgemäß kann die entsprechende Instanz von *Kunde* mit mehreren Ausprägungen von *Buch* in Beziehung stehen. In Abb. 5.3.1.2/2 ist erkennbar, dass der Kunde mit der Kundennr „*K783*" unter anderem das Buch mit dem Titel „*Der Unterkiefer der Blattlaus*" entliehen hat.

Über die zur Verfügung stehende Navigationstruktur kann für einen Kunden zum Beispiel jederzeit ermittelt werden, welche Bücher er derzeit entliehen hat. Hierzu existiert ein Verweis von dem jeweiligen Kundensatz auf ein ausgeliehenes Buch. Von die-

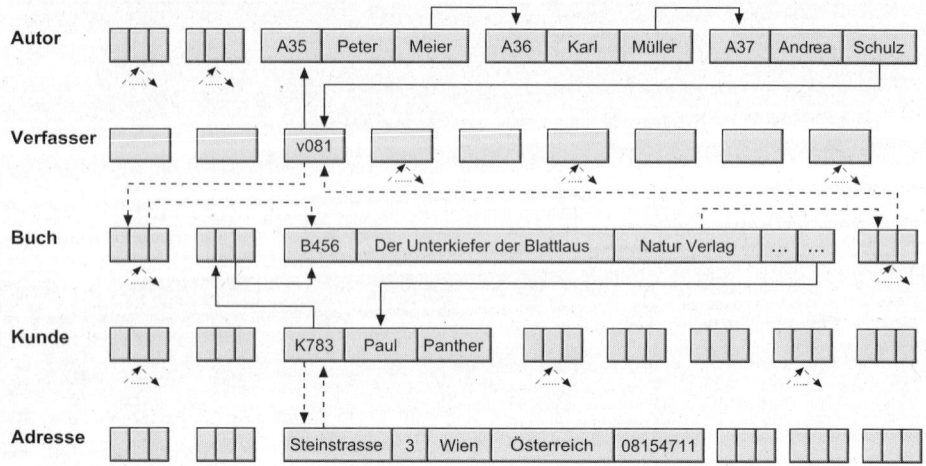

Abb. 5.3.1.2/2: Beispielausprägung des Netzwerkdatenmodells für die Bibliothek

sem Buch wird weiter auf das nächste Buch verwiesen, das dieser Kunde entliehen hat, usw. Das letzte Buch in dieser Liste besitzt wiederum einen Verweis zurück auf den Ausgangsdatensatz (hier die Ausprägung von *Kunde*, wo die Suche begonnen hat).

Wie im hierarchischen Datenmodell werden im Netzwerkdatenmodell die (unter Umständen vielfältigen) Beziehungen zwischen den verschiedenen Datensätzen in der Implementierung des Datenbanksystems mithilfe von „virtuellen Records" realisiert.

Durch die erweiterten Möglichkeiten ist das Netzwerkdatenmodell weit komplexer als das hierarchische Modell. Wie beim hierarchischen Modell ist die Navigation auf Datensatzebene nur zwischen den vordefinierten Beziehungen möglich. Es existiert keine einheitliche Abfragesprache für Netzwerkdatenmodelle.

▸ Übungsaufgabe Nr. 2.5.34 im Arbeitsbuch

5.3.1.3 Objektorientierte Datenbanken

Wie bereits erwähnt, ist das relationale Modell das bisher erfolgreichste Datenmodell und wird in den meisten betrieblichen Informationssystemen eingesetzt. Für manche Anwendungsfälle ist das relationale Modell jedoch nur beschränkt geeignet. Zu den wichtigsten *Limitationen des relationalen Modells* zählen die Beschränkung auf atomare Attribute, die erzwungene Trennung von Funktionen und Daten, und die oft aufwändige und ineffiziente Integration mit den zunehmend eingesetzten objektorientierten Programmiersprachen.

Die *objektorientierten Konzepte* bilden ein durchgängiges Paradigma für den Entwurf, die Entwicklung und Wartung von Informationssystemen, das die Beschreibung komplexen Verhaltens auf prinzipiell beliebigen Abstraktionsstufen erlaubt. Wichtige Merkmale objektorientierter Systeme sind Objekte, Kapselung, Klassen und Vererbung (siehe Band 1, Kapitel 2).

Bevor wir auf objektorientierte Datenbanken eingehen, wiederholen wir kurz die wichtigsten *Grundlagen der Objektorientierung* und vertiefen unsere Darstellung im Hinblick auf objektorientierte Datenbanken.

Ein *objektorientiertes Modell* besteht aus einer Menge von *Objekten*, die über Nachrichten miteinander kommunizieren. Im Unterschied zu den Entitätstypen im ER-Modell besitzen Objekttypen sowohl Attribute, deren Werte in Instanzvariablen des Objekts gehalten werden, als auch Methoden. Unter der Kapselung eines Objekts versteht man, dass der Zustand (die aktuellen Variablenwerte) eines Objekts nur über seine Methoden zugreifbar ist.

Jedes Objekt ist über einen Bezeichner eindeutig identifizierbar. Eine *Klasse* beschreibt eine Gruppe von Objekten mit ähnlichen Eigenschaften und gemeinsamem Verhalten (Methoden) sowie die Beziehungen zu anderen Objekten. Die einzelnen Objekte einer Klasse werden als *Instanzen* dieser Klasse bezeichnet.

> In unserem Bibliotheksbeispiel identifizieren wir die Klassen *Buch*, *Autor*, *Kunde* und *Adresse*. Die Klasse *Buch* besitzt Beziehungen zur Klasse *Autor* und zur Klasse *Kunde*. Alle Objekte der Klasse *Buch* werden durch die Instanzvariablen *Inventarnummer*, *Titel*, *Verlag*, *Erscheinungsdatum* und *-ort*, *Preis* und *Schlagwörter* charakterisiert. Das Buch mit der Inventarnummer *08/15* ist eine eindeutig identifizierbare Instanz der Klasse *Buch*. Der Zustand dieses Objekts kann nur über seine *Methoden* manipuliert werden. Eine Methode mit der Bezeichnung *Ändere-Preis* könnte beispielsweise verwendet werden, um die Instanzvariable *Preis* des jeweiligen Objekts zu ändern. Die Methode *Beschreibe-Buch* hingegen gibt beispielsweise den *Titel*, den *Verlag* und die *Namen* der zum Buch in Beziehung stehenden *Autoren*(-Objekte) aus. Dabei können natürlich auch Methoden der Klasse *Autor* aufgerufen werden, um beispielsweise eine einheitliche Namensschreibung zu erreichen.
>
> Eine Subklasse der Klasse *Buch* ist beispielsweise die Klasse *Kinderbuch*. Ein *Kinderbuch* erbt somit die Attribute und Methoden der Klasse *Buch*. Zusätzlich besitzt das Kinderbuch das Attribut *Altersstufe*, das die für das Buch geeignete Altersstufe enthält. In dem Beispiel ist auch die Methode *Ändere-Alter* definiert, um Änderungen der definierten Altersstufe vorzunehmen.

▶ Übungsaufgabe Nr. 2.5.35 im Arbeitsbuch

Das Klassendiagramm aus Abb. 5.3.1.3/1 kann nicht nur für die Implementierung der Programmstrukturen genutzt werden, sondern ebenso als Vorlage für die Implementierung in einer Datenbank dienen. Hierzu ist zunächst die Unterscheidung in *transiente* (flüchtige) und *persistente* (dauerhafte) *Objekte* wichtig.

Transiente Objekte (engl.: transient object, volatile object) werden (genau wie Variable) zur Ausführungszeit des Programms, in dem sie benutzt werden, im Arbeitsspeicher erzeugt und bei dessen Beendigung wiederum gelöscht. **Persistente Objekte** (engl.: persistent object) sind längerfristig gültig. Sie werden bei ihrer Erzeugung auf einem externen Speicher (beispielsweise in einer Datenbank) angelegt, und bei jeder Veränderung des Objekts automatisch aktualisiert. Auf diese Weise überdauern persistente Objekte die Ausführungszeit des zugehörigen Programms und können zu einem späteren Zeitpunkt (eventuell von einem anderen Programm) wiederhergestellt werden.

Persistente Objekte können in einem objektorientierten Datenbanksystem abgelegt werden, das diese zentral verwaltet und Anwendungsprogrammen zur Verfügung stellt.

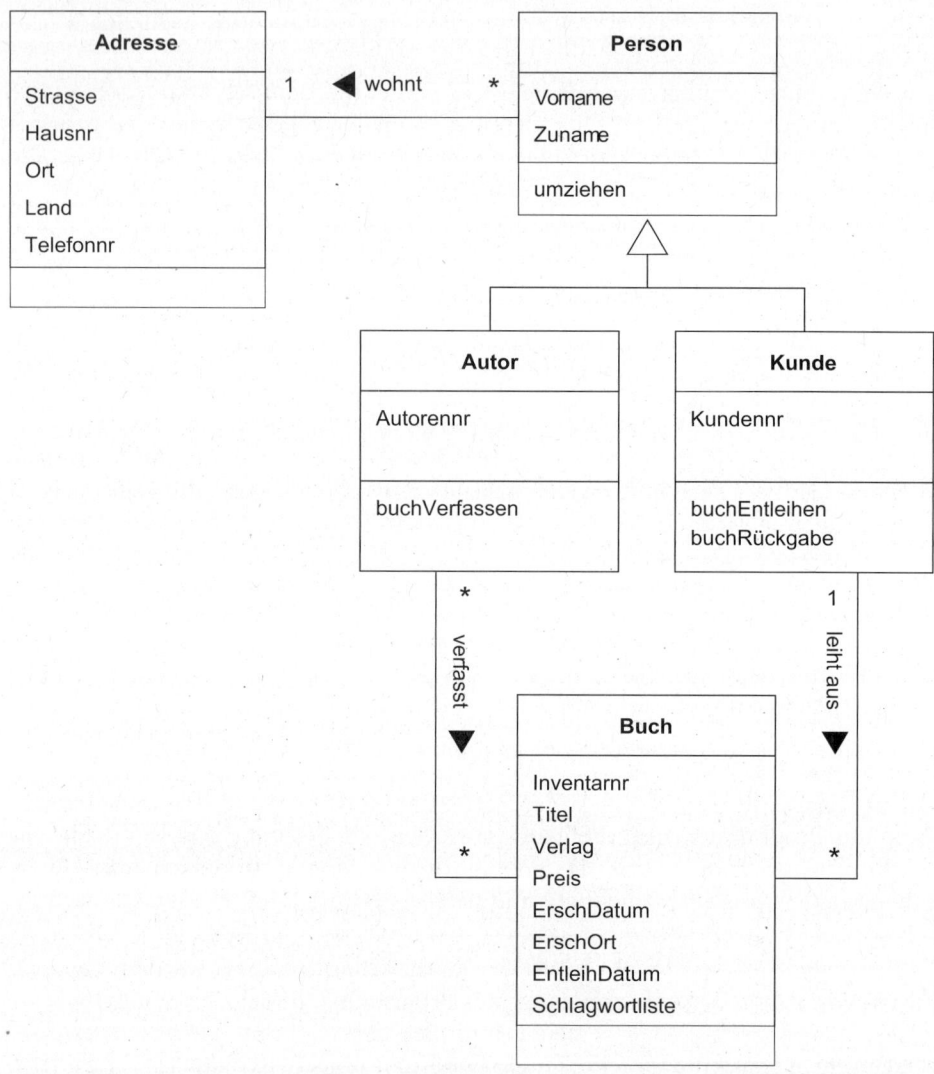

Abb. 5.3.1.3/1: Objektorientierte Modellierung des Bibliotheksbeispiels (Klassendiagramm)

Ein **objektorientiertes Datenbankverwaltungssystem** (engl.: object oriented database management system, abgekürzt: OODBMS) integriert die Merkmale von objektorientierten Programmiersprachen mit den Merkmalen von Datenbanken. Aus der Sicht einer objektorientierten Programmiersprache erscheinen Datenbankobjekte eines OODBMS als Programmiersprachenobjekte. OODBMS ermöglichen die Repräsentation von komplexen Sachverhalten, wie der Objektaggregation, und erlauben komplexe Datentypen für Attribute.

Ein objektorientiertes Datenbankverwaltungssystem ergänzt eine objektorientierte Programmiersprache somit beispielsweise durch die Fähigkeiten zur persistenten Speicherung und unterstützt meist den Mehrbenutzerzugriff auf die gespeicherten Objekte. Zu den Nachteilen gehören die noch relativ geringe Verbreitung sowie das Fehlen von (weit reichenden) Standards und herstellerübergreifenden Abfragesprachen.

Objektorientierte Datenbankverwaltungssysteme verwenden zumeist dieselben *Datenmodelle* wie die Programmiersprachen, mit denen sie gemeinsam verwendet werden können, zum Beispiel C++, Java oder Smalltalk (siehe Kapitel 4 dieses Bandes). Um ein möglichst homogenes Umfeld zu schaffen, findet der Zugriff auf Programmiersprachenobjekte in einem OODBMS in der Regel ebenfalls über speziell zur Verfügung gestellte Konstrukte der jeweils verwendeten Programmiersprache statt. Für die *Abfrage* werden vielfach in den objektorientierten Sprachen eigene Methoden angeboten, die die Basisklassen der Sprache erweitern.

Getrennt davon bieten auch einige *objektorientierte Datenbankverwaltungssysteme* SQL-artige Sprachen für die Abfrage, Definition und Manipulation der Datenbank an. Es gibt eine Reihe von Standardisierungsbemühungen in diesem Bereich. So enthält der im Jahr 2000 verabschiedete ODMG-3.0-Standard der *Object Database Management Group* eine *Objektdefinitionssprache* und eine *Objektabfragesprache* (engl.: object query language, abgekürzt: OQL). Die *Object Database Management Group* (ODMG) ist ein Konsortium aus Unternehmen, Universitäten und anderen Forschungseinrichtungen, das Spezifikationen für objektorientierte und objektrelationale Datenbanksysteme erstellt.

Das ANSI-Komitee X3H2 beschäftigt sich mit objektorientierten Erweiterungen von SQL, die unter der Bezeichnung *SQL99* (SQL3) in den SQL-Standard eingeflossen sind und im *SQL4*-Standard erweitert werden sollen.

Die Abb. 5.3.1.3/2 zeigt, wie das ER-Diagramm aus Abb. 5.3/1 (auszugsweise) mithilfe der von der ODMG definierten Sprache *ODL* (Abkürzung von engl.: object definition language) in ein Schema für objektorientierte Datenbanken umgesetzt werden kann.

▶ Übungsaufgabe Nr. 2.5.36 im Arbeitsbuch

```
database schema BibliotheksDB

interface Buch (extent Buecher, key Inventarnr) {
        attribute string Inventarnr;
        attribute string Titel;
        attribute string Verlag;
        attribute integer Preis;
        attribute date ErschDatum;
        attribute string ErschOrt;
        attribute date Entleihdatum;
        attribute string Schlagwortliste;

        relationship Kunde entliehen_von
                inverse Kunde::hat_entliehen;

        relationship set<Autor> geschrieben_von
                inverse Autor::hat_geschrieben;
};

interface Kunde (extent Kunden, key Kundennr) {
        attribute integer Kundennr;
        attribute string Vorname;
        attribute string Zuname;

        relationship set<Buch> hat_entliehen
                inverse Buch::entliehen_von;

        relationship Adresse privatadresse
                inverse Adresse::bewohnt_von;

        boolean buchAusleihen (in Buch b) raises (...);

        boolean buchRueckgabe (in Buch b) raises (...);
};

...
```

Abb. 5.3.1.3/2: Ausschnitt aus einer ODL-Schemadefinition

Im Gegensatz zu relationalen Datenbanksystemen eignen sich objektorientierte Datenbanksysteme auch für die Speicherung von Attributen mit komplexer Struktur. Ein weiterer *Vorteil* ist die gemeinsame Speicherung von Daten und Methoden, die hierdurch auch gemeinsam rekonstruiert und/oder im Rahmen von Suchoperationen abgefragt werden können. Dies ist beispielsweise im Zusammenhang mit aktiven Datenbanken von Vorteil, auf die im Folgenden noch näher eingegangen wird.

Man kann nicht pauschal sagen, in welchen Situationen besser ein objektorientiertes oder ein relationales Datenbanksystem zum Einsatz kommen sollte. Diese Entscheidung hängt von vielen Parametern ab und muss für jeden Einzelfall getroffen werden.

Derzeit besteht ein Trend in Richtung *Hybriddatenbanken,* die objektorientierte mit relationalen Merkmalen verbinden. So haben führende Anbieter von relationalen Datenbanken, beispielsweise Oracle und IBM, ihre Systeme bereits seit längerem mit objektorientierten Erweiterungen versehen.

Objektrelationale Datenbankverwaltungssysteme (engl.: object relational database management system, abgekürzt: ORDBMS) versuchen das objektorientierte und das relationale Modell miteinander zu vereinen. Diese Systeme erweitern die relationale Tabellenstruktur um objektorientierte Merkmale und erlauben beispielsweise die Definition, Abfrage und Modifikation von strukturierten Attributen, die sich aus mehreren atomaren Attributtypen zusammensetzen. Für den Zugriff auf derart gespeicherte Information bieten ORDBMS erweiterte Formen von relationalen Abfragesprachen an.

Bisher herrscht noch keine Übereinstimmung, welche Fähigkeiten im Detail ein ORDBMS aufweisen muss. Die Produkte der führenden Hersteller weichen in ihrem Funktionsumfang voneinander ab.

▶ Übungsaufgabe Nr. 2.5.37 im Arbeitsbuch

5.3.2 Datenbanksysteme

Wie in den vorhergehenden Abschnitten erläutert, bieten Datenbanksysteme im Gegensatz zu der Speicherung von Daten in Dateien eine Reihe von Vorteilen. Im Folgenden werden die *wesentlichen Merkmale von Datenbanksystemen* nochmals kompakt aufgezählt:

– Datenbanksysteme ermöglichen die *Verwaltung von Daten* nach den Regeln eines bestimmten Datenmodells (wie beispielsweise einem der in diesem Kapitel vorgestellten Datenmodelle).

– Datenbanksysteme ermöglichen den *gleichzeitigen Zugriff* von mehreren Benutzern auf die verwalteten Daten. Das heißt, dass verschiedene Benutzer gleichzeitig Daten einfügen, löschen oder ändern können. Hierbei wird darauf geachtet, dass ein bestimmter Datensatz (oder ein bestimmtes Attribut) immer nur gleichzeitig von einem Benutzer geändert werden kann, um das unabsichtliche Löschen zuvor erfolgter Änderungen zu vermeiden.

– Datenbanksysteme stellen *Sicherheitsfunktionen* zur Verfügung, die insbesondere dazu dienen, den Zugriff auf die enthaltenen Daten zu kontrollieren und jedem Benutzer ausschließlich zuvor festgelegte Operationen zu erlauben.

– Datenbanksysteme beinhalten Programme, die die *Integrität* der gespeicherten Daten überwachen. Auf diese Weise kann die Korrektheit und Vollständigkeit der gespeicherten Daten und Beziehungen sichergestellt werden – Inkonsistenzen werden vermieden.

– Datenbanksysteme ermöglichen die *Wiederherstellung von Daten* nach Eintreten eines Fehlers (engl.: recovery). Hierzu zählt vor allem auch die Fähigkeit, die Datenbank nach einem Rechnerabsturz wieder in einen konsistenten Zustand zurückzuführen.

– Datenbanksysteme ermöglichen die Definition von anwendungsspezifischen *Sichten*. Eine Sicht beinhaltet einen Ausschnitt aller in der Datenbank verfügbaren Daten. Sichten werden eingesetzt, um jedem Benutzer genau die Daten anzeigen zu können, die in einem bestimmten Kontext benötigt werden.

– Datenbanksysteme ermöglichen die effiziente Speicherung und die Abfrage von Daten über weitgehend standardisierte *Abfragesprachen*. Durch diese kann der Zugriff sowohl von Anwendungsprogrammen als auch von menschlichen Benutzern auf die enthaltenen Daten realisiert werden.

Im folgenden Abschnitt behandeln wir den letzten Punkt, die Datenbankabfragesprachen etwas genauer und verwenden hierfür die Sprache SQL, die auf dem relationalen Modell beruht.

5.3.2.1 Datenbankabfragesprachen (SQL)

Die heute mit Abstand wichtigste Datenbankabfragesprache ist SQL, die für das relationale Datenbankmodell entwickelt wurde. SQL wurde ursprünglich im IBM-Forschungslaboratorium in San Jose (USA) entwickelt und wurde erstmals Anfang der 1980er Jahre mit den Datenbankverwaltungssystemen Oracle (1982) und DB2 (1983) am Markt angeboten. Seit 1986 ist SQL international genormt.

> Die **Structured Query Language** (abgekürzt: *SQL*) ist eine Definitions- und Abfragesprache für relationale Datenbanksysteme und stellt den *Marktstandard* für Datenbanksprachen dar. SQL ist eine so genannte *relationenalgebraische Sprache,* die mächtige Ausdrucksmittel zur Verknüpfung von Tabellen zur Verfügung stellt. SQL ist *mengenorientiert* und *deskriptiv*.

Mengenorientierung bedeutet, dass bei einer Abfrage das Ergebnis nicht satzweise zur Verfügung gestellt wird, sondern dass alle gefundenen Lösungen gemeinsam als Menge geliefert werden. Sofern vom Benutzer nichts anderes bestimmt wird (zum Beispiel durch einen Sortierbefehl), ist die Reihenfolge der ermittelten Lösungen unerheblich.

Durch den *deskriptiven Programmierstil* von SQL kann beschrieben werden, *was* als Ergebnis geliefert werden soll. SQL verlangt *nicht*, dass definiert werden muss, *wie* das Ergebnis schrittweise durch die Zerlegung in viele kleine Einzelbefehle ermittelt werden soll (wie es zum Beispiel bei imperativen Programmiersprachen der Fall ist).

So kann zum *Beispiel* die prozedurale Anweisungsfolge in der linken Spalte von Abb. 5.3.2.1/1 durch das in der rechten Spalte abgebildete SQL-Kommando gleichwertig ersetzt werden. Durch die Anweisungsfolge sollen alle *Bücher* mit Inventarnummer und Titel gefunden werden, deren Preis unter 20 Euro liegt.

Anweisungsfolge	SQL-Befehl
1. Öffne die Buchdatei	`SELECT Inventarnr, Titel`
2. Lies den ersten Buchsatz	`FROM Buch`
3. Solange die Datei nicht zu Ende ist, mache Folgendes: • Wenn der Preis kleiner als 20 ist, dann gib die Inventarnummer und den Titel des Buches aus • Lies den nächsten Buchsatz	`WHERE Preis < 20.0`
4. Schließe die Buchdatei	

Abb. 5.3.2.1/1: Vergleich einer imperativen Programmiersprache mit SQL

Dieses einfache Beispiel macht den Unterschied zwischen der detaillierten und aufwändigen prozeduralen Anweisungsfolge in der linken Spalte und der spezialisierten Abfragesprache in der rechten Spalte deutlich. In Abb. 5.3.2.1/1 wurde bereits eine stark vereinfachte Darstellung der Anweisungsfolge in Pseudo-Code gewählt. In Programmiersprachen wie beispielsweise COBOL, C oder Pascal (siehe Kapitel 4 dieses Bandes) kann das endgültige Programm, das der gezeigten SQL-Anweisung entspricht, durchaus wesentlich umfangreicher werden.

Im folgenden Teil dieses Abschnitts wird *SQL anhand von einfachen Beispielen* kurz vorgestellt. Der gesamte SQL-Standard ist sehr umfangreich und kann im Rahmen dieses Buches nicht vollständig beschrieben werden. SQL wurde bereits im Jahr 1986 in der ISO/IEC-9075-Norm zum ersten Mal international genormt. Dieser Standard wird nach dem Jahr der Normung auch SQL86 genannt. Es folgte SQL89 bevor mit SQL92 eine große Menge an Verbesserungen und Erweiterungen eingeführt wurde. SQL92 ist unter anderem in die drei *Kompatibilitätsstufen*: *entry level*, *intermediate level* und *full level* unterteilt. Den nächsten großen Schritt in der Entwicklung von SQL stellt SQL99 dar (häufig auch SQL3 genannt), das im Vergleich zu SQL92 wiederum um ein Vielfaches umfangreicher ist. Derzeit befindet sich die nächste Version des SQL-Standards (SQL4 oder SQL200X genannt) in der Definitionsphase.

Im Wesentlichen definiert SQL Befehle für die *Datendefinition*, die *Datenabfrage* und die *Datenmanipulation*.

Für die folgenden Beispiele gehen wir von dem relationalen Schema in Abb. 5.3.2.1/2 aus, das aus dem ER-Diagramm in Abb. 5.3/1 gewonnen wurde. Die in der Abbildung unterstrichenen Attribute sind Schlüsselattribute.

Datendefinition

Die *Datendefinitionsbefehle* von SQL ermöglichen die Umsetzung eines relationalen Schemas und der externen Sichten in einer relationalen Datenbank. Um die entsprechende Datenbankstruktur zu erstellen und zu verändern, werden die Befehle *CREATE*, *DROP* und *ALTER* verwendet.

```
Buch(Inventarnr, Titel, Verlag, Preis, Ersch-Ort,
     Entleihdatum, Kundennr)
Kunde(Kundennr, Vorname, Zuname, ...)
Autor(Autorennr, Vorname, Zuname)
verfasst(Autorennr, Inventarnr)
```

Abb. 5.3.2.1/2: Ausschnitt eines relationalen Schemas

Mit dem Befehl *CREATE* können Tabellen, Benutzersichten (engl.: views) sowie Schlüssel definiert werden.

Das Beispiel in Abb. 5.3.2.1/3 zeigt, wie mittels SQL eine Tabelle *Buch* mit dem Primärschlüssel *Inventarnr* und dem Fremdschlüssel *Kundennr* angelegt werden kann.

```
CREATE TABLE Buch (
    Inventarnr INTEGER NOT NULL UNIQUE,
    Titel CHAR (250) NOT NULL,
    Verlag CHAR (100),
    Preis DECIMAL (7,2),
    Ersch-Ort CHAR (100),
    Entleihdatum DATE,
    Kundennr INTEGER,
    PRIMARY KEY(Inventarnr),
    FOREIGN KEY(Kundennr) REFERENCES Kunde(Kundennr)
)
```

Abb. 5.3.2.1/3: Erzeugung einer Tabelle in SQL

Um für das Mahnwesen eine *Benutzersicht* zu definieren, die die entliehenen Bücher enthält, kann die SQL-Anweisung aus Abb. 5.3.2.1/4 verwendet werden. Bei dieser Abfrage wird neben der Tabelle *Buch* auch die Tabelle *Kunde* herangezogen. Ist ein Buch nicht entliehen, so enthält das Attribut *Kundennr* der Tabelle *Buch* einen NULL-Wert (keinen gültigen Eintrag). Für die Definition der Benutzersicht werden in der Abb. 5.3.2.1/4 auch Datenabfragebefehle verwendet, die nachstehend gleich erklärt werden.

```
CREATE VIEW Entliehen AS
    SELECT Inventarnr, Titel, Vorname, Zuname
    FROM Buch, Kunde
    WHERE Buch.Kundennr = Kunde.Kundennr
```

Abb. 5.3.2.1/4: Erzeugung einer Benutzersicht in SQL

Mittels SQL-Anweisungen können die erzeugten Definitionen auch geändert oder gelöscht werden. So können Tabellen mittels *ALTER* geändert und Tabellen, Benutzersichten und Schlüssel mittels *DROP* gelöscht werden.

Durch die Anweisung in Abb. 5.3.2.1/5 wird die zuvor erzeugte Benutzersicht wieder gelöscht.

```
DROP VIEW Entliehen
```

Abb. 5.3.2.1/5: Löschen einer Benutzersicht in SQL

Weitere SQL-Befehle aus dem Bereich der Tabellenverwaltung sind die Befehle *GRANT* und *REVOKE*, die zur *Verwaltung von Benutzerrechten* dienen. Diese Operationen sind vor allem in Mehrbenutzersystemen von großer Bedeutung, bei denen Datensicherheit und Datenschutz eine wichtige Rolle spielen.

Datenabfrage: Selektion und Projektion

Zur *Datenabfrage* stellt SQL den Befehl *SELECT* zur Verfügung. Die Datenabfrage realisiert die Projektion (Reduktion der Spalten) und die Selektion (Reduktion der Zeilen) der relationalen Algebra (siehe Band 1, Kapitel 2). Die Projektion wird durch die Angabe der Attributsnamen bei der SELECT-Anweisung realisiert, wobei die angeführten Attributsnamen aus den in der FROM-Klausel angeführten Tabellen stammen. Die Selektion erfolgt durch die Einschränkungen der (optionalen) WHERE-Klausel dieses Befehls.

```
SELECT Titel, Verlag
FROM Buch
WHERE Preis < 20.0
```

Abb. 5.3.2.1/6: SQL-Abfrage

Die SQL-Abfrage in Abb. 5.3.2.1/6 ermittelt *Titel* und *Verlag* aller in der Tabelle *Buch* gespeicherten Einträge, deren Attribut *Preis* einen Wert kleiner als 20,0 enthält. Das Ergebnis der Selektion und Projektion wird – wie von der relationalen Algebra vorgesehen - in Form einer Tabelle ausgegeben:

Titel	Verlag
Der Unterkiefer der Blattlaus	Natur Verlag
Die Verwandlung	dtv
Handbuch der Hundezucht	Tierfreund
Klare Sicht am Info-Highway	ORAC

Datenänderung

Zur *Datenmanipulation* bietet SQL die Befehle *INSERT, UPDATE* und *DELETE* für das Einfügen, Löschen und Ändern von Daten an.

Die Daten über das Buch, das Sie soeben lesen, sollen nun in die Datenbank eingefügt werden. Zu diesem Zweck wird die SQL-Anweisung *INSERT* verwendet, durch die ein Tupel in die Tabelle *Buch* eingefügt wird (siehe Abb. 5.3.2.1/7). Die angeführten Werte werden hierbei den bei der CREATE-Anweisung angegebenen Attributen zugeordnet werden.

```
INSERT INTO Buch VALUES (
    27391, 'Wirtschaftsinformatik I, 9. Auflage',
  'Lucius & Lucius', 19.9, 'München', NULL, NULL
)
```

Abb. 5.3.2.1/7: SQL-Einfügeoperation

Durch diese Einfügeoperation wurde allerdings das Buch „*Wirtschaftsinformatik I 9. Auflage*" irrtümlich mit dem Erscheinungsort „*München*" inventarisiert. Der Befehl *UPDATE* ermöglicht eine nachträgliche Änderung von bereits gespeicherten Daten. Durch die SQL-Anweisung in Abb. 5.3.2.1/8 werden in der Tabelle *Buch* alle Einträge mit dem falschen Erscheinungsort korrigiert, auch wenn beispielsweise bereits mehrere Bücher dieser Auflage inkorrekt erfasst wurden. Alternativ könnte man die UPDATE-Operation auf das zuvor erfasste Tupel einschränken, in dem man sich auf den Primärschlüssel bezieht und in der WHERE-Klausel *Inventarnr = 27391* einsetzt.

```
UPDATE Buch
SET Ersch-Ort = 'Stuttgart'
WHERE Titel = 'Wirtschaftsinformatik I, 9. Auflage'
AND Ersch-Ort = 'München'
```

Abb. 5.3.2.1/8: SQL-Änderungsoperation

Verbund

Über den *relationalen Verbundoperator (*engl.: join) können mehrere Relationen verknüpft werden. Generell werden mehrere Formen des Verbunds unterschieden.

Durch den so genannten **natürlichen Verbund** (engl.: natural join) zweier Relationen wird eine neue Relation als Ergebnis gebildet, die alle Attribute der beteiligten Relationen enthält. Die Ergebnisrelation enthält jene Tupel, die in den gleichnamigen Attributen der Ausgangsrelationen gleiche Werte besitzen.

Ausgangstabellen

Buch					Kunde	
Inventarnr.	**Titel**	**Verlag**	**Kundennr.**	⋈	**Kundennr.**	**Zuname**
27102	Der Unterkiefer der Blattlaus	Natur Verlag	NULL		3771	Meyer
27391	Wirtschaftsinformatik 1, 9. Auflage	Lucius & Lucius	3771		3772	Huber

R

Inventarnr.	Titel	Verlag	Kundennr.	Zuname
27391	Wirtschaftsinformatik 1, 9. Auflage	Lucius & Lucius	3771	Meyer

Ergebnistabelle

Abb. 5.3.2.1/9: Ergebnis eines natürlichen Verbunds von Buch und Kunde

So kann beispielsweise durch den natürlichen Verbund von *Buch* (mit den Attributen *Inventarnr, Titel, Verlag, Kundennr*) und *Kunde* (mit den Attributen *Kundennr* und *Zuname*) eine neue Relation *R* (mit allen genannten Attributen) gebildet werden. Die Ergebnisrelation *R* enthält nur diejenigen Tupel der Ausgangsrelationen, deren Attributwerte für gleich benannte Attribute (der beiden Relationen *Buch* und *Kunde*, in diesem Beispiel ist dies das Attribut *Kundennr*) gleich sind. Die anderen Attribute werden übernommen (siehe Abb. 5.3.2.1/9).

> Ein **innerer Verbund** (engl.: inner join) ist ein Sonderfall des natürlichen Verbunds, bei dem der Verbund über explizit angeführte Attribute durchgeführt wird, die gleiche Werte besitzen sollen.

Es werden beim inneren Verbund somit nicht zwingenderweise alle gleichnamigen Attribute wie beim natürlichen Verbund für den Vergleich herangezogen, sondern nur die explizit genannten Attribute, die auch nicht zwingenderweise gleich heißen müssen.

Die Bezeichnung „innerer Verbund" stammt von dem Umstand, dass in der Ergebnisrelation alle Tupel eliminiert werden, die keine gleichen Werte in den Verbundattributen besitzen.

Abb. 5.3.2.1/10 zeigt drei alternative Schreibweisen, wie der dargestellte natürliche Verbund aus Abb. 5.3.2.1/9 in SQL realisiert werden kann. Die erste Lösung verwendet ausschließlich eine SELECT-Anweisung und vergleicht die relevanten Attribute explizit in der WHERE-Klausel. Die zweite Lösung verwendet die JOIN-Klausel von SQL, wobei die gleichnamigen Attribute der beteiligten Relationen von SQL automatisch ermittelt und verglichen werden.

▶ Übungsaufgabe Nr. 2.5.38 im Arbeitsbuch

```
SELECT Inventarnr, Titel, Verlag, Kundennr, Zuname
FROM Buch, Kunde
WHERE Buch.Inventarnr = Kunde.Inventarnr;


SELECT Inventarnr, Titel, Verlag, Kundennr, Zuname
FROM Buch NATURAL JOIN Kunde;


SELECT Inventarnr, Titel, Verlag, Kundennr, Zuname
FROM Buch INNER JOIN Kunde ON Buch.Inventarnr = Kunde.Inventarnr;
```

Abb. 5.3.2.1/10: SQL-Verbundoperation

Durch den so genannten **äußeren Verbund** (engl.: outer join) zweier Relationen wird eine neue Relation als Ergebnis gebildet, die alle Attribute der beteiligten Relationen enthält. Die Ergebnisrelation enthält alle Tupel eines inneren Verbunds plus zusätzlich die Einträge mit ungleichen Werten in den Verbundattributen, wobei fehlende Attributwerte mit NULL-Werten aufgefüllt werden. Je nachdem, von welchen Eingangstabellen die Tupel übernommen werden, spricht man von einem *linken äußeren Verbund* (engl.: left outer join), einem *rechten äußeren Verbund* (engl.: right outer join) oder einem *vollständigen äußeren Verbund* (engl.: full outer join).

Diese etwas abstrakte Beschreibung kann einfach anhand des Bibliotheksbeispiels illustriert werden. Die Abbildungen 5.3.2.1/11 bis 5.3.2.1/13 zeigen, wie

Ausgangstabellen

Buch

Inventarnr.	Titel	Verlag	Kundennr.
27102	Der Unterkiefer der Blattlaus	Natur Verlag	NULL
27391	Wirtschaftsinformatik 1, 9. Auflage	Lucius & Lucius	3771

Kunde

Kundennr.	Zuname
3771	Meyer
3772	Huber

R

Inventarnr.	Titel	Verlag	Kundennr.	Zuname
27102	Der Unterkiefer der Blattlaus	Natur Verlag	NULL	NULL
27391	Wirtschaftsinformatik 1, 9. Auflage	Lucius & Lucius	3771	Meyer

Ergebnistabelle

Abb. 5.3.2.1/11: Ergebnis eines linken äußeren Verbunds von Buch und Kunde

je nach Art des äußeren Verbunds die Tupel in die Ergebnistabelle übernommen werden, die in dem Verbundattribut *Kundennr* ungleiche Werte besitzen. Beim linken äußeren Verbund werden diese Werte von der linken Tabelle übernommen, beim rechten äußeren Verbund von der rechten Seite, beim vollständigen äußeren Verbund von beiden am Verbund beteiligten Eingangsrelationen.

Ausgangstabellen

Buch

Inventarnr.	Titel	Verlag	Kundennr.
27102	Der Unterkiefer der Blattlaus	Natur Verlag	NULL
27391	Wirtschaftsinformatik 1, 9. Auflage	Lucius & Lucius	3771

⋈

Kunde

Kundennr.	Zuname
3771	Meyer
3772	Huber

R

Inventarnr.	Titel	Verlag	Kundennr.	Zuname
27391	Wirtschaftsinformatik 1, 9. Auflage	Lucius & Lucius	3771	Meyer
NULL	NULL	NULL	3772	Huber

Ergebnistabelle

Abb. 5.3.2.1/12: Ergebnis eines rechten äußeren Verbunds von Buch und Kunde

Ausgangstabellen

Buch

Inventarnr.	Titel	Verlag	Kundennr.
27102	Der Unterkiefer der Blattlaus	Natur Verlag	NULL
27391	Wirtschaftsinformatik 1, 9. Auflage	Lucius & Lucius	3771

⋈

Kunde

Kundennr.	Zuname
3771	Meyer
3772	Huber

R

Inventarnr.	Titel	Verlag	Kundennr.	Zuname
27102	Der Unterkiefer der Blattlaus	Natur Verlag	NULL	NULL
27391	Wirtschaftsinformatik 1, 9. Auflage	Lucius & Lucius	3771	Meyer
NULL	NULL	NULL	3772	Huber

Ergebnistabelle

Abb. 5.3.2.1/13: Ergebnis eines vollständigen äußeren Verbunds von Buch und Kunde

```
SELECT Inventarnr, Titel, Verlag, Kundennr, Zuname
FROM Buch LEFT OUTER JOIN Kunde ON Buch.Inventarnr = Kunde.Inven-
tarnr;

SELECT Inventarnr, Titel, Verlag, Kundennr, Zuname
FROM Buch RIGHT OUTER JOIN Kunde ON Buch.Inventarnr = Kunde.Inven-
tarnr;

SELECT Inventarnr, Titel, Verlag, Kundennr, Zuname
FROM Buch FULL OUTER JOIN Kunde ON Buch.Inventarnr = Kunde.Inven-
tarnr;
```

Abb. 5.3.2.1/14: Äußere Verbundoperationen in SQL

Beim linken äußeren Verbund werden in diesem Beispiel die Bücher in das Ergebnis einbezogen, die derzeit nicht entliehen sind, während beim rechten äußeren Verbund auch die Einträge der Kundenrelation gelistet werden, die derzeit keine Bücher entliehen haben. Die Realisierung dieser äußeren Verbundoperationen ist in Abb. 5.3.2.1/14 wiedergegeben.

▶ Übungsaufgabe Nr. 2.5.39 im Arbeitsbuch

Weitere relationale Operationen in SQL

Neben den genannten relationalen Operationen der Selektion, der Projektion und des Verbunds kann in SQL mittels der UNION-Klausel die Mengenoperation der Vereinigung von Relationen durchgeführt werden (welche Tupel kommen in der einen oder anderen Eingangsrelation vor), die Schnittmenge (INTERSECT-Klausel; welche Tupel kommen in beiden Eingangsrelationen vor) sowie die Mengendifferenz (EXCEPT-Klausel; welche Tupel kommen in der ersten, aber nicht in der zweiten Eingangsrelation vor). Schließlich existiert noch die DIVIDEBY-Klausel, die das Gegenstück zum Kreuzprodukt bildet. Auf diese Operationen gehen wir hier allerdings nicht weiter ein.

Nutzung von SQL in Anwendungsprogrammen

SQL ist *keine Programmiersprache für die Formulierung von allgemeinen Problemen* (engl.: computational complete), sondern es müssen für die Implementierung eines Anwendungsprogramms zusätzlich Programmiersprachen wie beispielsweise C, Java, Perl oder Tcl eingesetzt werden, von denen aus ein Programm (zum Beispiel über SQL) auf die Datenbank zugreifen kann. Diese Programmiersprachen werden auch als „host languages" bezeichnet. Fast jedes verfügbare SQL-Produkt bietet *Schnittstellen für Programmiersprachen* an.

Ein *Beispiel* für eine derartige *Programmierschnittstelle für kompilierte Programmiersprachen* ist *Embedded SQL*. Durch diese Schnittstelle können die in den Programmquelltext eingefügten SQL-Befehle von einem Präprozessor in Funktionsaufrufe und Befehle der verwendeten Programmiersprache übersetzt werden. Da eine SQL-Abfrage potenziell ein sehr umfangreiches Ergebnis liefern kann, ist es nicht immer sinnvoll, die gesamte Lösungsmenge auf einmal zu ermitteln und im Arbeitsspeicher des Anwendungsprogramms zu halten. Deshalb bieten solche Schnittstellen meist die Möglichkeit zur schrittweisen Verarbeitung der Lösungen mit der Hilfe eines so genannten *Cursors,* der sukzessive die Tupel des Ergebnisses aufnimmt, und über den weitere Lösungen angefragt werden können.

SQL verfügt über *keine Funktionen zur Berichtsgenerierung,* das heißt, zur Formatierung der abgefragten Daten in bestimmter Gliederung und äußerer Form. Ebenso ist es oft notwendig, mehrere SQL-Anweisungen zusammenzufassen, abzuspeichern und solche vordefinierten Funktionen über einen *Makrobefehl* wieder aufrufen zu können. Diese Defizite von SQL werden durch *zusätzliche Programme* (beispielsweise Berichtsgeneratoren) abgedeckt, die üblicherweise Teil eines Datenbanksystems sind. Häufig unterstützen diese zusätzlichen Programme auch die Erstellung von SQL-Befehlen.

Viele Betriebe setzen klientenseitige Anwendungsprogramme ein, die vom Personalcomputer eines Sachbearbeiters auf einen zentralen Datenbankserver zugreifen. Solche Anwendungen sollen einfachen Zugriff auf die Datenbank gewährleisten und die grafische Oberfläche des Personalcomputers möglichst optimal unterstützen. Zur Entwicklung dieser Anwendungen haben einige Hersteller *spezialisierte Werkzeuge* auf den Markt gebracht, die über flexible *Dialogeditoren* zur Benutzerschnittstellengestaltung verfügen.

5.3.2.2 Transaktionsverarbeitung

Wenn ein Programmsystem in einer Datenbank Veränderungen durchführt, so genügt es vielfach nicht, ein einziges Tupel zu verändern. Stattdessen sind von der Veränderung in der Regel meist mehrere Tupel in unterschiedlichen Tabellen betroffen. Aus der Sicht der Anwendung bilden zahlreiche einfache Datenbankoperationen (Aktionen) eine gemeinsame Transaktion. Die Zusammenfassung von einzelnen Datenbankoperationen zu *Transaktionen* stellt einen wichtigen Schritt zur Gewährleistung der Integrität des Datenbestands dar.

Transaktionssysteme werden im Allgemeinen daran gemessen, ob sie das so genannte *ACID-Prinzip* (Abkürzung von engl.: atomicity, consistency, isolation, durability) unterstützen. Hierzu müssen die folgenden Merkmale für Transaktionen erfüllt sein:

– *Atomarität* (engl.: atomicity): eine Transaktion wird entweder vollständig oder gar nicht ausgeführt.

– *Konsistenz* (engl.: consistency): durch eine Transaktion wird die Datenbank von einem konsistenten Zustand in einen anderen konsistenten Zustand überführt.

– *Isolation* (engl.: isolation): Zwischenergebnisse parallel ablaufender Transaktionen sind für die jeweils anderen Transaktionen unsichtbar. In anderen Worten: parallel ablaufende Transaktionen beeinflussen sich nicht gegenseitig.

– *Dauerhaftigkeit* (engl.: durability): Ergebnisse einer Transaktion werden gegen etwaige Software- und/oder Hardwarefehler abgesichert und können ausschließlich durch eine andere Transaktion wieder geändert werden.

Das folgende Beispiel soll die wesentlichen Merkmale einer *Datenbanktransaktion* kurz illustrieren: Ein Kunde einer Bank überweist von seinem Girokonto 10.000 Euro auf sein Sparbuch. Im Rechner der Bank wird dieser Vorgang durch die Durchführung der Aktionen in Abb. 5.3.2.2/1 abgebildet:

Aktion	Beschreibung
A1	Vermindere den Girokontostand des Kunden um 10.000 Euro
A2	Erhöhe das Sparbuchguthaben des Kunden um 10.000 Euro

Abb. 5.3.2.2/1: Aktionen bei der Umbuchung eines Geldbetrages

Nehmen wir an, dass *A1* ordnungsgemäß durchgeführt und auch mitprotokolliert wird und dass, bevor *A2* durchgeführt werden kann, ein Hardwarefehler auftritt, der die Rekonstruktion der Daten notwendig macht. Diese Rekonstruktion endet mit der Ausführung von *A1*. Die Folge davon ist: Der Kunde ist um 10.000 Euro „ärmer" geworden. Es wurde zwar die Abbuchung, aber nicht die zugehörige Gegenbuchung durchgeführt. Die Daten innerhalb der Datenbank sind durch den Ausfall inkonsistent geworden.

Diese mögliche Bildung inkorrekter Daten wird durch die logische Zusammenfassung von Aktionen zu *Transaktionen* verhindert. Die Abb. 5.3.2.2/2 zeigt Ihnen die Zusammenfassung von *A1* und *A2* zu *T1*.

Transaktion T1:
Vermindere den Kontostand des Girokontos des Kunden um 10.000 Euro (Aktion A1)
Erhöhe das Guthaben des Sparbuchs des Kunden um 10.000 Euro (Aktion A2)
Ende der Transaktion T1.

Abb. 5.3.2.2/2: Transaktion bei der Umbuchung eines Geldbetrages

Eine **Transaktion** (engl.: transaction) ist eine Folge logisch zusammengehörender Aktionen, die Operationen auf die gemeinsam gespeicherten Daten ausführen. Eine Transaktion wird entweder vollständig durchgeführt oder gar nicht.

Kann nun eine Transaktion nicht vollständig ausgeführt werden, werden die bereits durchgeführten Aktionen dieser Transaktion zurückgenommen (engl.: rollback). Damit wird wieder ein gültiger Zustand der Daten hergestellt – der Zustand vor Beginn der Transaktion.

Auf unser *Beispiel* angewendet heißt das, dass die 10.000 Euro dem Girokonto wieder gutgeschrieben werden. Damit ist der Ausgangszustand erreicht, es kann jetzt versucht werden, die Transaktion erneut durchzuführen.

In SQL werden Transaktionen durch die Befehle *BEGIN*, *COMMIT* und *ROLLBACK* unterstützt. Eine Transaktion beginnt mit einem Aufruf von *BEGIN* und endet mit dem Aufruf von *COMMIT*. Alle Zugriffe, die zwischen diesen beiden Befehlen ausgeführt werden, sind *transaktionssicher*, das heißt, sie werden entweder komplett oder gar nicht ausgeführt. Für den Fall, dass während einer Transaktion ein Fehler auftritt, kann das System durch den Aufruf von *ROLLBACK* wieder in den Zustand vor Beginn der Transaktion zurückversetzt werden.

Probleme der Koordination von Transaktionen treten in der Informationsverarbeitung bei gleichzeitigen konkurrierenden Zugriffen von mehreren Tasks auf (beispielsweise, wenn mehrere Benutzer im Dialogbetrieb eine Platzbuchung durchführen wollen). Zur Lösung der Transaktionssicherung werden so genannte *OLTP-Monitore* eingesetzt.

> Unter einem **OLTP-Monitor** (Abkürzung von engl.: online transaction processing monitor) oder *Transaktionsmonitor* versteht man ein Systemprogramm zur Steuerung und Koordinierung von Transaktionsprogrammen. Ein OLTP-Monitor kann hierbei auch die Koordination von Transaktionen übernehmen, die parallel auf mehrere unterschiedliche Datenbanken zugreifen.

▶ Übungsaufgabe Nr. 2.5.40 im Arbeitsbuch

Wie bereits erwähnt kann die Integrität der Daten innerhalb einer Datenbank durch einen ungeregelten Zugriff auf gemeinsame Datenbestände gefährdet werden.

Wenn zum Beispiel bei der Umbuchung von 10.000 Euro zwischen den Aktionen *A1* und *A2* des obigen Beispiels ein Zugriff auf die Guthaben der Kunden stattfindet, um die aktuellen Kontostände für die Zinsenberechnung abzufragen, können falsche Ergebnisse entstehen.

Diese Art von Fehlerquelle kann durch die „*Reservierung*" von Daten für die Dauer ihrer Bearbeitung (engl.: locking) beseitigt werden. Sind die Daten für eine Transaktion reserviert, werden andere Transaktionen, die dieselben Daten benötigen, so lange blockiert, bis die erste Transaktion beendet ist. Die betroffenen Tupel werden zu Beginn einer Transaktion für andere *gesperrt*, und danach *freigegeben*.

Unsere *Beispieltransaktion* hat dann die in Abb. 5.3.2.2/3 gezeigte Form.

Beim unachtsamen Einsatz von Sperroperationen kann es in Informationssystemen zu so genannten *Verklemmungen* (engl.: deadlock) kommen, die jede weitere Bearbeitung der Daten verhindern können. Das Informationssystem wird dadurch unverwendbar.

Transaktion T1:
Warte auf die Freigabe des Girokontostandes des Kunden und sperre ihn
Warte auf die Freigabe des Sparbuchguthabens des Kunden und sperre es
Vermindere den Girokontostand um 10.000 Euro (Aktion A1)
Erhöhe das Sparbuchguthaben des Kunden um 10.000 Euro (Aktion A2)
Gib den Girokontostand frei
Gib das Sparbuchguthaben frei
Ende der Transaktion T1

Abb. 5.3.2.2/3: Transaktion mit exklusivem Datenzugriff bei der Umbuchung eines Geldbetrages

Die Transaktionen in Abb. 5.3.2.2/4 liefern ein *Beispiel* hierfür. Werden *T1* und *T2* zur gleichen Zeit gestartet, warten beide Transaktionen auf Daten, die von der jeweils anderen Transaktion blockiert werden. *A* und *B* sind hier Platzhalter für Daten.

T1:	**T2:**
Warte auf *A*,	Warte auf *B*,
sperre *A*,	sperre *B*,
warte auf *B*,	warte auf *A*,
sperre *B*,	sperre *A*,
Aktionen von *T1*,	Aktionen von *T2*,
gib *B* frei,	gib *A* frei,
gib *A* frei,	gib *B* frei.

Abb. 5.3.2.2/4: Beispiel einer Verklemmung

Bei dieser Verklemmung würden die Transaktionen *T1* und *T2* ohne Eingriff von außen „ewig" auf die Freigabe der jeweils anderen Ressource warten. Ein Stillstand des gesamten Systems kann die Folge sein, da andere Transaktionen, die entweder *A* oder *B* benötigen, in der Folge ebenfalls zum Stillstand kommen. Nur durch den künstlichen (eigentlich irregulären Abbruch) einer der beiden Transaktionen kann diese Situation beendet werden.

Ein Informationssystem muss somit die *Verhinderung von Verklemmungen* gewährleisten. *Eine Möglichkeit ist die Reservierung aller nötigen Daten am Anfang einer Transaktion.* Der Nachteil dabei ist, dass mitunter lange Wartezeiten einer Transaktion auf die Freigabe von Daten entstehen können.

Daher wurden *effizientere Verfahren*, wie zum Beispiel das *Zwei-Phasen-Commit-Protokoll* (auch 2-PC-Protokoll genannt) entwickelt. Dieses Protokoll besteht aus einem Koordinator und einer Menge von Beteiligten (jeweils Prozesse). In der ersten Phase gibt jeder an der Transaktion Beteiligte dem Koordinator bekannt, ob er bereit ist, die Transaktion erfolgreich (durch den Befehl

COMMIT) abzuschließen (engl.: ready to commit). Dies bedeutet, dass für den jeweiligen Beteiligten während der Abarbeitung der Transaktion keine Fehler aufgetreten sind. In der zweiten Phase wertet der Koordinator die Meldungen der Beteiligten aus. Falls alle Beteiligten ein positives Ergebnis übermittelt haben, wird die Gesamttransaktion erfolgreich abgeschlossen. Falls auch nur einer der Beteiligten ein negatives Ergebnis liefert, werden alle Aktionen aller Beteiligten rückgängig gemacht.

▸ Übungsaufgabe Nr. 2.5.41 im Arbeitsbuch

5.3.2.3 Verteilte Datenbanken

> Von einer **verteilten Datenbank** (engl.: distributed database) spricht man, wenn logisch zusammengehörende und gemeinsam verwaltete Daten einer Datenbank physisch auf mehrere, durch ein Rechnernetz verbundene Rechner verteilt sind.

Seit Mitte der 1970er Jahre wird an der Entwicklung von Verwaltungssoftware für verteilte Datenbanken gearbeitet. Das Ziel besteht hierbei in der Verbesserung der nachfolgenden Eigenschaften:

– *Zuverlässigkeit und Verfügbarkeit:* Je nach Organisationsform können Klienten bei Ausfall eines Datenbankservers auf andere Serverrechner ausweichen, vielfach müssen Daten redundant gehalten werden.

– *Skalierbarkeit/Kapazitätsanpassung:* Durch Hinzufügen neuer Rechnerknoten im Netzwerk kann die Speicherkapazität relativ einfach und flexibel ohne signifikante Effizienznachteile erhöht werden.

– *Effizienzsteigerung:* Daten können an den Orten gespeichert und gewartet werden, an denen sie am häufigsten benötigt werden. Dies führt zu einer Verminderung des Kommunikationsaufwands und zu geringeren Zugriffszeiten für einzelne Anwendungen. Zudem kann die Effizienz von komplexen Abfragen dadurch gesteigert werden, dass mehrere Rechner gleichzeitig verschiedene Teile der verteilten Datenbank durchsuchen.

Bei unserem *Beispiel* der *Bibliothek* würde ein Verbundsystem mehrerer Bibliotheken umfassendere Buchrecherchen erlauben, da für jeden Teilnehmer die Information über Bücher aller angeschlossenen Bibliotheken erhältlich wäre. Bei der Buchbestellung könnte vorher überprüft werden, ob ein Titel bereits in einer nahe gelegenen anderen Bibliothek vorhanden ist. Bei der Inventarisierung könnte unter Umständen auf die Daten andernorts bereits inventarisierter Titel zurückgegriffen und damit der Datenerfassungsaufwand reduziert werden.

Dem Benutzer eines verteilten Datenbanksystems wird die *Sicht einer zentralen Datenbasis* vermittelt. Das verteilte Datenbankverwaltungssystem übernimmt die Aufgabe, Zugriffe an jene Stellen (Knoten) zu leiten, wo die Daten physikalisch gespeichert sind.

Verteilte Datenbankverwaltungssysteme lassen sich in homogene und heterogene Systeme gliedern. Von einem *homogenen System* spricht man, wenn die gesamte verteilte Datenbasis durch eine einheitliche Software (das gleiche Datenbankverwaltungssystem) verwaltet wird. Wenn unterschiedliche Datenbankverwaltungssysteme zu einem System integriert werden, spricht man von einem *heterogenen System*. Mittlerweile offerieren alle großen Hersteller Verteilungsfunktionen für Datenbanken.

Die komplizierte Koordination bezüglich der Datenverteilung, Transaktionssteuerung und Fehlerbehandlung sowie die Leistungs- und Zuverlässigkeitsanforderungen führen dazu, dass *verteilte Datenbankverwaltungssysteme erheblich komplexer als zentrale* Systeme sind. Der Einsatz verteilter Datenbanken ist mit einem erhöhten Administrationsaufwand verknüpft. Im Kapitel 7 dieses Bandes werden wir noch näher auf Fragestellungen und Lösungsansätze verteilter Systeme generell und auf die technische Realisierung von verteilten Datenbanken im Speziellen eingehen (siehe Abschnitt 7.4.1).

Im Bereich verteilter Datenbanksysteme werden von den führenden Datenbankherstellern regelmäßig Produktverbesserungen vorgestellt. In *Oracle 10g Standard Edition* ist beispielsweise der *Real Application Cluster* (abgekürzt: RAC) bereits integriert, der laut Herstellerangaben als eines der ersten Produkte wirklich skalierbar ist. Beispielsweise soll sich bei einer Verdopplung der Prozessoren auch die Leistung nahezu verdoppeln. Die Ausfallsicherheit soll gleichzeitig wesentlich erhöht werden.

Die *Zugriffszeit* auf nicht-lokale Datenbestände ist in starkem Ausmaß von den Übertragungsleistungen der verfügbaren Kommunikationswege abhängig. Mit dem zunehmenden Einsatz von Breitbandnetzen, die zum Beispiel auf Gigabit-Ethernet oder ATM-Technik basieren, verliert dieser Engpass zunehmend an Bedeutung (siehe Kapitel 6 dieses Bandes).

▶ Übungsaufgabe Nr. 2.5.42 im Arbeitsbuch

5.3.2.4 Aktive Datenbanken

In den am weitesten verbreiteten Datenbanksystemen werden Anfragen oder Transaktionen nur auf Veranlassung des Benutzers ausgeführt. Das Datenbanksystem ist somit passiv.

> **Aktive Datenbanksysteme** können automatisch auf bestimmte Ereignisse reagieren. Aktive Datenbanken basieren auf so genannten *Ereignis-Bedingungs-Aktions-Regeln* (oder auch *ECA-Regeln*, von engl.: event-condition-action rules). Der Eintritt eines bestimmten Ereignisses löst die Überprüfung der zugehörigen Bedingung aus. Wenn diese Bedingung erfüllt ist, wird eine spezifizierte Aktion ausgeführt. Die Aktion kann Operationen innerhalb des Datenbanksystems auslösen oder auch externe Aktionen veranlassen.

Aktive Datenbanksysteme übernehmen somit nicht nur die Aufgaben der Datenverwaltung, sondern können auch anwendungsspezifische Methoden direkt realisieren. Einer der Vorteile ist dabei, dass nicht Anwendungsprogramme die Realisierung aller Funktionen wahrnehmen müssen, sondern dass innerhalb des Datenbanksystems Funktionen implementiert werden können, die dort zentral gewartet werden, und somit die Anwendungsprogramme entlasten können.

Die Regeln in aktiven Datenbanksystemen können *beispielsweise* zur *Durchsetzung von Geschäftsregeln* verwendet werden.

Die durchgeführten Aktionen können ohne Interaktion mit einem Anwendungsprogramm und somit sehr laufzeiteffizient durchgeführt werden.

Denken Sie zum *Beispiel* an eine *Datenbank für einen elektronischen Aktienmarkt*, durch die automatisiert Aktienkäufe durchgeführt werden sollen, sobald der Aktienkurs einen vorgegebenen Wert unterschreitet. Wesentlich für eine aktive Datenbank ist nicht nur die automatisierbare Reaktion auf das Eintreten bestimmter Ereignisse oder die Erfüllung bestimmter Bedingungen, sondern auch das Einhalten zeitlicher Beschränkungen bei einer solchen Reaktion. Die regelmäßige Abfrage des Wertes in der Datenbank kann unter Umständen im obigen Beispiel schon zu lange dauern.

Für die Unterstützung von ECA-Regeln muss das zugrunde liegende Datenbanksystem die Formulierung und Überwachung dieser Regeln ermöglichen. Objektorientierte Datenbanksysteme eignen sich hierfür besonders gut, da sie neben der Speicherung von Objektattributen auch die Speicherung der zugehörigen Objektmethoden unterstützen. Darüber hinaus muss ein aktives Datenbanksystem Techniken zur effizienten Auswertung von Mengen sich überschneidender Bedingungen unterstützen.

Viele kommerzielle Datenbanken unterstützen so genannte *Trigger* (deutsch: Auslöser). Datenbank-Trigger können bestimmte SQL-Anweisungen oder *gespeicherte Prozeduren* (engl.: stored procedures) auslösen, wenn eine Anweisung – zum Beispiel *INSERT*, *UPDATE* oder *DELETE* – auf eine bestimmte Relation ausgeführt wird. Die Trigger-Regeln bilden eine Untermenge der ECA-Regeln, da bei Triggern ausschließlich Aktionen an Datenbankaktionen gebunden werden können. Die Ereignisse, die bei ECA-Regeln behandelt werden, sind weitaus allgemeiner gefasst, sodass die ECA-Regeln deutlich mächtiger als Trigger-Regeln sind.

▶ Übungsaufgabe Nr. 2.5.43 im Arbeitsbuch

5.3.2.5 Temporale Datenbanken

Viele Attributwerte betrieblich relevanter Objekte der Realwelt ändern sich im Zeitablauf. So sind zum Beispiel bei Mitarbeitern Daten wie Nationalität, Familienstand, Steuerklasse und Gehalt prinzipiell veränderlich. In betrieblichen Informationssystemen werden überholte Daten oft gelöscht beziehungsweise bei Änderung überschrieben. Dadurch wird ausschließlich *der aktuelle Zustand* von Objekten und Beziehungen gespeichert. Für eine Reihe von betrieblichen Aufgaben ist die Bedeutung zeitlicher Daten jedoch evident, zum Beispiel in Planungssystemen oder für statistische Auswertungen langfristiger Entwicklungen.

Eine **temporale Datenbank** (engl.: temporal database) speichert neben den Attributwerten Zeitmarken ab, die die Gültigkeit der Information beschreiben. Man unterscheidet zwischen **historischen Datenbanken** (engl.: historical database), die Abfragen über Zustände und Ereignisse zu einem früheren Zeitpunkt erlauben, und temporale Datenbanken, die eine bidirektionale Zeitsicht unterstützen, die also auch Abfragen über den Kenntnisstand der Zukunft erlauben.

Bei temporalen Datenbanken wird eine einmal erfasste Information bei ihrem Ungültigwerden nicht zwingenderweise gelöscht, sondern kann durch eine neue Information mit aktuelleren Zeitmarken überlagert werden. Dadurch kann eine vollständige Historie der Daten und Beziehungen innerhalb der Datenbank gehalten werden. Durch temporale Datenbanken wird die Nachvollziehbarkeit von Entscheidungen und Transaktionen deutlich erhöht, weil auch zu einem späteren Zeitpunkt der Kenntnisstand und der Systemzustand zu jedem beliebigen früheren Zeitpunkt innerhalb der gespeicherten Historie abgefragt werden kann.

Ein temporales Datenbanksystem unterstützt drei Datentypen für die Zeitdarstellung:

- Ein *Zeitpunkt* (engl.: point in time) bezieht sich auf einen konkreten Moment, beispielsweise auf den 1.1.2005, null Uhr früh (SQL-Datentypen: *DATE, TIME, TIMESTAMP*).

- Eine *Zeitdauer* ist ein relatives Zeitintervall (engl.: relative time interval) mit einem meist noch unbestimmten Startzeitpunkt, beispielsweise „Fünf Minuten kochen"). Hierfür existiert der SQL-Datentyp *INTERVAL*.

- Ein *absolutes Zeitintervall* (engl.: absolute time interval) bezeichnet ein Zeitintervall mit bekanntem Startzeitpunkt, beispielsweise „Gültigkeit von 1.1.2005, 0 Uhr bis zum 31.12.2007 um Mitternacht). Hierfür existiert der SQL-Datentyp *PERIOD*.

In temporalen Relationen werden für Tupel die absoluten Gültigkeitsintervalle vom *Beginn der Gültigkeit* (engl.: valid start time) bis zum *Ende der Gültigkeit* (engl.: valid end time) gespeichert. Diese Gültigkeitsgrenzen können auch den speziellen Wert „now" annehmen, der besagt, dass dieses Tupel bis jetzt gültig ist, wann auch immer die Abfrage gestartet wird. Bei Abfragen können Zeitintervalle und spezielle Operatoren (beispielsweise OVERLAPS, INCLUDES, BEFORE, AFTER) verwendet werden, die sich auf die Zeitaspekte beziehen. In SQL3 ist von den genannten Operatoren nur OVERLAPS realisiert.

Wenn Transaktionsdaten nicht gelöscht werden, steigt die gespeicherte Datenmenge kontinuierlich. Wenn zudem noch bei Anfragen der Zeitbezug überprüft werden muss, erhöht sich die Zugriffszeit. Aus diesen Gründen waren bis vor Kurzem große temporale Datenbanken aufgrund von Kapazitäts- und Durchsatzproblemen nicht praktisch umsetzbar. Durch bessere Speichertechniken und leistungsfähigere Rechner sind solche Systeme jedoch in jüngster Zeit immer mehr in den Bereich des Möglichen gerückt.

465 Datenbanksysteme · 465

Schon Mitte der 1980er Jahre begann man mit der Erweiterung bestehender Modellierungstechniken und Abfragesprachen um *temporale Konstrukte*. Temporale Elemente müssen dabei die Zeit, zu der die Information in der Datenbank gespeichert wurde, und die Zeit, in der die modellierten Objekttypen und Beziehungen gültig (aktuell) sind, speichern.

Datenmodelle mit temporalen Erweiterungen sind beispielsweise das *TEER-Modell* (Abkürzung von engl.: temporally extended entity relationship model), das *BCDM* (Abkürzung von engl.: bi-temporal conceptual data model) oder das objektorientierte *TOODM* (Abkürzung von engl.: temporal object oriented data model). Seit SQL99 enthält auch der SQL-Standard einige Konstrukte für die Realisierung temporaler Eigenschaften. Die Unterstützung dieser temporalen Konstrukte soll in künftigen SQL-Standards weiter ausgebaut werden.

▶ Übungsaufgabe Nr. 2.5.44 im Arbeitsbuch

5.3.2.6 Verzeichnisdienste

Ein **Verzeichnisdienst** (engl.: directory service) ist ein Auskunftsdienst, der meist strukturierte Information über informationstechnisch relevante Dinge sammelt und publiziert. Verzeichnisdienste sind auf das Finden und Auslesen von Information spezialisiert und stellen meist sowohl Funktionen zur *Abfrage der gespeicherten Objekte* zu Verfügung (ähnlich den *weißen Seiten* eines Telefonbuchs; engl.: white pages), wie auch Funktionen zur *Suche nach Objekten mit gewissen Eigenschaften* (ähnlich den *gelben Seiten*, engl.: yellow pages). Die Information, die über einen Verzeichnisdienst angeboten wird, ist relativ statisch. Dies bedeutet, dass vor allem die Leseoperationen eines Verzeichnisdienstes genutzt und daher optimiert werden. Da Änderungen dieser Daten relativ selten vorkommen, können die Datenbestände vielfach auf mehrere Server verteilt (repliziert) werden, wodurch die *Skalierbarkeit* und die *Ausfallsicherheit* verbessert werden.

Verzeichnisdienste bieten die Möglichkeit, gleichartige Information einer oder mehrerer Organisationen in einem System zusammenzufügen und zentral zu verwalten. Als Auskunftsdienste stellen Verzeichnisdienste Angaben zu Bestandteilen eines Informationssystems oder Netzwerks zur Verfügung. Dazu gehört Information über Benutzer (beispielsweise E-Mail-Adressen, Kennwörter, Telefonnummern), Organisationseinheiten, Rechner (beispielsweise Rechnernamen, Netzwerkadressen), Peripheriegeräte (beispielsweise Drucker), Anwendungen und Dienste (siehe service-orientierte Architektur in Abschnitt 7.2.1.4).

Wichtige Vertreter von Verzeichnisdiensten sind *LDAP* (siehe unten), *NIS* (Abkürzung von engl.: network information service, ursprünglich von Sun Microsystems unter der Bezeichnung *YP* (Abkürzung von engl.: yellow pages) entwickelt), *DNS* (Zuordnung von Rechnernamen zu IP-Adressen, siehe Abschnitt 6.6.2), *CDS* und *GDS* (siehe Abschnitt 7.2.2) und *UDDI* (Zuordnung von Web-Services zu Unternehmen, Auffinden und Publizieren von Web-Services, siehe Abschnitt 7.2.4). Die genannten Dienste sind herstellerneutral. Beispiele für herstellerspezifische Verzeichnisdienste sind *NDS* (Abkürzung von engl.: Novell Directory Services) und das *Active Directory* von Microsoft.

LDAP (Abkürzung von engl.: lightweight directory access protocol) ist ein offener Standard für die Realisierung von Verzeichnisdiensten, der durch RFC 3377 standardisiert wird. LDAP wurde speziell für den Einsatz im Internet-Kontext entwickelt und ist eine Vereinfachung des früheren X.500-Dienstes. Die Inhalte eines LDAP-Servers werden über standardisierte Objektklassen definiert, die anwendungsspezifisch durch Unterklassen erweitert werden können. LDAP unterstützt den gesicherten Zugang zum Server über TLS (siehe Kapitel 6 dieses Bandes), wodurch auch vertrauenswürdige Information (beispielsweise Kennwörter) sicher auf einem LDAP-Server gespeichert werden kann. LDAP unterstützt eine verteilte Architektur mit Replikation, über so genannte *Referrals* kann zudem auf andere LDAP-Server zugegriffen werden. Damit können die Informationsinhalte mehrerer Server (Organisationen) zusammengeschaltet werden, wobei jeder LDAP-Server nur die Information seiner Organisationseinheit hält, aber bei Abfragen eine gemeinsame Sicht ermöglicht.

LDAP ist somit eine einfache Realisierung einer verteilten Datenbank. Beachten Sie aber, dass bei LDAP andere Merkmale heute üblicher Datenbanksysteme, wie beispielsweise ein Transaktionskonzept (Sperren, Commit, Rollback), relationales Schema, Benutzersichten oder *Stored Procedures* fehlen.

Jeder Eintrag in einem LDAP-Server wird durch einen eindeutigen Bezeichner, der als *DN* (Abkürzung von engl.: distinguished name) bezeichnet wird, identifiziert. In diesen DN fließt organisationsspezifische Information (beispielsweise Land, Unternehmen, Organisation, Abteilung) ein. Der lokal vergebene Name muss somit nur pro kleinste verwendete Organisationseinheit eindeutig sein. Diese Namensgebungsstrategie bewirkt, dass durch den Zusammenschluss vieler LDAP-Server über *Referrals* - ähnlich wie beim DNS-System – ein globales System ohne Namenskonflikte geschaffen werden kann.

Für LDAP liegt mit *OpenLDAP* eine sehr leistungsfähige, frei verfügbare Implementation vor. Zusätzlich wird LDAP von sehr vielen IT-Herstellern wie beispielsweise *Apple Computers, Hewlett-Packard, IBM, Microsoft, Sun Microsystems* unterstützt. Durch diese herstellerübergreifende Unterstützung eignet sich LDAP auch für die Realisierung von betriebssystemübergreifenden Verzeichnisdiensten.

So hat sich beispielsweise der deutsche Bundestag im Jahr 2002 dafür entschieden, LDAP als primären Verzeichnisdienst für das Netzwerk des Bundestags einzusetzen, das auf Basis von Linux-Servern und Windows-XP-Arbeitsplatzrechnern gebildet wird.

▶ Übungsaufgabe Nr. 2.5.45 im Arbeitsbuch

5.4 Dokumentenzentrierte Datenorganisation

Ein Großteil der heute elektronisch gespeicherten, nicht in Textform gehaltenen Datenbestände wird in relationalen Datenbanksystemen gespeichert, wobei die Daten in Tabellen mit gleichartigen Datensätzen gespeichert werden. Die Attribute müssen hierbei atomar sein. Für die Strukturierung der Tabellen sind einerseits die Regeln der Normalisierung (siehe Band 1, Kapitel 2), als auch die Gegebenheiten des modellierten Realitätsausschnitts maßgeblich. Semantisch zusammengehörende Daten (beispielsweise Bücher mit Autoren und Entleihern, oder Lieferscheine mit Produkt- und Kundendaten) werden so über mehrere Tabellen verteilt gespeichert und müssen zur gemeinsamen Verarbeitung oft mittels relativ aufwändiger Abfragen wiederum zusammengeführt werden. Die Zusammenhänge von Entitäten, die aus Anwendungssicht zusammengehören, sind aus den Tabellenstrukturen nicht leicht ersichtlich und werden durch Abfragen realisiert. Für einen Datenaustausch zwischen Unternehmen sind diese nur beschränkt geeignet.

Die Orientierung an konkreten Bedarfen und Vorgaben von Standardanwendungssoftware führt vielfach dazu, dass sich die Tabellenstrukturen für ähnliche Anwendungen zwischen zwei Betrieben wesentlich unterscheiden. Die Integration von Informationssystemen, die auf *heterogenen Datenbeständen* beruhen, ist ein sehr schwieriges Problem, auf das wir im Abschnitt 7.4.2 im Kontext der betriebsübergreifenden Anwendungsintegration noch näher eingehen werden.

Wenn zwei Betriebe Daten austauschen wollen (beispielsweise entlang einer Lieferkette), wird ein möglichst allgemeines *Austauschformat* benötigt, das alle relevanten Daten in einer gemeinsamen Datenstruktur zusammenfasst. Alternativ könnte ein Betrieb seinen Geschäftspartnern auch erlauben, direkt auf die relevanten Tabellenstrukturen zuzugreifen. Neben sicherheitstechnischen Bedenken sind betriebsspezifische Tabellenstrukturen dafür jedoch in der Regel nicht geeignet, da diese bis zu einem gewissen Grad den Verwendungszweck der Tabellen widerspiegeln und für diesen optimiert sind. Ändert ein Betrieb seine Tabellenstrukturen - beispielsweise aufgrund neuer Anforderungen -, so müssten die geänderten Tabellenstrukturen allen beteiligten Geschäftspartnern kommuniziert werden, die alle Programme, die auf diese Tabellenstrukturen zugreifen, entsprechend ändern müssten.

Folglich ist es sinnvoll, unabhängig von der Tabellenstruktur *gemeinsame Austauschformate* zu definieren, welche die für einen Geschäftsprozess relevanten Daten in einer einheitlichen Darstellung zusammenfassen. Die Partnerbetriebe können so frei entscheiden, in welcher Form sie die Daten speichern wollen und können auch unabhängig von den externen Partnern ihr internes Informationssystem weiterentwickeln oder einen Hersteller wechseln.

Das **Datenaustauschformat** (engl.: data interchange format) dient somit als Schnittstelle zum Import und Export von geschäftsrelevanten Daten. Auf diese Weise kann das *Geheimnisprinzip* (siehe Band 1, Kapitel 2) zwischen Informationssystemen gewahrt werden.

Das Austauschformat sollte so flexibel sein, dass auch mehrere Versionen der Schnittstellendefinition unterstützt werden können, um eine Weiterentwicklung der zugrunde liegenden Software zu ermöglichen. Das Format sollte ebenso alle relevanten, semantisch zusammengehörenden Daten in Form einer gemeinsamen Datenstruktur zusammenfassen, beispielsweise in der Form eines speziell strukturierten Dokuments.

Ein **dokumentenzentriertes Datenformat** (*Austauschformat*; engl.: document centered data format, exchange format) ermöglicht die gemeinsame Übertragung und Speicherung von semantisch zusammengehörenden Daten in einem einzigen **Dokument**. Dieses Dokument wird in einem Format erstellt, das flexibel genug ist, um die Strukturierung, Speicherung, Übertragung und (teil-)automatisierte Weiterverarbeitung beliebiger Dateninhalte zu ermöglichen. Man spricht hierbei von einem Dokument, da das entsprechende Datenelement nicht nur für den Rechner geeignet ist, sondern auch von Menschen gelesen werden kann.

Das Datenformat muss unter anderem auch strukturierte Daten unterstützen, um beispielsweise komplexe Datentypen darstellen zu können.

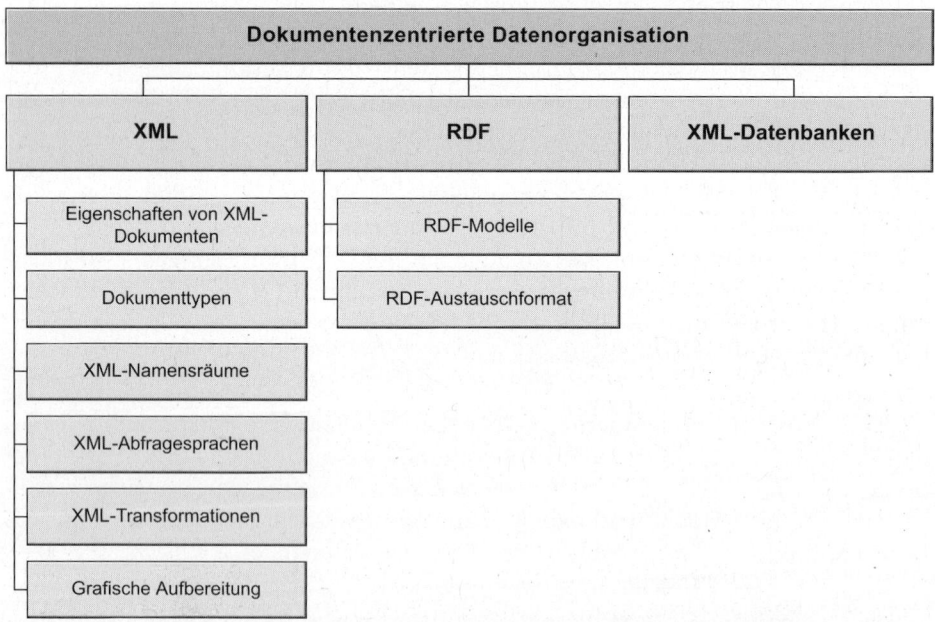

Abb. 5.4/1: Übersicht über die dokumentenzentrierte Datenorganisation

Typische Beispiele für strukturierte Austauschdokumente sind ein Bestellformular, ein Lieferschein, eine Rechnung oder eine Produktbeschreibung (siehe auch Band 1, Abschnitt 5.5.2).

Dokumentenzentrierte Datenformate bieten den Vorteil, dass beispielsweise die gesamte Information einer Rechnung (Kundennummer, Kundenname, Artikelnummer, Artikelname, verkaufte Menge, gezahlter Preis usw.) jederzeit ohne weitere Suche innerhalb des gleichen Datenelements (dem Dokument) vorliegt und unmittelbar verarbeitet werden kann.

Im Folgenden werden nun zwei generische (anwendungsneutrale) Standards für die dokumentenzentrierte Beschreibung strukturierter Daten vorgestellt, die in unterschiedlichsten Anwendungsbereichen eingesetzt werden können.

5.4.1 Extensible Markup Language (XML)

Grundlage von dokumentenzentrierten Beschreibungen strukturierter Daten bilden so genannte *Auszeichnungssprachen*.

Eine **Auszeichnungssprache** (*Markup-Sprache*, engl.: markup language) ist eine Sprache, die Regeln zur Auszeichnung von Textelementen bereitstellt. Beliebigen Textelementen können auf deklarative Weise Eigenschaften zugewiesen werden, wodurch deren Bedeutung (Semantik) ausgedrückt werden kann. Die Textelemente werden durch eine **Startmarkierung** (engl.: start tag) eingeleitet, die die Art der enthaltenen Daten bestimmt, und durch eine **Endemarkierung** (engl.: end tag) abgeschlossen.

Die Markierungen innerhalb der Texte sind im Allgemeinen hierarchisch (geschachtelt) aufgebaut, das heißt, dass in markiertem Text weitere Markierungen enthalten sein können. Durch die Markierungen werden die Dokumentinhalte strukturiert. Ein Programmsystem, das entsprechende Dokumente verarbeitet, kann auf Basis der Markierungen die Art der enthaltenen Daten ableiten und anschließend geeignet weiterverarbeiten.

Die Auszeichnungssprache *HTML* ist Ihnen bereits aus dem Band 1, Kapitel 3 bekannt. HTML ist allerdings keine sehr flexible Auszeichnungssprache, da die in HTML erlaubten Markierungen fest in der Sprachdefinition von HTML vorgegeben sind und nicht (durch einen generischen Mechanismus) anwendungsspezifisch erweitert werden können. Zudem sind die in HTML vorgesehenen Markierungen *primär für die Darstellung* der Inhalte und für die Vernetzung der Information durch *Dokumentverbindungen* (engl.: link) geeignet.

XML (Abkürzung von engl.: extensible markup language) ist eine Metasprache für die Definition von anwendungsspezifischen Auszeichnungssprachen. Mittels XML können somit Markup-Sprachen für beliebige Anwendungsbereiche maßgeschneidert werden, die anwendungsspezifische Datenstrukturen beschreiben. Mittels XML können Dokumenttypen definiert werden, die eine Klasse von *XML-Dokumenten* (beispielsweise Bestellungen) in ihrem Aufbau und ihren Inhalten standardisieren. XML-Dokumente sind auch ohne anwendungsspezifische Werkzeuge für den Menschen intuitiv verständlich und sind zudem relativ einfach maschinell weiterverarbeitbar.

Die Abb. 5.4.1/1 zeigt ein Beispiel für eine Bestellung, die in Form eines XML-Dokuments vorliegt. Das dargestellte XML-Dokument ist für den Buchhandel entworfen worden und enthält die Liefer- und Rechnungsadresse, die bestellten Bücher sowie ein Kommentarfeld.

```xml
<?xml version="1.0" ?>
<Bestellung Datum="30.06.2005">
    <Lieferadresse>
        <Name>Peter Schmidt</Name>
        <Strasse>Schleicher-Allee 11</Strasse>
      <Stadt>Wien</Stadt>
        <Postleitzahl>1090</Postleitzahl>
        <Land>Österreich</Land>
    </Lieferadresse>
    <Rechnungsadresse>
        <Name>Andrea Müller</Name>
        <Strasse>Getreidestrasse 77</Strasse>
      <Stadt>Wien</Stadt>
        <Postleitzahl>1200</Postleitzahl>
        <Land>Österreich</Land>
    </Rechnungsadresse>
    <Artikel>
        <Buch Kategorie="Belletristik" Verlag="Klett-Cotta">
            <Titel>Der Herr der Ringe - Die Gefährten (Teil 1)</Titel>
            <Autoren>J.R.R. Tolkien</Autoren>
            <Preis Währung="Euro">24.90</Preis>
            <ISBN-Nummer>3-608-95536-4</ISBN-Nummer>
            <Bestellmenge>1</Bestellmenge>
        </Buch>
        <Buch Kategorie="Belletristik" Verlag="Klett-Cotta">
            <Titel>Der Herr der Ringe - Die zwei Türme (Teil 2)</Titel>
            <Autoren>J.R.R. Tolkien</Autoren>
            <Preis Währung="Euro">24.90</Preis>
            <ISBN-Nummer>3-608-95537-2</ISBN-Nummer>
            <Bestellmenge>1</Bestellmenge>
        </Buch>
        <Buch Kategorie="Belletristik" Verlag="Klett-Cotta">
            <Titel>Der Herr der Ringe - Die Rückkehr des Königs (Teil
3)</Titel>
            <Autoren>J.R.R. Tolkien</Autoren>
            <Preis Währung="Euro">24.90</Preis>
            <ISBN-Nummer>3-608-95538-0</ISBN-Nummer>
            <Bestellmenge>1</Bestellmenge>
        </Buch>
    </Artikel>
</Bestellung>
```

Abb. 5.4.1/1: Beispiel für ein XML-Dokument für eine Warenbestellung

Das in Abb. 5.4.1/1 dargestellte XML-Dokument ist auch für einen Sachbearbeiter intuitiv verstehbar. Dieses Beispiel zeigt bereits einen der Vorteile von XML. Bei Verwendung von XML lassen sich elektronische Dokumente so gestalten, dass sie sowohl für Menschen als auch für Maschinen leicht zu verarbeiten sind.

Exkurs: XML 1.0 wurde 1998 durch das W3C als Standard verabschiedet. Das *W3C* (Abkürzung von engl.: *World Wide Web Consortium*) ist eine Non-Profit-Organisation für die Weiterentwicklung von Internet-Techniken. Das W3C ist maßgeblich für die Entwicklung offener Standards verantwortlich, die die Interoperabilität von Web-Anwendungen sicherstellen sollen. Diese Standards werden öffentlich über das Internet für jedermann verfügbar gemacht. Das W3C wurde 1994 gegründet und hat heute über 350 Mitglieder. Hierzu gehören neben kommerziellen Unternehmen wie IBM, Microsoft oder Oracle auch Universitäten und andere Forschungseinrichtungen.

Die Struktur eines XML-Dokuments ergibt sich durch die Anordnung der Markierungen. Eine Anfangs- und Endemarkierung zusammen mit dem entsprechenden Inhalt heißt *XML-Element*. XML verlangt im Gegensatz zu HTML, dass jedes nicht-leere Element mit einer Endemarkierung abgeschlossen wird. Der *Inhalt* eines XML-Dokuments ergibt sich aus den Elementinhalten und kann somit klar von der *Strukturinformation* unterschieden werden. Leere XML-Elemente sind Elemente, die nur aus einer Markierung bestehen und (außer Attributen) keinen Inhalt aufweisen.

XML-Attribute können verwendet werden, um Name/Wert-Paare mit XML-Elementen zu assoziieren. Attribute können innerhalb von Startmarkierungen und in leeren Elementen auftreten.

Beispiele für XML-Elemente sind in Abb. 5.4.1/2 die Elemente *Buch* oder *Titel* oder *Preis*, wobei das Element die Start- und Endemarkierung sowie den umschlossenen Bereich enthält. Somit ist beispielsweise das XML-Element *Preis* ein Bestandteil des XML-Elements *Buch. Kategorie* und *Verlag* sind hier XML-Attribute von *Buch*.

In XML-Terminologie werden die Grundelemente von XML-Dokumenten als *Entitäten* (engl.: entities) bezeichnet, die entweder *verarbeiteten Text* (engl.: parsed character data) oder *Rohtext* (engl.: unparsed character data) enthalten. Der verarbeitete Text umfasst sowohl den Dateninhalt als auch deklarative Textauszeichnungen, die die logische Struktur des Dokuments beschreiben.

Der *Elementinhalt* (engl.: element content) eines XML-Elements kann prinzipiell wiederum aus anderen Elementen (geschachtelte Elemente) und Dateninhalten bestehen. *Rohtext* ist unstrukturiert und enthält keine Auszeichnungen und somit keine XML-Unterelemente. Welche Inhalte für ein bestimmtes XML-Element erlaubt sind und wie XML-Elemente ineinander geschachtelt werden dürfen, wird im Folgenden noch näher erläutert.

▶ Übungsaufgabe Nr. 2.5.46 im Arbeitsbuch

5.4.1.1 Eigenschaften von XML-Dokumenten

Zur maschinellen Verarbeitung von XML-Dokumenten dient ein Verarbeitungsprogramm, ein so genannter *XML-Prozessor*, der die syntaktische Korrektheit und den korrekten Aufbau eines XML-Dokuments überprüft. Entsprechend wird in XML zwischen *wohlgeformten* und *gültigen* XML-Dokumenten unterschieden.

Wohlgeformte XML-Dokumente (engl.: well formed XML document) entsprechen in ihrem Aufbau den syntaktischen Regeln von XML.

Diese Regeln definieren beispielsweise, wie Anfangs- und Endemarkierungen sowie deren Attribute geschrieben werden, dass jedes Element explizit durch eine Endemarkierung geschlossen werden muss, und dass beispielsweise die Elemente korrekt ineinander geschachtelt werden müssen. Jede Markierung beginnt mit einem Kleiner-Zeichen „<", gefolgt von einem Bezeichner und optionalen Attributen, und wird durch ein Größer-Zeichen „>" abgeschlossen. XML-Attribute werden angegeben, indem der Name des Attributs gefolgt von einem Gleichheitszeichen gefolgt vom Wert des Attributs (zwischen einfachen oder doppelten Kommata) angeschrieben wird.

Ein *Beispiel für eine Anfangs- und Endemarkierung* mit einem Attribut und Elementinhalt ist `<Preis Währung=' Euro' >24,90</Preis>`.

Die syntaktischen Regeln beschreiben also, ob ein XML-Dokument wohlgeformt ist. Für den Datenaustausch ist allerdings auch relevant, welche Elemente in welcher Reihenfolge und Schachtelung in einem Dokument enthalten sind. Mit anderen Worten, für einen speziellen Typ von Dokument (beispielsweise eine Bestellung) müssen die korrekten Markierungen in einer vordefinierten Art und Weise enthalten sein. Die möglichen Bestandteile eines entsprechenden Dokuments werden durch eine Dokumenttypdefinition festgelegt. Wie dies technisch erfolgt, beschreiben wir im folgenden Abschnitt.

Gültige XML-Dokumente (engl.: valid XML document) sind *wohlgeformte XML-Dokumente*, die zusätzlich auch den Definitionen der *Dokumenttypdefinition* genügen müssen, durch die die Struktur der XML-Dokumente festgelegt wird.

Eine Dokumenttypdefinition legt somit ein Austauschformat fest.

▶ Übungsaufgabe Nr. 2.5.47 im Arbeitsbuch

5.4.1.2 Definition von Dokumenttypen in XML (DTD und XML-Schema)

Prinzipiell kann die Dokumenttypdefinition durch eine *DTD* (Abkürzung von engl.: document type definition) oder durch ein XML-Schema erfolgen.

Dokumenttypdefinitionen mittels DTD

Die Definition eines Dokumenttyps mittels DTD wurde bereits bei der ersten Standardisierung von XML festgelegt. XML-Schema ist der neuere Standard, der wesentlich mächtiger ist, der aber heute noch weniger verbreitet ist.

Die Definition der gültigen Auszeichnungen mittels DTD kann entweder innerhalb eines XML-Dokuments (intern), oder durch eine externe Dokumenttypdefinition erfolgen, auf die das XML-Dokument verweist.

Abb. 5.4.1.2/1 zeigt ein kurzes XML-Dokument, das auf eine externe Dokumenttypdefinition verweist. Die erste Zeile des Beispieldokuments in Abb. 5.4.1.2/1 bezeichnet die XML-Version, hier 1.0. Die zweite Zeile ist die Dokumenttypdeklaration (beginnt mit den Zeichen <!DOCTYPE), die den Dokumenttyp (hier Adresse) festlegt und auf eine Datei verweist, die die Deklarationen der Elemente und Attribute enthält.

Jedes gültige XML-Dokument enthält ein Wurzelelement, das den gleichen Namen wie der zugrunde liegende Dokumenttyp trägt. Das Wurzelelement umschließt den gesamten weiteren Inhalt des XML-Dokuments.

In Abb. 5.4.1.2/1 ist das Wurzelelement Adresse, dessen Definition von der dritten bis zur letzten Zeile reicht. Innerhalb dieses XML-Elements sind weitere Elemente geschachtelt, wie zum Beispiel das Element Stadt mit dem Inhalt Wien. Beachten Sie, dass in dem XML-Dokument nur eine einzige Adresse definiert werden kann. Alternativ könnte man einen Dokumenttyp AdressDoc definieren, der mehrere Adressen enthalten könnte.

Bei Verwendung einer internen Dokumenttypdefinition erfolgt kein Verweis auf eine externe Datei, sondern die notwendigen Deklarationen werden innerhalb des Dokuments angeführt (siehe Abb. 5.4.1.2/2). Ein XML-Element wird mittels einer Elementdeklaration definiert, die mittels <!ELEMENT eingeleitet wird. Danach folgen der Name des Elements und der Wertebereich des Inhalts. Wird dieser Wertebereich mit (#PCDATA) festgelegt, so darf dieser keine Zeichen enthalten, die zur Auszeichnung vorgesehen sind. Die entsprechenden Zeichen, wie beispielsweise < und >, sind somit in einem (#PCDATA) Bereich nicht erlaubt und müssen in dem Element symbolisch durch Angaben wie < (für engl.: less than) und > (für engl.: greater than) ersetzt werden.

```
<?xml version='1.0' encoding='UTF-8' ?>
<!DOCTYPE Adresse SYSTEM '../dtds/Adresse.dtd'>
<Adresse>
    <Name>Peter Schmidt</Name>
    <Strasse>Schleicher-Allee 11</Strasse>
    <Stadt>Wien</Stadt>
    <Postleitzahl>1090</Postleitzahl>
    <Land>Österreich</Land>
</Adresse>
```

Abb. 5.4.1.2/1: Einfaches Beispiel für ein XML-Dokument

```
<?xml version='1.0' encoding='UTF-8' ?>
<!DOCTYPE Adresse [
    <!ELEMENT Name          (#PCDATA)>
    <!ELEMENT Strasse       (#PCDATA)>
    <!ELEMENT Stadt         (#PCDATA)>
    <!ELEMENT Postleitzahl (#PCDATA)>
    <!ELEMENT Land          (#PCDATA)>
    <!ELEMENT Adresse       (Name, Strasse, Stadt?,
                            Postleitzahl, Land)>
]>
<Adresse>
    <Name>Peter Schmidt</Name>
    <Strasse>Schleicher-Allee 11</Strasse>
    <Stadt>Wien</Stadt>
    <Postleitzahl>1090</Postleitzahl>
    <Land>Österreich</Land>
</Adresse>
```

Abb. 5.4.1.2/2: XML-Dokument mit interner Dokumentdefinition

Im Beispiel in der Abb. 5.4.1.2/2 deklariert die Zeile <!ELEMENT Name(#PCDATA)> das XML-Element mit der Bezeichnung Name innerhalb des XML-Dokuments. Durch die Angabe von (#PCDATA) wird festgelegt, dass der Inhalt des Elements Name *verarbeiteter Text* (engl.: parsed character data) ist, das besagt, dass keine Unterelemente in diesem Element erlaubt sind.

Die Zeile <!ELEMENT Adresse (Name, Strasse, Stadt?, Postleitzahl, Land)> definiert, dass das XML-Element Adresse wiederum aus den XML-Elementen Name, Strasse, Stadt, Postleitzahl und Land zusammengesetzt ist (diese Elemente sind innerhalb von Adresse geschachtelt). Das Fragezeichen nach Stadt besagt, dass dieses Element optional ist.

Die *gültige Reihenfolge von Elementen* und die *gültigen Häufigkeiten* ihres Auftretens werden ebenfalls durch die Elementdeklarationen festgelegt:

- Sollen Elemente in einer *vorgegebenen Reihenfolge* in einem XML-Dokument vorkommen, so wird dies mittels Kommata im Gültigkeitsbereich ausgedrückt (wie im obigen Beispiel).

- Dürfen *alternativ unterschiedliche Elemente* auftreten, so kann dies mit dem Symbol | zwischen den aufgeführten Elementnamen ausgedrückt werden.

- Mehrere Elemente können mittels runder Klammer *gruppiert* werden. Der Ausdruck Name, EU-Postleitzahl | (Postleitzahl, Land) bedeutet beispielsweise, dass in dem Dokument nach dem Namen entweder eine EU-konforme Postleitzahl oder eine Postleitzahl gefolgt von Land auftreten dürfen.

- Nach einem Element oder Klammerausdruck kann die *erlaubte Häufigkeit* durch einen Operator angegeben werden. Hierbei bedeutet der Operator ?, dass ein oder kein Vorkommen des vorangehenden Elements gültig ist, der

Operator * steht für kein oder mehrere Vorkommen und der Operator + für ein oder mehrere Vorkommen. Im obigen Beispiel ist die Stadt optional angegeben, deshalb steht ein Fragezeichen nach der Stadt.

Die in einem Dokumenttyp gültigen Elemente und deren Schachtelungsstruktur werden also durch die Verwendung von Elementdeklarationen (mit < !ELE-MENT ... >) angegeben. Ebenso können die gültigen Attribute durch *Attributlistendeklarationen* (mit < !ATTLIST ... >) definiert werden. Die Abb. 5.4.1.2/3 zeigt die vollständige DTD für das XML-Bestellformular, das als erstes XML-Beispiel in Abb. 5.4.1/1 präsentiert wurde. Diese DTD ist ein wenig umfangreicher als das obige Beispiel, sie ist jedoch im Wesentlichen aus den gleichen Bestandteilen aufgebaut. Als neuer Bestandteil kommen Attributlistendeklarationen hinzu.

Für das Element Preis ist ein Attribut Währung definiert. Dieses Attribut kann einen der drei angegebenen Werte (Euro|Dollar|Yen) annehmen, wobei Euro als Standardwert verwendet wird, wenn keine andere Angabe erfolgt. Für das Element Zeit-

```
<!ELEMENT Name                  (#PCDATA)>
<!ELEMENT Strasse               (#PCDATA)>
<!ELEMENT Stadt                 (#PCDATA)>
<!ELEMENT Postleitzahl          (#PCDATA)>
<!ELEMENT Land                  (#PCDATA)>
<!ELEMENT Lieferadresse         (Name, Strasse,
                                 Stadt?, Postleitzahl, Land)>
<!ELEMENT Rechnungsadresse      (Name, Strasse, Stadt?,
                                 Postleitzahl, Land)>
<!ELEMENT Kommentar             (#PCDATA)>
<!ELEMENT Titel                 (#PCDATA)>
<!ELEMENT Autoren               (#PCDATA)>
<!ELEMENT Preis                 (#PCDATA)>
<!ATTLIST Preis
          Währung                (Euro|Dollar|Yen) "Euro">
<!ELEMENT ISBN-Nummer           (#PCDATA)>
<!ELEMENT Bestellmenge          (#PCDATA)>
<!ELEMENT Buch                  (Titel, Autoren+, Preis,
                                 ISBN-Nummer, Bestellmenge)>
<!ATTLIST Buch
          Kategorie             (Belletristik|Sachbuch) "Sachbuch"
          Verlag                CDATA      #IMPLIED>
<!ELEMENT ISSN-Nummer           (#PCDATA)>
<!ELEMENT Zeitschrift           (Titel, ISSN-Nummer, Preis,
                                 Bestellmenge)>
<!ATTLIST Zeitschrift
          Herausgeber           CDATA      #IMPLIED
          Verlag                CDATA      #IMPLIED
          Abonnement            (ja|nein)          "nein">

<!ELEMENT Artikel               (Buch|Zeitschrift)+>
<!ELEMENT Bestellung            (Lieferadresse, Rechnungsadresse,
                                 Kommentar?, Artikel+)>
<!ATTLIST Bestellung
          Datum                 CDATA      #REQUIRED>
```

Abb. 5.4.1.2/3: Eine einfache XML-DTD für Bestellformulare

schrift ist eine Attributliste mit drei Attributen definiert. Die Attribute Herausge-
ber und Verlag sind dabei als optional definiert (#IMPLIED) und haben keinen
Standardwert. Dagegen kann Attribut Abonnement zwei verschiedene Werte annehmen, wovon nein den Standardwert für dieses Attribut darstellt.

Das Element Bestellung besteht aus drei notwendigen Elementen und einem optionalen Element in einer festen Reihenfolge. Die Elemente Lieferadresse und Rechnungsadresse müssen genau einmal angegeben werden, während die Angabe eines
Kommentars optional ist (Kommentar?). Anschließend müssen ein oder mehr Arti-
kel-Elemente aufgeführt sein (Artikel+). Für das Element Bestellung ist außerdem das Attribut Datum definiert, dessen Angabe unbedingt erforderlich ist (#REQUI-
RED).

▶ Übungsaufgabe Nr. 2.5.48 im Arbeitsbuch

Dokumenttypdefinitionen mittels XML-Schema

Alternativ zur Dokumenttypdefinition mittels DTD wurde 2001 ein weiterer
Standardisierungsvorschlag vom W3C ausgearbeitet, der mit *XML-Schema*
oder *XSD* (Abkürzung von engl.: XML schema definition) bezeichnet wird.
Eine Dokumenttypdefinition mittels XML-Schema unterscheidet sich von einer
mittels DTD vor allem in folgenden Punkten:

• Während bei der Dokumenttypdefinition mittels DTD über die Elementin-
halte abgesehen von ihrer Elementstruktur sehr wenige Einschränkungen formuliert werden können, ermöglicht XML-Schema eine genaue *Definition von
Elementinhalten*. Der XML-Schema-Standard definiert zahlreiche *primitive
Datentypen* (beispielsweise Dezimalzahlen, Gleitkommazahlen, Zeichenketten, Zeitpunkte, Zeitdauern), die mittels Nebenbedingungen eingeschränkt
werden können (beispielsweise positive Zahlen, oder Werte zwischen 100
und 200) und *abgeleitete Datentypen* (engl.: derived data type) genannt werden. Zusätzlich ermöglicht der XML-Schema-Standard die Definition von
zusammengesetzten Datentypen, die beliebig aus allen möglichen Datentypen
gebildet werden können (beispielsweise eine Adresse).

• Im Gegensatz zur Dokumenttypdefinition mittels DTD erfolgt diese bei der
Definition nach XML-Schema in *Form eines XML-Dokuments*. Dies bedeutet, dass alle Element- und Attributdeklarationen in XML-Syntax vorliegen.
Somit kann ein Programm, das ein XML-Dokument verarbeitet, mit der gleichen Logik die Deklarationen der Elemente und Attribute verarbeiten.

Der wohl wichtigste Unterschied zwischen der Definition mittels XML-
Schema und DTD ist, dass bei der Verwendung des XML-Schema-Standards
generell für jedes Element und Attribut der *gültige Wertebereich* festgelegt werden kann. Dies ist für EDI sehr wichtig, da bei einer DTD beispielsweise nicht
definiert werden kann, dass ein Bestelldatum ein gültiges und weiterverarbeitba-
res Datum ist. Bei der Verwendung einer DTD müssen die Feldinhalte beim
Adressaten geprüft werden, vielfach durch ein für jeden Dokumenttyp eigenes
Prüfprogramm, das die Datenqualität sicherstellt. Bei der Dokumenttypdefinition mittels XML-Schema kann die Prüfung der Datenqualität weitgehend auf

den XML-Parser verlegt werden, die Prüfung der Gültigkeit kann bereits beim Absender erfolgen.

Abb. 5.4.1.2/4 zeigt eine Dokumenttypdefinition mittels XML-Schema für das XML-Bestellformular für Bücher aus Abb. 5.4.1/1. In dieser Definition werden innerhalb von xs:schema die XML-Elemente (xs:element) und die XML-Attribute (xs:attribute) definiert. In dieser Definition wird beispielsweise die ISBN-Nummer auf gültige Werte und die Bestellmenge auf eine positive Anzahl beschränkt.

```
<xs:schema xmlns:xs="http://www.w3.org/2001/XMLSchema">
<xs:element name="Buch">
   <xs:complexType>
      <xs:sequence>
         <xs:element name="Titel" type="xs:string"/>
         <xs:element name="Autoren" type="xs:string"/>
         <xs:element name="Preis">
            <xs:complexType>
               <xs:simpleContent>
                  <xs:extension base="xs:decimal">
                     <xs:attribute name="Währung" type="xs:string"/>
                  </xs:extension>
               </xs:simpleContent>
            </xs:complexType>
         </xs:element>
         <xs:element name="ISBN-Nummer">
            <xs:simpleType>
               <xs:restriction base="xs:string">
                  <xs:pattern value="[0-9]-[0-9]{3}-[0-9]{5}-[0-9]"/>
               </xs:restriction>
            </xs:simpleType>
         </xs:element>
         <xs:element name="Bestellmenge">
            <xs:simpleType>
               <xs:restriction base="xs:integer">
                  <xs:minInclusive value="1"/>
               </xs:restriction>
            </xs:simpleType>
         </xs:element>
      </xs:sequence>
      <xs:attribute name="Kategorie" type="xs:string"/>
      <xs:attribute name="Verlag" type="xs:string"/>
   </xs:complexType>
</xs:element>
</xs:schema>
```

Abb. 5.4.1.2/4: Ausschnitt einer Dokumenttypdefinition nach dem XML-Schema-Standard für Buchbestellungen

Aus diesem einfachen Beispiel ist ersichtlich, dass eine Definition über XML-Schema weit detaillierter und ausdrucksmächtiger ist als die über eine DTD. Trotzdem wird es voraussichtlich noch einige Zeit dauern, bis DTDs zur Gänze durch XML-Schemata ersetzt werden.

▶ Übungsaufgabe Nr. 2.5.49 im Arbeitsbuch

5.4.1.3 XML-Namensräume

XML-Dokumente können aus Elementen von unterschiedlichen Dokumenttyp-definitionen zusammengesetzt werden. Da jede Dokumenttypdefinition beliebige Bezeichner (beispielsweise Elementnamen) vergeben kann, ist es möglich, dass in unterschiedlichen Schemadefinitionen der gleiche Name verwendet wird. Sollen diese gemeinsam verwendet werden, kommt es zu einem Namenskonflikt. Entsprechende Namenskonflikte können durch Namensräume verhindert werden.

Unter einem **XML-Namensraum** (engl.: XML namespace) versteht man einen durch ein Präfix gekennzeichneten Bereich von Elementen. Durch die Definition eines Namensraums wird in einem XML-Dokument ein Präfix pro Dokumenttypdefinition gewählt, der im XML-Dokument vor die entsprechenden Element- oder Attributnamen gestellt wird.

Durch die Verwendung eines XML-Namensraums können die Namen von Elementen und Attributen mehrerer Dokumenttypdefinitionen frei und unabhängig voneinander gewählt werden. Über das Namensraumpräfix werden die Element- und Attributnamen den entsprechenden Definitionen zugeordnet.

```
<xs:schema xmlns:xs="http://www.w3.org/2001/XMLSchema">
...
</xs:schema>
```

Abb. 5.4.1.3/1: Deklaration des Namensraums für XML-Schema

Im Beispiel der Abb. 5.4.1.2/4 erfolgte die Dokumenttypdefinition gemäß XML-Schema, wobei auf die Elemente des XML-Schema-Standards zurückgegriffen wurde. Auch die Definition, welche XML-Elemente als Sprachkonstrukte (beispielsweise element und attribute) zur Definition einer Dokumenttypdefinition herangezogen werden können, liegt in Form eines XML-Dokuments nach XML-Schema vor. Damit die Verwendungen von element und attribute nicht mit den etwaigen gleichnamigen Definitionen in den Anwendungsdokumenttypen in Konflikt geraten, wurde in Abb. 5.4.1.2/4 das Präfix xs definiert. Wenn in dieser Dokumenttypdefinition beispielsweise ein Element xs:restriction vorkommt, wird über das Präfix xs erkannt, dass die Definition dieses Elements aus der XML-Schema-Definition zu entnehmen ist, und dass entsprechend ein Attribut namens base und ein Unterelement namens xs:pattern folgen kann.

5.4.1.4 Abfragesprachen für XML-Dokumente (XPath und XQuery)

Um aus XML-Dokumenten eine spezifische Information herauszulesen, muss diese von einem Programm, einem XML-Parser, verarbeitet werden. Zwar existieren bereits sehr leistungsfähige und wieder verwendbare XML-Parser in Form von Open-Source-Software, doch wäre es für viele kleine Aufgabenstellungen zu viel Aufwand, jeweils eigene Programme zu entwickeln, die die für den Anwendungszweck relevante Information aus einem XML-Dokument extrahieren. Aus diesem Grund werden zahlreiche weitere, auf XML basierende Standards zur Bearbeitung von XML-Dokumenten entwickelt.

Eine wichtige Kategorie stellen hierbei die *Abfragesprachen für XML* dar, über die mittels einer standardisierten Syntax Teile von XML-Dokumenten extrahiert werden können (beispielsweise XML-Elemente, die Attribute mit gewissen Einschränkungen besitzen). In weiterer Folge können mittels dieser Abfragesprachen *XML-Datenbanken* entwickelt werden, die eine Fülle von XML-Dokumenten verwalten und gemeinsam abfragbar halten. Dies ist von der Intention ähnlich wie bei relationalen Datenbanken, allerdings beruht das zugrunde liegende Datenmodell auf den hierarchischen XML-Strukturen. Wir kommen später nochmals auf XML-Datenbanken zurück.

Die hierarchische Struktur eines XML-Dokuments kann als Baumstruktur dargestellt werden. Abb. 5.4.1.4/1 zeigt einen Teil der Baumstruktur des XML-Dokuments aus Abb. 5.4.1/1, wobei das Wurzelelement der XML-Struktur die Wurzel des Baums bildet, und die textuellen Ausprägungen der Elemente als Blattknoten in Kästchen dargestellt werden. Diese Kästchen sind optional und dienen hier nur dem leichteren Verständnis. Für die Verarbeitung dieser Baumstruktur existiert für XML eine standardisierte Schnittstelle, die DOM genannt wird.

> **DOM** (Abkürzung von engl.: Document Object Model) definiert eine standardisierte Programmierschnittstelle, über die programmiersprachenunabhängig XML-Strukturen verarbeitet werden können. Bei der Verarbeitung mittels DOM wird das gesamte XML-Dokument als eine Objektstruktur mit eingeschachtelten Unterobjekten betrachtet. Über die DOM-Schnittstelle werden Methoden zum Traversieren, Auslesen, Einfügen und Löschen von Knoten der Dokumentstruktur bereitgestellt.

Es gibt heute zahlreiche Implementierungen der DOM-Spezifikation, die die von DOM spezifizierten Methoden für unterschiedliche Programmiersprachen bereitstellen.

Wichtige Vertreter von DOM-Implementationen sind beispielsweise *JDOM* (für die Programmiersprache Java), *tDOM* (für Tcl) oder *Gdome2* (für C und darauf aufbau-

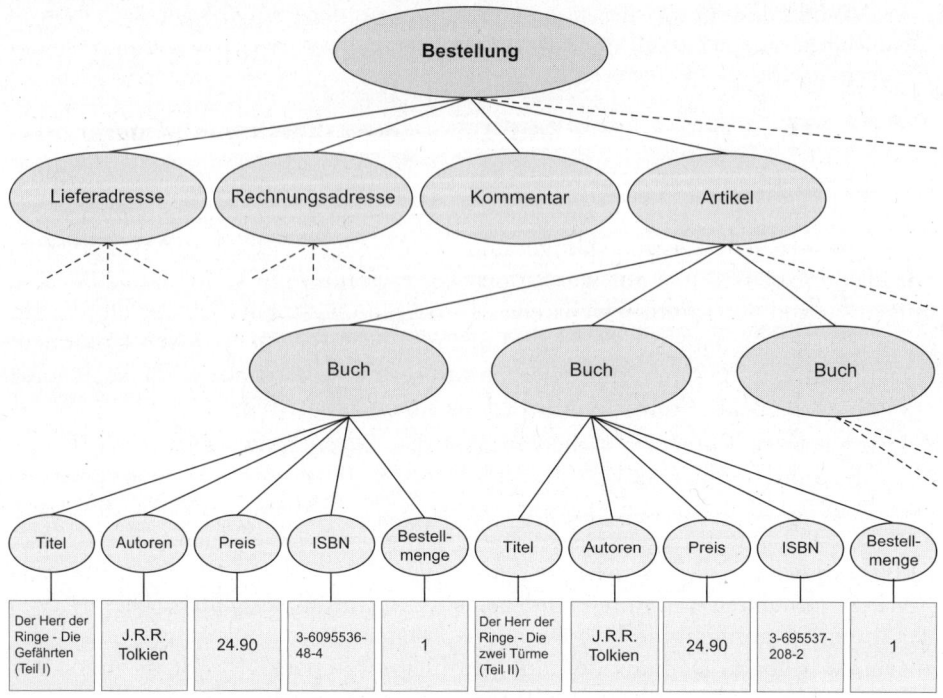

Abb. 5.4.1.4/1: Baumstruktur des XML-Dokuments aus Abb. 5.4.1/1

end auch für weitere Programmiersprachen). Ein Problem von vielen DOM-Implementationen ist, dass diese einen hohen Speicherbedarf aufweisen, der auf die zugrunde liegenden Programmiersprachen zurückzuführen ist. Ein Beispiel: Während bei JDOM
der Arbeitsspeicherbedarf die 25-fache Größe des XML-Dokuments ausmacht, ist dies
bei tDOM (das in C implementiert ist, eine der effizientesten DOM-Implementationen)
nur die dreifache Größe.

Die Abfragesprachen für XML basieren ebenso wie DOM auf der Baumstruktur eines XML-Dokuments. Wir stellen in der Folge die Grundkonzepte
von *XPath* vor, das eine Abfragesprache von XML realisiert. XPath ist wiederum die Basis weiterer Standards, wie beispielsweise *XQuery* oder *XSLT*. In
diesem Abschnitt werden XPath und XQuery vorgestellt, im nächsten folgt eine
Kurzeinführung in XSLT.

▶ Übungsaufgabe Nr. 2.5.50 im Arbeitsbuch

XPath

> **XPath** (Abkürzung von engl.: XML path language) ist eine einfache Abfra-
> gesprache für XML-Dokumente, über die Elemente oder Attribute mit
> angeführten Eigenschaften aus XML-Dokumenten extrahiert werden kön-

nen. Die Bezeichnung *XPath* ist darauf zurückzuführen, dass Abfragen in der Form eines (Teil-)Pfads von der Wurzel zu den gesuchten Elementen angegeben werden. Für jeden Teilausdruck entlang des Pfads können *Einschränkungen* (engl.: constraint) angegeben werden, die die Lösungsmenge einschränken. XPath liegt derzeit in Version 1.0 vor (2.0 ist in Vorbereitung) und wird vom W3C standardisiert.

Um einen Eindruck der Mächtigkeit von XPath zu vermitteln, werden in der Folge elementare Grundkonzepte von XPath anhand von Beispielen vorgestellt.

Beispiel 1: Der XPath-Ausdruck `/Bestellung/Lieferadresse` extrahiert aus dem XML-Dokument in Abb. 5.4.1/1 das Element `Lieferadresse` mit dessen Unterelementen (siehe Abb. 5.4.1.4/2).

Beispiel 2: Soll anstelle der gesamten Lieferadresse nur der in der Lieferadresse eingetragene Name extrahiert werden, kann der XPath-Ausdruck `/Bestellung/Lieferadresse/Name` verwendet werden.

Beispiel 3: In dem Bestelldokument ist sowohl ein Name bei der Lieferadresse als auch ein Name bei der Bestelladresse angegeben. Um beide Namen zu extrahieren, kann der XPath-Ausdruck `/Bestellung/*/Name` verwendet werden, der die Namen aus beliebigen Unterelementen von Bestellung retourniert. Sollen alle Elemente mit der Bezeichnung Name ermittelt werden (unabhängig, welche Vorgängerknoten sie besitzen), kann der XPath-Ausdruck `//Name` verwendet werden. Beachten Sie, dass das Ergebnis dieser XPath-Ausdrücke jeweils eine Menge von Elementen ist. Der letzte Ausdruck liefert beispielsweise `<Name>Peter Schmidt</Name>` und `<Name>Andrea Müller</Name>`.

Beispiel 4: Mittels Einschränkungen, die zwischen eckigen Klammern geschrieben werden, kann die Zahl der Lösungen eines XPath-Ausdrucks eingeschränkt werden. Während `//Buch` alle Bücher der Bestellung ermittelt, kann über `//Buch[1]` auf das erste Buch und mittels `//Buch[last()]` auf das letzte Buch der Bestellung zugegriffen werden. Diese Einschränkungen können für beliebige Elemente entlang eines XPath-Ausdrucks angegeben werden und können sich auch auf Unterelemente beziehen. Der XPath-Ausdruck `//Buch[contains(string(Titel),"König")]` ermittelt beispielsweise das Buch der Bestellung, dessen Titel die Zeichenkette *König* enthält (siehe Abb. 5.4.1.4/3).

```
<Lieferadresse>
    <Name>Peter Schmidt</Name>
    <Strasse>Schleicher-Allee 11</Strasse>
    <Stadt>Wien</Stadt>
    <Postleitzahl>1090</Postleitzahl>
    <Land>Österreich</Land>
</Lieferadresse>
```

Abb. 5.4.1.4/2: Lieferadresse

```
<Buch Kategorie="Belletristik" Verlag="Klett-Cotta">
    <Titel>Der Herr der Ringe - Die Rückkehr des Königs (Teil
3)</Titel>
        <Autoren>J.R.R. Tolkien</Autoren>
        <Preis Währung="Euro">24.90</Preis>
        <ISBN-Nummer>3-608-95538-0</ISBN-Nummer>
        <Bestellmenge>1</Bestellmenge>
</Buch>
```

Abb. 5.4.1.4/3: Ergebnis des letzen XPath-Ausdrucks aus Beispiel 4

Die angeführten Beispiele stellen nur einen kleinen Teil der Möglichkeiten von XPath dar. Sie verdeutlichen allerdings, wie mithilfe der Pfadausdrücke aus den hierarchischen XML-Strukturen Lösungsmengen ermittelt werden, die wiederum aus Mengen von hierarchischen Strukturen bestehen können.

▶ Übungsaufgabe Nr. 2.5.51 im Arbeitsbuch

XQuery

Die Abfragesprache **XQuery** (Abkürzung von engl.: XML query language) ist eine weitere, mächtige Abfragesprache für XML-Dokumente, die vom W3C standardisiert wird. XQuery basiert auf XPath und erlaubt flexible Abfragen auf mehrere XML-Dokumente. XQuery enthält auch Elemente von prozeduralen Programmiersprachen; so können in XQuery beispielsweise Variable gesetzt werden oder Schleifen durchlaufen werden.

Über XQuery können auch unterschiedliche Typen von XML-Dokumenten gemeinsam abgefragt und verknüpft werden (beispielsweise Bestellungen und Lagerbestand). Mithilfe von XQuery ist es auch möglich, einen inneren oder äußeren Verbund von XML-Dokumenten zu ermitteln.

Das Beispiel für XQuery in Abb. 5.4.1.4/4 listet alle `Titel`-Elemente aus allen Bestelldokumenten. Auf die Titel jedes einzelnen Dokuments wird über den XPath-Ausdruck `//Titel` zugegriffen.

Die Standardisierung von XQuery ist derzeit (Anfang 2005) noch nicht abgeschlossen.

```
for $t in document("bestellungen*.xml")//Titel
return $t
```

Abb. 5.4.1.4/4: Beispiel für XQuery

5.4.1.5 Transformation von XML-Dokumenten (XSLT)

Da XML-Dokumenttypdefinitionen mit geringem Aufwand beispielsweise bilateral zwischen zwei Betrieben definiert werden können und unterschiedliche Hersteller unterschiedliche Standards präferieren, existiert heute eine Vielzahl von alternativen XML-Darstellungen für mehr oder minder die gleichen Inhalte. Daraus ergab sich ein zunehmender Bedarf für die Umformung von XML-Dokumenten. Zu diesem Zweck wurde XSLT entworfen.

> **XSLT** (Abkürzung von engl.: extensible style sheet language transformation) ist eine Sprache zur Transformation (Umwandlung) von XML-Dokumenten, die vom W3C standardisiert wird. Hierbei wird ein XML-Dokument gemäß der mittels XSLT definierten *Regeln* umgeformt. Die XSLT-Regeln werden in XML formuliert und ergeben ein XSLT-Dokument. Die umzuformenden Bestandteile des *Ausgangsdokuments* werden von XSLT über XPath-Ausdrücke referenziert. Das *Zieldokument* kann eine deutlich andere Struktur als das Ausgangsdokument besitzen.

Die XSLT-Regeln werden ebenfalls in Form eines XML-Dokuments abgefasst. Diese Transformationsregeln werden von einem XSLT-Prozessor auf das XML-Ausgangsdokument angewendet. Das Ergebnis, das Zieldokument, ist wiederum ein XML-Dokument (siehe Abb. 5.4.1.5/1).

Das Zieldokument wird in Form einer *Vorlage* (engl.: template) beschrieben, in die über XPath ermittelte Bestandteile des Ausgangsdokuments eingefügt werden.

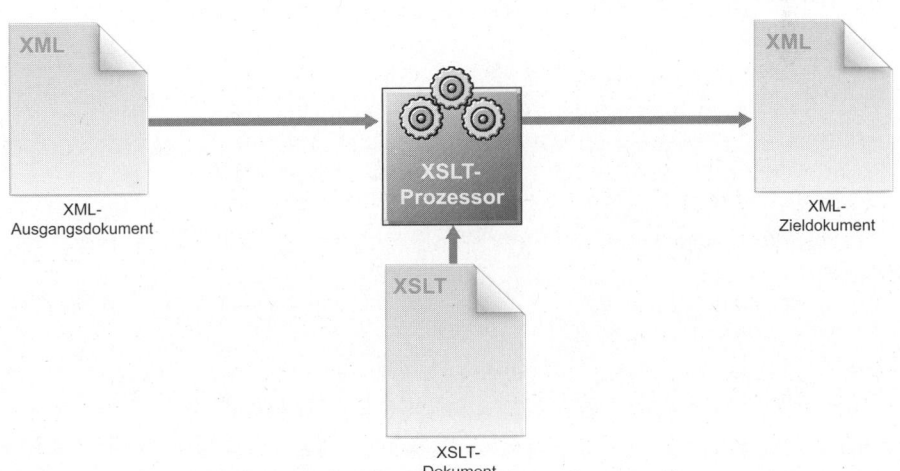

Abb. 5.4.1.5/1: Ablauf einer XSLT-Transformation

```
<xsl:stylesheet version="1.0"
   xmlns:xsl="http://www.w3.org/1999/XSL/Transform">
<xsl:template match="/">
  <html>
  <body>
    <table border="1">
      <tr>
        <th>Titel</th>
        <th>Autoren</th>
      </tr>
      <xsl:for-each select="//Buch">
      <tr>
        <td><xsl:value-of select="Titel"/></td>
        <td><xsl:value-of select="Autoren"/></td>
      </tr>
      </xsl:for-each>
    </table>
  </body>
  </html>
</xsl:template>
</xsl:stylesheet>
```

Abb. 5.4.1.5/2: Beispiel eines XSLT-Dokuments

```
<html>
<body>
 <table border="1">
  <tr>
   <th>Titel</th>
   <th>Autoren</th>
  </tr>
  <tr>
   <td>Der Herr der Ringe - Die Gefährten (Teil 1)</td>
   <td>J.R.R. Tolkien</td>
  </tr>
  <tr>
   <td>Der Herr der Ringe - Die zwei Türme (Teil 2)</td>
   <td>J.R.R. Tolkien</td>
  </tr>
  <tr>
   <td>Der Herr der Ringe - Die Rückkehr des Königs (Teil 3)</td>
   <td>J.R.R. Tolkien</td>
  </tr>
 </table>
</body>
</html>
```

Abb. 5.4.1.5/3: Ermitteltes Zieldokument

Abb. 5.4.1.5/2 zeigt das XSLT-Dokument, über das das XML-Bestellformular aus Abb. 5.4.1/1 in ein XHTML-Dokument umgeformt werden kann, das von jedem gängigen Webbrowser angezeigt werden kann (ein XHTML-Dokument ist ein HTML-Dokument in strikter XML-Syntax). Die erste Zeile des XSLT-Dokuments deklariert, dass sich alle mit dem Namensraumpräfix `xsl` gekennzeichneten Elemente auf XSLT beziehen.

Die Vorlage des Zieldokuments enthält eine Tabelle (HTML-Element `table`) mit den Spaltenbezeichnungen *Titel* und *Autoren* (innerhalb der HTML-Tabellenüberschriftselemente th). Aus jedem der Buch-Elemente des Ausgangsdokuments wird der Inhalt des Elements `Titel` beziehungsweise `Autoren` in ein entsprechendes Tabellenelement eingetragen (innerhalb von Tabellenwerten `td`). Beachten Sie, dass jeder Bezug auf das Ausgangsdokument über XPath erfolgt. So werden beispielsweise die Bücher des Ausgangsdokuments über den XPath-Ausdruck `//Buch` ermittelt.

Wird das Ausgangsdokument aus Abb. 5.4.1/1 über das XSLT-Dokument in Abb. 5.4.1.5/2 mit einem XSLT-Prozessor verarbeitet, so ist das Ergebnis das Zieldokument in Abb. 5.4.1.5/3.

▶ Übungsaufgabe Nr. 2.5.52 im Arbeitsbuch

5.4.1.6 Grafische Aufbereitung von XML-Dokumenten

Die *Informationsdarstellung* (das Layout) von XML-Dokumenten wird im Gegensatz zu HTML nicht durch die XML-Spezifikation definiert. Um Struktur- und Darstellungsinformation klar zu trennen, werden zur Beschreibung der Informationsdarstellung so genannte *Stylesheet-Sprachen* verwendet. Hierzu zählen beispielsweise *CSS* (Abkürzung von engl.: cascading style sheets) oder die speziell für die Verwendung mit XML vorgesehene Stylesheet-Sprache *XSL* (Abkürzung von engl.: extensible style sheet language). CSS ist eine Sprache, über die für beliebige XML-Elemente (oder HTML-Elemente) grafische Attribute wie beispielsweise Zeichensatz, Schriftgröße, Rahmen, Textfluss, Umbruch vergeben werden können.

XSL wurde gemeinsam mit XSLT entworfen und enthält *XSL-FO* (Abkürzung von engl.: extensible style sheet language formatting objects). Auch über XSL-FO können, ähnlich wie bei CSS, XML-Elementen grafische Eigenschaften für die Darstellung (zum Beispiel auf dem Bildschirm oder im Ausdruck) zugewiesen werden. XSL-FO ist mächtiger als CSS und kann auch für die Darstellung von HTML-Dokumenten oder für die Erzeugung von PDF-Dokumenten verwendet werden.

5.4.2 Resource Description Framework (RDF)

XML legt die allgemein gültigen Regeln für die Definition von Auszeichnungssprachen für unterschiedliche Anwendungsbereiche fest. XML bestimmt dabei allerdings in keiner Form, wie Anwendungsdaten modelliert und beschrieben werden können. Diese Gestaltungsmöglichkeit liegt vollständig bei den Entwicklern der Dokumenttypdefinitionen. Wie Ihnen aus Band 1, Kapitel 5 bereits bekannt ist, beschäftigen sich zahlreiche Institutionen mit der Definition von weitgehend universell einsetzbaren Dokumenttypdefinitionen für spezielle Anwendungsgebiete.

Einen leicht unterschiedlichen Ansatz verfolgt *RDF* (Abkürzung von engl.: resource description framework). In RDF ist es zwar möglich, XML für den Datenaustausch zu verwenden, RDF verlangt allerdings, dass sachliche Zusammenhänge immer auf eine vorgegebene Weise ausgedrückt werden müssen. Wir werden auf diesen Umstand in der Folge noch näher eingehen. RDF wurde für die Definition von *Metadaten* entworfen.

Metadaten (engl.: meta data) sind „Daten über Daten" und beschreiben Dateninhalte anhand eines bestimmten, kontrollierten *Vokabulars*. Das Vokabular definiert, welche Attribute für welche Dateninhalte vergeben werden können.

Die Unterscheidung zwischen Daten und Metadaten ist fließend und hängt vom jeweiligen Kontext ab. Dementsprechend können die Daten einer Anwendung die Metadaten einer anderen Anwendung sein.

Der *Begriff der Metadaten* stammt unter anderem aus dem *Bibliotheksbereich*. Es wird zwischen dem *Inhalt* eines Buches (engl.: content) und den *Daten über den Inhalt* (*Metadaten*, engl.: meta data) unterschieden. Beispiele für Metadaten sind der Titel eines Buches, die Autoren, der Preis, die Seitenzahl, der Standort und Ähnliches. Ein Bibliotheksverwaltungssystem enthält zum Beispiel Information über Publikationen, wie den Namen des Autors oder den Titel der Veröffentlichung, und besteht somit aus Metadaten über diese Publikationen.

Das **Resource Description Framework** (abgekürzt: RDF) definiert ein allgemeines Metadatenformat für Information, die im Internet verfügbar ist. Jedes Dokument (oder Dienst oder digitales Gut), das im Internet mittels URI (siehe auch Kapitel 6 dieses Bandes) adressierbar ist, wird in RDF als *Ressource* (engl.: resource) bezeichnet. Mittels RDF können *Aussagen* (engl.: RDF statement) über jede Ressource getroffen werden, deren Eigenschaften mithilfe eines vorgegebenen *Vokabulars* (RDF-Schema) beschrieben werden können. RDF wurde 1999 durch das W3C als Standard verabschiedet.

Die *Entwicklung von RDF* ist unter anderem durch andere W3C-Standards wie zum Beispiel den 1996 vorgestellten Web-Standard *PICS* (Abkürzung von engl.: platform for Internet content selection) und die Metadatenansätze innerhalb des HTML-Standards (durch die Elemente META und LINK) beeinflusst worden. Darüber hinaus wurden auch die Erfahrungen anderer Metadateninitiativen, wie zum Beispiel der *Dublin Core Metadata Initiative*, während des Entwurfs von RDF berücksichtigt.

Der Standard *Dublin Core* definiert ein Standardvokabular von 15 Begriffen, das für die Beschreibung von digitalen Dokumenten gedacht ist. Zu diesem Standardvokabular gehören beispielsweise *title, creator, subject, description, publisher, contributor, date* oder *rights*.

Mittels RDF können Web-Dokumente, Texte, Bilder oder auch gesamte Websites beschrieben werden. *Anwendungsgebiete für RDF* sind beispielsweise die Definition von Urheberrechtsinformation, die Kennzeichnung von jugendgefährdenden Materialien, inhaltliche Beschreibungen für verbesserte Recherchemöglichkeiten und dadurch optimierte Suchergebnisse, oder der Wissensaustausch für Agentensysteme.

RDF stellt einen generischen (allgemein gültigen) Mechanismus für die Beschreibung von Ressourcen aus beliebigen Anwendungsbereichen zur Verfügung. Um eine weitgehende Allgemeingültigkeit für beliebige Anwendungsbereiche zu verwirklichen, wird mittels RDF für jeden Anwendungsbereich ein optimiertes *RDF-Vokabular* (oder *RDF-Schema*) erstellt. Die entsprechenden Vokabulare für unterschiedliche Anwendungsbereiche (Domänen) werden nicht durch eine zentrale Institution definiert, sondern können prinzipiell von beliebigen Personen oder Organisationen gezielt für ihre speziellen Anforderungen entworfen werden.

5.4.2.1 Grundlagen von RDF-Modellen

Die Grundlage von RDF bildet ein Modell zur Formulierung von *Aussagen* (engl.: statement) über Ressourcen. Durch eine Aussage werden einer Ressource mittels einer beschreibenden *Eigenschaft* (engl.: property) *Werte* (engl.: property value) zugewiesen. Diese Werte können *strukturierte Daten*, einfache *Zeichenketten* (*Literale*, engl.: literal) oder auch weitere Ressourcen sein. In Bezug auf die objektorientierte Terminologie korrespondieren Ressourcen mit Objekten und Eigenschaften mit Instanzvariablen (Variablen, die den aktuellen Zustand eines Objekts beinhalten; siehe Abschnitt „Objektorientierte Programmiersprachen" in Kapitel 4 dieses Bandes).

Die Abb. 5.4.2.1/1 zeigt die grafische Darstellung für die Aussage: der Titel der Ressource http://wi.wu-wien.ac.at besitzt den Wert „*Abteilung für Wirtschaftsinformatik*". Das Datenmodell wird in Form eines gerichteten Graphen dargestellt, wobei die Knoten dieses Graphen *Ressourcen* oder *Literale* und die Kanten des Graphen Eigenschaften repräsentieren. Eine Ressource wird als Oval und ein Literal als Rechteck dargestellt. Die Kanten gehen dabei immer von einer *Ressource* aus (dem *Subjekt*; engl.: subject) und zeigen auf das *Objekt* (engl.: object) der Aussage. Der allgemeine Aufbau von RDF-Graphen wird in Abb. 5.4.2.1/2 dargestellt. Die Bezeichnung der Kante wird auch als *Prädikat* bezeichnet.

Abb. 5.4.2.1/1: Beispiel eines einfachen RDF-Graphen

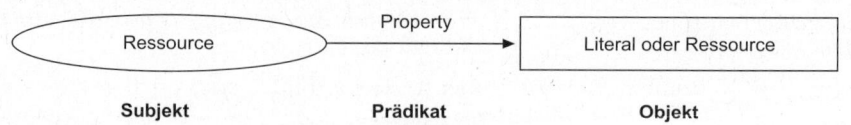

Abb. 5.4.2.1/2: Allgemeiner Aufbau von RDF-Graphen

Im Beispiel der Abb. 5.4.2.1/1 ist `http://wi.wu-wien.ac.at` das Subjekt, `titel` ist das Prädikat, `Abteilung für Wirtschaftsinformatik` der Wert des Objekts.

Jede RDF-Aussage kann somit durch Subjekt, Prädikat und Objekt beschrieben werden. Man spricht hierbei auch von *RDF-Triples*. Die Aussagen (und somit auch RDF-Triples) können direkt aus einem RDF-Graphen abgeleitet werden, indem man ausgehend von einer Ressource (Subjekt) in Richtung einer der zugehörigen Kanten (Prädikat) zu dem folgenden Knoten (Objekt) liest.

Enthält eine Eigenschaft einen strukturierten Wert, so wird dieser in der grafischen Darstellung als Oval ohne Beschriftung dargestellt. Der strukturierte Wert bildet eine so genannte *anonyme Ressource* (engl.: anonymous resource), die wiederum weitere Eigenschaften besitzen kann.

Die Aussagen des RDF-Graphen aus Abb. 5.4.2.1/3 können wie folgt gelesen werden: Die Ressource `http://wi.wu-wien.ac.at` hat einen Autor. Der Autor hat den Namen `Gustaf Neumann` und die E-Mail Adresse `gustaf.neumann@wu-wien.ac.at`

▶ Übungsaufgabe Nr. 2.5.53 im Arbeitsbuch

RDF-Eigenschaften bilden die beschreibenden Merkmale einer Ressource. Diese Eigenschaften sind das zentrale Element von RDF. In einem RDF-Schema wird definiert, welche Eigenschaften für eine Ressource vergeben werden können, und welche Werte diese Eigenschaft annehmen kann.

Ein **RDF-Schema** (engl.: RDF schema) definiert ein *kontrolliertes Vokabular*, das Bezeichnungen für *gültige Eigenschaften* (wie beispielsweise Titel, Autor, Farbe) und auch deren *Wertebereich* (engl.: range) definiert. Das RDF-Schema legt somit fest, welche Wertausprägungen gültig sind, und welchen *Ressourcen* (engl.: domain) diese Eigenschaften zugewiesen wer-

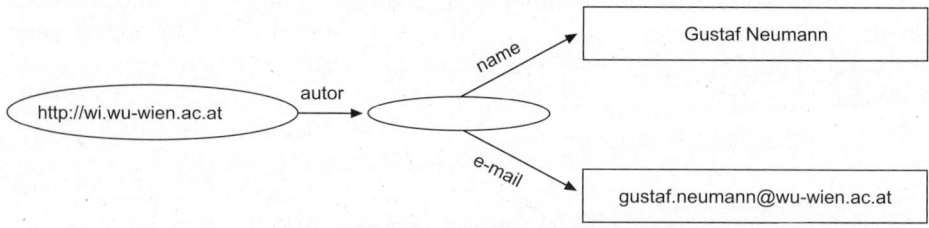

Abb. 5.4.2.1/3: RDF-Graph mit strukturiertem Wert für autor

den dürfen (beispielsweise Webseiten, Büchern, Personen). Für gleichartige Ressourcen können *Klassen* gebildet werden.

Beachten Sie, dass ein RDF-Schema nicht die gleiche Funktion wie eine Dokumenttypdefinition von XML besitzt. Während eine Dokumenttypdefinition die Struktur von XML-Dokumenten festlegt, stellt ein RDF-Schema Information zur Verfügung, die für die (semantische) Interpretation von RDF-Aussagen benötigt wird. Es besteht Ähnlichkeit zwischen dem Typsystem von RDF und objektorientierten Programmiersprachen, da in beiden Fällen Klassen gebildet werden können. Diese unterscheiden sich jedoch insofern voneinander, dass in objektorientierten Programmiersprachen durch das Typsystem definiert wird, welche Eigenschaften und Methoden eine Instanz einer Klasse besitzt, während das Typsystem von RDF definiert, welchen Klassen von Ressourcen eine bestimmte Eigenschaft zugeordnet werden darf.

Eine RDF-Klasse besitzt folglich keine festgelegte Attributmenge, sondern es existiert eine Menge von RDF-Eigenschaften, die den Ressourcen von verschiedenen Klassen zugeordnet werden können. Der Ansatz von RDF wird daher häufig als *eigenschaftszentriert* (engl.: property centric) bezeichnet und ermöglicht auf einfache Weise die Definition neuer Eigenschaften für bereits bestehende (Web-)Ressourcen. In dieser Art kann prinzipiell jede Person beliebige Aussagen über eine beliebige (Web-)Ressource tätigen.

▷ Übungsaufgabe Nr. 2.5.54 im Arbeitsbuch

5.4.2.2 Austauschformat für RDF-Modelle (XML/RDF)

RDF ist ein Modell zur Beschreibung von Metadaten und benötigt ein geeignetes Austauschformat, um diese Metadaten über ein Netzwerk zu transportieren oder auf einem Datenträger dauerhaft zu speichern. Mithilfe von XML können RDF-Metadaten für menschliche Benutzer und Maschinen verständlich aufbereitet werden. Die Repräsentation von RDF in XML stellt jedoch nur eine von mehreren Alternativen für eine Syntax von RDF dar.

Derzeit sind zwei Beschreibungsformen von RDF-Datenmodellen mittels XML definiert. Wir werden hier kurz die so genannte *Serialization-Syntax* von XML beschreiben und nicht näher auf die *Abbreviated-Syntax* eingehen, die für eine Teilmenge des Datenmodells eine kompaktere Beschreibungsform anbietet. Die Aussagen des RDF-Graphen aus Abb. 5.4.2.1/1 sind in Abb. 5.4.2.2/1 in der XML-Serialization-Syntax dargestellt.

Das XML-Element RDF enthält die RDF-Metadaten eines XML-Dokuments. Um ein bestimmtes RDF-Vokabular verwenden zu können, wird am Beginn eines RDF-Dokuments das zugehörige RDF-Schema deklariert (und referenziert) und mit einem Namensraumpräfix versehen. Das RDF-Grundvokabular wird durch das Präfix rdf und den angegebenen URL identifiziert. Dementsprechend gehören Elemente, die mit dem Präfix rdf versehen sind, wie bei-

```
<?xml version="1.0"?>
<rdf:RDF xmlns:rdf = "http://www.w3.org/1999/02/22-rdf-syntax-ns#"
         xmlns     = "http://schema.wu-wien.ac.at/webschema/">
    <rdf:Description about="http://wi.wu-wien.ac.at">
         <titel>Abteilung für Wirtschaftsinformatik</titel>
    </rdf:Description>
</rdf:RDF>
```

Abb. 5.4.2.2/1: Darstellung eines RDF-Modells in XML-Serialization-Syntax

spielsweise `rdf:RDF` und `rdf:Description`, zum grundlegenden RDF-Vokabular.

Die Namensraumdeklarationen werden meist als XML-Attribute in der `rdf:RDF` Auszeichnung angegeben. Innerhalb des RDF-Elements kann eine beliebige Anzahl verschiedener RDF-Vokabulare verwendet werden. Für das in Abb. 5.4.2.2/1 zuletzt deklarierte RDF-Vokabular wird kein Präfix angegeben. Elemente ohne explizites Präfix werden diesem Vokabular zugeordnet (beispielsweise `titel`).

Das Präfix dient somit als Kurzbezeichner, um auf ein Vokabular Bezug nehmen zu können. Durch diesen Mechanismus können innerhalb eines RDF-Modells Eigenschaften mit gleichen Namen aber anderer Bedeutung aus unterschiedlichen RDF-Vokabularen verwendet werden, ohne dass Mehrdeutigkeiten auftreten. Die Eigenschaft `titel` kann somit beispielsweise in einem RDF-Vokabular wie im obigen Beispiel als „Titel einer Webseite" und in einem anderen als „akademischer Titel einer Person" verwendet werden. Beide Vokabulare können mithilfe des Präfix unterschieden und in einem Dokument gemeinsam verwendet werden.

Das XML-Element `Description` bildet die RDF-Aussagen über eine Ressource ab, die durch das XML-Attribut `about` identifiziert wird. Jede Eigenschaft, die dieser Ressource zugewiesen werden soll, bildet ein Unterelement.

In Abb. 5.4.2.2/1 wird für die Ressource `"http://wi.wu-wien.ac.at"` nur die Eigenschaft `titel` mit dem Wert *„Abteilung für Wirtschaftsinformatik"* definiert. Abb. 5.4.2.2/2 zeigt das in Abb. 5.4.2.1/3 dargestellte RDF-Modell in der XML-Serialization-Syntax. Dieses Modell enthält auch eine anonyme Ressource.

Eine weitere Möglichkeit zur Strukturierung von RDF-Werten ist durch *RDF-Container* gegeben. Ein RDF-Container kann mehrere Eigenschaften (mit deren Werten) zusammenfassen, wobei zwischen *geordneten Eigenschaften* (engl.: sequence), *ungeordneten Eigenschaften* (engl.: bag) und *alternativen Eigenschaften* (engl.: alternative) unterschieden werden kann. Auf diese Weise können beispielsweise alle Autoren eines Buches in einer speziellen Reihenfolge angegeben werden, die als signifikant betrachtet wird, oder es können einer Personengruppe gemeinsame Eigenschaften zugewiesen werden.

```
<?xml version="1.0"?>
<rdf:RDF xmlns:rdf = "http://www.w3.org/1999/02/22-rdf-syntax-ns#"
         xmlns    = "http://schema.wu-wien.ac.at/webschema/">
    <rdf:Description about="http://wi.wu-wien.ac.at">
        <autor>
            <rdf:Description>
                <name>Gustaf Neumann</name>
                <e-mail>gustaf.neumann@wu-wien.ac.at</e-mail>
            </rdf:Description>
        </autor>
    </rdf:Description>
</rdf:RDF>
```

Abb. 5.4.2.2/2: Beispiel mit strukturiertem Wert für autor **in der XML-Serialization-Syntax**

Trotz seines relativ einfachen Grundaufbaus lassen sich mithilfe von RDF Aussagen über komplexe Sachverhalte treffen. Im Rahmen dieses Buches können jedoch nur einzelne Aspekte der umfangreichen Möglichkeiten von RDF aufgezeigt werden.

▶ Übungsaufgabe Nr. 2.5.55 im Arbeitsbuch

5.4.3 XML-Datenbanken

Wie bereits in Abschnitt 5.4.1.4 beschrieben, besitzt XML durch den semistrukturierten Ansatz einige *Überschneidungen und Ähnlichkeiten zu Datenbanken*. Für den Einsatz von XML als universelle Darstellungsform von betrieblichen Daten *fehlen jedoch wichtige Funktionen*, die von Datenbanken direkt unterstützt werden müssen. Hierzu zählen beispielsweise die Gewährleistung der Datenintegrität, die Ermöglichung von Mehrbenutzerzugriffen, die Unterstützung von Transaktionen, komplexe Abfragen über mehrere Dokumente oder die effiziente nicht-redundante Speicherung der Daten.

Hinsichtlich der *Speicherung von XML-Dokumenten innerhalb eines Datenbanksystems* können XML-Dokumente grob in zwei verschiedene Kategorien eingeteilt werden:

– *Stark strukturierte* (oder auch *datenzentrierte*, engl.: data-centric) *XML-Dokumente* besitzen einen gleichförmigen (standardisierten) Aufbau und enthalten in der Regel keine tief geschachtelten Elemente. Zudem ist die Reihenfolge der Elemente für die korrekte Interpretation des Inhalts weitgehend unerheblich. Typische Beispiele für derartige Dokumente sind Bestellungen, Rechnungen, Speisekarten oder das Vorlesungsverzeichnis einer Universität.

– *Schwach strukturierte* (oder auch *dokumentenzentrierte,* engl.: document-centric) *XML-Dokumente* besitzen eine komplexe, unregelmäßige Struktur mit teilweise tief geschachtelten Elementen. Die korrekte Reihenfolge der Elemente ist essenziell für das Verständnis des Dokumentinhalts. Ein Vertauschen von Elementen führt in der Regel zur Änderung oder Zerstörung der beabsichtigten Semantik. Typische Beispiele für solche XML-Dokumente sind Bücher, Briefe oder Gesetzestexte.

Stark strukturierte XML-Dokumente können relativ einfach auf Relationen abgebildet werden, während schwach strukturierte XML-Dokumente unter Umständen nur sehr schwer durch eine Tabellenstruktur repräsentiert werden können.

Relationale Datenbanksysteme bilden die Grundlage für den weitaus größten Teil der aktuell betriebenen Datenbanken. Aufgrund der stark zunehmenden Verbreitung und der universellen Einsetzbarkeit von XML stellen die Hersteller von relationalen Datenbanksystemen mittlerweile standardmäßig Möglichkeiten zur Transformation der Daten innerhalb einer relationalen Datenbank in XML-Dokumente zur Verfügung. Um Daten, die in relationaler Form vorliegen, in ein XML-Dokument zu transferieren, unterscheidet man zwei wesentliche Ansätze:

– Bei der *modellbasierten Abbildung von Relationen auf XML-Dokumente* wird jeder (selektierte) Datensatz jeder (selektierten) Tabelle nach dem in Abb. 5.4.3/1 dargestellten Muster in ein XML-Dokument geschrieben.

– Bei der *template-basierten Abbildung von Relationen auf XML-Dokumente* werden SELECT-Anweisungen in vordefinierte XML-Dokumente eingefügt, die zur Laufzeit jeweils durch die aktuellen Datensätze ersetzt werden (siehe Abb. 5.4.3/2)

```
<Datenbank>
    <Tabelle>
        <Zeile>
            <Spalte1>...</Spalte1>
            <Spalte2>...</Spalte2>
            <Spalte3>...</Spalte3>
            ...
        </Zeile>
    ...
    </Tabelle>
    ...
</Datenbank>
```

Abb. 5.4.3/1: Modellbasierte Abbildung von Relationen auf XML

```
<Lagerbestand>
   <Kopfzeile>Liste des aktuellen Lagerbestands</Kopfzeile>
   <SelectStatement>
       SELECT Artikelnr, Artikelname, Bestand, Preis FROM Lager
   </SelectStatement>
</Lagerbestand>
```

Abb. 5.4.3/2: Template-basierte Abbildung von Relationen auf XML

Die auf diese Weise generierten XML-Dokumente sind fast immer regelmäßig strukturiert. Aus dem gleichen Grund können stark strukturierte XML-Dokumente in der Regel ohne Mehraufwand auf Relationen abgebildet werden. Allerdings nimmt XML hierbei nur die Rolle einer universellen Transfersyntax für den Inhalt von Relationen ein. Derzeit verfügbare relationale Datenbanksysteme, die vom jeweiligen Hersteller als *XML-enabled* gekennzeichnet sind, realisieren zumeist eine der genannten Möglichkeiten.

Der einfachste Weg zur Speicherung von beliebigen XML-Dokumenten in einer relationalen Datenbank besteht darin, XML-Dokumente komplett als *BLOB* (Abkürzung von engl.: binary large object) zu speichern. Auf diese Weise gehen jedoch sowohl viele Vorteile des XML-Ansatzes, als auch Vorteile der Datenverwaltung durch ein Datenbanksystem verloren. Zum Beispiel ist es bei dieser Speicherform nur mit hohem Aufwand möglich, gezielt auf einzelne Elemente des XML-Dokuments zuzugreifen. Außerdem sind die Abfragemöglichkeiten auf die Fähigkeiten der Volltextrecherche beschränkt.

Eine weitere Möglichkeit besteht darin, den Baum, der sich bei der Analyse eines XML-Dokuments ergibt, durch eine Tabellenstruktur nachzubilden. Durch die große Anzahl der Beziehungen, die sich zwangsläufig zwischen den entsprechenden Tabellen ergibt, werden zahlreiche JOIN-Operationen benötigt, um anschließend mit diesen Daten arbeiten zu können.

▶ Übungsaufgabe Nr. 2.5.56 im Arbeitsbuch

Eine neue Entwicklung stellen die so genannten nativen XML-Datenbanksysteme dar.

Ein **natives XML-Datenbanksystem** (engl.: native XML database system) verwendet als Datenbankschema direkt die XML-Dokumenttypdefinitionen. Konkrete XML-Dokumente erscheinen als Instanzen des Schemas (in ähnlicher Form wie Objekte die Instanzen von Objekttypen oder Tupel die Instanzen einer Relation bilden). Durch die explizite Einbeziehung der zugrunde liegenden Dokument-Schemata können auf diese Weise zum Beispiel auch Abfragen oder Modifikationen der XML-Dokumente vorgenommen werden.

Das bedeutet mit anderen Worten, dass das konzeptionelle Schema einer nativen XML-Datenbank durch die Gesamtheit aller in der Datenbank gespeicherten Dokumenttypdefinitionen repräsentiert wird.

Aufgrund der Ähnlichkeit von XML zu objektorientierten Konzepten bilden objektorientierte und hierarchische Datenbanksysteme eine gute Grundlage für die native Speicherung und Verwaltung von XML-Dokumenten.

▶ Übungsaufgabe Nr. 2.5.57 im Arbeitsbuch

5.5 Information Retrieval

Das WWW bildet einen ständig wachsenden Datenbestand, der aus meist unstrukturiertem Text besteht. Da die Information nicht uniform repräsentiert wird, ist auch die Wiedergewinnung von Information schwierig.

> Ein **Information-Retrieval-System** (auch Informationswiedergewinnungssystem, engl.: information retrieval system, abgekürzt: IRS) ist ein System zur rechnergestützten, inhaltsorientierten Suche in unstrukturierten Datenbeständen. Bei der Suche wird von einem *vagen und unvollständigen Wissen* über die Informationsbedürfnisse des Benutzers und über die gespeicherte Information ausgegangen. Diese Vagheit ist eine Folge der begrenzten semantischen Repräsentation sowohl der Abfrage als auch der gespeicherten Datenbestände.

Das Fachgebiet des *Information Retrieval* (engl.: information retrieval) hat sich im Bereich der Dokumentationswissenschaft gebildet, um einen wachsen-

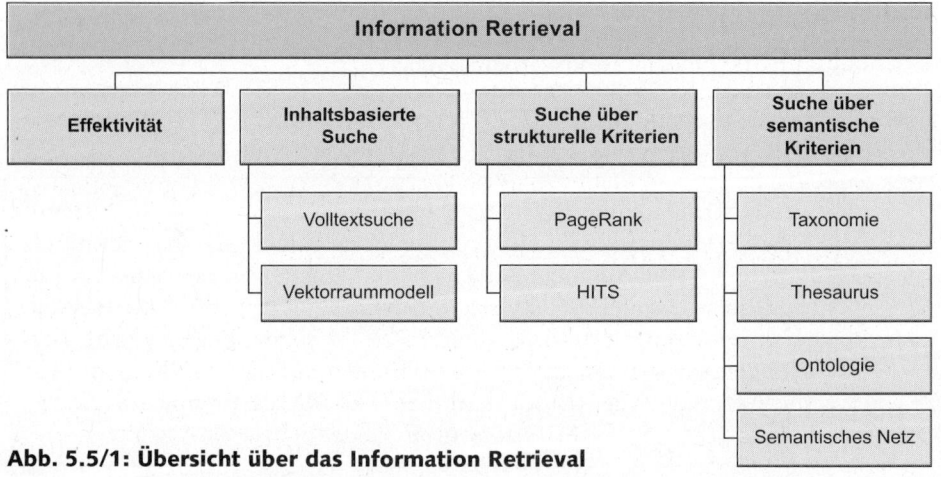

Abb. 5.5/1: Übersicht über das Information Retrieval

den Bestand an (elektronisch verfügbarer) Literatur zu verwalten und nach inhaltlichen Kriterien zugreifbar zu machen.

Die Suche in einem Information-Retrieval-System unterscheidet sich von der herkömmlichen Datenbanksuche vor allem in zwei Aspekten:

- Anfragen an ein Information-Retrieval-System werden *vage formuliert* und enthalten beispielsweise freie Suchbegriffe. *Vage Anfragen* sind dadurch gekennzeichnet, dass die Antworten auf sie im Vorhinein nicht eindeutig definiert sind. Man geht davon aus, dass der Suchende meist eine ungefähre Vorstellung über die gesuchten Inhalte besitzt und eine Anfrage nicht formal und präzise spezifiziert; während der Suche können sich die Vorstellungen des Anfragenden laufend konkretisieren. Im Gegensatz hierzu sind bei Datenbankanfragen in SQL die Abfragen präzise und formal gehalten.

- Ein Information-Retrieval-System besitzt meist *wenig Information über die Inhalte* der Dokumente, über die Abfragen gestellt werden. Dieser Mangel kann leicht zu fehlerhaften und fehlenden Antworten führen. Im Gegensatz dazu existieren beispielsweise für ein relationales Datenbanksystem ein Datenbankschema, detaillierte Indizierungsinformation oder Fremdschlüssel.

Entsprechend erfolgt auch die Suche bei einem Information-Retrieval-System anders als bei Datenbanksystemen. Die Daten eines Information-Retrieval-Systems bestehen im Wesentlichen aus einem Dokumentenbestand und vielfach nur einem Index, der über diesen Bestand angelegt wird. Dieser Index hat die Aufgabe, die Suche möglichst effizient und effektiv zu gestalten. Die *Effizienz* eines Information-Retrieval-Systems wird als *Problemgröße* gebrochen durch den *Ressourcenaufwand* gemessen (beispielsweise Speicherplatz, Antwortzeitverhalten). Die *Effektivität* entspricht dem *Grad der Problemlösungsunterstützung* und wird wie folgt ermittelt:

$$Effektivität = \frac{Qualität\ der\ Lösung}{Aufwand\ des\ Benutzers}$$

Diesen Faktoren kommt beim Information Retrieval eine hohe Bedeutung zu, da ein solches System weder die *Korrektheit* (alle gefundenen Dokumente entsprechen der Anfrageintention) noch die *Vollständigkeit* (alle relevanten Dokumente werden gefunden) zusichern kann. Letzteres wäre auch vielfach durch die hohe Zahl der Lösungen nicht praktikabel.

5.5.1 Effektivität beim Information Retrieval

Für die Ermittlung der Effektivität eines Information-Retrieval-Systems werden die Menge der gefundenen Dokumente G und die Menge der relevanten Dokumente R im Dokumentenbestand als Basis für die Berechnung herangezogen. Während G ein exaktes Maß darstellt, ist die Relevanz schwieriger zu ermitteln, da sie multidimensional (Einbeziehung unterschiedlicher Aspekte) und dynamisch ist (während der Suche ändert sich durch die gefundenen Lösungen die Einschätzung der Relevanz). Aus den beiden Dokumentmengen R und G können die Maßzahlen der *Präzision* und des *Grads der Vollständigkeit* ermittelt werden.

Die **Präzision** (engl.: precision) ist eine Maßzahl, die angibt, wie relevant die gefundenen Dokumente einer Suche sind. Die Präzision p ergibt sich aus

$$p = \frac{|G \cap R|}{|G|}$$

wobei die Anzahl der gefundenen und relevanten Dokumente durch die Anzahl der gefundenen dividiert wird.

Sind beim Ergebnis einer Suche alle gefundenen Dokumente relevant, so hat die Präzision den Wert 1.

Der **Grad der Vollständigkeit** (engl.: recall) ist eine Maßzahl, die angibt, wie viele der relevanten Dokumente bei einer Suche gefunden werden. Der Grad der Vollständigkeit r ergibt sich aus

$$r = \frac{|G \cap R|}{|R|}$$

wobei die Anzahl der gefundenen und relevanten Dokumente durch die Anzahl der relevanten dividiert wird.

Werden bei einer Suche alle relevanten Dokumente gefunden, so hat der Grad der Vollständigkeit den Wert 1.

Bei der Suche in großen Datenbeständen (beispielsweise bei der Suche im Web) kommt hinzu, dass die Anzahl der gefundenen Dokumente weit größer ist als die Zahl, die sich ein Benutzer ansehen kann, sodass beispielsweise die Maßzahl der Präzision auf die ersten 10 oder 50 relevanten Dokumente angewendet wird.

Kann nur ein kleiner Teil der gefundenen Lösungen präsentiert werden, spielt die Rangordnung der Lösungen (die Reihenfolge, in der die Dokumente präsentiert werden) eine große Rolle. Auf diese Rangordnung werden wir in einem späteren Abschnitt eingehen.

▶ Übungsaufgabe Nr. 2.5.58 im Arbeitsbuch

5.5.2 Inhaltsbasierte Suche

5.5.2.1 Volltextsuche

Bei der Indizierung der Dokumentenbasis werden entweder die gesamten Texte mit allen Wörtern und Interpunktionen für die Suche herangezogen, oder es werden in einem ersten Schritt aus dem Dokument so genannte Dokumentdeskriptoren ermittelt. Diese sind das Ergebnis einer Vorverarbeitung und werden für die weitere Suche herangezogen.

> Bei der **Volltextsuche** (engl.: full-text search) wird der gesamte, unveränderte Text der Dokumente in die Suche einbezogen.

Der Vorteil der Volltextsuche ist, dass Wörter mit den angegebenen Endungen in einer angeführten Reihenfolge gefunden werden können. Dies ermöglicht beispielsweise, ein Dokument, in dem eine angegebene Phrase wortwörtlich enthalten ist, effektiv zu finden. Ein Nachteil ist allerdings, dass Dokumente, die mit anderen Wörtern die gleichen Dinge beschreiben, nicht gefunden werden. Aus diesem Grund werden aus den Dokumenten so genannte Deskriptoren ermittelt.

> Ein **Dokumentdeskriptor** (engl.: document descriptor) fasst die in einem Dokument enthaltene lexikalische Information zusammen und vergibt dabei vielfach Gewichtungen, die beschreiben, wie dominant einzelne Begriffe in einem Dokument auftreten.

Es existieren vielerlei Methoden, Dokumentdeskriptoren zu erstellen. Häufig werden hierfür folgende Schritte unternommen, von denen nicht immer alle durchlaufen werden.

1) Die Texte des Ausgangsdokuments werden in *Wörter* getrennt, wobei Leer- und Trennzeichen eliminiert werden.

2) In einer zweiten Phase werden semantisch wenig relevante Wörter, so genannte *Stoppwörter* (engl.: stop word) eliminiert. Zu den Stoppwörtern gehören beispielsweise Bindewörter, bestimmte und unbestimmte Artikel, oder Hilfszeitwörter.

3) In einem dritten Schritt wird für die verbleibenden Wörter eine *Stammformreduktion* (engl.: stemming) durchgeführt. Hierbei werden beispielsweise Endungen und Flexionen eliminiert, wodurch beispielsweise das Wort „Datenbanken" auf „Datenbank" reduziert wird.

4) In einem vierten Schritt kann eine *Domainanalyse* stattfinden, in der für einen Anwendungsbereich die verwendeten Begriffe standardisiert und auf eine Wissensrepräsentation abgebildet werden. Hierfür kann die Information eines *Thesaurus* oder einer *Ontologie* genutzt werden (siehe Abschnitt 5.5.4). Ziel ist das Erkennen von *Co-Referenzen* (engl.: co-reference), also die Bezeichnung des semantisch gleichen Objekts durch unterschiedliche Wörter.

Titel	Wirtschaftsin- formatik, Band 1		Wirtschaftsin- formatik, Band 2		Einführung in Datenbanken		Einführung in Rechnernetze	
Doku- ment- nummer	1		2		3		4	
	ARIS	25	Datenbank	35	Datenbank	37	Ethernet	31
	B2B	27	Ethernet	27	ER-Modell	22	Rechnernetz	44
	B2C	35	Programmier- sprache	15	Normali- sierung	23	Signaltheorie	13
	Datenbank	12	Rechnerar chitektur	9	SQL	43	Tokenring	35
	E-Commerce	45	Rechnernetz	43			WLAN	14
	ER-Modell	12	SQL	17				
	Normalisierung	4	Tokenring	6				
	SAP	19	WLAN	14				
	XML	8	XML	32				

Abb. 5.5.2.1/1: Beispieldokumente mit Worthäufigkeiten

Es ist zu beachten, dass die Durchführung der vier genannten Schritte nicht zwingenderweise zu besseren Ergebnissen als eine Volltextsuche führt. Bei einer Suche nach der Pop-Gruppe „*The Who*" würden beispielsweise beide Begriffe der Suche als Stoppwörter eliminiert und zu keinerlei Ergebnissen führen, während eine reine Volltextsuche gute Ergebnisse liefert, da die beiden Wörter selten nacheinander auftreten.

Für die Indizierung werden häufig so genannte *invertierte Indices* (engl.: inverted index) verwendet. Hierbei wird zunächst ein Wörterbuch aus allen Begriffen der Dokumentbasis gebildet. Für jeden Begriff des Wörterbuchs wird eine Liste der Dokumente angeführt, in denen dieser vorkommt.

Abb. 5.5.2.1/1 zeigt einen Ausschnitt von vier Beispieldokumenten, die mit einer Dokumentnummer versehen sind. Für jedes dieser Dokumente sind hier einige der enthaltenen Begriffe mit ihren Häufigkeiten angegeben. Diese Auflistungen sind hier keinesfalls komplett. Die Information zu jedem Dokument bildet den Dokumentdeskriptor. Aus dieser Information kann ein invertierter Index gebildet werden (Abb. 5.5.2.1/2). Die Einträge in den Zellen der Matrix entsprechen den Dokumentnummern aus Abb. 5.5.2.1/1.

Der invertierte Index aus Abb. 5.5.2.1/2 zeigt das Grundprinzip. Bei vielen Anwendungen ist es wichtig, dass beispielsweise nach einer erfolgreichen Suche die gefunden Textstellen angesprungen werden. Zu diesem Zweck werden häufig auch die Positionen der Terme innerhalb der Dokumente im invertierten Index gespeichert. Ein invertierter Index ist nur für relativ einfache Anfragen (beispielsweise bei der Suche nach einem Wort) effektiv nutzbar. Für komplexere Anfragen wird zumeist das so genannte Vektorraummodell genutzt.

▶ Übungsaufgabe Nr. 2.5.59 im Arbeitsbuch

Wörterbuch	Vorkommnisse in Dokumenten		
ARIS	1		
B2B	1		
B2C	1		
Datenbank	1	2	3
E-Commerce	1		
ER-Modell	1		3
Ethernet		2		4
Normalisierung	1		3
Programmiersprache		2	
Rechnerarchitektur		2	
Rechnernetz		2		4
SAP	1		
Signaltheorie				4
SQL		2	3
Tokenring		2		4
WLAN		2		4
XML	1	2	

Abb. 5.5.2.1/2: Invertierter Index

5.5.2.2 Vektorraummodell

> Beim **Vektorraummodell** (engl.: vector space model) werden Dokumente und Abfragen als Punkte in einem hochdimensionalen Vektorraum aufgefasst, wobei jedes Dokument durch die in ihm vorkommenden Begriffe und deren Gewichtungen (beispielsweise Worthäufigkeiten) beschrieben wird. Die einzelnen Begriffe spannen hierbei die Dimensionen des Vektorraums auf. Bei einer Abfrage werden jene Dokumente gesucht, die auf Basis eines Ähnlichkeitswertes möglichst ähnlich zur Abfrage sind.

Das zentrale Element des Vektorraummodells ist die *Dokument-/Termmatrix*, die aus den Dokumenten und den in den Dokumenten vorkommenden Begriffen gebildet wird.

Abb. 5.5.2.2/1 zeigt ein Vektorraummodell, das auf Basis des Beispiels in Abb. 5.5.2.1/1 erzeugt wurde. Aus der Abfrage *„In welchem Buch steht etwas über B2C und XML?"* werden die relevanten Begriffe (hier *„B2C"* und *„XML"*) extrahiert und ebenso im Vektorraum eingetragen. Die Abfrage kann durch die Multiplikation der gewichteten Terme ermittelt werden, wobei negierte Begriffe der Abfrage als negative Werte einfließen können. Für die konkrete Anfrage ergibt sich die höchste Bewertung für *„Wirtschaftsinformatik, Band 1"* mit dem Wert 43, gefolgt von *„Wirtschaftsinformatik, Band 2"* mit der Bewertung von 32.

Das hier vorgestellte Bewertungsverfahren ist sehr einfach. Es existieren zahlreiche Ansätze, wie beispielsweise aus Worthäufigkeiten Gewichtungen im Vek-

Wörterbuch	Dokumente 1	2	3	4	Abfrage
ARIS	25				
B2B	27				
B2C	35				1
Datenbank	12	35	37		
E-Commerce	45				
ER-Modell	12		22		
Ethernet		27		31	
Normalisierung	4		23		
Programmiersprache		15			
Rechnerarchitektur		9			
Rechnernetz		43		44	
SAP	19				
Signaltheorie				13	
SQL		17	43		
Tokenring		6		35	
WLAN		14		14	
XML	8	32			1
Bewertung	43	32	0	0	

Abb. 5.5.2.2/1: Vektorraummodell mit Abfrage

torraum definiert werden können. Hierbei werden häufig relative und absolute Worthäufigkeiten oder Entropiemaße herangezogen, damit die Gewichtungs- werte der subjektiv wahrgenommen Bedeutung möglichst gerecht werden.

Ein interessantes Verfahren für die Ermittlung der Gewichtungen ist die *Wortfrequenzanalyse*. Abb. 5.5.2.2/2 skizziert die Beschreibungsfähigkeit von Wörtern eines Dokuments für dessen Inhalte. Kommen Wörter in einem Doku- ment zu häufig vor, so sind dies vielfach Stoppwörter, mit geringer semantischer Beschreibungsfähigkeit. Treten Wörter zu selten auf, sind dies oft nur Erwäh- nungen am Rande oder oft auch nur Tippfehler. Innerhalb der beiden Schran- ken werden für häufige Terme oft auch geringere Gewichtungen vergeben.

Das Vektorraummodell geht von einer Unabhängigkeit (Orthogonalität) der Begriffe aus, was etwa bei Synonymen oder Ober- und Unterbegriffen nicht der Fall ist. Es existieren statistische Verfahren, mit deren Hilfe diese semantischen Abhängigkeiten automatisch erkannt werden, wodurch auch die Dimensionali- tät des Vektorraums reduziert werden kann. Das bekannteste Verfahren ist hier- bei *LSI* (Abkürzung von engl.: latent semantic indexing).

Durch das Vektorraummodell kann auch eine Gewichtung der Suchergeb- nisse ermittelt werden, die für deren Reihung herangezogen werden kann. Beachten Sie, dass diese Gewichtung nur auf Basis der Inhalte der Dokumente erfolgt. Das Vektorraummodell ist somit eine rein *inhaltsbezogene Suche*.

Bei Internet-Suchdiensten werden vielfach weitere Kriterien für die Gewich- tung von Wortvorkommnissen herangezogen, etwa, ob diese Wörter in einer

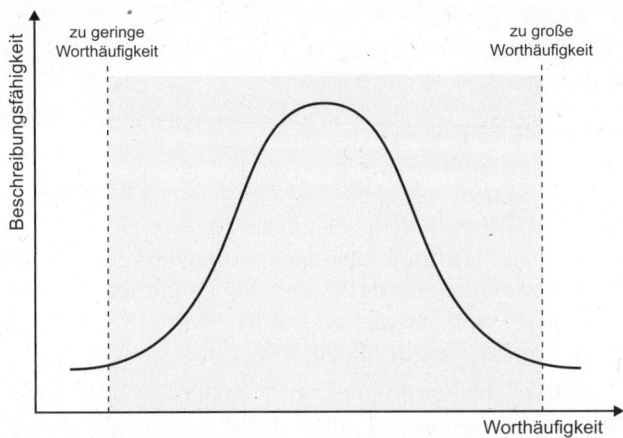

Abb. 5.5.2.2/2: Worthäufigkeit und Beschreibungsfähigkeit für die Inhalte eines Dokuments

Überschrift oder in einem hervorgehobenen Text vorkommen. Da Informationsanbieter hohes Interesse an einer hohen Gewichtung ihrer Dokumente besitzen, versuchen sie häufig, durch Tricks die Bewertung ihrer Dokumente zu heben (siehe „search engine persuasion" im Abschnitt 5.2 von Band 1).

Einen gänzlich anderen Ansatz verfolgt der PageRank-Algorithmus der Suchmaschine Google, der im folgenden Abschnitt beschrieben wird.

▶ Übungsaufgabe Nr. 2.5.60 im Arbeitsbuch

5.5.3 Suche über strukturelle Kriterien

5.5.3.1 PageRank

Der PageRank-Algorithmus wurde 1998 von den Google-Gründern Larry Page und Sergey Brin entwickelt. Zu diesem Zeitpunkt gab es bereits Suchmaschinen, die *neben Inhaltskriterien* für die Relevanzbeurteilung einzelner Dokumente auch deren *Popularität* heranzogen. Hierbei wurde die *Popularität* durch die Anzahl der *Dokumentverweise* (engl.: link) von Webseiten auf das Dokument gemessen. Mehr Verweise bedeuten eine höhere Popularität. Bei PageRank wird diese extrinsische Bedeutungszumessung deutlich verbessert.

Im Gegensatz zum Konzept der Popularität auf Basis der Anzahl der Dokumentverweise werden bei PageRank nicht alle Webseiten als gleich wichtig betrachtet, da auch in der Realität einzelne Webseiten eine höhere *Bedeutung* als andere besitzen. PageRank ermittelt die Bedeutung einer Webseite, in dem es die Bedeutung der Webseiten heranzieht, die auf das Dokument verweisen. Dokumente, auf die keiner verweist, haben dabei die geringste Bedeutung. Die

Bedeutung einer Webseite entspricht somit dem Grad der *Sichtbarkeit* im Web. Es wird also die gesamte Verweisstruktur des Webs für die Ermittlung der Bedeutung herangezogen.

Die Bedeutung einer Seite A (der PageRank) wird durch folgende Formel ermittelt:

$$PR(A) = (1-d) + d * (PR(t_1)/C(t_1) + ... + PR(t_n)/C(t_n))$$

PR(A) ist der PageRank einer Seite *A* und wird über einen *Dämpfungsfaktor d* (engl.: damping factor) ermittelt, der für die Gewichtung der Bedeutung der Dokumente t_1 bis t_n verwendet wird, die auf das Dokument *A* verweisen (engl.: inbound links). Nehmen wir beispielsweise den Dämpfungsfaktor mit 0,85 an und betrachten den rechten Teil der Formel später.

PR(A) = 0,15 + 0,85 * Bedeutung aus hereingehenden Dokumentverweisen

Bei diesem Wert ergibt sich ein Großteil des Gewichts aus der Bedeutung der hereingehenden Dokumentverweise. Für jedes Dokument t_i, das auf *A* verweist, wird ein Quotient von dessen PageRank und der Anzahl der hinausgehenden Dokumentverweise $C(t_i)$ gebildet. Die Summe dieser Quotienten ergibt die

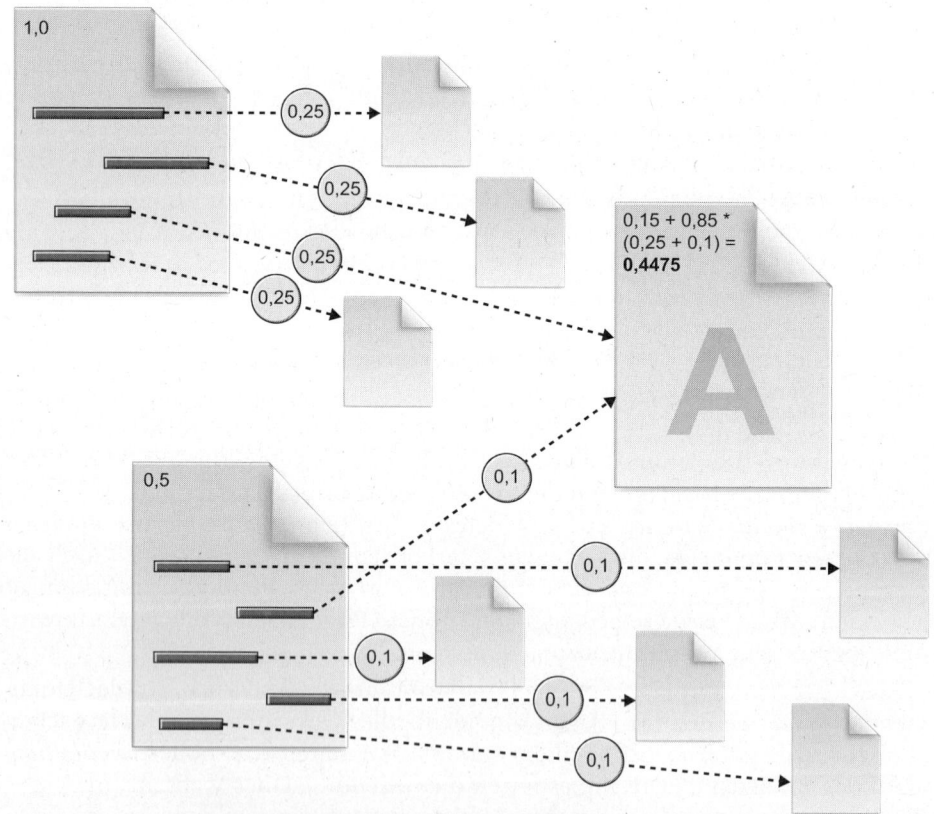

Abb. 5.5.3.1/1: Ermittlung des PageRank für Dokument A

Bedeutung der Verweisstruktur für das Dokument *A*. Dies bedeutet, dass beispielsweise ein Dokumentverweis von einem Dokument mit zehn hinausgehenden Verweisen mehr wert ist, als ein Dokumentverweis von einem Dokument, das 100 Verweise besitzt.

Die Berechnung des PageRank lässt sich durch das *Modell des zufälligen Surfers* (engl.: random surfer model) erklären, wobei das PageRank-Verfahren dem Benutzerverhalten entspricht. Nehmen wir an, ein Surfer befindet sich mit einer gewissen Wahrscheinlichkeit auf einer Webseite und verfolgt Dokumentverweise, ohne auf Inhalte zu achten. Die Wahrscheinlichkeit, dass der Surfer einem konkreten Dokumentverweis folgt, ergibt sich aus der Zahl der hinausgehenden Dokumentverweise. Die Wahrscheinlichkeit, dass ein Surfer auf eine konkrete Seite gelangt, ergibt sich aus der Summe der Wahrscheinlichkeiten aller vorgelagerten Seiten. Auch der Dämpfungsfaktor kann mit diesem Modell erklärt werden: Da ein Surfer nicht alle vorgelagerten Links verfolgt, sondern nur einen kleinen Ausschnitt davon, werden die Wahrscheinlichkeiten um den Dämpfungsfaktor verkleinert. In Abweichung von der präsentierten Formel ist die Wahrscheinlichkeit, einen Dokumentverweis zu verfolgen, nicht für alle Verweise gleich, sondern hängt auch von dessen Position und Hervorhebung ab.

Das Google-System besteht aus drei Komponenten:

- Ein *Web-Roboter* (siehe Band 1, Abschnitt 5.2.2) namens *Googlebot* sammelt Webseiten, indem er einerseits Dokumentverweise von gefundenen Dokumenten verfolgt, andererseits auch Dokumente, die er bereits gefunden hat, validiert. Der Googlebot führt Statistiken über die Änderungshäufigkeit der indizierten Webseiten und besucht diese proportional dazu.

- Der *Indexerzeuger* (engl.: indexer) erhält die Webseiten vom Googlebot und erzeugt einen invertierten Index über den Volltext. Dabei werden alle Wörter in Kleinbuchstaben umgewandelt und die Stoppwörter eliminiert. Die Dokumente werden in die Suchdatenbank eingefügt.

- Bei *Suchanfragen* werden die für die Anfrage am besten bewerteten Dokumente ermittelt und mit *Kurzdarstellungen der relevanten Textstellen* (engl.: snippet) an den Anfrager übermittelt. Für die Bewertung werden über 100 Faktoren berücksichtigt, wobei die Gewichtung des PageRanks der gefundenen Dokumente ebenso einfließt. Ein anderer Faktor ist beispielsweise, ob bei einer Suche nach mehreren Begriffen diese in einem Dokument in räumlicher Nähe auftreten.

Wie auch bei den meisten anderen Suchmaschinen wird der genaue Suchalgorithmus und die Information, welche Faktoren mit welchen Gewichtungen in die Bewertung einfließen, von Google als Geschäftsgeheimnis betrachtet. Die präsentierte Formel zur Ermittlung des PageRank ist die, die ursprünglich publiziert wurde. Man nimmt an, dass Google heute eine Modifikation dieses Algorithmus verwendet, der allerdings in den Grundzügen dem präsentierten Algorithmus entspricht.

▶ Übungsaufgabe Nr. 2.5.61 im Arbeitsbuch

5.5.3.2 HITS

Das *HITS-Verfahren* (engl.: hyperlink-induced topic search) wurde 1998 von Jon M. Kleinberg im IBM-Forschungslabor in Almaden entwickelt. HITS ist eine anfrageabhängige Alternative zu PageRank, wobei ebenso die Verweisstrukturen zur Bewertung herangezogen werden. Das Ziel von HITS ist, aus einer großen Menge von prinzipiell relevanten Seiten eine kleine Menge der wichtigsten (kompetentesten) Seiten zu ermitteln.

HITS unterscheidet prinzipiell zwei Kategorien von Webseiten, die für jede Anfrage neu ermittelt werden:

- *Authorities* sind gute Quellen für den gesuchten Inhalt und dadurch gekennzeichnet, dass viele Dokumente auf dieses Dokument verweisen (engl.: inbound links).
- *Hubs* sind gute Quellen für Dokumentverweise. Hubs charakterisieren sich durch ihre hinausgehenden Dokumentverweise (engl.: outbound links). Je besser die Dokumente sind, auf die sie verweisen, desto besser ist die Bewertung des Hubs.

Um die besten Authorities und Hubs (siehe Abb. 5.5.3.2/1) für eine Anfrage zu berechnen, wird im ersten Schritt eine rein inhaltsbezogene Suche durchgeführt (beispielsweise über ein Vektorraummodell). Die gefundenen Dokumente bilden die *Ausgangsmenge* der Suche (siehe Abb. 5.5.3.2/2). In einem zweiten Schritt werden über die Dokumentverbindungen der gefundenen Dokumente jene weiteren Dokumente ermittelt, die über einen Schritt erreicht werden können. Diese bilden die *Basismenge* der Dokumente. In dieser Menge werden nun die Authorities und Hubs in einem iterativen Prozess ermittelt. Dabei ergibt sich die Gewichtung der Hubs als Summe der Gewichte der erreichbaren Authorities und die Gewichtung der Authorities als Summe der Gewichtung der Hubs, die auf sie verweisen. Bei jeder Iteration werden die Gewichtungen normalisiert, nach einigen Iterationen konvergieren die Werte.

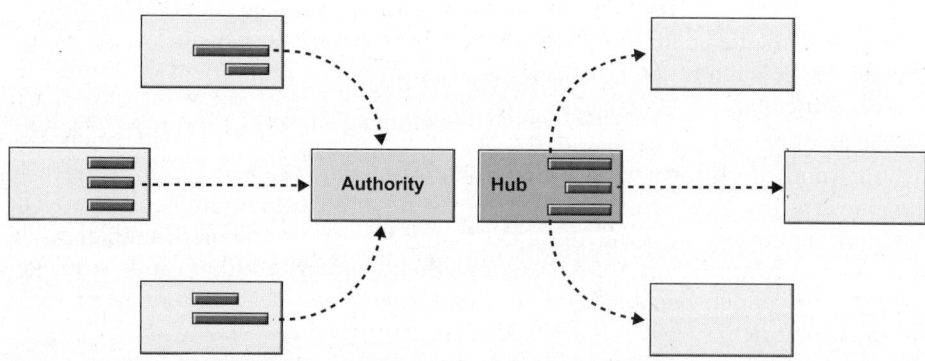

Abb. 5.5.3.2/1: Authorities und Hubs

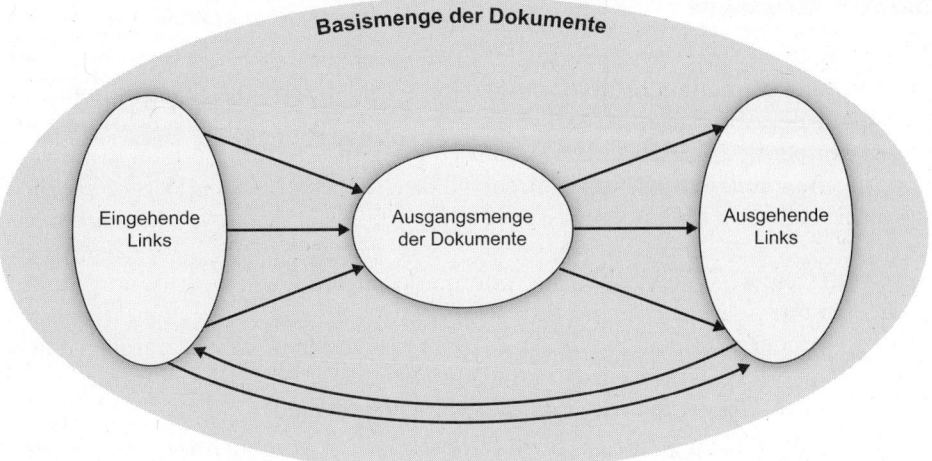

Abb. 5.5.3.2/2: Ermittlung der ein- und ausgehenden Links beim HITS-Algorithmus

Zwischen PageRank und HITS bestehen vor allem folgende Unterschiede:

- Bei PageRank erfolgt die Gewichtung der Seiten völlig unabhängig von der Suchanfrage, während bei HITS diese für jede Abfrage neu ermittelt wird.
- HITS ermittelt Hubs und Authorities, das Ergebnis von PageRank entspricht den Authorities.
- Die Qualität von HITS hängt stark von der Qualität der ermittelten Ausgangsmenge ab.
- Der Rechenaufwand für HITS ist weit geringer als der für PageRank, allerdings müssen die Berechnungen für jede Abfrage neu erfolgen.

5.5.4 Suche über semantische Kriterien

Bei den bisher beschriebenen Verfahren wurden Wörter und Begriffe als rein syntaktische Suchbegriffe verwendet, nach denen in der Dokumentbasis gesucht wurde. In diesem Abschnitt beschreiben wir Ansätze, in denen kontrollierte Vokabulare verwendet werden, um die Begriffe in Beziehung zu setzen. Durch das Inbeziehungsetzen von Begriffen entstehen Wortnetze oder semantische Netze, die im Information Retrieval beispielsweise als Strukturierungsinstrumente eines Informationsraums oder für die Suche auf Basis einer Wissensrepräsentation verwendet werden können. Zu diesen Ansätzen, die eine unterschiedliche Ausdrucksmächtigkeit aufweisen, gehören die *Taxonomie*, der *Thesaurus* und die *Ontologie*.

5.5.4.1 Taxonomie

Eine **Taxonomie** (engl.: taxonomy) ist ein meist hierarchisches Ordnungs-system, bei dem die zu klassifizierenden Dinge verallgemeinerten Konzep-ten (Kategorien) zugeordnet werden. Die Taxonomie definiert ein kontrol-liertes Vokabular mit hierarchischen Beziehungen. Bei der Klassifikation werden Objekte anhand gewisser Merkmale zu Klassen zusammengefasst.

Mithilfe einer gemeinsamen Taxonomie kann ähnliche Information zusam-mengefasst werden. Diese Klassifikation kann schrittweise verfeinert werden. Dieses Vorgehensmodell entspricht den hierarchischen Web-Katalogen (siehe Band 1, Kapitel 5), und wird beispielsweise bei *Yahoo* oder bei *dmoz* (Open Directory Project) für die eingeschränkte Suche verwendet.

Taxonomien können ebenso für die Klassifikation von Suchbegriffen verwen-det werden, wobei auch Dokumente mit allgemeineren oder spezielleren Inhal-ten gefunden werden können.

Eine Taxonomie über Mittelklassewagen könnte beispielsweise definieren, dass ein *BMW 320* und ein *BMW 325* zu der Klasse der *3er-BMW* gehören. Erfolgt nun eine Suche nach einem *3er-BMW*, können auch Dokumente gefunden werden, die sich auf die konkreten Modelle beziehen, obwohl dort der Suchbegriff nicht vorhanden ist.

Viele Taxonomien bilden eine Klassifikation von Dingen und Begriffen ent-lang einzelner Dimensionen (monodimensional). In vielen Bereichen ist die Klassifikation allerdings polydimensional. Dies bedeutet, dass unterschiedliche Klassifikationsmerkmale gelten können.

Beispielsweise kann man Fahrzeuge nach ihrer Antriebsart oder nach dem Ort, an dem sie sich fortbewegen, klassifizieren. So kann für manche Zwecke eine Unter-scheidung in Motor- und Segelfahrzeuge, in anderen Fällen eine Unterscheidung in Wasser- und Luftfahrzeuge sinnvoll sein. Entsprechend werden in einem Fall ein Segelflugzeug und ein Segelboot der gleichen Kategorie zugeordnet, im anderen Fall nicht.

Prinzipiell spricht nichts dagegen, mittels Taxonomien polydimensionale Klassifikationen abzubilden. Einen Ansatz hierzu bietet die *Facettenklassifika-tion*.

Die Klassensysteme der meisten objektorientierten Programmiersprachen ent-sprechen monodimensionalen Klassifikationen beziehungsweise Taxonomien. Ausnahmen bilden Sprachen, die die Multidimensionalität über Mixin-Klassen unterstützen (siehe Abschnitt 4.2.3.4).

▶ Übungsaufgabe Nr. 2.5.62 im Arbeitsbuch

5.5.4.2 Thesaurus

Ein *Thesaurus* geht einen Schritt weiter als eine Taxonomie, indem er es ermög-licht, Beziehungen zwischen den Begriffen systematisch zu definieren.

Ein **Thesaurus** (engl.: thesaurus) ist ein Wortnetz bestehend aus einem kontrollierten Vokabular, in dem die Begriffe über vordefinierte Relationen verbunden werden können. Durch einen Thesaurus kann ein *Wortschatz* definiert werden.

In einem Thesaurus können beispielsweise *Synonyme* (zwei unterschiedliche Wörter mit der gleichen Bedeutung), *Abkürzungen* oder *unterschiedliche Schreibweisen* über *Äquivalenzrelationen* gleich gesetzt werden. Zusätzlich ist es möglich, über Begriffsrelationen gegensätzliche Bedeutungen zu definieren, so genannte *Antonyme* (beispielsweise ist das Gegenteil von hoch das Wort tief).

Ebenso können über Begriffsrelationen unterschiedliche Formen von *Homonymen* (mehrdeutige Begriffe) definiert werden. Einem Homonym kann je nach Kontext eine andere semantische Bedeutung zugewiesen werden. Vielfach werden zu den Homonymen auch Begriffe gezählt, die gleich ausgesprochen, aber unterschiedlich geschrieben werden (so genannte *Homophone*). Eine andere Form von Homonymen sind *Polyseme*. Darunter versteht man Begriffe, die ursprünglich eine gemeinsame Bedeutung hatten, für die sich allerdings beispielsweise durch den Gebrauch in Fachsprachen eine unterschiedliche Bedeutung herausgebildet hat. Polyseme können sowohl durch Verfeinerung der Semantik (Spezialisierung) als auch durch Bedeutungserweiterung entstehen.

Durch die Nutzung der Begriffsrelationen kann somit mehr als in einer reinen Taxonomie ausgedrückt werden. Folglich kann bei einer Suche ein Thesaurus automatisch zur Verbesserung der Ergebnisse herangezogen werden.

5.5.4.3 Ontologie

Der Begriff der **Ontologie** (engl.: ontology) bezeichnet eine Seinslehre, die sich mit den Zusammenhängen von seienden Dingen beschäftigt. Im Bereich der Informationsverarbeitung bezeichnet eine Ontologie eine Form der *Wissensrepräsentation*, bei der Wissensinhalte durch ein formal definiertes System von Konzepten in Beziehung gesetzt werden. Das Ziel einer Ontologie ist es, ein maschinell verarbeitbares semantisches Wissen über einen Problembereich zu definieren, das es ermöglicht, mit beliebigen unterschiedlichen Formulierungen die semantisch gleichen Dinge zu referenzieren.

Eine Ontologie ist somit eine weitere Verallgemeinerung eines Thesaurus, da hier versucht wird, die semantischen Zusammenhänge eines Anwendungsbereichs auszudrücken. Es werden ebenso wie bei einem Thesaurus Relationen zwischen den Begriffen definiert, allerdings beziehen diese eine Wissensrepräsentation in die Auswertung mit ein. Für Konzepte, die in der Wissensrepräsentation abgebildet sind, können mehrere Terme (Wörter, Formulierungen) definiert sein, die diesem Konzept entsprechen. In vielen Fällen werden komplexe *Regeln* für die Formulierung der Zusammenhänge einer Ontologie verwendet.

Mithilfe einer maschinell verarbeitbaren Ontologie sollte es zum Beispiel möglich sein, die Äquivalenz zwischen „Mercedes" und „Auto mit Stern auf der Kühlerhaube" auszudrücken.

Ontologien können heute mit vertretbarem Aufwand nur für relativ enge Problembereiche geschaffen werden. Mehrere Forschungsbereiche beschäftigen sich einerseits mit besseren Instrumenten zur Definition von Ontologien und andererseits mit der Schaffung von Ontologien für größere Anwendungsbereiche.

▸ Übungsaufgabe Nr. 2.5.63 im Arbeitsbuch

5.5.4.4 Semantisches Web

Das World Wide Web (WWW) hat den weltweiten Zugang zu digital gespeicherter Information drastisch verbessert. Ein Großteil dieser Information liegt in der Form von Texten vor und ist wohl maschinenlesbar, aber nicht maschinell verstehbar. Da die Dokumente meist in Form von Texten in natürlicher Sprache vorliegen, sind diese nur für den Menschen verständlich. Ein Rechner kann den Inhalt der Dokumente nicht verstehen, also die in den Dokumenten enthaltene Information nicht den semantisch zugehörigen, bezeichneten Objekten zuordnen. Diese semantische Verarbeitbarkeit von Dokumenten soll durch das *semantische Web* verbessert werden.

Hierzu ein Beispiel: Beim Entwurf Ihres Semesterterminplans besuchen Sie die Webseiten von möglichen Lehrveranstaltungen, die über Inskriptionsnummern identifiziert werden. Wenn Sie beispielsweise die Lehrveranstaltung mit der Inskriptionsnummer 1450 besuchen, kann das Programm, das Sie benutzen, nicht erkennen, was die Zahl 1450 bedeutet, oder welche Bestandteile der angezeigten Seite Termine, Bezeichnungen der Lehrveranstaltung oder Vortragende sind. Könnte es dies, so wäre es ihm möglich, automatisch diese und noch weitere relevante Angaben zu der Lehrveranstaltung für Sie zusammentragen, diese in Ihren Terminkalender einzutragen und Sie über mögliche Terminüberschneidungen zu informieren.

Das **semantische Web** (engl.: semantic web) ist eine geplante Weiterentwicklung der gegenwärtigen Form des WWW. Es soll die *automatische Weiterverarbeitung* der Information, die im Web gespeichert ist, ermöglichen. Das Konzept des semantischen Webs beruht auf einem Vorschlag von Tim Berners-Lee, der auch die erste Version des WWW vorgestellt hat.

Das semantische Web basiert auf der inhaltlichen Beschreibung digitaler Dokumente mit kontrollierten Vokabularen, die maschinell verarbeitbar sind. Damit wird der Übergang von einem *„Netz aus Verweisstrukturen"* zu einem *„Netz aus Inhaltsstrukturen"* vollzogen. Das semantische Web ist somit kein Ansatz, um – wie manche Beschreibungen vermuten lassen - mittels Verfahren der Künstlichen Intelligenz die von Menschen geschriebene Information zu verstehen, sondern es löst *wohldefinierte Probleme* durch *wohldefinierte Ope-*

rationen auf *wohldefinierten Daten.* Die semantischen Zuordnungen erfolgen beim semantischen Web über Metadaten auf Basis von RDF. Das semantische Web ist ein Forschungsbereich, der mit starker Unterstützung des W3C betrieben wird.

Die heutigen Spezifikationen von RDF und RDF-Schema bieten bereits viele Möglichkeiten, mittels standardisierter Vokabulare semantische Annotationen im Sinne des semantischen Webs durchzuführen. Einerseits können mittels RDF *Aussagen über Ressourcen* im Web getroffen werden, andererseits können mittels RDF-Schema *Vokabulare und Typen von Eigenschaften* definiert werden. RDF bietet somit Grundfunktionalität für die Wissensmodellierung. Allerdings stellt sich auch beim semantischen Web das Problem der Heterogenität der Daten (siehe hierzu Beginn von Abschnitt 5.4 und Abschnitt 7.4.2), wenn unterschiedliche Personen oder Institutionen mit unterschiedlichen Vokabularen diese Annotationen durchführen, die bei einer Anfrage eines Dritten verknüpft werden sollen.

So werden derzeit in zahlreichen Forschungsprojekten Ontologien und entsprechende Abfragesprachen für Web-Inhalte auf Basis von RDF geschaffen. RDF wird hierbei für die Definition eines kontrollierten Vokabulars verwendet. Für die Definition von begrifflichen Zusammenhängen wurde die *Web Ontology Language* (abgekürzt: OWL) entwickelt.

Das semantische Web soll künftig mit weiteren Komponenten vervollständigt werden, wobei umfangreiche Suchmaschinen auf Basis von RDF-Aussagen geschaffen werden sollen. RDF-Aussagen sollen digital unterschrieben werden, um darauf vertrauen zu können, dass auf die ermittelten Schlussfolgerungen Verlass ist. Auf diese Weise soll ein *Vertrauensnetz* (engl.: web of trust) aufgebaut werden, in dem intelligente *Softwareagenten* (engl.: software agents) wichtige Information zusammentragen, Entscheidungen in Abhängigkeit von Vertrauensstufen treffen und auf diese Weise einen Benutzer beraten und unterstützen. Diese Ziele werden voraussichtlich in naher Zukunft nicht erreicht werden, da bis heute nur sehr wenige Werkzeuge existieren und nur ein kleiner Teil der Information des Webs mittels RDF annotiert ist.

▶ Übungsaufgabe Nr. 2.5.64 im Arbeitsbuch

5.6 Marktsituation und Entwicklungstendenzen

In diesem Abschnitt geben wir einen Überblick über die Struktur des Marktes für Datenbankverwaltungssysteme und nennen die größten Anbieter. Ein kurzer Überblick über aktuelle Trends spannt anschließend den Bogen zu aktuellen Forschungs- und Entwicklungstendenzen.

Betrachtet man den Markt für Datenbankverwaltungssysteme im letzten Jahrzehnt, so lässt sich eine *starke Tendenz zu relationalen und objektrelationalen Datenbankprodukten* erkennen. Diese Tatsache zeugt einerseits von der großen Akzeptanz des relationalen Datenmodells und andererseits vom starken Anwachsen der Datenbestände, die in Betrieben verwaltet werden müssen.

Anfang der 1990er Jahre war noch die *geringere Transaktionsleistung der relationalen Datenbanken* ein wesentlicher Schwachpunkt – hierarchische Datenbankverwaltungssysteme waren diesen um einen Faktor 2 bis 3 überlegen. Mittlerweile wurde dieses Manko durch kontinuierliche Weiterentwicklung sowie steigende Rechnerleistungen beseitigt.

Durch die starke Zunahme der Verwendung objektorientierter Programmiersprachen stieg zudem das Interesse an der Abbildung der zugehörigen Datenstrukturen auf Datenbanken. *Objektrelationale Datenbankverwaltungssysteme* stellen einen Kompromiss zwischen relationalen und objektorientierten Datenbankverwaltungssystemen dar, und sollen den Umstieg auf objektorientierte Datenbanken erleichtern.

Der *Gesamtumsatz mit relationalen und objektrelationalen Datenbankverwaltungssystemen* betrug im Jahr 2004 über 13,6 Milliarden US-Dollar. Westeuropa hatte hieran einen Anteil von knapp einem Drittel. Gemessen am Umsatz lagen im Jahr 2003 die Firmen *Oracle* (40 Prozent Marktanteil), *IBM* (32 Prozent Marktanteil) und *Microsoft* (12 Prozent Marktanteil) auf den ersten drei Plätzen in diesem Marktsegment (siehe Abb. 5.6/1).

Etwa 42 Prozent des Umsatzes an Lizenzgebühren für relationale Datenbankverwaltungssysteme werden für Rechner mit Windows-Betriebssystemen erwirtschaftet, während für UNIX-Systeme (inklusive Linux) etwa 35 Prozent anfallen, für Großrechner sind dies nur 17 Prozent. Obwohl für Linux zahlreiche leistungsfähige relationale Datenbanksysteme wie *PostgreSQL* oder *MySQL* kostenfrei verfügbar sind, machen die Lizenzgebühren bereits mehr als ein Drittel derer für Großrechner aus.

Etwas über 60 Prozent der Umsätze werden mit Lizenzgebühren erwirtschaftet, während fast 40 Prozent durch Wartung erzielt werden. Interessant ist hierbei, dass Oracle fast 60 Prozent durch Wartung erwirtschaftet, während dies bei

	UNIX	Windows	Linux/ Open- Source OS	Groß- rechner	Andere	Lizenz- gebüh- ren	War- tung	Gesamt umsatz	
Oracle	1.046,1	932	339,9	5,9	30,7	2.354,6	3.048,5	5.403,1	40,38%
IBM	776,5	626	142	1.179,4	310	3.033,9	1.219,3	4.253,2	31,79%
Microsoft	0	1.534,9	0	0	0	1.534,9	115,1	1650	12,33%
Sybase	118,4	43,6	11,8	0	2,3	176,1	265,9	442	3,30%
Andere	381,5	362,7	58,6	225,3	105,7	1.133,8	498,4	1.632,2	12,20%
Gesamt	2.322,5	3.499,2	552,3	1.410,6	448,7	8.233,3	5.147,2	13.380,5	100,00%
Prozent	28,21%	42,50%	6,71%	17,13%	5,45%	100,00% 61,53%	38,47%	100,00%	

Abb. 5.6/1: Umsatz mit Lizenz- und Wartungsgebühren bei relationalen Datenbankverwaltungssystemen in Millionen US-Dollar (Quelle: IDC, 2003)

IBM nur etwa 30 Prozent sind. Die fallenden Lizenzgebühren sind unter anderem auf den Preisdruck der Open-Source-Produkte zurückzuführen, der sich weit weniger auf die Wartungsgebühren auswirkt.

Abb. 5.6/2 zeigt die prognostizierte Entwicklung der Lizenzgebühren bei relationalen Datenbanksystemen zwischen 1999 und 2008. Während 1999 noch über 40 Prozent der Lizenzgebühren auf UNIX-Rechnern (ohne Linux

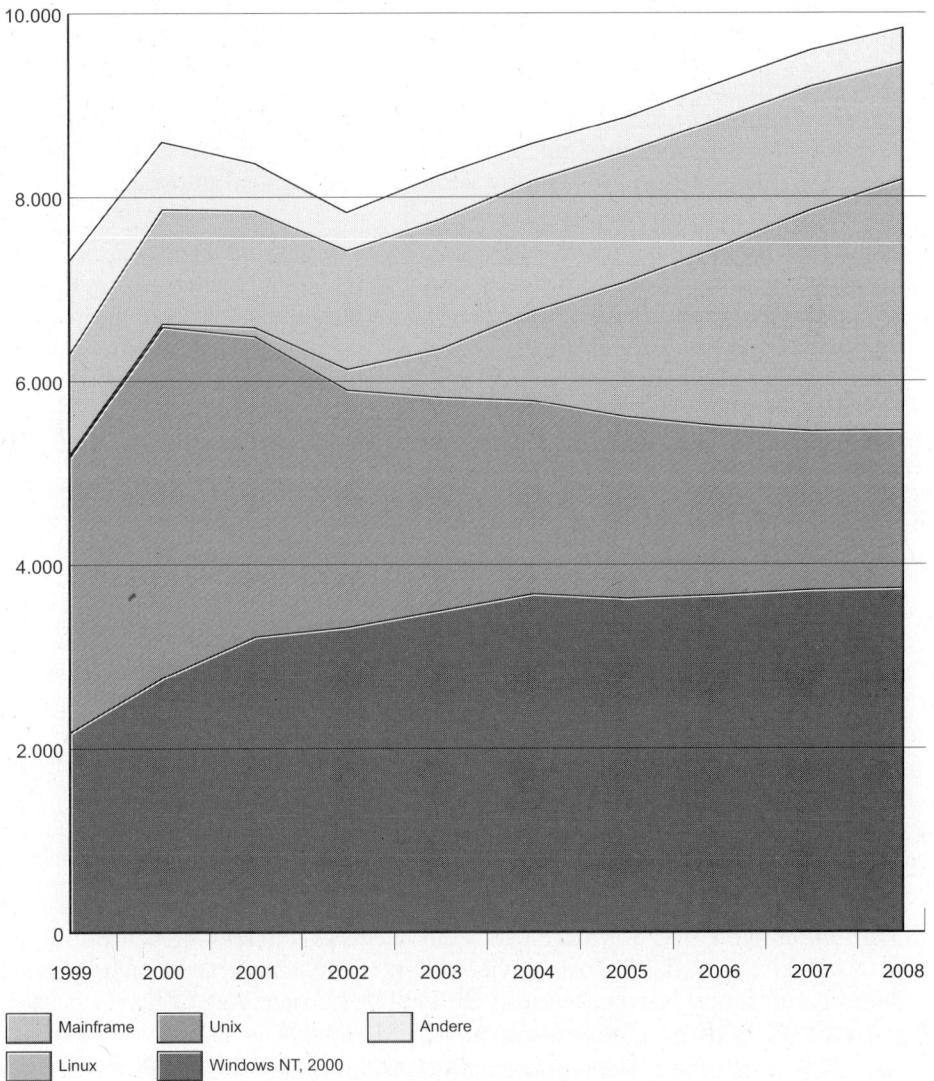

Umsätze in Millionen US-Dollar

Mainframe Unix Andere
Linux Windows NT, 2000

Abb. 5.6/2: Prognostizierte Entwicklung der Lizenzgebühren bei relationalen Datenbanksystemen in Millionen US-Dollar (Quelle: IDC, 2004)

und andere Open-Source-Betriebssysteme) anfielen, hat sich der Anteil bis 2004 nahezu halbiert und wird für 2008 mit deutlich unter 20 Prozent angenommen. Der Anteil für Windows-Systeme hat sich von etwa 30 Prozent in 1999 bis 2004 auf fast 43 Prozent entwickelt. Es wird allerdings angenommen, dass der Marktanteil bis 2008 auf etwa 38 Prozent fallen wird. Der Anteil der Lizenzgebühren für relationale Datenbankverwaltungssysteme für Großrechner ist relativ stabil und wird bis 2008 nur leicht auf etwa 13 Prozent sinken. Der am raschesten wachsende Anteil ist der für Linux (und andere Open-Source-Betriebssysteme), der bei jährlichen Wachstumsraten von fast 40 Prozent bis 2008 einen Marktanteil von etwa 27 Prozent erreichen soll. Der Umsatzanteil der gesamten UNIX-Betriebssystemfamilie (inklusive Linux) wird für 2008 auf über 45 Prozent geschätzt und wird somit deutlich über den Umsätzen für Windows liegen. Diese Zahlen belegen, dass das Wachstum im Bereich Linux in erster Linie auf Kosten der UNIX-Systeme erfolgt. Der Marktanteil für Windows-Rechner für den prognostizierten Zeitraum wird nur geringfügig beeinflusst.

Abb. 5.6/3 zeigt, dass *relationale und objektrelationale Datenbankverwaltungssysteme* auch in Zukunft eine dominante Rolle spielen werden. Der Marktanteil gegenüber anderen Typen von Datenbankverwaltungssystemen wird auch weiterhin mit weit über 80 Prozent angenommen. Objektorientierte Datenbankverwaltungssysteme bilden einen relativ kleinen Nischenmarkt, auch bei XML-Datenbankverwaltungssystemen wird ein ähnlicher, geringer Marktanteil erwartet. Die XML-Datenbankverwaltungssysteme sollen 2006 die objektorientierten Datenbankverwaltungssysteme bei den Umsatzzahlen überholen.

Relativ hoch ist weiterhin der Anteil der *sonstigen nicht-relationalen Datenbankverwaltungssysteme*, wobei IDC pre- und postrelationale Systeme unterscheidet. Zu der ersten Gruppe gehören hierarchische und Netzwerkdatenbankverwaltungssysteme (beispielsweise *IMS* von *IBM*, *Adabas* von der *Software AG*, *Supra* von *Cincom* oder *IDMS* und *DATACOM* von *Computer Associates*). Zu den postrelationalen werden relationale Datenbankverwaltungssysteme, die nicht die erste Normalform verlangen, gezählt (beispielsweise *Cache* von *InterSystems*, *Polyhedra* von *OSE Systems*).

Wichtige *objektorientierte Datenbankverwaltungssysteme* sind *Matisse*, *Objectivity*, *POET*, *Object Store* und *PSE* von *Progress Software* oder *Versant ODBMS*.

Das derzeit bekannteste kommerzielle *XML-Datenbanksystem* ist das Produkt *Tamino* von der *Software AG*. Ein weiteres interessantes Produkt ist *OpenLink Virtuoso*, das ebenso service-orientierte Architekturen (siehe Kapitel 7 dieses Bandes) und beispielsweise auch WebDAV unterstützt. Weitere wichtige Produkte sind *AXE* von *Autonomy*, *Ipedo XML Database*, *XMS* von *NeoBase* oder *eXcelon* von *Progress Software*. *eXist* ist eine Open-Source-XML-Datenbank, die auch beispielsweise XQuery unterstützt. Von der Apache-Entwicklungsgruppe stammt *Xindice*, ebenso eine Open-Source-XML-Datenbank.

	2001	2002	2003	2004	2005	2006	2007	Markt-anteil-2007
Endbe-nutzer-daten-banken	914	981	1.048	1.125	1.209	1.285	1.344	6,52%
Objekt-orientierte Daten-banken	86	72	68	64	61	60	59	0,29%
RDBMS und ORDBMS	12.905	12.645	12.900	13.424	14.496	15.971	17.606	85,42%
XML-Daten-banken	47	42	43	48	56	66	77	0,37%
Sonstige nicht-relationale Daten-banken	1.288	1.326	1.354	1.414	1.459	1.493	1.524	7,39%
Gesamt	15.240	15.066	15.413	16.075	17.281	18.875	20.610	100,00%

Abb. 5.6/3: Entwicklung des Umsatzes in Millionen US-Dollar für unterschiedliche Typen von Datenbankverwaltungssystemen (Quelle: IDC, 2003)

Wichtige Vertreter von *Endbenutzerdatenbanksystemen* sind *Access* und *Fox-Pro* von *Microsoft*, *Clipper* von *Computer Associates*, *Filemaker* von *Apple Computer* oder *InterBase*. Aufgrund der Verbreitung von Microsoft Windows ist *Microsoft Access* das derzeit meist verwendete *Datenbankverwaltungssystem für PCs*. Als Datenbankverwaltungssystem für „Desktop-Anwendungen" ist es jedoch bei weitem nicht so leistungsfähig wie die oben erwähnten Systeme. Dies gilt insbesondere bezüglich des Mehrbenutzerzugriffs sowie der Eignung für große Datenmengen. Somit ist dieses System nur für einen sehr eingeschränkten Einsatzbereich am einzelnen Arbeitsplatz oder für sehr kleine Benutzergruppen sinnvoll verwendbar. Die Stärke von *Microsoft Access* liegt in seiner einfachen Handhabung, die es auch ungeübten Benutzern ermöglicht, innerhalb relativ kurzer Zeit ein Tabellendesign zu realisieren und grafische Formulare für den Zugriff auf die Datenbank zu entwickeln.

Betrachtet man die Produktankündigungen der großen DBMS-Anbieter, so kann man gut abschätzen, welche *Eigenschaften in den kommenden Jahren weiterhin im Vordergrund* stehen werden:

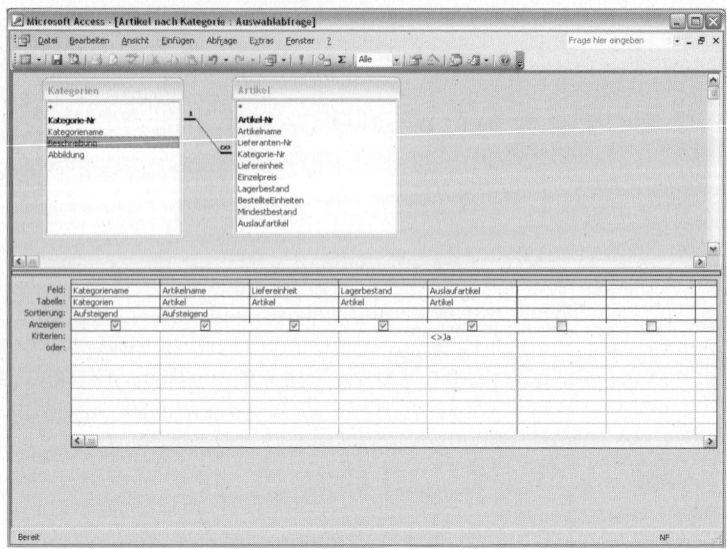

Abb. 5.6/4: Tabellenentwurf mit Microsoft Access

– *Skalierbarkeit* der Datenbankverwaltungssoftware ist die Voraussetzung dafür, dass eine Datenbankarchitektur mit einem Betrieb „mitwachsen" kann. Darunter versteht man die Ausbaufähigkeit bestehender Datenbankanwendungen bei steigender Transaktionszahl und erhöhten Datenvolumina, ohne dass auf ein anderes Datenbankverwaltungssystem umgestiegen werden muss.

– *Verteilte DBMS* werden von allen großen Herstellern von Datenbankverwaltungssoftware angeboten. Die Möglichkeit der *räumlichen Auslagerung* von Datenbeständen sowie der Erstellung von automatisch gepflegten Kopien einer Datenbank, so genannten *Replikationen,* wird im Zuge der Migration hin zu Internet-basierten Informationssystemen von Firmen zunehmend nachgefragt.

– *Data-Warehouse-Systeme* (siehe Band 1, Kapitel 6) sind mittlerweile von strategischer Bedeutung und haben folglich Einfluss auf das Angebot der Hersteller von Datenbankverwaltungssystemen, die entsprechende Applikationen entwickeln und anbieten.

– *Multimedia-Anwendungen* stellen zusätzliche Anforderungen. Nahezu alle Hersteller von Datenbankverwaltungssystemen bieten Erweiterungen ihrer Produkte an, die die Verwaltung von Musikdateien, Video-Clips oder elektronischen Dokumenten durch ein DBMS ermöglichen.

– Die *Verwaltung von XML-basierten Dokumenten* gewinnt immer mehr an Bedeutung. XML-Dokumente finden nicht nur als Austauschformate im Internet Verwendung, sondern werden in zunehmendem Maß als universelles

Datenformat für unterschiedlichste Anwendungen verwendet. Dies gilt insbesondere in der betrieblichen Informationsverarbeitung, zum Beispiel für Workflow-Management-Systeme.

Auch die von Betrieben als *Datenbankrechner* eingesetzten Hardwareplattformen änderten sich im Zuge der Entwicklung zu offenen Client-Server-Architekturen. War vor einigen Jahren noch die hohe Transaktionsleistung der Grund für viele Betriebe, sich einen Großrechner anzuschaffen, so geht nunmehr bei Mehrbenutzersystemen der Trend in Richtung leistungsfähiger, skalierbarer Rechner wie beispielsweise die iSeries (AS/400) von IBM oder UNIX-basierten Servern. Datenbankverwaltungssysteme des Marktführers Oracle sind beispielsweise für nahezu alle gängigen Betriebssystemplattformen erhältlich.

Im Zuge der stark zunehmenden Verbreitung von Open-Source-Software und Internet-basierten Informationssystemen, soll an dieser Stelle auch die steigende Beliebtheit von *Open-Source-Datenbanken* erwähnt werden. Dies liegt zum einen an der kostenlosen Verfügbarkeit dieser Produkte, zum anderen jedoch auch an ihrer steigenden Leistungsfähigkeit. Ein weiteres häufiges Argument ist die Verfügbarkeit des Quellcodes, die einen Produktwechsel oder eine Neubeschaffung beim Upgrade des Betriebssystems oder beim Wechsel der Prozessorarchitektur meist unnötig machen, und somit eine entsprechend verbesserte Integrierbarkeit in eigene Produkte ermöglicht. Die derzeit bekanntesten Open-Source-Datenbanken sind: *MySQL* und *PostgreSQL*. Beide Systeme werden zunehmend auch in unternehmenskritischen Anwendungen eingesetzt. Während MySQL bei manchen Benchmarktests besser als PostgreSQL abschneidet, ist Letzteres vor allem für große und komplexe Dantenbankanwendungen geeignet. PostgreSQL bietet Transaktionen mit Rollback, ein flexibles Sicherungskonzept und *Stored Procedures*, die in unterschiedlichen Programmiersprachen geschrieben werden können.

Auch große kommerzielle Anbieter gehen verstärkt dazu über, ihre Software als Open-Source verfügbar zu machen. So hat zum Beispiel die Firma SAP ihr Datenbanksystem *SAP DB* bereits im Jahr 2000 als Open-Source freigegeben. Bei SAP DB handelt es sich um ein komplettes (objekt-)relationales DBMS, das offene Standards wie zum Beispiel SQL, JDBC und ODBC unterstützt. Zum etwa gleichen Zeitpunkt hat bereits die Firma *Borland* ihr Datenbanksystem *InterBase* in der Version 6 als Open-Source freigegeben. Sowohl SAP als auch Borland bieten die zugehörigen Quellcode-Dateien für Windows, Linux und andere UNIX-Varianten zum freien Download im Internet an.

▶ Übungsaufgabe Nr. 2.5.65 im Arbeitsbuch

6 Datenübertragung und Netzwerke

Lehrziele

Nach der Durcharbeitung dieses Kapitels sollten Sie

- die Möglichkeiten des Datentransports zwischen lokalen Endpunkten und weit voneinander entfernten Orten nennen können,

- die grundlegenden Begriffe der Datenübertragung, wie beispielsweise Netz, Dienst, Protokoll, Terminal, Modem, Standleitung, Paketvermittlung usw., abgrenzen können,

- den Aufbau eines großen zwischenbetrieblichen Datenübertragungssystems skizzieren und die Bestimmungsfaktoren für die gewählte Struktur und die gewählten Wege erklären können,

- die Betriebsarten bei der Datenübertragung unterscheiden und anhand von Beispielen erläutern können,

- die Vor- und Nachteile von verschiedenen Übertragungsmedien beschreiben können,

- einen Überblick über die für die zwischenbetriebliche Kommunikation in Frage kommenden Wege geben können,

- die Zwecke und Arten von Rechnernetzen aufzählen können,

- die grundlegenden Strukturen von Rechnernetzen (Netzwerktopologien) an Beispielen darlegen können,

- die Topologien und Protokolle der am weitesten verbreiteten lokalen Netzwerkkonzepte (LAN) erklären können,

- die Notwendigkeit von Kommunikationsregeln (Protokollen) in Rechnernetzen verstehen und den schichtweisen Aufbau solcher Regelwerke (Protokollarchitektur) begründen können,

- die Struktur des ISO/OSI-Referenzmodells und die TCP/IP-Protokollfamilie beschreiben können,

- die Einheiten zur Kopplung von Rechnernetzen unterscheiden können,

- die Architekturen von Unternehmensnetzwerken erklären können,

- in Abhängigkeit von einer bestimmten betrieblichen Bedingungslage das am besten geeignete Telekommunikationsnetz auswählen und Ihre Entscheidung begründen können,

- die Vor- und Nachteile des ISDN-, xDSL-, FTTx- oder TV-Kabelnetzes gegenüber dem Telefonnetz für den Internet-Anschluss beschreiben können,

- die Möglichkeiten, Grenzen und Gefahren der drahtlosen Kommunikationstechnologien erläutern können,

- ein Szenario für die voraussichtliche Entwicklung des Telekommunikationsmarkts in den kommenden fünf Jahren aufstellen und begründen können,

- die Chancen und Risiken der Einführung neuer Übertragungstechniken (Breitbandwege, Satellitenfunk usw.) in einem Betrieb anhand praktischer Beispiele darlegen können.

6.1 Grundlagen der Datenübertragung

In diesem Kapitel werden zunächst die Grundlagen der Datenübertragung zwischen zwei Datenstationen über ein Übertragungsmedium beschrieben. In der weiteren Folge werden die Grundkonzepte von Rechnernetzen vorgestellt und die Probleme und Lösungsansätze anhand eines Schichtenmodells erklärt. Als Beispiel für die anwendungsnahen Schichten werden die Internet-Protokolle und im Speziellen das HTTP-Protokoll gekennzeichnet, das die Grundlage des World Wide Web darstellt. In den weiteren Abschnitten werden konkrete Protokolle und Techniken für kabelgebundene und drahtlose Netze im öffentlichen und privaten Bereich präsentiert. Abschließend werden die wichtigsten Bedrohungen und Schutzmechanismen aus dem Bereich der Netzwerksicherheit erläutert.

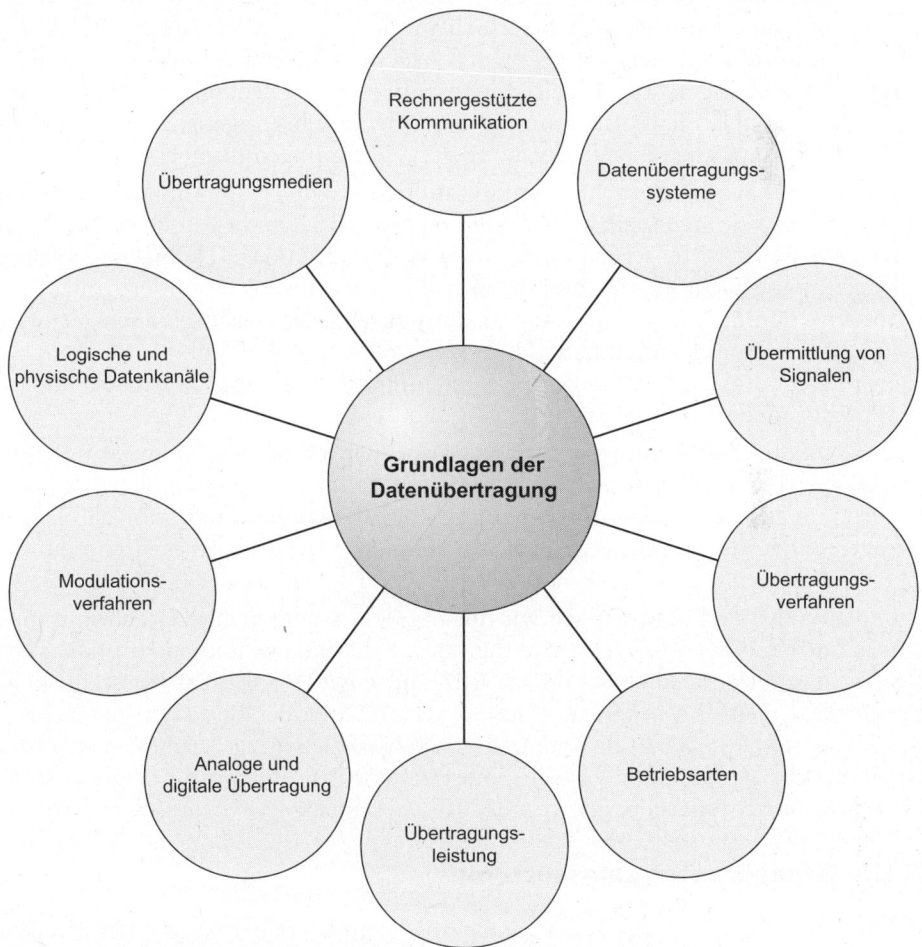

Abb. 6.1/1: Übersicht über Grundlagen der Datenübertragung

6.1.1 Rechnergestützte Kommunikation

Unter der *rechnergestützten Kommunikation* versteht man den Austausch von Information über eine räumliche Distanz zwischen zwei Rechnern. Dabei wird Information im weiteren Sinn durch Daten repräsentiert und meist über ein Netzwerk an einen Empfänger übertragen. Die rechnergestützte Kommunikation umfasst die traditionellen computergestützten Kommunikationsformen (beispielsweise E-Mail, Dialogdienste im Internet) ebenso wie Einsatzformen, bei denen die Endgeräte von Benutzern nicht zwingend als Rechner wahrgenommen werden, wie beispielsweise PDAs oder Mobiltelefone. Vielfach werden drei spezielle Arten des „Datenaustausches" unterschieden, wobei das Unterscheidungskriterium im Erscheinungsbild, beziehungsweise in der Interpretation der übertragenen Daten liegt.

- Die **Textkommunikation** ist der Austausch von Information in für Menschen verständlicher, natürlichsprachiger Schrift. Sie geht auf den ältesten Telekommunikationsdienst, den Telegraphen, zurück. Während mittels *Telex* (Fernschreiber) und *Teletex* (erweiterte Textübertragungstechnik in den 1990er Jahren) ausschließlich alphanumerische Zeichen übertragen werden können, erlaubt Telefax auch die Übertragung von Zeichnungen und Festbildern.

- Unter dem Begriff **Sprachkommunikation** wird die Kommunikation durch gesprochene Sprache subsumiert. Sie ist bis heute immer noch weitgehend eine Mensch-zu-Mensch-Kommunikation, die durch das Telefon oder andere Übertragungstechniken technisch unterstützt wird. Einige Sonderformen der Sprachkommunikation, wie Anrufbeantworter oder Auskunftsdienste, greifen aber auch auf maschinelle Hilfe zurück. Mittlerweile gibt es bereits eine große Anzahl an computerunterstützten Funktionen für das (maschinelle) Sprachverstehen und die Spracherzeugung.

- Die **Bildkommunikation** ist der Austausch von bewegten Bildern, zum Beispiel per Video oder Fernsehen. Die Übertragung von Einzelbildern (Fotos) wird dagegen der Daten- beziehungsweise Textkommunikation (Telefax) zugerechnet, da sich technisch kein großer Unterschied zu diesen Kommunikationsformen ergibt.

In diesem Kapitel beschäftigen wir uns mit den Aspekten der Datenkommunikation, die bei der Anwendung von digitalen Techniken Grundlage für die anderen Kommunikationsdienste bildet. Ab einer gewissen Ebene besteht kein Unterschied mehr, ob in einem Netz Sprach-, Text- oder Bilddaten übertragen werden. Durch die Digitalisierung der Medien fließen die früher getrennten Dienste unter Verwendung gemeinsamer Standards und Transportwege zusammen. Man spricht hierbei auch von der *Konvergenz der Medien*.

6.1.2 Datenübertragungssysteme

In diesem Abschnitt werden zunächst die grundlegenden Bestandteile eines Übertragungssystems beschrieben, anschließend werden die Basisbegriffe für die

Kommunikation in *Datenübertragungssystemen* erklärt. Dabei werden insbesondere verschiedene Übertragungsverfahren, Vermittlungsprinzipien und Kommunikationsmuster behandelt.

> Ein **Datenübertragungssystem** (engl.: data transmission system) besteht aus zwei oder mehr Datenstationen, die zum Zwecke des Datenaustausches durch ein Übertragungsmedium (und mögliche Netzwerkknoten) miteinander verbunden sind.

Im einfachsten Fall, der in Abb. 6.1.2/1 (a) dargestellt wird, umfasst ein Datenübertragungssystem zwei *Datenstationen*, zwischen denen Nachrichten über ein *Übertragungsmedium* ausgetauscht werden. Die in den Teilabbildungen (b) und (c) schematisch dargestellten Beispiele zeigen zwei unterschiedliche Wege, um zwei oder mehrere PCs miteinander zu verbinden. Nachfolgend wird nun näher auf die einzelnen Komponenten eines Datenübertragungssystems eingegangen.

> Eine **Datenstation** (engl.: data station) besteht aus einer *Datenendeinrichtung* und einer *Datenübertragungseinrichtung*, die an ein Übertragungsmedium angeschlossen ist.

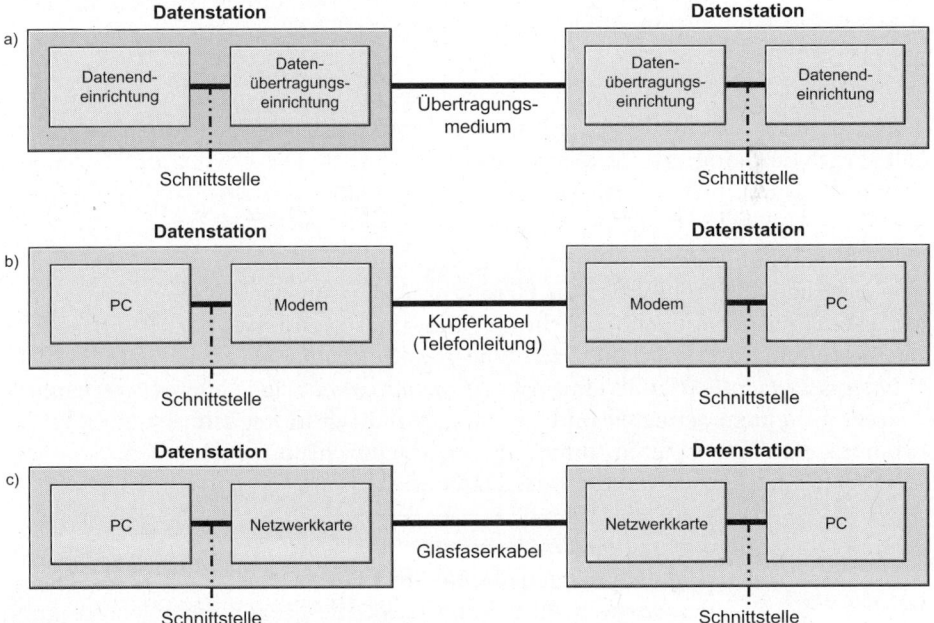

Abb. 6.1.2/1: Datenübertragungssysteme

Als *Datenendeinrichtung* wird jedes Gerät bezeichnet, das an der (digitalen) Schnittstelle einer Datenübertragungseinrichtung angeschlossen werden kann. Hierzu zählen zum Beispiel Bildschirmgeräte, Drucker, Belegleser, Personalcomputer und sonstige Rechner aller Größenklassen, sowie Geräte mit speziellen Kommunikationsaufgaben (wie beispielsweise Multiplexer, Router und Netzwerkbrücken, die im weiteren Verlauf dieses Kapitels noch genauer behandelt werden).

Für die Zusammenschaltung von Datenendeinrichtung und Datenübertragungseinrichtung existieren eine Reihe nationaler und internationaler Normen, die die elektrischen, funktionalen und mechanischen Eigenschaften der verschiedenen *Kommunikationsschnittstellen* festlegen.

Einige der wichtigsten Schnittstellen sind von der ITU-T in den so genannten V-Standards – für die Datenübertragung über das öffentliche Fernsprechnetz (zum Beispiel V.92, ein Standard für ein Modulationsverfahren) genormt. Die *ITU-T* wurde 1993 gegründet und ist der für Standardisierung der Telekommunikation zuständige Bereich der *ITU* (Abkürzung von engl.: International Telecommunication Union). Seit damals hat die ITU-T die Aufgaben der CCITT weitgehend übernommen.

Die Datenendeinrichtung steuert den Verbindungsaufbau und -abbau und sorgt in der Regel für die Fehlerkorrektur sowie für die Synchronisation mit der entgegengesetzten Datenendeinrichtung.

Als **Datenendeinrichtung** (*Datenendgerät*; engl.: data terminal equipment, abgekürzt: DTE) wird jede Datenquelle oder Datensenke bezeichnet, die über eine standardisierte Schnittstelle mit einer Datenübertragungseinrichtung verbunden werden kann.

Vor der Übertragung werden Nachrichten in der Datenendeinrichtung von der internen Darstellung in eine für die Übertragung geeignete Form umgewandelt, beim Empfang erfolgt der umgekehrte Schritt. Diese Umwandlung übernimmt die Datenübertragungseinrichtung.

Eine **Datenübertragungseinrichtung** (engl.: data communication equipment, abgekürzt: DCE) ist ein Gerät zur Anpassung der Datenrepräsentation zwischen Datenendeinrichtung und Übertragungsweg. Sie enthält in der Regel einen *Signalumsetzer*, eine *Anschalteinheit*, gegebenenfalls eine *Fehlerschutzeinheit* und eine *Synchronisiereinheit*. Jede dieser Einheiten kann mit einem Sendeteil und Empfangsteil ausgestattet sein. Ist zum Verbindungsaufbau eine automatische Wähleinrichtung vorhanden, so ist diese ebenfalls ein Bestandteil der Datenübertragungseinrichtung.

Die Aufgabe der *Datenübertragungseinrichtung* ist es, die von einer Datenendeinrichtung abgegebenen Signale in eine für den Übertragungsweg geeignete (analoge) Form *umzuwandeln*, beziehungsweise diese nach einer Übertragung derart zurück zu verwandeln, dass sie von einer Datenendeinrichtung aufgenommen werden können. Einer Datenübertragungseinrichtung können außerdem noch *Kontroll-* und *Steuerfunktionen* zukommen.

Ein *Signalumsetzer* (Signalumwandler) vollzieht die Umsetzung der von einer Datenendeinrichtung angelieferten Signale (Daten in einer bestimmten, rechnerinternen Repräsentationsform) in eine für die Übertragung geeignete Form und/oder in der umgekehrten Richtung die Umsetzung der vom physischen Übertragungsmedium empfangenen Datensignale in eine für die Datenendeinrichtung verwendbare Form. Eine *Anschalteinheit* dient dazu, die Datenstation in einen Sendezustand zu versetzen. Die Anschalteinheit ist im Allgemeinen physikalisch eng mit einem Signalumsetzer verbunden. Die *Fehlerschutzeinheit* *dient* zum Erkennen und gegebenenfalls Eliminieren von Übertragungsfehlern. Die *Synchronisiereinheit* gewährleistet unter anderem, dass miteinander kommunizierende Datenstationen mit der gleichen Taktrate arbeiten und beispielsweise den Beginn von gesendeten Nachrichten erkennen können.

Beispiele für Datenübertragungseinrichtungen sind *Modems* und *Netzwerkkarten*.

▶ Übungsaufgabe Nr. 2.6.1 im Arbeitsbuch

6.1.3 Übermittlung von Signalen

Jede Bitfolge, die über ein Übertragungsmedium ausgetauscht wird, wird letztendlich durch elektromagnetische Wellen übertragen. Digitale Signale entstehen demgemäß nur durch eine geeignete Interpretation dieser Wellen. In diesem Kapitel werden an verschiedenen Stellen zahlreiche Begriffe der Signaltheorie verwendet, die im Folgenden kurz vorgestellt werden.

6.1.3.1 Physikalische Grundlagen

Die bei der Datenübertragung übertragenen Signale sind elektromagnetische Wellen, die durch Frequenz, Wellenlänge und Amplitude charakterisiert werden.

> Die **Frequenz** (engl.: frequency) ist die Anzahl der Schwingungen pro Zeiteinheit und wird in der Einheit Hertz (benannt nach Heinrich Hertz - abgekürzt Hz) gemessen. 1 Hz entspricht einer Schwingung pro Sekunde. Die **Wellenlänge** (engl.: wave length) entspricht dem Abstand zwischen zwei gleichen, aufeinander folgenden Schwingungen.

Wellenlänge und Frequenz stehen in reziproker Verbindung: eine große Wellenlänge entspricht einer kleinen Frequenz und umgekehrt. Da die Ausbreitungsgeschwindigkeit (beispielsweise die Lichtgeschwindigkeit) innerhalb des gleichen Mediums konstant ist, entspricht eine kürzere Wellenlänge einer höheren Frequenz. Hat man Angaben über die Wellenlänge oder die Frequenz, so kann man die jeweils andere Größe mithilfe der folgenden Formel berechnen:

Maßeinheit	Abkürzung		Angabe in Hz
1 Kilohertz	1 kHz	10^3 Hz	1.000
1 Megahertz	1 MHz	10^6 Hz	1.000.000
1 Gigahertz	1 GHz	10^9 Hz	1.000.000.000
1 Terahertz	1 THz	10^{12} Hz	1.000.000.000.000

Abb. 6.1.3.1/1: Größeneinheiten der Frequenz und deren Abkürzungen

$$Frequenz = \frac{1}{Wellenlänge}$$

Die Frequenz wird in Hertz gemessen, wobei die in Abb. 6.1.3.1/1 dargestellten Maßeinheiten und Abkürzungen gebräuchlich sind.

Eine niedrige Wellenlänge deutet somit auf eine hohe Frequenz, eine hohe Wellenlänge deutet auf eine niedrige Frequenz hin. Eine hohe Frequenz eignet sich besser zur Datenübertragung, da viele Signale (Wellen) in kurzer Zeit erzeugt werden.

> Die **Amplitude** (engl.: amplitude) entspricht dem Grad des Ausschlags / der Auslenkung) einer Schwingung von einem Nullpunkt aus zu einem positiven oder negativen Wert. Mit der **Phase** (engl.: phase) einer Schwingung legt man den Anfangs- und Endzeitpunkt einer Schwingung fest.

Die Amplitude entspricht beispielsweise bei Stromsignalen der elektrischen Spannung. Zu einer *Phasenverschiebung* oder *Phasendifferenz* kommt es dann, wenn zwei Schwingungen nicht synchron, sondern zeitlich versetzt stattfinden.

> In der Physik bezeichnet die **Bandbreite** (engl.: bandwidth) die Differenz zwischen der höchsten und der niedrigsten Frequenz in einem analogen Übertragungskanal; sie wird ebenso in Hertz gemessen. In der Informationstechnik wird der Begriff der Bandbreite vielfach *synonym zur Übertragungskapazität* verwendet.

> Eine *analoge Telefonleitung* verwendet für Telefongespräche den *Frequenzbereich* von 300 bis 3.400 Hz. Dies entspricht einer Bandbreite von 3,1 kHz (Kilohertz).

6.1.3.2 Frequenzbänder

Ein *Frequenzband* ist der Ausschnitt aus einem Frequenzspektrum, der von einer Minimalfrequenz bis zu einer Maximalfrequenz reicht. Das elektromagnetische Spektrum teilt sich in zahlreiche Frequenzbänder, welche je nach den physikalischen Eigenschaften der elektromagnetischen Wellen für Telekommunikation genutzt werden können. Das Frequenzspektrum ist eine limitierte natürliche Ressource, die für die Nutzung in der Telekommunikation in weiten Bereichen reguliert werden muss, um ungewollte Mehrfachnutzungen zu verhindern. Die Aufteilung des Spektrums geschieht in erster Linie nach der Verwendungsart. So werden zum Beispiel Frequenzbereiche (Blöcke) für die Satellitenkommunikation oder den Richtfunk reserviert.

Die Erstellung weltweiter Frequenzpläne aller Mitgliedsländer der ITU geschieht im Rahmen der *World Radio Communication Conference*. Wesentlich dabei sind auch pan-europäische Organisation wie die *CEPT* (Abkürzung von engl.: European Conference of Postal and Telecommunications Administrations) mit dem für die Funkregulierung zuständigen *ERO* (Abkürzung von engl.: European Radio Communications Office) sowie nationale Regulierungsbehörden. Bei den regulierten Bereichen wird zwischen lizenzierten und unlizenzierten (freien) Frequenzbändern unterschieden, wobei Letztere durch die Verbreitung von drahtlosen Rechnernetzen (beispielsweise WLAN, mehr dazu später) zunehmend an Bedeutung gewinnen.

Die lizenzierten Frequenzbereiche sind ein ökonomisch knappes Gut und müssen meist von Betreibern öffentlicher Kommunikationsnetze je nach Land und Vergabemodus gekauft werden. Die Benutzungsrechte der Frequenzbänder sind dann, abhängig von der Lizenz, auch prinzipiell handelbar. Die Spektrumlizenzen und deren Kosten sind vor allem für Betreiber öffentlicher Mobilfunknetze bedeutsam.

Das Spektrum elektromagnetischer Wellen beinhaltet Radiowellen, Mikrowellen, Infrarot- und optisches Licht. Die Abb. 6.1.3.2/1 zeigt einen Überblick über das elektromagnetische Spektrum.

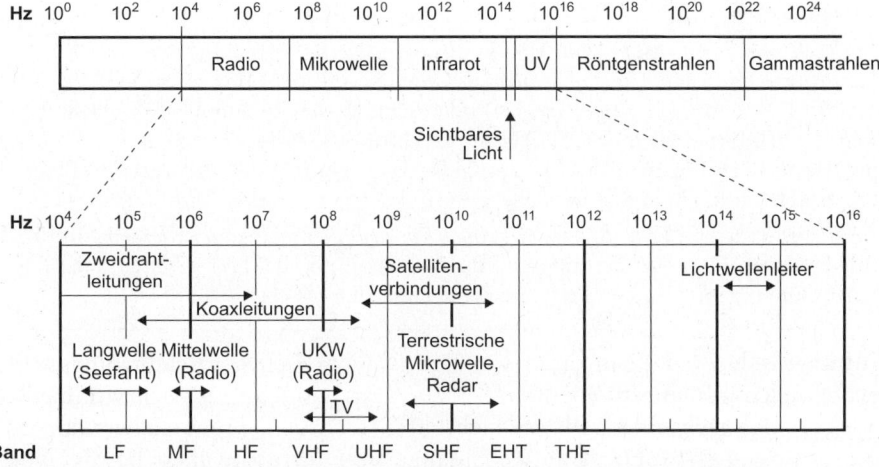

Abb. 6.1.3.2/1: Spektrum elektromagnetischer Wellen (nach Tanenbaum)

Elektromagnetische Wellen im Frequenzbereich zwischen 30 kHz (3×10^4 Hz) und zirka 900 MHz (9×10^8 Hz) heißen **Radiowellen** (engl.: radio wave). Dieser Frequenzbereich wird auch **Radiofrequenz** (engl.: radio frequency; abgekürzt: RF) genannt. Die Wellenlänge von Radiowellen beträgt von 100 km bis zu zirka 30 cm.

Die Wellenausbreitungseigenschaften elektromagnetischer Wellen unterscheiden sich stark nach dem Frequenzbereich. Radiowellen besitzen eine relativ lange Wellenlänge. Aufgrund dieser Eigenschaft können Radiowellen massive Gegenstände wie zum Beispiel Gebäude durchdringen und sind für die Übertragung von Daten über weite Übertragungsstrecken geeignet. Radiowellen werden beispielsweise durch Elektroanlagen und Motoren gestört. Die Ursache für diese Störung sind die durch die Energie von elektrischen Geräten als Nebenprodukt erzeugten elektromagnetischen Schwingungen, die im gleichen Frequenzbereich liegen und vom Radiogerät empfangen und hörbar gemacht werden. Generell können bei höheren Frequenzen größere Übertragungsleistungen erreicht werden. Aufgrund der weitgehenden Regulierung und der relativ geringen Frequenz eignen sich Radiowellen nur beschränkt für die digitale Datenübertragung.

Bei Frequenzen zwischen 900 MHz (9×10^8 Hz) und 300 GHz (3×10^{11} Hz) spricht man von **Mikrowellen** (engl.: micro wave). Die Wellenlänge von Mikrowellen beträgt von zirka 30 cm bis zu 1 mm.

Im Gegensatz zu Radiowellen können *Mikrowellen nur eingeschränkt feste Körper (wie beispielsweise Gebäude) durchdringen*. Auch atmosphärische Umwelteinflüsse, wie zum Beispiel Regen, können Mikrowellen stören. Daher müssen Mikrowellensignale von „Fernsehtürmen" ausgestrahlt und zur Überbrückung großer Distanzen verstärkt werden. Der Einsatz von Mikrowellen findet weite Verbreitung im Bereich Telefonkommunikation.

Beispiele für den *Einsatz von Mikrowellen, die verhältnismäßig nahe am Frequenzband der Radiowellen liegen*, sind das GSM-Netz (900 MHz entspricht 9×10^8 Hz, 1.800 MHz entsprechen $1,8 \times 10^9$ Hz) oder Schnurlostelefone mit DECT (1.800 MHz und 1.900 MHz). Auch das WLAN im lizenzfreien *ISM-Band* (Abkürzung von engl.: industrial, scientific, medical) mit 2,4 GHz (das entspricht $2,4 \times 10^9$ Hz) und Bluetooth (2,45 GHz) fallen in diesen Bereich.

Beispiele für den *Einsatz von Mikrowellen im höheren Frequenzbereich* sind Richtfunksysteme, die bis zu Frequenzen von 38 GHz ($3,8 \times 10^{10}$ Hz) arbeiten, oder Satellitenverbindungen, die einen Frequenzbereich bis zu 60 GHz nutzen.

Infrarotwellen (engl.: infrared wave) sind nicht sichtbare elektromagnetische Wellen mit einer Wellenlänge von 0,8 Mikrometer bis zu 1 Millimeter. Sie befinden sich unterhalb des sichtbaren Lichts im Frequenzbereich von 3×10^{11} bis 4×10^{14} Hz. Die Wellenlänge von Infrarotwellen beträgt von zirka 1 mm bis 750 nm (Nanometer).

Infrarotwellen können keine festen Gegenstände durchdringen und werden von festen, glatten Oberflächen reflektiert. Infrarotübertragungen werden vom Empfänger optisch aufgenommen. Deshalb ist ihre Reichweite begrenzt – bei optimalen Umgebungsbedingungen beträgt sie bis zu 70 Meter.

Eine *Schnittstelle* für die *Nutzung von Infrarotwellen* für die Datenübertragung ist IrDA (siehe Kapitel 1 dieses Bandes).

Sichtbares Licht (engl.: visible light) nennt man Wellen in einem Frequenzbereich von 4×10^{14} bis $7,5 \times 10^{16}$ Hz. Die Wellenlänge des sichtbaren Lichts beträgt von zirka 750 nm bis 400 nm.

Bei jeder Art der Lichtwellenübertragung benötigt man ein *System bestehend aus einem optischen Sender und Empfänger*. Die Übertragung erfolgt hierbei entweder in Glasfaserleitern oder durch die Luft auf der Sichtlinie zwischen Sender und Empfänger. Ausbreitungsgeschwindigkeit und Dämpfung des sichtbaren Lichts sind von der Wellenlänge abhängig. Jede Art der Lichtwellenübertragung durch die Luft ist empfindlich gegen umweltbedingte (optische) Einflüsse (zum Beispiel Nebel oder Hitze).

▶ Übungsaufgabe Nr. 2.6.2 im Arbeitsbuch

6.1.4 Übertragungsverfahren

Ein Datenstrom besteht jeweils aus Bits, die übertragen werden. Diese Bits können entweder einzeln nacheinander *(bitseriell)* oder in Gruppen gleichzeitig über verschiedene Unterkanäle des Übertragungswegs *(bitparallel)* übertragen werden. Dementsprechend unterscheidet man *serielle und parallele Übertragungsverfahren*.

Bei der **seriellen Übertragung** (engl.: serial transmission) werden die Bits, die die zu übertragenden Daten repräsentieren, nacheinander über denselben Kanal übertragen. Bei der **parallelen Übertragung** (engl.: parallel transmission) werden die Bits gleichzeitig auf mehreren Leitungen oder über verschiedene Teilkanäle übermittelt.

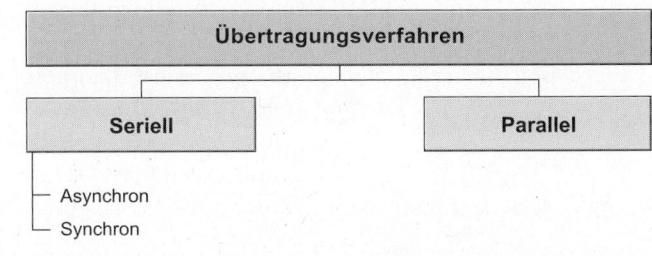

Abb. 6.1.4/1:
Übertragungsverfahren

Wenn größere Entfernungen zu überbrücken oder sehr hohe Datenraten zu erreichen sind, geschieht dies fast ausschließlich durch die (gegebenenfalls gebündelte) serielle Übertragung. Bei der seriellen Übertragung lassen sich zwei Arbeitsweisen unterscheiden, das *Asynchronverfahren* und das *Synchronverfahren* (siehe Abb. 6.1.4/1). Näheres zu diesen Verfahren folgt im Abschnitt 6.3.2.

6.1.5 Betriebsarten

In einer Datenstation können an der *Schnittstelle zwischen Datenendeinrichtung und Datenübertragungseinrichtung* verschiedene *Betriebsarten* unterschieden werden, im Einzelnen sind dies: der Sendebetrieb, der Empfangsbetrieb, der Wechselbetrieb und der Gegenbetrieb.

Der *Sendebetrieb* (engl.: transmit mode) ist dadurch gekennzeichnet, dass Daten (unidirektional) von der Datenendeinrichtung an die Datenübertragungseinrichtung geleitet werden. *Empfangsbetrieb* (engl.: receive mode) liegt vor, wenn Daten (unidirektional) von der Datenübertragungseinrichtung an die Datenendeinrichtung geleitet werden. Während eine Station im Sendebetrieb ist, muss die andere im Empfangsbetrieb sein.

Wenn die Datenübertragung auf einem Übertragungsweg zwischen zwei Endeinrichtungen immer nur in einer Richtung erfolgen kann, so liegt das **Simplexverfahren** (engl.: simplex transmission) der Datenübertragung vor.

Ein *Beispiel* für das relativ selten verwendete *Simplexverfahren* ist die *Übertragung von Fernsehprogrammen* im herkömmlichen TV-Netz. Hierbei werden die Daten von der Fernsehanstalt gesendet und in den Haushalten zum Beispiel über eine Fernsehantenne empfangen.

Wechselbetrieb ist dann gegeben, wenn in einer Datenstation abwechselnd Sendebetrieb und Empfangsbetrieb stattfindet. Bei dieser häufig als **Halbduplexverfahren** (engl.: half-duplex transmission) bezeichneten Betriebsart erfolgt die abwechselnde Datenübertragung zwischen zwei Endeinrichtungen.

Beim Halbduplexverfahren können die beiden Stationen abwechselnd Daten senden oder empfangen. Zu jedem Zeitpunkt erfolgt die Übertragung aber in nur *einer* Richtung, während die Gegenstelle in diesem Moment nur empfangen kann.

Ein *Beispiel* für den *Halbduplexbetrieb* ist der *Taxifunk*, der das Sprechen entweder nur von der Zentrale oder nur vom Fahrer aus ermöglicht.

Beim **Gegenbetrieb** oder **Duplexverfahren** (auch *Vollduplexverfahren*; engl.: duplex transmission) findet am Übertragungsweg gleichzeitig Sende-

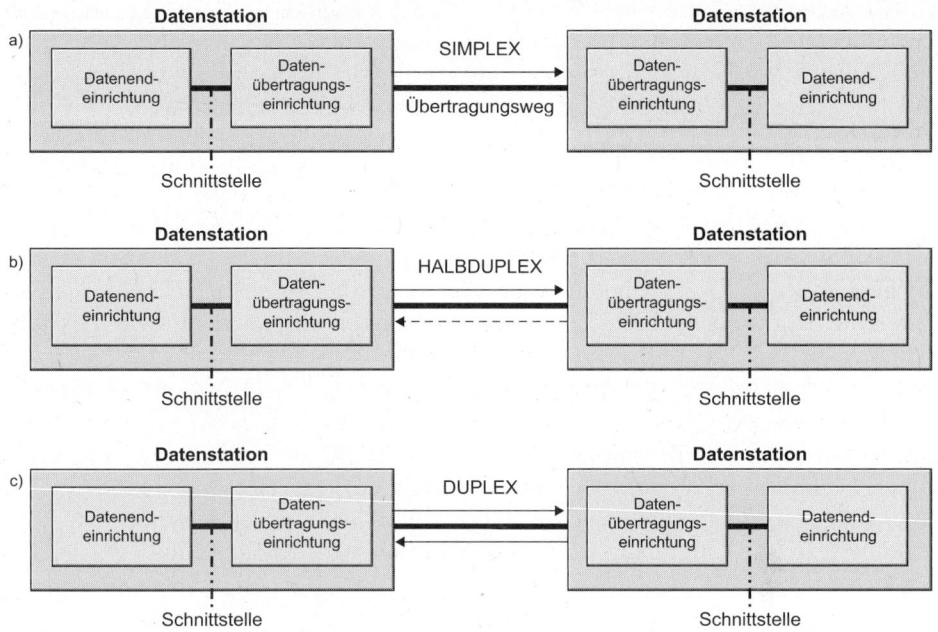

Abb. 6.1.5/1: Simplex-, Halbduplex- und Duplexverfahren

betrieb und Empfangsbetrieb statt. Zwei Endeinrichtungen können simultan über den Übertragungsweg in beiden Richtungen Daten austauschen.

Zum *Beispiel* sind alle öffentlichen *Telefonnetze* vollduplexfähig.

6.1.6 Übertragungsleistung

Die mögliche Übertragungsleistung wird durch die Leistungsfähigkeit eines Übertragungsmediums bestimmt. Die wichtigsten Kennzahlen bei der Ermittlung der möglichen Übertragungsleistung sind die Übertragungskapazität, die Latenz der Übertragung sowie weitere Faktoren wie Fehlerrate oder Ausfallsicherheit. An dieser Stelle werden zunächst die *Übertragungskapazität* und die *Latenz* behandelt, die gemeinsam die *Transferzeit* bestimmen.

6.1.6.1 Übertragungskapazität

Die **Übertragungskapazität** (*Übertragungsrate*, engl.: transfer rate) ist ein Wert, der angibt, welche Datenmenge in einer bestimmten Zeit über ein Medium übertragen werden kann. Die Übertragungskapazität wird nach der Anzahl der pro Sekunde übertragenen Bits gemessen.

Eine *ISDN-Leitung* (genauer ein ISDN-B-Kanal) verfügt über eine Übertragungskapazität von 64 kbit/s. Um zu errechnen wie lange es dauert, um über diese Leitung zum Beispiel 100.000 Bytes zu übertragen, müssen zunächst die Einheiten angeglichen werden. 64 kbit/s entsprechen 8.000 Byte/s. 100.000/8.000 ergibt eine theoretische Übertragungsdauer von 12,5 Sekunden (brutto, das heißt ohne Protokoll-Overhead, siehe Abschnitt 6.2.3.1) wobei auch Übertragungsverzögerungen (siehe unten) nicht eingerechnet sind.

Vielfach wird etwas ungenau anstelle des Begriffs *Übertragungskapazität* der Begriff *Übertragungsgeschwindigkeit* synonym verwendet. Dies ist allerdings nicht korrekt. Geschwindigkeit ist ein Maß für einen Weg pro Zeiteinheit (beispielsweise km/h). Folglich ist auch die Übertragungsgeschwindigkeit ist ein Maß für die Ausbreitungsgeschwindigkeit und besagt, wie lange ein einzelnes Signal (Bit) benötigt, um eine gewisse Distanz auf einem Medium zurückzulegen.

> Die **Signallaufzeit** (engl.: signal propagation time) ist die Zeitspanne, die ein Signal (und somit ein Bit) benötigt, um eine Strecke zwischen zwei Punkten zu durchlaufen. Die Signallaufzeit wird in Millisekunden (abgekürzt: ms) gemessen.

Die *Ausbreitungsgeschwindigkeit von Lichtwellen* im Vakuum heißt Lichtgeschwindigkeit (etwa 3×10^8 m/s = 300.000 km/s). Innerhalb von festen Körpern kann diese Geschwindigkeit nicht erreicht werden. Beispielsweise beträgt die Ausbreitungsgeschwindigkeit in einem Kupferkabel etwa 75 Prozent und in einem Glasfaserkabel etwa 66 Prozent der Lichtgeschwindigkeit.

Zur Veranschaulichung können Sie die Begriffe der Übertragungskapazität und der Übertragungsgeschwindigkeit auf ein Rohrsystem mit Flüssigkeiten anwenden. Die Übertragungsgeschwindigkeit entspricht hier der Fliessgeschwindigkeit einer Flüssigkeit. Die Übertragungskapazität ist das Produkt aus der Fliessgeschwindigkeit und dem Durchmesser des Rohrs und besagt, welche Wassermenge in einer Zeiteinheit transportiert werden kann.

Hier noch ein *weiteres illustratives Beispiel* (nach Tanenbaum): Ermitteln wir die Übertragungskapazität eines Transporters, der mit Magnetbändern beladen Daten zwischen beispielsweise Wien (Österreich) und Wuppertal (Deutschland) transportiert. Die Distanz von Wien nach Wuppertal beträgt etwa 1.000 km. Mit einer Durchschnittsgeschwindigkeit von 100 km/h kann ein Transporter diese Strecke in 10 Stunden (36.000 Sekunden) zurücklegen. Dieser Transporter hat einen Karton mit beispielsweise 1.000 LTO-Ultrium-3-Bändern (siehe Kapitel 2 dieses Bandes) geladen, die eine Kapazität von je 400 GB (unkomprimiert) aufweisen. Somit hat ein Karton eine Speicherkapazität von 400.000 GB. Durch den Transport werden somit etwa 11,1 GB (400.000 GB / 36.000 s) in der Sekunde übertragen, das entspricht einer Übertragungskapazität des Transporters von etwa 88,89 Gbit/s. Heute verfügbare ATM-Netze ermöglichen Übertragungskapazitäten von 10 Gbit/s pro Kanal (etwa ein Neuntel dieses Wertes).

Übertragungskapazität (in Mbit/s)

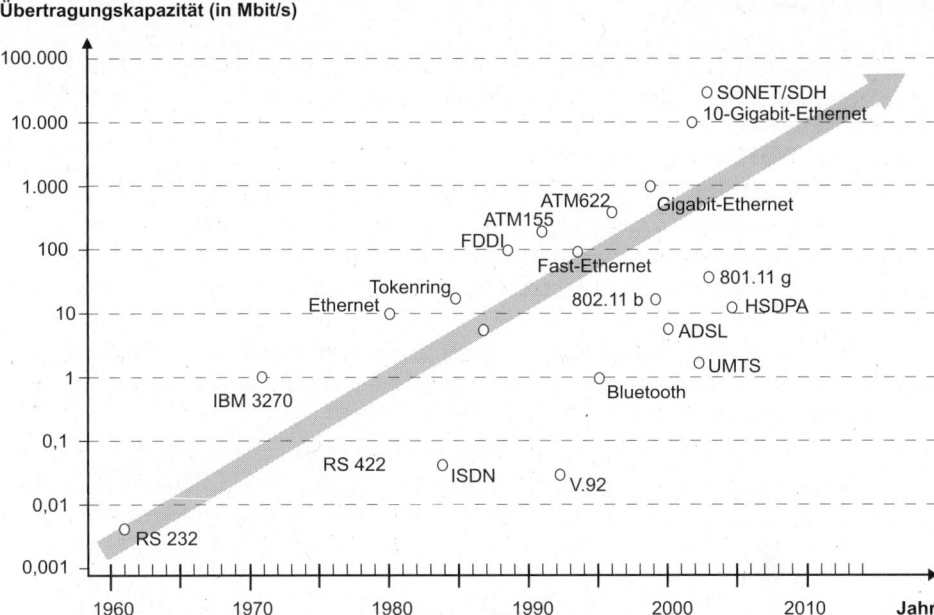

Abb. 6.1.6.1/1: Entwicklung der Übertragungskapazitäten

1.000 Bänder haben ein Volumen von etwa 200 Litern und würden somit keinen Transporter benötigen. Nehmen wir an, wir laden einen zweiten Karton auf den Transporter. Dadurch verdoppelt sich seine *Übertragungskapazität*. Die *Übertragungsgeschwindigkeit* wird allerdings dadurch nicht beeinflusst. Wir gehen weiter von einer Übertragungsgeschwindigkeit von 100 km/h aus. Somit ist auch die „Signallaufzeit" weiterhin 10 Stunden. Durch den zweiten Karton hat sich allerdings die Übertragungskapazität verdoppelt.

Betrachten wir die Kostenseite: Ein entsprechendes Magnetband kostet im Großeinkauf etwa 100 Euro, damit kosten 1.000 Bänder 100.000 Euro. Nehmen wir an, die Bänder können 100-mal beschrieben werden. Daraus ergeben sich Materialkosten von 1.000 Euro pro Transport. Die Transportkosten für den Karton mit Magnetbändern betragen zirka 100 Euro. Somit ergibt sich ein Preis von 1.100 Euro pro Transport von 400.000 GB, das entspricht etwa 0,275 Euro-Cent pro übertragenem GB (Basis: 1 Karton pro Lastwagen).

In Abb. 6.1.6.1/1 wird die Entwicklung der Übertragungskapazitäten über die letzten Jahrzehnte dargestellt. Beachten Sie, dass die y-Achse eine logarithmische Skala aufweist und somit die Übertragungskapazitäten nahezu exponentiell gewachsen sind.

6.1.6.2 Latenz

Ein weiterer wichtiger Bestimmungsfaktor für die Übertragungsleistung ist die *Latenz*.

> Die **Latenz** (*Übertragungsverzögerung*, engl.: latency, delay) ist die Verzögerung zwischen dem Versenden und der Ankunft des ersten Datenbits einer Meldung. Die Latenz ergibt sich aus der Verzögerung beim Verschicken, der Signallaufzeit über das Medium und der Verzögerung beim Empfangen einer Bitfolge. Die Latenz wird in Millisekunden (ms) angegeben.

Die *Latenz beim Verschicken und Empfangen* ergibt sich aus Verzögerungen, die beim Weiterreichen zwischen der Datenend- und der Datenübertragungseinrichtung entstehen.

Bei einem lokalen Netzwerk, das auf *Ethernet* (10 Mbit/s) basiert, liegt die *Latenzzeit* (ohne Kopplungseinheit) in der Größenordnung von etwa einer halben Millisekunde. Bei einer Übertragung über ein Telefonmodem ist die typische Latenz etwa 100 ms, also der etwa 200-fache Wert.

> Die **Transferzeit** (engl.: transfer time) ist die Zeit zwischen dem Beginn des Versendens des ersten Bits eines Datenstroms bis zum Empfang des letzten Bits. Die Transferzeit ist die Summe der *Sende-* und *Empfangslatenz* und der *Übertragungsdauer*, die durch die Übertragungskapazität und die übertragene Datenmenge bestimmt wird.

Wenn zehn Bytes über ein *Modem mit einer Übertragungskapazität mit 33,6 kbit/s* übertragen werden, so ergibt sich die Transferzeit aus 200 ms (100 ms Sende-/Empfangslatenz auf beiden Seiten) plus die Übertragungsdauer von 2,4 ms (80 Bits / 33.600 bit/s), also 202,4 ms. Sie sehen somit, dass für das Versenden von kurzen Meldungen die Latenz einen viel größeren Einfluss als die Übertragungskapazität des Mediums besitzt. Aus diesem Grund sind zum Beispiel (hoch) interaktive Spiele über herkömmliche Modem-Verbindungen sehr träge.

▶ Übungsaufgabe Nr. 2.6.3 im Arbeitsbuch

6.1.7 Analoge und digitale Übertragung

> Bei der Übertragung über **analoge Übertragungswege** (*analoge Kanäle*, engl.: analog channel) werden analoge Daten unverändert übertragen, während digitale Daten vor der Übertragung mittels eines Digital/Analog-Wandlers (D/A-Wandler) in analoge Signale transformiert werden. Die empfangenen analogen Signale werden wiederum durch einen Analog/Digital-Wandler (A/D-Wandler) in digitale Daten zurückgewandelt.

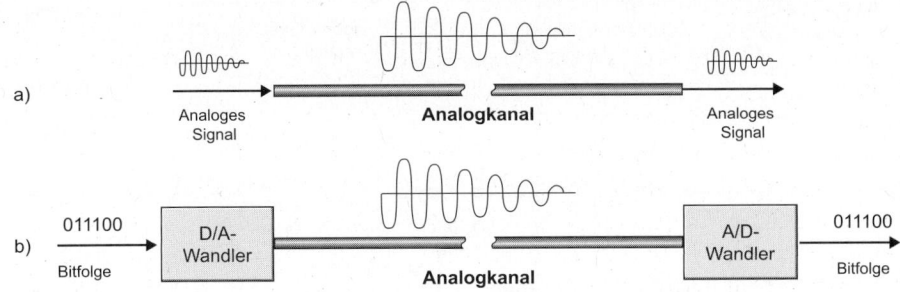

a)
Analoges Signal — **Analogkanal** — Analoges Signal

b)
011100 Bitfolge → **D/A-Wandler** → **Analogkanal** → **A/D-Wandler** → 011100 Bitfolge

Abb. 6.1.7/1: Analoger Übertragungsweg

Bei einem Telefongespräch, das rein analog übermittelt wird, findet somit keine Signalumwandlung statt. Die (analogen) Sender und Empfänger können direkt über den analogen Übertragungsweg miteinander kommunizieren. Werden hingegen digitale Daten über den Analogkanal ausgetauscht, so muss auf der Sendeseite eine Digital/Analog-Umwandlung und auf der Empfangsseite eine Analog/Digital-Umwandlung stattfinden. Die Abb. 6.1.7/1 zeigt das Prinzip der Übertragung von Sprache beziehungsweise digitalen Daten über einen analogen Übertragungsweg.

> Bei der Übertragung über **digitale Übertragungswege** (*digitale Kanäle*, engl.: digital channel) werden digitale Daten ebenso digital übertragen und analoge Signale abgetastet und in eine digitale Form gebracht. Die resultierende Bitfolge kann gesichert übertragen werden und wird beim Empfänger wiederum in ein analoges Signal zurückgewandelt.

Bei der digitalen Übertragung können ein Digitalsender und ein Digitalempfänger über den digitalen Übertragungsweg ohne Analogwandlung kommunizieren. Wählt jedoch ein Analogsender einen digitalen Übertragungsweg, so muss dieser die analogen Signale mittels Analog/Digital-Wandler in digitale Signale umsetzen. Die Abb. 6.1.7/2 verdeutlicht die analoge und digitale Übertragung von Daten über einen digitalen Vermittlungsweg.

Als *digitale Übertragungskanäle für öffentliche Netze* werden zum Beispiel *ISDN* und *ADSL* angeboten (diese Techniken werden in späteren Abschnitten noch genauer betrachtet).

Bei *analogen Übertragungswegen* treten unterschiedliche *Störungen* auf, die die Signalqualität beeinflussen. Das Signal wird beispielsweise schwächer, es wird undeutlicher, oder es kommt zu gegenseitigen Beeinflussungen zwischen Übertragungsmedien (mehr dazu folgt im nachstehenden Abschnitt über Störeinflüsse). Bei der *Übertragung von digitalen Signalen* treten zwar *prinzipiell die gleichen Störungen* auf, doch die *Originalsignale können hierbei in den Zwischenknoten unter Verwendung von Fehlerkorrekturverfahren verlustfrei wie-*

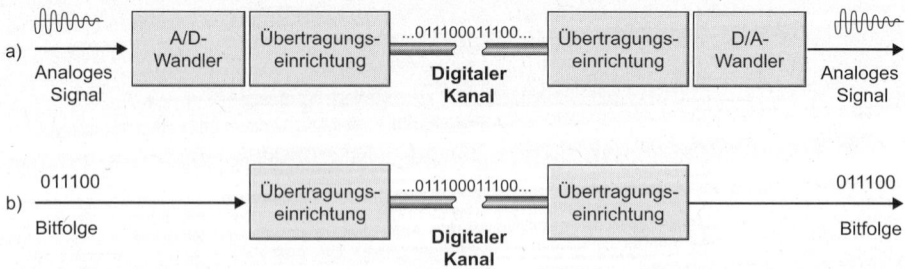

Abb. 6.1.7/2: Digitaler Übertragungsweg

derhergestellt werden. Ein Zwischenknoten empfängt ein Signal, eliminiert die Störungen, regeneriert das Signal aus der erkannten Bitfolge und sendet ein klares (gegebenenfalls korrigiertes) Signal auf die nächste Teilstrecke.

> Aus diesem Grund arbeitet *zum Beispiel in Deutschland* das gesamte *Telefonnetz mit digitaler Vermittlungstechnik*. Obwohl die Sprachkanäle zum Privathaushalt häufig noch analog arbeiten, findet in den Ortsvermittlungsstellen oder vorgeschalteten Konzentratoren eine Analog/Digital-Umwandlung statt, in deren Anschluss die Daten digital über das Telefonnetz versendet werden. Alle internen Übertragungswege der Betreibernetze der (deutschen) Telekommunikationsanbieter arbeiten digital.

Für die Analog/Digital-Umwandlung im öffentlichen Telefonnetz wird in der Regel die *Pulscodemodulation* (engl.: pulse code modulation, abgekürzt: PCM) verwendet, die mit einer Abtastfrequenz von 8 kHz arbeitet, wobei jede Abtastung 8 Bits repräsentiert. Daraus ergibt sich eine Übertragungsrate von 64 kbit/s. Das Verfahren der Pulscodemodulation haben Sie bereits im Band 1, Kapitel 3 kennen gelernt.

6.1.8 Modulationsverfahren

Zur Nutzung von analogen Übertragungswegen für die digitale Datenübermittlung werden verschiedene *Modulationsverfahren* eingesetzt, die digitale Daten in analoge Signale umwandeln und umgekehrt. Hierfür wird von jeder beteiligten Endeinrichtung ein Modem benötigt.

> Ein **Modem** (Kunstwort aus *Modulator und Demodulator*; engl.: modem) ist eine Datenübertragungseinrichtung für analoge Übertragungswege (beispielsweise Telefonleitungen). Ein Modem wandelt die digitalen Daten der Datenendeinrichtung in analoge Übertragungssignale aus dem für die Telefonie genutzten Frequenzband um und überträgt diese. Die analogen Signale sind über einen Lautsprecher als Töne wahrnehmbar.

Ausgangspunkt für die Umwandlung ist eine Schwingung (ein Trägersignal), bei der entweder (a) die Amplitude, (b) die Frequenz oder (c) die Phase verändert wird, um den Wert „0" oder „1" zu codieren. Je nachdem spricht man von

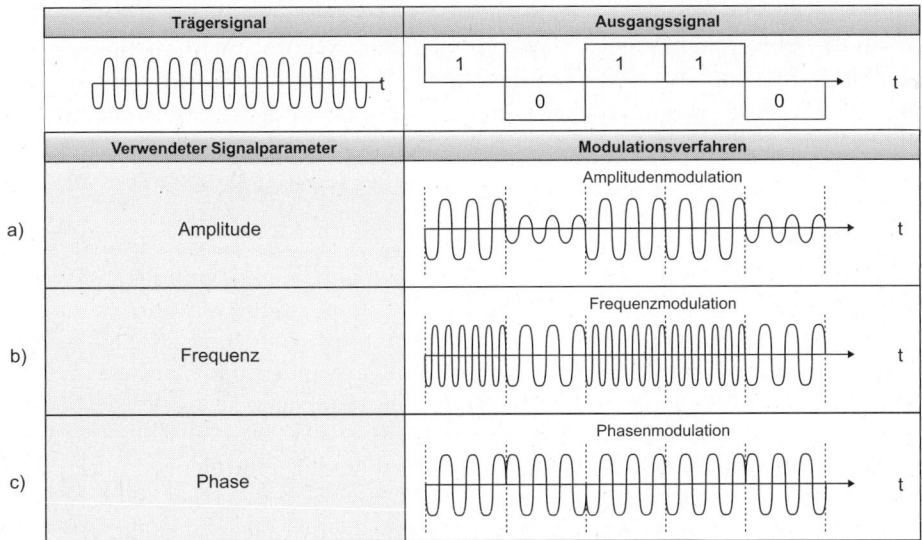

Abb. 6.1.8/1: Informationsdarstellung mit Signalparametern

einer Amplitudenmodulation, einer Frequenzmodulation oder einer Phasen-modulation (siehe Abb. 6.1.8/1).

Bei der *Amplitudenmodulation* (abgekürzt: AM) wird der Wert „1" durch einen höheren Spannungspegel als der Wert „0" dargestellt. Bei der *Frequenz-modulation* (abgekürzt: FM) wird eine höhere Frequenz für die Codierung des Wertes „1" als für die Codierung des Wertes „0" gewählt. Der Zeitpunkt der Phase bestimmt bei der *Phasenmodulation* (abgekürzt: PM), ob der Wert „0" oder „1" dargestellt wird.

Die in Übertragungssystemen eingesetzten Modulationsverfahren sind zumeist Kombinationen aus den drei obigen Basisverfahren. Die *Trellis-Code-Modulation* (abgekürzt: TCM) ist eine Kombination der Amplituden- und der Phasenmodulation. Die *Quadraturamplitudenmodulation* (abgekürzt: QAM) ist eine Kombination aus Amplituden- und Phasenmodulation. Jede diskrete

Symbol	Bits	Amplitude	Phasenverschiebung
A	00	1	0
B	01	2	90
C	10	1	90
D	11	2	0

Abb. 6.1.8/2: Symbolbildung durch Amplitude und Phasenverschiebung

Kombination aus Amplitude und Phasenverschiebung bildet ein Bitmuster (Symbol). Abb. 6.1.8/2 zeigt, dass ein einzelnes Symbol mehrere Bits (in der Abbildung hier sind es zwei) darstellen kann, wodurch die Übertragungskapazität (pro Symbol) erhöht werden kann. Da pro Zeiteinheit jeweils ein Symbol übertragen wird ergibt sich die Übertragungskapazität eines Modems folglich aus dem Produkt der *Symbolrate* und der *Anzahl der Bits, die je Symbol übertragen* werden können.

Die **Symbolrate** (Synonyme: *Baudrate, Schrittrate*, engl.: symbol rate) gibt die Anzahl der übertragenen Symbole pro Zeiteinheit an. Wird pro Symbol nur ein Bit übertragen, so entspricht die Symbolrate der Bitrate. Die ITU-T empfiehlt, den Term Baudrate nicht mehr zu verwenden und stattdessen die Symbolrate (unter Angabe von Bit pro Symbol) anzugeben.

Pro Symbol können je nach Verfahren unterschiedliche Bitmengen übertragen werden. Beispielsweise kann durch ein Symbol bei reiner FM ein Bit, bei QAM bis zu vier Bit und bei TCM 6 bis 9,8 Bit übertragen werden.

Um eine einheitliche Kommunikation über Telefonmodems zu ermöglichen, wurden von der ITU-T im Lauf der letzten 20 Jahre verschiedene „V-Standards" erstellt. Die V-Standards (eine Familie von Standards mit vorangestelltem „V") regeln die Modulationsverfahren und Protokolle, sodass Modems unterschiedlicher Hersteller miteinander arbeiten können. Diese V-Standards definieren unter anderem auch die Übertragungskapazität.

Sie sehen aus der folgenden Tabelle, dass die *Obergrenze der Übertragungskapazität von Modems über Telefonverbindungen* bei etwa 56 kbit/s liegt. Aufgrund schlechter Leitungsqualität erreichen die besten heute erhältlichen Modems oft jedoch nur die Hälfte dieses Maximalwertes. Alle gängigen Modems unterstützen mehrere dieser Standards. Beim Beginn einer Datenverbindung wird zwischen den Datenendeinrichtungen ein Modus ausgehandelt (der letztendlich auch von der Leitungsqualität bestimmt wird), über den

ITU-Norm	Baudrate	Betriebsart	Maximale Bitrate (in kbit/s)	Modulations-verfahren
V.21	300	Duplex	300	FM
V.23	1.200	Halbduplex	1.200	FM
V.27bis	1.600	Duplex	4.800	PM
V.32bis	2.400	Duplex	14.400	QAM, TCM
V.34	max. 3.429	Duplex	28.800	QAM, TCM
V.34plus	max. 3.429	Duplex	33.600	QAM, TCM
V.92	8.000	Duplex	56.000	–

Abb. 6.1.8/2: V-Standards der ITU-T

anschließend der Datenaustausch stattfindet. Dadurch kann es auch abhängig von der Gegenstelle zu unterschiedlichen Übertragungskapazitäten kommen.

Der Begründer der Informationstheorie *Claude Shannon* hat 1948 ein Theorem zur Ermittlung der Kapazitätsgrenze von Übertragungsstrecken unter Rauschen aufgestellt.

$$C = B \times \log_2\left(1 + \frac{S}{N}\right)$$

C ist die Übertragungskapazität des Kommunikationskanals, B die Bandbreite des Kanals und S/N das Verhältnis von der maximalen Leistung des Signaltons (S, für engl.: signal) und des Rauschens (N, für engl.: noise). Der Signal/Rauschabstand wird in dB (Dezibel) ausgedrückt. Nach dem *Shannon-Theorem* können Daten bei höherem Datendurchsatz nicht mehr zuverlässig übertragen werden, da ein höherer Signalpegel auch ein höheres Rauschen verursacht und die Störeinflüsse in einem Kabelbündel der Telefonleitungen der Transferleistung eine Grenze setzen.

> *Beispiel*: Das Sprachband einer Telefonleitung reicht von 300 Hz bis 3.400 Hz und hat daher eine Bandbreite von 3.100 Hz. Für die Telefonleitung liegt der Signal/Rauschabstand in einem typischen Kabelbündel bei etwa 30 dB. Diese 30 dB entsprechen einem Verhältnis von 1.000:1 zwischen Signalleistung und Rauschleistung.
>
> C = 3.100 × $\log_2$ (1+1.000) = 3.100 × 9,967 bit/s = 30.899 bit/s = 30,17 kbit/s
>
> Dabei ergibt sich bei analoger Übertragung über Telefonleitungen eine Begrenzung der Kanalkapazität C von rund 30 kbit/s.

Der *V.92-Standard*, der im Jahr 2000 verabschiedet wurde, durchbricht diese Grenze scheinbar. Die Übertragungskapazität von 56 kbit/s wurde durch die Nutzung digitaler Datenkanäle möglich, wodurch auf einer Seite der Verbindung die Modulation entfällt. Die V.9x-Techniken machen sich somit die digitale Vermittlungstechnik zu Nutze, um höhere Übertragungskapazitäten zu realisieren.

Doch betrachten wir zunächst nochmals *herkömmliche Verbindungen zwischen zwei Modems* (siehe Abb. 6.1.8/3). Bei einer herkömmlichen Modem-zu-Modem-Verbindung findet im Modem eine Digital/Analog-Umwandlung statt, und bei der digitalen Ortsvermittlungsstelle des Senders wiederum eine Analog/Digital-Umwandlung. Die Daten werden innerhalb des Telefonnetzes digital übertragen. In der Ortsvermittlungsstelle des Empfängers erfolgt wiederum die Wandlung von digital nach analog und im Modem des Empfängers zurück in digitale Signale.

Bei einer *Datenübermittlung über herkömmliche Modems und einer Weiterleitung über das digitale Telefonnetz* sind somit zwei Umwandlungen von analog nach digital und zwei Umwandlungen von digital nach analog notwendig.

Bei einer *Verbindung über ein V.9x-Modem mit 56 kbit/s* fällt die Hälfte der Umwandlungen weg (deshalb die scheinbare Überschreitung der Shannon-

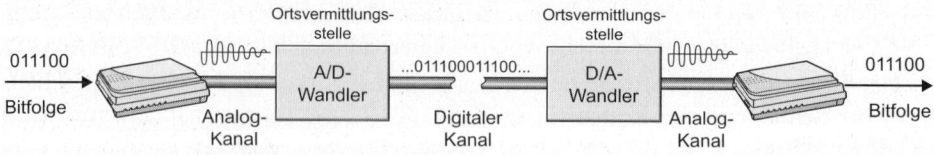

Abb. 6.1.8/3: Modem-zu-Modem-Verbindung

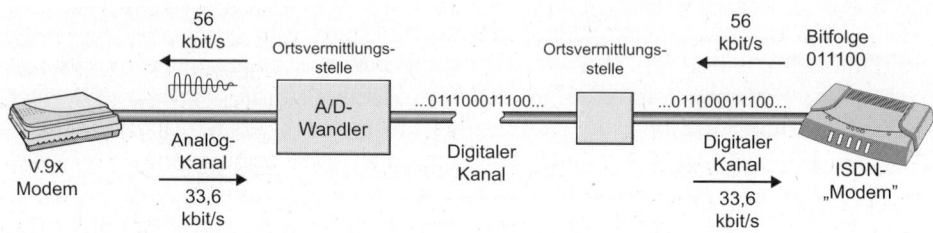

Abb. 6.1.8/4: V.9x-Modem-Verbindung

Grenze; bei einer rein digitalen Übertragung ist kein Modem notwendig). Für den Einsatz der V.9x-Standards muss daher eine Seite der Kommunikationspartner direkt an das digitale Telefonnetz angeschlossen sein. Dies ist typischerweise die Einwahlstelle (siehe Abb. 6.1.8/4). Auf der Seite des analogen Teilnehmers erfolgt die Übertragung der Daten von der Ortsvermittlungsstelle zum Teilnehmer nicht mittels eines Modulationsverfahrens, sondern in der Form von unterschiedlichen Spannungsstufen. Dies ist nur möglich, weil die Entfernung zwischen Modem und Vermittlungsstelle in der Regel recht gering (unter 7 km) ist. Bis zu 8.000-mal pro Sekunde überträgt die Vermittlungsstelle 8-Bit-Werte zum 56-kbit/s-Modem. Weil die Übertragung im Gegensatz zum ISDN ohne festen Takt erfolgt, muss jedoch ein Bit pro Datenwert zur Synchronisation dienen. Es bleiben somit 8.000 x 7 bit/s, beziehungsweise 56 kbit/s.

Für die Gegenrichtung, den so genannten *Rückkanal*, verwenden *V.90-Modems* das analoge Übertragungsverfahren V.34plus (33,6 kbit/s). Der V.92-Standard sieht für den Rückkanal die PCM-Technik vor, die auf hochqualitativen Telefonleitungen bis zu 44 kbit/s ermöglicht.

Beachten Sie, dass es mit der V.9x-Technik nicht möglich ist, zwischen zwei analogen Telefonanschlüssen eine Übertragungskapazität von 56 kbit/s zu erreichen.

▶ Übungsaufgabe Nr. 2.6.4 im Arbeitsbuch

6.1.9 Logische und physische Datenkanäle

Sowohl analoge Kanäle als auch digitale Kanäle können mehrere Informationsströme mehr oder minder gleichzeitig transportieren. Das physische Medium kann somit in mehrere logische Kanäle aufgetrennt werden.

> **Multiplexverfahren** (engl.: multiplexing) ermöglichen die Übertragung mehrerer getrennter Verbindungen (logischer Kanäle) auf einem einzelnen physischen Übertragungsmedium oder in einem weiteren logischen Kanal. Hierbei wird die Übertragungskapazität zwischen den logischen Kanälen aufgeteilt.

Die verfügbare Bandbreite eines Übertragungsmediums kann somit genutzt werden, um mehrere Übertragungskanäle parallel zu betreiben.

Beachten Sie, dass beim Vollduplexbetrieb (siehe Abschnitt 6.1.5) von digitalen Daten über ein physisches Medium auch bereits zwei logische Kanäle durch ein Multiplexverfahren bereitgestellt werden müssen.

Dies ist auch ein wichtiges ökonomisches Problem für die Betreiber von Netzwerkinfrastrukturen, die das Ziel haben, die gesamte Bandbreite mit möglichst geringem Verschnitt (ungenutzten Kanälen) anzubieten. Aus diesem Grund werden von den Betreibern in Europa die Bandbreiten nach der europäischen Multiplexhierarchie (siehe Abb. 6.1.9/2) angeboten.

Beim genormten PCM-30-Verfahren werden 30 Sprach- und zwei Steuerkanäle mit je 64 kbit/s auf einer Leitung mit einer Gesamtkapazität von 2,048 Mbit/s zusammengefasst; vier dieser 2-Mbit/s-Leitungen können wiederum zu einer Verbindung mit 8,448 Mbit/s zusammengelegt werden. In den Regionen, die der Normierung der ANSI (American National Standards Institute) unterliegen (beispielsweise USA und Kanada) sind andere Aufteilungen im Einsatz.

Die wichtigsten Verfahren sind das Frequenzmultiplexverfahren und das Zeitmultiplexverfahren.

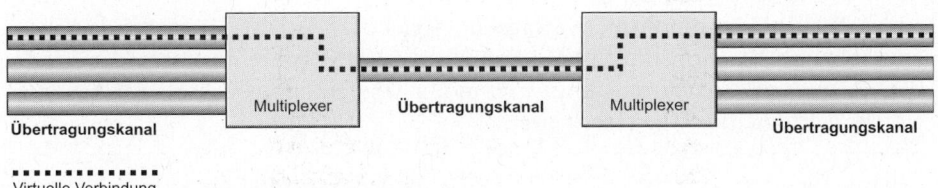

Abb. 6.1.9/1: Logische und physische Kanäle

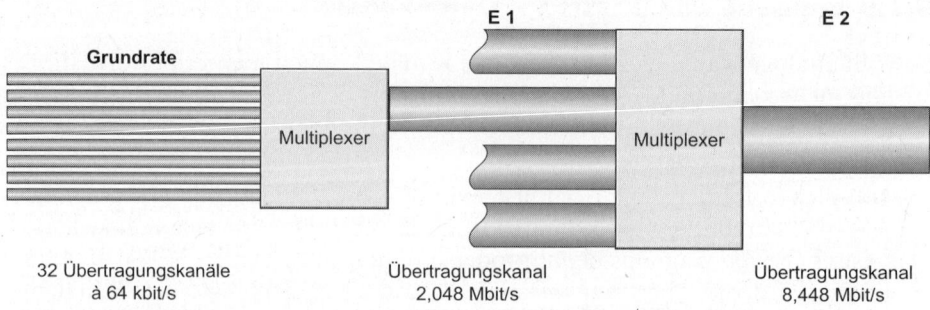

Abb. 6.1.9/2: Europäische Multiplexhierarchie im öffentlichen Fernsprechnetz

6.1.9.1 Frequenzmultiplexverfahren

> Das **Frequenzmultiplexverfahren** (engl.: frequency division multiplexing; abgekürzt: FDM) verwendet für die logischen Kanäle verschiedene Frequenzbänder des gemeinsamen Übertragungswegs.

Beim *Frequenzmultiplexverfahren* wird jedem logischen Übertragungskanal ein eigener Frequenzbereich zugewiesen, der diesen ungestört von den anderen Übertragungskanälen für die Kommunikation nutzen kann.

Das Frequenzmultiplexverfahren wird unter anderem bei allen regulierten Funkfrequenzbereichen wie beispielsweise Radiofunk, terrestrisches Fernsehen, Mobiltelefonie eingesetzt. Auch Fernseh- oder Radiokanäle werden entsprechend in einem engen Frequenzband gesendet und angewählt.

Da Frequenz und Wellenlänge in einem inversen Verhältnis stehen (eine große Wellenlänge entspricht einer niedrigen Frequenz), bezeichnet man das Frequenzmultiplexverfahren sowohl als *FDM-Verfahren* (Abkürzung von engl.: frequency division multiplex) als auch als *WDM-Verfahren* (Abkürzung von engl.: wavelength division multiplex).

> Das **Wellenlängenmultiplexverfahren** (abgekürzt WDM-Verfahren, engl.: wavelength division multiplex, abgekürzt: WDM) ist eine Form des Frequenzmultiplexverfahrens und wird in der Übertragungstechnik zur Mehrfachnutzung einer Glasfaser genutzt.

Beim Wellenlängenmultiplexverfahren wird jedem Kanal eine eigene Wellenlänge zugeordnet, die in dem Lichtleiter einer Lichtfarbe entspricht. WDM-Verfahren ermöglichen die Übertragung sehr hoher Datenraten im Terabit-Bereich.

6.1.9.2 Zeitmultiplexverfahren

> Das **Zeitmultiplexverfahren** (engl.: time division multiplexing; abgekürzt: TDM) benutzt hierfür verschiedene aufeinander folgende Zeitintervalle.

Beim *Zeitmultiplexverfahren* werden *Zeitschlitze* (engl.: time slot) definiert, die – ähnlich wie beim Zeitscheibenverfahren für Betriebssysteme (siehe Kapitel 4 dieses Bandes) – für kurze Zeiträume den einzelnen Übertragungskanälen exklusiv zugewiesen werden. Die dadurch garantierte Bandbreite ist proportional zu der Anzahl der zugeordneten Zeitschlitze. Die Zuweisung der Zeitschlitze an logische Kanäle kann entweder *statisch* (im Vorhinein definiert) oder *dynamisch* erfolgen, wobei im letzteren Fall laufend die Kapazität eines Kanals durch die Zuordnung weitere Zeitschlitze erhöht oder verringert werden kann.

Statisches *Zeitmultiplexing* wird *beispielsweise in digitalen Ortsvermittlungsstellen beim PCM-30-Verfahren* eingesetzt.

> Ein Sonderfall des dynamischen Zeitmultiplexing ist das **statistische Zeitmultiplexing** (engl.: statistical multiplexing). Hierbei werden nicht genutzte Zeitschlitze zufällig (stochastisch) eingehenden Datenströmen zugeordnet. Hierdurch kann gegenüber einer statischen Zuordnung die *Kapazitätsausnutzung* signifikant erhöht werden.

Statistisches Zeitmultiplexing wird in sehr hohem Ausmaß bei paketvermittelnden Infrastrukturen wie beispielsweise dem Internet eingesetzt, wobei Datenpakete in nicht genutzten Zeitschlitzen kostengünstig transportiert werden können.

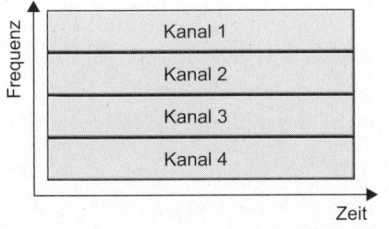 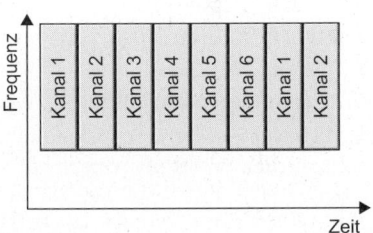

Abb. 6.1.9.2/1: Frequenz- und Zeitmultiplexverfahren

6.1.9.3 Multiplexverfahren durch Signalspreizung

Eine spezielle Form des Multiplexing ist das **CDM-Verfahren** (Abkürzung von engl.: code division multiplexing). Hierbei wird das Signal mit einem Code versehen und anschließend zur Übertragung über ein weites Frequenzspektrum verstreut. Diese Codierung basiert auf einer „Spreizung" des übertragenen Signals. Hierbei werden die einzelnen Bits eines Nutzdatensignals durch längere Bitkombinationen ersetzt.

Wenn jedes Bit zum Beispiel durch jeweils zehn Bits ersetzt wird, dann erreicht man eine Spreizung um den Faktor 10.

Man benötigt durch das CDM-Verfahren zwar eine höhere Übertragungsbandbreite, um einen gewissen Informationsgehalt zu übertragen, allerdings wird dadurch die Übertragung robuster gegenüber Störungen. Als Folge kann der gleiche Übertragungskanal für eine größere Anzahl an Nutzkanälen verwendet werden.

CDM ist beispielsweise die Basis für die Zugangsverfahren des Mobilfunknetzes UMTS und wird auch militärisch und für Satellitenverbindungen genutzt.

6.1.9.4 Räumliches Multiplexing

Ein Multiplexverfahren im weiteren Sinn ist das *räumliche Multiplexing* (engl.: space division multiplexing), bei dem die gleichen Frequenzbereiche oder Zeitschlitze simultan in mehreren Netzen genutzt werden können. Die Hauptnutzung sind drahtlose Netze, deren Funkzellen eine eingeschränkte räumliche Ausdehnung besitzen. Außerhalb des Empfangsbereichs wird die gegenseitige Beeinflussung so gering, dass zwei Funkzellen die gleichen Frequenzen simultan effektiv nutzen können. Die Gesamtkapazität vieler kleiner Funkzellen ist somit wesentlich größer als die einer großen Funkzelle, in der sich die Teilnehmer gegenseitig stören.

Die vorgestellten Multiplexverfahren können *auch gemeinsam* eingesetzt werden, wobei ein Kanal des Frequenzmultiplexbetriebs beispielsweise mit dem Zeitmultiplexverfahren geteilt werden kann.

UMTS verwendet unterschiedliche Kombinationen dieser drei Verfahren in unterschiedlichen Situationen (mehr dazu in Abschnitt 6.7.5.9).

▶ Übungsaufgabe Nr. 2.6.5 im Arbeitsbuch

6.1.10 Übertragungsmedien

Zum Datenaustausch zwischen zwei Datenstationen werden Übertragungsmedien benötigt. Die nachstehend vorgestellten Übertragungsmedien haben jeweils unterschiedliche physikalische Eigenschaften und erfordern somit einen unterschiedlichen Aufwand (in Form von Zeit und Geld), sie benötigen unterschiedli-

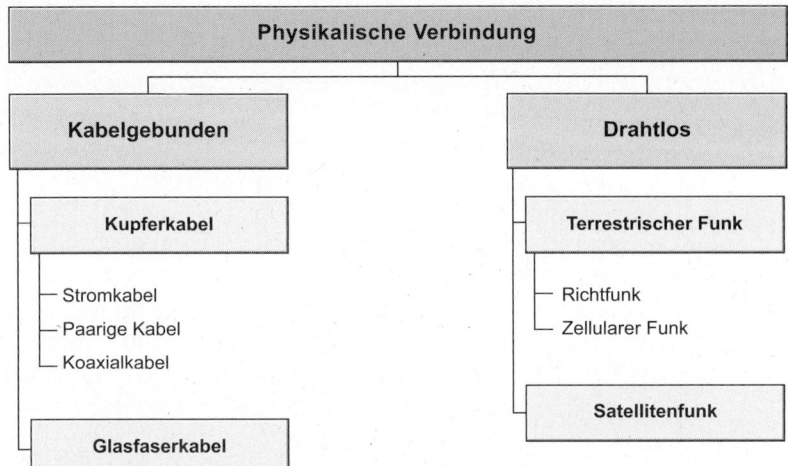

Abb. 6.1.10/1: Überblick Übertragungsmedien

che Protokolle und unterscheiden sich somit auch in ihren Anwendungsmöglichkeiten.

Grob kann man die Übertragungsmedien in kabelgebundene und kabellose (drahtlose) unterscheiden. Die Abb. 6.1.10/1 liefert eine Klassifikation für die üblicherweise eingesetzten Übertragungsmedien. Datenstationen können zum Beispiel über verdrillte Kupferkabel, Koaxialkabel, Glasfaserkabel, Stromleitungen oder „drahtlos" über Funk kommunizieren.

Bevor die verschiedenen Übertragungsmedien im Detail vorgestellt werden, ist es notwendig, die wichtigsten *Störeinflüsse* zu verstehen, die in mehr oder minder gleicher Form für alle dieser Medien gelten. Diese Störeinflüsse sind mitbestimmend für die erreichbaren Kapazitäten dieser Medien.

6.1.10.1 Störeinflüsse in Übertragungsmedien

Jedes Übertragungsmedium hat unterschiedliche, artbedingte Störeinflüsse. Zu den wichtigsten Störeinflüssen, die auf einem Übertragungsmedium auftreten, gehören die *Dämpfung*, *Dispersion*, *Reflexion* und das *Übersprechen*.

Als **Dämpfung** (engl.: attenuation) bezeichnet man das Verhältnis der Eingangsleistung zu der Ausgangsleistung eines Signals (gemessen in Dezibel, abgekürzt dB). Der Dämpfungswert (auch Dämpfungskoeffizient) gibt die Abhängigkeit der Dämpfung von der Entfernung von einem Sender zu einem Empfänger an. Die Dämpfung bestimmt, wie weit Sender und Empfänger maximal voneinander entfernt sein dürfen. Die Einheit des Dämpfungswertes ist Dezibel/km.

Ein Signal verliert an Stärke, je weiter es sich durch ein Medium bewegt und vom Sender entfernt. Wie viel es an Stärke verliert, hängt dabei insbesondere von der *Art des verwendeten Mediums* ab. Bei *einem Übertragungsmedium mit niedriger Dämpfung* kann das Signal eine relativ große Strecke zwischen Sender und Empfänger zurücklegen, ohne dass es zu schwach wird, das heißt, ohne dass das Signal verstärkt werden muss (siehe Abb. 6.1.10.1/1).

> Ein Beispiel für Übertragungsmedien mit geringer Dämpfung sind Monomodeglasfaserleiter (mehr dazu später), über die Signale ohne jegliche Verstärkung oder Regeneration über Distanzen von mehr als 100 km übertragen werden können.

In *Übertragungsmedien mit hoher Dämpfung* müssen Verstärker zwischengeschaltet werden, die das empfangene Signal verstärken und weitersenden. Generell wird zwischen elektrischer und optischer Verstärkung unterschieden. Die Signale werden bei einer *elektrisch analogen Übertragung* genauso verstärkt, wie sie im Verstärker eintreffen – das heißt, inklusive eventuell vorhandener Rausch- und Störgeräusche. Elektrische analoge Verstärker werden auch als *Repeater* bezeichnet (mehr dazu später). Die Qualität eines analogen Signals wird somit durch die Übertragung über *lange Strecken* trotz Verstärkung stetig schlechter.

Bei einer optischen Verstärkung wird Licht meist in einer Glasfaserleitung regeneriert, ohne es zuerst in ein elektrisches Signal umsetzen zu müssen. Sie basiert zumeist auf dem so genannten *Erbium-dotierten Glasfaserverstärker* (engl.: Erbium doped fiber amplifier, abgekürzt: EDFA). Hierbei wird ein einige Zentimeter langes Stück Glasfaser mit Ionen des Metalls Erbium dotiert (gespickt). Eine Infrarotlichtquelle hebt das Energieniveau der äußeren Elektronen der Erbium-Atome an, wobei die Energie dann wieder stimuliert durch die eingehenden Photonen des Signals abgegeben wird. Der EDFA agiert dadurch wie ein breitbandiger Verstärker.

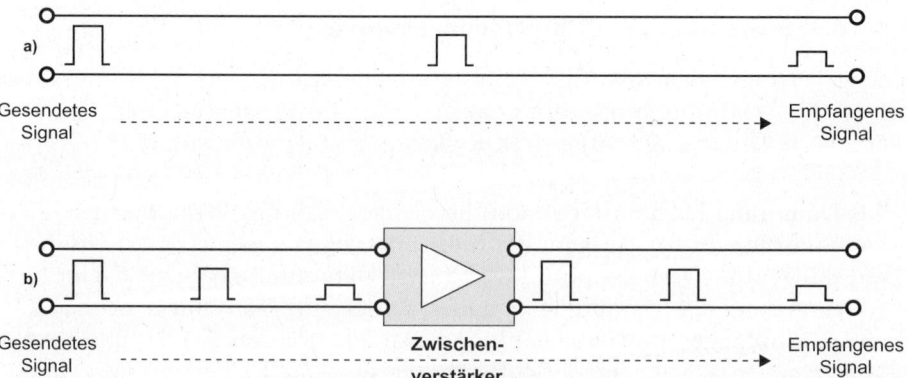

Abb. 6.1.10.1/1: Übertragungsmedium mit niedriger (a) und hoher (b) Dämpfung (nach Petzold)

Glasfaserweitverkehrsnetze können unter Einsatz der EDFA-Technologie Distanzen von über 4.000 km ohne elektrische Regeneration überbrücken.

> **Dispersion** (*Verwischung*; engl.: dispersion) nennt man (vor allem bei optischer Übertragung) Störeinflüsse, welche durch die wellenlängenabhängige Ausbreitungsgeschwindigkeitsunterschiede elektromagnetischer Wellen im Übertragungsmedium entstehen.

Dispersion führt dazu, dass ein Signal während der Übertragung seine ursprüngliche, charakteristische „kantige" Form verliert und beim Empfänger ohne Gegenmaßnahmen nicht korrekt interpretiert werden. Bei optischen Übertragungsmedien teilen sich die Dispersionseffekte in Materialdispersion, Profildispersion und Wellenleiterdispersion. *Materialdispersion* ist der Haupteffekt als Abhängigkeit der Ausbreitungsgeschwindigkeit von der Wellenlänge. *Profildispersion* ist Dispersion, welche durch Variation der Differenz des Brechungsindex des Mantels zum Kern entsteht. Wellenleiterdispersion ergibt sich im Wesentlichen durch die Abhängigkeit der Signallaufzeit vom Kerndurchmesser.

Ziel bei optischer Weitverkehrskommunikation ist es, entweder Dispersion zu minimieren oder sie durch Kompensationsmaßnahmen auszugleichen. So werden zum Beispiel Übertragungswellenlängen in Abhängigkeit der Materialeigenschaften des Mediums so gewählt, dass sich die unterschiedlichen Dispersionseffekte aufheben; das Ziel ist hierbei, *Glasfaserleitungen mit Nulldispersion* (engl.: zero dispersion fiber) zu entwickeln.

> Bei kabelgebundenen Übertragungsmedien kommt es an Kabelenden zu Signalspiegelungen. Da das Signal am Kabelende reflektiert wird, spricht man von einer **Reflexion** (engl.: reflection), welche in der Sprachkommunikation als Echo wahrnehmbar sind.

Diese reflektierten Signale wandern (vereinfacht ausgedrückt) wiederum in dem Übertragungsmedium zurück, treffen an das andere Ende und verursachen unnötigen „Lärm" und Störungen auf dem Übertragungsmedium. Um Reflexionen zu eliminieren, werden bei vielen Kabeltypen an den Enden Abschlusswiderstände verwendet, die diese Signale „schlucken", wodurch die Reflexion eliminiert wird.

Digitale Sprachkommunikationssysteme wie ISDN verwenden *Codecs* (engl.: coder – decoder), die auftretendes Echo mittels *Echoreduktionsverfahren* in ihren Signalprozessoren reduzieren.

> Die gegenseitige Beeinflussung von parallel geführten Kupferkabeln wird **Übersprechen** (engl.: crosstalk) genannt.

Ein Kupferkabel arbeitet als (ungewollter) „Rundfunksender" und zugleich als „Antenne". Dies bedeutet, dass ein Signal, das auf einem Kupferkabel übertragen wird, auch auf einem anderen Kupferkabel durch Induktion emp-fangen wird, das in räumlicher Nähe verlegt ist. Eine wirksame Gegenmaß-name gegen diese Art von Störungen ist der Einsatz von *Abschirmungen* in der Form eines umhüllenden Metallgeflechts oder einer metallbeschichteten Kunst-stofffolie.

Der *Begriff des Übersprechens* kommt aus dem Bereich der *analogen Telefontechnik*. Durch diese Störeinflüsse konnte man bei schlechter Abschirmung Gespräche von einer zweiten Telefonleitung unfreiwillig mithören. Dieser Effekt trat auf, wenn zwei Gespräche gleichzeitig über unabgeschirmte Kabel geführt wurden, die über längere Strecken parallel verliefen.

Alternativ zu verdrillten Zweidrahtleitungen können Koaxial- und Glasfaser-kabel eingesetzt werden, bei denen geringe oder keine Übersprechstörungen auf-treten.

Auch in Glasfaserleitungen, die im *Wellenlängenmultiplexverfahren* (engl.: wavelength division multiplex, abgekürzt: WDM) betrieben werden, kann es zum Übersprechen zwischen einzelnen Kanälen kommen. Diese Form des Über-sprechens ergibt sich allerdings durch das Multiplexverfahren und erfolgt nicht zwischen getrennten Leitern.

▶ Übungsaufgabe Nr. 2.6.6 im Arbeitsbuch

6.1.10.2 Kabelgebundene Übertragungsmedien

Verdrillte Kupferkabel

Die in der Telefonie verwendeten **verdrillten Kupferkabel** (*Zweidrahtkup-ferleitungen*, engl.: twisted pair cable) sind derzeit das am weitesten ver-breitete Übertragungsmedium für die Individualkommunikation. Hierbei erfolgt die Übertragung auf elektromagnetischem Wege über zwei Kupfer-leiter. Die Drähte sind miteinander verdrillt, um so weit wie möglich das Übersprechen benachbarter Adern innerhalb eines Kabels auszuschließen.

Verdrillte Kupferkabel sind verhältnismäßig *preiswert und einfach zu verle-gen.* Nachteilig sind jedoch die relativ *geringe Bandbreite,* die relativ hohe *Stör-anfälligkeit* und die geringe *Abhörsicherheit.*

Im öffentlichen Fernsprechnetz und in *betriebsinternen Telefonnebenstellen-anlagen* wird der Teilnehmeranschluss durch *Zweidrahtkupferleitungen* reali-siert. Im Ortsbereich werden mehrere Zweidrahtleitungen in Kabelbündeln mit gemeinsamer Außenisolierung zusammengefasst. Jede Zweidrahtleitung bildet eine *Teilnehmeranschlussleitung* (abgekürzt: TASL), über die beispielsweise ein Telefongespräch geführt werden kann. Je Teilnehmeranschlussleitung kann eine oder mehrere Telefonverbindung geschaltet werden. Für die simultane *Mehr-fachnutzung von Zweidrahtkupferleitungen* (engl.: pair gain circuits) werden Konzentratoren verwendet, die eine uneingeschränkte Nutzung des Sprach-bands für jeden Teilnehmer erlauben, hochfrequente Übertragungstechniken jedoch weitgehend verhindern. Im überregionalen Verkehr werden im Fernsprechnetz meist bereits Glasfaserleitungen verwendet.

Prinzipiell gilt bei jeder Art der Datenübertragung die Forderung nach möglichst großer Leistungsfähigkeit. Trotzdem gibt es viele Fälle, in denen die vergleichsweise geringe Kapazität der Zweidrahtkupferleitung bereits ausreicht. In *der analogen Telefonie wird der Frequenzbereich von 300 bis 3.400 Hz verwendet.* Diese Bandbreite reicht aus, um Sprache in der bekannten Qualität zu übertragen. Dabei wird die Stimme über das im Telefonhörer eingebaute Mikrofon in elektrischen Strom gewandelt (Signal). Die Stärke des Signals wird im Verhältnis zum konstanten Pegel (Erde) gemessen.

Mit der *Entwicklung von lokalen Netzen auf Basis verdrillter Kupferkabel* wurden auch die Qualitätsanforderungen an diese höher. Es gibt heute eine nahezu unüberschaubare *Vielzahl von Kabeltypen für verdrillte Kupferkabel,* bei denen im Wesentlichen folgende *Bauweisen* unterschieden werden:

- *Unshielded Twisted Pair (Abkürzung: UTP):* Diese Kabeltypen besitzen keine Abschirmung.
- *Shielded Twisted Pair (Abkürzung: STP):* Dieser Kabeltyp besitzt eine äußere Abschirmung für jedes Kabelpaar.
- *Foilshielded Twisted Pair (Abkürzung: FTP):* Dieser Kabeltyp besitzt eine äußere Gesamtabschirmung aus einer aluminium-beschichteten Kunststofffolie.
- *Screened Twisted Pair (Abkürzungen: S/UTP, S/STP, S/FTP):* Dieser Kabeltyp besitzt eine (zusätzliche) äußere Gesamtabschirmung aus einem Metallgeflecht.

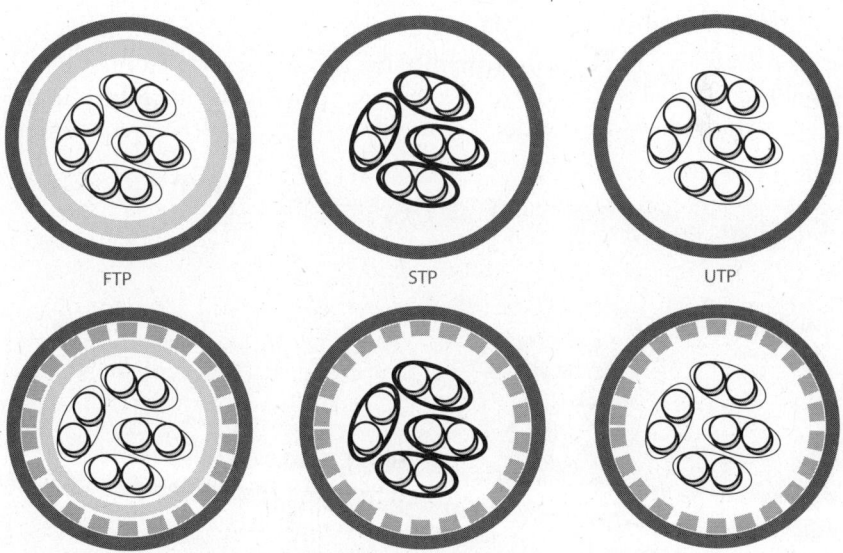

Abb. 6.1.10.2/1: Verschiedene Kupferkabeltypen

EIA/TIA	ISO/IEC	MHz pro Adernpaar	Mbit/s	Anwendungsbereich
Kat. 1	Klasse A	0,1	1	Analoge Sprachübertragung, Alarmsysteme
Kat. 2	Klasse B	1	4	Analoge Sprachübertragung
Kat. 3	Klasse C	16	10	10BaseT, 100BaseT4, 4-Mbit-Token-ring, ISDN
Kat. 4	–	20	16	16-Mbit-Tokenring, CDDI
Kat. 5e	Klasse D	125	100	100BaseTx, ATM (155 Mbit/s), CDDI
Kat. 6	Klasse E	250	1.250	Gigabit-Ethernet
Kat. 7	Klasse F	600–1.200	2.500	Gigabit-Ethernet und darüber
Kat. 8	Klasse G	1.200		TV-Kabel

Abb. 6.1.10.2/2: Übertragungsleistung verschiedener Kabelkategorien

Bei den meisten Kabeltypen werden heute vier Adernpaare in einen Kabelstrang gelegt (siehe Abb. 6.1.10.2/1). Der entscheidende Faktor für die Übertragungsleistung ist jedoch nicht die Bauweise, sondern die elektrischen Eigenschaften dieser Kabel. Es existieren zwei unterschiedliche Gremien, die die Kabelqualitätskriterien festlegten. Dies sind die *Electronic Industry Association (EIA, mit ANSI assoziiert)* und die *ISO*. Während die EIA die Kabelqualität in *Kategorien* teilt, verwendet die ISO *Klassen*, um die Übertragungsbandbreite festzulegen.

Die „Umrechnung" von MHz in Mbit/s ist keine exakte, sondern entspricht jeweils den Protokollen, für die die Kabel eingesetzt werden (sollen).

Bei den Kabeltypen ist zu beachten, dass ein „besseres" Twisted-Pair-Kabel (das heißt, ein Kabel einer höheren Kategorie oder Klasse) auch für die Anwendungsbereiche verwendet werden kann, die bei den „schlechteren" Kategorien

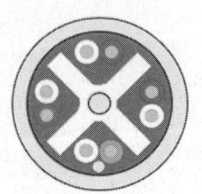

Abb. 6.1.10.2/3: Kabel in S/FTP-Ausführung

angeführt sind. Die Zuordnung zwischen Kabeltypen und den verschiedenen Kategorien ist nicht ganz einfach. Typischerweise ist ein UTP-Kabel ein Kabel der Kategorie 2, ein STP-Kabel ein Kabel der Kategorie 4 und ein S/STP-Kabel von der Kategorie 5e. Die Kabel der Kategorien 6 und 7 sind noch nicht weit verbreitet und werden heute in S/FTP-Ausführung vertrieben. Vielfach werden die Kategorien auch etwas unexakt als UTP-1 oder UTP-5 usw. bezeichnet.

Koaxialkabel

> In einem **Koaxialkabel** (engl.: coaxial cable) sind zwei Kupferleiter ineinander liegend (koaxial) angeordnet. Innerhalb – in der Achse, daher der Name – des hohlen Außenleiters (Grund) befindet sich der isolierte Innenleiter (Signal).

Durch die koaxiale Anordnung wird eine *hohe Sicherheit gegen Störungen* durch elektrische Felder erreicht, die von außen auf das Kabel einwirken. Ein Koaxialleiter emittiert - verglichen mit einem verdrillten Kupferkabel - durch seine Abschirmung wenig Energie. Daher können auch weit *höhere Frequenzen (bis etwa 600 MHz pro Adernpaar, bei Einsatz geeigneter Kabel bis in den Gigahertzbereich)* als bei der Zweidrahtleitung übertragen werden. Diese Kabeltypen werden deshalb auch *Breitbandkabel* genannt.

Ein wichtiger Einsatzbereich für die Breitbandübertragung ist die *Übertragung von Fernsehprogrammen*. In TV-Kabelnetzen bedient man sich der Breitbandübertragung, um über ein einzelnes Koaxialkabel mehrere Kanäle (Fernsehprogramme) übertragen zu können. Die Koaxialkabel der TV-Kabelnetze erreichen eine Bandbreite von bis zu einem GHz.

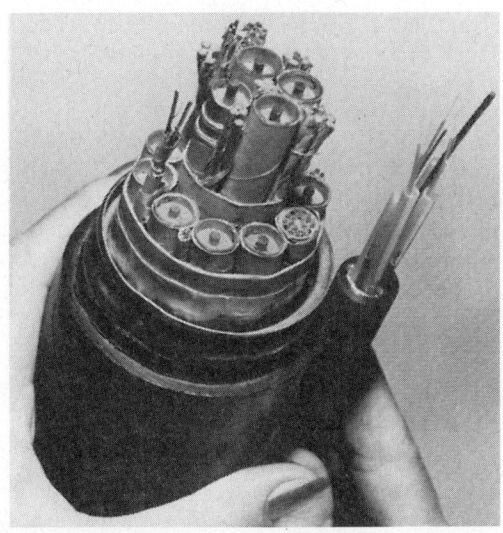

**Abb. 6.1.10.2/4:
Koaxial- und Glasfaserkabelbündel**

Die Verlegung von Koaxialkabeln ist wegen ihrer *hohen Steife* gelegentlich problematisch, insbesondere bei der Zusammenfassung vieler Einzelkabel in Kabelbündeln (siehe Abb. 6.1.10.2/4). Generell besteht für Koaxialleiter und für verdrillte Kupferkabel Abhörrisiko. Koaxialleiter sind gegen Störungen unempfindlicher, jedoch sind ebenso Störungen durch (starke) elektromagnetische Wellen möglich.

Stromleitungen

> Ein Verfahren·zur Datenübertragung mittels **Stromleitungen** stellt die so genannte *Powerline Communication* (abgekürzt: *PLC*) dar. Das Prinzip besteht hierbei darin, die höheren (verfügbaren) Frequenzbereiche von Stromleitungen für die Datenübertragung zu nutzen.

Im *Frequenzbereich von 9 kHz bis 148,5 kHz* werden *Stromleitungen* schon seit längerer Zeit *für einfache Dienste* genutzt. Eine typische Anwendung ist zum Beispiel die Stromzählerfernabfrage. Das *PLC-Nutzungskonzept* sieht vor, den *Frequenzbereich von 2 MHz bis 30 MHz* für die Datenübertragung mit einer Übertragungsrate von mehreren Mbit/s zu verwenden.

Das Problem bei der Nutzung der *Stromleitungen* ist, dass diese neben der Stromfrequenz von 50 Hz zahlreiche andere unbeabsichtigt eingekoppelte Frequenzen tragen und somit *sehr störanfällig* sind. Beispielsweise Schaltvorgänge erzeugen hochfrequente und energiereiche Spannungsspitzen, die viele Arten von Störungen auf für Kommunikation verwendeten Frequenzbändern verursachen können. Auch bereits durch einen defekten Rasierapparat kann eine erhebliche Störung auf einer Stromleitung verursacht werden.

Stromleitungen können sowohl innerhalb eines Hauses als auch im Rahmen eines öffentlichen Netzes zur Datenübertragung genutzt werden. Typische Übertragungsleistungen erreichen wenige Mbit/s (mehr dazu folgt in einem späteren Abschnitt).

Lichtwellenleiter

> In **Lichtwellenleitern** (engl.: optical fiber cable) erfolgt die Informationsübertragung durch dünne Glas- oder Kunststofffasern mittels sehr kurzer Laserlichtimpulse (im Nanosekundenbereich) in hoher Impulsrate (Bandbreite bis hin zu 1 THz). Lichtwellenleiter werden häufig auch als *Glasfaserkabel* bezeichnet.

Lichtwellenleiter können beinahe *beliebig gekrümmt* werden (zumindest im Vergleich zu Kupferkabeln), ohne dass ihre Fähigkeit zur Datenübertragung darunter leidet. Die eigentliche Leitfaser ist dabei von einem Mantel mit niedrigerer Brechzahl (Brechungswinkel für die übertragenen Lichtimpulse) umschlossen. Der Kern hat eine zum Mantel höhere Brechzahl, wodurch an der Übergangsfläche das Licht reflektiert und in der Faser vorwärts geleitet wird. Somit

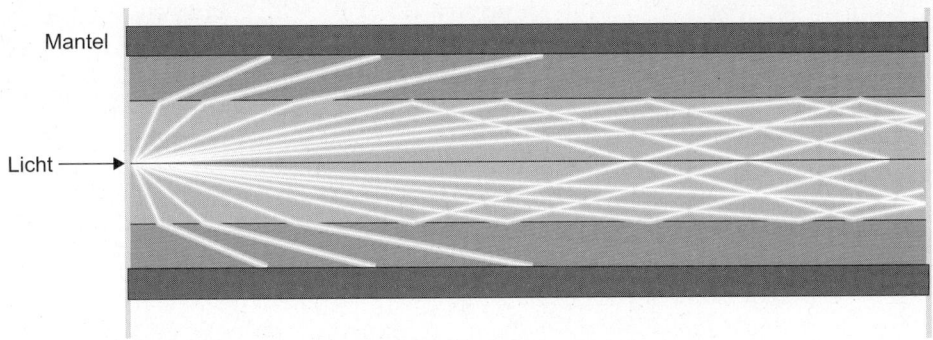

Abb. 6.1.10.2/5: Reflexion innerhalb eines Lichtwellenleiters

ist das Licht im Kern „gefangen", kann nicht austreten und geht damit nicht verloren. Man spricht hierbei von der *inneren Totalreflexion*.

Die unterschiedlichen Reflexionswege (verursacht durch unterschiedliche Brechungswinkel) ergeben Unterschiede in der Laufzeit einzelner Lichtwellen, durch die das Signal verflacht wird (siehe auch Ausführungen zur Dispersion im Abschnitt über Störeinflüsse) und Dämpfungsverluste entstehen. Dadurch muss man in entsprechenden Abständen *Verstärker* einschalten, die die Signale regenerieren.

Je nach ihrer Beschaffenheit werden drei Typen von Lichtwellenleitern unterschieden. Wichtig hierbei ist die Unterscheidung nach Modentyp. *Moden* (engl.: mode) bezeichnen Eigenwellen, die jeweils einem Auftreffwinkel des Lichtes and der Außenhaut des Mantels zuordenbar sind.

> **Multimodefasern** (auch *Multimodenfaser*; engl.: multi mode optical fiber) sind Lichtwellenleiter, in denen zahlreiche diskrete Wellen (Moden) die Signalübertragung durchführen. In einer Multimodefaser kann das Licht in unterschiedlichen Winkeln eintreten und wird entsprechend mehr oder weniger oft reflektiert.

Durch die Reflexionen ergibt sich eine relativ hohe Dispersion. Die Übertragungsleistung dieser Lichtwellenleiter ist vergleichsweise niedrig (bis zu 622 Mbit/s). Eine gegenüber den Multimodefasern verbesserte Dispersion kann mittels *Gradientenfasern* erreicht werden.

> In **Gradientenfasern** (engl.: gradient index fiber) führen unterschiedliche Brechungswinkel in der Ummantelung dazu, dass die Lichtimpulse zur Kernmitte reflektiert werden. Dadurch breiten sich die Lichtsignale gleichförmiger aus und die Dispersion wird reduziert.

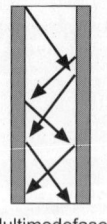 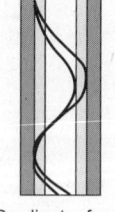 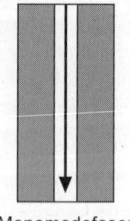

Multimodefaser   Gradientenfaser   Monomodefaser

Abb. 6.1.10.2/6: Multimode-, Gradienten- und Monomodefasern

Die Gradientenfasern erreichen etwa bei einem 1 km langen Leiter eine Übertragungskapazität von 1 Gbit/s. Die besten Übertragungsleistungen werden durch Monomodefasern erreicht, die die geringste Dispersion aufweisen.

> **Monomodefasern** (auch *Monomodenfaser*; engl.: mono mode optical fiber) sind Lichtwellenleiter, in denen nur eine Welle übertragen wird. Durch unterschiedliche Materialien im Lichtwellenkern und durch einen sehr geringen Kerndurchmesser wird erreicht, dass praktisch keine Reflexionen auftreten.

Durch die geringe Dispersion kann derzeit über eine einzelne, 1 km lange Faser eine Übertragungskapazität von 1 Tbit/s erreichbar werden.

Nach einer Meldung der Herstellers *Lucent Technologies* kann eine Monomodefaser derzeit bis zu 4.000 km ohne Verstärkung betrieben werden, wobei über diese Distanz 64 Kanäle mit je 40 Gbit/s parallel übertragen werden können.

Der Einsatz des Lichtwellenleitertyps hängt mit der *Art der Signalerzeugung* und damit auch den verbundenen Kosten zusammen. Während bei Multimode- und bei Gradientenfasern üblicherweise das Licht mittels relativ kostengünstiger *LEDs* (Abkürzung von engl.: light emitting diode) erzeugt wird, werden bei Monomodefasern teurere *Laserdioden* verwendet.

In Abb. 6.1.10.2/7 sind die drei wichtigsten Wellenlängenbereiche für die Datenübertragung in Lichtwellenleitern dargestellt. Aus dem Diagramm ist ersichtlich, dass bei größerer Wellenlänge die Dämpfung abnimmt. In Multimodefasern werden primär die Wellenlängen um 850 nm (Bereich I) und 1.300 nm (Bereich II) eingesetzt, in Monomodefasern die Wellenlängen um 1.310 nm (Bereich II) und 1.550 nm (Bereich III).

In nahezu allen Industriestaaten der Erde werden bereits seit vielen Jahren Glasfaserkabel zur Fernübertragung von Daten verwendet. Vielfach wurde dazu übergegangen, *Weitverkehrsnetze ausschließlich mit Monomodefasern* auszubauen. Dabei werden nicht einzelne Fasern, sondern Bündel von mehreren dutzend bis hunderten Glasfassersträngen verlegt.

Jede der Fasern kann durch das *Wellenlängenmultiplexverfahren* (engl.: wave length division multiplex, abgekürzt WDM) mehrere Frequenzen gleichzeitig

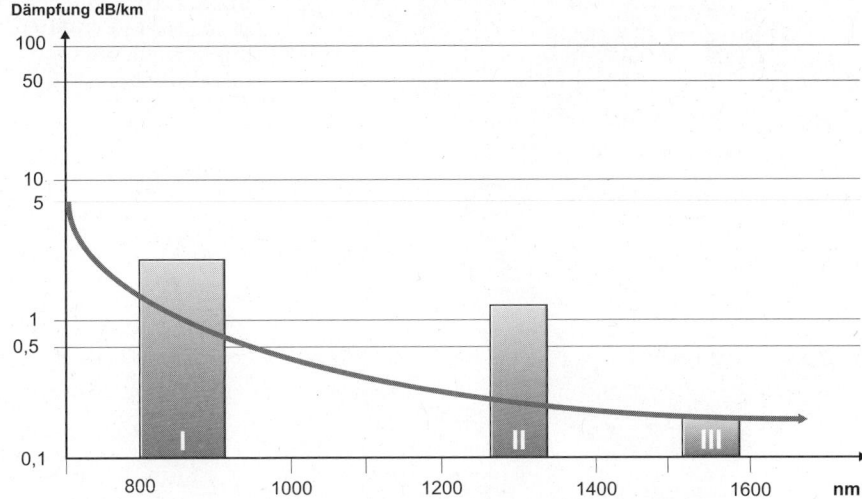

Abb. 6.1.10.2/7: Wellenlänge und Dämpfung in Lichtwellenleitern

übertragen. Das so genannte *Coarse Wavelength Division Multiplex-Verfahren* (abgekürzt: CWDM) verwendet typischerweise vier bis acht Wellenlängen mit Übertragungskapazitäten von je zehn bis 40 Gbit/s, das *Dense Wavelength Division Multiplex-Verfahren* (abgekürzt: DWDM) bis zu 160 parallel nutzbaren Wellenlängen mit Übertragungskapazitäten von je 10 Gbit/s. Dadurch ergeben sich gigantische Gesamtkapazitäten pro Faser im Bereich bis zu 1,6 Tbit/s für DWDM.

Um Ihnen eine Vorstellung der *Übertragungskapazität von Glasfaserleitungen* zu geben: 1,6 Tbit/s entsprechen über 25 Millionen simultanen Telefonkanälen (à 64 kbit/s) oder, je nach Qualitätsanspruch der Übertragung, von etwa 180.000 Fernsehkanälen. Bei 600 Glasfasern pro Bündelader kann ein einziges Kabel das Fünffache von Telefongesprächen der gesamten Weltbevölkerung miteinander tragen. Die zukünftig mit der Glasfasertechnik angestrebte Übertragungskapazität erlaubt kaum noch bildlich vorstellbare Übertragungsvolumina.

Neben der *höheren Bandbreite* weisen Glasfaserkabel gegenüber Koaxialkabeln eine Reihe von weiteren *Vorzügen* auf:

- geringe Dämpfung und damit längere Übertragungsstrecken ohne Verstärker;
- hohe Biegsamkeit und damit einfach zu verlegen;
- hohe Sicherheit gegen physikalisches „Anzapfen" (Abhören);
- Unempfindlichkeit gegen Korrosion, Feuchtigkeit und Temperaturschwankungen;
- keine leitende Verbindung zwischen den Stationen (Sicherheit gegen Blitzschlag und andere elektromagnetische Einflüsse);
- geringes Gewicht und geringer Platzbedarf.

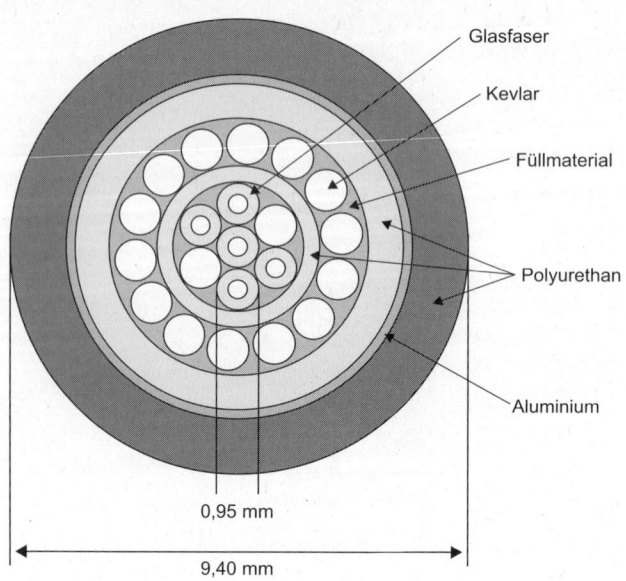

Abb. 6.1.10.2/8: Schematischer Quer-schnitt durch ein Glasfaserkabel

Zu den *Nachteilen* gehören:

• Die Verbindung zwischen zwei Kabeln (das so genannte „Spleißen") ist feh-leranfällig, es werden aufwändige Steckverbindungen benötigt.

• Glasfaserkomponenten sind im Vergleich zu Kupferkabeln noch weniger ver-breitet und teurer.

Wie die Kupferadern sind auch Glasfasern durch eine *Kunststoffbeschichtung* geschützt. Mehrere miteinander verdrillte Fasern werden mit *Dämm- und Schutzfolien* umwickelt und von einem Kunststoffmantel umhüllt. In einem *Glasfaserkabelbündel* können bis zu 900 Fasern zusammengelegt werden.

Allgemein wird den Lichtwellenleitern eine große Zukunft vorausgesagt. Glas-faser wird heute intensiv in Betreibernetzen aller Netzhierarchiestufen eingesetzt, zum Anschluss von Unternehmensnetzwerken und in großem Umfang seit 2004 in Breitbandzugangsnetzen für Privathaushalte. In Unternehmensnetzwerken werden Glasfaserleiter zunehmend für *Storage Area Networks* (SAN, siehe Kapi-tel 2 dieses Bandes) mit Fibre-Channel, Gigabit-Ethernet und ESCON eingesetzt.

▶ Übungsaufgabe Nr. 2.6.7 im Arbeitsbuch

6.1.10.3 Drahtlose Übertragungsmedien

Für die *betriebsinterne Kommunikation im Nahbereich* lassen sich aufwändige Verkabelungen verhältnismäßig einfach durch *drahtlose Netze* ersetzen. In die-sem Zusammenhang ist darauf hinzuweisen, dass bei der Verkabelung die Arbeitskosten (Öffnen und Schließen von Decken, Ziehen und Anschließen der

Kabel) die Materialkosten (das heißt, die Kabelkosten) meist beträchtlich übersteigen. Die drahtlose Datenübertragung in lokalen Netzen kann *mittels Radio-, Mikro- oder Infrarotwellen* erfolgen.

Wenn man die drahtlose Übertragung *unter dem Aspekt der Reichweite* betrachtet, kann man Funk in die *Kategorien Rundfunk und Richtfunk* einteilen.

Rundfunk

> Der Begriff **Rundfunk** (engl.: broadcast radio transmission) bezieht sich auf die nach allen Seiten hin gleichförmige Aussendung von elektromagnetischen (Radio-)Wellen zur Datenübertragung. Die Reichweite dieses Verfahrens wird von Faktoren wie der Sendeleistung der Station, der Empfängerempfindlichkeit, der Geländeform oder dem verwendeten Frequenzbereich bestimmt (verschiedene Frequenzen unterliegen unterschiedlichen Dämpfungen).

Die unverschlüsselte *Datenübertragung über Rundfunk* ist jedoch potenziell mit Sicherheitsproblemen verbunden. Zum Abhören des Signals bedarf es lediglich eines auf die gewünschte Frequenz justierten Empfängers. Dies ist erwünscht und unproblematisch, wenn die gesendete Information für „alle" bestimmt und nicht vertraulich ist. Ist dies nicht erwünscht, ist die Anwendung kryptographischer Techniken notwendig, um die Sicherheit der Datenübertragung zu erhöhen.

> Wird ein größerer Landstrich durch mehrere, einander überlappende, Sendezellen flächendeckend versorgt, so bezeichnet man ein derartiges Netz als **Zellularnetz** (engl.: cellular network).

Ein Zellularnetz ist vor allem dann notwendig, wenn die Sendeleistung und/oder das verwendete Frequenzband keine ausreichende Versorgung eines sehr großen Bereichs (geografisch und/oder gemessen an der Teilnehmerzahl) mit einem einzelnen Sender zulässt.

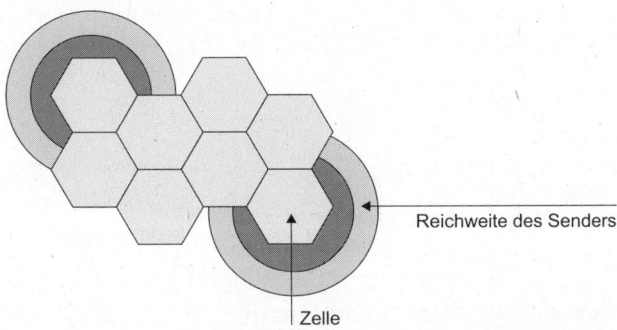

Abb. 6.1.10.3/1:
Zellularnetz

Zellularnetze werden beispielsweise von den digitalen Mobilfunkstandards GSM und UMTS verwendet.

Ist der Empfänger mobil (das heißt, er bewegt sich von einer Zelle zu einer anderen), so ist das so genannte *Roaming* notwendig, das den nahtlosen Übergang der Zuständigkeit von einer Zelle (beziehungsweise der zugehörigen Sendestation) in die nächste gewährleisten soll. Die Größe einer Zelle hängt von den verwendeten Frequenzbereichen und der Sendeleistung ab und reicht typischerweise von wenigen Metern bis zu 40 km.

Ist die Position des Senders und Empfängers (zumindest temporär) stationär, so können elektromagnetische Wellen auch in gebündelter Form zur Datenübertragung zwischen zwei Punkten eingesetzt werden. In diesem Fall spricht man von *Richtfunkverbindungen*.

Richtfunkverbindungen

Bei **Richtfunkverbindungen** (engl.: radio beam transmission) erfolgt die Informationsübertragung drahtlos mittels elektromagnetischer Wellen, die vom Sender (gebündelt) direkt auf eine geeignete Antenne des Empfängers gerichtet werden. Auf der Sende- und auf der Empfangsseite werden Richtfunkantennen mit hoher Bündelung verwendet, wodurch auch mit Sendern kleiner Leistung eine verhältnismäßig störungsarme Übertragung erreicht werden kann und eine gewisse Abhörsicherheit gewährleistet wird (im Vergleich zu Rundfunkübertragungen).

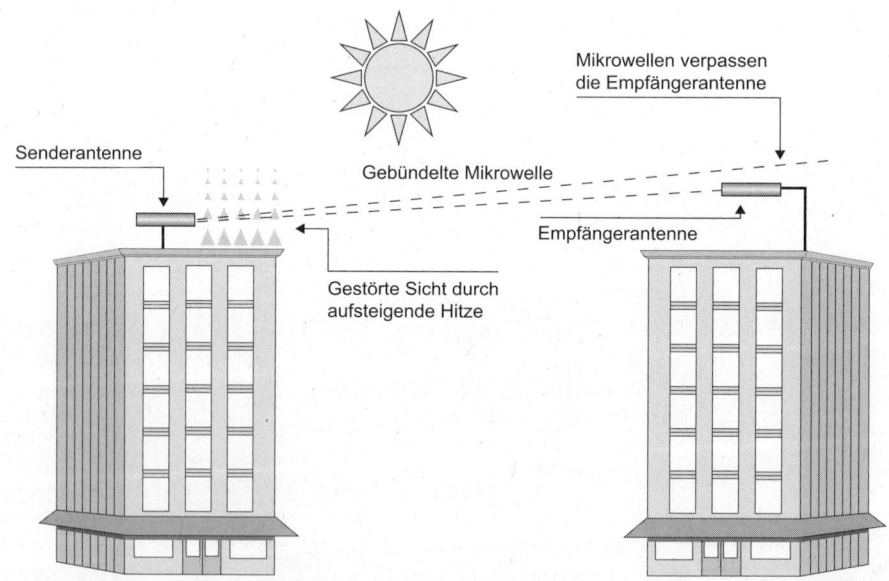

Abb. 6.1.10.3/2: Richtfunksystem

Beim *erdgebundenen Richtfunk* werden üblicherweise *Frequenzen im Mikrowellen- oder Infrarotbereich* genutzt. Die Wellen dieses Frequenzbereichs weisen bereits ähnliche Eigenschaften auf wie sichtbares Licht. Sie können zu einem Strahl gebündelt werden und somit auf einen bestimmten Empfänger ausgerichtet werden. Genauso wie Licht können Mikrowellen jedoch von Gegenständen reflektiert werden. Folglich setzt der Einsatz von Richtfunkverbindungen *eine freie optische Sicht voraus*; für größere Installationen führt dies zu *aufwändigen Sendernetzen*.

Die Abb. 6.1.10.3/2 zeigt ein typisches Richtfunksystem. Derzeit sind mit einem derartigen System mittels Infrarot-Laser bis zu einer Entfernung von 400 m Übertragungskapazitäten bis zu 155 Mbit/s realisierbar.

Die von den *Telekommunikationsanbietern* eingerichteten *Richtfunkstrecken* haben Kapazitäten, welche die Schaltung von einigen hundert Telefonverbindungen erlauben. Im Telekommunikationssektor nimmt der Richtfunk seit einigen Jahren eine ständig bedeutsamere Stellung ein. So werden beispielsweise Mobilfunksendemasten häufig über Richtfunk verbunden. Mit Richtfunkverbindungen können außerdem Konkurrenten von Betreibern wie der Deutschen Telekom Funkleitungen zu Firmen errichten und müssen somit nicht mehr Leitungen anmieten. Das Telekommunikationsunternehmen *Viag Intercom* bietet zum Beispiel einen entsprechenden Service in Deutschland an.

▶ Übungsaufgabe Nr. 2.6.8 im Arbeitsbuch

6.2 Grundlagen von Rechnernetzen

In den vorhergehenden Abschnitten dieses Kapitels wurden Grundlagen der Datenübertragung vorgestellt, wobei insbesondere die Kommunikation zwischen zwei Datenstationen im Vordergrund stand. In diesem Abschnitt wenden wir uns nun der Frage zu, wie aus elementaren Datenübertragungswegen komplexe Netze geschaffen werden können, bei denen unterschiedlichste Übertragungswege über eine standardisierte Schnittstelle als ein einheitliches Medium genutzt werden können. Das wahrscheinlich bekannteste Beispiel für ein solches Netz ist das Internet.

Unter einem **Rechnernetz** (auch kurz: *Netz* oder *Netzwerk*; engl.: computer network) wird ein räumlich verteiltes System von Datenstationen (Rechnern, Steuereinheiten und peripheren Geräten) verstanden, die durch Datenübertragungseinrichtungen und -wege miteinander verbunden sind.

Die Begriffe *Rechnernetz, Netz* oder *Netzwerk* werden in diesem Kapitel weitgehend synonym verwendet. Ein Rechnernetz bezeichnet tendenziell ein Netzwerk, das primär für die *Daten-* oder *Rechnerkommunikation* geschaffen wurde. Der Begriff *Netzwerk* bezeichnet ein konkretes Netz mit entsprechenden Netzwerkeinheiten (beispielsweise: ein Unternehmen betreibt ein *Firmennetzwerk*). Ein Netz bezeichnet sowohl einen ungerichteten Graphen (siehe Kapitel 5 dieses Bandes) als auch ein *allgemeines Kommunikationsnetz* (beispielsweise: das *Telefonnetz*). Die Trennung zwischen Rechnernetz (oder Datennetz) und Sprachnetz löst sich durch Entwicklungen wie VoIP (siehe Abschnitt 6.9.3.4) weitgehend auf.

Bis Anfang der 1980er Jahre bestand ein *Rechnernetz* zumeist aus (wenigen) *zentralen Großrechnern* und verhältnismäßig einfachen Datenstationen, die mittels proprietärer Protokolle miteinander verbunden waren. Die damals führenden Computerhersteller, wie beispielsweise IBM, Siemens oder Digital Equipment, hatten hierfür mangels anerkannter oder verfügbarer Standards eigene, herstellerspezifische Lösungen entwickelt. „*Herstellerspezifisch*" bedeutet hier, dass beispielsweise die Schnittstellen und Datenübertragungsverfahren ausschließlich für die herstellereigenen Geräte und Programme bereitgestellt wurden. So wurden bei diesen ersten Rechnernetzen zum Beispiel vorgelagerte Funktionseinheiten, so genannte *Vorrechner* (engl.: front end processor) für die Übertragungssteuerung eingesetzt, die in der Regel nur mit gleichartigen Geräten desselben Herstellers kommunizieren konnten.

Im Zuge der Dezentralisierung der Datenverarbeitung durch den Einsatz von Arbeitsplatzrechnern und Abteilungsservern, sowie durch die Globalisierung der Wirtschaft sind in den 1980er Jahren zunehmend auch *offene Rechnernetzkonzepte* entstanden, durch die Software- und Hardwarekomponenten unterschiedlicher Hersteller über wohldokumentierte und veröffentliche Schnittstellen miteinander kommunizieren können. Diese Entwicklung trug dazu bei, dass gleichzeitig die Abhängigkeit der Anwender von einzelnen Hard- und Softwareanbietern abnahm.

Offene Kommunikationssysteme (engl.: open communication system) bestehen aus Systemkomponenten, welche auf anerkannten, öffentlichen Standards und Normen beruhen. Komponenten offener Systeme sind portabel und herstellerunabhängig, und unterstützen so die Interoperabilität in Kommunikationssystemen.

Mittlerweile arbeiten Rechner aller Art und von verschiedenen Herstellern über offene Kommunikationsprotokolle (zum Beispiel die Protokollfamilie TCP/IP, die im weiteren Verlauf noch genauer beschrieben wird) zusammen. Bevor wir uns allerdings näher mit Kommunikationsprotokollen beschäftigen, werden zunächst noch einige Grundbegriffe und Grundlagen aus dem Bereich der Rechnernetze vorgestellt.

6.2.1 Klassifikationskriterien für Rechnernetze

Es existieren zahlreiche Ansätze, wie unterschiedliche Formen von Rechnernetzen voneinander abgegrenzt werden können. Hierzu zählen folgende Kriterien:

- *Physikalische Kriterien:* Welche Übertragungsmedien werden verwendet? Sie haben die wichtigsten Übertragungsmedien bereits im letzten Abschnitt kennen gelernt. Entsprechend kann man *drahtlose Netze* (engl.: wireless network) und *kabelgebundene Netze* (engl.: physically connected network) unterscheiden, die wiederum in optische Netzwerke (auch Glasfasernetze) und Kupferdrahtnetze geteilt werden können.

- *Strukturelle Kriterien:* Wie ist die Struktur des Netzwerkes aufgebaut, welche Knoten stehen mit welchen anderen Knoten in Verbindung?

- *Geografische Kriterien:* Welche Netzausdehnung hat das Rechnernetz? Je nach Ausdehnung unterscheidet man zwischen einem *lokalen Netz* (für örtliche Arbeitsgruppen, Abteilungen, maximal eine Betriebsstätte, engl.: local area network, abgekürzt: LAN), einem *Netz für ein städtisches Ballungszentrum* (engl.: metropolitan area network, abgekürzt: MAN) oder darüber hinausgehend einem *Weitverkehrsnetz* (engl.: wide area network, abgekürzt: WAN).

- *Organisatorische Kriterien:* Wer ist der Betreiber eines Rechnernetzes? Wird ein Rechnernetz von einem Telekommunikationsdienstleister für die Nutzung durch jedermann angeboten, so spricht man von einem *öffentlichen Netz* (engl.: public network). Wenn ein Unternehmen sein eigenes Rechnernetz betreibt, das nicht (oder kaum) durch externe Teilnehmer genutzt wird, so spricht man von einem *privaten Netz* (engl.: private network, corporate network).

- *Leistungskriterien:* Wie groß ist die maximale Übertragungsleistung eines Rechnernetzes, das heißt, welche Datenmenge kann über das Rechnernetz beispielsweise in einer Sekunde übertragen werden? Rechnernetze mit einer geringen Übertragungsleistung können bis zu 2 Mbit/s übertragen, Netze mit mittleren Bandbreiten erreichen zirka 45 Mbit/s, darüber hinaus spricht man von Hochleistungsnetzen.

- *Funktionskriterien:* Wer ist die primäre Zielgruppe eines Rechnernetzes? Dient ein Rechnernetz vornehmlich der Versorgung von Benutzern, so wird es *als Frontend-Netz* bezeichnet. Dient ein Rechnernetz (oder ein Teil eines Netzes) vornehmlich zur Verbindung von Servern, so ist dies ein *Backend-Netz.* Dient ein Rechnernetz vornehmlich zur Verbindung von Netzwerken, so spricht man von einem *Backbone-Netz* („Rückgrat" des Netzes, Hauptverkehrsader).

Entsprechend dem Übertragungsmedium kann zwischen *kabelgebundenen Netzen* und *Funknetzen* unterschieden werden. Bei kabelgebundenen Netzen findet die Datenübertragung zwischen den Endteilnehmern über fest verlegte Kupfer- oder Glasfaserleitungen statt. In einem Funknetz werden Funkwellen zur Datenübertragung durch die Luft verwendet. Funknetze bieten somit die Möglichkeit zum Aufbau von Netzen, in denen sich die Teilnehmer beziehungsweise die Endgeräte (zumindest in einem gewissen Radius) frei bewegen können, ohne dass dadurch ihre Möglichkeiten zur Kommunikation eingeschränkt werden.

Neben der Unterscheidung in kabelgebundene Netze und Funknetze kann weiter in öffentliche und private Netze unterschieden werden.

Unter einem **öffentlichen Netz** (engl.: public network) versteht man ein Kommunikationsnetz, das zu verhältnismäßig geringen Kosten prinzipiell für jedermann zugänglich ist. Öffentliche Netze bilden in der Regel die Basis für die Kommunikationsinfrastruktur eines Landes und verbinden sowohl einzelne Benutzer als auch verschiedene lokale Unternehmensnetzwerke.

Die heutigen öffentlichen Netze wurden ursprünglich häufig mit staatlichen Geldern aufgebaut, befinden sich nun aber im Besitz von privaten Unternehmen. Zu den *öffentlichen Netzen* zählen *beispielsweise Fernsprechnetze (Telefonnetze)* oder auch *TV-Kabelnetze* und *Stromnetze*. Sofern sich die öffentlichen Netze nicht mehr im Besitz des jeweiligen Staates befinden, gehören sie heute entweder ehemaligen Staatsunternehmen (wie das deutsche Fernsprechnetz der Deutschen Telekom), wurden meistbietend verkauft (wie zum Beispiel das deutsche TV-Kabelnetz) oder sind neu von privaten *Betreibern mit eigener Infrastruktur* (engl.: facility based carrier) aufgebaut worden.

Ein **privates Netz** (engl.: private network, corporate network) ist ein Kommunikationsnetz, das ausschließlich für die interne/private Kommunikation innerhalb eines Betriebs oder Privathaushalts verwendet wird. In der Regel sind private Netze auch das Eigentum des jeweiligen Betriebs oder Privathaushalts.

Die Unterscheidung zwischen privaten und öffentlichen Netzen geht oft mit der Unterscheidung nach dem *Ausdehnungsgrad von Netzwerken* einher. *Lokale Netzwerke* (engl.: local area network; abgekürzt: LAN) bilden das interne Netzwerk einer Organisationseinheit und erstrecken sich über einzelne Räume, Stockwerke, Gebäude oder Gebäudegruppen. Den obigen Ausführungen entsprechend sind dies auch private Netzwerke. Zu den lokalen Netzwerken zählen kabelgebundene Netze zur Verbindung von Arbeitsplatzrechnern (beispielsweise Ethernet-Netzwerke), Funknetze mit geringer Reichweite (beispielsweise Bluetooth oder Wireless LAN), digitale Nebenstellenanlagen, Verbindungen zwischen Großrechnern und Ähnliches. Wichtige Entscheidungskriterien sind hier *Skalierbarkeit* bezüglich der Zahl der anschließbaren Rechner, *geringe Kosten pro Anschluss und Robustheit* gegenüber unsachgemäßer Bedienung durch ungeschulte Benutzer. Typische *Bandbreiten für lokale Netze* reichen etwa von 10 Mbit/s bis zu 1 Gbit/s.

Bei weiträumigen Datennetzen wie beispielsweise bei einem *Metropolitan Area Network* (abgekürzt: MAN; unübliche deutsche Übersetzung: Stadtnetz) oder einem *Weitverkehrsnetz* (engl.: wide area network; abgekürzt: WAN) werden in der Regel mehrere Teilnetze von typischerweise unterschiedlichen Betreibern miteinander verbunden. Für diese Netzwerke ist die Schaffung einer flächendeckenden Infrastruktur ein zentraler Kostenfaktor. Diese Netzwerke werden meist von Unternehmen betrieben, die Kommunikationsleistungen für

Übertragungskapazität in (Mbit/s)

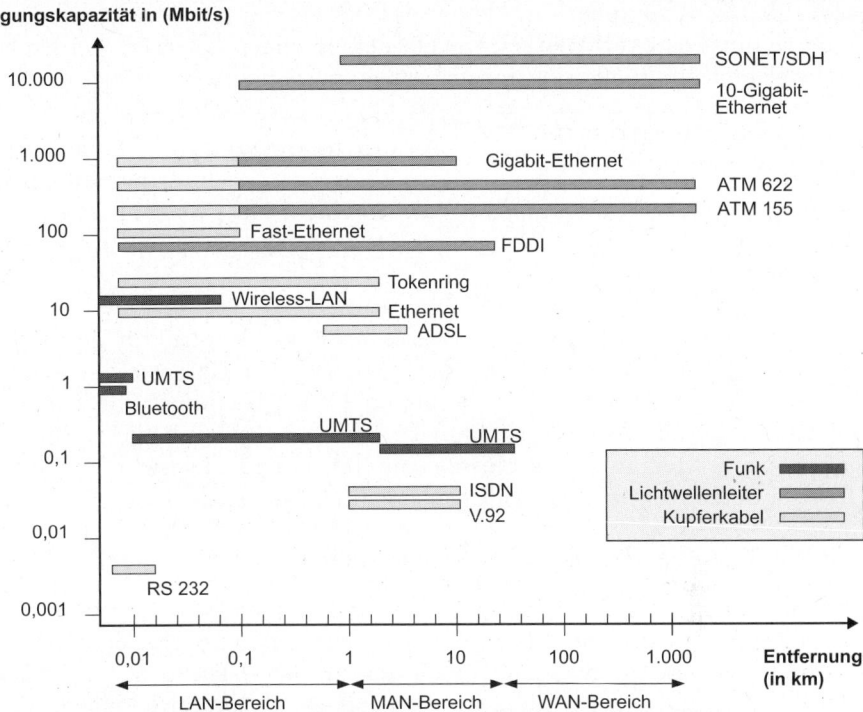

Abb. 6.2.1/1: Beispiele für Protokolle im LAN-, MAN- und WAN-Bereich

Endabnehmer verkaufen. *Wichtige Faktoren* sind hier *Bandbreitenmanagement, Skalierbarkeit für Durchsatzraten und hohe Ausfallsicherheit.* Für die Hauptverkehrsadern der weiträumigen Datennetze reichen die Kapazitäten von 100 Mbit/s pro Verbindung bis zu mehreren Gbit/s. In diesem Bereich wird beispielsweise häufig *ATM* (Abkürzung von engl.: asynchronous transfer mode) und *Gigabit-Ethernet* eingesetzt. Die Abb. 6.2.1/1 zeigt, welche Protokolle typischerweise im LAN-, WAN- und MAN-Bereich Einsatz finden.

In den folgenden Abschnitten werden die heute am weitesten verbreiteten Protokolle und Kommunikationsstandards für die Bitübertragungs- und Sicherungsschicht vorgestellt.

▶ Übungsaufgabe Nr. 2.6.9 im Arbeitsbuch

6.2.2 Rechnernetzstrukturen

Werden mehrere Rechner über ein gemeinsames Übertragungsmedium zusammengeschlossen, so ergibt sich die Frage, in welcher Form diese Rechner logisch und physikalisch angeordnet werden sollen, um das Netzwerk zu bilden. Das heißt, die *Struktur* (oder Topologie) des Netzes muss festgelegt werden. Zum anderen muss definiert werden, wie einzelne Rechner adressiert werden können und welche Kommunikationsmuster dabei unterstützt werden.

> Die **Netzwerktopologie** (engl.: network topology) definiert die Struktur eines Rechnernetzes und bestimmt somit, wie Rechner beziehungsweise *Datenstationen* (*Knoten*, engl.: node) in einem Netzwerk mittels Kommunikationsverbindungen (*Kanten*, engl.: edge) physisch miteinander verbunden werden können.

Die *Topologie* eines Netzes ergibt sich also aus der Struktur der physischen (nicht virtuellen!) Verbindungen, die zwischen den Datenstationen bestehen. Die Netzwerktopologie wird stark durch die Frage beeinflusst, ob zwischen einzelnen Knoten getrennte Verbindungen bestehen, oder ob die Knoten an ein gemeinsames Medium angeschlossen sind. Im ersten Fall spricht man von einem *Teilstreckennetz*, im zweiten Fall von einem *Diffusionsnetz*.

6.2.2.1 Topologien von Teilstreckennetzen

> Bei **Teilstreckennetzen** (engl.: point-to-point network) existieren getrennte Übertragungswege zwischen den Datenstationen. Die einzelnen Knotenrechner empfangen Meldungen, untersuchen, ob diese Meldungen für sie bestimmt sind und leiten die Meldungen gegebenenfalls weiter.

Die einzelnen Knoten sind hierbei für die *Wegwahl* der Meldungen zuständig, dass heißt, sie müssen entscheiden, an welchen Knoten die Meldung weitergeschickt werden soll. Teilstreckennetze haben den Vorteil, dass an einen Knoten prinzipiell *unterschiedliche Übertragungsmedien* angeschlossen sein können, wodurch sie sich vor allem für großflächige und heterogene Netzwerke eigenen.

Im Folgenden werden für Teilstreckennetze die *Grundformen* des *Sternnetzes*, des *Schleifennetzes*, des *Baumnetzes* und des *Maschennetzes* vorgestellt. Viele

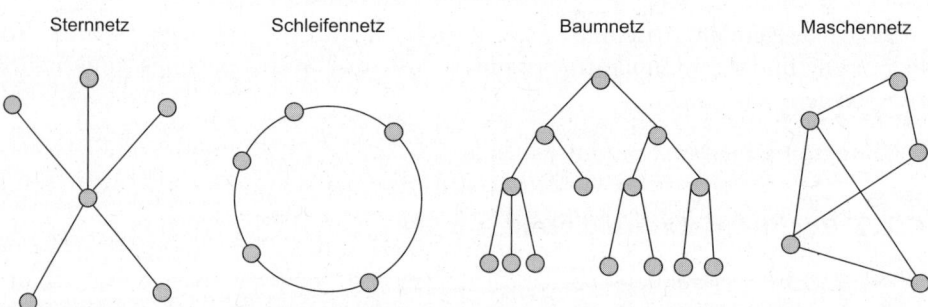

Abb. 6.2.2.1/1: Netzwerktopologien für Teilstreckennetze

der in der Realität eingesetzten Netzwerke sind Mischformen, die sich aus Teilnetzen in den genannten Netzwerktopologien zusammensetzen.

Sternnetze

> Bei einem **Sternnetz** (engl.: star network) existiert ein zentraler Knoten, an den alle weiteren Knoten direkt durch eine physikalische Verbindung angeschlossen sind.

In einem (reinen) sternförmigen Netzwerk existieren keine weiteren physikalischen Verbindungen zwischen den Rechnern. Jeder Übertragungsvorgang zwischen zwei Knoten läuft somit über den Zentralknoten. Als *Netzzugangsverfahren* kann zum Beispiel *Polling* (von engl.: polling – das Abrufen) verwendet werden, wobei die Zentralstation (zum Beispiel ein Großrechner) alle angeschlossenen Endgeräte (zum Beispiel PCs) reihum abfragt, ob sie senden wollen.

Die *Vorteile* einer sternförmigen Topologie sind die relativ *einfache und kostengünstige zentrale Netzsteuerung, -kontrolle und -wartung*. Der Ausfall eines Endgeräts oder einer Leitung betrifft die anderen Stationen nicht. *Nachteilig* ist die *Abhängigkeit aller Endgeräte von der Funktionsfähigkeit und Belastung des Zentralknotens*: Bei Ausfall des zentralen Knotens sind keinerlei Verbindungen zwischen den Rechnern mehr möglich.

Schleifennetze

> Bei einem **Schleifennetz** (engl.: loop network) ist jeder Knoten mit genau zwei anderen Netzknoten direkt durch je eine Übertragungsleitung verbunden. Jede Nachricht wird von einem Knoten des Netzes zum nächsten weitergeleitet, bis sie die Zielstation erreicht hat.

Die *Netzsteuerung* (zum Beispiel die Weiterleitung von Nachrichten und die Koordination der Sender) liegt im Allgemeinen *bei den einzelnen Netzknoten* und ist damit aufwändiger als eine zentrale Lösung (Stern). Die *Ausfallsicherheit ist in einem Schleifennetz relativ hoch*, da bei Ausfall einer einzelnen Strecke oder eines einzelnen Knotens noch eine zweite alternative Verbindung besteht.

Baumnetze

> Bei einem **Baumnetz** (engl.: tree network) erfolgt die Kommunikation zwischen zwei Knoten immer über den nächsten Knoten, der innerhalb der Hierarchie beiden übergeordnet ist (den nächsten höher liegenden gemeinsamen Knoten).

Ein *Baumnetz* kann als ein *aus mehreren Sternnetzen zusammengesetztes Netz* betrachtet werden, wobei die einzelnen Sternnetze *hierarchisch angeordnet* sind. Zwei beliebige Knoten *A* und *B* kommunizieren immer über einen Vermittlungsknoten, in dem die Teilbäume, die *A* und *B* enthalten, zusammenfließen.

Die *Netzsteuerung* ist in einem Baumnetz also *auf die höher liegenden Knoten verteilt*. Bezüglich Ausfallsicherheit und Verfügbarkeit ergeben sich ähnliche Nachteile wie bei einem Sternnetz: Der Ausfall oder die Überlastung eines höher geordneten Knotens oder einer höher geordneten Verbindung bedeutet die Beeinträchtigung aller nachgeordneten Knoten.

Eine Sonderform der Baumnetze sind *Breitbandverteilnetze*, die beispielsweise für das *Kabelfernsehen* eingesetzt werden. Bei einem reinen Verteilnetz erfolgt die Kommunikation unidirektional (vom Sender zu allen Empfängern), wobei an einen Konzentrator mehrere Teilnetze angeschlossen werden. Da diese Netze unidirektional sind, und da jede Information auch an alle Teilnehmer weitergeleitet wird (engl.: broadcast), entfällt hier die Wegwahl.

Maschennetze

> Bei einem **Maschennetz** (engl.: mesh network) kann jeder Knoten mit zwei oder mehr Knoten direkt verbunden werden. Bei einem vollständig *vermaschten Netz* ist jeder Knoten mit jedem anderen unmittelbar verbunden.

Vermaschte Netze werden häufig eingesetzt, um eine relativ *hohe Ausfallsicherheit* zu erreichen. In einem vermaschten Netzwerk ist die *Anordnung der Knoten generell unsystematisch* und orientiert sich nur an den jeweils aktuellen Gegebenheiten. Diese Netze können *ohne zentrale Kontrolle wachsen* und sich bedarfsgesteuert ausdehnen. Allerdings ergeben sich aus diesen hohen Freiheitsgraden der Topologie *komplexere Anforderungen an die Software*, die für die Weiterleitung von Information verantwortlich ist. Dieser Umstand hat mehrere unterschiedliche Ursachen:

- Die *Wegsuche* ist relativ komplex, da prinzipiell für jede Meldung mehrere unterschiedliche Wege zum Zielrechner existieren können.

- Ein anderes Problem ist die *Netzlaststeuerung*. Ist beispielsweise eine Teilstrecke überlastet, sollen alternative Wege für die zu übermittelnden Meldungen gewählt werden.

- Ein ähnlich gelagertes Problem ist die *Flusssteuerung*, die eine Überflutung einer Datenstation mit Datenpaketen verhindern soll. Die Flusssteuerung ist bei jeder Topologie gleichermaßen von Bedeutung und koordiniert die Übermittlungsrate auf Basis einer (unter Umständen virtuellen) Ende-zu-Ende-Verbindung. Die Flusssteuerung findet zwischen Sender und Empfänger statt und ist somit nicht die Aufgabe der Zwischenknoten.

Ein typisches Beispiel für ein vermaschtes Netz ist das Internet.

Ein spezieller Fall eines vermaschten Netzes ist ein *vollständig vermaschtes Netz*. Bei dieser Organisationsform sind alle Knoten mittels getrennter Übertragungsleitungen mit allen anderen Knoten des Netzes verbunden. Dadurch kann

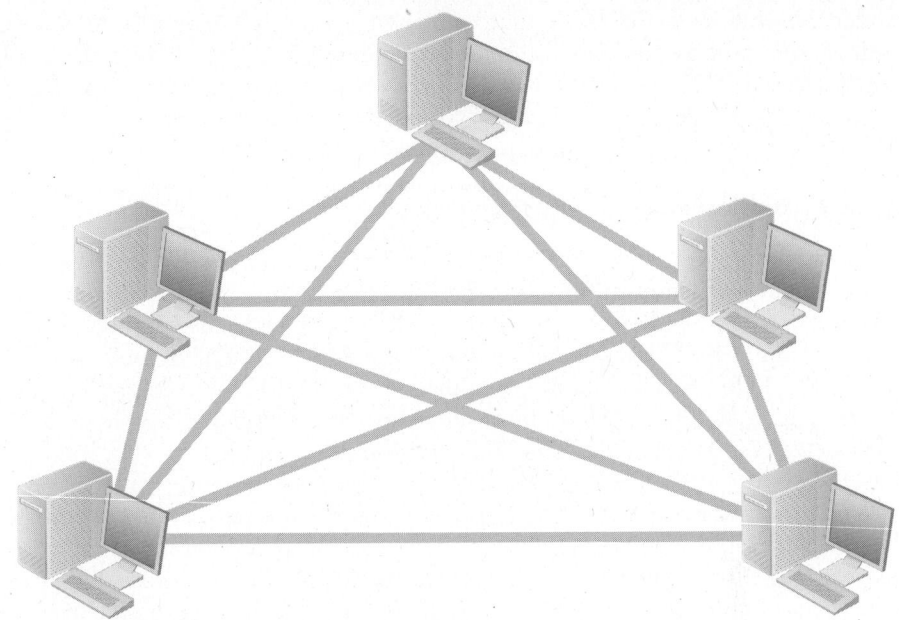

Abb. 6.2.2.1/2: Vollständig vermaschtes Netz

jeder Knoten prinzipiell mit jedem anderen Knoten jederzeit parallel kommunizieren. Für ein vollständig vermaschtes Netz ergibt sich somit auch eine hohe Ausfallsicherheit. Zudem ist eine Wegwahl nicht notwendig, da ohnehin jeder Knoten jeden anderen Knoten direkt erreichen kann. Ein Nachteil dieser Struktur ist die große Anzahl von Verbindungen. Bei einem vollständig vermaschten Netz sind $n \times (n - 1) / 2$ Verbindungen notwendig (mit n = Anzahl der Rechner innerhalb des Netzes). Bei Anschluss eines weiteren Rechners müssen demgemäß Leitungen zu allen anderen Rechnern innerhalb des Netzes verlegt werden. Dies bedeutet, dass somit auch für jeden der bestehenden Knoten ein erheblicher Änderungsaufwand anfällt. Vollständig vermaschte Netze sind für eine größere Anzahl von Knoten somit nicht realisierbar.

Bei den bisher genannten Rechnernetzstrukturen liefern (potenziell) alle Knoten einen *aktiven Beitrag zur Kommunikation*. Das heißt, dass Meldungen zwischen den Knoten weitergegeben werden, bis sie an ihrem Ziel angelangt sind. Die einzelnen Verbindungen zwischen den Knoten sind im Gegensatz zu den Diffusionsnetzen physisch getrennte Leitungen. Wenn einer der weiterleitenden Knoten ausfällt, ist dadurch unter Umständen keinerlei Kommunikation mehr möglich (Sternnetz), oder es müssen Reorganisationsmaßnahmen bezüglich der Weiterleitung der Information getroffen werden (Schleifennetz oder Maschennetz, mit Ausnahme eines vollständig vermaschten Netzes).

Wenn die weiterleitenden Knoten Rechner sind, für die eine hohe Verfügbarkeit angenommen wird (zum Beispiel Serverrechner), oder wenn die weiterleitenden Knoten spezialisierte Geräte sind '(zum Beispiel so genannte *Router*), können die genannten Teilstreckennetze dennoch verhältnismäßig verlässlich eingesetzt werden. Sowohl die Redundanz von Leitungen und Vermittlungseinheiten als auch implizite Redundanz durch Wegwahl in vermaschten Netzen erhöhen die Verfügbarkeit eines Gesamtnetzes.

6.2.2.2 Topologien von Diffusionsnetzen

> Bei einem **Diffusionsnetz** (engl.: broadcast network, shared media network) werden alle Knoten an ein gemeinsames (das gleiche) physikalisches Übertragungsmedium angeschlossen, über das Meldungen ausgetauscht werden. Jeder Knoten kann prinzipiell auf jede Meldung zugreifen, die über das gemeinsame Medium ausgetauscht wird. Innerhalb von Diffusionsnetzen ist daher keine Wegwahl erforderlich.

Typische Einsatzbereiche für Diffusionsnetze sind *lokale Netzwerke*, bei denen Arbeitsstationen kostengünstig an ein gemeinsames Kommunikationsmedium angeschlossen werden. Diffusionsnetze bilden für drahtlose Netzwerke (vor allem Funknetze) oft die einzig mögliche Form, da hier häufig nicht wie bei kabelgebundenen Netzen eine Übertragung exklusiv zu einem beliebigen Kommunikationspartner durchgeführt werden kann.

Eine wichtige Eigenschaft eines (reinen) Diffusionsnetzes ist, dass *ein einzelner Knoten keine spezifischen Aufgaben zur Weiterleitung von Meldungen* wahrnehmen muss. Die Arbeitsplatzrechner nehmen hierbei eine weitgehend passive Rolle ein. Spezielle *Netzwerkadapter* können einfache aktive Aufgaben übernehmen, um sich beispielsweise in die Informationsweitergabe „einzuklinken"; der Rechner an sich muss jedoch keine (beziehungsweise nur wenige) zusätzlichen Aufgaben der Netzsteuerung erfüllen. Das *Abschalten eines Knotens hat keine Auswirkung auf die Funktionsfähigkeit* eines Diffusionsnetzes. Die wichtigsten Topologien für Diffusionsnetze sind *Bus- und Ringnetze*.

Busnetze

> Bei einem **Busnetz** (engl.: bus network) sind alle Stationen an ein durchgehendes, gemeinsames Übertragungsmedium (= Bus) angeschlossen, das eine (passive) Nachrichtenübertragung in beide Richtungen vornimmt. Dadurch ist keine Wegwahl erforderlich, jede Nachricht kann alle Adressaten erreichen, ohne dass andere Netzstationen mit der Weiterleitung beschäftigt werden müssen.

In einem *Busnetz* fungiert das *Übertragungsmedium als universeller Informationskanal*, an dem rein passive Datenstationen angeschlossen sind. Da die Stationen unabhängig voneinander arbeiten, bedeutet es einen sehr geringen Aufwand, weitere Datenstationen in das Busnetz einzufügen oder aus dem Busnetz

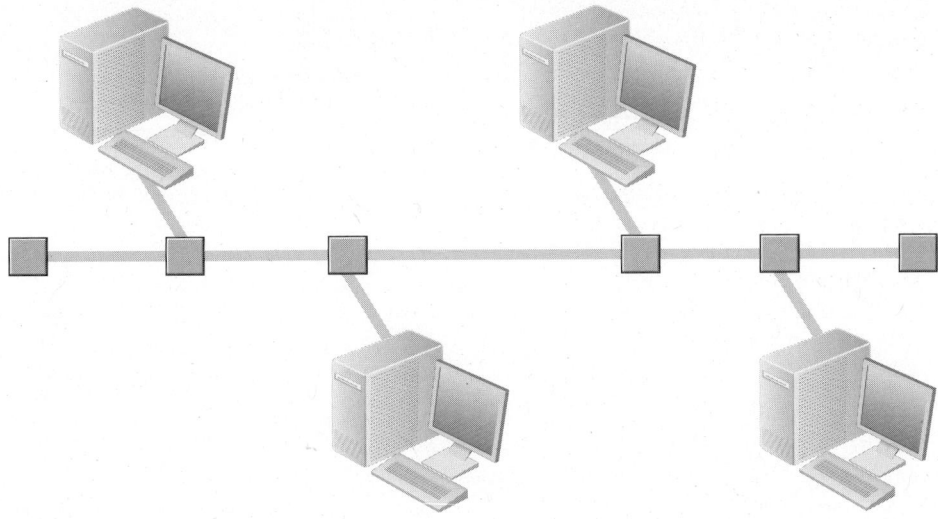

Abb. 6.2.2.2/1: Busnetz

auszugliedern. Da die Datenstationen mit Bezug auf die Weiterleitung passiv sind, ist die Funktionsfähigkeit des Netzes von der Funktionsfähigkeit der an das Netz angeschlossenen Datenstationen weitgehend unbeeinflusst.

Durch bestimmte physikalische Gegebenheiten ist die *Größe eines reinen Busnetzes* beschränkt. Dies ist darauf zurückzuführen, dass die Signale einerseits von keiner Datenstation regeneriert werden, andererseits auch die Signallaufzeit bei großen Ausdehnungen zur Beschränkung werden kann. Durch eine hohe Anzahl von angeschlossenen Teilnehmern steigt in der Regel auch die Zahl der ausgetauschten Meldungen (die von allen Teilnehmern „gehört" werden) und das Netz *saturiert* (das heißt, es stößt an seine Leistungsgrenzen).

Ringnetze

> Ein **Ringnetz** (engl.: ring network) besteht aus gerichteten Punkt-zu-Punkt-Verbindungen, wobei jede Datenstation mit genau einem Vorgänger und einem Nachfolger über ein gleichartiges Übertragungsmedium direkt verbunden ist. Die Übertragung erfolgt entlang des Rings in einer vorgegebenen Senderichtung von einer Datenstation zur nächsten. Es ist somit keine Wegwahl erforderlich.

Ein Ringnetz kann als spezielles Schleifennetz betrachtet werden, für das zahlreiche Einschränkungen existieren. Ein Ringnetz ist bezüglich der Übertragungsmedien homogen aufgebaut und die Informationsweiterleitung erfolgt strikt in einer Richtung. Das Aktivieren und Deaktivieren von Datenstationen

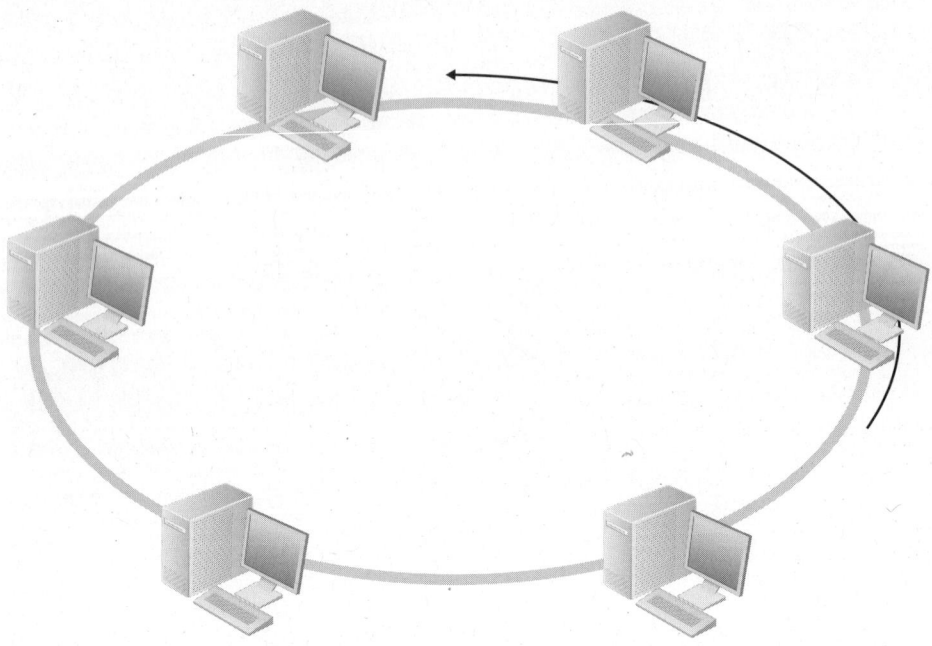

Abb. 6.2.2.2/2: Einfaches Ringnetz

geschieht über ein spezielles Relais, sodass Meldungen auch bei einer abgeschalteten Datenstation innerhalb des Rings weitergeleitet werden können.

Wie bei einem Schleifennetz nehmen die (eingeschalteten) *Datenstationen aktive Funktionen* war, indem sie Meldungen empfangen, diese dabei „vom Netz nehmen", und bei Weiterleitung regenerieren. Durch dieses Vorgehen ist ein Ringnetz bezüglich der Signalqualität nicht von der *Gesamtgröße des Netzes* sondern *nur von der Länge der einzelnen Teilstrecken zwischen den Datenstationen beschränkt* und es sind *weitläufige Netze realisierbar*.

Wenn eine aktive Station (aktiv heißt hier: das Relais ist geöffnet und der Datenstrom läuft über eine Station) in einem Ringnetz funktionsunfähig ist, so kann der gesamte Datenverkehr innerhalb des Netzwerks blockiert werden. Dieser Umstand folgt aus der Tatsache, dass die gesamte Kommunikation unidirektional verläuft. Um zu verhindern, dass derartige Störungen den gesamten Ring außer Funktion setzen, können beispielsweise *Kabelverbindungen redundant ausgelegt* werden.

Über die redundanten Verbindungen können *defekte Netzstationen durch eine „Umleitung" umgangen* werden (siehe Abb. 6.2.2.2/3). Zu diesem Zweck wird jede Netzstation nicht nur mit ihrem direkten Nachfolger, sondern beispielsweise auch mit der übernächsten Station verbunden. Falls nun eine Störung auftritt, schaltet die letzte funktionierende Station vor der Störung auf

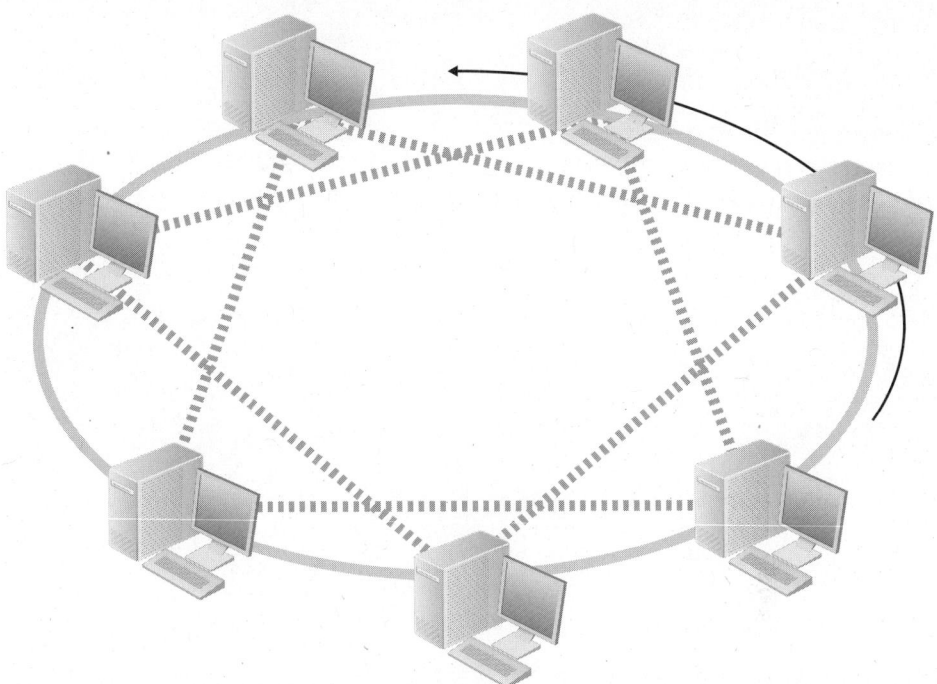

Abb. 6.2.2.2/3: Mehrfach ausgelegtes Ringnetz

diese alternative Verbindung um. Die defekte Station wird umgangen und der Ring bleibt funktionsfähig.

Für den Fall, dass mehrere benachbarte Netzknoten ausfallen, können theoretisch noch weitere Leitungen gelegt werden. Das ist jedoch oft nicht praktikabel. Eine andere Lösung für das Problem ist eine *virtuelle Topologie*, bei der *beispielsweise auf einer physischen Sterntopologie eine logische Ringtopologie* emuliert wird. Die Logik zur Weiterleitung von Nachrichten bei Ausfall einer Station entlang des Ringnetzes kann hierbei in der zentralen, (möglichst) ausfallsicheren Netzwerkkomponente realisiert werden.

6.2.2.3 Virtuelle Topologien

Wie bereits angedeutet, muss die physische Topologie nicht unbedingt der logischen (virtuellen) Topologie entsprechen. Auf einer *Sterntopologie* kann beispielsweise *sowohl eine Bus- als auch eine Ringtopologie emuliert* werden. Im Falle der *virtuellen Bustopologie* werden alle Nachrichten, die im Zentralknoten eintreffen, an alle verbundenen Stationen weitergeleitet. Im Fall einer *virtuellen Ringverbindung* werden die Meldungen von dem Zentralknoten „ringsum" an die (logisch) benachbarten Knoten weitergegeben, wobei auch die Überbrückung von ausgefallenen Stationen vom Zentralknoten übernommen werden kann (siehe Abb. 6.2.2.3/1).

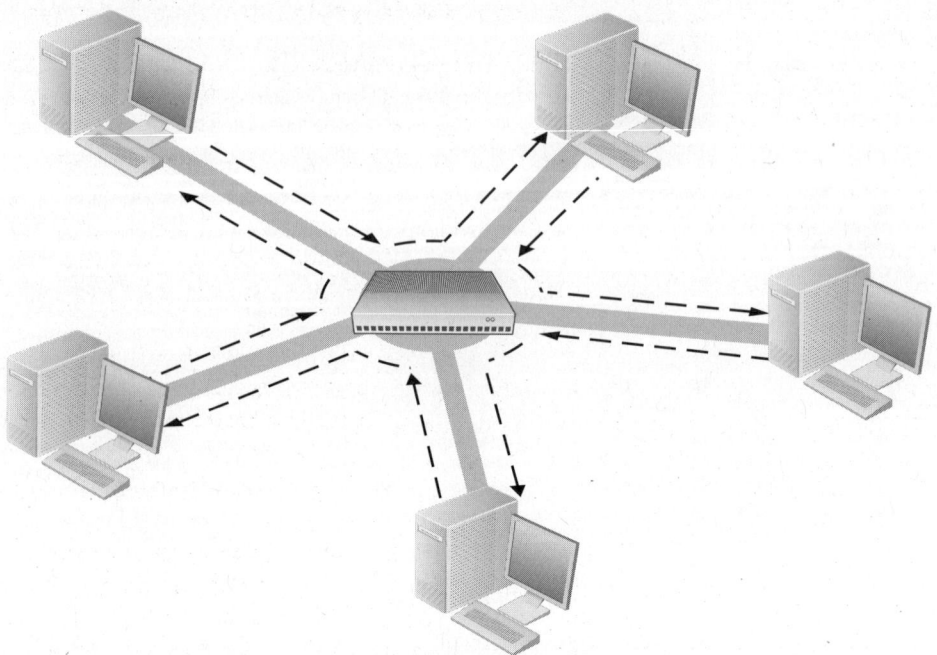

Abb. 6.2.2.3/1: Virtueller Ring mit sternförmiger Leitungsstruktur

> In der Praxis wird häufig eine *Sterntopologie* zu einer (möglichst) ausfallsicheren Netzwerkkomponente verlegt, die gemeinsam mit anderen Netzwerkkomponenten die Rechnernetzinfrastruktur bilden. Der wesentliche Vorteil der Sterntopologie ist die hohe Robustheit gegenüber Fehlern in Kabeln oder in Endgeräten bei den Benutzern. Der Nachteil liegt in den relativ hohen Verkabelungskosten.

▶ Übungsaufgabe Nr. 2.6.10 im Arbeitsbuch

6.2.3 Schichtenmodell

Aus der Diskussion zu den einzelnen Topologien ist bereits erkennbar, dass ein komplexes vermaschtes Rechnernetz einen sehr hohen Koordinationsaufwand erforderlich macht, um Probleme wie beispielsweise die Wegwahl oder die Netzlaststeuerung zu lösen. Diese Probleme stellen sich beispielsweise bei einem Busnetz nicht. Andere Probleme, wie etwa die Adressierung eines Kommunikationspartners, stellen sich bei jedem Rechnernetz. Allgemein lässt sich sagen, dass die *Definition des Zusammenspiels von Kommunikationspartnern in einem Netzwerk ein sehr komplexes und vielschichtiges* Problem darstellt.

6.2.3.1 Abstraktes Schichtenmodell

Zur *Beschreibung der Kommunikation in Rechnernetzen* werden häufig *Schichtenmodelle* eingesetzt. Auf diese Weise kann die Komplexität der Beschreibung und Abgrenzung der unterschiedlichen Aufgabenbereiche bei der Kommunikation reduziert werden. *Jede dieser Schichten löst* hierbei jeweils *einen Teil der Problemstellungen* und bietet diese Lösungen ihrerseits *als Dienste für die nächst höhere Schicht* an. Eine höhere Schicht kann entsprechend auf die Dienste der darunter liegenden Schicht zurückgreifen, und muss sich nicht um deren Detailaufgaben kümmern. Die einzelnen Schichten entsprechen somit im Wesentlichen *Komponenten*, wie Ihnen aus Band 1, Kapitel 2 bekannt ist.

Die *Funktionsweise und die Grundprinzipien des Schichtenmodells* werden nun anhand eines illustrativen Beispiels erklärt (nach Tanenbaum):

> *Zwei Philosophen, einer in Kenia, der zweite in Indonesien beheimatet, wollen miteinander Information austauschen.* Konkret möchte der Philosoph aus Kenia dem Philosophen in Indonesien mitteilen, dass er Kaninchen liebt (siehe Abb. 6.2.3.1/1). Der

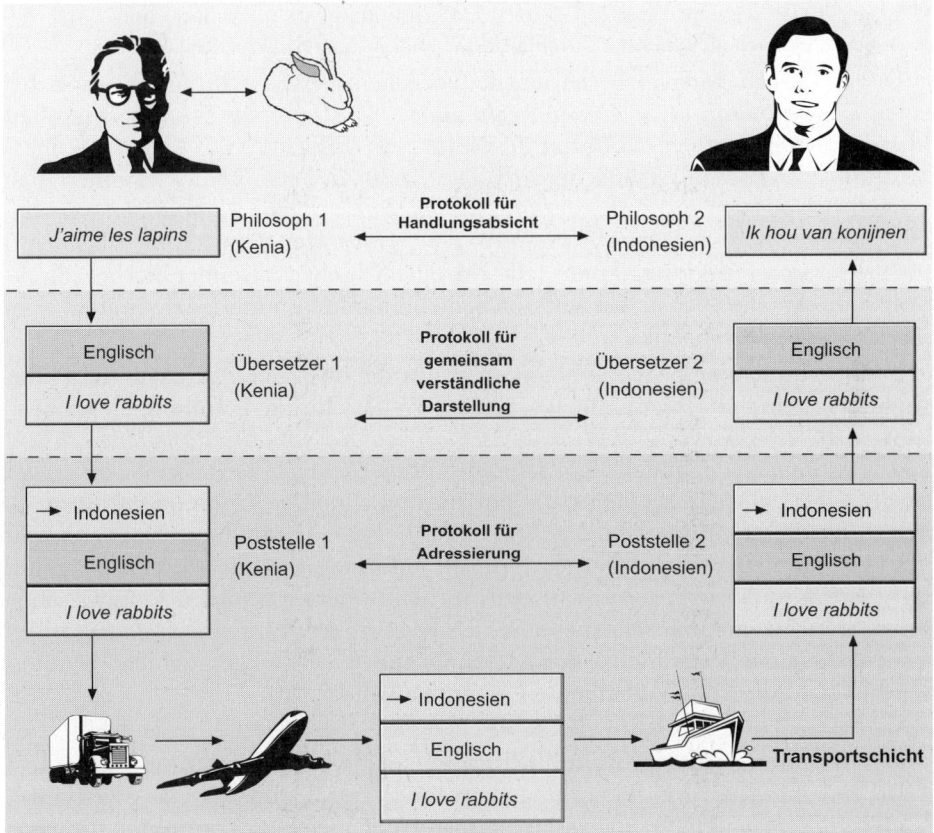

Abb. 6.2.3.1/1: Beispiel eines Schichtenmodells

indonesische Philosoph weiß genau, was es bedeutet, wenn ihm sein kenianischer Kollege diese Mitteilung schickt, er versteht die Handlungsabsicht. Da der Philosoph in Kenia die indonesische Sprache nicht kennt und auch nicht weiß, wie die Zieladresse genau lautet, wie man den Brief hinreichend frankiert oder wo genau die Poststelle ist, übergibt er den Brief an sein Sekretariat mit der Bitte, sich um „alles Notwendige" zu kümmern.

Das kenianische Sekretariat weiß, dass das Sekretariat des indonesischen Philosophen sicher in der Lage ist, Englisch zu verstehen, und übersetzt demgemäß den Brief in die englische Sprache. Der kenianische Philosoph vertraut seinem Sekretariat und muss nicht wissen, in welcher Sprache seine Botschaft übertragen wird (und dass sie überhaupt übersetzt werden muss), und welche weiteren Schritte das Sekretariat in welcher Reihenfolge unternehmen wird. Das Sekretariat ermittelt die genaue Zieladresse und bringt den Brief zur Poststelle. Die Poststelle ermittelt die korrekte Frankierung des Briefes und bringt den Brief zum Postamt.

Was dann genau passiert, weiß keiner der Genannten so genau. Ob der Brief nun in einem LKW und dann in dem einem oder anderen Flugzeug, oder vielleicht in einem Schiff transportiert wird, liegt außerhalb der Kontrolle der Poststelle (und des Sekretariats und erst recht außerhalb des Einflussbereichs des Philosophen). Es kann davon ausgegangen werden, dass der Brief am Bestimmungsort ankommt, und dort wiederum die gleichen Schichten durchläuft, diesmal in umgekehrter Reihenfolge.

Die in diesem Beispiel beschriebene Vorgehensweise ist die gleiche wie bei einer *Kommunikation in einem Rechnernetz*. Die *unterste Schicht* entspricht hier dem *Transportprotokoll*, mit dem eine Nachricht über das „Übertragungsmedium" der Post ausgetauscht wird. Die *nächst höhere Schicht* kümmert sich in dem Beispiel um die *Adressierung*, die *nächste* um eine *einheitliche Darstellung*, und die *oberste Schicht* ist rein für die *„Anwendung"* zuständig, das heißt, für die Interpretation der Daten. Jede einzelne Schicht verwendet hierbei (direkt oder indirekt) die Dienste der unteren Schichten und kümmert sich um den eigenen Zuständigkeitsbereich.

Es ist vor allem zu beachten, dass nicht nur die obersten Instanzen (die Philosophen) miteinander kommunizieren, sondern dass für die Erfüllung dieser Leistung auch eine *Kommunikation zwischen den Kommunikationspartnern auf unteren Ebenen* stattfindet. *Jede Schicht fügt hierbei weitere Information zu der ursprünglichen Meldung hinzu, die nur für ihre direkten Kommunikationspartner auf der gleichen Ebene relevant ist.* Beispielsweise empfängt das Sekretariat am Bestimmungsort den Brief, entfernt die Information vom Sekretariat an der Gegenstelle und reicht den Inhalt entsprechend übersetzt an den indonesischen Philosophen weiter. Für jede dieser Schichten existiert somit eine *Steuerinformation*, die für das Verständnis der Meldung auf der jeweiligen Schicht benötigt wird und für die höheren Schichten nicht relevant ist.

Ein **Kommunikationsprotokoll** (*Protokoll*; engl.: communication protocol) ist eine Sprach- und Handlungskonvention und läuft jeweils zwischen *gleichrangigen Partnern* ab (Partnern auf der gleichen Kommunikationsschicht; engl.: peer). Das Kommunikationsprotokoll regelt den Aufbau

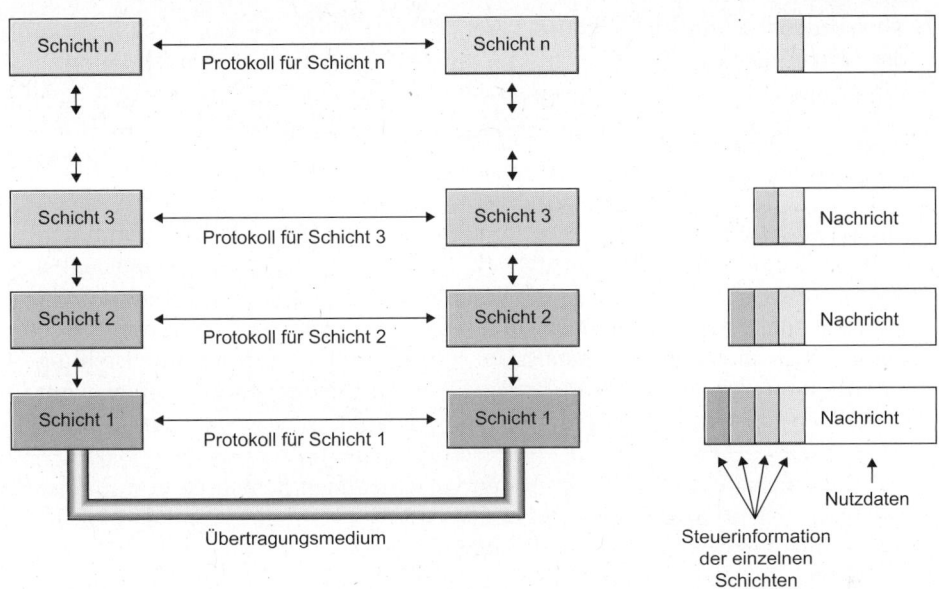

Abb. 6.2.3.1/2: Abstraktes Schichtenmodell mit Kommunikationsprotokollen

(Syntax, Repräsentationsgrößen, notwendige Inhalte) von Meldungen und deren *Steuerinformation* (*Nachrichtenkopf*; engl.: header) und legt fest, welche Antworten auf diese Meldungen erfolgen müssen/können.

In Abb. 6.2.3.1/2 sehen Sie ein abstraktes Schichtenmodell, das sich mehrerer Protokolle bedient. Jede dieser Schichten fügt beim Verschicken die für diese Schicht notwendige Steuerinformation, die den Nachrichtenkopf bildet, zu der Meldung hinzu. Diese Information wird beim Kommunikationspartner auf derselben Schicht interpretiert und wiederum entfernt.

Der Anteil der Steuerinformation, die durch die Protokolle verursacht wird, am gesamten Übertragungsvolumen wird **Protokoll-Overhead** (engl.: protocol overhead) genannt. Je nachdem, ob bei einem Übertragungsvolumen der Protokoll-Overhead mit eingerechnet ist, spricht man von einem Butto- oder einem Nettovolumen.

Beträgt beispielsweise für die Übertragung einer Datei im Umfang von 1.000 Bytes das gesamte Übertragungsvolumen 1.600 Bytes, so beträgt der Protokoll-Overhead 60 Prozent.

Für das korrekte Funktionieren eines Schichtenmodells gelten *für jede Schicht* die folgenden *drei Voraussetzungen*:

1. Erfüllung der Anforderungen der (wenn vorhanden) darüber liegenden Schicht („Schnittstellenspezifikation nach oben");

2. Vorhandensein/Inanspruchnahme der Dienstleistungen der (wenn vorhanden) darunter liegenden Schicht („Schnittstellenspezifikation nach unten");

3. Einhaltung der Kommunikationsvereinbarungen (Protokolle) mit den gleichrangigen Kommunikationspartnern im anderen Endsystem (Partnerinstanzen).

Ein **Schichtenmodell** (engl.: layer model) ist eine hierarchische Zusammenstellung von Kommunikationsdiensten. Die höheren Dienste greifen dabei über definierte *Schnittstellen* (engl.: service access point, abgekürzt: SAP) auf die Dienste der darunter liegenden Schicht zurück und kommunizieren mit ihren gleichrangigen Partnern über Protokolle. Eine Zusammenstellung mehrerer interoperabler Protokolle auf unterschiedlichen Schichten nennt man einen *Protokollstapel* (engl.: protocol stack).

Die Einhaltung der Protokolle in den verschiedenen Schichten gewährleistet, dass die Nachrichten *fehlerfrei* und in der *richtigen Reihenfolge* an den Empfänger im Anwendersystem übermittelt werden können.

6.2.3.2 ISO/OSI-Referenzmodell

Das wichtigste Schichtenmodell für die Einordnung von Kommunikationsaufgaben ist das *ISO/OSI-Referenzmodell*. Es wurde von der *ISO* (Abkürzung für engl.: International Standardization Organization) in Zusammenarbeit mit verschiedenen weiteren internationalen und nationalen Normungsgremien entwickelt.

Das **ISO/OSI-Referenzmodell** (ISO/OSI-Schichtenmodell, OSI ist die Abkürzung von engl.: open systems interconnection) ist ein *allgemeines*, abstraktes Schichtenmodell für die Kommunikation zwischen Datenstationen in einem offenen, heterogenen Netzwerk. Dieses Modell dient zur Erklärung und Einordnung der wichtigsten Eigenschaften und Funktionen von Kommunikationssystemen.

Im ISO/OSI-Referenzmodell werden *sieben Funktionsschichten* unterschieden (siehe Abb. 6.2.3.2/1). Die unterste Schicht ist die **Bitübertragungsschicht** (Schicht 1; engl.: physical layer). Sie ist für die Übertragung einzelner Bits zwischen zwei Datenstationen über ein konkretes Medium zuständig. Hier werden die physikalisch-technischen Eigenschaften der Übertragungsmedien zwischen den verschiedenen Rechnern innerhalb des Netzes festgelegt. Dazu gehört beispielsweise die Darstellung der Zustände „1" und „0" (die jeweils ein Bit repräsentieren) durch bestimmte Spannungen, die Signaldauer für die Übertragung eines Bits und das Modulationsverfahren.

Die **Sicherungsschicht** (Schicht 2; engl.: data link layer) hat die Aufgabe, ein *Zugangsverfahren* für das Kommunikationsmedium zu definieren und die Kom-

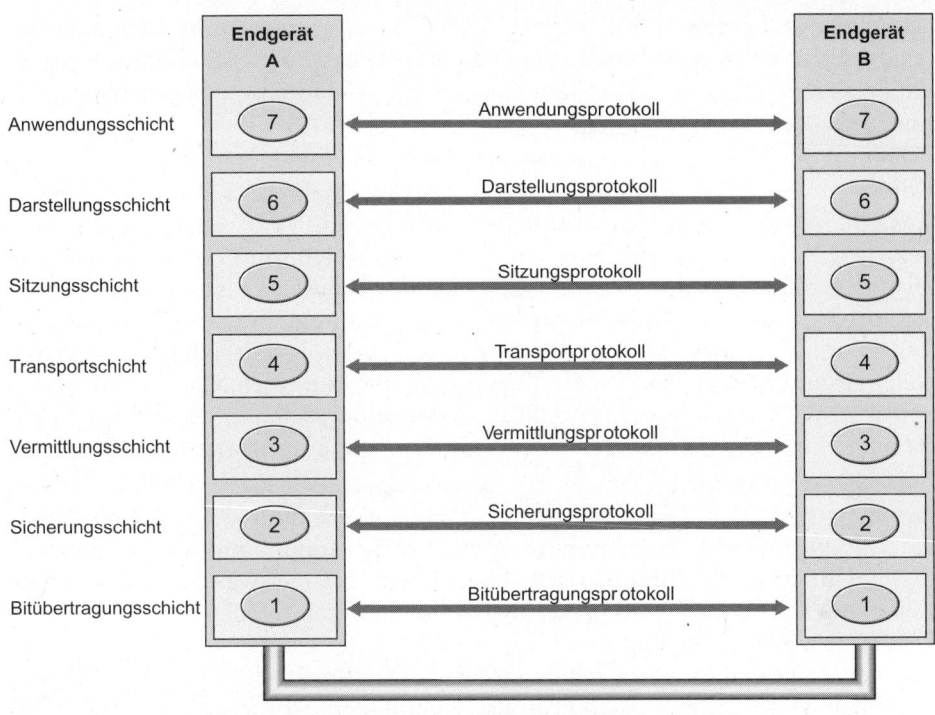

Abb. 6.2.3.2/1: ISO/OSI-Referenzmodell

munikationspartner zu *adressieren* (für zwei benachbarte Datenstationen, die über eine Teilstrecke des gemeinsam genutzten Übertragungsmediums angeschlossen sind). Weiterhin muss diese Schicht eine *gesicherte Übertragung* von Bitfolgen ermöglichen, die (einige) potenziell auftretende *Übertragungsfehler* ausgleichen kann. Gemäß dieser Hauptaufgaben wird die Sicherungsschicht häufig weiter in eine Teilschicht für *Zugriffsverfahren auf das Medium* (engl.: media access control, abgekürzt: MAC) und in eine Teilschicht für die *Verbindungskontrolle* (engl.: logical link control, abgekürzt: LLC) unterteilt. Die Verbindungskontrolle beinhaltet die Definition von Datenpaketen und die Erkennung von Fehlern.

Prinzipiell können in jedem Kommunikationskanal Störungen auftreten (zum Beispiel aufgrund nicht vermeidbarer externer elektromagnetischer Einflüsse), die zu fehlerhaften Übertragungen führen. Mögliche Konsequenzen dieser Störeinflüsse sind, dass die empfangenen Bits nicht den abgesendeten entsprechen, und/oder dass die Anzahl der empfangenen Bits von der Zahl der abgesendeten Bits abweicht. Um diese Fehler zu erkennen und/oder zu korrigieren, werden mehrere Bits zu längeren *Bitfolgen* zusammengefasst. Für diese Bitfolgen können beispielsweise Prüfsummen gebildet werden. Stellt ein Empfänger fest, dass eine Bitfolge fehlerhaft ist, so muss dieser eine *Wiederholung der Sendung* (engl.: retransmit) veranlassen. Eine weitere Aufgabe der Sicherungsschicht ist die *Flusssteuerung*, die verhindert, dass bei einem Empfänger beispielsweise die Eingabepuffer überflutet werden.

Hauptaufgabe der **Vermittlungsschicht** (Schicht 3; engl.: network layer) ist die Adressierung von Zielsystemen (Rechnern) über mehrere Teilstrecken hinweg sowie die Steuerung der Wegwahl. Die Wegwahl kann entweder statisch erfolgen (jeder Rechner besitzt eine vorberechnete Tabelle mit den Adressen von allen Rechnern, aus der hervorgeht, über welchen Zwischenknoten diese erreichbar sind), oder dynamisch (für jede Nachricht oder jedes Paket wird dynamisch eine „neue" Route durch das Netzwerk erstellt). Bei der Wegwahl sollen grundsätzlich überlastete Wege erkannt und vermieden werden. Bei einem reinen Diffusionsnetz entfällt die Vermittlungsschicht, da jede Nachricht automatisch von jeder angeschlossenen Station empfangen wird.

Die **Transportschicht** (Schicht 4; engl.: transport layer) stellt mithilfe der drei darunter liegenden Schichten (transparente) Verbindungen zwischen zwei Anwendungen her. Für verbindungsorientierte Kommunikationsdienste werden die empfangenen Nachrichten auf dieser Ebene beispielsweise in die korrekte Reihenfolge gebracht, verloren gegangene Nachrichten werden neu angefordert, bei einer zu großen Anzahl von Fehlern oder bei der Überschreitung von vorgegebenen Maximalantwortzeiten wird die Verbindung getrennt. Den höheren Schichten wird somit - je nach Protokoll - ein fehlerkorrigierter Datenstrom zur Verfügung gestellt.

In der **Sitzungsschicht** (Schicht 5; engl.: session layer) wird der Auf- und Abbau von Kommunikationsverbindungen (*Sitzung*; engl.: session) gesteuert. Typischerweise besteht eine Sitzung aus einem Verbindungsaufbau (Anmeldung), dem Austausch von Daten und dem Verbindungsabbau (Abmeldung), durch den die Sitzung beendet wird. In manchen Systemen kann die Dauer einer Sitzung größer als die Dauer einer Verbindung auf der Transportschicht sein. Wenn das Transportsystem eine Verbindung zum Beispiel aufgrund von Fehlern abbricht, kann die Sitzung trotzdem (blockiert) aufrechterhalten bleiben und das Sitzungsmanagement versuchen, eine neue Transportverbindung herzustellen. Gelingt dies, so kann die Sitzung wieder aufgenommen und schließlich geordnet beendet werden.

In der **Darstellungsschicht** (Schicht 6; engl.: presentation layer) wird die Präsentation der Daten in eine standardisierte Form gebracht. Hierzu werden gegebenenfalls die Formate der übermittelten Daten entsprechend konvertiert. In dieser Schicht werden beispielsweise Zeichensätze von (heterogenen) Kommunikationspartnern angeglichen, unterschiedliche Zeilenendemarkierungen für das Zielsystem des Empfängers angepasst, Ver-/Entschlüsselungen und Datenkompressionen/-dekompressionen durchgeführt oder Grafikformate ausgehandelt.

Die **Anwendungsschicht** (Schicht 7; engl.: application layer) stellt hochwertige Kommunikationsdienste bereit. Auf dieser Ebene sind beispielsweise die Kommunikationsprotokolle für Dateitransfer, E-Mail oder der Zugriff auf Webserver angesiedelt. Diese Protokolle stellen den entsprechenden Anwendungs-programmen somit hoch stehende Dienste zur Verfügung.

Die wichtigsten Grundlagen für ein Basisverständnis der Bitübertragungs-schicht wurden bereits im Abschnitt 6.1 vorgestellt. In den nun *folgenden Abschnitten* werden zunächst die *Sicherungsschicht* und die *Vermittlungsschicht* genauer behandelt. Anschließend werden Methoden zur *Verbindung von Netz-werken* auf unterschiedlichen Ebenen vorgestellt. Die *oberen Schichten* des ISO/OSI-Referenzmodells werden in der weiteren *Folge anhand der Protokoll-familie TCP/IP* behandelt.

▶ Übungsaufgabe Nr. 2.6.11 im Arbeitsbuch

6.3 Sicherungsschicht

Die *Sicherungsschicht* verwendet die Dienste der Bitübertragungsschicht und stellt ihre Dienste wiederum der nächst höheren Schicht (der Vermittlungs-schicht) zur Verfügung. Die *Aufgabe dieser Schicht* ist es, einen möglichst feh-lerfreien Datenfluss zwischen zwei benachbarten Datenstationen bereitzustel-len, die über eine einzelne Teilstrecke miteinander verbunden sind. Wie bereits erwähnt, besteht die Sicherungsschicht aus *zwei Teilschichten*:

- Die *Verbindungskontrollschicht* (engl.: logical link control, abgekürzt: LLC) definiert Vorgehensweisen, um Bitfolgen gesichert zwischen zwei durch ein Übertragungsmedium direkt verbundenen Datenstationen zu übertragen. Dazu gehören:
  - *Verfahren, um die Grenzen von Bitfolgen zu definieren,*
  - *Verfahren zur Erkennung von Übertragungsfehlern und*
  - *Verfahren zur Wiederholung einer Übertragung.*
- Die *Zugangsschicht* (engl.: media access control, abgekürzt: MAC) definiert Verfahren, mittels derer eine Datenstation Zugang zu einem gemeinsamen Übertragungsmedium erhalten kann. Es werden nachstehend zwei prinzipiell unterschiedliche Verfahrenstypen vorgestellt, nämlich *streng koordinierte* und *konkurrierende* Verfahren.

Je nach Typ des Netzwerkes sind die Aufgaben in diesen Teilschichten unter-schiedlich umfangreich. Während die Verbindungskontrollschicht für jede Datenkommunikation benötigt wird, ist die Zugangsschicht vor allem bei Dif-fusionsnetzen notwendig und besitzt dort eine zentrale Bedeutung. Die Zahl der verschiedenen Verfahren, die auf dieser Ebene eingesetzt werden, ist sehr umfangreich. Im Rahmen dieser Einführung kann daher nur ein kleiner Aus-schnitt präsentiert werden, der ein Verständnis für die Grundprinzipien ermögli-chen soll.

6.3.1 Fehlererkennungsverfahren

Die *Verfahren zur Fehlererkennung und -korrektur* befassen sich mit der Wahrung der Datenintegrität, die die *Unverändertheit der empfangenen Daten* im Vergleich mit den gesendeten Daten gewährleisten soll. Im Band 1, Kapitel 2 wurden bereits kryptographische Verfahren vorgestellt, die diesen Zweck erfüllen können. Im Bereich der Kommunikation werden aber meist *einfachere Verfahren* eingesetzt, die *für kurze Datenpakete eine hinreichende Sicherheit bieten und weniger rechenaufwändig* sind.

Die *Fehler*, die auf dieser Schicht erkannt werden müssen, sind einzelne Bitfehler, fehlerhafte Bitfolgen (häufig bei Störeinflüssen) und verloren gegangene Pakete. Fehlerhafte Datenübertragungen können zum Beispiel mit Prüfziffern erkannt werden. Eine Beschreibung der Vorgehensweise für die Behandlung der verloren gegangenen Pakete erfolgt am Ende dieses Abschnitts.

Das einfachste Verfahren zur Erkennung von Übertragungsfehlern ist das *Prüfbit* (engl.: parity bit), das häufig zu Prüfung von 7-Bit-ASCII-Zeichen verwendet wird. Bei der Ermittlung des Prüfbits werden die sieben Datenbits des Zeichens addiert. Ergibt die Summe eine gerade Zahl, so ist das Prüfbit 0. Bei einer ungeraden Summe hat das Prüfbit den Wert 1. Nachfolgende Tabelle zeigt Ihnen hierzu Beispiele.

Ein Prüfbit ist jedoch *kein sehr verlässliches Verfahren* zur Erkennung von Übertragungsfehlern. Sind bei der Übertragung beispielsweise zwei Bits (oder eine andere gerade Anzahl) mit falschen Werten empfangen worden, so ergibt dies ebenso das zuvor berechnete Prüfbit und der Fehler wird nicht erkannt.

Ist beispielsweise das Zeichen „A" (Bitfolge 1000001 plus Prüfbit 0) übertragen worden und der Empfänger erhält aufgrund einer Störung die Bitfolge 1000010 mit dem Prüfbit 0, so hält der Empfänger die Bitfolge für eine erfolgreiche Übertragung des Zeichens „B". Beachten Sie zudem, dass auch das Prüfbit inkorrekt übertragen werden kann!

Es existieren aber weit bessere Methoden zur Ermittlung von Prüfziffern, die zum Beispiel auch mehrfache Bitfehler in Datenblöcken erkennen können. Die wichtigsten Verfahren sind die *CRC-Verfahren* (Abkürzung von engl.: cyclical redundancy check). Die nach diesem Verfahren gebildeten Prüfsummen können prinzipiell unterschiedliche Längen n aufweisen, wobei am häufigsten 12, 16 oder 32 Bit verwendet werden. Für die n Bits der Prüfziffer wird ein Startwert

Zeichen	ASCII-Wert	Bitfolge	Bitfolge mit Prüfbit
A	65	1000001	01000001
B	66	1000010	01000010
C	67	1000011	11000011

Abb. 6.3.1/1: Beispiele zur Ermittlung von Prüfbits

gewählt, der mittels Verschiebe- und XOR-Operationen zunächst mit den ersten n Bits des Datenblocks, und dann jeweils um ein Bit verschoben auf die nächsten n Bits angewendet wird, bis das Ende des Blockes erreicht wird. Das Ergebnis ist eine n Bit lange Prüfziffer.

Bei 16-Bit-CRC-Prüfziffern lassen sich so alle einfachen und zweifachen Bitfehler, alle Fehler mit einer ungeraden Bitzahl, alle Fehler, bei denen eine aufeinander folgende Bitfolge von weniger als 16 Bits inkorrekt übertragen wird, und zudem mehr als 99,99 Prozent aller längeren inkorrekten Bitfolgen erkennen.

Um *verloren gegangene Pakete* zu erkennen, werden zwei einfache Verfahren eingesetzt. Zum einen werden die Pakete *durchnummeriert*, damit der Empfänger feststellen kann, ob „zwischendurch" ein Paket verloren gegangen ist, das neu angefordert werden muss. Zusätzlich werden *Zeitintervalle vorgegeben, innerhalb derer Pakete bestätigt werden müssen*. Verstreicht dieses Zeitintervall erfolglos, wird das Paket erneut übermittelt. Eine mögliche Ursache für verloren gegangene Pakete kann beispielsweise eine fehlerhafte Flusssteuerung sein (die Flusssteuerung wird in einem späteren Abschnitt behandelt).

▶ Übungsaufgabe Nr. 2.6.12 im Arbeitsbuch

6.3.2 Synchronisationsverfahren

Eine der Hauptaufgaben von Synchronisationsverfahren ist das *Herstellen eines Gleichlaufs von zwei Datenstationen*. Hierbei ist es wichtig, dass die beteiligten Datenstationen die Grenzen der übertragenen Informationseinheiten (wie beispielsweise Bits oder Bytes) gleich interpretieren. Generell kann man zwischen Asynchron- und Synchronverfahren unterscheiden, je nachdem, für welche Zeiträume eine Synchronisation hergestellt wird.

6.3.2.1 Asynchron- und Synchronverfahren

Das **Asynchronverfahren** (engl.: asynchronous transmission) ist ein Übertragungsverfahren, bei dem der Gleichlauf (Synchronität) zwischen Sender und Empfänger jeweils für eine bestimmte Folge von Bits (im Allgemeinen ein Zeichen – ein Byte) durch die Datenendeinrichtungen hergestellt wird. Beim Asynchronverfahren beginnt die Übertragung jedes Zeichens mit einem Startsignal (Startbit) und wird durch ein Stoppsignal beendet. Daher wird dieses Verfahren auch als **Start-/Stopp-Verfahren** (engl.: start-stop transmission) bezeichnet.

Das Start-/Stopp-Verfahren lässt sich *technisch relativ einfach* realisieren, es hat aber gegenüber dem Synchronverfahren den *Nachteil der schlechteren Ausnutzung des Übertragungswegs* (aufgrund der erforderlichen Mitsendung der Start- und Stoppsignale).

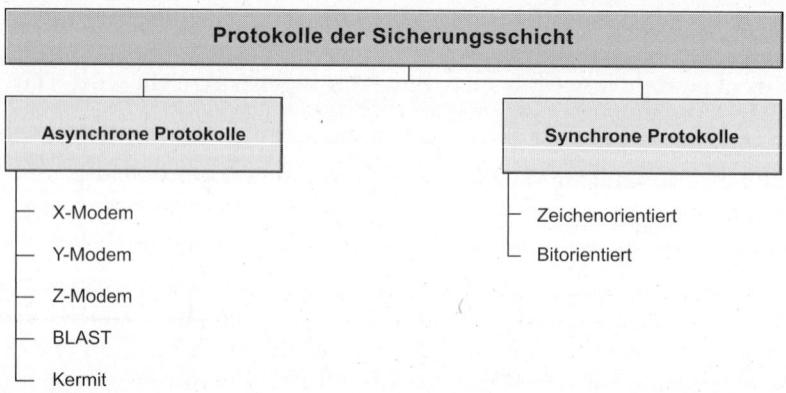

Abb. 6.3.2.1/1: Asynchrone und synchrone Protokolle auf der Sicherungsschicht

Das **Synchronverfahren** (engl.: synchronous transmission) ist ein Übertragungsverfahren, bei dem zwischen Sender und Empfänger ein ständiger Gleichlauf besteht. Der Gleichlauf wird durch einen regelmäßigen Taktimpuls hergestellt, der häufig von der Datenübertragungseinrichtung geliefert (Taktgeber) wird.

Beim *Synchronverfahren* werden die einzelnen Zeichen zu *Übertragungsblöcken* zusammengefasst. Da keine Pausen zwischen den zu übertragenden Zeichen gemacht werden und die Start- und Stoppbits der asynchronen Übertragung entfallen, ist im Vergleich zum Asynchronverfahren prinzipiell eine *höhere Übertragungsleistung* möglich.

In diesem Abschnitt konzentrieren wir uns auf synchrone Verfahren, da diese einen höheren Datendurchsatz erlauben.

6.3.2.2 Synchronverfahren

Bei synchronen Verfahren werden die zu übertragenden Daten zu größeren Bitfolgen zusammengefasst, die als **Rahmen** (engl.: frame) bezeichnet werden. In vielen Protokollen wird zwischen *Daten-* und *Steuerungsrahmen* unterschieden; nicht jeder Rahmen enthält somit Nutzdaten.

Bei der Datenübertragung wird anstelle des Begriffs *Rahmen* zumeist der Begriff des *Pakets* (oder *Datenpakets*; engl.: packet) verwendet. Der allgemeinere Begriff, der vor allem für die Protokolle der Bitübertragungs- und Sicherungsschicht verwendet wird, ist allerdings der Rahmen. Zudem impliziert der Begriff des (Daten-)Pakets eine Folge von Bytes, die bei bitorientierten Rahmen nicht zwingend gegeben ist.

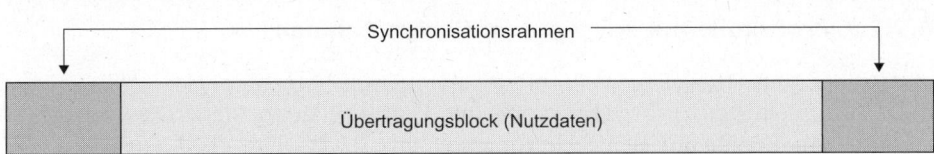

Abb. 6.3.2.2/1: Struktur eines Rahmens bei synchroner Datenübertragung

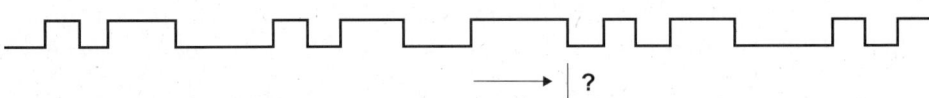

Abb. 6.3.2.2/2: Synchronisation zur Erkennung des Beginns einer Informationseinheit

Rahmen besitzen eine Anfangs- und eine Endemarkierung, weisen in der Regel einen strengen Aufbau auf und enthalten meist eine Prüfsumme. Die Anfangs- und Endemarkierungen bilden den so genannten Synchronisationsrahmen (siehe Abb. 6.3.2.2/1), der aus einem speziellen Bitmuster besteht und zur Synchronisation der beteiligen Datenstationen dient.

Das *Problem der Synchronisation* ist in Abb. 6.3.2.2/2 schematisch dargestellt. Eine Datenstation, die permanent Signalwechsel (Bitfolgen) empfängt, muss einen Weg finden, um zu erkennen, wo eine Informationseinheit (beispielsweise ein Byte) innerhalb einer Bitfolge beginnt.

Um den Beginn der Informationseinheiten erkennen zu können, werden daher – je nach Protokoll – spezielle Bitmuster vereinbart, nach denen die empfangende Datenstation sucht. Die empfangende Datenstation überträgt die empfangenen Bits kontinuierlich in einen Puffer (auch Fenster genannt) und vergleicht die letzten n empfangenen Bits mit dem vorgegebenen Muster (siehe Abb. 6.3.2.2/3). Wird das vereinbarte Bitmuster gefunden, so ist auch gleichzeitig der Beginn einer Informationseinheit erkannt, die Stationen sind synchronisiert. Das beschriebene Vorgehen ist ein Beispiel dafür wie eine *Zeichensynchronisation* erfolgen kann.

Der Synchronisationsrahmen und die Nutzinformation sind entweder zeichenorientiert (die kleinste Einheit ist eine 8-Bit-Folge) oder bitorientiert. Ältere Protokolle verwenden zeichenorientierte Rahmen, während neue (leistungsfähigere) Verfahren auf bitorientierten Rahmen basieren.

**Abb. 6.3.2.2/3:
Erkennung des Bitmusters eines Synchronisationszeichens**

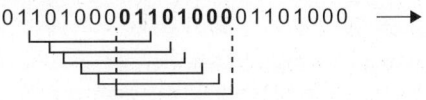

6.3.2.3 Protokolle mit zeichenorientierten Rahmen

Das am weitesten verbreitete synchrone Protokoll zur gesicherten Übertragung von Daten auf der Sicherungsschicht ist das von IBM entwickelte **BSC-Protokoll** (Abkürzung von engl.: binary synchronous communication). Bei diesem Protokoll, das nach dem Halbduplexverfahren arbeitet, werden einige Zeichen für die Kommunikationssteuerung reserviert. Diese reservierten Zeichen dürfen daher nicht in den Nutzdaten enthalten sein.

Die Tabelle in Abb. 6.3.2.3/1 zeigt die wichtigsten *Steuerzeichen für das BSC-Protokoll*.

Beim BSC-Verfahren wird jeder Rahmen prinzipiell mit zwei SYN-Zeichen eingeleitet und mit (meist 16 Bit langen) Prüfziffern versehen, die nach dem CRC-Verfahren gebildet werden. Das BSC-Verfahren unterscheidet *Datenrahmen*, durch die Nutzdaten übertragen werden, und *Steuerrahmen*, die beispielsweise zur Bestätigung des Empfangs oder zum Verbindungsaufbau oder –abbau eingesetzt werden. Bei einem Datenrahmen (siehe Abb. 6.3.2.3/2) wird nach den beiden SYN-Zeichen das STX-Zeichen gesendet, das anzeigt, dass im Anschluss Nutzdaten folgen. Der Nutzdatenblock wird mit einem ETX-Zeichen (Ende des Textes) abgeschlossen, danach folgt die Prüfziffer.

Bei einem erfolgreichen Empfang wird als *Bestätigung* ein Steuerrahmen zurückgeschickt, der das *ACK-Zeichen* (Abkürzung von engl.: acknowledge) enthält.

Für die Übertragung von Nutzdaten, die beliebige Zeichen (also auch die Steuerzeichen) enthalten können, existiert im BSC-Protokoll ein spezielles Steuerzeichen mit der Bezeichnung *DLE* (Abkürzung von engl.: data link escape). Dieses Steuerzeichen gibt an, dass die folgenden Zeichen „transparent" übertragen werden (das heißt, ohne Interpretation von eventuell enthaltenen Steuerzeichen).

Reserviertes Zeichen	Binärwert	Beschreibung
SYN	0010110	Synchronisationszeichen
STX	0000010	Start der Nutzdaten
ETX	0000011	Ende der Nutzdaten
DLE	0010000	Metazeichen
SOH	0000001	Beginn eines Nachrichtenkopfs
EOT	00000100	Ende der Übertragung
ACK	00000110	Bestätigung

Abb. 6.3.2.3/1: Steuerzeichen für das BSC-Protokoll

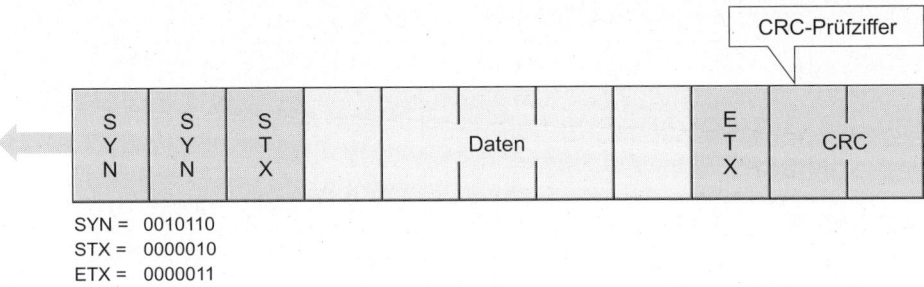

SYN = 0010110
STX = 0000010
ETX = 0000011

Abb. 6.3.2.3/2: Datenrahmen des BSC-Protokolls

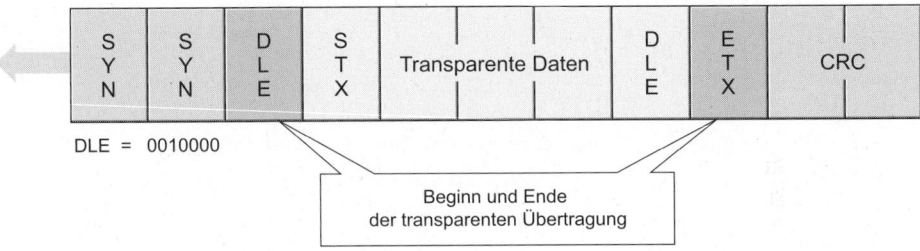

DLE = 0010000

Abb. 6.3.2.3/3: Datenrahmen des BSC-Protokolls für transparente Nutzdatenübertragung

Die Abb. 6.3.2.3/3 zeigt ein *Beispiel für einen Datenrahmen*, der durch zwei DLE-Steuerzeichen eingefasst ist. Der dazwischen enthaltene Text wird nicht auf Steuerzeichen untersucht und kann in diesem Sinne als transparent betrachtet werden. Ist allerdings innerhalb der Nutzdaten ein DLE-Zeichen, so muss dieses doppelt geschickt werden, damit die empfangende Station dieses Zeichen nicht für das Ende des transparenten Bereichs hält.

6.3.2.4 Protokolle mit bitorientierten Rahmen

Synchrone Protokolle mit bitorientierten Rahmen umgehen das Problem der Steuerzeichen, indem die *Rahmenbegrenzungen durch eine spezielle Bitfolge gekennzeichnet* werden. Es stellt sich jedoch auch hier das Problem, dass diese Bitfolge nicht innerhalb des Nutzdatenbereichs auftreten darf. Der Vorteil bei den bitorientierten Protokollen liegt nun darin, dass es in einem solchen Fall prinzipiell genügt, ein einzelnes Bit einzufügen, um die Nutzdatenfolge von dem reservierten Bitmuster zur Rahmenbegrenzung unterscheiden zu können. Die heute wichtigsten Protokolle, die mit bitorientierten Rahmen arbeiten, sind eng miteinander verwandt:

- *HDLC* (Abkürzung von engl.: high-level data link control),
- *LLC2* (Abkürzung von engl.: logical link control level 2) und
- *LAP-B* (Abkürzung von engl.: link access control – balanced).

Sender	0 1 1 1 1 1	1 0 1 0 1 1 1 1 1	0 1 0 1
Leitung	0 1 1 1 1 1 0 1 0 1 0 1 1 1 1 1 0 0 1 0 1
Empfänger	0 1 1 1 1 1	1 0 1 0 1 1 1 1 1	0 1 0 1

Abb. 6.3.2.4/1: Einfügen/Löschen von 0-Bits bei bitorientierten Rahmen

Auch das *Protokoll PPP* (Abkürzung von engl.: point-to-point protocol), das unter anderem für die Einwahl bei einem Internet-Zugangsanbieter Anwendung findet, verwendet eine Variante von HDLC.

Aufgrund der großen Ähnlichkeiten zwischen den drei genannten Protokollen konzentrieren wir uns für die folgenden Ausführungen auf *HDLC*. Die vorgestellten Grundprinzipien können verhältnismäßig einfach auf die anderen Protokolle übertragen werden.

Die *Rahmenbegrenzung bei HDLC* besteht aus der Bitfolge 01111110. Dieses Bitmuster enthält sechs aufeinander folgende 1-Bits. Aus diesem Grund kommt der Interpretation von jeweils sechs aufeinander folgenden Bits im HDLC-Protokoll eine besondere Bedeutung zu. Treten in einem Datenstrom nacheinander fünf Bits mit dem Wert 1 auf, so wird bei der Übertragung *immer* ein 0-Bit eingefügt. Somit kann die Bitfolge der Rahmenbegrenzung nicht zufällig in einem Datenstrom auftreten. Ebenso entfernt der Empfänger *immer* ein 0-Bit nach fünf empfangenen Bits mit dem Wert 1 aus dem Datenstrom. Dieses als *Bit-Stuffing* bezeichnete Verfahren ermöglicht eine „transparente" Übertragung beliebiger Bitfolgen (siehe Abb. 6.3.2.4/1).

Alle Rahmen innerhalb des HDLC-Protokolls haben den gleichen Aufbau (siehe Abb. 6.3.2.4/2). Jeder Rahmen beginnt und endet mit der Bitfolge 01111110 als Begrenzung. Das erste „innere" Element des Rahmens enthält die Zieladresse, deren Länge ein Vielfaches von 8-Bit sein kann. Anschließend folgt das Steuerfeld, das den Typ des Rahmens definiert. Bei HDLC wird zwischen *Datenrahmen*, *Rahmen zur Verbindungssteuerung* und *Rahmen zur Steuerung des Datenflusses* unterschieden. Im Anschluss an das Steuerfeld werden die Nutzdaten übertragen, deren Länge ebenso ein Vielfaches von 8-Bit umfassen darf. Eine 16-Bit-CRC-Prüfziffer und die Begrenzungsbitfolge schließen den HDLC-Rahmen ab.

Das HDLC-Protokoll kann auf gemeinsam genutzten Übertragungsmedien eingesetzt werden und kann mit einem Rahmen ein oder mehrere Datenstationen adressieren. HDLC erlaubt außerdem einen symmetrischen Verbindungsaufbau. Eine Datenstation kann sowohl auf eine Verbindungsaufforderung ant-

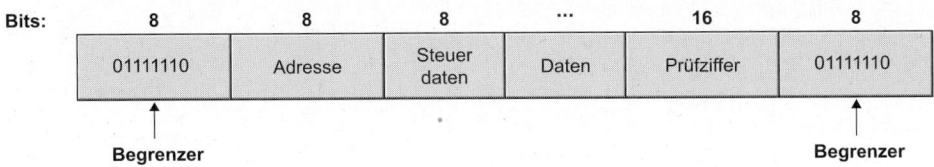

Abb. 6.3.2.4/2: Aufbau eines HDLC-Rahmens

worten als auch selber eine Verbindung zu einer anderen Datenstation initiieren.

▶ Übungsaufgabe Nr. 2.6.13 im Arbeitsbuch

6.3.3 Verfahren zur Flusssteuerung

> Die wichtigste Aufgabe der **Flusssteuerung** (engl.: data flow control) ist die Koordination beziehungsweise Synchronisation der Übertragungs- und Verarbeitungsgeschwindigkeit zwischen zwei Datenstationen.

Das einfachste Protokoll zur Flusssteuerung basiert auf dem expliziten Versenden von *Bestätigungen für empfangene Pakete* (engl.: send and wait protocol). Für jedes empfangene Paket wird eine Bestätigung an den Absender geschickt. Es wird hierbei zwischen positiven Bestätigungen (ACK) und negativen Bestätigungen (NAK) unterschieden. Negative Bestätigungen werden beispielsweise bei fehlerhaften Prüfsummen gesendet. Unterstützt ein Protokoll negative Bestätigungen, so spricht man auch von einer *aktiven Fehlerkontrolle*.

Sobald die Bestätigung empfangen wurde, kann der Sender ein weiteres Paket abschicken (beziehungsweise bei einer negativen Bestätigung das Paket wiederholt versenden). Durch diesen Mechanismus sind Sender und Empfänger bezüglich der Paketverarbeitungsgeschwindigkeit synchronisiert.

Es müssen allerdings *Vorkehrungen für den Fehlerfall* getroffen werden. Wird keine Bestätigung für ein Paket empfangen, kann die Ursache entweder ein verlorenes Datenpaket oder eine verlorene beziehungsweise nicht gesendete Bestätigung sein (siehe Abb. 6.3.3/1). Bei einem Protokoll ohne aktive Fehlerkontrolle könnte eine fehlerhafte Prüfsumme eine weitere Ursache für das Fehlen (beziehungsweise „Nicht-versenden") einer positiven Bestätigung sein.

Durch die *Verwendung von Zeitschranken und Sequenznummern* können Datenverluste behandelt werden. Jede Bestätigungsnachricht wird hierbei mit der Sequenznummer des zu bestätigenden Pakets versehen. Das Verfahren zur Fehlererkennung kann somit auch im Rahmen der Flusssteuerung eingesetzt werden.

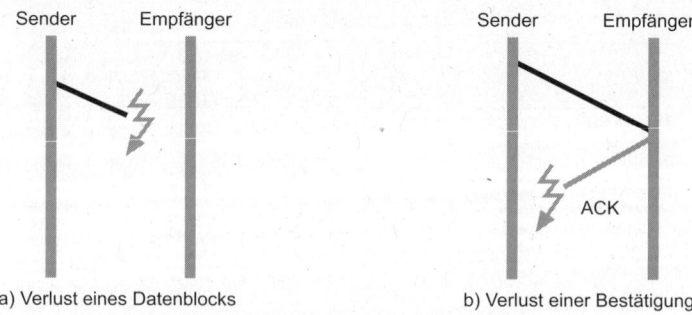

a) Verlust eines Datenblocks   b) Verlust einer Bestätigung

Abb. 6.3.3/1: Beispiele für Fehlerfälle im „send-and-wait"-Protokoll

Nehmen wir an, es sollen *n* Datenpakete übertragen werden. Nach dem bisher beschriebenen Verfahren kann das zweite Paket erst dann geschickt werden, sobald eine positive Bestätigung für das erste Paket erhalten wurde.

Eine deutliche Verbesserung kann durch die *Flusssteuerung mit Fensterme-chanismus* (engl.: sliding window protocol) erreicht werden. Ein so genanntes *Schiebefester* (engl.: sliding window) kann hierbei *n* Datenpakete (beispielsweise acht) aufnehmen. Nach dem Verbindungsaufbau kann ein Sender ebenso *n* Datenpakete absenden, ohne auf eine Bestätigung warten zu müssen. Der Empfänger der Pakete kann durch eine Bestätigungsnachricht mehrere Pakete gemeinsam bestätigen und bei Fehlern selektiv einzelne Pakete neu anfordern. Durch die empfangenen Bestätigungen weiß der Sender, wie viele Pakete erneut übertragen werden können.

Bei dem Beispiel in Abb. 6.3.3/2 besitzt jedes Datenpaket eine Sequenznummer. Die Bestätigung eines Pakets *n* bedeutet hier, dass gleichzeitig auch alle zuvor gesendeten Pakete bestätigt werden.

▶ Übungsaufgabe Nr. 2.6.14 im Arbeitsbuch

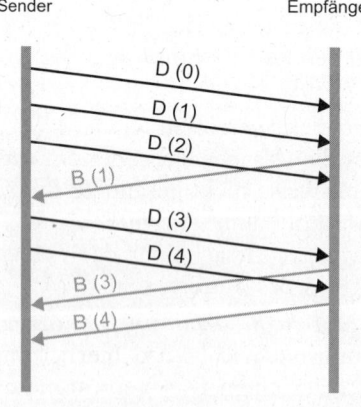

D = Datenrahmen
B = Bestätigung

Abb. 6.3.3/2:
Gemeinsame Bestätigung
von Paketen

6.3.4 Adressierung von Datenstationen

Wenn mehrere miteinander kommunizierende Datenstationen an das gleiche Übertragungsmedium angeschlossen sind, wird ein Mechanismus zur Adressierung der einzelnen Datenstationen benötigt. Hierzu besitzt jede Datenstation (beziehungsweise Netzwerkadapter) eine für das Netzwerk eindeutige Adresse, die so genannte *MAC-Adresse* (engl.: MAC address, Abkürzung von engl.: media access control address), die es ermöglicht, Datenpakete an genau diese Station zu übermitteln.

Es können mehrere unterschiedliche Kommunikationsmuster angewendet werden, um Daten über ein Medium an einen Empfänger zu übertragen. Entsprechend werden auch verschiedene Adressierungsformen angewendet. Abhängig von der Anzahl der Empfänger kann man zwischen *Punkt-*, *Mehrpunkt-* *und Broadcast-Adressierung*en unterscheiden.

> Die **Punkt-Adressierung** (engl.: singlecast, unicast) bezeichnet die eindeutige Adressierung einer einzelnen Datenstation. Die **Mehrpunkt-Adressierung** (engl.: multicast) bezeichnet die gleichzeitige Adressierung mehrerer Datenstationen. Ein Paket ist für mehrere Empfänger bestimmt, das identische Paket wird von allen bezeichneten Datenstationen empfangen. Über die **Broadcast-Adressierung** (engl.: broadcast; unübliche deutsche Übersetzung: Rundsendung) wird ein Paket an alle an dem Medium angeschlossene Datenstationen gesendet.

6.3.5 Zugangsverfahren

In einem Diffusionsnetz steht für viele Datenstationen ein gemeinsames Übertragungsmedium zur Verfügung. Durch das jeweils verwendete *Zugangsverfahren* (engl.: media access control) wird der Zugang einer Datenstation zu diesem Medium geregelt. Das Zugangsverfahren legt fest, unter welchen Voraussetzungen eine Datenstation ein Paket senden darf. Prinzipiell werden hier zwei Verfahren unterschieden:

- Bei *streng koordinierten (deterministischen) Zugangsverfahren* wird durch eine Vorschrift exakt festgelegt, zu welchen Zeitpunkten jede einzelne Station senden darf.

- Bei *konkurrierenden (stochastischen) Zugangsverfahren* ist jede Station prinzipiell zu jedem Zeitpunkt berechtigt, ein Paket zu senden. Versuchen zwei Stationen zum gleichen Zeitpunkt ein Paket zu senden, tritt ein Fehler (eine Kollision) auf. Nach einer bestimmten Wartezeit müssen beide Stationen versuchen ihre Pakete neu zu senden.

Die unterschiedlichen Verfahren können durch einen *Vergleich mit menschlichen Verhaltensweisen* veranschaulicht werden. Das *streng koordinierte Zugangsverfahren* ähnelt einer Diskussion, die von einem Diskussionsleiter geregelt wird. Der Diskussionsleiter erteilt einem Teilnehmer das Wort, und kann es ihm wieder entziehen. Das *konkurrierende Zugangsverfahren* entspricht einer Diskussion ohne Diskussionsleiter, bei der jeder Teilnehmer in einer Gesprächspause selbstständig das Wort ergreifen kann. Wenn zwei Teilnehmer zur gleichen Zeit beginnen zu sprechen, muss zunächst eine kurze Pause eingelegt werden, im Anschluss ergreifen die beiden Teilnehmer nacheinander das Wort.

6.3.6.1 Koordinierte Zugangsverfahren

Bei den **koordinierten Zugangsverfahren** wird sichergestellt, dass zu einem Zeitpunkt jeweils nur eine Station senden darf. Das Senderecht wird gleichmäßig zwischen den Datenstationen verteilt. Die wichtigsten koordinierten Zugangsverfahren sind das *Tokenverfahren* (engl.: token passing), das in unterschiedlichen Protokollen implementiert ist und Zeitschlitzverfahren im *Zeitmultiplexbetrieb* (engl.: time division multiplex, abgekürzt: TDM).

Das Tokenverfahren wird in mehreren Protokollen der zweiten Schicht des ISO/OSI-Referenzmodells verwendet, wie beispielsweise *Tokenring, Tokenbus* oder *FDDI* (Abkürzung von engl.: fiber distributed data interface). *ATM* (Abkürzung von engl.: asynchronous transfer mode) ist eine weitere Protokollfamilie, die auf koordinierte Zugangsverfahren auf darunter liegenden Schichten aufbaut. Es wurde ursprünglich für Punkt-zu-Punkt-Verbindungen entwickelt und ist heute vor allem im Bereich von Weitverkehrsnetzen im Einsatz. Nachfolgend werden nun exemplarisch die *Grundprinzipien von Tokenverfahren* erläutert. Eine genauere Beschreibung von ATM und von verschiedenen Tokenverfahren folgt im weiteren Verlauf dieses Kapitels.

Bei Verwendung eines *Tokenverfahrens* existiert ein spezieller Datenrahmen, der als *Token* bezeichnet wird. Dieser Rahmen wird (meist in einem Ringnetz) von Station zu Station weitergegeben und kann „beladen" oder „frei" sein. Bei dieser Weitergabe sind alle angeschlossenen Datenstationen beteiligt, und der Tokenrahmen kreist ringsum im Netz. Eine Station, die einen als frei gekennzeichneten Tokenrahmen empfängt, erhält hiermit auch das Senderecht. Um Daten zu versenden, wird der Tokenrahmen (vereinfacht gesprochen) mit Daten gefüllt. Anschließend wird dieser gefüllte Tokenrahmen ringsum im Netz weitergegeben. Jede Datenstation, an die der Token adressiert ist, entnimmt die Nutzdaten aus dem Rahmen und sendet diesen danach (unverändert) ringsum weiter im Netzwerk. Dieses Vorgehen ist notwendig, wenn die gleiche Nachricht an mehrere Datenstationen übertragen werden soll (beispielsweise für Mehrpunkt- oder Broadcast-Adressierungen).

Wenn der belegte Rahmen alle Datenstationen innerhalb des Netzes passiert hat und wiederum beim ursprünglichen Absender ankommt, entfernt der Absender diesen Rahmen und sendet einen freien Tokenrahmen an die nächste Station weiter. Bei Bedarf kann der ursprüngliche Absender zuvor noch überprüfen, ob die empfangenen Daten mit den abgesendeten übereinstimmen, oder ob die Daten im Laufe der Übertragung verfälscht wurden.

Nachricht von
A nach C

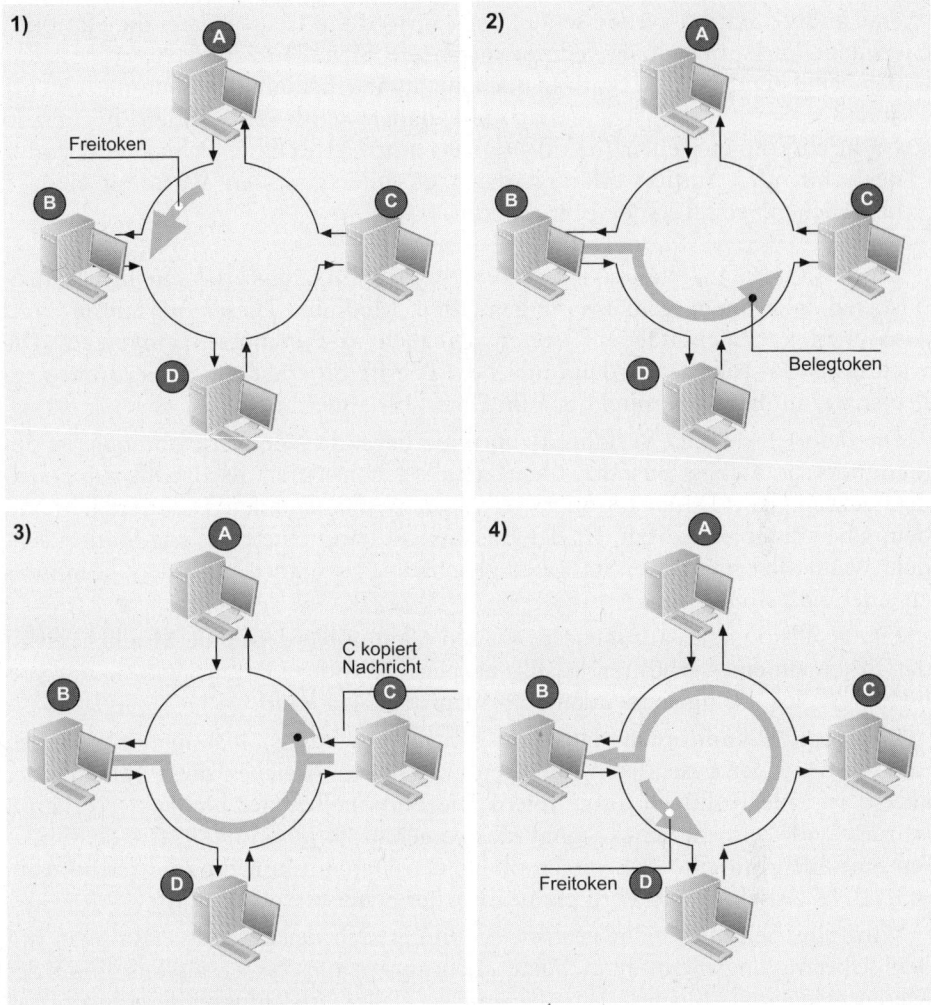

Abb. 6.3.5.1/1: Tokenverfahren

6.3.5.2 Konkurrierende Zugangsverfahren

Bei *konkurrierenden Zugangsverfahren* (Synonym: Wettkampfverfahren) ist jede Station prinzipiell zu jedem Zeitpunkt berechtigt, Daten zu senden. Es existiert somit keine explizite Berechtigung, die es einer Datenstation erlaubt, das Medium exklusiv zu benutzen. Das wichtigste konkurrierende Zugangsverfahren ist **CSMA/CD** (Abkürzung von engl.: carrier sense multiple access with collision detection). Bei diesem Verfahren horcht eine sendewillige Station zunächst am Übertragungsmedium und prüft damit, ob eine andere Station gerade sendet. Ist das Medium frei, so kann die Station senden. Es kann jedoch bedingt durch die Signallaufzeit dazu kommen, dass eine sendebereite Station noch nicht den Beginn der Sendung einer anderen Station registriert hat und daher selbst zu senden beginnt. Dadurch können Fehler („Kollisionen") auftreten. Dieser Fehler wird von der sendenden Station erkannt, die nach einer gewissen Wartezeit einen neuerlichen Sendeversuch unternimmt.

Das CSMA/CD-Verfahren ist das wichtigste Zugangsverfahren für Diffusionsnetze mit einem gemeinsam genutzten Medium. Dieses Verfahren wird sowohl in kabelgebundenen Netzen als auch in Funknetzen eingesetzt. Die wichtigsten Protokolle werden unter dem Begriff *Ethernet* subsumiert und werden später in diesem Kapitel noch im Detail behandelt.

Die dem CSMA/CD-Verfahren zugrunde liegende Netzwerktopologie ist ein (zumindest logisches) Busnetz, über das alle Nachrichten als *Broadcast* versendet werden. Alle Datenstationen verfolgen permanent den Datenverkehr auf dem Übertragungsmedium. Ist der Bus frei, so kann eine beliebige Station senden. Wenn allerdings zwei Stationen gleichzeitig zu senden beginnen, kommt es zu einer *Kollision*.

Eine Kollision kann auf mehrere Weisen erkannt werden. Eine Möglichkeit ist das Erkennen eines erhöhten Spannungspegels auf der Leitung, wie sie nur von mehreren gleichzeitig sendenden Stationen stammen kann.

Eine Station kann auch selbst die von ihr gesendeten Bitfolgen empfangen und diese mit den gesendeten Bitfolgen vergleichen. Weichen diese voneinander ab, so ist eine Kollision aufgetreten. Die Station, bei der ein Fehler erkannt wurde, sendet ein spezielles Signal (das so genannte *Jam-Signal)*, das den anderen Stationen mitteilt, dass die empfangenen Daten inkorrekt sind (siehe Abb. 6.3.5.2/1). Anschließend wird ein neuerlicher Sendeversuch gestartet.

Wird eine Sendung nicht gestört, so breitet sich der gesendete Rahmen auf dem Übertragungsmedium in beide Richtungen aus, bis er an das Ende des Mediums gelangt. Busnetze werden mit speziellen Abschlusswiderständen terminiert, um Reflexionen zu verhindern.

Jeder Rahmen ist mit einer Zieladresse versehen. Alle am Übertragungsmedium angeschlossenen Datenstationen empfangen alle Rahmen. Die Station, deren Adresse mit der Zieladresse im Rahmen übereinstimmt, entnimmt die Nutzdaten und beginnt mit der Verarbeitung dieser Daten, indem sie den Dateninhalt an die nächst höhere Protokollschicht weiterreicht. Die anderen Datenstationen ignorieren Rahmen, die nicht an sie adressiert sind.

Ein spezielles Problem bei der Anwendung von Wettkampfverfahren ist die *Wahl des Zeitintervalls, für das nach einer Kollision gewartet wird*, bevor ein erneuter Sendeversuch unternommen wird. Würde dieses Zeitintervall eine konstante und für alle Stationen gleiche Größe aufweisen, so käme es zwischen den

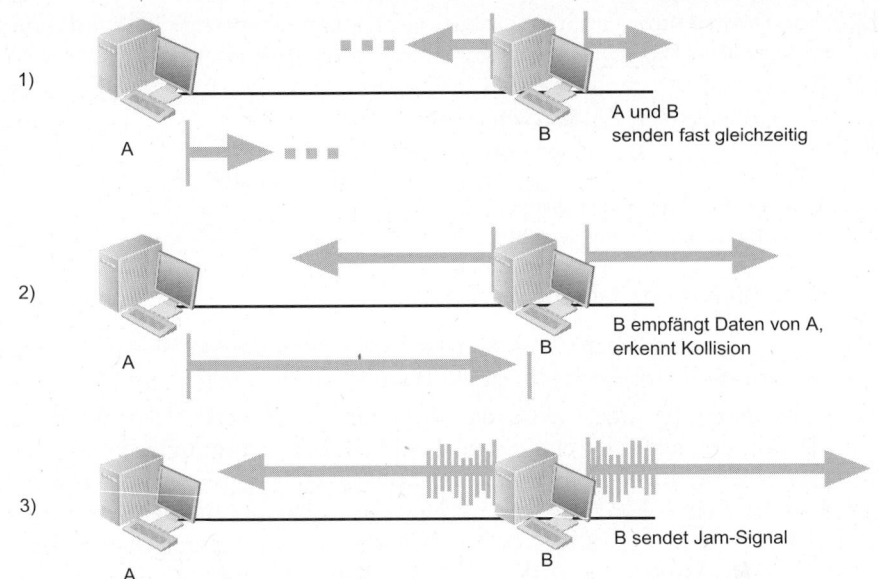

1)

A

B

A und B
senden fast gleichzeitig

2)

A

B

B empfängt Daten von A,
erkennt Kollision

3)

A

B

B sendet Jam-Signal

Abb. 6.3.5.2/1: CSMA/CD-Verfahren

beiden Stationen, die die Kollision verursachten, immer wieder zu Kollisionen. Deshalb wird von jeder Station unabhängig eine Zufallszahl ermittelt, die das Intervall bis zu einem neuerlichen Sendeversuch bestimmt.

Die *Wahrscheinlichkeit, dass eine Kollision auftritt*, ist umso höher, je stärker das Übertragungsmedium benutzt wird, das heißt, je mehr Datenstationen angeschlossen sind. Durch jeden neuerlichen Sendeversuch wird das Netzwerk zusätzlich belastet. Ist das Zeitintervall zwischen Kollisionserkennung und neuerlichem Sendeversuch sehr klein, so können potenziell sehr hohe Übertragungsleistungen erreicht werden. Auf der anderen Seite ist in diesem Fall auch der Spielraum für die zufällig gewählte Zeit entsprechend gering und erneute Kollisionen werden hierdurch wahrscheinlicher. Ist das Warteintervall hingegen relativ groß, verringert sich dadurch auch der erzielbare Datendurchsatz. Aus diesem Grund werden in Abhängigkeit von der Zahl der Kollisionen die neuerlichen Sendeversuche zeitversetzt vorgenommen (engl.: back off strategy). Bei diesem Vorgehen wird der Bereich, aus dem das Zufallsintervall gewählt wird, bei jeder neuerlichen Kollision (bis zu einem festgelegten Maximalwert) verdoppelt.

Das *ursprüngliche Konzept des Wettkampfverfahrens* wurde von der Universität von Hawaii in *„pure ALOHA"* realisiert. Die einzelnen Institute dieser Universität sind auf viele Inseln verteilt, wodurch die Kosten einer Kabelverbindung sehr hoch sind. Durch diese spezielle Lage war man gezwungen, ein *Funknetz* zu entwickeln. Da es keine deterministische Zugangsregelung gab, war man mehr oder minder gezwungen, ein Verfahren wie das Wettkampfverfahren zu entwickeln: Einer sendet – die anderen hören zu. Da allerdings jede Station zugleich Sender und Empfänger ist, kann es natürlich vorkommen, dass mehrere Stationen gleichzeitig senden und daher keiner etwas versteht.

Das ursprünglich auf CSMA/CD basierende 10-Mbit-Ethernet wurde ab dem Fast-Ethernet auf ein *Switch*-basierendes Zugriffsverfahren umgestellt, wobei eine Kopplungseinheit (mehr dazu später) benötigt wird. Hier vermittelt eine zentrale Kopplungseinheit die Rahmen zwischen den Datenstationen, welche einzeln über ein nicht-mehrfach verwendetes Kabelmedium sternförmig verbunden sind.

6.3.5.3 Vergleich der Zugangsverfahren

Ein *Vergleich der Zugangsprotokolle* ist schwierig, da die Verfahren sehr unterschiedlich sind und eine kontextfreie Bewertung nicht möglich ist.

Generell lässt sich sagen, dass das *Tokenverfahren* eine ermittelbare Zeitspanne garantiert, nach der eine Station die Sendeberechtigung erlangt. Dies ist beispielsweise für *Echtzeitsysteme* wie Prozesssteuerungsanlagen notwendig. Zusätzlich erzielen Tokenverfahren im *Hochlastbereich* (nahe der Sättigung) im Allgemeinen bessere Leistungen als CSMA/CD. Dies folgt aus dem Umstand, dass sich die Kollisionen bei CSMA/CD ab einer bestimmten Grenze von angeschlossenen Stationen häufen.

Andererseits hat *CSMA/CD* bei einer geringeren Zahl von Stationen und weniger intensivem „Nachrichtenverkehr" den Vorteil, dass nicht wie beim Tokenverfahren der volle Zyklus abgewartet werden muss, bevor eine Station die Sendeberechtigung erhält. Wenn wenige Stationen senden wollen, treten in der Regel kaum Kollisionen auf, und jeder Sender kommt rasch an die Reihe.

Wettkampfverfahren sind einfach in Hardware zu implementieren und somit kostengünstig. Durch die Kostendegression im Bereich der Kopplungseinheiten für Ethernet und die dadurch erzielbaren Leistungssteigerungen der Ethernet-Protokolle *wurden die Tokenverfahren im Bereich der lokalen Netzwerke fast zur Gänze verdrängt*. In Abschnitt 6.7 folgt eine Zusammenstellung der wichtigsten Realisierungen dieser Verfahren.

▶ Übungsaufgabe Nr. 2.6.15 im Arbeitsbuch

6.4 Vermittlungsschicht

In der dritten Schicht des ISO/OSI-Referenzmodells – der *Vermittlungsschicht* (engl.: network layer) – wird die *Weiterleitung von Paketen über Vermittlungsknoten* behandelt. Dabei stellen sich folgende *Probleme*:
* Auf welche Weise wird die Verbindung realisiert?
* Wie erfolgt die Adressierung der Zielsysteme über mehrere Teilstrecken hinweg?
* Wie erfolgt die Wegwahl bei Verzweigungen?

Bei einem reinen Diffusionsnetz ist keine Vermittlungsschicht notwendig, allerdings sind diese Netze nur beschränkt ausbaufähig.

Im Gegensatz zu einem Diffusionsnetz können bei einem Teilstreckennetz einzelne Teilstrecken mit unterschiedlichen Übertragungsmedien und Zugangsverfahren realisiert werden. Wenn jedoch unterschiedliche Protokolle auf einzelnen Teilstrecken verwendet werden, können die physischen Adressierungsverfahren der Sicherungsschicht nicht für eine allgemein verwendbare Adressierung genutzt werden (beispielsweise kann eine Ethernet-Adresse nicht in einem Tokenring-Netzwerk eingesetzt werden). Folglich wird eine *von der zweiten Schicht unabhängige Adressierung* benötigt. Ein entsprechendes Adressierungsverfahren wird im Rahmen der Beschreibung von TCP/IP (siehe Abschnitt 6.6) vorgestellt.

6.4.1 Paket- und Leitungsvermittlung

Eine (indirekte) Verbindung zweier miteinander kommunizierender Datenstationen, die über einen oder mehrere Vermittlungsknoten verläuft, kann durch *Leitungsvermittlung* oder durch *Paketvermittlung* realisiert werden.

Bei der **Leitungsvermittlung** (engl.: circuit switching; line switching) wird zwischen zwei Datenstationen für die Dauer ihrer Verbindung ein unmittelbarer und fest zugeordneter Übertragungsweg (eine Verbindung) zur Verfü-

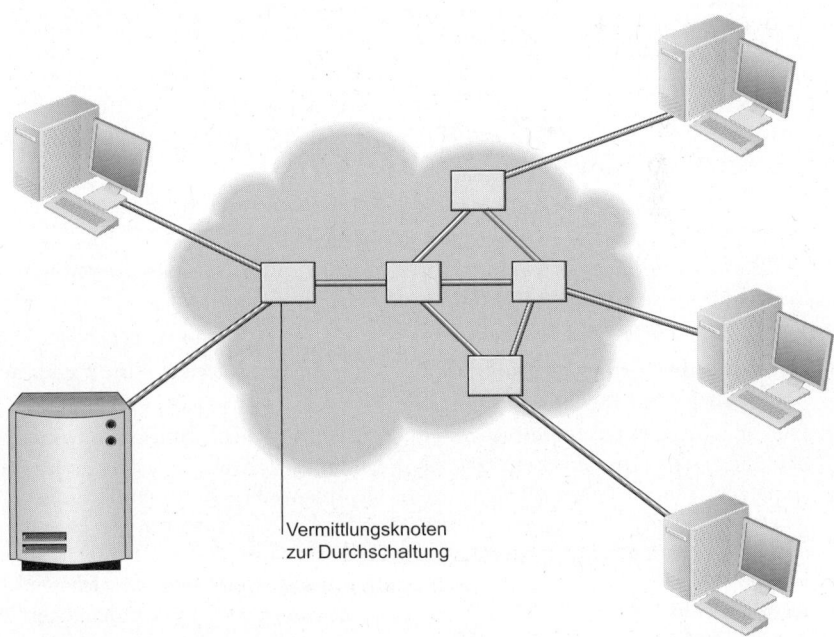

Vermittlungsknoten
zur Durchschaltung

Abb. 6.4.1/1: Leitungsvermittlung

gung gestellt, der exklusiv von diesen beiden Stationen genutzt werden kann.

Durch die Leitungsvermittlung wird zwischen den Endpunkten einer Verbindung somit (in gewisser Weise) eine dedizierte physische Verbindung (oder zumindest ein exklusiv nutzbarer logischer Kanal) hergestellt.

Ein typischer *leitungsvermittelnder Kommunikationsdienst* ist der *Telefondienst*. Für die Dauer eines Gespräches wird den Kommunikationspartnern „exklusiv" eine bidirektionale Sprechverbindung bereitgestellt.

Bei der **Paketvermittlung** (engl.: packet switching) werden einzelne Datenpakete ausgetauscht. Diese Datenpakete werden von den Vermittlungsknoten innerhalb des Netzwerkes empfangen und anschließend in Richtung ihres Ziels weitergeleitet. Verschiedene logisch zusammengehörende Datenpakete können über unterschiedliche physikalische Leitungen an die Zielstation übermittelt werden. Anstelle einer dedizierten physischen Verbindung (oder einer fixen Zeitschlitzzuordnung) wird eine logische, paketbasierte Verbindung zwischen zwei Stationen hergestellt. Dies ermöglicht eine bessere Ausnutzung von Übertragungskapazitäten verglichen mit der Leitungsvermittlung.

Die *Vermittlungsknoten* spielen bei paketvermittelnden Diensten eine andere Rolle als bei leitungsvermittelnden Netzen. Sie empfangen Pakete, ermitteln den Weg (das heißt, den nächsten Netzwerkknoten, an den das Paket geschickt werden soll), und senden dieses entsprechend weiter. Bei der Paketvermittlung hat jeder der Vermittlungsknoten entweder einen Speicherbereich, in dem die eintreffenden *Pakete kurzzeitig gespeichert* werden (engl.: store-and-forward architecture) oder Pakete werden *nahezu ohne Zwischenspeicherung* weitergeschickt (engl.: cut-through architecture).

Die *Unterschiede* zwischen der *Leitungsvermittlung* und der *Paketvermittlung* lassen sich anhand eines einfachen *Beispiels* verdeutlichen:

Wenn jemand Rohöl von einem Ort zu einem anderen transportieren will, so stehen ihm (zumindest) zwei Möglichkeiten zur Verfügung, und zwar

1. das Öl in einer Pipeline direkt vom Ort *A* zum Ort *B* zu pumpen oder
2. das gesamte zu befördernde Volumen auf einen oder viele Tankwagen aufzuteilen und über das Straßennetz vom Ort *A* zum Ort *B* zu transportieren.

Die Pipeline ist ein Versorgungssystem, bei dem die Einrichtung für die gesamte Transportdauer exklusiv dem Benutzer zur Verfügung stehen muss, denn man darf die zu transportierenden Güter nicht mischen. Sie entspricht somit dem leitungsvermittelten Übertragungsweg. Bei einem Transportsystem mit Tankwagen ist es ohne weiteres möglich, dass auch Lastkraftwagen mit anderen Gütern dasselbe Straßennetz benutzen, wodurch eine verbesserte Ausnutzung des Transportnetzes erreicht werden kann. Andersherum können die verschiedenen Tankwagen auf unterschiedlichen Wegen an das gleiche Ziel gelangen. Diese Möglichkeit wird bei der Paketvermittlung genutzt.

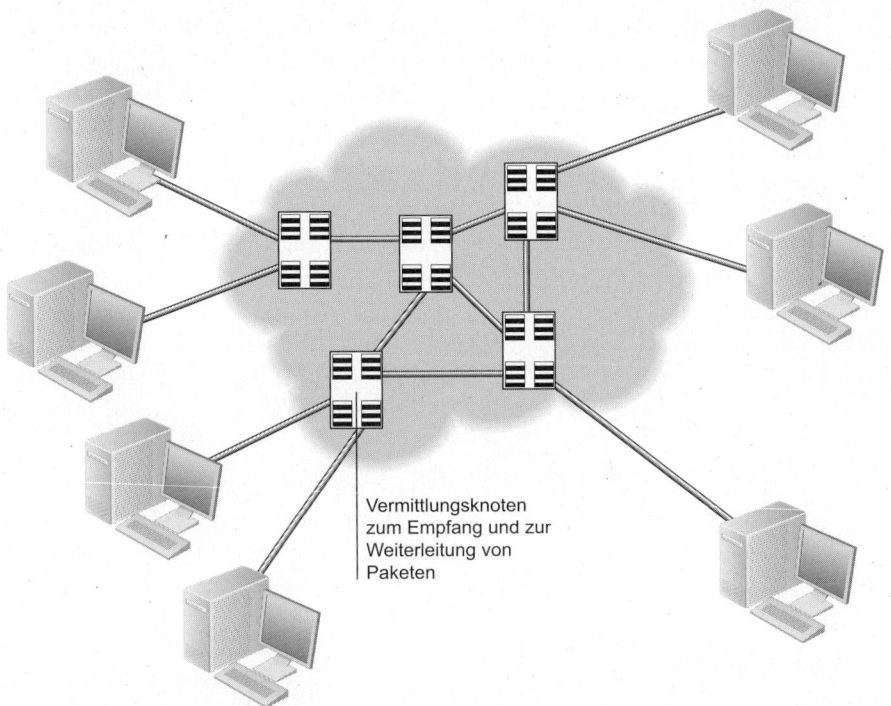

Abb. 6.4.1/2: Paketvermittlung

Bei der Paketvermittlung kann zusätzlich zwischen *verbindungsorientierten und verbindungslosen* Diensten unterschieden werden.

Bei einem **verbindungsorientierten Dienst** (engl.: connection based service) wird für ein Zeitintervall eine logische Verbindung zwischen den Endpunkten einer Kommunikationsverbindung hergestellt.

Ein verbindungsorientierter Dienst ermöglicht, dass sowohl Sender als auch Empfänger das Äquivalent einer dezidierten Verbindung ähnlich der Leitungsvermittlung vorfinden, welche allerdings auf einer paketorientierten Infrastruktur basiert.

Bei einem **verbindungslosen Dienst** (engl.: connectionless service) kommt es dagegen zu keinem explizitem Verbindungsaufbau. Jedes ausgetauschte Datenpaket wird hierbei (physisch und logisch) unabhängig von anderen Datenpaketen übermittelt.

Pakete mit entsprechenden Eigenschaften werden auch als Datagramm bezeichnet.

Ein **Datagramm** (engl.: datagram) ist eine in sich geschlossene, unabhängige Dateneinheit, die unabhängig von früher ausgetauschten Nachrichten über ein Netzwerk transportiert werden kann. Die übertragenen Datenpakete sind dazu jeweils mit einer Absender- und Zieladresse versehen.

Datagramme sind mit dem Briefverkehr zu vergleichen: Für jeden Brief muss eigens der Adressat und die Transportklasse angegeben werden und es besteht (in der Regel) kein offensichtlicher Zusammenhang zwischen zwei unabhängig versandten Briefen.

Durch die Paketvermittlung wird es möglich, dass beispielsweise zahlreiche Telefongespräche gleichzeitig mit Daten- und Videoübertragungen über ein einziges Glasfaserkabel verschickt werden. Durch den Einsatz von Multiplexverfahren (siehe Abschnitt 6.1.9) können höhere Leitungskapazitäten somit für eine entsprechend höhere Anzahl von logischen Verbindungen genutzt werden.

Es verbleiben allerdings noch die beiden Problembereiche der Wegwahl und der Netzlaststeuerung, die in den nun folgenden Abschnitten angesprochen werden sollen.

▶ Übungsaufgabe Nr. 2.6.16 im Arbeitsbuch

6.4.2 Wegwahl

In einem *vermaschten Netz* existieren von jedem Knoten *prinzipiell mehrere Wege*, auf denen ein Paket zu einem anderen Knoten gelangen kann (siehe Abb. 6.4.2/1). Die verschiedenen Wege sind je nach Situation allerdings unterschiedlich gut geeignet. Für ein relativ *kleines Netzwerk* kann mit verhältnismäßig geringem Aufwand *der günstigste Weg von jedem Knoten zu jedem anderen Knoten mittels Optimierung ermittelt* und in einer (statischen) *Tabelle gespeichert* werden.

Im einfachsten Fall muss also in jedem Vermittlungsknoten eine *Tabelle mit dem besten Weg zu allen anderen Knoten* geführt werden. Für *große Netzwerke* (wie beispielsweise das Internet) ist dies aus mehreren Gründen nicht durchführbar:

• Durch die hohe (und ständig steigende) Anzahl der Rechner im Internet würden die entsprechenden Tabellen die Speicherkapazitäten der Zwischenknoten rasch überschreiten,

• der Aufwand der Gesamtberechnung ist sehr hoch,

• durch das kontinuierliche Hinzufügen, Umbenennen oder Entfernen von Rechnern entsteht ein sehr hoher Administrationsaufwand.

Die statische Ermittlung der Wegwahl ist somit *für große Netzwerke* nicht anwendbar. Daher wurden *dynamische Protokolle* entwickelt, über die die Wegwahl zwischen einer großen Anzahl von weitgehend autonomen Verwaltungseinheiten in einem sich stetig verändernden Netzwerk laufend abgepasst werden

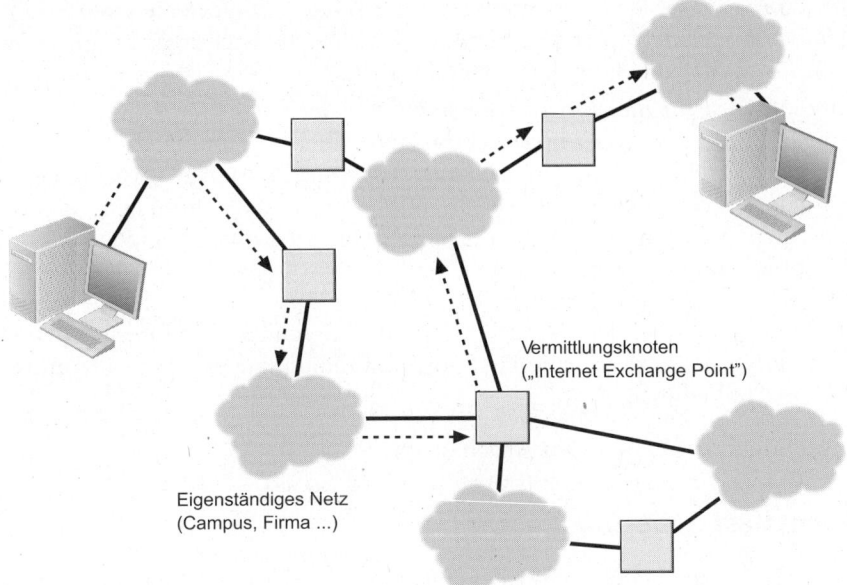

Abb. 6.4.2/1: Wegwahl in einem vermaschten Rechnernetz

kann. Beispiele für diese Protokolle sind *RIP* (Abkürzung von engl.: routing information protocol), *OSPF* (Abkürzung von engl.: open shortest path first) und *BGP* (Abkürzung von engl.: border gateway protocol).

Für die *(dynamische) Ermittlung des besten Wegs* kann eine Reihe unterschiedlicher *Kriterien* herangezogen werden, wie beispielsweise kürzeste Wartezeiten, bester Durchsatz, beste Leitungsauslastung, Weg über die geringste Anzahl von Zwischenknoten, geringste Kosten oder geringste Fehlerraten. Durch diese hohe Zahl von Einflussfaktoren ist eine globale Optimierung im mathematischen Sinne in größeren Netzen nicht praktikabel.

Die Ermittlung der Wegwahl kann nach unterschiedlichen Kriterien erfolgen. Als Kriterium hierfür kann die Entfernung, oder präziser, die *Anzahl der zu überbrückenden Teilstrecken* (engl.: hop) herangezogen werden. In diesen Fällen spricht man von *Distanz-Vektor-Protokollen* (engl.: distance vector protocol). Bei diesen Protokollen (beispielsweise RIP) werden von den Vermittlungsknoten (beispielsweise Routern, siehe Abschnitt 6.5.4) Distanztabellen ermittelt, die zyklisch an benachbarte Vermittlungsknoten gesendet werden.

Als weiteres Kriterium zur Ermittlung der Wegwahl kann der *Verbindungsstatus* dienen. Bei entsprechenden Protokollen (engl.: link-state protocol) wird das Netzwerk über eine Tabelle von Verbindungszuständen abgebildet, wobei nur die Änderungen der Verbindungszustände an benachbarte Vermittlungsknoten propagiert werden. Die Verbindungszustände werden als aggregierte

Kostenfaktoren (engl.: link cost metrics) aus Faktoren wie beispielsweise Bandbreite, Zuverlässigkeit und Latenz gebildet. BGP ist das wichtigste Beispiel eines Wegwahlprotokolls auf Basis der Verbindungszustände.

Zusätzlich wird *für die statische Wegwahl meistens eine Heuristik („Faustregel")* eingesetzt. In der Praxis bedeutet das, dass die Bestimmung von Routen zu anderen Netzbetreibern und *Verkehrsaustauschpunkten* (engl.: peering point) aus der Sicht des jeweiligen Netzwerkbetreibers unter ökonomischen Gesichtspunkten getroffen wird. Es soll hier zudem nicht unerwähnt bleiben, dass die exakte Abrechnung von Paketen in einem Vermittlungsknoten aufgrund des immensen Datenverkehrs, der über diesen Knoten läuft, ebenso ein sehr schwieriges Problem ist. Aus diesem Grund erfolgt die Abrechnung im Internet-Bereich gegenwärtig meist auf der Grundlage von minimalen, zugesicherten Bandbreiten für einen Teilnehmer.

▶ Übungsaufgabe Nr. 2.6.17 im Arbeitsbuch

6.4.3 Netzlaststeuerung

Bei der Zwischenspeicherung von Paketen in einem Vermittlungsknoten ergibt sich ein weiteres komplexes Problem: die *Netzlaststeuerung* (*Verstopfungskontrolle*; engl.: congestion control).

Dieses *Problem* stellt sich dann, wenn ein Vermittlungsknoten an Übertragungsmedien mit unterschiedlichen Bandbreiten angeschlossen ist, und der Datenfluss vom Medium mit der hohen Bandbreite die verfügbare Bandbreite im Medium mit geringer Bandbreite überschreitet. Die aus dem Medium mit der hohen Bandbreite eingehenden Pakete werden im (begrenzten) Arbeitsspeicher des Vermittlungsknotens zwischengespeichert. Dieser fungiert ähnlich einem Staubecken, aus dem die Pakete durch einen „dünnen Abfluss" abgeleitet werden. Ist die einfließende Bandbreite zu groß, so wird der Vermittlungsknoten überflutet (siehe Abb. 6.4.3/1).

Das Problem der Netzlaststeuerung ist umso größer, je höher (und je unterschiedlicher) die verfügbaren Bandbreiten sind. Bei einer (ausgenutzten) Bandbreite von 1 Gbit/s dauert es beispielsweise nur acht Sekunden, bis ein GB an Pufferspeicher gefüllt ist. Dies bedeutet, dass ein Ausbau der Speicherkapazitäten der Vermittlungsknoten das Problem der Überflutung nur geringfügig lindern kann. Eine wirksame Maßnahme ist die *Stauvermeidung,* beispielsweise durch die Anpassung der Topologie.

Unter **Netzlaststeuerung** (engl.: congestion control) versteht man jene Maßnahmen und Protokolle, die zur Erkennung, Linderung und Vermeidung von Stausituationen und Überflutungen in einem Netzwerk dienen. Dazu gehören unter anderem Protokolle zur *Erkennung der Auslastung von Netzwerkknoten,* die *Wahl von geeigneten Topologien* oder die *Reservierung von Übertragungskapazitäten.*

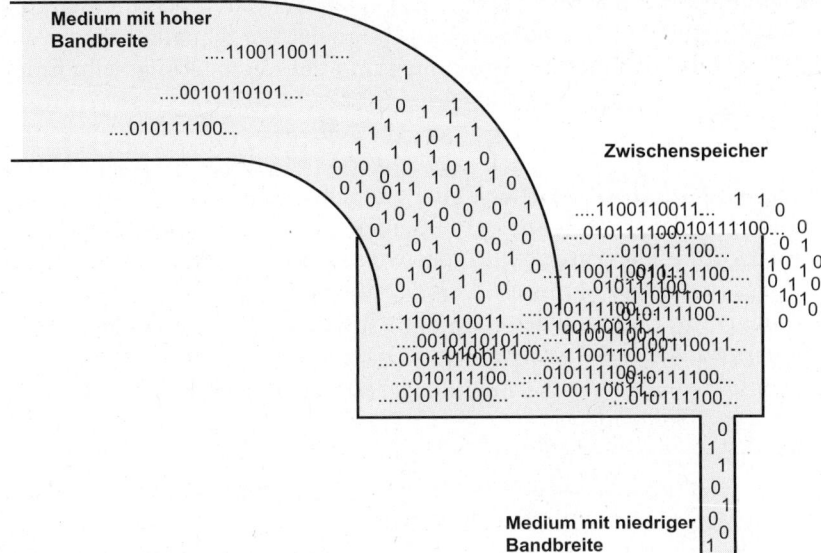

Abb. 6.4.3/1: Überflutung eines Vermittlungsknotens

In einem Netzwerk wie dem Internet ist es trotzdem nahezu unvermeidbar, dass eine Überlast in Vermittlungsknoten auftritt. In derartigen Situationen bleibt dem Vermittlungsknoten nichts anderes übrig, als Pakete, die nicht rasch genug weitervermittelt werden können, aus dem Eingangspuffer zu löschen, und auf die Ende-zu-Ende-Flusssteuerung (in Schicht 4) zu vertrauen, die das jeweilige Paket, das im Laufe der Übertragung „verloren gegangen" ist, wiederum anfordert.

6.4.4 Dienstqualität

Ein *Folge der Überflutung* von Vermittlungsknoten ist, dass einerseits der Durchsatz abnimmt, und andererseits die Varianz der Transportzeiten zunimmt. Diese Varianz ist vor allem bei Diensten ein Problem, für die ein kontinuierlicher Datenstrom wichtig ist: das sind beispielsweise sprach- und bildvermittelnde Dienste (zum Beispiel: Internet-Telefonie, Videokonferenzen und Ähnliches), bei denen ein Benutzer verloren gegangene (und wieder gesendete) Rahmen unmittelbar durch Verzögerungen bemerkt.

Durch die **Dienstqualität** (engl.: quality of service, abgekürzt: QoS) wird eine minimale Verbindungsqualität zugesichert, die durch Größen wie *Bandbreite*, *Netzwerklatenz* und deren *Varianz* bestimmt wird. Die **Netzwerklatenz** (engl.: network latency) ist die Verzögerung gemessen in Millisekunden) zwischen dem Versenden und der Ankunft des ersten Datenbits einer Meldung über ein Rechnernetz. Die Netzwerklatenz ergibt sich aus der Verzögerung beim Verschicken eines Rahmens, der Signallaufzeit, eventuellen Verzögerungen in Zwischenknoten und der Verzögerung beim Empfangen.

Das Messen der Latenz ist in großen Netzwerken messtechnisch sehr aufwändig. Aus diesem Grund wird vielfach eine einfache Annäherung verwendet, bei der ein möglichst kleines Datenpaket von einem Ausgangspunkt zu einem Zielort und von dort wieder zurück gesendet wird. Auf diese Weise wird die *bidirektionale Gesamtlaufzeit* ermittelt. Durch Subtraktion der Übertragungsdauer (Millisekunden vom Empfang des ersten Bits bis zum Empfang des letzten) lässt sich die *bidirektionale Gesamtlatenz* (engl.: round trip latency) ermitteln.

Ein einfaches Programm für die Ermittlung der bidirektionalen Gesamtlaufzeit im Internet ist das Programm *Ping*.

Die Varianz der Latenz wird **Jitter** (engl.: jitter) genannt und verursacht Aussetzer in einem kontinuierlichen Datenstrom.

Sowohl die Latenz als auch Jitter sind Qualitätskriterien einer Verbindung. Es reicht beispielsweise für Internet-Telefonie nicht, sich auf eine durchschnittliche Latenz zu verlassen, da dies bei einem kontinuierlichen Datenstrom zu Kommunikationsverlusten führen kann.

Ein Dienst unterstützt QoS, wenn verlässliche Obergrenzen für *Latenz und Jitter*, sowie *Untergrenzen für die Bandbreite* angegeben werden können.

Beachten Sie, dass die *Latenz unabhängig von der Datenmenge ist*. Bei vielen Anwendungen ist das *Problem weniger der Datendurchsatz* (die Übertragungskapazität) zwischen zwei Datenstationen, *sondern die Verzögerungen und die Kontinuität*, mit der Daten eintreffen. Hohe Latenzen sind für viele Anwendungen ein viel größeres Problem als zu geringe Bandbreiten. Die Übertragungskapazität kann relativ einfach durch ein zusätzliches physisches Übertragungsmedium verdoppelt werden. Die Latenz wird dadurch allerdings nicht beeinflusst. Die Abb. 6.4.4/1 zeigt für unterschiedliche Latenzzeiten die Auswirkung auf die (durch den Menschen) empfundene Verbindungsqualität bei der Sprachkommunikation.

Zwei Werte hierzu im *Vergleich*: Die Laufzeit eines Rahmens von Mitteleuropa nach New York beträgt über Lichtwellenleiter etwa 30 ms. Die bidirektionale Gesamtlaufzeit eines Internet-Pakets auf dem gleichen Weg beträgt etwa 80 ms. Die Latenz eines typischen Telefonmodems beläuft sich auf etwa 100 bis 130 ms. Die Latenz eines ADSL-Zugangs beträgt je nach Übertragungsmodus etwa 10 bis 20 ms bei Übertragung mittels *fastpath* bis etwa 40 bis 75 ms bei Übertragung im *interleaved mode* mit besserer Fehlerkorrektur.

Denken Sie beispielsweise an *Telefonie über paketvermittelnde Dienste*. Der notwendige Datendurchsatz für die übliche Sprachqualität ist relativ gering und liegt im

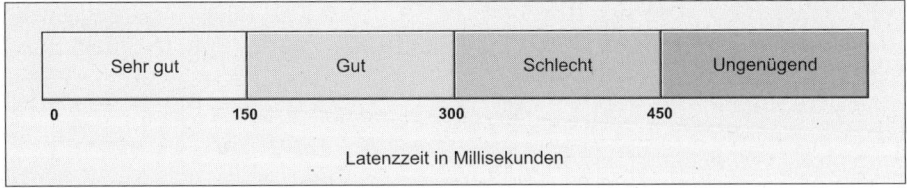

Abb. 6.4.4/1: Empfundene Verbindungsqualität und Latenz bei der Sprachkommunikation

Bereich von 64 kbit/s. Dieser Durchsatz ist heute relativ leicht auch für Übertragungen im Internet erreichbar. Wenn Sie mit jemanden über das Telefon sprechen, dann erwarten sie, dass die Gegenseite sie sofort hört (dass heißt, die Latenz soll gegen 0 gehen). Eine (spürbar) vorhandene Latenz hören sie spätestens dann, wenn die Antworten des Gesprächspartners erst nach gewissen Intervallen erfolgen oder ein Echo in der Leitung hörbar ist. Die ITU-T definiert in der Empfehlung G.114 eine maximale Latenz von 300 ms für Telefonie. Der tatsächliche Effekt der Latenz auf das empfundene Sprachverständnis wird mit dem in ITU-T G-107 und ETSI ETR-250 ausgeführten *E-Model* bestimmt. Das E-Model berücksichtigt Faktoren wie beispielsweise Jitter, Netzwerklatenz, Echo und Paketverluste. Es errechnet einen skalaren Indexwert, den so genannten R-Wert (Wertebereich: 0 bis 100), welcher für reguläre Telefongespräche nach der Empfehlung einen Wert größer 80 haben muss (engl.: toll quality). Für die Messung der Verständlichkeit von Sprache über Telefonverbindungen wird der Wert *MOS* (engl.: mean opinion score) ermittelt, der die subjektive Empfindung der Sprachqualität misst (Werte von 1 (schlecht) bis auf 5 (sehr gut)).

Dadurch eignen sich beispielsweise Transportwege über hochfliegende Satelliten nicht für Telefondienste, da schon die Signallaufzeiten hier relativ lang werden. Die Signallaufzeit bei einer Übertragung von einem terrestrischen Punkt A über den Satelliten zu einem terrestrischen Punkt B beträgt etwa 240 bis 300 ms, die bidirektionale Gesamtlaufzeit beträgt für kleine Datenmengen 800 bis 900 ms. Bei einer *nicht-interaktiven Datenübertragung* (beispielsweise einer Fernsehausstrahlung) hingegen ist die *Latenz kein Problem.*

Um eine bestimmte Dienstqualität zu erreichen, ist entweder eine Reservierung von Bandbreiten und/oder ein Mechanismus zur Priorisierung von Rahmen notwendig. Entsprechende Mechanismen werden für die Internet-Protokolle (siehe Abschnitt 6.6) und im Zusammenhang mit ATM (siehe Abschnitt 6.7.3) vorgestellt.

▶ Übungsaufgabe Nr. 2.6.18 im Arbeitsbuch

6.5 Kopplungseinheiten

Um unterschiedliche Kommunikationsnetz zu verbinden, werden *Kopplungseinheiten* (engl.: gateway) eingesetzt, die auf unterschiedlichen Schichten des ISO/OSI-Referenzmodells Anpassungen durchführen können.

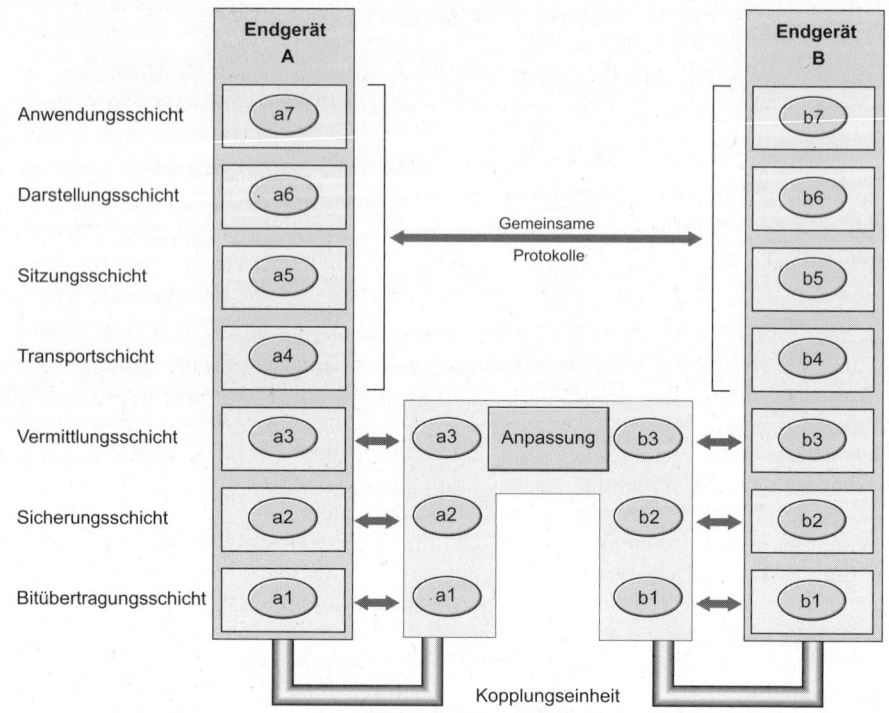

Abb. 6.5/1: Funktionsweise von Kopplungseinheiten

Die Kommunikation zwischen zwei Knoten erfolgt auf jeder Ebene eines Schichtenmodells jeweils mit dem selben Protokoll (sowohl zwischen den Endgeräten als auch zwischen einem Endgerät und einer Kopplungseinheit). Sind an die gleiche *Kopplungseinheit verschiedene Netzwerke mit unterschiedlichen Protokollen* angeschlossen, so muss innerhalb der Kopplungseinheit eine *Anpassung der Protokolle* erfolgen. Verwenden die angeschlossenen Netzwerke *die gleichen Protokolle*, so ist *keine Anpassung* notwendig. Je nachdem, auf welcher Ebene die Endgeräte einheitliche Protokolle verwenden, werden *unterschiedliche Typen von Kopplungseinheiten* eingesetzt.

> Ein **Hub** (Synonym: *Netzwerkkonzentrator*; engl.: hub) ist eine meist unintelligente Kopplungseinheit, an die mehrere gleichartige Kabel angeschlossen werden.

Der Begriff des Hubs bedeutet in etwa *Verteilerknoten* und wird im Englischen für eine Vielzahl von Begriffen verwendet (beispielsweise auch für Busbahnhöfe). Im IT-Umfeld existieren Hubs für USB, FireWire oder diverse Netzwerktypen. Meistens wird der Begriff Hub für einen Repeater in einer sternförmigen Topologie verwendet. Die nachfolgenden Netzwerkbrücken wer-

Abb. 6.5/2: Beispiele für Kopplungseinheiten für ein Unternehmensnetzwerk

den allerdings auch mit dem Term bezeichnet, obwohl ihnen eine andere Funktionsweise zugrunde liegt. Ein Hub dient als zentraler Verteilerknoten für eine Vielzahl von Verbindungen.

6.5.1 Repeater

Die einfachste Kopplungseinheit ist eine reine Verstärkerstation, der so genannte **Repeater** (engl.: repeater; unübliche deutsche Übersetzung: Sig-

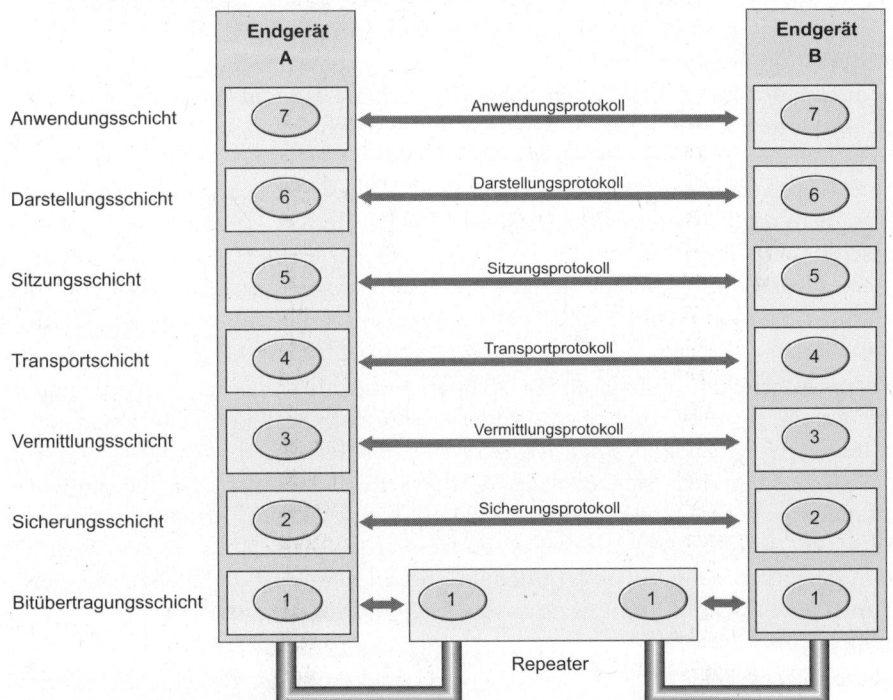

Abb. 6.5.1/1: Verbindung zweier Netzsegmente mittels eines Repeaters

nalverstärker). Der Repeater empfängt elektrische oder optische Signale (Bits) an einem Anschluss und wiederholt die gleichen Signale an allen weiteren angeschlossenen Netzwerksegmenten. Um einen Repeater einsetzen zu können, müssen die verbundenen Systeme von Schicht eins aufwärts identische Protokolle verwenden.

Eine *häufige Anwendung* eines Repeaters ist die *Überbrückung ("Verlängerung") von maximalen Kabellängen in einem Gebäude*. Der Repeater dient jedoch keinesfalls zu Lasttrennung, da alle Signale von allen angeschlossenen Netzsegmenten weitergereicht werden.

Bei Einsatz eines Repeaters in einem CSMA/CD-Netz (beispielsweise auf Basis von 10-Mbit-Ethernet) wird die Wahrscheinlichkeit des Auftretens von Kollisionen erhöht, da der gesamte Datenverkehr aus den Teilsegmenten an alle angeschlossenen Segmente weiterverteilt wird.

6.5.2 Netzwerkbrücken

Eine **Netzwerkbrücke** (engl.: bridge) ist eine Kopplungseinheit zur Verbindung von Netzen auf der Sicherungsschicht. Eine Netzwerkbrücke verbindet Netzwerksegmente, indem sie Rahmen von einem Netzwerksegment empfängt, prüft und diese in ein oder mehrere andere Netzwerksegmente weiterleitet (engl.: frame forwarding). Unterschiedliche Realisierungen der Bitübertragungsschicht können so überbrückt werden. Alle Protokolle inklusive der auf den höheren Schichten (zweite Schicht aufwärts) müssen zwischen den Kommunikationspartnern identisch sein.

Eine Netzwerkbrücke empfängt Rahmen von einem Netzwerksegment und überprüft deren Prüfsumme. Ist diese korrekt, versendet sie den Rahmen an das angeschlossene Teilnetz, in dem sie die jeweilige Zieladresse erwartet. Hierbei werden die entsprechenden Signale von der Netzwerkbrücke frisch erzeugt, wodurch es nicht – wie bei Repeatern – zu einer Propagierung von Fehlern kommt.

Netzwerkbrücken existieren in simplen und intelligenten Ausführungen, wobei erstere die empfangenen Rahmen an alle Teilsegmente weiterleiten. Intelligente Netzwerkbrücken, auch *lernende Netzwerkbrücken* genannt (engl.: learning bridges), merken sich die MAC-Adressen, die sie aus den Teilsegmenten empfangen haben. Empfängt eine Netzwerkbrücke einen Rahmen, der an eine bereits "gelernte" MAC-Adresse gesendet werden soll, leitet sie den Rahmen nur an das entsprechende Teilsegment weiter, in dem sich die Zieladresse befindet. Auf diese Weise kommt es zu einer *Verkehrstrennung* zwischen den Teilsegmenten.

Wie bei Repeatern ist auch bei Netzwerkbrücken in der Regel *keine explizite Konfiguration der Hardware* notwendig. Die Brücken "lernen" selbstständig die MAC-Adressen der angeschlossenen Stationen für die Verkehrstrennung.

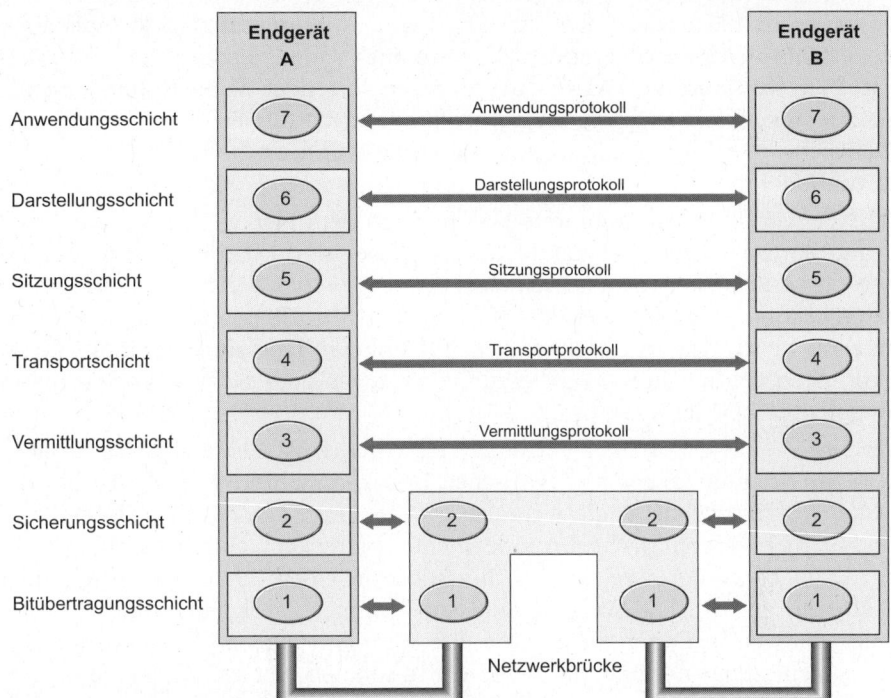

Abb. 6.5.2/1: Verbindung zweier Netzsegmente mittels einer Netzwerkbrücke

Eine Netzwerkbrücke, an die mehr als zwei Teilsegmente angeschlossen sind (die somit als Hub ausgeführt ist) wird auch *Switch* bezeichnet. Die meisten Netzwerkbrücken sind Switches.

> Über eine Netzwerkbrücke können beispielsweise zwei CSMA/CD-Netze mit unterschiedlicher Verkabelungstechnik verbunden werden. Meistens werden Netzwerkbrücken zur *Verbindung zweier Diffusionsnetze* eingesetzt. Der große Vorteil von Netzwerkbrücken gegenüber Repeatern ist, dass Brücken eine Lasttrennung bewirken, da sie nicht „blind" die Rahmen an alle angeschlossenen Segmente weiterleiten (abgesehen von Broadcast-Rahmen).

An eine Netzwerkbrücke können auch *Netzwerke mit unterschiedlichen Übertragungskapazitäten* angeschlossen werden. Allerdings muss hierbei dafür gesorgt werden, dass die Netzwerkbrücken hinreichend mit Arbeitsspeicher ausgestattet sind, da diese nicht immer die Pakete mit der gleichen Übertragungskapazität weitergeben können, mit der sie empfangen werden, und sie folglich puffern müssen. Auch hier kann sich das Problem der *Überflutung* stellen.

Netzwerkbrücken sind vor allem dazu geeignet, *zwei Netzwerke über einen Zwischenknoten zu verbinden.* Im Allgemeinen besitzen Netzwerkbrücken keine oder nur eine sehr einfache, auf *MAC-Adressen basierende Wegwahlfunk-*

tion, wodurch die gezielte Konfiguration und Weiterleitung in komplexeren Netzwerken nicht durchführbar ist. Empfängt eine Netzwerkbrücke unbekannte Netzwerkadressen (MAC-Adressen), so versendet sie die Rahmen an alle angeschlossenen Übertragungswege, wodurch der Rahmen „garantiert" sein Ziel erreicht. In einem großen Netzwerk ist diese unnötig hohe Netzwerkbelastung von Nachteil.

Da Netzwerkbrücken komplette Rahmen aus dem Netzwerk lesen, analysieren, und dann wiederum in das Netzwerk einspeisen, kommt es beim Einsatz von Netzwerkbrücken zu *leichten Verzögerungen bei der Weiterleitung*. Bei Netzwerken mit geringer Last können vielfach über Repeater bessere Durchsätze erreicht werden. Bei Netzwerken mit höherer Last sind allerdings Netzwerkbrücken vorzuziehen, da diese zur Verringerung der Netzwerkbelastung in Teilsegmenten beitragen.

Moderne Netzwerkbrücken einzelner Hersteller (beispielsweise *Cisco*) ermöglichen eine Trennung eines physikalischen LANs in mehrere logische LANs, die *VLANs* (Abkürzung für engl.: virtual LAN) genannt werden. Ein VLAN kann sich über mehrere physische LAN-Segmente erstrecken. Durch Konfiguration kann definiert werden, welche Anschlussdose in einem Gebäude zu welchem VLAN gehören soll. Die Weiterleitung von Rahmen erfolgt nur innerhalb des definierten VLANs. Durch die beschränkte Weiterleitung sind VLANs ein wichtiges Element zur Erhöhung der Sicherheit in lokalen Netzen, da sie die Gefahr des Abhörens von unsicheren Anschlussdosen reduzieren können.

Netzwerkbrücken sind neben Routern (nächster Abschnitt) die wichtigsten Kopplungseinheiten in Unternehmensnetzwerken. Sie werden sowohl für Frontend-Netze für Arbeitsplatzrechner, als auch für Backend- oder Backbone-Netze eingesetzt (siehe auch Abschnitt 6.2.1). Netzwerkbrücken sind kosteneffiziente Kopplungseinheiten, die durch den im Vergleich zu Routern geringen Bearbeitungsaufwand pro Rahmen bei der Weiterleitung sehr hohe Durchsatzleistungen erreichen können. Leistungsfähige Netzwerkbrücken für den Einsatz im Backend-Bereich erreichen häufig Durchsatzkapazitäten von über 40 Gbit/s.

6.5.3 Router

Ein **Router** (engl.: router; unübliche deutsche Übersetzung: Wegwahleinheit) ist eine Kopplungseinheit, die auf der Vermittlungsschicht operiert. Durch einen Router können somit - wenn nötig - unterschiedliche Protokolle auf Schicht eins und zwei überbrückt werden. Die Kommunikationspartner müssen aber auf allen höheren Schichten (ab Schicht drei aufwärts) identische Protokolle verwenden. Die zentrale Aufgabe eines Routers ist die *Wegwahl* (engl.: routing) für Pakete, die über das Netzwerk versendet werden. Router bilden die elementare Infrastruktur des Internets.

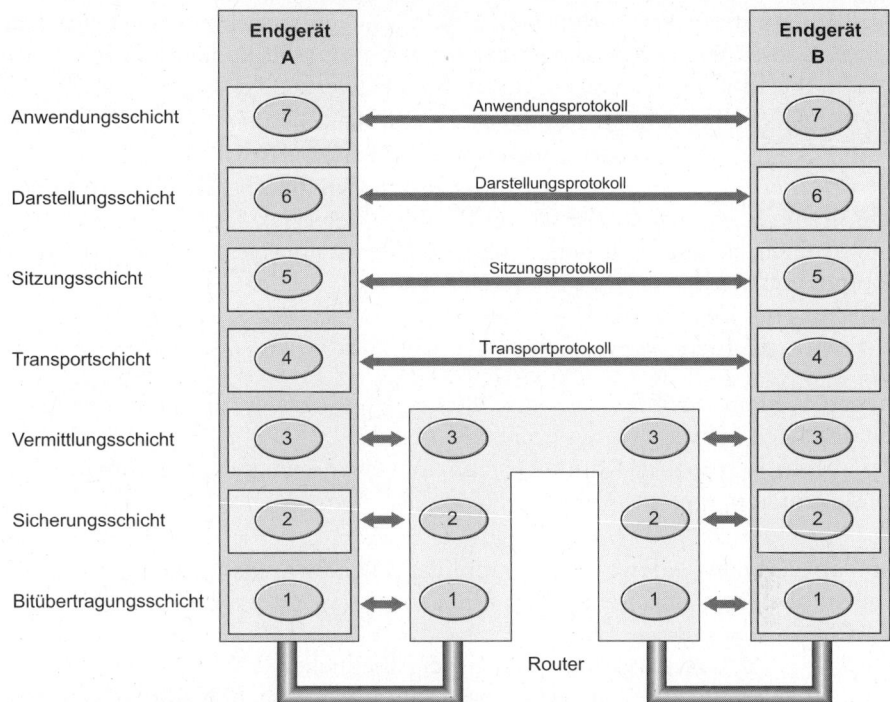

Abb. 6.5.3/1: Verbindung zweier Netzsegmente mittels eines Routers

Ein Router führt die Wegwahl von Datenpaketen mittels der Empfangsadressen der Netzwerkschicht durch (im Fall des Internets sind dies IP-Adressen; mehr dazu im nächsten Abschnitt). Der Router empfängt Pakete aus der Sicherungsschicht eines Teilnetzes, ermittelt auf Basis der Weiterleitungsregeln das Zielsegment und versendet das Paket über die entsprechende Sicherungsschicht des Zielsegments. Dadurch können mittels eines Routers *heterogene Netzwerke verbunden* werden (beispielsweise ein Ethernet-Netzwerk mit einem FDDI-Netzwerk).

Die Weiterleitungsentscheidungen bei der Wegwahl werden dynamisch unter Einbeziehung von Regelsätzen und statisch tabellierter *Weiterleitungstabellen* (engl.: routing tables) getroffen. Die Weiterleitungsentscheidungen können entweder autark in einem Router festgelegt werden, oder sie können kooperativ mit anderen Routern gemeinsam getroffen werden (siehe auch Abschnitt 6.4.2).

Je nach Leistungsstufe werden unterschiedliche Typen von Routern unterschieden. Für den einfachen Internet-Zugang werden *Zugangs-Router* (engl.: access router) eingesetzt. Für den Breitbandzugang von ein oder mehreren Anschlussnetzen zum Internet werden *Kanten-Router* (engl.: edge router) eingesetzt, die beispielsweise ein LAN mit dem Kernnetz verbinden. Diese Kanten-Router sind mit den *zentralen Routern* (engl.: core router) des Kernnetzes verbunden, die primäre Daten mit anderen Routern austauschen.

Da Router auf der Vermittlungsschicht angesiedelt sind, können sie entfernte Netzwerke über mehrere *Transitknoten* (engl.: hop) verbinden. Somit eigenen sich Router sehr gut für den Aufbau großer Netzwerke.

Ein *Nachteil von Routern* ist, dass diese (anders als Netzwerkbrücken oder Repeater) konfiguriert werden müssen. Ein Grund hierfür ist, dass die kooperirenden Router eingetragen werden müssen, um dynamische Wegwahlverfahren durchführen zu können. Meist ist ein Router ein spezialisierter Netzwerkrechner, es können jedoch auch herkömmliche PCs mit mehreren Netzwerkkarten als Router eingesetzt werden.

6.5.4 Anwendungs-Gateways

Der bei weitem größte Teil der heute eingesetzten Kopplungseinheiten beschränkt sich auf die unteren drei Schichten des ISO/OSI-Referenzmodells. Es ist jedoch ebenso möglich Kopplungseinheiten einzusetzen, die auf höheren Protokollschichten operieren.

> Ein **Anwendungs-Gateway** (engl.: application gateway) ist eine Kopplungseinheit, die unterschiedliche Anwendungsprotokolle überbrücken kann.

Beispiele sind Gateways zwischen unterschiedlichen E-Mail-Systemen (beispielsweise Übersetzung von SMTP-basierter E-Mail nach X.400 oder Lotus Notes) oder Gateways zwischen SMS-, MMS-, Fax- und E-Mail-Systemen.

▶ Übungsaufgabe Nr. 2.6.19 im Arbeitsbuch

6.6 Internet-Protokolle

Die bei weitem *wichtigsten Protokolle auf den Schichten vier bis sieben* sind die *Internet-Protokolle*, die auch als die *TCP/IP-Protokollfamilie* bezeichnet werden. Diese Protokollfamilie wird daher in der Folge in ihren Grundprinzipien vorgestellt. Um die hier zugrunde liegenden Ideen verstehen zu können, ist es zunächst erforderlich, die *Entwicklung der Internet-Protokolle* zu betrachten.

In einigen Büchern ist zu lesen, dass TCP/IP Ende der 1960er Jahre vom U.S.-amerikanischen Verteidigungsministerium entwickelt wurde, um eine robuste Kommunikationsinfrastruktur für den Kriegsfall zu schaffen, die auch im Falle eines nuklearen Angriffs und bei Ausfällen eines Teils des Kommunikationsnetzes weiterhin funktionieren sollte, um die militärische Kommunikation sicherzustellen.

Diese „Geschichte" kann jedoch als Mythos bezeichnet werden, von dem heute nicht mehr leicht nachvollzogen werden kann, wo und durch wen er ursprünglich in die Welt gesetzt wurde. Tatsächlich wurde mit der *Entwicklung des Internets aufgrund eines Ärgernisses*, beziehungsweise einer Unbequemlichkeit begonnen: die *ARPA* (Abkürzung von engl.: Advanced Research Project Agency) des U.S.-amerikanischen Verteidigungsministeriums hat eine lange Tradition, informationstechnische Forschungsprojekte an den amerikanischen Eliteuniversitäten zu fördern. Bei diesen Projekten wurde unter anderem Software entwickelt, die entsprechenden Rechner standen an den Universitäten und Forschungseinrichtungen. Das angesprochene Ärgernis war nun, dass es damals für die ARPA nicht einfach war, die Projekte zu verfolgen und einen unmittelbaren Zugriff auf die erzielten Forschungsergebnisse zu erlangen. Zu jedem dieser Rechner mussten unterschiedliche Leitungen gelegt werden, um ein entsprechendes (auch meist unterschiedliches) Terminal anzuschließen. Um diesen Zugriff zu vereinfachen und die Zahl der beteiligten Partner skalierbar zu gestalten, wurde *1967 von der ARPA eine Studie über ein ausfalltolerantes Paketnetz* in Auftrag gegeben. *1969* wurden vier Knoten über diese *erste Version des heutigen Internet* verbunden: die Universität Los Angeles (UCLA), die Universität Santa Barbara (UCSB), das Stanford Research Institute (SRI) und die Universität von Utah.

Auf Basis dieser Initiative wurden zahlreiche weitere Projekte gestartet, um eine *größere Anzahl von Rechnern zusammenzuschließen* und eine *rechner- und betriebssystemunabhängige Kommunikationsplattform* zu schaffen. Ein weiteres Ziel war eine möglichst *robuste Infrastruktur*, die *unproblematisch erweitert* werden kann. Außerdem wurde angestrebt, die Kommunikationsinfrastruktur möglichst *unabhängig von physischen Übertragungsmedien* zu gestalten. Ein Ergebnis dieser Projekte war *TCP/IP*, das gemäß der angestrebten Ziele nur sehr geringe Anforderungen an die untersten beiden Schichten stellt: die ausgetauschten Pakete dürfen in einer anderen als der abgesendeten Reihenfolge eintreffen (Pakete können unterschiedliche Transitrouten im Netzwerk einnehmen) und es macht nichts aus, wenn Pakete verloren gehen, da sie von den oberen Schichten neu angefordert werden. Es ist für TCP/IP beispielsweise nicht funktionsbedrohend, wenn nur zehn Prozent der Pakete das Ziel erreichen. Dieser hohe Paketverlust wirkt sich „nur" auf den Durchsatz aus, nicht aber auf die prinzipielle Funktionsfähigkeit.

In der Frühphase des Internets wurde auch gleichzeitig *eine innovative „Vertriebsplattform" für offene Kommunikationsstandards* geschaffen: die Definitionen für einzelne Teilaufgaben des Rechnernetzes wurden als *RFCs* (Abkürzung von engl.: request for comment, frei übersetzt etwa *„Protokollvorschlag"*) veröffentlicht und über das Rechnernetzwerk allen potenziellen Entwicklern frei zur Verfügung gestellt. Diese liberale Informationspolitik führte sehr bald zu einem Multiplikationseffekt, da unterschiedliche Forschergruppen auf diesen Ergebnissen aufbauen konnten und an den Protokollen Verbesserungen anbringen, beziehungsweise neue Ideen beisteuern konnten. Heute existieren über 4.000 RFCs, die in ihrer Gesamtheit die Protokollfamilie von TCP/IP beschreiben. Diese Entwicklung ist aber keinesfalls abgeschlossen, sondern wird auf nicht absehbare Zeit weiter fortgeführt.

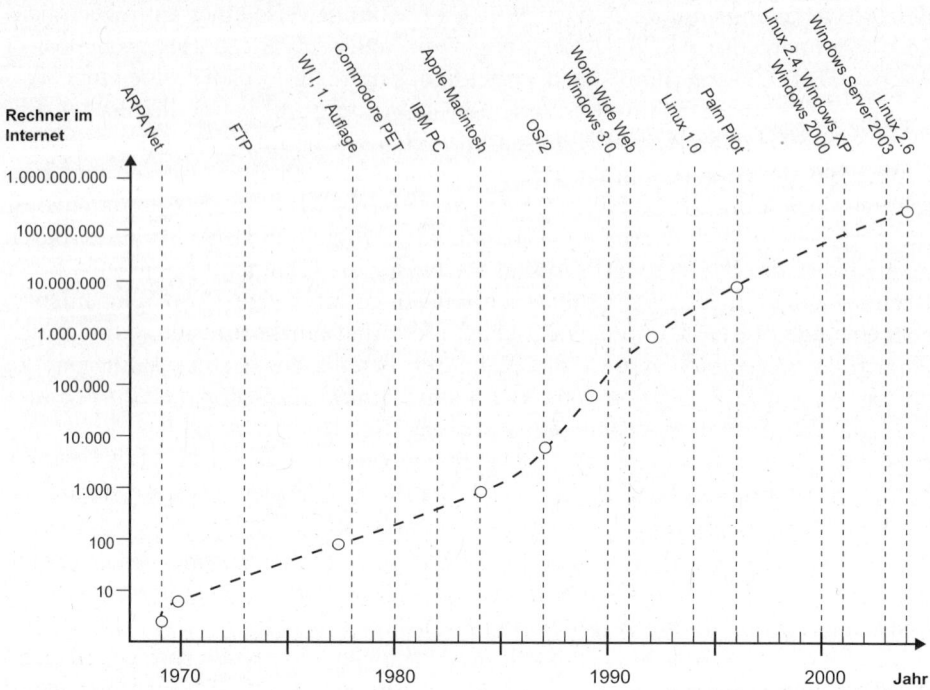

Abb. 6.6/1: Entwicklung des Internets

Die *offene TCP/IP-Architektur* fand 1982 durch eine Realisierung im Betriebssystem UNIX (konkret Berkeley UNIX 4.2BSD) eine weite Verbreitung. Die Bekanntheit wurde nicht zuletzt auch dadurch gefördert, dass der Quellcode von Berkeley-UNIX prinzipiell für jedermann frei über das Netzwerk verfügbar war. Als Grundlage des Internets erlebte die Popularität dieser Protokollfamilie einen beispiellosen Anstieg (siehe Abb. 6.6/1). Allein in den Jahren 1996 bis 2001 hat sich die Zahl der an das Internet angeschlossenen Rechner verzehnfacht. Mittlerweile kann TCP/IP als *die* offene Netzwerkarchitektur bezeichnet werden.

Heute sind auf allen gängigen Plattformen verschiedene Implementierungen von TCP/IP erhältlich und es ist als Kommunikationsarchitektur für die Verbindung von Rechnern verschiedener Hersteller nicht mehr wegzudenken. Die heute im Allgemeinen im Einsatz befindliche Familie der Internet-Protokolle ist die *Version 4 (abgekürzt: IPv4)*. Im Abschnitt 6.9.6 werden die Änderungen und neuen Möglichkeiten der nächsten Generation der Internet-Protokolle, der Version IPv6, vorgestellt.

6.6.1 Schichtenmodell von TCP/IP

> **TCP/IP** (Abkürzung von engl.: transmission control protocol/Internet protocol) ist eine im Wesentlichen in vier Schichten aufgebaute Familie von herstellerneutralen Anwendungs- und Transportprotokollen und bildet die (logische) Basis des Internets. Man spricht hier häufig auch von der Internet-Protokollfamilie, da TCP/IP (im weiteren Sinne) aus einer Vielzahl von aufeinander abgestimmten Protokollen besteht, die laufend fortentwickelt und erweitert wird. Streng genommen steht TCP/IP für zweierlei:
> - einerseits sind TCP und IP die beiden wichtigsten Protokolle der Protokollfamilie (TCP/IP im engeren Sinne),
> - andererseits steht der Begriff TCP/IP für die Gesamtheit der Protokollfamilie (TCP/IP im weiteren Sinne).

Eine Gegenüberstellung des ISO/OSI-Referenzmodells und des Schichtenmodells von TCP/IP sehen Sie in Abb. 6.6.1/1.

Wenn Sie den *Aufbau der TCP/IP-Familie* betrachten, so stellen Sie fest, dass diese Kommunikationsarchitektur im Vergleich zum siebenschichtigen ISO/OSI-Referenzmodell aus „nur" *vier Schichten* besteht. Tatsächlich ist dies jedoch eines der „Erfolgsgeheimnisse" dieser Protokollfamilie. Die Internet-Protokolle zeichnen sich durch einfachen Aufbau und große Flexibilität aus. Im Einzelnen sind die Schichten des TCP/IP wie folgt aufgebaut:

- Die Internet-Protokolle definieren die Bitübertragungs- oder Sicherungsschicht nicht. Dadurch sind sie unabhängig von den technologischen Ent-

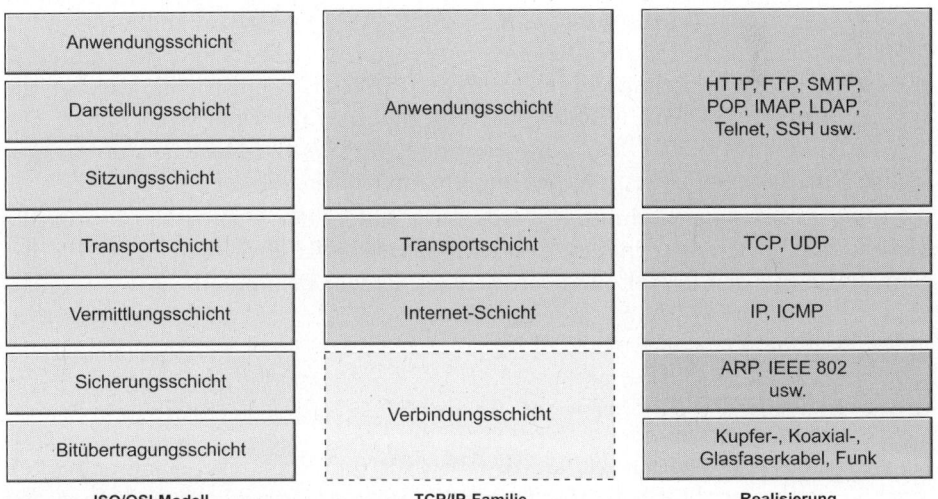

Abb. 6.6.1/1: Einordnung des Schichtenmodells von TCP/IP

wicklungen bei den unteren Schichten. Durch die **Verbindungsschicht** (engl.: link layer) von TCP/IP werden allerdings die entsprechenden Schnittstellen und Hilfsprotokolle für das Zusammenspiel mit Protokollen auf den unteren Schichten definiert. Das aus dieser Sicht wichtigste Protokoll auf der Verbindungsschicht ist *ARP* (Abkürzung von engl.: address resolution protocol), auf das wir nachstehend noch näher eingehen werden.

Einen Spezialfall bilden Übertragungswege ohne Sicherungsschicht. Hierfür werden die Protokolle *SLIP* (Abkürzung von engl.: serial line Internet protocol*)* und *PPP* (Abkürzung für engl.: point to point protocol) angeboten, die die Übertragung von IP-Paketen über beliebige Transportverbindungen (beispielsweise serielle) definieren. Über diese Protokolle können beispielsweise IP-Pakete über analoge Telefonleitungen transportiert werden.

- Die **Internet-Schicht** (engl.: Internet layer) von TCP/IP erfüllt die Aufgaben der Vermittlungsschicht des ISO/OSI-Referenzmodells. Diese Schicht enthält das für das Internet zentrale Protokoll: *IP* (Abkürzung von engl.: Internet protocol). Durch IP werden unter anderem weltweit eindeutige Internet-Adressen – die IP-Adressen – in ihrem Aufbau und ihrer Struktur definiert. Diese Adressen dienen auch als Basis der Wegwahl im Internet.

- Die **Transportschicht** (engl.: transport layer) enthält das zweite Kernprotokoll der Internet-Protokolle: *TCP* (Abkürzung von engl.: transmission control protocol). Durch TCP wird Anwendungen ein verlässliches, verbindungsorientiertes Protokoll zur Verfügung gestellt. Ein weiteres wichtiges Protokoll der Transportschicht ist *UDP* (Abkürzung von engl.: user datagram protocol), das für verbindungslose Anwendungsprotokolle genutzt werden kann.

- Die beiden Protokolle TCP und UDP sind die Grundlage für die Protokolle der **Anwendungsschicht** (engl.: application layer). Beispiele für Protokolle der Anwendungsschicht sind *SMTP* (Abkürzung von engl.: simple mail transfer protocol), *Telnet* (virtuelles Terminal), *FTP* (Abkürzung von engl.: file transfer protocol), das *Internet-Relay-Chat-Protokoll* (siehe Band 1, Kapitel 3) oder *HTTP* (Abkürzung von engl.: hypertext transfer protocol), welches die Grundlage des *WWW* (Abkürzung von engl.: world wide web) bildet. Die Protokolle auf dieser Ebene definieren den Austausch von Steuerinformation und Nutzdaten zwischen den beteiligten Anwendungen.

In den folgenden Abschnitten werden nun einige der wichtigsten Protokolle dieser Schichten etwas näher betrachtet. Das ARP-Protokoll wird hierbei gemeinsam mit den Protokollen der Internet-Schicht behandelt.

▶ Übungsaufgabe Nr. 2.6.20 im Arbeitsbuch

6.6.2 Protokolle der Internet-Schicht

Da die Internet-Protokolle keine Vorgaben für die untersten beiden Schichten machen, stellt sich die *Frage, wie Datenstationen im Internet adressiert werden können.* Es ist für ein Protokoll nur sehr umständlich realisierbar, unterschiedliche physische Adressen (MAC-Adressen wie beispielsweise Ethernet-, ATM-oder Tokenring-Adressen) zur Adressierung auf höheren Schichten wie etwa auf der Vermittlungsschicht zu verwenden. Hierfür können mehrere Gründe angeführt werden, zum Beispiel: verschiedene Arten von physischen Adressen weisen häufig eine unterschiedliche Länge auf und sind vielfach nicht weltweit eindeutig.

> Die Adressierung von Datenstationen erfolgt im Internet *über zwei Abstraktionsebenen*. Alle im Internet adressierbaren Datenstationen sind mit eindeutigen Adressen, den **IP-Adressen** (engl.: IP address) versehen, die auch für eine vereinfachte Wegwahl eingesetzt werden. Eine IP-Adresse hat eine Repräsentationsgröße von 32 Bit. Da IP-Adressen für den menschlichen Benutzer nur schlecht zu merken sind, sind die IP-Adressen meist mit einem sprechenden Namen verknüpft, dem **Domain-Namen** (engl.: domain name; es existiert keine gebräuchliche deutsche Übersetzung).

IP-Adressen werden üblicherweise mithilfe von *vier durch Punkte getrennte Dezimalzahlen* geschrieben (32 Bit = 4 x 8 Bit). Der Wertebereich für jede dieser vier Zahlen liegt zwischen 0 und 255.

So hat beispielsweise der *Webserver* der *Wirtschaftsuniversität Wien* die IP-Adresse 137.208.7.48 und besitzt den Domain-Namen „www.wu-wien.ac.at". Diese IP-Adresse entspricht dem Bitmuster 10001001110100000000011100110000.

Die *Abbildung von IP-Adressen auf symbolische Adressen* (siehe Abb. 6.6.2/1) erfolgt über den Internet-Dienst *DNS* (Abkürzung von engl.: domain name service). Ein *Domain-Name-Server* ist ein Verzeichnisserver, der sowohl die Abbildung von IP-Adressen auf symbolische Adressen als auch umgekehrt unterstützt.

Das in diesem Zusammenhang zweite wichtige Problem ist das der *physischen Adressierung einer Datenstation*. Die physische Adressierung einer Datenstation erfolgt immer über die MAC-Adresse (beispielsweise Ethernet-Adresse, Tokenring-Adresse oder Adresse einer Station in einem Funknetz). Möchte eine Datenstation eine Nachricht an eine andere Datenstation mit einer gegeben IP-Adresse versenden, so muss sie entweder die MAC-Adresse der Zielstation ermitteln (wenn die Datenstation am gleichen Diffusionsnetz angeschlossen ist), oder sie muss die MAC-Adresse einer Datenstation ermitteln, die für die *Weiterleitung* der Meldung (engl.: routing) zuständig ist.

Symbolische Adresse	DNS	somewhere.wu-wien.ac.at
IP-Adresse	Internet	137.208.224.221
Physische Adresse (MAC-Adresse)	Ethernet	00:00:0C:07:AC:E0

DNS

ARP

Abb. 6.6.2/1: Abbildung von symbolischen Adressen auf IP-Adressen und physische Adressen

Die Ermittlung der MAC-Adresse erfolgt durch das Protokoll *ARP* (Abkürzung von engl.: address resolution protocol). Die sendewillige Datenstation sendet eine Broadcast-Meldung an alle Datenstationen des Netzwerksegments mit dem Inhalt „Wer hat die IP-Adresse AAA.BBB.CCC.DDD". Alle am Netzwerksegment angeschlossenen Datenstationen empfangen diese Meldung und vergleichen die IP-Adresse mit ihrer eigenen. Wenn eine der anderen Stationen die übermittelte IP-Adresse „erkennt", antwortet sie mit einem Datenpaket, aus dem die sendewillige Station die MAC-Adresse der antwortenden Station entnehmen kann. Die antwortende Station ist entweder selbst die Zielstation oder eine Datenstation, die für die Weiterleitung der Meldung verantwortlich ist (beispielsweise ein Router).

6.6.2.1 Aufbau von IP-Adressen

Die *zentrale Aufgabe des IP-Protokolls* ist die *Wegwahl* und die Bereitstellung eines *Adressierungsschemas*, das von den physikalischen Adressen und deren Eigenschaften unabhängig ist. Die Adressierung von Datenstationen erfolgt mittels IP-Adressen.

Es werden *fünf verschiedene Typen von IP-Adressen* (die so genannten *Adressklassen*) unterschieden (siehe Abb. 6.6.2.1/1). Bei den wichtigsten Adressklassen (A bis C) werden die verfügbaren 32 Bits je nach Adressklasse in eine Netzadresse und eine Rechneradresse unterteilt. Die *Netzadresse* identifi-

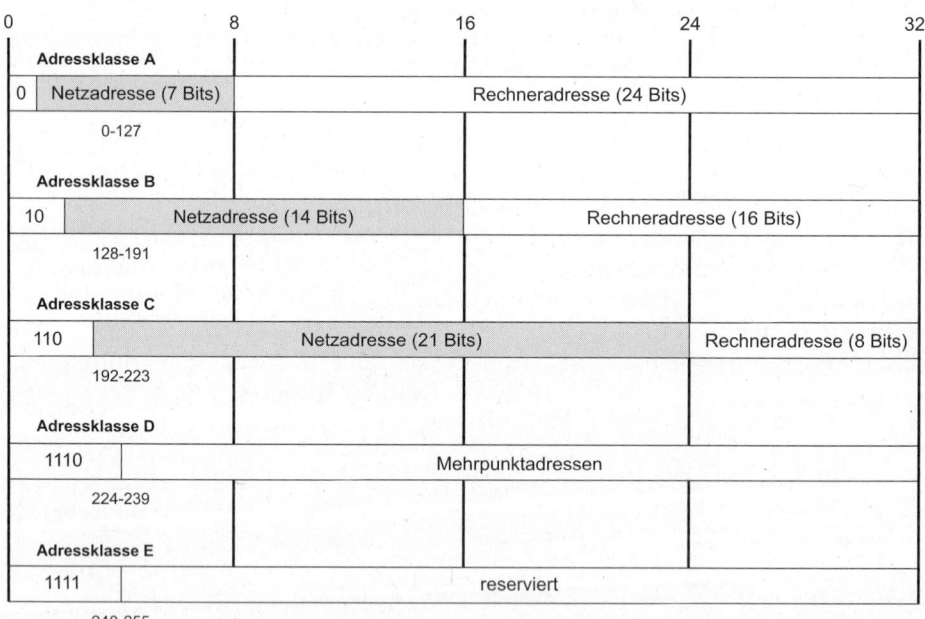

Abb. 6.6.2.1/1: Typen von IP-Adressen

ziert ein (Teil-)Netzwerk eindeutig, und wird für alle im Internet verfügbaren Adressklassen zentral an eine Institution zur eigenen Verwaltung vergeben. Die *Rechneradresse* kann frei durch den Netzwerkadministrator der jeweiligen Institution zugeteilt werden, beziehungsweise durch den Netzwerkadministrator, der das durch die (zentral vergebene) Netzadresse identifizierte Netzwerk betreut.

> Beispielsweise können durch eine IP-Adresse der Adressklasse B im gesamten Internet 2^{14} Rechnernetze und darin jeweils 2^{16} Rechner adressiert werden (jeweils abzüglich reservierter Adressen für beispielsweise Broadcast).

Einzelne IP-Adressen beziehungsweise -Adressbereiche sind für spezielle Anwendungen reserviert. So wird die IP-Adresse 255.255.255.255 als Broadcast verwendet, 127.x.x.x wird für lokale Kommunikation auf einem Rechner verwendet, die Adressbereiche 10.x.x.x, 172.16.x.x – 172.31.x.x, 192.168.x.x sind für private Netze (die beispielsweise nicht mit dem Internet verbunden sind) reserviert.

Die Aufspaltung von IP-Adressen in Netz- und Rechneradresse hat folgende *Vorteile*:

* *Sicherstellung von eindeutigen IP-Adressen:* Auf diese Weise kann nicht der Fall eintreten, dass zwei Netzwerkadministratoren an unterschiedlichen Orten im Internet zufällig die *gleiche Internet-Adresse* vergeben, da sie dies nur innerhalb ihres (zentral) zugewiesenen Adressbereichs dürfen.

* *Keine zentrale Administration notwendig:* Ein Netzwerkadministrator kann in dem ihm zugewiesenen Netzwerkteil frei über die zur Verfügung stehenden Rechneradressen verfügen.

* *Vereinfachte Wegwahl:* Für die Wegwahl sind im Wesentlichen nur die Netzadressen notwendig (Ausnahme: Subnet-Routing, bei dem beispielsweise ein

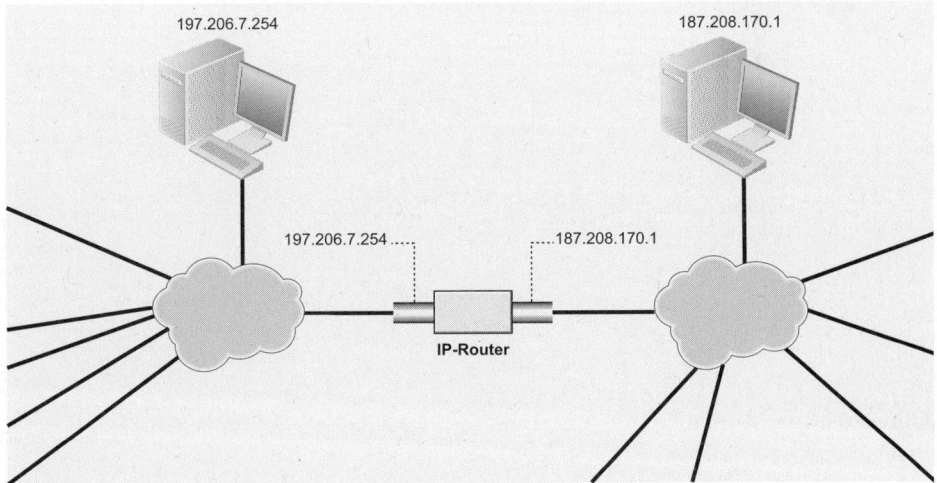

Abb. 6.6.2.1/2: IP-Adressen von Datenstationen, Netzwerken und Routern

Klasse-C-Netzwerk in weitere Unternetze geteilt wird, oder bei Host-spezifischer Wegwahl).

Eine inhärente Auswirkung der Unterteilung von IP-Adressen in Netzadresse und Rechneradresse ist, dass sich die IP-Adressen des gleichen Subnetzes nur im Rechnerteil unterscheiden und somit ähnlich sind. Die Abb. 6.6.2.1/2 zeigt die IP-Adressen von zwei Subnetzen, die über einen Router verbunden sind.

6.6.2.2 Aufbau von IP-Paketen

Jedes **IP-Paket** ist ein Datagramm (das heißt, es ist mit Absender- und Zieladresse versehen) und besteht aus einem *Kopfteil* (engl.: header), der Steuerinformation enthält, und aus einem *Nutzdatenbereich* (engl.: payload). Der Kopfteil eines IP-Pakets umfasst 20 Bytes und enthält neben der Absender- und Zieladresse beispielsweise die Versionsnummer, eine Prüfziffer (für den Kopfteil), die Längenangabe des Nutzdatenbereichs, einen Indikator für das Transportprotokoll und ein Datenelement zur Bestimmung der verbleibenden „Time to Live".

Das *Time-to-Live-Datenelement* wird beim Verschicken eines Pakets mit einer positiven ganzen Zahl initialisiert und bei jeder Weitergabe über Vermittlungsknoten um eins reduziert. Erreicht dieser Zähler den Wert 0, so wird das Paket gelöscht (die „Time to Live" ist abgelaufen). Durch diesen Mechanismus kann verhindert werden, dass IP-Pakete „ewig" im Internet „kreisen". Um zudem die fehlerfreie Übertragung der Daten zu überprüfen, wird die *Prüfziffer des Kopfteils* bei jeder Weitergabe eines IP-Pakets über einen Vermittlungsknoten neu berechnet und mit der übertragenen Prüfziffer verglichen.

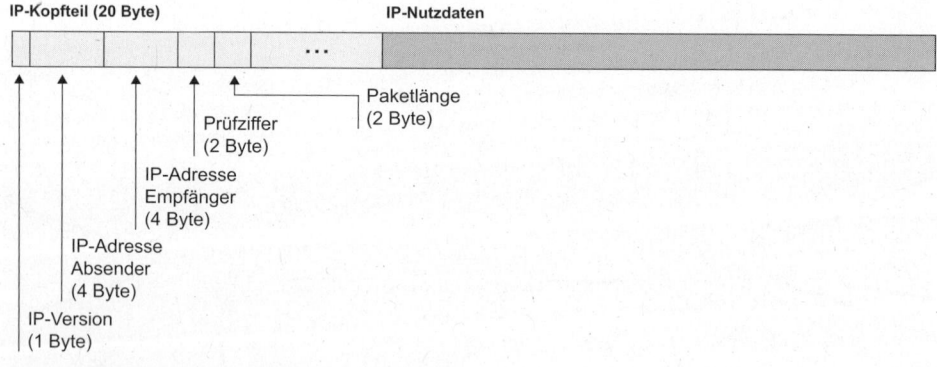

Abb. 6.6.2.2/1: Aufbau von IP-Paketen

6.6.2.3 Fehlersuche und Ermittlung der Wegwahl

Für den Fall, dass ein Benutzer einen Rechner nicht mehr erreichen kann, von dem er jedoch überzeugt ist, dass dieser existiert, interessiert den Benutzer unter Umständen die Ursache für diese Nicht-Erreichbarkeit.

> Das Hilfsprotokoll **ICMP** (Abkürzung von engl.: Internet control message protocol) dient der Steuerung des IP-Verkehrs, der Ermittlung des Netzwerkstatus und kann für die Lokalisierung von Fehlern oder Engpässen eingesetzt werden. Mittels ICMP-Paketen wird beispielsweise der Absender verständigt, dass die Zieladresse nicht mehr erreichbar ist, dass der Time-to-Live-Zähler abgelaufen ist (und das Paket verworfen wurde), oder dass der Absender die Datenrate senken soll, da eine Transitstrecke überlastet ist (engl.: source quench).

Zwei einfache *Klientenprogramme, die das Protokoll ICMP nutzen*, sind die Programme „*Ping*" und „*Traceroute*", die für praktisch alle Rechner mit TCP/IP-Implementierungen frei verfügbar sind. Während das Programm *Ping* die Übertragungszeit eines Pakets zu einem Zielrechner und zurück misst (engl.: round-trip), liefert das Programm *Traceroute* eine Aufstellung, über welche Vermittlungsstationen ein Paket an sein Ziel geleitet wird.

▶ Übungsaufgabe Nr. 2.6.21 im Arbeitsbuch

```
traceroute to www.fu-berlin.de (160.45.10.21), 30 hops max, 38 byte
packets
1 gw-2-224 (137.208.224.252) 1.214 ms 0.957 ms 0.466 ms
2 hermes-sn19 (137.208.19.3) 0.947 ms 0.579 ms 1.292 ms
3 ViennaRBS.aco.net (193.171.14.12) 1.382 ms 1.915 ms 2.028 ms
4 aconet.at.ten-155.net (212.1.192.225) 20.717 ms 29.107 ms 34.564 ms
5 at-de.de.ten-155.net (212.1.192.6) 27.342 ms 21.258 ms 18.127 ms
6 ir-frankfurt2.g-win.dfn.de (212.1.192.82) 24.484 ms 15.437 ms 24.030 ms
7 cr-frankfurt1.g-win.dfn.de (188.1.80.37) 17.689 ms 17.607 ms 28.878 ms
8 cr-berlin1.g-win.dfn.de (188.1.18.22) 23.454 ms 26.214 ms 22.540 ms
9 ar-fuberlin1.g-win.dfn.de (188.1.33.33) 24.188 ms 28.406 ms 28.385 ms
10 160.45.0.1 (160.45.0.1) 22.434 ms 26.033 ms 27.751 ms
11 chutney.zedat.fu-berlin.de (160.45.12.2) 24.622 ms 35.282 ms 30.360 ms
12 www.fu-berlin.de (160.45.10.21) 28.301 ms 24.079 ms 26.112 ms
```

Abb. 6.6.2.3/1: Ausgabe des Programms Traceroute von Wien nach Berlin

6.6.3 Protokolle der Transportschicht

Die wichtigsten Protokolle der Transportschicht sind **TCP** (Abkürzung von engl.: transmission control protocol) und **UDP** (Abkürzung von engl.: user datagram protocol). Während TCP den darauf aufsetzenden Applikationen ein verlässliches, verbindungsorientiertes Protokoll zur Verfügung stellt, bietet UDP verbindungslose Dienste für Anwendungsprotokolle an.

Das deutlich wichtigere dieser beiden Protokolle ist TCP, durch das den Kommunikationspartnern über eine (virtuelle) Verbindung ein *verlässlicher Vollduplexdatenstrom* bereitgestellt wird. Ein Anwendungsprogramm kann über eine TCP-Verbindung Bytefolgen in beliebiger Stückelung oder Größe schicken, ohne sich Gedanken über die Paketgröße oder die Reihenfolge (in der diese Pakete am Ziel einlangen) oder andere Formen der Fehlerkorrektur machen zu müssen.

Mittels der Protokolle auf der Vermittlungsschicht können nur Datenstationen (Rechner im weiteren Sinne) angesprochen werden. Wie bereits an mehreren Stellen in diesem Buch erwähnt, können auf einem einzelnen Rechner jedoch mehrere Serverprogramme installiert sein. Diese Serverprogramme besitzen in der Regel getrennte Aufgabenbereiche und kommunizieren mit ihren Klientenprogrammen über unterschiedliche (virtuelle) Verbindungen. Dies bedeutet, dass man neben der Adressierung von Rechnern auch eine *Möglichkeit zur Adressierung von einzelnen Diensten* (Programmen) auf diesen Rechnern benötigt.

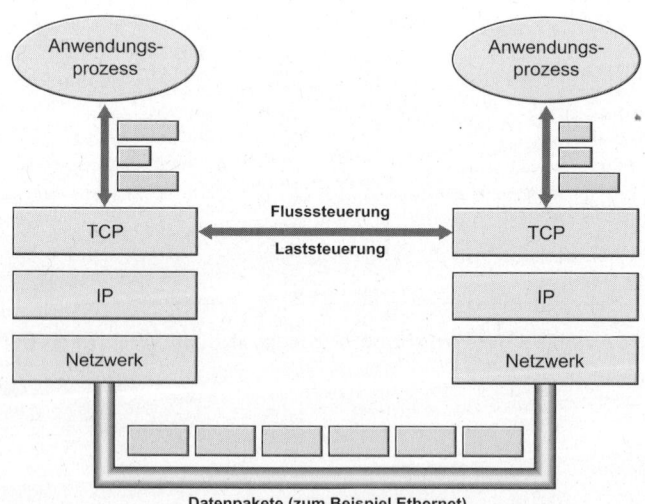

Datenpakete (zum Beispiel Ethernet)

Abb. 6.6.3/1: Übertragung eines Bytestroms über TCP

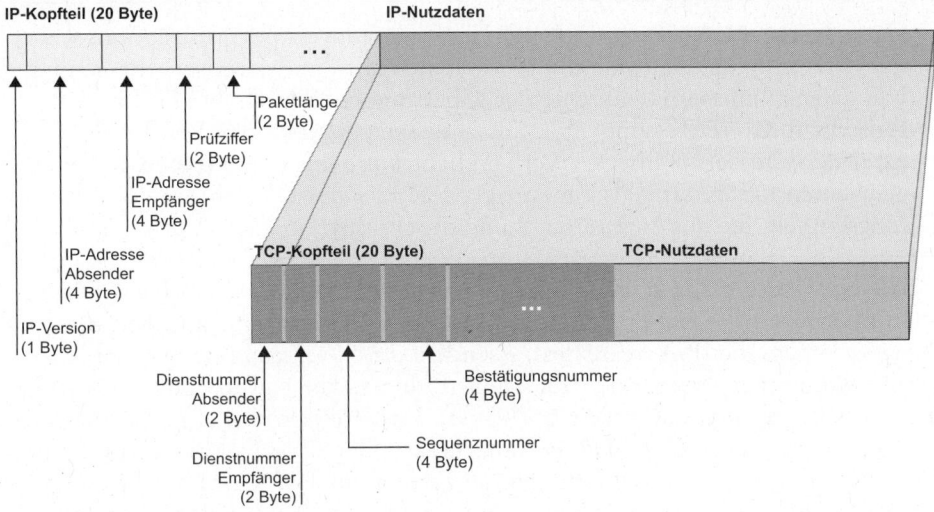

Abb. 6.6.3/2: Schematischer Aufbau von TCP-Paketen

Bei den Internet-Protokollen werden Dienste über *Dienstnummern* (engl.: port) identifiziert. Diese Dienstnummern werden auf den Protokollen der Transportschicht zur Adressierung der Kommunikationspartner (Server oder Klient) verwendet.

Da TCP ein Transportprotokoll ist, das auf IP aufbaut, werden die TCP-Pakete im Nutzdatenteil von IP-Paketen übertragen (siehe Abb. 6.6.3/2). Auch TCP-Pakete besitzen einen Kopfteil und einen Nutzdatenteil. Der Kopfteil eines TCP-Pakets besteht aus mehreren Feldern und umfasst 20 Bytes. Der Kopfteil enthält neben der Absenderdienstnummer und der Empfängerdienstnummer beispielsweise eine Sequenznummer und eine Bestätigungsnummer für den *Fenstermechanismus der Flusssteuerung* und eine Prüfsumme.

Ein **Socket** (engl.: socket) ist ein Ende eines Kommunikationskanals. Er wird durch die IP-Adresse des Rechners, die Dienstnummer und das verwendete Transportprotokoll (zum Beispiel TCP) gebildet. Eines Socket kann einen Dienst (ein Server- oder Klientenprozess) weltweit eindeutig adressieren.

Primär dient die Dienstnummer der Adressierung von Server- und Klientenprogrammen. Eine interessante sicherheitstechnische Verwendung der Dienstnummern erfolgt beim so genannten *Masquerading*, bei dem im Transit die Dienstnummern ersetzt werden.

Unter **NATP** (Abkürzung von engl.: network address port translation; weitere Bezeichnung: *Masquerading*) versteht man die dynamische Ersetzung von Dienstnummern während der Übertragung. Durch NATP kann die Existenz mehrerer Rechner eines internen Netzes (eines privaten LANs) für externe Systeme im Internet verheimlicht werden. Alle internen Rechner erscheinen für Externe als ein einziger Rechner mit der Adresse der Kopplungseinheit, die die Adressumsetzung durchführt.

Die NATP-Adressumsetzung erfolgt meist im Router, der das private Netz mit dem Internet verbindet. Der Router ersetzt in IP-Paketen, die aus dem internen Netz kommen, die IP-Adresse des Absenders durch seine eigene und die Absenderdienstnummer durch eine neue Dienstnummer, die er verwaltet (die NATP-Dienstnummer, beispielsweise $61.000 + n$). Der Router führt eine *Zuordnungstabelle*, in der er die NATP-Dienstnummern den internen IP-Adressen und Dienstnummern zuordnet. Empfängt der Router ein TCP-Paket aus dem öffentlichen Netz mit einer NATP-Dienstnummer, so leitet er das Paket an die assoziierte interne IP-Adresse und Dienstnummer weiter (siehe Abb. 6.6.3/3).

Durch NATP können mehrere Rechner beispielsweise mit einer von einem Zugangsanbieter zur Verfügung gestellten IP-Adresse gleichzeitig das Internet nutzen.

▶ Übungsaufgabe Nr. 2.6.22 im Arbeitsbuch

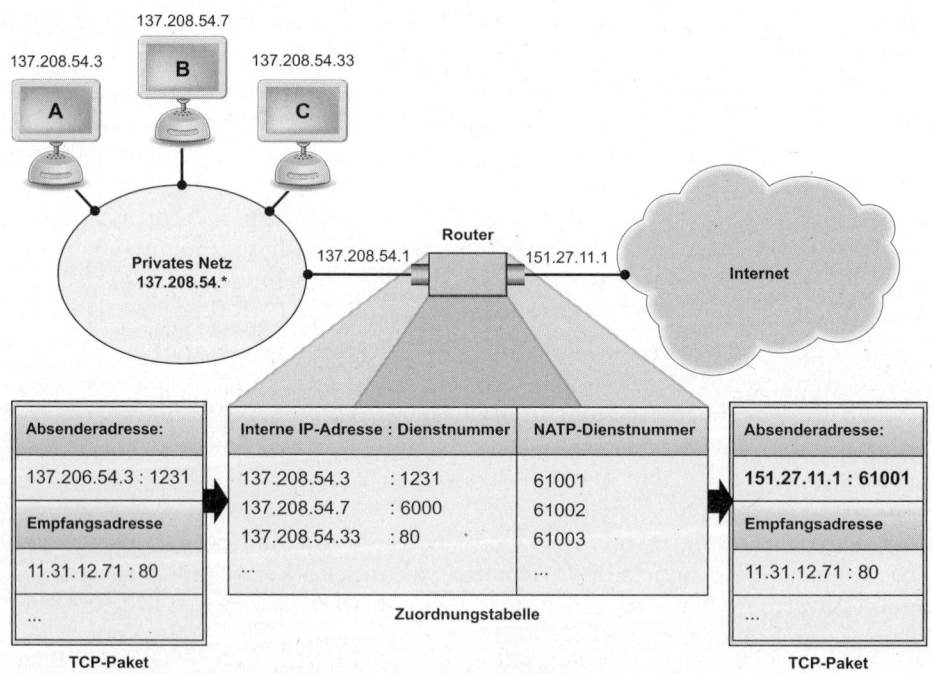

Abb. 6.6.3/3: Dynamische Adressumsetzung mit NATP

6.6.4 Protokolle der Anwendungsschicht

6.6.4.1 Dienstnummern

Die *Dienstnummern*, die von den Protokollen der Transportschicht (wie beispielsweise TCP und UDP) verwendet werden, haben immer die Aufgabe, eine konkrete Instanz eines Programms zu adressieren. Je nachdem, ob dieses Programm ein Server oder ein Klient ist, haben diese Dienstnummern einen unterschiedlichen *Verwendungszweck*:

- Einerseits werden die Dienstnummern von einem Klienten verwendet, um einen Dienst (ein Serverprogramm) auf einem Rechner (lokal oder entfernt) zu adressieren (wie beispielsweise einen Webserver oder einen E-Mail-Server),
- andererseits dienen die Dienstnummern auch dazu, von einem Server aus die Antwort an den anfragenden Klienten zu adressieren. Während die Dienstnummern der Server konstant sind, variieren die Dienstnummern der Klienten. Wir werden diesen Punkt im weiteren Verlauf noch näher behandeln.

Da ein Klient einen Server über dessen Dienstnummer anspricht, muss diese Dienstnummer dem Klienten bekannt sein. Das Protokoll, das zwischen dem Klienten und dem Server verwendet wird (das Anwendungsprotokoll, zum Beispiel HTTP) wird über die Dienstnummer selektiert (zum Beispiel 80 für HTTP-Server).

Beachten Sie, dass die *Dienstnummer* nicht ein eindeutig identifizierbares Programm anspricht (wie beispielsweise einen E-Mail-Server der Firma Microsoft in einer konkreten Version), sondern *ein Programm identifiziert, das ein wohldefiniertes Protokoll spricht*. Solange dieses Programm das jeweilige Protokoll korrekt beherrscht, kann es prinzipiell von einem beliebigen Hersteller stammen.

Die *Zuweisung der Dienstnummern* von 0 bis 1.023 ist weltweit eindeutig definiert (engl.: well known ports) und wird von der *IANA* (Abkürzung von

Dienstnummer	Protokoll	Bezeichnung
23	Telnet	Virtuelles Terminal
21, 22	FTP	File Transfer Protocol
25	SMTP	Simple Mail Transfer Protocol
53	DNS	Domain Name Service
59	TFTP	Trivial File Transfer Protocol
80	HTTP	Hypertext Transfer Protocol
110	POP3	Post Office Protocol
143	IMAP4	Internet Message Access Protocol
179	BGP	Border Gateway Protocol
194	IRC	Internet Relay Chat
443	HTTPS	HTTP über SSL
515	LPR	Line Print Protocol

Abb. 6.6.4.1/1: Beispiele für Dienstnummern

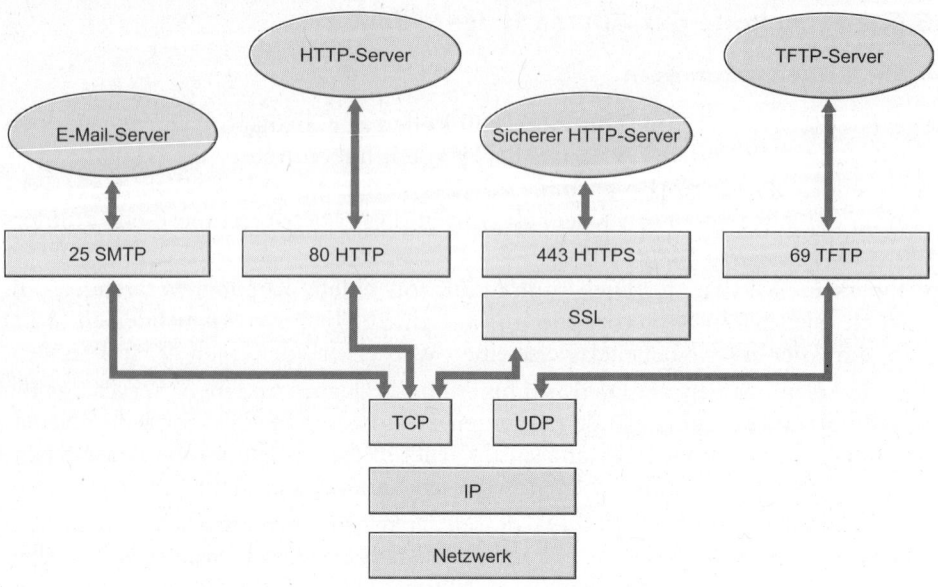

Abb. 6.6.4.1/2: Beispiele für Internet-Dienste und deren Protokolle

engl.: Internet Assigned Numbers Authority) verwaltet. Die Abb. 6.6.4.1/1 enthält *Beispiele für Dienstnummern von Protokollen*, die in diesem Buch an unterschiedlichen Stellen erwähnt werden.

Alle angeführten Anwendungsprotokolle mit Ausnahme von TFTP und NFS, die UDP verwenden, benutzen auf der Transportschicht TCP (siehe auch Abb. 6.6.4.1/2).

Jede Dienstnummer kann nur einmal auf einem bestimmten Rechner vergeben werden. Es ist aber prinzipiell möglich, dass *auf einem Rechner mehrere Server* parallel arbeiten, die das gleiche Protokoll verwenden (beispielsweise mehrere E-Mail-Server oder mehrere Webserver). Allerdings kann nur ein Server die reservierte Dienstnummer verwenden, den weiteren Servern müssen *unterschiedliche neue Dienstnummern* (aus dem Bereich außerhalb der reservierten Dienstnummern) zugewiesen werden. Diese neuen Dienstnummern müssen beim Starten des Servers angegeben werden, und den Klienten, die sich mit dem Server in Verbindung setzen möchten, mitgeteilt werden.

Für den Fall, dass auf dem gleichen Rechner *zum Beispiel parallel zwei HTTP-Server* laufen sollen, erhält die „erste" Instanz die Dienstnummer 80, während die zweite (und jede weitere) Instanz dieses Dienstes unter einer anderen Dienstnummer gestartet werden muss (zum Beispiel mit der Dienstnummer 8080).

Die *Dienstnummern der Klienten* werden *dynamisch vergeben* (automatisch vom Betriebssystem bei Starten des Klienten) und werden dem Server zusammen mit der Anfrage in dem TCP- oder UDP-Paket mitgeteilt (siehe vorheriger

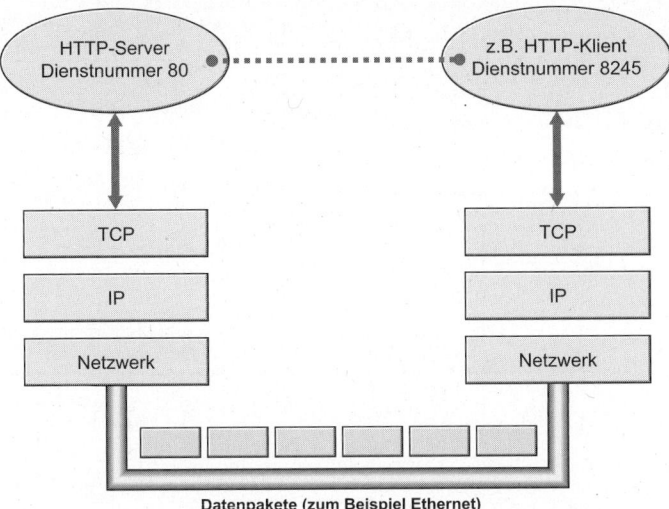

Abb. 6.6.4.1/3: HTTP-Verbindung zwischen Klient und Server mit Dienstnummern

Abschnitt). Dies ist wichtig und auch sinnvoll, da auf einem Rechner meist mehrere Klienten parallel arbeiten, die das gleiche Protokoll verwenden.

Ein Benutzer kann beispielsweise *gleichzeitig mehrere HTTP-Klienten verwenden*, um gleichzeitig von mehreren Serverrechnern (in mehreren Fenstern) große Dateien über HTTP herunter zu laden. Jeder dieser Klienten erhält eine unterschiedliche Dienstnummer. Wäre dies nicht der Fall, könnte auf diesem Rechner immer nur *ein* Benutzer zu *einem* Zeitpunkt *eine* HTTP-Verbindung verwenden. Diese wäre beispielsweise bei einem Mehrbenutzerbetriebssystem eine sehr schwerwiegende Einschränkung, da sich die Benutzer absprechen müssten, wer wann HTTP verwenden darf.

Auch für die Anwendungsprotokolle können *Nutz- und Steuerdaten* unterschieden werden. Die Nutz- und Steuerdaten der Anwendungsschicht sind Bestandteil der Nutzdaten der Transportschicht (siehe Abb. 6.6.4.1/2). Wie die Nutz- und Steuerdaten der Anwendungsschicht unterschieden werden, ist alleine durch das Anwendungsprotokoll definiert und dementsprechend je nach Protokoll unterschiedlich. Im folgenden Abschnitt wird HTTP als ein konkretes Beispiel für ein Anwendungsprotokoll näher beschrieben.

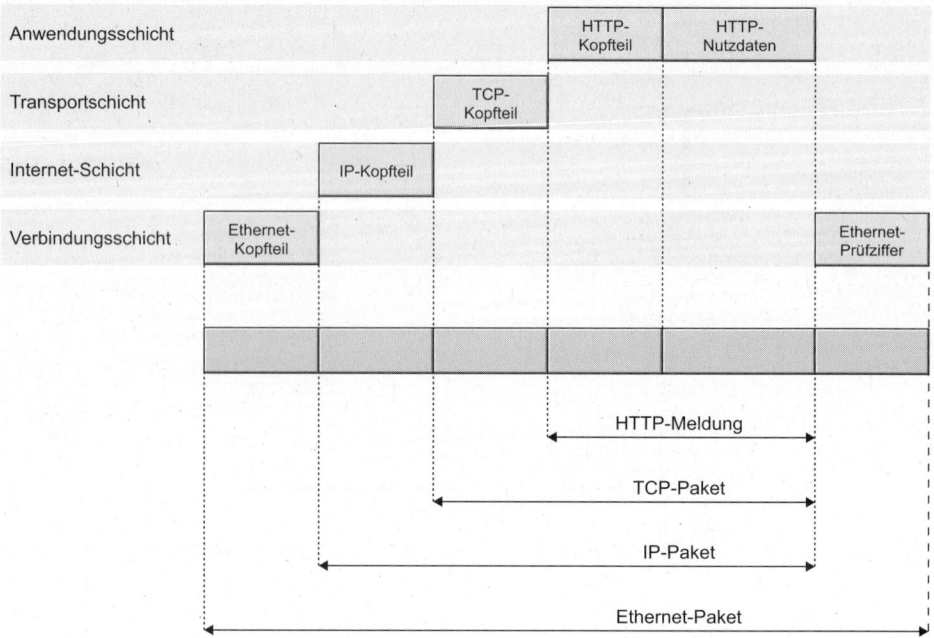

Abb. 6.6.4.1/4: Nutz- und Steuerdaten auf unterschiedlichen Protokollschichten

6.6.4.2 HTTP

In diesem Abschnitt soll das *Zusammenspiel zwischen der Transportschicht und der Anwendungsschicht am Beispiel des Protokolls HTTP* erläutert werden. Im Laufe der zugehörigen Ausführungen wird beschrieben, wie dieses Protokoll arbeitet und welche Definitionen es für darauf aufsetzende Anwendungen vorgibt.

> Das Protokoll **HTTP** (Abkürzung von engl.: hypertext transfer protocol) ist ein Protokoll der Anwendungsschicht und definiert die (grundlegende) Kommunikationsfunktionalität des WWW. HTTP verwendet auf der Transportschicht das Protokoll TCP. In der Praxis werden sowohl die Anwendungsprotokolle HTTP/1.0 (definiert durch den RFC 1945) als auch HTTP/1.1 (definiert durch den RFC 2616) nebeneinander eingesetzt.

Exkurs: Vielfach werden die Begriffe *WWW*, *Web* und *Internet* mehr oder minder synonym verwendet. Dies ist jedoch nicht korrekt. Wie bereits beschrieben wurde, hat sich das Internet seit den 1960er Jahren kontinuierlich weiterentwickelt. Viele der Kernprotokolle sind seit der Frühzeit des Internets weitgehend unverändert im Einsatz (zum Beispiel: Telnet seit 1972, FTP erste offizielle Version 1973, seit 1980 auf Basis von TCP, TCP seit 1980, SMTP seit 1982).

Der Begriff *World Wide Web* (WWW) wurde 1989 von Tim Berners-Lee geprägt. Die erste Version der WWW-Spezifikation wurde 1991 vom CERN (Abkürzung von: Conseil Européen pour la Recherche Nucléaire, europäisches Forschungszentrum für Teilchenphysik) freigegeben. Die Kerndefinitionen des WWW sind die Spezifikationen von HTML als Präsentationssprache und HTTP als Anwendungsprotokoll. Das WWW (oder Web) ist somit eine Anwendung des Internets und bezeichnet jene Dienste, die in HTML (oder einer Weiterentwicklung von HTML) dargestellt und über HTTP abrufbar sind.

Wenn Sie beispielsweise von Ihrem Webbrowser auf die Startseite der Suchmaschine *Google* gelangen möchten, benötigen Sie zunächst eine Möglichkeit, diese zu adressieren. HTTP definiert für diesen Zweck einen eigenen Adressierungsmechanismus, der *URI* genannt wird.

Ein **URI** (Abkürzung von engl.: uniform resource identifier) ist entweder ein Verweis auf einen Ort, an dem ein bestimmtes Dokument gespeichert ist (engl.: uniform resource locator, abgekürzt: **URL**) oder ein symbolischer Name für eine prinzipiell beliebige Ressource (engl.: uniform resource name, abgekürzt: *URN*). Die meisten heute verwendeten URIs sind URLs.

Der *URL für die Suchmaschine Google* ist beispielsweise http://www.google.com/index.html. Der Name des angeforderten Dokuments „index.html" ist für die Startseite optional. Ein Webbrowser kann aus diesem URL ermitteln, dass zu dem HTTP-Server, der auf dem Rechner www.google.com läuft, eine TCP-Verbindung geöffnet werden soll (alle HTTP-Verbindungen basieren auf TCP). Für eine TCP-Verbindung ist eine Dienstnummer notwendig. Da in dem URL keine Dienstnummer angegeben war, wird automatisch die standardmäßige Dienstnummer für HTTP-Server 80 angenommen.

Ein Beispiel für die explizite Angabe einer Dienstnummer in einem URL: http://www.google.com:80/index.html

Bevor die Startseite angefordert werden kann, muss der Browser mithilfe von DNS allerdings zunächst noch *aus dem Rechnernamen die zugehörige IP-Adresse ermitteln*. Die ermittelte IP-Adresse ist beispielsweise 216.239.39.100. Der Browser kann nun eine TCP-Verbindung zu der ermittelten IP-Adresse und der Dienstnummer 80 öffnen (Socket-Adressierung) und ruft zu diesem Zweck eine Funktion der Transportschicht auf.

Die Transportschicht und die darunter liegende Vermittlungsschicht kümmern sich um den *Verbindungsaufbau*. Hierzu wird unter anderem über ARP die Ethernet-Adresse des Rechners ermittelt, an den die Pakete weitergeleitet werden (in der Regel ein Router). Diese Vorgänge sind für die Anwendungsschicht jedoch unsichtbar; sie wird erst verständigt, sobald die TCP-Verbindung zum genannten Serverprogramm mit der Dienstnummer 80 hergestellt wurde.

Ablauf von HTTP-Anfragen

Nun kann im nächsten Schritt eine *HTTP-Anfrage* an diesen Server geschickt werden, um die genannte HTML-Seite (index.html) anzufordern. Diese Anfrage ist eine *HTTP-Meldung*, deren Struktur durch die Spezifikation von HTTP definiert wird.

> Jede **HTTP-Meldung** (engl.: HTTP message) besteht aus einem *Kopfteil* (engl.: header), einer Trennzeile (engl.: separator line) und einem *Nutzdatenteil* (engl.: body). Der Kopfteil der Meldung enthält die Steuerinformation.

Eine HTTP-Meldung ist entweder eine *HTTP-Anfrage* oder eine *HTTP-Antwort*. Eine HTTP-Anfrage eines HTTP-Klienten wird durch eine HTTP-Antwort eines HTTP-Servers beantwortet. Die Abb. 6.6.4.2/1 zeigt ein Beispiel einer HTTP-Anfrage und einer HTTP-Antwort.

> Eine **HTTP-Anfrage** (engl.: HTTP request) besteht aus einer Kopfzeile, optionalen *Anfrageparametern* (engl.: request header fields) und einem Nutzdatenteil, der auch leer sein kann. Die Kopfzeile der HTTP-Anfrage enthält die **HTTP-Methode** (engl.: HTTP method), einen Bezeichner für die angeforderte Ressource und die Bezeichnung der verwendeten Version des HTTP-Protokolls.

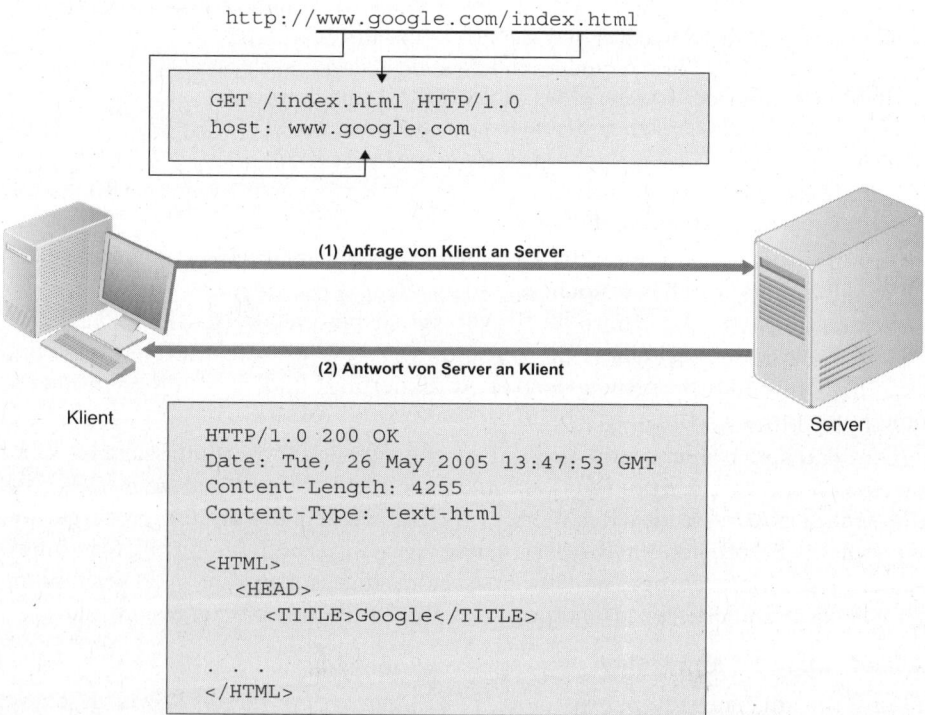

```
http://www.google.com/index.html
```

```
GET /index.html HTTP/1.0
host: www.google.com
```

(1) Anfrage von Klient an Server

(2) Antwort von Server an Klient

Klient   Server

```
HTTP/1.0 200 OK
Date: Tue, 26 May 2005 13:47:53 GMT
Content-Length: 4255
Content-Type: text-html

<HTML>
  <HEAD>
    <TITLE>Google</TITLE>

. . .
</HTML>
```

Abb. 6.6.4.2/1: HTTP-Anfrage und HTTP-Antwort

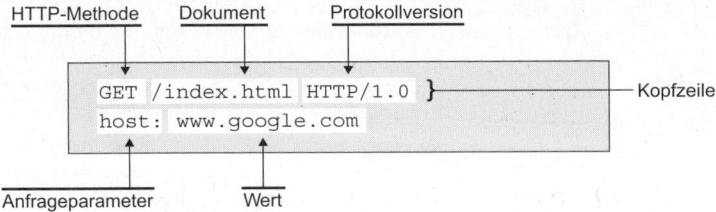

Abb. 6.6.4.2/2: HTTP-Anfrage

HTTP definiert mehrere „Methoden", die den *konkreten Diensten* eines Webservers entsprechen. Die HTTP-Methode, um ein Dokument anzufordern, ist die Methode *GET*. Abhängig von der verwendeten HTTP-Methode können unterschiedliche *Anfrageparameter* angegeben werden. Jeder Anfrageparameter besteht aus einer Zeile, die mit *der Bezeichnung des Anfrageparameters* gefolgt von einem *Doppelpunkt* beginnt, und mit dem *Wert des Parameters* abgeschlossen wird. Im weiteren Verlauf dieses Abschnitts wird noch genauer auf HTTP-Methoden eingegangen. Die Abb. 6.6.4.2/2 zeigt die HTTP-Anfrage des obigen Beispiels in größerem Detail.

In diesem konkreten Beispiel ist der Parameter *host* (der den Zielrechner der Anfrage angibt) der einzige Anfrageparameter. Weitere Beispiele für Anfrageparameter sind *if-modified-since* oder *range*. Durch den erstgenannten der beiden Parameter kann ein Dokument unter der Bedingung transferiert werden, dass dieses nach dem im Parameterwert angegebenen Zeitpunkt verändert wurde. Durch den *range*-Parameter kann ein Teil (ein Ausschnitt) eines Dokuments transferiert werden.

> Eine **HTTP-Antwort** (engl.: HTTP reply) besteht aus einer Kopfzeile, optionalen *Antwortparametern* (engl.: reply header field) und einem Nutzdatenteil, der auch leer sein kann. Die Kopfzeile der HTTP-Antwort enthält die Protokollversion, die der HTTP-Server unterstützt, gefolgt von einem Status-Code und einer Status-Meldung.

Der *Status-Code* der Antwort teilt dem Klienten mit, ob die gewünschte Operation durch den Server ausgeführt werden konnte, und gibt dem Klienten Aufschluss über die anschließend einzuleitenden Operationen. HTTP unterscheidet im Wesentlichen zwischen *Erfolgsmeldungen*, *Warnungen*, *fehlerhaften Anfragen* und *serverseitigen Fehlern*. Die nachfolgende Tabelle zeigt die wichtigsten im HTTP definierten Status-Codes mit einer Kurzbeschreibung.

In der HTTP-Antwort in Abb. 6.6.4.2/4 werden als Antwortparameter *Date*, *Content-Length* und *Content-Type* verwendet. Der erstgenannte Parameter enthält den Zeitpunkt, an dem die Anfrage beantwortet wurde. Der Antwortparameter *Content-Length* besagt, wie viele Bytes der Nutzdatenteil enthält und

	Status-Code	Status-Meldung	Beschreibung
Erfolgsmeldungen:	200	OK	Erfolgreiche Ausführung
Warnungen:	301	Moved Permanently	Ressource wurde auf Dauer an einen anderen Ort verschoben
	302	Moved Temporarily	Ressource wurde temporär an einen anderen Ort verschoben
	304	Not Modified	Ressource wurde nicht verändert (bei bedingter Anfrage)
Ungültige Anfragen:	400	Invalid Request	Ungültige Anfragesyntax
	401	Unauthorized	Benutzer ist nicht berechtigt
	402	Payment Required	Zahlung notwendig
	403	Forbidden	Zugriff ist nicht möglich
	404	Not found	Angefragte Ressource konnte nicht gefunden werden
Fehler des Servers:	500	Internal Server Error	Fehler auf Serverseite

Abb. 6.6.4.2/3: HTTP-Status-Codes

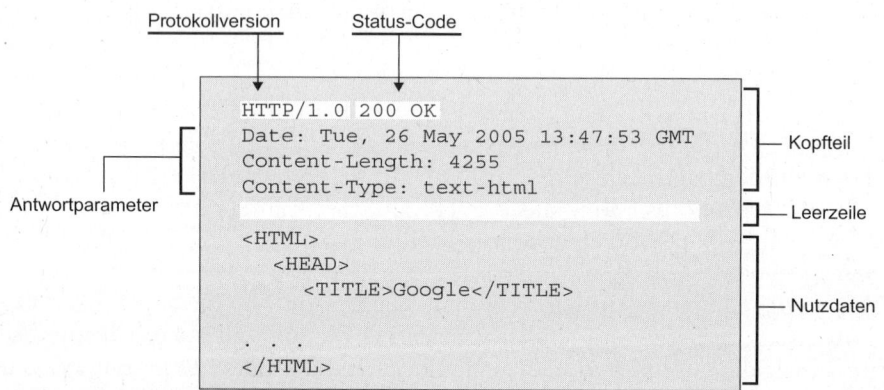

Abb. 6.6.4.2/4: HTTP-Antwort

Content-Type teilt dem Klienten mit, welchen Inhalt der Nutzdatenteil besitzt. Im konkreten Beispiel ist dies ein HTML-Text (der Wert ist *text/html*).

Die gültigen Werte für den *Content-Type*-Parameter sind durch den *MIME-Standard* (Abkürzung von engl.: multipurpose Internet mail extension) definiert, durch den beispielsweise Text-, Grafik- und anwendungsspezifische Datenformate beschrieben werden (siehe Band 1, Abschnitt 3.4.2.1). Anhand der MIME-Formatangaben kann ein Webbrowser erkennen, wie die empfangenen Nutzdaten angezeigt werden sollen. Als wesentliche Optionen kommen hier die Anzeige durch den Webbrowser und die Anzeige durch ein *browserexternes Hilfsprogramm* (engl.: external viewer) in Betracht.

Beispiele für MIME-Formatangaben sind: text/html, text/plain, image/png, image/jpeg oder application/pdf.

HTTP-Methoden

Wie bereits erwähnt, definiert HTTP mehrere „Methoden", die den *konkreten Diensten* eines Webservers entsprechen, also angeben, welche Aufgaben ein HTTP-Server erfüllen muss, um der Spezifikation von HTTP zu entsprechen.

Die mit Abstand am *häufigsten verwendete HTTP-Methode* ist die Methode *GET*, die zur Anforderung von Dokumenten dient und im obigen Beispiel bereits vorgestellt wurde. HTTP ist aber keinesfalls auf (Text-)Dokumente beschränkt und verwendet den allgemeinen Begriff der *Ressource*, um anzudeuten, dass Dateien aller Art sowie auch beliebige Internet-Dienste durch den gleichen Mechanismus angefordert werden können.

Die folgende Tabelle zeigt einen Überblick über die wichtigsten Methoden, die in HTTP/1.0 und HTTP/1.1 definiert sind.

Aus dieser Übersicht ist erkennbar, dass HTTP nicht nur *Methoden zur Abfrage* von Ressourcen, sondern auch *Methoden zum Abspeichern und Löschen* anbietet. Diese Funktionen sind allerdings über die gängigen Browser nicht erreichbar beziehungsweise sind in den weitaus meisten HTTP-Servern abgestellt. HTTP spezifiziert für das Einspielen von Web-Ressourcen auf einen Server nur die Grundfunktionen. Die für gemeinschaftliches Arbeiten im Web notwendigen Erweiterungen von HTTP werden beispielsweise durch *WebDAV* (Abkürzung von engl.: web distributed authoring and versioning, Spezifikation in RFC 2518) definiert.

HTTP-Methode	Kurzbeschreibung
GET	Anforderung einer Ressource
HEAD	Anfrage der Steuerinformation ohne Nutzdaten
PUT	Abspeichern einer Ressource auf dem Server
POST	Übertragung von Benutzerdaten vom Klienten zum Server
DELETE	Löschen einer Ressource auf dem Server

Abb. 6.6.4.2/5: HTTP-Methoden

HTTP als verbindungsloses Protokoll

HTTP/1.0 ist ein *verbindungsloses Protokoll:* Sobald der Klient die Antwort auf die Anfrage empfängt, wird auch die Verbindung beendet. Bei einer neuerlichen Anfrage wird wiederum eine neue Verbindung hergestellt. Wenn beispielsweise eine HTML-Seite mit zehn Grafiken angefordert wird, so bedeutet dies, dass durch die erste Anforderung zunächst die HTML-Seite übertragen wird, in einem weiteren Schritt untersucht der Klient diese Seite und extrahiert die URLs für die eingebetteten Grafiken. Für jede einzelne dieser Grafiken wird sodann eine neue Anfrage (mit Verbindungsaufbau und –abbau) an den Server gestellt, um diese Grafiken zum Klienten zu übertragen. Da in den meisten Fällen die eingebetteten Grafiken vom gleichen Server bezogen werden, wird im genannten Beispiel für das Anzeigen eines einzigen HTML-Dokuments mit Grafiken elfmal eine Verbindung zum gleichen Server auf- und abgebaut. Dies ist aus Sicht des Antwortzeitverhaltens und der Netzwerklast nicht wünschenswert.

In HTTP/1.1 ist der Verbindungsabbau nach Empfang der Antwortmeldung nicht mehr zwingend vorgeschrieben, da in dieser Version des Protokolls die Behandlung von so genannten *persistenten Verbindungen* (engl.: persistent connection) definiert wird. Dadurch werden Verbindungen erst nach einer gewissen Zeitspanne ohne weitere Anfragen abgebaut. Während die Verbindung besteht, können auf dem (virtuellen) Duplexkanal mehrere Anfragen und Antworten ausgetauscht werden, wodurch der Mehraufwand des wiederholten Verbindungsauf- und –abbaus entfällt.

Das Protokoll *WAP* (Abkürzung von engl.: wireless application protocol) ist eine komprimierte Form von HTTP für mobile Endgeräte (wie beispielsweise Mobiltelefone).

▶ Übungsaufgabe Nr. 2.6.23 im Arbeitsbuch

6.7 Protokolle und Techniken der Datenübertragung

In diesem Abschnitt werden *konkrete Protokolle und Techniken der Datenübertragung* vorgestellt. Diese sind auf *den untersten beiden Schichten* des ISO/OSI-Referenzmodells, der Bitübertragungs- und Sicherungsschicht, angesiedelt. Zunächst werden mit Ethernet und Tokenring die wichtigsten Protokolle für lokale Netzwerke vorgestellt. Die danach folgenden Protokolle werden vornehmlich für öffentliche Netze oder Funknetze eingesetzt.

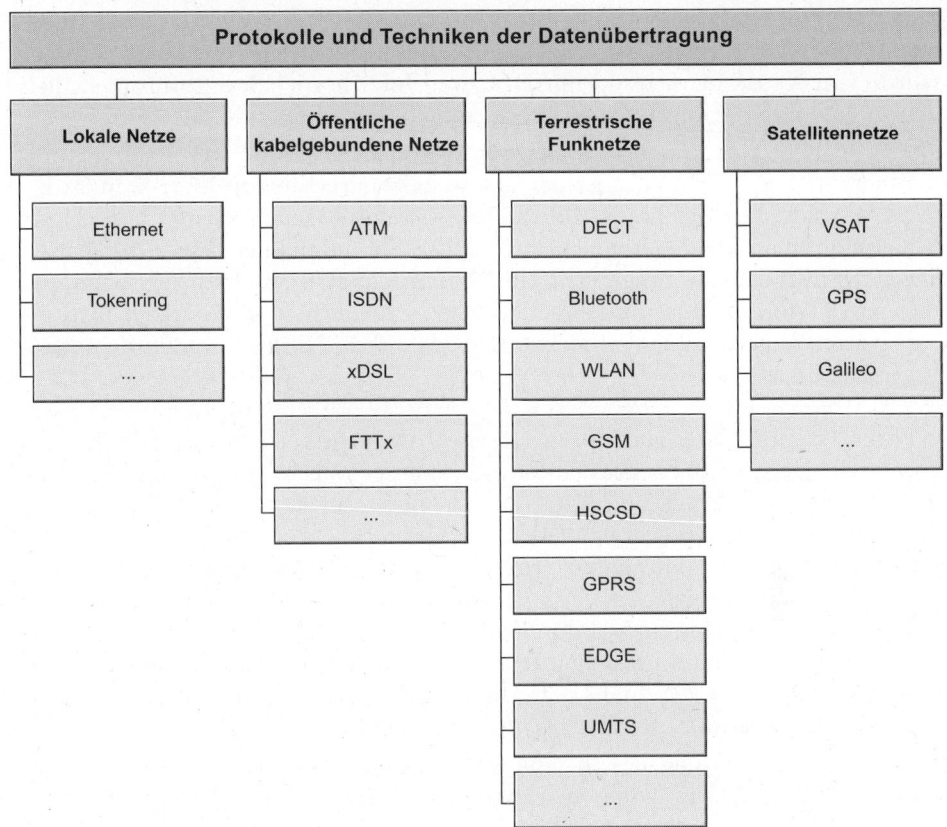

Abb. 6.7/1: Protokolle der Bitübertragungs- und Sicherungsschicht nach Anwendungsbereichen

6.7.1 Ethernet-Familie

Die Protokolle der Ethernet-Familie entstammen dem konkurrierenden Zugangsverfahren CSMA/CD mit seinem *Rahmenformat* (engl.: frame format). Lange Zeit wurde mit dem Begriff „Ethernet" nur der IEEE 802.3 Standard assoziiert, der 10 Mbit/s unterstützt. In den letzen Jahren sind zahlreiche Standards entwickelt worden, die ebenso das Ethernet-Rahmenformat verwenden und damit auf einer Weiterentwicklung des ursprünglichen Ethernet-Standards beruhen. In diesem Abschnitt werden das ursprüngliche Ethernet sowie dessen Weiterentwicklungen vorgestellt.

6.7.1.1 Ethernet (IEEE 802.3)

Die *Entwicklung des Ethernet* basiert auf Forschungsarbeiten, die Anfang 1973 von Robert Metcalfe und David Boggs im Palo Alto Research Center (abgekürzt: PARC) der Firma Rank Xerox durchgeführt wurden. Die erste Implementierung hatte einen Durchsatz von 2,94 Mbit/s. Die Weiterentwicklung wurde von Xerox gemeinsam mit DEC und Intel betrieben und führte schließlich zu einem der erfolgreichsten Protokolle für den Betrieb lokaler Netzwerke.

> **Ethernet** (engl.: Ethernet) ist der am weitesten verbreitete LAN-Standard. Der Einsatz von Ethernet (IEEE 802.3) ist relativ kostengünstig und bietet eine hohe Betriebssicherheit. Heute wird Ethernet vielfach als Gattungsbegriff verwendet. Da Ethernet in der Variante mit 10 Mbit/s Übertragungskapazität seinen Durchbruch schaffte, bezeichnen wir dieses als *10-Mbit-Ethernet*. Ethernet 1.0 wurde 1980, der Standard IEEE 802.3 wurde 1983 verabschiedet.

Praktisch alle Weiterentwicklungen des 10-Mbit-Ethernets, die im Folgenden vorgestellt werden, verwenden dieses Rahmenformat weiter. Während frühere Versionen von Ethernet ein Diffusionsnetz auf Basis von CSMA/CD und einer (logischen) Busstruktur verwendet haben, greifen neuere und leistungsfähigere Versionen zunehmend auf eine Sternverkabelung mit Netzwerkbrücken zurück. Bei entsprechend ausgelegter Verkabelung (vier Drähte, siehe Abschnitt 6.7.1.2) können Übertragungen im Vollduplexmodus durchgeführt werden, wobei Kollisionen entfallen. Man unterscheidet dementsprechend zwischen einem *gemeinsam genutzten Ethernet* (engl.: shared media Ethernet), das CSMA/CD verwendet, und einem *vermittelten Ethernet* (engl.: switched Ethernet).

Ein *Ethernet-Rahmen* besteht aus einer Präambel (8 Bytes), einem Kopfsegment (14 Bytes), gefolgt von dem Nutzdatenteil (mindestens 46 Bytes) und einer CRC-Prüfziffer von 4 Bytes (siehe Abb. 6.7.1.1/1). Die minimale Rahmengröße beträgt somit 64 Bytes (ohne Präambel gerechnet), die maximale Größe beträgt 1.518 Bytes bei einem maximalen Nutzdatenbereich von 1.500 Bytes.

Der Ethernet-Rahmen wird mit einer *Präambel* eingeleitet, die zur Synchronisation dient. Der Rahmen ist ein Datagramm und enthält somit in seinem Kopfteil die Absender- und Zieladresse. Die Ethernet-Adressen (MAC-Adressen) bestehen aus sechs Bytes und sind – etwas vereinfacht dargestellt – weltweit eindeutig. Die ersten drei Bytes einer Ethernet-Adresse sind für die Herstellerkennung reserviert, sodass ein Hersteller eigenständig (ohne globalen Koordinierungsaufwand) die Adressen eindeutig vergeben kann.

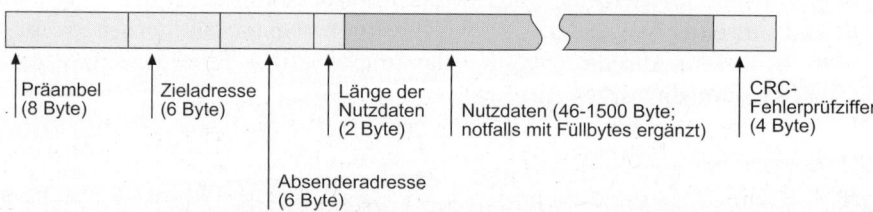

Präambel (8 Byte) | Zieladresse (6 Byte) | Länge der Nutzdaten (2 Byte) | Absenderadresse (6 Byte) | Nutzdaten (46-1500 Byte; notfalls mit Füllbytes ergänzt) | CRC-Fehlerprüfziffer (4 Byte)

Abb. 6.7.1.1/1: Aufbau eines Ethernet-Rahmens

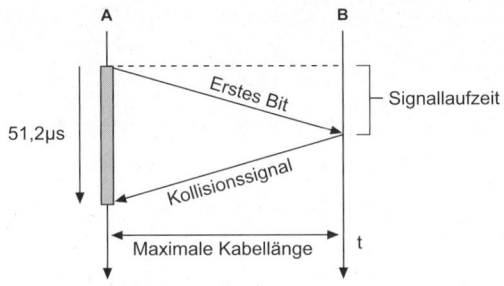

Abb. 6.7.1.1/2: Kollisionsfenster

Der *Nutzdatenteil eines Ethernet-Rahmens* hat eine Länge von 46 bis 1.500 Bytes. Sollen weniger Nutzdaten verschickt werden, so werden diese bis zur Mindestlänge aufgefüllt. An dieser Stelle ergibt sich die Frage, warum die Untergrenze von 46 Bytes Nutzdaten eingeführt wurde. Die Ursache ergibt sich aus dem CSMA/CD-Verfahren und den Signallaufzeiten in den verwendeten Kabeln. Zur sicheren *Erkennung einer Kollision* dient das *Kollisionssignal* (engl.: jam signal) einer anderen Datenstation. Dieses Kollisionssignal muss von der sendenden Station empfangen werden, bevor das letzte Bit des aktuellen Rahmens versendet wurde.

Der Sendevorgang eines Rahmens mit minimaler Länge beträgt beim 10-Mbit-Ethernet 51,2 µs. Da in dieser Zeit das Kollisionssignal empfangen werden muss, bedeutet dies, dass die maximale Entfernung zwischen zwei Stationen so gewählt werden muss, dass die zweifache Signallaufzeit kleiner als das *Kollisionsfenster* von 51,2 µs ist. Dieses Zeitintervall ergibt sich aus der Laufzeit des ersten Bits des Rahmens, der von Station *A* zu Station *B* versendet wurde, plus der Laufzeit des Kollisionssignals. Das Kollisionssignal muss von Station *A* noch während der Sendung des Rahmens, der die Kollision mitverursachte, empfangen werden, damit diese die Kollision erkennen kann und einen neuerlichen Sendeversuch startet.

Um Kollisionen erkennen zu können, muss also die Paketlänge einen Minimalwert besitzen. Ebenso darf die Distanz zwischen zwei Stationen eine gewisse Maximalentfernung nicht überschreiten, und die Zahl der Repeater (die auch eine leichte Verzögerung der Übertragung bewirken) ist ebenso beschränkt. Durch diese Faktoren ergeben sich *Beschränkungen für die Verkabelungsausdehnung* des gemeinsam genutzten Netzwerks.

Die historisch älteste *Verkabelungstechnik* ist das „*Thick Wire*", das *50-Ohm-Koaxialkabel*. Die maximale Länge eines Netzwerksegments (ohne Netzwerkbrücke) beträgt hier 2.500 m, alle 500 m ist ein Repeater erforderlich. Diese Methode der Verkabelung, nach der auffälligen Farbgebung auch „*Yellow Cable*" genannt, ist aufgrund des dicken Kabelstrangs sehr unhandlich und wird heute nicht mehr eingesetzt (das heißt nicht mehr neu verlegt).

10Base2 (auch unter dem Namen *ThinWire* bekannt) ist eine etwas neuere Verkabelungstechnik und basiert auf relativ dünnen und biegsamen Koaxialka-

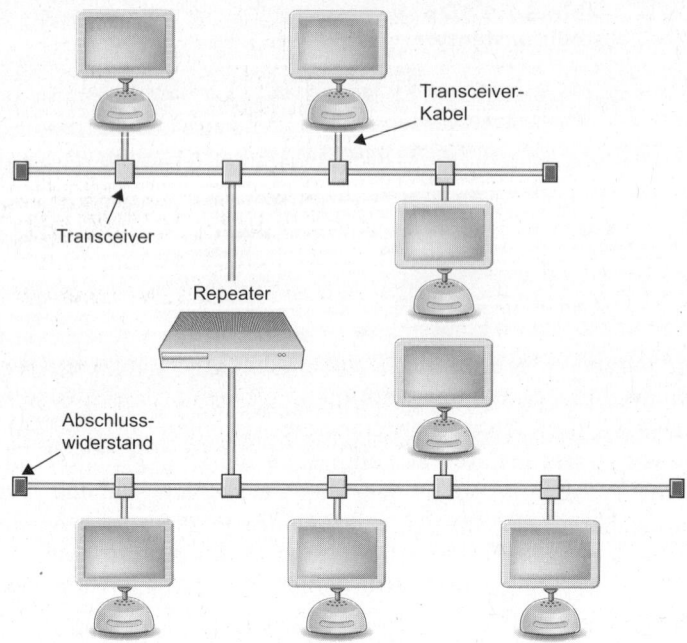

Abb. 6.7.1.1/3: Verkabelung mittels Thick Wire

beln (Typ *RG-58*). Mit dieser Verkabelung existiert allerdings für Ethernet eine Längenbeschränkung von 185 m pro Segment, zudem darf die Anzahl der Stationen 30 pro Segment nicht überschreiten. Die 10Base2-Verkabelung stellt eine kostengünstige und einfache Alternative zum *Yellow Cable* dar, da die Durchführung der Verkabelung wesentlich unkomplizierter ist. Verfügen die zu verbindenden Rechner über Netzwerkkarten mit eingebautem 10Base2-Transceiver, so genügt es, eine durchgehende Verbindung herzustellen, an die Rechner mit einem *T-Stück* angeschlossen werden, und beide Enden des Busses mit einem Abschlusswiderstand abzuschließen.

Die Verkabelungstechnik *10BaseT* („T" steht für „Twisted Pair") hat für 10-Mbit-Ethernet-Netzwerke die zuvor genannten Verkabelungstechniken mit Koaxialkabeln weitgehend abgelöst. Bei 10BaseT werden verdrillte Kupferkabel (Twisted Pair, Kategorie 5 oder besser) eingesetzt, die in einer physisch sternförmigen Topologie über Netzwerkkonzentratoren verbunden sind (siehe Abb. 6.7.1.1/5).

Die *sternförmige Struktur* der 10BaseT-Verkabelung bietet zahlreiche Vorteile, die den Nachteil des höheren Verkabelungsaufwands wettmachen. Die (physikalische) Fehlersuche (stets ein Problem bei 10Base2) konzentriert sich nunmehr auf den Netzwerkkonzentrator beziehungsweise auf das Kabel zum betroffenen Rechner. Die Verfügbarkeit eines LANs auf Basis von 10BaseT ist

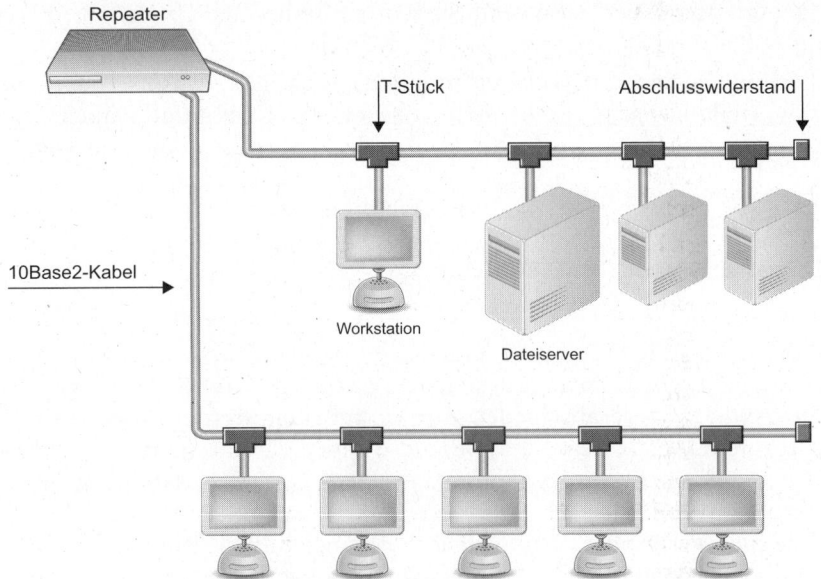

Abb. 6.7.1.1/4: Verkabelung mittels 10Base2

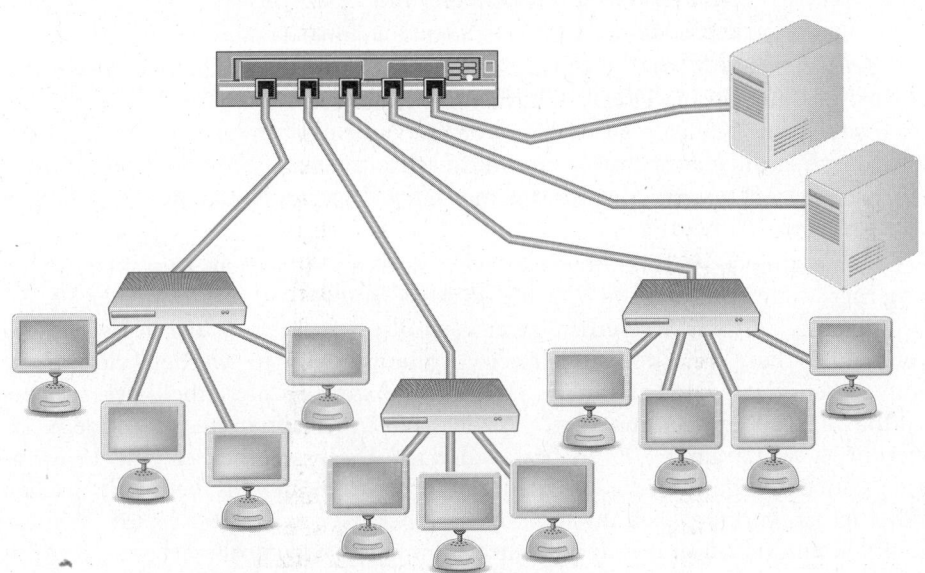

Abb. 6.7.1.1/5: Ethernet mit 10BaseT-Verkabelung

durch die verbesserte Fehlerisolation wesentlich höher als die eines LANs auf Basis von 10Base2.

Darüber hinaus sind Ethernet-Verbindungen auch über *Glasfaserkabel* möglich. Die Vorteile liegen größtenteils in der höheren Unempfindlichkeit gegenüber elektromagnetischen Störungen und in den höheren erzielbaren Datenraten bei den leistungsfähigeren Ethernet-Varianten, die in der Folge beschrieben werden.

6.7.1.2 Fast-Ethernet (IEEE 802.3u)

Fast-Ethernet (IEEE 802.3u) ist eine Weiterentwicklung von IEEE 802.3 und ermöglicht eine Übertragungskapazität von 100 Mbit/s. Der Standard 802.3u wurde 1995 verabschiedet. Zur Verkabelung werden entweder verdrillte Kupferkabel (Kategorie 5, 5e und 6) oder Glasfaserleitungen eingesetzt. Diese werden unter dem Sammelbegriff *100BaseX* zusammengefasst.

Fast-Ethernet verwendet den gleichen Rahmenaufbau wie das klassische Ethernet. Durch die um das Zehnfache angehobene Übertragungskapazität ergeben sich für das Kollisionsfenster deutliche Einschränkungen. Aus diesem Grund werden 100BaseX-Netzwerke *ausschließlich über eine physische Sternverkabelung* realisiert, die zu einem Netzwerkkonzentrator führt, der zumeist auch als *Netzwerkbrücke* (engl.: switching hub) ausgelegt ist.

Bei einer zweifach ausgelegten Verkabelung zu einer Datenstation ist auch ein *Vollduplexbetrieb* (je ein Kabel zum Senden und eins zum Empfangen) möglich, andernfalls nur ein Halbduplexbetrieb. Bei einer Verbindung im Vollduplexbetrieb sind keine Kollisionen möglich, da stets nur ein Sender pro Leitung existiert. Der maximal erreichbare Gesamtdurchsatz beträgt daher im Vollduplexbetrieb 200 Mbit/s, da gleichzeitig mit 100 Mbit/s gesendet und empfangen werden kann.

Die maximalen Verbindungsdistanzen sind im Vergleich zum klassischen Ethernet kürzer und hängen von der Verkabelungstechnik ab. Bei einer Verkabelung mit *100BaseTX* werden zwei verdrillte Kupferkabel der Kategorie 5e verwendet. Für den (kollisionsfreien) Vollduplexbetrieb werden vier dieser Kabel benötigt. Die maximale Kabellänge für Kupferkabel beträgt bei 100BaseTX 100 m. Daraus folgt, dass der „*Netzwerkdurchmesser*" (ohne Netzwerkbrücke) maximal 200 m betragen darf. Da Fast-Ethernet eine Übertragungskapazität besitzt, die um den Faktor zehn höher als beim klassischen Ethernet ist, verkürzt sich die maximale Kabellänge von 2.500 m auf etwa ein Zehntel, um auch hier mit der gleichen minimalen Paketgröße arbeiten zu können.

100BaseFX verwendet zwei Multimodefaserkabel und ermöglicht eine Leitungslänge von bis zu zwei Kilometern. Dadurch ist ebenso der Vollduplexbetrieb möglich.

6.7.1.3 Gigabit-Ethernet (IEEE 802.3z, 802.3ab)

> **Gigabit-Ethernet** ist eine Weiterentwicklung von IEEE 802.3 und ermöglicht eine Übertragungskapazität von 1 Gbit/s. Zur Verkabelung werden entweder vier parallele verdrillte Kupferkabel (Kategorie 5e, Standardisierung durch IEEE 802.3ab) oder Glasfaserleitungen (IEEE 802.3z) eingesetzt. Diese werden unter dem Begriff *1000BaseX* zusammengefasst. Der Standard 802.3z wurde 1998 verabschiedet, 802.3ab folgte im Jahr 1999.

Da das Gigabit-Ethernet wiederum um den Faktor zehn durchsatzfähiger als das Fast-Ethernet ist, ergäbe sich bei einer unveränderten Spezifikation ein Netzwerkdurchmesser von maximal 20 m beim Einsatz von verdrillten Kupferleitungen. Diese Restriktion würde eine praktische Nutzung nahezu ausschließen.

Aus diesem Grund wurde *die 802.3-Spezifikation für Gigabit-Ethernet angepasst*. Die minimale Rahmenlänge wurde durch ein Verfahren namens „Carrier Extension" auf 512 Byte erhöht, wobei kürzere Rahmen automatisch auf die Minimallänge aufgefüllt werden. Zusätzlich werden mehrere kleine Rahmen (sofern möglich) zu einem gemeinsamen Paket zusammengefasst. Dies erfolgt durch das so genannte „Frame Bursting", indem der Sender nach dem Versenden eines Pakets nicht wie beim „normalen" Ethernet üblich 9,6 μs vor der nächsten Sendung wartet, sondern sofort senden kann (allerdings nur bis zu einer maximalen Obergrenze von 8 KB pro Versuch).

Durch die Erhöhung der minimalen Paketlänge ist der *Durchsatz* beim Verschicken von Rahmen, deren Nutzdatenteil nur wenige Byte umfasst, nicht wesentlich besser als beim Fast-Ethernet. Diese Beschränkung entfällt jedoch beim Vollduplexbetrieb (der mittels doppelter Verkabelung erreicht werden kann), da hier keine Kollisionen mehr auftreten können.

Bei einer Verkabelung mittels *1000BaseT* werden vier verdrillte Kupferkabel der Kategorie 5e verwendet, somit können in vielen Unternehmen bereits bestehende Verkabelungen weiter eingesetzt werden. Die maximale Kabellänge für Kupferkabel beträgt hier 100 m. Bei der Verkabelung mittels *1000BaseSX* wird ein *Kurzwellenlaser* (engl.: short wave laser, daher der Name SX) eingesetzt und es wird meist ein Multimodefaserkabel verwendet, das eine maximale Länge von etwa 500 m aufweisen darf. Bei der Verwendung von *1000BaseLX* wird ein *Langwellenlaser* eingesetzt (engl.: long wave laser) und eine Monomodeglasfaserleitung verwendet, die hier eine Maximallänge von drei km erreichen kann.

6.7.1.4 10-Gigabit-Ethernet (IEEE 802.3ae)

> **10-Gigabit-Ethernet** ist eine Weiterentwicklung von IEEE 802.3 und ermöglicht eine Übertragungskapazität von 10 Gbit/s. Zur Verkabelung werden ausschließlich Glasfaserleitungen (IEEE 802.3ae) eingesetzt. Der Standard 802.3ae wurde 2002 verabschiedet.

Interessant ist zu bemerken, dass IEEE 802.3ae sich zur Gänze auf *Glasfaserkomponenten* bei der Verkabelung stützt. Zusätzlich wird ausschließlich ein *Vollduplexbetrieb* definiert, bei dem keine Kollisionen auftreten können. Hierdurch werden allerdings auch die *Kosten für die Verkabelung erhöht*. Es werden weiterhin *die gleichen Paketformate* wie bei allen anderen 802.3-Standards verwendet. 10-Gigabit-Ethernets werden nicht nur im Bereich von lokalen Netzen eingesetzt (in denen Ethernet-Technologien traditionell beheimatet sind), sondern *auch für Weitverkehrsnetze*.

Im *Kurzstreckenbereich* (engl.: short-haul) kann 10-Gigabit-Ethernet mit Multimodefasern (Wellenlänge 850 nm) genutzt werden, wobei die maximale Segmentlänge hier bis zu 300 m beträgt. Im *Weitverkehrsbereich* (engl.: longhaul) kann 10-Gigabit-Ethernet mit Monomodefasern mit einer Wellenlänge von 1.310 nm oder 1.550 nm betrieben werden.

▶ Übungsaufgabe Nr. 2.6.24 im Arbeitsbuch

6.7.2 Protokolle nach dem Tokenverfahren

6.7.2.1 Tokenring (IEEE 802.5)

Das bedeutendste Tokenverfahren ist der *Tokenring*, der in den 1970er Jahren von IBM entwickelt worden ist.

Der **Tokenring** (engl.: token ring) ist ein koordiniertes Netzwerkzugangsverfahren, das durch eine IBM-Spezifikation im Jahr 1982 und durch den Standard IEEE 802.5 im Jahr 1985 definiert wurde. Die logische Netzwerktopologie ist ein Ring (daher der Name). Während IBMs Spezifikation eine Sternverkabelung zu einem Netzwerkverteiler (genaue Bezeichnung: multi-station access unit, abgekürzt MAU) vorschreibt, lässt der .IEEE-Standard die Topologie offen. Als Übertragungsraten von beiden Spezifikationen werden 4 und 16 Mbit/s angegeben.

Die Grundlagen des Tokenverfahrens wurden bereits im Abschnitt über die koordinierten Zugangsverfahren (Abschnitt 6.3.5.1) beschrieben und werden hier nicht weiter vertieft.

Für die *Verkabelung* schreibt der IBM-Standard den Einsatz von verdrillten Zweidrahtleitungen vor, über die entweder 72 (bei der Verwendung von UTP) oder 260 (bei der Verwendung von STP) Stationen angeschlossen werden können. Der IEEE-Standard definiert das Übertragungsmedium nicht.

6.7.2.2 Tokenbus (IEEE 802.4)

Der IEEE-802.4-*Standard (Tokenbus)* spielt nur im Produktionsbereich eine größere Rolle. Er bildet zum Beispiel die Basis für die *MAP-Protokolle* (Abkürzung für engl.: manufacturing automation protocol), die unter der Federführung von General Motors als Kommunikationsarchitektur für die industrielle Fertigung, insbesondere zur Vernetzung von Robotern, CNC-Maschinen usw. entstanden sind.

> Bei einem **Tokenbus** (engl.: token bus) ist ein logischer Ring auf einem physikalischen Bus implementiert. Das heißt, die Stationen sind physikalisch durch einen Bus miteinander verbunden, als Zugangsregelung wird das Tokenverfahren verwendet.

Der logische Ring entsteht am Tokenbus, indem jede Station ihre „Nachbarstation" kennt und somit weiß, an wen der Tokenrahmen geschickt werden soll. Für den Tokenbus sind sowohl schmalbandige (Twisted-Pair-) als auch breitbandige (Koaxial-) Kabeltypen genormt, wobei die Übertragungskapazitäten von 1 bis 10 Mbit/s erreicht werden. Bei MAP werden Koaxialkabel eingesetzt.

6.7.2.3 FDDI (ANSI X3T9.5) und CDDI

Der Haupteinsatzbereich von FDDI sind Nahverkehrsnetze, bei denen über mittlere Distanzen hohe Übertragungskapazitäten erreicht werden sollen.

> **FDDI** (Abkürzung von engl.: fiber distributed data interface; deutsch: Datenschnittstelle für verteilte Glasfasernetze) wurde 1989 von der ANSI durch den Standard X3T9.5 standardisiert und spezifiziert einen zweifach ausgelegten Glasfaserring. Mit einer Übertragungskapazität von 100 Mbit/s wird er vorwiegend als Backbone für unternehmensweite Netze eingesetzt. Bis zu 500 Stationen können an einen FDDI-Ring angeschlossen werden. FDDI verwendet das Tokenverfahren zur Zugangssteuerung.

FDDI ist als *Doppelring* (Primär- und Sekundärring) definiert, wobei in den beiden Ringen gegenläufig zueinander übertragen wird. Der Sekundärring dient im normalen Betrieb als *Backup-Ring*, auf den bei Bedarf und in Notfällen automatisch umgeschaltet wird. Die Doppelringstruktur ermöglicht ein hohes Maß an Fehlertoleranz und Ausfallsicherheit. Bei Störungen wird das Netz automatisch neu konfiguriert.

Bei FDDI werden *zwei Arten von Datenstationen* unterschieden: *zweifach angeschlossene FDDI-Stationen* (engl.: dual attached stations, abgekürzt: DAS) sind direkt mit dem Primär- und dem Sekundärring verbunden und enthalten folglich die Komponenten der physikalischen Schicht (beispielsweise Netzwerkadapter) in doppelter Ausführung. *Einfach angeschlossene FDDI-Stationen* (engl.: single attached stations, abgekürzt: SAC) werden indirekt über Konzentratoren an den FDDI-Ring angeschlossen. Die Abb. 6.7.2.3/1 zeigt den doppelt ausgelegten Ring, auf dem die Tokenrahmen in unterschiedlichen Richtungen weitergegeben werden. Sie veranschaulicht auch die beiden unterschiedlichen Anschlussarten.

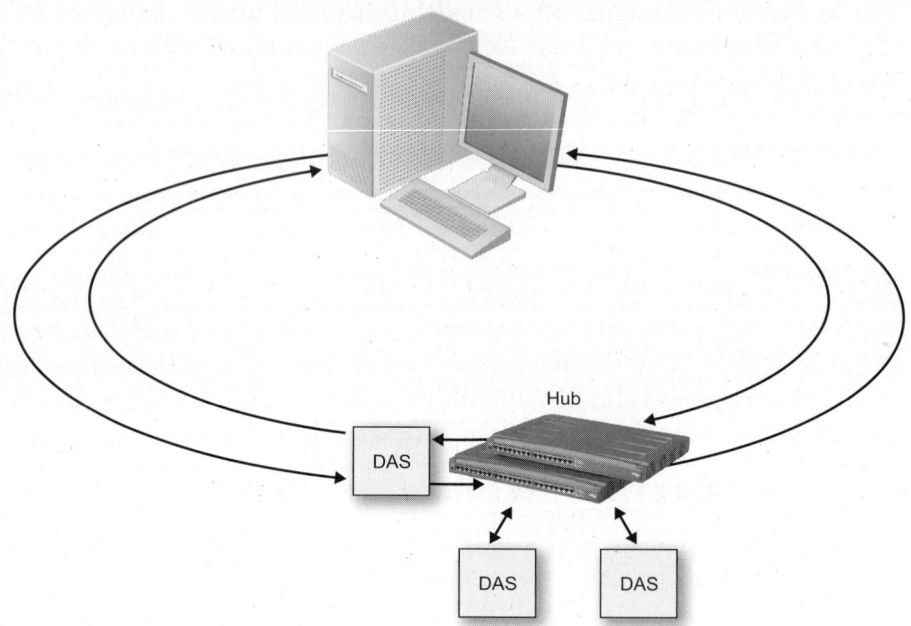

Abb. 6.7.2.3/1: FDDI-Ring

In FDDI-Netzen können unterschiedliche Lichtwellenleiter eingesetzt werden. Bei einem Anschluss mittels *Multimodefasern* beträgt der Maximalabstand zwischen zwei Stationen 500 m, beim Einsatz von *Gradientenfasern* beträgt dieser 2 km und bei der Verwendung von *Monomodefasern* kann der Abstand bis zu 60 km betragen.

CDDI (Abkürzung von: copper distributed data interface) wurde 1994 als eine Version von FDDI veröffentlicht, die auf Kupferkabeln als Übertragungsmedium basiert. Die Übertragungskapazität beträgt ebenso wie bei FDDI 100 Mbit/s.

Der Hauptvorteil von CDDI liegt bei der Verwendung vielfach bereits installierter Verkabelungen mit verdrillten Zweidrahtleitungen der Kategorie 5e. Die Maximallänge beträgt hier 100 m. Zusätzlich definiert dieser Standard auch den Einsatz von STP-Kabeln.

▸ Übungsaufgabe Nr. 2.6.25 im Arbeitsbuch

6.7.3 Asynchronous Transfer Mode (ATM)

> Die **ATM**-Technik (Abkürzung von engl.: asynchronous transfer mode)
> basiert auf dem Prinzip der Rahmenvermittlung und ermöglicht eine gute
> Ausnutzung der zur Verfügung stehenden Kapazität eines Übertragungsme-
> diums. Durch die Festlegung von bestimmten Merkmalen für eine Verbin-
> dung kann dem Benutzer zudem eine bestimmte *Dienstqualität* der Über-
> tragung (engl.: quality of service) zugesichert werden.

Der Einsatz der ATM-Technik ist prinzipiell unabhängig vom verwendeten
Übertragungsmedium (zum Beispiel Kupferkabel, Lichtwellenleiter oder Funkübertragung). Dies bedeutet auch, dass die erreichbare Kapazität nicht durch
den Standard limitiert ist.

Die der ATM-Technik zugrunde liegenden *Standards* werden durch das *ATM-
Forum* verwaltet und weiterentwickelt. Dem ATM-Forum gehören unter anderem Unternehmen wie AT&T, Ericsson Telecom, Lucent Technologies und Siemens an.

Bei einer ATM-Übertragung (Schicht 2 des ISO/OSI-Referenzmodells) wird
zwischen zwei Stationen, die über einen exklusiven Zugang zu dem sie verbindenden Übertragungsmedium verfügen, *kontinuierlich ein Datenstrom* ausgetauscht, der *aus relativ kleinen Paketen* besteht (den so genannten ATM-Zellen;
siehe Abb. 6.7.3/1). Die ATM- Zellen haben eine konstante Länge von 53 Bytes.
ATM-Zellen können von den Stationen mit Nutzdaten „gefüllt" werden, oder
sie werden „leer" übertragen (es findet somit eine kontinuierliche Datenübertragung statt). Auf diese Weise sind die beiden Datenstationen kontinuierlich synchronisiert.

Von den 53 Bytes der *ATM-Zellen* sind 5 Bytes Steuerinformation (*Zellkopf*,
engl.: header), die unter anderem die Adressinformation enthält. Die übrigen 48
Bytes stehen für die Übertragung von Nutzdaten zur Verfügung.

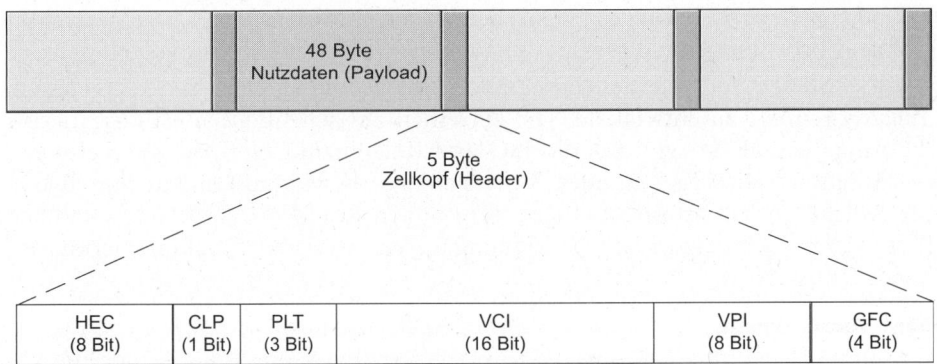

Abb. 6.7.3/1: Aufbau einer ATM-Zelle

Wie in Abb. 6.7.3/1 dargestellt enthält der *Zellkopf* sechs verschiedene Felder, deren jeweilige Funktion nachfolgend näher erläutert wird:

- Das *GFC-Feld* (Abkürzung von engl.: generic flow control) ist vier Bit lang und dient der Flusssteuerung. Es kann durch einen Multiplexer verwendet werden, um die Zellen eines bestimmten Absenders genau mit einer zuvor spezifizierten Rate weiterzuleiten.

- Das *VPI-Feld* (Abkürzung von engl.: virtual path identifier) ist acht Bit lang und dient dazu, den (virtuellen) Pfad zu identifizieren, über den die zugehörige ATM-Zelle übertragen wird. Dieses Feld wird somit für die Wegwahl bei der Übertragung der ATM-Zellen benötigt.

- Das *VCI-Feld* (Abkürzung von engl.: virtual channel identifier) ist 16 Bit lang und dient dazu, den (virtuellen) Kanal zu identifizieren, über den die zugehörige ATM-Zelle übertragen wird. Ebenso wie das VPI-Feld wird dieses Feld für die Wegwahl bei der Übertragung der ATM-Zellen benötigt.

- Das *PTI-Feld* (Abkürzung von engl.: payload type identifier) ist drei Bit lang und legt fest, ob die zugehörige ATM-Zelle Benutzerinformation oder Netzwerkmanagementinformation (*OAM-Daten*, Abkürzung von engl.: operation, administration and maintenance) transportiert. Zusätzlich kann eines der drei Bits gesetzt werden, um zu signalisieren, dass auf dem Übertragungsweg der Zelle Überlastsituationen aufgetreten sind.

- Das *CLP-Feld* (Abkürzung von engl.: cell loss priority) ist ein Bit lang und legt die Priorität der zugehörigen ATM-Zelle fest. Wenn das Bit auf „0" gesetzt ist, darf die Zelle auch in Überlastsituationen nicht verworfen werden (beziehungsweise erst möglichst spät). Wenn das Bit auf „1" gesetzt ist, hat die Zelle eine niedrige Priorität und darf bei Überlast verworfen werden. Bei einigen Anwendungen (wie zum Beispiel der Übertragung eines Telefongesprächs oder einer komprimierten Videoübertragung) kann der Verlust einiger Zellen in der Regel durch den Benutzer oder die jeweilige Software kompensiert werden. Es existieren allerdings auch Anwendungen, bei denen auf keinen Fall ein Teil der Information verloren gehen darf, beispielsweise bei der Übertragung von medizinischen Röntgenbildern.

- Das *HEC-Feld* (Abkürzung von engl.: header error control) ist ein acht Bit langes Prüfsummenfeld für den Inhalt des Zellkopfs dieser ATM-Zelle.

Diese Steuerfelder werden unter anderem verwendet, um mittels ATM ein *Teilstreckennetz* zu entwickeln. Die einzelnen Zwischenknoten erfüllen hierbei die Aufgaben der Schicht drei des ISO/OSI-Referenzmodells (wie beispielsweise die Aufgaben der Wegwahl oder der Kapazitätsreservierung) und auch teilweise die Aufgaben der Transportschicht. So können in einem ATM-Netz zwischen ATM-Knoten Ende-zu-Ende-Verbindungen mit gewissen Qualitätsmerkmalen hergestellt werden.

ATM-Verbindungen

Jede ATM-Verbindung durchläuft die Phasen *Verbindungsaufbau*, *Verbindungsdurchführung* und *Verbindungsabbau*. Vom Prinzip her ähnelt dies der Funktionsweise eines Telefonnetzes. Aufgrund seiner Wurzeln in der Telefontechnik findet bei ATM auch der Verbindungsaufbau und die Vermittlung von Daten nach einem ähnlichen Muster wie in „herkömmlichen" Telefonnetzen statt.

Um eine Zelle korrekt vom Knoten A an einen anderen Knoten B zu übermitteln, muss zunächst eine *virtuelle Verbindung* zwischen diesen beiden Endpunkten aufgebaut werden. Hierbei wird ein Weg von Knoten A über verschiedene Zwischenknoten innerhalb des Netzes zu Knoten B gesucht.

In ATM können *permanente virtuelle Verbindungen* (engl.: permanent virtual circuit, abgekürzt: PVC) oder *temporäre virtuelle Verbindungen* aufgebaut werden (engl.: switched virtual circuit, abgekürzt: SVC). Ein PVC entspricht hierbei prinzipiell einer Standleitung, während ein SVC einer Wählleitung im Telefonnetz entspricht. Im Gegensatz zu einem Telefon kann ein ATM-Endsystem jedoch auf mehreren ATM-Verbindungen parallel Daten empfangen und/oder versenden. Zusätzliche Verbindungen können einfach über eine andere VPI/VCI-Kombination an das gleiche ATM-Endsystem übermittelt werden. Vom Prinzip entspricht dies einem Telefon, über das eine beliebige Anzahl von Gesprächen gleichzeitig angenommen werden kann.

Wegwahl und virtuelle Kanäle

Die Wegwahl findet bei Verwendung von ATM vor der Übermittlung der Daten über das Netz statt. Wenn jedoch Zwischenknoten auf dem zuvor gewählten Weg ausfallen sollten, können alle nachfolgenden Pakete über eine alternative Route an ihr Ziel geleitet werden (engl.: re-routing).

Ein virtueller Pfad verbindet zwei benachbarte Knoten innerhalb des Netzes. Über *einen* virtuellen Pfad werden die Daten von *mehreren* virtuellen Kanälen von einem der benachbarten Netzknoten an den anderen übertragen. Ein *virtueller Pfad* kann somit als ein Bündel von virtuellen Kanälen verstanden werden, deren gemeinsames Merkmal es ist, dass ihre Daten auf dem Weg zum Ziel die Leitung zwischen den beiden Netzknoten durchqueren (über ein physikalisches Kabel können mehrere virtuelle Pfade getrennt voneinander übertragen werden). Damit vereinfacht das Prinzip der virtuellen Pfade die Weiterleitung/Wegwahl für ATM-Zellen, da ein Zwischenknoten lediglich den Pfad kennen (auslesen) muss, über den eine ATM-Zelle weitergeleitet werden soll.

Jeder einzelne *virtuelle Kanal* ist (vereinfacht ausgedrückt) eine Verbindung zwischen zwei bestimmten Knoten. Ein virtueller Kanal ist somit eine Verbindung, die über mehrere unterschiedliche Pfade geleitet wird. Das heißt, jede Information, die über einen bestimmten virtuellen Kanal übertragen wird, wird immer von einem bestimmten Knoten A an einen anderen Knoten B weitergeleitet.

Zum *Beispiel* kann ein Benutzer vom Knoten A ein *Video* an Knoten B übertragen, indem er das Video als Datenstrom über einen zuvor zwischen A und B aufgebauten virtuellen Kanal versendet.

Die Abb. 6.7.3/2 (a) zeigt, dass ein virtueller Pfad aus logischer Sicht aus mehreren getrennten virtuellen Kanälen besteht. In der Teilabbildung (b) ist

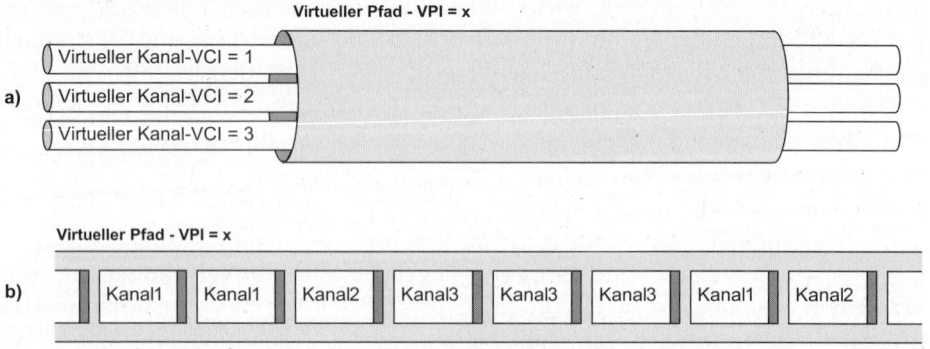

Abb. 6.7.3/2: Virtueller Pfad mit virtuellen Kanälen

erkennbar, dass die ATM-Zellen, die (logisch) über verschiedene Kanäle übertragen werden, in der Realität sequenziell über den gleichen Pfad geleitet werden. Das VCI-Feld im Zellkopf sorgt dafür, dass jede Zelle einem bestimmten Kanal zugeordnet werden kann.

Wie bereits erwähnt, dienen *virtuelle Pfade* im Wesentlichen zur *Vereinfachung der Übertragung zwischen zwei Knoten*. Bei der Vermittlung einer Zelle reicht es im Prinzip aus, wenn jeder Knoten im VPI-Feld nur die Information einträgt, die es ihm ermöglicht, die Zelle an den nächsten Knoten auf dem Übertragungsweg weiterzuleiten. Aus diesem Grund müssen ATM-Zellen nur mit relativ kleinen Adressfeldern ausgestattet sein.

Aus der Teilabbildung (b) ist zudem erkennbar, dass der *Begriff der „asynchronen" Datenübertragung in ATM* eine eigene Bedeutung trägt, wobei „asynchron" hier am besten mit „unregelmäßig" oder „bedarfsgesteuert" übersetzt werden kann. Die Kommunikation erfolgt hierbei nicht auf Basis einer starren Ressourcenzuteilung. Die Rate, mit der ein Teilnehmer seine Information überträgt, ist nicht (zwangsläufig) gleich bleibend, sondern kann im Zeitverlauf variieren.

Schichten eines ATM-Systems

Die Architektur eines ATM-Systems besteht aus drei verschiedenen Schichten, auf die höhere Protokolle aufsetzen können (siehe Abb. 6.7.3/3). Im Folgenden werden die *Funktionen der einzelnen Schichten* genauer erläutert:

• Die *physikalische Schicht* (engl.: physical layer) ist für die Übertragung der einzelnen Bits über eine physikalische Leitung verantwortlich. ATM kann hier prinzipiell auf beliebige existierende Übertragungstechniken aufsetzen. Vornehmlich in den USA gelangt die Übertragungstechnik *SONET* (Abkürzung von engl.: synchronous optical network) zum Einsatz, während in Europa *SDH* (Abkürzung von engl.: synchronous digital hierarchy) eingesetzt wird. Da diese beiden Standards nahezu ausschließlich in öffentlichen Netzen

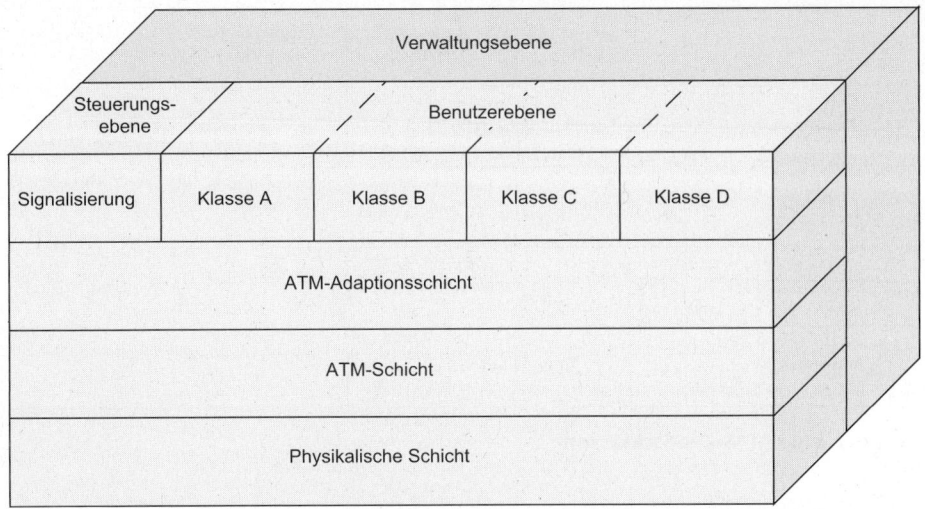

Abb. 6.7.3/3: Aufbau eines ATM-Systems

eingesetzt werden, bestimmen diese auch die möglichen Kapazitäten, die von den Telekommunikationsdienstleistern angeboten werden. Derzeit ermöglicht die synchrone SONET/SDH-Technik Bitraten von etwa 155 Mbit/s bis zu mehrfachen Kanälen mit je 10 Gbit/s auf einer Glasfaser.

- Die *ATM-Schicht* (engl.: ATM layer) übernimmt die Generierung der ATM-Zellen inklusive des Zellkopfs. Durch Überprüfung des HEC-Felds werden Zellen mit fehlerhaften Zellköpfen erkannt. Zudem übernimmt diese Schicht die Anpassung der ATM-Zellen an das Format des unterliegenden Übertragungsmediums.

- Die *ATM-Adaptionsschicht* (engl.: ATM adaptation layer, abgekürzt: AAL) teilt den zu übertragenden Datenstrom in 48 Byte große Pakete auf, beziehungsweise setzt diese Pakete in Empfangsrichtung wieder zu größeren Einheiten zusammen (engl.: segmentation and reassembly). Die ATM-Adaptionsschicht bildet das Bindeglied zwischen der Zellenübertragung und höheren Protokollen. Um verschiedenen Verkehrsanwendungen zu genügen, existieren auf dieser Schicht mehrere Protokolltypen. Die wichtigsten hiervon sind *AAL-2*, das primär zur Sprachübertragung verwendet wird, und *AAL-5*, über das höhere Protokolle übertragen werden.

In Abb. 6.7.3/4 ist bereits erkennbar, dass *auf der Benutzerebene* im Wesentlichen *vier verschiedene Dienstklassen* auf die ATM-Adaptionsschicht aufsetzen können. Diese vier Klassen bieten jeweils unterschiedliche Qualitätsmerkmale, zwischen denen ein Benutzer je nach Anwendung wählen kann:

- *Klasse A* ermöglicht eine verbindungsorientierte Übertragung, die über die gesamte Verbindungsdauer *konstante Bitraten* garantiert (engl.: constant bit rate, abgekürzt: CBR) und ist somit für Echtzeitanwendungen geeignet.

	Klasse A (CBR)	Klasse B (rt-VBR)	Klasse C (nrt-VBR)	Klasse D (UBR)
Zeit-Relation	kontinuierlich (Echtzeit)		nicht-kontinuierlich	
Bitrate	konstant	variabel		
Verbindungsart	verbindungsorientiert			verbindungslos
Anwendungen	Audio/Video		nicht-zeitkritische Datenübertragung	

Abb. 6.7.3/4: ATM-Dienstklassen

- *Klasse B* ermöglicht die verbindungsorientierte Übertragung mit *variablen Bitraten*, die jedoch niemals ein zuvor spezifiziertes Minimum unterschreiten und ist daher prinzipiell auch für *Echtzeitanwendungen* geeignet (engl.: real-time variable bit rate, abgekürzt: rt-VBR).

- *Klasse C* ermöglicht die verbindungsorientierte Übertragung mit vollkommen *variablen Bitraten ohne Garantie einer maximalen Verzögerung*. Diese Klasse ist somit für normalen Datenverkehr geeignet, wie zum Beispiel Übertragung von Dateien oder E-Mail-Nachrichten.

- *Klasse D* stellt einen Dienst für den verbindungslosen Datentransfer mit *variablen Bitraten ohne weitere Qualitätsmerkmale* bereit. Dieser Dienst ist insbesondere dafür vorgesehen, Daten zu transportieren, bei denen die gewünschten Qualitätsmerkmale durch höhere Protokolle (wie beispielsweise TCP/IP) realisiert werden.

Es existieren mehrere *Verkehrsparameter* (engl.: traffic parameter) und *Qualitätsparameter* (engl.: quality of service parameter), die geeignet spezifiziert werden müssen, um die Qualitätsattribute einer ATM-Verbindung festzulegen. Für eine ATM-Verbindung können drei Qualitätsparameter für die Übertragung von ATM-Zellen ausgehandelt werden. Diese Qualitätsparameter können als ein „Vertrag" zwischen dem Benutzer und dem ATM-Netz verstanden werden. Durch diesen „Vertrag" sichert das ATM-Netz zu, die spezifizierten Werte für eine bestimmte ATM-Verbindung nicht zu unter- beziehungsweise überschreiten:

- *Maximale Zellentransferzeit* (engl.: maximum cell transfer delay, abgekürzt: maxCTD): dieser Parameter definiert die maximale Zeit, in der eine ATM-Zelle vom Sender über das ATM-Netz an den Empfänger übermittelt wird. Das ATM-Netz garantiert diesen Wert als die maximale Latenz (durch die

Netzwerkübertragung hervorgerufene Verzögerung) für ATM-Zellen, die über die zugehörige ATM-Verbindung gesendet werden.

- *Schwankungsbreite für die Transferzeit von ATM-Zellen* (engl.: peak-to-peak cell delay variation, abgekürzt: peak-to-peak CDV): dieser Parameter spezifiziert die Schwankungsbreite zwischen der „raschestmöglichen" Übermittlung einer ATM-Zelle über das Netz sowie der am längsten dauernden Übermittlung einer ATM-Zelle, ohne dass die maximale Zellentransferzeit für die zugehörige ATM-Verbindung überschritten wird.

- *Zellenverlustrate* (engl.: cell loss ratio, abgekürzt: CLR): dieser Parameter definiert den maximalen Prozentsatz an ATM-Zellen, die während der Übertragung über die zugehörige ATM-Verbindung verloren gehen dürfen (das Verhältnis von verlorenen/verworfenen ATM-Zellen zur Summe der insgesamt übermittelten Zellen).

Zu den soeben genannten Qualitätsparametern können für jede ATM-Verbindung mehrere *Verkehrsparameter* definiert werden. Hierdurch wird es dem Netzwerk ermöglicht ausreichende Kapazitäten zu reservieren, um die Qualitätsanforderungen für alle ATM-Verbindungen innerhalb eines (Teil-)Netzes garantieren zu können. Einige wichtige Verkehrsparameter sind: die *maximale Zellentransferrate* (engl.: peak cell rate, abgekürzt: PCR), die *minimale Zellentransferrate* (engl.: minimum cell rate, abgekürzt: MCR), die *Toleranz gegenüber Verzögerungen der Zellenübertragung* (engl.: cell delay variation tolerance, abgekürzt: CDVT) und die *durchschnittliche Zellentransferrate* (engl.: sustainable cell rate, abgekürzt: SCR).

ATM wurde insbesondere für den *Einsatz in Weitverkehrsnetzen* wie zum Beispiel in *Telefonnetzen* konzipiert. ATM unterstützt den Aufbau komplexer Netze und die Wegwahl. ATM kann aber auch verwendet werden, um *verschiedene lokale Netzwerke miteinander zu verbinden*.

Zudem besteht auch die Möglichkeit (andere) *weit verbreitete Netzwerkprotokolle über ATM-Verbindungen* zu übertragen. Zu diesem Zweck existieren unterem anderem untere zwei *Verfahren*:

- *LAN-Emulation:* Dieses Verfahren ermöglicht die transparente Erweiterung bestehender lokaler Netze über ATM-Verbindungen. Die LAN-Emulation ist ein Dienst der zweiten Schicht des ISO/OSI-Referenzmodells und ist daher für höhere Protokolle (wie beispielsweise TCP/IP) transparent.

- *IP-über-ATM:* Diese Standards sind speziell darauf abgestellt, die Internet-Protokolle über ATM-Netze zu transportieren. Hierzu gehören *Classical IP and ARP over ATM* (RFC 1577) und der Standard *Multi-protocol over ATM* (MPOA) des ATM-Forums. An einem ATM-Switch angeschlossene Geräte können so direkt über TCP/IP kommunizieren.

Die Abb. 6.7.3/5 zeigt, wie auf diese Weise *Backbone-Lösungen* aufgebaut werden können. Serversysteme werden mit ATM-Adapterkarten direkt an einen

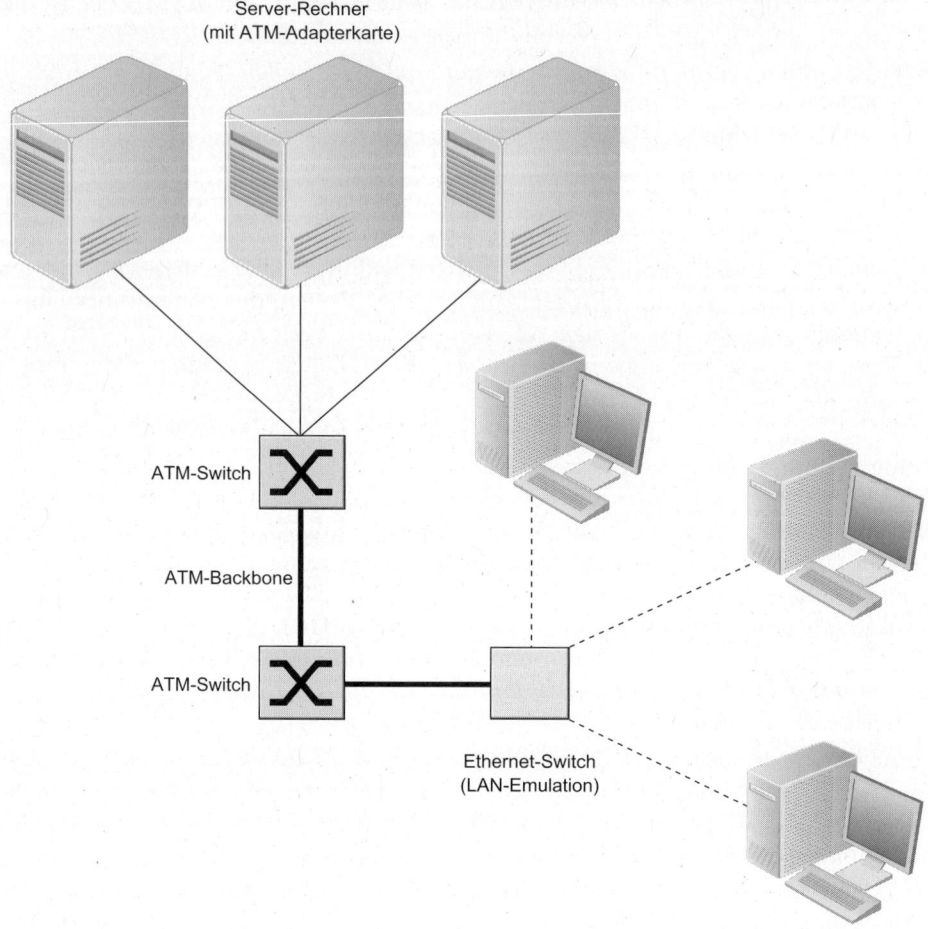

Abb. 6.7.3/5: ATM-Backbone-Netz

ATM-Switch angebunden, während die Arbeitsplatzrechner mittels der LAN-Emulation über je ein Ethernet-Segment mit dem Backbone verbunden sind. Diese Rechner benötigen folglich keine ATM-Adapterkarte. Die LAN-Emulation wird von einem Ethernet-Switch übernommen, welcher gleichzeitig auch die Funktion einer ATM-Ethernet-Brücke wahrnimmt.

▶ Übungsaufgabe Nr. 2.6.26 im Arbeitsbuch

6.7.4 Öffentliche kabelgebundene Netze

Zu den öffentlichen kabelgebundenen Netzen zählen die analogen und glas-fasergebundenen Fernsprech- und Datennetze, das Stromnetz, sowie die TV-Kabelnetze. Während das analoge Fernsprechnetz bereits seit langer Zeit für die Datenkommunikation im engeren Sinne genutzt wird, sind die Übertragung von digitalen Signalen über das TV-Kabelnetz, glasfaserbasierende Zugangsnetze oder das Stromnetz eine relativ neue Entwicklung (Letzteres mit einer unsicheren Zukunft). In diesem Abschnitt werden zuerst Verfahren für die digitale Übertragung über das Fernsprechnetz behandelt (ISDN und die xDSL-Techniken), dann jene für die digitale Übertragung.

Fernsprechnetze (*Telefonnetze*; engl.: telephone network) sind – mit wenigen Ausnahmen – *öffentliche Netze*. Die *ursprüngliche Aufgabe* des Fernsprechnetzes (auch Telefonnetz genannt) war die Ermöglichung der *Sprachkommunikation* zwischen zwei räumlich getrennten Gesprächspartnern. Durch die Weiterentwicklung der Vermittlungsstellen innerhalb des Netzes und der anschließbaren Endgeräte ermöglichen diese Netze seit geraumer Zeit auch die *digitale Datenkommunikation*. Eine alternative Bezeichnung für das öffentliche Telefonnetz ist **PSTN** (Abkürzung von engl.: public switched telephone network), die analogen Telefondienste werden mit **POTS** (Abkürzung von engl.: plain old telephone service) bezeichnet.

Bei den möglichen *Verbindungsarten* können im Wesentlichen Wählverbindungen und Standverbindungen unterschieden werden. *Wählverbindungen* werden vor Beginn einer Kommunikation explizit aufgebaut und nach Beendigung der Kommunikation wieder abgebaut. Demgegenüber stehen *Standverbindungen* permanent zur Verfügung. Das heißt, ein Kommunikationsteilnehmer hat stets Zugriff auf das Kommunikationsmedium und ist somit jederzeit unmittelbar sende- und empfangsbereit.

Die digitale Datenübertragung bietet gegenüber der analogen Datenübertragung einige Vorteile (siehe Abschnitt 6.1.7). Um die über das Fernsprechnetz erreichbaren Übertragungskapazitäten für digitale Übertragungen zu steigern, wurden im Forschungsbereich der Nachrichtentechnik zunehmend aufwändigere Modulationsverfahren entwickelt. Ergebnisse sind die ISDN- und xDSL-Techniken, die in den folgenden Abschnitten behandelt werden und auf eine effizientere Ausnutzung der Übertragungskapazität von Telefonleitungen auf der „letzten Meile" abzielen.

6.7.4.1 ISDN

ISDN (Abkürzung für engl.: integrated services digital network) ist ein universelles, digitales Telekommunikationsnetz. ISDN ist eine Fortentwicklung des (digitalisierten) Telefonnetzes und ist eine frühe Form der xDSL-

Technik. Es bietet eine durchgehend digitale Verbindung von Teilnehmer zu Teilnehmer (eine *Ende-zu-Ende-Verbindung*) und ist somit ein verbindungsorientierter Dienst. Ein Teilnehmer hat die Möglichkeit, auf einer Anschlussleitung zwei (bei einem Basisanschluss) oder bis zu 30 Kanäle (bei einem Primärmultiplexanschluss) mit einer Übertragungskapazität von 64 kbit/s je Kanal gleichzeitig und unabhängig voneinander verwenden zu können. Ein zusätzlicher Steuerkanal pro Anschluss mit einer Übertragungskapazität von 16 kbit/s (Basisanschluss) oder 64 kbit/s (Primärmultiplexanschluss) dient zur Übertragung notwendiger Steuerinformation. ISDN wurde 1984 von der CCITT (heute ITU-T) im Standard I.120 genormt.

Die Dienste der Sprach-, Daten-, Text- und Bildkommunikation können damit in besserer Qualität und mit höheren Übertragungsraten als mit der analogen Technik übertragen werden. Zudem erweitern neue (ISDN-)Dienste die Anwendungsmöglichkeiten des Fernsprechnetzes.

Der *ISDN-Basisanschluss* enthält drei eigenständige Kanäle (so genannte *funktionale Informationskreise*). Diese Kanäle werden mit B_1, B_2 und D_0 bezeichnet. Mit den Kanälen B_1 und B_2 stehen zwei vollduplexfähige, so genannte Basiskreise (*Nutzkanäle*) mit einer Übertragungsrate von je 64 kbit/s zur Verfügung.

D_0 ist ein *vollduplexfähiger Steuerkreis (Steuerkanal)* mit einer Übertragungsrate von 16 kbit/s oder 64 kbit/s. Er wird in erster Linie dazu verwendet, um allgemeine und dienstspezifische Information für die über die Nutzkanäle in Anspruch genommenen Dienste auszutauschen (zum Beispiel zum Auf- und Abbau von Verbindungen oder zur Realisierung besonderer Leistungsmerkmale). Für bestimmte Anwendungen kann D_0 aber auch für die Übertragung von Nutzdaten verwendet werden.

Durch die explizite Trennung in Kanäle für die Übertragung von Nutzdaten und Kanäle für die Übertragung von Steuerdaten kann die Übertragungskapazität der Nutzkanäle somit auch vollständig für die Übertragung von Nutzdaten verwendet werden.

Die *beiden Nutzkanäle (B-Kanäle) eines Basisanschlusses* können dazu verwendet werden, um parallel Verbindungen zu zwei unterschiedlichen Gegenstellen aufzubauen *(Mehrfachkommunikation)*. Dadurch ist es zum Beispiel möglich, dass ein Teilnehmer gleichzeitig eine Sprechverbindung zu einem anderen (entfernten) Teilnehmer unterhält und über einen Online-Dienst Information abruft. Anstelle der Informationsrecherche könnte er alternativ auch seinem Gesprächspartner per Fax Kopien übersenden oder einen sonstigen Dienst verwenden. Des Weiteren können die beiden Nutzkanäle eines Basisanschlusses auch *zusammengeschaltet* werden, wodurch sich eine *Gesamtübertragungskapazität von 128 kbit/s* ergibt.

Jeder ISDN-Teilnehmer mit einem *Basisanschluss* erhält (zumindest in Deutschland) – unabhängig von der Anzahl und Art der beanspruchten Kommunikationsdienste – *drei Rufnummern* von seiner Telefongesellschaft (auf Wunsch auch mehr). Die ISDN-Technik ermöglicht es, *bis zu acht Endgeräte an einen Basisanschluss* anzuschließen. Wie vorstehend erwähnt, können jedoch an einem Basisanschluss *immer nur zwei Geräte gleichzeitig* eine (externe) Verbindung aufbauen (über die beiden B-Kanäle). Anstelle von mehreren „Einzeldienstgeräten" (wie zum Beispiel Telefon, Faxgerät, Modem) können auch multifunktionale Endgeräte zum Einsatz kommen, die gleichzeitig den Zugang zu unterschiedlichen Telekommunikationsdiensten bereitstellen. Diese ermöglichen eine funktionale Integration der verschiedenen Kommunikationsarten in einem Gerät. Als *Mehrdienstgeräte* für die Daten- und Sprachkommunikation dienen hauptsächlich *Personalcomputer mit ISDN-Adapterkarten*.

Die verschiedenen Endgeräte werden über *genormte einheitliche Steckdosen* (siehe Abb. 6.7.4.1/1) an das ISDN-Netz angeschlossen („universelle Telekom-

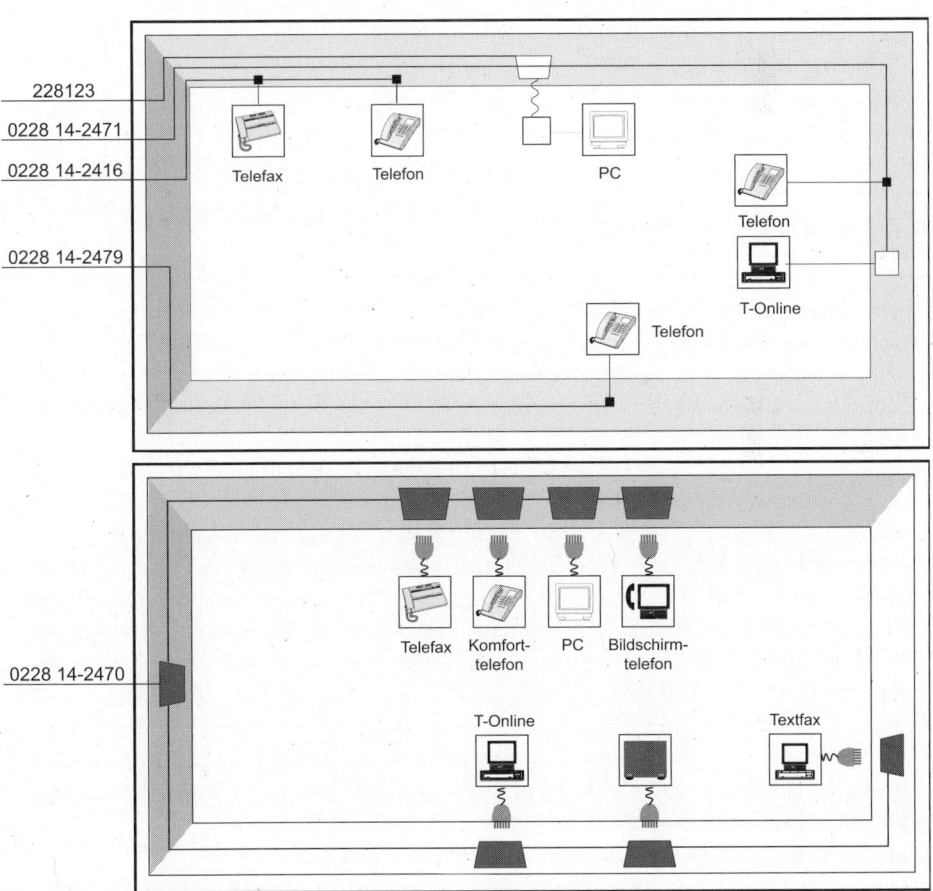

Abb. 6.7.4.1/1: Anschluss von Endgeräten an analoge und ISDN-Leitungen

munikationssteckdose"). Durch spezielle *Dienst- und Netzübergänge* können ISDN-Endgeräte auch mit (kompatiblen) Endgeräten in anderen Netzen (beispielsweise dem analogen Telefonnetz) kommunizieren.

ISDN bietet neben *guter Übertragungsqualität* und *geringen Zeiten für den Verbindungsaufbau* zusätzliche *Dienste*, die insbesondere die Sprachkommunikation betreffen, zum Beispiel:

- Automatischer Rückruf im Besetztfall,
- „Anklopfen" mit Anzeige der Rufnummer des rufenden Teilnehmers,
- Anrufweiterleitung,
- Aufzeichnen von Daten ankommender Gespräche (Anrufliste),
- Anrufbeantwortung durch Sprachspeicherung,
- Konferenzverbindungen,
- Geschlossene Benutzergruppen,
- Entgeltanzeige über Verbindungskosten,
- Ansage/Anzeige einer geänderten Rufnummer,
- Wahlwiederholung.

Diese Dienste, die bei der Einführung von ISDN revolutionär waren, gehören heute Großteils zum Standardangebot von digital vermittelten Telefonangeboten, sowohl bei der Mobiltelefonie als auch bei VoIP (siehe Abschnitt 6.9.3.4).

6.7.4.2 xDSL

Die unter dem Sammelbegriff **xDSL** (von engl.: digital subscriber line) zusammengefassten Übertragungsverfahren dienen der digitalen breitbandigen Nutzung von Telefonleitungen durch den Endbenutzer oder Anwender. Die weiteste Verbreitung findet *ADSL* (Abkürzung von engl.: asymmetric digital subscriber line). Die xDSL-Standards (wie zum Beispiel ADSL, G.SHDSL, VDSL, ADSL2+, HDSL und HDSL2) wurden speziell für die vorhandenen Zweidrahtkupferleitungen der Telefonverkabelungen im Ortsnetzbereich entwickelt und ermöglichen relativ hohe Übertragungsraten von bis zu 8 Mbit/s zum Teilnehmer (engl.: downstream) und 1 Mbit/s zum Zugangsanbieter (engl.: upstream). Dabei können Entfernungen von bis zu 5,5 Kilometern überbrückt werden. xDSL verwendet spezielle Codier- und Modulationsverfahren, welche die Grundlage für hohe Übertragungskapazitäten bilden.

xDSL ist als kostengünstige Zugangstechnik für Jedermann zu breitbandigen Netzwerken konzipiert. xDSL ist allerdings keine Ende-zu-Ende-Übertragungstechnik, sondern im Regelfall mit einem Dienst eines Zugangsanbieters verbunden. Hierbei wird xDSL nur für die Überbrückung der „letzten Meile" eingesetzt (siehe Abb. 6.7.4.2/1).

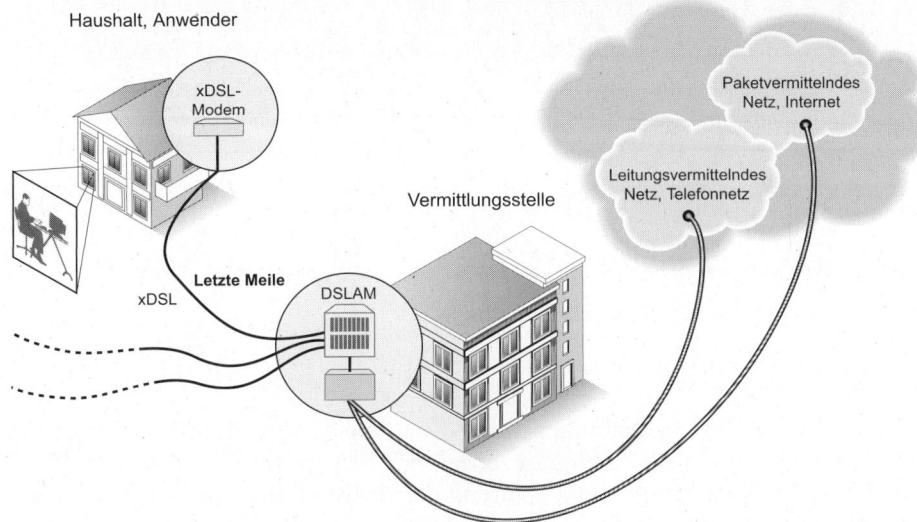

Abb. 6.7.4.2/1: xDSL-Anbindung von Haushalten

Derzeit wird eine große Anzahl verschiedener Standards und Techniken unter dem Akronym *DSL* entwickelt und/oder vertrieben. Hierbei existieren sowohl internationale, herstellerneutrale Standards als auch proprietäre Lösungen, die sich nicht (oder nur sehr aufwändig) gemeinsam mit anderen Lösungen einsetzen lassen. Wir behandeln hier nur *xDSL-Techniken für den Parallelbetrieb von Sprachtelefonie und Datenverkehr über Telefonleitungen.* Die *unterschiedlichen xDSL-Techniken* werden jeweils mit einem Akronym bezeichnet (beispielsweise ADSL, ADSL2+. VDSL, HDSL2, oder G.SHDSL) und unter dem *Sammelbegriff xDSL* zusammengefasst, wobei das „x" einen Platzhalter für den variablen ersten Buchstaben darstellt.

Bei den Verfahren unterscheidet man danach, ob gleiche oder unterschiedliche Bitraten für beide Übertragungsrichtungen (zum Teilnehmer und zum Zugangsanbieter) zur Verfügung stehen. Sind die Bitraten in beiden Übertragungsrichtungen gleich, so spricht man von *symmetrischer* Übertragung, andernfalls von *asymmetrischer* Übertragung.

Der Zugang zum Internet ist ein *typisches Beispiel*, bei dem *asymmetrische Übertragungskapazitäten* sinnvoll sind. Bei der Anforderung einer Webseite werden meist nur wenige Daten zu einem Webserver geschickt. Bei der Beantwortung wird der Inhalt der Webseite (inklusive der eingebetteten Bilder) übertragen. Die Antwort enthält somit eine wesentliche größere Datenmenge, deren Übertragungszeit durch die Asymmetrie verkürzt werden kann. Beim Kabelfernsehen ist die Asymmetrie noch ausgeprägter.

Abb. 6.7.4.2/2 gibt einen Überblick über die *symmetrischen und asymmetrischen xDSL-Techniken.*

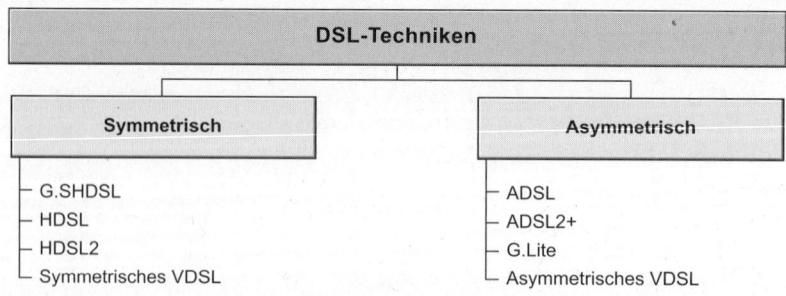

Abb. 6.7.4.2/2: Überblick über xDSL-Techniken

Die genannten xDSL-Techniken mit Ausnahme von G.SHDSL, HDSL und HDSL2 ermöglichen den *Vollduplexbetrieb* bei gleichzeitiger Nutzung der Telefonleitung für Telefongespräche. Während der Anwendungsschwerpunkt für die ADSL-Techniken und G.Lite im Bereich der *Internet-Anbindung von Haushalten* dient, liegt der Schwerpunkt für die HDSL-Techniken bei der *Anbindung von Unternehmen über Standleitungen*, wobei dort die Nutzung für Telefongespräche im Hintergrund steht. Aus heutiger Sicht liegt das Hauptanwendungsgebiet von VDSL bei der *Videoübertragung und der Nutzung anderer breitbandiger Dienste* über Telefonleitungen.

ADSL

> **ADSL** (Abkürzung von engl.: asymmetric DSL) ist durch ITU-T Empfehlung G.992.1 genormt und ist die derzeit am weitesten verbreitete xDSL-Variante. Vom Internet-Zugangsanbieter zum Teilnehmer (engl.: downstream) beträgt die Übertragungskapazität bis zu 8 Mbit/s, in umgekehrter Richtung (engl.: upstream) sind bis 1 Mbit/s möglich. Diese Asymmetrie trägt dem Nutzungsverhalten der meisten privaten Internet-Benutzer Rechnung, die weitaus mehr Daten aus dem Internet herunterladen als sie selbst versenden.

Der bei Weitem größte Anteil an xDSL-Verbindungen, die weltweit im Einsatz sind, verwendet diesen Standard. In den meisten Fällen werden jedoch nicht die maximal möglichen Datenraten, sondern nur deutlich geringere angeboten.

In Deutschland werden Internet-Zugänge per ADSL von einer Vielzahl von Anbietern (beispielsweise von *Arcor, freenet.de, Lycos, Tiscali* oder *T-Online*) angeboten. Diese Angebote stellen jedoch nicht die mögliche Höchstkapazität zur Verfügung, sondern bieten den Teilnehmern zumeist Übertragungskapazitäten von 768/128 kbit/s (downstream/upstream) bis 3.072/384 kbit/s an.

Voraussetzung für den Einsatz von ADSL ist ein *ADSL-Modem* (siehe Abb. 6.7.4.2/3) auf der Teilnehmerseite und eine entsprechende wählamtsseitige Unterstützung. Die Anschlusseinheiten in der *Vermittlungsstelle* (im *Wählamt*)

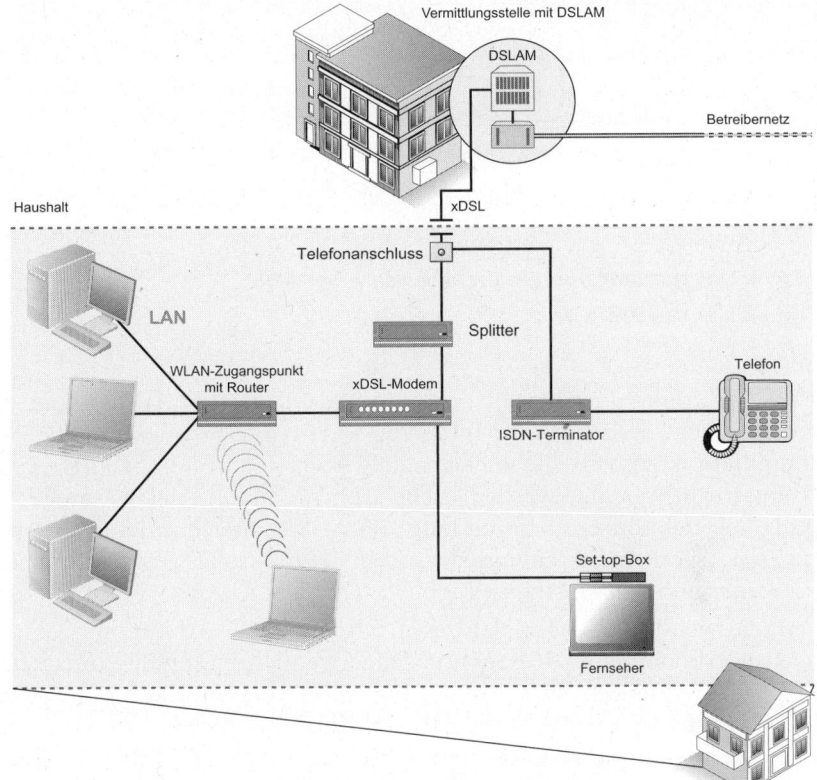

Abb. 6.7.4.2/3: Beispiel für den Einsatz eines xDSL-Modems

werden als *DSLAM* (Abkürzung von engl.: digital subscriber line access multi-plexer) bezeichnet und bündeln zahlreiche Teilnehmer-xDSL-Leitungen zu einer Hochgeschwindigkeitsverbindung (beispielsweise einer ATM-Leitung).

Beim Internet-Zugang über ADSL werden die IP-Pakete des ADSL-Teilneh-mers entweder mittels *PPPoE* (Abkürzung von engl.: point-to-point protocol over Ethernet) oder *PPTP* (Abkürzung von engl.: point-to-point tunneling pro-tocol) zum Zugangsanbieter versendet, wobei Ersteres international die häu-figste Variante ist und Letzteres vor allem in Österreich stark verbreitet ist.

Das ADSL-Modem auf der Teilnehmerseite enthält einen so genannten *Split-ter* oder hat einen solchen vorgeschaltet. Der *Splitter* hat die Aufgabe, die Fre-quenzen der Sprachübertragung von den Frequenzen der Datenübertragung zu trennen. Auf diese Weise ist es möglich, so genannte *POTS-Dienste* (Abkürzung von engl.: plain old telephone service, analoge Telefonie) oder *ISDN-Dienste* und ADSL-Datenströme parallel über dasselbe Kupferkabel zu transportieren.

Sowohl ADSL als auch die weiteren xDSL-Verfahren basieren auf der Ver-wendung der Frequenzbereiche über dem POTS-Band von 300 – 3.400 Hz, die

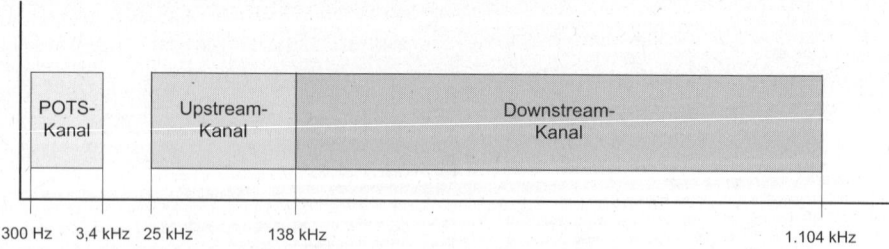

Abb. 6.7.4.2/4: Nutzung von Frequenzbändern bei ADSL

sonst auf Telefonleitungen nicht genutzt werden. Das für ADSL genutzte Frequenzband reicht bis zu 1,104 MHz, wobei getrennte Frequenzbereiche für die Kommunikation zum Teilnehmer (engl.: downstream) und Zugangsanbieter (engl.: upstream) genutzt werden (siehe Abb. 6.7.4.2/4). Dies ermöglicht den Vollduplexbetrieb. Bei der Verwendung von ADSL unterscheidet man daher insgesamt *drei Übertragungskanäle*: den *Sprachkanal* (POTS-Kanal), den *Downstream-Kanal* und den *Upstream-Kanal*.

ADSL verwendet als Modulationsverfahren *DMT* (Abkürzung von engl.: discrete multi tone), das 256 separate Trägerfrequenzen parallel nutzt. In jeder dieser Trägerfrequenzen wird für die Datenübertragung das QAM-Verfahren (siehe Abschnitt 6.1.8) eingesetzt. Mit der Entfernung zwischen Vermittlungsstelle und Teilnehmer nimmt die maximale Übertragungsleistung ab. Die theoretisch maximale Entfernung vom Teilnehmer zur Vermittlungsstelle beträgt 5,5 km, üblich sind Entfernungen bis zu 4 km.

Weitere xDSL-Verfahren

Nachfolgend werden die wichtigsten weiteren symmetrischen und asymmetrischen xDSL-Verfahren für Telefonleitungen kurz beschrieben werden:

Symmetrische xDSL-Verfahren:

- *HDSL* und *HDSL2* (Abkürzung von engl.: high speed digital subscriber line) ermöglichen Übertragungskapazitäten von bis zu 2 Mbit/s in Europa (E1) und 1,544 Mbit/s in den USA (T1). Bei HDSL werden zwei separate Telefonkabel (zwei Twisted-Pair-Kabel, somit vier Drähte) verwendet und der Datenstrom auf diese beiden Kabel aufgeteilt und getrennt übertragen. Auf der Empfängerseite werden diese beiden Datenströme wieder zu einem einzigen zusammengesetzt. Maximaldistanz zwischen Teilnehmer und Vermittlungsstelle sind etwa 3,7 km. HDSL2 kann etwa die gleiche Distanz zur Vermittlungsstelle ohne Repeater bei gleicher Leistung überbrücken, benötigt allerdings nur ein Adernpaar. HDSL und HDSL2 werden primär für *digitale Standleitungen* verwendet.

- *G.SHDSL* (Abkürzung von engl.: global standard for single-pair high speed digital subscriber line) ist eine symmetrische xDSL-Variante mit Übertragungskapazitäten bis zu 4,6 Mbit/s. G.SHDSL kann vollduplex sowohl auf einem, als auch zwei Adernpaaren betrieben werden, wobei sich bei einem Adernpaar die maximalen Übertragungskapazitäten halbieren. Die möglichen Übertragungsraten schwanken auch je nach Entfernung zur Vermittlungsstelle. G.SHDSL wurde 2001 von der ITU-T durch die Empfehlung G.991.2 standardisiert, in Europa wurde der Standard zusätzlich von der *ETSI* (Abkürzung von engl.: European Telecommunications Standards Institute) unter dem Namen *SDSL* (Abkürzung von engl.: symmetric digital subscriber line) genormt, das nicht mit dem gleichnamigen US-Produkt verwechselt werden darf. G.SHDLS wird beispielsweise zur Internet-Anbindung von Klein- und Mittelbetrieben verwendet, die symmetrischen Betrieb benötigen. G.SHDSL erlaubt den Einsatz von Repeatern, um die überbrückbaren Distanzen zu vergrößern.

Weitere asymmetrische xDSL-Verfahren:

- *ADSL2* (ITU-Empfehlung G.992.4) und *ADSL2+* (ITU-Empfehlung G.992.5, 2003) sind Weiterentwicklungen von ADSL, für die ein breiteres Frequenzband (bis zu 2,2 MHz) für den Downstream-Kanal zur Verfügung steht. Bei ADSL2 ergibt sich die maximale Datenrate von 12 Mbit/s bei einer Distanz von maximal 2,5 km zur Vermittlungsstelle, bei ADSL2+ können bis zu 25 Mbit/s bei einer Distanz von maximal 1,5 km zur Vermittlungsstelle erreicht werden. ADSL2+ unterstützt eine dynamische Anpassung der Leitungsparameter im Betrieb, was zum Beispiel zur Reduktion des Übersprechens von Bedeutung ist.

- *G.lite* ist eine Version von ADSL mit geringerer Übertragungskapazität. Als maximale Kapazitäten stehen hier 1,5 Mbit/s downstream und 512 kbit/s upstream zur Verfügung. Der wesentliche Unterschied von G.lite zu den anderen ADSL-Varianten ist, dass es einen splitterlosen Betrieb ermöglicht, da Störungen durch die Nutzung des Sprachbandes automatisch kompensiert werden. G.lite hat sich jedoch gegenüber ADSL nicht durchgesetzt.

Die Tabelle in Abb. 6.7.4.2/5 fasst *die wichtigsten Kennzahlen der vorgestellten xDSL-Verfahren* zusammen. Beachten Sie, dass dies technisch mögliche Größen sind, und dass verfügbare Angebote aus diversen Gründen von diesen Werten abweichen. Zusätzlich hängen die Übertragungsleistungen von den Entfernungen ab, wobei bei einigen Verfahren größere Distanzen mit geringeren Übertragungsleistungen überbrückbar sind.

Die Übertragungstechnik *VDSL* (Abkürzung von engl.: very high bit rate DSL) eignet sich für die Übertragung hoher Bitraten über Telefonleitungen, wobei die Entfernung zwischen Teilnehmer und Vermittlungsstelle maximal 1.300 m betragen darf (im Vergleich dazu sind dies bei ADSL etwa 4.000 m). Da die höchsten über VDSL erreichbaren Bitraten von 51,2 Mbit/s nur bei einer Maximalentfernung von 300 m zur Vermittlungsstelle erreicht werden können, eignet sich VDSL vor allem für dichter besiedelte Gebiete. Da VDSL sowohl symmetrische als auch asymmetrische Datenströme unterstützt, kann es für

xDSL	Datenstrom	Maximale Entfernung zur Vermittlungsstelle	Übertragungskapazität (in Mbit/s)	
			Downstream	Upstream
ADSL	asymmetrisch	5,5 km	8	1
ADSL2	asymmetrisch	2,5 km	12	1
ADSL2+	asymmetrisch	1,5 km	25	1
G.lite	asymmetrisch	5,5 km	1,5	0,512
HDSL	symmetrisch	3,7 km	2	2
G.SHDSL	symmetrisch	2,0 km	4,6	4,6

Abb. 6.7.4.2/5: Kennzahlen für xDSL-Verfahren

unterschiedlichste Anwendungen genutzt werden. Über VDSL kann ein *integriertes Audio-, Video- und Datennetz* (engl.: full service access network, abgekürzt: *FSAN*) über Telefonkabel realisiert werden. Ein weiterer Vorteil von VDSL ist, dass sich diese Technik als Ergänzung für den schrittweisen Ausbau des Glasfasernetzes eignet, wobei die mit Telefonleitungen zu überbrückenden Strecken bis zum Haushalt immer kürzer werden (mehr dazu im Abschnitt 6.7.4.5 über FTTx).

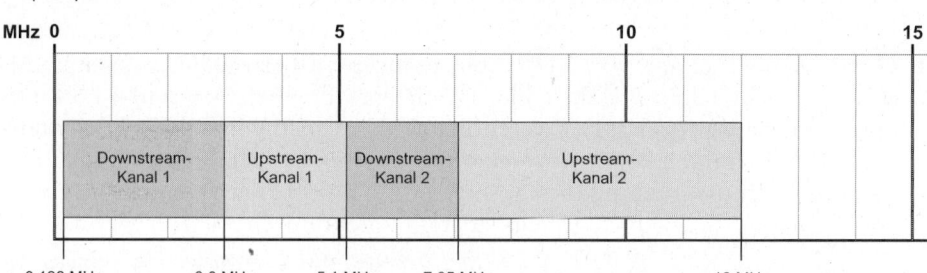

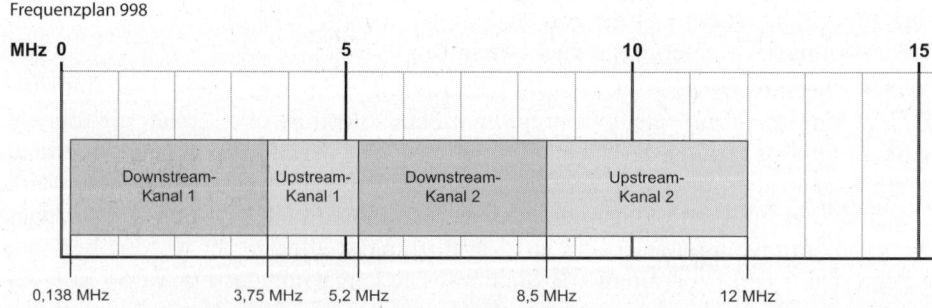

Abb. 6.7.4.2/6: Genutzte Frequenzbänder bei VDSL

Die hohen Übertragungsleistungen von VDSL werden durch ein noch breiteres Frequenzband als bei den zuvor vorgestellten Verfahren erreicht, das von 138 KHz (oberes Ende des Frequenzbereichs des Upstream-Kanals von ADSL) bis 12 MHz reicht (siehe Abb. 6.7.4.2/6).

Der Standardisierungsprozess von VDSL hat bereits im Jahr 1994 begonnen und ist bis heute nicht abgeschlossen. Mit der Standardisierung haben sich (in dieser Reihenfolge) zunächst die US-amerikanische ANSI (T1E1.4), dann ab 1995 die europäische ETSI (TM6-Arbeitsgruppe), ab 1998 die global agierende ITU-T und seit 2001 die IEEE beschäftigt. An der derzeit gültigen Empfehlung ITU-T G.993.1 über die Modulationsverfahren haben alle genannten Gremien mitgewirkt, dieser Normungsprozess ist weitgehend abgeschlossen. Bezüglich der Frequenzaufteilung durch so genannte Frequenzpläne existieren mehrere Standardvorschläge, wie beispielsweise der Frequenzplan 997 (ETSI und ITU-T) oder der Frequenzplan 998 (ETSI, ANSI, ITU-T). In China existiert ein weiterer Frequenzplan. Wie die Frequenzaufteilung innerhalb des Bandes in einzelnen Ländern erfolgen wird, ist noch nicht entschieden. Da durch die hohe Bandbreite Interferenzen mit unterschiedlichen Funktechniken nicht vermeidbar sind, müssen die Frequenzbereiche mit den länderspezifischen Regulationen abgestimmt werden. Dies ist eine ähnliche Problematik wie bei der Powerline-Technik, bei der hochfrequente Signale über das Stromnetz verschickt werden (siehe Abschnitt 6.7.4.4).

Je nach Entfernung zur Vermittlungsstelle sind bis zu 52 Mbit/s zum Teilnehmer übertragbar (siehe Abb. 6.7.4.2/7).

Durch die hohen Übertragungskapazitäten ist über VDSL sogar die Ausstrahlung von *HDTV-Kanälen* (Abkürzung von engl.: high definition television) über Telefonleitungen möglich, die pro Kanal eine Bandbreite von 18 Mbit/s erfordern. Dies wird bereits im asiatischen Raum (beispielsweise in Südkorea) angeboten (mehr dazu in den Abschnitten 6.7.4.5 und 6.9.2).

▶ Übungsaufgabe Nr. 2.6.27 im Arbeitsbuch

Symmetrisches/ asymmetrisches VDSL	Maximale Entfernung zur Vermittlungsstelle (in m)	Übertragungskapazität (in Mbit/s)	
		Downstream	Upstream
asymmetrisch	305	51,2	6,4
asymmetrisch	915	25,6	3,2
asymmetrisch	1.372	12,8	1,6
symmetrisch	305	25,6	25,6
symmetrisch	915	12,8	12,8
symmetrisch	1.372	6,4	6,4

Abb. 6.7.4.2/7: Symmetrisches und asymmetrisches VDSL

Die *Teilnehmeranschlussleitungen* für öffentliche Netze (vielfach auch als „letzte Meile" bezeichnet) wurden ursprünglich von den ehedem staatlichen Betreibern mit teils erheblichem Kostenaufwand errichtet. Die entsprechenden Leitungen bilden das *Zugangsnetz* zu den öffentlichen Netzen. Auf diese Weise entstanden natürliche Monopole, die die früher staatlichen Monopolbetriebe innehatten. Da ein Parallelausbau der Zugangsnetze mit ähnlichen Technologien ökonomisch nicht effizient ist, fordern vor allem die europäischen Gesetzgeber diese Betriebe zunehmend zur *Entbündelung* ihrer Leistungen auf.

Unter **Entbündelung** (engl.: unbundling) versteht man im Zusammenhang mit öffentlichen Netzen die aus wettbewerbsrechtlichen Gründen vorgeschriebene Öffnung von Teilnehmeranschlussleitungen für alternative Betreiber. Für marktbeherrschende Unternehmen bedeutet dies die Verpflichtung, jene Leitungssegmente des Anschlussnetzes, die von der lokalen Vermittlungsstelle zum Teilnehmer führen, anderen Betreibern ganz oder teilweise gegen Entgelt zur Verfügung zu stellen. Bei der Entbündelung bleibt der ursprüngliche Betreiber nach wie vor Eigentümer der Teilnehmeranschlussleitung.

Die Aufteilung der Teilnehmeranschlussleitung unterscheidet sich nach Dienst, Land und Regulation. Für ADSL bedeutet Entbündelung zumeist das Vermieten des hochfrequenten xDSL-Spektrums (Upstream- und Downstream-Kanal, siehe Abb. 6.7.4.2/4) der Leitung an alternative Netzbetreiber. Man spricht in diesem Zusammenhang von einer *Frequenzentbündelung* (engl.: frequency unbundling). Hierbei wird das hochfrequente Frequenzspektrum von dem niederfrequenten POTS -Spektrum in der Vermittlungsstelle durch Filter getrennt. Der hochfrequente Teil wird den DSLAMs der alternativen Netzbetreiber zugeführt. Die Übertragung vom DSLAM in das Netz des alternativen Netzbetreibers erfolgt zumeist über logische oder physische Kanäle, die ebenfalls im Besitz des alternativen Netzbetreibers sind.

Von einer *vollständigen Entbündelung* spricht man, wenn alle Dienste (auch POTS-Dienste) alternativen Anbietern angeboten werden. Die vollständige Entbündelung bedeutet auch den Wegfall des Entrichtens der Grundgebühr des Teilnehmers an den Eigentümer der Leitung.

Der im Rahmen der Telekommunikationsliberalisierung durch die EU-Direktive 2887/2000 vorgeschriebene entbündelte Zugang wurde in den verschiedenen Mitgliedsstaaten in nationales Recht umgesetzt. Die tatsächliche Entbündelungsnachfrage hängt von den vom nationalen Regulator gesetzten Entbündelungspreisen sowie der technischen und organisatorischen Umsetzung des Leitungseigners ab.

6.7.4.3 TV-Kabelnetz

Das heutige *TV-Kabelnetz* hat sich aus einem Netz entwickelt, das *ursprünglich ausschließlich für den Empfang von Fernsehkanälen* angelegt war. Der TV-

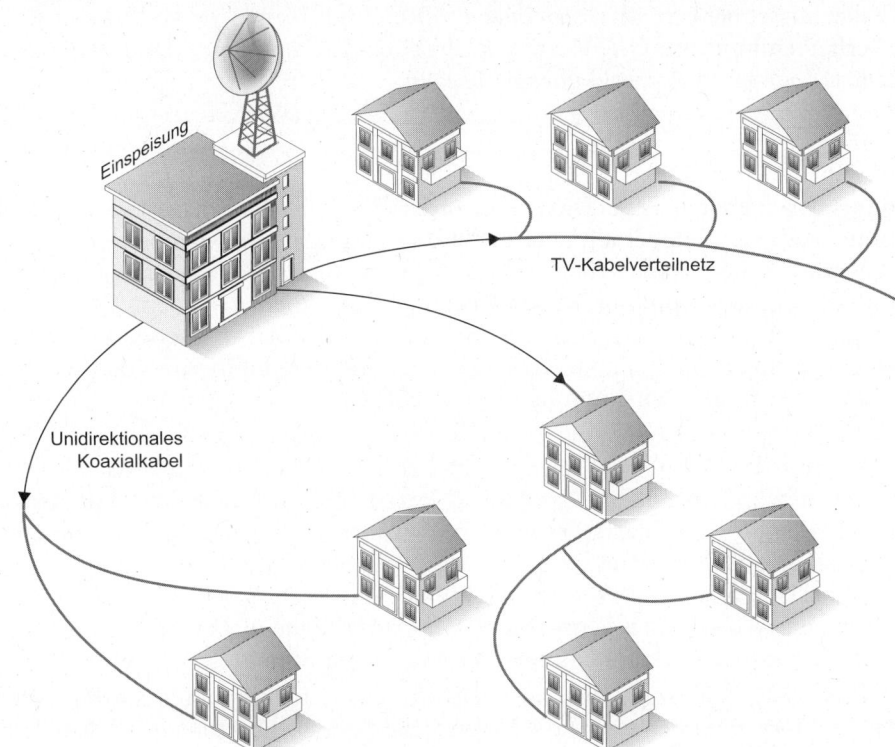

Abb. 6.7.4.3/1: Traditionelles TV-Kabelverteilnetz

Kabelanschluss („Kabelfernsehen") ist daher auch heute noch die häufigste Nutzungsform des TV-Kabelnetzes. TV-Kabelnetze werden auch mit dem Begriff *CATV-Netze* (Abkürzung von engl.: community antenna television) bezeichnet.

In *Deutschland* ist der *TV-Kabelanschluss* derzeit die am weitesten verbreitete Anschlussform für den reinen Fernsehempfang, danach folgt mit deutlichem Abstand der Satellitenempfang. Die Vorteile des Kabelfernsehens gegenüber dem Empfang über eine Hausantenne sind die hohe Qualität und der verhältnismäßig geringe Installationsaufwand innerhalb eines Gebäudes. Das von der Deutschen Telekom gelegte TV-Kabelnetz endet am Übergabepunkt, in der Regel im Keller des Gebäudes. Dort beginnt das private Hausverteilnetz. Die deutschen TV-Kabelnetze (aufgeteilt nach Bundesländern) wurden im Jahr 2001 an verschiedene private Gesellschaften verkauft (zum Beispiel das Liberty Media Konsortium und die Callahan-Gruppe).

Unter **CATV-Netzen** (Abkürzung engl.: community antenna television; TV-Kabelnetz) werden die Breitbandnetze der Kabelfernsehgesellschaften verstanden, die auf einer Verkabelung mittels Koaxialkabeln oder Lichtwellenleitern beruhen. Im Gegensatz zu den CATV-Netzen der ersten Generation, die ausschließlich als *Verteilnetze* (Broadcast-Netze) eingesetzt wurden, erlauben moderne CATV-Netze *bidirektionale Dienste* wie Telefonie, Internet-Zugang oder interaktives Fernsehen.

Im Gegensatz zu Fernsprechnetzen waren die TV-Kabelnetze ursprünglich nur für die Datenübertragung in eine Richtung ausgelegt. Interaktive Anwendungen beziehungsweise Dienste erfordern jedoch eine Zweiwegkommunikation, bei der ein Endgerät nicht nur für den Empfang (wie zum Beispiel ein Fernsehgerät), sondern auch für das Absenden von Signalen ausgestattet sein muss. Für die digitale Kommunikation über das TV-Kabelnetz ist ein *Kabelmodem* (engl.: cable modem) erforderlich. Das Kabelmodem ist ein Gerät, das zwischen einem Rechner und dem TV-Kabelnetz meist über eine Ethernet- oder USB-Verbindung installiert wird und den Internet-Zugang über das CATV-Netz ermöglicht.

Die TV-Kabelnetze wurden schrittweise auf Rückkanalfähigkeit ausgebaut, indem sie von Koaxialkabel-basierten Netzen durch umfangreiche und kostspielige Verlegung von Glasfaserkabeln in hybride Netze umgewandelt wurden. Je nach TV-Kabelnetzanbieter verläuft das optische Netz bis auf wenige hundert Meter vor den *Haushalt* (engl.: living unit), das letzte Stück wird meist noch in Form eines Koaxialkabels überbrückt. Entsprechende Netze werden auch *HFC-Netze* (engl.: hybrid fibre coax network) genannt.

Das TV-Kabelnetz hat eine hierarchische Baumstruktur, an deren *Wurzelknoten* (engl.: master head end) die Videosignale der zu übertragenden Kanäle entweder von Satelliten oder über andere Quellen eingespielt werden. An diesem Wurzelknoten findet auch die Übergabe des Internet-Verkehrs vom TV-Kabelnetz zum Internet statt, sowie gegebenenfalls die Weitergabe des Sprachverkehrs an Vermittlungseinrichtungen des öffentlichen Telefonnetzes. Eine Hierarchiestufe tiefer werden in *Verteilerknoten* (engl.: distribution hub) TV-Kanäle in empfängertaugliche Signale umgesetzt. Bei kleineren Netzen erfolgt dies bereits in den Wurzelknoten. Die Verteilerknoten terminieren und steuern die Datenströme der Kabelmodems unter Einhaltung der gesetzten Verkehrsparameter- und QoS-Kriterien.

Die folgenden Hierarchieebenen dienen zur Verteilung und Weiterleitung der Signale von den Verteilerknoten zu den Haushalten. Vielfach erst bei den letzten Verteilern erfolgt die opto-elektrische Umsetzung. Dabei wird vielfach eine Glasfaserleitung in dutzende bis tausende Koaxialkabel eingespeist. Das Koaxialnetz wird schlussendlich bei größeren Ausdehnungen vielfach noch durch Repeater kaskadiert und zum Haushalt geführt.

Für den Rückkanal (beispielsweise Internet-Zugang oder TV-Kabeltelefonie) wurden bis dahin freie Sendefrequenzen innerhalb des TV-Kabelnetzes reserviert. Damit Signale auch in der umgekehrten Richtung über das TV-Kabelnetz gesendet werden können, mussten auch die inneren Knoten des Netzes entsprechend mit Wegwahlfunktionen oder bidirektionalen Verstärkern aufgerüstet werden. Über ein TV-Kabelnetz können neben dem unidirektionalen analogen

Kabelfernsehen gleichzeitig auch digitales TV, Video-on-Demand, Telefonie- und Datenübertragung angeboten werden.

Generell ist die Kapazität des TV-Kabelnetzes sehr groß. Würde zum Beispiel die gesamte Bandbreite des Koaxialkabels zum angeschlossenen Haushalt für Datendienste genutzt werden, ergäbe sich eine Kapazität von 5 Gbit/s.

Während im Bereich der xDSL-Verfahren gemeinsame und weltweit gültige Standards entwickelt werden, existieren für die Datenübertragung per Kabelmodem im Wesentlichen zwei miteinander konkurrierende (nicht kompatible) Standards:

- Der Standard *DVB-RCC* (Abkürzung von engl.: digital video broadcasting - return channel for cable) wurde durch das *Digital Video Broadcasting Project* (abgekürzt: DVB), *das Digital Audio Video Council* (abgekürzt: DAVIC) und die EuroCableLabs (Teil der *European Cable Communication Association* – abgekürzt: ECCA) entwickelt. Es wird versucht, DVB-RCC als europäischen Standard durchzusetzen. Der Standard ermöglicht Übertragungskapazitäten von 38 bis 52 Mbit/s downstream und 256 kbit/s bis 6,175 Mbit/s upstream. Als Übertragungsprotokoll kommt ATM zum Einsatz. Dadurch können die QoS-Funktionen von ATM genutzt werden. Dem steht allerdings der Nachteil der ATM-inhärenten Fragmentierung von IP-Paketen entgegen, die einen Effizienzverlust von bis zu 40 Prozent nach sich ziehen kann.

- Der amerikanische Standard *DOCSIS* (Abkürzung von engl.: data over cable services interface specification) wurde von dem Konsortium *Multimedia Cable Network Systems Partners Ltd.* (abgekürzt: MCNS) entwickelt, dem unter anderem der AOL-Time-Warner-Konzern und die Firma *Comcast* angehören. Der Standard, der heute von dem US-amerikanischen CableLabs-Konsortium weiterentwickelt wird, ermöglicht in der Version 1.0 Übertragungskapazitäten von 38 bis 52 Mbit/s downstream und 320 kbit/s bis 10,24 Mbit/s upstream. Die Übertragung auf europäische Verhältnisse erfolgt durch den Euro-DOCSIS-Standard, der derzeit in der Version 2.0 vorliegt. *Euro-DOCSIS* (Abkürzung von engl.: European Data Over Cable Service Interface Specification Standard) definiert die Spezifikationen für Kabelmodems (die beispielsweise in einer Set-top-Box integriert sind) und für Kabelmodemterminatoren von HFC-Netzen.

6.7.4.4 Stromnetz

Das **Stromnetz** (*Energieverteilnetz*, engl.: electrical power network) bezeichnet die flächendeckende Verkabelung von privaten Haushalten und Betrieben, die ursprünglich für die Energieversorgung geschaffen wurde. Durch die so genannte **Powerline-Technik** (engl.: power line communication technology, abgekürzt: PLC) kann das Stromnetz auch für die Datenübertragung eingesetzt werden, wobei es entweder zur *Vernetzung von Geräten innerhalb eines Haushaltes* oder zur *Überbrückung der „letzten Meile" für den Zugang zu öffentlichen Netzen* verwendet werden kann.

Das Energieverteilnetz arbeitet in Europa typischerweise auf drei Ebenen: Hochspannungsnetz, Mittelspannungsnetz und Niederspannungsnetz. Für die Datenkommunikation betrachten wir ausschließlich das *Niederspannungsnetz*, das mit 230V und 50 Hz arbeitet und zu den Endabnehmern des Stroms führt.

Das Mittelspannungsnetz ist mit dem Niederspannungsnetz über Ortstrafostationen verbunden. Diese Ortstrafostationen versorgen jeweils bis zu etwa 400 Haushalte, die an einem gemeinsamen, galvanisch verbundenen Netzwerk angeschlossen sind. Das Stromnetz arbeitet im Sinne der Datenverarbeitung somit als *Diffusionsnetz*.

Die Verbindung zwischen einem Rechner und dem Stromnetz kann an einer beliebigen 230V-Steckdose erfolgen, an die ein PLC-Modem (siehe Abb. 6.7.4.4/1) angeschlossen wird. Über dieses PLC-Modem können Daten in das Stromnetz eingespielt oder ausgelesen werden. Die Verbindung zwischen einem PC und einem PLC-Modem funktioniert meist über USB oder über eine 10BaseT-Verbindung.

Auch bei der Datenübertragung über das Stromkabel gilt die Regel, dass ein breiteres Frequenzband eine höhere Datenübertragungsleistung ermöglicht. Die Nutzung des Niederfrequenzbereichs von etwa 3 kHz bis etwa 148,5 kHz (genormt durch die EU-Norm Cenelec EN 5006-1) ist bereits seit langer Zeit möglich, allerdings sind hier durch hohe Störungen auf dem Medium (beispielsweise durch hochfrequente und energiereiche elektrische Schaltvorgänge, durch

Abb. 6.7.4.4/1: PLC-Modem

Schwingungen von angeschlossenen Elektrogeräten oder durch Radiofrequenz-einkopplungen) nur relativ geringe Übertragungskapazitäten über längere Distanzen möglich (etwa 1.200 oder 2.400 kbit/s). Die „Hochfrequenzbereiche" (über 148,5 kHz) sind in West- und Mitteleuropa nur eingeschränkt nutzbar, da die nicht abgeschirmten Stromkabel in diesem Bereich als Sender von Radiowellen funktionieren. Dadurch sind Störungen anderer Funkdienste möglich, die in diesen Frequenzbereichen arbeiten.

Vernetzung von Geräten innerhalb eines Haushalts

Der *Niederfrequenzbereich* wird seit vielen Jahren in Haushalten genutzt: Seit den 1980er Jahren wird die Technik beispielsweise für das *Babyphone* eingesetzt, eine andere Anwendung ist die *Ansteuerung von Stereoanlagen* oder die *Haushaltsautomatisierung* (beispielsweise Ansteuerung von Lichtern, Rollläden oder Heizgeräten). Erst in der letzten Zeit sind Produkte entwickelt worden, die höhere Übertragungsraten ermöglichen (bis zu 14 Mbit/s im Umkreis von 200 Metern).

Für die Nutzung innerhalb eines Haushaltes kann das Stromnetz als *LAN* verwendet werden. An dieses LAN kann an einer beliebigen Steckdose über ein PLC-Modem ein digitaler Datenstrom in das private Stromnetz eingespielt werden und an anderer Stelle über ein weiteres Modem wiederum ausgelesen werden.

Durch diese Technik ist es möglich, das Stromnetz für den Datenverkehr zu nutzen, man erspart sich dabei eine gesonderte Verkabelung. Beispielsweise kann dadurch Internet-Zugang – bildhaft gesprochen – vom Keller eines Hauses bis zum Dach, in allen Räumen, in denen Steckdosen installiert sind, verfügbar gemacht werden. Es gibt auch von mehreren Herstellern Produkte, die einen WLAN-Zugang mit der PLC-Technik kombinieren. Ein solcher Zugangspunkt sieht ganz ähnlich wie die PLC-Netzwerkbrücke in Abb. 6.7.4.4/2 aus, hat allerdings auch einen WLAN-Zugangspunkt integriert. Auf diese Weise können in einem Haushalt auch Bereiche, die einen schlechten Funkempfang aufweisen, bei Bedarf ohne weitere Verkabelung in ein WLAN eingebunden werden.

Abb. 6.7.4.4/2:
Ethernet-Netzwerkbrücke auf Basis
der PLC-Technik

Überbrückung der letzen Meile

Generell ist die *PLC-Technik in allen Stromnetzen,* also auch im Bereich der Hoch- und Mittelspannungsnetze, einsetzbar. Am kommerziell interessantesten ist allerdings der Einsatz von PLC für die letzte Meile, also den Bereich zwischen den Ortstrafostationen und den Haushalten. Auch *im öffentlichen Bereich* wird PLC bereits seit langer Zeit beispielsweise für die Steuerung von Straßenlaternen oder zum Ablesen des Stromzählers eingesetzt.

> Im März 2001 stimmte das deutsche Bundeswirtschaftsministerium einer *Frequenzverordnung* der RegTP (Abkürzung für: Regulierungsbehörde für Telekommunikation und Post) zu, die die *Nutzung des Frequenzbereichs von 2 MHz bis 30 MHz für die Datenübertragung über Stromkabel* ermöglichte. Der große Vorteil dieser Nutzungsbestimmung (NB 30) war, dass sie Rechtssicherheit für die Stromversorger bot und diese somit eine flächendeckende Infrastruktur aufbauen konnten. Entsprechend wurde diese Zugangstechnik von den vier größten Energieversorgern Deutschlands (E.ON, RWE, EnBW und MVV) forciert, die Datenraten von anfangs 2 Mbit/s und Telefonie aus der Steckdose ankündigten. Etwa ein Jahr später urteilte eine EU-Kommission, dass die in der NB30 enthaltenen Grenzwerte im europaweiten Vergleich zu hoch seien und forderte eine Nachbesserung. Diese Nachbesserung ist bis heute nicht erfolgt, die Rechtssicherheit ist nicht mehr gegeben.

Durch das *erweiterte Frequenzspektrum* der NB30 sind wesentlich *höhere Übertragungskapazitäten* möglich. Die seit 2001 erhältlichen Produkte erlauben etwa 2 Mbit/s, die als Prototyp verfügbaren Geräte erreichen bis zu 14 Mbit/s. Nach dem derzeitigen Wissensstand geht man davon aus, dass die theoretische Obergrenze der Kapazität der PLC-Technik im Bereich von etwa 75 Mbit/s liegt.

Die Situation ist ähnlich wie beim TV-Kabelnetz: es gibt bis jetzt *relativ wenige Standards* (ein Ansatz in dieser Richtung ist PDSL) und die Entwicklung wird sehr stark von den Herstellern und im Hochfrequenzbereich von den Energieversorgern getrieben. Für deren proprietäre Lösungen müssen entsprechende Geräte angeschafft werden. Da die Energieversorger ihre Leistungen meist flächendeckend anbieten, kann das gleiche PLC-Modem überall in deren Versorgungsgebiet eingesetzt werden, wo die PLC-Dienste angeboten werden.

Durch die Erhöhung der Übertragungskapazität bieten sich viele *Anwendungsmöglichkeiten,* die vom Internet-Zugang über Telefonie bis zu Videokonferenzen reichen. Es ist allerdings zu beachten, dass das *Stromnetz ein gemeinsam genutztes Medium* ist, dessen Kapazitäten von den an einer Ortstrafostelle angeschlossenen Haushalten geteilt werden.

Für die Datenübertragung über das Stromnetz *außerhalb eines Haushalts* werden andere Frequenzbereiche als *innerhalb eines Haushalts* verwendet. Der Anschluss eines Haushalts erfolgt deshalb über einen *PLC-Hauskoppler* (engl.: home coupler), der die Signale vom Hochfrequenzbereich empfängt, in das Stromnetz des Haushaltes einspeist und auch in der anderen Richtung eine entsprechende Rückumwandlung vornimmt.

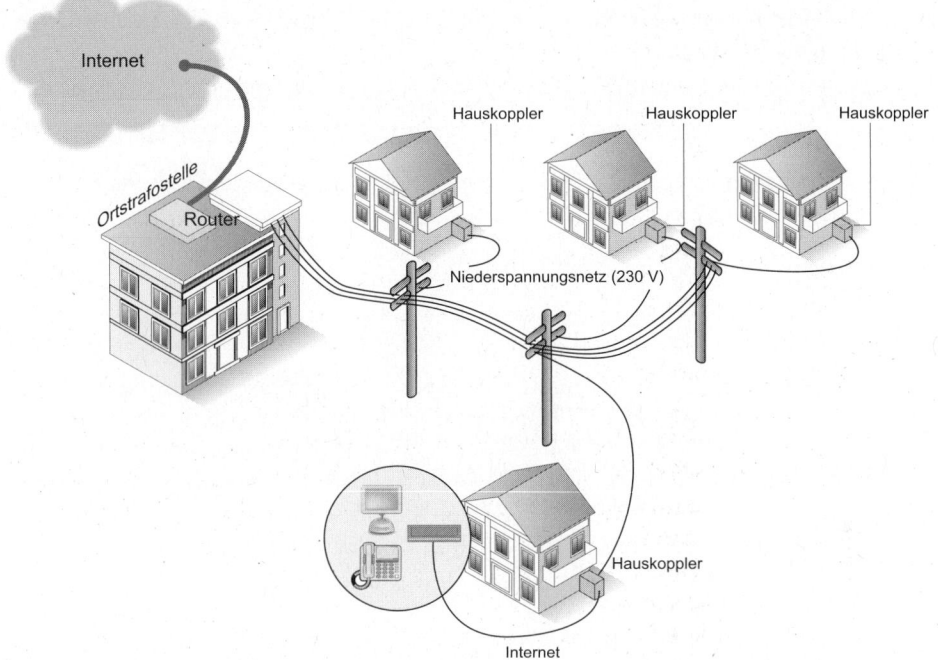

Abb. 6.7.4.4/3: Internet aus der Steckdose

Zur *Realisierung eines Internet-Zugangs über die PLC-Technik* wird – vereinfacht gesprochen - bei einer Ortstrafostelle ein Router installiert, der sowohl an ein öffentliches Datennetz als auch über ein PLC-Modem mit den angeschlossenen Haushalten verbunden ist. Als Datennetz kann entweder ein Hochgeschwindigkeitsnetz oder auch – beispielsweise im weniger dicht verbauten Bereich – eine PLC-Verbindung über das Mittelspannungsnetz des Strombetreibers aufgebaut werden.

Eine allgemeine *Kritik an der hochfrequenten PLC-Technik* ist, dass mangels Abschirmung der Stromkabel jede Datenübertragung Funkübertragungen in dem verwendeten Frequenzspektrum stört, und dass auch umgekehrt Funkübertragungen die Datenübertragung über das Stromnetz stören können. Davon sind beispielsweise Amateurfunker im hohen Ausmaß betroffen. Durch die Nutzung des Hochfrequenzbereichs können zusätzlich Probleme bei Haushaltsgeräten (beispielsweise der Unterhaltungselektronik) oder bei medizinischen Geräten auftreten.

Die meisten der oben genannten Energieversorger haben sich inzwischen aus dem PLC-Bereich bis auf weiteres zurückgezogen. Der wichtigste Anbieter in Deutschland ist der Mannheimer Energieversorger *MVV Energie AG*, dessen Tochterunternehmen *MAnet* 2001 unter dem Produktnamen *Vype* den Internet-Zugang über PLC einführte.

2004 waren 125.000 Haushalte in Mannheim erschlossen, über 5.000 Haushalte nutzten das Angebot. Die Zukunft hängt wohl von der Entwicklung der Rechtssituation rund um die NB30 ab.

Bedenken bestehen insbesondere bezüglich des Einsatzes eines Diffusionsnetzes im öffentlichen Bereich, da prinzipiell jeder Haushalt alle Pakete empfängt, die über das Netzwerk ausgetauscht werden. Daher ist für die Datenübertragung über das öffentliche Stromnetz der Einsatz von *kryptographischen Techniken* empfehlenswert.

▶ Übungsaufgabe Nr. 2.6.28 im Arbeitsbuch

6.7.4.5 FTTx

Die Bezeichnung *FTTx* subsumiert eine Reihe von glasfaserbasierten Zugangsnetzen wie beispielsweise *FTTH* (Glasfaser bis nach Hause, Abkürzung von engl.: fiber to the home), *FTTB* (Glasfaser bis zum Hausverteiler, Abkürzung von engl.: fiber to the basement), *FTTC* (Glasfaser bis zum Gehsteig, Abkürzung von engl.: fiber to the curb), *FTTN* (Glasfaser bis zum Kabelverzweiger, Abkürzung von engl.: fiber to the node), *FTTEx* (Glasfaser bis zur Vermitt-

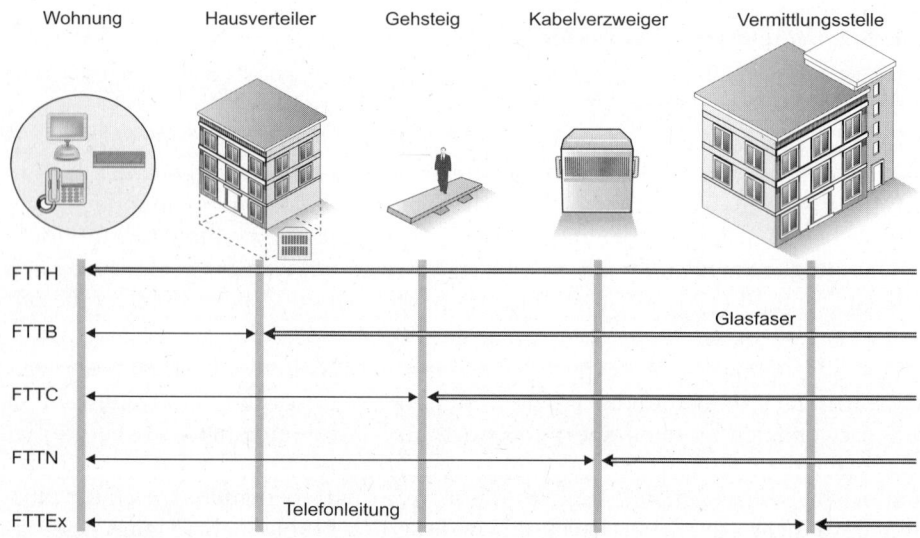

FTTH	(Glasfaser bis nach Hause, Abkürzung von engl.: fiber to the home),
FTTB	(Glasfaser bis zum Hausverteiler, Abkürzung von engl.: fiber to the basement),
FTTC	(Glasfaser bis zum Gehsteig, Abkürzung von engl.: fiber to the curb),
FTTN	(Glasfaser bis zum Kabelverzweiger, Abkürzung von engl.: fiber to the node),
FTTEx	(Glasfaser bis zur Vermittlungsstelle, Abkürzung von engl.: fiber to the exchange).

Abb. 6.7.4.5/1: Kombination von FTTx mit VDSL

lungsstelle, Abkürzung von engl.: fiber to the exchange). Diesen Zugangsnetzen ist gemein, dass sie über weite Strecken oder zur Gänze Telefonleitungen auf der letzen Meile durch Glasfaserleiter ersetzen.

FTTx kam lange Zeit wegen hoher Kosten der Glasfaserverlegung und der Übertragungstechnik nur beschränkt zum Einsatz. Sowohl fallende Infrastrukturkosten als auch der Wettbewerb zwischen TV-Kabelnetz- und Telefonnetzbetreibern haben jedoch nun dazu geführt, dass in manchen Ländern (beispielsweise in Korea oder in Japan) FTTx großflächig ausgebaut ist oder entsprechende Pläne für die nahe Zukunft existieren.

So bietet beispielsweise der US-Betreiber *Verizon* seit 2004 den FTTx-Dienst *Fios* in Ausbaustufen von 5 bis 30 Mbit/s als Internet-Zugang an. Zurzeit ist dieser Dienst nur in Texas verfügbar, bis Ende 2005 sollen allerdings bereits zwei Millionen Haushalte angeschlossen sein. Weitere wesentliche FTTx-Betreiber sind NTT in Japan mit über einer Million Teilnehmern und *FastWeb* in Italien mit 180.000 Teilnehmern in 2004.

Abb. 6.7.4.5/2 skizziert den Unterschied zwischen einem Zugangsnetz auf Basis von Kupferkabeln (Telefonleitungen) und FTTx, wobei der DSLAM zum Teilnehmer verlegt wird. Derzeit wird dies vor allem für Wohnblöcke realisiert (FTTB). Bei fortschreitender Kostendegression ist zu erwarten, dass auch kleinere Haushalte entsprechend versorgt werden können.

Technisch betrachtet werden FTTx-Netze am häufigsten als *passive optische Netzwerke* (engl.: passive optical network, abgekürzt: PON) realisiert. Dies

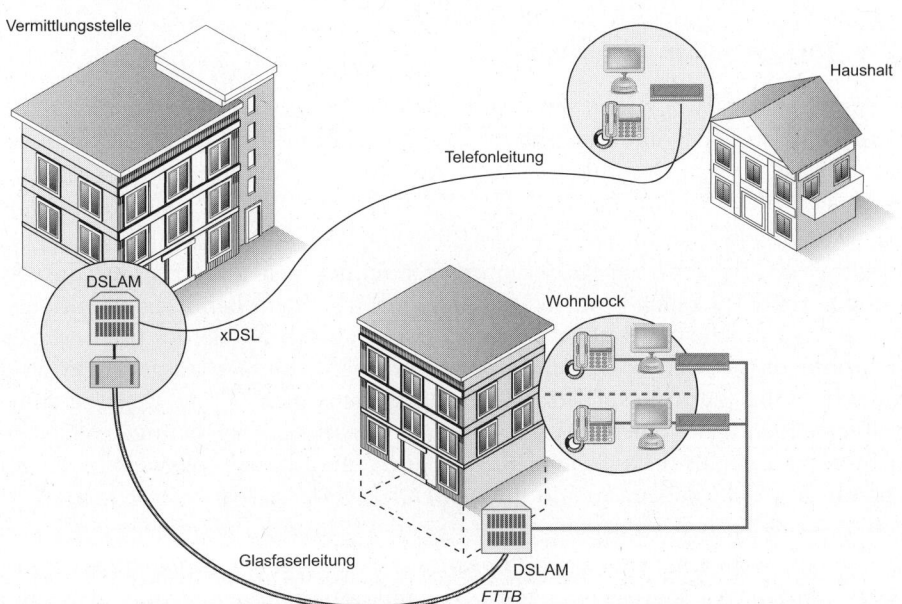

Abb. 6.7.4.5/2: Breitbandzugangsnetze auf Basis von Telefonleitungen und FTTx

bedeutet, dass das Zugangsnetz vom Teilnehmer zur Vermittlungsstelle nur aus passiven Komponenten besteht, dass somit keine Signalinterpretation oder Verarbeitung auf diesem Weg erfolgt. Passive optische Netze bieten daher wesentliche Kostenvorteile gegenüber aktiven optischen Netzen, bei denen kostenaufwändige Zusatzeinrichtungen erforderlich sind.

Die wichtigsten Varianten von passiven optischen Netzen sind *BPON* (Abkürzung von engl.: broadband passive optical network; ITU-T Standard G.983.1-7), *EPON* (Abkürzung von: Ethernet PON; IEEE 802.3ah) und *GPON* (Abkürzung von: Gbit PON; ITU-T G.984.1-3). BPON und GPON verwenden ATM als Trägerprotokoll, EPON hingegen Ethernet-Rahmen. GPON kann sowohl ATM-Zellen als auch Ethernet-Rahmen transportieren. Allen Varianten ist gemein, dass von der Vermittlungsstelle eine einzige Glasfaser zu mehreren Teilnehmern geführt wird, wobei das Verhältnis von Glasfasern zu Teilnehmern von 1:32 bis zu 1:64 (bei GPON) reicht. Eine einzelne Glasfaser überträgt im *WDM-Verfahren* (Abkürzung von engl.: wavelength division multiplex) sowohl bidirektionale Kanäle als auch unidirektionales Video. Der Rückkanal vom Teilnehmer zur Vermittlungsstelle ist als *Diffusionsnetz* ausgebildet, bei dem der Zugriff durch ein *Zeitschlitzverfahren* (engl.: time division multiplex) geregelt wird.

Die ATM-basierten PON-Varianten ermöglichen entweder 155 Mbit/s oder 633 Mbit/s in der Richtung von der Vermittlungsstelle zum Teilnehmer (engl.: downstream) und 155 Mbit/s zur Vermittlungsstelle (engl.: upstream). GPON spezifiziert entweder 1,25 oder 2,5 Gbit/s downstream und zwischen 155 Mbit/s bis zu 2,5 Gbit/s upstream.

6.7.5 Terrestrische Funknetze

Im Abschnitt 6.1.10.3 haben Sie bereits einige *Grundbegriffe der Funktechnik* kennen gelernt. Die Techniken, die für mobile Telefonie und mobile (drahtlose) Datenübertragung notwendig sind, beruhen auf der Nutzung von elektromagnetischen Wellen.

Im Wesentlichen kann zwischen lokalen Funknetzen und Mobilfunknetzen unterschieden werden. Ein *Mobilfunknetz* zeichnet sich dadurch aus, dass es aus mehreren Funkzellen besteht, zwischen denen sich ein Benutzer beziehungsweise ein entsprechendes Endgerät (zum Beispiel ein Mobiltelefon) frei bewegen kann, ohne dass dabei die Verbindung verloren geht. Einfach ausgedrückt wird die Verbindung (zum Beispiel das Telefongespräch) hierbei von Zelle zu Zelle „weitergegeben". Bei einem *lokalen Funknetz* kann sich der Benutzer dagegen nur innerhalb eines bestimmten Radius um eine (beziehungsweise wenige) Basisstation(en) bewegen. Sobald dieser Bereich verlassen wird, bricht die Verbindung ab. Abb. 6.7.5/1 schematisiert das Spektrum der Funkdienste.

Funknetze können für eine *große Zahl unterschiedlicher Anwendungen* eingesetzt werden. Verschiedene Arten von Funknetzen *unterscheiden sich* zum

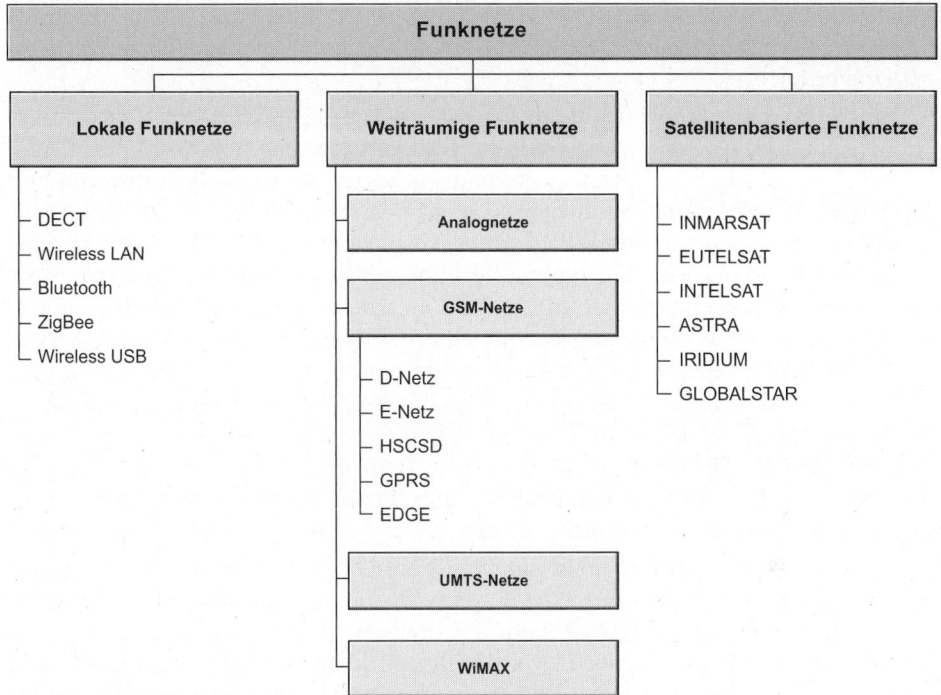

Abb. 6.7.5/1: Verschiedene Arten von Funknetzen

Beispiel *nach Reichweite, Übertragungskapazität und weiteren Kriterien.* Diese Unterschiede ergeben sich auch zum Teil aus den Standards, die dem jeweiligen Funknetz zugrunde liegen.

Der wohl bekannteste Mobilfunkstandard ist der *GSM-Standard* (Abkürzung von engl.: global system for mobile communications), der die Anbindung von mobilen Telefonen an ein flächendeckendes Mobilfunknetz ermöglicht. Der *DECT-Standard* (Abkürzung von engl.: digital enhanced cordless telecommunications) wurde für schnurlose Telefone im Haushalt (Systeme mit geringer Reichweite) entwickelt, die meist mit einer eigenen (festen) Basisstation innerhalb des jeweiligen Gebäudes verbunden sind. Im Folgenden werden Merkmale und Anwendungen für DECT, GSM und weitere wichtige Standards für Funknetze vorgestellt.

6.7.5.1 Technische Grundlagen

Die derzeit größten Funknetze sind die kommerziellen Netze für die mobile (Funk-)Telefonie, also für den primären Zweck der mobilen Sprachkommunikation. Da die eingesetzten Sender eine relativ geringe Reichweite aufweisen, bietet sich für die flächendeckende Versorgung ein Zellularnetz (siehe Abschnitt 6.1.10.3) an. Mobiltelefonsysteme werden daher auch oft als *zellulare Telefonsysteme* bezeichnet.

Beim *Mobilfunk* werden für die Datenübertragung *Mikrowellen* verwendet. Diese Wellen haben eine quasi-optische Ausbreitung, das heißt, dass ihre Ausbreitung geradlinig und mit der des Lichts vergleichbar ist. Die Reichweite von Mikrowellen wird durch Hindernisse (beispielsweise Bodenerhebungen, Häuser) beschränkt, die dahinter liegende Bereiche abschatten. Im Gegensatz zu Mikrowellen breiten sich beispielsweise Langwellen entlang der Erdkrümmung aus, da sie von der Ionosphäre (der zweitäußersten Schicht der Erdatmosphäre) reflektiert werden und als so genannte Bodenwellen um den Erdball herumgeführt werden. Je kürzer die Wellenlänge ist, desto stärker werden die Wellen durch Hindernisse absorbiert und die Reichweite der Wellen nimmt ab. Allerdings lassen sich mit kürzerer Wellenlänge größere Datenkapazitäten erreichen. Der *Vorteil der Mikrowellen* besteht jedoch darin, dass die Datenübertragung in dem relativ kurzwelligen Frequenzband eine hohe Übertragungskapazität und somit auch *Übertragungsqualität* bietet.

Bei der *Kommunikationsverbindung mit Satelliten über Mikrowellen* ist die geradlinige Ausbreitung ein Vorteil, eine Reflexion durch atmosphärische Schichten wäre hinderlich. Auf dem Weg zwischen dem Erdboden und einem Satelliten befinden sich in der Regel nur verhältnismäßig wenige Gegenstände, die die Mikrowellen absorbieren können. Folglich lassen sich mittels hochfrequenter Mikrowellen hohe Übertragungskapazitäten zwischen Satelliten und Geräten am Boden erzielen.

Wie bereits erwähnt kann ein flächendeckendes Funknetz durch überlappende Sendezellen gebildet werden. Für die Mobilkommunikation in dünn besiedelten Gebieten existieren *globale* (den Erdball umspannende) *Mobilfunknetze,* die auf ein System von *erdnahen* (engl.: low-earth orbit) *Satelliten* zurückgreifen und primär für Spezialanwendungen nutzbar sind. Aufgrund der hohen Kosten für Endteilnehmer konnten sich diese bisher noch nicht auf breiter Front durchsetzen.

Zellulartelefone (engl.: cellular phone), auch *Mobiltelefone,* im deutschsprachigen Raum *Handy* genannt, müssen dagegen unter Umständen mit bis zu 35 km entfernten Basisstationen kommunizieren. Hierzu werden entsprechend andere Übertragungsfrequenzen benötigt, die diese Entfernungen überbrücken können. Bei GSM wird zum Beispiel im 900-MHz- und im 1.800-MHz-Band gesendet.

Mobilfunknetze sind *Netze mit verbindungsorientierten Diensten,* wobei zwischen den Kommunikationspartnern Gesprächsverbindungen hergestellt werden. Dies erfordert eine symmetrische Zweiwegkommunikation zwischen den Endgeräten.

Es existieren auch Dienste in Mobilfunknetzen, die nicht unbedingt eine Zweiwegkommunikation benötigen. Ein Beispiel dafür stellen die seit 1974 angebotenen *Paging-Dienste* dar (umgangssprachlich auch „Pieper" genannt). Die Empfangsgeräte sind aufgrund des nicht erforderlichen Sendeteils sehr klein und sie benötigen im Gegensatz zu Mobiltelefonen nur wenig Energie. Auch Paging-Dienste unterscheiden sich im angebotenen Leistungsumfang. Die Palette reicht hier vom bloßen Piepston über den Transfer einer Telefonnummer bis zur Übermittlung alphanumerischer Nachrichten bestimmter Länge. Der besonders für die Versendung kurzer Textnachrichten zwischen Mobiltelefonen vorgesehene *„Short Message Service"* (SMS) kann in gewisser Weise als ein Nachfolger der Paging-Dienste angesehen werden.

Anbieter für Paging-Dienste in Deutschland sind beispielsweise die Tochter der Deutschen Telekom T-Mobile (Dienste: Cityruf, Eurosignal, Scall, Skyper) und die Deutsche Funkruf GmbH (DFR) mit den TeLMI-Diensten.

▶ Übungsaufgabe Nr. 2.6.29 im Arbeitsbuch

6.7.5.2 Digital Enhanced Cordless Telecommunication (DECT)

Für viele Anwendungen genügt der Betrieb von mobilen Telefonen in einem örtlich begrenzten Raum, wie beispielsweise dem Betriebsgelände eines Unternehmens oder innerhalb eines Privathaushalts und dem zugehörigen Grundstück. Für diese eng begrenzten lokalen Mobilfunknetze wurde der *DECT-Standard* entwickelt.

> Der **DECT-Standard** (Abkürzung von engl.: digital enhanced cordless telecommunication) beschreibt ein lokales Funknetz, welches aus einer oder mehreren Basisstationen und einem oder mehreren über Funk angeschlossenen mobilen Endgeräten besteht. DECT-Systeme basieren auf einem Verfahren zur Leitungsvermittlung und sind besonders für die Übertragung von Sprachkommunikation optimiert. DECT-basierte Systeme haben in etwa eine Reichweite von 50 Metern in geschlossenen Gebäuden und bis zu 300 Metern auf freiem Gelände (mit einem speziellen Repeater bis zu 2 km). Die Sendefrequenz liegt zwischen 1.880 und 1.900 MHz. Insgesamt stehen 240 verschiedene Kanäle in einer Zelle zur Verfügung, die theoretisch 120 Telefonate gleichzeitig ermöglichen. Verfahren wie *Roaming* (= der nahtlose Übergang von mobilen Stationen von einer Zelle in die nächste) sind ebenfalls in diesem Standard vorgesehen.

Zu den *Vorteilen von DECT* gehören die gute Sprachqualität und der nahtlose Übergang der mobilen Stationen von einer Zelle in eine andere. Ein DECT-Mobilfunknetz kann mehrere DECT-Basisstationen umfassen.

Alternativ zur Sprachübertragung ist ein DECT-Kanal prinzipiell auch zur Übertragung beliebiger anderer Daten einsetzbar. Hierbei können mehrere Kanäle zusammengefasst werden, womit sich *Übertragungsraten bis zu 384 kbit/s* realisieren lassen. Es besteht auch die Möglichkeit zur asymmetrischen

Übertragung, bei der zum Beispiel downstream (in Richtung des Endgeräts) eine höhere Übertragungskapazität erreicht wird als upstream (in Richtung der Basisstation).

Der *Einsatzbereich für DECT-Datenfunkanwendungen* ist somit die lokale Telefonie in einem bestimmten Bereich (grundstücksbezogen) sowie der Zugriff auf lokale Rechner oder andere Datenendgeräte mit mittleren Übertragungsraten. DECT kann demgemäß zum Aufbau lokaler Funknetze verwendet werden, für deren Betrieb keine explizite behördliche Genehmigung eingeholt werden muss. Es reicht aus, wenn die entsprechenden Basisstationen und Endgeräte dem Standard entsprechen und offiziell freigegeben sind. Aus diesem Grund können hier auch eine Reihe von Nutzungs- oder Anmeldegebühren entfallen.

Sind höhere Übertragungsraten zur Verbindung mit einem LAN erforderlich, so stehen andere funkbasierte Systeme zur Verfügung, die gezielt für die Datenübertragung entwickelt wurden. Lokale Netze, die einen funkbasierten Zugang ermöglichen, bezeichnet man auch als *drahtlose LANs oder Funk-LANs*. *Bluetooth* und der *Wireless-LAN-Standard* (IEEE 802.11) sind die wichtigsten Standards für den Aufbau von drahtlosen lokalen Netzen.

6.7.5.3 Bluetooth

Bluetooth ist ein Standard für die drahtlose Übermittlung von Sprache und Daten im unlizenzierten *ISM-Band* (Abkürzung von engl.: industrial scientific medical) im Bereich von 2,4 GHz. Der Bluetooth-Standard definiert eine Sendeleistung von einem Milliwatt (1 mW), wodurch die Reichweite auf zehn Meter beschränkt wird. Für die Kommunikation werden 79 Kanäle mit einer Kanalbreite von 1 MHz genutzt. Bluetooth eignet sich für Anwendungen, bei denen eine Übertragungstechnik mit begrenzter Reichweite (etwa zehn Meter ohne und 100 Meter mit Verstärkung) und geringer Übertragungskapazität (etwa 1 Mbit/s) benötigt wird.

Bluetooth wurde bereits *1995 von der Firma Ericsson entwickelt* und war zunächst nur von geringem Interesse für Hardwareproduzenten. Durch die Gründung des *Konsortiums „Bluetooth Special Interest Group"* (Bluetooth SIG) durch Ericsson, Nokia, Toshiba, Intel und IBM im Jahr 1998 ist diese Technik stärker gefördert und verbreitet worden. Die derzeit aktuelle Version der von der *Bluetooth SIG* erstellten Spezifikation ist 2.0, der IEEE-Standard 802.15.1 basiert auf Bluetooth v1.1.

Bluetooth soll dazu dienen, *kurze Kabelverbindungen zu ersetzen*. Dabei kann zwischen allen Bluetooth-fähigen Geräten (wie zum Beispiel PCs, digitalen Fotoapparaten, Druckern), die sich in einem bestimmten Abstand voneinander befinden, eine Verbindung aufgebaut werden. Die verwendeten Funkwellen können feste Körper (bis zu einer gewissen Entfernung und Materialdicke) durchdringen und gleichzeitig Daten an mehrere Geräte übertragen („Broadcast").

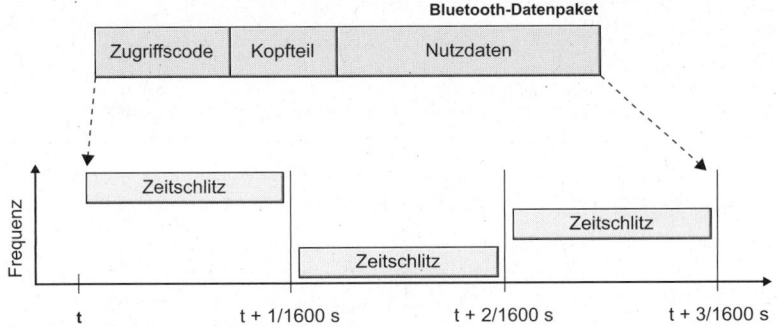

Abb. 6.7.5.3/1: Ein Bluetooth-Datenpaket

Bluetooth verwendet für die Übertragung *79 Kanäle,* die während einer Übertragung 1.600-mal pro Sekunde gewechselt werden (engl.: channel hopping), um gegenseitige Beeinflussungen im Frequenzbereich zu reduzieren. Durch dieses häufige Wechseln der Frequenzen ergibt sich die Verweildauer pro Kanal mit 625 Mikrosekunden. Die maximale Übertragungsrate von Bluetooth 1.2 beträgt 1 Mbit/s und von Version 2.0 (mit der *Enhanced Data Rate*) 2,1 Mbit/s. Die maximale Größe eines Bluetooth-Datenpakets beträgt 2.871 Bits. Um ein Datenpaket zu übertragen, sind meist mehrere (bis zu fünf) Zeitschlitze notwendig. Die Abb. 6.7.5.3/1 stellt die Zuteilung eines Datenpakets auf mehrere Zeitschlitze schematisch dar.

Die *Verbindung* wird bei der Bluetooth-Technik nicht zwischen mobilem Endgerät und Basisstation aufgebaut (wie bei DECT), sondern *direkt zwischen den verschiedenen Endgeräten.* Man spricht deshalb auch von Ad-hoc-Netzwerken.

Ein **drahtloses Ad-hoc-Netzwerk** (engl.: ad-hoc wireless network) ist ein Netz ohne Basisstationen. Jeder Teilnehmer in dem Ad-hoc-Netzwerk ist von seiner Ausgangslage gleichberechtigt, einzelne Teilnehmer können allerdings spontan Leitfunktionen übernehmen. Man spricht auch *von infrastrukturlosen Netzwerken,* durch die zu *beliebigen Zeiten* an *beliebigen Orten* Netzstrukturen geschaffen werden können. Ad-hoc-Netzwerke können sich dynamisch restrukturieren.

Bluetooth-Netze bestehen aus so genannten *Pikonets,* von denen jedes einzelne maximal acht Bluetooth-Geräte umfassen kann. In jedem Pikonet übernimmt eines der Bluetooth-Geräte die Rolle des *Leitgeräts* (engl.: master device). Dieses Leitgerät sorgt dafür, dass alle Geräte im gleichen Takt auf die jeweils gleichen Kanäle wechseln (jedes Bluetooth-Gerät kann gleichzeitig Leitgerät in einem Pikonet und Teilnehmer in mehreren Pikonets sein).

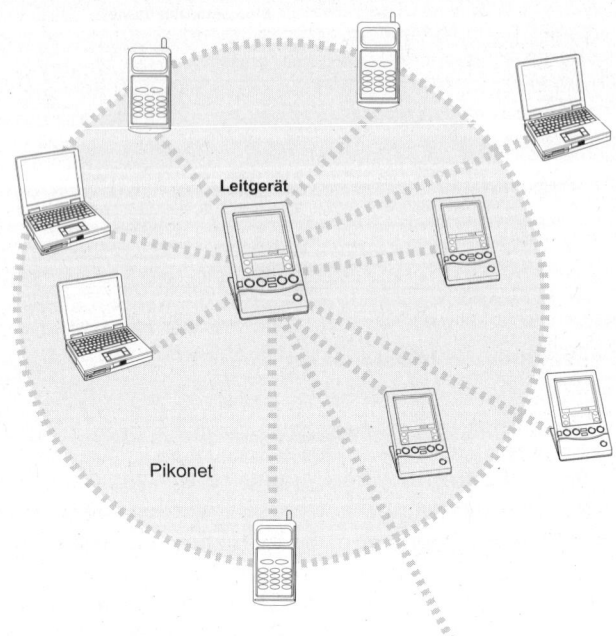

Abb. 6.7.5.3/2: Bluetooth-Pikonet

Für den Aufbau eines größeren Bluetooth-Netzes können *mehrere Pikonets verbunden* werden. Da jedes Pikonet ein eigenes Leitgerät hat, hat auch jedes Pikonet eine eigene Sequenz für den Wechsel des jeweils aktuellen Kanals. Bluetooth-Geräte können durch Zeitmultiplexverfahren Mitglieder in mehreren Pikonets sein, es entsteht dann ein so genanntes *Scatternet*. Diese Verbindungen werden durch Bluetooth-Geräte hergestellt, die sich in der Reichweite von zwei (oder mehr) verschiedenen Leitgeräten befinden. Diese Geräte können abwechselnd in beiden Pikonets senden. Hierzu wechselt das entsprechende Gerät in dem einen Pikonet zunächst in den „Hold"- oder „Park"-Modus. Anschließend kann es durch die Änderung der Parameter für den Kanalwechsel in das andere Pikonet wechseln.

Bluetooth ist ein *offener Standard* ohne patentrechtliche Einschränkungen. Zurzeit sind dem Bluetooth-Konsortium mehr als 2.000 Unternehmen angeschlossen. Die große Anzahl an unterstützenden Unternehmen resultiert aus der Tatsache, dass Bluetooth eine technisch verhältnismäßig einfach zu realisierende Alternative zu Kabel- und Infrarotlichtverbindungen ist. *Vorteile im Vergleich zu infrarotlichtbasierten Verfahren* sind:

• Sender und Empfänger müssen nicht (wie beispielsweise bei Fernbedienungen von Stereoanlagen) in einem bestimmten Winkel und in freier Sichtlinie zueinander stehen;

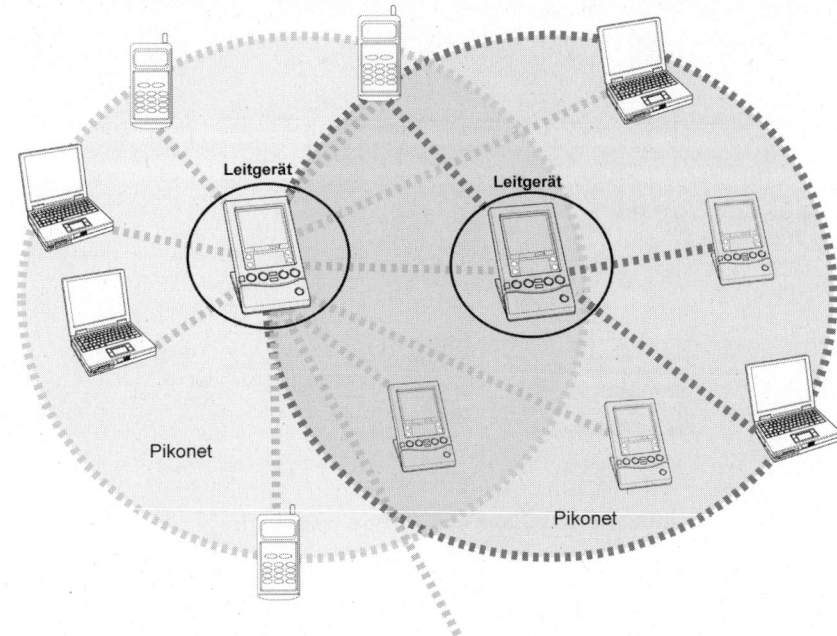

Abb. 6.7.5.3/3: Bluetooth-Scatternet

- geringer Stromverbrauch, sodass eine lange Betriebszeit von batterie- und akkubetriebenen Kleingeräten erreicht werden kann.

Trotz der theoretisch möglichen großen Anzahl von Bluetooth-Geräten auf engem Raum treten in der Regel durch das *Frequenzsprungverfahren* (engl.: frequency hopping) *kaum gegenseitige Beeinflussungen* auf. Wie oben erwähnt übernehmen die Geräte die *Verbindungsverwaltung* selbst. Eine *Verschlüsselung* der übertragenen Daten kann zusätzlich dafür sorgen, dass bestimmte Geräte vertraulich miteinander kommunizieren können. Sprache und andere Arten von Daten können bei Verwendung von Bluetooth simultan übertragen werden.

Mögliche *Einsatzbereiche für Bluetooth* sind beispielsweise Fernbedienungen, drahtlose Verbindung von Lautsprecherboxen mit einer Stereoanlage, die Verbindung mehrerer Notebook-PCs und PDAs untereinander oder die drahtlose Verbindung zwischen einem Mobiltelefon und einem Rechner.

Der *generelle Anwendungsbereich von Ad-hoc-Netzwerken* ist noch wesentlich größer und reicht vom automatischen Check-in am Flughafen oder dem elektronischen Skipass über das automatische Synchronisieren eines PDAs durch räumliche Nähe zum „Heimat-PC" bis zu einer Personalisierung und Aktivierung beispielsweise der Haushaltsgeräte, Lichter usw., wenn der Besitzer eines Bluetooth-Geräts sein Zuhause betritt, und die Bluetooth-Komponenten einen neuen Teilnehmer feststellen.

▶ Übungsaufgabe Nr. 2.6.30 im Arbeitsbuch

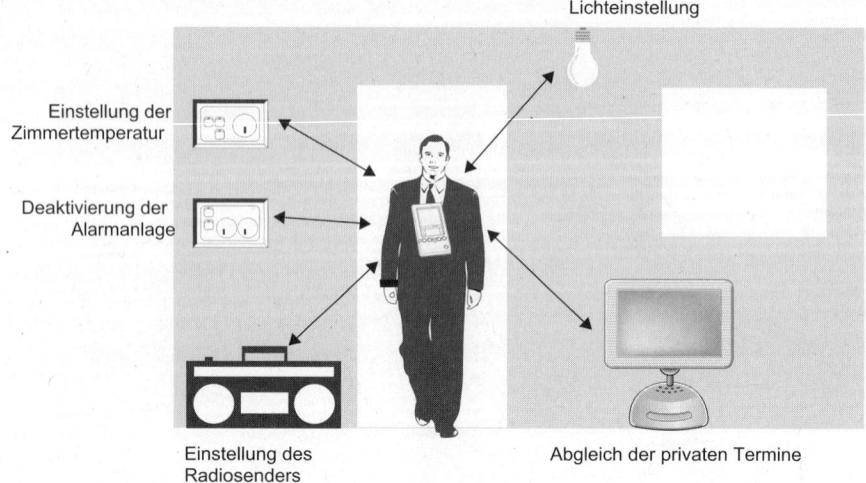

Abb. 6.7.5.3/4: Personalisierung über ein Ad-hoc-Netzwerk

6.7.5.4 Wireless LAN (IEEE 802.11, 802.16)

Seit dem Jahr 1990 befasst sich die Arbeitsgruppe 802.11 der IEEE mit der *Entwicklung von Standards für drahtlose lokale Netze* (*WLAN*; Abkürzung von engl.: wireless local area network). Bevor wir zu den einzelnen Standards kommen, beschreiben wir die Grundkomponenten, aus denen WLANs aufgebaut sind. Im Wesentlichen können *drei Arten von WLAN-Geräten* unterschieden werden:

- *WLAN-Adapter*: dies sind spezielle Geräte oder Steckkarten (PCMCIA, PCI), die an einen Rechner angeschlossen werden können und die gleiche Funktion erfüllen wie Netzwerkkarten für den Zugriff auf kabelbasierte Netze. Viele Notebook-PCs und einige PDAs haben bereits einen WLAN-Adapter standardmäßig integriert.

- *Zugangspunkte*: in einem WLAN sind diese Geräte das Äquivalent zu einem Hub in kabelgebundenen Netzen. Ein Zugangspunkt ist üblicherweise mit einem Ethernet-Kabel an ein LAN angeschlossen und kommuniziert per Funk mit Rechnern, die einen kompatiblen WLAN-Adapter beinhalten. Die Reichweite (Zellengröße) eines Zugangspunktes kann zwischen 20 und 500 Metern betragen. Prinzipiell besteht die Möglichkeit, mehrere Zugangspunkte parallel zu betreiben und zwischen den einzelnen Zellen Roaming für mobile Geräte durchzuführen.

- *LAN-Brücke*: diese Geräte können verwendet werden, um zwei verschiedene LANs in unterschiedlichen Gebäuden per Funknetz zu verbinden. Diese Option kann besonders dann sinnvoll sein, wenn das Verlegen eines Kabels aufgrund von Hindernissen nicht möglich ist oder sehr kostenintensiv wäre -

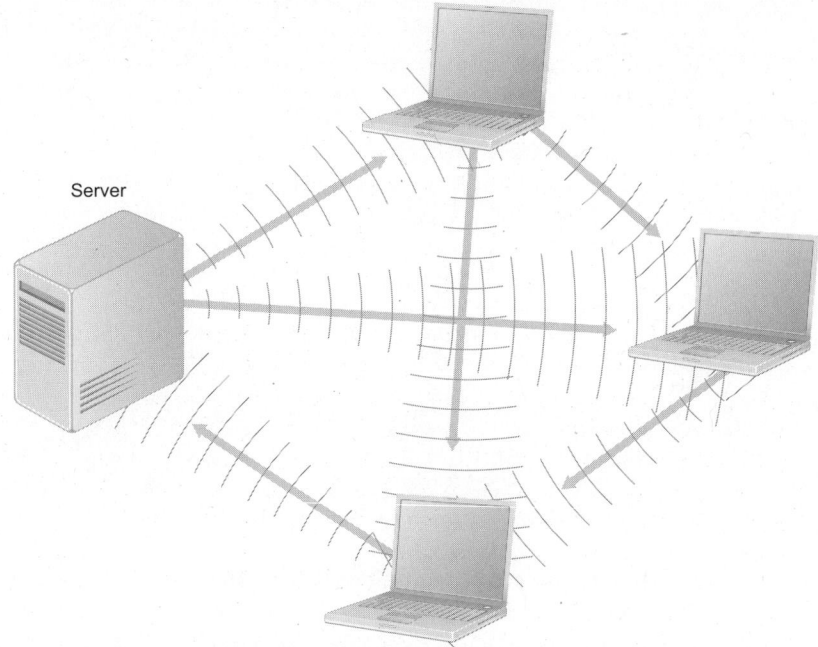

Server

Abb. 6.7.5.4/1: Ad-hoc-Modus bei einem drahtlosen LAN

zum Beispiel, wenn zwei Gebäude auf gegenüberliegenden Straßenseiten verbunden werden sollen.

Eine WLAN-Verbindung zwischen zwei oder mehr Endgeräten kann im Wesentlichen auf zwei Arten zustande kommen: Im *Ad-hoc-Modus* kommunizieren zwei oder mehr mit einem WLAN-Adapter ausgerüstete Rechner über Funkverbindungen direkt miteinander (siehe Abb. 6.7.5.4/1). Dieser Modus ist für den möglichst unkomplizierten Datenaustausch in Situationen vorgesehen, in denen keine weitere WLAN-Infrastruktur vorhanden ist (zum Beispiel auf einer Baustelle).

Im *Infrastrukturmodus* kommunizieren die Endgeräte über einen *Zugangspunkt* (engl.: access point) miteinander. Der Zugangspunkt kann auch als Übergang zwischen einem WLAN und einem kabelgebundenen LAN fungieren (siehe Abb. 6.7.5.4/2).

Ebenso wie sich der Ethernet-Standard (IEEE 802.3) zum vorherrschenden Standard für kabelbasierte Netze entwickelt hat, ist der *WLAN-Standard zum dominierenden Standard für lokale Funknetze* avanciert. Wie alle IEEE-802-Standards konzentriert sich auch 802.11 auf die untersten beiden Schichten des ISO/OSI-Referenzmodells. Dies hat den Vorteil, dass prinzipiell jede Art von Transportprotokoll auf höheren Ebenen (zum Beispiel TCP/IP) auf die Infrastruktur des jeweiligen IEEE-802-Standards aufsetzen kann.

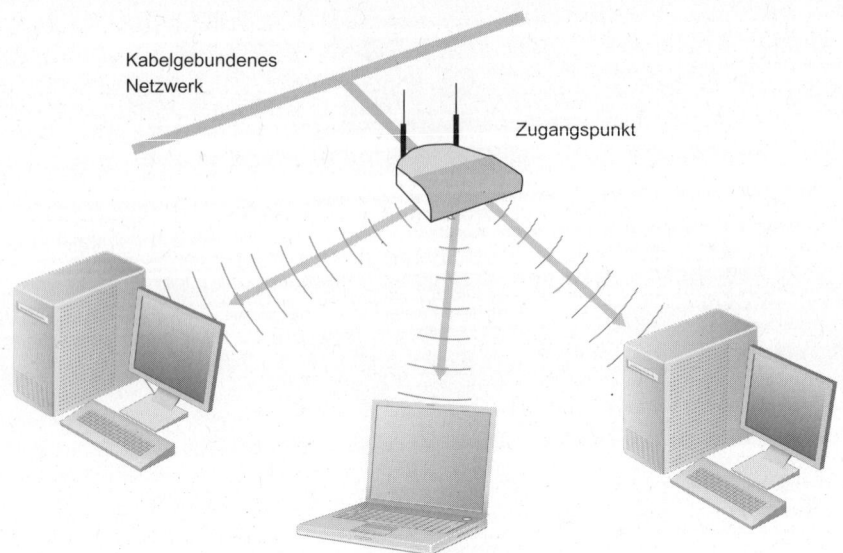

Kabelgebundenes
Netzwerk

Zugangspunkt

Abb. 6.7.5.4/2: Infrastrukturmodus bei einem drahtlosen LAN

Für die Standard-Familie *IEEE-802.11,* die auch häufig als *WiFi* bezeichnet werden, existieren inzwischen zahlreiche Varianten, wie beispielsweise 802.11a, 802.11b und 802.11g. Die derzeit am weitesten verbreitete Version des Standards trägt die Bezeichnung IEEE 802.11b.

> **IEEE 802.11b** wurde 1999 verabschiedet und nutzt das 2,4-GigaHertz-Band (ISM-Band), das in den meisten Ländern der Erde lizenzfrei verwendet werden kann, und ermöglicht *Übertragungskapazitäten bis 11 Mbit/s.*

Schon bald nach seiner Einführung erreichte 802.11b eine sehr hohe Verbreitung, die durch kostengünstige Hardware und relativ hohe Übertragungsleistungen zu begründen ist. Etwa zeitgleich mit 802.11b wurde der Standard 802.11a entwickelt, der sich aber aufgrund der länderspezifischen Regulierungsbestimmungen und kostenaufwändigeren Implementierungen langsamer ausgebreitet hat.

> **IEEE 802.11a** nutzt das 5-GigaHertz-Band und erlaubt Übertragungsraten bis zu 54 Mbit/s. Für dieses Band wurden in Deutschland die Frequenzbereiche 5,15 bis 5,35 GHz (acht 20-MHz-Kanäle) und 5,47 bis 5,725 GHz (elf 20-MHz-Kanäle) von der *RegTP* (Abkürzung für: Regulierungsbehörde für Telekommunikation und Post) für die Nutzung von 802.11a freigegeben.

Durch den höheren Frequenzbereich sind bei 802.11a die höheren Übertragungskapazitäten möglich geworden. Allerdings haben diese den Nachteil, dass sie feste Körper schlechter durchdringen und somit auch eine schlechtere Reichweite in Büroumgebungen aufweisen. Die Nutzung des regulierten 5-GigaHertz-Bands hat allerdings den Vorteil, dass es zu keinen Störungen durch andere Anwendungen in diesem Band kommt. Eines der Hauptprobleme von 802.11a ist die mangelnde Kompatibilität mit 802.11b. Es werden allerdings Geräte angeboten, die 802.11a und 802.11b unterstützen, wobei beide Protokollvarianten weitgehend getrennt implementiert werden.

> **IEEE 802.11g** ist eine Weiterentwicklung und nutzt wiederum das freie 2,4-GigaHertz-Band. Die erreichbare Übertragungskapazität beträgt wie bei 802.11a 54 Mbit/s. 802.11g wurde 2003 verabschiedet.

Der Standard 802.11g versucht die Vorteile von 802.11a und 802.11b zu kombinieren. Zum einen wird die Übertragungskapazität von 802.11a erreicht, zum anderen wird das freie Frequenzband von 802.11b genutzt. Ein weiterer Vorteil von 802.11g ist die Rückwärtskompatibilität zu 802.11b: Ein Zugangspunkt, der 802.11g unterstützt, kann gleichzeitig mit 802.11b- und 802.11g-Geräten arbeiten, wodurch eine sanfte Migration zu diesem Standard möglich wird (ohne alle Endgeräte/Adapterkarten tauschen zu müssen). Ebenso kann ein Endgerät mit 802.11g einen Zugangspunkt mit 802.11b nutzen.

> Derzeit wird an einer weiteren Verbesserung der Durchsatzraten der WiFi-Standards gearbeitet. Der Standard **IEEE 802.11n** soll Ende 2006 abgeschlossen werden. Dieser Standard soll die maximale Übertragungsleistung gegenüber 802.11g wiederum um einen Faktor 4 bis 5 erhöhen, was Übertragungskapazitäten im Bereich von 250 Mbit/s bedeuten würde. Zusätzlich soll die Übertragungsreichweite erhöht werden.

Die *Einsatzmöglichkeiten eines WiFi-Netzes* sind vielseitig. Meistens wird es nicht als eigenständiges Netzwerk installiert, sondern erweitert bestehende Infrastrukturen und wird dort eingesetzt, wo eine Erweiterung des bestehenden kabelbasierten Netzwerkes schwierig oder unmöglich ist. Als Beispiel können unter Denkmalschutz stehende Gebäude genannt werden, bei denen die Verlegung von Kabeln nicht gestattet ist. Weitere Anwendungsgebiete für WiFi-Netze ergeben sich beispielsweise bei Ärzten und anderem Krankenhauspersonal, die während einer Visite über einen mobilen Rechner unmittelbar Patienteninformation abfragen und aktualisieren können. An Schulen und Hochschulen können sowohl die Lehrenden als auch die Schüler und Studenten über tragbare Rechner mit einem kabellosen Netzwerkzugang überall innerhalb der Reichweite flexibel auf Informations- und Kommunikationsdienste zugreifen.

Der Standard *IEEE 802.11e* stellt eine wichtige Weiterentwicklung der WiFi-Protokollfamilie dar, durch die QoS-Unterstützung im WiFi-Bereich möglich wird. Ein wichtiger Anwendungsbereich hierfür ist die *Sprachkommunikation über drahtlose IP-Netze* (*VoWIP*, Abkürzung von engl.: voice over wireless IP). Eine weitere wichtige Weiterentwicklung stellt der Standard *IEEE 802.11i* dar, durch den vor allem *Verbesserungen im Sicherheitsbereich* von drahtlosen Netzen eingebracht wurden. Mehr dazu folgt im Abschnitt über Internet-Sicherheit.

Von zunehmender Bedeutung ist die Weiterleitung zwischen WiFi-Netzen und dem GSM- oder UMTS-Netz. Im Jahr 2004 hat sich ein Konsortium der führenden WiFi-Technologieentwickler unter der Bezeichnung *UMA* (Abkürzung von engl.: unlicensed mobile access) gebildet, das einen offenen Standard entwickeln will, durch den GSM-Netze durch (freie) WiFi-Netze erweitert werden können. Zusammen mit der so genannten *Voice-over-IP-Technik* (Abkürzung: VoIP) kann auf diese Weise nicht nur die reine Datenkommunikation sondern auch Sprachkommunikation verhältnismäßig einfach über unternehmensinterne und öffentliche Funknetze geleitet werden.

Für den Aufbau von drahtlosen Städtenetzen werden derzeit Standards unter der Bezeichnung *WiMAX* entwickelt. Die WiMAX-Standards stehen in keinem Konflikt oder Konkurrenz zu den WiFi-Standards, sondern ergänzen diese.

WiMAX (Abkürzung von engl.: worldwide interoperability for microwave access) bezeichnet Standards für die Entwicklung von *drahtlosen Städtenetzen* (engl.: metropolitan area network, abgekürzt: MAN), über die WiFi-Infrastrukturen verbunden werden können. Der Standard **IEEE 802.16** (erwartete Ratifizierung im Jahr 2005) erlaubt Zellengrößen bis zu 50 km und ermöglicht Datenraten für einen Endabnehmer bis zu 70 Mbit/s. Die Zellenbandbreite beträgt insgesamt bis zu 280 Mbit/s (IEEE 802.16e).

Anders als WiFi ist WiMAX als *Betreibertechnik* ausgelegt, die für öffentliche Netze nutzbar ist. So inkludiert WiFi zahlreiche Funktionen, zum Beispiel zur Netzlaststeuerung, die nicht in den WiFi-Standards enthalten sind. WiMAX wird deshalb auch als ergänzende Technologie für WiFi-Netze positioniert, wobei WiFi die Verbindung zum Endgerät und WiMAX die Verbindung zwischen Zugangspunkten realisiert. WiMAX hat QoS-Funktionen der Sicherungsschicht, wodurch zeitkritische Anwendungen (beispielsweise Sprachanwendungen) in hoher Qualität möglich werden.

Die Proponenten des WiMAX-Standards erwarten, dass mittelfristig auch Endgeräte WiMAX-Adapter besitzen werden, wodurch hohe Bandbreiten, eine große Flächenabdeckung und somit eine hohes Maß an Mobilität erreicht werden könnten. Entsprechend wird bereits an Spezifikationen für Roaming über WiMAX gearbeitet.

WiMAX deckt ein sehr weites Frequenzband ab und ist für 2 bis 11 GHz und 10 bis 66 GHz definiert. Der Großteil dieses Spektrums fällt in lizenzpflichtige Bänder, deren Freigabe und/oder Zuteilung in Diskussion steht.

▶ Übungsaufgabe Nr. 2.6.31 im Arbeitsbuch

6.7.5.5 Global System for Mobile Communication (GSM)

Im Jahr 1987 haben die damals noch staatlichen Telekom-Monopolunternehmen von Deutschland, Frankreich, Großbritannien und Italien ein Abkommen zum Aufbau eines gemeinsamen digitalen Mobilfunknetzes unterzeichnet, dem mittlerweile zirka 400 Netzbetreiber in 170 Ländern beigetreten sind. Das resultierende System ist das *GSM-System*, das eine Teilnehmerdichte von mehr als tausend Teilnehmern je Quadratkilometer (beziehungsweise je Funkzelle) ermöglicht. In Deutschland wurden GSM-Mobilfunknetze ab 1991 als designierte Nachfolger des Ende 2000 (nach 15 Jahren Betrieb) abgeschalteten analogen C-Netzes in Betrieb genommen. Im Gegensatz zu früheren (zumeist länderspezifischen) analogen Netzen sind die verschiedenen GSM-Netze digital und untereinander kompatibel. Damit ist heute nahezu überall in Europa und weiten Teilen des restlichen Erdballs eine grenzüberschreitende Mobilkommunikation möglich. Man nennt die GSM-Netze auch *„2G-Netze"* – Mobilfunknetze der zweiten Generation.

Das **GSM** (Abkürzung von engl.: global system for mobile communication) ist ein weltweit kompatibler Mobilfunkdienst. Die GSM-Technik basiert auf digitaler Datenübertragung und verwendet ein Zeitmultiplexverfahren für die möglichst gute Ausnutzung der verfügbaren Funkfrequenzen. Auf diese Weise stehen pro Trägersignal acht verschiedene Kanäle zur Verfügung. GSM bietet dem Benutzer eine Reihe verschiedenartiger Dienste an, zu denen neben dem *Sprach- und Faxdienst* auch der in Europa sehr populäre *Kurznachrichtendienst SMS* (Abkürzung von engl.: short message service) zum Versenden kurzer Textbotschaften gehört. Bei GSM werden sowohl *leitungs- als auch paketvermittelnde Dienste* eingesetzt, je nach Dienst erfolgt die *Datenübertragung synchron oder asynchron*.

Während in vielen anderen Telefonsystemen jedem Endgerät eine feste Identifikationsnummer zugeordnet wird, beruht das GSM auf einer *personenbezogenen Nummernzuordnung*. Ein Teilnehmer weist seine Identität mit einer Chipkarte (einer so genannten SIM-Card; *SIM* ist die Abkürzung von engl.: subscriber identity module) nach, in der auch seine eindeutige Rufnummer gespeichert ist. Damit kann er prinzipiell beliebige Endgeräte (Telefon, Telefax usw.) innerhalb des GSM-Netzes verwenden. Hierzu muss die entsprechende SIM-Card lediglich in das gewünschte Endgerät eingelegt werden.

In Europa belegt das GSM-System *zwei verschiedene Frequenzbänder*, man unterscheidet zwischen dem GSM-900 und dem GSM-1.800-Netz. Das *GSM-900-Netz* verwendet den Frequenzbereich um 900 MHz: beim Senden vom Mobiltelefon zur Basisstation (Uplink), werden Frequenzen zwischen 890 und 915 MHz benutzt und beim Senden von der Basisstation zum Mobiltelefon (Downlink), Frequenzen zwischen 935 und 960 MHz. Beim GSM-1.800-Netz erfolgt der Funkverkehr beim Uplink zwischen 1.710 und 1.785 MHz, für den Downlink werden Frequenzen zwischen 1.805 und 1.880 MHz verwendet.

Zusätzlich zu den europäischen GSM-Netzen wurden ab Mitte der 1990er Jahre in den USA und Kanada GSM-Netze installiert, welche allerdings im Frequenzbereich um 1.900 MHz operieren und deswegen auch *GSM 1.900* oder *PCS 1.900* (Abkürzung von engl.: personal communication services) genannt werden.

Seit dem Ende der 1990er Jahre existieren Endgeräte, die in verschiedenen GSM-Netzen gleichzeitig verwendet werden können. *Dual-Band-Mobiltelefone* erlauben die Benutzung der Frequenzen GSM 900 und GSM 1.800. Um Endgeräte in allen drei Frequenzbändern verwenden zu können, ist die so genannte *Tri-Band-Technik* nötig.

GSM startete zunächst als reiner Sprachfunk mit digitaler Sprachübertragung. Im Jahr 1994 wurde der GSM-Standard um eigene Datenkanäle erweitert, die eine *Datenübertragung mit einer Übertragungskapazität von 2,4 bis 9,6 kbit/s pro Funkkanal* ermöglichen. Zwar stehen theoretisch insgesamt 22,8 kbit/s Übertragungsrate zur Verfügung, bei der Datenübertragung können davon aber nur 9,6 kbit/s für die Versendung von Nutzdaten verwendet werden. Die übrigen 13,2 kbit/s werden für Steuerinformation verwendet. Der Datenaustausch von einem PC über GSM erfolgt über standardisierte V.34-Modems (beispielsweise ein PC-Card-Modem), die über eine GSM-Schnittstelle verfügen (siehe Abb. 6.7.5.5/1).

Abb. 6.7.5.5/1:
Mobiltelefon mit PC-Card-Modem

GSM ist eine Übertragungstechnik mit einer *verhältnismäßig hohen Übertragungsreichweite* (bis zu 40 Kilometern). Die GSM-Technik funktioniert nach dem Prinzip der *Leitungsvermittlung*, wobei jedem Benutzer (virtuell) für die Dauer einer Übertragung ein Kanal exklusiv zugeordnet wird. Zur Erhöhung der Anzahl gleichzeitiger Verbindungen kann *jeder Kanal durch Zeitmultiplexing von (maximal) acht Benutzern gleichzeitig verwendet* werden. Jeder einzelne Benutzer hat jedoch den Eindruck, dass ihm der Kanal exklusiv zur Verfügung steht.

Zur Übertragung werden die übermittelten Daten in GSM in Pakete einer bestimmten Größe zerlegt. Die *Zerlegung der übertragenen Daten in Pakete* ist die Voraussetzung für die Anwendung des erwähnten *Zeitmultiplexverfahrens*, bei dem sich mehrere Benutzer abwechselnd einen (virtuellen) Übertragungskanal teilen. Ein Zeitschlitz hat hierbei die Dauer von *577 Mikrosekunden*.

In *Deutschland* gibt es derzeit *vier Betreiber von GSM-Mobilfunknetzen* sowie zahlreiche, darauf aufbauende Dienstanbieter: die Telekom-Tochter T-Mobile betreibt das GSM-Netz D1, Vodafone das GSM-Netz D2, neben den Anbietern E-Plus und O₂ Alle Betreiber verwenden Netze auf Basis von GSM 900 und GSM 1.800 (auch DCS 1.800 genannt) mit Ausnahme des Betreibers E-Plus, der ausschließlich GSM 1.800 einsetzt.

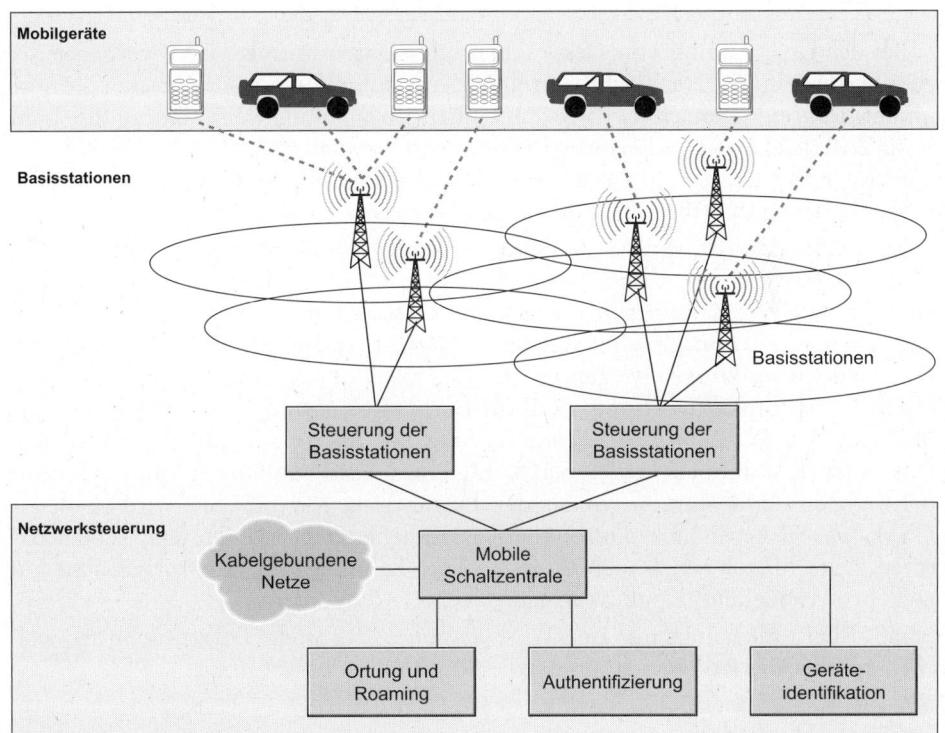

Abb. 6.7.5.5/2: Struktur eines GSM-Netzes

Virtuelle Betreiber sind Unternehmen, die von den genannten Infrastrukturbetreibern Netz- und Betreiberdienstleistungen (wie beispielsweise Verrechnung) zukaufen, um diese unter ihrer Marke weiter zu veräußern. Um einen Mehrwert zu bieten, vermarkten sie häufig zusätzliche Leistungen, die auf den Basisleistungen der Netzbetreiber aufbauen. Einer der ersten Dienstanbieter dieser Art in Deutschland war die Firma debitel.

Seit langer Zeit gibt es immer wieder aufflammende Diskussionen, ob und inwieweit Mobilfunkgeräte die Benutzer der Gefahr (langfristiger) gesundheitlicher Schäden aussetzen. Die große Mehrheit der vorliegenden Studien „beruhigt" die Benutzer, weitere Forschungsarbeiten sind im Gange.

6.7.5.6 High Speed Circuit Switched Data (HSCSD)

HSCSD (Abkürzung von engl.: high speed circuit switched data) ist eine im Jahr 1999 eingeführte Weiterentwicklung der leitungsvermittelnden Datenübertragung in GSM-Netzen. Zum einen beinhaltet HSCSD ein neues Codierungsschema für die GSM-Datenübertragung, bei dem 14,4 kbit/s der insgesamt 22,8 zur Verfügung stehenden kbit/s für die Übertragung von Nutzdaten eingesetzt werden können. Zum anderen ermöglicht HSCSD die Bündelung von Zeitschlitzen.

Bei der Übertragung von Gesprächen oder Daten mittels GSM werden jeder zu übermittelnden Nachricht einzelne Zeitschlitze zugeordnet. Bisher konnte immer nur ein Zeitschlitz pro Zeiteinheit (beziehungsweise einer von acht Kanälen) gleichzeitig in Anspruch genommen werden. Mit *HSCSD* besteht nun die Möglichkeit, mehrere dieser *Zeitschlitze zu bündeln* und damit die maximal mögliche Datenübertragungsrate zu steigern (Kanalbündelung).

Eine GSM-Basisstation stellt maximal acht Zeitschlitze pro Zeiteinheit zur Verfügung. Durch Nutzung aller acht Sende- und Empfangszeitschlitze einer Basisstation (engl.: multi slot) könnte *die Datenrate theoretisch (bidirektional) auf bis zu 115,2 kbit/s* erhöht werden. *In der Praxis* verwendet man endgeräteseitig jedoch *maximal vier Empfangs- und zwei Sendezeitschlitze* (asymmetrischer Datentransfer). Somit sind *in Empfangsrichtung Übertragungen mit maximal 57,6 kbit/s und in Senderichtung mit maximal 28,8 kbit/s* möglich. Das entspricht immerhin der Kapazität eines V.90-Modems (siehe Abschnitt 6.1.8). Der GSM-Standard nach der Einführung von HSCSD wird auch als *GSM Phase 2* bezeichnet. Durch die Zusammenlegung von vier eigentlich separaten Zeitschlitzen wird auch die maximale Benutzerzahl von vorher acht auf zwei pro (virtuellem) Kanal verringert.

HSCSD ist allerdings nur eine *Vorstufe* von GPRS (siehe Folgeabschnitt), welches durch seine Paketorientierung die Bandbreiten besser nutzt.

6.7.5.7 General Packet Radio Service (GPRS)

Beim herkömmlichen GSM wird zum Telefonieren oder Übertragen von Daten jedem Benutzer (virtuell) eine Leitung zugewiesen, die er exklusiv nutzen kann. Diese Leitung ist selbst dann belegt, wenn der Teilnehmer gerade eine Sprechpause einlegt oder beispielsweise einen Text am Bildschirm liest, während die Verbindung weiter besteht.

> **GPRS** (Abkürzung von engl.: general packet radio service) ist eine Weiterentwicklung der GSM-Technik. Die Datenübertragung erfolgt bei GPRS mittels *Paketvermittlung*. Statt konstant eine Leitung zu belegen werden hierbei Datenpakete fester Länge jeweils einzeln vom Sender an den Empfänger übermittelt. Hierbei werden die einzelnen Pakete auf ihrem Weg in Vermittlungsstellen zwischengespeichert und weitergeleitet, bis sie den Empfänger erreichen (engl.: packet switching, store and forward).

Vorbild für die GPRS-Technik ist TCP/IP (siehe Abschnitt 6.4), wobei GPRS als drahtlose Erweiterung betrachtet wird, die unter anderem Servicequalität zusichert. Durch die GPRS-Technik sind *Übertragungsraten* von theoretisch bis zu 171,2 kbit/s möglich.

Die GPRS-Technik verwendet *vier verschiedene Codierverfahren*, die unterschiedliche Fehlerabsicherungen unterstützen. Bei einer hohen Absicherung werden zusätzliche Bits zur Prüfung und Fehlerkorrektur übertragen, die bei einer Übertragungsstörung die Wiederherstellung der Daten ohne neuerliche Übertragung ermöglichen. Allerdings sinkt hierdurch die Nettoübertragungsrate.

> Eine ungesicherte Übertragung mit einer höheren Übertragungsrate ist beispielsweise bei Sprache oder Musik sinnvoll, da hier einzelne Bitfehler kaum merklich sind.

Zusätzlich kann bei GPRS einem Benutzer ein unterschiedlich langes exklusives Senderecht in einer Zelle zugewiesen werden. Diese Zuweisung erfolgt über *Zeitschlitze*, wobei ein Benutzer maximal acht Zeitschlitze erhalten kann. Die Abb. 6.7.5.7/1 zeigt die unterschiedlichen erreichbaren Datenraten je nach Codierverfahren und Zeitschlitzzuordnung.

Welche *Codierverfahren* eingesetzt werden, beziehungsweise wie viele Zeitschlitze einem Teilnehmer zur Verfügung gestellt werden, entscheidet der Netzbetreiber. Die Nutzungsmöglichkeit dieser Verfahren hängt allerdings auch von den verwendeten Mobiltelefonen ab.

> Fast alle *deutschen Mobilfunkbetreiber* starteten ihren *GPRS-Dienst* in 2001. Die Anzahl der GPRS zugeordneten Zeitschlitze ist betreiber- und teilweise lastspezifisch. Nur bei der maximalen Zeitschlitzzuordnung ist die höchstmögliche Datenrate von 171,2 kbit/s möglich. Typische Datenraten sind bis zu 53,6 kbit/s unter Verwendung von vier Zeitschlitzen.

Für einen Benutzer hat GPRS *zwei Vorteile:* zum einen bietet es im Vergleich zu GSM deutlich *höhere Datenraten*, zum anderen birgt es auch *potenzielle Ein-*

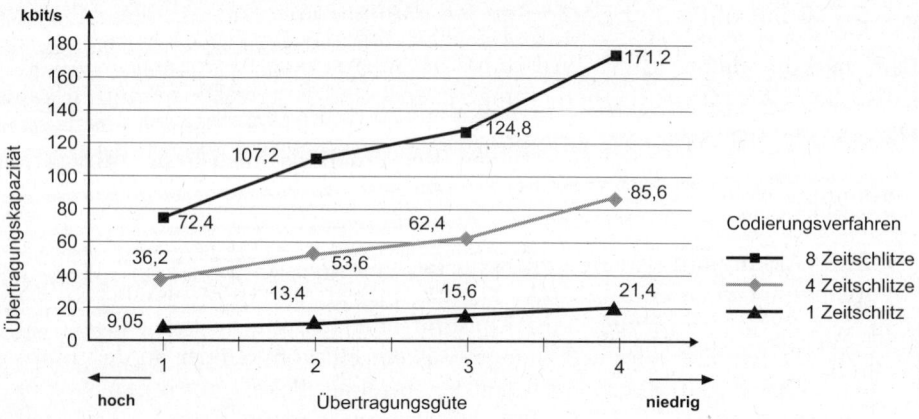

Abb. 6.7.5.7/1: Mögliche Übertragungskapazitäten von GPRS

sparungsmöglichkeiten, da bei GPRS nur die tatsächlich übertragenen Datenmengen abgerechnet werden und nicht die Verbindungsdauer. Pausen, in denen keine Datenübertragung stattfindet, müssen nicht bezahlt werden. Dies bedeutet allerdings nicht zwingend, dass Telefongespräche oder Datenübertragungen billiger werden.

Die Umstellung eines GSM-Netzes auf GPRS bedeutet nicht, dass jeder Benutzer zwangsläufig ein neues Mobiltelefon erwerben muss. Wer sein Mobiltelefon beispielsweise ausschließlich für Telefonate und die Übertragung von SMS-Nachrichten verwendet, kann sein „altes" Telefon auch weiterhin benutzen. Dies ist möglich, da GPRS (wie auch HSCSD) auf dem GSM-Standard basiert.

6.7.5.8 Enhanced Data Rates for GSM Evolution (EDGE)

EDGE (Abkürzung von engl.: enhanced data rates for GSM evolution) wurde von Ericsson entwickelt und soll die Datenübertragungsrate der 2. Generation der GSM-Netze noch ein Mal erhöhen. EDGE spezifiziert zwei verschiedene Arten von Datendiensten: *EGPRS* (Abkürzung von engl.: enhanced GPRS) und *ECSD* (Abkürzung von engl.: enhanced circuit-switched data). EGPRS ist die Weiterentwicklung des Paketvermittlungsverfahrens von GPRS. ECSD ist der Nachfolger des Leitungsvermittlungsverfahrens von HSCSD.

Die *maximale Übertragungskapazität* beträgt bei der Verwendung von EDGE *69,2 kbit/s je verwendetem Zeitschlitz,* wobei auch hier maximal acht Zeitschlitze pro Kanal zur Verfügung stehen. Zur Erhöhung der Übertragungskapazität gegenüber GPRS kommt bei EDGE eine verbesserte Codierung der übertragenen Daten zum Einsatz. Für die Übertragung von Nutzdaten stehen letztlich nach Abzug des Protokoll-Overheads Übertragungsraten zwischen 8,8 kbit/s und 59,2 kbit/s pro Zeitschlitz zur Verfügung. Typische Realwerte belaufen sich auf 48 kbit/s, womit die Datenübertragungsrate gegenüber GSM fast verdreifacht wird. Durch die Bündelung aller acht Zeitschlitze eines Kanals ist eine *Gesamtübertragungsrate von 384 kbit/s* erzielbar.

Mit EDGE erreicht der GSM-Standard jene Übertragungsrate, die bei Verwendung von DECT bereits seit einigen Jahren über kurze Distanzen erzielbar ist. Diese Marke gilt derzeit jedoch auch als absolute Kapazitätsobergrenze und als die letztmögliche Ausbaustufe des GSM-Standards. Diese Technik ist somit eine Wachstumschance für all jene Mobilfunkanbieter, die keine UMTS-Lizenz erhalten haben.

6.7.5.9 Universal Mobile Telecommunication System (UMTS)

UMTS (Abkürzung von engl.: universal mobile telecommunications system) ist ein weltweit einheitlicher Mobilfunkstandard, der auf dem Prinzip der Paketvermittlung beruht und eine theoretische Übertragungsrate in einer Zelle von bis zu 1,920 Mbit/s bietet. Derzeitige Produkte bieten maximal 384 kbit/s an. UMTS ist keine Weiterentwicklung des GSM-Standards wie zum Beispiel GPRS und EDGE, sondern eine eigenständige und neue Technik. GSM-Dienste wie beispielsweise SMS werden auch von UMTS unterstützt. Man spricht im Bezug auf UMTS auch von *„3G-Netzen"* – Netzen der dritten Generation.

UMTS unterscheidet vier Zellgrößen (siehe Abb. 6.7.5.9/1), durch die eine hierarchische Zellstruktur aufgebaut wird:

- Eine *Pikozelle* dient zur Versorgung auf engstem Raum, typischerweise zur Versorgung eines Gebäudes (Reichweite des Senders maximal 100 m). Anwendungsbereiche sind beispielsweise die Versorgung von stark frequentierten Plätzen wie Flughäfen, Bahnhofshallen oder Einkaufszentren.
- Eine *Mikrozelle* ist für die innerstädtische Versorgung vorgesehen, wobei die Reichweite wenige km betragen kann.
- Die *Makrozelle* ermöglicht eine flächendeckende Versorgung im Vorstadtbereich (Reichweite ähnlich wie bei GSM)
- Die *Satellitenzelle* dient zur Erreichung der globalen Versorgung mit UMTS.

Diese Hierarchieebenen werden gemeinsam als *URAN* bezeichnet (Abkürzung für engl.: UMTS radio access network), das terrestrische Funksystem (ohne Satelliten) als *UTRAN* (Abkürzung für engl.: UMTS terrestrial radio access network).

Je nach Hierarchieebene sind auch unterschiedliche *maximale Übertragungskapazitäten* und *Teilnehmergeschwindigkeiten* möglich. Die Teilnehmergeschwindigkeit ist die Geschwindigkeit, mit der sich ein Benutzer in einem zellu-

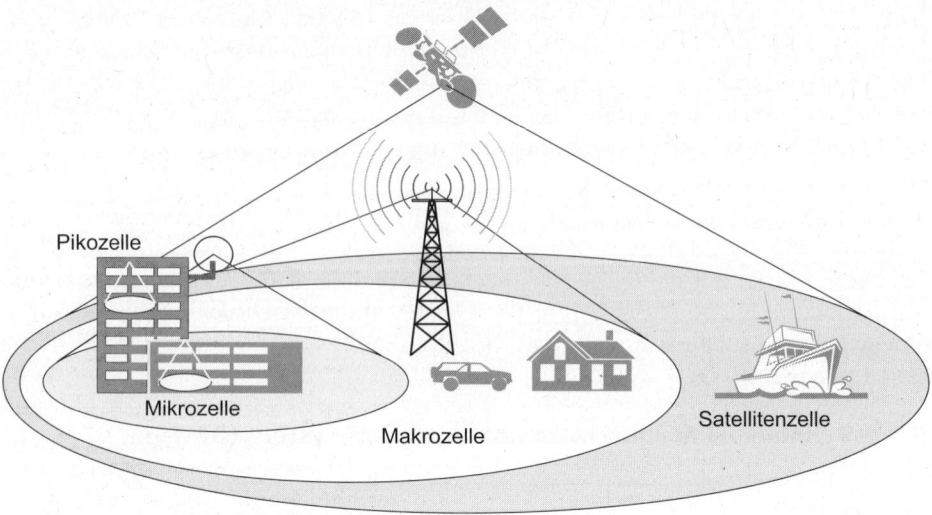

Abb. 6.7.5.9/1: Zellen bei UMTS

laren Systems fortbewegt. Dies ist ein wichtiger Faktor vor allem bei einer kleinen Zellgröße, da die *Weitergabe der Zuständigkeit* einer Basisstation (engl.:
roaming) Rechenaufwand und möglicherweise einen Wechsel der Betriebsart
erfordert. Die Höchstgeschwindigkeit des Teilnehmers ist beispielsweise relevant, wenn die UMTS-Dienste von einem Verkehrsmittel aus genutzt werden.
Die Tabelle in Abb. 6.7.5.9/2 zeigt die in UMTS möglichen Höchstwerte für
Übertragungskapazität, Zellengröße und Teilnehmergeschwindigkeit. Wie wir
später in diesem Abschnitt sehen werden, hängen die erreichbaren Leistungen
jedoch von weiteren Faktoren ab, sodass in dieser Abbildung nur Obergrenzen
angegeben werden können. Im Fall der Pikozelle entspricht die Kapazität der
Zellkapazität, die derzeit von keinem UMTS-Anbieter Endkunden angeboten
wird.

Auf jeder dieser Hierarchieebenen kann im Prinzip ein flächendeckendes Zellularnetz aufgebaut werden. Da ein Funknetz ein Diffusionsnetz ist, können in

	Maximale Übertragungskapazität	Zellengröße	Höchstgeschwindigkeit
Pikozelle	< 2 Mbit/s	< 100 m	< 10 km/h
Mikrozelle	<= 384 kbit/s	< 500 m	< 120 km/h
Makrozelle	<= 144 kbit/s	< 2 km	< 500 km/h
Satellitenzelle	9,6 kbit/s	>= 2 km	–

Abb. 6.7.5.9/2: Übertragungskapazität und Teilnehmergeschwindigkeit

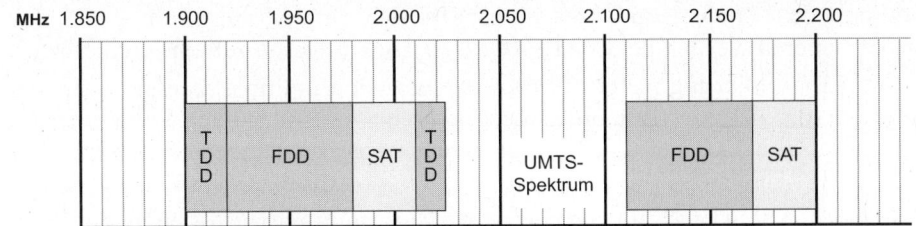

Abb. 6.7.5.9/3: Frequenzbereiche von UMTS

Bereichen, in denen viele Endgeräte zu versorgen sind, kleine Zellen gewählt werden, und in Bereichen mit einer geringeren Dichte größere Zellen. Dadurch wird die Zahl der Teilnehmer pro Zelle relativ gering gehalten, wodurch die verfügbare Bandbreite pro Zelle relativ groß wird. Auf diese Weise wird der Nachteil der geringen Reichweite einer kleinen Zelle zum Vorteil, da die weiter entfernten Zellen die gleichen Frequenzspektren voll und ohne gegenseitige Beeinflussung nutzen können (siehe räumliches Multiplexing in Abschnitt 6.1.9.4).

Im terrestrischen Anwendungsbereich werden zwei Betriebsarten unterschieden:

- Der *Frequenzduplexbetrieb* (engl.: frequency division duplex, abgekürzt: FDD) ist für die Mikro- und Makrozellen vorgesehen. In dieser Betriebsart steht das Frequenzband von 1.920 bis 1.980 MHz für die Verbindung zur Basisstation und das Frequenzband von 2.110 bis 2.170 MHz für die Gegenrichtung zur Verfügung. Die Bandbreite beträgt somit in beiden Richtungen jeweils 60 MHz. Durch die unterschiedlichen Frequenzbereiche für Senden und Empfangen ist ein Vollduplexbetrieb möglich.

- Der *Zeitduplexbetrieb* (engl.: time division duplex, abgekürzt: TDD) ist für die Pikozellen vorgesehen. Für diese Betriebsart werden die Frequenzbänder von 1.900 bis 1.920 MHz und von 2.010 bis 2.025 MHz reserviert. Allerdings werden hier nicht unterschiedliche Frequenzbänder für das Senden und Empfangen reserviert, sondern es werden Zeitschlitze vorgesehen, die auch dynamisch zugeordnet werden können, wodurch asymmetrische Nutzungsmuster realisiert werden können (beispielsweise beim Internet-Zugang). Durch den Zeitduplexbetrieb können somit höhere Übertragungsraten als beim Frequenzduplexbetrieb erreicht werden, da bei Bedarf alle Zeitscheiben in einer Richtung eingesetzt werden können. Andererseits erfordert der Zeitduplexbetrieb eine genauere Synchronisation. Der Zeitduplexbetrieb kann deshalb nur dort verwendet werden, wo die Entfernung von der Mobilstation zur Basisstation gering ist, da sonst Überlappungen zwischen den Sende- und Empfangszeitschlitzen auftreten können. Folglich wird dieses Verfahren nur in den Pikozellen genutzt.

Für die *Satellitenzellen* sind *getrennte Frequenzbereiche* (von 1.980 bis 2.010 MHz und von 2.170 bis 2.200 MHz) vorgesehen (siehe Abb. 6.7.5.9/3).

Durch das *Zugangsverfahren* verschafft sich eine Mobilstation das *Senderecht*. Generell werden bei UMTS *drei Basiszugangsverfahren* unterschieden:

- *FDMA* (Abkürzung für engl.: frequency division multiple access) ist ein Verfahren, das das zur Verfügung stehende Frequenzband je nach Teilnehmerzahl in unterschiedliche Kanäle aufteilt, wobei jeder Teilnehmer einen exklusiven Kanal erhält.

- *TDMA* (Abkürzung für engl.: time division multiple access) teilt die Bandbreite über Zeitschlitze den Teilnehmern zu.

- *CDMA* (Abkürzung für engl.: code division multiple access) ist ein Verfahren, das im Mobilfunkbereich erstmals bei UMTS eingesetzt wird. CDMA kennt weder Zeitschlitze noch Kanäle. Die zu übertragenden Daten werden mit einem „digitalen Fingerabdruck" (Code) versehen, der vor Beginn einer Übertragung durch Sender und Empfänger ausgehandelt wurde. Anschließend werden die Daten nach einem (Pseudo-)Zufallsverfahren gestreut über das gesamte verfügbare Frequenzspektrum übertragen. Um die übertragenen Daten zu rekonstruieren, setzt das empfangende Gerät die Daten, die mit dem gleichen Code markiert sind, wieder zu einem kontinuierlichen Datenstrom zusammen.

Das *CDMA-Verfahren* basiert auf Methoden zur Absicherung von Telefongesprächen im zweiten Weltkrieg. Dabei wurde ein Sprechersignal künstlich (beispielsweise mit Zufallszahlen) verzerrt auf die Telefonleitung geschickt, um das Gespräch abhörsicher zu gestalten. Für die Decodierung wird auf der anderen Seite wieder der entsprechende Code benötigt, um die Stimme zu rekonstruieren. Interessant ist dabei, dass die Leitung auch gegen Störsignale im Frequenzbereich der menschlichen Stimme geschützt wird, da nach der Decodierung das Störsignal als weißes Rauschen erscheint. Bei dem CDMA-Verfahren wird jedem Teilnehmer ein unterschiedlicher Code zugewiesen, der als Basis der „Verschlüsselung" (genauer: *Spreizung*) dient. Weitere Teilnehmer in einer Zelle, die gleichzeitig den Kanal nutzen, erscheinen nach der Decodierung gleichsam ebenso als weißes Rauschen, die Effekte der Kollisionen können nahezu eliminiert werden. Der Effekt ist, dass durch das CDMA-Verfahren der Verbindungsaufbau einfacher wird, da eine Station weder nach Zeitschlitzen noch nach freien Frequenzen suchen muss.

Je nach Betriebsart werden bei UMTS *Kombinationen dieser Verfahren* eingesetzt. Im Frequenzduplexbetrieb wird eine Kombination von FDMA und CDMA verwendet (Bezeichnung: wideband CDMA), wobei die Trennung der Benutzer entweder über Frequenzbereiche oder über Codes erfolgt. Im Zeitduplexbetrieb wird eine Kombination zwischen TDMA und CDMA (namens FD-CDMA) verwendet, wobei pro Zeitschlitz bis zu 16 Codes eingesetzt werden können.

Durch die Variation des Grades der Spreizung sind bei CDMA *variable Bitraten* möglich, wobei eine geringere Spreizung zu höheren Bitraten aber auch zu einer höheren Störanfälligkeit führt. Je mehr Teilnehmer sich in einer Funkzelle befinden, desto höher wird die gegenseitige Beeinflussung, da die einzelnen

Codes nicht mehr orthogonal zueinander sind. Um den Störungen entgegen zu wirken, senden UMTS-Mobiltelefone mit einer variablen Sendeleistung, die von 125 mW bis zu maximal zwei Watt reicht. Je mehr Endgeräte mit hoher Sendeleistung senden müssen, desto größer wird allerdings auch die gegenseitige Beeinflussung. Dies führt dazu, dass nur mehr Geräte relativ nah an der Basisstation effektiv über diese senden können. Dadurch nimmt bei einer größeren Anzahl von Teilnehmern auch der Zelldurchmesser ab, die Zelle scheint zu schrumpfen. Da die Größe der Zelle je nach Teilnehmerzahl variiert, spricht man von *Zellatmung* (engl.: cell breathing). Die Zellatmung ist im Wesentlichen eine Folge der CDMA-Technik und bewirkt, dass bei einer hohen Anzahl von Teilnehmern auch die Dichte der Sendestationen entsprechend hoch gewählt werden muss (siehe Abb. 6.7.5.9/4).

Die Zellatmung stellt bei variablen Teilnehmerzahlen beispielsweise bei Großveranstaltungen ein erhebliches Planungsproblem dar, da die Anzahl der Basisstationen in einzelnen Regionen bei Bedarf nicht ohne weiteres variiert werden kann. Das Problem des variablen Bedarfs an Basisstationen stellt sich aber auch bereits – wenngleich auch in geringerem Umfang – beim GSM-Netz, wo Anbieter bei Großveranstaltungen mobile Basisstationen (Funkwagen) einsetzen.

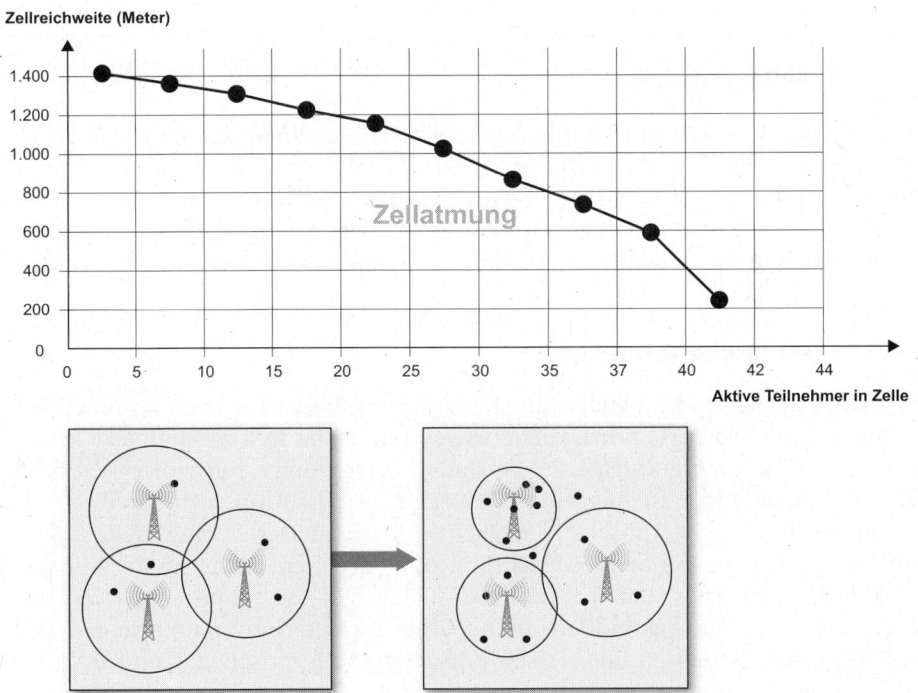

Abb. 6.7.5.9/4: Zellenreichweite und Anzahl der Teilnehmer in einer Zelle (Quelle: UMTSlink.at)

Dieser Effekt hat zur Folge, dass einerseits nur in der Nähe der Basisstation gute Übertragungsleistungen erreichbar sind, und dass andererseits für gute Übertragungsleistungen ein Teilnehmer nicht mehr als 300 bis 600 Meter von einer Basisstation entfernt sein sollte.

Basierend auf UMTS sind bereits einige Weiterentwicklungen erfolgt, die teilweise den Normungsprozess durchlaufen haben und sich derzeit in Asien und in den USA im Testbetrieb befinden. Eine der wichtigsten Weiterentwicklungen ist *HSDPA* (Abkürzung von engl.: high speed downlink packet access) und *HSUPA* (Abkürzung von engl.: high speed uplink packet access). Diese Erweiterungen des paketbasierten UMTS-Datendienstes sind Bestandteil der UMTS-Release 5. Die maximalen Übertragungsraten betragen in der Downlink-Richtung 14 Mbit/s und in der Uplink-Richtung 5,8 Mbit/s. Die maximale Zellenkapazität wird 10 Mbit/s betragen und mit Release 6 auf 20 Mbit/s erweitert werden. Die effektive Datenrate in der ersten Variante wird 2 bis 3 Mbit/s betragen, was eine wesentliche Verbesserung gegenüber den derzeitigen 384 kbit/s ist.

> UMTS-Betreiber mit eigener Netzwerkinfrastruktur (engl.: facility based operators) sind in Deutschland *T-Mobile*, *Vodafone* (ehemals Mannesmann), *E-Plus* und O_2 (ehemals VIAG Interkom). In Österreich sind es *mobilkom austria*, *One*, *T-Mobile*, *tele.ring* und *Hutchinson 3G* (unter der Marke „Drei").

▶ Übungsaufgabe Nr. 2.6.32 im Arbeitsbuch

6.7.6 Satellitennetze

Ursprünglich bezeichnete der Begriff Satellit einen *Himmelskörper, der einen Planeten umkreist* (zum Beispiel der Mond). Am 4. Oktober 1957 ging der erste *künstliche* Satellit, der russische Satellit *Sputnik* in Umlaufbahn. Von 1959 bis 1963 nutzte die US-Marine den Mond (der laut Definition ein natürlicher Satellit der Erde ist) als Reflektor für Funkübertragungen zwischen Washington und Hawaii.

6.7.6.1 Technische Grundlagen

Der stark wachsende Bedarf an Übertragungskapazität für kommerzielle Kommunikationsdienste führte zur Entwicklung neuer leistungsfähiger Generationen von *Nachrichtensatelliten*. Die Datenübertragung erfolgt über *Transponder*. Ein Transponder ist hier eine Übertragungseinheit auf dem Satelliten, die aus einem Empfänger, Umsetzer und Sender besteht. Der *Uplink*, also die Signalübertragung von der Sendeeinrichtung zum Satelliten, erfolgt in der Regel im Frequenzbereich zwischen 13 und 16 GHz. Der Frequenzbereich für den *Downlink*, also die Signalübertragung vom Satelliten zum Empfänger, liegt (abhängig vom Satelliten und dessen Einsatzbereich) zwischen 1 und 60 GHz. Die Abb. 6.7.6.1/1 gibt einen Überblick über die Empfängerfrequenzen bei der Satellitenübertragung sowie deren jeweilige Namensbezeichnung.

Frequenzbereich	Band
1,00 – 2,60 GHz	L-Band
2,60 – 3,95 GHz	S-Band
3,95 – 5,80 GHz	C-Band
5,85 – 8,20 GHz	J-Band
8,20 – 12,40 GHz	X-Band (Ku)
12,40 – 18,00 GHz	P-Band (Ku)
18,00 – 26,50 GHz	K-Band
26,50 – 40,00 GHz	R-Band (Ka)
40,00 – 60,00 GHz	U-Band

Abb. 6.7.6.1/1: Empfängerfrequenzen bei der Satellitenübertragung

Für Richtfunkverbindungen über Satellit wurden anfangs nur die Trägerfrequenzen des C-Bands verwendet. Seit Mitte der 1980er Jahre wird auch der Bereich von 14/11 GHz und 14/12 GHz (Uplink/Downlink) kommerziell genutzt. Man bezeichnet dieses Frequenzband auch als Ku-Band. Die *Frequenzvergabe für Satellitensysteme* wird bei der amerikanischen Regulierungsbehörde *Federal Communications Commission* (FCC) beantragt.

Die *WRC* (Abkürzung von engl.: World Radio Conference) ist eine weltweite Konferenz zum Thema der Nutzung von Funkfrequenzen, die in regelmäßigen Abständen von der *ITU* (Abkürzung von engl.: International Telecommunication Union) veranstaltet wird. Auf der WRC treffen sich Vertreter von Telekommunikationsanbieter und Rundfunkanstalten aus zahlreichen Ländern der Welt, um internationale Vereinbarungen über weltweite Funkverbindungen und die Zuweisung von Frequenzen zu treffen. Unter anderem nehmen auch die Vertreter der FCC an der WRC teil. Im Jahr 1992 wurden von der WRC zum Beispiel zusätzliche Frequenzen für den Satellitenfunk im S- und im K/Ka-Band reserviert.

Satelliten umrunden die Erde entweder in einer *kreisförmigen* oder einer *elliptischen Umlaufbahn* (engl.: orbit). Die so genannte *HEO-Umlaufbahn* (Abkürzung von engl.: highly elliptical orbit) ist eine elliptische Umlaufbahn. Ausgehend von der Flughöhe lassen sich *Satelliten mit kreisförmigen Orbits* in drei verschiedene Gruppen einteilen.

- *Geostationäre Satelliten (GEO;* Abkürzung für engl.: geostationary earth orbit) umkreisen die Erde mit Erdumdrehungsgeschwindigkeit in einer Flughöhe von etwa 36.000 km über dem Äquator. Aus Erdsicht scheinen sie immer am selben Ort stillzustehen. Für eine weltweite Funkabdeckung reicht bereits eine kleine Anzahl von Satelliten aus (unter Umständen bereits drei bis vier Satelliten).

- *Satelliten mittlerer Flughöhe (MEO;* Abkürzung für engl.: medium earth orbit) bewegen sich in einer Entfernung von 6.000 bis 20.000 km von der

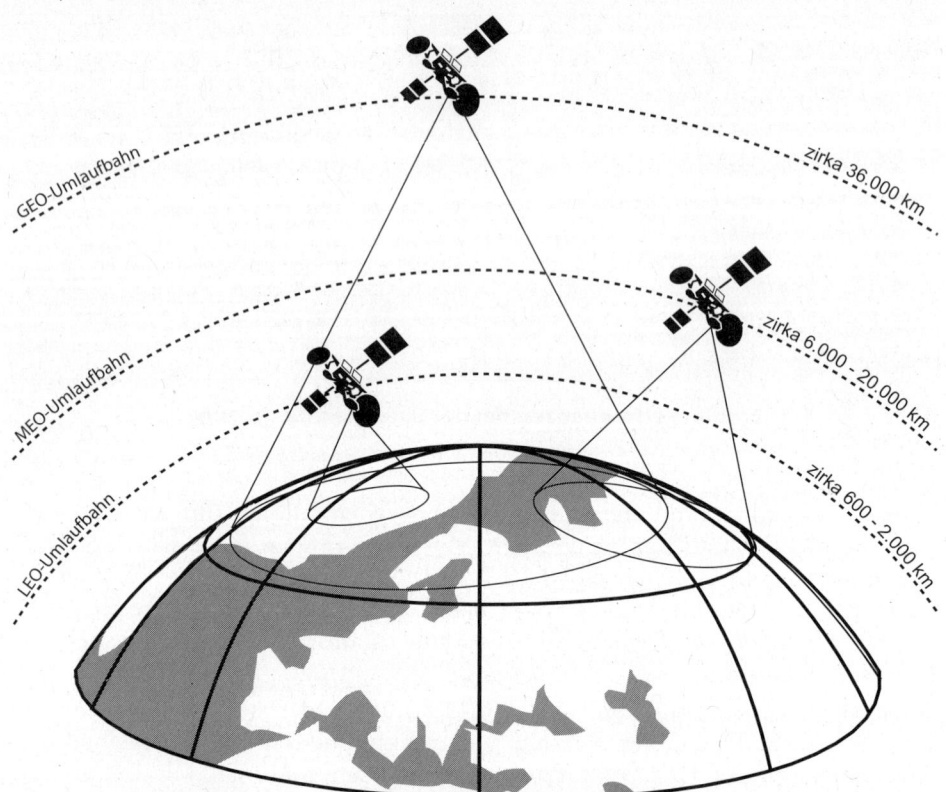

Abb. 6.7.6.1/2: Typische Umlaufbahnen für Erdsatelliten

Erde. Für eine weltweite Funkabdeckung sind (zumindest) 10 bis 15 Satelliten notwendig.

- *Satelliten niedriger Flughöhe (LEO;* Abkürzung für engl.: low earth orbit) weisen eine Flughöhe von 600 bis 2.000 km von der Erde auf. Um mit diesen Satelliten mit relativ kleiner Reichweite/Abdeckung ein weltweit flächendeckendes Netz aufzubauen, benötigt man zumindest 40 bis 60 Exemplare.

Satelliten in niedrigen Umlaufbahnen

Satelliten in niederen Umlaufbahnen kommt eine große Bedeutung bei der Sprach- und Datenkommunikation zu. Dies ist auf folgende *Vorteile* zurückzuführen:

- *Geringe (Signal- oder) Übertragungsverzögerung:* Bei LEO-Satelliten kommt es aufgrund der geringen Entfernung zur Erde zu einer geringen Signalverzögerung (bis zu etwa 20 ms), wogegen bei GEO-Satelliten mit einer Latenz von 255 ms zu rechnen ist.

- *Die Baugröße der auf der Erde eingesetzten Terminals ist klein* und hat nur einen geringen Energiebedarf. Daraus ergeben sich auch weniger Probleme mit der elektromagnetischen Verträglichkeit bei den Endgeräten.
- *Hohe Teilnehmerkapazität* und sehr gute Übertragungsqualität.
- *Sehr gute weltweite Abdeckung:* Bei der Kommunikation mit GEO-Satelliten hingegen haben Empfänger jenseits des 60. Breitengrades (zum Beispiel Skandinavien) vermehrt Empfangsprobleme.

Um die steigenden Anforderungen an die personenbezogene (Individual-) Kommunikation zu erfüllen, werden deshalb zunehmend diese Satellitensysteme zum Einsatz gebracht. Ein wichtiger Faktor ist nicht zuletzt die weitere Miniaturisierung der Satellitenempfänger, die nur bei diesen Systemen realisierbar wird.

Den Vorteilen stehen jedoch auch *Nachteile* gegenüber: Es wird eine *große Zahl von Satelliten* benötigt, um eine ununterbrochene Ausleuchtung der Erde zu ermöglichen. Die technischen Probleme, die sich dabei stellen, entsprechen den Problemen von Zellularnetzen, wobei meist die Bodenstationen stationär und die Satelliten mobil sind. Die Folge sind *komplexe Satellitensteuerungen.* Durch das dichte Netz der vielen Satelliten ist ein komplexes Steuersystem für den Datenaustausch notwendig. Die *kurze Sichtbarkeit* der einzelnen Satelliten macht Mechanismen zur Datenweiterleitung oder –übergabe (engl.: handover, roaming) zwischen den Satelliten notwendig.

Zum *Beispiel* darf ein *Telefongespräch* nicht beendet werden, wenn das Telefon sich aus der Ausleuchtzone des Satelliten bewegt. Sobald also ein zweiter Satellit das Signal des Anrufs empfängt und gleichzeitig dieselbe *Bodenstation* (engl.: terrestrial gateway) kontaktieren kann, beginnt eine simultane Übertragung des Gesprächs. Beim Austreten des ersten Satelliten aus der Ausleuchtzone übernimmt der zweite Satellit die Übermittlung des Gesprächs.

Geostationäre Satelliten

Der *Großteil* der heute eingesetzten Satelliten sind *geostationäre Satelliten.* Von ihrer Weltraumposition aus können sie ungefähr ein Drittel der Erdoberfläche ausleuchten. Jede Erdfunkstelle im *Ausleuchtgebiet* kann über eine auf den Satelliten gerichtete Parabolantenne mit anderen Erdfunkstellen in diesem Gebiet kommunizieren.

Die Entfernung eines geostationären Satelliten zu einer Erdfunkstelle in *Deutschland* beträgt ungefähr 38.300 km. Die Gesamtlänge der Funkstrecke erreicht damit fast 80.000 km, was einer Signallaufzeit von etwa 255 ms entspricht.

Bei Einsatz der *C-Band-Technik* war Satellitenfunk nur mit großen, kostenintensiven Erdfunkstellen (10 bis 30 Meter Antennendurchmesser) möglich. Diese wurden und werden auch heute noch primär für den *Interkontinentalverkehr* der klassischen Kommunikationsdienste (wie Telefonie oder Telex) sowie für Fernsehübertragungen genutzt und sind den Transitämtern der jeweiligen nationalen Telekommunikationsanbietern zugeordnet.

Datenübertragung über Satellit

> Bei der **Datenübertragung über Satellit** (engl.: satellite communication) sind derzeit digitale Wählverbindungen und Standverbindungen möglich. Es lassen sich sowohl Punkt-zu-Punkt- als auch Punkt-zu-Mehrpunkt-Verbindungen im Simplex- und Duplexverfahren realisieren.

Anfang der 1980er Jahre begann mit der rasch fortschreitenden Entwicklung der Satellitentechnik die kontinentale und nationale Nutzung von Satelliten für die Übertragung von Fernsehprogrammen und für die Datenübertragung mit hohen Bandbreiten für private und gewerbliche Benutzer. Ein Meilenstein dieser Entwicklung war die mit der Freigabe des Ku-Bands einhergehende Verfügbarkeit kleinerer *Erdfunkstellen* (drei bis sieben Meter Antennendurchmesser). Diese kleineren, relativ preisgünstigen Antennen können von den Telekommunikationsanbietern in größerer Zahl im nationalen Raum gestreut oder zumindest in Ballungsgebieten installiert und damit näher zum IT-Anwender gebracht werden.

Mit der *Ku-Band*-Technik wurde auch der Einsatz kleiner *Satellitenempfangsstationen* möglich. Solche, heute nur noch 0,3 bis 0,7 Meter durchmessenden, Parabolantennen können relativ unproblematisch am Dach oder einer Wand eines Wohnhauses angebracht werden. Auf diese Weise kann mithilfe von Satellitentechnik ein Verteilnetz bis zum Endverbraucher errichtet werden (wie zum Beispiel bei der Ausstrahlung von Fernsehprogrammen per Satellit).

6.7.6.2 Very Small Aperture Terminal (VSAT)

Telekommunikationsdienstleister bieten in den meisten europäischen Ländern so genannte *VSAT-Netze* für größere Unternehmen wie Banken, Versicherungen und Handelsketten an. Diese relativ einfach zu installierende Hochleistungsübertragungstechnik erlaubt beispielsweise eine kostengünstige Kommunikation der Konzernzentrale mit Tochtergesellschaften in Ländern mit schlecht ausgebauter Telekommunikationsinfrastruktur, etwa in Osteuropa.

> **VSAT** (Abkürzung von engl.: very small aperture terminal; deutsch etwa: sehr kleine Erdfunkstelle) bietet Daten-, Text-, Sprach- und Bildkommunikationsdienste über Satellitenverbindungen, wobei verhältnismäßig kleine Antennen (vor allem bei Empfangsstationen) eingesetzt werden können. Ein *VSAT-Netz* hat meist eine sternförmige Topologie und besteht aus einer Vielzahl von Bodenstationen. Eine *Zentralstation* (Hub) im Sternmittelpunkt sendet und empfängt Information von diesen Bodenstationen, koordiniert den Datenverkehr und übernimmt das Netzwerkmanagement. VSAT verwendet geostationäre Satelliten mit Ausleuchtzonen, die zum Teil ganz Europa abdecken.

Die *Zentralstation* eines VSAT-Netzes hat üblicherweise eine Sende- und Empfangsantenne mit einem Durchmesser von fünf bis neun Metern. Die Netz-

Abb. 6.7.6.2/1: Empfangsantenne einer VSAT-Zentralstation

synchronisation, der Netzbetrieb und die Netzverwaltung werden durch die Zentralstation gesteuert, wodurch an den Teilnehmerstandorten der Einsatz von kostengünstigen *Bodenstationen mit relativ kleinem Antennendurchmesser* ermöglicht wird. Diese „Very Small Aperture Terminals", die in manchen Ländern auch als „Personal Earth Stations" (PES) bezeichnet werden, haben als reine Empfangsstationen Antennendurchmesser von 0,3 bis 0,7 Metern, und benötigen als Empfangs- und Sendestationen etwa den dreifachen Durchmesser.

Über VSAT können sowohl Verteilnetze mit Einwegkommunikation als auch Netze zur bidirektionalen Kommunikation realisiert werden.

Eine ausschließliche *VSAT-Einwegkommunikation*, zum Beispiel durch Senden von Daten von der zentralen Hub-Station zu einer großen Zahl von reinen Empfangsstationen (Punkt-zu-Mehrpunkt), ist relativ kostengünstig. In vielen Fällen genügen dabei bereits niedrige Übertragungskapazitäten, zum Beispiel für Paging-Dienste oder Finanz- und Börseninformationsdienste. Auch elektronischer Postversand, die Verteilung von Wetterdaten oder die Verteilung von firmeninternen Nachrichten eines Unternehmens mit vielen Filialen sind mögliche Anwendungen.

Ein in den USA und Australien verbreiteter Empfangsdienst, der auch in Europa auf zunehmendes Interesse stößt, ist „Business Television".

Der auch im Deutschen gängige Begriff **Business Television** (engl.: business television; abgekürzt: BTV) bezeichnet Videoübertragungen über Satelliten, die nicht (wie Fernsehprogramme) für den Empfang durch die Öffentlichkeit bestimmt sind. Der Empfang von BTV ist vielmehr auf einzelne Personen, Firmen oder sonstige Organisationen beschränkt, die eine geschlossene Benutzergruppe bilden. Bei dieser Art von Übertragungen wird in der Regel ein den gebräuchlichen Fernsehnormen entsprechendes Fernsehsignal verwendet.

Einsatzgebiete sind zum Beispiel Produktpräsentationen, Trainingskurse für Mitarbeiter oder generell Schulungsveranstaltungen (etwa TV-Vorlesungen einer Fernuniversität für eingeschriebene Hörer). *Die Fernsehbildübertragung erfolgt nur in einer Richtung* (etwa von der Universität zu einer Vielzahl von verteilten Studienzentren), Rückfragen der externen Teilnehmer werden über das normale Telefonnetz abgewickelt.

Eine *Einwegkommunikation,* die in VSAT-Netzen *von der Peripherie zur Zentralstation* abläuft (Mehrpunkt-zu-Punkt), ist zum Beispiel der *Datensammeldienst* (engl.: satellite news gathering; abgekürzt: SNG). Anwendungsbeispiele sind etwa die meteorologische Messdatenerfassung, die Erfassung von Umweltmessdaten (Schadstoffemissionen, Abwasserverschmutzungen und andere mehr), die Kontrollmessdatenerfassung für Pipelines oder die Sammlung von Messdaten in erdbebengefährdeten Regionen.

Ein wesentlich breiteres Spektrum interaktiver (bidirektionaler) Dienste bietet die (technisch wesentlich aufwändigere) *Vollduplexkommunikation* in VSAT-Netzen. Dabei sind Punkt-zu-Mehrpunkt-, Punkt-zu-Punkt- und Mehrpunkt-zu-Punkt-Verbindungen möglich. Einsatzgebiete für diese Dienste sind zum Beispiel der Internet- beziehungsweise Intranet-Zugang oder „Video on Demand".

Prinzipiell könnte jeder interessierte Betrieb ein VSAT-Netz zur Anbindung seiner dezentralen Betriebs- und Verkaufsstätten mit einer eigenen Zentralstation errichten und Übertragungskapazitäten bei Satellitenbetriebsgesellschaften mieten. Der Aufbau von VSAT-Zentralstationen ist jedoch relativ teuer. Diese Zentralstationen umfassen neben einer Antenne und den zugehörigen Satellitenfunkeinrichtungen auch Prozessrechner für das Netzmanagement. In diesem Segment konnten sich daher private Firmen etablieren (Anbieter von Mehrwertdiensten), die für interessierte Kunden beziehungsweise deren firmeninterne VSAT-Netze die gemeinsame Nutzung von Hub-Stationen und Satellitenübertragungsdiensten anbieten.

6.7.6.3 Satellitengestützte Mobilkommunikation

Wie weiter oben beschrieben werden in Funknetzen relativ kurzwellige Frequenzen genutzt, die zwar eine gute Übertragungsqualität ermöglichen, aber – im Gegensatz zu einigen Typen von Radiowellen – von den oberen Schichten der Atmosphäre nicht reflektiert werden. Folglich ist die Reichweite der kurzwelligen Frequenzen relativ beschränkt. Bei der *satellitengestützen Mobilkommunikation* übernimmt ein Satellit die Reflexion der Funkwellen, indem er die empfangenen Signale wiederum auf die Erde abstrahlt oder an weitere Satelliten leitet. Auf diese Weise können Mobilfunknetze entwickelt werden, die die *gesamte Erde* abdecken.

Anfänglich war die *mobile Satellitenkommunikation* eine *Domäne der See-schifffahrt*, in den letzten Jahren hat der mobile satellitengestützte Landfunk-dienst aber stetig an Bedeutung zugenommen. Die Einsatzgebiete für satelliten-gestützte Mobilkommunikation sind im Wesentlichen die beiden folgenden:

*   Zum einen kann mithilfe von Satellitensende- und -empfangsanlagen in der Größe eines Handfunkgerätes auch aus abgelegenen Gebieten eine *Telefon-verbindung über Satellit* verfügbar gemacht werden.

*   Zum anderen werden *satellitenbasierte Navigationssysteme* angeboten, die (unter anderem) die jederzeitige Positionsbestimmung der entsprechend aus-gerüsteten Fahrzeuge erlauben und andererseits auch die satellitengestützte Kommunikation zwischen der Fuhrparkleitung und den Fahrern ermögli-chen.

> Die **satellitengestützte Mobilkommunikation** (engl.: mobile satellite com-munication) ermöglicht die Datenübertragung zwischen einer Leitzentrale und mobilen Einheiten über Satellit. Solche mobilen Einheiten können zum Beispiel Schiffe, Flugzeuge, Kraftfahrzeuge und vieles andere mehr sein. Die Zweiwegkommunikation kann weltweit erfolgen, hierbei können die mobi-len Einheiten per Satellit geortet werden und es können beispielsweise Sen-soren abgefragt werden.

Die Zentrale eines *Transportunternehmens* kann damit zum *Beispiel* mit den Fahrern ihrer Lastkraftwagen kommunizieren, sie kann deren Position lokalisieren, Drehzah-len, Laderaumtemperaturen, Fahr- und Standzeiten und Ähnliches mehr automatisch erfassen und notfalls auch – wenn ein Fahrzeug gestohlen wird – ferngesteuert die Zündung blockieren. Wie an diesem Beispiel bereits erkennbar, ist die Nutzung derarti-ger Dienste aber auch nicht frei von datenschutzrechtlichen Bedenken.

Anbieter mobiler Satellitendienste bieten für derartige Anwendungen häufig nicht nur die reine Datenübertragung, sondern auch eine entsprechende *Fuhrparkmanage-mentsoftware* an. Ein weiterer Mehrwertdienst ist zum Beispiel ein *Alarmsystem* für Gefahrenguttransporte, das bei einem Unfall automatisch beziehungsweise durch einen Knopfdruck des Fahrers ausgelöst wird und eine genaue Ortsangabe der Unfallstelle ermöglicht.

In ähnlicher Weise lassen sich auch die *PKW von Mietwagenfirmen überwachen und Züge oder Flugzeuge verfolgen*. Journalisten können mittels *Satellitenfunktelefonen* aus Krisengebieten berichten, in denen keine andere Kommunikationsinfrastruktur zur Verfügung steht. *Statusabfragen und Fernwartung* von unbemannten technischen Ein-richtungen, etwa Seebojen, sind ein weiteres Anwendungsbeispiel.

Zur *Kommunikation zwischen der Leitzentrale und der Bodenstation* (Sende-/Emp-fangsanlage) des Satellitsystems können die üblichen terrestrischen Telekommunika-tionsnetze (Telefonnetz, ISDN) verwendet werden. Typisch sind relativ geringe Über-tragungskapazitäten, die für die genannten Anwendungszwecke jedoch meist ausreichen.

6.7.6.4 Satellitenbasierte Navigationssysteme

Satellitenbasierte Navigationssysteme erlauben eine dreidimensionale Positions-bestimmung durch kleine mobile Empfänger. Bei vorhandenem Funkkontakt zum Satelliten liefern diese in kurzen Abständen aktuelle Positionsdaten.

Es befinden sich momentan drei satellitenbasierte Navigationssysteme im Einsatz: *NAVSTAR-GPS* (Abkürzung von engl.: navigation system with timing and ranging global positioning system), *GLONASS* (Abkürzung von engl.: global navigation satellite system) und *EGNOS* (Abkürzung von engl.: European geostationary navigation overlay service).

Ursprünglich wurde das Satellitennavigationssystem NAVSTAR-GPS für das amerikanische Verteidigungsministerium entwickelt. Auch heute noch ist das *DoD* (Abkürzung von engl.: Department of Defense) der Betreiber. Dieser Umstand führt zu einigen Einschränkungen bei der Nutzung durch Privatkunden. Derzeit besteht das GPS-System aus 27 Satelliten (24 plus drei Reservesatelliten) auf sechs Bahnen, die in zirka 20.200 km Entfernung die Erde umkreisen.

> Das **Global Positioning System** (Abkürzung: GPS) ermöglicht die jederzeitige Ermittlung der geographischen Position durch eine dreidimensionale Positionsbestimmung mithilfe kleiner mobiler Empfänger.

Die *Genauigkeit* einer mit NAVSTAR-GPS bestimmten *Position* liegt für andere Anwender als das amerikanische Militär bei ungefähr 10 Metern (prinzi-

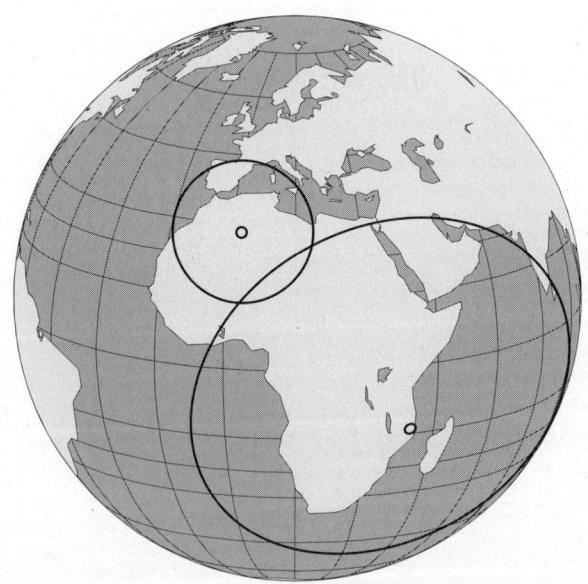

Abb. 6.7.6.4/1:
GPS-Positionsbestim-
mung mittels Standlinien

piell lässt sich eine Genauigkeit im Bereich von einem Meter und darunter erreichen).

Das *zugrunde liegende Prinzip* ist verhältnismäßig einfach: Jeder NAVSTAR-
Satellit sendet permanent ein Zeitsignal aus. Der GPS-Empfänger verfügt über
die bekannte momentane Position der Satelliten und kann somit aus der bis zum
Empfang der Zeitmarke verstrichenen Zeitspanne die Entfernung zum Satelliten
ausrechnen. Aus dieser Distanz zum Satelliten lässt sich eine kreisförmige Linie
von möglichen Standpunkten auf der Erdoberfläche ermitteln. Wird nun simultan das Signal eines weiteren Satelliten empfangen, kommt eine zweite kreisförmige Standlinie hinzu, welche die mögliche Position theoretisch auf zwei
gemeinsame Schnittpunkte mit der ersten Standlinie einschränkt (siehe Abb.
6.7.6.3/1).

Je mehr Signalquellen simultan gemessen werden können, desto genauer ist
das Ergebnis der Positionsbestimmung des Empfängers. Theoretisch sind mindestens drei Satelliten zur Berechnung der x-, y- und z-Koordinaten einer Position auf der Erde notwendig. Für den Zugriff auf das verwendete Frequenzband
wird von den Satelliten vor allem aus Sicherheitsgründen das CDMA-Verfahren
verwendet (siehe Abschnitt 6.7.5.9).

EGNOS ist das erste Satellitennavigationssystem der Europäischen Union
und wurde von der *ESA* (Abkürzung von engl.: European Space Agency) und

Abb. 6.7.6.4/2: GPS-Empfänger

Eurocontrol entwickelt. EGNOS erhöht die Genauigkeit der bisherigen GPS- und GLOSNASS-Systeme, indem zusätzlich zu dieser Infrastruktur drei weitere, geostationäre Satelliten und ein Netzwerk an Bodenstationen eingesetzt werden.

Derzeit wird unter der Bezeichnung *Galileo* in Europa ein eigenes Satellitennavigationssystem entwickelt, das Unabhängigkeit vom US-amerikanischen GPS-System schaffen soll. Dieses Navigationssystem wird aus 27 MEO-Satelliten und drei aktiven Ersatzsatelliten in drei Orbits bestehen und soll den Betrieb im Jahr 2009 aufnehmen (siehe Band 1, Abschnitt 1.5.3.2).

▶ Übungsaufgabe Nr. 2.6.33 im Arbeitsbuch

6.8 Netzwerksicherheit

Im Wesentlichen müssen in Rechnernetzen die im Band 1, Kapitel 2 bereits erwähnten Sicherheitsdienste je nach Anwendungsszenario unterstützt werden. Hierzu zählen die *Basisdienste Vertraulichkeit, Authentizität, Datenintegrität* und *Verfügbarkeit* sowie die darauf aufbauenden höheren Dienste *Datenauthentizität, Nicht-Abstreitbarkeit, Zugriffskontrolle* und *Zurechenbarkeit*.

In diesem Abschnitt werden zunächst verschiedene Arten von Bedrohungen beschrieben, bevor wir eine Betrachtung verschiedener Sicherheitstechniken für Netzwerke durchführen.

6.8.1 Bedrohungen und Gegenmaßnahmen

Rechnernetze stellen eine angreifbare Kommunikationsinfrastruktur dar. Zum einen sind die verschiedenen physikalischen Komponenten der Infrastruktur (zum Beispiel Router, Klientenrechner, oder Serverrechner) sowie die dort gespeicherten Daten von Angriffen bedroht. Zum anderen sind auch die Daten während der Versendung über ein Kommunikationsnetz einer Reihe von unterschiedlichen Bedrohungen ausgesetzt. Demgemäß kann *Netzwerksicherheit* grob in die Bereiche System- und Kommunikationssicherheit unterteilt werden:

- *Systemsicherheit* befasst sich mit der Sicherheit der verschiedenen Knoten (Rechner) innerhalb eines Netzwerks. Hierzu zählt sowohl die physische als auch die softwaretechnische Sicherheit.

- *Kommunikationssicherheit* befasst sich hingegen mit der Sicherheit der Daten während der Übertragung über die Verbindungen des Netzwerks.

Der Versuch zur unrechtmäßigen Erlangung von Information, die über ein Netzwerk übertragen wird oder in einem Netzknoten gespeichert ist, wird als *Attacke* oder *Angriff* bezeichnet. Im Wesentlichen kann zwischen aktiven und passiven Angriffen unterschieden werden:

- Bei *passiven Angriffen* versucht der Angreifer so viele Daten wie möglich zu sammeln, ohne die Netzwerkhardware (die Rechner oder die Übertragungs-

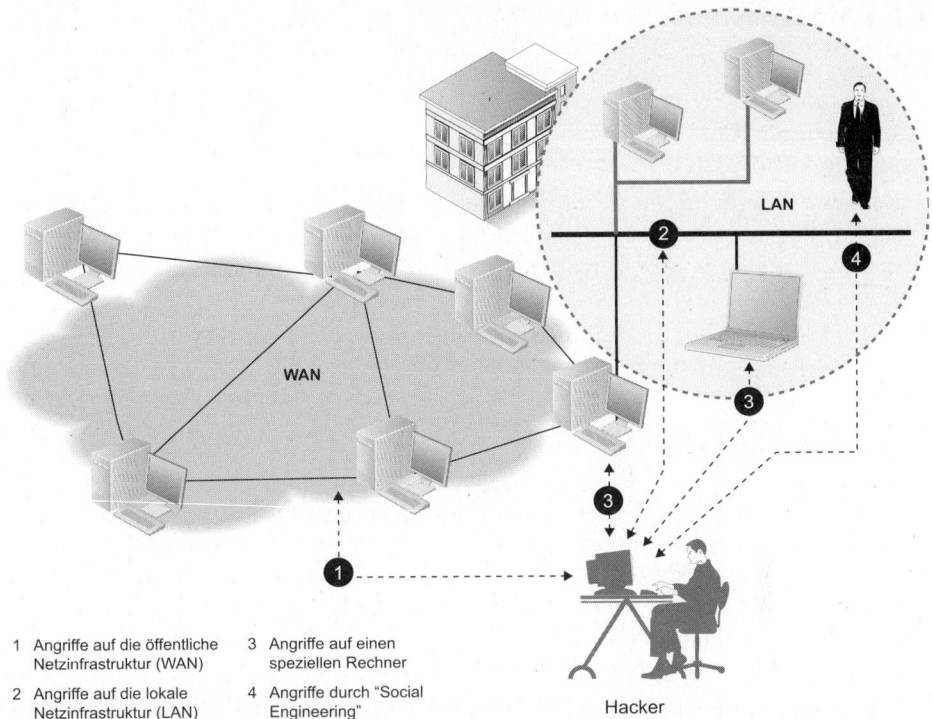

1 Angriffe auf die öffentliche
   Netzinfrastruktur (WAN)

2 Angriffe auf die lokale
   Netzinfrastruktur (LAN)

3 Angriffe auf einen
   speziellen Rechner

4 Angriffe durch "Social
   Engineering"

Hacker

Abb. 6.8.1/1: Bedrohungsszenarien

wege) oder die darauf ablaufenden Softwareprogramme zu manipulieren oder in ihrer Funktion zu stören.

- *Aktive Angriffe* zeichnen sich dadurch aus, dass der Angreifer Aktionen durchführt, die entweder die Hardware oder die Software des Netzwerks in ihrer Funktion einschränken oder diese Komponenten derart manipulieren, dass sie nicht mehr fehlerfrei oder im Sinne des Betreibers funktionieren.

Die Abb. 6.8.1/1 skizziert typische Bedrohungsszenarien für Informationssysteme in einem Rechnernetz, bei denen ein Angreifer entweder ein Netzwerk (das öffentliche Netz oder ein Firmennetzwerk), einen einzelnen Rechner, oder Personen attackiert. Auf diese Bedrohungen wird nachstehend noch näher eingegangen. Generell muss man bemerken, dass man sich praktisch nie gegen *alle* möglichen Bedrohungen absichern kann, sondern nur gegen *bekannte oder vorhersehbare* Bedrohungen. Die unbekannten Bedrohungen stellen vielfach die noch größere Gefahr dar. Nachfolgend werden exemplarisch einige Beispiele für häufig vorkommende passive und aktive Angriffe angeführt und kurz erläutert.

6.8.1.1 Passive Angriffe

Bei jeder Art der Datenübertragung ist es verhältnismäßig einfach, die Verbindung zu *belauschen* (engl.: eavesdropping) und die dabei übertragenen Daten aufzuzeichnen. Dies gilt sowohl für kabelgebundene als auch die drahtlose Kommunikation.

Eine *Ausnahme* bildet die nur mit relativ hohem Aufwand abhörbare Kommunikation über *Glasfaserkabel*. Jedoch besteht auch hier die Möglichkeit, die übertragenen Daten aufzuzeichnen, wenn diese einen „Signalverstärker" passieren, der zwei Glasfaserstrecken miteinander verbindet.

Prinzipiell kann jede Art von Angriffen eingesetzt werden, um einem Betrieb zu schaden. Das passive Belauschen von Kommunikation nimmt heute in der Wirtschaftsspionage jedoch eine besondere Stellung ein. In diesem Kontext hat in jüngster Zeit besonders das so genannte *Echelon-System* für Aufsehen gesorgt. Dieses unter anderem von den USA, Kanada, Großbritannien und Australien betriebene System ermöglicht prinzipiell das Abhören von Funkkanälen. Dies fällt umso mehr ins Gewicht, da inzwischen ein Großteil der länder- und kontinentübergreifenden Kommunikation über Satellitenverbindungen geführt wird. Ebenso findet die Datenübertragung in Mobilfunknetzen durch die Luft statt, die gleichermaßen systematisch abgehört wird.

Ursprünglich wurde das Echelon-System entwickelt, um im Falle eines Krieges die gegnerische Kommunikation abhören zu können. Es ist Teil eines globalen Überwachungssystems, das bereits seit den 1950er Jahren existiert.

Später wurde häufig der Kampf gegen die organisierte Kriminalität als Grund für den Betrieb dieses Systems genannt. Im Frühjahr 2000 bestätigte jedoch ein ehemaliger CIA-Direktor in einer Pressekonferenz, dass das Echelon-System auch zur Wirtschaftsspionage gegen europäische Unternehmen und zum (wahllosen) Abhören der Kommunikation von Privatpersonen eingesetzt wurde. Dieses Aussagen bekräftigte er nochmals in einem anschließenden Interview mit dem „Wall Street Journal". Er betonte jedoch auch, dass diese Maßnahmen nur ergriffen wurden, um - Zitat - *„den bei europäischen Unternehmen üblichen Bestechungsmaßnahmen zur Erlangung von Aufträgen"* entgegen zu wirken. Zudem sei die US-amerikanische Wirtschaft seiner Meinung nach nicht auf derartige Information angewiesen.

Eine Untersuchung der Europäischen Union kam diesbezüglich jedoch zu einem anderen Ergebnis. Es gilt als sicher, dass europäischen Unternehmen durch den Einsatz von Echelon zur Wirtschaftsspionage Verluste in einer Höhe von (mindestens) 160 Milliarden Euro entstanden sind. Hierzu zählt zum Beispiel der Verlust eines Auftrags an das europäische Airbus-Konsortium in Höhe von neun Milliarden Euro.

Ein wesentliches Ergebnis dieser EU-Untersuchung war die Feststellung, dass das Echelon-System gegen geltendes EU-Recht (unter anderem zum Schutz der Menschenrechte) verstößt. Das Echelon-System sorgt auch in Japan für Besorgnis, da sich die Beweise verdichten, dass das System ebenso zur Wirtschaftsspionage gegen japanische Unternehmen eingesetzt wurde.

Ohne eine weitere Nennung von Gründen hat das US-Verteidigungsministerium 2001 angekündigt, den Betrieb der in Bad Aibling in Deutschland angesiedelten Abhörstation des Echelon-Systems bis zum Jahr 2003 einzustellen. In 2003 wurde diese allerdings nach Darmstadt/Griesheim verlegt. Eine weitere Echelon-Abhörstation auf dem europäischen Kontinent ist in Menwith Hill in Großbritannien angesiedelt.

Selbst wenn Daten verschlüsselt übertragen werden, sind sie dadurch nicht unbedingt vor einem unberechtigten Zugriff geschützt. Wenn ein Angreifer diese verschlüsselten Daten belauschen und speichern konnte, so kann er im Anschluss versuchen, die Verschlüsselung zu brechen, um an den Inhalt der Datenübertragung zu gelangen. Hierzu kommen im Wesentlichen zwei verschiedene Vorgehensweisen in Betracht: die *Kryptoanalyse* sowie ein so genannter *Brute-Force-Angriff*.

Im Rahmen der *Kryptoanalyse* wird versucht, Schwächen im verwendeten Verschlüsselungsverfahren zu entdecken, die eine (relativ) einfache Entschlüsselung des Inhalts erlauben, ohne zuvor den korrekten Schlüssel zu kennen. Eine wirksame Gegenmaßnahme besteht hierbei in der Veröffentlichung des zur Verschlüsselung verwendeten Kryptoalgorithmus, sodass dieser durch unabhängige Experten auf Schwachstellen untersucht werden kann. Ein Algorithmus, der einer solchen öffentlichen Überprüfung durch Kryptographie-Experten standhält, kann in der Regel als sicher betrachtet werden.

Bei einem *Brute-Force-Angriff* werden „mit brutaler Kraft" alle möglichen Schlüssel (der gesamte Schlüsselraum) nacheinander ausprobiert, bis der richtige Schlüssel gefunden ist. Die einzige mögliche Gegenmaßnahme besteht darin, einen genügend langen Schlüssel auszuwählen, sodass der zu erwartende Aufwand (gemessen in Zeit und Geld) zur Überprüfung des gesamten Schlüsselraums den Wert der enthaltenen Information (weit) übersteigt.

Ein weiteres Beispiel für einen passiven Angriff ist die *statische Verkehrsanalyse*. Hierbei wird davon ausgegangen, dass nicht nur die übertragenen Daten sondern bereits das Zustandekommen des Kommunikationsvorgangs an sich eine vertrauliche Information darstellt. Unter Umständen kann ein Angreifer bereits aus der Art, Menge und/oder Häufigkeit einer Datenübertragung zwischen zwei Kommunikationspartnern auf den übertragenen Inhalt schließen.

6.8.1.2 Aktive Angriffe

Nachdem vorstehend einige Arten von passiven Angriffen beschrieben wurden, sollen nun *aktive Angriffe* erläutert werden. Grundsätzlich können hierbei *zwei Arten von aktiven Angriffen* unterschieden werden:

- Angriffe, die *Teile der Kommunikationsinfrastruktur* außer Funktion setzen sollen (beziehungsweise deren Funktion stark einschränken), und
- Angriffe, die primär dazu dienen, *unbefugt an vertrauliche Information zu gelangen* oder *vertrauliche Information zu manipulieren*, um anderen zu schaden und/oder selbst einen Vorteil zu erlangen.

Neben verschiedenen Arten der *Manipulation oder Zerstörung von Hardwarekomponenten* (zum Beispiel das Durchtrennen eines Kabels), existieren eine Reihe von Angriffsarten, die darauf abzielen, die korrekte Funktion der Netzwerksoftware zu beeinträchtigen. Exemplarisch soll hierfür der so genannte *Denial-of-Service-Angriff* (abgekürzt: DoS-Angriff) genannt werden. Bei einem DoS-Angriff versucht ein (oder mehrere) Angreifer, einen Serverrechner durch eine sehr große Anzahl von (gültigen oder ungültigen) Anfragen derart zu überlasten, dass es zu erheblichen Verzögerungen in der Bearbeitung dieser Anfragen kommt. Alternativ kann der Angreifer auch versuchen, das auf dem Serverrechner ablaufende Softwaresystem zum Absturz zu bringen, sodass dieser in der Folge keine Anfragen mehr beantworten kann. Eine spezielle Variante ist der *verteilte Denial-of-Service-Angriff* (engl.: distributed denial of service attack), bei dem diese Attacke von mehreren (wechselnden) Rechnern durchgeführt wird, wodurch sie weitaus schwerer erkennbar und auch bekämpfbar wird.

Eine andere Art von aktiven Angriffen zielt darauf ab, *Nachrichten auf dem Übertragungsweg zu manipulieren* oder Nachrichten abzufangen, um diese zu einem späteren Zeitpunkt erneut zu versenden. Im ersten Fall besteht die Gefahr, dass ein Angreifer eine Nachricht (zum Beispiel eine E-Mail) auf dem Weg vom Absender zum Empfänger verändert, indem er Information aus dieser Nachricht entfernt und/oder neue Information zu der Nachricht hinzufügt und so den ursprünglichen Sinn/Inhalt der Nachricht verfälscht.

Durch das (mehrfache) *Wiedereinspielen* einer abgefangenen Nachricht (engl.: replay attack) kann ein Angreifer dem Empfänger vorspielen, dass der Absender die gleiche (oder eine sehr ähnliche) Nachricht mehrfach versendet hat. Wenn ein Angreifer auf diese Weise beispielsweise eine Warenbestellung mehrfach übermittelt, kann zumindest dem Lieferanten ein beträchtlicher Schaden entstehen (zum Beispiel durch Herstellungs- und Versandkosten).

Als letzte Art von aktiven Angriffen soll das so genannte *Hacking* (oder auch Cracking) genannt werden. Hierbei versucht ein Angreifer Sicherheitslöcher in den Softwareprogrammen, die auf dem angegriffenen Rechner ablaufen, auszunutzen, um sich unberechtigten Zugang zu hier gespeicherter Information zu verschaffen. Dieser unberechtigte Zugang kann auch durch *das „Erraten" von Kennworten* verschafft werden. Eine mögliche Angriffsform besteht darin, aus einem Lexikon (und einer Liste typischer Kennworte) jeden enthaltenen Begriff zu entnehmen und als Kennwort für einen Zugang zu versuchen. Man spricht hierbei von einer *Wörterbuchattacke*. Aus diesem Grund sollten Kennworte stets eine ausreichende Länge besitzen und aus einer (möglichst sinnlosen) Kombination von Buchstaben und Ziffern bestehen, dass diese nicht so leicht durch eine Wörterbuchattacke ermittelt werden können.

Exkurs: Im allgemeinen Sprachgebrauch wird in der Regel nicht zwischen einem „Hacker" und einem „Cracker" unterschieden – die jeweiligen Personen werden meist pauschal als „Hacker" bezeichnet. Im Selbstverständnis der jeweiligen Personen und auch aus der Sicht der Datensicherheit gibt es jedoch einen klaren Unterschied zwischen diesen beiden Personengruppen. *Hacker* versuchen im Wesentlichen, Zugang zu Rechnersystemen zu erlangen, um auf vorhandene Sicherheitsprobleme aufmerksam zu machen. Hacker zerstören jedoch keine Daten oder schränken die Funktionalität eines Systems mutwillig ein. Demgegenüber brechen *Cracker* mit dem Ziel in ein Rechnersystem ein, unberechtigt Information zu entwenden und/oder zu zerstören. Zudem manipulieren Cracker häufig die auf einem System laufende Software, sodass diese anschließend nicht mehr ihre korrekte Funktion erfüllt und/oder zusätzliche Funktionen enthält, die dem Besitzer des jeweiligen Rechners schaden. Zudem kann ein Cracker einen fremden Rechner als Ausgangspunkt für neue Angriffe nutzen, beispielsweise für DoS-Angriffe.

Man darf sich bei möglichen Angriffsszenarien allerdings nicht nur auf die Abwehr von Außenstehenden beschränken, da die weitaus meisten Angriffe auf ein System (etwa zwischen 70 und 80 Prozent) nicht von außen stehenden Personen ausgehen, sondern von den *Mitarbeitern eines Betriebs* (engl.: insider). Da ein Mitarbeiter berechtigt ist, zumindest auf Teilbereiche des internen Netzes zuzugreifen, hat er einen Vorteil gegenüber einem externen Angreifer und kann (mit dem nötigen Fachwissen) einfacher an vertrauliche Information gelangen.

Eng verwandt damit sind *Vorgehensweisen zur unrechtmäßigen Erlangung von Information durch soziale Interaktion*, die auch als *Social Engineering* bezeichnet werden. Diese Angriffe nützen die Naivität oder Unvorsichtigkeit von Mitarbeitern aus. Ein Angreifer kann sich dies zunutze machen, indem er beispielsweise einem Mitarbeiter durch gezielte Fragen Information über Sicherheitsmechanismen des Informationssystems entlockt. Eine relativ häufig auftretende Variante dieses Vorgehens besteht darin, dass sich der Angreifer telefonisch als Mitarbeiter der IT-Abteilung ausgibt und „mal eben" das Kennwort des jeweiligen Benutzers erfragen möchte. In einem Alternativszenario könnte sich der Angreifer zum Beispiel auch als Mitarbeiter einer Bank ausgeben, der die Zugangsdaten für das Online-Banking erfragen möchte, um bestimmte Tests durchzuführen.

Es existieren eine Reihe verschiedener Techniken, die verwendet werden können, um die Gefahren von Angriffsversuchen abzumildern. Es muss jedoch darauf hingewiesen werden, dass jedes komplexe Hard- und Softwaresystem Schwächen hat, und dass eine „absolute" Sicherheit nahezu nicht realisierbar ist. In den folgenden Abschnitten werden nun einige wichtige Techniken näher beschrieben, die dazu beitragen können, die Netzwerksicherheit zu erhöhen.

▶ Übungsaufgabe Nr. 2.6.34 im Arbeitsbuch

6.8.2 Firewall-Techniken

Durch die starke Zunahme der Vernetzung von vorher isolierten lokalen Netzen und den seit einiger Zeit üblichen Internet-Zugang für Unternehmensnetzwerke kann prinzipiell von jedem an das Internet angeschlossenen Rechner auf jeden anderen über das Internet erreichbaren Rechner zugegriffen werden. Neben den Vorteilen zum einfachen Datenaustausch ergibt sich hierdurch jedoch auch der Nachteil, dass die angeschlossenen Rechner verstärkt der Gefahr von unrechtmäßigen Zugriffen durch Hacker oder Cracker ausgesetzt sind.

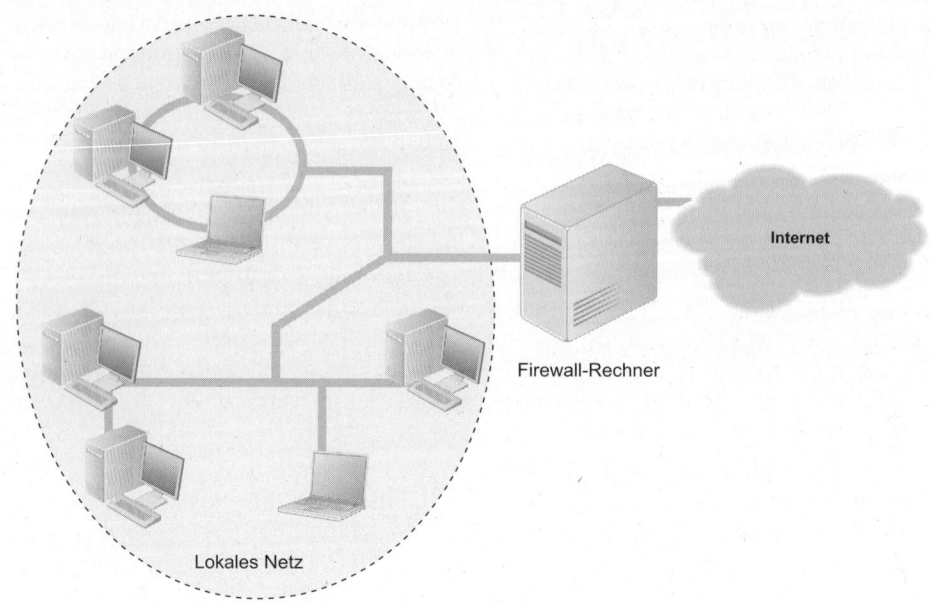

Abb. 6.8.2/1: Absicherung eines LANs durch einen Firewall-Rechner

Zum Schutz eines lokalen Netzes vor bestimmten Arten von Angriffen kann ein Firewall-Rechner eingesetzt werden.

> Ein **Firewall-Rechner** (unübliche deutsche Übersetzung: Brandmauer) dient als zentraler Übergang (engl.: gateway) zwischen zwei Netzwerken (typischerweise einem LAN und dem Internet).
>
> Ein Firewall-Rechner kann jedes Datenpaket kontrollieren, das zwischen lokalen und externen Rechnern ausgetauscht wird. Nur bestimmte Arten von Paketen dürfen passieren, wobei sowohl der Zugriff von außen als auch der Zugriff vom lokalen Netz auf externe Ressourcen beschränkt werden kann.

In diesem Sinne erfüllt ein *Firewall-Rechner* gewissermaßen *die gleiche Funktion wie eine Rezeption* in einem Bürogebäude. Für jede Person wird überprüft, ob sie die Berechtigung hat, das Gebäude zu betreten. Besucher erhalten einen speziellen Besucherausweis, mit dem sie nur in bestimmte Bereiche gelangen können.

Die Datenpakete, die in IP-basierten Netzwerken den Firewall-Rechner (siehe Abb. 6.8.2/1 passieren, sind IP-Pakete und enthalten somit die folgende Information: Die Rechneradresse vom Absender- und Zielrechner, die Dienstnummern der beiden beteiligten Programme auf dem Absender- und Zielrechner, sowie das verwendete Transportprotokoll (zum Beispiel TCP oder UDP). Mehrere IP-Pakete, die exakt die gleiche Adressinformation enthalten, gehören zu der gleichen *Sitzung* (engl.: session). Jede Sitzung wird durch die oben genannte Adressinformation eindeutig bestimmt. *Firewall-Rechner* können aufgrund ihrer Funktionsweise in *zwei Gruppen* eingeteilt werden:

- Ein *Paketfilter* (engl.: packet filter) trifft die Entscheidung, ob ein Datenpaket weitergeleitet werden darf, allein auf Basis der in dem Paket enthaltenen Adressinformation. Ein Paketfilter ist somit beispielsweise in der Lage, den Zugriff auf das lokale Netzwerk für individuelle Rechner (spezielle Adressen) oder auch für ein gesamtes Subnetz zu sperren oder zu erlauben. Ebenso kann er die Übermittlung von oder zu bestimmten Dienstnummern kontrollieren. Auf diese Weise kann zum Beispiel die Dienstnummer 23 gesperrt werden, um die Nutzung des Telnet-Diensts für Externe zu unterbinden. Die Entscheidung über die Weiterleitung wird individuell für jedes einzelne Paket getroffen. Ein Paketfilter berücksichtigt somit nicht das Konzept der Sitzung.

- Ein *Anwendungs-Gateway* (engl.: application gateway) agiert nach außen als *Stellvertreter* (engl.: proxy) für einen internen Server, beziehungsweise für einen Dienst, der von diesem Server angeboten wird. Ein anderer Rechner, der auf diesen Dienst zugreifen möchte, baut eine Verbindung zum Stellvertreter auf. Der Stellvertreter analysiert die übertragenen Daten und überträgt diese (bei Unbedenklichkeit) zur Bearbeitung an den internen Rechner. Ein Anwendungs-Gateway befindet sich auf Ebene 7 des ISO/OSI-Referenzmodells und kann somit das Konzept der Sitzung (das heißt, logisch zusammengehörende Daten) berücksichtigen. Nachteilig ist jedoch, dass für jeden Dienst, der auf diese Weise abgesichert werden soll, ein eigener Stellvertreterdienst auf dem Firewall-Rechner existieren muss.

Der *Nachteil eines Anwendungs-Gateways gegenüber einem Paketfilter* ist jedoch, dass das Anwendungs-Gateway die – durch die komplette Abtrennung des LAN benötigten – Adressumwandlungen vornehmen muss und dies meist zu deutlich höheren Verzögerungen führt. Weiterhin erfordern Anwendungs-Gateways einen erhöhten Installations- und Wartungsaufwand, wogegen Paketfilter nach der einmaligen Einrichtung vergleichsweise wartungsarm sind.

6.8.3 Monitoring (Intrusion Detection)

Ein Firewall-Rechner schützt ein lokales Netz primär gegen Angriffe von außen. Zusätzlich besteht aber auch die Gefahr, dass ein berechtigter Benutzer (beispielsweise ein unzufriedener Mitarbeiter) versucht, unerlaubte Aktionen durchzuführen.

Um derartige Angriffe und Angriffsversuche zu erkennen und diesen entgegenwirken zu können, wurden so genannte **Intrusion Detection Systems** (abgekürzt: IDS) entwickelt. Ein IDS kann in gewisser Weise mit einem Alarmsystem verglichen werden. Es überwacht mit seinen *Sensoren* bestimmte Bereiche und gibt Alarm, wenn es unerlaubte Aktionen entdeckt. Man unterscheidet *Network Intrusion Detection Systems* (abge-kürzt: NIDS) und *Host Intrusion Detection Systems* (abgekürzt: HIDS) je nachdem, ob ein Rechner oder ein Netzwerk mit einem Alarmsystem verse-hen werden soll.

Ein IDS untersucht beispielsweise permanent den Netzwerkverkehr, die Pro-tokolldateien des Systems oder Änderungen im Dateisystem und sucht dabei nach typischen Angriffsmustern. Die Suche nach Angriffsmustern ist mit der Suche nach Mustern vergleichbar, die Viren-Scanner durchführen.

Viele IDS versuchen, die Abfolge von bestimmten Aktionen festzustellen. Wird ein Muster erkannt, so kann das IDS zuvor festgelegte Maßnahmen ergreifen. Die Art der Maßnahmen kann vom Versenden einer E-Mail an den Administrator bis zum Ergreifen aktiver Gegenmaßnahmen reichen, wie zum Beispiel dem Beenden eines bestimmten Dienstes durch dynamische Änderung von Firewall-Regeln.

Wie jede andere Sicherheitsmaßnahme können jedoch auch NIDS die Sicher-heit in einem Rechnernetz lediglich erhöhen, aber nicht garantieren. Zum einen kann das NIDS selbst Ziel eines Angriffs sein. Zum anderen können Angreifer die typischen Angriffsmuster modifizieren, sodass ein Angriff nicht mehr als sol-cher erkannt wird. Beispielsweise können zusammenhängende Aktionen über einen ungewöhnlich großen Zeitraum verteilt werden, wodurch ein Zusammen-hang nur schwer zu entdecken ist. Ein ähnliches Verschleierungsmanöver ist ein koordinierter Angriff von mehreren Ausgangsrechnern, bei dem erst die Kombi-nation der ausgeführten Aktionen einen Angriff ergibt, der normalerweise von einem einzelnen Rechner ausgeführt wird.

▶ Übungsaufgabe Nr. 2.6.35 im Arbeitsbuch

6.8.4 Virtual Private Networks (VPN)

Das Ziel von **virtuellen privaten Netzwerken** (engl.: virtual private network, abgekürzt: VPN) besteht darin, Daten vertraulich zwischen zwei oder mehr Rechnern austauschen zu können, obwohl die Datenübertragung über ein öffentliches Netz (wie zum Beispiel das Internet) vorgenommen wird. Um dies zu ermöglichen, werden die zu übermittelnden Daten für den Transport über das öffentliche Netz mit starken kryptographischen Verfahren ver-schlüsselt. Die Datenübertragung zwischen zwei Rechnern findet somit durch einen *virtuellen (kryptographischen) Tunnel* statt (engl.: tunneling).

Wie aus Abb. 6.8.4/1 erkennbar, können im Wesentlichen zwei verschiedene Arten von VPN-Verbindungen unterschieden werden:

• Bei *Gateway-zu-Gateway-Tunnels* werden zwei räumlich getrennte lokale Netzwerke miteinander verbunden. Hierbei existiert pro lokalem Netz ein

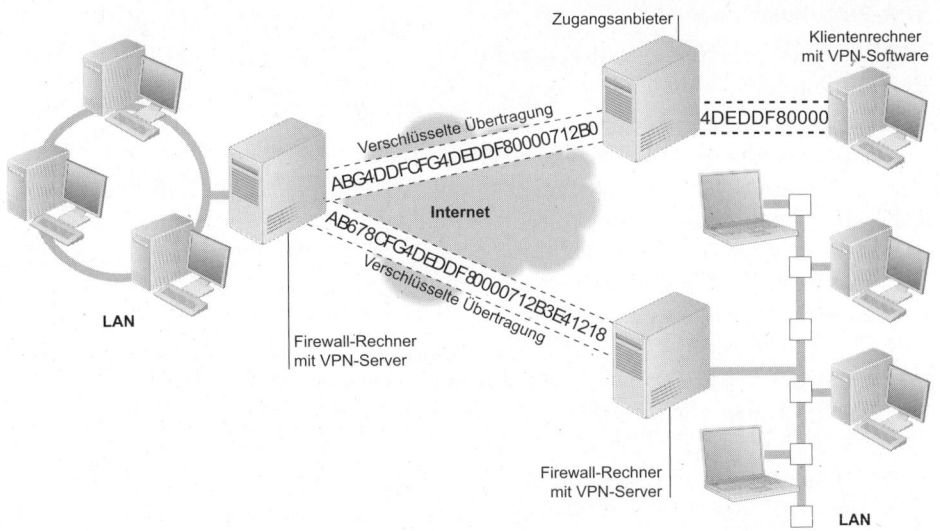

Abb. 6.8.4/1: Sichere Datenübertragung mit VPN-Techniken

Gateway, auf dem ein VPN-Serverprogramm läuft (häufig der Firewall-Rechner). Dieses Gateway dient als Schnittstelle zwischen dem lokalen und dem öffentlichen Netzwerk. Alle Daten, die zwischen den Netzen ausgetauscht werden sollen, werden zunächst an das lokale VPN-Gateway geleitet. Dieses verschlüsselt die Daten und sendet sie dann über das öffentliche Netzwerk weiter. Am Zielort werden die verschlüsselten Daten wiederum durch den dortigen VPN-Gateway entschlüsselt und anschließend in das Zielnetz übertragen. Bei dieser Lösung wird die Ver- und Entschlüsselung des Datenverkehrs komplett durch die jeweiligen VPN-Gateways übernommen (siehe Abb. 6.8.4/1). Das heißt, dass die Rechner innerhalb der lokalen Netze keine Kenntnis von dieser Verschlüsselung haben und somit auch keine spezielle Soft- oder Hardware benötigen.

- Bei *Client-VPN-Tunnels* wird ein einzelner Klientenrechner über einen VPN-Tunnel mit einem VPN-Gateway oder einem anderen VPN-Rechner verbunden. Der wesentliche Unterschied besteht darin, dass der Klientenrechner häufig keinen eigenen, permanenten Zugang zum öffentlichen Netz hat, sondern die Verbindung über einen (Internet-)Zugangsanbieter herstellt. In diesem Fall muss der Klientenrechner die Ver- und Entschlüsselung des Datenverkehrs somit selbst übernehmen (siehe Abb. 6.8.4/1). Der Klientenrechner benötigt eine spezielle Soft- oder Hardware für die VPN-Funktionalität, wodurch sich ein höherer Verwaltungsaufwand als bei Gateway-zu-Gateway-Tunnels ergibt.

VPN-Protokolle

VPN-Protokolle arbeiten entweder auf Schicht 2 oder Schicht 3 des ISO/OSI-Referenzmodells.

Zu den VPN-Protokollen der zweiten Schicht gehören das *Point-to-Point Tunneling Protocol* (abgekürzt: PPTP), das *Layer-2-Forwarding* (abgekürzt: L2F) und das *Layer-2-Tunneling-Protocol* (abgekürzt: L2TP). Da diese Protokolle auf Ebene 2 und somit unter der Ebene des Routers arbeiten, haben sie den Vorteil, dass sie auch zur Absicherung von Protokollen über einen VPN-Tunnel eingesetzt werden können, die (im Gegensatz zu TCP/IP) nicht über den Router weitergeleitet werden. Beispiele hierfür sind IPX oder NetBIOS. Diese VPN-Protokolle sind daher besonders für Client-zu-LAN-Verbindungen geeignet, wenn beispielsweise ein Microsoft-Windows-basierter Client-Rechner mittels NetBIOS über das Internet mit einem Windows-LAN einer Firma verbunden werden soll.

Die *IPSec*-Protokolle sind auf der dritten Schicht des ISO/OSI-Referenzmodells realisiert und wurden speziell für IP-Netze entwickelt. Sie verwenden starke kryptographische Protokolle, um Angriffe wie das Wiedereinspielen von Nachrichten zu verhindern, und um die Vertraulichkeit, Integrität und Authentizität von Daten zu sichern, die mittels IP transportiert werden. Mittels der IPSec-Protokolle wird für die höheren Protokollschichten von TCP/IP Übertragungssicherheit gewährleistet. IPSec verwendet dabei folgende Mechanismen:

- Durch den *Authentication Header* (abgekürzt: AH)-Mechanismus werden – vereinfacht gesagt – die in einem IP-Paket übertragenen Nutzdaten und die im Transit konstanten IP-Steuerdaten mit einer digitalen Signatur gesichert. Diese digitale Signatur ist der wichtigste Teil des Authentication Header und kann sowohl Integrität als auch Authentizität der übertragenen Daten gewährleisten. Die Vertraulichkeit der übertragenen Daten wird jedoch nicht sichergestellt.

- Bei Verwendung des *Encapsulating Security Payload* (abgekürzt: *ESP*)-Mechanismus können die Nutzdaten von IP-Paketen verschlüsselt werden. Hierdurch kann Vertraulichkeit, Integrität und Authentizität der Daten innerhalb von IP-Paketen gesichert werden.

In der ursprünglichen Spezifikation von IPSec wurden durch ESP die Protokollköpfe der IP-Pakete nicht gesichert. In der aktuellen Version wurde ESP entsprechend erweitert, wodurch AH obsolet wurde und nur noch zur Rückwärtskompatibilität unterstützt wird.

6.8.5 Transport Layer Security (TLS) und Secure Socket Layer (SSL)

Das *SSL-Protokoll* (Abkürzung von engl.: secure socket layer) wurde ursprünglich von der Firma Netscape entwickelt. Es setzt auf TCP/IP auf und fügt der Datenübertragung die Sicherheitsaspekte Integrität, Vertraulichkeit und

Authentizität hinzu. Da SSL auf der Transportschicht arbeitet, steht es für die verschiedensten Anwendungsprotokolle (zum Beispiel HTTP, FTP usw.) zur Verfügung. SSL wurde entwickelt, um vertrauliche Daten sicher über öffentliche Netze (wie das Internet) zu übertragen. Hierzu gelangen in SSL sowohl symmetrische als auch asymmetrische Kryptographie-Verfahren (siehe Band 1, Kapitel 2) zum Einsatz.

Das SSL-Protokoll wurde zunächst im Webbrowser „Netscape Navigator" als einfacher Sicherheitsmechanismus mit dem Ziel implementiert, dass sich ein Endbenutzer nicht um die Abwicklung der sicheren Datenübertragung zwischen dem Webbrowser und dem Server kümmern muss. Wenn das Klienten- und das Serverprogramm das SSL-Protokoll unterstützen, wird eine weitgehend sichere Übertragung der Daten gewährleistet.

Das SSL-Protokoll wurde bis zum Jahr 1996 durch die Firma Netscape gepflegt. Im Anschluss daran wurde die Weiterentwicklung des Protokolls unter dem neuen Namen *TLS* (Abkürzung von engl.: transport layer security) durch die *IETF* (Abkürzung von engl.: Internet engineering task force) übernommen. Als ein Ergebnis dieser Bemühungen wurde im Jahr 1999 „TLS - version 1.0" im RFC 2246 als offener Internet-Standard verabschiedet und soll auch standardmäßiger Bestandteil von IPv6-Protokoll-Stacks werden.

Inzwischen wird SSL/TLS von allen gängigen Webbrowsern unterstützt und wird zudem in einer großen Anzahl anderer Anwendungen eingesetzt. Die offene Spezifikation und die Verfügbarkeit von Open-Source-Implementierungen (beispielsweise *OpenSSL)* haben zur hohen Verbreitung dieses Protokolls beigetragen.

Im Folgenden wird der Aufbau einer SSL-Verbindung zwischen einem Klienten- und Serverprogramm beschrieben. Beim Verbindungsaufbau arbeiten das Klienten- und Serverprogramm das so genannte *Handshake-Protokoll* ab (siehe Abb. 6.8.5/1). Dies lässt sich durch das Handshake-Protokoll von SSL-V2 gut illustrieren. In der Version 3 von SSL und in TLS erfolgen im Wesentlichen die gleichen Schritte durch weniger Transaktionen, wodurch diese komplexer geworden sind. Das Handshake-Protokoll von SSL-V2 läuft wie folgt ab:

* Das Klientenprogramm beginnt den Handshake mit der „Client-Hello"-Nachricht. Diese enthält einen Einmalwert (den so genannten *Challenge-Wert*) und eine Liste der durch das Klientenprogramm unterstützten Verschlüsselungsverfahren.

* Das Serverprogramm antwortet mit der „Server-Hello"-Nachricht, die aus einer *Connection-ID*, dem digitalen Zertifikat des Servers und einer Liste der durch das Serverprogramm unterstützten Verschlüsselungsverfahren besteht (das Klientenprogramm hat die Wahl, welches der angebotenen Verschlüsselungsverfahren verwendet werden soll).

* Das Klientenprogramm verifiziert das Zertifikat des Servers. Ist dieses gültig, entnimmt das Klientenprogramm den öffentlichen Schlüssel des Servers aus dem Zertifikat.

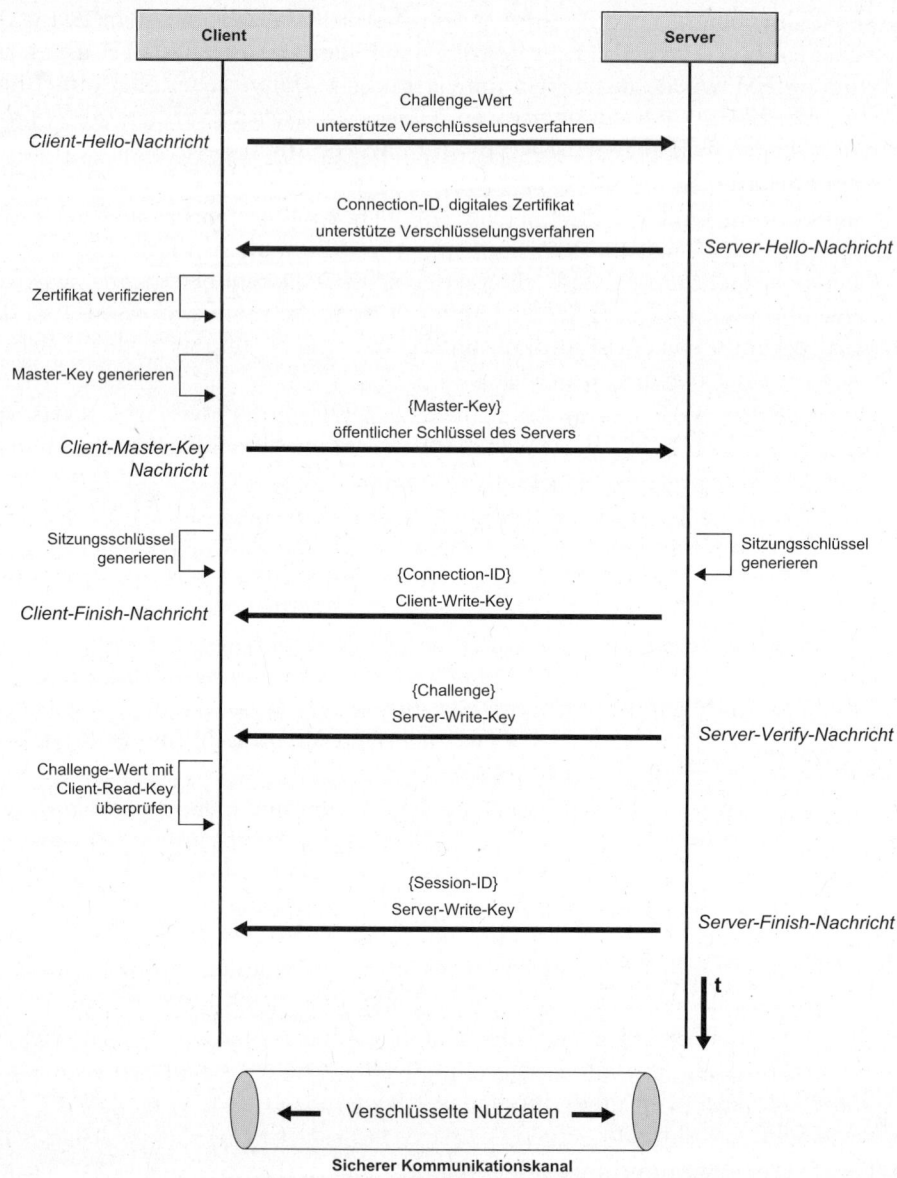

Abb. 6.8.5/1: SSL-V2-Handshake-Protokoll

- Anschließend generiert das Klientenprogramm einen zufälligen (symmetrischen) *Master-Key*, verschlüsselt diesen mit dem öffentlichen Schlüssel des Servers (in Abb. 6.8.5/1 durch geschweifte Klammern symbolisiert) und übermittelt ihn in der „Client-Master-Key"-Nachricht an den Server.

- Aus dem Master-Key, der Connection-ID, dem Challenge-Wert und weiteren verbindungsbezogenen Daten, werden unter Verwendung von sicheren Hash-Funktionen die Sitzungsschlüssel abgeleitet. Hierbei wird vom Klienten- und Serverprogramm jeweils ein *Write-Key* und ein *Read-Key* erzeugt. Da das Klienten- und Serverprogramm diese Schlüssel aus den gleichen Ursprungsdaten und unter Verwendung der gleichen Funktion ableiten, können sie die Schlüssel so generieren, dass jeweils nur der andere Partner die hiermit verschlüsselten Daten wieder lesen kann.

- Danach verschlüsselt das Klientenprogramm die Connection-ID mit dem „Client-Write-Key" und sendet die so verschlüsselte Connection-ID in der „Client-Finish"-Nachricht an den Server.

- Das Serverprogramm antwortet, indem es den Challenge-Wert mit dem Server-Write-Key verschlüsselt und diesen dem Klientenprogramm in der „Server-Verify"-Nachricht übermittelt.

- Das Klientenprogramm entschlüsselt den Challenge-Wert mit dem Client-Read-Key und überprüft, ob dieser Challenge-Wert mit dem ursprünglich von ihm gesendeten übereinstimmt. Ist dies der Fall, kann das Klientenprogramm davon ausgehen, dass der Server der rechtmäßige Inhaber des übermittelten Zertifikats ist (andernfalls hätte der Server den Master-Key nicht entschlüsseln und dementsprechend auch nicht die Sitzungsschlüssel generieren können).

- Zum Abschluss sendet das Serverprogramm die „Server-Finish"-Nachricht. Diese enthält eine „Session-ID", die mit dem Server-Write-Key verschlüsselt ist.

- Von nun an findet die Datenübertragung zwischen dem Klienten- und Serverprogramm verschlüsselt statt. Über den durch die Verschlüsselung geschaffenen sicheren Kommunikationskanal können beliebige (vertrauliche) Daten übertragen werden, wie zum Beispiel eine Warenbestellung oder eine Kreditkartennummer.

In dem soeben beschriebenen Szenario authentifiziert sich nur das Serverprogramm gegenüber dem Klientenprogramm (durch die Überprüfung des digitalen Zertifikats). Optional besteht auch für den Server die Möglichkeit, das Klientenprogramm zu authentifizieren. Hierzu muss der Server im Wesentlichen das digitale Zertifikat des Klientenprogramms verifizieren.

▶ Übungsaufgabe Nr. 2.6.36 im Arbeitsbuch

6.8.6 Wired Equivalent Privacy (WEP)

Die WiFi-Standards IEEE 802.11x definieren, wie die Kommunikation in einem kabellosen lokalen Netzwerk abgewickelt wird. Hierbei können zwei Rechner entweder direkt oder über einen Zugangspunkt miteinander kommunizieren (siehe Abschnitt 6.7.5.4). Diese Unterscheidung ist für die folgenden Ausführungen jedoch unerheblich.

In der Version 802.11b bietet der Standard zwei verschiedene Möglichkeiten an, wie sich mobile Rechner für den (kabellosen) Zugriff auf das Netzwerk authentifizieren können:

- Bei Verwendung der *Open System Authentication* kann sich jeder beliebige Rechner über IEEE-802.11b bei einem Netzwerk anmelden und anschließend Datenpakete über das Netzwerk versenden und empfangen. Die Open System Authentication ist der voreingestellte Authentifikationsmechanismus für IEEE-802.11b-kompatible Geräte.

- Jede Netzwerkkarte hat eine eindeutige Adresse (MAC-Adresse). Diese Adresse kann verwendet werden, um nur bestimmten Rechnern (beziehungsweise Netzwerkkarten) den Zugriff auf das Netzwerk zu erlauben. Hierzu kann eine Liste mit berechtigten MAC-Adressen erstellt und beim Zugangspunkt eingetragen werden. Rechnern mit nicht berechtigten Netzwerkkarten wird der Zugriff verweigert. Da MAC-Adressen jedoch im Klartext übertragen werden, bietet dieses Vorgehen nur einen geringen Schutz.

- Das *Wired Equivalent Privacy* (*WEP*)-Protokoll basiert auf der Verwendung eines gemeinsamen geheimen Schlüssels. Ein (mobiler) Rechner, der sich am Netzwerk anmelden möchte, muss hierbei im Besitz des *gemeinsamen Schlüssels* sein (engl.: shared key authentication). Der IEEE-802.11b-Standard schreibt allerdings nicht vor, wie dieser gemeinsame Schlüssel an die verschiedenen Rechner eines Netzwerks verteilt und gegebenenfalls aktualisiert wird.

Beim WEP-Protokoll (siehe Abb. 6.8.6/1) authentifiziert sich ein Rechner (der *Initiator*), der sich bei einem Netzwerk anmelden möchte, indem er eine

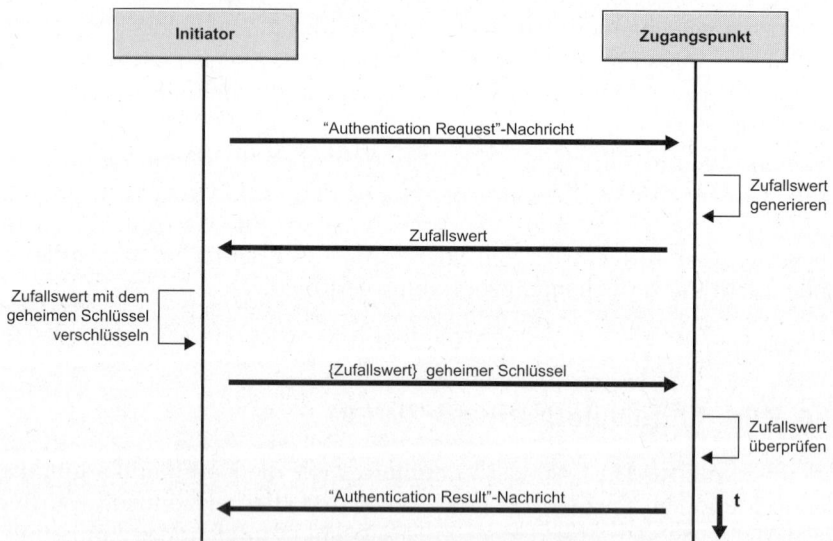

Abb. 6.8.6/1: Ablauf einer Authentifikation nach dem WEP-Protokoll

„Authentication Request"-Nachricht an den zugehörigen Zugangspunkt sendet. Daraufhin erzeugt der Zugangspunkt einen Zufallswert, in dessen Berechnung auch der gemeinsame geheime Schlüssel eingeht, und übersendet den Zufallswert an den Initiator. Sobald der Initiator diesen erhalten hat, verschlüsselt er den Zufallswert mit dem gemeinsamen geheimen Schlüssel und sendet den verschlüsselten Wert an den Zugangspunkt zurück. Der Zugangspunkt entschlüsselt den Wert und vergleicht ihn mit dem ursprünglich generierten. Stimmen beide Werte überein, ist sichergestellt, dass der Initiator im Besitz des gemeinsamen Schlüssels ist und somit Zugangsberechtigung besitzt. Abschließend teilt der Zugangspunkt dem Initiator mit der „Authentication Result"-Nachricht mit, ob die Authentifikation erfolgreich war.

Nach einer erfolgreichen Authentifikation durch das WEP-Protokoll wird jede weitere Datenübertragung mit dem gemeinsamen Schlüssel codiert und somit gegen Abhören geschützt. Es sind jedoch mehrere Arten von Angriffen gegen das WEP-Protokoll bekannt. Diese Angriffsmöglichkeiten gehen zum einen auf die Tatsache zurück, dass ein drahtloses Netz verhältnismäßig einfach belauscht werden kann. Dies ist innerhalb eines gewissen Radius um den sendenden Rechner möglich (auch außerhalb eines Gebäudes). Folgende Angriffe auf das WEP-Protokoll sind bekannt:

- Passive Angriffe zur Entschlüsselung des Netzwerkverkehrs, die auf statistischen Analyseverfahren beruhen. Dazu gehören die so genannten „Dictionary-building"-Angriffe, bei denen der Netzwerkverkehr zunächst eine gewisse Zeit aufgezeichnet und analysiert wird (im Fall von WEP etwa einen Tag lang). Auf Basis der gesammelten Daten kann der gesamte Netzwerkverkehr im Anschluss in Echtzeit entschlüsselt werden.

- Aktive Angriffe zum Wiedereinspielen von Nachrichten, ausgehend von nicht autorisierten Rechnern.

Wie der Name *Wired Equivalent Privacy* („zum kabelgebundenen Netzwerk äquivalente Privatsphäre") bereits andeutet, ist das Ziel von WEP, eine vergleichbare Sicherheit wie in kabelgebundenen Netzen zu erreichen. Durch die skizzierten Angriffe muss diese Intention heute als gescheitert betrachtet werden. Es existieren frei verfügbare Angriffswerkzeuge, über die von beliebigen Geräten mit WiFi-Adaptern Zugangspunkte vorgetäuscht werden können, oder durch die WEP-Schlüssel gebrochen werden können. Als Ersatz für WEP wurde deshalb der Standard IEEE 802.11i entwickelt, der im nächsten Abschnitt beschrieben wird.

6.8.7 WLAN-Sicherheitsstandard IEEE 802.11i

Die unzureichende Sicherheit von WEP war lange Zeit ein wichtiger Kritikpunkt an den WiFi-Standards. Aus diesem Grund wurde IEEE 802.11i als eigene Spezifikation entwickelt, der weitgehend unabhängig von den Spezifikationen auf der Sicherungsschicht des ISO/OSI-Referenzmodells arbeitet.

IEEE 802.11i wurde im Jahr 2004 verabschiedet und definiert gegenüber WEP eine Sicherheitsumgebung, die erweiterte Funktionen für die Authentifikation und Vertraulichkeit unterstützt. Ziel ist die Schaffung einer *robusten Netzwerkinfrastruktur* (engl.: robust security network, abgekürzt: RSN) für WiFi-Netze.

Der Standard IEEE 802.11i adressiert die bekannten Schwächen von WEP und bietet Verbesserungen in folgenden Bereichen:

- Für die *Verschlüsselung* werden zwei Protokolle, *TKIP* und *CCMP* vorgeschlagen, wobei TKIP als temporäre Übergangslösung für die Nutzung über bereits existierende WiFi-Infrastrukturen vorgesehen ist, und das Protokoll CCMP eine längerfristige Lösung darstellen soll, allerdings neue Hardwarekomponenten erfordert. Diese Protokolle werden nachstehend skizziert.

- Für die *Integritätsprüfung* wurde ein neuer Algorithmus namens *Michael* entwickelt, der von einem 64-Bit-Schlüssel als Startwert ausgeht. Die Integrität wird sowohl für die Adressierungsinformation als auch für den Nachrichteninhalt gewährleistet.

- Für die *Authentifikation* und *Schlüsselverwaltung* werden die Protokolle *IEEE 802.1x* und *EAP* (Abkürzung von engl.: extended authentication protocol) vorgesehen, die vielfach gemeinsam mit einem Authentifizierungsserver (beispielsweise RADIUS) eingesetzt werden.

Wie bereits der Name ausdrückt, ist das Protokoll *TKIP* (Abkürzung von engl.: temporary key integrity protocol) als temporäre Lösung zur Erhöhung der Kommunikationssicherheit vorgesehen, ist allerdings kurz- und mittelfristig beim Einsatz älterer WiFi-Hardware (beispielsweise auf Basis von IEEE 802.11b oder 802.11g) notwendig. Bei TKIP werden *Per-Paket-Schlüssel* (engl.: per packet key mixing) vergeben, wodurch Attacken wesentlich aufwändiger und Replay-Attacken wirkungslos werden. Zur Erreichung der Integrität wird *Michael* verwendet, die entsprechenden Codes werden mit *MIC* (Abkürzung von engl.: message integrity code) bezeichnet. Für die Verschlüsselung verwendet TKIP den Algorithmus RC4, der auch bei WEP eingesetzt wird. Zusätzlich unterstützt TKIP die periodische Aushandlung (engl.: re-keying) der Verschlüsselungs- und Integritätsschlüssel.

Das Protokoll *CCMP* (Abkürzung von engl.: counter mode with cipher block chaining message authentication code protocol) ist als langfristige Lösung für Vertraulichkeit und Integrität von WiFi-Netzen vorgesehen und wird durch den RFC 3610 definiert. Ein wesentlicher Unterschied zu TKIP ist das Verschlüsselungsverfahren *AES* (Abkürzung von engl.: advanced encryption standard), das bei der vorgesehenen Schüssellänge von 128 Bit sehr rechenaufwändig ist. Um gute Durchsatzleistungen zu erreichen, wird deshalb die Verschlüsselung voraussichtlich meist über einen Kryptoprozessor erfolgen. Sowohl die Verschlüsselung als auch die Integritätsprüfung basieren auf 128-Bit-Blöcken, in die die Nachrichten zerteilt werden. Sowohl die Blocknummern, als auch die

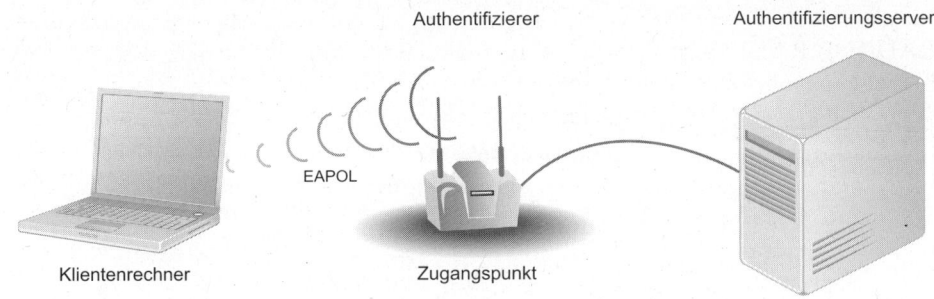

Abb. 6.8.7/1: Ablauf einer Authentifikation nach IEEE 802.11i

Blöcke werden mit AES verschlüsselt. CCMP verwendet den gleichen Schlüssel für die Sicherung der Vertraulichkeit und Integrität, wodurch die Verwaltung der Schlüssel vereinfacht wird.

Die *Authentifikation* und *Schlüsselverwaltung* von IEEE 802.11i basieren auf mehreren zusammenspielenden Protokollen. Ein WiFi-Klientenrechner, der sich an einem Zugangspunkt anmelden möchte, kann diesen über eine frei zugängliche Dienstnummer erreichen. Der WiFi-Klientenrechner wird hierbei in den Standards als *Supplicant* und der Zugangspunkt als *Authenticator* bezeichnet (siehe Abb. 6.8.7/1). Der Zugangspunkt übernimmt die Aufgabe der Authentifizierung. Nach erfolgter Authentifizierung wird eine Dienstnummer für den Klientenrechner freigeschaltet, über die der Klientenrechner Pakete über den Zugangspunkt verschicken kann.

Bei der Authentifikation wird die Schlüsselinformation zwischen dem WiFi-Klientenrechner und dem Zugangspunkt ausgetauscht. Der Zugangspunkt kann die entsprechenden Schlüssel entweder von einem Authentifizierungsserver beziehen, oder – etwa für private WLANs – diese aus einer lokal gespeicherten Konfiguration entnehmen (engl.: pre-shared key).

Als Protokoll zwischen dem Klientenrechner und Authentifizierer wird *EAP* verwendet (RFC 3748), das ursprünglich für (serielle) PPP-Verbindungen entwickelt wurde. EAP verlangt kein IP und kann auch direkt auf der Sicherungsschicht eingesetzt werden. EAP ist ein Transportprotokoll, in das flexibel Authentifizierungsmechanismen integriert werden können, die aber nicht Bestandteil von EAP sind. EAP kann die bei der *IANA* (Abkürzung von engl.: Internet assigned numbers authority) registrierten Authentifizierungsverfahren nutzen. Beispiele für die derzeit über 40 registrierten Verfahren sind EAP-TLS für eine Authentifizierung über TLS auf Basis von Zertifikaten, EAP-MD5 (bei der Authentifikation werden Hash-Werte der Schlüssel übertragen), oder LEAP (von Cisco entwickelt). Die Übertragung von EAP über lokale Netze wird durch *EAPOL* (Abkürzung von engl.: EAP encapsulation over LANs) festgelegt.

Als *Authentifizierungsserver* kann beispielsweise *RADIUS* (Abkürzung von engl.: remote authentication dial-in user service, RFC 2865) eingesetzt werden, für den auch Open-Source-Implementierungen vorliegen (beispielsweise Free-RADIUS). RADIUS ist zwar kein offizieller Bestandteil von IEEE 802.1x, aber bei Zugangsanbietern weit verbreitet.

Da bei der Definition von IEEE 802.11i viele Teilprotokolle involviert sind, und dadurch die Kommunikation, welche Teile hiervon von einer konkreten Implementierung unterstützt sind, aufwändig ist, wurden zusätzlich die Begriffe WPA und WPA2 geprägt. *WPA* (Abkürzung von engl.: WiFi protected access) bezeichnet Geräte, die für TKIP und IEEE 802.1x zertifiziert wurden, während *WPA2* Geräte bezeichnet, die auch CCMP unterstützen.

▶ Übungsaufgabe Nr. 2.6.37 im Arbeitsbuch

6.9 Marktsituation und Entwicklungstendenzen

In diesem Kapitel wurden zahlreiche Themen aus dem Bereich der Netzwerke angesprochen, die sowohl Hardware- als auch Softwareaspekte betrafen. Zentrale IT-Dienstleistungsabteilungen, die vor einigen Jahren primär Großrechnersysteme betreut haben, sind heute vielfach primär für die Betreuung der Netzwerkinfrastruktur zuständig, deren permanente Verfügbarkeit einen hohen Stellenwert erreicht hat. Durch einen Ausfall des Netzwerkes könnten viele Abteilungen praktisch lahm gelegt werden.

Um Ihnen einen Eindruck zu vermitteln, wie heute üblicherweise ein komplexes Netz aufgebaut wird, präsentieren wir hier beispielhaft einige *Kenngrößen über die Netzwerkinfrastruktur der Wirtschaftsuniversität Wien (WU)*.

6.9.1 Beispiel einer Netzwerkinfrastruktur

An der WU existieren in Summe etwa 6.500 Netzwerkanschlüsse. Die Verkabelung mittels verdrillten Zweidrahtleitungen der Kategorie 5, 5e oder 6 weist eine Gesamtlänge von etwa 120 km auf. Hinzu kommen noch Lichtwellenleiter von derzeit etwa 11 km. Für den Betrieb des Netzwerks sind zwei Hochleistungs-Router und mehr als 60 Ethernet-Switches mit Gigabit-Ethernet-Verbindungen zum Backbone-LAN im Einsatz. Die meisten Benutzeranschlüsse sind über verdrillte Zweidrahtleitungen realisiert, über die vor allem Fast-Ethernet aber auch Gigabit-Ethernet verwendet werden. Zwischen den Ethernet-Switches und Routern besteht eine Lichtwellenleiterverkabelung (Multimode- und Monomodefasern), über die Gigabit- und 10-Gigabit-Ethernet eingesetzt werden.

Die Universität bietet Einwahldienste über POTS, ISDN und ADSL an. Die ADSL-Verbindungen werden von den Telekommunikationsanbietern kommend an der Universität terminiert und in das WU-Netzwerk eingespeist. Der Bedarf an POTS und ISDN-Leitungen ist rückläufig.

Zusätzlich existiert ein *Verkehrsaustausch* (engl.: peering) mit dem TV-Kabelanbieter *Chello/UPC*. Dieser bietet für Studierende und Mitarbeiter eine relativ kostengünstige Lösung, bei der über das TV-Kabel sowohl Telefon, Internet, als das auch Kabelfernsehen angeboten werden. Von dieser Lösung machen zunehmend mehr Studierende Gebrauch.

Für die Verbindung zwischen der Universität und dem Internet bestehen zwei Gigabit-Ethernet-Anbindungen als redundante Verbindungen zu zwei ACOnet-Anschlusspunkten an den Standorten wien1.aco.net und wien21.aco.net (ACOnet ist der österreichische Universitätsverbund). Die Kosten der Internet-Anbindung belaufen sich derzeit auf etwa 180.000 Euro pro Jahr. Die Anschlussbandbreite beträgt derzeit 150 Mbit/s.

Für drahtlosen Netzwerkzugang innerhalb der Universität sind derzeit über 40 WiFi-Zugangspunkte für IEEE 802.11g im Einsatz, die über Roaming verbunden sind. Die Kosten der Einführung der campusübergreifenden WiFi-Infrastruktur auf Basis von IEEE 802.11g beliefen sich auf etwa 50.000 Euro.

6.9.2 Breitbandtechnologien für Privathaushalte

Generell werden Breitbandtechnologien, wie der Satellitenkommunikation, TV-Kabelnetzen oder xDSL-Techniken hohe Wachstumsraten vorausgesagt.

2002 belief sich laut einer Studie der IDC der *Umsatz mit Breitbanddienstleistungen in Europa* auf 3,3 Milliarden Euro. Bis zum Jahr 2007 wird ein Anstieg auf 22,2 Milliarden Euro prognostiziert.

6.9.2.1 xDSL-Techniken

Breitbandzugänge erfahren derzeit ein explosives Wachstum. Während 1999 in Europa 200.000 Haushalte einen xDSL-Zugang besaßen, sind dies laut des DSL-Forums 2004 bereits über 26 Millionen, wobei sich die Anzahl seit 2003 nahezu verdoppelte. xDSL ist die führende Breitbandtechnologie mit über 85 Millionen Teilnehmern weltweit in 2004.

Nach einer Studie, die das Marktforschungsinstitut Jupiter (London/Nürnberg) veröffentlichte, werden 28 Prozent der europäischen Haushalte bis zum Jahr 2008 über einen Breitbandzugang zum Internet verfügen. Steigende Verfügbarkeit von mit DSLAMs (siehe Abschnitt 6.7.4.2) ausgestatteten Vermittlungsstellen, fallende Gebühren, Deregulierung und auch staatliche Subventionen wie in Österreich tragen zu dieser starken Steigerung bei.

Durch den fortschreitenden Ausbau der Kommunikationsinfrastruktur mit Glasfaserleitungen bis zu den DSLAM-Verteilern ist zu erwarten, dass künftig

	Q2 2003	Q3 2003	Q4 2003	Q1 2004	Q2 2004	Q3 2004
Breitband Gesamt	79,8	89,1	99,4	111,5	123,0	136,4
xDSL	48,6	54,6	63,9	73,4	78,0	85,3
Kabel-TV und andere	31,2	34,5	35,5	38,1	45,0	51,1

Abb. 6.9.2.1/1: Zuwachs der Internet-Zugangsnetze über Breitband weltweit (DSL-Forum, 2004)

in Europa xDSL-Verbindungen mit einer Kapazität von 20 - 25 Mbit/s downstream auf Basis von ADSL2+ (oder dessen Nachfolgerstandards) angeboten werden. Bereits heute existieren VDSL-Zugänge großflächig in Japan und Korea (mit etwa fünf Millionen Teilnehmern im Jahr 2004), die Datenraten von bis zu 50 Mbit/s bereitstellen. Für 2005 wird allein in Korea mit 8,5 Millionen VDSL-Anwendern gerechnet, wobei Datenraten bis zu 100 Mbit/s verfügbar sind. Diese Verbreitung von VDSL ergibt sich durch eine in Asien unterschiedliche Netzwerkinfrastruktur, die sich von der europäischen deutlich unterscheidet.

Bis jetzt haben sich die Breitbandtechnologien in den asiatischen Ländern Südkorea und Taiwan am weitesten durchgesetzt (siehe Abb. 6.9.2.1/2). Der Anteil von xDSL-Anschlüssen je 100 Telefonanschlüsse ist im Fall von Südkorea nahezu 30 Prozent. Das EU-Land mit dem höchsten xDSL-Anteil ist Belgien, gefolgt von Finnland und Dänemark. Kriterien für die Verbreitung sind neben dem Preis die Verfügbarkeit von xDSL, die vor allem in ländlichen Gebieten teilweise noch gering ist, da sich dort die Kosten des digitalen Ausbaus der Vermittlungsstellen langsamer amortisieren.

In absoluten Zahlen ist China mit 13,7 Millionen Anschlüssen führend, gefolgt von Japan mit 12,74 und den USA mit 12,59 Millionen Anschlüssen. Von den EU-Ländern folgt Deutschland in dieser Statistik an fünfter Stelle mit 5,95 Millionen Anschlüssen, gefolgt von Frankreich an sechster (5,25 Millionen) und Italien an siebenter Stelle (3,68 Millionen). In den EU-Ländern gibt es mit insgesamt 26,51 Millionen xDSL-Anschlüssen (mehr als 30 Prozent der Anschlüsse weltweit), weit mehr Anschlüsse als beispielsweise in Nordamerika (15,16 Millionen, 17 Prozent der weltweiten Anschlüsse; Quelle: DSL-Forum, September 2004).

Rang	Land	xDSL-Anteil je 100 Telefonanschlüsse
1	Südkorea	28,9
2	Taiwan	22,1
3	Hongkong	20,1
4	Israel	19,4
5	Belgien	19,2
6	Japan	17,9
7	Finnland	16,6
8	Dänemark	15,9
9	Niederlande	15,5
10	Frankreich	15,5
18	Deutschland	11,1
19	Österreich	9,63

Abb. 6.9.2.1/2: xDSL-Anschlüsse je 100 Telefonanschlüsse im Ländervergleich (Quelle: DSL-Forum, September 2004)

Der *Internet-Verkehr über xDSL* hat sich in Deutschland laut RegTP (Regulierungsbehörde für Telekommunikation und Post) zwischen dem Jahr 2002 von 195 Exabyte auf 403 Exabyte im Jahr 2003 mehr als verdoppelt. Ein PB (Pentabyte, 2^{50} Bytes) entspricht 1.024 TB (Terabyte), ein EB (Exabyte, 2^{60} Bytes) entspricht 1.024 PB.

6.9.2.2 TV-Kabelanschlüsse

TV-Kabelanschlüsse mit Kabelmodem ermöglichen einen günstigen und leistungsfähigen Zugang zum Internet. Mehr als *ein Viertel der europäischen Haushalte hat einen TV-Kabelanschluss* und somit eine wichtige Voraussetzung für einen Internet-Anschluss über TV-Kabel.

Deutschland ist mit 20,13 Millionen TV-Kabelanschlüssen im Jahr 2004 der größte Markt innerhalb Europas (siehe Abb. 6.9.2.2/1). Der EU-Gesamtmarkt

Land	Anzahl Haushalte (in Mio.) mit TV	mit TV-Kabelanschluss	Anteil der TV-Kabelanschlüsse
Niederlande	6,97	6,38	92%
Belgien	4,41	4,02	91%
Luxemburg	0,17	0,14	82%
Deutschland	36,20	20,13	56%
Slowenien	0,67	0,37	55%
Ungarn	3,78	2,04	54%
Lettland	0,78	0,37	47%
Dänemark	2,35	1,09	46%
Schweden	4,06	1,72	42%
Österreich	3,25	1,23	38%
Slowakische Republik	2,07	0,78	38%
Polen	12,89	4,81	37%
Finnland	2,11	0,77	36%
Irland	1,31	0,41	31%
Litauen	1,25	0,35	28%
Tschechische Republik	3,93	0,71	18%
Frankreich	22,72	3,34	15%
England	24,87	3,47	14%
Portugal	12,89	1,05	8%
Spanien	13,84	0,84	6%
Italien	21,26	0,12	1%
Griechenland	2,97	0,01	0%
Summe	**184,75**	**54,15**	**29%**

Abb. 6.9.2.2/1: Haushalte mit TV- und TV-Kabelanschlüssen in Millionen (Quelle: SES Astra, 2004)

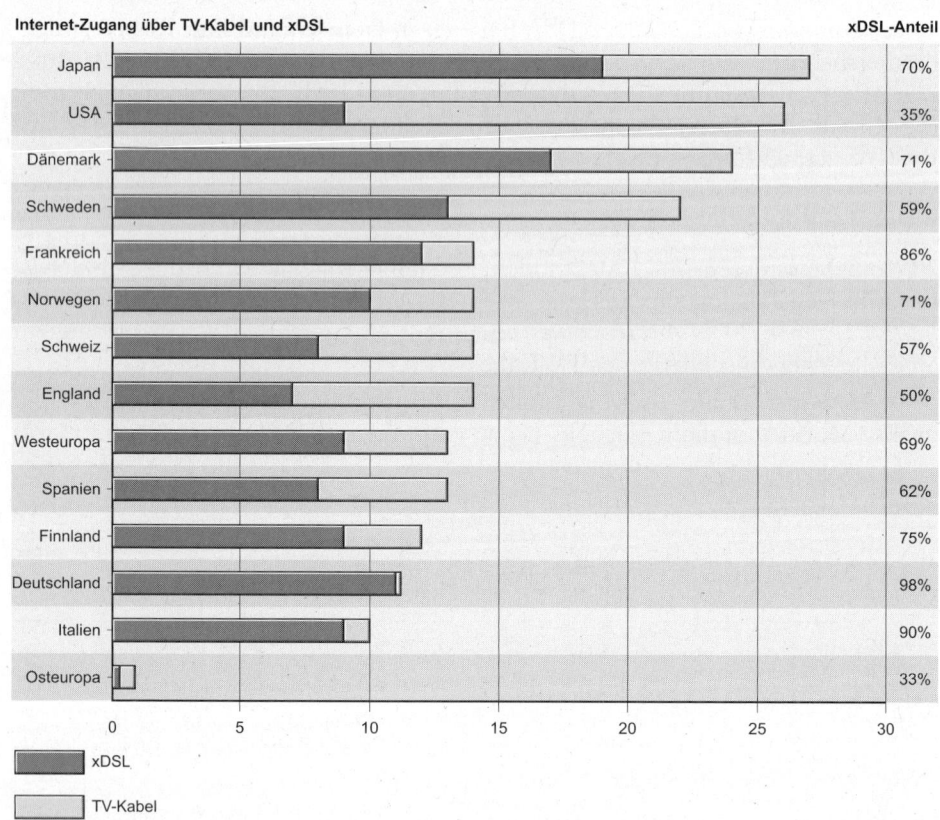

Internet-Zugang über TV-Kabel und xDSL   xDSL-Anteil

Land	xDSL-Anteil
Japan	70%
USA	35%
Dänemark	71%
Schweden	59%
Frankreich	86%
Norwegen	71%
Schweiz	57%
England	50%
Westeuropa	69%
Spanien	62%
Finnland	75%
Deutschland	98%
Italien	90%
Osteuropa	33%

■ xDSL
□ TV-Kabel

Abb. 6.9.2.2/2: Internet-Zugang über TV-Kabel und xDSL pro 100 Haushalte (Quelle: BITKOM 2004)

ist mit 54,15 Millionen TV-Kabelteilnehmern kleiner als der US-Markt mit 75 Millionen Teilnehmern (Jupiter Research, 2004). Dies ist durch den hohen Anteil an Satellitendirektempfang in Europa im Vergleich zu den USA erklärbar.

Abb. 6.9.2.2/2 zeigt, dass die höchste Anzahl der Internet-Breitbandzugänge pro Haushalt in Japan gegeben ist, und dass in Europa die skandinavischen Länder Dänemark und Schweden führend sind. Deutschland liegt hinter dem westeuropäischen Durchschnitt zurück. In den westeuropäischen Ländern beträgt der xDSL-Anteil der Breitbandzugänge etwa 69 Prozent. Führendes Land bei Breitbandzugängen über das TV-Kabelnetz ist mit großem Abstand die USA.

6.9.2.3 Drahtlose MANs

Breitbandige Funknetze (engl.: broadband wireless network) werden in den nächsten Jahren durch die sich rasch entwickelnde Technologie eine wesentliche Rolle einnehmen. Die Nutzung von WiFi-Netzen ist *keinesfalls auf den Grund-*

stücksbereich beschränkt. Seit 1997 ist in Deutschland der grundstücksüber-greifende Betrieb von Funknetzen gestattet. Wird allerdings beabsichtigt, öffentlich nutzbare Telekommunikationsdienstleistungen zu erbringen, so ist hierfür eine Lizenz der Klasse III notwendig (Einmalinvestition). In einigen städtischen Ballungszentren (beispielsweise San Francisco oder Berlin) existieren Bestrebungen, basierend auf der WiFi-Technik eine flächendeckende Versorgung für einen Internet-Zugang zu schaffen. Manche Kleinstädte in den USA haben eine flächendeckende WiFi-Versorgung geschaffen, allerdings ist dies mit einer Reichweitenbeschränkung von etwa 100 Metern und überlappend vorhandenen privaten WiFi-Netzen ein schwieriges Unterfangen.

Einzelne Städte planen, beispielsweise in Straßenlaternen Zugangspunkte einzubauen, um die Flächendeckung zu realisieren. Auch Inseln der Malediven werben bereits damit, dass sie einen flächendeckenden drahtlosen Internet-Zugang anbieten. Dies ist bei der geringen flächenmäßigen Ausdehnung einzelner Inseln allerdings nicht sehr schwierig.

Laut einer Untersuchung von Intel war im Jahr 2003 die höchste Dichte an WLAN-Zugangspunkten in New York gegeben, gefolgt von Taipeh und Wien. An neunter Stelle liegt mit Hamburg die am besten versorgte deutsche Stadt (vor Tokio).

Es ist damit zu rechnen, dass innerhalb des 2,4-GHz-ISM-Bands durch viele Funk-LAN-Betreiber und Bluetooth-Geräte ein beachtlicher *„Funksmog"* entstehen wird, wodurch die technisch mögliche maximale Leistung für einen Benutzer nicht erreicht werden kann. Bisher hat sich das allerdings nicht als Problem erwiesen.

Eine viel versprechende neue Entwicklung im Drahtlosbereich ist WiMAX (IEEE 802.16). Diese Technologie wird drahtlose MANs und Breitbandfunknetze ermöglichen. Der maximale Abdeckungsradius einer Basisstation beträgt 50 km, wobei ein breites, teils lizenzpflichtiges Frequenzband genutzt wird. (siehe auch Abschnitt 6.7.5.4). Erste Chipsätze erschienen im Jahr 2004, wobei kommerzielle WiMAX-Betreibernetze ab 2006 zu erwarten sind.

Wenn man bedenkt, dass die maximale Übertragungsleistung innerhalb einer UMTS-Pikozelle 2 Mbit/s beträgt, kann man erkennen, dass sich die *802.16-Technik* zu einer *ernstzunehmenden Konkurrenz für existierende Mobiltelefonie* entwickeln könnte. Dies ergibt sich aus der steigenden Popularität von Voice-over-IP und die mögliche garantierte Dienstqualität in WiMAX. Die Kosten für eine 802.16-Infrastruktur (beispielsweise Basisstationen) werden vermutlich nur einen Bruchteil der Kosten von GSM und UMTS ausmachen.

Eine weitere Entwicklung sind die *Dachgiebelnetzwerke* (engl.: rooftop network; siehe Abb. 6.9.2.3/1), die beispielsweise von Nokia als eine Lösung für Vorstadtbereiche propagiert werden. Die Grundidee dieses Netzwerks ist als Mittelding zwischen den Ad-hoc-Netzwerken im Stil von Bluetooth und von 802.11b anzusehen und wird von Nokia als Konkurrent von Letzterem betrachtet. Bei 802.11b existiert im Regelfall (im Client-Server-Modus) eine Basisstation (der Zugangspunkt), der eine zentrale Bedeutung zukommt. Die 802.11b-

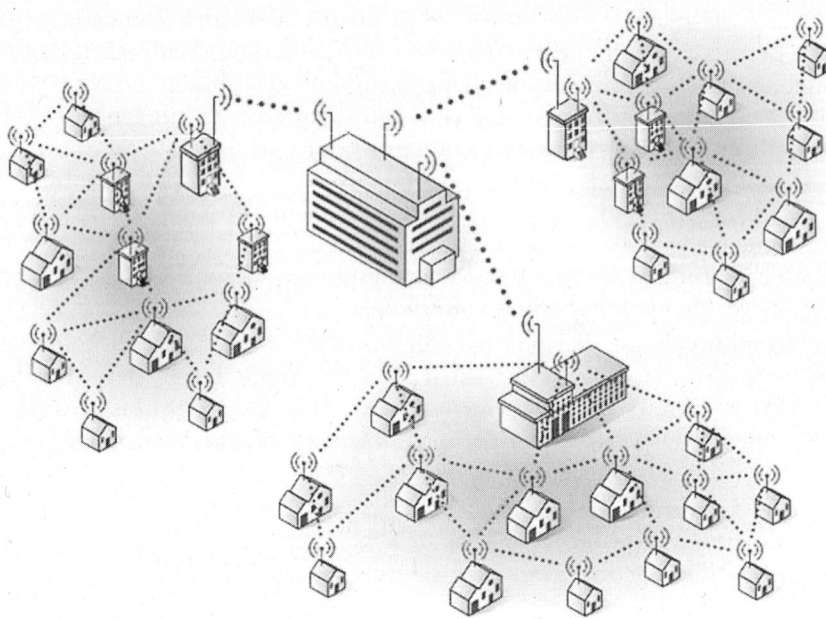

Abb. 6.9.2.3/1: Dachgiebelnetzwerke

Netzstruktur entspricht somit einem logischen Sternnetz. Die Grundidee des Nokia-Produkts ist ein *vermaschtes Netzwerk* (engl.: wireless mesh network), das selbstständig neue Netzteilnehmer erkennt, diese integriert und auf diese Weise die Reichweite des Netzwerks ausdehnt. Fällt eine Station aus, so kann sich das System „selbst heilen".

Auf den Dächern der Teilnehmer werden kleine Router installiert, die diese Anpassungen der Topologie ohne menschliche Intervention durchführen können (für diesen Zweck wurde ein eigenes Betriebssystem für die Router entwickelt). Diese Router sind auch gleichzeitig Sende- und Empfangsstationen.

Das Dachgiebelnetz von Nokia verwendet ebenso das 2,4-GHz-Band und unterstützt pro Zelle maximal 12 Mbit/s (sechs Kanäle zu 2 Mbit/s). Die Datenrate von 2 Mbit/s pro Kanal ist bis zu einer Entfernung von 800 m möglich, bis zu einer Entfernung von maximal 3 km ist eine Datenrate von 1 Mbit/s erreichbar. Der Router besitzt für den Hausanschluss eine 100BaseTX-Schnittstelle sowie die ebenso relativ neue HomePNA-Schnittstelle.

HomePNA (Abkürzung von engl.: home phone line networking alliance) ist eine Vereinigung von über 150 Unternehmen (beispielsweise 3Com, AT&T, Hewlett-Packard, Intel und Nokia), die für die *Nutzung der standardmäßigen Telefonverkabelung im privaten Haushalt kostengünstige Lösungen und Standards* erarbeitet. Dabei werden Modulationsverfahren in Frequenzbändern eingesetzt, die auch die (gleichzeitige) Nutzung von Telefongesprächen oder den

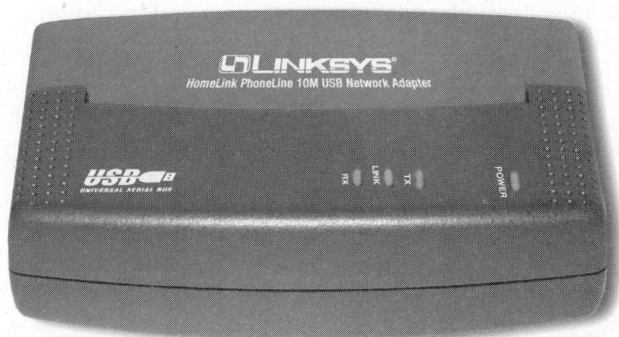

Abb. 6.9.2.3/2: Sende-/Empfangsstation mit integriertem Router

**Abb. 6.9.2.3/3:
HomePNA-Modem**

Betrieb von ADSL nicht stören. In der Version 3.0 der HomePNA-Spezifikation (2003) sind Übertragungsraten von bis zu 128 Mbit/s möglich. Durch den Einsatz dieser Technik wird das existierende Haustelefonnetz zum lokalen Netzwerk, wobei an jede beliebige Telefondose ein spezielles Modem angesteckt werden kann (siehe Abb. 6.9.2.3/3).

▶ Übungsaufgabe Nr. 2.6.38 im Arbeitsbuch

6.9.3 Entwicklung von Kommunikationsanwendungen

6.9.3.1 Digitales Fernsehen

Im Jahr 2003 nutzten in Europa insgesamt 32,4 Millionen Haushalte Digitalfernsehen, das sind fünfzehn Prozent aller Haushalte (SES Astra, Satellite Monitors, 2004). Davon nutzten mehr als siebzig Prozent Digitalfernsehen über Satellitenempfang.

Die *Verbreitung digitalen Fernsehens* erfährt gegenwärtig eine rapide Entwicklung. Für das Digitalfernsehen sprechen die höhere Bandbreiteneffizienz bei digitaler Übertragung, eine geringere notwendige Sendeleistung und eine bessere erzielbare Qualität gegenüber der traditionellen analogen Übertragung. Ein Nachteil aus der Sicht des Konsumenten ist, dass für die Decodierung des digital ausgestrahlten Fernsehprogramms ein Decoder (eine Set-top-Box) notwendig ist, der üblicherweise kein Bestandteil des Fernsehgeräts ist. Die heute üblichen Decoder setzen einen MPEG-2-Datenstrom in ein analoges Videosignal um, das von traditionellen Fernsehgeräten dargestellt werden kann. Für digitale Endgeräte (beispielsweise digitale Projektoren oder LCD- beziehungsweise Plasmabildschirme mit digitalem Eingang) kann eine bessere Qualität ohne die analoge Umsetzung erreicht werden, allerdings sind diese Endgeräte derzeit noch wenig verbreitet.

Durch den Ersatz analoger Sendeeinrichtungen durch digitale werden Frequenzbereiche frei, die entweder zur Übertragung mehrerer digitaler Kanäle oder für gänzlich andere Anwendungen (wie beispielsweise Anwendungen der mobilen Kommunikation) genutzt werden können.

Die wichtigsten Standards für digitales Fernsehen werden vom DVB-Konsortium entwickelt, dem über 180 Firmen und Organisationen angehören. Die verabschiedeten Standards gliedern sich nach den Übertragungsmedien:

- *DVB-C* (Abkürzung von engl.: digital video broadcasting – cable) definiert den digitalen Fernsehempfang über das TV-Kabelnetz.
- *DVB-S* (Abkürzung von engl.: digital video broadcasting – satellite) definiert den digitalen Fernsehempfang über Satellit.
- *DVB-T* (Abkürzung von engl.: digital video broadcasting – terrestrial) definiert den digitalen Fernsehempfang über den terrestrischen Funk und wird zunehmend die analoge terrestrische Ausstrahlung von Fernsehprogrammen nach dem PAL/SECAM-Standard ersetzen.

- *DVB-H* (Abkürzung von engl.: digital video broadcasting – handhelds) ist der neueste dieser Standards und ist eine Weiterentwicklung von DVB-T. Über DVB-H kann digitales Fernsehen auf Mobiltelefone und kleinere mobile Geräte ausgestrahlt werden, für die geringere Auflösungen notwendig sind. Zudem ist für das Abspielen ein geringerer Stromverbrauch notwendig. DVB-H kann gemeinsam mit DVB-T als Rundfunk ausgestrahlt werden, für den Rückkanal kann Mobilfunktechnik eingesetzt werden.

In Europa basiert terrestrisches Digitalfernsehen auf dem Standard DVB-T. Andere Länder wie die USA verbinden die Digitalumstellung mit der Einführung von *HDTV* (Abkürzung von engl.: high definition television). Die Umstellung auf Digitalfernsehen erfolgt je nach Land in verschiedener Geschwindigkeit. So begann England schon frühzeitig terrestrisches Digitalfernsehen auszustrahlen und hatte bereits 2004 eine Durchdringung von 42 Prozent (IPSOS-INRA, 2004). Deutschland ist ebenso ein Vorreiter in Europa, wobei DVB-T in Gebieten wie Bremen/Unterweser, Hannover/Braunschweig und Köln/Bonn allgemein verfügbar ist. In Berlin wurde die Analogabschaltung bereits vollzogen. Die endgültige Abschaltung des analogen Sendebetriebs ist in Deutschland (wie auch in England) für spätestens 2010 geplant.

Fernsehen über das Internet (Internet-TV) hat vor allem in Verbindung mit Zusatzangeboten ebenfalls ein enormes Marktpotenzial. Der Durchbruch könnte eintreten, wenn die breitbandigen Internet-Zugänge per xDSL-Technik flächendeckend vorhanden sind und die lizenzrechtlichen Barrieren für TV- und Filminhalte für das Medium Internet gelöst sind.

Ein Beispiel für das Internet-TV ist der deutsche Anbieter *HanseNet*, der kommerzielles Video-on-Demand über ADSL anbietet. Der italienische Betreiber *FastWeb* hat einen Internet-TV-Dienst mit 120 Kanälen sowohl über ADSL als auch über Glasfaser im Betrieb. Mittels der FTTx-Technik (siehe Abschnitt 6.7.4.5) ist in manchen Ländern (beispielsweise Kanada) geplant, ein dem Kabel-TV entsprechendes Videoangebot über eine hybride Glasfaser-ADSL-Infrastruktur anzubieten.

Ein weiteres *Beispiel von neuen Dienstleistungen* ist das *interaktive Finanz-TV im Internet*. Parallel zu den Fernsehbildern können auf dem geteilten Bildschirm aktuelle Kurse, Charts und Hintergrundinformation abgerufen werden. Das ehrgeizige Ziel ist es, Formate zu entwickeln, die einerseits die bidirektionalen Möglichkeiten des Internets nutzen und andererseits auch TV-sendefähig sind.

6.9.3.2 Fernsprechnetze

Noch immer spielt der *Festnetztelefonanschluss* eine wichtige Rolle bei der Telefonie und besonders beim Zugang zum Internet (seit Ende 2000 gibt es aber in Deutschland mehr Mobilfunkteilnehmer als Festnetzanschlüsse). Laut Jahresbericht der deutschen Regulierungsbehörde von Telekommunikation und Post (RegTP) hat im Jahr 2003 das in Deutschland *in Festnetzen generierte Verkehrsvolumen* 342 Milliarden Minuten betragen, was erstmals rückläufig gegenüber dem Vorjahr war. Sowohl die *Internet-Nutzung* als auch die *Verbindungen vom Festnetz zu den Mobilnetzen* haben Anteil an den hohen Verkehrszuwächsen.

ISDN-Anschlüsse pro 100 Einwohner

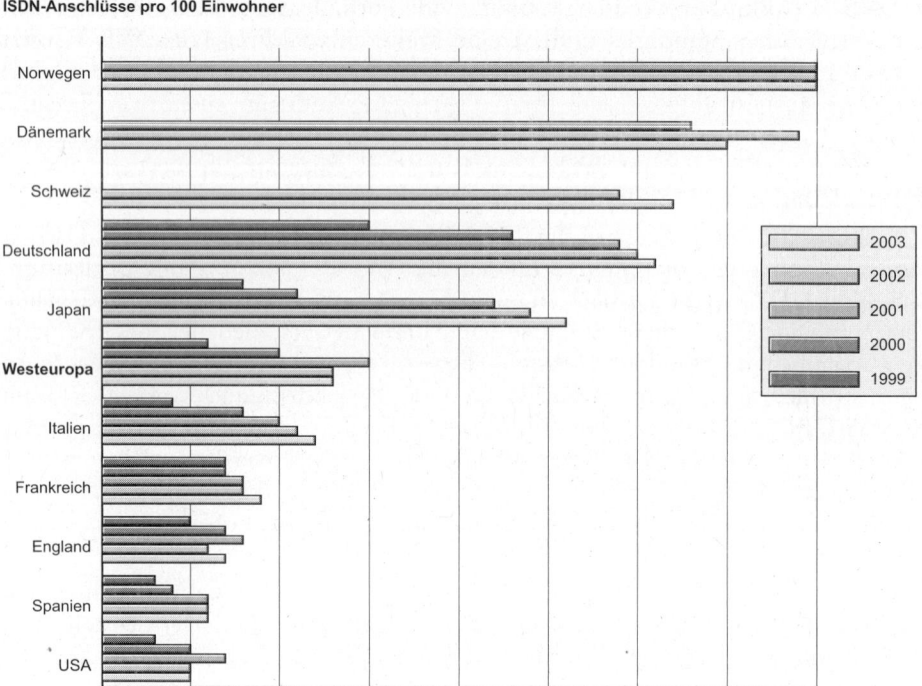

Abb. 6.9.3.2/1: Verbreitung der ISDN-Anschlüsse pro 100 Einwohner (Quelle: BIT-KOM 1999-2004)

Deutschland gehört neben Norwegen, Dänemark, der Schweiz und Japan zu den führenden Staaten in Bezug auf die Verbreitung von *ISDN*. Fast jeder dritte Telefonanschluss in Deutschland verwendet ISDN (RegTP, 2003). Ebenso ist die Anzahl der ISDN-Anschlüsse in Deutschland weiterhin langsam aber stetig steigend (siehe Abb. 6.9.3.2/1).

6.9.3.3 Mobilfunk

Bei den *Mobilfunkteilnehmern* konnte man in den Jahren seit der Einführung der Mobilfunksysteme der zweiten Generation (digitaler zellularer Mobilfunk) einen rasanten Anstieg der Teilnehmer beobachten. 2004 hatte das weltweite führende GSM-System 1,2 Milliarden Teilnehmer. CDMA-basierte Systeme (UMTS) nehmen mit 213 Millionen Teilnehmern weit abgeschlagen den zweiten Platz ein (GSM Association, 2004 und CDMA Development Group, 2004). Im Jahr 2004 telefonierten etwa 22 Prozent der gesamten Erdbevölkerung über Mobilfunksysteme. Die Abb. 6.9.3.3/1 zeigt die Verbreitung des Mobilfunks in den EU-25-Staaten, wobei die Zahl der Mobilfunkverträge pro 100 Einwohner dargestellt wird. In einzelnen Staaten (beispielsweise in Luxemburg und Schweden) ist die Zahl der Mobilfunkverträge bereits höher als die Einwohnerzahl. Dies zeigt einen klaren Trend zum Zweit- und Dritthandy. Die gesamte Zahl der Mobilfunkverträge in den EU-25-Staaten hat Im Juni 2004 den Stand von 379 Millionen erreicht.

Die Verteilung der Gesprächsminuten verschiebt sich weiter vom Festnetz zu Mobilnetzen. Ein weiterer Verschiebungseffekt ergibt sich aus der Verwendung des Mobiltelefons als Ersatz für den Haushaltsfestnetzanschluss.

Die mobile Infrastruktur bietet nun in den meisten Ländern Europas die Dienste WAP, HSCSD, GPRS, UMTS und teilweise EDGE. Während die Nutzung von mobilen Internet-Zugängen in Europa im Jahr 2004 nur geringe

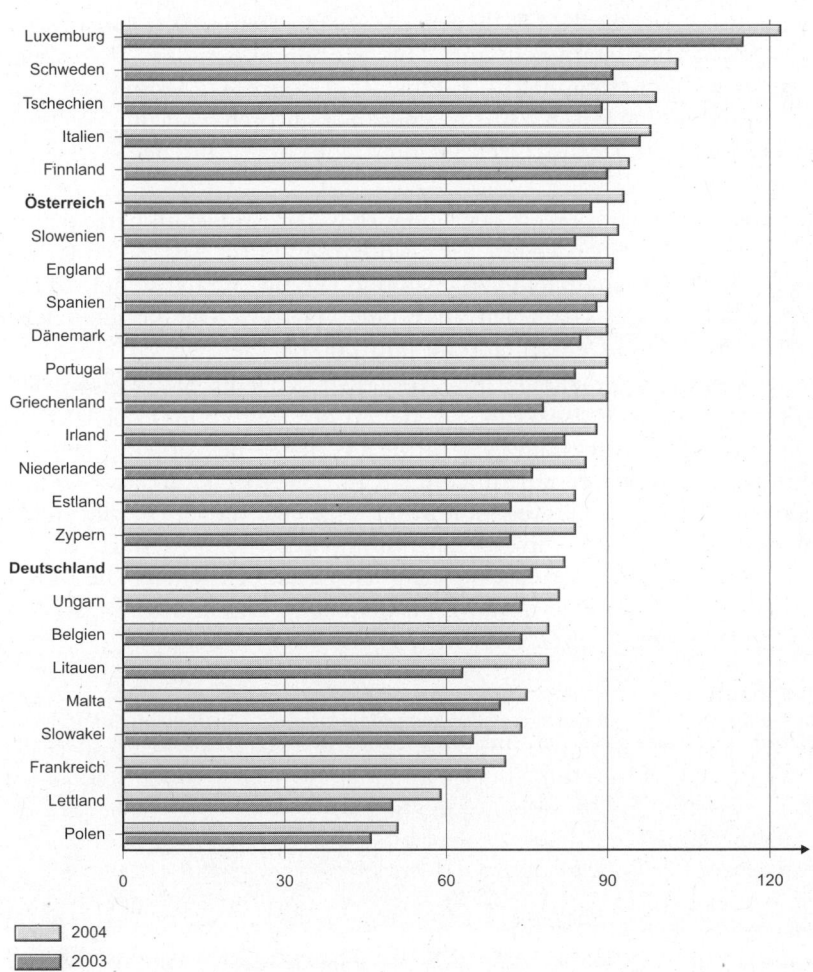

Abb. 6.9.3.3/1: Mobilfunkpenetration in Prozent in den EU-25-Staaten in 2003 und 2004 (Quelle: OECD 2004)

Bedeutung hatte, hofft man, dass mit dem nun generell verfügbaren UMTS und neuen Diensten eine größere Zahl an Mobilfunknutzern auch mobiles Internet in Anspruch nehmen wird.

Die Wahl des richtigen mobilen Datendienstes hängt von der Anwendung ab. Die zellulare Infrastruktur für mobilen Internet-Zugang hat den Vorteil, dass sie, wie zum Beispiel für GPRS, flächendeckend in Deutschland angeboten wird. Breitbandfunknetze haben derzeit wesentlich geringere Ausdehnungen (100 m im Fall von 802.11b), allerdings sind die erzielbaren Datenraten wesentlich höher als beispielsweise für GPRS. Zukünftige Breitbandfunknetze auf Basis von WiMAX oder ähnlichen Technologien haben das Potenzial, sowohl großflächige Ausdehnungen abzudecken (beispielsweise ganze Städte), als auch sehr hohe Datenraten zu erzielen.

Für die Mobilfunktechnik *UMTS* bauen die Netzbetreiber *in Deutschland* tausende zusätzliche Basisstationen auf. Die Mobilfunkbetreiber T-Mobile, Vodafone (ehemals Mannesmann) D2, E-Plus 3G, Group 3G, MobilCom und VIAG Interkom haben im Jahr 2000 für einen Gesamtpreis von umgerechnet 50,8 Milliarden Euro die UMTS-Lizenzen für Deutschland für den Zeitraum von 20 Jahren ersteigert.

Die notwendigen Investitionen für den Vollausbau der Mobilfunknetze betragen laut Angaben der Betreiber weitere zehn Milliarden Euro. Aus diesen Gründen hat Group 3G das Geschäftsfeld verlassen und MobilCom hat seine UMTS-Frequenzen und UMTS-Basisstationen an E-Plus verkauft. Der kommerzielle Start von UMTS erfolgte in Deutschland im Jahr 2004.

Wie diese Mobilfunkunternehmen ihre Ausgaben in Deutschland einspielen werden, stellt viele vor ein Rätsel. Der Zweifel an der Rentabilität der UMTS-Funknetze wird durch Marktstudien verstärkt, aus denen hervorgeht, dass die Kunden kaum bereit sein werden, deutlich mehr für UMTS-Dienste auszugeben als sie es bereits für die mobile Telefonie tun. Als Folge dieser Überlegungen sind an den Börsen die Aktienkurse der Mobilfunkunternehmen stark gesunken, wodurch die Liquidität dieser Unternehmen zusätzlich leidet. Die durch Sprachdienste erzielten Umsätze von Mobilfunkbetreibern konnten bis dato noch nicht wesentlich durch UMTS erhöht werden.

Lizenznehmer	Erworbenes Frequenzspektrum	Preis in Euro
E-Plus 3G	2 x 5 MHz, 1 x 5 MHz	8.432.108.914
Group 3G	2 x 5 MHz, 1 x 5 MHz	8.471.427.192
Mannesmann Mobilfunk	2 x 5 MHz, 1 x 5 MHz	8.484.771.887
MobilCom Multimedia	2 x 5 MHz, 1 x 5 MHz	8.431.699.881
T-Mobile	2 x 5 MHz, 1 x 5 MHz	8.541.065.026
VIAG Intercom	2 x 5 MHz	8.444.993.447
	Gesamtsumme:	50.806.066.346

Abb. 6.9.3.3/2: Überblick über die in Deutschland versteigerten UMTS-Lizenzen

6.9.3.4 Voice over IP (VoIP)

VoIP (Abkürzung von: voice over IP) bezeichnet eine Gruppe von Übertragungsverfahren für Sprache über das Internet. VoIP ist wiederum eine Untergruppe der *VoN-Verfahren* (Abkürzung von engl.: voice over network), bei denen Sprache über ein gemeinsam genutztes Medium übertragen wird. Beispiele hierfür sind *VoATM* (Abkürzung von engl.: voice over ATM) und die Telefonie über TV-Kabelnetze.

VoIP hat gegenüber POTS durch die zugrunde liegende Paketvermittlung Kostenvorteile. Bei POTS wird über Zeitschlitzverfahren Bandbreite für Telefonie statisch reserviert, während bei VoIP Pakete gemeinsam auf Leitungen geschaltet werden. Dadurch werden die Kommunikationswege besser ausgenützt. Allerdings muss die Dienstqualität durch QoS-Funktionen garantiert werden. Die Sprachqualität vieler VoIP-Angebote liegt derzeit häufig unter der von POTS-Systemen.

Schlüsselbereiche zur Angleichung der Qualität von VoIP an POTS liegen bei der Reduzierung der Latenz, bei einer einheitlichen Adressierung der Endgeräte, Interoperabilität zwischen VoIP-Netzen und Betreibern, sowie der technischen und organisatorischen Regelung bei den Übergängen in das öffentliche Telefonnetz. Die Latenz sollte bei VoIP ähnlich der leitungsvermittelten Telefonie 300 ms (ITU-T Empfehlung G.114) nicht überschreiten. In der Latenz sind Verbesserungen hauptsächlich im Bereich der Codecs, der Vermittlungseinrichtungen und der Wegwahl möglich.

VoIP hat zusätzlich Skalenvorteile gegenüber klassischer Wählamtstechnologie: eine VoIP-Infrastruktur kann bei geringen Grenzkosten eine sehr große Anzahl von Teilnehmern *zentral* bedienen, während Wählämter bei POTS dezentral angeordnet sind und kaum über 100.000 Teilnehmer umfassen können.

Derzeit bildet VoIP auch nicht das existierende Kostenmodell der Telefonie ab: Zum Beispiel entspricht das im VoIP typische Modell der Übertragung von VoIP-Gesprächen an den Zielort mit lokaler Einspeisung in das Telefonnetz nicht dem des POTS. Die Regulierungsbestimmungen, die auf POTS ausgerichtet waren, sind teilweise für VoIP nicht oder nur eingeschränkt anwendbar. Ein Beispiel hierfür sind die in den USA per Regulation zahlbaren *teilnehmerseitigen Zugangsgebühren* (engl.: access fees), die für VoIP entfallen und daher diesen Dienst gegenüber POTS zusätzlich billiger machen.

Eine VoIP-Verbindung durchläuft die in Abb. 6.9.3.4/1 gezeigten Stationen: Zunächst wird die vom Endgerät kommende Sprache digitalisiert (1) und durch einen Codec komprimiert (2). Der resultierende Datenstrom wird in Pakete zerlegt (3) und als *Nutzdaten* (engl.: payload) im *RTP-Protokoll* (Abkürzung von engl.: real time protocol) eingefügt. Auf der Transportschicht werden die RTP-Pakete mittels UDP übertragen (4). UDP ist verbindungslos, nicht fehlergesi-

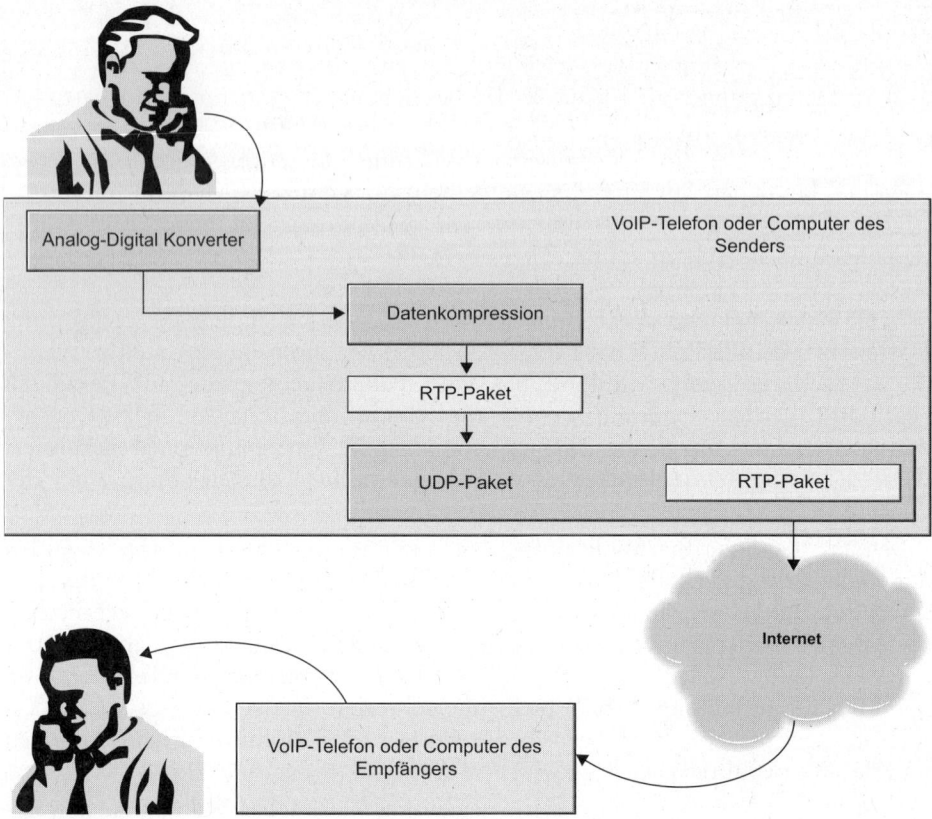

Abb. 6.9.3.4/1: Sprachverbindung bei VoIP

chert und hat im Vergleich zu TCP weniger Protokoll-Overhead (siehe auch Abschnitt 6.6.3).

Die wichtigsten Protokolle für VoIP basieren auf offenen Standards. Solche Protokolle sind *H.323*, *SIP* (Abkürzung von engl.: session initiation protocol), *MGCP* (Abkürzung von engl.: media gateway control protocol) und *MEGACO/H.248*. Die derzeit häufigsten in Endgeräten verwendeten VoIP-Protokolle sind SIP und H.323, wofür bereits von mehreren Herstellern Telefonendgeräte geliefert werden. Abb. 6.9.3.4/2 zeigt zwei Endgeräte, die über kabelgebundenes Ethernet oder WiFi an das Internet angeschlossen werden und über DHCP dynamisch eine IP-Adresse zugeordnet erhalten. IP-Telefone werden derzeit aus Mangel an flächendeckender Infrastruktur primär bei Nebenstellenanlagen eingesetzt.

Generell wird VoIP derzeit kommerziell für Nebenstellenanlagen, für Computer-zu-Computer-Sprachverbindungen, Computer-zu-PSTN (das heißt, in das öffentliche Telefonnetz) und noch im geringen Ausmaß bei der PSTN-zu-Com-

Abb. 6.9.3.4/2: IP-Telefone von Cisco: Drahtloses IP-Telefon über IEEE 802.11b und IP Phone 7970

puter-Kommunikation angeboten. Die Betreiber der Trägernetze planen, es künftig in verstärktem Maß in der netzinternen Übertragung und zur Vermittlung von Gesprächen einzusetzen.

Für die Verbesserung der Interoperabilität im Bereich der Adressierung von Endgeräten wurde der Standard *ENUM* (Abkürzung von engl.: tElephone NUmber Mapping) entwickelt (RFC 2916), durch den die Umsetzung von regulären Telefonnummern in Internet-Adressen geregelt wird. Hierbei werden Telefonnummern (E.164-Nummernplan) auf DNS-Einträge (siehe Abschnitt 6.6.2) und umgekehrt abgebildet. So ergibt zum Beispiel die Telefonnummer +43-1-31336-0 transformiert den Domain-Namen 0.6.3.3.1.3.1.3.4.e164.arpa. Ähnlich einem lokalisierten Telefonverzeichnisdienst kann damit der gesamte Nummernplan dezentral und nach Zonen gegliedert verwaltet werden. Für Deutschland ist der Verwalter der zu +49 korrespondierenden Zone die *DENIC eG*, für Österreich und +43 die *enum.at GmbH*.

Beim Einrichten von Telefonverbindungen von einem VoIP-Netz zu einem anderen (engl.: off-net calls), das möglicherweise andere Standards nutzt, entstehen vielfach Interoperabilitätsprobleme. Hier erweist sich die Vielzahl der Standards derzeit noch als Problem. ENUM ist ein wichtiger Ansatz zur Lösung der Adressierungsproblematik, allerdings ist schon die Interoperabilität des gleichen Standards (beispielsweise MGCP) bei Geräten unterschiedlicher Hersteller manchmal noch nicht gegeben. Der derzeit häufigste Ansatz zur Lösung dieses

Problems ist, das öffentliche Telefonnetz als Mittlernetz zwischen VoIP-Inseln zu nutzen, wobei Gespräche über PSTN-Gateways geleitet werden.

PSTN-Gateways sind Anwendungs-Gateways, die VoIP-Protokolle unterstützen und Gespräche von/zu dem öffentlichen Telefonnetz entsprechend umsetzen. Die häufigste Variante eines PSTN-Gateways für VoIP ist eine Nebenstellenanlage, die VoIP unterstützt und beispielsweise über ISDN an das Telefonnetz angebunden ist. Sie verwaltet sowohl die Umsetzung der Adressierung (IP-Adressen und Dienstnummern zu Telefonnummern), die Protokollumsetzung (beispielsweise SIP zum D-Kanal von ISDN) und die Datenstromumsetzung zwischen verschiedenen Codecs (Transcodierung).

Durch die geringen Grenzkosten sind bei VoIP-Angeboten Computer-zu-Computer-Dienstleistungen zumeist kostenfrei.

VoIP erfährt derzeit ein starkes Wachstum sowohl als Ersatz/Ergänzung für POTS-Systeme, als auch in der Computer-zu-Computer-Telefonie. Laut *Infonetics Research* (2004) wird das Wachstum im Bereich VoIP zwischen 2003 und 2007 jährlich bei über 40 Prozent liegen und ein Marktvolumen von 4,2 Milliarden Euro im Jahr 2007 erreichen. Bereits heute gehen Studien (siehe Abb. 6.9.3.4/3) davon aus, dass die Zahl der VoIP-Anschlüsse von Endkunden in den USA im Jahr 2007 die der POTS-Anschlüsse übersteigen wird.

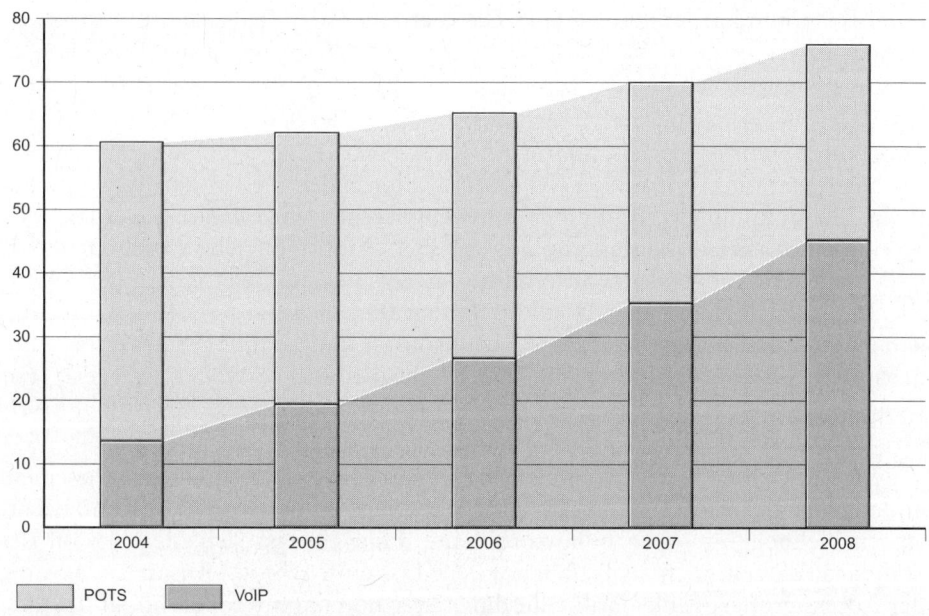

Abb. 6.9.3.4/3: Prognostizierte Entwicklung der VoIP-Anschlüsse in den USA (Quelle: The Insight Research Corp., 2005)

Als erster großer Telekommunikationsanbieter hat AT&T im Jahr 2004 sein Stammgeschäft der analogen Privatkundentelefonie aufgegeben und bietet Privatneukunden stattdessen ausschließlich einen VoIP-basierten Dienst an. Das Produkt wird mit einem zu POTS-Systemen vergleichbaren Preis angeboten und enthält zahlreiche Zusatzdienste wie beispielsweise Konferenzgespräche, Voicemail, Rufweiterleitung (an eine oder mehrere Anschlüsse, bei denen es dann gleichzeitig klingelt), Anruflisten oder selektive Klingeltonabschaltung zu wählbaren Zeiten.

Yahoo-Broadband ist ein wichtiger VoIP-Anbieter in Japan, wo ein Großteil der xDSL- und FTTx-Dienste mit VoIP gebündelt angeboten werden. Beispiele für Endkundenangebote in Deutschland sind *freenet.de* oder *dus.net*, in Österreich bietet der Zugangsanbieter *Inode* VoIP als Ergänzung seiner xDSL-Angebote an.

Eines der derzeit erfolgreichsten VoIP-Produkte ist die europäische Entwicklung *Skype,* die sich zunehmender Beliebtheit erfreut und ohne Zusatzkosten über beliebige breitbandige Internet-Anschlüsse betrieben werden kann. Das gleichnamige Unternehmen wurde von Niklas Zennström und Janus Friis, den Entwicklern der erfolgreichen Peer-to-Peer-Software *KazAa,* gegründet. Für Skype existieren frei verfügbare Klientenprogramme für die Windows-Familie, Linux und Mac OS X. Durch diese Software kann ein Notebook-PC ohne weitere Hardware als Internet-Telefon genutzt werden, über das mit anderen Internet-Teilnehmern beispielsweise über ein eingebautes Mikrofon und einen Lautsprecher frei kommuniziert werden kann. Über den entgeltlichen Dienst *SkypeOut* können Gespräche zum öffentlichen Telefonnetz durchgeführt werden, wobei meist nur lokale Telefonkosten anfallen.

Für Skype existieren auch klassische Telefonapparate wie beispielsweise DECT-Schnurlosapparate, die mittels USB an einen Rechner angeschlossen werden können, über die wahlweise VoIP-Partner erreicht oder Gespräche mit Teilnehmern im traditionellen Telefonnetz geführt werden können. Siemens bietet einen USB-Stick an, über den ein PC zur DECT-Basisstation wird (siehe Abb. 6.9.3.4/4). Diese DECT-Basisstation kann von einem handelsüblichen DECT-Telefon genutzt werden.

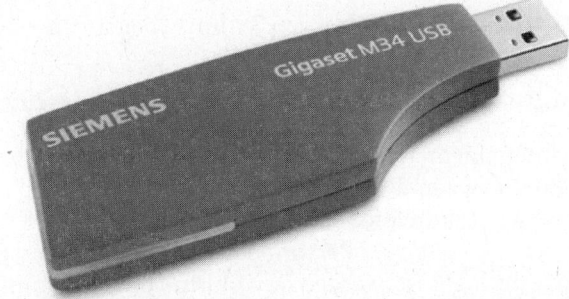

Abb. 6.9.3.4/4:
DECT-Basisstation für
Internet-Telefonie über
Skype in Form eines
USB-Sticks

Da Skype noch ein sehr junges Produkt ist, das sich in ständiger Weiterentwicklung befindet, empfiehlt es sich, vor dem Kauf Skype-fähiger-Geräte die unterstützten Versionsnummern genau zu prüfen.

Durch die freie Klientensoftware wurde Skype innerhalb kurzer Zeit zu einem *global agierenden Kommunikationsanbieter*. Bereits ein Jahr nach der Verfügbarmachung der ersten Beta-Version von Skype waren im August 2004 etwa *9,5 Millionen Benutzer registriert*, zu jedem Zeitpunkt waren über *500.000 Benutzer online* und es wurden bereits über *1,2 Milliarden Gesprächsminuten* über Skype geführt. Zum Zeitpunkt der letzten Überarbeitung dieses Kapitels (März 2005) sind bereits über 2,1 Millionen Benutzer online.

6.9.3.5 Virtual Private Networks (VPN)

Virtual Private Networks gehören zu den Wachstumstechnologien für die betriebliche Kommunikation über das Internet. Der VPN-Markt teilt sich generell in VPN-Dienste, die von Zugangsanbietern bereitgestellt werden (engl.: managed VPN) und in von Anwendern betriebene VPNs, die das Internet als kostengünstiges Transportnetzwerk verwenden. Laut IDC hat sich der Markt für die bereitgestellten VPNs im Jahr 2003 mehr als verdoppelt, es werden weiterhin sehr hohe Wachstumsraten prognostiziert.

Internet-VPNs bieten gegenüber Miet- und Standleitungen wesentliche Kosteneinsparungspotenziale. Beispielsweise kosteten 1998 internationale Mietleitungen (im Fachjargon: Mietleitungshälften, da diese an beiden Enden der Leitung bezahlt werden müssen) mit 64 kbit/s von Deutschland in ein anderes europäisches Land noch 1.000 Euro pro Monat (Tarifica, 1999). Eine internationale Mietleitung von Berlin nach London kostete somit beispielsweise 2.000 Euro im Monat, wobei jeweils die Hälfte an den deutschen und den englischen Betreiber zu entrichten war. Im Jahr 2004 kostet ein VPN-fähiger Internet-Zugang mit einem Mbit/s (das heißt, mit dem 16-fachen Durchsatz im Vergleich zu 64 kbit/s) etwa 100 Euro pro Monat (ein Zehntel der Mietleitungshälfte).

Standleitungen werden heute nicht zuletzt aus Sicherheitsüberlegungen bevorzugt für Anwendungen wie die Anbindung von Geldautomaten oder Bankfilialen eingesetzt. Auch hier ist prinzipiell eine Substitution von Standleitungen durch Internet-VPNs möglich.

▶ Übungsaufgabe Nr. 2.6.39 im Arbeitsbuch

6.9.4 Entwicklung von Wireless Personal Area Networks (WPAN)

Unter einem *Wireless Personal Area Network* (abgekürzt: WPAN) versteht man auf kleinsten Raum beschränkte Funknetze für digitale Endgeräte (beispielsweise Mobiltelefone, PDAs, Notebook-PCs, Kopfhörer), meist in der räumlichen Nähe einer Person. Die Reichweite entsprechender Netze sind wenige Meter. WPANs werden sowohl für die Kommunikation der Geräte untereinander (engl.: intrapersonal communication), als auch für die Kommunikation mit dem Internet genutzt.

Gemäß dieser Definition gehört die Kurzstreckenfunktechnik *Bluetooth* (siehe Abschnitt 6.7.5.3) zu den WPAN-Techniken. Eine wichtige Neuentwicklung in diesem Bereich ist *ZigBee*, das auf dem *IEEE Standard 802.15.4* basiert, der die Bitübertragungs- und Sicherungsschicht definiert und ebenso das freie ISM-Band nutzt. ZigBee zeichnet sich durch sehr kleine Leistungsaufnahmen (und damit lange Batterielebensdauern) aus. So soll der Stromverbrauch von ZigBee-Geräten um einen Faktor 100 geringer als bei Bluetooth sein, wodurch ein Dauerbetrieb mit einer Batterieladung bis zu mehr als 1.000 Tagen möglich werden soll. Die Datenraten sind von 20 bis 250 kbit/s ausgelegt. Obwohl die hauptsächlichen Anwendungen im Bereich weniger Meter sind, sollen Distanzen bis zu 100 m überbrückbar sein. In einem ZigBee-Netz sind 2^{64} Endgeräte anschließbar (im Vergleich dazu sind es bei Bluetooth acht Geräte). Im Vordergrund der Entwicklung von ZigBee stand die softwaretechnische Vereinfachung gegenüber Bluetooth: Während eine typische Bluetooth-Implementation etwa 250 KB Programmcode erfordert, sollen bei ZigBee 4 bis 32 KB ausreichen. Folglich ist ZigBee kostengünstig herstellbar. Die Fertigungskosten für einen ZigBee-Knoten lagen 2004 bei etwa 6 Euro. Die ersten ZigBee-Produkte werden für 2005 erwartet.

Eine weitere neue WPAN-Entwicklung ist *Wireless USB* (abgekürzt: WUSB). Wireless USB soll Übertragungsraten von 480 Mbit/s erreichen, was in weiterer Folge auf mehr als 1Gbit/s erhöht werden soll. Wireless USB hat eine Reichweite von 10 m und erlaubt bis zu 127 Teilnehmer in einem Netzwerk. WUSB unterscheidet sich wesentlich von allen anderen Funknetztechnologien, indem es Ultra-Wideband-Übertragung (abgekürzt: UWB) verwendet. Hierbei werden Daten mit sehr geringer Leistung in einem sehr breiten Frequenzspektrum versendet (herkömmliche Funkverbindungen nutzen ein relativ enges Spektrum).

Das verwendete Spektrum kann bei UWB über 1 GHz betragen. Durch die geringe Leistung des Verfahrens werden Störeinflüsse, zum Beispiel zur Satellitenkommunikation, minimiert. UWB ist nach IEEE 802.15.3a und IEEE 802.15.3b definiert und arbeitet mit Frequenzen zwischen 3,1 und 10,6 GHz. Dieses große Frequenzband wird in vier Gruppen mit jeweils 13 Teilbändern, die 528 MHz umfassen, zerteilt. Insgesamt erlaubt diese Technik Datenübertragung mit 110 Mbit/s mit einer Reichweite von bis zu zehn Metern oder 200 Mbit/s über bis zu vier Meter. UWB ist derzeit nur in den USA zugelassen, eine entsprechende Freigabe wird für Europa in Bälde erwartet.

Ursprünglich war für die UWB-Übertragung keine herkömmliche Frequenzmodulationstechnik vorgesehen, sondern eine trägerlose, morseartige Pulsfunktechnik, die andere Funkübertragungen nicht stört. Da diese doppelte Belegung von Funkfrequenzen jedoch rechtlich auf einige Schwierigkeiten gestoßen ist, sind die Hersteller auf ein herkömmliches Verfahren ausgewichen. Der ursprüngliche Pulsfunk-Ansatz lebt jedoch in dem derzeit noch nicht verabschiedeten Standard IEEE 802.15.4a weiter, der als Alternative zu ZigBee entwickelt wird.

Neben UWB nutzt WUSB auch das schon in WiMAX eingesetzte OFDM-Verfahren (*OFDM* ist eine Abkürzung von engl.: orthogonal frequency division multiplexing).

6.9.5 Entwicklung von LAN-Technologien

Das *Ethernet* hat sich bis heute als die in lokalen Netzen dominierende Netzwerktechnik behauptet. Ursprünglich lediglich für Übertragungskapazitäten von 10 Mbit/s konzipiert, stehen *heute der Praxis vier Ethernet-Varianten* zur Verfügung: Das ursprüngliche 10-Mbit -Ethernet, Fast-Ethernet mit einer Übertragungskapazität von 100 Mbit/s, Gigabit-Ethernet mit einer Übertragungskapazität von 1.000 Mbit/s und als letzte Ergänzung des Ethernet-Portfolios *10-Gigabit-Ethernet,* das auf Glasfaserkabel (Mono- und Multimodefasern) ausgelegt ist. Über kurze Verbindungsdistanzen (bis zu 15 m) erlaubt der Standard IEEE 802.3ak auch die Übertragung von 10 Gbit/s über Kupferkabel.

Die *hohen Wachstumsraten bei der Übertragungskapazität* übersteigen sogar die Wachstumsraten seitens der Verarbeitungsgeschwindigkeit von Rechnern. Wenn beispielsweise Daten von einer Festplatte gelesen und über das Netzwerk verschickt werden, dann sind bei Gigabit-Ethernet die Grenzen der Übertragungsleistung einer Festplatte oder auch des PCI-Busses bald erreicht. Eine Verbesserung kann hier durch PCI-Express erreicht werden (siehe Kapitel 1 dieses Bandes).

Bei *Weitverkehrsnetzen* ist *ATM* etabliert und wird von führenden Betreibern als zentrale Netzwerkstechnologie verwendet. Aufgrund des guten Bandbreitenmanagements wird ATM von den Betreibern geschätzt, da auf diese Weise verlässlich getrennte Netze in einem ATM-Backbone zusammengeführt werden können. Der Trend läuft allerdings auch hier zur Verwendung von standardisierten Massenprodukten, wie beispielsweise Gigabit-Ethernet für MANs.

6.9.6 Internet-Protokolle der Version 6 (IPv6)

Die *Version 4 des Internet-Protokolls (IPv4)* ist momentan *weltweit überall im Einsatz* (Verbreitungszahlen hierzu finden sich im Band 1, Kapitel 1). Durch die erhöhten Anforderungen an die Internet-Techniken ist jedoch die „klassische" IP-Version auf einigen Gebieten unzureichend geworden. Ein wesentliches *Problem* ist die bereits relativ geringe Anzahl *der noch freien IP-Adressen.* Während bei IPv4 Sicherheit kein wesentliches Designkriterium darstellte, bietet IPv6 hier mehrere Verbesserungen. Ein anderer Engpass, der sich durch verbesserte Übertragungskapazitäten auf Schicht 1 und 2 des ISO/OSI-Referenzmodells ergeben hat, ist die *Prüfsummenberechnung, die bei IPv4* vorgesehen ist. Trotz steigender Prozessorleistungen sind heutige Prozessoren nicht in der Lage, die Prüfsummen in der Rate zu ermitteln und zu vergleichen, in der die IP-

Pakete eintreffen. Bei IPv6 ist diese Prüfsummenbildung optional. Auch neue Anforderungen an die Datenübertragung, wie zum Beispiel *zugesicherte Bandbreiten* für Internet-Telefonie oder Videokonferenzen, kann IPv4 nur unzureichend erfüllen.

Die wesentlichen neuen *Eigenschaften von IPv6* sind:

- Bei IPv6 sind die *IP-Adressen* nicht mehr wie bisher 32 Bit, sondern *128 Bit* lang (16 Bytes). Insgesamt ist mit IPv6 die Vergabe von 2^{128} IP-Adressen möglich. Dies entspricht etwa 10^{24} IP-Adressen pro Quadratmeter der Erde. IPv6-Adressen werden in einer hexadezimalen Schreibweise mit Doppelpunkten angegeben, wobei jeder Wert eine 16-Bit-Größe ist (Beispiel 0:0:0:0:0:0: C1AE:1AA1).

- IPv6 unterstützt eine *neue Form der Mehrpunktadressierung*: Eine IPv6-Adresse kann nicht nur einen einzelnen Rechner, sondern auch Gruppen von Rechnern adressieren.

- IPv6 unterstützt eine *garantierte Dienstqualität* über so genannte Verkehrsklassen im Paket-Kopfteil und *Flussmarken* (engl.: flow labels). Pakete, die einer Dienstklasse zugehören, werden entsprechend markiert, sodass sie der Priorität entsprechend im Transit Ressourcen erhalten und priorisiert weitergeleitet werden können.

- IPv6 erlaubt eine vereinfachte Konfiguration der IP-Parameter von Datenstationen.

- IPv6 beinhaltet eine Sicherheitsspezifikation, die auf IPSec (siehe auch Abschnitt 6.8) basiert. Die Schlüsseldistribution ist in IPv6 noch nicht standardisiert, wodurch sich die Interoperabilität im Sicherheitsbereich zwischen mehreren IPv6-Netzen derzeit schwierig gestaltet.

- Der Kopfteil eines IPv6-Pakets wurde gegenüber IPv4 vereinfacht, die Prüfsummen wurden eliminiert (da im Regelfall ohnehin auf Schicht 2 eine Sicherung durchgeführt wird).

- Die Interaktion von Datenstationen am selben LAN-Segment wurde verbessert. Das ARP-Protokoll wurde in IPv6 durch Neighbor Discovery (ND) ersetzt, da ARP zahlreiche Sicherheitsschwachstellen birgt.

Die *Unterscheidung, ob ein Datenpaket von der Version 4 oder 6 stammt*, lässt sich am Kopfteil des IP-Pakets ablesen. Zum Transportieren von Datenpaketen beider Versionen werden unter anderem Router benötigt, die beide Protokolle bedienen können. Diese Router werden seit dem Jahr 2000 verkauft. Somit können *IPv4 und IPv6 auf einem Netzwerk* koexistieren. Es ist wahrscheinlich, dass beide IP-Varianten über mehrere Jahre parallel geführt werden.

Obwohl die neue Version des Internet-Protokolls bereits bei einzelnen Betriebssystemen serienmäßig mitgeliefert wird (zum Beispiel bei Linux und Windows XP) findet sie *noch keine weite Verbreitung*. Cisco Systems, ein Marktführer bei Routern, integriert IPv6 ebenfalls bereits seit einiger Zeit in seine Produkte. Grund für die eher zähflüssige Verbreitung von IPv6 ist wohl, dass IPv4 in vielen Bereichen noch ausreicht und dass sowohl Protokolle der Anwendungsschicht als auch Anwendungen für IPv6 adaptiert werden müssen.

Mit den kommerziellen Anwendungen, die in Zukunft per Internet angeboten werden sollen, werden auch die *Anforderungen* unter anderem an Datenkapazitäten, Servicequalität, Authentifizierung und Verschlüsselung *steigen*. Obwohl die Marktführer in der Hard- und Softwareindustrie bereits große Summen in die IPv6-Technik investiert haben, steht der Hauptteil der Migrationkosten für Betreiber, Anwender und Softwarehäuser noch bevor.

▶ Übungsaufgabe Nr. 2.6.40 im Arbeitsbuch

6.9.7 Satellitensysteme

Satellitensysteme bestehen aus einem oder mehreren Satelliten, die sich jeweils in der gleichen Umlaufbahn (zum Beispiel der LEO-Umlaufbahn) befinden und von einer Satellitengesellschaft betrieben und gewartet werden. Die aktuell wichtigsten Satellitensysteme EUTELSAT, INMARSAT, INTELSAT, ASTRA, IRIDIUM und GLOBALSTAR sollen in diesem Abschnitt vorgestellt werden.

Wesentliche über Satelliten angebotene *Dienste* sind die Verteilung von TV-Signalen im Broadcast-Verfahren und die bidirektionale Datenkommunikation. Zu ersterem gehört das in Europa sehr populäre Satelliten-TV mit über 30 Millionen installierten Empfängern, die Preise von unter 100 Euro erreicht haben. Zweiwegdienste werden vor allem von TV-Anstalten und Unternehmen mit VSAT-Netzen in Anspruch genommen. Die *Kosten* für nicht-permanente bidirektionale Satellitenkommunikation sind sehr hoch und liegen im Bereich von 160.000 Euro pro Monat für eine kurzfristig angeforderte Verbindung von 15 Mbit/s.

In den letzten Jahren wurden neue Satelliten mit Transpondern für Datendienste ausgestattet. Über diese werden beispielsweise von Astra und Eutelsat in Zusammenarbeit mit lokalen Internet-Zugangsanbietern (ISPs) und Vertriebsgesellschaften breitbandige Internet-Dienste im gesamten Ausleuchtbereich angeboten. Die Teilnehmerkosten sind derzeit mit 19 Euro pro Monat mit 512 kbit/s und 2 GByte/Monat Transfervolumen (Preise von ASTRAnet) gering. Technisch gesehen wird bei diesen Diensten ein breitbandiger Kanal über Broadcast ausgestrahlt, wobei der Upstream-Kanal über ein terrestrisches Zugangssystem (analoge Telefonmodems oder ISDN) gelöst wird. HTTP-Anfragen, FTP-Verbindungen und Ähnliches werden über einen Proxy geleitet, der nach vom Betreiber gesetzten Kriterien die Anfragen bündelt und an einen Satelliten-Uplink übergibt.

Unidirektionale Internet-Dienste über Satelliten haben den Vorteil der flächenmäßig hohen Verfügbarkeit. Es wird allerdings eine Sichtverbindung zum Satelliten benötigt. Ein Nachteil ist der schmalbandige Rückkanal und die hohe Latenz von einem geostationären Satelliten zur Empfangsantenne. Für unidirektionale Dienste stellt dies keine wesentliche Einschränkung dar.

Bidirektionale Internet-Dienste über Satelliten waren bis jetzt den großen Telekommunikationsdienstleistern, Spezialanwendungen (beispielsweise die Anbindung entlegener und terrestrisch nicht erschlossener Orte wie Ölbohrinseln) und Hochleistungsverbindungen (beispielsweise zwischen Unternehmensnetzwerken) vorbehalten. Der neue Standard *DVB-RCS* (Abkürzung von engl.: digital video broadcast – return channel via satellite) erlaubt nun auch preisgünstige Zweiwegkommunikation für eine Vielzahl weiterer Anwendungen. So bietet beispielsweise Belgacom für Zugangsanbieter einen DVB-RCS Dienst über *EUTELSAT HotBird* an. Endkundenpreise hierfür beginnen bei 99 Euro pro Monat.

Mit 20 geostationären Satelliten ist **EUTELSAT** (Abkürzung von engl.: European Telecommunications Satellite Organization) eine der weltgrößten Satellitengesellschaften. Gegründet wurde die Organisation 1977 mit Sitz in Paris.

Ein neuer Satellit aus der EUTELSAT-Flotte ist der EUTELSAT HotBird (HB) 6, der mit 32 Transpondern ausgestattet ist. Vier Transponder sind bidirektionalen Datendiensten zugeordnet. Für TV verwendet der Satellit die Frequenzbereiche von 14,00 bis 14,50 GHz für die Aufwärtsstrecke (Uplink) und 11,70 bis 11, 45 GHz neben 12,50 – 12,75 GHz (Ku-Band) für die Abwärtsstrecke (Downlink). Dieser geostationäre Satellit wurde 2002 in Betrieb genommen; seine geplante *Lebensdauer* (engl.: mission life) beträgt 11 Jahre. Sein Ausleuchtgebiet erstreckt sich über ganz Europa sowie den Mittelmeerraum. Zum Empfang der Fernsehkanäle ist eine Parabolantenne im Durchmesser von 0,7 m sowie ein *Satellitenempfänger* (engl.: receiver) nötig.

Außerdem bietet EUTELSAT mit dem Dienst *Euteltrac* ein umfangreiches Positionsortungs-, Überwachungs- und Steuerungssystem. Dieser Dienst wird zum Beispiel von Speditionsunternehmen zur allgemeinen Verbesserung der Logistik (zum Beispiel der Routenplanung) verwendet.

Der kommerzielle EUTELSAT-Dienst *SMS* (Abkürzung von engl.: satellite multi-serve system; nicht zu verwechseln mit dem „Short Message Service" der Mobilfunkanbieter) bietet Firmen Satellitenfestverbindungen mit Mietleitungscharakter an. Typische Anwendungen der kommerziellen SMS-Übertragungen sind unter anderem die Rechner-zu-Rechner-Kommunikation oder Videokonferenzen.

INMARSAT (Abkürzung von engl.: International Maritime Satellite Organization) wurde im Jahre 1979 von der Internationalen Seefunksatellitenorganisation gegründet. Als man 1982 den Betrieb des zugehörigen Satellitensystems aufnahm, spezialisierte man sich auf Kommunikationseinrichtungen für die Seefahrt. Heute bietet das System umfangreiche Einsatzmöglichkeiten in den Bereichen Seefahrt, Luftfahrt und für landbetriebene Geräte. Für mobile und feste Stationen bietet INMARSAT ein umfassendes Angebot an Diensten zur Sprach-, Text-, Daten- und Bildübertragung. Aufgrund der Angebotsvielfalt hat INMARSAT auch verschiedenartige Kundengruppen, die von Journalisten, Nachrichtenteams, Hilfsorganisationen, Fluggesellschaften, Regierungsangestellten bis zu Fernfahrern reichen.

Insgesamt betreibt INMARSAT neun Satelliten - fünf des Typs INMARSAT 2 und vier des leistungsfähigeren Typs INMARSAT 3. Durch den Einsatz der neuen „Spotbeam"-Technik beträgt die Sendeleistung der Satelliten in etwa das Achtfache der älteren Satelliten. Beim *Spotbeam* wird die Ausleuchtzone auf ein kleines Gebiet gebündelt. So steht im Zielgebiet eine wesentlich höhere Signalstärke zur Verfügung als es bei normalen, große Regionen versorgenden Ausstrahlungen der Fall wäre. Die Lebensdauer der Satelliten wird auf ungefähr 10 beziehungsweise 13 Jahre geschätzt.

INTELSAT (Abkürzung von engl.: International Telecommunications Satellite Organization) ist eine internationale Betreibergesellschaft eines weltumspannenden orbitalen Kommunikationssystems mit derzeit 20 geostationären Satelliten, das in den nächsten Jahren auf 24 Satelliten ausgebaut werden soll. INTELSAT wurde 1964 von 19 Staaten mit dem Ziel gegründet, weltweit Telekommunikationsdienste anzubieten. Die Satelliten sind überwiegend über den drei Ozeanen sowie über dem asiatischen Kontinent verteilt positioniert. Heute ist INTELSAT eine Genossenschaft aus derzeit 200 Mitgliedsländern. Die Bundesrepublik Deutschland wird von der Deutschen Telekom vertreten. Sitz der Organisation ist Washington, DC.

Als INTELSAT I wurde der 1965 in das All geschossene „Early Bird" bezeichnet. Er hatte 204 duplexfähige Kanäle, die zusammen auch für die Übertragung eines TV-Programms genutzt werden konnten. Die Lebensdauer betrug 1,5 Jahre.

ASTRA ist ein Satellitensystem für den Direktempfang von öffentlichen Satellitenübertragungen in Europa. Der erste ASTRA-Satellit (ASTRA 1A) wurde 1988 von der europäischen Trägerrakete ARIANESPACE im Weltraum ausgesetzt. Über dreizehn aktive, geostationäre Satelliten überträgt ASTRA gegenwärtig (analog oder digital) über 1.000 Fernseh- und Radioprogramme sowie Multimedia- und Internet-Dienste an mehr als 36 Millionen Haushalte in Europa. Mit der Standard-Antennengröße von 50 cm können 94 Millionen Haushalte diesen Satelliten empfangen. Der Großteil des TV-Konsumentenangebots ist als Free-TV frei verfügbar, zahlreiche regionsspezifische Sender werden als Pay-TV übertragen. Digitalfernsehangebote verwenden derzeit PAL MPEG-2, während die ab 2005 geplante kommerzielle Einführung von HDTV ebenfalls auf MPEG-2 basiert und das *HDTV-Scan-Format 1080i* nutzt. Die in Luxemburg und Frankfurt an der Börse notierte Société Européenne des Satellites S.A. (SES) ist die Betreibergesellschaft von ASTRA.

ASTRA orientiert seine Dienstleistungen primär am Analog- und Digitalsatellitenfernsehen. Darüber hinaus werden Datendienste wie beispielsweise VSAT-Netze und für künftiges, interaktives TV das *Astra Return Channel System* (abgekürzt: ARCS) angeboten. Für Datenübertragung mit hohen Kapazitäten bietet ASTRA die auf dem DVB-RCS Standard basierende Breitbandtechnik *Broadband Interactive System (BBI)* an. Damit ist es möglich, Daten mit einer Übertragungskapazität von 38 Mbit/s zu empfangen und mit 2 Mbit/s zu senden.

Der ursprünglich von der Deutschen Telekom finanzierte Fernmeldesatellit DFS **KOPERNIKUS 2** wird von Eutelsat betrieben.

GLOBALSTAR ist ein Konsortium führender internationaler Konzerne aus dem Bereich der Telekommunikation. Mitglieder sind unter anderem Alcatel, Vodafone AirTouch, France Telecom, China Telecom, Qualcomm und *EADS* (Abkürzung von engl.: European Aeronautic Defence and Space Company). GLOBALSTAR betreibt 48 LEO-Satelliten, die in zirka 1.414 Kilometer Höhe um die Erde kreisen. GLOBALSTAR hat etwa 100 – 150 terrestrische Gateways in Einsatz. Die Dienste von GLOBALSTAR dienen hauptsächlich zur mobilen Telefonie und je nach Betreiber auch für die Datenübertragung. Zum Telefonieren mit GLOBALSTAR werden spezielle Satellitenhandys benötigt.

IRIDIUM ist ein von Motorola, Nippon und Vebacom entwickeltes Satellitensystem. Es besteht aus 66 LEO-Satelliten in 80 Kilometer Höhe und ist für den Mobilfunkbereich ausgelegt. Das zirka 4,4 Milliarden Euro teure Projekt wurde 1998 gestartet und ging 2000 in Konkurs. Im Dezember 2000 wurde es von *Iridium Satellite LLC* (einer speziell gegründeten Tochtergesellschaft von Boeing) aufgekauft und hat im Sommer 2001 mit verschiedenen Diensten (Datendienste, Telefonie und Messaging) den Betrieb wieder aufgenommen.

▶ Übungsaufgabe Nr. 2.6.41 im Arbeitsbuch

7 Verteilte Systeme

Lehrziele

Nach der Durcharbeitung dieses Kapitels sollten Sie

- die Grundlagen und prinzipiellen Fragestellungen der verteilten Verarbeitung kennen,

- die wichtigsten Archetypen von verteilten Architekturen kennen und deren Eigenschaften beurteilen können,

- die Möglichkeiten und Grenzen der Fehlerbehandlung in verteilten Systemen nachvollziehen können,

- die Funktionalität der wichtigsten Middleware-Ansätze einschätzen können,

- eine Abgrenzung zwischen Web-Services und traditionellen verteilten Verarbeitungsansätzen ziehen und die Bedeutung von lose gekoppelten Anwendungssystemen beurteilen können,

- die Funktionsweise und Vorzüge von service-orientierten Architekturen erklären können,

- die Aufgabenstellungen der Anwendungsintegration nachvollziehen können, sowie die Bedeutung von Web-Services in diesem Bereich erklären können und

- die Eignung neuer Ansätze wie Peer-to-Peer-Systeme, Pervasive Computing und Grid-Computing im Zusammenhang mit der verteilten Verarbeitung einschätzen können.

7.1 Grundlagen

7.1.1 Anforderungen an verteilte Systeme

> Unter einem **verteilten System** (engl.: distributed system) versteht man ein zusammenhängendes Rechnersystem, das aus einer Menge unabhängiger, kooperierender Rechner besteht, die über ein Rechnernetz verbunden sind. Aus der Sicht eines Anwenders erscheint das verteilte System als ein gemeinsames System. Einzelne Komponenten (Teilsysteme) eines verteilten Systems können verschiedene Rollen ausfüllen. Man unterscheidet typischerweise zwischen *Serverprogrammen* (engl.: server program), das sind Softwarekomponenten, die Dienste anbieten, und *Klientenprogrammen* (engl.: client program), das sind Softwarekomponenten, die bei Bedarf *Dienste* (engl.: service) von Serverkomponenten in Anspruch nehmen.

Die Kommunikation zwischen einem Klientenprogramm und dem Serverprogramm basiert auf Anfragen, die vom Klientenprogramm zur Verarbeitung an den Server übermittelt werden. Meist sind Klientenprogramme auf kostengünstigen Arbeitsplatzrechnern installiert, während die von vielen Benutzern gemeinsam genutzten Serverprogramme auf leistungsfähigen Serverrechnern (siehe Kapitel 1 dieses Bandes) laufen. In diesem Kapitel befassen wir uns vorwiegend mit der Software, die in verteilten Systemen eingesetzt wird.

Stellen Sie sich zum *Beispiel ein E-Mail-System* vor. Die Dienstleistungen, die bei der traditionellen („gelben") Post das Postamt übernimmt (Sammeln, Sortieren, Weiterleiten und Zustellen von Briefen, Verwaltung von Postfächern, Führen von Adressverzeichnissen usw.) sind für viele Kunden in gleichartiger Form zu erledigen. Ein entsprechendes Serverprogramm kann auf einem leistungsfähigen Rechner irgendwo innerhalb des Rechnernetzes rund um die Uhr dienstbereit sein. Die auf den Arbeitsplatzrechnern installierten E-Mail-Klientenprogramme können sich damit im Wesentlichen auf die Anforderung ihrer beim Server eingegangenen Nachrichten, deren Anzeige am Bildschirm und die lokale Speicherung beschränken. Sollen selbst verfasste oder eingegangene Mitteilungen versandt oder weitergeleitet werden, so werden vom Klienten die entsprechenden Programmfunktionen des Servers angefordert. Neben dem E-Mail-Klientenprogramm sind auf dem Arbeitsplatzrechner eines Benutzers in der Regel noch viele weitere Programme und Datenbestände für andere Anwendungen installiert. Gleiches gilt für den Rechner, auf dem das E-Mail-Serverprogramm läuft.

Der *Trend zur Dezentralisierung* und zu verteilten Systemen wird unter anderem durch folgende Entwicklungen gefördert:

- Steigende Leistungsfähigkeit von Arbeitsplatzrechnern,
- Verfügbarkeit von immer leistungsfähigeren und kostengünstigeren Netzverbindungen,
- zunehmendes Angebot von (offenen) Kommunikationsstandards und Standardsystemplattformen,

- veränderte Unternehmensstrukturen (Organisationsformen), die durchgängige Geschäftsprozesse und eine Gliederung in tendenziell selbstständig operierende, nach Märkten gegliederte Unternehmensbereiche aufweisen, und
- verstärkter Wunsch nach Integration bestehender PC-Insellösungen in die globale Unternehmensdatenverarbeitung.

Die Dezentralisierung wird auch stark von ökonomischen Aspekten geprägt, wobei sich sowohl durch die Verbindung von Ressourcen untereinander als auch durch die erhöhte Verbindung von Ressourcen und Benutzern *positive Netzwerkeffekte* (siehe Band 1, Kapitel 5) ergeben. Es gibt im Detail eine Reihe von möglichen Gründen, die für die verstärkte Vernetzung von Benutzern und Ressourcen sprechen, von denen hier punktuell einzelne herausgegriffen werden. Ein häufiger Grund liegt in der möglichst *gemeinschaftlichen Nutzung von teuren Ressourcen* eines Informationssystems.

Zum *Beispiel* besitzt eine Universitätsabteilung einen *Farbdrucker*, der über ein Netzwerk für alle Mitarbeiter zur Verfügung steht. Jedem Mitarbeiter einen eigenen Farbdrucker zu kaufen, wäre aus ökonomischer Sicht nicht sinnvoll. Folglich soll diese Ressource von allen berechtigten Mitarbeitern über ein lokales Netz gemeinsam genutzt werden können, wobei jedoch – technisch gesehen – beispielsweise Probleme des gleichzeitigen Zugriffs, die Behandlung von Ressourcenengpässen, die Bekanntmachung der Verfügbarkeit der Ressource und Ähnliches gelöst werden müssen.

Ein weiterer Grund für die Verwendung verteilter Systeme ist die *Erleichterung der Zusammenarbeit* von mehreren Anwendern.

Ein Unternehmen besitzt beispielsweise ein *Workflow-Management-System*, das den Mitarbeitern in einer übersichtlichen Art und Weise aktuelle Arbeitsaufgaben anzeigt und die entsprechenden Daten bereitstellt. Diese Form der Arbeitsabwicklung ist in der Regel weniger zeitaufwändig und effizienter, als Papierformulare zu dem jeweiligen Sachbearbeiter zu leiten.

Durch verteilte Systeme ergeben sich somit häufig Verbundvorteile. Gemeinsam nutzbare Ressourcen sind zum Beispiel zentrale Datenbanken, große Speichermedien, Hochleistungsdrucker und Anschlüsse an öffentliche Netze. Dementsprechend können unterschiedliche Arten von Serversystemen wie zum Beispiel Datenbankserver, Druckerserver und Kommunikationsserver (zum Beispiel E-Mail-Server) unterschieden werden.

7.1.1.1 Transparenz

Transparenz ist eine wichtige Forderung an verteilte Systeme. Der Begriff „transparent" meint in diesem Zusammenhang „unsichtbar". Es soll beispielsweise nicht sichtbar sein, dass ein System auf verschiedene Rechner verteilt ist.

- Der Begriff der *Ortstransparenz* bedeutet, dass es dem Klientenprogramm verborgen bleibt (beziehungsweise unerheblich ist), wo sich das Serverprogramm befindet (gleicher Rechner, ein anderer Rechner oder ein anderes Netzwerk). Dadurch verringert sich beispielsweise der Anpassungs- und Administrationsaufwand, wenn ein Dienst aus einer Softwarekomponente herausgelöst oder auf einen anderen Rechner verlagert werden soll.

- *Fehlertransparenz* bedeutet, dass Fehler, die nur im Rahmen einer Netzwerkübertragung (und nicht lokal) auftreten, für das Klientenprogramm nicht sichtbar sind. Wenn zum Beispiel auf eine klientenseitige Anfrage an einen Server keine Antwort erfolgt, soll automatisch eine neue Anfrage gestartet werden, die nicht explizit vom Klientenprogramm generiert werden muss (Weiteres dazu im Abschnitt 7.1.3).

- Mit dem Begriff *Zeittransparenz* soll ausgedrückt werden, dass ein Klientenprogramm keinen Unterschied in der Bearbeitungsgeschwindigkeit feststellen kann, unabhängig davon, ob die Bearbeitung lokal oder entfernt erfolgt.

7.1.1.2 Schnittstellendefinitionen

Ein verteiltes System wird als *offen* bezeichnet, wenn es Dienste gemäß wohldefinierter und veröffentlichter Spezifikationen implementiert, die mehreren Softwareproduzenten zugänglich sind. Diese Spezifikationen sollen sämtliche funktionalen Aspekte des Systems abdecken. Somit können auf dieser Basis Erweiterungen für das System definiert und implementiert werden.

Ein wichtiger Bestandteil dieser Spezifikationen sind die Beschreibungen der Schnittstellen (engl.: interface) der bereitgestellten Dienste. Diese werden vielfach in einer standardisierten Beschreibungssprache definiert, einer *Schnittstellenbeschreibungssprache* (engl.: interface definition language, Abkürzung: IDL). Meistens werden dabei jedoch nur die syntaktischen Aspekte der Schnittstelle erfasst, wie etwa die Namen der Funktionen oder die Typen der Eingabe-, Rückgabe- und Fehlerwerte. Semantische Aspekte sind demgegenüber eher schwierig zu formalisieren, daher wird die Bedeutung von Operationen oft nur in Textform beschrieben.

7.1.1.3 Interoperabilität und Portabilität

Um Interoperabilität und Portabilität zu sichern, sollen die *Schnittstellendefinitionen* folgende beiden Bedingungen erfüllen:

Die Beschreibungen sollen *syntaktisch vollständig* sein, das heißt sämtliche Aspekte definieren, die für eine Implementierung von Bedeutung sind.

- Die Beschreibungen sollen *implementierungsneutral* sein in dem Sinn, dass sie keine Aussagen darüber treffen, wie die Implementierung im Detail realisiert wird (beispielsweise in einer bestimmten Programmiersprache).

- Zwei Systeme werden als *interoperabel* bezeichnet, wenn sie aufgrund einer Schnittstellendefinition oder eines Protokolls miteinander kooperieren können.

Ein einfaches *Beispiel* sind zwei Programme, die beide das Protokoll HTTP (siehe Kapitel 6 dieses Bandes) implementiert haben, beispielsweise ein Webserver und ein Webbrowser. Der Softwarehersteller, das zugrunde liegende Betriebssystem und die Programmiersprache, in der diese Softwarekomponenten geschrieben sind, sind in diesem Fall unerheblich. Wichtig ist, dass sich beide Kommunikationspartner an die Kommunikationsregeln und Vorgaben der HTTP-Spezifikation halten.

Eine verteilte Anwendung wird als *portabel* bezeichnet, wenn sie ohne oder mit nur geringen Änderungen auf einem anderen System (andere Soft- und oder Hardware) ausgeführt werden kann.

Weil zum *Beispiel Java-Programme* auf jedem Betriebssystem ausgeführt werden können, für das eine *Java Virtual Machine* (ein Interpreter für den Java-Bytecode) existiert, können Java-Programme als portabel bezeichnet werden. Damit ein Java-Programm auf einem Rechner funktionsfähig ist, müssen auch alle von diesem Programm benötigten Softwarekomponenten auf diesem Rechner verfügbar sein.

7.1.1.4 Homogene und heterogene Netzwerke

In diesem Zusammenhang können homogene und heterogene Netzwerke unterschieden werden.

- *Homogene Netzwerke* zeichnen sich dadurch aus, dass die beteiligten Rechner entweder dasselbe Betriebssystem oder die Softwareprodukte eines Herstellers benutzen.

- In *heterogenen Netzwerken* arbeiten vielfach Rechner von unterschiedlichen Herstellern mit unterschiedlichen Betriebssystemen und System- und Anwendungskomponenten unterschiedlicher Hersteller zusammen. Dies ist nur auf der Basis von offenen Systemschnittstellen möglich. Die Interoperabilität von Systemen wird vielfach bei einem so genannten „plug fest" unter Beweis gestellt. Dies ist eine Veranstaltung ähnlich einer Messe, bei der unterschiedliche Anbieter zusammentreffen, um die Interoperabilität ihrer Produkte (meist Anwendungssoftware) zu demonstrieren.

Beispielsweise kann ein *heterogenes Netzwerk aus einem Linux-Server und Arbeitsplatzrechnern unter Windows* bestehen, wobei der Linux-Server mittels Samba Plattenkapazitäten für die Windows-Arbeitsplatzrechner zur Verfügung stellt.

7.1.1.5 Skalierbarkeit

Eine weitere Anforderung an verteilte Systeme ist deren Skalierbarkeit. Skalierbarkeit bedeutet, dass die Leistungsfähigkeit eines Systems bei höheren Anforderungen schrittweise erweitert werden kann.

Höhere Leistungsanforderungen können sich beispielsweise ergeben, wenn die Zahl der Benutzer eines Systems zunimmt, oder sich deren Nutzungsverhalten intensiviert. Typischerweise ergibt sich ein Skalierungsproblem vor allem bei erfolgreichen Anwendungssystemen.

Bei einer wachsenden Anzahl von Benutzern kann der Fall eintreten, dass ein zentraler Server ab einer gewissen Anzahl von Nutzern zeitweise überlastet ist. Aus der Sicht eines einzelnen Benutzers wird dies als Leistungsabfall wahrgenommen.

Neben einer Erhöhung der Rechenleistung durch Hardwareausbau oder die Verbesserung der Laufzeiteffizienz der Software können folgende Ansätze verwendet werden, um in einem verteilten System die Leistungsfähigkeit zu erhöhen.

- *Erhöhung der Arbeitsteiligkeit:* Tritt bei einem Dienst ein Leistungsengpass auf, so kann dieser Dienst vielfach in mehrere Teildienste aufgegliedert werden, die auf mehrere Rechner verteilt werden. Durch diese Auslagerung werden am überlasteten Rechner Rechenkapazitäten frei, die von Benutzern als Leistungssteigerung wahrgenommen werden können. Es kann durchaus sein, dass durch diese Maßnahme der Systemdurchsatz erhöht wird (Zahl der beantworteten Systemanfragen pro Zeiteinheit), dass allerdings das Antwortzeitverhalten des zerteilten Dienstes durch die Verteilung und die damit verbundenen Kommunikationskosten nicht verbessert wird.

- *Replikation:* Werden mehrere Kopien der gleichen Anwendung auf verschiedenen Servern gleichzeitig bereitgestellt, spricht man von Replikation. Die beteiligten Rechner bilden einen Lastverbund, in dem ein Rechner als *„Broker"* eingesetzt wird, an den alle Anfragen gestellt werden. Dieser Broker wählt nach definierten Kriterien (beispielsweise nach dem Round-Robin-Verfahren, einer nach dem anderen) die Server für die Bearbeitung der Anfrage aus. Replikation eignet sich besonders gut für Anwendungen mit sich selten ändernden Daten (beispielsweise ein Telefonbuchdienst). Ändern sich die Daten häufig, oder besteht ein erhöhter Koordinationsbedarf (beispielsweise in einem Platzbuchungssystem), so können die Daten entweder auf den beteiligten Servern redundant gehalten werden, oder die Server greifen auf eine zentrale Datenbank zu. Redundante Speicherung hat das Problem, dass für die Aufrechterhaltung der Konsistenz alle Änderungen an den Daten an alle beteiligten Server „gemeldet" werden müssen. Nachteil der gemeinsamen Datenbank ist, dass diese wiederum sehr leicht zum Engpass des Systems werden kann.

- *Asynchronität:* Bei vielen Systemen ist ein Benutzer, der auf die Antwort eines Servers wartet, blockiert; das heißt, er ist nicht in der Lage, andere Arbeitsschritte zu absolvieren, ehe die Antwort des Servers vorliegt. Durch asynchrone Verarbeitung können Klienten- und Serverprogramme zeitlich entkoppelt werden; das Klientenprogramm kann nach einer Anfrage an einen Server weiter arbeiten, ohne auf eine direkte Antwort des Servers zu warten. Durch Asynchronität können die *Wartezeiten* vor dem Benutzer vielfach verborgen werden, ohne dass das Gesamtsystem leistungsfähiger wird.

Die Skalierbarkeit bezieht sich nicht immer nur auf das Antwortzeitverhalten. Generell gibt es auch zahlreiche Verwaltungsfunktionen, die für kleine Benutzerzahlen konzipiert wurden und ab einer gewissen Anzahl an Benutzern nicht mehr verwendbar sind.

Ein einfaches *Beispiel für eine nicht-skalierbare Lösung in einem E-Learning-System* ist die Zuteilung von Kursteilnehmern zu einem Kurs. Eine Realisierung dieser Zuteilung über ein Pull-Down-Menü ist nicht skalierbar, das heißt, ab einer gewissen Grundgesamtheit von Studierenden nicht mehr praktikabel. Bei beispielsweise 25.000 Studierenden würde das Pull-Down-Menü genauso viele Einträge enthalten und wäre praktisch nicht verwendbar.

Verteilte Systeme sind auch generell verwaltungsintensiver, da sie aus mehreren separat administrierten Teilsystemen bestehen. Das Einspielen von neuen

Versionen betrifft vielfach alle beteiligten Rechner eines verteilten Systems. Ändert sich die Funktionalität einer Teilkomponente, so kann dadurch das Zusammenspiel im verteilten System beeinträchtigt werden.

7.1.1.6 Robustheit

Typischerweise ist die Anzahl der Komponenten bei einem verteilten System höher als die in einem nicht verteilten System. Wenn man von einer konstanten durchschnittlichen Fehlerwahrscheinlichkeit pro Komponente ausgeht, treten in einem verteilten System mehr Fehler auf. Zudem gestalten sich die Fehlersuche und die Rekonstruktion der Fehlersituation in einem verteilten System weit aufwändiger als bei einfachen lokalen Systemen. Folglich ist es gerade für verteilte Systeme notwendig, dass ein System auch bei Vorliegen einzelner Fehler weitgehend funktionsfähig bleibt.

> Man spricht von **partiellem Versagen** (engl.: partial failure), wenn einzelne Komponenten eines (verteilten) Systems Fehler aufweisen, das Gesamtsystem aber weiterhin partiell funktionsfähig bleibt. Durch ein partielles Versagen wird wohl die Funktionsfähigkeit des Gesamtsystems beeinträchtigt, aber nicht komplett zum Absturz gebracht. Im Gegensatz zum partiellen Versagen ist ein **vollständiges Versagen** (engl.: full failure) mit einem Komplettausfall des Gesamtsystems verbunden.

Während bei verteilten Systemen partielles Versagen überwiegen sollte, führen viele Fehler in lokalen Systemen zu vollständigem Versagen; diese Fehler machen das gesamte lokale System funktionsunfähig (in der Regel durch einen Absturz des Systems). Dabei ist jedoch zu beachten, dass auch lokale Systeme aus mehreren unabhängigen Softwarekomponenten bestehen können, sodass auch hier partielles Versagen auftreten kann.

Wenn ein lokales System – wie beispielsweise ein Textverarbeitungsprogramm – abstürzt, so sind keinerlei Funktionen mehr verfügbar. Mit Bezug auf dieses Textverarbeitungsprogramm ist der Fehler total, das Gesamtsystem (vor allem das Betriebssystem, auf dem die Textverarbeitung aufsetzt) sollte jedoch von einem solchen Absturz unbeeinträchtigt weiter funktionieren.

Bei verteilten Systemen werden somit erhöhte Anforderungen an die Robustheit (Fehlertoleranz) des Gesamtsystems gestellt.

> Unter **Fehlertoleranz** (engl.: fault tolerance) versteht man die Eigenschaft eines Gesamtsystems, trotz partieller interner Fehler nach außen das korrekte Verhalten zu zeigen. Eine Erhöhung der Fehlertoleranz zielt darauf ab, die Zuverlässigkeit und die Verfügbarkeit eines Rechnersystems zu erhöhen.

Ist keine Fehlertoleranz gegeben, so zieht ein partieller Fehler den Gesamtausfall des Systems nach sich. Ein wichtiges Instrument zur Verbesserung der Fehlertoleranz ist die Erhöhung der Redundanz eines Rechnersystems, sowohl auf Hardware- als auch auf Softwareseite.

▶ Übungsaufgabe Nr. 2.7.1 im Arbeitsbuch

7.1.2 Kommunikation in verteilten Systemen

Jede Interaktion zwischen Softwarekomponenten in einem verteilten System basiert auf der Übermittlung von Information zwischen diesen. In der Regel übermittelt dabei das Klientenprogramm eine Anfrage an den Server, die von diesem verarbeitet wird. Der Server schickt nach erfolgter Verarbeitung das Ergebnis wiederum an den Klienten. Die Kommunikation in verteilten Systemen (wie auch allgemein in Anwendungen, die aus mehreren Komponenten bestehen) hat unterschiedliche Gestaltungsdimensionen. Die Abbildung 7.1.2/1 zeigt die vier Aspekte *Adressierung*, *Blockierung*, *Pufferung* und *Kommunikationsmuster* mit ihren unterschiedlichen Ausprägungen.

7.1.2.1 Adressierung

Die Adressierung dient der *Identifikation des Empfängers* einer Nachricht. Prinzipiell können direkte und indirekte Adressierung unterschieden werden:

* *Direkte Adressierung*: Der Sender (das Klientenprogramm) kennt die Adresse des Empfängerdienstes (beispielsweise des Serverdienstes) und spricht diesen direkt an. Sie wissen bereits aus Kapitel 6 dieses Bandes, dass ein Dienst auf einem Rechner durch die Rechneradresse und die Dienstnummer adressiert werden kann.

* *Indirekte Adressierung*: Der Sender (das Klientenprogramm) spricht den Empfänger über einen zwischengeschalteten Vermittlerdienst an. Dieser Vermittlerdienst kann auch die Rolle eines Brokers übernehmen, der zwischen mehreren alternativen Serverdiensten wählen kann, an die die Nachricht (der Auftrag) geleitet wird.

  Ein *Beispiel für die indirekte Adressierung eines Dienstes* ist das Verschicken einer E-Mail-Nachricht. Der Absender übergibt die abzuliefernde E-Mail meist an einen lokalen E-Mail-Server, der diese über zwischengeschaltete Mailserver in die Mailbox des Empfängers überträgt.

  Die Adressen können für den sendenden Prozess auf unterschiedliche Art und Weise zur Verfügung gestellt werden.

Kriterium	Optionen	
Adressierung	direkt	indirekt
Blockierung	synchron	asynchron
Pufferung	ungepuffert	gepuffert
Kommunikationsmuster	mitteilungsorientiert	auftragsorientiert

Abb. 7.1.2/1: Kommunikationsformen

- Die Adressen können in das Programm *eincodiert* werden. Dies ist die inflexibelste Lösung, bei der die Adressen „fest" im Programmcode aufgeführt sind. Bei jeder Änderung einer Adresse muss der entsprechende Programmteil angepasst werden.

- Eine Adressanfrage wird als *Broadcast* in das Netzwerk gesendet, ein entsprechender Server antwortet, indem er eine Nachricht mit seiner aktuellen Adresse an den Anfrager übermittelt. Dadurch hat der Anfrager (das Klientenprogramm) seinen Kommunikationspartner (Server) gefunden, an den er im Anschluss Nachrichten versenden kann.

- Das Klientenprogramm bedient sich eines *Verzeichnisdienstes* (beispielsweise DNS), um die Adresse des Adressaten zu ermitteln. Die Nachricht kann danach direkt an den Empfänger gesandt werden. Ein *Verzeichnisdienst* (engl.: directory service, naming service) ermöglicht die Verwaltung der *Adressen* (und weiterer Zusatzdaten) von *Personen*, *Rechnern* oder *Softwareprogrammen* innerhalb eines Rechnernetzes (siehe Abschnitt 5.3.2.6). Ein Verzeichnisdienst ist mit einem öffentlichen Telefonbuch vergleichbar und bietet Suchfunktionen an, die es ermöglichen, Angaben über potenzielle Kommunikationspartner ausfindig zu machen.

- Eine ähnliche Aufgabe wie ein Verzeichnisdienst kann auch ein *Broker* erfüllen. Im Gegensatz zum Verzeichnisdienst übernimmt ein Broker einen Auftrag und sucht für diesen aus möglicherweise mehreren Alternativen eine geeignete aus. Dadurch kann die Vermittlung zwischen Aufträgen und Servern dynamisch und an einer Stelle gemeinsam (beispielsweise für eine Lastverteilung) realisiert werden.

7.1.2.2 Blockierung

Bei einem Nachrichtenaustausch kann man mit Blick auf die zeitliche Abfolge zwischen einem blockierenden (synchronen) und einem nicht-blockierenden (asynchronen) Nachrichtenverkehr unterscheiden:

- Beim *synchronen Nachrichtenverkehr* ist der Sender bis zum Empfang der Antwort des Empfängers blockiert. Dies bedeutet, dass der Sender erst dann weiterarbeiten kann, wenn er die Antwort des Kommunikationspartners erhalten hat. Durch den synchronen Nachrichtenverkehr ergibt sich somit automatisch eine Synchronisation von Sender und Empfänger. Dem steht allerdings als Nachteil gegenüber, dass ein paralleles Arbeiten von Sender und Empfänger nicht möglich ist. Zudem kann passieren, dass eine Anfrage nicht beantwortet wird (wie beispielsweise der angefragte Serverdienst nicht in Betrieb ist), sodass der Sender unbegrenzt auf eine Antwort wartet und blockiert ist. Daher müssen *Zeitlimits* (engl.: timeout) gesetzt werden, um beispielsweise ein „ewiges Warten" zu verhindern.

- Beim *asynchronen Nachrichtenverkehr* ist der Sender nur bis zur Ablieferung der Nachricht an das Transportsystem blockiert. Der Sender kann nach dem Versenden eines Auftrags weiterarbeiten, ohne auf die Antwort des Empfängers warten zu müssen. Das hat den Vorteil, dass Sender und Empfänger zeitlich entkoppelt werden und Parallelarbeit ermöglicht wird. Programmtechnisch ist diese Variante meist aufwändiger, da ein entsprechendes Klientenprogramm jederzeit bereit sein muss, etwaig eintreffende Antworten von eventuell mehreren Servern entgegenzunehmen. Diese Anforderungen müssen zudem den entsprechenden Anfragen zugeordnet werden, um sie korrekt interpretieren zu können. Dies erfordert zusätzlichen Aufwand gegenüber der synchronen Verarbeitung.

▶ Übungsaufgabe Nr. 2.7.2 im Arbeitsbuch

7.1.2.3 Pufferung

Die Nachrichtenübertragung zwischen zwei Kommunikationspartnern kann mit und ohne Pufferung der Nachrichten in einer Warteschlange organisiert werden:

- Beim *ungepufferten Nachrichtenverkehr* existiert keine Warteschlange für eingehende Meldungen, sondern die empfangenen Daten werden unmittelbar in die Datenstrukturen des Anwendungsprogramms übertragen. Der Empfangsprozess (zum Beispiel des Servers) wird mit dem Erhalt des letzten Bytes abgeschlossen. So lang der Empfangsprozess läuft, kann der Server keine weiteren Meldungen entgegennehmen. Treffen weitere Meldungen in diesem Zeitintervall ein, so müssen diese abgewiesen werden.

- Beim *gepufferten Nachrichtenverkehr* bietet das Betriebssystem oder das jeweilige Programm selbst einen Pufferspeicher in Form einer Warteschlage an, um ein- und ausgehende Nachrichten zwischenzuspeichern. Im Gegensatz zum ungepufferten Nachrichtenverkehr hat der Empfänger die Kontrolle darüber, in welchem Augenblick er eingegangene Nachrichten bearbeitet.

    Ein *Beispiel für gepufferten Nachrichtenverkehr* ist eine Mailbox, die mehrere E-Mail-Nachrichten für einen Empfänger bereithält. Der Empfänger kann die Nachrichten in beliebiger Reihenfolge zu einem beliebigen Zeitpunkt abholen, an dem er nicht mit anderen Aufgaben ausgelastet ist.

7.1.2.4 Kommunikationsmuster

Der vierte und letzte Aspekt der Nachrichtenübermittlung betrifft das Kommunikationsmuster, das bestimmt, welche Interaktionsreihenfolge für eine bestimmte Aufgabe vorgesehen ist. Man unterscheidet zwischen mitteilungsorientierter und auftragsorientierter Kommunikation.

Eine **Mitteilung** (engl.: message) ist eine unidirektionale Nachricht, auf die keine Antwort erwartet wird. Ein **Auftrag** (Synonym: *entfernter Dienstaufruf*, engl.: request) ist eine bidirektionale Nachricht, für die das Ergebnis des Auftrags als *Antwort* (engl.: reply) erwartet wird. Die beiden Nachrichten des Auftrags stehen in direktem Bezug zueinander.

Diese beiden Nachrichtentypen können zudem auch synchron und asynchron ausgetauscht werden. Dadurch ergeben sich die in Abbildung 7.1.2.4/1 dargestellten Interaktionsmuster, wobei die Balken die Zeitintervalle darstellen, in denen das jeweilige Programm aktiv ist. Diese Interaktionsmuster sind die Verständigung, das Rendezvous und der synchrone sowie der asynchrone Funktionsaufruf.

- Eine *Verständigung* (engl.: notification) ist eine asynchrone Mitteilung. Dabei wird eine entsprechende Einwegnachricht von einem Sender an einen Empfänger versandt, ohne dass eine Empfangsbestätigung zurückgeschickt wird.
- Ein *Rendezvous* ist eine synchrone Mitteilung, bei der der Empfänger der Mitteilung synchron eine Empfangsbestätigung an den Versender übermittelt.
- Der *synchrone entfernte Dienstaufruf* (engl.: synchronous remote service invocation) blockiert den Sender, bis die Antwort des Kommunikationspartners (des Servers) empfangen wurde.

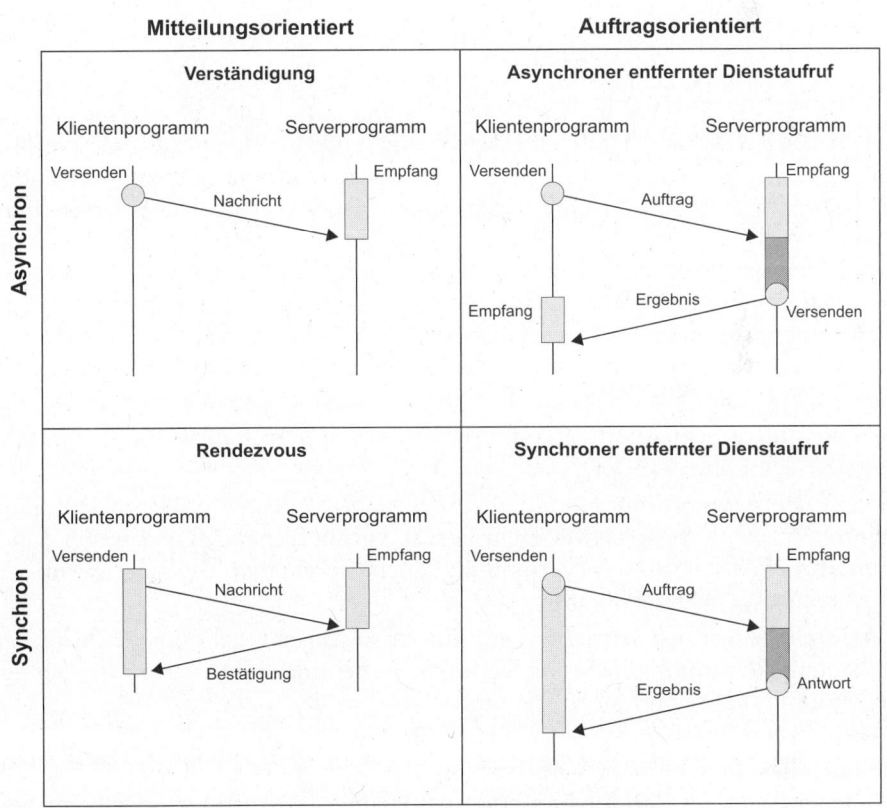

Abb. 7.1.2.4/1: Kommunikationsmuster und Synchronisation

- Beim *asynchronen entfernten Dienstaufruf* (engl.: asynchronous remote service invocation) kann das Klientenprogramm nach dem Versenden des Auftrags weiterarbeiten, ohne auf die Antwort warten zu müssen.

In den meisten verteilten Anwendungen werden entweder asynchrone Meldungen oder synchrone entfernte Dienstaufrufe verwendet. Rendezvous als auch asynchroner entfernter Dienstaufruf werden seltener benutzt.

▷ Übungsaufgabe Nr. 2.7.3 im Arbeitsbuch

7.1.3 Fehlersemantik bei auftragsorientierter Kommunikation

Verteilte Systeme bestehen im einfachsten Fall aus zwei Rechnern, auf denen jeweils ein Programm läuft, das mit dem anderen Programm über ein Netzwerk kommuniziert. Daraus ergibt sich eine Reihe von potenziellen Fehlerquellen für verteilte Systeme, die bei einem *lokalen System*, das auf einem einzigen Rechner läuft, nicht auftreten können.

Die Forderung der *Fehlertransparenz* besagt, dass Fehler, die aus der Verteilung resultieren, vor den Anwendungskomponenten verborgen werden sollen. Wenn in einem verteilten System ein Klientenprogramm keine Antwort vom Server erhält, kann das verschiedene Ursachen haben. Unter Umständen ist die Adresse des Servers nicht korrekt, oder das Serverprogramm wurde derart geändert, dass es die Anfrage nicht mehr bearbeiten kann. Die Fehlerursache kann aber beispielsweise auch auf eine kurzfristig unterbrochene Netzwerkverbindung zurückzuführen sein. In einem solchen Fall wäre das erneute Versenden der Nachricht eine gute Lösung. Eventuell ist der Server aber auch abgestürzt, sodass er auch auf wiederholte Nachrichten nicht antworten kann. Zudem müssen für einen vollständigen Kommunikationsvorgang zumeist mindestens zwei Nachrichten versendet werden, also auch eine weitere Nachricht vom Server an das Klientenprogramm. Letzteres kann während der Anfragebearbeitung des Servers ebenfalls abstürzen. Sowohl das Klienten- als auch das Serverprogramm müssen demgemäß mit derartigen Fehlersituationen umgehen können.

Bei der auftragsorientierten Kommunikation lassen sich grob fünf Fehlerfälle unterscheiden (Abb. 7.1.3/1):

1. *Das Klientenprogramm kann den Server nicht lokalisieren:* Dieser Fall kann eintreten, wenn beispielsweise ein Server vorübergehend, etwa wegen einer unterbrochenen Netzwerkverbindung, nicht erreichbar ist, oder wenn die Serveradresse geändert wurde.

2. *Verlorene Auftragsnachricht:* Die Auftragsnachricht geht im Transit vom Klientenprogramm zum Server verloren, beziehungsweise kann vom Serverprogramm nicht empfangen werden.

3. *Absturz des Serverprogramms:* Das Serverprogramm erhält den Auftrag, stürzt allerdings bei der Verarbeitung ab. Man muss in diesem Fall genau unterscheiden, ob der Absturz vor Ausführung des Auftrags oder beim Ver-

Klientenprogramm　　　　　　　　　　　　　　　　**Serverprogramm**

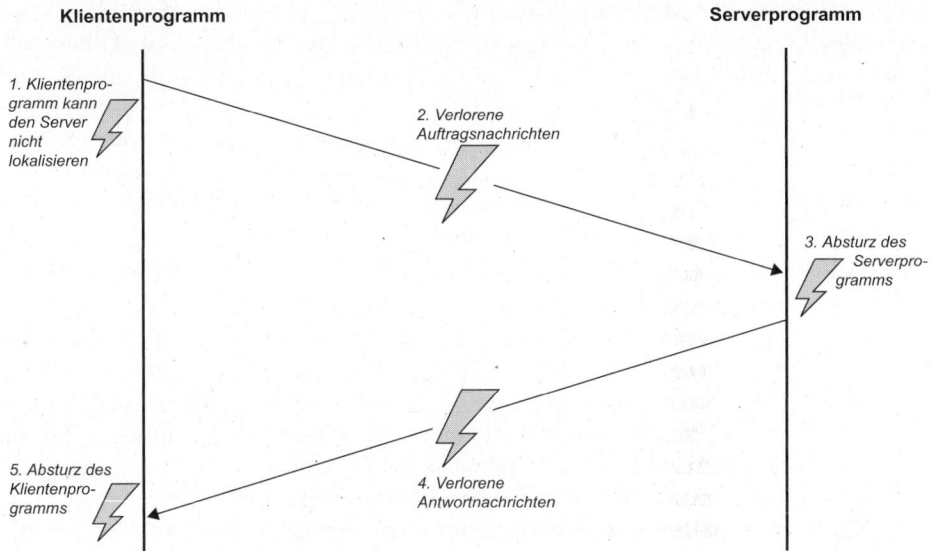

Abb. 7.1.3/1: Fünf Fehlerquellen bei auftragsorientierter Kommunikation

senden der Rückantwort aufgetreten ist. In einem Fall wurde der Auftrag ausgeführt, im andern Fall nicht (oder nicht vollständig).

4. *Verlorene Antwortnachricht:* Die Antwortnachricht geht im Transit vom Server- zum Klientenprogramm verloren, beziehungsweise kann von diesem nicht empfangen werden.

5. *Absturz des Klientenprogramms:* Wenn ein Klientenprogramm nach Versenden eines Auftrags und vor dem Empfang der Antwortnachricht abstürzt, kann das Problem auftreten, dass das Serverprogramm vergeblich versucht, das Ergebnis des Auftrags abzuliefern. Man spricht hierbei von einem *verwaisten Auftrag* (engl.: orphan).

Die Fehlerbehandlung kann je nach Anwendungsfall unterschiedlich erfolgen. Die Anforderungen an die Fehlerbehandlung bei einem Platzbuchungssystem sind sicherlich andere als beispielsweise die bei einem Domain-Name-Server, der für einen Domain-Namen die IP-Adresse ermittelt. Ein wesentlicher Unterschied hierbei ist der Umstand, ob eine wiederholte Ausführung eines Auftrags durch den Server zu Problemen führen könnte oder nicht.

Eine Operation ist **idempotent** (engl.: idempotent), wenn sie mehrere Male durchgeführt werden kann und stets dasselbe Ergebnis liefert und den globalen Zustand des Servers nicht verändert (also auch für andere Funktionen keine Auswirkungen hat).

Der Auftrag an einen Domain-Name-Server ist idempotent, weil er bei wiederholten Anfragen wiederholt die gleiche (korrekte) Antwort liefert. Ein Auftrag zur Reservierung eines Flugs in einem Platzbuchungssystem ist nicht idempotent, da ein konkreter Auftrag (beispielsweise „Buche für Hans Robert Hansen den Flug X von Olbia nach Wien zum Zeitpunkt Y") nur einmal korrekt ausgeführt werden kann, da ein Platz nur einmal gebucht werden kann.

Erschwerend kommt bei der Fehlerbehandlung hinzu, dass ein Klientenprogramm immer nur über lokale Information verfügt, sodass es beispielsweise nur schwer unterscheiden kann, ob die Auftrags- oder Antwortnachricht verloren gegangen ist, oder ob der Server zwischenzeitlich abgestürzt ist.

Verteilte Systeme benötigen eingebaute Mechanismen und standardisierte Vorgehensweisen, um mit Fehlersituationen umgehen zu können, bei denen Auftrags- oder Antwortnachrichten verloren gegangen sind (man spricht hierbei auch von *Fehlersemantiken*). Diese werden typischerweise in vier Klassen unterteilt:

- *Maybe-Fehlersemantik:* Hierbei wird keine explizite Fehlerbehandlung vorgenommen. Die Kommunikation mit dem Server wird nicht garantiert, sondern funktioniert nur „vielleicht" (engl.: maybe). Ein Auftrag wird von einem Auftraggeber versendet. Erhält er keine Antwort, so weiß er nicht, ob der Auftrag oder die Antwort verloren gegangen sind. Der Auftraggeber kann darauf hin beliebig in Eigeninitiative eine neue Anfrage starten. Eine solche Fehlersemantik eignet sich für unkritische Anwendungen wie Auskunftsdienste (zum Beispiel eine Telefonauskunft).

- *At-Least-Once-Fehlersemantik:* Diese Fehlersemantik sieht vor, dass eine Nachricht einmal oder öfter versendet wird. Wenn ein Auftraggeber in einem gewissen Zeitintervall von einem Server keine Antwort erhält, so kann er die Nachricht erneut verschicken. Mögliche Ursachen für eine fehlende Antwort können Fehlerquellen zwei bis vier aus Abb. 7.1.3/1 sein, allerdings auch ein zu kurz gesetztes Zeitintervall. Wenn die erste Nachricht des Auftrags nicht verloren gegangen ist, aber das Klientenprogramm den Auftrag zu „ungeduldig" wiederholt hat, so erhält der Server den inhaltlich gleichen Auftrag zwei Mal. Wenn der Auftrag „überweise den Betrag … an …" gelautet hat, so ist es voraussichtlich nicht wünschenswert, diesen Auftrag zweimal (oder öfter) auszuführen. Daher eignet sich die At-Least-Once-Fehlersemantik nur für idempotente Operationen auf dem Server. Die At-Least-Once-Fehlersemantik kommt beispielsweise für ein Fahrplanauskunftssystem in Betracht, da sie (für einen definierten Zeitraum) auch bei mehreren identischen Anfragen immer dasselbe Ergebnis liefert.

- *At-Most-Once-Fehlersemantik:* Bei dieser Fehlersemantik können wiederholt gesendete Nachrichten beim Server erkannt und gelöscht werden. Um diese Duplikate zu erkennen (es könnte ja sein, dass der gleiche Auftrag zweimal nacheinander ausgeführt werden soll), müssen Nachrichten mit eindeutigen *Identifikationsmerkmalen* ausgestattet werden. Wenn der Auftraggeber ein Ergebnis des Auftrags zurück erhält, kann er sicher sein, dass diese Operation genau einmal am Server ausgeführt wurde. Es muss allerdings auch die Auftragsnummer in der Antwortmeldung enthalten sein. Erhält er kein Ergebnis zurück, so kann er den Auftrag mit dem gleichen Identifikationsmerkmal wiederholen. Generell ist aber auch hier nicht klar, ob beim Ausbleiben der Antwort die Operation vom Server ausgeführt wurde oder nicht. Diese Semantik eignet sich für Schreiboperationen des Servers, da hierbei ungewünschtes *Mehrfachschreiben* verhindert wird. Eine Operation, die beispielsweise die Teilnehmerzahl eines Seminars um eins erhöht, könnte bei ungewolltem mehrmaligem Schreiben (beispielsweise bei der At-Least-Once-Fehlersemantik) zu falschen Daten führen.

- *Exactly-Once-Fehlersemantik:* Diese Fehlersemantik bietet zusätzlich Sicherheit im Fall, dass die Antwortnachricht verloren gegangen ist. Erhält der Auftraggeber eine Antwort, so kann er sicher sein, dass der Auftrag genau einmal durchgeführt wurde. Erhält der Auftraggeber keine bestätigende Antwort, so kann er sicher sein, dass der Auftrag am Server nicht durchgeführt wurde. Dies ist mit vergleichsweise hohem Implementierungsaufwand verbunden (Zweiphasen- und Dreiphasen-Commit) und wird deshalb meist nur bei Anwendungen mit hohen Sicherheitsanforderungen implementiert.

Abbildung 7.1.3/2 verdeutlicht das Verhalten von verteilten Systemen bei unterschiedlichen Fehlersemantiken. Die Zahlenwerte in der Matrix bezeichnen, wie oft die Operation eines Auftrags vom Serverprogramm je nach Fehlerfall durchgeführt wurde.

Ein eigener Problembereich sind Abstürze eines Klientenprogramms, die zwischen dem Versenden eines Auftrags und dem Empfang der Antwort erfolgen. Das Serverprogramm könnte bereits komplexe Operationen ausgeführt haben, ohne die Ergebnisse abliefern zu können. Die Behandlung der verwaisten Aufträge sollte möglichst geringe serverseitige Ressourcen erfordern, da sonst bei einer Vielzahl von abgestürzten Klientenprogrammen ein Server in Ressourcenengpässe laufen könnte. Ein weiteres Problem kann sein, dass ein Klientenprogramm nach dem Absturz und einem unmittelbaren Neustart möglicherweise Antworten auf Anfragen erhält, die es nicht versendet hat. Was soll passieren, wenn das Klientenprogramm nach dem Hochfahren wiederum den gleichen Auftrag schickt? Allein für die genannten Fehlerfälle gibt es eine Vielzahl von Strategien, etwa einen *Generationszähler* (engl.: epoch) zu verwalten, der bei jedem Neustart eines Klientenprogramms erhöht wird.

▶ Übungsaufgabe Nr. 2.7.4 im Arbeitsbuch

	Auftraggeber erhält Antwort	Auftraggeber erhält keine Antwort
Maybe	1	0 – 1
At-Least-Once	1 – n	0 – n
At-Most-Once	1	0 – 1
Exactly-Once	1	0

Abb. 7.1.3/2: Anzahl der vom Serverprogramm ausgeführten Operationen je nach Fehlersemantik bei Verlust von Auftrags- oder Antwortnachricht

7.1.4 Architektur von verteilten Informationssystemen

7.1.4.1 Schichten und Stufen

Die Architektur von verteilten Informationssystemen beschreibt den strukturellen Zusammenhang der wichtigsten Komponenten. Die Beschreibung der Architektur von verteilten Informationssystemen erfolgt in *Schichten* (engl.: layer)

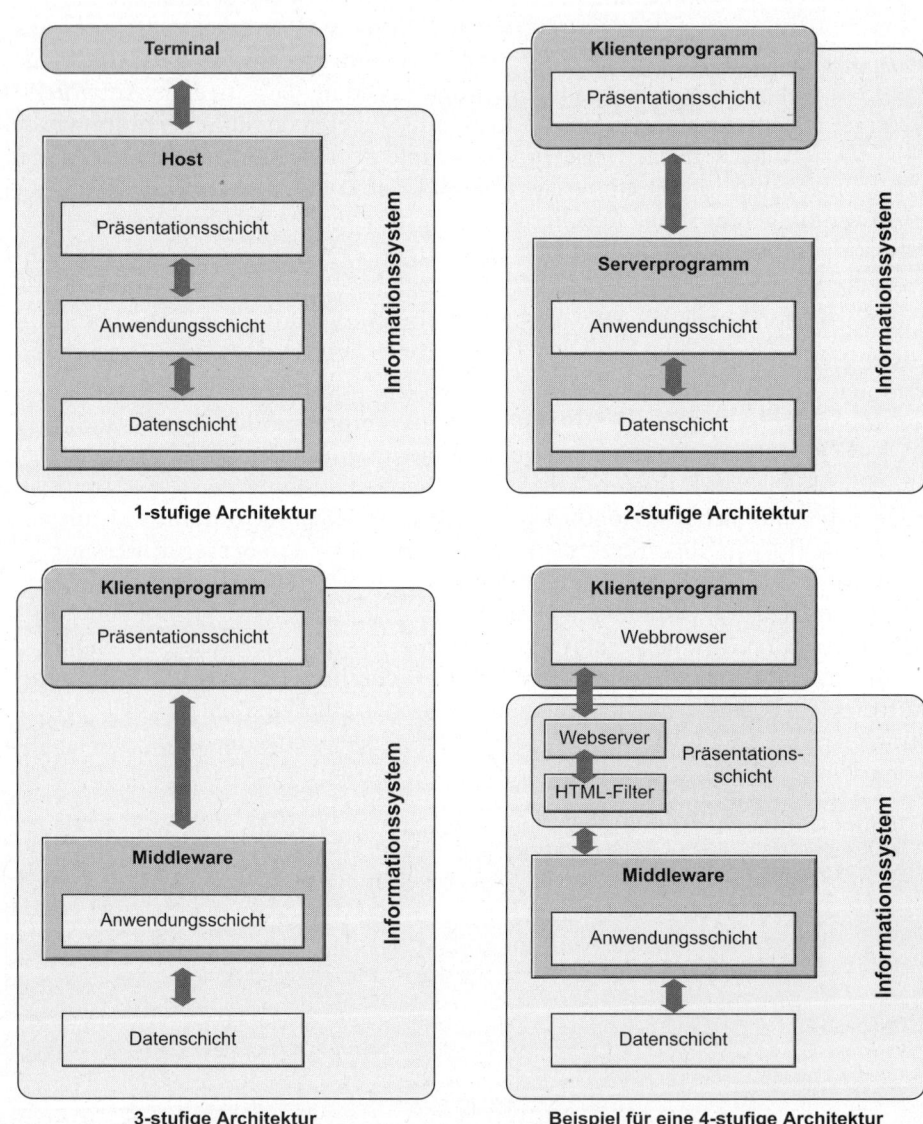

Abb. 7.1.4.1/1: Stufen und Schichten von verteilten Informationssystemen

und *Stufen* (engl.: tier). Während Schichten primär ein Element zur Reduktion der Komplexität sind (siehe auch Band 1, Kapitel 2 und Band 2 Kapitel 6), so bezeichnen Stufen verteilte Komponenten, die kooperativ das System implementieren. Man unterscheidet 1-stufige, 2-stufige, 3-stufige und N-stufige Architekturen (siehe Abb. 7.1.4.1/1). Die über mehrere Stufen verteilten Softwarekomponenten (sowohl Klienten- als auch Serverprogramme) können sich auf demselben Rechner oder auf unterschiedlichen Rechnern befinden und müssen durch einen Kommunikationsdienst miteinander verbunden sein.

Für die Grobbeschreibung eines Informationssystems werden aus Verteilungssicht drei Schichten unterschieden: die Präsentationsschicht, die Schicht der Anwendungslogik und die Datenhaltungsschicht (auch *Persistenzschicht* genannt). Das zentrale Element der Präsentationsschicht ist die *Benutzerschnittstelle*, das ist die Komponente eines Informationssystems, über die ein Mensch mit dem System interagiert. Meist ist die Benutzerschnittstelle durch eine *grafische Oberfläche* realisiert, die die Informationsdarstellung beim Dialog mit dem Benutzer übernimmt. Die *Schicht der Anwendungslogik* enthält die Aufgaben der Funktions- und Steuerungssicht (siehe Band 1, Kapitel 2), während die *Datenhaltungsschicht* die Aufgaben der Datensicht übernimmt.

Prinzipiell kann jede dieser drei Schichten vollständig oder zum Teil in getrennte Komponenten verteilt werden. In der Folge werden die in der Praxis häufigsten Verteilungsmuster beschrieben.

▶ Übungsaufgabe Nr. 2.7.5 im Arbeitsbuch

7.1.4.2 Einstufige Architektur

Bei einer *einstufigen Architektur* (engl.: 1-tier architecture) werden die drei genannten Schichten auf einer Stufe (auf einem Rechner) gebündelt. Ein typischer Anwendungsfall sind traditionelle, *Großrechner-basierte* (engl.: host based) Lösungen, die vielfach vor einigen Jahrzehnten konzipiert wurden, als die effiziente Nutzung von relativ leistungsschwacher Hardware das wichtigste Designkriterium war. Einstufige Architekturen werden auch für Einplatzsysteme genutzt, oder für Systeme, für die weder eine zentrale Datenhaltung noch besondere Anforderungen an Rechenkapazitäten oder an Verfügbarkeit in einem Rechnernetz gestellt werden. Einstufige Architekturen sind zudem häufig monolithisch konzipiert und sind deshalb schwierig mit anderen Informationssystemkomponenten zu integrieren.

7.1.4.3 Zweistufige Architektur (Client-Server-Architektur)

Unter der **Client-Server-Architektur** (engl.: client server architecture) versteht man eine kooperative Form der Informationsverarbeitung, wobei eine Softwarekomponente die Dienste einer weiteren Softwarekomponente nutzt. Die sich ergänzenden Softwarekomponenten werden meist (aber nicht zwangsläufig) auf unterschiedliche Rechner verteilt, die über ein Rechnernetz verbunden sind. Die dienstanbietenden Softwarekomponenten werden **Serverprogramme** (Kurzform: *Server*; engl.: server) genannt, die dienstnachfragenden Softwarekomponenten **Klientenprogramme** (Kurzform: *Klient*; engl.: client; im Deutschen ist vielfach auch *„Client"* gebräuchlich).

Client-Server-Architekturen beruhen auf zumindest zwei Stufen, wobei die erste Stufe sich meist auf den Arbeitsplatzrechner bezieht und die zweite Stufe auf einen Serverrechner. Ein heute sehr gebräuchlicher Fall ist die Verteilung der Datenhaltungsschicht ganz oder teilweise auf einen zentralen Server, der von zahlreichen Klienten genutzt wird. Wenn auch die Anwendungslogik auf den Server verlagert wird, spricht man von *aktiven Servern*. Abb. 7.1.4.3/1 zeigt die wichtigsten Varianten bei einer zweistufigen Client-Server-Architektur.

Eine Client-Server-Anwendung kann als eine *„geteilte Anwendung"* betrachtet werden, in der die Verarbeitung teilweise vom Klientenprogramm und zum anderen Teil vom Serverprogramm vorgenommen wird. Die Verteilung kann

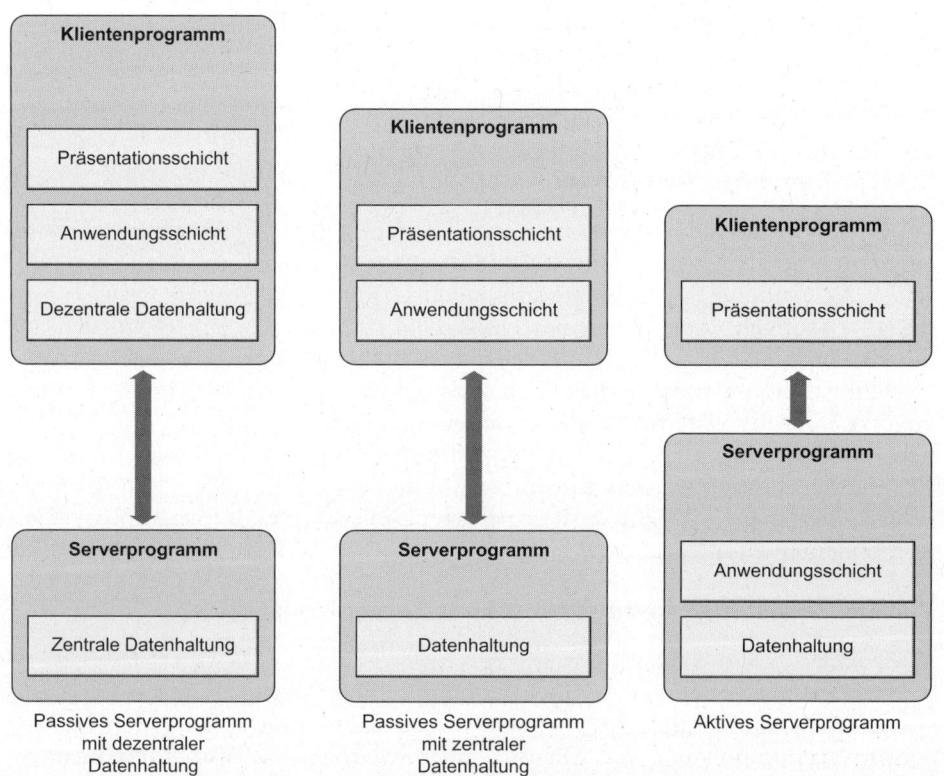

Abb. 7.1.4.3/1: Zweistufige Client-Server-Architekturen

unterschiedliche Ursachen haben. Ein wichtiger Beweggrund ist eine *verbesserte Ausnutzung der Ressourcen der beteiligten Systeme*. Im Client-Server-Modell werden kostengünstige Arbeitsplatzrechner mit sehr leistungsfähigen Verarbeitungsrechnern (Arbeitsgruppen-, Abteilungs-, Unternehmensrechnern) kombiniert. Die einzelnen Funktionen einer Anwendung sollen hierbei von den jeweils bestgeeigneten Systemen erledigt werden, um ein Maximum an Leistung, Flexibilität und Wirtschaftlichkeit zu erreichen. Für die Verteilung der Softwarekomponenten können jedoch auch andere Gründe, wie beispielsweise Zentralisierung der Datenbestände, Vereinfachung der Systemadministration (Datensicherung, Softwareinstallationen) oder die Verlagerung von Verantwortlichkeiten maßgeblich sein.

Meist werden im *klientenseitigen Teil* einer Anwendung die Benutzeroberfläche, die Eingabeprüfung, die Verarbeitung und eine Kommunikationskomponente (zur Interaktion mit dem Serversystem) realisiert. Ein *Serverprogramm* besteht aus der entsprechenden Kommunikationskomponente und – im Falle eines Datenbankservers – aus Komponenten zur Datenspeicherung und Datenmanipulation. Natürlich kann von Fall zu Fall auch eine andere Aufgabenverteilung zweckmäßig sein.

> Eine sehr weit verbreitete Client-Server-Architektur ist das *WWW* (Abkürzung von engl.: world wide web). Die Datenhaltung erfolgt auf WWW-Servern (häufig auch als Webserver bezeichnet), die grafische Aufbereitung erfolgt in WWW-Klientenprogrammen (die wichtigsten sind so genannte *Webbrowser*), die Kommunikationsverbindung erfolgt über das Internet mittels des Protokolls HTTP.

Client-Server-Computing bedeutet also eine bestimmte *Rollenaufteilung* einer Anwendung in *dienstanfordernde* (Klientenprogramm) und *diensterbringende* Teile (Serverprogramm). Das Serversystem stellt einen oder mehrere Dienste (Funktionen) zur Verfügung, die von den Klientenprogrammen genutzt (aufgerufen) werden können. Die Initiative des Funktionsaufrufs geht hierbei vom Klientenprogramm aus. Für den Benutzer ist diese Trennung allerdings weitgehend unsichtbar, die Applikation stellt sich ihm als eine einzige homogene Anwendung dar.

> So kann ein Unternehmen beispielsweise in jeder Abteilung einen Datei- und Druckserver betreiben, der die entsprechenden Dienste für die Arbeitsplatzrechner der Mitarbeiter anbietet. Darüber hinaus steht ein zentraler Datenbankserver zur Verfügung, auf den alle Personalcomputer des Unternehmens gleichermaßen zugreifen können. Diese beispielhafte Konfiguration deutet an, wie eine dezentrale PC-basierte Informationsverarbeitung durch zentrale Serverdienste ergänzt werden kann.

7.1.4.4 Dreistufige Architektur

Die wohl *am weitesten verbreitete Form der Client-Server-Architektur* ist der *passive Server mit zentraler Datenhaltung*, wobei die klientenseitige Komponente die gesamte Anwendungslogik umfasst und auf dem Arbeitsplatzrechner abläuft. Für komplexe Anwendungen hat dies den Nachteil, dass die klientenseitige Komponente sehr umfangreich werden kann – man spricht im Englischen

wie im Deutschen auch von einem „fat client" – und dass bei regelmäßiger Weiterentwicklung der Software – wie es bei betrieblichen Informationssystemen
üblich ist – die Aktualisierung der Softwareinstallationen aufwändig und fehleranfällig ist.

Wenn beispielsweise bei einer größeren Änderung sowohl die klientenseitigen als auch
die serverseitigen Komponenten gemeinsam getauscht werden müssen, und beispielsweise in einem Unternehmen auf 500 Arbeitsplätzen die Klientenprogramme installiert
sind, so sind in Summe 501 Installationen der Softwarekomponenten durchzuführen.
Vor allem die Installationen auf den Arbeitsplatzrechnern (oder Notebook-PCs) können sich aufwändig gestalten, und müssen manchmal von den Endbenutzern durchgeführt werden.

In diesen Situationen werden häufig dreistufige Architekturen eingesetzt, die
typischerweise aus einer klientenseitigen Komponente, einer Komponente für
die Anwendungslogik und einem Datenbankserver bestehen.

Ein häufiges Beispiel für eine *dreistufige Architektur* sind web-basierte Internet-
Anwendungen (siehe Abb. 7.1.4.4/1), bei denen das Klientenprogramm ein Webbrowser ist, über den auf einen Webserver zugegriffen wird, der die Anwendungslogik
realisiert. Der Webserver greift in dritter Instanz auf eine zentrale Datenbank (ein
Backend-System) zu, um Daten abzurufen, die auch in anderen Applikationen genutzt
werden. Innerhalb der dreistufigen Architektur übernimmt der Webserver somit
sowohl die Rolle der Serverkomponente (gegenüber dem Webbrowser) als auch die
Rolle der Klientenkomponente (gegenüber dem Datenbankserver).

Durch die dreistufige Architektur ergeben sich folgende Vorteile:

• Man erreicht eine klare Trennung von Benutzerkomponente, Anwendungslogik und Datenhaltung. Diese Komponenten können getrennt entwickelt und
getestet werden. Bei Engpasssituationen können gezielt die benötigten Kapazitäten erhöht werden.

• Die Speicherstrategie betrifft nur die Datenbank- und die Anwendungslogik,
nicht aber die benutzerseitige Komponente. Dies bedeutet, dass die Datenhaltung laufend weiterentwickelt und verbessert werden kann, ohne die häufig
installierte Präsentationskomponente ersetzen zu müssen. Die Klientenkom-
ponenten („thin client") müssen bei einer Weiterentwicklung des Systems
weit seltener ersetzt werden, wodurch die Wartungskosten reduziert werden.
So könnte beispielsweise auch eine große Änderung (wie beispielsweise der
Wechsel von einem relationalen zu einem objektorientierten Datenmodell)
mit geringer Benutzerbeeinträchtigung durchgeführt werden. Generell wird
hierdurch das *Change-Management* erleichtert.

• Die Anwendungslogik mit ihren Geschäftsobjekten interagiert häufig sehr
intensiv mit der Datenbankkomponente. Dies verursacht ein hohes Kommu-
nikationsvolumen zwischen den beiden nachgelagerten Komponenten. Entsprechend kann die benötige Transferkapazität durch Installation eines lokalen Hochleistungsnetzwerks zwischen dem Server mit der Anwendungslogik
und dem Datenbankserver erhöht werden. Zwischen Arbeitsplatzrechner und
Server sind geringere Kapazitäten notwendig.

Abb. 7.1.4.4/1:
Dreistufige Architektur eines web-basierten Infor-
mationssystems

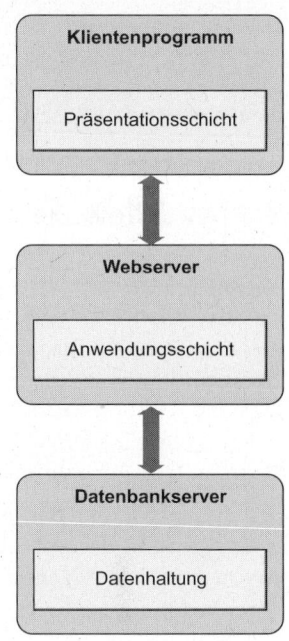

- Der Datenbankserver muss nur mit einem ver-
  trauenswürdigen Server innerhalb eines lokalen Netzes kommunizieren und nicht notwendigerweise mit einer Vielzahl von Klienten, die
  beispielsweise über das Internet auf die
  Backend-Systeme zugreifen. Dadurch kann
  mit weniger Aufwand Datensicherheit realisiert werden, der Datenbankserver kann über
  einen Firewall-Rechner vom externen Datenverkehr abgeschirmt werden.

Bei der Anwendung von Webservern kann
diese Architektur auf eine vierstufige erweitert
werden. Im obigen Beispiel realisiert der Webserver sowohl die Kommunikation über HTTP als
auch die eigentliche Anwendungslogik für alle
Teilbereiche. Ein Webserver, in dem sich durch
Erweiterung die Anwendungslogik realisieren
lässt, wird *Applikationsserver* genannt. Für Hochlastanwendungen können
häufig die Anfragen durch einen Server (beispielsweise einen Reverse-Proxy-Server, mehr dazu später) auf mehrere weitere Server verteilt werden, wodurch eine
Lastverteilung erzielt werden kann.

7.1.4.5 N-Stufige Architektur

Das Stufenkonzept lässt sich über weitere Stufen zu einer *n-stufigen Architektur*
(engl.: n-tier, multi-tier architecture) verallgemeinern, wodurch eine Vielzahl
von weitgehend spezialisierten Servern für eine Aufgabe kooperieren können.

> Ein *Beispiel für eine n-stufige Architektur* ergibt sich, wenn mehrere Geschäftspartner
> im B2B-Bereich über einen verteilten Workflow kooperieren, wobei deren Informati-
> onssysteme beispielsweise über Web-Services integriert werden (mehr dazu in
> Abschnitt 7.2.4).

Generell muss allerdings auch bei der Verteilung zwischen dem Gewinn an
Flexibilität und der zusätzlichen Komplexität und dem erhöhten Verarbei-
tungsaufwand bei der Verteilung abgewogen werden. Dementsprechend ergeben sich unterschiedlich viele Architekturstufen für ein konkret zu erstellendes
System.

Ein wichtiges Argument für einen hohen Verteilungsgrad ist, dass Server oft
im Verantwortungs- und Gestaltungsbereich einzelner Organisationseinheiten

oder Unternehmen betrieben werden, wodurch eine vollständige Integration weder wünschenswert, noch realisierbar erscheint.

▶ Übungsaufgabe Nr. 2.7.6 im Arbeitsbuch

7.2 Middleware

Verteilte Softwaresysteme sind im Wesentlichen dadurch gekennzeichnet, dass sie aus mehreren interagierenden Softwarekomponenten bestehen, die sich meist auf physikalisch unterschiedlichen Rechnern innerhalb eines Rechnernetzes befinden.

> Die **Middleware** (engl.: middleware) bildet die kommunikationstechnische Infrastruktur zur Entwicklung verteilter Anwendungen und ermöglicht dem Entwickler dadurch die Konzentration auf die Umsetzung der Anwendungslogik. Entsprechend werden allgemeine Softwarekomponenten, die von konkreten Realisierungen von Kommunikationsprotokollen abstrahieren und auf die Erleichterung der Interaktion zwischen verteilten Softwarekomponenten abzielen, als Middleware bezeichnet.

Middleware kann ein großes Anwendungsspektrum abdecken. Man kann zum Beispiel mithilfe von Middleware zwei Anwendungssysteme im selben

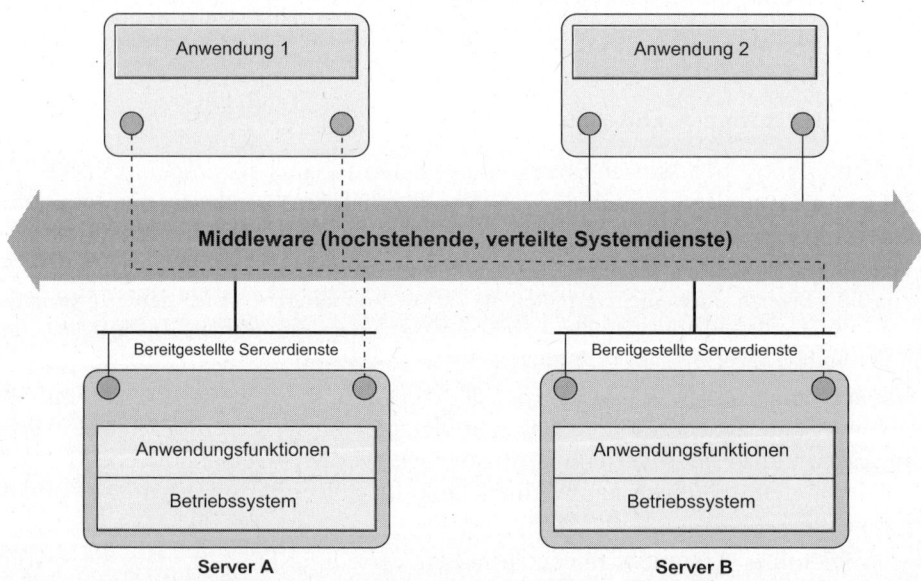

Abb. 7.2/1: Middleware

lokalen Netzwerk integrieren, oder auch zwei vollständige dreistufige Informationssysteme zusammenschalten, die sich in verschiedenen Außenstellen eines Unternehmens befinden und über das Internet verbunden sind.

Das Konzept von Middleware kann aus verschiedenen Sichten betrachtet werden. In der weiteren Folge werden diese Sichten einer genaueren Betrachtung unterzogen.

7.2.1 Kommunikation über Sockets

Middleware ermöglicht die Abstraktion für die Realisierung von Dienstaufrufen auf entfernten Rechnern, indem sie einen Teil der dahinter stehenden Komplexität versteckt und den entfernten Methodenaufruf über eine lokale Schnittstelle zur Verfügung stellt. Ein wichtiger Grund für die Verwendung von Middleware ist, dass die heute verfügbaren Anwendungsprotokolle keine geeignete Abstraktion für den Aufruf von Diensten auf entfernten Rechnern darstellen.

Möchte man zum Beispiel ohne Middleware eine Anwendung entwickeln, bei der einzelne Teile auf unterschiedlichen Rechnern laufen, so müssen einige Problemfelder beachtet werden. Damit die verschiedenen Komponenten miteinander kommunizieren können, muss zunächst ein Kommunikationskanal geöffnet werden (zum Beispiel ein so genannter Socket), über den Information ausgetauscht werden kann.

> Über einen **Socket** (engl.: socket, unübliche deutsche Übersetzung: Kommunikationsendpunkt) wird ein Kommunikationskanal zwischen zwei Prozessen verwaltet, die entweder auf demselben oder unterschiedlichen Rechnern in einem Netzwerk laufen. Sockets stellen Endpunkte für den Austausch von Daten zwischen Rechnern dar. Jeder Socket hat eine *Socket-Adresse*, die sich aus einer *Dienstnummer* (engl.: port), einer *Rechneradresse* und dem verwendeten *Transportprotokoll* zusammensetzt.

Angenommen auf dem Rechner mit der IP-Adresse 137.208.8.91 läuft ein Webserver, der Anfragen über die Dienstnummer 80 entgegen nimmt. Wenn ein Klientenprogramm (zum Beispiel ein Webbrowser) eine Seite von diesem Webserver abruft, wird zuvor vom Klientenprogramm über das Transportprotokoll TCP ein Socket zum Server mit der IP-Adresse 137.208.8.91, Dienstnummer 80 aufgebaut.

Der Aufbau eines Kommunikationskanals alleine stellt noch keine programmiertechnische Schwierigkeit dar. Beim realen Einsatz eines solchen Systems muss allerdings auch berücksichtigt werden, dass neben den Funktionen für den Aufbau des Informationskanals auch geeignete Vorgehensweisen für die Fehlerbehandlung und ein Protokoll für den anschließenden Informationsaustausch benötigt werden. Man kann hierfür beispielsweise auf Transportprotokolle wie TCP oder auf Anwendungsprotokolle wie HTTP zurückgreifen, doch durch diese wird nur ein Teil der benötigten Funktionalität bereitgestellt.

Wie Sie bereits aus Kapitel 6 dieses Bandes wissen, legt ein Protokoll fest, welcher Kommunikationspartner was und zu welchem Zeitpunkt senden darf, und was als Antwort erwartet wird. Insbesondere muss auch ein Format für die ausgetauschten Daten festgelegt werden, damit diese vom Gegenüber richtig interpretiert werden können. Zu den Aufgaben gehören unter anderem auch die Aspekte der Darstellungs- und der Sitzungsschicht. Die Applikation muss zusätzlich berücksichtigen, dass Nachrichten fehlerhaft sein können, oder dass die Applikation auf der jeweils anderen Seite fehlerhaft sein kann. Sie muss entsprechende Wiederherstellungsfunktionen zur Verfügung stellen, um nur teilweise durchgeführte Aufrufe wieder rückgängig zu machen. Dies ist insbesondere notwendig, wenn ein Aufruf im Rahmen einer Transaktion (siehe Abschnitt 5.3.2.2) getätigt wurde. Viele dieser genannten Problemfelder können mithilfe von Middleware behandelt werden.

7.2.1.1 Entfernte Dienstaufrufe (RPC)

Eine zentrale Aufgabe von Middleware ist die Realisierung eines synchronen Aufrufs eines entfernten Dienstes, das heißt, einer Funktion, die von einem Serverprozess bereitgestellt wird. Diese Funktionalität wird allgemein als *Remote-Procedure-Call* bezeichnet.

Über einen **Remote-Procedure-Call** (Abkürzung: RPC, deutsche Übersetzung: entfernter Dienst- oder Prozeduraufruf) kann ein Klientenprogramm eine Funktion von einem Serverprogramm aufrufen, das unter Umständen auf einem anderen Rechner installiert ist. Dabei wird ein lokaler Funktionsaufruf durch einen entfernten Funktionsaufruf simuliert. Da auch ein lokaler Aufruf eine synchrone Operation ist, wird in der Regel auch der RPC als synchroner, entfernter Dienstaufruf realisiert. Das Klientenprogramm übermittelt den Funktionsaufruf inklusive der jeweiligen Argumente an das Serverprogramm und setzt seine Ausführung erst fort, wenn der Rückgabewert eingetroffen ist.

Für jeden entfernten Dienstaufruf werden demgemäß zumindest zwei Nachrichten über das Rechnernetz versendet: der Aufruf der Funktion (Anfrage) und die Rücksendung des Rückgabewertes (Antwort).

Abb. 7.2.1.1/1 zeigt eine stark vereinfachte Darstellung eines RPC-Aufrufs, der über einen Socket auf Basis der zugrunde liegenden Netzwerkprotokolle mit einer anderen Applikation kommuniziert. In dieser Grafik repräsentiert das Kästchen Remote-Procedure-Call sowohl die klienten- als auch die serverseitige Realisierung des Aufrufs.

Da RPC-Aufrufe lokale Aufrufe in einer Programmiersprache simulieren, sind RPC-Realisierungen vielfach programmiersprachenabhängig, sodass für die Entwicklung der Komponenten eines verteilten Systems die Programmiersprachen nicht frei gewählt werden können. Entsprechend existieren für unterschiedliche Programmiersprachen unterschiedliche Realisierungen von RPC.

Anwendung 1   Anwendung 2

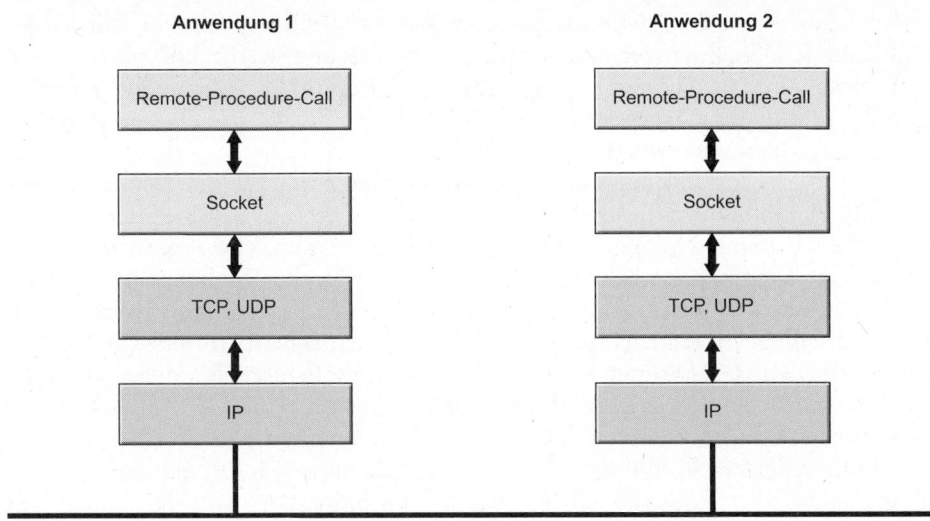

Netzwerk

Abb. 7.2.1.1/1: Remote-Procedure-Call

Beispielsweise steht für die Programmiersprache Java eine programmiersprachenabhängige RPC-Realisierung unter der Bezeichnung *RMI* (Abkürzung von engl.: remote method invocation) zur Verfügung.

In einem Programm wird die Komplexität der Behandlung von entfernten Prozeduraufrufen meist nicht sichtbar; es wird angestrebt, dass entfernte Aufrufe in der gleichen Art wie lokale Aufrufe im Programm geschrieben werden können. Durch eine RPC-Bibliothek werden einem Entwickler die benötigten RPC-Funktionen (beispielsweise Verbindungsaufbau, Datenrepräsentation, Fehlerbehandlung) über eine klar definierte Schnittstelle zur Verfügung gestellt. In diesem Fall bildet die RPC-Bibliothek die Middleware, die sich unter anderem um die Weiterleitung des Aufrufs an die entsprechende Serverprozedur und die Rücksendung von Ergebnissen oder die Fehlerbehandlung kümmert.

7.2.1.2 Funktionsweise von entfernten Dienstaufrufen

Dieser Abschnitt erläutert die Funktionsweise von entfernten Dienstaufrufen anhand eines schrittweisen Vorgehens, das beschreibt, wie *ein Dienst über RPC* bereitgestellt werden kann:

1. *Definition der Schnittstelle:* Die vom Server bereitgestellten (und vom Klienten nutzbaren) Funktionen werden mit einer *Schnittstellenbeschreibungssprache* beschrieben, durch die die Namen der aufzurufenden Funktionen, deren Argumente und Rückgabewerte definiert werden. Diese Beschreibungssprachen sind vielfach abhängig von der RPC-Realisierung, wobei jedoch programmiersprachenunabhängige Beschreibungen angestrebt werden.

2. *Erzeugung von Platzhalterfunktionen für die Schnittstelle:* Für die in der Schnittstelle definierten Methoden werden zumindest für kompilierte Programmiersprachen klienten- und serverseitig kleine Programmteile bereitgestellt, die *Platzhalterfunktionen* (engl.: stub) genannt werden. Über die *klientenseitige Platzhalterfunktion* (engl.: client stub) kann der entfernte Dienst aufgerufen werden, über die *serverseitige Platzhalterfunktion* (engl.: server stub) wird die Funktion bereitgestellt. Die klientenseitige Platzhalterfunktion fungiert somit als lokaler Stellvertreter für die eigentliche Prozedur, die auf dem Server implementiert ist und lässt den entfernten Dienstaufruf als einen lokalen Aufruf erscheinen. Die serverseitige Platzhalterfunktion nimmt den Aufruf entgegen, realisiert gegebenenfalls eine Transformation der Daten und wickelt den serverseitigen Aufruf und dessen Fehlerbehandlung ab. Die Erzeugung der Platzhalterfunktionen kann meist durch einen IDL-Compiler automatisiert werden, der diese aus der Schnittstellendefinition in einer Schnittstellenbeschreibungssprache (siehe Abschnitt 7.1.1.2) erzeugt.

3. *Nutzung des Dienstes:* Sind die Platzhalterfunktionen in die Klienten- und Serverprogramme eingebunden (bei kompilierten Programmiersprachen), kümmern sich diese Funktionen bei einem Aufruf klientenseitig um das Auffinden des Servers, die Formatierung der zu sendenden Daten, die Übermittlung der Daten an den Server, das Empfangen der Antwort vom Server, die Rückumwandlung der Antwortmeldung in einen entsprechenden Datentyp und die Weiterleitung des Ergebnisses an die aufrufende Funktion.

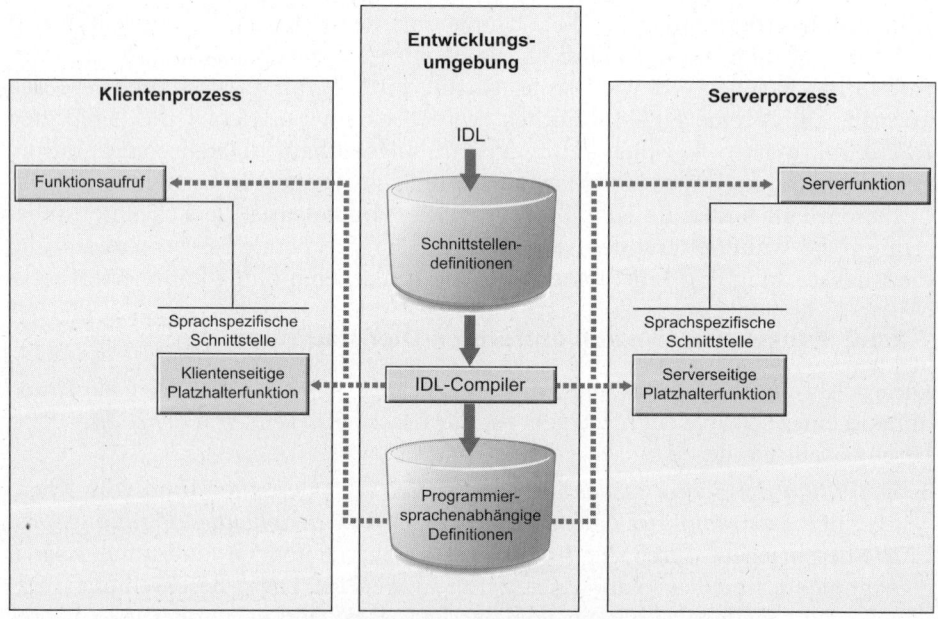

Abb. 7.2.1.2/1: Beispiel für die Nutzung eines IDL-Compilers

Bei der Formatierung der Nachrichten wird der Funktionsaufruf (Name der Funktion, Werte der Argumente) beziehungsweise dessen Ergebnis in eine Darstellungsform gebracht, die als Nachricht übertragen werden kann. Dabei ist zu beachten, dass unterschiedliche Rechner (32- oder 64-Bit-Rechner) oder Programmiersprachen unterschiedliche Datenformate oder eine unterschiedliche Bitreihenfolge (erstes Bit ist das höchst- oder niedrigstwertige Bit) unterstützen, sodass eine einheitliche Darstellung für die Übertragung gewählt werden muss. Zudem muss auch für komplexe Datenstrukturen (beispielsweise ein Datum, eine Adresse, eine Bestellung) eine standardisierte Darstellung gewählt werden.

Sie wissen bereits aus Kapitel 5 dieses Bandes, dass sich beispielsweise XML für die standardisierte Darstellung von strukturierten Daten sehr gut eignet. Im Abschnitt 7.2.4 werden Web-Services besprochen, die eine Form von RPC darstellen, bei der XML für die Darstellung der Daten genutzt wird.

> Die Formatierung der Daten vor der Übertragung über das Netzwerk wird als **Marshalling** (engl.: marshalling) bezeichnet. Unter Marshalling versteht man die Zusammenstellung von Daten in einem standardisierten Format, bevor diese in einem Netzwerk an potenziell heterogene Systeme versendet werden. Beim Empfang der Meldung erfolgt der inverse Prozess (engl.: unmarshalling).

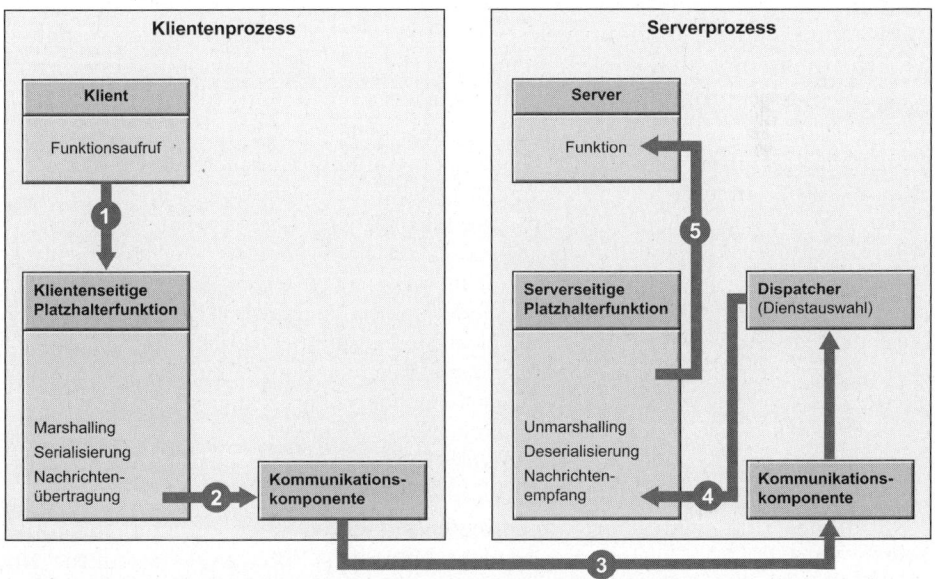

Abb. 7.2.1.2/2: Schematischer Aufruf eines RPC

Eine Teilaufgabe des Marshalling ist die Serialisierung von komplexen Objekten oder Datenstrukturen.

Unter **Serialisierung** (engl.: serialization) versteht man die Umwandlung von komplexen Datenstrukturen (beispielsweise Baum- oder allgemeine Graphstrukturen) in eine sequenzielle Darstellung, aus der ohne Informationsverlust die originale Datenstruktur wieder hergestellt werden kann.

Ein Aufruf einer entfernten Funktion ist in Abb. 7.2.1.2/2 zusammengefasst. Nach dem lokalen Funktionsaufruf im ablaufenden Klientenprogramm (1) wird in der klientenseitigen Platzhalterfunktion die Adresse des Servers ermittelt, und die entsprechende Nachricht (der Auftrag) formatiert. Diese Nachricht wird über eine klientenseitige Kommunikationskomponente (2) über das Netzwerk (3) an den Serverprozess (das laufende Serverprogramm) übermittelt und von der serverseitigen Kommunikationskomponente an die serverseitige Platzhalterfunktion übergeben (4). Dort erfolgt die Rückumwandlung des allgemeinen Datenformats in ein serverseitiges Datenformat, es wird die aufzurufende Funktion ermittelt und der Funktionsaufruf durchgeführt. Das Ergebnis dieses Funktionsaufrufs wird wieder entsprechend formatiert und auf dem umgekehrten Weg an das aufrufende Klientenprogramm zurückgeschickt (nicht in Abb. 7.2.1.4/2 eingezeichnet).

▶ Übungsaufgabe Nr. 2.7.7 im Arbeitsbuch

7.2.1.3 Formen von Middleware

Wie Sie im vorigen Abschnitt gelesen haben, ist die Realisierung der verteilten Verarbeitung ein sehr komplexer Bereich, der bei der Entwicklung von verteilten Anwendungsprogrammen nicht im Vordergrund stehen sollte.

Beispielsweise wurden im Abschnitt 7.1.3 die grundlegenden Fehlersemantiken dargestellt, die bei auftragsorientierter Kommunikation (und somit auch bei Remote-Procedure-Calls) auftreten können. Eine mögliche Strategie für die Behandlung dieser Fehlerfälle wäre, bei jedem RPC-Aufruf in jedem Anwendungsprogramm eine eigene Prozedur für die Fehlerbehandlung vorzusehen. Dies ist natürlich nicht empfehlenswert, da die Fehlerbehandlung in verteilten Systemen generell sehr komplex und schwer zu testen ist. Werden komplexe Zusammenhänge in den Fehlerbehandlungsroutinen des Anwendungsprogramms nicht hinreichend berücksichtigt, können instabile Anwendungsprogramme die Folge sein. Außerdem müsste das „Rad wiederholt erfunden" werden, was nicht zuletzt mit sehr hohen Entwicklungskosten verbunden wäre. Aus diesen Gründen ist es wesentlich besser, eine generelle Fehlerbehandlung einmal zu entwickeln und als Middleware in Anwendungsprogrammen wiederverwendbar zu gestalten.

Moderne Middleware-Plattformen bieten jedoch noch wesentlich mehr Funktionen. Durch „Middleware" wird eine komplexe Softwareinfrastruktur zur verteilten Verarbeitung bezeichnet, durch die laufend mehr Funktionalität zur

Verfügung gestellt wird. Zu den wichtigsten standardmäßigen Bestandteilen von Middleware zählen:

- Schnittstellendefinitionssprache (IDL),
- Übersetzungsprogramm für die Schnittstellendefinitionssprache (IDL-Compiler) mit Unterstützung für die gängigsten Programmiersprachen (engl.: language mapping).
- Programmbibliotheken für RPC für die Entwicklung und die Laufzeitumgebung (Fehlerbehandlung).

Der Funktionsumfang von Middleware-Systemen variiert darüber hinaus - wie Sie auch noch in den folgenden Kapiteln sehen werden - sehr stark. Manche Middleware-Systeme bieten Schnittstellen zu Authentifizierungs- und Zugriffskontrollsystemen, viele bieten die dynamische Adressierung der aufzurufenden Dienste (siehe Abschnitt 7.1.2.1), oder den dynamischen Aufruf von Diensten, wodurch der Schritt der Erzeugung der Platzhalterfunktionen durch Laufzeitoperationen ersetzt wird und beispielsweise Skriptsprachen leichter eingebunden werden können.

Transaktionsorientierte Middleware

Zur Middleware zählen auch die *Transaktionsmonitore*, die die älteste und damit auch vermutlich die am besten getestete und stabilste Form von Middleware bilden. Traditionelle Transaktionsmonitore kann man als RPC-Systeme mit Transaktionsunterstützung charakterisieren. Wie Sie aus Kapitel 5 dieses Bandes bereits wissen, werden bei komplexen Transaktionen, die aus zahlreichen Einzelschritten bestehen können, erst dann Änderungen an persistenten Daten dauerhaft gespeichert, wenn die gesamte Transaktion vollständig durchlaufen und *bestätigt* wurde (engl.: commit). Wird die Verarbeitung der Transaktion vor dem Ende aus irgendeinem Grund abgebrochen, müssen die bis dahin durchgeführten Arbeitsschritte *rückgängig* gemacht werden (engl.: rollback).

Während die so genannten *leichtgewichtigen Transaktionsverarbeitungssysteme* (engl.: TP-lite, Abkürzung von engl.: transaction processing light) Transaktionen über Stored-Procedures innerhalb des Datenbanksystems realisieren, wird bei *schwergewichtigen Transaktionsverarbeitungssystemen* (engl.: TP-heavy, Abkürzung von engl.: transaction processing heavy) ein dedizierter, verteilter Transaktionsmonitor zur Realisierung der Transaktionssicherheit eingesetzt.

Objektorientierte Middleware

Das RPC-Konzept ist zu einer Zeit entstanden, als die vorherrschenden Programmiersprachen prozeduralen Charakter aufwiesen. Erst durch die zunehmende Verbreitung von objektorientierten Programmiersprachen wurden Middleware-Systeme entwickelt, die den Aufruf von Methoden auf entfernten Objekten ermöglichen. Die wesentlichen Unterschiede zu traditionellem RPC sind, dass das aufgerufene Objekt einen internen Zustand hat, und dass beim Methodenaufruf der Polymorphismus (siehe Band 1, Kapitel 2) berücksichtigt werden muss.

Das wichtigste *Beispiel für eine objektorientierte Middleware* ist *CORBA*, das später noch genauer beschrieben wird.

Die meisten modernen Middleware-Systeme sind objektorientiert. Zur Erreichung von Transaktionssicherheit in verteilten, objektorientierten Systemen werden *Objektmonitore* eingesetzt, die eine Weiterentwicklung der Transaktionsmonitore sind.

Meldungsorientierte Middleware

Der Methodenaufruf über RPC erfolgt traditionell in synchroner Form und erlaubt somit die Wandlung von einem lokalen Funktionsaufruf (der ebenso in synchroner Form erfolgt) zu einem verteilten, ohne im Wesentlichen die Programmlogik ändern zu müssen. Mit der Anforderung an asynchrone Prozeduraufrufe entwickelten sich so genannte *Message-Queuing-Systeme*. Diese bieten die Möglichkeit, Aufrufe sowohl auf der Seite des Klientenprogramms als auch auf der Seite des Serverprogramms in *Warteschlangen* (engl.: queue) zwischenzuspeichern und zeitversetzt zu bearbeiten. Diese Systeme haben sich zu eigenständigen Middleware-Plattformen weiterentwickelt, die als *meldungsorientierte Middleware* (engl.: message-oriented middleware, Abkürzung: MOM) bezeichnet werden. Diese Plattformen ermöglichen Anwendungsprogrammen typischerweise direkten Zugriff auf die Queues, bieten dauerhafte Warteschlangen und die Möglichkeit des Lesen und Schreibens in lokalen und entfernten Warteschlangen.

Einer der wichtigsten Vertreter von meldungsorientierter Middleware ist das Produkt *WebSphere MQ* (früher *MQSeries*) von IBM.

Message-Broker bilden eine besondere Form von meldungsorientierter Middleware und bieten die Möglichkeit der Transformation und Filterung von Nachrichten. Diese Systeme können – so wie auch andere Broker-Systeme - dynamisch den Empfänger der Nachricht bestimmen. Dadurch lassen sich sehr flexible, asynchrone Interaktionen gestalten.

▶ Übungsaufgabe Nr. 2.7.8 im Arbeitsbuch

7.2.1.4 Service-orientierte Architekturen (SOA)

Während bei den bis jetzt genannten Middleware-Ansätzen der Schwerpunkt auf der engen Kopplung von Informationssystemen gelegen hat, kommen wir nun zu einem Ansatz, der rein technisch gesehen keinen grossen Unterschied bedeutet, der allerdings von der Intention auf höherem Abstraktionsniveau liegt und eine schwächere Kopplung bedeutet.

> Eine **service-orientierte Architektur** (engl.: service oriented architecture, Abkürzung: SOA) ist eine Form einer verteilten Informationsarchitektur, deren Fokus auf der *Ankündigung*, dem *Auffinden* und *dem dynamischen Aufrufen* von *hoch stehenden, anwendungsnahen* und *in sich abgeschlossenen Diensten* liegt.

Bei einem Einsatz von RPC liegt der Schwerpunkt im ortstransparenten Funktionsaufruf auf relativ feingranularer Ebene. Wenn Funktionen zwischen verteilten Komponenten aufgerufen werden, so benötigen die aufrufenden Programmteile viel Information, wie diese Funktionen von den beteiligen Systemen genutzt werden können, welche Zustandsveränderungen sie bewirken, und welche Datentypen im Funktionsaufruf verwendet werden.

Dienste im Sinn der service-orientierten Architektur entsprechen hoch stehenden, anwendungsnahen Funktionen auf Fachkonzeptebene, wie sie beispielsweise im Rahmen der Geschäftsprozessmodellierung entworfen werden. Diese hoch stehenden Dienste benötigen keine Information über die interne Funktionsweise eines Informationssystems, verarbeiten komplexe und standardisierte Argumente (beispielsweise in Form von B2B-Dokumenten in XML) und sind in sich abgeschlossen.

Man spricht von einem **in sich abgeschlossenen Dienst** (engl.: self-contained service), wenn dieser für sich alleine funktionsfähig ist und seinen eigenen Zustand verwaltet.

Wenn beispielsweise eine Funktion eine Verbindung zu einem Datenbankverwaltungssystem öffnet, und eine weitere Funktion über die geöffnete Verbindung eine Abfrage stellt, so sind die beiden Funktionen nicht in sich abgeschlossen. Wenn ein Dienstaufruf die gesamte Information für eine komplette Transaktion enthält (beispielsweise für die Nachbestellung für ein Zentrallager), dann ist dieser in sich abgeschlossen.

Rein technisch gesehen kann eine service-orientierte Architektur alle Aufgaben der RPC-Programmierung übernehmen. Der Funktionsaufruf ist jedoch bei Middleware-Systemen im Allgemeinen effizienter. Diese hoch stehenden Dienste haben noch zwei weitere wichtige Eigenschaften:

- Die Schnittstellenbeschreibungen sind zwingenderweise *plattform-* und *implementierungsunabhängig*, richten sich mehr an *Anwender* als an Programmierer und enthalten zahlreiche *Metadaten* (Preise, Anbieter, Organisationen) und *natürlichsprachige Beschreibungen*. Die Plattformunabhängigkeit bedeutet, dass ein Klientenprogramm den Dienst von jedem Betriebssystem in jeder Sprache nutzen kann.

- Die hoch stehenden Dienste können *dynamisch* (zu beliebigem Zeitpunkt, auch zur Laufzeit des Systems) über das Netzwerk *lokalisiert* und *aufgerufen* werden. Man geht davon aus, dass diese Dienste vielfach von mehreren Anbietern bereitgestellt werden, wobei zwischen diesen Anbietern gewählt werden kann. Für die dynamische Lokalisierung und den Aufruf wird bei service-orientierten Architekturen ein *Verzeichnisdienst* benötigt, über den ein Benutzer die verfügbaren Dienste nach speziellen Kriterien suchen kann.

Wenn beispielsweise eine E-Commerce-Anwendung einen Kreditkartenautorisierungsdienst benötigt, der die Gültigkeit und den Bezugsrahmen einer Kreditkarte prüft, so kann dieser über den Verzeichnisdienst lokalisiert werden. Dieser kann eine Liste der entsprechenden verfügbaren Dienste mit den Nutzungskonditionen retournieren, aus der einer (theoretisch automatisch) gewählt werden kann (beispielsweise auf Basis der verrechneten Gebühren).

Für das Verständnis von service-orientierten Architekturen ist die Abgrenzung zwischen *enger* und *loser Kopplung* (siehe Band 1, Kapitel 2) von Informationssystemen von Bedeutung:

- Komponenten, die über service-orientierte Architekturen verbunden werden, bilden *lose gekoppelte Systeme* (engl.: loosely coupled system). Diese Komponenten benötigen kein gegenseitiges Wissen über die Implementierung, da der Dienstaufruf auf einer textlichen Beschreibung der Funktion und der Übergabewerte in einer standardisierten Form beruht (beispielsweise in XML für Web-Services, die etwas später beschrieben werden). Lose gekoppelte Systeme haben allerdings vielfach den Nachteil, dass der entsprechende Methodenaufruf im Vergleich zu eng gekoppelten Systemen weniger Annahmen über die Implementierung machen kann, und somit rechenaufwändiger ist. Wenn allerdings entsprechend hoch stehende Dienste (und nicht Primitivoperationen) aufgerufen werden, so ist der Mehraufwand unerheblich und die Vorteile (leichte Ersetzbarkeit, Implementierungsunabhängigkeit) überwiegen.

- Im Vergleich zu der service-orientierten Architektur ist ein verteiltes Informationssystem, das über RPC realisiert wird, meist ein feingranulares, *eng gekoppeltes System* (engl.: tightly coupled system). Bei eng gekoppelten Systemen kann die Anpassung eines Dienstes an wechselnde Anwendungserfordernisse sehr aufwändig werden, da die Anpassung einer Funktion zu Anpassungen an anderen verwandten Funktionen führen kann. Die Granularität eines *lose gekoppelten Systems* ist auch entsprechend gröber. Bei einer service-orientierten Architektur werden die Dienste auf einem abstrakten Niveau, beispielsweise auf der Ebene der Geschäftsprozessmodellierung, definiert.

Der Lebenszyklus eines hoch stehenden Dienstes in einer service-orientierten Architektur wird durch sechs Aktivitäten charakterisiert. Diese sind:

1. Erstellung eines Dienstes,
2. Beschreibung des Dienstes,
3. *Veröffentlichen* (engl.: publish) der Beschreibung in einem Verzeichnisdienst,
4. Auffinden (*Lokalisieren*, engl.: locate) des Dienstes,
5. Aufruf des Dienstes,
6. Löschen der Veröffentlichung.

Die *ersten drei Schritte* werden im Allgemeinen durch einen *Dienstanbieter* (engl.: service provider) vorgenommen, der einen Dienst Dritten zur Verfügung stellen möchte. Die Beschreibung des Dienstes erfolgt teils in einer formalisierten Beschreibungssprache, teils durch natürlichsprachigen Text. Aus einer ökonomischen Perspektive kann der Dienstanbieter als *Dienstleister* bezeichnet werden. Aus technischer Sicht stellt der Dienstanbieter das *Softwaresystem* dar, das die Implementierung des Dienstes verfügbar macht.

Die *Schritte vier und fünf* werden von den *Dienstnachfragern* (engl.: service requestor) durchgeführt, die einen spezifischen Dienst in Anspruch nehmen möchten. Ein Dienstnachfrager findet Angaben über Dienste und deren Eigenschaften über einen Verzeichnisdienst. Aus ökonomischer Sicht ist der Dienstnachfrager ein *Kunde*, der eine Geschäftsfunktion benötigt. Aus technischer Sicht ist es das *Klientenprogramm*, das einen spezifischen Dienst sucht und aufruft.

Der *Verzeichnisdienst* (engl.: directory service) dient als *elektronischer Katalog*. Generell kann die Stelle, in der sich Angebot und Nachfrage treffen, auch komplexer ausgeführt werden, beispielsweise in der Form eines Anfragemaklers (Brokers) oder in der Form eines Dienstleistungsmarktplatzes.

> Unter einem **Broker** (Synonym: Makler, engl.: broker) versteht man einen Intermediär, der zwischen Käufer und Verkäufer meist auf Basis einer Kommissionsgebühr vermittelt und einen Vertrag verhandelt. Ein Broker arbeitet nicht auf eigene Rechnung. In einem Informationssystem versteht man unter einem **Anfragemakler** (engl.: request broker) einen Dienst, der für eine Dienstnachfrage einen geeigneten Dienstleister sucht.

Dienstleistungsmarktplätze sind bei den heutigen Systemen nicht üblich. Der *Verzeichnisdienst* macht die Dienstbeschreibungen Dritten zugänglich und stellt Suchfunktionen zur Verfügung. Aus einer ökonomischen Perspektive kann der Verzeichnisdienst als *Vermittler* betrachtet werden. Aus einer technischen Perspektive ist er ein *Server*, der das Anbieten und Auffinden von Information (hier: Dienste) an beliebige Dritte ermöglicht.

Abb. 7.2.1.4/1 zeigt das Zusammenspiel von Dienstnachfrager, Dienstanbieter und Verzeichnisdienst.

▶ Übungsaufgabe Nr. 2.7.9 im Arbeitsbuch

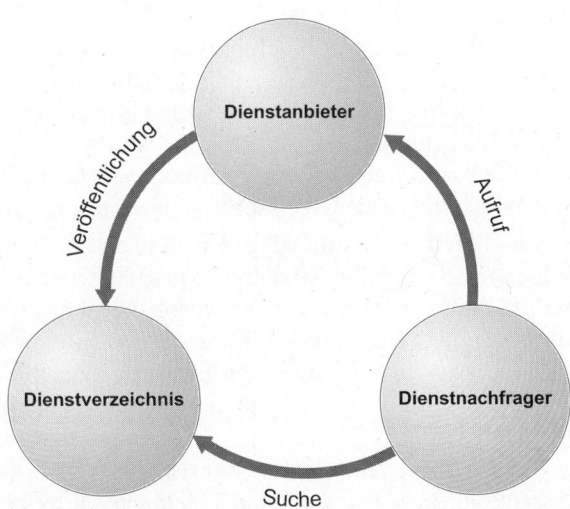

**Abb. 7.2.1.4/1:
Zusammenspiel von
Dienstanbieter,
Dienstnachfrager und
Dienstverzeichnis in
einer service-orientierten Architektur**

7.2.2 Distributed Computing Environment (DCE)

DCE (Abkürzung von engl.: distributed computing environment) wurde Anfang der 1990er Jahre von einem herstellerübergreifenden Konsortium, der *Open Software Foundation* (OSF), entwickelt. DCE ist ein Middleware-System aus zusammenhängenden Softwarekomponenten zur Realisierung verteilter Anwendungen in offenen heterogenen Netzwerken. DCE stellt Dienste und Werkzeuge zur Verfügung, um derartige Anwendungen zu erstellen, zu verwenden und zu warten.

Insbesondere stellt die OSF mit DCE eine Spezifikation für verteilte Middleware zur Verfügung. Darüber hinaus bietet sie auch eine standardisierte Basisimplementierung an, auf deren Grundlage verteilte Anwendungen realisiert und den jeweiligen Bedürfnissen einer bestimmten Plattform oder eines bestimmten Produkts angepasst werden können. Bei Verwendung derselben Basisimplementierung geht man davon aus, dass die daraus abgeleiteten Produkte auch kompatibel sind. DCE ist auf heterogene Hard- und Softwareumgebungen ausgerichtet und unterstützt die Anwendungsentwicklung für diese Systeme. So können Prozesse untereinander kommunizieren, auch wenn die Rechner, auf denen sie laufen, andere Hardware und andere Betriebssysteme nutzen.

Die Komponenten von DCE kann man grob in zwei Kategorien teilen:

• Programmbibliotheken für die *Entwicklung* von verteilten Systemen und

• Dienste für die *Verwaltung* von verteilten Systemen.

Komponenten der Programmbibliotheken wie DCE-RPC und DCE-Threads unterstützen die Entwicklung von verteilten Systemen. Dienste von DCE, wie der *Verzeichnisdienst* (engl.: directory service), die *Sicherheitsdienste* (engl.: security service) oder der *verteilte Zeitdienst* (engl.: distributed time service, Abkürzung: DTS) liefern eine ähnliche Unterstützung für verteilte Anwendungen, wie sie das Betriebssystem für lokale Anwendungen übernimmt.

Die einzelnen Komponenten von DCE sind aufeinander abgestimmt und nutzen sich gegenseitig. Zusätzlich zur Unterstützung der Entwicklung von verteilten Anwendungen stellt DCE auch Dienste zur Verfügung, die sich speziell um Probleme kümmern, die erst mit der Verteilung entstehen. Solche Probleme betreffen zum Beispiel die Datenkonsistenz und (zeitliche) Synchronisation zwischen verschiedenen Rechnern einer verteilten Anwendung.

Wie bereits erwähnt müssen durch die Verteilung von Komponenten auf verschiedene Systeme zusätzliche Aspekte berücksichtigt werden, die bei nicht verteilten (lokalen) Systemen nicht berücksichtigt werden müssen. Beispielsweise übernimmt der verteilte Zeitdienst die Aufgabe, die Uhren der beteiligten Systeme zu synchronisieren, das heißt am gleichen Stand zu halten, sodass beispielsweise Zeitangaben von den verteilten Komponenten jeweils gleich interpretiert werden.

Angenommen, eine Ressource (beispielsweise ein Dienst) wird in einer DCE-Anwendung nur in einem bestimmten Zeitintervall freigegeben. Möchte eine andere DCE-

Komponente in diesem Intervall auf die freigegebene Ressource zugreifen, müssen die Systemuhren der beteiligten Komponenten synchron laufen. Weiteres Beispiel: Greifen mehrere Rechner auf ein und denselben Datenbestand in einem DCE-System zu, erfordert dies einen Dienst, der sich um die Datenkonsistenz kümmert. Auch hierfür ist der Ablauf der Ereignisse, der mit Zeitstempel dokumentiert wird, eine wichtige, zeitabhängige Grundlage.

7.2.2.1 Aufbau von DCE

DCE bildet eine *Zwischenschicht* (engl.: layer) zwischen dem Betriebssystem mit dessen Netzwerkdiensten und einer verteilten Anwendung. Es bietet somit (wie auch andere Middleware-Realisierungen) eine Ergänzung zur und Abstraktion der Betriebssystemfunktionalität für verteilte Anwendungen. Abb. 7.2.2.1/1 stellt die DCE-Architektur mit ihren technologischen Komponenten, sowie deren Beziehung zu Anwendungen und darunter liegenden Systemen schematisch dar.

DCE verwendet über die standardmäßigen Schnittstellen die Basiskomponenten des Betriebssystems, wie beispielsweise den zur Verfügung gestellten Transportdienst. Als Basiskomponenten werden *DCE-Threads* und *DCE-RPCs* angeboten, die von höheren Komponenten und von Anwendungen genutzt werden können.

- *DCE-Threads* sind eine betriebssystemunabhängige Realisierung von Threads (vergleiche Kapitel 4 dieses Bandes), die die Parallelisierung von Abläufen innerhalb eines Prozesses ermöglichen. Es können somit innerhalb

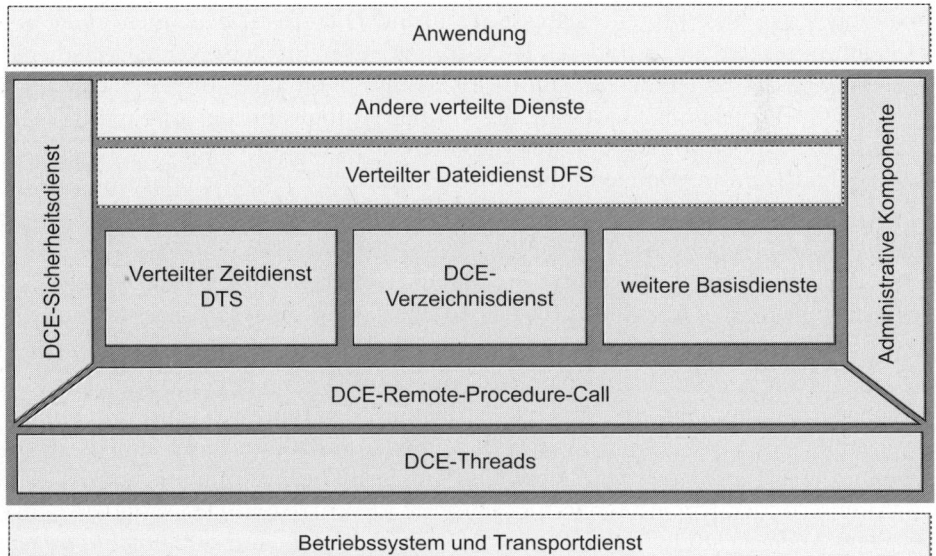

Abb. 7.2.2.1/1: Architektur von DCE

eines Programms mehrere Anfragen zugleich bearbeitet werden, ohne dass diese einander blockieren. Dies ist vor allem für Serverimplementierungen eine wichtige Anforderung. DCE-Threads unterstützen die Erzeugung, die Verwaltung und die Synchronisierung von Threads. Konzeptionell sind Threads dem Betriebssystem zuzuordnen, dessen Funktionen DCE nutzt. Wenn der verwendete Betriebssystemkern Threads unterstützt, werden diese genutzt. Andernfalls werden Threads in der Form von so genannten DCE-User-Level-Threads unterstützt, die die Funktionalität der Nebenläufigkeit innerhalb von Prozessen bereitstellen.

- Der *DCE-RPC* ist eine Realisierung des Remote-Procedure-Calls und wird durch ein Entwicklungswerkzeug unterstützt, das auf der DCE-spezifischen Schnittstellenbeschreibungssprache DCE-IDL basiert. Der entsprechende IDL-Compiler transformiert eine IDL-Spezifikation (siehe auch Abschnitt 7.2.1.2) in die klienten- und serverseitigen *Platzhalterfunktionen* (engl.: stub). DCE-RPC enthält auch Funktionen zur Erstellung von eindeutigen Bezeichnern in einem Netzwerk, um Dienste und andere Ressourcen eindeutig zu identifizieren.

Auf diesen Diensten basieren die *höheren Dienste von DCE*, wie beispielsweise der Verzeichnisdienst, der verteilte Zeitdienst oder der Sicherheitsdienst:

- Der *DCE-Verzeichnisdienst* (engl.: directory service) unterscheidet zwischen einem *zellenspezifischen Verzeichnisdienst* (engl.: cell directory service, CDS), der für eine Gruppe von eng kooperierenden Rechnern (einer DCE-Zelle, mehr dazu später) vorgesehen ist, und dem *globalen Verzeichnisdienst* (engl.: global directory service, GDS). Der Verzeichnisdienst ermöglicht es, die über das Netz verteilten Ressourcen und Dienste zu benennen und über Suchfunktionen aufzufinden. DCE nutzt als globalen Verzeichnisdienst X.500, es bestehen auch Schnittstellen zum Domain-Name-Service DNS. Der DCE-Verzeichnisdienst ist ein zentraler Aufbewahrungsort für Information (Metadaten) über die im verteilten System verfügbaren Ressourcen (Rechner, Dienste, Dateien, aber auch Benutzer). Diese Metadaten bestehen in der Regel aus dem Namen der Ressource und den ihr zugeordneten Attributen, wie beispielsweise der Adresse eines RPC-basierten Servers.

- Der *verteilte Zeitdienst* (engl.: distributed time service, Abkürzung: DTS) von DCE stellt – wie bereits skizziert - einen Dienst zur Synchronisierung von Systemuhren in einem verteilten System zur Verfügung.

- Der *DCE-Sicherheitsdienst* (engl.: security service) stellt Funktionen für die sichere Kommunikation und den geordneten Zugriff auf Ressourcen in einem verteilten System zur Verfügung. Hierfür werden zahlreiche Teildienste von DCE bereitgestellt. Mittels der DCE-Authentifikation können sich Prozesse auf unterschiedlichen Rechnern gegenseitig identifizieren. Der Anmeldedienst liefert nach Prüfung eines Kennworts für einen Benutzer *Berechtigungen* (engl.: credentials) in verschlüsselter Form zurück, die der Benutzer bei der Verwendung diverser DCE-Dienste vorweisen muss. Über *Zugriffskontrolllis-*

ten (engl.: access control list, Abkürzung: ACL) können Ressourcen wie Dateien, Verzeichnisse oder Dienste für einzelne Benutzer oder Benutzergruppen für bestimmte Operationen zugänglich gemacht werden. Ein *Protokolldienst* (engl.: audit service) zeichnet die Durchführung von sicherheitsrelevanten Operationen im verteilten System auf. Dadurch können zu einem späteren Zeitpunkt Geschehnisse (beispielsweise ein Angriff auf das System, oder das Löschen einer Datei) nachvollzogen werden.

Diese aufgeführten Dienste werden wiederum vom *verteilten Dateidienst DFS* (Abkürzung von engl.: distributed file service, auch: distributed file system) genutzt (siehe Abb. 7.2.2.1/1). Über DFS ist die gemeinsame Nutzung von Dateien zwischen verteilten Anwendungen möglich. Ein Benutzer kann somit Dateien in einem DCE-System ablegen, die anschließend von einem anderen Benutzer (beispielsweise mithilfe des Verzeichnisdienstes) gefunden und mithilfe von DFS je nach Berechtigung gelesen, geschrieben oder gelöscht werden können. DFS realisiert somit ein *globales Dateisystem*, in dem ein Benutzer (prinzipiell) von überall auf der Welt auf dieselbe Datei mit demselben globalen Namen zugreifen kann, ohne wissen zu müssen, auf welchem Dateiserver diese liegt. Zur Verbesserung der Zugriffszeiten können auf lokalen Rechnern *Zwischenspeicher* (engl.: cache) angelegt werden, in denen die vor kurzem angeforderten Dateien abgelegt werden können. Bei einer erneuten Nutzung dieser Datei muss sie nicht vom Ursprungsserver transferiert werden, es sei denn, sie wurde inzwischen verändert.

Generell bieten alle höheren Dienste von DCE auch eine *administrative Komponente* an, mit deren Hilfe sie über das Netzwerk konfiguriert und verwaltet werden können.

Um ein DCE-basiertes System leichter verwalten zu können, werden kleinere Einheiten gebildet, die unter der Aufsicht einer Abteilung (eines Betriebs) stehen, in denen eine hohe Kooperation und ein hohes Vertrauensverhältnis existiert. Diese Einheiten werden *DCE-Zellen* genannt.

7.2.2.2 DCE-Zellen

Eine *DCE-Zelle* bezeichnet eine Menge von Benutzern, Maschinen und Ressourcen, die gemeinsam als Gruppe verwaltet werden. In einer Organisation, die aus mehreren Abteilungen besteht, kann beispielsweise jeder Abteilung eine eigene DCE-Zelle zugeordnet sein. Eine Zelle hat ihren eigenen Sicherheitsdienst, einen *zellenspezifischen Verzeichnisdienst* (engl.: cell directory service, Abkürzung: CDS) und optional ein Dateisystem. Jede Zelle hat ihren eigenen verteilten Zeitdienst, der die Systemuhren aller Maschinen innerhalb einer Zelle synchron hält. Somit bildet die Zelle die kleinste, verteilte Organisationseinheit in DCE.

Mehrere DCE-Zellen können zu einem *Verbund* zusammengefasst werden, wodurch Benutzer einer Zelle auf Ressourcen in einer anderen Zelle zugreifen können, wenn sie über entsprechende Zugriffsrechte verfügen. Mithilfe von globalen Verzeichnisdiensten ist es möglich, Zellen miteinander zu verbinden. Der Name der Zelle wird bei einem solchen globalen Verzeichnisdienst registriert und die Zelle kann somit andere registrierte Zellen kontaktieren. Damit zwei Zellen miteinander kommunizieren können, muss eine *Vertrauensbeziehung* (engl.: trust relationship*)* zwischen ihren Sicherheitsdiensten hergestellt werden. Nach einer *zellenübergreifenden Authentifikation* (engl.: cross-cell authentication) können Benutzer einer Zelle Zugriff auf Ressourcen einer anderen Zelle erhalten. In DCE werden zwei Arten von Vertrauensbeziehungen unterschieden:

- Bei der *direkten Vertrauensbeziehung* (engl.: direct trust relationship) vertrauen die Authentifizierungsdienste zweier DCE-Zellen der Authentifizierung der jeweils anderen Zelle. Beide Zellen betrachten daher alle Benutzer der beteiligten Zellen als authentifiziert, wenn sie vom zugehörigen Authentifizierungsdienst authentifiziert worden sind. Eine direkte Vertrauensbeziehung umfasst immer nur zwei Zellen.

- Bei der *transitiven Vertrauensbeziehung* (engl.: transitive trust relationship) vertrauen die beteiligten Zellen nicht nur den Authentifizierungsdiensten, mit denen sie in einer direkten Vertrauensbeziehung stehen, sondern auch den Authentifizierungsdiensten mit denen diese Zellen wiederum in einer direkten Vertrauensbeziehung stehen. Transitive Vertrauensbeziehungen beinhalten drei oder mehrere Zellen (siehe Abb. 7.2.2.2/1). Transitive Vertrauensbeziehungen können auch eingeschränkt vergeben werden.

In Abb. 7.2.2.2/2 ist eine typische DCE-Zelle schematisch dargestellt. Die Rechtecke in der Grafik symbolisieren DCE-Serverrechner, die Ellipsen DCE-Klientenrechner. Auf jedem Rechner der DCE-Zelle läuft die DCE-Klientensoftware. Die Zelle enthält Serverprogramme für den lokalen Verzeichnisdienst

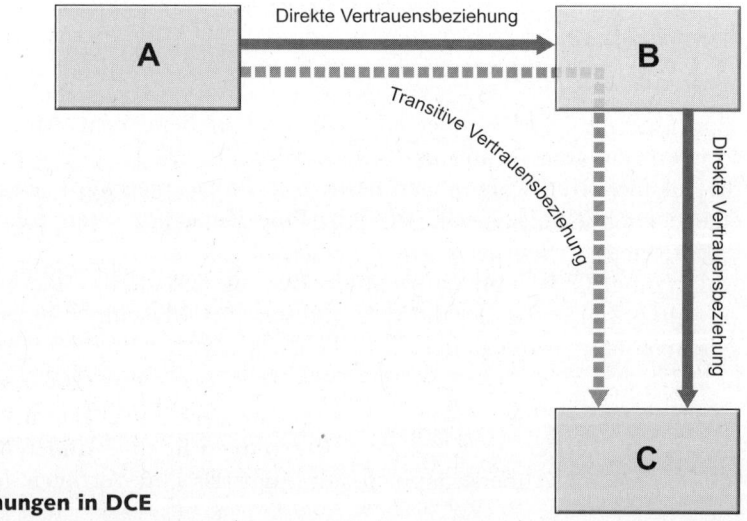

Abb. 7.2.2.2/1:
Vertrauensbeziehungen in DCE

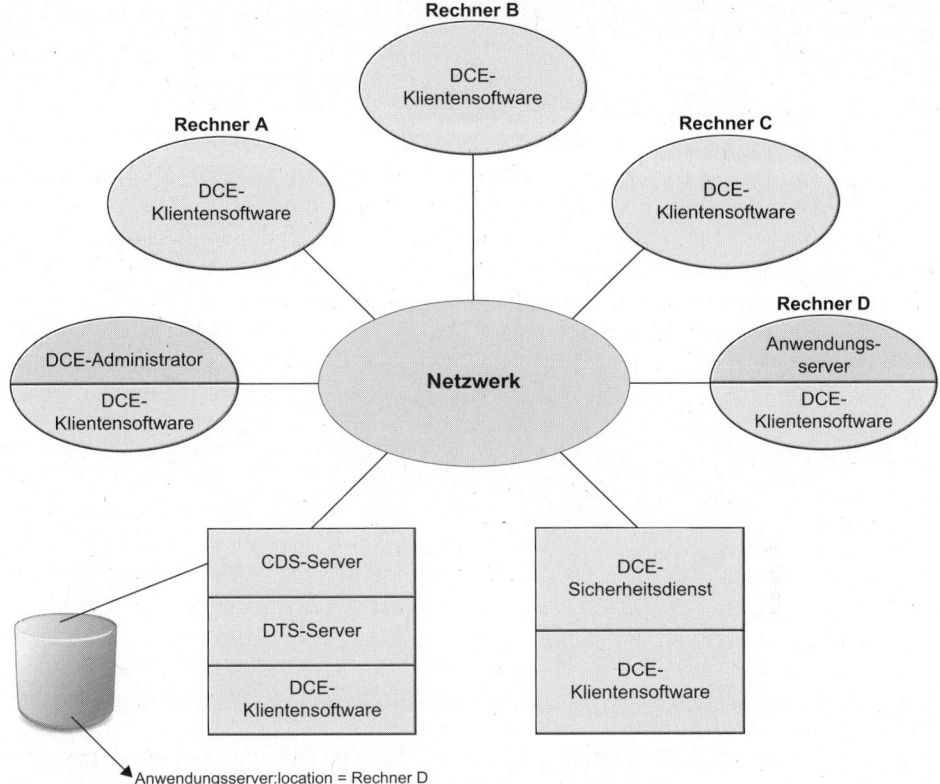

Abb. 7.2.2.2/2: Einfache DCE-Zelle

(CDS), den Sicherheitsdienst und den verteilten Zeitdienst (DTS), die auf zwei Serverrechner verteilt installiert sind. Zusätzlich befinden sich in der Zelle fünf DCE-Klientenrechner, von denen einer vom Verwalter der DCE-Zelle (dem DCE-Administrator) genutzt wird.

▶ Übungsaufgabe Nr. 2.7.10 im Arbeitsbuch

7.2.2.3 Konfigurationen von DCE-Systemen

Dieser Abschnitt gibt einen Überblick über mögliche Konfigurationen eines DCE-Systems. Sehr gebräuchlich sind folgende drei Zellenkonfigurationen:

1. Sie kennen bereits aus Abb. 7.2.2.2/1 eine *einfache DCE-Zelle*. Nehmen wir an, auf Rechner D ist ein Anwendungsserver installiert, der von der Klientensoftware auf den Rechnern A, B und C genutzt werden soll. Damit diese Rechner innerhalb der Zelle den Anwendungsserver finden können, registriert sich dieser beim lokalen Verzeichnisdienst CDS.

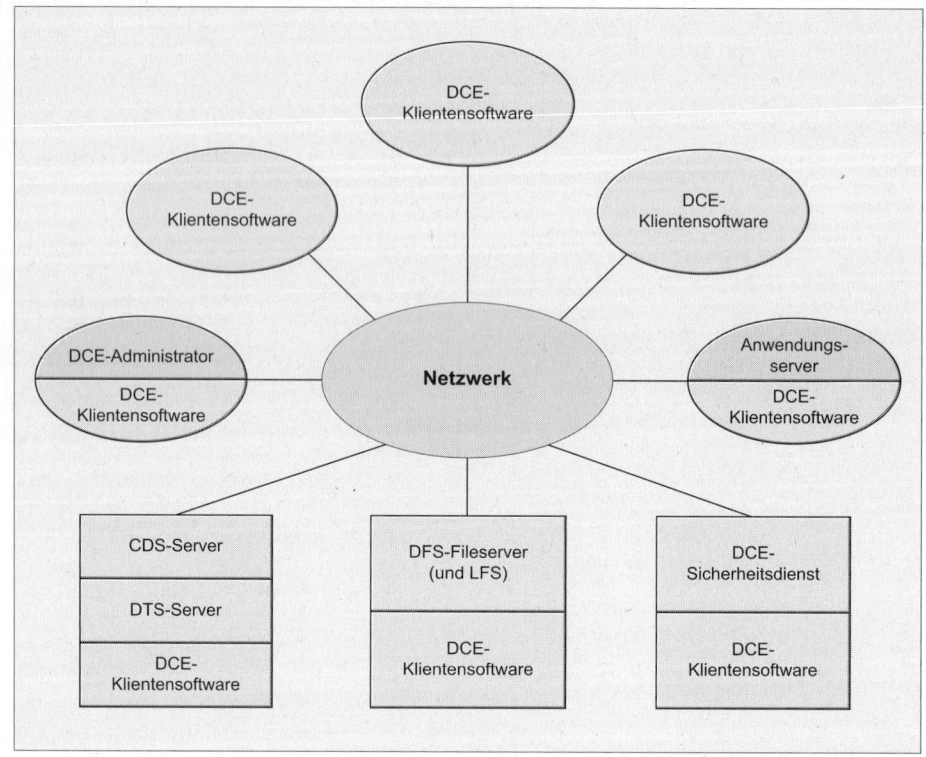

DCE-Zelle

Abb. 7.2.2.3/1: DCE-Zelle mit DFS-Server

2. Abb. 7.2.2.3/1 zeigt eine *DCE-Zelle mit einem DFS-Server.* Eine DCE-Zelle kann einen oder mehrere DFS-Server enthalten. Ein DCE-Klientenrechner ist mit der nötigen DFS-Klientensoftware ausgestattet, wodurch er den Server nutzen kann.

3. Für die Kommunikation mit anderen DCE-Zellen (oder Systemen außerhalb von DCE) können die globalen Verzeichnisdienste von DCE genutzt werden. Dadurch können Dienste einer Zelle für andere Zellen verfügbar gemacht werden. Eine DCE-Zelle ist mit einem globalen Verzeichnisdienst verbunden, sobald ihr Name dort registriert ist. Soll eine Funktion der Zelle von einer entfernten Zelle über DCE-RPC aufgerufen werden, muss zuvor eine Vertrauensbeziehung hergestellt werden. Dadurch erhält die entfernte Zelle authentifizierten Zugriff auf lokale Ressourcen und umgekehrt.

Der lokale Verzeichnisdienst CDS kommuniziert mit den Verzeichnisdiensten von fremden Zellen mithilfe eines Vermittlers, einem *globalen Verzeichnis-agenten* (engl.: global directory agent, abgekürzt: GDA). Sobald zu einer DCE-Zelle ein GDA hinzugefügt wird, kann diese DCE-Zelle andere DCE-

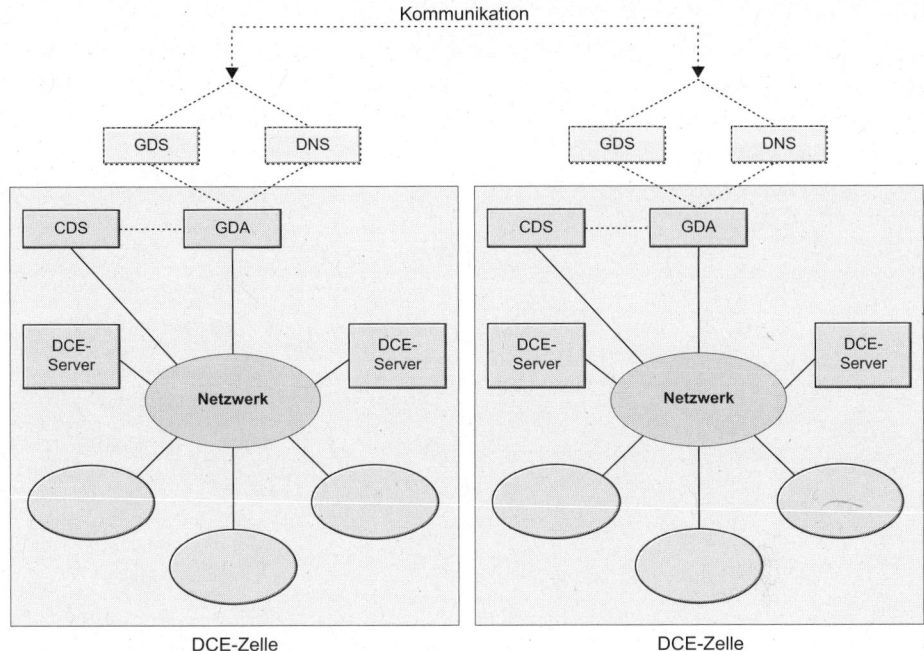

Abb. 7.2.2.3/2: Vernetzte DCE-Zellen

Zellen unter Verwendung von X.500 (über GDS) oder DNS kontaktieren und mit ihr Services austauschen (siehe Abb. 7.2.2.3/2). Stellt der CDS fest, dass sich eine gewünschte Ressource mit einem eindeutigen Bezeichner nicht in der eigenen Zelle befindet, leitet der CDS den Bezeichner der Ressource an den GDA weiter. Dieser durchsucht anschließend den entsprechenden globalen Namensraum nach Information für diesen Bezeichner und informiert den lokalen Verzeichnisdienst über das Suchergebnis.

Der Ablauf eines zellenübergreifenden RPC-Aufrufs ist in Abb. 7.2.2.3/3 dargestellt. Diese Abbildung symbolisiert die Abwicklung eines Bestellvorgangs mittels RPC zwischen zwei Unternehmen, die unterschiedliche DCE-Zellen betreiben. Bei dem Bestellvorgang übernimmt ein Unternehmen die Rolle des Bestellers und das andere Unternehmen die Rolle des Lieferanten:

1. Der Lieferant kündigt einen RPC-Dienst zur Entgegennahme von Bestellungen bei dem Verzeichnisdienst (CDS) seiner Zelle an.

2. Ein potenzieller Kunde fragt bei seinem lokalen Verzeichnisdienst an, ob ein RPC-Dienst zur Bestellung vorhanden ist und bekommt die Adresse des entsprechenden Rechners zurückgeliefert (hier: Rechner B).

3. Der Kunde ruft über seine Einkaufsapplikation den Bestelldienst des Lieferanten auf.

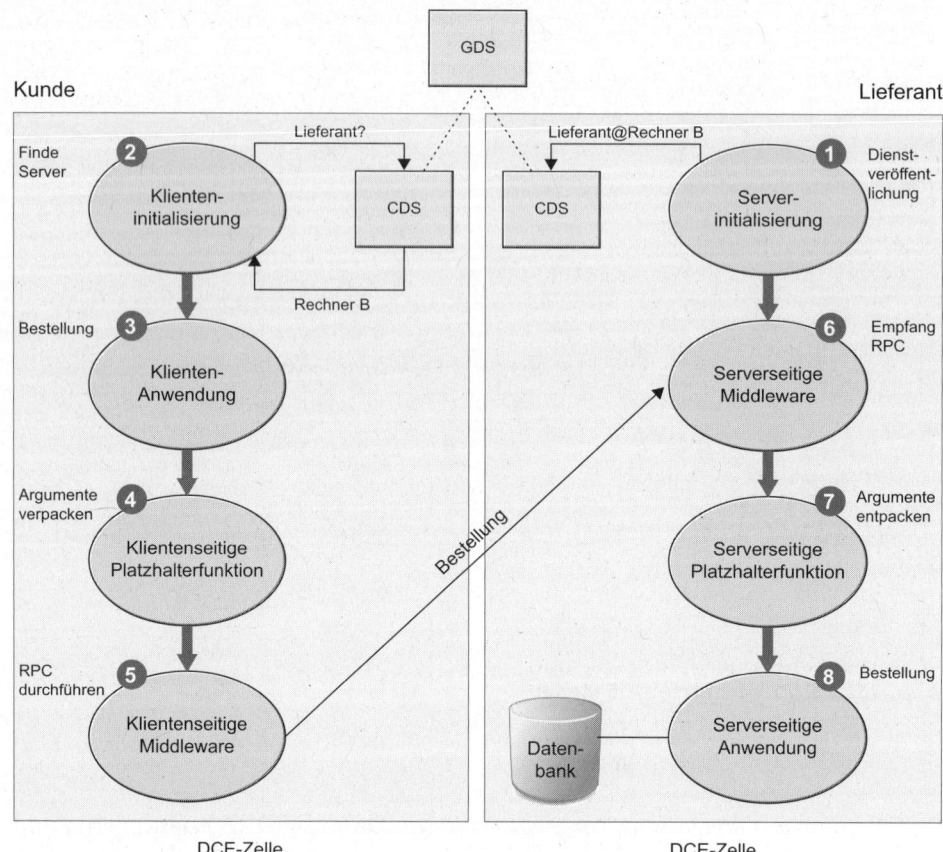

Abb. 7.2.2.3/3: Ablauf eines RPC-Aufrufs mit DCE

4. Die Argumente werden für den Funktionsaufruf vorbereitet.

5. Die Bestellung wird über das Transportsystem verschickt.

6. Der Server des Lieferanten empfängt den Funktionsaufruf.

7. Die Serverapplikation entpackt die Argumente des Funktionsaufrufs und bereitet sie für die Weiterverarbeitung vor.

8. Die Bestellung wird von der Serverapplikation durchgeführt und in den entsprechenden Datenbanken abgelegt.

Standardmäßig liefert der Funktionsaufruf ein Ergebnis beziehungsweise einen Fehlercode zurück, der von der Klientenapplikation interpretiert wird. Im Falle eines nicht ordnungsgemäß durchgeführten Funktionsaufrufs unterstützt DCE die Maybe- und die At-Most-Once-Fehlersemantik (siehe Abschnitt 7.1.3).

▶ Übungsaufgabe Nr. 2.7.11 im Arbeitsbuch

7.2.3 Common Object Request Broker Architecture (CORBA)

CORBA ist einer der wichtigsten Vertreter von Middleware-Systemen und erweitert die erste Generation von Middleware, die auf dem entfernten Funktionsaufruf mittels RPC beruhte, um objektorientierte Konzepte.

> **CORBA** (Abkürzung von engl.: common object request broker architecture) ist ein Standard zur Entwicklung objektorientierter Anwendungen in verteilten und heterogenen Systemen. Die wichtigsten Bestandteile von CORBA sind der so genannte *Object Request Broker* (ORB), der die Kommunikationsinfrastruktur für die Kommunikation zwischen verteilten Objekten bereitstellt, eine *Schnittstellenbeschreibungssprache* mit mehreren Programmiersprachenanbindungen, eine Sammlung von *Basisdiensten* und *Anwendungskomponenten*. CORBA ist ein Standard der *OMG* (Abkürzung von engl.: object management group).

CORBA besteht aus einer Vielzahl von Spezifikationen, die aufeinander abgestimmt sind. Durch diese Spezifikationen werden sowohl Infrastrukturdienste wie Anwendungsdienste oder auch die Organisation und Verwaltung dieser Dienste beschrieben.

Abb. 7.2.3/1 beschreibt die *Objektverwaltungsarchitektur* (engl.: object management architecture) von CORBA.

Das zentrale Element der Objektverwaltung ist der ORB, über den jede Interaktion zwischen den Objekten stattfindet. Der ORB dient als „Softwarebus" zwischen lokalen und verteilten Objekten. Die Anwendungsobjekte realisieren die Anwendungslogik des verteilten Systems. Die *allgemeinen Objektdienste*

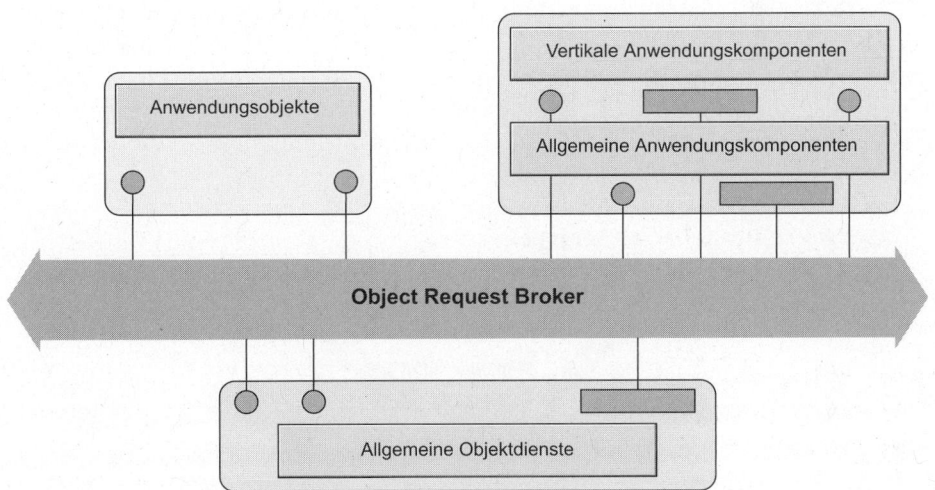

Abb. 7.2.3/1: CORBA-Objektverwaltungsarchitektur

(engl.: common object services) stellen anwendungsunabhängige Basisdienste zur Verfügung, die neben dem ORB die Infrastruktur bilden. Dazu gehören beispielsweise Sicherheitsdienste, Namensdienste, Persistenzdienste oder Transaktionsdienste. Einige von diesen werden etwas später noch genauer erklärt.

Im CORBA-Modell reichen bereits die allgemeinen Objektdienste und der ORB aus, um allgemeine, verteilte Anwendungen zu realisieren. CORBA sieht jedoch auch Spezifikationen von höheren Anwendungskomponenten vor, die „Facilities" genannt werden. Diese spezifizieren auf CORBA abgestimmte Lösungen für vertikale und horizontale Anwendungskomponenten. Diese Spezifikationen können bei der Realisierung bedarfsgerecht verfeinert werden, oder dienen für Referenzimplementierungen. Bei den *vertikalen Anwendungskomponenten* (engl.: vertical market facilities) werden von CORBA derzeit erst vereinzelte Spezifikationen für beispielsweise den medizinischen Bereich, sowie für Transport, Luftfahrt, Rechnungswesen, Finanzierung, Produktion oder Telekommunikation bereitgestellt. Diese Spezifikationen werden laufend erweitert. Zu den *horizontalen Anwendungskomponenten* (engl.: horizontal common facilities) gehören Komponenten für die Benutzerschnittstelle, für Workflow-Management, Informationsmanagement oder die Systemverwaltung.

7.2.3.1 Klienten- und Serverobjekte

Ein Objektsystem im Sinne von CORBA ist eine Sammlung von Objekten, die über wohldefinierte Schnittstellen kommunizieren. Einzelne Objekte bieten Dienste an (Serverobjekte), andere Objekte (Klientenobjekte) nutzen diese Dienste. Die Klientenobjekte sind von der eigentlichen Implementierung des Servers völlig abgekoppelt. Ein *Serverobjekt* (engl.: servant) ist eine referenzierbare, abgeschlossene Einheit, die einen oder mehrere Dienste zur Verfügung stellt.

Der ORB agiert bei einem Methodenaufruf als Vermittler, der eine Client-Server-Beziehung zwischen den beteiligten Objekten herstellt. Das Klientenobjekt ruft somit über den ORB eine Methode eines Serverobjekts auf. Für das Klientenobjekt ist dieser Aufruf völlig ortstransparent. Der ORB ist für Auffinden des Zielobjekts (des Serverobjekts) und die Übermittlung des Methodenaufrufs

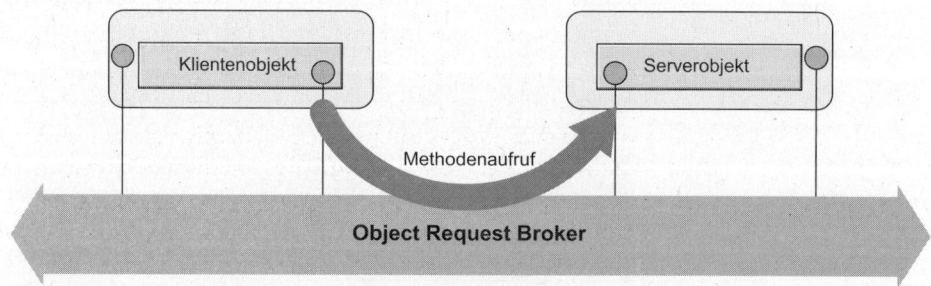

Abb. 7.2.3.1/1: Methodenaufruf über einen ORB

sowie für die Rücksendung des Ergebnisses verantwortlich. Schematisch ist dieser Vorgang in Abb. 7.2.3.1/1 dargestellt.

Um einen Aufruf durchzuführen, hat ein Klientenobjekt prinzipiell zwei Möglichkeiten: der Aufruf kann über *statische Platzhalterfunktionen* erfolgen, die aus einer IDL generiert wurden (siehe auch Abschnitt 7.2.1.2), oder über die *dynamische Aufrufschnittstelle* von CORBA (engl.: dynamic invocation interface, Abkürzung: DII), wobei hier zur Laufzeit (beim Aufruf) die entsprechenden Schnittstellendefinitionen vorliegen müssen. Da allerdings bei der dynamischen Schnittstelle die Prüfungen und Konvertierungen erst zur Laufzeit durchgeführt werden, erfordert dies gegenüber der statischen Variante des Aufrufs einen Mehraufwand und ist besonders für laufzeitkritische Anwendungen von Nachteil. Zum anderen eignet sich der dynamische Aufruf für Skriptsprachen, die über eine sehr einfache Schnittstelle beliebige Methoden aus dem verteilten System aufrufen können. Wir wenden uns im Folgenden dem statischen Aufruf zu, der weitaus häufiger genutzt wird.

Bei einem statischen Aufruf werden aus einer Schnittstellenbeschreibungssprache (IDL) die klienten- und serverseitigen Platzhalterfunktionen erzeugt. In CORBA werden die Schnittstellen mittels der standardisierten und programmiersprachenunabhängigen *OMG Interface Definition Language* (OMG-IDL) definiert, und mittels eines Compilers in Platzhalterfunktionen einer konkreten Programmiersprache übersetzt.

Folgende Besonderheiten gelten für die Übersetzung der OMG-IDL (siehe auch Abb. 7.2.3.1/2):

* Als *klientenseitige Platzhalterfunktionen* werden *Proxyobjekte* (engl.: proxy object) verwendet, das sind klientenseitige Stellvertreterobjekte für die aufzurufenden Serverobjekte. Die Methoden der Proxyobjekte leiten die Methodenaufrufe über den ORB zu den Serverobjekten.

* Die *serverseitigen Platzhalterfunktionen* werden *Objektskelette* (engl.: object skeleton) genannt.

* Sämtliche Schnittstellen werden zentral in einem *Schnittstellenverzeichnis* (engl.: interface repository, Abkürzung; IR) abgelegt. Dieses ist als Verzeichnisserver realisiert, der die bereitgestellten Methoden des verteilten Systems abfragbar macht.

Ein CORBA-Objekt kann prinzipiell in jeder Programmiersprache implementiert werden, für die eine Übersetzung aus der OMG-IDL vorliegt. Es werden nicht nur objektorientierte Sprachen wie zum Beispiel Java oder C++ unterstützt, es existieren auch entsprechende Definitionen für prozedurale Sprachen wie C und COBOL. Somit sind CORBA-Objekte nicht zwingend real existierende Programmiersprachenobjekte, sondern stellen eine Abstraktion von der tatsächlichen Implementierung dar. Jedes CORBA-Objekt wird durch eine Schnittstelle definiert und durch eine so genannte *Objektimplementation* realisiert, die dem Serverobjekt entspricht.

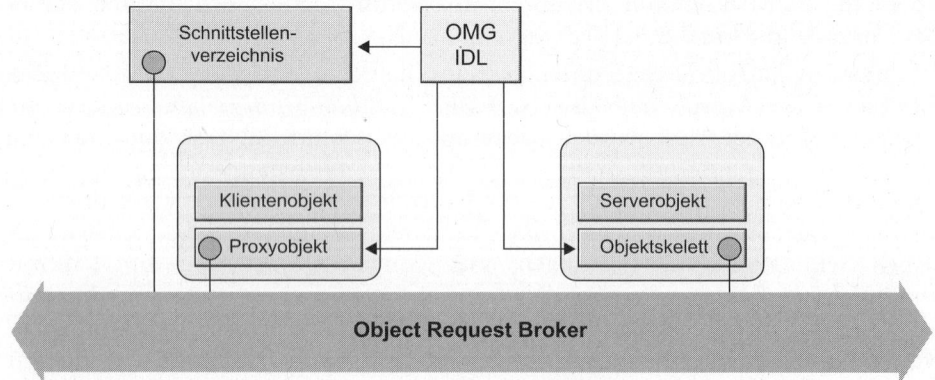

Abb. 7.2.3.1/2: Methodenaufruf über Platzhalterfunktionen

7.2.3.2 Verwaltung der Serverobjekte

Ein Klientenobjekt benötigt für einen Methodenaufruf eines Serverobjekts nicht nur den Methodennamen und dessen Argumente, sondern auch eine genaue Bezeichnung des Serverobjekts, das genutzt werden soll. In CORBA besitzt jede Objektinstanz einen eigenen, weltweit eindeutigen Bezeichner, die *Objektreferenz* (engl.: object reference). Besitzt ein CORBA-Klientenprogramm eine Objektreferenz, so kann dieses die freigegebenen Methoden des referenzierten Objekts aufrufen. CORBA sieht für Objektreferenzen eine standardisierte Form vor, die *IOR* (Abkürzung von engl.: interoperable object reference) genannt wird. Aus einer IOR ist nicht ersichtlich, auf welchem Rechner sich das Serverobjekt befindet. Man kann somit auch nicht leicht feststellen, ob der entsprechende Server gerade läuft. Das ist auch nicht wichtig, da sich der ORB als verteilte Infrastruktur versteht, die den entsprechenden Rechner ermittelt und – falls notwendig – den Server startet. Ein ORB bietet auch zahlreiche Mechanismen zur Erhöhung der Fehlertoleranz oder zur Lastverteilung, sodass von einzelnen Serverobjekten auch mehrere Exemplare vorliegen können.

Für die serverseitige Verwaltung von Serverobjekten sieht CORBA so genannte *Objektadapter* (engl.: object adapter) vor, die eng mit dem ORB kooperieren (siehe Abb. 7.2.3.2/1). Ein Objektadapter

- erzeugt für die von ihm verwalteten Serverobjekte eindeutige Objektreferenzen,
- aktiviert oder deaktiviert Instanzen der Serverobjekte,
- verteilt Anfragen an die entsprechenden Serverobjekte,
- benutzt die Objektskelette für die Rückumwandlung in interne Datentypen und
- kümmert sich um den Methodenaufruf und die entsprechende Fehlerbehandlung.

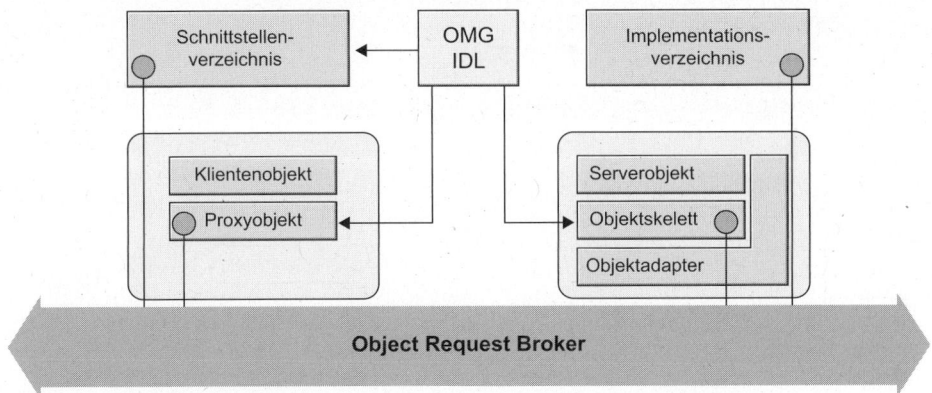

Abb. 7.2.3.2/1: Serverseitiger Methodenaufruf über Objektadapter

Ein Objektadapter übernimmt somit serverseitig einen Teil der Aufgaben eines ORB, kann jedoch relativ leicht angepasst und konfiguriert werden. Für die Serverobjekte existiert mit dem *Implementationsverzeichnis* (engl.: implementation repository) ein Gegenstück zum Schnittstellenverzeichnis, das ebenso ein Bestandteil des ORBs ist. Dieses Verzeichnis enthält die Information, wie Serverobjekte aktiviert werden können, beziehungsweise wo sich die Serverobjekte befinden (Objektreferenzen enthalten nicht den Speicherort).

CORBA stellt ähnlich wie DCE in erster Linie eine Spezifikation dar. Frühe Implementierungen von CORBA wiesen Probleme mit der Interoperabilität auf, da der Standard zu viele Freiheiten offen ließ. Diese Probleme stellten sich vornehmlich bei der Kommunikation zwischen unterschiedlichen ORBs.

Interoperabilität von CORBA-Anwendungen bedeutet, dass Klientenobjekte von einem ORB X (der möglicherweise von Hersteller A entwickelt wurde) Methoden eines Serverobjekts auf einem ORB Y (der möglicherweise von Hersteller B entwickelt wurde) aufrufen können.

Zur Erreichung der Interoperabilität von ORBs wurde das *General Inter-ORB Protocol (GIOP)* Framework entwickelt, das unabhängig vom verwendeten Transportprotokoll definiert ist. Die Umsetzung von GIOP auf Basis des TCP/IP-Protokolls wird *Internet Inter-ORB Protocol (IIOP)* genannt (siehe Abb. 7.2.3.2/2).

GIOP (und damit jede Ausprägung davon) kennt acht verschiedene Nachrichtentypen, von denen die beiden wichtigsten für *Anfragen* (engl.: request) und *Antworten* (engl.: reply) vorgesehen sind. Eine *Anfragenachricht* enthält einen Methodenaufruf, der eine Objektreferenz, den Namen der aufzurufenden Methode und alle nötigen Aufrufargumente enthält. Jede Anfragenachricht erhält ein *Identifizierungsmerkmal* (engl.: request identifier), um die später zurückkommende Antwort richtig zuordnen zu können. Eine *Antwortnachricht* enthält die Rückgabewerte und die zur aufgerufenen Methode gehörenden Ausgabeargumente.

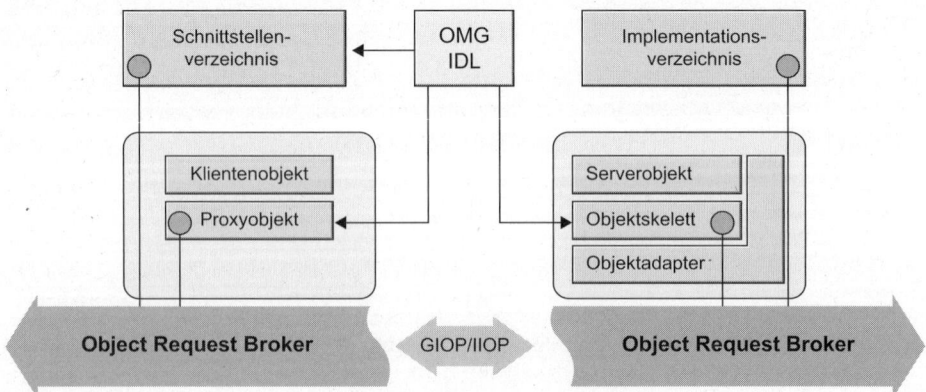

Abb. 7.2.3.2/2: Kommunikation zwischen mehreren ORBs

Ein Klientenprogramm kann auch eine *Abbruchnachricht* (engl.: cancel request) an den Server schicken, wenn er eine zuvor gesendete Anfragenachricht abbrechen möchte. Die Abbruchnachrichten können aus verschiedenen Gründen versendet werden, zumeist sind diese aber durch das Verstreichen eines Zeitfensters auf Klientenseite bedingt. Das Versenden einer Abbruchnachricht bedeutet aber nicht zwingenderweise, dass ein Auftrag nicht durchgeführt wird, da dieser sich möglicherweise bereits in Ausführung befindet.

▶ Übungsaufgabe Nr. 2.7.12 im Arbeitsbuch

7.2.3.3 Allgemeine Objektdienste von CORBA

Bis jetzt haben wir vor allem das grundlegende Zusammenspiel der Grobkomponenten von CORBA und den verteilten Methodenaufruf beschrieben. CORBA bietet zahlreiche Dienste an, um die Erstellung und Verwaltung von verteilten Anwendungen zu erleichtern. Diese Dienste werden in CORBA als *allgemeine Objektdienste* (engl.: common object services) bezeichnet. Die wichtigsten Dienste werden hier kurz vorgestellt.

- Der *Namensdienst* (engl.: naming service) ermöglicht, Objektreferenzen mit sprechenden Namen zu versehen, damit diese leichter lokalisiert werden können.

- Der *Transaktionsdienst* (engl.: transaction service) regelt Transaktionen über verteilte Objekte durch einen Transaktionskoordinator. Der Transaktionsdienst bedient sich des *Steuerungsdienstes für Nebenläufigkeit* (engl.: concurrency control service), der die notwendigen Sperrmechanismen für den gleichzeitigen Zugriff auf gemeinsam genutzte Objekte bereitstellt.

- Der *Persistenzdienst* (engl.: persistency service) ermöglicht das dauerhafte (persistente) Speichern von Objektdaten. Die verwalteten Objekte müssen sich nicht um die Speicherung ihrer Daten kümmern.

- Der *Sicherheitsdienst* (engl.: security service) bietet Authentifizierung, Zugriffskontrolle, vertrauliche Kommunikation, Nicht-Abstreitbarkeit und entsprechende Verwaltungsfunktionen an.
- Über den *Ereignisdienst* (engl.: event service) kann die asynchrone Kommunikation zwischen Objekten über Ereignisse realisiert werden.
- Der *Abfragedienst* (engl.: query service) ermöglicht die abfragesprachenunabhängige Abfrage über Sammlungen von Objekten. Diese können über den *Gruppierungsdienst* (engl.: collection service) gebildet werden. Es existieren Implementierungen, die den Abfragedienst nutzen, um SQL-Anfragen zu behandeln.

Weitere Dienste von CORBA sind der *Lizenzdienst*, der *verteilte Zeitdienst* oder ein Dienst zur Definition von *Beziehungstypen*. Alle allgemeinen Objektdienste wurden auf Grundlage des CORBA-Objektmodells entwickelt. So sind alle Dienste mithilfe der OMG-IDL spezifiziert, wodurch auch eine Trennung zwischen Schnittstellenspezifikation und Implementierung erreicht wird. Mehrere Hersteller können diese Dienste interoperabel bereitstellen.

7.2.3.4 Kommunikationsmuster

In früheren Versionen von CORBA wurde nur der synchrone Dienstaufruf unterstützt. Diese Beschränkung wurde bald beseitigt, indem zusätzliche vordefinierte Kommunikationsmuster bereitgestellt wurden. CORBA stellt nun folgende Formen des Dienstaufrufs standardmäßig zur Verfügung:

- Beim *synchronen Dienstaufruf* sendet ein Klientenobjekt eine Anfrage an ein Serverobjekt und blockiert die Weiterverarbeitung, bis er eine Antwort erhalten hat. Erhält das Klientenobjekt eine Antwort (ohne Fehlermeldungen oder Ausnahmebehandlungen) zurück, garantiert CORBA, dass die Objektmethode exakt einmal aufgerufen wurde (Exactly-Once-Fehlersemantik). Sind Fehler aufgetreten, so garantiert CORBA die At-Most-Once-Fehlersemantik.
- Der *Einwegdienstaufruf* (engl.: one-way service invocation) ist eine Besonderheit in CORBA. Dieser asynchrone Dienstaufruf kann genutzt werden, wenn der aufgerufene Dienst keinen Rückgabewert liefert. Ein Klientenobjekt kann einen Einwegdienstaufruf absenden und sofort weiterarbeiten. CORBA versucht die bestmögliche Ablieferung des Dienstaufrufs, kann aber keine Garantien abgeben. Für den Einwegdienstaufruf gilt somit die Maybe-Fehlersemantik.
- CORBA unterstützt auch eine spezielle Form des asynchronen Dienstaufrufs, der als *aufgeschobener synchroner Dienstaufruf* (engl.: deferred synchronous service invocation) bezeichnet wird. Auch hier kann das Klientenobjekt unmittelbar nach dem Versenden des Dienstaufrufs seine Arbeit fortsetzen. Im Unterschied zum Einwegdienstaufruf kann das Klientenobjekt regelmäßig abfragen, ob bereits eine Antwort eingetroffen ist, es kann aber auch später blockierend auf den Empfang der Antwort vom Server warten. Die Fehlersemantik entspricht der des synchronen Dienstaufrufs.

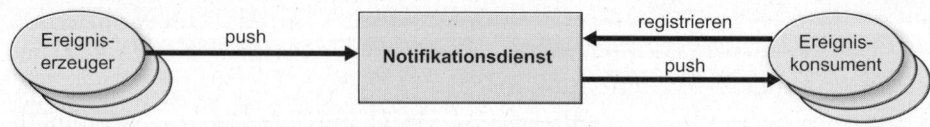

Abb. 7.2.3.4/1: Notifikationsdienst mit Push-Modell

Obwohl die standardmäßig von CORBA unterstützten Dienstaufrufe den Großteil der Anforderungen abdecken, besteht dennoch Bedarf an weiteren Kommunikationsmustern. Insbesondere wird häufig ein Dienst benötigt, der das Auftreten von bestimmten Ereignissen signalisiert, auf die ein Klientenobjekt reagieren kann.

Dieser *Notifikationsdienst* (engl.: event notification service) basiert auf *Ereignissen* (engl.: event), die von einem Objekt (*Ereigniserzeuger*, engl.: event supplier) erzeugt und von einem anderen Objekt (*Ereigniskonsument*, engl.: event consumer) empfangen werden können. Jedem Ereignis ist ein einzelnes Datenobjekt zugeordnet, das – wie andere Objekte ebenso - durch eine Objektreferenz repräsentiert wird und das den Inhalt der Mitteilung bildet. Die Kommunikation über den Notifikationsdienst ist in CORBA als n:m-Kommunikationsdienst ausgelegt. Es können mehrere Ereigniserzeuger und mehrere Ereigniskonsumenten über einen speziellen *Ereigniskanal* (engl.: event channel) kommunizieren, der die Realisierung des Notifikationsdienstes darstellt. Der Notifikationsdienst von CORBA erfüllt somit die Aufgaben einer *meldungsorientierten Middleware* (siehe auch Abschnitt 7.2.1.3).

Abb. 7.2.3.4/1 skizziert einen Notifikationsdienst. Die Ereigniserzeuger übermitteln mittels einer Push-Operation Ereignisse an einen speziellen Notifikationsdienst (einen speziellen Ereigniskanal). Klienten, die sich für entsprechende Ereignisse interessieren, können sich bei dem Ereigniskanal *registrieren* (engl.: subscribe) und erhalten in weitere Folge die dort aufgezeichneten Ereignisse übermittelt.

Neben dem Kommunikationsmuster über das Push-Modell, bei dem die Ereigniserzeuger die aktive Rolle übernehmen, unterstützt der Notifikationsdienst von CORBA auch das Pull-Modell, bei dem die Ereignisverbraucher die aktive Rolle einnehmen und von sich aus bei Bedarf Ereignisse abfragen können.

▶ Übungsaufgabe Nr. 2.7.13 im Arbeitsbuch

7.2.4 Web-Services

Während für DCE and CORBA umfangreiche Implementierungen mit einer Vielzahl von Diensten bereits von zahlreichen Herstellern existieren, bilden Web-Services eine noch verhältnismäßig junge Technologie, die eigens für service-orientierte Architekturen (vergleiche Abschnitt 7.1.2.4) auf Basis der Internet-Infrastruktur entwickelt wurde.

Unter **Web-Services** (engl.: web service) versteht man lose gekoppelte, verteilte Dienste, die über Internet-basierte Protokolle und XML-Nachrichten in einer service-orientierten Architektur veröffentlicht, lokalisiert und dynamisch aufgerufen werden können. Die drei Kernstandards von Web-Services sind *SOAP* (Abkürzung von engl.: simple object access protocol) für den Dienstaufruf, *WSDL* (Abkürzung von engl.: web service description language) zur Dienstbeschreibung und *UDDI* (Abkürzung von engl.: universal description, discovery and integration) als Verzeichnisdienst zum Ankündigen und Auffinden von Diensten.

Web-Services besitzen das Potenzial, eine umfassende service-orientierte Architektur über das Internet zu realisieren. Man nimmt heute an, dass Web-Services eine ähnliche Kostenreduktion im Bereich von B2B-Informationssystemen erzielen können, wie dies im B2C-Bereich durch die Standardisierung der Webbrowser möglich wurde.

Die konzeptionellen Wurzeln von Web-Services liegen im Bereich der lose gekoppelten Informationssysteme. Über Web-Services lassen sich plattform- und sprachunabhängige Komponenten realisieren, die nach außen eine Black-Box-Funktionalität zur Verfügung stellen. Web-Services können von Dienstanbietern veröffentlicht werden, von Dienstnachfragern lokalisiert und über dynamisches Binden ohne programmtechnischen Mehraufwand aufgerufen werden.

Unter **dynamischem Binden** (engl.: dynamic binding) versteht man die Ermittlung und Zuordnung des auszuführenden Programmcodes zum Zeitpunkt eines Funktions- oder Dienstaufrufs.

Rund um Web-Services sind eine Vielzahl von Standards entwickelt worden, die unter anderem die oben genannten Kernaufgaben festlegen. Web-Services basieren auf Nachrichten, die in Form von XML-Dokumenten (siehe Kapitel 5 dieses Bandes) zwischen Server und Klienten ausgetauscht werden.

Diese Nachrichten werden über Internet-Protokolle wie beispielsweise HTTP oder E-Mail übertragen (siehe Abb. 7.2.4/1). Das Nachrichtenformat wird durch den SOAP-Standard festgelegt, der durch das W3C definiert wird. Web-Services können über SOAP-Nachrichten aufgerufen und mittels WSDL auf eine einheitliche Art und Weise beschrieben werden. Die Beschreibungen werden über den Verzeichnisdienst UDDI veröffentlicht. Zusätzlich können mithilfe von BPEL4WS komplexe Abfolgen von Web-Services als Geschäftsprozesse zusammengefasst werden, als komplexer Dienst beschrieben und wiederum über WSDL veröffentlicht werden. Auf die in diesem Absatz erwähnten Akronyme gehen wir in den folgenden Abschnitten näher ein.

Auf Basis der Kernspezifikationen für Web-Services kann eine service-orientierte Architektur (siehe Abschnitt 7.2.1.4) realisiert werden. Ein Dienstanbieter publiziert eine Beschreibung seines Dienstes über WSDL im Verzeichnisdienst

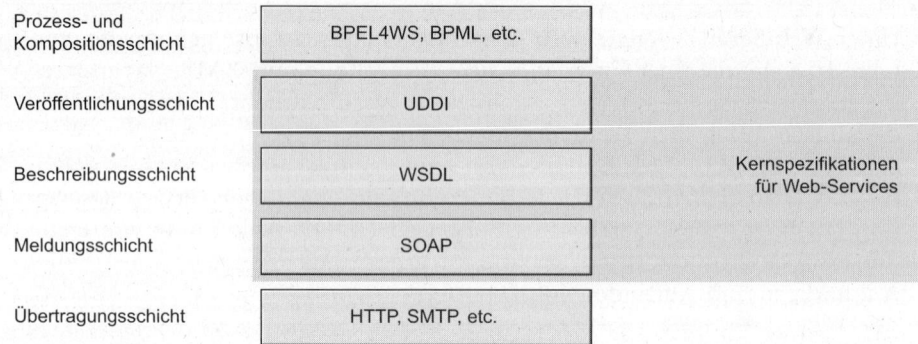

Abb. 7.2.4/1: Schichtenmodell für Web-Services

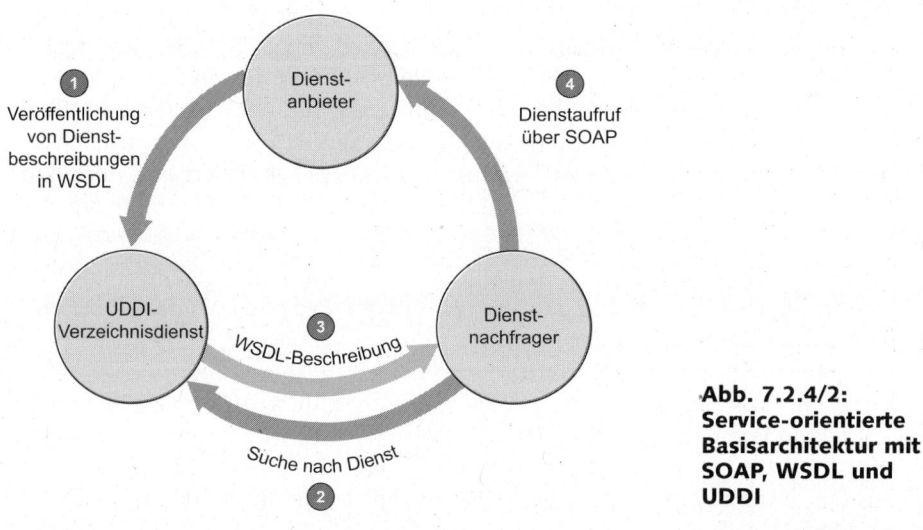

**Abb. 7.2.4/2:
Service-orientierte
Basisarchitektur mit
SOAP, WSDL und
UDDI**

UDDI. Ein Dienstnachfrager sucht passende Dienste und deren technische Beschreibungen in diesem Verzeichnis. Über den Verzeichnisdienst kann er diese finden und danach den Dienst beim Dienstanbieter automatisiert aufrufen. Der Nachrichtenverkehr zwischen allen drei Parteien wird über SOAP-Nachrichten abgewickelt (siehe Abbildung 7.2.4/2).

▶ Übungsaufgabe Nr. 2.7.14 im Arbeitsbuch

7.2.4.1 Dienstaufrufe (SOAP)

SOAP (Abkürzung von engl.: simple object access protocol) ist ein Protokoll zum Austausch von strukturierter Information zwischen Softwarekomponenten in verteilten (Internet-basierten) Systemen. Die SOAP-Spezifikation definiert ein XML-Nachrichtenformat für zustandslose Einwegkommunikation. Eine SOAP-Nachricht ist ein XML-Dokument, das der von der SOAP-Spezifikation vorgegebenen Struktur entspricht.

Die SOAP-Spezifikationen definieren Regeln, wie SOAP-Nachrichten für unterschiedliche Interaktionsmuster in verteilten Systemen genutzt werden können (beispielsweise, um ein RPC-System zu implementieren). SOAP-Nachrichten können mittels Übertragungsprotokollen wie etwa HTTP oder SMTP zwischen den interagierenden Softwarekomponenten, den so genannten *SOAP-Knoten* (engl.: SOAP node), übertragen werden. Die SOAP-Knoten sind Softwarekomponenten, die die Anwendungslogik realisieren. Man unterscheidet drei Arten von SOAP-Knoten:

1. Der *SOAP-Sender* ist die Softwarekomponente, die eine SOAP-Nachricht erstellt und versendet.

2. Der *SOAP-Empfänger* ist die Softwarekomponente, für die eine SOAP-Nachricht bestimmt ist.

3. Der *SOAP-Intermediär* ist ein SOAP-Knoten, der eine SOAP-Nachricht auf dem Weg zum Empfänger verarbeitet beziehungsweise weiterleitet.

Alle SOAP-Knoten müssen sich gemäß vorgegebenen *Rollen* verhalten. Diese werden in der SOAP-Nachricht übertragen und legen fest, wie die SOAP-Knoten mit der SOAP-Nachricht verfahren sollen. Diese Rollen können entweder *anwendungsspezifisch* definiert werden, oder es können folgende *vordefinierte, standardmäßige Rollen* der SOAP-Spezifikation genutzt werden:

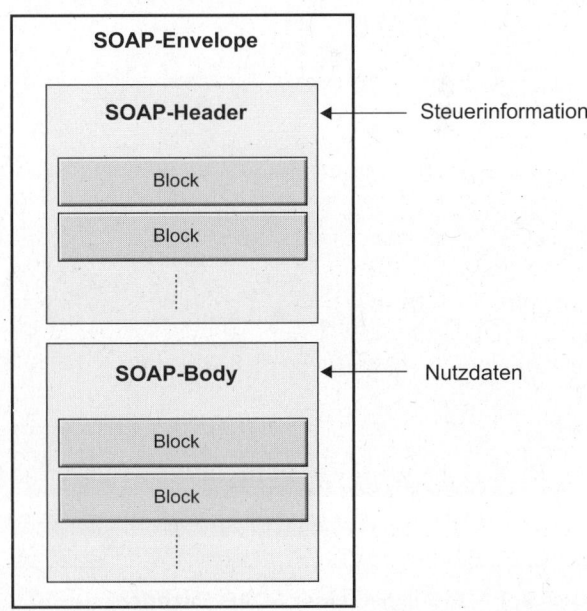

Abb. 7.2.4.1/1:
Aufbau einer
SOAP-Nachricht

- *next:* Der SOAP-Intermediär und der SOAP-Empfänger müssen die Nachricht verarbeiten und können zudem weitere Rollen ausfüllen.
- *none:* Der SOAP-Intermediär soll diese Nachricht nicht verarbeiten.
- *ultimateReceiver:* Nur der endgültige Empfänger darf die Nachricht verarbeiten.

Jede SOAP-Nachricht besteht aus mehreren Teilen (siehe Abb. 7.2.4.1/1). Ähnlich wie bei einem Brief mit einem Umschlag umschließt der *SOAP-Envelope* (deutsch: Umschlag) den gesamten Inhalt der Nachricht. Der *Inhalt einer SOAP-Nachricht* besteht wie bei anderen Protokollen aus *Steuerinformation* in Form eines Kopfteils *(SOAP-Header)* und *Nutzdaten (SOAP-Body)*. Der Kopfteil ist optional und enthält Information, die verarbeitungsspezifisch als Kontext genutzt werden kann. Der Nutzdatenteil muss zwingend in einer SOAP-Nachricht enthalten sein und enthält die für den *endgültigen Empfänger* (engl.: ultimate receiver) bestimmte Nachricht. Sowohl der Steuer- als auch der Nutzdatenteil können aus mehreren Blöcken bestehen.

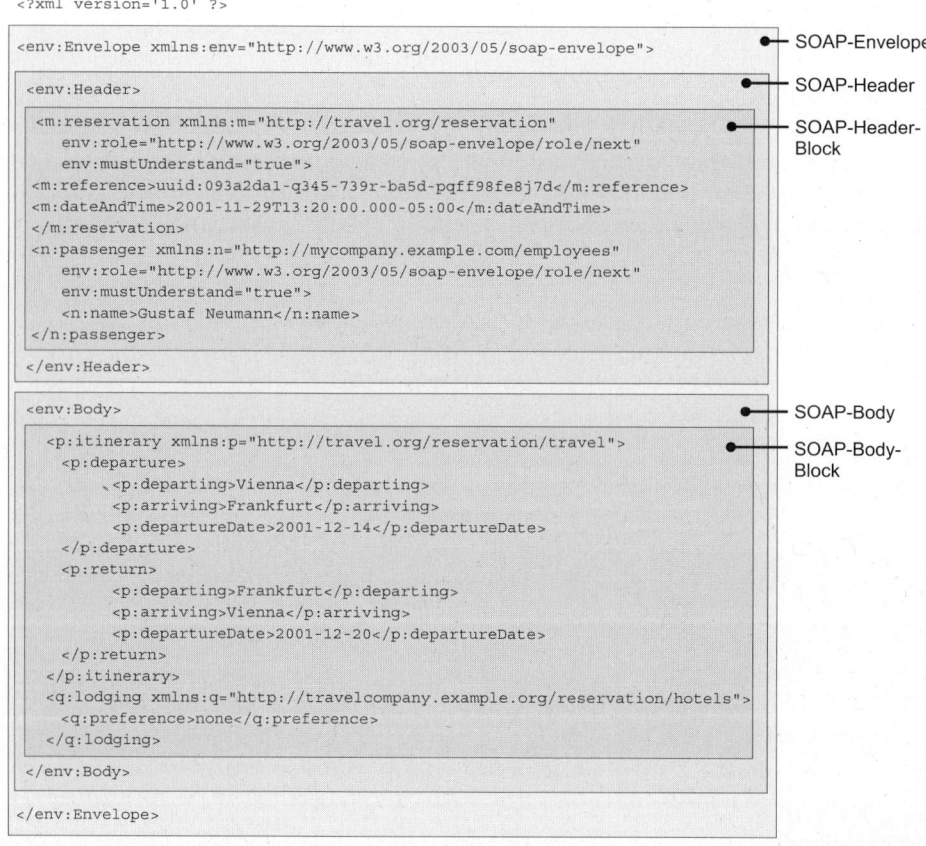

Abb. 7.2.4.1/2: Beispiel einer SOAP-Nachricht

So kann beispielsweise in einer Reiseapplikation für einen bestehenden Flug ein Hotel gebucht werden. In der Applikation kann ein Block des Steuerdatenteils den Kontext in Form der Personaldaten der reisenden Person und ein weiterer die bereits ermittelte Buchungsnummer enthalten. Der Nutzdatenteil kann beispielsweise aus Blöcken mit An- und Abflugdaten bestehen, ein weiterer kann Hotelpräferenzen beschreiben (siehe Abb. 7.2.4.1/2)

Interessant ist hier, dass das SOAP-Nachrichtenformat speziell auf die Weitergabe der SOAP-Nachrichten über mehrere Intermediäre ausgelegt ist. Während der Nutzdatenteil unverändert weitergegeben wird, können die Intermediäre im Kopfteil der Nachricht weitere Information in Form von zusätzlichen Blöcken hinzufügen, oder diese ersetzen. Auf diese Art und Weise können Mehrwertdienste entlang einer Wertschöpfungskette realisiert werden.

Interaktion mittels SOAP

SOAP definiert ein Framework für den Austausch von Nachrichten in dem eben beschriebenen Format. In nicht-trivialen Anwendungen *wird nicht nur eine Nachricht*, sondern eine *Sequenz von Nachrichten* zwischen den SOAP-Knoten ausgetauscht.

> Das einfachste Muster der Interaktion besteht aus Anfrage und Antwort und wird in SOAP als **RPC-Stil** (engl.: RPC style) bezeichnet. In der Definition des RPC-Stils wird für SOAP festgelegt, wie der Methodenname und die Argumente der aufzurufenden Methode (des aufzurufenden Dienstes) und die Rückgabewerte im Nutzdatenteil codiert werden sollen. Durch diese Codierungsregeln wird das Marshalling des Funktionsaufrufs und des Ergebnisses definiert.

Der Bezug zwischen der Anfrage- und Antwortnachricht lässt sich beim RPC-Stil aus der Bezeichnung der XML-Elemente in der SOAP-Antwort herstellen. Die Codierungsregeln von SOAP legen fest, dass die Antwortnachricht ein XML-Element enthält, das aus dem Namen der aufgerufenen Methode und der Zeichenkette „Response" besteht. Der Inhalt des Elements ist der Rückgabewert der aufgerufenen Funktion.

Beispielsweise kann bei einem Zahlungsauftrag ein Kunde die Bezahlung einer Rechnung bei seiner Bank veranlassen. Dazu könnte eine Methode mit dem Namen `BeauftrageZahlung` mit den Argumenten *Kontonummer des Empfängers*, *Bankleitzahl* und *Betrag* genutzt werden. Gemäß den Codierungsregeln für den RPC-Stil muss die Antwortnachricht der Bank ein XML-Element namens `BeauftrageZahlungResponse` enthalten.

Obwohl das Kommunikationsmuster, das aus Anfrage und Antwort besteht, RPC-Stil genannt wird, ist es nicht zwingend vorgeschrieben, dass ein entsprechender Funktionsaufruf mit genau den angeführten Argumenten erfolgt. Durch den RPC-Stil wird nur festgelegt, welches Format die Rückantwort haben soll. Über die Verarbeitungslogik wird nichts ausgesagt. SOAP definiert keine Schnittstellenbeschreibungssprache, weder formal noch informal.

Für das Marshalling definiert SOAP alternative Codierungsweisen, die über ein Attribut des jeweiligen XML-Elements ausgewählt werden können. Von der SOAP-Spezifikation wird das *SOAP-Encoding* definiert, das für standardisierte Datentypen (beispielsweise Zahlen, einfache Datenstrukturen wie Listen oder Arrays) genutzt werden kann. Dies ist vor allem für die Nutzung aus Programmiersprachen heraus gedacht, bei denen keine eigenen XML-Typdefinitionen für die Datentypen des Anwendungsprogramms vorliegen. Dieser Codierung steht das so genannte *Literal-Encoding* gegenüber, das die Nutzung von Typdefinitionen gemäß XML-Schema (siehe Kapitel 5 dieses Bandes) für die Codierung der Nutzdatenteile vorsieht. Es wird erwartet, dass das SOAP-Encoding mittelfristig an Bedeutung verlieren wird.

SOAP definiert auch eine *Codierung für Fehler*, die während der Verarbeitung einer Nachricht aufgetreten sind. Diese Fehler werden in einem Element namens Fault anstelle des Rückgabewertes im Nutzdatenteil der Nachricht codiert. Fehler werden in SOAP durch einen Fehlercode für die automatisierte Behandlung von standardisierten Fehlern und ein für den menschlichen Benutzer bestimmtes, möglicherweise mehrsprachiges Beschreibungsfeld dargestellt.

Im Gegensatz zum relativ einfachen RPC-Stil, durch den auch das Format der Rückantwort festgelegt ist, können mit SOAP auch komplexe meldungsorientierte Middleware-Systeme realisiert werden, die beliebige strukturierte Rückantworten und Interaktionsmuster vorsehen können.

Komplexere Interaktionsmuster zwischen SOAP-Knoten können frei über den **dialogorientierten Interaktionsstil** (engl.: conversational style) definiert werden. Durch diesen Dialogstil können längere oder auch kürzere Interaktionsschritte definiert werden. Allerdings müssen die beteiligen Knoten die Struktur aller auszutauschenden XML-Dokumente vereinbaren, die als Inhalt der SOAP-Nachrichten transportiert werden sollen. Der Bezug zwischen einzelnen SOAP-Nachrichten (oder Nachrichtenbestandteilen) wird explizit über ein Element namens reference hergestellt, das im Kopfteil der Nachricht übertragen wird.

Der dialogorientierte Interaktionsstil von SOAP lässt sich grob mit dem Austausch von Geschäftsdokumenten vergleichen, bei dem komplexe Abläufe mit unterschiedlichen Formen von Dokumenten in den einzelnen Nachrichten ausgetauscht werden können.

Bei der Definition des obigen Beispiels der Banküberweisung im dialogorientierten Interaktionsstil von SOAP könnte beispielsweise für die Beauftragung ein spezielles Überweisungsformular für einen Zahlungsauftrag mit einer Reihe von Feldern, wie Empfänger, Kontonummer und Bankleitzahl verwendet werden. Ein Auftraggeber kann ein entsprechendes Formular mit einer SOAP-Nachricht an seine Bank übermitteln. Die Bank, die diese Zahlung ausführt, kann ein ebenso frei definiertes Bestätigungsdokument zurücksenden, in dem beispielsweise Einträge wie die Ausführungszeit, der neue Kontensaldo und die Bearbeitungsnummer enthalten sind. Der Bezug zwischen den (in diesem Beispiel) zwei SOAP-Nachrichten muss explizit über das *reference*-Element im Kopfteil hergestellt werden.

SOAP-Nachrichten können mithilfe von *verschiedenen Übertragungsprotokollen* zwischen SOAP-Knoten ausgetauscht werden. Dafür muss die entsprechende SOAP-Nachricht an ein Übertragungsprotokoll gebunden werden. Die SOAP-Spezifikation bezeichnet diese Bindung als *Protokollbindung* (engl.: protocol binding). Mithilfe der Protokollbindung kann die gesamte Codierung der SOAP-Nachricht für einen speziellen Kanal angepasst werden (beispielsweise komprimierte Übertragung, Nutzung von kryptographischen Verfahren) oder es kann eine entsprechende Dienstqualität gewählt und konfiguriert werden. Durch die Protokollbindung wird ebenso definiert, welche Interaktionsmuster von den zugrunde liegenden Protokollen in welcher Weise unterstützt werden, und wie die SOAP-Knoten adressiert werden können.

Bei einer Bindung von SOAP an das HTTP-Protokoll wird ein SOAP-Knoten über seine URL identifiziert, während die Adressierung bei einer Bindung an SMTP über eine E-Mail-Adresse erfolgt.

Meist wird die Protokollbindung für HTTP genutzt, wobei die SOAP-Nachrichten in der Form von XML ausgetauscht werden. Die SOAP-Spezifikation standardisiert dabei die Nutzung der HTTP-Methoden GET und POST.

▶ Übungsaufgabe Nr. 2.7.15 im Arbeitsbuch

7.2.4.2 Dienstbeschreibung (WSDL)

Wie Sie aus dem Schichtenmodell für Web-Services bereits wissen, wird durch SOAP die Meldungsschicht definiert, die den Aufbau der Nachrichten festlegt. WSDL ist eine Schicht höher auf der Beschreibungsschicht angesetzt und beschreibt, welche Web-Services angeboten werden und wie diese Web-Services genutzt werden können. WSDL bildet somit ein Metadatenformat für SOAP.

> **WSDL** (Abkürzung von engl.: web service definition language) ist eine XML-basierte Sprache zur Beschreibung von Web-Services. Diese Beschreibung definiert unter anderem, welche Funktionen von den beschriebenen Web-Services bereitgestellt werden und wie ein Klientenprogramm möglichst automatisiert auf die Web-Services zugreifen kann.

WSDL besitzt aus einer gewissen Entfernung Ähnlichkeiten zu einer IDL im Bereich der Middleware. Allerdings bestehen einige fundamentale Unterschiede. Eine IDL wird verwendet, um server- oder klientenseitige Platzhalterfunktionen für konkrete Programmiersprachen zu erzeugen. Sie sind somit ex-ante für die Kommunikation notwendig. WSDL hat die Aufgabe, ex-post die realisierten Web-Services textlich und formal zu beschreiben, sodass eine automatisierte Nutzung realisiert werden kann. Diese Beschreibung dient unter anderem zur Lokalisierung der Web-Services und umfasst beispielsweise die Bindung an ein

Übertragungsprotokoll und die Adressierung der Web-Services (etwa Protokoll, Dienstnummer, Bezeichner, ...).

WSDL trennt explizit die Beschreibung der Schnittstelle der Dienste von der Beschreibung der Protokollbindungen. Auf diese Weise kann eine Schnittstellenbeschreibung mit mehreren Protokollbindungen angeboten werden, wobei ein Dienstnachfrager zwischen den Alternativen wählen kann. Ein WSDL-Dokument besteht folglich aus Definitionen, die für die bereitgestellten Web-Services die Ein- und Ausgabemeldungen definieren und aus Definitionen, die deren Nutzung über unterschiedliche Protokolle definieren.

Ein WSDL-Dokument umfasst (siehe Abb. 7.2.4.2/1):

1. Die Definition von dienstspezifischen *Argumenttypen* (XML-Element `types`): Die Typdefinition erfolgt mit XML-Schema und ist optional. Dabei werden die XML-Datentypen, die für den Nachrichtenaustausch benötigt werden, definiert, es sei denn, es werden nur standardmäßige Datentypen (beispielsweise aus der XML-Schema-Definition) verwendet.

2. Die Definition von *Nachrichtentypen* (XML-Element `message`): Ein Nachrichtentyp repräsentiert die Kommunikationseinheit für eine einzige logische Übertragung und ist eine Vorlage für eine SOAP-Nachricht. Nachrichtenty-

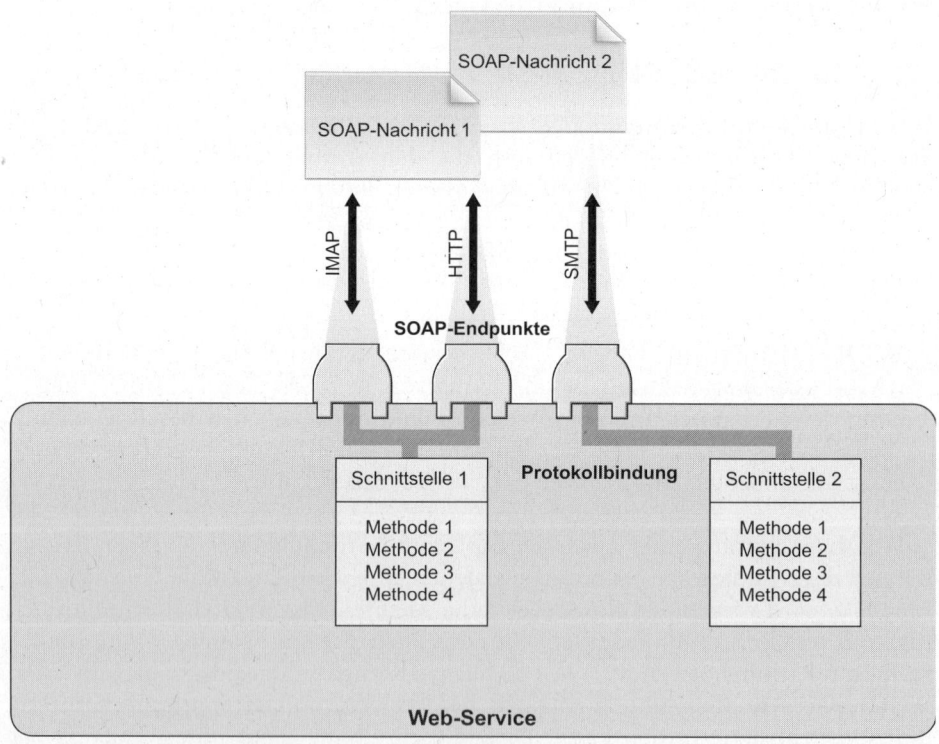

Abb. 7.2.4.2/1: Struktur einer WSDL-Beschreibung

pen können einen oder mehrere Teile für die Nachricht vorsehen. Jeder dieser Teile kann einen unterschiedlichen, einfachen oder komplexen Datentyp besitzen, der durch Punkt 1 oder das XML-Schema definiert ist. Diese Teile entsprechen beispielsweise den Argumenten oder dem Ergebniswert beim Dienstaufruf im RPC-Stil von SOAP.

3. Die *Schnittstellenbeschreibung* (XML-Element `interface`, in früheren Versionen von WSDL `portType` genannt) fasst eine oder mehrere Methoden (XML-Element `operation`) zusammen, die gemeinsam eine Schnittstelle ausmachen. Für jede der Methoden werden die ein- und ausgehenden Meldungen aus obigen Nachrichtentypen beschrieben. Auf diese Weise wird der Nachrichtenaustausch der Web-Services definiert. Beim Nachrichtenaustausch können generell vier Interaktionsmuster unterschieden werden. Eine Operation (in der Terminologie von WSDL)

- sendet eine Verständigung (es wird eine ausgehende Nachricht definiert),
- sendet eine Nachricht und erwartet eine Antwortnachricht darauf (engl.: request/response),
- erwartet den Empfang einer Nachricht und sendet eine Antwort darauf (engl.: solicit response), oder
- erwartet nur den Empfang einer Nachricht.

Neben dieser Schnittstellen- und Ein-/Ausgabebeschreibung werden durch WSDL die protokolltechnischen Eigenschaften der beschriebenen Web-Services definiert, die primär für die Middleware-Infrastruktur, nicht aber für das Anwendungsprogramm relevant sind.

4. Die *Protokollbindung* (XML-Element `binding`) beschreibt, wie die einzelnen in Punkt 3 definierten Schnittstellen über das eine oder andere Übertragungsprotokoll genutzt werden können. Dabei wird unter anderem auch die Codierung festgelegt.

5. Die *Dienstbeschreibung* (XML-Element `service`) definiert die so genannten Endpunkte der Web-Services, das heißt, über welche URIs die protokollspezifischen Dienstnutzungen (Punkt 4) veröffentlicht werden sollen. Beispielsweise kann ein Service unter mehreren URIs und unterschiedlichen Protokollbindungen angeboten werden. Diese Dienstbeschreibung enthält ebenso eine textliche Beschreibung der Web-Services, die bei der Suche genutzt und als Dokumentation für menschliche Benutzer herangezogen werden kann.

Die Abb. 7.2.4.2/2 zeigt einen Ausschnitt aus dem WSDL-Dokument, das die Web-Service-Schnittstelle des Online-Buchhändlers amazon.com beschreibt (diese WSDL-Definition ist auch über das Web unter der URL http://soap.amazon.com/schemas2/AmazonWebServices.wsdl verfügbar). Dieses WSDL-Dokument definiert unter anderem ein Web-Service für die Stichwortsuche. Als *Argumententypen* werden `ProductInfo` und `Keyword` mithilfe von XML-Schemata beschrieben. Diese werden zur Definition der entsprechenden Nachrichtentypen benutzt. In der Schnittstellenbeschreibung findet sich die Operation `KeywordSearchRequest`. Sie enthält eine Eingabenachricht zur Übermittlung der Suchparameter und eine Ausgabenachricht als Antwort auf die Suchanfrage. Die Protokollbindung definiert die Benutzung von SOAP über HTTP als

```
<wsdl:definitions xmlns:typens="http://soap.amazon.com"
     xmlns:xsd="http://www.w3.org/2001/XMLSchema"
     xmlns:soap="http://schemas.xmlsoap.org/wsdl/soap/"
     xmlns:soapenc="http://schemas.xmlsoap.org/soap/encoding/"
     xmlns:wsdl="http://schemas.xmlsoap.org/wsdl/"
     xmlns="http://schemas.xmlsoap.org/wsdl/"
     targetNamespace="http://soap.amazon.com"
     name="AmazonSearch">
```
●── WSDL-Definition

```
  <wsdl:types>
     <xsd:schema xmlns=""
          xmlns:xsd="http://www.w3.org/2001/XMLSchema"
          targetNamespace="http://soap.amazon.com">
        <xsd:complexType name="ProductInfo">
           <xsd:all>
              <xsd:element name="TotalResults" type="xsd:string" minOccurs="0"/>
              <xsd:element name="TotalPages" type="xsd:string" minOccurs="0" />
              <xsd:element name="ListName" type="xsd:string" minOccurs="0" />
              <xsd:element name="Details" type="typens:DetailsArray"/>
           </xsd:all>
        </xsd:complexType>
        <xsd:complexType name="KeywordRequest">
           <xsd:all>
              <xsd:element name="keyword" type="xsd:string" />
              <xsd:element name="page" type="xsd:string" />
              <xsd:element name="mode" type="xsd:string" />
              <xsd:element name="tag" type="xsd:string" />
              <xsd:element name="type" type="xsd:string" />
              <xsd:element name="devtag" type="xsd:string" />
              <xsd:element name="sort" type="xsd:string" minOccurs="0" />
              <xsd:element name="variations" type="xsd:string" minOccurs="0" />
              <xsd:element name="locale" type="xsd:string" minOccurs="0" />
           </xsd:all>
        </xsd:complexType>
     </xsd:schema>
  </wsdl:types>
```
●── Abstrakter Teil

●── Argumenttypen

```
  <message name="KeywordSearchRequest">
     <part name="KeywordSearchRequest" type="typens:KeywordRequest" />
  </message>
  <message name="KeywordSearchResponse">
     <part name="return" type="typens:ProductInfo" />
  </message>
```
●── Nachrichtentypen

```
  <interface name="AmazonSearchPort">
     <operation name="KeywordSearchRequest">
        <input message="typens:KeywordSearchRequest" />
        <output message="typens:KeywordSearchResponse" />
     </operation>
  </interface>
```
●── Schnittstellen-
    beschreibung

```
  <binding name="AmazonSearchBinding"type="typens:AmazonSearchPort">
     <soap:binding style="rpc" transport="http://schemas.xmlsoap.org/soap/http" />
     <operation name="KeywordSearchRequest">
        <soap:operation soapAction="http://soap.amazon.com" />
        <input>
           <soap:body use="encoded"
                 encodingStyle="http://schemas.xmlsoap.org/soap/encoding/"
                 namespace="http://soap.amazon.com" />
        </input>
        <output>
           <soap:body use="encoded"
                 encodingStyle="http://schemas.xmlsoap.org/soap/encoding/"
                 namespace="http://soap.amazon.com" />
        </output>
     </operation>
  </binding>
```
●── Konkreter Teil

●── Protokoll-Bindung

```
  <service name="AmazonSearchService">
     <endpoint name="AmazonSearchPort" binding="typens:AmazonSearchBinding">
        <soap:address location="http://soap.amazon.com/onca/soap2" />
     </endpoint>
  </service>
```
●── Dienst-
    beschreibung

```
</wsdl:definitions>
```

Abb. 7.2.4.2/2: Beispiel eines WSDL-Dokuments für Web-Services von amazon.com

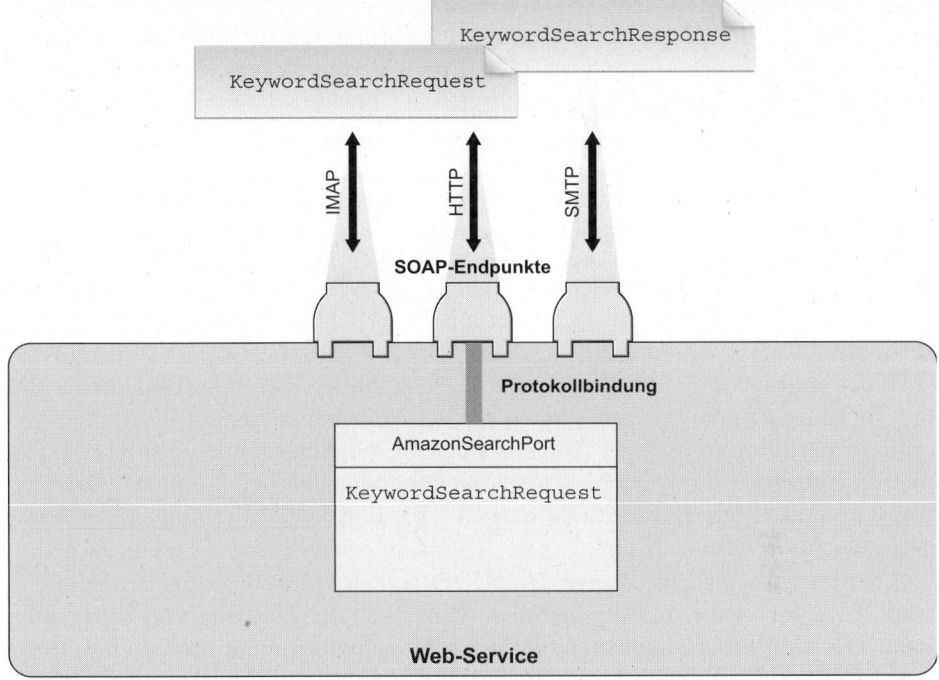

Abb. 7.2.4.2/3: Grafische Darstellung des WSDL-Dokuments von Abb. 7.2.4.2/2

Protokoll und die Verwendung des RPC-Stils. In der Dienstbeschreibung ist ersichtlich, dass der Dienst am SOAP-Endpunkt http://soap.amazon.com/onca/soap2 verfügbar ist.

▶ Übungsaufgabe Nr. 2.7.16 im Arbeitsbuch

7.2.4.3 Dienstverzeichnis (UDDI)

Sie wissen nun, wie mittels WSDL die Web-Services in ihren Funktionen und in ihrer Nutzung dokumentiert werden können. Um die Web-Service-Beschreibungen von vielen Web-Service-Anbietern für unterschiedliche oder ähnliche Problembereiche auffindbar zu machen, bedarf es eines Verzeichnisdienstes, der diese Information sammelt und Nachfragern zur Verfügung stellt.

> **UDDI** (Abkürzung von engl.: universal description, discovery and integration) definiert einen Verzeichnisdienst für Web-Services. UDDI definiert ein Datenmodell für die Beschreibung von Web-Services und deren Anbietern.

Mittels UDDI können die funktionalen Beschreibungen und die Nutzungsbeschreibungen von Web-Services veröffentlicht werden. Diese Information kann im Wesentlichen den WSDL-Beschreibungen von Web-Services entnommen werden. Ein UDDI-Verzeichnisdienst enthält jedoch auch die Beschreibung von Web-Service-Anbietern. UDDI definiert zu diesem Zweck eine Infrastruktur für ein *Geschäftsverzeichnis* (engl.: business registry), welches mit Namens- und Verzeichnisdiensten von verteilten Systemen verbunden werden kann.

Die *im Verzeichnisserver abgelegte Information* wird vielfach mit der von Telefonbüchern verglichen. So wird nach der Organisation der US-amerikanischen Telefonbücher die Information über Unternehmen als *White Pages*, die Information über spezielle Dienste nach dem Branchenverzeichnis als *Yellow Pages* und die Information über die technischen Details und die angebotenen Schnittstellen als *Green Pages* bezeichnet.

UDDI verfolgt sowohl das Ziel, Web-Service-Nutzer beim Auffinden benötigter Dienste zu unterstützen, als auch den automatisierten Dienstaufruf zu ermöglichen. Ein gefundener Web-Service soll möglichst ohne Zusatzprogrammierung in einen komplexen Prozess eingebunden werden können. UDDI ist somit eine konkrete Realisierung eines Verzeichnisdienstes in einer service-orientierten Architektur.

Eine der Entwurfsgrundlagen von UDDI ist eine durchgängige Kategorisierung der Information im Verzeichnisserver. Ohne die Nutzung von Kategorien kann das Auffinden von Information sehr schwierig sein und hängt möglicherweise von zufälligen Wortwahlen ab. Um ähnliche Unternehmen, Dienste oder Typen von Diensten zu lokalisieren, werden Kategorien verwendet. UDDI erzwingt keine Nutzung eines Standards, schlägt aber beispielsweise den von der UNO entwickelten *UNSPSC* (Abkürzung von engl.: United Nations Standard Products and Services Code) vor, einen offenen, globalen und branchenübergreifenden Klassifikationscode für Produkte und Dienstleistungen.

Ein weiteres, wichtiges Entwurfsprinzip von UDDI war die genaue und unmissverständliche Identifikation, beispielsweise von Geschäftspartnern. Es könnte sehr leicht zu folgenschweren Missverständnissen führen, wenn zwei Unternehmen den gleichen oder sehr ähnliche Namen haben, und wenn durch eine Verwechslung plötzlich ein Geschäftsprozess über ein anderes Unternehmen abgewickelt würde. Aus diesem Grund werden bei UDDI möglichst eindeutige Firmenkennzeichner (Firmennummern) verwendet. Beispiele sind die achtstellige *DUNS* (Abkürzung von engl.: Dun & Bradstreet's Data Universal Numbering System) Nummer, die vor allem in den USA in Verwendung ist, oder die dreizehnstellige *GLN* (Abkürzung von engl.: global location number) Nummer, die gemeinsam mit der EAN koordiniert wird, oder auch Steuernummern. UDDI-Systeme, die nur in geschlossenen Systemen eingesetzt werden, können auch *eigene Identifizierungsmerkmale* verwenden.

Das von UDDI definierte Datenmodell ist in Abb. 7.2.4.3/1 dargestellt. Die eben beschriebenen *Kategorien* werden in diesem Modell durch das Attribut *categoryBag* und die *Unternehmensbezeichner* durch *identifierBag* repräsen-

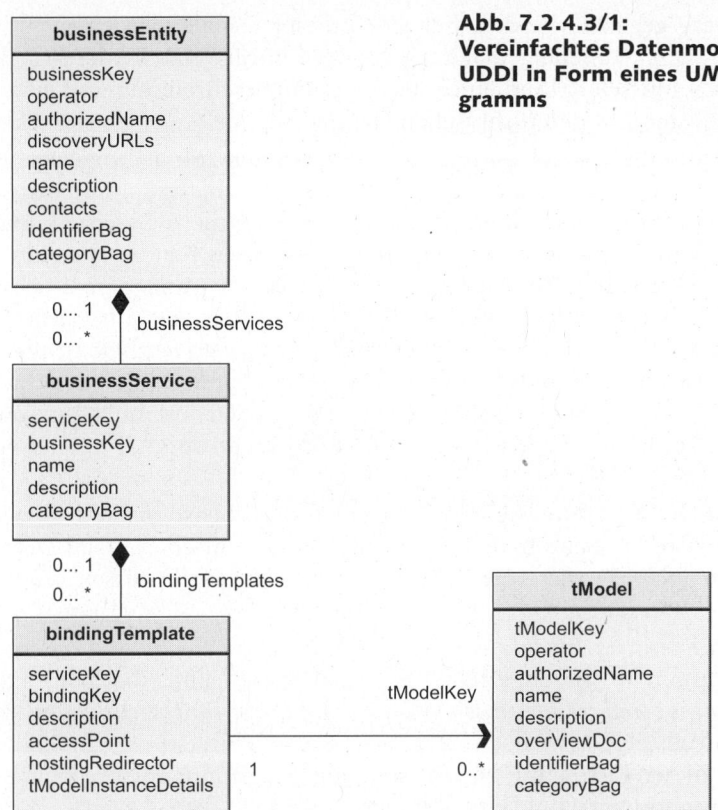

Abb. 7.2.4.3/1:
Vereinfachtes Datenmodell von UDDI in Form eines UML-Diagramms

tiert, wobei der Suffix „*Bag*" ausdrückt, dass ein mehrwertiges Attribut vorliegt. Im Wesentlichen stellt UDDI vier Objekttypen bereit:

- Eine *businessEntity* stellt eine Organisation dar, die Web-Services anbietet. Diese wird – etwas vereinfacht dargestellt – anhand eines Schlüsselattributs und durch Name, Adresse, Beschreibung und optionalen Kategorien (vordefinierte Schlagworte) beschrieben. Hier wird auch ein URL angeführt, über den ein Informationssuchender mehr über den Anbieter der Web-Services herausfinden kann (beispielsweise dessen Web-Auftritt). Die von dieser Organisation optional angebotenen Dienste werden als Aggregation der Organisationseinheit modelliert.

- Ein *businessService* ist ein Dienst, der von der Organisation angeboten wird. Auch diese Dienste werden durch ein Schlüsselattribut, den Namen, eine textliche Beschreibung und durch Kategorien definiert.

- Für einen angebotenen Dienst können wiederum mehrere *bindingTemplates* bestehen. Diese beschreiben, wie der jeweilige Dienst genutzt werden kann. Beispielsweise kann eine Überweisung über Web, E-Mail oder andere Kanäle in Auftrag gegeben werden. Für jeden dieser Kanäle werden spezifische Einträge in dieser Tabelle gemacht. Jeder der Einträge hat wiederum unter anderem ein Schlüsselattribut, einen Namen, eine Beschreibung und einen Verweis auf die Daten mit den technischen Details.

- Die technischen Details werden im so genannten *tModel* abgelegt (Kurzform von engl.: technical model). Auch in diesem Objekttyp sind Attribute wie ein eindeutiger Schlüssel, ein Name und eine textliche Beschreibung des Eintrags vorhanden. Zusätzlich existieren Kategorien für die erleichterte Suche. Ferner werden der Rechner, auf dem der Service angeboten wird und ein Ansprechpartner aufgeführt. Im *tModel* ist auch die technische Beschreibung enthalten (das Attribut mit der Bezeichnung *„overviewDoc"*), die beispielsweise aus einem WSDL-Dokument bestehen kann. Man muss hier erwähnen, dass die Entwicklung von UDDI und WSDL unabhängig voneinander erfolgte, und dass die beiden Systeme noch nicht optimal aufeinander abgestimmt sind.

Die von UDDI bereitgestellten Dienste werden ebenso als Web-Services angeboten und deren Schnittstellen mit WSDL beschrieben. Die *Dienste eines UDDI-Verzeichnisservers* orientieren sich an den Bedürfnissen seiner Nutzergruppen:

Für den *Dienstnachfrager* werden Funktionen zur Suche und die Information zum Dienstaufruf bereitgestellt. Für die Suche sind dies die Funktionen *find_business, find_relatedBusiness, find_binding, find_service* und *find_tModel*, die jeweils eine Liste der verfügbaren Ressourcen (so vorhanden) zurückliefern. Aus dieser Liste kann ein Anwendungsprogramm entsprechende Einträge auswählen und über Funktionen, in deren Namen *„find_"* durch *„get_"* ersetzt wurde, die Inhalte abfragen. Über diese Schnittstelle kann auch die Information für den dynamischen Funktionsaufruf (beispielsweise das WSDL-Dokument) übertragen werden.

Für den *Dienstanbieter* werden Funktionen bereitgestellt, durch die Einträge im Datenmodell vorgenommen, geändert oder gelöscht werden können. Es gelten ähnliche Namenskonventionen wie bei den Diensten für Nachfrager, wobei Präfixe wie *„add_", „delete_", „get_", „set_", „save_"* gefolgt von den Bezeichnern des Datenmodells verwendet werden.

Zusätzlich bietet UDDI noch umfangreiche Schnittstellen für die Verwaltung des Verzeichnisservers an. Generell können UDDI-Server repliziert werden (die Inhalte werden auf mehrere Serversysteme gespiegelt) und unterstützen umfangreiche Sicherheitseinstellungen. Zusätzlich bietet UDDI einen Verständigungsdienst, durch den ein Nutzer Benachrichtigungen über Änderungen eines oder mehrerer UDDI-Einträge anmelden kann.

Nutzungsszenario für UDDI und WSDL

Die technischen Beschreibungen des *tModels* können auch bei Suchfunktionen effizient genutzt werden. Ein wichtiges Attribut ist das bereits erwähnte Attribut *overviewDoc*, das einen Verweis auf eine Spezifikation enthält, die meist auf der Website des Dienstanbieters zugänglich gemacht wird. Grundsätzlich können diese Spezifikationen in beliebiger Sprache und für beliebige Anwendungsszenarien geschrieben werden, also beispielsweise auch natürlichsprachig. An dieser Stelle kann auch ein WSDL-Dokument genutzt werden.

Jeder der Einträge in der *tModel*-Tabelle erhält einen eindeutigen Schlüssel zugewiesen (Attribut *tModelKey*, siehe auch Abb. 7.2.4.3/1). Auch andere Dienste, die dieselbe Spezifikation unterstützen, sollen auf diese Instanz in den *BindingTemplates* ihrer Services verweisen. Wenn ein Nachfrager eine Schnittstelle in der *tModel*-Tabelle gefunden hat, die seinen technischen Anforderungen entspricht, kann er über den entsprechenden Schlüssel nach kompatiblen Dienstanbietern (*BusinessServices* in UDDI) suchen, deren *BindingTemplates* (genau genommen unter *tModelInstanceDetails* referenzierte *tModel*-Schlüssel) auf das gewünschte *tModel* verweisen.

Nehmen wir zum Beispiel an, ein abstrakter *Lieferprozess für Freilandeier* wäre von einer Landwirtschaftsbehörde standardisiert, mit einem tModel 2323 beschrieben und in einem UDDI-Verzeichnisserver abgespeichert (siehe Abbildung 7.2.4.3/2). Die Referenz auf das tModel im CategoryBag zeigt, dass es sich um eine WSDL-Beschreibung handelt. Ein Eierlieferant „Eier.at" publiziert seine Dienste ebenfalls in einem UDDI-Verzeichnis und klassifiziert seinen Lieferprozess als mit dem tModel 2323 konform: eine entsprechende Referenz des tModel-Schlüssels 2323 ist dann unter tModelInstanceDetails des BindingTemplates zu vermerken (siehe Abb. 7.2.4.3/3). Die Bindungsinformation für den Lieferanten „Eier.at" finden sich im WSDL-Dokument, das über das tModel mit dem Schlüssel „mein-eier.at-wsdl-key" gefunden werden kann. Da Eier ein weitgehend homogenes Gut sind, könnten beispielsweise Großbäckereien mithilfe des tModel-Schlüssels 2323 passende Dienstanbieter finden und einen dynamischen Aufruf des Eierbestellservices in ihren Bestellprozessen implementieren. Ein tatsächlicher

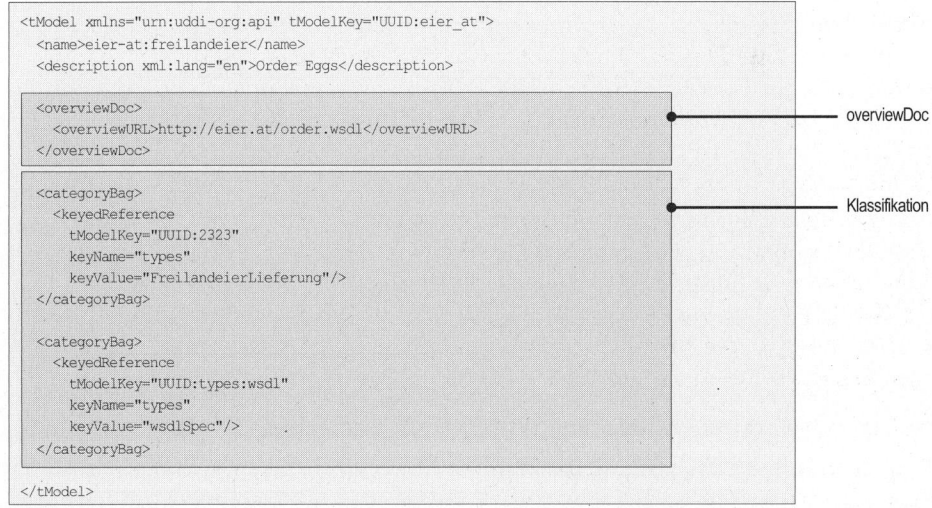

Abb. 7.2.4.3/2: Beispiel des tModels der Landwirtschaftsbehörde

```
<bindingTemplate
    serviceKey="Eier.at-Key"
    bindingKey="dieseBindung-Key">
  <accessPoint URLType="http">
    http://eier.at/soap-order
  </accessPoint>
  <tModelInstanceDetails>
    <tModelInstanceInfo tModelKey="mein-eier.at-wsdl-key" />
  </tModelInstanceDetails>
</bindingTemplate>
```

**Abb. 7.2.4.3/3:
Beispiel des bindingTemplates von „Eier.at"**

Lieferant wird dann jedes Mal erst während der Bestellung identifiziert. Dies könnte so geschehen, dass über die Suchfunktionen alle Eierlieferanten gesucht werden, die das tModel 2323 unterstützen. Die Bäckerei könnte den günstigsten auswählen und bei ihm bestellen.

▶ Übungsaufgabe Nr. 2.7.17 im Arbeitsbuch

7.2.4.4 Geschäftsprozessmodellierung mit Web-Services (BPEL4WS)

Wie Sie aus den vorhergehenden Abschnitten wissen, sind Web-Services in sich abgeschlossene Dienste, die über eine service-orientierte Architektur mittels SOAP, WSDL und UDDI bereitgestellt werden können. Für komplexere Interaktionen, wie beispielsweise Geschäftsprozesse, müssen allerdings eine Vielzahl von Diensten in einer definierten Reihenfolge genutzt werden. Dabei spielt der definierte Übergang zwischen verschiedenen Zuständen in dem Geschäftsprozess eine große Rolle.

Um einen Geschäftsprozess aus Web-Services zusammenzusetzen, sind zwei Betrachtungen zu unterscheiden, die interne Sicht und die externe Sicht:

• Die *externe oder auch öffentliche Sicht* auf einen Geschäftsprozess definiert hierbei die Reihenfolge der Nachrichten, die mit einem Geschäftsprozesstyp ausgetauscht werden können. Der Empfang einer passenden Nachricht bewirkt zur Laufzeit eine Zustandsänderung bei der Prozessinstanz. Der neue Zustand des Prozesses bestimmt wiederum die Menge von Nachrichten, die nun an den Prozess geschickt werden dürfen, und letztlich weitere Zustandsänderungen auslösen können. Aus externer Sicht stellt sich ein Prozess zunächst wie eine Black-Box hinter einer Schnittstelle dar, die man in WSDL beschreiben könnte. WSDL bietet jedoch keine Möglichkeiten, die verschiedenen Zustände und Zustandsübergänge zu beschreiben.

• Die *interne Sicht* auf einen Geschäftsprozess definiert hingegen, welche Funktionen wie zusammengefügt werden, wie und wo die entsprechenden Daten abgelegt werden, und welche externen Parteien im Rahmen des Geschäftsprozesses miteinander interagieren. Man kann dies mit einer White-Box vergleichen. In unserem Kontext werden die Funktionen mittels Web-Services definiert.

In Analogie zur darstellenden Kunst werden die beiden Aspekte auch Choreographie und Orchestrierung genannt.

> Unter der **Web-Service-Choreographie** (engl.: web service choreography) versteht man die Definition der externen Sicht auf Prozesse, die mittels Web-Services definiert werden. Die Choreographie definiert das Zusammenspiel und die Interaktion mehrerer beteiligter Parteien. Dazu gehört insbesondere die Modellierung des Verhaltens von Prozessen, das heißt, welche Nachrichten sie senden oder empfangen können, und welche Zustände sie einnehmen können.

Für die Beschreibung von Web-Service-Choreographien gibt es XML-basierte Auszeichnungssprachen, wie beispielsweise die von Hewlett-Packard vorgeschlagene *Web Service Choreography Language* (Abkürzung: *WSCL*) oder das *Web Service Choreography Interface* (Abkürzung: *WSCI*) des World Wide Web Consortiums. Vom W3C liegt auch bereits ein Entwurf für eine *Web Services Choreography Description Language* (abgekürzt: WS-CDL) vor.

> Unter der **Web-Service-Komposition** (engl.: web service composition) oder auch **Web-Service-Orchestrierung** (engl.: web service orchestration) versteht man die Definition der internen Sicht von Prozessen. Die Orchestrierung definiert, welche Funktionen in welcher Reihenfolge ausgeführt werden, an welche anderen Prozesse Teilaufgaben delegiert werden können, wie die Zustandsdaten eines Prozesses gespeichert oder Daten zwischen mehreren Formaten konvertiert werden müssen.

Auch für die Komposition von Geschäftsprozessen aus Web-Services gibt es bereits eigene XML-basierte Sprachen, wie die von der *Business Process Management Initiative* (einer internationalen Vereinigung von Unternehmen aus dem Bereich Geschäftsprozessintegration und Middleware) vorgeschlagene *Business Process Modeling Language (*Abkürzung: *BPML),* oder die *Business Process Execution Language for Web Services (*Abkürzung: *BPEL4WS),* die von Microsoft und IBM initiiert wurde und mittlerweile vom Industriekonsortium *OASIS* (Abkürzung von: organization for the advancement of structured information standards) betreut wird.

Wir konzentrieren uns in diesem Abschnitt auf die Sprache BPEL4WS (ausgesprochen „be-pel for web services", meist nur kurz „be-pel"), der eine hohe Bedeutung zugemessen wird. Geschäftsprozesse, die vollständig mit BPEL4WS beschrieben sind, können auf einer entsprechenden Workflow-Engine ausgeführt werden, die meist auf einem Applikationsserver eingerichtet wird. Die Workflow-Engine regelt den Kontroll- und Datenfluss für einen BPEL4WS-Prozess und stellt die Infrastruktur für den Austausch von SOAP-Nachrichten zur Verfügung. Zu jedem BPEL4WS-Prozess gibt es eine WSDL-Beschreibung, die die Operationen des Prozesses als Web-Services beschreibt. Somit kann man mit BPEL4WS aus einzelnen Web-Services neue komplexere Web-Services zusammensetzen.

> Eine **Prozessdefinition** mithilfe von **BPEL4WS** (Abkürzung von engl.: business process execution language for web services) umfasst die Definition der beteiligen Parteien, der Variablen zur Zwischenspeicherung von Nachrichten, die Definition des Kontrollflusses und der Fehlerbehandlung.

Die an einem Prozess *beteiligten Parteien* und deren Nachrichtenaustauschdefinitionen werden in BPEL4WS über so genannte `partnerLinks` definiert. Ein `partnerLink` legt die Rollen der internen und der externen Parteien fest. Dabei stellt die externe Partei den Geschäftspartner dar (`partnerRole`) und die interne Partei (`myRole`) denjenigen, der den Prozess bereitstellt. Bei der Ausführung einer Prozessinstanz wird die externe Partei mit einem SOAP-Endpunkt verbunden. Mit `PartnerLinkTypes` werden die wechselseitigen Anforderungen (bereitzustellende Operationen einer Web-Service-Schnittstelle) der interagierenden Partner definiert, die für die erfolgreiche Kommunikation gegeben sein müssen. Wenn lediglich eine Rolle definiert ist, können beliebige andere mit dieser Rolle kommunizieren ohne irgendwelche Bedingungen erfüllen zu müssen. Die Definition der `PartnerLinkTypes` ist eine WSDL-Erweiterung, die in der BPEL4WS-Spezifikation beschrieben wird.

Abb. 7.2.4.4/1 zeigt exemplarisch zwei `partnerLinks`, die in einem Einkaufsprozess benutzt werden. Der *partnerLink* „einkaufen" referenziert den `partnerLinkType` „`lns:purchasingLT`", der beschreibt, welche Schnittstellen interagierende Parteien unterstützen müssen, damit die Kommunikation funktioniert. Es ist lediglich eine `myRole` mit dem Namen „Verkäufer" definiert. Das heißt, dass beliebige externe Parteien den Dienst in Anspruch nehmen können, ohne selbst Anforderungen erfüllen zu müssen. Anders beim `partnerLink` „versenden": hier spielt die interne Partei die Rolle des Versenders, und die externe Partei übernimmt die Rolle des Empfängers. Das bedeutet, jeder externe Prozessteilnehmer, der die Empfängerrolle übernehmen will, muss die im `partnerLinkType` „`lns:shippingLT`" definierten Operationen der Rolle „`Empfänger`" unterstützen.

Die für einen Prozess definierten Variablen können empfangene Nachrichten zwischenspeichern. Der Typ der Variablen entspricht dem *Nachrichtentyp*, der in der entsprechenden WSDL-Schnittstelle angegeben ist. Der Nachrichtentyp wird gemäß der XML-Schema-Spezifikation definiert. Die Typen der definierten Variablen können sowohl komplex, als auch einfach sein. Die Variablen einer BPEL4WS-Prozessdefinition können nicht nur für das Speichern von Nachrich-

```
<partnerLinks>
    <partnerLink name="einkaufen"
        partnerLinkType="lns:purchasingLT"
        myRole="Verkäufer"/>
    <partnerLink name="versenden"
        partnerLinkType="lns:shippingLT"
        myRole="Versender"
        partnerRole="Empfänger"/>
</partnerLinks>
```

Rollenverteilung

**Abb. 7.2.4.4/1:
Definition einer Rollenverteilung aus einer BPEL4WS-Prozessdefinition**

```
<variables>
    <variable name="Bestellung" messageType="lns:POMessage"/>
    <variable name="Invoice"
        messageType="lns:lnvMessage"/>
    <variable name="Einkauf=Fehler"
        messageType="lns:orderFaultType"/>
    <variable name="Lieferanfrage"
        messageType="lns:shippingRequestMessage"/>
    <variable name="LieferInfo"
        messageType="lns:shippingInfoMessage"/>
    <variable name="Versandtermin"
        messageType=2lns:scheduleMessage"/>
</variables>
```
— Variablen

**Abb. 7.2.4.4/2:
Variablendefinitionen
aus einer BPEL4WS-Pro-
zessdefinition**

ten genutzt werden, sondern ebenso für zusätzliche prozessrelevante Daten (beispielsweise Kontrolldaten).

Abb. 7.2.4.4/2 zeigt eine Reihe von Variablendefinitionen eines BPEL4WS-Prozesses.
Für die Variable *Bestellung* ist der Nachrichtentyp lns:POMessage vermerkt. Dies
ist eine Referenz auf einen komplexen Typ nach XML-Schema, der die Struktur dieser
Nachricht definiert.

Damit eine Nachricht an die richtige Prozessinstanz geleitet wird, muss jede
Prozessdefinition ein so genanntes *Correlation-Set* spezifizieren, mit dessen
Hilfe die Prozessinstanz eindeutig identifizierbar ist.

> Ein **Correlation-Set** (engl.: correlation set) ist eine Menge von Verweisen
> auf spezifische Nachrichtenteile, die für eine Prozessinstanz eindeutig sind.
> Durch das Correlation-Set können Nachrichten an eine Prozessinstanz ein-
> deutig weitergeleitet werden.

Zum *Beispiel* kann eine Bestellnummer als identifizierendes Merkmal dienen, da es
nicht zwei Prozessinstanzen geben kann, die dieselbe Bestellnummer abwickeln. Eine
Nachricht, die an die Workflow-Engine gesendet wird, kann deshalb aufgrund der
Bestellnummer einer spezifischen Prozessinstanz zugeordnet werden.

Der *Ablauf eines Geschäftsprozesses* wird in BPEL4WS durch *elementare
Aktivitäten* (engl.: basic activity) und durch Anweisungen zu Steuerung der
Abfolge definiert, die als *strukturierte Aktivitäten* (engl.: structured activity)
bezeichnet werden. Die elementaren Aktivitäten entsprechen elementaren
Anweisungen an Web-Services oder der Workflow-Engine. BPEL4WS definiert
folgende elementare Aktivitäten:

- Ein einzelner Web-Service kann mittels invoke aufgerufen werden. Bei
  einem Aufruf müssen der partnerLink, etwaige Ein- und Ausgabevariab-
  len (beides wurde bereits zuvor definiert), die WSDL-Schnittstelle (Attribut
  portType) und die aufzurufende Operation der Schnittstelle angegeben werden.

- Um Nachrichten empfangen zu können, muss mittels receive ein Empfangs-
  kanal eingerichtet werden. Hierfür müssen ebenfalls der partnerLink, die
  WSDL-Schnittstelle und -Operation, sowie eine Variable zum Speichern der
  eingehenden Nachricht angegeben werden.

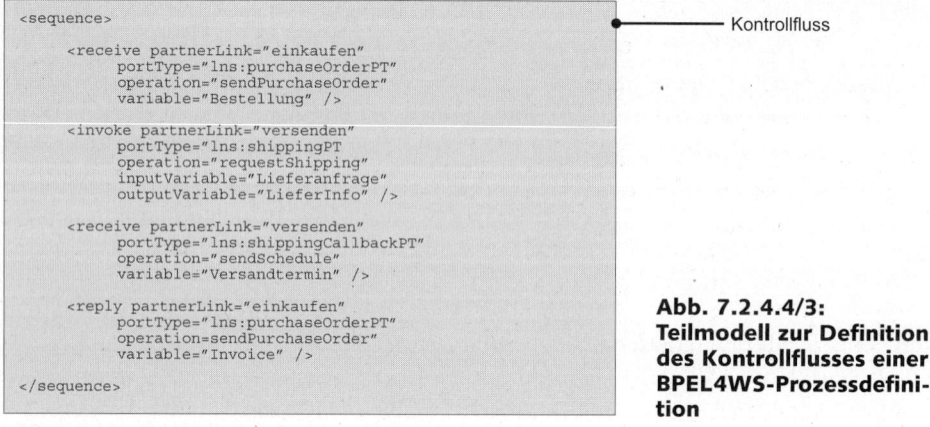

```
<sequence>                                           ●────  Kontrollfluss
    <receive partnerLink="einkaufen"
        portType="lns:purchaseOrderPT"
        operation="sendPurchaseOrder"
        variable="Bestellung" />

    <invoke partnerLink="versenden"
        portType="lns:shippingPT"
        operation="requestShipping"
        inputVariable="Lieferanfrage"
        outputVariable="LieferInfo" />

    <receive partnerLink="versenden"
        portType="lns:shippingCallbackPT"
        operation="sendSchedule"
        variable="Versandtermin" />

    <reply partnerLink="einkaufen"
        portType="lns:purchaseOrderPT"
        operation=sendPurchaseOrder"
        variable="Invoice" />

</sequence>
```

**Abb. 7.2.4.4/3:
Teilmodell zur Definition
des Kontrollflusses einer
BPEL4WS-Prozessdefini-
tion**

- Um eine eingegangene Nachricht synchron zu beantworten, wird reply verwendet. Hierfür müssen ebenfalls partnerLink, WSDL-Schnittstelle und
  -Operation, sowie eine Variable, aus der die Antwortnachricht gelesen werden soll, angegeben werden. Die Zuordnung zum passenden Empfänger
  erfolgt über den SOAP-Endpunkt, mit dem der partnerLink der Prozessinstanz verbunden ist.

BPEL4WS definiert noch weitere elementare Aktivitäten, wie beispielsweise
assign (Zuweisung von Werten an eine Variable), wait (ein Prozess soll eine
Zeitspanne warten), terminate (die Verarbeitung soll abgebrochen werden)
oder empty (Ausführung einer leeren Aktivität, wird programmtechnisch beim
Zusammenführen von mehreren Aktivitäten verwendet).

In Abb. 7.2.4.4/3 sehen Sie die Definition des Kontrollflusses eines BPEL4WS-Prozes-
ses. Die Aktivität sequence bedeutet, dass die eingeschlossenen Aktivitäten
(receive, invoke und reply) sequenziell ausgeführt werden. Die erste Aktivität
receive beschreibt den Empfang einer Bestellung vom externen Partner des partnerLink einkaufen über die Operation sendPurchaseOrder der WSDL-Schnittstelle lns:purchaseOrderPT, die nach Empfang in der Variable Bestellung
gespeichert wird. Anschließend wird ein requestShipping durch Versenden einer
Lieferanfrage aufgerufen. Die entsprechende Antwort wird in der Ausgabevariable
LieferInfo gespeichert. Danach wird die Benachrichtigung über einen Versand-
termin erwartet. Zuletzt wird die Rechnung aus der Variablen Invoice gelesen und
an den Käufer versendet.

▶ Übungsaufgabe Nr. 2.7.18 im Arbeitsbuch

Die elementaren Aktivitäten können mithilfe von *strukturierten Aktivitäten*
zu komplexen Prozessabläufen zusammengestellt werden. Die strukturierten
Aktivitäten können beliebig ineinander verschachtelt werden.

- Mittels sequence kann ein sequenzieller Kontrollfluss realisiert werden.
  Dies bedeutet, wie im obigen Beispiel, dass eine Aktivität nach der anderen

ausgeführt wird. Sollen hingegen in einem Prozess mehrere Aktivitäten parallel ablaufen, so kann man dies mit `flow` definieren.

- Ähnlich wie in Programmiersprachen existieren in BPEL4WS Steueranweisungen für iterative Ausführung *(while)* oder Fallunterscheidung *(switch)*. Die Steueranweisung `pick` ist ähnlich der Fallunterscheidung, allerdings ist `pick` eine blockierende Operation, die auf das Eintreffen einer von mehreren möglichen Nachrichten und auf das Verstreichen eines Zeitintervalls wartet.

Die Aktivität `compensate` zählt nicht direkt zu den strukturierten Aktivitäten, wird jedoch gleichartig gebildet. Mit `compensate` wird der entsprechende `compensationHandler` ausgerufen (siehe unten), wodurch fehlgeschlagene Aktivitäten rückgängig gemacht werden können.

Für jeden mit BPEL4WS definierten Prozess kann zusätzlich die Behandlung von speziellen Ereignissen definiert werden. Zur *Fehlerbehandlung* können so genannte `faultHandler` definiert werden, durch die jene Aktivitäten festgelegt werden, die beim Auftreten eines Fehlers durchgeführt werden sollen.

> Durch die *Fehlerbehandlung* kann so zum Beispiel auf das Fehlen von Adressdaten in einem Bestellprozess reagiert werden. Es könnte beispielsweise eine Aktivität zur Kompensation angestoßen werden, oder der Prozess könnte terminieren.

Für die allgemeine *Ereignisbehandlung* kann ein `eventHandler` ähnlich zum `faultHandler` definiert werden, der auf vordefinierte Ereignisse mit den darin definierten Aktivitäten reagiert.

> Zum *Beispiel* kann für die Annahme eines Angebots eine Frist definiert werden. Wenn bis zum Ende dieser Frist keine Antwort eingeht, kann ein entsprechender `eventHandler` eine Mahnung verschicken oder den Prozess beenden.

Eine Kompensation wird ähnlich wie ein Ereignis behandelt. Wenn eine Aktivität (beispielsweise eine langlebige Transaktion) fehlgeschlagen ist, kann (ausgelöst durch eine `compensate`-Aktivität) der `compensationHandler` eine Reihe von Aktivitäten durchführen, die die Wirkung der vorangegangenen Aktivitäten rückgängig machen. Dies entspricht einem Rollback von Datenbanktransaktionen, allerdings müssen die erforderlichen Aktivitäten durch den `compensationHandler` explizit modelliert werden.

> Man kann einen `compensationHandler` zum Beispiel verwenden, um die Stornierung einer Reisereservierung zu modellieren.

Abb. 7.2.4.4/4 zeigt die vollständige Definition des Geschäftsprozesses. Die Fehlerbehandlung behandelt Fehlernachrichten, die einen in SOAP angegebenen Fehlercode `lns:cannotCompleteOrder` enthalten. Bei Empfang einer entsprechenden Fehlernachricht wird eine Fehlermeldung an den Einkäufer versendet.

▶ Übungsaufgabe Nr. 2.7.19 im Arbeitsbuch

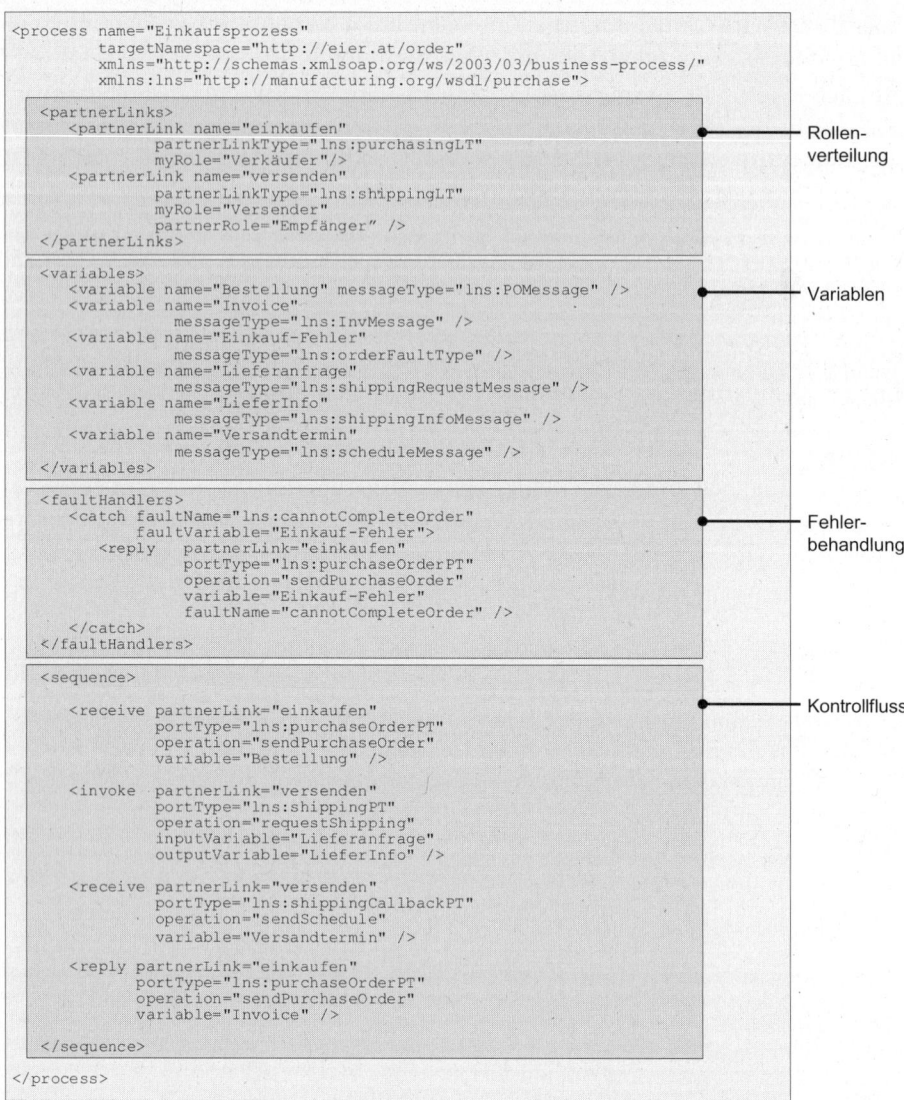

```
<process name="Einkaufsprozess"
        targetNamespace="http://eier.at/order"
        xmlns="http://schemas.xmlsoap.org/ws/2003/03/business-process/"
        xmlns:lns="http://manufacturing.org/wsdl/purchase">
  <partnerLinks>
    <partnerLink name="einkaufen"                                    ●────── Rollen-
              partnerLinkType="lns:purchasingLT"                             verteilung
              myRole="Verkäufer"/>
    <partnerLink name="versenden"
              partnerLinkType="lns:shippingLT"
              myRole="Versender"
              partnerRole="Empfänger" />
  </partnerLinks>

  <variables>
    <variable name="Bestellung" messageType="lns:POMessage" />      ●────── Variablen
    <variable name="Invoice"
              messageType="lns:InvMessage" />
    <variable name="Einkauf-Fehler"
              messageType="lns:orderFaultType" />
    <variable name="Lieferanfrage"
              messageType="lns:shippingRequestMessage" />
    <variable name="LieferInfo"
              messageType="lns:shippingInfoMessage" />
    <variable name="Versandtermin"
              messageType="lns:scheduleMessage" />
  </variables>

  <faultHandlers>
    <catch faultName="lns:cannotCompleteOrder"                      ●────── Fehler-
          faultVariable="Einkauf-Fehler">                                    behandlung
      <reply   partnerLink="einkaufen"
              portType="lns:purchaseOrderPT"
              operation="sendPurchaseOrder"
              variable="Einkauf-Fehler"
              faultName="cannotCompleteOrder" />
    </catch>
  </faultHandlers>

  <sequence>
    <receive partnerLink="einkaufen"                                ●────── Kontrollfluss
            portType="lns:purchaseOrderPT"
            operation="sendPurchaseOrder"
            variable="Bestellung" />

    <invoke  partnerLink="versenden"
            portType="lns:shippingPT"
            operation="requestShipping"
            inputVariable="Lieferanfrage"
            outputVariable="LieferInfo" />

    <receive partnerLink="versenden"
            portType="lns:shippingCallbackPT"
            operation="sendSchedule"
            variable="Versandtermin" />

    <reply partnerLink="einkaufen"
          portType="lns:purchaseOrderPT"
          operation="sendPurchaseOrder"
          variable="Invoice" />

  </sequence>
</process>
```

Abb. 7.2.4.4/4: Beispiel für die Definition eines BPEL4WS-Prozesses

7.2.4.5 Zusammenfassung

Durch den Einsatz von Web-Services und lose gekoppelten Informationssystemen erhofft sich die Wirtschaft eine Reihe von Vorteilen im Vergleich zu eng gekoppelten Middleware-Systemen. Diese sind zum Beispiel:

- *Einfache und unaufwändige Implementierung von (betriebsübergreifenden) Informationssystemen:* Existierende Web-Services können durch Kompositionssprachen wie BPEL4WS mit geringem Aufwand zu neuen, komplexen Web-Services zusammengefügt werden, die wiederum mittels UDDI Dritten angeboten werden können.

- *Die Bereitstellung von Internet-basierten Diensten für Dritte* wird häufig mit dem Akronym *ASP* (Abkürzung von engl.: application service provision, leicht zu verwechseln mit Microsofts Verwendung als Abkürzung für engl.: active server pages) bezeichnet. Man erhofft sich durch Web-Services hier wesentliche Vereinfachungen. Was der Webbrowser für B2C-Anwendungen erreicht hat, erhofft man von Web-Services bei der B2B-Anwendungsintegration.

- *Interoperabilität:* Web-Services greifen auf standardisierte Internet-Technologie zurück. Da diese weit verbreitet und für alle Plattformen verfügbar ist, können neue Anwendungen leicht mit existierenden Web-Services integriert werden.

- *Just-In-Time-Integration:* Lose gekoppelte Systeme können leichter auf den Ausfall einzelner Komponenten in verteilten Systemen reagieren, da der Dienst erst zur Laufzeit ermittelt wird. Über einen Verzeichnisdienst können in einem solchen Fall gleichwertige Dienste gesucht und dynamisch in Anspruch genommen werden.

- *Kapselung und Abstraktion:* Web-Services verbergen ihre interne Struktur vor den sie nutzenden Klientenprogrammen. Der Entwickler kann auf der Fachkonzeptebene arbeiten und benötigt keinerlei Wissen über die Implementierung der Web-Services.

- *IT-Herstellerunterstützung:* Dank der weiten Verbreitung von HTTP und XML können Web-Services auf eine breit verfügbare Infrastruktur zurückgreifen. Zudem sind nahezu alle bedeutenden Softwareanbieter intensiv in den Standardisierungsbemühungen rund um Web-Services engagiert.

7.2.5 Vergleich der vorgestellten Middleware-Ansätze

Die Tabelle in Abbildung 7.2.5/1 vergleicht die Charakteristika der vorgestellten Middleware-Systeme. Die Bezeichnung „nicht unterstützt" bedeutet nicht, dass es unmöglich ist, die entsprechende Funktionalität bereitzustellen, wenn man die entsprechende Middleware im Einsatz hat. Diese Funktionen können durch Drittprodukte oder durch Behandlung innerhalb der Applikationen realisiert werden. Beispielsweise kann die *Dienstkomposition* im Sinne einer Prozessdefinition mittels CORBA und einem Workflow-System (wie beispielsweise *WebSphere MQ Workflow)* realisiert werden.

	DCE	CORBA	Web-Services
Synchroner Dienst-aufruf	unterstützt	unterstützt	unterstützt
Asynchroner Dienst-aufruf	nicht unterstützt	unterstützt, als *Ein-wegdienstaufruf* oder *aufgeschobener synchroner Dienstaufruf*	unterstützt
Meldungsorientierte Kommunikations-muster	nicht unterstützt	Ereignis- und Notifikationsdienst	unterstützt
Dienstverzeichnis	lokales (CDS) und globales (GDS) Verzeichnis, Schnitt-stelle zu DNS	Schnittstellen-verzeichnis, Implementations-verzeichnis	beispielsweise UDDI
Schnittstellen-beschreibung	DCE-IDL	OMG-IDL	WSDL
Dienstkomposition	nicht unterstützt	nicht unterstützt	BPEL4WS
Transaktions-sicherheit	nicht unterstützt	unterstützt	zusätzliche Spezifika-tionen wie *WS-Transaction*
Fehlersemantiken	maybe, at-most-once	at-most-once, best effort delivery	zusätzliche Spezifika-tionen wie *WS-Reliability*

Abb. 7.2.5/1: Gegenüberstellung der vorgestellten Middleware-Systeme

▶ Übungsaufgabe Nr. 2.7.20 im Arbeitsbuch

7.3 Mobiler Code

Durch die Verwendung von mobilem Code steht eine weitere Middleware-Technik zur Verfügung, die von der Übermittlung von Aufträgen in Form von Dienstaufrufen und Argumenten deutlich abweicht. Durch mobilen Code kann ein Auftrag in Form eines Programms zwischen Systemen weitergegeben werden.

Als **mobiler Code** (engl.: mobile code) wird Programmcode bezeichnet, der zwischen zwei Rechnern ausgetauscht wird, und zumindest auf dem Zielrechner (meist in einer eingeschränkten Laufzeitumgebung) zur Ausführung gelangt. Im Fall einer objektorientierten Realisierung werden die übermittelten Programmiersprachenobjekte entsprechend als **mobile Objekte** (engl.:

mobile object) bezeichnet. Prinzipiell können beliebig komplexe (oder primitive) Programme/Komponenten die *Mobilitätseigenschaft* aufweisen. Dieses „Wandern" von Softwarekomponenten von Rechner zu Rechner bezeichnet man als **Programmmigration** (engl.: program migration).

Einen Serverrechner durch mobilen Code zu programmieren und ihm auf diese Weise beispielsweise klientenbezogenes Verhalten beizubringen, bezeichnet man als *Remote-Programming* (Abkürzung: RP).

Der wesentliche Vorteil von Remote-Programming im Vergleich zu einer Realisierung über RPC liegt in der Reduktion der Anzahl der ausgetauschten Meldungen. Benötigen zwei verteilte Komponenten für die Lösung eines Problems eine intensive Kommunikation, so muss für jede Teilaufgabe eine entsprechende Nachricht ausgetauscht werden. Jeder Nachrichtenaustausch ist mit einer Latenz verbunden, die auch nicht durch Erhöhung der Rechenleistung oder durch Erhöhung der Übertragungskapazität verbessert werden kann (siehe auch Kapitel 6 dieses Bandes). Durch Remote-Programming ist es allerdings möglich, an Stelle von vielen einzelnen Anfragen zur Lösung von Teilaufgaben eine gesamte (komplexe) Aufgabe in Form eines Programms zu versenden, das auf dem Zielrechner ausgeführt wird. Das übertragene Programm kann auf dem Zielrechner effizient mit der Service-Komponente interagieren und das Gesamtergebnis wiederum zum Klienten transferieren. Es sind somit nur zwei (wahrscheinlich etwas umfangreichere) Kommunikationsakte notwendig. Die Latenz spielt eine weit geringere Rolle. Das System kann von Kapazitätssteigerungen bei der Übertragungs- oder Rechenleistung profitieren.

Die Abb. 7.3/1 zeigt einige der Unterschiede zwischen einer RPC-basierten Lösung im Vergleich zu einer Lösung unter Verwendung von mobilem Code. Teilgrafik (a) zeigt, dass RPC-Ansätze im Vergleich zu mobilem Code in Teilgrafik (b) eine wesentlich höhere Anzahl von Nachrichten über das Netzwerk austauschen müssen.

In jüngster Zeit sind mehrere mobile Code-Systeme entstanden, die eigens für eine Verwendung in großen Rechnernetzen wie dem Internet entworfen wurden. Außerdem existieren auch mobile Code-Systeme, die speziell für den Zweck der *Lastverteilung* (engl.: load balancing) in relativ kleinen lokalen Rechnernetzen entwickelt wurden. Hierbei wird die Rechenlast möglichst gleichmäßig auf alle Rechner eines lokalen Rechnerverbunds verteilt.

Neben der Eignung für die Verteilung der Rechenlast bestehen die *Vorteile von mobilen Code-Systemen* unter anderem darin, dass die Code-Mobilität unter der Kontrolle des Anwendungsentwicklers steht und in der Möglichkeit zur expliziten Berücksichtigung des gegenwärtigen Ortes bei der Ausführung des mobilen Codes. Beispielsweise kann ein mobiler Code je nach Anwendung explizit zu einem Datenbanksystem, einem Rechner mit spezieller Hardware oder im Internet zu einem elektronischen Geschäftsplatz migrieren.

Eines der ältesten, weit verbreiteten Einsatzgebiete von mobilem Code sind beispielsweise *PostScript-Drucker*. PostScript ist eine Programmiersprache mit speziellen Zei-

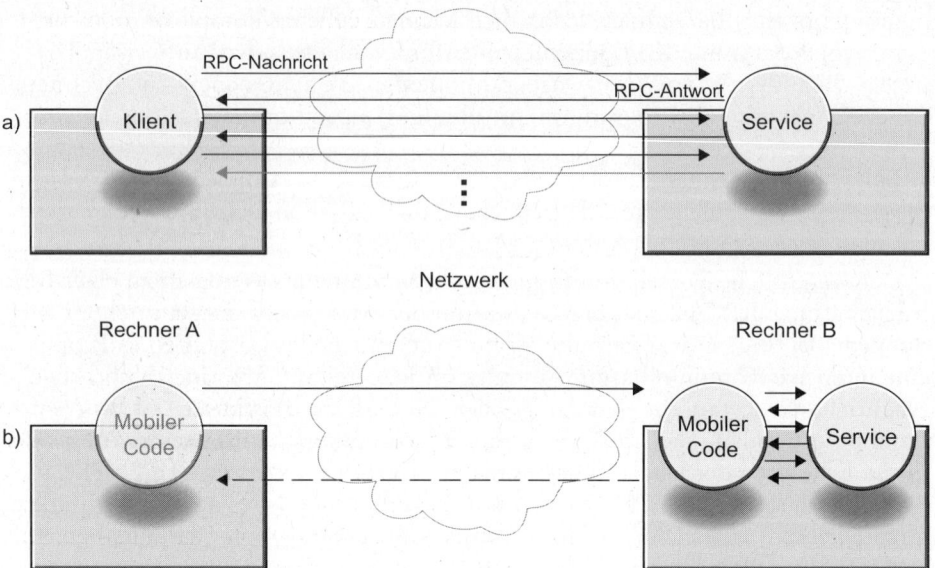

Abb. 7.3/1: RPC im Vergleich zu mobilem Code

chenoperationen für Drucker. Ein Druckauftrag mittels PostScript enthält die Übertragung eines Programms, das zum Drucker geschickt und dort ausgeführt wird.

Ein **mobiles Code-System** (engl.: mobile code system; Abkürzung: MCS) stellt eine Softwareinfrastruktur zur Verfügung, die die Verwendung von mobilem Code in einem Rechnernetz ermöglicht. In einem solchen Netz verfügen die einzelnen Rechnerknoten jeweils über eine bestimmte Laufzeitumgebung für mobilen Code. Mobiler Code, der für diese Laufzeitumgebung entwickelt wurde, kann innerhalb des MCS migrieren und dessen Dienste in Anspruch nehmen.

Die *Laufzeitumgebung* (engl.: runtime environment) bietet dem mobilen Code hierzu einen Kommunikationsdienst und den Zugriff auf weitere Dienste an, wie zum Beispiel einen Persistenzdienst (ermöglicht die dauerhafte Speicherung des Zustands von mobilen Programmen) oder einen Verzeichnisdienst. Des Weiteren gewährt die Laufzeitumgebung dem mobilen Code einen gewissen Schutz vor unberechtigten Zugriffen und schirmt umgekehrt den jeweiligen Rechner vor Übergriffen durch den mobilen Code ab.

Programmiersprachen, die nicht (direkt) in Maschinencode übersetzt werden (wie zum Beispiel Java oder Tcl), werden aufgrund ihrer inhärenten Vorteile bezüglich der Portabilität und sicheren Ausführung von Programmcode bevorzugt für mobilen Code verwendet.

Verschiedene Middleware-Techniken wie CORBA und mobiler Code schlie-ßen einander nicht aus, sondern können ergänzend eingesetzt werden.

Häufig wird mobiler Code auch als *Softwareagent* bezeichnet. Aufgrund unterschiedlicher Verwendungen dieses Begriffes soll an dieser Stelle eine etwas genauere Betrachtung vorgenommen werden. Im alltäglichen Sprachgebrauch versteht man unter einem Agenten einen *Stellvertreter* oder *Bevollmächtigten*, der im Auftrag eines anderen bestimmte Handlungen durchführt.

> Ausgehend von diesem Agentenbegriff interpretiert man einen **Software-agenten** (engl.: software agent) als eine Softwarekomponente, die eine bestimmte Aufgabe erfüllt, mit Personen oder anderen Softwarekomponen-ten interagiert und bis zu einem gewissen Grad autonome Entscheidungen trifft. Softwareagenten können mobil oder stationär sein.

Der Begriff des Softwareagenten wird sowohl im Bereich der Künstlichen Intelligenz (Abkürzung: KI) als auch auf dem Gebiet der verteilten Systeme ver-wendet. Aus dem spezifischen Blickwinkel der jeweiligen Disziplin stehen aller-dings verschiedene Gesichtspunkte im Mittelpunkt des Interesses:

- Im Bereich der Künstlichen Intelligenz liegt der Schwerpunkt der Betrachtun-gen auf den *kognitiven Fähigkeiten* der Agenten, wie sie im eigentlichen Sinne nur dem Menschen zugerechnet werden. Ein besonderes Augenmerk wird hierbei auf die Planungs-, Lern- und Adaptionsfähigkeit in Bezug auf das Pro-blemlösungsverhalten der Agenten gerichtet.

- Auf dem Gebiet der verteilten Systeme gilt das Hauptinteresse der *Mobilität* von Agenten, das heißt der Fähigkeit zur Migration innerhalb eines Rechner-systems. Ein Agent migriert, indem sein Programmcode und sein interner

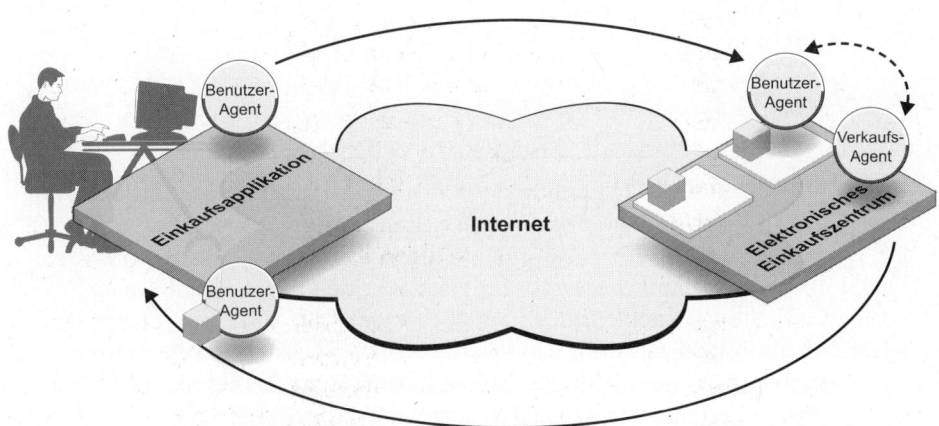

Abb. 7.3/2: Mobile Softwareagenten

Zustand in eine Bytefolge umgewandelt werden (diese Operation entspricht dem Marshalling beim RPC) und über ein Kommunikationsmedium an einen anderen Rechner übermittelt werden. Der Zielrechner setzt anschließend die Ausführung des Agenten fort. Diese Agenten erfüllen bestimmte Aufträge für ihre Benutzer und machen hierzu insbesondere von ihrer Mobilität Gebrauch.

Es ist anzumerken, dass auch im Fachgebiet der Künstlichen Intelligenz häufig von einer Mobilität der Agenten ausgegangen wird; sie ist hierbei jedoch keine zentrale, sondern lediglich eine zusätzliche Eigenschaft und nicht zwingend erforderlich. Durch neuere Entwicklungen, wie zum Beispiel bei der effizienten und intelligenten Informationsrecherche im WWW, findet derzeit eine Annäherung der beiden Disziplinen statt.

Im Zusammenhang mit Softwareagenten steht bei verteilten Systemen das Merkmal der *Codemobilität* im Mittelpunkt. Daher werden hier zum Teil auch Komponenten, die zwar mobil sind, jedoch bei weitem keine autonomen Entscheidungen treffen können, als *„mobile Agenten"* bezeichnet.

Mit Bezug auf die obige Unterscheidung kann ein mobiler Agent im Sinne der Künstlichen Intelligenz als mobiler Code bezeichnet werden, die Umkehrung gilt jedoch nicht zwingend. Die Überschneidungen und die uneinheitliche Definition des Agentenbegriffs ist vor allem auf das relativ junge Alter und die damit verbundene (relative) Unreife dieses Forschungsbereichs zurückzuführen.

▶ Übungsaufgabe Nr. 2.7.21 im Arbeitsbuch

7.4 Verteilte Softwaresysteme

In diesem Abschnitt werden beispielhaft die wichtigsten Typen von verteilten Softwaresystemen vorgestellt. Wir gliedern diese in verteilte Datenbanksysteme, verteilte Anwendungssysteme und verteilte Web-Systeme, wobei die Abgrenzung nicht scharf gezogen werden kann. In den folgenden Abschnitten gehen wir beispielhaft auf typische Problemstellungen in diesen Bereichen ein.

7.4.1 Verteilte Datenbanksysteme

Unter einem **verteilten Datenbanksystem** (engl.: distributed database system) versteht man ein Datenbanksystem, das als verteiltes System realisiert ist. Dabei werden logisch zusammengehörende und gemeinsam verwaltete Daten einer Datenbank physisch auf mehrere, durch ein Rechnernetz verbundene Rechner verteilt. Ein lokales Teilsystem der verteilten Datenbank kann dabei vielfach autonom (ohne Hilfe der anderen Teilsysteme) lokale Anwendungen bedienen. Darüber hinaus unterstützt das lokale Teilsystem globale Dienste, die über das Netzwerk abgewickelt werden.

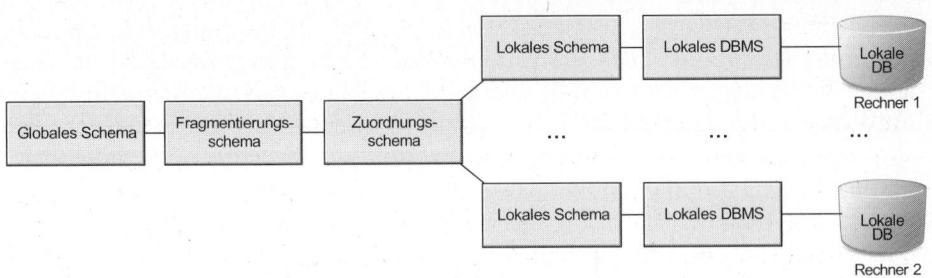

Abb. 7.4.1/1: Prinzipieller Aufbau und Entwurf eines verteilten Datenbanksystems

Das gesamte verteilte Datenbanksystem besteht also im Gegensatz zu einem Client-Server-System aus einer Reihe von lokalen, autonomen und gleichrangigen Teilsystemen, die über ein Netzwerk kommunizieren können. Aus der Verteilung ergeben sich Anforderungen, die über die eines nicht verteilten Datenbanksystems (siehe Kapitel 5 dieses Bandes) hinausgehen.

Abb. 7.4.1/1 zeigt den prinzipiellen Aufbau und Entwurf eines verteilten Datenbanksystems. Der Entwurf des *globalen Schemas* orientiert sich am Fachkonzept und entspricht dem Entwurf eines Schemas für ein zentrales Datenbanksystem.

Das *Fragmentierungsschema* stellt eine Zerlegung des globalen Schemas in überschneidungsfreie Fragmente dar. Diese Fragmentierung kann auf zwei Arten erfolgen:

- Bei der *horizontalen Fragmentierung* wird eine Relation in überschneidungsfreie Tupelmengen zerlegt. Ein Teil der Tupel wird einem Fragment zugewiesen, ein Teil einem anderen. Die Auswahlmethode entspricht der *Selektion* der relationalen Algebra.

- Bei der *vertikalen Fragmentierung* wird ein Teil der Attribute einer Relation einem Fragment, die Restmenge dem anderen Fragment zugewiesen. Die Auswahlmethode entspricht der *Projektion* der relationalen Algebra.

Es ist darüber hinaus möglich, beide Fragmentierungsstrategien zu kombinieren. Man bezeichnet dies als *hybride Fragmentierung*. Als Kriterien für die Definition der Fragmente zählen neben organisatorischen Aspekten auch die Zugriffsmuster, die pro Server die häufigsten Anfragen betrachten. Durch unterschiedliche Verteilung der Fragmente können die Antwortzeiten stark beeinflusst werden.

Beispielsweise können mittels *horizontaler Fragmentierung* die Verkaufsumsätze pro Filiale auf dem jeweiligen Filialdatenbankserver gehalten werden. Die dezentralen Datenbankserver können gemeinsam die unternehmensweite Datenbank bilden.

Ein Beispiel für eine *vertikale Fragmentierung* können Datenbanksysteme sein, die sich an der funktionalen Strukturierung des Unternehmens orientieren. Beispielsweise wird ein Teil der Personaldaten (etwa Gehalt, Familienstand, Steuernummer) im System der Personalverrechnung geführt, und ein weiterer Teil im Projektplanungssystem (etwa Umsatzziel oder Vereinbarungen).

Als weiterer Entwurfsschritt zeigt Abb. 7.4.1/1 das Zuordnungsschema. Das *Zuordnungsschema* definiert die Aufteilung der gebildeten Fragmente auf Server und bildet die Brücke zu den lokalen Schemata. Grundsätzlich sollte diese Zuordnung *redundanzfrei* erfolgen, da zur Erhaltung der Konsistenz bei der redundanten Speicherung mehrfache Änderungsoperationen notwendig werden. Bei einer redundanzfreien Zuordnung wird jedes Fragment auf genau einem Server angesiedelt.

Für manche Anwendungen kann auch eine redundante Datenhaltung wünschenswert sein, beispielsweise aus Leistungsgründen. Bei der *Zuordnung mit Replikation* kann ein Fragment mehreren Servern zugeordnet werden. Dies empfiehlt sich vor allem, wenn die Daten vorwiegend gelesen werden. Bei Schreib- oder Löschoperationen müssen die Änderungen an alle redundanten Datenbestände weitergegeben werden. Es ist daher sinnvoll, nur solche Daten redundant zu halten, die sehr selten geändert werden.

Im Allgemeinen gelten für die Fragmentbildung aus Korrektheitsgründen folgende Regeln:

- *Rekonstruierbarkeit:* Aus dem fragmentierten Datenbestand muss der Datenbestand des globalen Schemas wieder hergestellt werden können.
- *Vollständigkeit:* Jedes Datenelement muss einem Fragment zugeordnet sein.
- *Überschneidungsfreiheit:* Jedes Datenelement darf maximal nur einem Fragment zugeordnet werden. Bei der vertikalen Fragmentierung kann dieses Kriterium jedoch nicht konsequent eingehalten werden, da die Schlüsselelemente der fragmentierten Datensätze redundant mitgeführt werden müssen, um den Datenbestand im globalen Schema wieder zusammenführen zu können.

Die lokalen Schemata in Abb. 7.4.1/1 entsprechen denen von nicht verteilten Datenbanksystemen.

In verteilten Datenbanken wird eine Transparenz angestrebt, die von den Verteilungsaspekten abstrahiert. Das allgemeine Ziel ist, dass ein Benutzer (ein Anwendungssystem) möglichst wenig Wissen über die Verteilungsaspekte haben muss und mit dem verteilten Datenbanksystem wie mit einem lokalen arbeiten kann. Dadurch können die Verteilungsaspekte verändert werden, ohne dass die die Datenbank nutzenden Anwendungen angepasst werden.

Die wichtigste Form der Transparenz ist die *Ortsunabhängigkeit* (engl.: location transparency), durch die ein Benutzer (ein Anwendungssystem) kein Wissen über den Speicherort der Daten benötigt. Hierbei können zwei Stufen unterschieden werden:

- *Fragmentierungstransparenz* (engl.: fragmentation transparency): Bei dieser Stufe kann der Benutzer mit dem globalen Schema arbeiten und das verteilte Datenbanksystem trägt dafür Sorge, dass die Operationen korrekt an die passenden darunter liegenden Fragmente weitergegeben werden. Der Benutzer benötigt hierbei keinerlei Wissen über die Fragmentierung.
- *Zuordnungstransparenz* (engl.: allocation transparency): Bei dieser Stufe muss der Benutzer das für ihn relevante Fragment kennen, muss allerdings

nicht wissen, auf welchem Server sich das Fragment befindet. In dem Beispiel der Personalverrechnung müsste ein Benutzer wissen, dass hierfür ein eigenes Personalverrechnungsfragment existiert.

Ein verteiltes Datenbanksystem sollte auch die *Replikationstransparenz* (engl.: replication transparency) unterstützen. Durch die Replikationstransparenz können Datenbankfragmente redundant gehalten werden und das Datenbankverwaltungssystem garantiert die Konsistenz der Fragmente bei Änderungen. Dieser Änderungsdienst kann allerdings sehr aufwändig werden.

Abschließend ist zu sagen, dass durch eine etwas sorglose Fragmentbildung sehr leicht ein höchst ineffizientes Datenbanksystem geschaffen werden kann. Wenn beispielsweise eine Applikation häufig einen *Verbund* (engl.: join) *über mehrere verteilte Tabellen* durchführt, so kann es notwendig sein, dass jedes Tupel der beteiligten Tabellen über das Netzwerk ausgetauscht wird. Dies kann vor allem bei umfangreichen Tabellen und relativ beschränkten Übertragungskapazitäten zu prohibitiv schlechten Antwortzeiten führen.

▶ Übungsaufgabe Nr. 2.7.22 im Arbeitsbuch

7.4.2 Anwendungsintegration

Web-Services werden durch ihre Eigenschaft der *losen Kopplung von Systemen* auch zunehmend bei der Anwendungsintegration eingesetzt.

> Unter der **betriebsübergreifenden Anwendungsintegration** (engl.: enterprise application integration; Abkürzung: EAI) versteht man die Integration von heterogenen, autonomen Anwendungssystemen, die entweder innerhalb eines Betriebs oder zwischen Betrieben (beziehungsweise unabhängigen Organisationen) stattfindet. Die Anwendungsintegration wird durch eine *lose Kopplung* (engl.: loose coupling) von Anwendungssystemen wesentlich vereinfacht.

Während bis in die 1990er Jahre die Hoffnung bestand, komplexe und übergreifende Informationssysteme für unterschiedliche, weitgehend autonome Organisationseinheiten „aus einem Guss" zu entwerfen und zu realisieren, hat sich dies zunehmend als praktisch nicht lösbares Problem herausgestellt. Dies liegt zum Teil an der *Komplexität der Gesamtaufgabe:* Innerhalb einer komplexen Organisation ändern sich laufend Teilaspekte, die eine Anpassung des Informationssystems erfordern. Gleichzeitig werden die Innovationszyklen kürzer und erfordern laufend Anpassungen der Organisationen.

Werden in unterschiedlichen Organisationen Informationssysteme entworfen, so werden diese an den Gegebenheiten und Zielen dieser Organisation ausgerichtet. Bei einer späteren Integration der Systeme erschweren diese Unterschiede die Zusammenführung. Zusätzlich erfordert die fortschreitende Spezialisierung immer spezifischere Informationssysteme, sodass selbst umfangreiche Standardanwendungspakete im Bereich des Enterprise-Resource-Planning (Abkürzung: ERP) nur mehr Teilbereiche abdecken können. Hinzu kommt noch, dass die *standardmäßigen Teillösungen* der Softwareanbieter oft unterschiedlich gut dem Anforderungsprofil eines Anwenders entsprechen, wobei die Anpassungsmöglichkeiten jedes Systems naturgemäß beschränkt sind.

Aus diesen Gründen besteht häufig der Wunsch, getrennt entwickelte Informationssysteme zu einem kooperierenden Gesamtsystem zu integrieren. Dabei handelt es sich sowohl um Teillösungen von verschiedenen Anbietern, als auch um bestehende und funktional zufrieden stellende *Altsysteme* (engl.: legacy systems), die auf diesem Wege zusammengeführt werden.

Vielfach ergibt sich der Integrationsbedarf aus der Automatisierung von *funktionsbereichsübergreifenden Geschäftsprozessen*. Teilsysteme haben oft den Fokus auf bestimmte funktionale Anwendungsbereiche, wie beispielsweise das Finanz- und Rechnungswesen. Geschäftsprozesse verlaufen jedoch über die definierten Funktionsbereiche hinweg. Existieren hier getrennte Informationssysteme, müssen diese integriert werden. Ähnliche Anforderungen entstehen, wenn betriebs*übergreifende Informationssysteme* (engl.: inter-organizational information systems, Abkürzung: IOS) etwa entlang einer Wertschöpfungskette geschaffen werden, bei denen Informationssysteme von unterschiedlichen Betrieben (die jeweils für die Anforderungen des jeweiligen Betriebs entwickelt worden sind) integriert werden sollen.

Aus diesen Beispielen wird erkennbar, dass die lose Integration von Anwendungssystemen auch einen wichtigen Einfluss auf die mittelfristige Geschäftsentwicklung besitzen kann. Werden Teilsysteme eingesetzt, die nicht im Design aufeinander abgestimmt sind (wie beispielsweise Standardanwendungssoftware unterschiedlicher Hersteller oder unterschiedliche Altsysteme), so entstehen vielfältige Integrationsprobleme. Oft ist die Folge, dass in den Teilsystemen überlappende Teillösungen existieren, die sowohl die zu verarbeitenden Geschäftsdaten als auch den Funktionsumfang der Systeme betreffen.

Für die lose Integration von Anwendungssystemen unterscheidet man mehrere prinzipielle Integrationsarten, je nachdem, auf welcher Schicht die Integration stattfindet: Integration auf der *Persistenzschicht*, auf der *Anwendungs-* und auf der *Präsentationsschicht*.

7.4.2.1 Integration auf der Persistenzschicht

Die Persistenzschicht bezeichnet hier die dauerhaft gespeicherten Daten (im Gegensatz zu den flüchtigen Daten, die beispielsweise im Arbeitsspeicher während des Programmablaufs gehalten werden).

Die Integration von Anwendungen über (zwischen-)gespeicherte Daten wird als **Anwendungsintegration auf der Persistenzschicht** (engl.: application integration on the persistence layer) bezeichnet.

Wir unterscheiden hier weiter zwischen dem *Informationsaustausch zwischen Informationssystemen über Dateien* und dem *Informationsaustausch über ein Datenbanksystem.*

Informationsaustausch über Dateien

Die einfachste Form des Informationsaustausches bildet der *Dateiaustausch.* Dabei erzeugt eine Anwendung A eine Datei, die Anwendungsdaten enthält. Dieser Vorgang wird *Export aus A* genannt. In einem zweiten Schritt liest eine andere Anwendung B die Datei ein, sie *importiert* die in der Datei gespeicherten Daten. Damit der Informationsaustausch ohne Informationsverlust funktioniert, müssen die beiden Anwendungen A und B dasselbe Dateiformat benutzen und das gleiche semantische Verständnis über die Feldinhalte besitzen. Vielfach ist ein Transformationsprogramm notwendig, um das Exportformat eines Programms an das Importformat des Zielsystems anzupassen. Diese Form des Informationsaustausches wird bei EDI eingesetzt (siehe Band 1, Kapitel 5), wobei auf standardisierte Austauschformate (beispielsweise in XML) Wert gelegt wird. Ein Vorteil des Dateiaustausches besteht darin, dass die Integration keinerlei Wissen über die Implementierung der Anwendungen erfordert. Nachteile sind darin zu sehen, dass die Verwaltung der Austauschdateien vielfach mühsam ist und keinerlei weitergehende Interaktion erlaubt.

Informationsaustausch über heterogene Datenbanken

Liegen die Daten in unterschiedlichen Datenbanken vor, so spricht man von einem *heterogenen Multidatenbanksystem*, in dem eine *Datenintegration* erfolgen soll (eine andere Bezeichnung sind *föderierte Datenbanken).* Die Daten liegen in autonomen und heterogenen Datenquellen vor, für die bereits *lokale Schemata* (engl.: local schema) bestehen. Diese sollen über ein *globales Schema* (engl.: global schema) integriert werden.

Im Gegensatz zu verteilten Datenbanken sind allerdings die Teilschemata nicht aufeinander abgestimmt. Ein Ansatz zur Zusammenführung der Daten ist der Einsatz eines Mediators, der die heterogenen Quellschemata zu einem globalen Schema zusammenführt und die Abbildungen zwischen dem globalen und den lokalen Quellschemata (sowie etwaig notwendige Dateninhaltstransformationen) durchführt.

Die Heterogenität kann vielfacher Natur sein:
- *Unterschiede in der Plattform:* verschiedene Betriebssysteme (unterschiedliche Zeichensätze), verschiedene Datenbankverwaltungssysteme.
- *Unterschiede auf Ebene von Syntax und Struktur:* unterschiedliche Relationenschemata oder unterschiedliche Codierungen (beispielsweise unterschiedliche Schreibweisen für Namen oder Postleitzahl, unterschiedliche Zeichensätze).
- *Unterschiede auf semantischer Ebene:* Namenskonflikte, wie beispielsweise *Synonyme* (unterschiedliche Bezeichnungen für semantisch gleiche Attribute) oder *Homonyme* (gleiche Bezeichnungen für semantisch unterschiedliche

Attribute; siehe Abschnitt 5.5.4.2), Einsatz unterschiedlicher Einheiten (Kilogramm versus Pfund), unterschiedliche Messgenauigkeiten.

In der Realität tritt meist eine Kombination dieser drei Problembereiche auf. Bei der Integration muss eine automatisierbare Abbildung zwischen den unterschiedlichen Definitionen geschaffen werden. Dies geschieht häufig durch *Ontologien* (siehe Abschnitt 5.5.4), bei denen entweder zwischen einzelnen Datenmodellen Äquivalenzrelationen definiert werden, oder bei denen die einzelnen Datenmodelle auf eine generelle Definition abgebildet werden. Letzteres besitzt den Vorteil, dass die Anzahl der notwendigen Definitionen geringer ist als bei den bilateralen Abbildungen, wodurch die Erweiterbarkeit gegeben ist und die Wartungskosten geringer sind.

Bei der Integration werden Anfragen an das globale Schema vom Mediator in Anfragen an die jeweiligen Quellschemata übersetzt (siehe Abb. 7.4.2.1/1).

Meist erfolgt die Integration virtuell, das heißt, die Daten werden nicht im globalen Schema abgespeichert. Bei dieser *virtuellen Integration* (engl.: virtual integration) unterscheidet man zwei Strategien:

1. Die Strategie *Local-as-View* gibt ein globales Schema vor und bildet die lokalen Schemata auf das globale ab. Das lokale Schema wird dabei als *Sicht* (engl.: view) auf das globale Schema definiert.
2. Die Strategie *Global-as-View* verfährt genau umgekehrt: das globale Schema wird als Sicht auf die lokalen Schemata definiert.

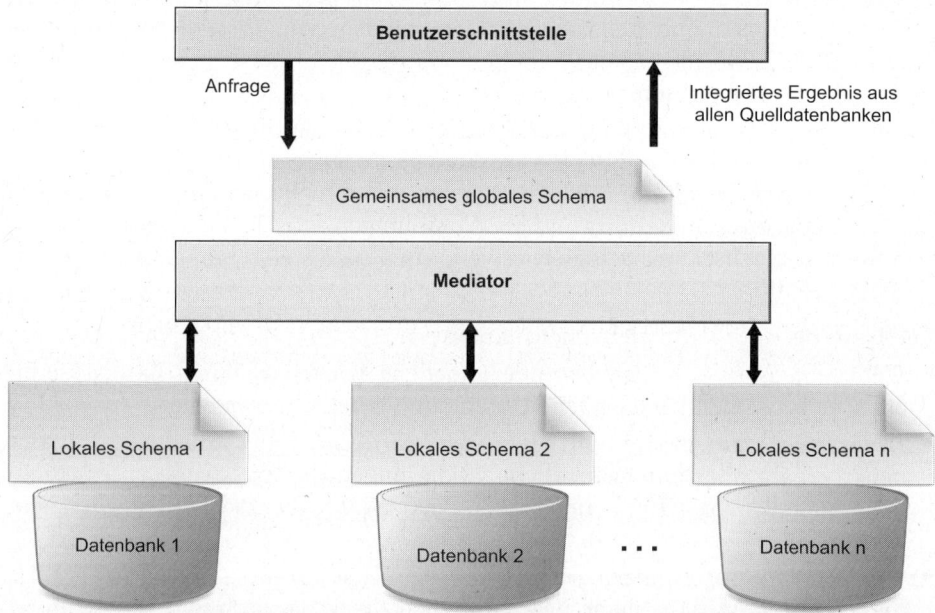

Abb. 7.4.2.1/1: Integration von lokalen Schemata über einen Mediator

Im Gegensatz zu der virtuellen Integration werden bei der *materialisierten Integration* (engl.: materialized integration) Datensätze von Datenquellen in eine integrierte Datenbank (ganz oder teilweise) kopiert. Dieses Vorgehen ist bei Data-Warehouse-Systemen typisch, um mit Abfragen nicht die operativen Systeme in ihrer Leistungsfähigkeit einzuschränken.

7.4.2.2 Integration auf der Anwendungsschicht

Bei der **Anwendungsintegration auf der Anwendungsschicht** (engl.: application integration on the application layer) werden in den beteiligen Applikationen Schnittstellen geschaffen (oder bestehende Schnittstellen genutzt), damit die laufenden Anwendungen direkt miteinander kommunizieren können. Dies erfolgt vielfach durch Middleware.

Ein Vorteil dieser Integrationsform gegenüber der Integration auf der Persistenzschicht ist, dass die Anwendungen die angefragten Werte nicht zwingenderweise vorhalten und speichern müssen, sondern dass diese bei Bedarf in der benötigten Form erzeugt werden. Ein weiterer wichtiger Vorteil ist, dass die Anwendungen unmittelbar auf Anfragen reagieren können, beispielsweise sofort Fehlersituationen weiterleiten können. Auf diese Weise kann ein Protokoll auf der Schicht der Anwendung festgelegt werden.

Bei der Integration auf der Anwendungsschicht wird je nach Middleware-Typus zwischen nachrichtenbasierter und RPC-basierter Integration unterschieden.

Die **nachrichtenbasierte Integration** (engl.: message based integration) beruht auf dem Austausch von Nachrichten zwischen Applikationen. Diese Integrationsform ist eine Weiterentwicklung des Dateiaustausches auf der Persistenzschicht, wobei die ausgetauschten Daten nicht persistent gespeichert werden müssen.

Mithilfe eines Middleware-Systems können komplexe Interaktionsmuster definiert werden, die Middleware kann den kompletten Nachrichtenverkehr zwischen den verschiedenen Anwendungen abwickeln. Über asynchrone Nachrichten besteht eine lose Koppelung zwischen den zu integrierenden Systemen, die die Wartung und Weiterentwicklung der beteiligten Teilsysteme vereinfacht.

Bei der RPC-basierten oder **funktionalen Integration** (engl.: functional integration) stellen die Anwendungen Funktionen über RPC wechselseitig zur Verfügung.

Dabei werden die entfernten Funktionsaufrufe als lokale Aufrufe gekapselt. Die Anwendungen können ihre eigenen Daten autonom verwalten und können benötigte fremde Daten über einen RPC-Aufruf von der anderen Anwendung erhalten. Ist diese Kopplung eng und erfordert der Aufruf Wissen über die Interna der Systeme (wie beispielsweise Programmiersprachen, Datentypen, Zustand), kann bald ein unübersichtliches Geflecht von Abhängigkeiten entstehen, das die Wartung der funktional integrierten Systeme schwierig macht.

Da Web-Services eine sehr breite Unterstützung seitens der Softwarehersteller erfahren, werden sie auch zunehmend für die betriebsübergreifende Anwendungsintegration eingesetzt. Innerhalb eines Betriebs sind die unzureichenden Sicherheitsfunktionen von Web-Services oft zweitrangig, da die beteiligten Rechner als vertrauenswürdig gelten. Durch die Web-Service-Standards lässt sich ein herstellerunabhängiges Rahmenwerk schaffen, das eine sehr lose Kopplung unterstützt und eine hohe Investitionssicherheit vermuten lässt. Besonders vielversprechend erscheint dabei die Kopplung auf Prozessebene, wie sie beispielsweise von BPEL4WS unterstützt wird.

7.4.2.3 Integration auf der Präsentationsschicht

Vielfach wird auch die *Integration auf der Präsentationsschicht* als eigenes Integrationsmuster betrachtet.

> Bei der **Anwendungsintegration auf der Präsentationsschicht** (engl.: application integration on the presentation layer) werden die bestehenden Benutzerschnittstellen eines Anwendungssystems genutzt, um automatisiert mit weiteren Anwendungssystemen Daten auszutauschen. Diese Integrationsform eignet sich auch für Programme, die nur in ausführbarer Form (als Black-Box) vorliegen.

Dies ist in vielen Fällen eine wohl nicht optimale, doch aber relativ einfach zu realisierende Technik, bei der für die Integration ausschließlich die Interaktionsmöglichkeiten genutzt werden können, die (interaktiven) Benutzern über die Benutzeroberfläche zur Verfügung stehen. Für das integrierte System (das Black-Box-System) erscheint das integrierende System als (virtueller) Benutzer. Eine typische Ausprägung dieser Integrationsform ist das *Screen-Scraping* (engl.: screen scraping), bei dem ein Programmsystem über eine Terminalemulation die Eingabeformulare von beispielsweise Host-Anwendungen abruft und automatisch mit Daten befüllt.

Eng verwandt mit Screen-Scraping ist das *Web-Scraping* (engl.: web scraping), bei dem das Ziel ist, systematisch Daten von (öffentlichen) Web-Angeboten zu extrahieren. Ein spezielles Klientenprogramm ruft wie ein Webbrowser das Web-Angebot ab, untersucht den retournierten HTML-Text und extrahiert daraus die interessierende Information, die automatisiert weiterverwendet werden kann. Diese Extraktion basiert auf vordefinierten Regeln, die sich an der Präsentationsstruktur des HTML-Textes orientieren (beispielsweise an Tabellen, Überschriften, Aufzählungslisten). Wenn sich allerdings die Struktur und

Aufbereitung einer Webseite substanziell ändern, müssen diese Regeln angepasst werden.

> Auf diese Weise lassen sich beispielsweise virtuelle Web-Kataloge realisieren, die Produkte und Preise von konkurrierenden Unternehmen kompakt zusammenstellen.

▶ Übungsaufgabe Nr. 2.7.23 im Arbeitsbuch

7.4.3 Verteilte Web-Systeme

Durch die steigende Internet-Nutzung steigt auch die Anzahl der potenziellen Benutzer der öffentlich zugänglichen Webserver. Die Nutzungsintensität der Server unterscheidet sich allerdings wesentlich. Während wenig genutzte Server etwa bis zu 10.000 *Anfragen* (engl.: hits) pro Tag verarbeiten, werden andere Server oft viele Millionen Mal pro Tag angefragt. Die Verarbeitungsgeschwindigkeit pro Anfrage kann dabei ebenso schwanken. Während auf heutigen Intel-basierten Maschinen ein Webserver je nach verfügbarer Bandbreite und Rechenleistung leicht über 1.000 statische Web-Ressourcen pro Sekunde liefern kann, ist die Berechnung von dynamischen Web-Inhalten weit aufwändiger. Man spricht von einer *statischen Web-Ressource*, wenn diese als Datei im Dateisystem des Webservers abgelegt ist.

> Ein typisches Beispiel für eine statische Web-Ressource ist eine HTML-Datei oder eine Bilddatei, die ohne weitere Verarbeitungslogik vom Webserver verschickt werden kann.

Dynamische Web-Ressourcen werden erst beim Einlangen einer Anfrage auf einem Webserver zusammengestellt. Dadurch ergibt sich die Möglichkeit zur Individualisierung und Personalisierung, bei der der Inhalt der Webseite bei jeder Anfrage anders gestaltet werden kann. In den meisten Fällen werden die Inhalte auf Basis einer Datenbank zusammengestellt, in der beispielsweise ein Produktkatalog und Benutzerdaten gespeichert sind. Vor allem in stark individualisierten Portalen und Content-Management-Systemen wird praktisch jede Information, von einzelnen Ankündigungen über Beiträge in Foren bis zu Berechtigungen der Benutzer, in der Datenbank gehalten.

> Das Datenbankschema des *E-Learning-Systems Learn@WU* besteht aus mehreren hundert Tabellen und Views. Diese dienen dazu, jedem Benutzer die Information auf seinem persönlichen Portal bereitzustellen, die ihn betrifft. Diese Information reicht von Kursen, die von dem Studierenden belegt wurden, über deren Hausübungen, individualisierte Neuigkeiten bis zum persönlichen Kalender und Stundenplan. Ein erheblicher Anteil der Tabellen wird für Verwaltungsinformation genutzt (Gruppenmitgliedschaften, Berechtigungen, Konfigurationsdaten, Protokolldaten, etc.).

Die fortschreitende Nutzung von Datenbanksystemen in Webservern hat allerdings auch einen Nachteil: Die Beantwortung einer Anfrage über eine Datenbank kann leicht über einen Faktor 1.000 länger dauern, als die Beantwortung der Anfrage aus statischen Ressourcen.

Der Unterschied in der Frequentierung von wenig und stark genutzten Angeboten ist im Bereich öffentlich zugänglicher Web-Systeme wesentlich höher als bei anderen Informationssystemen, da die Grundgesamtheit der Nutzer ungleich höher ist, und zudem die Nutzungsintensität stets auch eine Funktion des sich stetig ändernden Konkurrenzangebots im Web ist. Zudem können Lastspitzen durch böswillige Attacken (Denial-of-Service-Attacken, siehe Band 1, Kapitel 2) und auch durch so genannten *Flash-Crowds* entstehen. Damit ist eine ungewöhnlich große Benutzerzahl gemeint, die plötzlich zugleich eine Webseite besucht. Die Flash-Crowds werden durch *Flash-Events* (Ereignisse, wie beispielsweise Werbekampagnen, Schlagzeilen oder andere besonders öffentlichkeitswirksame Ereignisse) auf ein Web-Angebot aufmerksam. Ist der Flash-Event vorbei, tritt wiederum ebenso plötzlich Normalisierung ein. Durch diese Flash-Events werden die Antwortzeiten deutlich länger. Die gehäuften Anfragen können einen Webserver derart stark belasten, dass einzelne Nutzer oder schlimmstenfalls niemand mehr das Angebot nutzen kann.

Erschwerend kommt hinzu, dass mit abnehmendem Antwortzeitverhalten die vom Benutzer wahrgenommene Dienstqualität abnimmt. Untersuchungen haben gezeigt, dass Benutzer ein Antwortzeitverhalten von über 4 Sekunden als sehr störend empfinden und – wenn möglich - Alternativangebote nutzen. Dadurch kann der etwas paradox erscheinende Fall auftreten, dass durch eine erhöhte Benutzerzahl wohl kurzfristig die Frequenz der Zugriffe zunimmt. Durch die Beliebtheit steigen die Antwortzeiten, die Benutzer stufen das Angebot als zu träge ein und meiden es in Zukunft. Dadurch nimmt letztendlich die Frequentierung wieder ab. Die Nutzungsschwelle, ab der Benutzer ein System als zu träge einstufen, liegt bei etwa 4 Sekunden (siehe Abb. 7.4.3/1).

Dies lässt sich auch empirisch nachweisen: Untersuchungen von Menascè zeigen, dass bei höheren Nutzungszahlen durch erhöhte Antwortzeiten die Umsätze von E-Shops abnehmen. Bereits eine Erhöhung der Frequenz um 30 Prozent kann zu einem Umsatzverlust von 95 Prozent führen (Abb. 7.4.3/2).

Die Dimensionierung der Hard- und Software ist somit gerade für Web-Systeme ein relativ schwieriges Problem. Um die einzelnen Nutzer adäquat bedie-

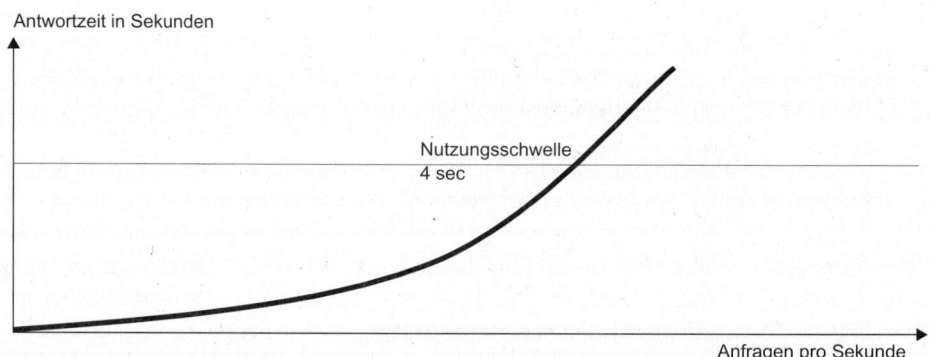

Abb. 7.4.3/1: Nutzungsschwelle und Antwortzeitverhalten (nach D.A. Menascè)

Frequenz	Aktuell	Aktuell + 10%	Aktuell + 20%	Aktuell + 30%
Suchoperationen/Tag	92.448	101.693	110.938	120.182
Antwortzeit (in Sekunden)	2,9	3,8	5,7	11,3
Verkaufstransaktionen/Tag	4.622	5.085	2.219	300
Verkaufsreduktion (in Prozent)	0	0	60	95
Potenzieller Umsatz/Tag (relativ zu Suchoperationen)	1.664	1.831	1.997	2.163
Umsatz/Tag (in 1.000$)	1.664	1.831	799	108
Entgangener Umsatz	0	0	1.198	2.055

Abb. 7.4.3/2: Entgangener Umsatz durch hohe Antwortzeiten (nach D.A. Menascè)

nen zu können, benötigt man eine skalierbare Architektur vor allem seitens der Webserversoftware, wobei hier vielfach Systeme eingesetzt werden, die speziell für Hochlastanwendungen entwickelt wurden.

Ein *Beispiel* hierfür ist der *AOLserver*, ein Webserver, der von America Online (AOL) für deren Hochlast-Sites entwickelt und im Jahr 2000 als Open-Source zur Verfügung gestellt wurde. Die Serversoftware zeichnet sich durch intensive *Mehrfachnutzung von Rechnerressourcen* (engl.: resource sharing) aus, wobei wichtige Ressourcen in *Pools* zusammengefasst werden (engl.: resource pooling) und so zur raschen Benutzung zur Verfügung stehen. Der AOLserver verwaltet einen Thread-Pool (jede Anfrage wird in einem *Verbindungs-Thread* (engl.: connection thread) getrennt behandelt, wodurch die parallele Abarbeitung unter Nutzung von Mehrprozessorsystemen erreicht wird) und mehrere Datenbankverbindungs-Pools (zu einer oder mehreren Datenbanken werden 20 oder mehr parallele Verbindungen geöffnet, über die SQL-Anfragen ausgetauscht werden).

Durch besser skalierbare Software lassen sich große Verbesserungen erzielen. Oft reicht allerdings auch dies nicht aus und die Webserver müssen auf mehrere Rechner verteilt werden. Dies ist bei Webservern mit statischen Inhalten (und somit idempotenten Diensten; siehe auch Abschnitt 7.1.3) relativ leicht realisierbar. Soll allerdings ein gemeinsamer Zustand verwaltet werden (etwa bei einem Platzbuchungssystem oder einem E-Shopping-System), so muss eine zentrale Datenbank (die leicht zum Engpass werden kann) oder ein komplexer Synchronisierungsdienst realisiert werden.

Bei der Verteilung von Anfragen auf mehrere Webserver ist es erstrebenswert, dass ein Benutzer nichts von dieser Verteilung sieht und den Eindruck behält, mit einem einzelnen Server zu kommunizieren. Obwohl mehrere Rechner mit unterschiedlichen Adressen die Anfragen beantworten, soll dem Benutzer immer die gleiche Adresse gezeigt werden. Die Verteilung lässt sich generell mit unterschiedlichen Techniken realisieren:

- Beispielsweise kann ein *DNS-Server* für einen veröffentlichten Domain-Namen je nach Anfrage unterschiedliche IP-Adressen aus einem Pool retournieren (engl.: rotary domain name system). Dies ist eine sehr einfache Lösung, die allerdings nicht zu einer Verheimlichung der internen Struktur beiträgt, da der Anfrager sieht, dass er mit einem anderen Rechner verbunden wurde.

- Eine andere Lösung kann auf der *Vermittlungsschicht* erfolgen, wobei ein Router (siehe Kapitel 6 dieses Bandes) eine Adressumsetzung und die Lastverteilung vornimmt. Nach außen hin erscheint der Router als Webserver.

- Bei der *Lastverteilung auf der Anwendungsschicht* kann ein so genannter *Reverse-Proxy-Server* eingesetzt werden, der die entgegengenommenen HTTP-Anfragen an weitere Server weiterleitet. Diese Lösung hat gegenüber den zuvor genannten Methoden mehrere Vorteile: Spezielle URLs können auf unterschiedliche Rechner weitergeleitet werden, bei Bedarf können URLs gezielt auf andere Rechner verlagert werden, mehrere einzelne Webserver können nach außen hin als ein gemeinsames Angebot auftreten.

Bei den letzten beiden Lösungen agieren der Router beziehungsweise der Reverse-Proxy-Server als Frontend-Server und die nachgelagerten Webserver als Backend-Server. Die Aufgabe der *Lastverteilung* (engl.: load balancing) in einem entsprechenden Server-Cluster besteht aus der Analyse hereinkommender HTTP-Anfragen und deren Zuteilung an die entsprechenden Backend-Server.

Für die bestmögliche Auslastung der Backend-Server muss der Frontend-Server laufend deren Status und Verfügbarkeit überprüfen. Je nach Realisierung kann dies beispielsweise über einfache Echo-Anfragen oder aus dem Status der letzten Weiterleitungen (beziehungsweise der Weiterleitungsversuche) erfolgen.

Die Reihenfolge, in der die einzelnen Backend-Webserver vom Lastverteiler angesprochen werden, hängt vom verwendeten Verteilalgorithmus ab. Generell stehen hierfür statische, dynamische und zustandsabhängige Verfahren zur Verfügung. Bei *statischen Verfahren* erfolgt die Zuteilung an Backend-Server im Vorhinein, bei den *dynamischen Verfahren* erfolgt dies zum Zeitpunkt des Eintreffens der Anfrage. Die *zustandsabhängigen Verfahren* sind eine Sonderform der dynamischen Verfahren, bei denen sichergestellt werden muss, dass alle Anfragen, die den gleichen Zustand verlangen, vom gleichen Backend-Server behandelt werden.

> Ein *Beispiel für zustandsabhängige Anfragen* ist ein Einkaufskorb bei Web-Shop-Systemen, bei dem ein Benutzer über mehrere HTTP-Anfragen hinweg seinen Einkaufskorb füllt. Wird der Einkaufskorb im flüchtigen Speicher des Webservers gehalten, so kennt nur dieser Webserver den Inhalt des Einkaufskorbs und ist für dessen Verwaltung zuständig.

Nachfolgend werden einige der Lastverteilungsalgorithmen für verteilte Web-Systeme zusammengefasst. Die erste Gruppe betrifft einfache, dynamische Verfahren:

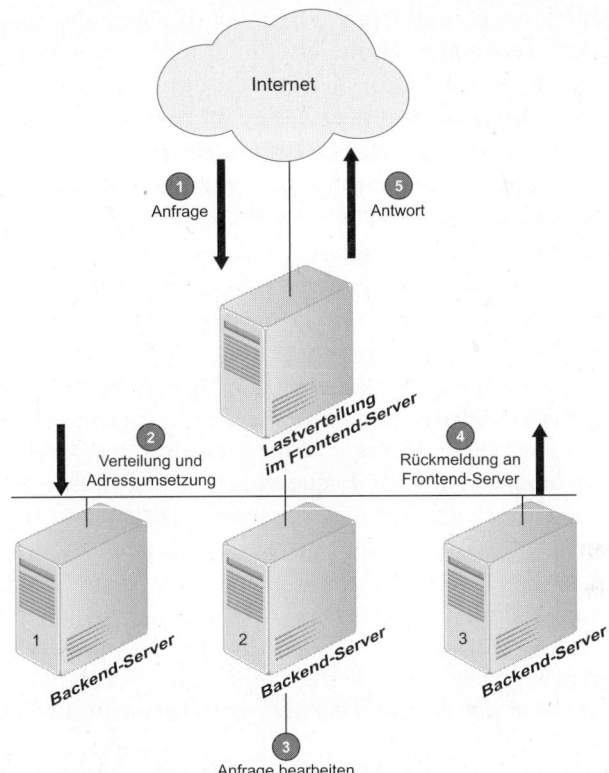

Abb. 7.4.3/3: Cluster von Webservern mit Lastverteilung

- Bei der Lastverteilung nach dem *Round-Robin-Verfahren* werden Anfragen an den Lastverteiler sequenziell auf die in Frage kommenden Backend-Server verteilt. Die Anfragen werden nacheinander reihum an die Backend-Server geleitet, die aktuelle Serverlast oder Rechenleistung des Servers findet hierbei keine Berücksichtigung. Eine Weiterentwicklung ist das gewichtete Round-Robin-Verfahren (engl.: weighted round robin), bei dem eine Gewichtung gemäß der Rechenleistung herangezogen wird.

- Bei der Lastverteilung nach dem *Prinzip der minimalen offenen Verbindungen* (engl.: least connection) wird eine eingehende Anfrage an denjenigen Webserver weitergeleitet, der zurzeit am wenigsten *offene Verbindungen* (engl.: established connections) besitzt und somit gerade am wenigsten Klientenanfragen bedient. Bei der Behandlung von gleichartigen Anfragen verhält sich die Anzahl der offenen Verbindungen proportional zur Last der CPU der Backend-Server. Dies ist ein sehr häufig eingesetzter Algorithmus zur Lastverteilung.

- Bei der Lastverteilung auf Basis der *geringsten Bandbreite* (engl.: least bandwidth) wird eine Anfrage an den Webserver weitergeleitet, dessen aktuell offene Verbindungen zusammen genommen die geringste Bandbreite benötigen. Diese Art der Verteilung findet häufig bei Streaming- oder FTP-Servern Verwendung, da hier nicht von der Anzahl der Verbindungen auf die Serverlast geschlossen werden kann.

- Bei der Lastverteilung auf Basis der *kürzesten Antwortzeit* (engl.: fastest response time) erhält der Server mit der kürzesten Antwortzeit die eingehende Anfrage zugeteilt. Dieses Verfahren wird häufig bei Routern eingesetzt.

Die *zustandsabhängigen Verfahren* werden benötigt, wenn beispielsweise Cookies immer an den gleichen Server weitergegeben werden müssen (vergleiche die oben skizzierte Einkaufskorb-Applikation), oder wenn verschlüsselte Verbindungen (beispielsweise über SSL) immer vom gleichen Backend-Server behandelt werden müssen, da nur dieser den Sitzungsschlüssel kennt.

Beim Einsatz eines Reverse-Proxy-Servers, der auf Basis der angefragten URL und des HTTP-Kopfteils Anfragen einem bestimmten Backend-Server (oder einer Gruppe von gleichartigen Backend-Servern) zuweist, spricht man auch von einer *inhaltsbasierten Lastverteilung* (engl.: content based load balancing).

So können beispielsweise durch inhaltsbasierte Lastverteilung alle Anfragen an Bilddateien an einen speziellen Bildserver weitergeleitet werden.

Die Abb. 7.4.3/4 zeigt die aktuelle Rechnerkonfiguration des E-Learning-Systems Learn@WU, das vor allem in der Grundausbildung der Wirtschaftsuniversität Wien eingesetzt wird und bis zu vier Millionen Anfragen pro Tag beantwortet. Alle Anfragen werden von einem Reverse-Proxy-Server (Open-Source-Produkt *pound*) über abgesicherte SSL-Verbindungen entgegengenommen. Dieser Server ist alleine für die Verschlüsselung zuständig und leitet die Anfrage über inhaltsbasierte Lastverteilung

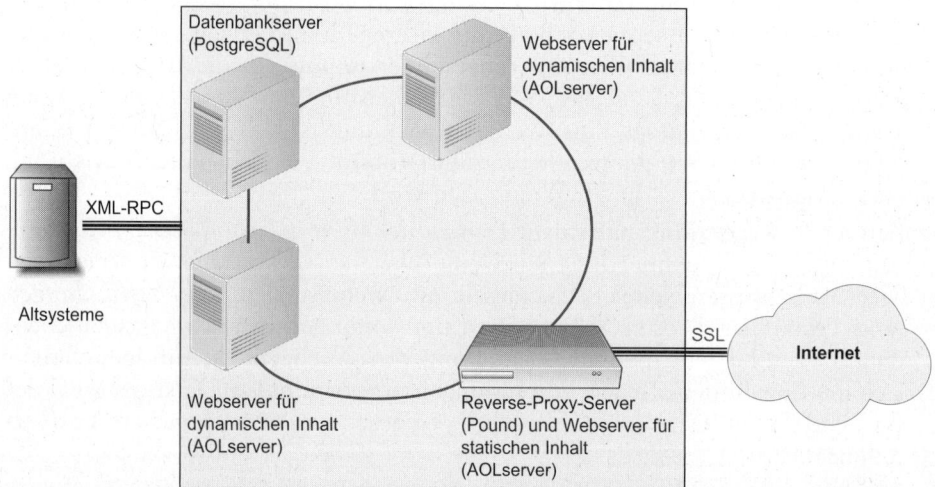

Abb. 7.4.3/4: Inhaltsbasierte Lastverteilung im Learn@WU-System

an die drei Webserver weiter, wobei der für statischen Inhalt zuständige am selben Rechner installiert ist. Hier können bereits zwei Drittel der Anfragen beantwortet werden. Die rechenaufwändigen Anfragen, die dynamisch Webseiten zusammenstellen und personalisieren, werden an Webserver geleitet, die auf eigenen Rechnern installiert sind und mit dem Datenbankserver interagieren. Das gesamte System interagiert über XML-RPC (eine Form des RPCs mit Marshalling in XML, die einfacher als SOAP zu realisieren war) mit den Altsystemen, über die beispielsweise Prüfungsanmeldungen durchgeführt werden oder das elektronische Vorlesungsverzeichnis verwaltet wird.

▶ Übungsaufgabe Nr. 2.7.24 im Arbeitsbuch

7.5 Marktsituation und Entwicklungstendenzen

7.5.1 An Bedeutung gewinnende Technologien

In diesem Abschnitt skizzieren wir wichtige Technologien, die im Bereich von verteilten Systemen in den letzten Jahren an Bedeutung gewonnen haben. Manche der Technologien werden bereits vereinzelt im kommerziellen Umfeld eingesetzt, bei anderen ist mit einer größeren Verbreitung erst in ein paar Jahren zu rechnen. In den folgenden Unterabschnitten lernen Sie die Grundkonzepte von Peer-to-Peer-Systemen, von Pervasive und Ubiquitous Computing und von Grid-Computing kennen.

7.5.1.1 Peer-to-Peer-Systeme

Unter einem **Peer-to-Peer-System** (engl.: peer-to-peer system; Abkürzung: P2P-System) versteht man ein Kommunikationssystem, bei dem jedem Teilnehmer (Knoten) dieselben Möglichkeiten der Kommunikation zur Verfügung stehen und jeder Teilnehmer direkt Verbindungen zu anderen Teilnehmern aufbauen kann. Das Wort *peer* steht dabei für *Gleichrangiger*. Ein Knoten in einem P2P-System kann sowohl als Klient als auch als Server fungieren.

Ein P2P-System stellt ein flüchtiges Kommunikationsnetz dar, mit dessen Hilfe Endbenutzer, welche dieselbe P2P-Software verwenden, direkt untereinander Daten austauschen können, ohne hierfür einen zentralen Rechner zu benötigen (siehe Abb. 7.5.1.1/1).

Prominente Beispiele für P2P-Software für den Austausch von Musikdateien zwischen Endbenutzern sind *KaZaA* und dessen Vorgänger *Gnutella*. Diese Plattformen sind aufgrund ihrer Nutzung zum Tauschen von Musikdateien von diversen Musikproduzenten unter Druck gesetzt worden, welche ihre Urheberrechte dadurch verletzt sehen. KaZaA hat überdies den Ruf, eine „Spyware" zu sein, also ein trojanisches Pferd, das den Benutzerrechner ausspioniert.

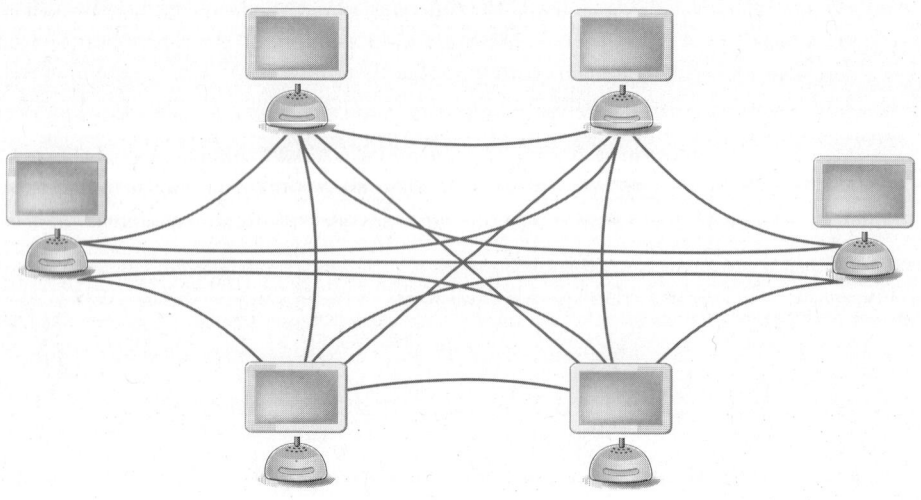

Bei einem klassischen Client-Server-System sind die Klienten über einen oder mehrere (zentrale) Server miteinander verbunden. Der gesamte Datenaustausch läuft somit über diesen Knoten. Der zentrale Knoten stellt daher eine *zentrale Schwachstelle* (engl.: single point of failure) des gesamten Systems dar. Ist der Server überlastet (oder fällt er komplett aus, oder wird er juristisch attackiert und muss vom Netz genommen werden), so besteht für die Klienten keine Möglichkeit mehr, auf die gemeinsam genutzten Ressourcen zuzugreifen. Die P2P-Architektur versucht solche Probleme zu umgehen, indem Ressourcen auf die teilnehmenden Systeme aufgeteilt werden. Die beteiligten Systeme kommunizieren dabei direkt miteinander und können den jeweils anderen Systemen ihre Ressourcen zur Verfügung stellen.

Bei einem Client-Server-System ist die Adresse des Servers den Klienten bekannt, da diese meist statisch ist und auch geringen Änderungen unterworfen ist. Möchte ein Klient bei einem rein dezentralen P2P-System teilnehmen, stellt sich das Problem, dass der Klient zunächst zumindest eine Adresse eines bereits teilnehmenden Klienten kennen muss, um in das P2P-Netzwerk „einsteigen" zu können. In der Praxis haben sich deshalb häufig so genannte Hybridsysteme herausgebildet, bei denen ein oder mehrere zentrale Server den Einstieg in das P2P-Netz ermöglichen und zentrale Suchdienste anbieten. Der Datenaustausch erfolgt aber über die einzelnen P2P-Knoten.

Neben der derzeitigen „Hauptanwendung", dem Austausch von Musik- und Videodateien, können P2P-Systeme auch Funktionen für flexiblen und dezentralen Informationsaustausch für andere Anwendungen zur Verfügung stellen.

■ Anwendungsbereiche für P2P-Systeme sind beispielsweise Chat, Instant-Messaging,
■ Austausch von Lehrmaterialien (Edutella).

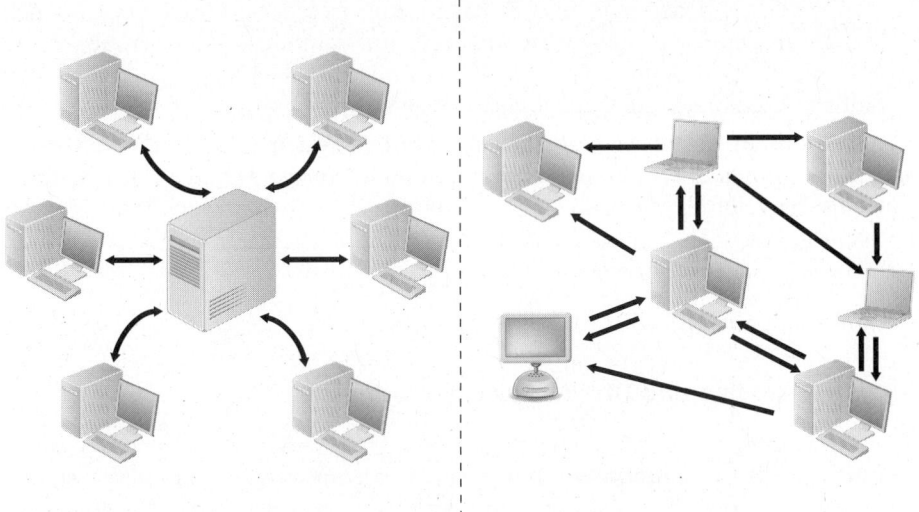

Abb. 7.5.1.1/2: Client-Server-System (links) und P2P-System (rechts)

Grundlage vieler P2P-Systeme (wie beispielsweise *BearShare*, *Morpheus*, *LimeWire*) für den Dateiaustausch ist das *Gnutella-Protokoll*, über das beliebige Dateien mit deren Metadaten getauscht werden können. Bei einer *Suchanfrage* erfolgt im Gnutella-Protokoll eine Breitensuche bis zu einer vorgegebenen Tiefe. Jeder Gnutella-Knoten leitet Suchanfragen an dessen bekannten Nachbarknoten weiter. Es kann somit leicht passieren, dass ein Knoten auf mehreren Wegen dieselbe Anfrage gestellt bekommt. Solche Anfragen können von dem Knoten zurückgewiesen werden. Als Abbruchbedingung wird eine Suchtiefe definiert, die der Zahl der Weiterleitungen an Nachbarknoten entspricht. Ist die Suchtiefe zu gering, so wird nur ein kleiner Teilausschnitt des Netzes durchsucht. Ist die Suchtiefe zu groß, so ist die Antwortzeit relativ lang. Der Anfrager erhält eine Liste mit Suchergebnissen („Treffer") zurück, aus denen er die gewünschte Datei wählen kann. Der Dateitransfer erfolgt schlussendlich direkt zwischen dem Anfrager und Anbieter der Datei.

Durch die Suchstrategie werden alle Knoten in der Umgebung des Anfragenden an der Suche beteiligt. Die Folge ist ein permanentes Übertragungsvolumen durch die Suchanfragen, auch wenn keine Dateien transferiert werden. Wenn sich Gnutella-Klienten über schmalbandige Verbindungen (beispielsweise Modem-Verbindungen) beim P2P-System anmelden, kann dies bald zum Engpass werden, da diese leicht durch den ständigen Intra-Peer-Verkehr gesättigt werden können. Ein weiteres Problem ist, dass die Rückmeldungen der Suchanfragen auf dem gleichen Weg erfolgen wie die Suche. Wenn beispielsweise ein Gnutella-Knoten sich aus dem Netz ausklinkt (der Benutzer beendet beispielsweise seine Modem-Verbindung), so „versanden" die Anfragen, die über den

Knoten geleitet worden sind und es kann sein, dass der Anfrager keine Rückmeldung für Dateien erhält, obwohl diese im Gnutella-Netz verfügbar sind. Eine Implementierung des Gnutella-Protokolls ist als Open-Source-Software verfügbar und daher offen für mögliche Weiterentwicklungen.

Aus Architektursicht ist *Napster* ein zentrales System, da sämtliche Suchanfragen über einen zentralen Server durchgeführt werden. Dieser führt auch ein zentrales Verzeichnis der zum Anfragezeitpunkt angemeldeten Benutzer. Aus der Sicht der Anwendung ist es ein P2P-System, da die Peers direkt untereinander Daten tauschen können.

▶ Übungsaufgabe Nr. 2.7.25 im Arbeitsbuch

7.5.1.2 Pervasive und Ubiquitous Computing

> Unter **Pervasive Computing** (engl.: pervasive computing; „pervasive" steht für „durchdringend") versteht man den Einsatz von Rechnertechnologie in Bereichen des täglichen Lebens und Arbeitsumfelds, ohne dass der Benutzer den Eindruck hat, mit einem Rechner zu arbeiten. Die Informationstechnologie orientiert sich dabei weniger an den Möglichkeiten eines standardisierten Rechners (beispielsweise ein PC), sondern zentral an der Funktion, die bereitgestellt wird.

Pervasive Computing bedeutet, dass flexible und mobile Endgeräte jeglicher Art an beliebigen Orten eingesetzt und vernetzt werden können, um verschiedenartige Dienste zu erbringen. An die Stelle von universell einsetzbaren PCs treten aufgabenspezifische, miniaturisierte, einfach zu bedienende und in die Infrastruktur eingebettete Rechnersysteme. Eng verwandt mit Pervasive Computing ist Ubiquitous Computing:

> Unter **Ubiquitous Computing** (engl.: ubiquitous computing; „ubiquitous" steht für allgegenwärtig, an jedem Ort verfügbar) versteht man den Einsatz von Rechnertechnologie an beliebigen Orten, zu beliebigen Zeiten, in beliebigen Infrastrukturen.

Durch die allgegenwärtige Internet-Infrastruktur hat man das Ziel des Ubiquitous Computing für den Internet-Zugang in der westlichen Welt bereits nahezu erreicht. Die Entwicklung des allgegenwärtigen Rechnereinsatzes ist aber bei weiten noch nicht abgeschlossen. Unaufdringliche Endgeräte vernetzen sich beim Pervasive Computing vielfach drahtlos und können nahezu überall eingesetzt werden, so zum Beispiel in Gebrauchsgegenständen, Fahrzeugen, Möbeln, Kleidung (engl.: wearable), im Haushalt (engl.: smart home) und so weiter. Der Trend geht in Richtung der Bereitstellung einer *allgegenwärtigen Umgebungsintelligenz* durch Rechnersysteme. Die Rechner dringen in die Alltagswelt ein und lassen dabei herkömmliche Bildschirme und Tastaturen als

Ein- und Ausgabemittel verschwinden. Als Eingabegeräte können verschiedenartige Sensoren dienen, die dem mobilen Endgerät die benötigten Daten liefern.

> Ein Mobiltelefon kann zum Beispiel selbstständig erkennen, ob ein kompatibles Faxgerät in der Nähe ist und auf Wunsch des Besitzers eingehende Faxanrufe dorthin umleiten.

Bisher ist Pervasive Computing noch weitgehend „Zukunftsmusik". Man muss sich aber schon heute über mögliche Nebeneffekte Gedanken machen. Im Vergleich zu gegenwärtigen Anwendungen der Informations- uns Kommunikationstechnologie wird Pervasive Computing die Problematik von *Datenschutz und Sicherheit* verschärfen. Systeme werden immer komplexer und von „unsichtbaren" Hintergrundprozessen abhängig. Durch diese Unüberschaubarkeit werden Zusammenhänge zwischen Handlungen und deren Folgen verschleiert und Ursachen von Fehlfunktionen immer schwieriger zu ermitteln.

> Dies kann zum *Beispiel Probleme bei Haftungsfragen* mit sich bringen, wenn Schäden durch das Zusammenwirken mehrerer beteiligter Komponenten aus Hardware, Software und Daten in Netzwerken entstehen und die Ursache von Fehlfunktionen nicht mehr klar nachzuvollziehen ist.

Durch das Sammeln von Daten für beispielsweise ortsabhängige Dienste kommt dem *Datenschutz* eine besondere Bedeutung zu. Um die technische Funktionsfähigkeit zu bewerkstelligen, müssen bei vielen Systemen laufend Daten über die Endgeräte mitgeführt werden (wie beispielsweise beim Mobiltelefon), über die leicht auf den (vermuteten) Besitzer geschlossen werden kann. Der Schutz der Privatsphäre und Maßnahmen, um den Missbrauch der Daten zu verhindern, werden immer mehr an Bedeutung gewinnen.

Einen besonderen Stellenwert nehmen *ortsbezogene Dienste* (engl.: location based services; Abkürzung: LBS) ein. Durch die Kenntnis der Position des Gerätes (und somit des Benutzers) ermöglichen ortsbezogene Dienste die Bereitstellung von maßgeschneiderten Diensten wie beispielsweise eine Routenplanung, ortsbezogene Werbung, die Ortung der nächstgelegenen Tankstelle oder des Geldautomaten, des nächsten Restaurants mit Wiener Schnitzel auf der Speisekarte, oder Ähnliches. Als Endgeräte kommen häufig Mobiltelefone oder PDAs mit Mobiltelefonfunktion oder GPS-Modul zum Einsatz.

Beim Einsatz von Mobiltelefonen werten diese den Standort der Funkzelle aus, in der sie sich gerade befinden. In Städten kann somit die Position des Mobiltelefons auf etwa 100 bis 500 Meter genau bestimmt werden. Im Überlandbereich befinden sich die Sendemasten weiter voneinander entfernt und die Genauigkeit der Positionsbestimmung kann auf bis zu 10 km abfallen. Beim Einsatz von GPS-Systemen ist die Ortung des Gerätes durch Dritte nicht möglich, da nur eine passive Empfangstechnologie zum Einsatz kommt.

▶ Übungsaufgabe Nr. 2.7.26 im Arbeitsbuch

7.5.1.3 Grid-Computing

Unter **Grid-Computing** (engl.: grid computing) versteht man eine verteilte Infrastruktur aus Hard- und Software, die einen Rechnercluster in Form eines virtuellen Supercomputers bildet. Der Computer-Grid besteht aus einer Vielzahl von einzelnen – vielfach unterschiedlichen – Rechnern, die ihre Rechenleistung dem Cluster zur Verfügung stellen. Ziel des Grid-Computing ist die Bereitstellung eines zuverlässigen, konsistenten, kostengünstigen und skalierbaren Zugangs zu Rechnerkapazitäten.

Der Begriff Grid-Computing deutet eine Analogie zu *Elektrizitätsversorgungsnetzen* (engl.: electronic power grid) an. Ähnlich wie Elektrizität mithilfe von Umspannwerken und Übertragungstechniken zu einer Massenware geworden ist, zielt auch Grid-Computing auf die Identifikation und Definition von Standards ab, die Rechenleistung zu einer ähnlichen, bei Bedarf verfügbaren Massenware werden lassen (engl.: utility computing).

Eine bekannte Anwendung des Grid-Computing ist die Suche nach Außerirdischen im Projekt *SETI@home* (SETI ist die Abkürzung für engl.: search for extraterrestrial intelligence), das der Suche nach außerirdischen intelligenten Lebensformen gewidmet ist (siehe auch Band 1, Kapitel 1). Bei dem Projekt werden laufend Radiofrequenzen aus dem All digital aufgezeichnet und analysiert. Der hierfür notwendige enorme Rechenaufwand wird weitgehend durch die kostenlose Bereitstellung freier Kapazitäten durch am Internet angeschlossene Privatrechner aufgebracht. Die Software für die Bereitstellung dieser Rechnerressourcen ist dabei in einen speziellen Bildschirmschoner integriert, der bei Nichtbenutzung des Rechners aktiviert wird (die freiwillige Bereitstellung von Rechenleistung wird auch als „volunteer computing" bezeichnet).

Weitere und mit größerem kommerziellem Interesse verfolgte Anwendungsbereiche liegen in der Bereitstellung von Computer-Grids für IT-Infrastrukturen. Hierzu zählen beispielsweise *verteilte Hochleistungsberechnungen* (engl.: distributed supercomputing), *Rechenleistung auf Anfrage* (engl.: on-demand computing) und *datenintensive Berechnungen* (engl.: data-intensive computing).

Grid-Computing setzt unter anderem einen einheitlichen Zugriff auf verteilte, heterogene Ressourcen und einen Verzeichnisdienst voraus, durch den die verfügbaren Ressourcen gefunden und ausgewählt werden können. Die Definition einer standardisierten Architektur für Grid-Systeme ist zurzeit noch Forschungsgegenstand. Das *Global Grid Forum* ist eine unabhängige Organisation, die an der Spezifikation einer *Open Grid Service Infrastructure* (Abkürzung: OGSI) arbeitet, die auf Web-Services basiert. Für die Bereitstellung der Grid-Architektur werden folgende Typen von Protokollen definiert:

- *Verbindungsprotokolle* (engl.: connectivity protocols), die Kommunikation und Authentifizierung unterstützen,

- *Ressourcenprotokolle* (engl.: resource protocols), die die Aushandlung von Kapazitäten und Zugriffsrechten auf Ressourcen steuern, und

- *Kollektivprotokolle* (engl.: collective protocols), die die koordinierte Nutzung von Ressourcen regeln.

Die entsprechenden Dienste werden als *Grid-Services* (engl.: grid services) bezeichnet. Dies sind Web-Services, für die zusätzliche grid-spezifische Metadaten für die Beschreibung verwendet werden. Hierfür wurde vom *Global Grid Forum* eine Erweiterung von WSDL entwickelt, die folgende Funktionalität unterstützt:

- Auffinden von Grid-Services,
- dynamische Erstellung von Grid-Services,
- Lebenszyklus-Management für Grid-Services,
- Benachrichtigung über Grid-Services, und
- einige Hilfsdienste und Definitionen für die Verwaltung der Grid-Services (beispielsweise für das Referenzieren von Grid-Services oder die Definition von grid-spezifischen Metadaten).

Diese Grid-Services sollen die Grundlage einer Grid-Services-Architektur bilden. Es wird geplant, auf diesen Basisdiensten später weitere Abstraktionen zu definieren, die für Anwendungsentwickler die flexible Definition und Nutzung von Computer-Grids ermöglichen sollen.

▶ Übungsaufgabe Nr. 2.7.27 im Arbeitsbuch

7.5.2 Softwareprodukte

Historisch betrachtet stellt die verteilte Verarbeitung eine Weiterentwicklung von Komponentensystemen dar. Viele der bereits in Kapitel 4 dieses Bandes vorgestellten Komponententechniken wurden zu Werkzeugen der verteilten Verarbeitung weiterentwickelt. In diesem Abschnitt konzentrieren wir uns auf Produkte, die primär die in diesem Kapitel vorgestellten Ansätze der verteilten Systementwicklung unterstützen.

7.5.2.1 Enterprise Services Architecture von SAP

SAP ist aktiver Förderer der Standardisierung von Web-Services und entwickelt derzeit seine Client-Server-Architektur der Systeme *SAP R/3* und *mySAP ERP* zu Bestandteilen einer service-orientierten Architektur weiter. Diese wird von SAP als *Enterprise Services Architecture* bezeichnet und nutzt *SAP NetWeaver* als Integrationsplattform. Es ist geplant, in Zukunft sämtliche mySAP-Komponenten auf *NetWeaver* aufzusetzen. Das Produkt NetWeaver umfasst im Wesentlichen den *Web Application Server*, die *Exchange Infrastructure*, das *Enterprise Portal* und das *Business Information Warehouse*. SAP verwendet als deutsches Unternehmen diese englischsprachigen Bezeichnungen, auf deren Übersetzung wir hier verzichten.

Diese Neuorientierung von SAP ist durch verschiedene Entwicklungen motiviert, die mit der zunehmenden Komplexität der SAP-Produktfamilie zusammenhängen. Zum ersten ist der Anpassungsaufwand von SAP-Komponenten an die Bedürfnisse individueller Betriebe sehr hoch. Dies führt zu hohen Kosten bei Einführungsprojekten und schwächt die Attraktivität der Standardanwendungssoftware. Zum zweiten sind *Weiterentwicklungen* der Software (engl.: updates) derzeit nur sehr aufwändig im bestehende Systemen zu integrieren. Dieser Vorgang kann Monate oder sogar Jahre in Anspruch nehmen, je nach Komplexität der Komponente und Ausmaß der Anpassung oder Erweiterungsprogrammierung. Zum Dritten ist auf Basis der SAP Client-Server-Architektur die Integration mit Fremdsystemen aufwändig. Da die Landschaft für Unternehmenssoftware immer vielfältiger wird, ist die Einbindbarkeit von Spezialsoftware ein Vorteil (siehe auch Abschnitt über die Anwendungsintegration). Dieser Problematik begegnet SAP mit der *Enterprise Services Architecture* und der dazugehörigen Plattform *NetWeaver*.

SAP beschreibt NetWeaver wie folgt: *„SAP NetWeaver ist die Services-orientierte Plattform für alle SAP-Lösungen und bietet Integration auf mehreren Ebenen: Menschen (Portal, Collaboration, Multi-Channel-Access), Informationen (Business Intelligence, Knowledge Management, Master Data Management) und Geschäftsprozesse (Integration Broker und Business Process*

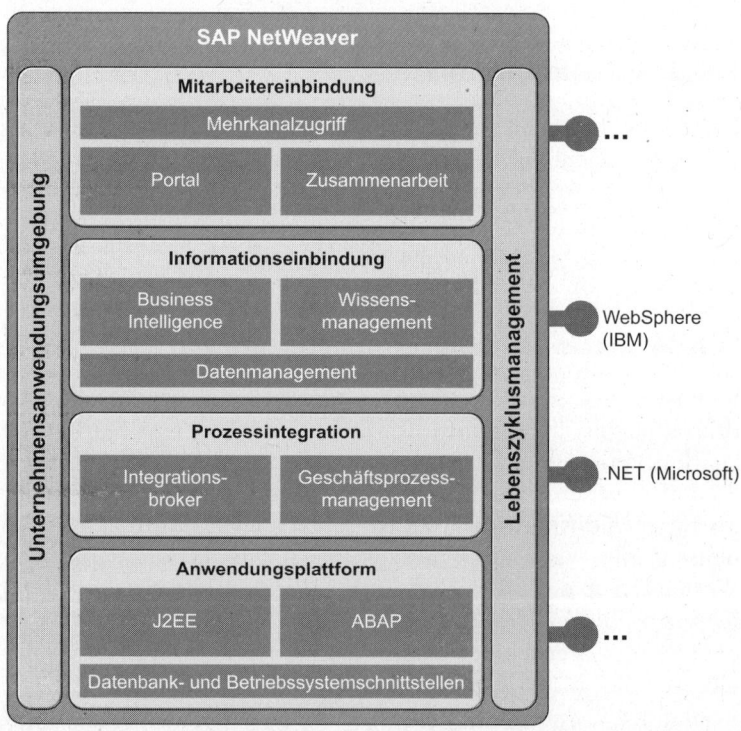

Abb. 7.5.2.1/1: SAP NetWeaver (Quelle: SAP)

Management). Alle Eigenschaften werden auf der Anwendungsplattform, dem SAP Web Application Server, realisiert. Sie werden in einer einheitlichen Entwicklungsumgebung verwirklicht und über den gesamten Softwarelebenszyklus unterstützt (Solution Lifecycle Manager) und verwaltet." (Quelle: SAP Website 2004)

NetWeaver liegt eine service-orientierte Architektur zugrunde. Die Funktionalität der früheren Client-Server-Architektur wurde hierfür in einzelne Komponenten zerlegt, die über Web-Service-Schnittstellen miteinander kommunizieren. Zwischen diesen Komponenten besteht somit ein wohldefiniertes Dienstleistungsverhältnis. Die zentrale Vermittlungskomponente ist der anwendungsneutrale *Integration Broker*, über den die Anwendungskomponenten zusammengeführt werden. Ziel ist die Wiederverwendung fachlicher Dienste und deren Kombination und Steuerung mithilfe einer *Process Engine*. Die Prozessintegration wird in einer eigenen Modellierungsschicht gebündelt. Es ist geplant, die Web-Service-Kompositionssprache BPEL4WS von dieser *Process Engine* zu unterstützen.

Ein Instrument zur Entwicklung einer modellgetriebenen Konfiguration und Steuerung von NetWeaver ist eine Weiterentwicklung des ARIS-Toolsets der IDS Scheer AG, das den integrierten Modellierungsansatz von ARIS (siehe Band 1, Kapitel 2) mit den Entwicklungen im Bereich der service-orientierten Architekturen zusammenführt. Die Grundidee ist hierbei, durch ARIS eine konsistente Sicht auf eine möglicherweise heterogene Landschaft von IT-Systemen zu bieten, über die Geschäftsprozesse abgewickelt werden. Seitens SAP spielen die so genannten *xApps* eine zentrale Rolle, die vorkonfigurierte Geschäftsprozesslösungen für NetWeaver darstellen. xApps sind Composite-Applications, über die SAP-eigene Komponenten mit Fremdkomponenten integriert werden können (siehe Band 1, Abschnitt 4.2.1).

SAP rechnet damit, NetWeaver mit allen Funktionalitäten im Jahr 2006 anbieten zu können. Mit der neuen modularen Architektur werden kleine Änderungen leichter vorzunehmen sein. SAP erhofft sich zudem geringere Kosten in der eigenen Entwicklung. Durch das modulare Prinzip wird eine Bereinigung der Redundanzen zwischen den verschiedenen Branchenlösungen vorgenommen. Zudem schafft die feinere Granularität eine höhere Attraktivität für Mittelbetriebe, weil die Notwendigkeit des Kaufs einer komplexen Gesamtlösung reduziert werden kann.

7.5.2.2 Middleware-Systeme

RPC

Eine der ältesten und heute auch noch sehr verbreiteten Implementierungen des Remote-Procedure-Calls stammt von der Firma *Sun Microsystems*. Das zunächst als *SunRPC* bezeichnete Modell liegt heute in zwei Implementierungen vor, *ONC RPC* (Abkürzung von engl.: Open Network Computing) und der hauptsächlich mit dem Betriebssystem Solaris verbreitete *TI RPC* (Abkürzung von engl.: transport independent RPC). Während *ONC RPC* auf die Transport-protokolle TCP und UDP beschränkt ist, erlaubt *TI RPC* (auch als *ONC+* bezeichnet), den Einsatz von RPCs unabhängig vom Transportprotokoll. Eine der wichtigsten Anwendungen des *SunRPC* ist das verteilte Dateisystem *NFS* (Abkürzung von engl.: network file system), das mittlerweile in der Version 4 (RFC 3530) vorliegt und auf *TI RPC* basiert. Mit *NFS* wird der transparente Zugriff auf Dateien und Programme von entfernten Rechnern ermöglicht.

DCE

DCE liegt aktuell in der Version 1.2.2 vor und kann unter bestimmten Voraussetzungen (zum Beispiel ausschließliche Verwendung im akademischen Bereich) im Quellcode von *The Open Group* bezogen werden. Außerhalb des akademischen Bereichs wird DCE an Hardware- und Softwarehersteller lizenziert, die damit DCE-konforme Produkte entwickeln.

Neben spezialisierten Softwareanbietern wie beispielsweise *Entegrity,* die ihr Produkt für alle gängigen Windows Versionen, Red Hat Linux, Tru64 Unix, HP/UX und IBM AIX verkaufen, werden DCE-Implementationen von allen großen IT-Herstellern angeboten.

Das *Distributed Computing Environment (DCE)* von IBM stellt eine Sammlung von modularen Produkten dar, die die Nutzung von DCE-Diensten in heterogenen, vernetzten Umgebungen ermöglichen. IBM bietet Versionen für die Betriebssysteme AIX und Solaris an. *IBM DCE* basiert auf der DCE V1.2.2 Spezifikation der OSF und wurde von IBM in mehrerlei Hinsicht erweitert. Durch die Integration der Industriestandards PKI und LDAP können Klienten eines DCE-Systems sicheren Zugang zu Webservern und Verzeichnisdiensten erhalten.

HP stellt sein *Distributed Computing Environment (DCE)* für die Betriebssysteme *OpenVMS VAX* und *OpenVMS Alpha* wie auch HP/UX zur Verfügung. Für das Betriebssystem Tru64 hat HP (beziehungsweise Compaq) die Rechte 1999 an Entegrity abgegeben. Die DCE-Produktfamilie für OpenVMS besteht aus vier unterschiedlichen Produkten, jeweils vier für OpenVMS VAX und OpenVMS Alpha.

Silicon Graphics (SGI) bietet seit 1999 die DCE/DFS-Klientensoftware für das Betriebssystem *Irix* zum kostenlosen Download an. Fujitsu-Siemens bietet sein DCE-System für BS2000/OSD, Reliant-UNIX-Systeme und Windows an. DCE (BS2000) V 1.0 basiert auf OSF DCE V1.02 und wird aufgrund der hohen Leistungsfähigkeit und Verfügbarkeit von BS2000-Systemen in einer DCE-Umgebung häufig als Anwendungsserver eingesetzt.

CORBA

Auch für CORBA existiert eine Fülle von freien und käuflichen Implementierungen, von denen hier die wichtigsten vorgestellt werden. Die CORBA-Spezifikation liegt derzeit in Version 3.0 vor, zahlreiche Implementierungen verwenden noch frühere Versionen.

Eines der wichtigsten Produkte in diesem Bereich ist *TAO*, ein frei zugänglicher Open-Source ORB, der von einer Gruppe rund um Douglas Schmidt von der US-amerikanischen *Vanderbilt University* entwickelt wurde. TAO unterstützt CORBA 2.5, verfügt über eine hohe Laufzeiteffizienz (in der Programmiersprache C++ entwickelt) und ist für die Windows-Betriebssystemfamilie, sowie die meisten UNIX- und Linux-Varianten und OpenVMS verfügbar.

VisiBroker von *Borland* stellt die meistverbreitete CORBA-Infrastruktur mit über 30 Millionen installierten Lizenzen dar. Der *Borland Enterprise Server* ist zu CORBA 2.6 kompatibel und ist in den folgenden Editionen verfügbar: *AppServer Edition* (Anwendungsserver für J2EE-Plattform Anwendungen und Web-Services), *VisiBroker* (CORBA Entwicklungsumgebung für Java und C++, enthält die Funktionalitäten der Web Edition), *Web Edition* (optimiert für Web-Anwendungen und Web-Services), *Team Edition* (unterstützt bis zu 25 gleichzeitige Benutzer und bietet eine Anbindung an Microsofts .NET an). Daneben gibt es noch den Borland *VisiBroker-RT*, der eine CORBA-Umsetzung für eingebettete Systeme darstellt und für den Echtzeiteinsatz optimiert ist. VisiBroker bietet auch die Möglichkeit der Integration von Web-Services, wobei durch die nahtlose Übersetzung von HTTP-Anfragen zu IIOP-Anfragen Web-Klientenprogramme direkt mit CORBA-Objekten kommunizieren können.

Orbacus von IONA Technologies ist kompatibel zu CORBA 2.5. Es kann für die Programmiersprachen C++ und Java eingesetzt werden. IONA gibt an, dass 75 Prozent der Telekommunikationsanbieter und 85 Prozent der Finanzdienstleister der Fortune-Global-500-Unternehmen ihre Technologie einsetzen. Orbacus unterstützt praktisch alle Windows-Varianten ab Windows 2000 und alle UNIX-Systeme (inklusive der freien Varianten).

Mico ist eine frei verfügbare Open-Source-Implementierung eines CORBA-kompatiblen ORBs. Mico ist zu CORBA 2.3 kompatibel, wobei das Ziel der Entwickler ist, MICO zur aktuellen CORBA-Spezifikation kompatibel zu halten. Die Entwickler bieten Mico unter der GNU-GPL und der GNU-LGPL-Lizenz an. Mico wurde in C++ entwickelt und ist für einige UNIX-Varianten, Linux, Windows und Pocket PC verfügbar.

JacORB stellt eine freie Implementierung von CORBA 2.3 für die Sprache Java dar und wurde gemeinsam von der Freien Universität Berlin und dem Unternehmen *Xtradyne Technologies AG* entwickelt. JacORB benötigt Java-VM in der Version 1.1 oder höher und ist damit auf allen Rechnern, die Java-VM unterstützen, lauffähig.

ORBit2 ist ein CORBA 2.4-kompatibler ORB für die Programmiersprachen C++, Python, Perl, Lisp, Pascal, Ruby, und Tcl. Der ORB-Kern wurde in der Programmiersprache C entwickelt und läuft auf den Betriebssystemen Linux, UNIX (diverse Varianten) und Windows. ORBit2 wird von Red Hat und Ximian als Middleware für das Gnome-Projekt unterstützt.

Meldungsorientierte Middleware

Meldungsorientierte Middleware hat gerade bei Transaktionssoftware eine hohe Verbreitung. Der hierfür mit Abstand führende Softwareanbieter ist IBM mit einem Marktanteil von etwa 75 Prozent (siehe Abb. 7.5.2.2/1). Das führende Produkt von IBM wurde lange Zeit unter der Bezeichnung *MQSeries* vermarktet und vor kurzem in die Produktpalette von *WebSphere* integriert. Der neue Name ist *WebSphere MQ*. Weitere führende Anbieter für meldungsorientierte Middleware sind die *Software AG*, *Progress Software*, *Candle* und *TIBCO*.

Betrachtet man die Umsätze nach Rechnerkategorien, so zeigt sich, dass das vornehmliche Einsatzgebiet von meldungsorientierter Middleware bei den Großrechnern liegt, gefolgt von der Windows- und UNIX-Plattform mit ähnlichen Werten (siehe Abb. 7.5.2.2/2). Dies deutet auf die hohe Verbreitung bei-

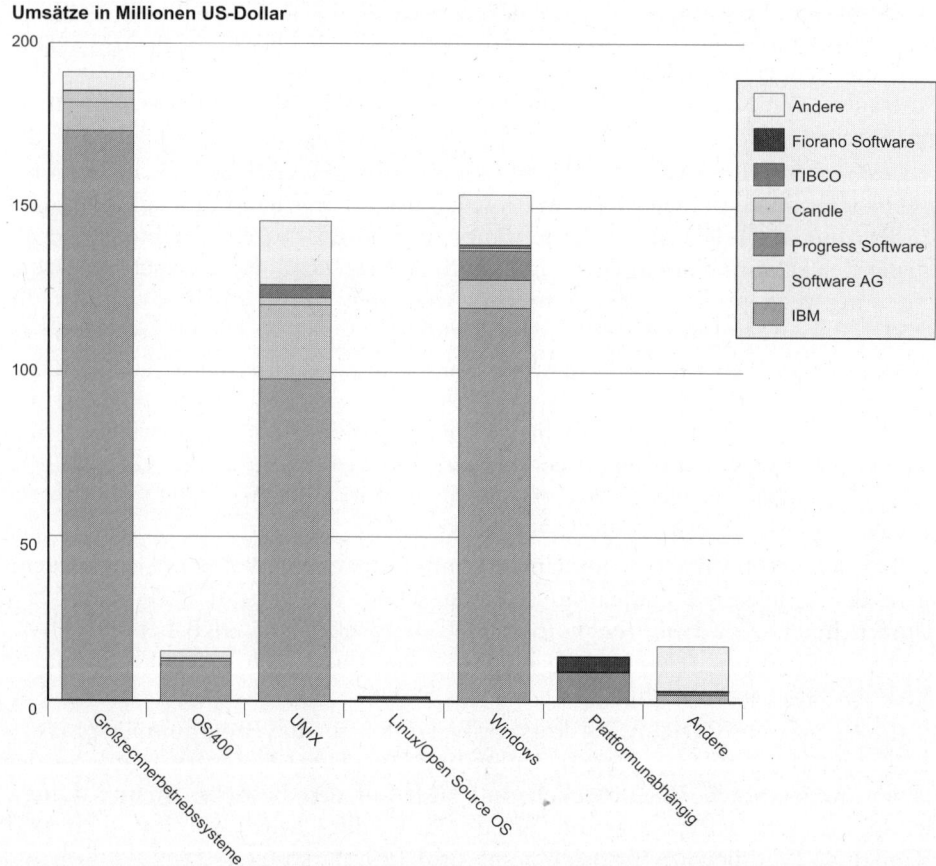

Abb. 7.5.2.2/2: Umsätze aus meldungsorientierter Middleware nach Plattformen in Millionen US-Dollar (Quelle: IDC 2004)

	Großrechner-betriebs-systeme	OS/400	UNIX	Linux/Open Source OS	Windows	Plattform-unab-hängig	Andere	Gesamt	Anteil
IBM	173,29	12,09	97,93	0,00	119,68	0,00	0,00	402,99	74,88%
Software AG	8,54	0,00	22,63	0,85	8,54	0,00	2,12	42,68	7,93%
Progress Software	0,00	0,00	0,00	0,00	8,90	8,90	0,00	17,80	3,31%
Candle	3,49	0,70	2,10	0,00	0,70	0,00	0,00	6,99	1,30%
TIBCO	0,06	0,06	3,90	0,32	0,96	0,12	0,96	6,38	1,19%
Fiorano Software	0,00	0,00	0,00	0,26	0,00	4,68	0,25	5,19	0,96%
Andere	5,65	2,19	19,42	0,06	15,26	0,00	13,57	56,15	10,43%
Gesamt	191,03	15,04	145,98	1,49	154,04	13,70	16,90	538,18	100,00%

Abb. 7.5.2.2/1: Führende Anbieter für meldungsorientierte Middleware auf Basis der weltweiten Umätze in Millionen US-Dollar (Quelle: IDC 2004)

spielsweise in der Banken- und Versicherungsbranche hin, in der die zentralen Transaktionssysteme weiterhin vorrangig auf Großrechnern eingesetzt werden.

7.5.2.3 Web-Services

Derzeit wird intensiv an der Standardisierung der Web-Service-Basisinfrastruktur gearbeitet, die derzeit aus den Standards für SOAP, WSDL, UDDI und BPEL4WS besteht. Es ist zu erwarten, dass in naher Zukunft viele Vorschläge für erweiterte Kernspezifikationen oder zusätzliche Spezifikationen vorgelegt werden, die diese in vielen Bereichen ergänzen oder auch in manchen ersetzen könnten. Am wichtigsten sind hierbei:

- *Sicherheit:* Sicherheitsaspekte spielen beim Nachrichtenverkehr über ein offenes Netzwerk wie das Internet eine große Rolle (siehe Band 1, Kapitel 2 und Kapitel 6 dieses Bandes). Speziell für Web-Services wurde ein Sicherheitsrahmenwerk in Form der Web-Service-Security-Spezifikation entwickelt, das durch zusätzliche Felder für den SOAP-Header den Einsatz von Verschlüsselung und digitalen Signaturen in SOAP-Meldungen ermöglicht. Ein weiterer, wichtiger Teilaspekt betrifft den Schutz der Privatsphäre bei der Nutzung von Web-Services. Auch hierzu bestehen bereits die ersten Ansätze.

- *Transaktionen:* In Datenbanken spielen die klassischen ACID-Eigenschaften (siehe Kapitel 5 dieses Bandes) eine wichtige Rolle (Atomicity, Consistency, Isolation, Durability). Im Wesentlichen können diese Eigenschaften durch Sperren von Datensätzen gewährleistet werden. Für langlebige Geschäftsprozesse, die auf Web-Services basieren, ist ein solches Sperren jedoch weder sinnvoll, noch technisch leicht zu realisieren. Geschäftsprozesse können sich über Wochen und Monate hin erstrecken und es ist zum Beispiel nicht zweckmäßig, für die gesamte Dauer eine Lagerposition zu sperren. Ein alternatives Konzept stellen die Transaktionen mit Kompensationsprozessen dar. Bei einem Fehler wird ein Prozess mit kompensierenden Aktivitäten gestartet, der die Auswirkungen der fehlgeschlagenen Transaktion rückgängig macht. Spezifikationen wie das *Tentative Hold Protocol* (Abkürzung: THP) des World Wide Web Consortiums, das *Business Transaction Protocol* (Abkürzung: BTP) der OASIS, *Web Service Transaction* und *Web Service Business Activity* von IBM in Zusammenarbeit mit anderen Industriefirmen widmen sich diesem Thema.

- *Dienstgüte:* Die Potenziale von Web-Services lassen sich dann voll ausschöpfen, wenn Dienste und Softwarewerkzeuge zur Verfügung stehen, die die kommerzielle Nutzung eines Web-Service unterstützen können. Hier spielt die Verknüpfung von Web-Services mit der Dienstgüte eine wichtige Rolle. Die Dienstgüte wird üblicherweise in Form eines Vertrags (oder einer Zusatzvereinbarung) zwischen dem Dienstleister und dem Dienstnutzer geschlossen, wobei der Dienstleister sich verpflichtet, den Dienst in einer vordefinierten Güte und in einem bestimmten Umfang zu leisten. Man spricht hierbei von einem *Service-Level-Agreement* (Abkürzung: SLA). Zu den Gütemerkmalen gehören unter anderem die Verfügbarkeit, Antwortzeit oder auch Telefonunterstützung. Um die entsprechende Dienstgüte zu messen, müssen laufend

Operationen protokolliert und für Analysen bereitgestellt werden. Auch für die interne Optimierung von Abläufen sind über den Web-Service verfügbare Metriken von großer Bedeutung. In diesem Bereich fehlen noch standardisierte Schnittstellen zu Web-Service-Systemen. Die *Business Process Query Language* (BPQL) geht erstmals auf diese Thematik ein; es liegen allerdings noch keine Vorschläge zur konkreten Ausgestaltung vor.

- *Verrechnung:* Kommerzielle Web-Services müssen abgerechnet werden können. Sie wissen bereits aus Band 1, Kapitel 2, dass die Zurechenbarkeit als höherer Sicherheitsdienst eine funktionsfähige Zugriffskontrolle sowie die Nicht-Abstreitbarkeit voraussetzt. Die Protokollierung spielt hier eine wichtige Rolle. Es können prinzipiell unterschiedlichste Verrechnungsvarianten (beispielsweise Pauschalgebühr oder Bezahlung nach Benutzungshäufigkeit) und Zahlungsabwicklungssysteme genutzt werden. Bis dato liegen hier noch keinerlei standardisierte Ansätze für Web-Services vor.

Obwohl viele der Standards für Web-Services noch unvollständig sind und laufend weiterentwickelt werden, herrscht die allgemeine Meinung vor, dass der Einsatz von Web-Services für die Softwareentwicklung stark an Bedeutung gewinnen wird. Laut einer Studie von Cap Gemini Ernst & Young planen bereits im Jahr 2006 etwa 76 Prozent der befragten Unternehmen den Einsatz von Web-Services.

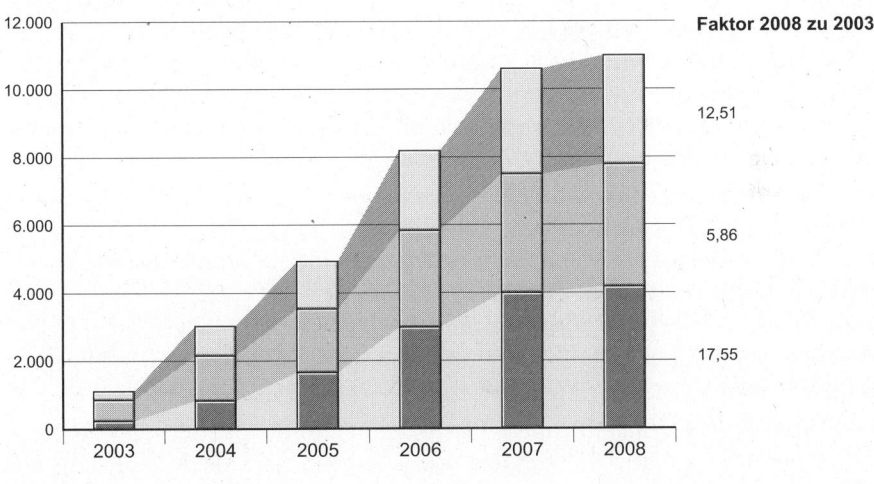

Umsätze in Millionen US-Dollar

Abb. 7.5.2.3/1: Prognostizierte Umsatzentwicklung für Web-Service-Software in Millionen US-Dollar (Quelle: IDC 2004)

IDC prognostiziert, dass sich der Umsatz von Web-Service-Software zwischen 2003 und 2008 von etwa einer Milliarde auf über zehn Milliarden US-Dollar verzehnfachen wird (siehe Abb. 7.5.2.3/1), wobei das größte Wachstum in Europa erwartet wird.

Wie obige Abbildung auch zeigt, werden die größten Erwartungen in Web-Service-Anwendungen gesetzt. Derzeit besteht die Tendenz, Web-Service-Funktionen zunehmend in bestehende Softwareprodukte zu integrieren (beispielsweise bei SAP). Derzeit gibt es eine ganze Reihe von Web-Service-Produkten, die in Qualität und Umfang stark variieren. Ein Teil dieser Produkte ist auch als Open-Source-Software verfügbar. Die folgende Auflistung zeigt die derzeit wichtigsten Web-Service-Entwicklungs- und –Infrastrukturprodukte in alphabetischer Reihenfolge:

- *Apache Axis* ist eine Open-Source-Implementierung von Web-Services, die sowohl in Java als auch in C++ verfügbar ist.
- *BEA WebLogic Platform:* Der BEA WebLogic Server enthält Web-Service-Funktionalität und wird als Integrationsplattform eingesetzt. Mit dem WebLogic Server können WSDL-Schnittstellen erzeugt werden. Zudem stehen Klassen zum Marshalling und Unmarshalling von SOAP-Anfragen bereit, die in Enterprise Java Beans umgewandelt werden.
- *BindStudio Web Services Orchestration Edition:* BindPartner stellt mit der Business Process Web Services Platform eine Umgebung für die Entwicklung, Ausführung und Verwaltung von betriebsübergreifenden Geschäftsprozessen auf Basis von Web-Services und BPEL4WS zur Verfügung. Die Plattform integriert ebXML, WSDL und SOAP mit der Java-Enterprise-Software.
- *Cape Clear Business Integration Suite:* Mithilfe von Cape Clear können heterogene Komponenten wie Enterprise Java Beans, CORBA, Mainframes, .NET und Web-Services integriert werden. Der Cape Clear Server benutzt Web-Services zur Integration der Anwendungen.
- *IBM WebSphere* ist eine Middleware-Serversoftware, die die Erstellung, die Ausführung und Integration von Anwendungen über verschiedene Plattformen hinweg ermöglicht. WebSphere unterstützt offene Standards wie Java 2 Enterprise Edition und Web-Services.
- *IONA Orbix Enterprise:* Diese Lösung von IONA stellt eine komplette Plattform zur Verfügung, die J2EE, CORBA, Web-Services, Mainframe-Umgebungen und Microsoft's .NET integriert.
- *NextAxiom Hyperservice Business Platform:* Die Implementierung von NextAxiom bietet eine Plattform für das Management und die Ausführung von Web-Services.
- Mit *JIntegrator* stellt die Firma *PolarLake* eine Plattform für Java und Web-Service-basierte Systeme bereit. Die Integrationskomponente unterstützt unter anderem eine eigene Enterprise-Service-Bus-Architektur.
- Die Entwicklungsumgebung *ServiceStudio* von *Sirvisetti* erlaubt die einfache und kostengünstige Programmierung von Web-Service-Anwendungen.

- *Sun Java Web Services Developer Pack (Java WSDP)* ist eine freie Entwicklungsumgebung für Entwicklung, Test und Einsatz von XML-Anwendungen und Web-Services.

- *Webmethods GLUE* ist eine Plattform für die Entwicklung und Ausführung von Java-Anwendungen als Web-Services, die unter anderem mit Enterprise Java Beans integriert ist.

- *VPxM Virtual Private XML Messaging for Web Services:* VPxM bietet mit dieser Implementierung eine Infrastruktur für sicheren und zuverlässigen Nachrichtenaustausch mit Web-Services.

Bei der *Software zur Umsetzung von Geschäftsprozessen* haben bereits die meisten der führenden Anbieter BPEL4WS und die Infrastruktur für service-orientierte Architekturen in ihre Produkte integriert oder sind gerade dabei, dies zu tun. Dieser Markt ist durch eine Vielzahl von spezialisierten oder regionalen Anbietern gekennzeichnet. Der Marktführer ist IBM (siehe Abb. 7.5.2.3/2) mit der WebSphere-Produktlinie, die diesen Aufgabenbereich beispielsweise über *WebSphere MQ Workflow*, den *WebSphere Business Integration Modeler* oder den *WebSphere Interchange Server* unterstützt. Der zweitgereihte Anbieter Fujitsu Ltd. Ist vorwiegend am asiatischen Markt aktiv. Der *BizTalk* Server von Microsoft integriert neben anderen Funktionen einen regelbasierten Workflow-Prozessor. Kernprodukt zur Prozessdefinition ist der *BizTalk Orchestration Designer,* der auf Visio und der Modellierungssprache *XLANG* basiert (die BPEL4WS maßgeblich beeinflusst hat). *FileNet* ist ein Anbieter, der aus dem Content-Management-Umfeld kommt und Geschäftsabläufe über eine J2EE-Implementation unterstützt, die unter anderem auf *Bea WebLogic oder IBM WebSphere* ablauffähig ist. Die *Staffware Process Suite* von TIBCO basiert vornehmlich auf XML-basierten Standards. Ab der Version 3.0 wird auch eine Linux-Version der Software unterstützt.

IDC erwartet, dass sich der Markt für *Software zur Umsetzung von Geschäftsprozessen* von 2003 bis 2008 nahezu vervierfachen wird.

	2003	Anteil
IBM	110,90	14,69%
Fujitsu Ltd.	47,50	6,29%
Microsoft	44,20	5,86%
FileNet	31,40	4,16%
TIBCO	30,70	4,07%
Bea	26,10	3,46%
Adobe	23,60	3,13%
Andere	440,30	58,34%
Gesamt	**754,70**	**100,00%**

Abb. 7.5.2.3/2: Umsätze aus Software zur Umsetzung von Geschäftsprozessen weltweit in Millionen US-Dollar (Quelle: IDC 2004)

Literaturverzeichnis

Für die Durcharbeitung dieses Buches müssen Sie sich *keine zusätzliche Literatur* beschaffen. Dementsprechend ist die Lektüre der nachfolgend angegebenen Titel nicht obligatorisch. Sie *empfiehlt sich* jedoch dann, wenn Sie Ihr *Wissen vertiefen* wollen oder bei diesem Lehrtext *Verständnisschwierigkeiten* haben.

Aus der großen Fülle der Literatur werden hier nur einige wenige *besonders empfehlenswerte Titel für jedes Kapitel* aufgeführt.

Zentraleinheiten

D.A. Patterson, J.L. Hennessy: *Rechnerarchitektur: Analyse, Entwurf, Implementierung, Bewertung*, Vieweg, Braunschweig – Wiesbaden 1994

W. Oberschelp, G. Vossen: *Rechneraufbau und Rechnerstrukturen*, Oldenbourg, 9. Auflage, München 2003

Datenträger und externe Speicher

Aktuelle Berichte guter Qualität zu diesem Themenbereich können den folgenden Zeitschriften entnommen werden:

c't – Magazin für Computer-Technik, Verlag Heinz Heise

iX – Magazin für professionelle Informationstechnik, Verlag Heinz Heise

Ein- und Ausgabegeräte

Aktuelle Berichte guter Qualität zu diesem Themenbereich können den folgenden Zeitschriften entnommen werden:

c't – Magazin für Computer-Technik, Verlag Heinz Heise

iX – Magazin für professionelle Informationstechnik, Verlag Heinz Heise

System- und Entwicklungssoftware

K. Echtle, M. Goedicke: *Lehrbuch der Programmierung mit Java*, dpunkt.verlag, Heidelberg 2000

J. Nehmer, P. Sturm: *Systemsoftware – Grundlagen moderner Betriebssysteme*, dpunkt.verlag, Heidelberg 2001

F. Schönthaler, T. Nemeth: *Software-Entwicklungswerkzeuge – Methodische Grundlagen*, Teubner Verlag, 2. Auflage, Wiesbaden 1992

C. Vogt: *Betriebssysteme*, Spektrum Akademischer Verlag, Heidelberg 2001

Datenstrukturen und Datenspeicherung

R. Elmasri, S. Navathe: *Grundlagen von Datenbanksystemen*, Pearson Studium, 3. Auflage, München 2002

R. Ferber: *Information Retrieval*, dpunkt.verlag, Heidelberg 2004

W. Panny, A. Taudes: *Einführung in den Sprachkern von SQL-99*, Springer, Berlin 2000

G. Vossen: *Datenbankmodelle, Datenbanksprachen und Datenbankmanagementsysteme*, Oldenbourg, 4. Auflage, München 2000

N. Wirth: *Algorithmen und Datenstrukturen*, Teubner Verlag, 5. Auflage, Wiesbaden 2000

Datenübertragung und Netzwerke

H. Häckelmann, H.J. Petzold, S. Strahringer: *Kommunikationssysteme – Technik und Anwendungen*, Springer, Berlin 2000

F.-J. Kauffels: *Durchblick im Netz – Der fundierte Einstieg in LAN-Technologien, TCP/IP, Internet/Intranet, Netzwerk-Sicherheit, E-Commerce, optische Netze/WDM*, MITP-Verlag, 5.Auflage, Bonn 2002

S. Nusser: *Sicherheitskonzepte im WWW*, Springer, Wien 1998

R. Oppliger: *IT-Sicherheit – Grundlagen und Umsetzung in der Praxis*, Vieweg, Wiesbaden 1997

A.S. Tanenbaum: *Computernetzwerke*, Prentice Hall, 4. Auflage, München 2003

Verteilte Systeme

F. Mattern: *Total Vernetzt*, Springer, Berlin 2003

G. Müller, T. Eymann, M. Kreutzer: *Telematik- und Kommunikationssysteme in der vernetzten Wirtschaft*, Oldenbourg, München 2002

A.S. Tanenbaum, M. van Steen: *Verteilte Systeme*, Prentice Hall, München 2003.

O. Zimmermann, M. Tomlison, S. Peuser: *Perspectives on Web Services*, Springer, Berlin 2003

Sachregister

Foilshielded Twisted Pair
549
Folientastatur 233
Force-Feedback-Technik
227
Formale Sprache 333f
Format
–, HDTV-Scan- 748
–, Hi8- 290
–, PCMCIA-ATA- 140
Formatierte Daten 188, 391
FORTRAN 336, 337f
FORTRAN-Programm 313,
337
Forum
–, ATM- 643, 649
–, DSL- 725, 726
–, DVD- 153, 156f, 161f,
209
Fotodrucker 180, 217, 266,
283, 288, 297f
Fotokamera
–, digitale 54, 218, 241ff,
287, 288, 290
Fotosensorischer Chip 243,
244
fps 283
Fragmentierung 665, 831f
–, horizontale 831
–, vertikale 831f
Fragmentierungsschema
831
Fragmentierungstransparenz
832
Frame Bursting 639
Framework 358f, 485ff,
799, 807
Frameworks
–, objektorientierte 358
France Telecom 749
FreeBSD 376
freenet.de 656, 741
Fremdkomponente 853
Fremdschlüssel 450, 495
Frequenz 52, 71, 172,
525ff, 536f, 542ff,
551ff, 559, 657, 677,
685f, 694, 697, 702,
743, 840, 841
–, Bildwiederhol- 252f
–, Bus- 49, 50
–, Horizontal- 252
–, Radio- 173, 528, 850
–, Sende- 664, 675
–, Strom- 552
–, Takt- 56, 66, 68, 71, 75

–, Träger- 658, 697
–, UMTS- 736
–, Vertikal- 252
–, Zeilen- 252
–, Übertragungs- 674
Frequenzband 59, 173,
526ff, 536, 542, 552,
557, 658ff, 666, 674,
683ff, 693f, 697, 705,
729f, 743
Frequenzbereich 52, 59,
526ff, 542, 544, 549,
552, 557ff, 657f, 661,
667f, 677, 682ff, 693ff,
732, 747
Frequenzduplexbetrieb 693f
Frequenzentbündelung 662
Frequenzmodulation 537
Frequenzmodulationstech-
nik 743
Frequenzmultiplexbetrieb
544
Frequenzmultiplexing 541,
542f
Frequenzmultiplexverfahren
→ Frequenzmultiplexing
Frequenzspektrum 60, 526,
544, 662, 668f, 693f,
736, 743
Frequenzsprungverfahren
679
Frequenzvergabe 697
Frequenzverordnung 668
FROM 449ff, 493
Frontend-Netz 561, 608
FSAN 660
FTP → Foilshielded Twisted
Pair, → File Transfer
Protocol
FTP-Server 844
ftpi 113
FTTx 633, 660, 670f
FTTx-Betreiber 671
Funk 62, 170, 173, 199,
217, 226, 250, 294, 545,
557, 563, 613, 673, 675,
680, 732, 834
–, Mobil- 674, 734, 736
–, Richt- 527, 545, 557,
559
–, Rund- 557, 733
–, Satelliten- 545, 697,
699
–, Sprach- 686
–, Taxi- 530

–, terrestrischer 545, 732
–, zellularer 545
Funk-LAN 676
Funk-LAN-Betreiber 729
Funketikett 198
Funkkanal 686, 708
Funknetz 57, 60, 561f, 568,
592f, 615, 632, 633,
672ff, 684, 692, 702,
728f, 742
–, Breitband- 729, 736
–, lokales 562, 633, 672,
673, 675f, 681
–, Mobil- 527, 544, 672ff,
685, 702, 708, 736
–, satellitenbasiertes 673
–, UMTS- 736
Funktion 132, 233, 432f,
457, 491, 570, 646
–, Hash- 432ff, 719
–, RPC- 777
–, Sichere Hash- 719
Funktionale Programmier-
sprache 335, 353f
Funktionsaufruf 360f, 456,
763, 771, 776, 779ff,
794f, 803, 807, 816,
837
Funktionseinheit 5f, 14, 19,
36ff, 306f, 560
Funktionsfähigkeit 565,
568f, 611, 759, 849
Funkverbindung 681, 697,
743
Funkverkehr 685
Funkwagen 695
Funkwelle 52, 60, 561, 676,
702
Funkzelle 544, 672, 685,
849
Funkübertragung 643, 669,
696, 743

G

G 128, 156, 289, 314, 338,
343, 398, 420, 423, 425,
427ff, 495f, 533, 550,
785, 790
G.lite 656, 659, 660
G.SHDSL 654ff, 660
G5-System 87
Galileo 633, 706
Gallatin 72
GameCube 226

Open-Source-Software 347,
349, 351, 374, 379, 479,
515, 848, 860
OpenBSD 376
OpenLDAP 466
OpenSSL 717
OpenVMS 854f
Operand 7, 13, 18, 20, 23ff,
71, 331f
Operandenteil 331
Operation 323f, 456
–, JOIN- 493
–, Push- 802
–, SIMD- 8, 25
–, UPDATE- 452
–, XOR- 581
Operator 398, 464, 474f,
696, 815
Opteron-Prozessor 32f,
74ff, 81, 87, 90
Optische Ausgabe 219,
250ff
Optische Speicherkarte 98,
141ff, 188
optische Speicherplatte 13,
45, 47, 98, 121, 133,
141, 143ff, 159ff, 162ff,
207ff
Optischer Datenträger 98f,
141ff, 188, 234
OQL 445
OR 255
Oracle 351, 358, 364, 447f,
462, 471, 510, 515
ORB 795, 796ff, 855
–, Inter- 799
ORB-Kern 855
Orbacus 855
ORBit2 855
Orbix 860
Orchestration 819, 860f
Orchestrierung 819
–, Web-Service- 819
ORDBMS → objektrelatio-
nales Datenbankverwal-
tungssystem
Ordnung 24, 417, 668
Organisation
–, IT- 385
–, Non-Profit- 471
Organisationseinheit 465f,
562, 773, 789, 815, 833
Organisationsform 413,
419, 426, 428, 434, 461,
566, 755
–, direkt adressierbare 419

Orthogonalität 500
Ortsabhängiger Dienst 849
Ortsbereich 548
Ortsbezogener Dienst 849
Ortsnetzbereich 654
Ortstrafostation 666, 668
Ortstrafostelle 668f
Ortstransparent 783, 796
Ortstransparenz 755
Ortsunabhängigkeit 832
Ortsvermittlungsstelle 536,
539f, 543
OS/2 612
OS/390 379f
OS/400 367, 373, 378f,
384, 856, 857
OSF 786, 854
OSI 576
OSPF 599
Österreich 191, 193, 350,
439, 442, 532, 657, 696,
725, 726f, 735, 739,
741
Osteuropa 383, 700, 728
OTcl 336, 349
Ousterhout 347
Out-of-Order-Execution 24,
71

P

P-Band 697
P2P 845f
P2P-System 845, 846ff
PA-RISC-Prozessor 79, 89
Paariges Kabel 545
PageRank 494, 501, 502ff
PageRank-Algorithmus 501
PageRank-Verfahren 503
Pair
–, foilshielded Twisted
549
–, screened Twisted 549
Pair-Kabel
–, twisted → Verdrilltes
Kupferkabel
Paket 108, 578, 580ff, 587,
588f, 594, 596ff, 607ff,
618ff, 627, 639ff, 670,
687, 689, 712f, 723,
737, 745
–, Daten- 543, 566, 577,
580, 582, 587ff, 596ff,
609, 616, 620, 625, 677,

689, 712f, 720, 745
–, ICMP- 619
–, Internet- 602
–, IP- 614, 618, 621f, 626,
657, 665, 712, 716, 745
–, IPv6- 745
–, RTP- 737f
–, Standardanwendungs-
834
–, TCP- 621ff
Paketfilter 713
Paketgröße 618, 620f, 635,
638f
Paketnetz 611
Paketverlust 603, 611
Paketvermittelnder Dienst
596, 602, 685
Paketvermittlung 595ff,
689, 691, 737
PAL 160, 247f, 257, 748
PalmOne 84
Panasonic 287, 291
Papier
–, elektronisches 173,
296, 297
Parabolantenne 699f, 747
Parallelbetrieb 315, 374,
655
Parallele Schnittstelle 42,
49, 55f, 279
Paralleles Übertragungsver-
fahren 529
PARC 342, 634
Paritätsprüfung 22
Partielles Versagen 759
Partitionierung 26
Pascal 336, 339f, 449, 855
Passiver Angriff 706ff, 721
Pay-TV 748
Payload 618, 643f, 716,
737
PB 203, 727
PC
–, Arbeitsplatz- 82
–, Notebook- 12, 54, 56f,
60, 71, 72ff, 82f, 135,
138, 140, 181, 183, 206,
224, 236, 250, 274, 287,
291, 679f, 741f, 772
–, Schreibtisch- 12, 54,
72f, 83, 85, 138, 205f,
250, 291
PC-AT 41
PC-Betriebssystem 309
PC-Card 53, 56f, 85, 138
PC-Card-Adapter 140, 183

Platzbuchungssystem 758, 765f, 841
Platzhalterfunktion 778, 779ff, 788, 794, 797, 798, 809
–, klientenseitige 778ff, 788, 794, 797, 809
–, serverseitige 778ff, 788, 794, 797, 809
Player
–, DVD- 264
–, MP3- 182, 185, 217
PLC 552, 661, 665, 667ff
PLC-Hauskoppler 668
PLC-Modem 666ff
PLC-Netzwerkbrücke 667
Plug-in 347
POET 512
Polling 34, 565
Polydimensional 351, 506
Polymorphismus 781
Polysem 507
PON 671f
POP 343, 613
POP3 623
Portabilität 372, 756, 828
Portal 839, 851f
Portierbarkeit 318
Portierung 329
Positionsmarke 220ff, 232
Positive ganze Zahl 403f, 407, 421, 618
Positiver Netzwerkeffekt 755
Post
–, elektronische → E-Mail
PostgreSQL 377, 510, 515, 844
Postrelational 512
PostScript 269, 278ff, 828
PostScript-Drucker 827
POTS 651, 662, 724, 737, 740f
POTS-Band 657
POTS-Dienst 657, 662
POTS-Kanal 658
POWER-Architektur 70, 77f
Power-off-Modus 253
POWER-Produktlinie 77
POWER4+ 81, 90
POWER5-Prozessor 8, 77, 78ff, 379
Powerline Communication → PLC
Powerline-Technik → PLC

PowerPC 77, 90
PowerPC-Architektur 8
PowerPC-Prozessor 77
PPP 586, 614
PPP-Verbindung 723
PPPoE 657
PPTP 657, 716
Preisdifferenzierung 154
Preisdruck 87, 511
Preisetikett 198
Prescott 72f
Primärschlüssel 450, 452
Primärspeicher 100
Prinzip
–, ACID- 457
–, Eva- 7
Priorisierung 603
Prioritätenvergabe 320
Privates Netz 561, 562, 617, 622, 702, 714, 721, 729
Privathaushalt 82, 536, 556, 562, 675, 725ff
Privatsphäre 721, 849, 858
Problembeschreibung 333
Problemlösungskomponente 353
Problemstellung 330, 334f, 573, 830
Produkt
–, IT- 97
–, Open-Source- 371, 511, 844
–, VoIP- 741
–, ZigBee- 743
Produktcode
–, elektronischer 177
Produktfamilie 358
Produktion 243, 796
Produktionsdrucker 284
Produktionssteuerung 176
Produktlebenszyklus 284
Produktpolitik 106, 382
Profildispersion 547
Prognose 63, 195f, 383, 384
Programm 26, 329ff, 619f, 623, 761ff
–, 64-Bit- 74
–, C++- 313
–, C- 313, 342, 345
–, FORTRAN- 313, 337
–, Java- 343ff, 363, 757
–, logisches 341, 352
–, MS-DOS- 368
–, Tcl- 347, 365

Programmabbruch 339
Programmablauf 11, 14, 228, 834
Programmbibliothek 318, 325, 327f, 336, 347, 781, 786
Programmcode 24, 316, 321, 334, 344, 347, 355ff, 743, 761, 803, 826, 828f
Programmdurchsatz 316
Programmentwicklung 325ff
Programmentwicklungszeit 330
Programmgenerator 356ff
Programmierschnittstelle 361, 364, 456, 479
Programmiersprache 325ff, 352ff, 449, 456, 499f
–, funktionale 335, 353f
–, höhere 193, 327, 329, 333ff, 355, 371, 411
–, imperative 335ff, 352, 448, 449
–, logische 335, 352f
–, maschinennahe 330ff, 339
–, objektorientierte 336, 341ff, 355, 415, 442, 445, 487, 489, 506, 510, 781
–, prozedurale 336, 355, 482
Programmiersprachenabhängigkeit 326, 359, 362, 776f, 797
Programmierstil 448
Programmierumgebung 356
Programmierung 17, 193, 307, 329, 331, 334, 336, 338, 339ff, 353, 355, 359, 361, 783, 827, 860
–, Erweiterungs- 852
–, Internet- 343, 347
–, Mikro- 19, 25
–, Neu- 333, 352
–, objektorientierte 336, 341
–, RPC- 783
–, strukturierte 336, 339
–, System- 339
Programming
–, remote 827
Programmlogik 6, 361, 782
Programmmigration 827